中华人民共和国史编年

2013年卷

当代中国研究所　中央档案馆 编

当代中国出版社
Contemporary China Publishing House
2019年·北京

《中华人民共和国史编年》编纂委员会

顾　问　朱佳木

主　任　姜　辉　李明华

副主任　武　力　王绍忠　李正华　管明军

委　员　（按姓氏笔画为序）

丁　明　王凤环　王巧荣　王爱云

王瑞芳　纪国伟　宋月红　张金才

李　文　陈东林　欧阳雪梅　郑有贵

姚　力　徐　成　焦东华

《中华人民共和国史编年》2013 年卷编写组

执行主编　丁　明

撰 稿 人　（按姓氏笔画为序）

孙钦梅　周　红　章舜粤

目　录

凡例 …… Ⅰ

本卷编辑说明 …… Ⅲ

正　文

1　月 …… 3

2　月 …… 96

3　月 …… 163

4　月 …… 232

5　月 …… 305

6　月 …… 375

7　月 …… 450

8　月 …… 512

9　月 …… 574

10　月 …… 645

11　月 …… 722

12　月 …… 798

附　录

[附录一] 2013年中国行政区划变动一览表 …… 887

[附录二] 2013年国民经济和社会统计资料 …… 889

[附录三] 2013年中国与外国签订的双边条约一览表 …… 899

[附录四] 2013年中国参加的多边公约一览表 …… 903

[附录五] 2013年国家科学技术奖励情况 …… 904

[附录六] 2013年我国运动员创世界纪录和获世界冠军情况 …… 910

［附录七］ 2013 年全国道德模范名单 …………………………………… 919
［附录八］ 2013 年全国自然灾害情况 …………………………………… 921
［附录九］ 2013 年国务院机构简称 …………………………………… 922

凡 例

一 《中华人民共和国史编年》(简称《国史编年》)是以编年体全面反映中华人民共和国各个领域重大史事的资料书，旨在为研究中华人民共和国史提供翔实可靠的史料，同时也为国内外读者查阅有关中华人民共和国史的资料提供方便。

二 举凡涉及中华人民共和国政治、经济、文化、科技、教育、卫生、民族、社会、人口、宗教、疆域、地理、区划、灾害、气候、生态、资源、军事、国防、外交等方面的大事，均在编写之列。

三 《国史编年》为多卷本，自1949年起，每年独立成卷，采用纲目体编写。

四 《国史编年》由纲文、目文、注释、附录等部分组成。部分条目史事简单，将纲目合一，仅以纲文记事。与纲目文内容相关的重要文献或史料，分别以文献或附录形式附在纲文或目文之后，并标明资料来源。对纲目文涉及的人名、地名等，作必要注释。注释采用页末脚注。

五 《国史编年》条目采自原始的或权威的资料，凡对某一事件有两种或两种以上说法的，在经过认真考证后，采用相对准确的说法，并用注释加以说明。

六 《国史编年》条目以时间先后为序，逐日排列。难以确定具体日期的，视具体情况分别标以上旬、中旬、下旬，月初、月底，或月、季、上半年、下半年。

七 在编写《国史编年》的条目时，原则上一事一条，遇有重大事件或一件事始终时间间隔较长的，可以出两个条目。

八 《国史编年》对各种机构、会议的称谓，凡文字较多的，在文内用简称，并在附录中附有该机构的全称与简称对照表。

九 《国史编年》采用1986年经国务院批示由国家语言文字工作委员会重

新发表的《简化字总表》，以及1988年由国家语言文字工作委员会和新闻出版署发布的《现代汉语通用字表》收录的汉字。

十 《国史编年》所用数字，除习惯用法或特殊用法以汉字标示外，一般用阿拉伯数字。文献中的数字遵从原文中的用法。

十一 《国史编年》中的人物在加注时，凡中国人，只注明生卒年（不详者空缺备考）、民族、籍贯、时任职务（兼数职者注主要职务）。凡外国人，取其标准译名，只注国别和时任职务。

十二 凡条目所涉及的内容在本卷或之前各卷中有相关内容的，凡编者认为有必要提示的，在该条目中用括号标注：参见本卷某月某日，或《国史编年》某某年卷某月某日。

十三 《国史编年》每卷在目录后面均置：（1）《凡例》，说明《国史编年》的体例；（2）《本卷编辑说明》，概述该年基本历史脉络、特点、主要资料来源、未尽事宜和作者分工。

《中华人民共和国史编年》编委会

2019年5月30日

本卷编辑说明

本卷为《中华人民共和国史编年》(简称《国史编年》)2013 年卷，起止时间为 2013 年 1 月 1 日至 12 月 31 日。

2013 年是新中国历史上卓然不凡的一年。以习近平同志为总书记的新一届中央领导集体，面对极其错综复杂的国内外形势，总揽全局、运筹帷幄，团结带领全党全国各族人民开创了各项事业的崭新局面，圆满实现全年经济社会发展主要预期目标，改革开放和社会主义现代化建设取得令人瞩目的重大成就。

年初，中国共产党第十八届中央纪律检查委员会召开第二次全体会议。习近平发表重要讲话。他强调，全党同志要按照党的十八大的部署，坚持以邓小平理论、“三个代表”重要思想、科学发展观为指导，坚持标本兼治、综合治理、惩防并举、注重预防方针，更加科学有效地防治腐败，坚定不移把党风廉政建设和反腐败斗争引向深入。

11 月 9 日至 12 日，中共十八届三中全会在北京举行。全会听取和讨论了习近平受中央政治局委托作的工作报告。深化改革成为中心议题。全会审议通过了《中共中央关于全面深化改革若干重大问题的决定》。《决定》是对中国下一步全面深化改革的纲领性文件。

3 月 5 日至 17 日，全国人大十二届一次会议在北京举行。会议选举习近平为国家主席、中央军委主席，选举张德江为第十二届全国人大常委会委员长。会议根据表决、计票结果宣布李克强为国务院总理。国家权力在法制基础上又一次实现平稳、有序、制度化的交接。会议审议通过了《国务院机构改革和职能转变方案》、《关于 2012 年国民经济和社会发展计划执行情况与 2013 年国民经济和社会发展计划的决议》等。

3月3日至12日，全国政协十二届一次会议在北京举行。选举俞正声为第十二届全国政协主席。人民政协顺利完成了新老交替。

2013年全面贯彻中央八项规定精神，开展群众路线教育实践活动，坚决反对“四风”，严格执行“约法三章”。中央国家机关“三公”经费减少35%，31个省份本级公务接待费减少26%。加大廉政建设和反腐败工作力度，一批违法违纪分子受到惩处。

在法制建设方面，一年来，全国人大常委会审议了15件法律和有关法律问题的决定草案，通过了其中《关于废止有关劳动教养法律规定的决定》等10件；涉及修改《中华人民共和国消费者权益保护法》等21部法律；新制定了《中华人民共和国旅游法》和《中华人民共和国特种设备安全法》2部法律。

在经济领域，2013年中国经济运行稳中向好。国内生产总值达到56.9万亿元，比上年增长7.7%。居民消费价格涨幅控制在2.6%。城镇登记失业率4.1%。城镇新增就业1310万人，创历史新高。进出口总额突破4万亿美元，再上新台阶。

居民收入和经济效益持续提高。城镇居民人均可支配收入实际增长7%，农村居民人均纯收入实际增长9.3%，农村贫困人口减少1650万人，城乡居民收入差距继续缩小。规模以上工业企业利润增长12.2%。财政收入增长10.1%。

此外，2013年在以下各方面也取得了显著进展，开局良好：

一、着力深化改革开放，激发市场活力和内生动力。国务院机构改革有序实施，分批取消和下放了416项行政审批等事项，修订政府核准的投资项目目录，推动工商登记制度改革。各地积极推进政府职能转变和机构改革，大幅减少行政审批事项。设立中国（上海）自由贸易试验区。与冰岛、瑞士签署自由贸易协定。推动高铁、核电等技术装备走出国门。对外投资大幅增加，出境旅游近亿人次。

二、创新宏观调控思路和方式，确保经济运行处于合理区间。财政赤字控制在预算范围内，广义货币M2增13.6%，符合调控要求。

三、注重调整经济结构，提高发展质量和效益。巩固和加强农业基础。粮食产量超过1.2万亿斤，实现“十连增”。全面完成1.5万座小型水库除险加固，新解决农村6300多万人饮水安全问题。加强生态保护与建设，全国森林覆盖率上升到21.6%。

加快产业结构调整。鼓励发展服务业，支持战略性新兴产业发展。加快产业结构调整。鼓励发展服务业，支持战略性新兴产业发展。服务业增加值比重达到46.1%，首次超过第二产业。中西部地区生产总值比重继续提高，区域发展协调性增强。全社会用电量增长7.5%，货运量增长9.9%，第四代移动通信正式商用，主要实物量指标与经济增长相互匹配。

加强基础设施建设。南水北调东线一期工程提前通水，中线一期主体工程如期完工。推进地下管网等城市基础设施建设。拓展油气和电力输配网络。铁路、高速公路运营里程均超过10万公里，其中高速铁路运营里程达到1.1万公里，居世界首位。

推进创新驱动发展。全社会研发支出占国内生产总值比重超过2%。深化科技体制改革，实施知识、技术创新等工程。超级计算、智能机器人、超级杂交稻等一批关键技术实现重大突破。

四、切实保障和改善民生，促进社会公平正义。保障群众基本生活。实施大学生就业促进计划，应届高校毕业生绝大部分实现就业。加强农村转移劳动力就业服务和职业培训，对城镇就业困难人员进行就业援助。推进养老保险、社会救助制度建设，城乡低保标准分别提高13.1%和17.7%，企业退休人员基本养老金水平提高10%。新开工保障性安居工程660万套，基本建成540万套，上千万住房困难群众乔迁新居。

推进教育发展和改革。启动教育扶贫工程，实施农村义务教育薄弱学校改造计划，学生营养改善计划惠及3200万孩子。对集中连片特困地区乡村教师发放生活补助，贫困地区农村学生上重点高校人数比上年增长8.5%。

深化医药卫生体制改革。基本医保总体实现全覆盖，城乡居民基本医保财政补助标准增加到人均280元。28个省份开展大病医疗保险试点。启动疾病应急救助试点。

促进文化事业和文化产业健康发展。推出一批文化精品，扩大公益性文化设施向社会免费开放。深化文化体制改革，加强文化市场建设，文化产业增加值增长15%以上。完善全民健身服务体系，成功节俭举办第十二届全国运动会。

五、改进社会治理方式，保持社会和谐稳定。面对自然灾害等各种突发事件，如：四川芦山地震、甘肃岷县漳县地震、黑龙江松花江嫩江流域洪涝、南方高温干旱、沿海强台风等，坚持以人为本、依法依规、科学应对，既进行有效处置，又探索建立新机制，最大限度保护了人民群众生命财产安全。

在外交领域，2013年是外交工作开创新局面的一年。中国外交不断推出新理念，打出新倡议，提出了建设丝绸之路经济带、21世纪海上丝绸之路、打造中国—东盟自贸区升级版、设立亚洲基础设施投资银行、孟中印缅经济走廊、中巴经济走廊等一系列重大合作倡议；与此同时，习近平主席、李克强总理出访亚非欧美四大洲22个国家，接待64位外国元首和政府首脑来华，同300多位外国政要会见交流，与各国达成近800项合作协议，有力推动了中国同世界各国关系的发展，对外影响力也得到了进一步提升。

在国防建设方面，从年初运-20大型运输机成功首飞，到年末辽宁舰首次以航母编队形式试验训练；从大批新型驱护舰接连下水服役，再到红旗-9防空导弹在国际军贸上大放光彩，中国国防能力显著提升。此外，以运-8为平台研发的一系列侦察警戒、电子战、反潜等飞机，以及歼-10B等改进型战机、轰-6K战略轰炸机等纷纷亮相，这一切均引起国内外的广泛关注。

2013年的成就来之不易。这是以习近平同志为总书记的党中央正确领导的结果，是全党全军全国各族人民团结奋斗的结果。同时，前进道路上还有不少困难和问题。主要是：经济稳中向好基础还不牢固，增长的内生动力尚待增强；财政、金融等领域仍存在一些风险隐患；住房、食品药品安全、医疗、养老、教育、收入分配、征地拆迁、社会治安等方面群众不满意的问题依然较多，生产安全重特大事故时有发生。这些问题，有的是发展过程中产生的，有的是工作不到位造成的。

2013年已载入史册。在如此短的时间，让如此多的变革展现如此大的决心，这是2013年最鲜明的特征。历史是一个不断延续的过程。在凯歌声中迎来的2014年乃至今后，在党中央的坚强领导下，中国人民必将取得新的胜利！

本卷在编写过程中，依据和参考文献的主要来源为《习近平谈治国理政》第一卷、《习近平关于实现中华民族伟大复兴的中国梦论述摘编》、《十八大以来重要文献选编》(上)、《十八大以来新发展新成就》、《国务院公报》、《中国统计年鉴》(2014)、《人民日报》、《光明日报》、《经济日报》、《科技日报》、《法制晚报》、中国政府网、新闻出版广电总局网站、文化部网站、人力资源社会保障部网站、知识产权局网站、国防部网站、教育部网站、科技部网站、中国军网、卫生计生委网站、商务部网站、工业和信息化部网站、外交部网站、人民网、新华网、中新网。

本卷在编写过程中，武力、王凤环等同志参加了统稿工作，吴文红同志参与了资料整理和编辑工作，王绍忠、焦东华、纪国伟等同志参加了审定稿工作。

本卷撰稿人的分工如下：周红：1—6月；孙钦梅：7—12月；章舜粤：附录。

本卷编写组

正 文

1 月

1月1日

［纲 文］ **中共中央、国务院印发《关于加快发展现代农业进一步增强农村发展活力的若干意见》。**

［目 文］ 《意见》指出，伴随工业化、城镇化深入推进，我国农业农村发展正在进入新的阶段，呈现出农业综合生产成本上升、农产品供求结构性矛盾突出、农村社会结构加速转型、城乡发展加快融合的态势。人多地少水缺的矛盾加剧，农产品需求总量刚性增长、消费结构快速升级，农业对外依存度明显提高，保障国家粮食安全和重要农产品有效供给任务艰巨；农村劳动力大量流动，农户兼业化、村庄空心化、人口老龄化趋势明显，农民利益诉求多元，加强和创新农村社会管理势在必行；国民经济与农村发展的关联度显著增强，农业资源要素流失加快，建立城乡要素平等交换机制的要求更为迫切，缩小城乡区域发展差距和居民收入分配差距任重道远。我们必须顺应阶段变化，遵循发展规律，增强忧患意识，举全党全国之力持之以恒强化农业、惠及农村、富裕农民。

《意见》明确，2013年农业农村工作的总体要求是：全面贯彻党的十八大精神，以邓小平理论、“三个代表”重要思想、科学发展观为指导，落实“四化同步”的战略部署，按照保供增收惠民生、改革创新添活力的工作目标，加大农村改革力度、政策扶持力度、科技驱动力度，围绕现代农业建设，充分发挥农村基本经营制度的优越性，着力构建集约化、专业化、组织化、社会化相结合的新型农业经营体系，进一步解放和发展农村社会生产力，巩固和发展农业农村大好形势。

《意见》提出如下要求：一、建立重要农产品供给保障机制，努力夯实现代农业物质基础；二、健全农业支持保护制度，不断加大强农惠农富农政策力度；三、创新农业生产经营体制，稳步提高农民组织化程度；四、构建农业社会化服务新机制，大力培育发展多元服务主体；五、改革农村集体产权制度，有效保障农民财产权利；六、改进农村公共服务机制，积极推进城乡公共资源均衡配置；七、完善乡村治理机制，切实加强以党组织为核心的农村基层组织建设。

《意见》指出，各级党委和政府要切实加强和改善对“三农”工作的领导，确保劲头不松懈、力度不减弱、力量有加强。各级党政领导干部要把熟悉党的“三农”政策和国情农情作为必修课，把善于做好新时期“三农”工作当作基本功，切实转变工作作风，深入基层调查研究，不断提高“三农”工作水平。要坚持从实际出发，因地制宜、分类指导各地推动“三农”工作。各地区各部门要明确职责分工，加强监督检查，实施绩效评价，开展强农惠农富农政策执行情况“回头看”，确保不折不扣落到实处。尊重农民首创精神，鼓励各地积极探索、勇于改革、大胆创新，做好农村改革试验区工作，及时总结推广各地成功经验。

《意见》最后号召，紧密团结在以习近平同志为总书记的党中央周围，奋力拼搏，锐意进取，求真务实，再创农村改革发展新的辉煌！

1月1日

［纲　文］　**中国人民政治协商会议全国委员会在全国政协礼堂举行新年茶话会。**

［目　文］　茶话会由全国政协主席贾庆林主持，在京中共中央政治局委员、中央书记处书记、全国人大常委会副委员长、国务院副总理、国务委员、最高人民法院院长、最高人民检察院检察长、全国政协副主席以及中央军委委员出席茶话会，与各民主党派中央、全国工商联负责人和无党派人士代表、中央和国家机关有关方面负责人以及首都各族各界代表欢聚一堂，共庆2013年元旦。

中共中央总书记习近平发表重要讲话。他强调，中国特色社会主义事业是造福人民的美好事业，也是需要我们为之付出智慧和力量的艰辛事业。现在，全面建成小康社会的号角已经吹响，关键是要树立起攻坚克难的坚定信心，凝聚起推进事业的强大力量，紧紧依靠全国各族人民，推动党和国家事业不断从胜利走向新的胜利。他指出，刚刚过去的2012年，在我国发展征程上具有特殊重要的意义。面对严峻的国际经济形势和繁重的国内改革发展稳定任务，全党全国各族人民紧密团结、开拓前进，推动我国经济社会发展呈现稳中有进的良好态势。香港、澳门继续保持繁荣稳定，两岸交流合作进一步深化。对外交流合作全方位开展，为维护世界和平与促进共同发展作出了新的贡献。2013年是全面贯彻落实中共十八大精神的开局之年。我们要深入学习和全面贯彻落实中共十八大精神，坚持以邓小平理论、“三个代表”重要思想、科学发展观为指导，稳中求进，开拓创新，扎实开局，促进经济持续健康发展和社会和谐稳定，加快推进国防和军队现代化建设，不断提高党的建设科学化水平。我们要保持香港、澳门长期繁荣稳定；巩固和发展两岸关系和平发展的基础。我们要同各国人民携手推进人类和平与发展的崇高事业。中共十八大对巩固和发展最广泛的爱国统一战线作出了部署，赋予人民政协更重大的责任、更光荣的使命。参加人民政协的各党派团体和各族各界人士要切实把思想和行动统一到中共十八大精神上来，共同致力于实现中华民族伟大复兴。

习近平在讲话中代表中共中央、国务院和中央军委，向各民主党派、工商联和无党派人士、各人民团体，向全国广大工人、农民、知识分子、干部和各界人士，向人民解放军指战员、武警官兵和公安民警，向香港特别行政区同胞、澳门特别行政区同胞、台湾同胞和海外侨胞，向关心和支持中国现代化建设的国际友人致以节日的祝福。

1月1日

［纲　文］　**国务院印发《能源发展“十二五”规划》。**

［目　文］《规划》提出，要落实以下基本原则：一、坚持节约优先。实施能源消费强度和消费总量双控制，努力构建节能型生产消费体系，促进经济发展方式和生活消费模式转变，加快构建节能型国家和节约型社会。二、坚持立足国内。立足国内资源优势和发展基础，着力增强能源供给保障能力，完善能源储备应急体系，合理控制对外依存度，提高能源安全保障水平。三、坚持多元发展。着力提高清洁低碳化石能源和非化石能源比重，大力推进煤炭高效清洁利用，科学实施传统能源替代，加快优化能源生产和消费结构。四、坚持保护环境。树立绿色、低碳发展理念，统筹能源资源开发利用与生态环境保护，在保护中开发，在开发中保护，积极培育符合生态文明要求的能源发展模式。五、坚持深化改革。充分发挥市场机制作用，加快推进重点领域和关键环节改革，理顺价格机制，构建有利于促进能源可持续发展的体制机制。六、坚持科技创新。加快创新型人才队伍建设，加强基础科学研究和前沿技术攻关，推动重大核心技术和关键装备自主创新。七、坚持国际合作。统筹国内国际两个大局，大力拓展能源国际合作范围、渠道和方式，提升能源“走出去”和“引进来”水平。八、坚持改善民生。统筹城乡和区域能源发展，加强能源基础设施和基本公共服务能力建设。

《规划》指出，2015年能源发展的主要目标是：一、能源消费总量与效率。实施能源消费强度和消费总量双控制，能源消费总量40亿吨标煤，用电量6.15万亿千瓦时，单位国内生产总值能耗比2010年下降16%。能源综合效率提高到38%，火电供电标准煤耗下降到323克/千瓦时，炼油综合加工能耗下降到63千克标准油/吨。二、能源生产与供应能力。着眼于提高安全保障水平、增强应急调节能力，适度超前部署能源生产与供应能力建设，一次能源供应能力43亿吨标准煤，其中国内生产能力36.6亿吨标准煤。石油对外依存度控制在61%以内。三、能源结构优化。非化石能源消费比重提高到11.4%，非化石能源发电装机比重达到30%。天然气占一次能源消费比重提高到7.5%，煤炭消费比重降低到65%左右。四、国家综合能源基地建设。加快建设山西、鄂尔多斯盆地、内蒙古东部地区、西南地区、新疆五大国家综合能源基地。到2015年，五大基地一次能源生产能力达到26.6亿吨标准煤，占全国70%以上；向外输出13.7亿吨标准煤，占全国跨省区输送量的90%。五、生态环境保护。单位国内生产总值二氧化碳排放比2010年下降17%。每千瓦时煤电二氧化硫排放下降到1.5克，氮氧化物排放下降到1.5克。能源开发利用产生的细颗粒物（$PM_{2.5}$）排放强度下降30%以上。煤炭矿区土地复垦率超过60%。六、城乡居民用能。全面实施新一轮农村电网改造升级，实现城乡各类用电同网同价。行政村通电，无电地区人口全部用上电，天然气使用人口达到2.5亿人。七、能源体制机制改革。电力、油气等重点领域改革取得新突破，能源价格市场化改革取得新进展，初步形成适应能源科学发展需要的行业管理体系。

1月1日

［纲　文］**国务院批准并转发发展改革委、住房城乡建设部《绿色建筑行动方案》。**

［目　文］《方案》提出，要把开展绿色建筑行动作为贯彻落实科学发展观、大力推

进生态文明建设的重要内容，把握我国城镇化和新农村建设加快发展的历史机遇，切实推动城乡建设走上绿色、循环、低碳的科学发展轨道，促进经济社会全面、协调、可持续发展。绿色建筑行动要以邓小平理论、“三个代表”重要思想、科学发展观为指导，把生态文明融入城乡建设的全过程，紧紧抓住城镇化和新农村建设的重要战略机遇期，树立全寿命期理念，切实转变城乡建设模式，提高资源利用效率，合理改善建筑舒适性，从政策法规、体制机制、规划设计、标准规范、技术推广、建设运营和产业支撑等方面全面推进绿色建筑行动，加快推进建设资源节约型和环境友好型社会。绿色建筑行动的主要目标是：“十二五”期间，完成城镇新建绿色建筑10亿平方米，完成北方采暖地区既有居住建筑供热计量和节能改造4亿平方米以上，夏热冬冷地区既有居住建筑节能改造5000万平方米，公共建筑和公共机构办公建筑节能改造1.2亿平方米，实施农村危房改造节能示范40万套。到2020年末，基本完成北方采暖地区有改造价值的城镇居住建筑节能改造。绿色建筑行动既要全面推进又应突出重点，既要因地制宜又应分类指导，既坚持政府引导又要加强市场推动，既要立足当前又需着眼长远。行动的重点任务包含切实抓好新建建筑节能工作、大力推进既有建筑节能改造、开展城镇供热系统改造、推进可再生能源建筑规模化应用、加强公共建筑节能管理、加快绿色建筑相关技术研发推广、大力发展绿色建材、推动建筑工业化、严格建筑拆除管理程序、推进建筑废弃物资源化利用10个方面。

1月1日

［纲　文］ **国务院总理温家宝与安提瓜和巴布达总理兼外交部部长斯潘塞互致贺电庆祝两国建交三十周年。**

1月1日

［纲　文］ **国务院办公厅印发《关于批准襄阳市城市〈总体规划〉的通知》。**

［目　文］《通知》指出，襄阳市是国家历史文化名城、湖北省新型工业基地和鄂西北中心城市，《总体规划》实施要以邓小平理论、“三个代表”重要思想、科学发展观为指导，坚持经济、社会、人口、环境和资源相协调的可持续发展战略，统筹做好襄阳市城市规划、建设和管理的各项工作。要按照合理布局、集约发展的原则，推进经济结构调整和发展方式转变，不断增强城市综合实力和可持续发展能力，完善公共服务设施和城市功能，加强城市生态环境治理和保护，逐步把襄阳市建设成为经济繁荣、社会和谐、生态良好、特色鲜明的现代化城市。

《通知》要求，重视城乡统筹发展。在《总体规划》确定的3673平方公里的城市规划区范围内，实行城乡统一规划管理。要加强城中村和城乡结合部整治和改造，城镇基础设施、公共服务设施建设应统筹考虑为周边农村服务。要根据市域内不同地区的条件，重点发展县城和基础条件好、发展潜力大的建制镇，优化村镇布局，促进农业产业化和农村经济快速发展。合理控制城市规模。到2020年，中心城区城市人口控制在170万人以内，城市建设用地控制在153平方公里以内。完善城市基础设施体系，建设资源节约型和环境友好型城市，创造良好的人居环境。将廉租住房、经济适用住房、公共租赁住房和中低价位、中小户型普通商品住房的建设目标纳入近期建设规划，确保城市保障性住房用地的分期供给规模和区位布局合理。根据城市的实际需要，稳步推进城市和国有工矿棚户区改造，提高城市居住和生活质量。

《通知》要求，严格实施《总体规划》。驻襄阳市各单位都要遵守有关法规及《总体规划》，支持襄阳市人民政府的工作，共同努力，把襄阳市规划好、建设好、管理好。襄阳市人民政府要根据本通知精神，认真组织实施《总体规划》，任何单位和个人不得随意改变。湖北省和住房城乡建设部要对《总体规划》实施工作进行指导、监督和检查。

1 月 1 日

［纲　文］　**刘延东到中国康复中心看望张丽莉，向她和家人及在岗医护人员送去新年祝福。**

［目　文］　国务委员刘延东祝愿张丽莉早日康复，并勉励张丽莉继续发扬教书育人楷模的崇高精神，按照党的十八大精神，努力做真的追求者、善的传播者、美的创造者、爱的践行者，与全国教师一起，为实现中华民族伟大复兴的中国梦培养大批优秀人才作出新贡献。

张丽莉，黑龙江省佳木斯市第十九中学教师，在 2012 年 5 月 8 日的一次交通事故中，为救学生而受重伤，致使双腿截肢，后经全力抢救脱离生命危险。同年 9 月 2 日，张丽莉赴北京中国康复研究中心进行康复治疗，2013 年 9 月 26 日被评为第四届全国道德模范——全国见义勇为模范。

1 月 1 日

［纲　文］　**《人民日报》发表题为《让我们一起成就梦想——元旦献词》的社论。**

1 月 2 日

［纲　文］　**国务院办公厅印发《实行最严格水资源管理制度考核办法》。**

［目　文］　《考核办法》共包含 16 条内容和 3 个附件（《各省、自治区、直辖市用水总量控制目标》《各省、自治区、直辖市用水效率控制目标》《各省、自治区、直辖市重要江河湖泊水功能区水质达标率控制目标》）。

《考核办法》规定，考核工作应坚持客观公平、科学合理、系统综合、求真务实的原则。国务院对各省、自治区、直辖市落实最严格水资源管理制度情况进行考核，水利部会同发展改革委、工业和信息化部、监察部、财政部、国土资源部、环境保护部、住房城乡建设部、农业部、审计署、统计局等部门组成考核工作组，负责具体组织实施。考核结果作为干部主管部门对各省区市人民政府主要负责人和领导班子综合考评的重要依据。《考核办法》确定的考核内容为最严格水资源管理制度目标完成、制度建设和措施落实情况，目标为各省区市“三条红线”控制指标及阶段性管理目标。考核结果分为优秀、良好、合格、不合格 4 个等次，每 5 年为一个考核期，采用年度考核和期末考核相结合方式。

《考核办法》明确，对期末考核结果为优秀的省、自治区、直辖市人民政府，国务院予以通报表扬，有关部门在相关项目安排上优先予以考虑。对在水资源节约、保护和管理中取得显著成绩的单位和个人，按照国家有关规定给予表彰奖励。年度或期末考核结果为“不合格”的省、自治区、直辖市人民政府，应在结果公告后一个月内，向国务院作出书面报告，提出限期整改措施；整改期间，暂停该地区建设项目新增取水和入河排污口审批，暂停该地区新增主要水污染物排放建设项目环评审批。对整改不到位的，由监察机关依法依纪追究该地区有关责任人员责任。

1月2日

［纲　文］　**中国首台万亿次高性能计算机“KD-90”研制成功。**

［目　文］　该计算机由中国科学技术大学与深圳大学联合研制，采用了我国自主设计的“龙芯3B”八核处理器和超多端口千兆以太网交换芯片。该计算机在编程模型和互联网络等关键技术上达到了世界先进水平，是我国高性能计算机国产化的又一次重要突破，适用于高性能计算教学、大规模科学与工程计算，以及军事科学、国家安全和国民经济建设等领域，应用前景广阔。

1月3日

［纲　文］　**《光明日报》报道，中国首架纯燃料电池无人机“飞跃一号”在上海奉贤海边试飞成功。**

［目　文］　报道说，该无人机可升至2千米以内高空，可连续飞行2小时，非常适合用于环境监测、战场侦察等领域。燃料电池无人机不仅绿色环保，而且工作温度低、噪音小、易于维护，非常适合用于环境监测、战场侦察等领域；其相关技术还可以用于指导燃料电池轻型飞机等新能源飞行器型号，以及大型民机燃料电池辅助动力系统的设计。

1月3日

［纲　文］　**外交部发言人就韩国法院对刘强案作出裁决答记者问。**

［目　文］　外交部发言人说，韩国首尔高等法院就刘强引渡日本案作出拒绝日方引渡请求的裁决，中方对此案结果表示欢迎。刘强已得到妥善安置并将于近日回国。中国政府高度重视维护海外中国公民的安全与合法权益，中国驻韩国使馆多次派员前往探视，并在职责范围内向刘强提供了必要协助。

1月4日

［纲　文］　**全国宣传部长会议在北京召开。**

［目　文］　中宣部部长刘奇葆主持会议并作工作部署，强调宣传思想文化战线要以学习宣传贯彻党的十八大精神为主线，在广泛深入、有效引导、深化改革、科学管理上着力。抓紧抓好首要政治任务，深化党的十八大精神学习宣传贯彻；坚持开展中国特色社会主义宣传教育，增强道路自信、理论自信、制度自信；提高媒体传播力公信力影响力，更好服务经济社会发展；积极培育践行核心价值观，树立以人民为中心的创作导向，坚定不

移推进文化体制改革；加强对外宣传和文化交流，推进国际传播能力建设，发展健康向上的网络文化；转作风正学风改文风，提升宣传思想文化工作科学化水平。

中央书记处书记刘云山出席会议并讲话。刘云山强调宣传思想文化战线要坚持以邓小平理论、“三个代表”重要思想、科学发展观为指导，按照高举旗帜、围绕大局、服务人民、改革创新的总要求，以学习宣传贯彻党的十八大精神为主线，稳中求进、开拓创新、扎实开局，贴近实际、贴近生活、贴近群众，切实做好宣传思想文化工作，为全面建成小康社会、夺取中国特色社会主义新胜利提供强大的精神文化力量。刘云山指出，党的十八大对宣传思想文化工作提出新的更高要求。要深入开展中国特色社会主义宣传教育，引导全党全社会进一步增强道路自信、理论自信、制度自信，在中国特色社会主义道路上为实现中国梦而奋斗。要巩固壮大积极健康向上的主流思想舆论，把党和政府的声音传播好，把当代社会的主流展示好，把人民群众的心声反映好。要在更高起点上深化文化体制改革，加强顶层设计、总体规划，提高改革措施的科学性协调性，推动文化实现科学发展。要深入推进社会主义核心价值体系建设，倡导崇高理想追求，弘扬伟大民族精神和时代精神，培育文明社会道德风尚。刘云山强调，在社会思想意识多元多样、媒体格局深刻变化条件下做宣传思想文化工作，要树立政治意识，对于党的基本政治路线、重大原则问题、重要方针政策，要有正确的立场、鲜明的观点、坚定的态度。要树立服务意识，坚持以人民为中心的工作导向，努力满足群众精神文化需求，让文化发展成果更多更公平惠及全体人民。要树立问题意识，“问题是时代的声音”，要善于发现问题、提出问题、直面问题、研究问题、回答问题，积极推动问题的解决，集聚推动发展的正能量。要树立改革创新意识，深入推进体制机制创新、内容形式创新、方法手段创新，不断推动宣传思想文化工作与时俱进、健康发展。

1月4日

［纲　文］　**全国新闻出版工作会议在北京召开。**

［目　文］　会议的主要任务是深入学习贯彻党的十八大精神，传达贯彻中央经济工作会议、全国宣传部长会议精神，回顾总结2012年以及十六大以来的新闻出版工作，研究部署2013年工作。新闻出版总署署长、国家版权局局长柳斌杰作题为《深入学习贯彻党的十八大精神 加快推进新闻出版强国建设》的主题报告。

会议指出，2012年我国新闻出版业收入1.65万亿元，继续保持了平稳较快发展的良好局面。据初步统计，2012年全国出版、印刷和发行服务实现营业收入较2011年增长13.6%，增加值4451.4亿元，增长10.7%。除继续深化经营性出版单位改革和公益性事业单位改革之外，会议特别提出“以改造流通为重点，建立和完善统一开放竞争有序的市场体系”。新闻出版总署署长柳斌杰表示，要加快发行企业整合，发展以跨地区连锁经营、集中配送、电子商务为特征的现代物流，有序发展新闻出版产权、版权、技术、人才、信息等要素市场，切实打破地区分割、行政壁垒。

1月4日

［纲　文］　**全国文化厅局长会议在北京召开。**

［目　文］　文化部部长蔡武指出，在2013年的文化工作中，全国文化系统要努力建设社会主义核心价值体系，深化文化领域体制机制改革，推动发展方式转变，牢固树立以人民为中心的创作导向，推动创作和生产更多文艺精品，坚持硬件软件并重，提升公共文化服务的质量和水平，加大文化产业结构调整和与科技融合的力度，提升文化产业整体竞争力，全面推进文物和非物质文化遗产保护，传承中华民族优秀文化，坚持对外文化交流和贸易两手抓，拓展对外及对港澳台文化交流的广度和深度，不断开创文化改革发展的新局面，为建设社会主义文化强国打下坚实基础，为夺取全面建成小康社会新胜利作出贡献。按照这个总要求，全国文化系统要坚持以人为本，保障和维护广大人民群众文化权益，努力改善文化民生；要深化改革、扩大开放，激发活力、增强动力，促进文化产业振兴，实现文化建设的可持续发展；要把建设优秀传统文化传承体系的任务落到实处；要创新内容、创新方式，推动中华文化走出去；要进一步加快政府职能转变，推进依法行政，建设法治政府、服务型政府。

在2013年的文化工作中，开展第一批国家公共文化示范区（项目）验收和第二批示范区（项目）申报评审，统筹协调公共数字文化工程建设，继续实施重大历史题材美术创作工程、全国画院优秀创作研究扶持计划和全国美术馆发展扶持计划等，都是2013年文化建设中令各地文化部门和广大民众十分关切的焦点。

1月4日

［纲　文］　**教育部、全国妇联、中央综治办、共青团中央和中国关工委5部门联合印发《关于加强义务教育阶段农村留守儿童关爱和教育工作的意见》。**

［目　文］　《意见》指出，要通过科学规划建设农村寄宿制学校，优先满足留守儿童寄宿需求，确保每名寄宿生有一个标准床位；在国家组织实施的农村义务教育学生营养改善计划和地方组织实施的营养改善项目地区，要建立留守儿童用餐登记台账和营养状况档案，优先保障留守儿童用餐需求；要充分考虑留守儿童数量和分布状况等因素，合理设置学校或教学点，优先保障留守儿童能够就近走读入学，对于公共交通难以满足的地区，要创造条件提供校车服务，保障留守儿童优先乘坐。《意见》提出，要全面建立留守儿童档案，将父母外出务工情况和监护人变化情况逐一进行登记并及时更新；认真选择有意愿、负责任的家庭，采取全托管或半托管的形式照料留守儿童；还将建立16岁以下学龄留守儿童登记制度，以保证将其纳入教育等基本公共服务体系。

《意见》强调，班主任和心理教师要密切关注留守儿童思想动向，主动回应留守儿童心理诉求，努力弥补留守儿童家庭温暖的缺失。有关部门要定期开展专项督查，推广典型经验，整改突出问题。

1月4日

［纲　文］　**财政部印发《财政部门行使行政处罚裁量权指导规范》。**

［目　文］　《规范》共24条，规定财政部门行使行政处罚裁量权应当遵循下列原则：一、合法裁量。实施财政行政处罚应当在法律、法规和规章规定的种类、幅度范围内进

行。财政部门行使行政处罚裁量权，不得与法律、法规和规章的规定相抵触。二、合理裁量。财政行政处罚应当与当事人的过错程度、造成的社会危害程度相一致。案件处理应当公正对待当事人。财政行政处罚裁量权的行使应当合理、适当。三、综合裁量。界定违法程度、作出处罚决定应当综合考虑财政违法行为的事实、性质、情节、主客观因素，以及造成的社会危害程度等因素。行政处罚裁量权还应当遵守陈述、申辩制度、听证制度、裁量说理制度及回避制度。《规范》要求，对重大财政违法行为拟给予较重行政处罚的案件、对案情复杂及争议较大的案件等应当集体讨论决定。财政部门应当将行使行政处罚裁量权的程序、裁量标准予以公开，建立健全行政执法情况检查、行政处罚案卷评查和重大行政处罚案件备案制度，加强对行政处罚裁量权行使情况的监督考核。行使行政处罚裁量权违法或者明显不当的，应当追究直接负责的主管人员和其他直接责任人员的相应责任。该《规范》自2013年2月1日起施行。

1月4日

［纲　文］　**中国证券监督管理委员会公布《非上市公众公司监管指引第3号——章程必备条款》**。

［目　文］　该文件共包含15条内容，规定：非上市公众公司的章程总则应当载明章程的法律效力，规定章程自生效之日起，即成为规范公司的组织和行为、公司与股东、股东与股东之间权利义务关系的具有约束力的法律文件，对公司、股东、董事、监事、高级管理人员具有法律约束力；载明公司股票采用记名方式，并明确公司股票的登记存管机构以及股东名册的管理规定；载明保障股东享有知情权、参与权、质询权和表决权的具体安排；载明公司为防止股东及其关联方占用或者转移公司资金、资产及其他资源的具体安排；载明公司控股股东和实际控制人的诚信义务；载明须提交股东大会审议的重大事项的范围、须经股东大会特别决议通过的重大事项的范围、重大担保事项的范围；载明董事会须对公司治理机制是否给所有的股东提供合适的保护和平等权利，以及公司治理结构是否合理、有效等情况，进行讨论、评估；载明公司依法披露定期报告和临时报告；载明公司信息披露负责机构及负责人；载明公司的利润分配制度；载明公司关于投资者关系管理工作的内容和方式。文件还对股票不在依法设立的证券交易场所公开转让的情况、涉及章程规定的纠纷问题、公司股东大会选举董事、监事问题等情况作出相关规定。

该文件的制定旨在引导非上市公众公司完善公司治理，文件自公布之日起施行。

1月4日

［纲　文］　**外交部发言人就2012年12月30日晚发生在缅甸北部的战事答记者问**。

［目　文］　外交部发言人说，缅北问题是缅甸内部事务，中方希望缅甸政府同有关方面通过和平谈判，妥善解决缅北问题，维护中缅边境地区安宁与稳定。

2012年12月30日晚，缅甸政府军和克钦独立军发生武装冲突，3发炮弹落入中国境内，未造成人员伤亡。中方就此向缅方提出交涉，要求缅方立即采取有效措施，避免类似事件再次发生。

1月5—7日

［纲　文］　**新进中央委员会的委员、候补委员学习贯彻党的十八大精神研讨班在中央党校举行，习近平在开班式上发表重要讲话。**

［目　文］　5日，中共中央政治局常委李克强主持开班式，在京中共中央政治局委员、中央书记处书记以及有关方面负责人出席开班式。

中共中央总书记习近平在开班式上发表重要讲话。他指出，党的十八大精神归结为一点，就是坚持和发展中国特色社会主义。历史和现实都告诉我们，只有社会主义才能救中国，只有中国特色社会主义才能发展中国，这是历史的结论、人民的选择。我们党领导人民进行社会主义建设，有改革开放前和改革开放后两个历史时期，这是两个相互联系又有重大区别的时期，但本质上都是我们党领导人民进行社会主义建设的实践探索。虽然这两个历史时期在进行社会主义建设的思想指导、方针政策、实际工作上有很大差别，但两者决不是彼此割裂的，更不是根本对立的。不能用改革开放后的历史时期否定改革开放前的历史时期，也不能用改革开放前的历史时期否定改革开放后的历史时期。要坚持实事求是的思想路线，分清主流和支流，坚持真理，修正错误，发扬经验，吸取教训，在这个基础上把党和人民事业继续推向前进。习近平强调，坚持马克思主义，坚持社会主义，一定要有发展的观点，必须增强忧患意识，做到居安思危。共产党员特别是党员领导干部要做共产主义远大理想和中国特色社会主义共同理想的坚定信仰者和忠实践行者。

6日，赵乐际主持研讨会，刘云山、张高丽分别在研讨班上作辅导报告。刘云山指出，坚持和发展中国特色社会主义是党的十八大报告的一条主线，学习贯彻党的十八大精神和习近平总书记一系列重要讲话，要切实解决好中国特色社会主义自信、自觉、自强问题。张高丽指出，建成小康社会是中国梦的重要体现。全面建成小康社会已进入决定性阶段。我国发展仍处于可以大有作为的重要战略机遇期，要准确判断重要战略机遇期内涵和条件的变化。

7日，赵乐际主持研讨班结业式，研讨班10个小组的代表分别发言，汇报交流了学习收获。刘云山在结业式上作总结讲话。研讨班期间，参加研讨班的全体学员认真研读党的十八大报告和新修订的党章，认真学习习近平总书记在开班式上的重要讲话，联系工作实际和思想实际，深入研讨交流，加深了对党的十八大精神的认识，加深了对坚持和发展中国特色社会主义的重大理论问题的认识，加深了对改革发展重大实践问题的认识，进一步增强了履行职责、做好工作的责任感使命感。

1月5日

［纲　文］　**李克强主持召开医改领导小组第十二次全体会议。**

［目　文］　会议讨论和审议了《关于巩固完善基本药物制度和基层运行新机制的意见》、《关于建立疾病应急救助制度的指导意见》，听取了公立医院改革有关情况汇报。

国务院副总理、国务院深化医药卫生体制改革领导小组组长李克强指出，医改是我国社会领域的重大改革，既涉及民生又事关发展。直接关系到人民的健康，又联系到居民消费，许多国家扩大内需、调整结构、推动转型，都把医改作为重要抓手。通过三年多努力，医改取得的阶段性明显成效超出预期，但面临的问题和困难难以逆料，要认真总结经验、不断探索。

李克强说，医改实践带给我们许多理念和启示，对经济社会领域其他改革具有重要借鉴意义。首先，我们说改革是最大红利，其目的就是让广大人民受益。改革必然要触动固有利益格局，重点调整预期利益和增量利益，但最终是要落到人民真正得利益上。中国最大的差距是城乡差距和区域差距，医改直面这两大差距，从保基本开始，从强基层起步，向农村和中西部倾斜，因而得到了广大群众拥护。其次，改革红利的释放要依靠创新体制、建立机制。要发挥好发展的潜力，财政需要增加投入，但更重要的是在创新体制机制上做文章。在深化医改中，要通过创新运行、管理、人事、分配等方面的制度，破除“以药补医”，合理调整利益格局，形成使人民群众得实惠、医务人员受鼓舞、医疗机构添活力的机制。第三，改革是渐进式的、累积式的，不可能一蹴而就，但也不能踟蹰不前，绕着矛盾走。改革既要先易后难，又要敢于攻坚克难，在13亿人口的大国推进医改，要统筹谋划，循序渐进，逐步解决改革面临的问题，不失时机突破重点、带动全局。

李克强指出，我国医改正在向纵深推进，“十二五”时期将从打基础向提质量转变，从搭框架向建制度转变，从试点探索向全面推进转变，逐步建立适应人民健康需要、符合中国国情的医药卫生制度。要在巩固覆盖面的基础上提高保障水平，特别是要推进大病保险、医疗应急救助等制度的建立和完善，人最宝贵的是生命和健康，要坚决防止“等钱救命”等冲击社会道德底线的现象发生。要推进和扩大公立医院改革试点，通过创新体制增强活力。发挥社会力量和市场机制作用，打破行政区域限制，推动医疗资源有机结合，建立合理分级诊疗模式，更好、更有效地服务群众，向改革要利益、要效益。

1月5日

［纲　文］　**李克强与来自最基层的18名乡村医生座谈，听取乡村医生有关问题的意见。**

［目　文］　这18名乡村医生是来京出席中央电视台“最美乡村医生”颁奖典礼的代表。他们有的来自深山乡村、戈壁草原、水上村庄等条件艰苦地区，有的来自抗击艾滋病、血吸虫病、麻风病等传染病的基层一线，为护佑群众健康作出了突出业绩。有关方面负责人汇报了乡村医疗卫生机构改革发展情况，从贵阳市自愿到黔西南州山村当村医的钟晶谈了村医面临的风险大、收入低、培训少等方面的问题，其他代表谈了自己行医的困难和建议。中共中央政治局常委、国务院副总理李克强要求有关部门就反映的问题去实地调查，对村医的收入政策要落实到位、不留缺口；对大家普遍担心的医疗风险问题，要研究建立相关机制，解除后顾之忧。

李克强说，新一轮医改实施3年多了，改革的重点就是保基本、强基层、建机制。我们的医疗卫生事业还要继续向前发展，医改还要不停歇地向纵深推进，最基层的医疗卫生服务是整个医疗卫生服务的“网底”，只能加厚加牢而不能削弱。乡村医生是这个“网底”的卫士，要帮助他们改善执业条件、解决实际困难，留住他们，保障“网底”不破。

1月5日

［纲　文］ **全国防汛抗旱工作视频会议在北京召开。**

［目　文］ 国家防总副秘书长、水利部副部长刘宁主持会议。国务院应急办和国家防总有关成员单位、武警水电指挥部有关负责人、水利部有关司局和直属单位负责人在主会场参加会议。各流域防总负责人，各省、自治区、直辖市，新疆生产建设兵团，各计划单列市防汛抗旱指挥部和有关成员单位负责人在各地分会场参加会议。国家防总副秘书长、中国气象局副局长矫梅燕在会上宣读国家防总关于表彰2012年全国先进省级防办的决定，对在2012年防汛抗旱工作中成绩突出的天津、内蒙古、辽宁、江苏等17个先进省级防办进行了表彰。会议听取了国家防办关于防汛抗旱的工作报告，天津、河南、湖北、广东、重庆防汛抗旱指挥部和长江防总作了大会交流。

会议要求，要深入贯彻落实党的十八大精神，坚持以人为本、依法防控、科学防控、群防群控，确保大江大河、大型和重点中型水库、大中城市的防洪安全，全力保障人民群众生命安全和城乡居民生活用水安全，努力保证中小河流和一般中型、小型水库安全度汛，千方百计满足生产和生态用水需求，最大程度减轻水旱灾害损失，为经济持续健康发展和社会和谐稳定提供更加可靠的防灾减灾安全保障。要着力做好八项工作：一是全力做好江河防汛工作。二是高度重视监测预报预警。三是科学调度骨干水利工程。四是突出加强水库安全管理。五是切实抓好山洪灾害防范。六是认真做好台风防御工作。七是着力强化城市防洪排涝。八是扎实做好抗旱供水工作。

会议指出，在全球气候变化影响日益加剧和“四化同步发展”不断加快的新形势下，防汛抗旱要求更高、任务更重、责任更大，必须进一步加强组织领导，明确职责任务，细化工作方案，加大工作力度，切实将各项保障措施落到实处。一要着力强化责任落实；二要着力强化依法防控；三要着力强化预案体系；四要着力强化队伍建设；五要着力强化物资储备；六要着力强化工程体系。

会议强调，要做好当前的防凌和抗旱工作。目前，松花江、黑龙江等河流已全线封冻，黄河宁蒙河段封河仍在继续，防凌形势不容乐观。有关流域和地区要及时准确监测凌情信息，滚动预测预报封开河形势，加强水库河道防凌调度，精准平稳控制封开河流量，落实抢险队伍，备足防凌物料，加强巡堤查险，确保防凌安全。与此同时，云南、湖北等省局部地区旱情仍在持续，因旱人饮困难问题依然突出，有关地区要充分考虑冬春持续连旱的最不利情况，加强抗旱水源管理，强化应急供水保障措施，全力保障群众生活用水需求。北方地区抗旱工作也要提早安排部署，扎实做好抗旱保春耕、保春灌的各项准备工作。

1月5日

［纲　文］ **国家发展改革委等10个部门联合印发新修订的《粉煤灰综合利用管理**

办法》。

［**目　文**］《办法》共5章28条，包含总则、综合管理、鼓励措施、法律责任、附则等内容。

《办法》规定，粉煤灰综合利用应遵循“谁产生、谁治理，谁利用、谁受益”的原则，减少粉煤灰堆存，不断扩大粉煤灰综合利用规模，提高技术水平和产品附加值。国家发展改革委会同国务院有关部门组织编制粉煤灰综合利用实施方案。各省级资源综合利用主管部门会同有关部门编制本行政区域的粉煤灰综合利用实施方案，并纳入地方经济社会发展规划，报国家发展改革委备案。国家发展改革委会同科技部、工业和信息化部、财政部、国土资源部、环境保护部、住房城乡建设部、交通运输部、税务总局、质检总局等部门负责制订完善粉煤灰综合利用的相关政策、技术、产品导向目录和标准，组织开展粉煤灰清洁高效利用关键技术、设备的研发与产业化示范，推动粉煤灰在建筑、建材、化工等更多领域的广泛应用。

《办法》规定，要鼓励对粉煤灰进行高附加值和大掺量利用，包括支持发展高铝粉煤灰提取氧化铝及相关产品；支持发展技术成熟的大掺量粉煤灰新型墙体材料；鼓励利用粉煤灰作为水泥混合材并在生料中替代粘土进行配料；鼓励利用粉煤灰作商品混凝土掺合料等。用灰单位可以按照《国家鼓励的资源综合利用认定管理办法》有关要求和程序申报资源综合利用认定。符合条件的用灰单位，可根据国家有关规定，申请享受资源综合利用相关优惠政策。鼓励在具备条件的建筑、筑路等工程中使用符合国家或行业质量标准的粉煤灰及其制品。对粉煤灰大掺量、高附加值关键共性技术的自主创新研究，相关部门应给予一定支持。各级资源综合利用主管部门应会同相关部门，根据本地区实际情况制定相应的鼓励和扶持措施。

该《办法》自2013年3月1日起施行，1994年1月原国家经贸委等6部门发布施行的《粉煤灰综合利用管理办法》同时废止。

1月5日

［**纲　文**］　**商务部新闻发言人就美国新财年“国防授权法案”中涉华出口管制问题发表谈话。**

［**目　文**］　商务部新闻发言人表示，中方注意到这一法案放宽了卫星及相关物项出口管制，但对中国仍保持严控，中方对此表示严重关切。

发言人指出，美方曾表示出口管制体系改革将使中国受益，并曾承诺努力促进高技术产品对华民用出口，但实际上不仅始终将中国排除在出口管制改革受益方之外，而且还采取措施继续限制中美在民用卫星领域的合作，中方对此深感失望与不满。中方希望，美方能切实履行承诺，改变对华歧视性做法，在美出口管制改革过程中，重视并解决中方重点关切，实质性放宽对华出口管制。这将有利于扩大中美双边贸易、促进两国贸易平衡，符合双方共同利益。

此前，美国总统奥巴马于1月3日签署了“2013财政年度国防授权法案”，该法案放宽了卫星及相关物项出口管制，但不仅禁止对中国出口、再出口或转移，而且也不允许在中国发射。

1月5日

［纲　文］　**国家税务总局、交通运输部联合发布《船舶车船税委托代征管理办法》。**

［目　文］　《办法》共24条，规定在交通运输部直属海事管理机构（以下简称海事管理机构）登记的应税船舶，其车船税由船籍港所在地的税务机关委托当地海事管理机构代征。税务机关与海事管理机构应签订委托代征协议书，明确代征税种、代征范围、完税凭证领用要求、代征税款的解缴要求、代征手续费比例和支付方式、纳税人拒绝纳税时的处理措施等事项，并向海事管理机构发放委托代征证书。海事管理机构受税务机关委托，在办理船舶登记手续或受理年度船舶登记信息报告时代征船舶车船税，且应根据车船税法律、行政法规和相关政策规定代征车船税，不得违反规定多征或少征。

《办法》还对船舶车船税的计算方法、涉税信息保密工作等情况作出规定。该《办法》自2013年2月1日起施行。

1月5日

［纲　文］　**原中共中央顾问委员会委员、原冶金工业部部长、党组书记李东冶在北京病逝，享年96岁。**

1月5日

［纲　文］　**23时46分，嫦娥二号深空探测突破1000万公里。**

［目　文］　这是中国航天器迄今为止到达的最远距离。此前，在北京航天飞行控制中心精确控制下，嫦娥二号卫星在世界上首次实现从月球轨道出发，进入距离地球约150万公里的日地拉格朗日L2点，并近距离探测距离地球700万公里的图塔蒂斯小行星，在燃料最优化分析利用、轨道衰变规律研究等方面取得丰硕成果，这标志着我国深空探测能力得到新的跃升，为我国后续实施载人航天、月球探测等航天工程奠定了坚实基础。

1月5—14日

［纲　文］　**"时代影像，奋进中国——庆祝党的十八大胜利召开摄影展"在中国美术馆举办。**

［目　文］　该展由中国艺术研究院主办、中国艺术研究院《中国摄影家》杂志社承办。展览回顾了10年以来在中国共产党领导下，中国人民和中华民族在复兴之路上奋发图强的光辉历程以及昂扬向上的精神风貌。展览分为"华夏腾飞"、"社会进步"、"生活变迁"、"文化繁荣"、"美丽中国"5个部分。展出作品以丰富的内容呈现，通过摄影家镜头下的一幕幕精彩瞬间呈现出中国在经济建设、政治建设、文化建设、社会建设、生态建设中令人耳目一新的场景，撷取百姓富有时代特征的生活点滴细节折射出社会的进步。

此次展览运用艺术微喷技术，将摄影作品打印在中国宣纸上，并以国画形式装裱，从而将摄影的直接性和国画的历史感相结合，这在中国美术馆大圆厅举办的公共主题性摄影展览中属于首次。

1月6日

［纲　文］　财政部印发《中央财政现代农业生产发展资金管理办法》。

［目　文］　《办法》分6章共26条，包含总则、资金分配、方案编报与资金下达、资金使用管理、绩效评价和监督检查、附则等内容。《办法》规定，各地财政（务）部门应加强与水利、农业、林业及有关涉农部门的沟通协作，按照“渠道不乱、用途不变、统筹安排、集中投入、各负其责、各记其功、形成合力”的原则，以优势主导产业发展规划和区域布局为基础，安排现代农业生产发展资金，支持优势主导产业集中开发，推进集约化、标准化和规模化生产，培育发展优势主导产业带和重点生产区域，提高现代农业生产的示范引导效应。资金分配应遵循以下原则：一、公正规范，科学合理。二、突出重点，统筹兼顾。三、绩效评价，结果导向。资金对北京、天津、上海三个直辖市，计划单列市，新疆生产建设兵团和农业部有关直属垦区给予定额补助。《办法》要求，要将立项优势主导产业扶持项目落实到具体品种。不得笼统地将粮食、畜禽、水产、林业等综合性行业作为一个立项优势主导产业。严格控制立项优势主导产业的数量，对立项优势主导产业的扶持要保持一定的连续性，并按照集中连片的原则，推进产业带建设，形成规模效益，确保优势主导产业做大、做强、做优。财政部建立现代农业生产发展资金绩效评价制度，对省级财政（务）部门上一年度相关工作情况进行绩效评价，并将绩效评价结果作为资金分配的重要因素。省级财政（务）部门负责对行政区域内项目县（市、区）进行绩效评价，并根据实际情况合理运用评价结果，引导项目县（市、区）管好用好资金，充分发挥资金使用效益。

该《办法》自2013年2月1日起开始施行，财政部2011年5月13日颁布的《中央财政现代农业生产发展资金管理办法》和2008年6月19日颁布的《县级财政支农资金整合工作考评暂行办法》即行废止。

1月6日

［纲　文］　财政部印发《中央财政现代农业生产发展资金绩效评价办法》。

［目　文］　《办法》分5章共17条及《财政部对省级财政（务）部门绩效评价量化指标表》、《省级财政（务）部门对项目县绩效评价参考量化指标表》2个附件。《办法》要求，绩效评价工作由财政部统一组织，分级实施。绩效评价遵循客观、公正、科学、规范原则，遵循有利于推动支农资金整合原则，遵循权责统一以及定性与定量相结合的原则。中央财政对省级财政（务）部门绩效评价实行百分制，计分采用量化指标，满分为100分。根据得分的不同情况将评价结果划分为优秀、良好、合格及不合格4个等级。绩效评价结果将作为资金分配和资金管理的重要依据，中央财政在分配资金时，对绩效评价结果较好的省份，将予以适当的奖励。《办法》还对财政部和省级财政（务）部门的主要工作职责、绩效评价的工作程序、评价依据与内容、评价方法与结果运用作出规定。

《办法》自2013年2月1日起开始施行，财政部2011年9月14日颁布的《中央财政现代农业生产发展资金绩效评价办法》即行废止。

1月6日

［纲　文］ **教育部、财政部印发《“985工程”建设管理办法》。**

［目　文］《办法》要求“985工程”实行绩效考评制度，并根据检查考核结果对有关学校的建设项目和分年度预算进行动态调整。

《办法》提出，“985工程”建设管理应符合高等教育的特点，遵循高等学校的办学规律，实行长期规划、动态管理、分段实施。教育部、财政部成立“985工程”领导小组，负责协商决定工程建设中的重大方针政策问题和总体规划，对学校上报的工程总体方案和资金预算进行审核和批复。工程建设资金来源包括中央财政专项资金、地方人民政府共建资金、学校主管部门共建资金以及学校自筹资金。由教育部、财政部对“985工程”建设实行阶段检查和总结验收，加强对学校工程建设成效和年度资金使用情况的检查和考核，并根据检查考核结果对有关学校的建设项目和分年度预算进行动态调整。在“985工程”的建设过程中，实施责任追究制度，对于建设过程中的违规违纪行为，追究相应责任。

1月6日

［纲　文］ **《光明日报》报道，中国为农村中小学生免费提供《新华字典》。**

［目　文］ 报道说，根据财政部、教育部确定的国家免费提供教科书范畴，自2013年寒假开学起，我国将为全国农村地区中小学1至9年级在校生免费提供《新华字典》。新闻出版总署要求各地出版发行集团配合做好免费《新华字典》政府采购工作，确保字典及时足量供应到位，严禁以其他工具书替代《新华字典》。

1月6日

［纲　文］ **民政部发出《关于主动加强对个人和民办机构收留孤儿管理的通知》。**

［目　文］《通知》要求各地民政部门深刻吸取河南兰考“1·4”火灾事件教训，主动做好对个人和民办机构收留孤儿的管理工作。各地民政部门要抽调人员，从1月上旬开始，用1个月时间，组织力量对个人和民办机构收留孤儿情况进行全国大排查，坚决消除安全隐患。同时广泛动员社区居民委员会、村民委员会等基层组织开展拉网式排查，全面掌握个人和民办机构收留孤儿等特殊困境儿童的情况。

1月4日8时30分左右，兰考县城关镇一民办收养场所发生火灾，事故造成4名孩童当场死亡，3名孩童在送医院途中死亡。

1月6日

［纲　文］ **保监会印发《保险销售从业人员监管办法》。**

［目　文］《办法》规定，保险销售从业人员应当具备大专学历，取得全国通用的资格证书，方可在全国范围内销售保险产品。与此同时，允许保监局根据地区实际适当调整。

《办法》加大了对保险销售人员违规销售行为的处罚力度。对于销售人员欺骗投保人、被保险人或者受益人，隐瞒与保险合同有关的重要情况，阻碍投保人履行如实告知义务或者诱导其不履行如实告知义务等违规销售行为，中国保监会依照法律、行政法规对该保险销售从业人员及相关保险公司、保险代理机构给予处罚；法律、行政法规未作规定的，对相关保险公司、保险代理机构给予警告，并处违法所得 1 倍以上 3 倍以下的罚款，但最高不超过 3 万元；对该保险销售从业人员给予警告，并处 1 万元以下的罚款。该《办法》自 2013 年 7 月 1 日起实施。

1 月 6—7 日

［纲　文］　**俞正声在四川省调研**。

［目　文］　调研期间，中共中央政治局常委俞正声看望慰问了各族干部群众，并就新形势下进一步做好民族地区工作广泛听取意见和建议。俞正声充分肯定甘孜藏族自治州在经济社会发展，尤其是农牧民生活改善以及群众工作、社会稳定等各方面取得的成绩。他强调，藏区的发展重在基础设施的改善、公共服务能力的提高和农牧民收入的增加。要特别重视解决群众亟待解决的问题，比如积极发展中高等职业教育以提高年轻人在就业市场上的竞争力，在内地为藏区劳动力多创造一些就业岗位，以就业带动家庭增收；大力发展医疗卫生事业，培养更多高水平医务人员，为群众特别是农牧民提供更好服务，健全大病救助制度，避免群众因病致贫、因病返贫。要改进干部工作作风，进村入户，诚心诚意服务群众，帮助群众解决实际问题，宣传党的富民惠民政策，开展法制宣传教育。要继续深入开展对达赖集团斗争，为经济发展、民生改善创造有利的社会政治环境。

调研期间，俞正声与四川省藏传佛教代表人士座谈。他希望大家坚持爱国主义的优良传统，认识到只有祖国统一强大、藏区发展稳定，各族群众才能有更加美好的生活，藏传佛教也才能有更加光明的前景；希望大家不断提升佛学水平，只有具备较深的佛学造诣，才能把寺庙管好，才能引领信教群众的宗教信仰；希望大家支持政府依法管理寺庙，引导僧尼持戒守法。政府在依法加强对寺庙管理的同时，要为寺庙提供应有的公共服务，积极引导藏传佛教与社会主义社会相适应。

1 月 7 日

［纲　文］　**习近平就做好新形势下政法工作作出重要指示。全国政法工作电视电话会议召开**。

［目　文］　中共中央总书记习近平强调，政法机关在保障人民安居乐业、服务经济社会发展、维护国家安全和社会稳定中具有十分重要的作用。全国政法机关要全面贯彻落实党的十八大精神，坚持依法治国基本方略，以党和国家工作大局为重，以最广大人民利益为念，切实肩负起中国特色社会主义事业建设者、捍卫者的职责使命。

习近平要求，全国政法机关要顺应人民群众对公共安全、司法公正、权益保障的新期待，全力推进平安中国、法治中国、过硬队伍建设，深化司法体制机制改革，坚持从严治警，坚决反对执法不公、司法腐败，进一步提高执法能力，进一步增强人民群众安全感和满意度，进一步提高政法工作亲和力和公信力，努力让人民群众在每一个司法案件中都能感受到公平正义，保证中国特色社会主义事业在和谐稳定的社会环境中顺利推进。

全国政法工作电视电话会议要求，当前和今后一个时期全国政法机关要深入学习贯彻党的十八大和习近平总书记重要指示精神，把深化平安建设、推进法治建设、加强队伍建设作为基础性工程来抓，把建设平安中国、建设法治中国、打造过硬队伍作为政法工作的奋斗目标来追求，有效回应人民群众新期待。要坚持以推动社会主义司法制度自我完善和发展为方向，以解决群众反映强烈的突出执法司法问题为重点，进一步深化司法改革，努力建设公正高效权威的社会主义司法制度，不断提升执法司法公信力。要以能力建设为重点，着力提升做好新形势下群众工作能力，着力提升维护社会公平正义能力，着力提升新媒体时代社会沟通能力，着力提升科技信息化应用能力，着力提升政法队伍拒腐防变能力。

国务委员、中央政法委书记孟建柱出席会议并讲话。中央政法委员会委员王胜俊、曹建明等出席会议。

1 月 7 日

［纲　文］　**国务院防震减灾工作联席会议在北京召开。**

［目　文］　国务院副总理、国务院抗震救灾指挥部指挥长回良玉主持会议。会议听取了中国地震局等有关部门和专家关于我国 2012 年及近年来防震减灾工作情况的汇报，研究部署了 2013 年防震减灾重点任务。

回良玉指出，过去 10 年，我国地震活动频繁，数量之多、强度之大、灾害之重历史罕见，特别是发生了震惊世界的汶川特大地震和玉树强烈地震。在党中央、国务院和中央军委坚强领导下，党政军民团结奋斗、顽强拼搏，奋勇夺取汶川、玉树抗震救灾和灾后重建的重大胜利，有力有序推进和加强防震减灾体系建设，确立了“突出重点、全面防御，健全体系、强化管理，社会参与、共同抵御”的战略，走出了一条具有中国特色的防震减灾道路。回良玉强调，各地区、各有关部门对当前全球大震活跃的形势要有清醒的认识，积极破解影响和制约防震减灾工作的突出问题，扎扎实实做好 2013 年工作。一要突出做好地震危险区、重点监视防御区震情的跟踪分析，加强会商研判。二要采取有力措施，切实解决当前城乡民居抗震设防能力不足等突出问题，着力提升抗震设防水平。三要在组织、预案、队伍、物资等各个方面全面做好抗震救灾准备，进一步增强应急救援能力。四要加强科普宣教，普及地震灾害知识，切实提升公众防灾意识。五要强化政策支持，推进工作责任落实，为防震减灾提供有力保障。

1 月 7 日

［纲　文］　**2013 年全国卫生工作会议在北京召开。**

［目　文］　卫生部部长陈竺主持会议。中央和国家机关有关部门相关司局负责人，全国人大、全国政协相关委员会有关司局负责人，总后勤部卫生部、武警总部后勤部卫生部有关负责人，各省、自治区、直辖市、新疆生产建设兵团及副省级城市卫生厅局长出席会议。会议主题为深入学习贯彻党的十八大精神，高举中国特色社会主义伟大旗帜，以邓

小平理论、“三个代表”重要思想、科学发展观为指导，按照中央经济工作会议要求，系统总结 2012 年卫生工作，深入分析面临的问题和挑战，理清工作思路和政策措施，部署 2013 年重点工作，解放思想，改革创新，凝聚力量，攻坚克难，推动卫生事业科学发展，为提高人民健康水平而努力奋斗。

陈竺作了题为《全面贯彻落实党的十八大精神 为提高人民健康水平而努力奋斗》的工作报告。《报告》指出，党的十八大提出卫生改革发展的总布局和总思路，强调坚持为人民健康服务的改革方向，重申了预防为主、以农村为重点、中西医并重的工作方针和保基本、强基层、建机制的基本原则，明确了整体推进医疗保障、医疗服务、公共卫生、药品供应、监管体制综合改革五个重点领域，突出了通过完善国民健康政策推进改革的思路。2013 年是贯彻落实十八大精神的开局之年，工作的总体思路是全面贯彻落实党的十八大精神，继续把深化医改作为卫生部门的中心任务，按照“保基本、强基层、建机制”的原则，抓住关键问题，完善政策措施，更加注重提高服务质量和改革效果。2013 年各级各类医疗机构要继续深入开展“三好一满意”活动，大力弘扬体现社会主义核心价值观的医疗卫生职业精神。要尽快设立患者权益保护的机构，建立良好医患关系，全面贯彻落实去年卫生部和公安部关于维护医疗机构秩序的文件精神，为医务人员提供安全的工作环境。要以科学发展观为指导，深入贯彻落实党的十八大精神，真抓实干，开拓进取，不断推动卫生事业科学发展，不断开创卫生改革发展新局面，为提高人民健康水平而不懈努力。

会议对 10 位“白求恩奖章”获得者、197 个全国卫生系统先进集体和 580 位先进工作者、100 个全国新型农村合作医疗工作先进集体和 200 位先进个人进行了表彰。

1 月 7 日

［纲　文］　**发展改革委、财政部、水利部联合印发《关于水资源费征收标准有关问题的通知》。**

［目　文］　《通知》指出，自 2006 年《取水许可和水资源费征收管理条例》（国务院令第 460 号）颁布以来，各地积极推进水资源费改革，征收范围不断扩大，征收标准逐步提高，征收力度不断加强，对促进水资源节约、保护、管理与合理开发利用发挥了积极作用。但是，仍存在水资源费标准分类不规范、征收标准特别是地下水征收标准总体偏低、水资源状况和经济发展水平相近地区征收标准差异过大、超计划或者超定额取水累进收取水资源费制度未普遍落实等问题。为进一步明确标准，规范行为，三部委研究制定了《通知》，这是贯彻落实党的十八大关于深化资源性产品价格改革和建立生态补偿机制战略部署的重要举措。

《通知》明确了水资源费征收标准制定原则，规范了水资源费标准分类，确定了水资源费征收标准调整目标，要求各地在 2015 年底（“十二五”末）以前，地表水、地下水水资源费平均征收标准原则上应调整到《通知》建议的水平以上。经测算，水资源费标准调整到目标后，总体平均上调 36% 左右，进一步体现了水资源的稀缺性，有利于水资源节约保护和南水北调受水区水价衔接。

《通知》要求，各地要严格控制地下水过量开采，支持农业生产和农民生活合理取用水，鼓励水资源回收利用，合理制定水力发电用水征收标准，对超计划或者超定额取水制定惩罚性征收标准，加强水资源费征收使用管理，并对各项要求提出具体指标。

为保证《通知》顺利实施，《通知》还要求做好组织实施和宣传工作，各地要高度重视水资源费征收标准制定工作，加强组织领导，周密部署，协调配合，抓好落实，认真做好水资源费改革和征收标准调整的宣传工作。

1月7日

［纲　文］　**卫生部印发《卫生部食品安全事故应急预案（试行）》。**

［目　文］　《应急预案（试行）》包含总则、组织机构及职责、应急保障、监测预警与报告、应急响应、后期处置及附则共7部分内容。

《应急预案（试行）》规定，按照“以人为本，减少危害；统一领导，分级负责；科学评估，依法处置；居安思危，预防为主”的原则，充分发挥卫生部门的职能作用，最大限度地避免或减少食品安全事故造成的人员伤亡和健康损害。食品安全事故分为特别重大、重大、较大和一般四个级别。根据食品安全事故分级情况，食品安全事故应急响应分为Ⅰ级、Ⅱ级、Ⅲ级和Ⅳ级响应，分别由国务院和省、市、县级人民政府启动应急响应。发生特别重大食品安全事故，国务院批准启动Ⅰ级应急响应并成立国家特别重大食品安全事故应急处置指挥部时，根据指挥部的要求和实际工作需要，卫生部成立特别重大食品安全事故应急工作领导小组，统一领导和协调全国卫生系统的食品安全事故应急处置工作。在信息保障方面，要建立健全食源性疾病监测、医疗救治等信息网络；建立健全食源性疾病监测信息网络；制定食品安全事故信息报告制度，组织收集和分析食品安全事故信息；设立信息报告和举报电话，畅通信息报告渠道；建立健全医疗救治信息网络。

1月7日

［纲　文］　**澳门特别行政区与香港特别行政区签署《关于澳门特别行政区与香港特别行政区相互认可和执行仲裁裁决的安排》。**

［目　文］　《安排》规定，无论是在澳门还是在香港做出的仲裁裁决，只要符合《安排》的相关规定，都可以分别在澳门特区和香港特区得到认可和执行。《安排》将由双方同意指定的日期起生效。

由于澳门与香港在经贸领域的交往日益密切，为更好处理民商事纠纷，推动两地仲裁的发展，澳门及香港特区政府认为有必要促进两地在民商事宜方面的司法合作。

1月7日

［纲　文］　**中国国家主席胡锦涛特使、水利部部长陈雷在加纳阿克拉出席加纳总统马哈马就职典礼。**

［目　文］　陈雷转达了胡锦涛主席对马哈马总统当选和就职的祝贺。陈雷说，中方对两国关系发展现状感到满意，并愿与加方一道共同努力，进一步密切两国各领域交流合作，将中加传统友好合作关系提升到新水平。

1月7日

［纲　文］**《人民日报》发表题为《刹住“迎来送往”之风》的评论员文章。**

1月7—8日

［纲　文］**国家能源局在北京召开全国能源工作会议。**

［目　文］会议指出，全国能源系统要深入分析能源发展改革面临的新形势、新挑战、新要求，谋划好能源发展改革的新任务。面对实现两个“翻一番”、城镇化发展、建设生态文明、确保能源安全等历史重任，根本的出路就是推动能源生产和消费革命。为此，必须依靠科技创新和体制创新，提高能源发展的质量、效率和效益，用更少、更清洁的能源，支撑经济发展和民生改善；必须控制能源消费总量，从敞开口子供应能源，转变到保供应与控总量相结合，倒逼转方式、调结构；必须统筹能源与生态环境协调发展，从过度依赖传统化石能源，逐步转变到更多依靠新能源和可再生能源，把经济增长建立在资源可接续、生态可承载的基础之上；必须加快构建立足国内的能源安全保障体系，把国家能源安全牢牢掌控在自己手中。

会议强调，全国能源系统要认真贯彻落实党的十八大精神，按照党中央、国务院决策部署，立足国内、把握趋势，重点做好8个方面工作：一是增加国内能源有效供给，推进煤炭安全开采和高效利用，优化发展煤电，加快建设跨区输电通道，大力开发页岩气、煤层气等非常规油气资源，确保全年能源供需总体平稳。二是大力发展新能源和可再生能源，积极发展水电，协调发展风电，大力发展分布式光伏发电。全年新增水电装机2100万千瓦、风电装机1800万千瓦、光伏发电装机1000万千瓦。三是控制能源消费总量，着力建立倒逼转方式调结构的长效机制。四是加强能源科技创新，继续实施国家科技重大专项，依托重大工程，推进关键装备国产化。五是深化能源体制改革，深入研究深化能源体制改革的顶层设计和总体规划，明确改革总体方案、路线图和时间表，积极开展试点示范。六是推进国际能源互利合作，利用两个市场、两种资源，积极参与全球能源治理。七是加快实施能源民生工程，解决无电人口用电问题。八是加强能源行业管理，抓好已有能源规划的贯彻落实，制定出台产业政策，推动能源立法，加强标准建设。

会议提出，2013年受全球性寒流影响，全国各地遭遇寒冬，对供电、供热、供煤、供气提出了新的要求。要加强监测预警，密切关注形势变化，抓好煤电油气各环节衔接和组织协调，加强安全生产，保障稳定供应，确保全国人民过一个欢乐祥和的春节。

1月8日

［纲　文］**中共中央总书记习近平在北京会见来华举行中俄第八轮战略安全磋商的俄罗斯联邦安全会议秘书帕特鲁舍夫。**

［目　文］习近平强调，坚定不移地发展中俄全面战略协作伙伴关系是中国外交的优先方向。新年伊始，中俄举行战略安全磋商很及时、很有必要。面对国际形势快速复杂

深刻变化，中俄作为推动国际形势健康发展、维护国际战略平衡的建设性力量，应进一步加大相互政治支持，加强在国际和地区事务中协调配合，为实现各自发展振兴营造和平安全稳定的外部环境，共同维护联合国宪章的宗旨和原则，维护国际公平正义，推动国际关系民主化。习近平表示，中方完全赞同普京总统关于两国加强经贸、能源、投资、金融、航空航天等领域合作的建议，愿与俄方扩大务实合作，促进共同发展。

帕特鲁舍夫表示，在新的一年，俄方希望继续加强两国高层交往，在重大问题上保持密切沟通协调，推动各领域务实合作和人文交往取得更多成果，使俄中全面战略协作伙伴关系在相互尊重、平等互信基础上迈上新台阶。

1月9日，国务委员戴秉国同帕特鲁舍夫举行中俄第八轮战略安全磋商，就中俄关系及当前国际和地区形势深入交换了意见。双方同意，继续完善、用好中俄战略安全磋商机制，为中俄全面战略协作伙伴关系发展作出新贡献。

1月8日

［纲　文］　**国务院发出《关于2012年度国家科学技术奖励的决定》。**

［目　文］　《决定》指出，为深入贯彻党的十八大和全国科技创新大会精神，大力实施科教兴国战略和人才强国战略，国务院决定，对为我国科学技术进步、经济社会发展、国防现代化建设作出突出贡献的科学技术人员和组织给予奖励。根据《国家科学技术奖励条例》的规定，经国家科学技术奖励评审委员会评审、国家科学技术奖励委员会审定和科技部审核，国务院批准并报请国家主席胡锦涛签署，授予郑哲敏院士、王小谟院士“2012年度国家最高科学技术奖”；授予“水稻复杂数量性状的分子遗传调控机理”等41项成果“国家自然科学奖二等奖”；授予“飞机钛合金大型复杂整体构件激光成形技术”等3项成果“国家技术发明奖一等奖”；授予“修复周围神经缺损的新技术及其应用”等74项成果“国家技术发明奖二等奖”；授予“嫦娥二号工程”等3项成果“国家科学技术进步奖特等奖”；授予“盾构装备自主设计制造关键技术及产业化”等22项成果“国家科学技术进步奖一等奖”，授予“特色热带作物种质资源收集评价与创新利用”等187项成果“国家科学技术进步奖二等奖”；授予美国化学家理查德·杰尔等5名外国专家“中华人民共和国国际科学技术合作奖”。

1月8日

［纲　文］　**全国行政机关公务员管理工作会议在北京召开。**

［目　文］　人力资源社会保障部副部长，国家公务员局党组书记、副局长杨士秋主持会议并作工作报告。国家公务员局党组成员、各省、自治区、直辖市、新疆生产建设兵团公务员局局长，副省级市公务员局局长，国务院各部委、各直属机构人事部门有关负责人参加会议。

中组部副部长、人力资源社会保障部部长、国家公务员局局长尹蔚民发表讲话指出，我国的公务员制度是中国特色社会主义制度的重要内容，是符合中国特色社会主义发展方向的好制度，我国的公务员队伍是一支优秀人才密集、能够担当重任、值得党和人民信赖的队伍。尹蔚民强调，要进一步完善公务员考录制度，毫不动摇地坚持公平性原则，不断提高考录工作的科学化水平，大力加强考录系统队伍建设；要努力建立公务员分类管理制度，继续推进公务员分类管理，集中力量破解重点难点问题，研究制定分类管理配套政策，建立符合不同类别公务员成长规律和特点的职务序列，改变公务员晋升渠道单一的状况；要探索建立职务与职级并行制度，在《公务员法》规定的制度框架内，保持现有领导职务和非领导职务晋升制度不变，建立职级晋升制度，实行职级与待遇挂钩，强化职级在确定公务员工资、福利等方面的作用；要建立健全公务员公开遴选制度，修改完善《公务员公开遴选办法（试行）》，推动公开遴选工作规范开展，处理好公开遴选与考试录用的关系和改善上级机关人员结构与稳定基层队伍的关系，继续坚持重视基层导向，吸引更多优秀人才到基层工作，形成优秀人才到基层去、上级机关公务员从基层来的良性循环。其他方面的制度，如考核奖励制度、培训制度、监督约束制度、权益保障制度等，也需要在实践中进一步完善。要通过完善制度更好地促进队伍建设，要坚持制度建设和队伍建设两手抓，推动公务员队伍的思想道德建设、能力建设和作风建设不断取得新成效。

1 月 8 日

［纲　文］　**全国知识产权局局长会议在北京召开。**

［目　文］　来自国务院有关部委的相关负责人、部分央企代表，全国各省、自治区、直辖市、新疆生产建设兵团、各计划单列市、副省级城市知识产权局主要负责人，以及国家知识产权局有关部门、单位主要负责人近 200 名代表参加了会议。国家知识产权局局长田力普在会上作了题为《深入学习贯彻十八大精神，推动知识产权事业科学发展，为全面建成小康社会提供有力支撑》的报告。

《报告》指出，目前全国已有 27 个省（区、市）和新疆生产建设兵团制定出台了地方知识产权战略纲领性文件，专利战略推进工作也取得了良好开局。2012 年，受理三种专利申请 205.1 万件、授权 125.5 万件，其中发明专利申请 65.3 万件，同比增长 24.0%，发明专利授权 21.7 万件，同比增长 26.1%。我国受理 PCT 申请 2.0 万件，同比增长 12%。截至 2012 年底，我国国内有效发明专利（不含港澳台）共计 43.5 万件，每万人口发明专利拥有量为 3.23 件。同时，国家知识产权局还指导全国各地组织开展了专利执法维权“护航”专项行动，全系统全年共受理专利纠纷案件 2510 件，查处假冒专利案件 6512 件，办案总量 9022 件，比去年增长两倍。2013 年工作要紧密联系知识产权工作实际，稳中求进，坚定不移地实施知识产权战略，大力加强知识产权支撑体系建设，更加注重提升知识产权质量和效益，研究并找准知识产权服务创新驱动发展的切入点和落脚点。要着力做好 10 个方面的工作：深入实施知识产权战略，重点做好《国家知识产权战略纲要》实施 5 周年阶段性总结和专利事业发展战略推进工作；进一步完善知识产权法律法规体系，重点推进专利法、专利代埋条例、职务发明条例等制定和修订工作；加强知识产权执法维权体系建设，重点提升专利执法能力，创新执法保护工作机制；加强知识产权运用体系建设，重点发挥专利引导产业发展的作用；加强专利审查体系建设，重点提高审查能力，抓质量促效益；加强知识产权服务体系建设，重点推进专利代理行业发展和专利信息公共服务；加强知识产权人才体系建设，重点开展知识产权人才培养工作；创新知识产权管理方式，重点开展战略性新兴产业知识产权工作；培育知识产权文化，重点做好知识产权宣传普及工作；拓展知识产权对外交流合作，重点提升国际话语权和影响力。

1月8日

［纲　文］ **全国质量监督检验检疫工作会在北京召开。**

［目　文］ 会议指出，2012年我国质监系统共查办食品质量违法案件2万起，处置各类食品安全问题83起次，召回缺陷汽车315万辆，汽车召回数量史上最高。2013年，质监系统将实施更加严格的准入退出机制，对恶意违法、屡次违法、造成重大质量事故的企业和法人代表，探索实行“终身出局”制度；继续强化对食品安全、特种设备安全和国门安全的重点监管，以乳制品、肉制品、食用植物油、酒类、调味品、水产品、食品添加剂等为重点，加强风险监测、专项整治和进口把关，并加大特种设备监督抽查力度，抓好儿童用品、家用电器等重点消费品监管；开展工业生产项目质量准入评价制度试点工作。同时将推动建立产品伤害监测数据直报系统，定期分析并发布产品伤害预警信息。建立覆盖全国范围的企业质量信用档案数据库，推进国家重点产品质量安全追溯物联网应用示范工程建设。

国家质检总局局长支树平表示，质检总局将强化社会监督，鼓励群众投诉举报，并将继续在食品、农资、建材等行业选聘一批产品质量安全义务监督员。他要求各级质检部门至少每月发布一次质量安全信息，保障公众的知情权和监督权。

1月8日

［纲　文］ **第二十一次全国高校党的建设工作会议在北京召开。**

［目　文］ 中共中央政治局委员刘延东主持会议。会议强调，各地区各部门各高校要按照党的十八大部署要求，全面推进高校党的建设，为办好人民满意的高等教育提供坚强保证。中央组织部部长赵乐际讲话指出，十七大以来特别是2012年以来高校党建工作取得的成绩。高校学习贯彻十八大精神，加强党的建设，最根本的是培养造就中国特色社会主义事业合格建设者和可靠接班人。要坚持以科学理论为根本指导，以服务大局为根本原则，以立德树人为根本任务，以健全制度为根本保障，推动高等教育走内涵式发展之路。要培养选拔社会主义政治家教育家，建设善于办学理校的高素质领导班子，加强思想政治建设，推进基层服务型党组织建设，健全党建工作责任制，提高高校党的建设科学化水平，开创高等教育事业科学发展新局面。

1月8日

［纲　文］ **教育部发出《关于印发〈幼儿园教职工配备标准（暂行）〉的通知》。**

［目　文］ 《通知》指出，自印发之日起，各地新设幼儿园教职工配备按照《标准》执行，已设幼儿园在3年内逐步达到《标准》要求。《标准》为基本标准，各地可根据当地经济社会发展水平和学前教育发展的实际情况，制定适合本地的具体实施方案。各地要

高度重视幼儿园教师队伍建设，将《标准》作为办园的基本标准之一，补足配齐幼儿园教师，切实加强对各类幼儿园教职工配备情况的动态监管。

根据最新标准，我国全日制幼儿园每班要配备 2 名专任教师、1 名保育员（或配备 3 名专任教师），保教人员与幼儿比达到 1∶7 至 1∶9；半日制幼儿园每班要配备 2 名专任教师，有条件的可配备 1 名保育员，保教人员与幼儿比达到 1∶11 至 1∶13。

1 月 8 日

［纲　文］　**全军宣传部长会议在北京召开。**

［目　文］　会议深入学习贯彻党的十八大精神，学习贯彻习近平主席一系列重要讲话精神，学习贯彻军委扩大会议和全国宣传部长会议精神，总结 2012 年工作，研究部署 2013 年军队宣传文化工作。

会议指出，2013 年是全面贯彻落实党的十八大精神的开局之年，是加快推进军队建设和军事斗争准备的重要一年。军队宣传文化工作要突出抓好学习宣传贯彻十八大精神这个首要政治任务，在原原本本研究原著上下功夫，在紧紧抓住坚持和发展中国特色社会主义这个聚焦点、着力点、落脚点上下功夫，在深刻学习领会习主席关于国防和军队建设的重要指示要求上下功夫，在学以致用、推动工作上下功夫，不断把学习宣传贯彻引向深入。要切实贯彻高举旗帜、听党指挥这个根本政治要求，以强化军魂意识为重点在全军开展“坚定信念、铸牢军魂”主题教育活动，在重大问题上搞深搞透、划清界限，并确保教育覆盖全员、贯穿全年。

会议强调，军队宣传文化工作要牢固树立战斗力标准，做好凝聚意志力量的工作，大力强化战斗精神，用打仗的要求检验宣传文化工作，切实为能打仗、打胜仗提供强大精神文化力量。要注重打牢官兵思想道德基础，持续培育当代革命军人核心价值观，解决好当兵做人的基本问题，用榜样力量树立鲜明导向、营造良好氛围，全面提高官兵思想道德素质。要努力增强宣传文化工作科学性，深刻领会把握党中央、中央军委和习主席指示要求，坚持一切从实际出发，按照“三个紧贴”的要求，把各项工作往实里做，做到官兵的心坎里。经常性思想工作更要面对面、心贴心、实打实。要坚持开拓创新，注重研究信息化、网络化对宣传文化工作带来的新情况新要求，注重运用现代信息技术，提升宣传文化工作的质量效益。全军宣传文化战线的同志要一手抓任务完成，一手抓自身建设，进一步振奋革命精神，进一步提高素质本领，进一步树立良好风气，努力做到政治强、业务精、干劲足、风气正、团结紧。

总政治部副主任殷方龙出席会议并讲话。各大单位宣传部部长、总政宣传单位领导等出席会议。

1 月 8 日

［纲　文］　**中国侨商联合会在北京召开第四次会员代表大会。**

［目　文］　中国侨联主席林军主持大会，来自 39 个国家和地区的侨商代表 500 余人出席。大会选举全国政协委员、香港世茂集团董事局主席许荣茂为第四届会长。中共中

央政治局委员李源潮出席会议，向广大归侨侨眷、海外侨胞表示亲切问候，希望海内外侨胞和祖国人民携手共进，共同致力于实现民族复兴的中国梦。

1月8日

［纲　文］ **第八届全国戏剧文化奖“剧本奖”和“戏剧理论评论奖”在北京揭晓。**

［目　文］ 该奖项由中国戏剧文学学会主办。戏曲《大地飞虹》（陈林、文硖）、《赛金花》（杜家福）、《还看球吗》（李龙吟）等18部作品获“剧本奖”。

首度开评的“戏剧理论评论奖”为中山大学黄天骥、南京大学吴新雷、华东师范大学齐森华、山西师范大学黄竹三这4位成就卓著的老戏曲理论家颁发了“戏曲教学与研究终身成就奖”，为俞为民、谢柏梁、洪惟助、曾永义等颁发了“戏曲史论丛书主编金奖”，为郦子柏、孙德成、俞立华、封杰、严程莹、李启斌等颁发了“戏剧专著金奖”。

1月8日

［纲　文］ **国务院副总理李克强在北京会见法国经济和财政部部长莫斯科维奇。**

［目　文］ 双方就世界经济形势、中法合作等问题深入交换意见。

李克强说，当前，发达国家面临突出经济矛盾，新兴市场国家也难题众多。大家应走到一起，增强互信，凝聚共识，集聚智慧，共同应对人类面临的经济金融领域的紧迫挑战。希望法方继续为高技术对华出口创造条件，并推动欧盟取消对华高技术出口管制。李克强指出，中国发展不平衡的矛盾突出，最大差距是城乡差距和区域差距，缩小这两大差距是实现现代化的必然要求和战略选择，也会激发巨大的发展潜力，这是一个较为长期的过程。积极稳妥推进新型城镇化，就是直面两大差距，是复杂的系统工程，也是解决的基本途径，核心是人的城镇化，关键在提高城镇化质量，并破解城市二元结构，推动现代农业发展，走出生态、节能、集约的城镇化路子。去年我访欧时，中方同欧盟签署了城镇化共同宣言，就是希望同法国等已高度城镇化的欧洲国家，在理念、技术、市场等方面加强合作。

莫斯科维奇表示法方愿推动双边关系向前发展，推动双方经济合作迈上新台阶。

1月8日

［纲　文］ **外交部部长杨洁篪应约与联合国—阿盟叙利亚问题联合特别代表卜拉希米通电话。**

［目　文］ 卜拉希米介绍了对叙利亚局势的看法及他所作的斡旋工作。杨洁篪赞赏卜拉希米为推动政治解决叙利亚问题所作的斡旋努力。杨洁篪表示，当前叙利亚问题处于关键时刻，政治解决仍是唯一现实出路，也是叙利亚人民的根本和长远利益所在。尽管各方在政治解决的方式、路径、步骤等方面存在分歧，其进程也将艰难曲折，但形势越困难，越需要信心和耐心。有关各方应继续在“行动小组”日内瓦外长会议公报基础上寻求政治解决的途径。中方在叙利亚问题上始终秉持客观、公正立场，将继续坚定支持卜拉希米先生的斡旋努力，支持一切有助于叙利亚问题政治解决的方案。

1月8日

［纲　文］ **《人民日报》发表题为《建设法治中国实现公平正义》的评论员文章。**

1月8—9日

［纲　文］　**全国宗教工作会议在北京举行。**

［目　文］　会议提出，立足于中国经济社会发展的工作全局，必须牢固树立“保护、管理、引导、服务”的宗教工作理念，树立正确的宗教工作政绩观。会议总结中共十六大以来宗教工作积累的经验，必须坚持以科学的态度看待宗教问题，以法治的方式处理宗教事务，以正确的方法化解宗教矛盾，以创新的精神推进宗教工作。关于2013年的宗教工作，此次会议指出，要继续把握稳中求进的工作总基调，加强和创新宗教事务管理，维护宗教正常秩序，促进宗教关系和谐，发挥宗教界人士和信教群众在促进经济社会发展中的积极作用。

会议重点部署了规范宗教事务管理、推进各教重点工作、引导宗教健康发展、研究若干重要问题、提高宗教交流水平等5方面工作。

1月9日

［纲　文］　**温家宝主持召开国务院常务会议。**

［目　文］　会议决定，自2013年1月1日起，继续提高企业退休人员基本养老金水平，提高幅度按2012年企业退休人员月人均基本养老金的10%确定。在普遍调整的基础上，对企业退休高工、高龄人员等群体适当再提高调整水平，对基本养老金偏低的企业退休军转干部按有关规定予以倾斜。

会议批准2012年享受政府特殊津贴人员名单，这次共有4824人享受政府特殊津贴。至此，从1990年政府特殊津贴制度建立以来，共有16.6万多名作出突出贡献的专业技术人员和高技能人员享受政府特殊津贴。会议要求研究建立企业退休人员基本养老金正常调整机制，确保企业退休人员生活水平保持稳定并逐步提高。

1月9日

［纲　文］　**全国司法厅（局）长会议在北京召开。**

［目　文］　中央政法委书记孟建柱出席会议并讲话。他强调，要深入学习贯彻党的十八大和习近平总书记重要指示精神，努力在服务党和国家工作大局中有更大作为，在推进平安中国、法治中国建设中有更大作为，为全面建成小康社会、夺取中国特色社会主义新胜利提供优质高效的法律服务和法律保障，让广大人民群众充分享受公平正义的阳光。孟建柱指出，要坚持中国特色社会主义道路不动摇，把司法行政工作置于党和国家工作大局中来谋划，坚定不移地做中国特色社会主义事业的建设者、捍卫者。要深化平安建设，充分发挥人民调解在化解矛盾中的优势，最大限度地把矛盾纠纷解决在基层、化解在萌芽状态。要积极推动建立社会关怀帮助体系，推进社区矫正法制化、规范化建设，促进社区矫正对象顺利融入社会，成为对社会有用的人。

孟建柱强调，要全面落实依法治国基本方略，推进法治建设，把法治宣传教育作为基础性工程来抓，深入基层、贴近群众、以案说法，让群众从鲜活的案例中学习法律知识，提升全民法治意识。要把维护公民合法权益作为法治建设的根本任务，扩大法律援助覆盖面，努力让人民群众切身感受到权益有保障、公正可预期。

1月9日

［纲　文］　**中央纪委监察部召开2012年全国纪检监察机关查办案件工作情况新闻发布会。**

［目　文］　中央纪委常委、秘书长、新闻发言人崔少鹏通报2012年全国纪检监察机关查办案件工作情况，中央纪委常委、监察部副部长兼新闻发言人黄晓薇通报2012年执法监察和纠风工作中查办违纪违法案件的情况。

2012年，各级纪检监察机关共接受信访举报1306822件（次），其中检举控告类866957件（次）。初步核实违纪线索171436件，立案155144件，结案153704件，处分160718人。通过查办案件，为国家挽回经济损失78.3亿元。执法监察工作中，2012年1月至11月，全国共受理工程建设领域违纪违法问题举报1.11万件，立案5956件，查实5022件，3780名党员干部受到党纪政纪处分，331名党员干部受到组织处理，1097名党员干部被移送司法机关；纠正土地和矿产资源开发中的违法违规问题2.75万个，3891人受到党纪政纪处分；纠正环境保护违法违规问题2.21万个，305人受到党纪政纪处分。2012年，监察部还直接参与调查处理了6起特别重大责任事故案件。纠风工作中，全国共查处违法违规强制征地拆迁案件427件，437人受到责任追究；受理乱收费、乱罚款、乱摊派等损害农民利益问题5511件，2227人受到责任追究；查处各类学校乱收费问题涉及金额4.8亿元，清退3.4亿元；查处食品安全问题1.12万件，8428人受到责任追究，药品安全问题5036件，3009人受到责任追究；参与检查保障性住房项目3.6万个（次），查处违纪违法问题340件，382人受到责任追究；查处公路“三乱”问题1671件，1876人受到责任追究。

发布会通报了2012年纪检监察机关重点查办的5个方面的案件。一是严肃查办违反政治纪律和组织人事纪律案件。坚持把严格执行和维护党的纪律特别是政治纪律放在首位，严肃查处违反政治纪律的行为，坚决维护党的集中统一。严肃组织人事工作纪律特别是换届纪律。二是严肃查办发生在领导机关和领导干部中的违纪违法案件。把领导机关和领导干部作为查办案件重点，加大查处力度，处分县处级以上干部4698人，移送司法机关的县处级以上干部961人。三是严肃查办重点领域和部门的违纪违法案件。加大对工程建设领域、政法机关、国土资源部门、交通部门、国有企业和金融单位发生的违纪案件查处力度，严肃查办了教育、环保、卫生、农业等部门发生的违纪案件。四是严肃查办贪污贿赂和失职渎职案件。因贪污贿赂行为处分30315人，占同期处分人数的18.9%。严肃查办失职渎职案件，处分42606人，占同期处分人数的26.5%。五是严肃查办发生在群众身边的违纪违法案件。重点查办了一批涉案人员职级不高但数额巨大、影响恶劣的案件，维护了人民群众的合法权益。

1月9日

［纲　文］　**2013年全国教育工作会议在北京召开。**

［目　文］　教育部党组成员、各省（区、市）、计划单列市、新疆生产建设兵团教育部门负责人，教育部各司局、直属单位负责人参加会议。

会议强调，要高举中国特色社会主义伟大旗帜，深入学习贯彻党的十八大精神，坚持以邓小平理论、“三个代表”重要思想、科学发展观为指导，全面落实教育规划纲要，全面贯彻党的教育方针，全面推进素质教育，把立德树人作为根本任务，把教师队伍建设作为重点内容，把转变作风作为重要保证，加快教育领域综合改革，加快转变教育发展方式，加快推进教育现代化，着力促进公平公正，着力提高质量效益，着力维护和谐稳定，努力办好人民满意的教育，为全面建成小康社会、夺取中国特色社会主义新胜利提供人才支撑和智力保证。

1月9日

［纲　文］　**中国社会科学院公布2012年中国考古新发现。**

［目　文］　2012年中国考古新发现（按时代早晚顺序）分别为：江苏泗洪县顺山集新石器时代遗址、陕西神木县石峁遗址、新疆温泉县阿敦乔鲁遗址与墓地、山东沂水县纪王崮春秋墓、河北邺城遗址东魏北齐佛寺遗迹和佛教造像埋藏坑、贵州遵义市海龙囤遗址。

1月9日

［纲　文］　**外交部发言人就日本强化在钓鱼岛周边的警备措施答记者问。**

［目　文］　外交部发言人表示，钓鱼岛及其附属岛屿是中国的固有领土，中国公务船只和飞机在钓鱼岛海域和空域进行巡航，是中方行使管辖权的正常公务活动。中方一贯坚决反对日方在中国钓鱼岛海域和空域的侵权行为，对日方的升级行动保持高度警惕。中方一贯主张通过双边对话谈判解决领土争端。任何企图拉第三方介入钓鱼岛问题的做法都是徒劳的。

1月10日

［纲　文］　**全国妇联十届五次执委会议在北京召开。**

［目　文］　全国人大常委会副委员长、全国妇联主席陈至立主持会议。全国妇联副主席、书记处第一书记宋秀岩作工作报告。会议传达学习了中央书记处对妇联工作的重要指示。

中共中央政治局委员李源潮出席会议，他在讲话中指出，要深入学习宣传贯彻十八大精神，坚定广大妇女跟党走中国特色社会主义道路的理想信念。深化“双学双比”、“巾帼建功”活动，动员广大妇女为推动经济持续健康发展建功立业。以践行社会主义核心价值观为主要内容，开展富有家庭特色、妇联特点的思想道德实践活动，以家庭和谐促进社会和谐。大力推动落实男女平等基本国策，维护妇女儿童合法权益，办好惠及妇女儿童的好事实事。以改革创新精神提高建设“坚强阵地”和“温暖之家”水平。加强妇联干部培养锻炼，提升能力素质、改进工作作风。

1月10日

［纲　文］ **国家信访局在北京召开全国信访局长电视电话会议。**

［目　文］ 国务院副秘书长、国家信访局局长王学军主持会议并作工作部署。中共中央政治局委员、国务委员兼国务院秘书长马凯出席会议并讲话。马凯强调，各地各有关部门要深刻理解信访工作是党的群众工作重要组成部分这一本质属性和职能定位，真正把来访群众当家人，把群众来信当家书，把群众反映的问题当家事，把群众工作当家业来做，千方百计解决群众的合理诉求。要在坚持行之有效的既有制度规范基础上，针对困扰信访工作科学发展的难点问题和制约因素，进一步加强制度创新，改进工作方式方法，依法规范信访工作行为。信访群众也要依法理性表达诉求。要加强对信访工作的组织领导，强化各方面保障。广大干部要心系群众冷暖、关心群众疾苦，说实话、办实事、求实效，不断提高服务信访群众的效能，切实维护和服务好改革发展稳定大局。

1月10日

［纲　文］ **国家邮政局在北京召开全国邮政管理工作会议。**

［目　文］ 国家邮政局党组成员、中央有关部门的相关负责人、各省（区、市）邮政管理局、国家邮政局机关各司局、各直属单位以及中国邮政集团公司和主要快递企业的负责人参加会议。会议回顾和总结了2012年的工作，部署了2013年的工作，提出了到2020年“建成与小康社会相适应的现代邮政业”的行业奋斗目标。

国家邮政局党组书记、局长马军胜在工作报告中指出，我国邮政业虽取得长足发展，但面临的不适应、不平衡、不协调和不可持续问题依然突出。行业发展主要依赖要素数量投入，多数企业还没有形成以技术、品牌、质量、服务为核心的竞争力；行业的规模偏小、实力偏弱，粗放发展的状况还没有根本改观；转变行业发展方式，提高行业发展质量和效益的任务还很艰巨；行业安全形势和监管工作还面临严峻考验；邮政业对国民经济的基础性作用远没有发挥。加快行业的转型升级，发展现代邮政业，是行业发展的紧迫任务。

马军胜指出，实现到2020年“建成与小康社会相适应的现代邮政业”的行业奋斗目标有五大标志：一是经济持续健康快速发展；二是人民群众用邮水平全面提高；三是企业培育跃上新台阶；四是行业文化软实力显著增强；五是创新型发展战略取得重大进展。为了实现这个目标，要注重处理好邮政基本公共服务领域和竞争性领域的关系、产业升级和加快发展的关系、发挥行业管理作用和尊重市场规律的关系等三大关系。要重点抓好五个方面的工作，即着力激发市场主体新活力、着力完善保障监督邮政普遍服务的长效机制、着力培育建设生产要素市场、着力促进协调发展、着力加强行业文化建设。

2013年邮政行业的主要任务是，要紧紧围绕主题主线，以提高邮政业发展质量和效益为中心，更加注重转变行业发展方式，更加注重提升邮政普遍服务能力和水平，更加注重推动快递产业转型升级，更加注重提高邮政管理体系的运行效能。2013年全行业发展预期目标：业务总量完成2500亿元，同比增长23%；业务收入完成2440亿元，同比增长 23%。其中，快递业务量达到 80 亿件，同比增长 40%。快递业务收入完成 1400 亿元，同比增长 33%。

1 月 10 日

［纲　文］　**国家海洋局在北京召开全国海洋工作会议。**

［目　文］　全国海洋工作会议主题为全面贯彻党的十八大对我国海洋事业发展作出的战略部署，学习领会中央领导的重要批示精神，总结回顾 2012 年海洋工作，研究提出建设海洋强国的总体思路，具体部署 2013 年全国海洋工作的重要任务，进一步解放思想，开拓创新，抓住机遇，真抓实干，推动海洋事业实现新突破，为建设海洋强国作出新贡献。30 多个国家部委、沿海省（区、市）及计划单列市海洋厅（局）长、纪检组长（书记）和办公室主任，国家海洋局局属单位的党政主要负责人，局机关各部门主要负责人，相关共建涉海高校等共约 400 人参加会议。

国家海洋局党组书记、局长刘赐贵作了题为《真抓实干　奋发进取　为建设海洋强国而努力奋斗》的工作报告，指出当前海洋工作还面临着一些严峻的挑战：一是服务海洋经济的要求更高；二是维护海洋权益斗争日益艰巨；三是争夺海洋空间日趋激烈；四是改善海洋环境任务愈加紧迫。为此，2013 年要着力做好以下 10 个方面的工作：一、不断强化海洋综合管理。抓好海洋战略研究与规划立法，实现海域资源合理配置，推进海岛有序科学开发，提升海洋环境监测能力，夯实海洋观测预报基础，强化海洋行政执法。二、加快推进海洋生态文明建设。建设海洋生态文明示范区，预防和控制海洋污染，保护和节约利用岸线资源，深化海洋应对气候变化和风险评估。三、大力推动海洋经济发展。加强海洋经济规划指导，提升海洋经济监测能力，拓展海洋经济服务领域，保障重点领域用海用岛需求，促进科技兴海全面发展，深化海洋专题预报服务。四、坚决维护国家海洋权益。加强海上执法力量的协调配合，坚持在钓鱼岛海域的常态化维权巡航执法，继续对南海我管辖海域开展巡航，全面开展领海基点保护范围选划工作，修复受损领海基点，完善南海海域地名管理，深入系统地开展海洋权益热点问题专项研究和对外宣传。五、深入开展大洋极地科考。加强国际海域调查与评价，推动极地专项顺利开展。六、继续拓展海洋国际合作。开展多层次多领域海洋外交，提高我国在国际海洋事务中的影响力。七、着力增强全民海洋意识。大力发展海洋文化，强化海洋意识宣传教育，推动海洋知识“进学校、进课堂、进教材”工作。继续办好中国海洋报等局内媒体，加强策划，广泛开展极地、大洋、海监文化建设、科普和新闻宣传。八、结合海洋单位实际，制定贯彻落实中央政治局八项规定的实施办法。九、落实中央关于惩治和预防腐败体系 2013—2017 年工作规划，构建符合海洋事业发展要求的惩治和预防腐败体系工作格局。十、健全海洋系统党的基层组织体系，推进海洋系统基层党组织建设向高层次发展。

1 月 10 日

［纲　文］　**中国最长越江地铁隧道——南京地铁 10 号线长江隧道，安全穿越了深达 58 米、地质条件极其复杂的长江江底。这标志着中国深水大直径盾构隧道施工技术走**

在世界前列。

1月10日

［纲　文］　**中央书记处书记刘云山在北京会见葡萄牙社会党主席玛丽亚·德贝伦·罗塞拉。**

［目　文］　刘云山指出，中葡关系保持良好发展势头，特别是2005年建立全面战略伙伴关系以来，两国在政治、经济、文化等领域合作不断拓展，取得丰硕成果。中方愿与葡方一道，深化和扩大交流合作，推动中葡关系再上新的台阶。党际关系是国家关系的重要组成部分，中国共产党重视发展与葡萄牙社会党的关系，愿在党际关系四项原则基础上，继续加强两党各层次交往就双方共同关心的话题及时交换看法，以进一步扩大共识、加强互信，促进各领域的务实合作，推动国家关系长期健康稳定发展，更好地造福两国人民。

1月10日

［纲　文］　**国务委员戴秉国应邀出席在印度新德里举行的金砖国家安全事务高级代表第三次会议。**

［目　文］　会议期间，戴秉国同与会的其他代表团团长就国际形势、金砖国家合作等问题深入交换意见，达成许多共识。戴秉国表示，当今世界正在发生重大而深刻的变化，遍及各大洲的一批又一批新兴市场国家和发展中国家快速崛起，成为推动国际体系和国际关系演变、拉动世界经济增长的重要力量，对世界多极化和国际关系民主化产生日益广泛的重要影响，改变着国际政治、经济版图。当前形势下，金砖国家应树立对自身发展道路的自信、对金砖国家发展前景的自信、对金砖国家合作的自信，倡导团结、合作、共赢理念，做深、做实、做强互利合作，加强在国际和地区事务中的协调配合，维护国际公平正义，促进世界和平发展，树立全球化时代新型国家关系典范。

1月10日

［纲　文］　**中国政府特使、外交部副部长张志军在首尔会晤韩国总统朴槿惠。双方就地区形势等共同关心的问题交换了意见。**

1月11日

［纲　文］　**习近平、温家宝、李克强对云南省昭通市发生重大山体滑坡灾害，造成重大人员伤亡事故高度关切，立即作出重要指示。**

［目　文］　8时20分，云南省昭通市镇雄县果珠乡高坡村赵家沟村民组发生特大山体滑坡灾害，46人遇难。

中共中央总书记习近平要求全力组织搜救，尽最大努力减少人员伤亡；搞好灾民安置和村民避险，防止发生二次灾害和次生灾害；做好受灾群众心理抚慰、思想疏导和社会治安、救灾重建工作，确保社会稳定。根据指示，国务院迅速派出工作组赶赴灾区指导抢险救灾，代表党中央、国务院慰问受灾群众，现场解决实际问题。国家减灾委、民政部针对灾害造成的损失紧急启动国家三级救灾应急响应。

1月11日

［纲　文］ **国务院办公厅印发《关于印发〈降低流通费用提高流通效率综合工作方案〉的通知》。**

［目　文］ 《通知》要求，各地区要加强组织领导，切实落实“米袋子”省长负责制、“菜篮子”市长负责制，确保各项政策措施落到实处，确保《工作方案》顺利实施。发展改革委要会同有关部门适时组织联合督查组开展专项督查。

《工作方案》共10条，包括：降低农产品生产流通环节用水电价格和运营费用、规范和降低农产品市场收费、强化零售商供应商交易监管、完善公路收费政策、加强重点行业价格和收费监管、加大价格监督检查和反垄断监管力度、完善财税政策、保障必要的流通行业用地、便利物流配送、建立健全流通费用调查统计制度。

1月11日

［纲　文］ **国土资源部在北京召开全国国土资源工作会议。**

［目　文］ 会议深入学习贯彻党的十八大精神，总结2012年和回顾5年来的国土资源工作，研究部署下一个时期重点工作。

国土资源部部长徐绍史在会上作报告，他指出，5年来探索出一条破解“两难”问题的新道路，保障了发展，保护了资源，服务了民生，维护了秩序，支撑了生态。加大统筹保障与保护的力度，坚持控总量、扩增量、挤存量、放流量、提质量，加大政策创新力度，与地方共同探索形成了“1＋8”组合政策：1是“增量计划”，8分别是“农村土地整治、增减挂钩试点、低丘缓坡开发、工矿废弃地复垦、城镇低效用地再开发、闲置土地处置、科学围填海造地和未利用地开发”。徐绍史强调，党的十八大描绘了全面建成小康社会、加快推进社会主义现代化的宏伟蓝图，提出了“五位一体”总体布局和“四化同步”重大部署，对国土资源工作既有直接的、明确的任务，也有间接的、深层次的要求。做好当前和今后一段时期的国土资源工作，必须把思想统一到党的十八大精神上来，统一到中央对国际国内经济形势的分析判断上来，找准国土资源工作在经济社会发展全局中的方位，进一步明确总体思路和重点任务。

徐绍史就2013年的重点工作提出8点要求。一要坚持控总量、稳增量、挤存量、放流量，进一步拓展建设用地新空间，保障经济社会发展合理用地需求，促进房地产健康发展。二要将生态文明建设的理念和要求贯穿国土资源管理、保护和利用的全过程。三要为城镇化健康发展提供保障和优质服务。四要坚持和完善地质找矿新机制，认真研究解决地质找矿突破中存在的突出问题，既要确保完成三年既定目标任务，还要为实现五年目标提前作出部署、打好基础。五要始终把解决国土资源领域民生突出问题作为当务之急、重中之重，切实抓实、抓细、抓好。六要严格依法行政，维护国土资源管理良好秩序。七要提升国土资源科技创新驱动能力，服务和支撑国土资源事业持续发展。八要深化改革创新，为国土资源管理注入活力与动力。深入推进国土资源重点领域和关键环节的改革。

1 月 11 日

［纲　文］　**交通运输部印发《快递市场管理办法》。**

［目　文］　《办法》规定，在收件时，快递企业应在填写快递运单前，提醒寄件人阅读快递运单的服务合同条款，并建议寄件人对贵重物品购买保价或者保险服务。在分拣作业时，快递企业应及时录入处理信息，上传网络，不得野蛮分拣，严禁抛扔、踩踏或者以其他方式造成快件（邮件）损毁。在派件时，快递企业应告知收件人当面验收。除了另有约定的情况外，快件（邮件）外包装完好的，由收件人签字确认；快件（邮件）注明为易碎品及外包装出现明显破损的，企业应当告知收件人先验收内件再签收。对无法投递的快件（邮件），快递企业应当退回寄件人。《办法》强调，快递企业不得违法提供从事快递服务过程中知悉的用户信息。快递从业人员不得扣留、倒卖、盗窃快件（邮件），不得违法提供从事快递服务过程中知悉的用户信息。该《办法》于 2012 年 12 月 31 日经第 10 次交通运输部部务会议通过，自 2013 年 3 月 1 日起施行。

1 月 11 日

［纲　文］　**中央组织部在北京召开全国老干部局长会议。**

［目　文］　中共中央组织部常务副部长沈跃跃主持会议。会议强调，要始终坚持政治上尊重、思想上关心、生活上照顾、精神上关怀老干部，以满腔热情、深厚感情和创新精神扎实做好老干部工作。

中共中央政治局委员、中央组织部部长赵乐际出席并讲话，他充分肯定党的十七大以来老干部工作取得的成绩，指出老干部是我国革命、建设、改革的功臣，是全面建成小康社会的重要力量，是党执政兴国的重要资源，坚持和发展中国特色社会主义，就必须尊重老干部，尊重党的光荣历史；学习老干部，学习党的优良传统；爱护老干部，爱护党和国家的宝贵财富。要站在讲政治的高度、立在用心用情的实处、想在更细更好的深处做好老干部工作，像对待自己的父辈那样，以感恩之心，“敬爱致恭”服务老干部。要加强老干部思想政治建设和党支部建设，落实老干部政治、生活待遇，为老干部多办实事、多做好事、多解难事；坚持自觉自愿、量力而行，发挥好老干部积极作用；加强老干部工作队伍建设，充分发挥各方面积极性，努力开创老干部工作新局面。

1 月 11 日

［纲　文］　**中国汽车工业协会发布 2012 年车产销统计数据。**

［目　文］　统计数据显示，2012 年我国汽车产销 1927.18 万辆和 1930.64 万辆，同比分别增长 4.63% 和 4.33%，连续 4 年保持全球第一。其中，2012 年我国乘用车产销 1552.37 万辆和 1549.52 万辆，同比增长 7.17% 和 7.07%；商用车产销 374.81 万辆和 381.12 万辆，同比下降 4.71% 和 5.49%。2012 年我国汽车整车出口增长明显，突破 100 万辆，达到 105.61 万辆，比 2011 年同期增长 29.7%。出口企业前 5 名分别为奇瑞、吉利、长城、上汽和力帆，其中奇瑞和吉利均超过 10 万辆。

1月11日

［纲　文］　**国家电力监管委员会发布2012年全年发电量数据。**

［目　文］　数据显示，2012年全年我国新增发电装机8000万千瓦，发电量达到4.94万亿千瓦时，同比增长4.52%。2012年我国火电供电煤耗下降到324克/千瓦时，较2011年下降6克/千瓦时。

1月11日

［纲　文］　**中国自主设计制造的世界级矿石车交付使用。**

［目　文］　由中国北车齐齐哈尔轨道交通装备有限责任公司设计制造的首批120辆Q系列40吨轴重不锈钢矿石车，正式交付力拓集团使用。该车轴重为40吨，列车编组为240辆，载重高达139.5吨，牵引吨位高达3.8万吨，自重仅20.5吨，为世界最大轴重和牵引吨位最大、自重最轻、配置最高矿石车，适用于力拓公司澳大利亚1435mm轨距铁路专用线运行。

1月11日

［纲　文］　**中央军委副主席范长龙在北京会见印度尼西亚国防部副部长沙夫里。**

［目　文］　范长龙说，中国与印尼存在广泛的共同利益，开展友好互利合作符合两国人民的共同愿望，有利于维护地区和平稳定和实现共同发展。近年来两军关系发展顺利，成果丰硕，希望双方不断加强战略互信，拓展友好交流，深化务实合作，推动两国战略伙伴关系持续稳定发展。

1月11日

［纲　文］　**外交部和国防部就日本飞机跟踪干扰中国军机正常活动，中国军机进行查证监视答记者问。**

［目　文］　10日，中国军队一架运-8飞机在温州以东、东海油气田西南空域进行例行巡逻时，发现日本航空自卫队2架F-15飞机对中国运-8飞机进行近距离跟踪，同时日方还有1架侦察机也在该空域活动，对此中方起飞2架歼-10飞机进行了查证和监视。

11日，外交部发言人表示，中国军机在东海有关空域的飞行是例行飞行，中方坚决反对日方无端扩大事态、制造紧张。国防部新闻事务局官员指出，近年来，日本自卫队飞机针对中国的抵近侦察活动不断加强，近期又不断扩大作战飞机活动范围，频繁跟踪干扰中方公务飞机正常巡航飞行和军机例行巡逻训练活动，这是产生中日海空安全问题的根源。对日方这一动向，中国军队保持高度警惕。中方将坚决维护国家的空防安全，坚决捍卫依据国际法享有的正当权利。希望日方尊重有关国际法规，切实采取有效措施，防止发生海空安全问题。

1月11—14日

［纲　文］　**刘云山在陕西省调研。**

［目　文］　调研期间，中共中央政治局常委、中央书记处书记刘云山在延川、安塞、靖边召开三次调查座谈会，就贯彻落实党的十八大精神、开展群众路线教育实践活

动的内容、重点、方式、步骤等听取意见建议。他指出，开展教育实践活动要牢牢把握主题，强化群众立场、群众观点、群众感情，增强做好新形势下群众工作的本领。要坚持突出重点，贯彻党要管党、从严治党的要求，严明纪律、严格管理，引导各级领导机关和领导干部做弘扬优良作风、密切联系群众的表率。要结合基层服务型党组织建设，把教育实践活动作为改进作风、服务人民的重要突破口，拓宽服务渠道，提高服务水平。要运用好以往教育实践活动的成功经验，运用好近年来基层党建工作的新鲜经验，坚持分类指导，坚持开门搞教育，让群众参与、让群众监督、让群众检验，使教育实践活动真正收到实效。

刘云山积极评价陕西省和延安市、榆林市学习贯彻党的十八大精神的工作，充分肯定近年来经济发展、改善民生和党的建设取得的成绩。刘云山强调，开展以为民务实清廉为主要内容的群众路线教育实践活动，是保持党的先进性纯洁性、加强党的作风建设的重大举措，必须深入调查研究，广泛听取各方面意见，眼睛向下、求教基层、问计于民，把教育实践活动安排好谋划好。

1月12日

［纲　文］　**国家主席胡锦涛与安哥拉总统多斯桑托斯互致贺电，热烈庆祝两国建交30周年。同日，外交部部长杨洁篪与安外交部部长希科蒂就中安建交30周年互致贺电。**

1月13日

［纲　文］　**刘延东在山东省调研。**

［目　文］　国务委员刘延东在荣成石岛湾高温气冷堆核电站示范工程工地调研时强调，要深入贯彻党的十八大精神，大力实施创新驱动发展战略，强化政产学研用紧密结合，积极稳妥推进核电科技重大专项，为我国能源结构调整和清洁能源发展提供有力科技支撑。刘延东召开现场协调会，听取参加研发、制造和建设的企业和高校的专家学者、工程技术人员、管理人员的意见建议。她指出，这一工程是我国拥有自主知识产权的第一座高温气冷堆示范电站，也是世界上第一座安全性更高的第四代核能、模块式商用规模示范电站，兼具科研性、工程性和商业化的三重特征。高温气冷堆核电站科技重大专项实施以来，在技术研发、安全防范、装备研制、人才培养和项目建设等方面取得了重要阶段性成果，标志着我国在该领域技术和工程化已迈入世界先进行列。

刘延东指出，高温堆示范工程是我国自主创新的重大标志性工程，要创新组织模式，坚持政府推动、企业主体、市场导向、研发引领，产学研紧密结合，各方加强对接，围绕关键核心技术协同攻关。要坚持应用牵引、需求拉动，把实现核电技术突破和支撑产业发展结合起来，提升专项成果工程化、产业化程度和国际化水平，努力把创新成果转化为现实生产力。安全是核电发展的生命线，要坚持安全第一、质量第一，加强监督管理，确保研发质量、制造质量和施工质量，确保工程建设运行的绝对安全。各有关方面要加强统筹配合，落实责任分工，增强工作的系统性和协调性，形成共同推进核电科技重大专项顺利实施的强大合力。

1月13日

［纲　文］　**赵乐际在河北省调研。**

［目　文］　调研期间，中共中央政治局委员、中央组织部部长赵乐际瞻仰了西柏坡中共中央旧址，参观了纪念馆，重温七届二中全会毛主席提出的“两个务必”的要求，走访慰问了当地的老党员和生活困难党员群众。

赵乐际指出，深入开展以为民务实清廉为主要内容的党的群众路线教育实践活动，要围绕保持党的先进性和纯洁性，继承、坚守、发扬党的优良传统和作风，始终把人民放在心中最高位置，始终与人民群众一块过、一块干，一心一意服务群众，多办帮民、利民、富民的实事，千方百计让群众过上更好的日子。要落实党要管党、从严治党要求，认真开展批评与自我批评，着力解决人民群众反映强烈的突出问题，特别是思想、宗旨、作风、纪律等方面存在的问题。要提高做好新形势下群众工作的能力，相信群众、发动群众、凝聚群众、依靠群众，团结带领人民群众推动经济持续健康发展、促进社会和谐进步。要加强分类指导，针对不同层次、不同行业、不同部门具体情况，提出有针对性的要求。要借鉴历次党内教育活动的成功经验，认真总结运用各地区各部门在联系服务群众方面的好经验好做法，使其在教育实践活动中得到完善和发展。各地区各部门要结合实际，搞好调研、明确任务、做好准备，需要做的事情先做起来，需要改的问题先改过来。要把教育实践活动与正在做的事情结合起来、与改革发展稳定各项工作结合起来，协同推进，相互促进。

1月13—14日

［纲　文］　**中国代表团以观察员身份参加在阿联酋首都阿布扎比召开的国际可再生能源机构第三次全体会议。**

［目　文］　中国代表团在会议上宣布，中国计划于2013年正式加入国际可再生能源机构，通过加强能源利用技术领域的国家间合作，促进全球可再生能源市场的建立。

1月14日

［纲　文］　**国务院办公厅印发《关于〈促进民航业发展重点工作分工方案〉的通知》。**

［目　文］　《通知》要求，有关部门要认真贯彻落实《国务院关于促进民航业发展的若干意见》精神，按照《分工方案》将涉及本部门的工作进一步分解和细化，抓紧制定具体落实措施。同一项工作涉及多个部门的，牵头部门要加强协调，部门间要主动密切协作。发展改革委、民航局要认真做好统筹协调、督促检查工作。各省、自治区、直辖市人民政府要积极发挥主体作用，加强与有关部门的沟通衔接，加快推进各项工作。工作落实中的重大问题及时向国务院报告。

《分工方案》共56条，就加强机场规划和建设、科学规划安排国内航线网络、大力发展通用航空、努力增强国际航空竞争力、持续提升运输服务质量、着力提高航空安全水平、加快建设现代空管系统、切实打造绿色低碳航空、积极支持国产民机制造、大力推动航空经济发展、加强立法和规划、加大空域管理改革力度、完善管理体制机制、强化科教和人才支撑、完善财税扶持政策、改善金融服务等问题作出具体安排。

1月14日

［纲　文］　**住房城乡建设部印发《房屋市政工程生产安全事故报告和查处工作规程》。**

［目　文］　《规程》共24条，根据造成的人员伤亡或者直接经济损失将房屋市政工程生产安全事故分为特别重大事故、重大事故、较大事故和一般事故4个等级，对各等级事故的上报、补报、查处工作流程、事故报告内容做出具体安排。该《规程》自印发之日起施行。

1月14日

［纲　文］　**交通运输部召开电视电话会议，部署加快推进“重点运输过程监控管理服务示范系统工程”实施工作。**

［目　文］　这是第一个北斗卫星导航系统民用示范工程。“工程”计划用2年时间，建设7个应用系统和一套支撑平台，安装8万台北斗终端，在江苏、安徽、河北、陕西、山东、湖南、宁夏、贵州、天津9个省市示范应用。按照交通运输部要求，9个示范省市的大客车、旅游包车和危险品运输车辆，2013年3月底前80%以上将安装上北斗车载终端。

1月14日

［纲　文］　**国家能源局发布2012年中国全社会用电量相关数据。**

［目　文］　数据显示，2012年，我国全社会用电量累计达49591亿千瓦时，同比增长5.5%，增速同比下降6.2%。2012年，我国全社会用电量中，第一产业1013亿千瓦时，第二产业36669亿千瓦时，第三产业5690亿千瓦时，城乡居民生活6219亿千瓦时。从分类用电量看，全国工业用电量为36061亿千瓦时，其中，轻、重工业分别为6083亿千瓦时和29978亿千瓦时。全年6000千瓦及以上电厂发电设备累计平均利用小时4572小时，比2011年降低158小时。全年发电新增设备容量8700万千瓦，其中，水电1900万千瓦，火电5100万千瓦，风电1537万千瓦。截至2012年底，全口径发电装机容量11.44亿千瓦，其中，水电2.49亿千瓦，火电8.19亿千瓦，核电1257万千瓦，风电6237万千瓦。

1月14日

［纲　文］　**国务委员刘延东在北京会见英国太古集团主席何礼泰一行。**

［目　文］　刘延东积极评价太古集团长期以来为推动香港经济发展、促进香港与内地经贸合作以及支持内地改革开放事业所作的努力。刘延东表示，党的十八大胜利召开，

中央政府将继续坚定不移地走改革开放道路，坚持“一国两制”方针，支持特区政府依法施政，支持香港巩固和提升国际金融、贸易、航运中心地位，希望太古集团为保持香港长期繁荣稳定和推进中国与世界的合作共赢作出新的贡献。

1月14日

［纲　文］　**中共中央政治局委员李源潮在北京会见由主席克勒奇达尔奥卢率领的土耳其共和人民党代表团。**

［目　文］　李源潮说，中土同为新兴发展中国家，保持双边关系快速发展，符合两国人民共同利益。中方始终高度重视发展中土关系，愿与土方共同努力落实两国领导人共识，将两国战略合作关系推向更高水平。中国共产党和土耳其共和人民党都在去年召开了全国代表大会，站在了一个新的发展起点上。我们愿加强两党治党理政经验交流与友好务实合作，以更好地造福两国人民。

克勒奇达尔奥卢表示，共和人民党奉行一个中国政策，将一如既往地支持中国维护国家统一和民族团结，希望进一步了解中国共产党治党理政、富民强国的经验，深化同中国共产党及青年、妇女组织间的交流合作，推动土中经贸和文化领域合作取得更大发展。

1月15日

［纲　文］　**国务院公布《“十二五”国家自主创新能力建设规划》。**

［目　文］　《规划》提出，到“十二五”末，我国创新环境更加完善，知识产权保护得到切实加强，每万人发明专利拥有量提高到3.3件，专利质量和专利技术实施率明显提高。

在增强重点产业持续创新能力方面，《规划》要求要加强战略性新兴产业创新平台和标准化建设。强化战略性新兴产业知识产权与技术标准前瞻布局，支持以企业为核心的专利战略联盟和技术标准联盟建设，掌握一批主导产业发展的知识产权和有国际影响力的技术标准，抢占战略性新兴产业技术发展制高点。

在加强创新人才队伍建设上，《规划》提出要依托国家知识产权人才培训基地，加快国家（地方）知识产权人才库和专业人才信息网络建设，重点培养社会急需的企业知识产权管理和中介服务人才。

在完善创新能力建设环境工作方面，《规划》强调要加强知识产权创造、运用、保护和管理。加快构建以国家知识产权数据中心为核心、区域（行业）知识产权信息服务中心为支撑、知识产权中介服务机构与维权援助机构为基础的知识产权信息服务体系，提升知识产权信息公共服务能力。强化国家科技重大专项、国家科技计划的知识产权前瞻布局，加强重大科技项目知识产权全过程管理。落实完善国家资助开发的科研成果授权和利益分享机制。建立重大经济活动知识产权审议机制，构建知识产权分析预警体系，提高知识产权创造和布局针对性。深入开展企事业单位知识产权试点示范工作，实施中小企业知识产权战略推进工程和知识产权优势企业培育工程，增强企事业单位的知识产权运用能力。加强知识产权专业服务机构、知识产权维权援助机构的技术支撑能力和知识产权价值评估能力建设，促进知识产权转移转化。大力推进使用正版软件。完善知识产权保护措施，依法惩治侵犯知识产权的违法犯罪行为，为科技创新营造良好环境。

1月15日

［纲　文］　**温家宝在财政部调研。**

［目　文］　国务院总理温家宝在调研时指出，从一个国家的财政史能够看出经济的发展，看出社会的结构和公平正义。我们国家大、人口多、发展很不平衡。这5年是在应对国际金融危机中度过的，走过的路很不平坦。我们实施积极的财政政策，既为国民经济发展提供了有力的政策支撑，也比较好地控制了财政风险；按照推动科学发展和加快转变经济发展方式的要求，坚持有保有压、区别对待，加大财政对重点领域和关键环节的支持力度；大力保障和改善民生，在教育、医疗、就业、社保、保障性住房等方面办成了一批大事实事；积极推进财税制度改革，内外资企业税制并轨、增值税转型、营改增、资源税从价计征等税制改革成效显著，财政预算决算公开特别是"三公"经费公开取得突破性进展。这几个方面突出反映了财政工作的巨大成绩和进步。

温家宝说，当前和今后一个时期，我们面临着严峻复杂的国内外环境，任务繁重艰巨。财政工作如何适应形势变化，更好地服务国家经济社会发展和民生改善，是摆在全体财政工作者面前的新课题。要坚持立足发展，进一步提升财政宏观调控水平。坚持民生优先，逐步构建符合国情、比较完整、覆盖城乡的基本公共服务体系。坚持改革创新，建立健全有利于科学发展、社会公平的财税体制。坚持科学管理，把依法理财贯穿始终。

在谈到优化税制时，温家宝说，近期要切实抓好营改增扩大试点和资源税改革工作。从中长期看，有两项重大的税制改革要认真研究。一项是改革房地产税收制度，逐步建立起覆盖住房交易、保有等环节的房地产税制，促进房地产市场持续健康发展；另一项是完善有利于调节收入分配的税收制度，增强财政在调节收入分配中的作用。

1月15日

［纲　文］　**李克强到国家粮食局科学研究院考察调研并主持召开座谈会。**

［目　文］　国务院副总理李克强在调研时说，粮食是安天下之本，我国粮食供需总体上仍处于紧平衡状态，"靠天吃饭"还没有根本改变，今后粮食消费还将刚性增长，十几亿人的吃饭问题，谁也"背"不起，只有靠我们自己。尤其是当前国际市场粮食价格高位震荡，未来仍可能反复出现，我国农业特别是粮食这个基础任何时候都不能削弱。这是治国安邦的头等大事，要坚持不懈地抓好。

在座谈会上，国家粮食局负责人汇报了粮食流通工作，介绍当前我国粮食库存总体充裕。专家们围绕国际国内粮食形势、粮油科技等谈了看法和建议。李克强指出，解决好农业和粮食问题，要放在发展的全局中来统筹。工业化、信息化、城镇化、农业现代化，是实现我国现代化的基本途径，这"新四化"相互联系、相互促进。工业化与信息化是发展到一定阶段的"孪生子"，其深度融合是产业升级的方向与动力；城镇化蕴含着最大的内需潜力，是现代化建设的载体；而农业现代化则是整个经济社会发展的根本基础和重要支撑。我们说要守住管好“天下粮仓”，实质上就是要把好耕地红线、打牢农业基础、确保粮食安全。

李克强强调，统筹“新四化”发展，需要平衡多方面关系。推进城镇化，核心是人的城镇化，关键是提高城镇化质量，目的是造福百姓和富裕农民。要走集约、节能、生态的新路子，着力提高内在承载力，不能人为“造城”，要实现产业发展和城镇建设融合，让农民工逐步融入城镇。要为农业现代化创造条件、提供市场，实现新型城镇化和农业现代化相辅相成。要做好“广积粮、积好粮、好积粮”三篇文章。广积粮，就是要着力稳定粮食产量和提高粮食综合生产能力；积好粮，就是要适应人民生活水平提高和消费升级，增加优质粮油的产量和储备；好积粮，就是要改善储运条件，减少产后损失，健全市场体系，做到随时可调，保证能及时调到需要的地方、调到困难群众手中。中国的改革 30 多年前发轫于农村，现在我们守住管好“天下粮仓”，推动“新四化”，仍然要靠改革创新。要深化企业、财税、金融、户籍、土地管理制度、价格等改革，释放发展的巨大潜力、源头活力和持久动力，最终使人民尤其是广大农民得到红利、收到实惠。

1 月 15 日

［**纲　文**］　**中共中央党校举行 2012 年秋季学期毕业典礼。**

［**目　文**］　中央党校校长刘云山出席毕业典礼并为学员颁发毕业证书。中央党校本期毕业学员 604 人，另有中直机关分校、中央国家机关分校、部队分校和国资委分校的 2800 多名学员同期毕业。学员们普遍反映，通过学习，进一步提高了把思想和行动统一到党的十八大精神上来的自觉性；夯实了理论基础，提高了理论素养；开阔了视野，完善了知识结构；提高了思维水平和领导能力；锤炼了党性，提升了思想境界。

1 月 15 日

［**纲　文**］　**共青团十六届六中全会在北京召开。**

［**目　文**］　团中央书记处第一书记陆昊主持会议，会议传达学习了中共中央书记处对共青团工作的重要指示。中共中央政治局委员李源潮出席会议并讲话。

李源潮代表党中央充分肯定过去一年共青团工作取得的成绩。他说，2013 年是全面贯彻十八大精神的第一年，要紧密结合青年思想、结合青年面临的实际问题，用青年人易于接受的方式和语言，让十八大精神在广大青年中入脑入心。要结合全党开展的中国特色社会主义学习教育，在青年中广泛开展“三观三热爱”主题教育，引导青年坚定不移跟党走中国特色社会主义道路。要用民族复兴的中国梦激励青年立足岗位创先争优，在改革开放和现代化建设中发挥生力军作用。

李源潮指出，未来的社会在于今天的塑人，共青团、少先队担负着为未来社会塑人的重要责任。培育社会主义核心价值观，要从青少年抓起。共青团特别是学校团组织和少先队要通过思想教育、树立榜样、社会实践，引导青少年更好地认识社会责任、追求高尚理想、提升道德情操。要增强服务意识、提高服务能力，满腔热情地关爱青年、帮助青年。

要以改革创新精神加强团的基层组织建设，增强团组织的凝聚力战斗力。

1月15日

［纲　文］　**公安部公布2012年出入境管理局数据**。

［目　文］　数据显示，2012年全国出入境边防检查机关共检查出入境人员4.31亿人次，同比增长4.76%；检查出入境交通运输工具2504.88万辆（架、列、艘）次，同比增长0.82%。2012年，我国内地居民出境8318.17万人次，同比增长18.33%。内地居民出境前往国家、地区居前5位的是：中国香港、中国澳门、韩国、中国台湾、泰国。2012年，外国人入出境共计5435.15万人次，同比增长0.35%。外国人入境人数居前10位的国家是：韩国、日本、俄罗斯、美国、马来西亚、越南、新加坡、蒙古、菲律宾、澳大利亚。

在打击非法出入境活动方面，2012年，全国出入境边防检查机关共查获偷渡人员2614人次，查处其他违反出入境管理法律法规人员4.71万人次，查获网上在逃人员802人次，有力维护了口岸出入境秩序。

1月15日

［纲　文］　**三星堆考古获重大突破**。

［目　文］　四川省文物考古研究院宣布，发现了青关山大型建筑基址群，并初步确认“仓包包城墙”和“北城墙”2道新城墙。此次勘探和发掘是继1986年一、二号祭祀坑发现、发掘以来，收获最大、取得突破最多的一次。

1月15日

［纲　文］　**海南海事“海巡21”船16时从海口海事基地码头启航赴三沙水域执行巡航执法任务，这是该船首次南海巡航**。

1月15日

［纲　文］　**中央军委原秘书长、中国人民解放军总政治部原主任杨白冰在北京病逝，享年93岁**。

［目　文］　1月21日，杨白冰同志的遗体在北京八宝山革命公墓火化。胡锦涛、习近平、吴邦国、温家宝、贾庆林、李克强、刘云山等到八宝山革命公墓送别。

1月15—16日

［纲　文］　**2013年南水北调工程建设工作会议在山东济南召开**。

［目　文］　国务院南水北调办副主任张野、蒋旭光、于幼军，国务院南水北调办总工程师沈凤生，机关各司、各直属单位，公安部、监察部、财政部、国土资源部、环境保护部、交通运输部、铁道部、水利部、审计署等有关司局负责人，南水北调工程沿线各省（直辖市）南水北调办事机构、移民机构、环保机构和项目法人负责人参加会议。

会议对2012年南水北调工程建设先进单位进行了表彰，并向各项目法人颁授了2013年工程建设目标责任书。会议系统总结建委会第六次全体会议和2012年建设工作会议以来的建设成果，客观分析南水北调工程建设面临的新形势，安排部署2013年工作任务，确保东线工程三季度通水、中线主体工程基本完工。

会议提出，2013年南水北调工程建设计划全年完成投资420亿元，东线二季度试通水，三季度努力实现正式通水；中线主体工程基本完工，渠道衬砌、大型建筑物、自动化系统等重要工程建设形象满足2014年汛后通水要求。征地移民方面，6月底前全面完成库底清理，9月底前完成库区移民蓄水前验收，为水库蓄水创造条件；全面完成干线征迁扫尾任务。治污环保方面，东线治污补充规划骨干项目基本建成发挥作用，输水干线考核断面全部稳定达标；加快实施中线水源区水污染防治"十二五"规划、经济社会发展规划及干线生态带建设规划和对口协作方案，落实"一河一策"治理方案，推动尾矿治理，确保丹江口水库水质越来越好。

国务院南水北调办主任鄂竟平在会上发表讲话指出，2013年是南水北调工程建设冲刺冲锋、决战决胜年。总体上要实现"四个转变"，即工程建设要实现主体工程从建设为主向建设、管理统筹转变，从主体工程建设向主体与配套工程建设统筹转变；治污环保要实现从污染治理向污染治理、环境保护并重转变；征地移民要实现从征迁安置向稳定发展转变。2013年着力抓好以下工作：一是紧盯重点大推进度。抓重点、抓节点，东线保通水、中线保收尾。二是再加高压严管质量。围绕"高压高压再高压，延伸完善抓关键"，提高质量监管的主动性、针对性和时效性，严格责任，严控过程，严管重点。三是落实帮扶稳定移民。促发展保稳定，抓验收保蓄水，盯尾工保进度。四是治保并重提升水质。治污环保两手抓，促水质持续向好，保证通水需要。五是安全高效监控资金。扎实做好工程建设资金供应和监管，在全力促进工程建设按期通水的同时，加强资金使用全过程管理，确保资金都用在刀刃上。同时，要强化协调促东线顺利通水。

1月16日

［纲　文］　**胡锦涛任免驻印度共和国大使。**

［目　文］　国家主席胡锦涛根据全国人民代表大会常务委员会的决定，免去张炎的中华人民共和国驻印度共和国特命全权大使职务；任命魏苇为中华人民共和国驻印度共和国特命全权大使。

1月16日

［纲　文］　**温家宝主持召开国务院常务会议。**

［目　文］　会议讨论通过《国家重大科技基础设施建设中长期规划（2012—2030年）》。《规划》明确了未来20年我国重大科技基础设施发展方向和"十二五"时期建设重点。未来20年，要以提升原始创新能力、支撑重大科技突破和经济社会发展为目标，针对科技前沿研究和国家重大战略需求，以能源、生命、地球系统与环境、材料、粒子物理和核物理、空间和天文、工程技术7个科学领域为重点，加快我国重大科技基础设施建设。"十二五"时期，选择我国科技发展急需、具有相对优势和建设条件较为成熟的领域，优先安排海底科学观测网、精密重力测量研究设施等16项重大科技基础设施建设。会议要求健全协同创新和开放共享机制，加大投入力度，完善管理制度，全面提升重大科技基

础设施建设水平和运行效率。

会议决定对《著作权法实施条例》、《信息网络传播权保护条例》、《计算机软件保护条例》、《植物新品种保护条例》等4部行政法规关于罚款数额的规定作出修改，以加大对侵犯知识产权和制售假冒伪劣商品行为的打击力度。会议决定，2013年春节前为全国城乡低保对象、农村五保对象、享受国家抚恤补助的优抚对象和其他符合条件的困难群众共8953.4万人发放一次性生活补贴。

1月16日

［纲　文］ **全国政协主席贾庆林在北京会见日本前首相鸠山由纪夫。**

［目　文］ 贾庆林说，中日互为重要近邻，相互交往和利益交融广泛、深入，两国走和平、合作之路符合两国和两国人民的根本利益，也符合本地区和国际社会的共同期待。中方重视发展对日关系，愿在中日四个政治文件确定的原则基础上，本着以史为鉴、面向未来的精神，继续推进两国战略互惠关系。双方应通过对话磋商妥善处理在钓鱼岛等问题上存在的立场分歧，推动两国关系进入健康稳定发展的轨道。

1月16日

［纲　文］ **国家发展改革委印发《关于优化和调整银行卡刷卡手续费的通知》。**

［目　文］ 《通知》规定，自2月25日起适当下调部分偏高刷卡手续费标准，以减轻商户负担，方便群众持卡消费，促进银行卡产业健康发展，实现多方共赢。由国家发展改革委制定的刷卡手续费标准同时发布，并将适用于境内银行卡受理终端。

《通知》指出，优化和调整刷卡手续费的总体目标是有利于鼓励消费、降低流通成本。刷卡手续费由发卡行服务费、银行卡清算组织网络服务费和收单服务费组成。刷卡手续费商户类别包括餐娱类、一般类、民生类和公益类4大类。为促进刷卡机具的推广应用，鼓励对农村地区和便民支付等新兴业务领域执行优惠费率。

1月16日

［纲　文］ **保监会发出《关于实施〈保险专业代理机构基本服务标准〉〈保险经纪机构基本服务标准〉〈保险公估机构基本服务标准〉的通知》。**

［目　文］ 《通知》指出，各保险中介机构应切实提高服务意识和服务水平，应对照基本服务标准制定业务操作规范，切实加强服务流程管理，加强从业人员教育培训，把基本服务标准的要求落到实处。鼓励制定标准更高、业务范围更广泛、业务流程更细致的公司内部服务标准。各保监局应积极宣传基本服务标准，引导保险消费者自觉监督保险中介机构服务，自主维护自身利益；督促辖区内保险中介机构切实加强内部管理、规范服务流程、提高服务水平；认真处理涉及保险中介机构服务的信访投诉，切实维护保险消费者利益。

1月16日

［纲　文］ **中国侨联八届五次全委会议在北京召开。**

［目　文］ 中国侨联主席林军主持会议并作工作报告，中共中央政治局委员李源潮

出席会议并讲话。会议传达学习了中央书记处对侨联工作的重要指示。

李源潮指出，要深入学习贯彻党的十八大精神，更好地凝聚侨心、汇集侨智、发挥侨力、维护侨益，团结动员广大归侨侨眷和海外侨胞为全面建成小康社会、实现中华民族伟大复兴而共同奋斗。

李源潮充分肯定2012年侨联工作的成绩。他说，实现中华民族伟大复兴的中国梦，寄托了海内外中华儿女的共同愿景和共同追求。侨联学习贯彻党的十八大精神，要用中国梦凝聚侨胞力量，充分激发海内外侨胞报效祖国、造福桑梓的热情。要创新调整服务国家经济发展的思路和重点，在招商引资的同时更加注重招才引智，更加注重帮助国内企业和资本走出去。要加强海外联谊和与港澳台侨界的联系，融洽同胞感情，传播中华文化，增进中国人民与世界人民的了解和友谊。

李源潮说，改革开放特别是进入新世纪以来，我国海外侨胞数量迅速增加，归侨中回国投资兴业和科技创新创业的新侨大量增加。要根据侨情的新变化新特点，贴近侨心、服务侨胞，可以做锦上添花的事，更要做雪中送炭的事，帮助归侨侨眷和海外侨胞解决实际问题，维护他们的合法正当权益。要加强侨联自身建设，努力建设侨界群众真心信赖的侨胞之家。

1月16日

［纲　文］　**最高人民法院印发《最高人民法院关于审理拒不支付劳动报酬刑事案件适用法律若干问题的解释》。**

［目　文］　《解释》针对拒不支付劳动报酬罪所涉及的术语界定、定罪量刑标准、单位犯罪等问题，进一步明确了相关刑事案件的法律适用标准。

《解释》重点内容包括：一是明确了“劳动者的劳动报酬”的具体含义；二是明确了“以转移财产、逃匿等方法逃避支付劳动者的劳动报酬”的认定标准；三是明确了“经政府有关部门责令支付仍不支付”的认定标准，特别对行为人逃匿情形下“经政府有关部门责令支付”的内涵作了规定，以便于司法实务操作；四是明确了拒不支付劳动报酬罪的定罪量刑标准，对“数额较大”、“造成严重后果”的认定标准作了解释；五是明确了拒不支付劳动报酬罪的从宽处罚情形；六是明确了拒不支付报酬罪的主体范围、单位犯罪等问题。司法解释针对使用暴力恶意欠薪的行为作出规定：对要求支付劳动报酬的劳动者使用暴力或者进行暴力威胁的属于刑法规定的“造成严重后果”，此种“拒不支付劳动报酬罪”行为可处3年以上7年以下有期徒刑。《解释》自2013年1月23日起施行。

1月16日

［纲　文］　**江苏丹阳国家旅游产业创新发展实验市总体规划通过国家级评审，江苏丹阳成为中国首个旅游产业创新发展实验市。**

1月16日

［纲　文］　**中国首个地理信息工程国家重点实验室在总参某测绘研究所挂牌。**

［目　文］　该实验室是中国军事测绘导航领域唯一的国家重点实验室，主要从事全

球地理空间信息基础研究和应用研究，重点在时空基准维持与精确、新导航理论与技术等方面进行探索和创新。该实验室的建立将有利于完善我国地理信息工程研究领域的学科布局，成为国家地理信息工程领域科学研究与学术交流中心、新技术研发与人才培训基地。

1月16日

［纲　文］ **梁振英在香港立法会发表2013年施政报告。**

［目　文］ 这是新一届政府自2012年7月1日成立以来的第一份施政报告，主要就政府2013年的工作方针和今后5年的工作做了阐述。施政报告以“稳中求变 务实为民”为题，对香港未来的经济、房屋、扶贫、教育、环保、交通、医疗、文化等方面的政策都作了全面阐述。

香港特区行政长官梁振英说，解决房屋问题是政府的首要任务，问题的核心是要解决房屋供应短缺的现状。政府将会从多方面去增加土地供应，包括检讨生态价值较低“绿化地带”以释放更多土地以及在维港以外适度填海等。目标是将每年1.5万公屋供应量增加至不少于2万个。在经济金融政策方面，将巩固拓展离岸人民币业务、发展商品期货市场，为此将成立金融发展局。加强对外经贸合作，推动粤港多个领域的合作。在教育方面，将会研究免费幼稚园的可能性；环保方面，分阶段淘汰高污染商用柴油车，减低船舶停泊造成的空气污染。长期维持双非孕妇零配额，处理好双非婴儿后续影响。

1月17日

［纲　文］ **国家主席胡锦涛在人民大会堂接受瓦努阿图驻华大使赖岳洋、日本驻华大使木寺昌人、意大利驻华大使白达宁、孟加拉国驻华大使哈克和马尔代夫驻华大使莫芮德递交的国书。**

1月17日

［纲　文］ **国务院召开全国安全生产电视电话会议。**

［目　文］ 中央有关部门及部分中央企业负责人出席了会议，各省（区、市）及有关部门负责人在分会场出席会议。

国务院副总理、国务院安全生产委员会主任张德江在会上强调，要认真学习贯彻党的十八大精神，大力实施安全发展战略，坚持依法治理，夯实安全基础，减少事故总量，坚决遏制重特大事故，为全面建成小康社会创造良好的安全生产环境。

张德江指出，5年来，各地区、各部门和各单位坚决贯彻落实党中央、国务院的决策部署，始终坚持把安全生产作为深入贯彻落实科学发展观的重要内容，紧紧抓住影响和制约安全生产工作的突出矛盾和问题，强化管理和监督，持续打击非法违法行为，大力推进安全生产专项整治，全国安全生产形势呈现出“三个大幅下降、一个明显提升”的特点：一是事故总量大幅下降，全国各类事故起数和死亡人数分别下降33.4%和29.1%，实现连续5年“双下降”；二是重特大事故大幅下降，重大事故起数和死亡人数分别下降27.8%和29.5%，特别重大事故下降66.7%和72.2%；三是主要相对指标大幅下降，亿元GDP事故死亡率、工矿商贸十万就业人员事故死亡率、道路交通万车死亡率、煤矿百万吨死亡率，分别下降66%、46%、51%和75%；四是安全生产整体水平明显提升，各省（区、市）的事故死亡人数下降幅度均超过10%。虽然近年来实现了安全生产形势持续稳定好转，但是，安全生产领域仍然存在一些问题，还有很大差距，事故起数和死亡人数仍处于高位，安全生产形势依然严峻。

张德江强调，今后几年是实现全国安全生产状况根本好转的关键阶段。要把思想和行动统一到党的十八大精神上来，科学把握安全生产工作的规律特点，深刻领会安全生产工作面临的新任务新要求。要全面落实安全生产责任，强化企业主体责任、政府和部门监管责任、属地管理责任，加强安全管理和监督。要突出重点行业领域，深化安全隐患排查治理，深入开展“打非治违”行动。要夯实安全生产基础，强化科技支撑作用，加强安全生产标准化建设，增强事故应急救援能力，着力构建安全防范体系。要严格查处并严肃追究事故责任，及时、准确公布事故信息和调查处理情况，主动接受群众和舆论监督。要切实转变工作作风，加强调查研究，深入基层、深入现场，狠抓各项工作措施落实。同时，要切实做好春节、全国“两会”期间的安全生产工作。

1月17日

［纲　文］　**刘奇葆在人民日报社调研。**

［目　文］　调研期间，中共中央政治局委员、中宣部部长刘奇葆考察了人民网、夜班工作平台、评论部编辑室、法人微博运营室，听取了有关情况介绍。

刘奇葆指出，评论是报纸的一面旗帜，是报纸的思想导向。《人民日报》要以评论取胜，全力办好评论专版，写好社论、任仲平等品牌要论，办好各版的言论专栏。要抓住国际国内重大事件，抓住思想领域的倾向性问题，抓住群众关注的热点难点，及时推出评论文章，抢占舆论高地，掌握话语权。要讲求评论艺术，把正确的观点、严密的逻辑、生动的语言结合起来，深入浅出、小中见大，使人们愿读爱看、受到启发。要树立以人民为中心的新闻理念，为读者采写、为读者报道，使报道贴近读者需求，符合干部群众的口味，富有吸引力感染力。要以创新赢得读者，遵循新闻传播规律，创新报道内容形式，写短文、讲实话、发有用的报道，做到言之有物、言之有理、言之有情。要多制作准确鲜明、新颖醒目的标题，多配发现场感强、信息量大的图片图表，多运用平实、清新、鲜活的语言，使版面更活更靓。

刘奇葆强调，《人民日报》要走在改进文风的前头，坚持不懈地改、扎实有效地改，当好排头兵。要提高文章内容的思想含量，善于运用马克思主义立场观点方法观察分析问题，善于在生动实践中挖掘鲜活素材，使我们的报道评论有思想、有内容、有新意。要倡导有个性、有特色的语言风格，增强文字的亲和力和表现力，让文章更加耐读耐看。要着力建设一支过得硬、水平高的采编队伍，深入开展中国特色社会主义学习教育，开展马克思主义新闻观教育，开展职业精神职业道德教育，坚持“走转改”，深入群众，深入基层，采写更多更好的新闻作品。

1月17日

［纲　文］　**全国物价局长工作会议在广州召开。**

［目　文］　国家发展改革委价格司、价监局等有关司局、直属单位和各省区市价格主管部门负责人参加了会议。国家发展改革委副主任胡祖才作了《认真学习贯彻党的十八大精神，以改革创新精神做好2013年价格工作》的主题报告。

会议强调，要认真学习贯彻党的十八大精神，增强改革创新意识，开创价格工作新局面。会议认为，2013年宏观环境总体有利，稳定物价的正能量在增长，但也面临一些挑战。会议要求，各级价格主管部门要把保持价格总水平基本稳定作为首要任务，强化生产、流通、消费领域的综合调控监管；坚持市场化取向，推进油气、煤电、铁路货运、医药等领域价格改革；区分基本和非基本，推行阶梯价格制度；利用价格杠杆，促进节能减排和可再生能源发展。在推进改革的同时，要采取措施确保低收入群体的基本生活不受影响。

1月17日

［纲　文］　**环境保护部发出《关于发展环保服务业的指导意见》。**

［目　文］　《意见》提出，我国环保服务业总体上看还存在发展水平较低、结构不合理、创新能力不强、市场不规范、服务体系不健全等问题。当前和今后一段时间是我国全面建成小康社会的关键时期，也是环保服务业发展的历史机遇期，必须紧紧抓住国内国际环境新特点，以中国特色社会主义理论为指导，坚持在发展中保护、在保护中发展，积极探索环保新道路，适应转变经济发展方式、优化产业结构的需要，满足实行环境管理战略转型和改善环境质量工作的新要求，以市场化、产业化、社会化为导向，营造有利于环保服务业发展的政策和体制环境，促进环保服务业健康发展。

科学划分环境保护领域基本公共服务和非基本服务的范围；以增加非基本服务领域的环保服务产品交易和基本公共服务领域的政府购买环保服务产品为重点，强化政府作为环保服务业市场培育者、社会环境行为监管者和环保基本公共服务产品提供者的作用；积极发挥市场机制在资源配置方面的作用，鼓励社会资本进入环保非基本服务领域和部分适合由社会组织承担的环保基本公共服务领域，减轻企业和社会负担；因地制宜，因势利导，充分发挥各级政府和服务提供机构的积极性和创造性；将满足环保市场需求作为发展环保服务业的主要着力点，在改善环境质量状况、治理环境污染的过程中，带动环保服务业发展；推动环保服务提供主体和提供方式多元化，促进环保产业和各个行业的深度融合和共生。

环保服务业重点工作主要有：规范环境污染治理设施运行服务；开展环保服务业政策试点；建立环保服务业监测统计体系；健全环保技术适用性评价验证服务体系；完善消费品和污染治理产品环保性能认证服务；促进环保相关服务和环保服务贸易发展。

各级环保部门应积极协调和配合有关部门，采取促进环保服务业发展的措施，为环保服务业创造良好的发展环境；按照《“十二五”节能环保产业发展规划》，完善价格、收费和土地政策，加大财税政策支持力度，拓宽投融资渠道，强化监督管理。

1月17日

［纲　文］ **国家版权局通报2012年全国著作权登记状况。**

［目　文］ 统计数字显示：2012年全国作品登记总量为687651件，较2011年增长了49.05%；计算机软件著作权登记量达139228件，同比增长27.33%。作品登记量排名第一的是北京市，登记量372176件；从登记作品类型来看，登记量较多的作品为摄影、文字、美术、影视，录音、录像制品的登记量也有较大增长。计算机软件著作权登记量排名第一的也是北京市，登记量39125件，占全国登记总量的28.10%。

1月17日

［纲　文］ **中国食品药品检定研究院生物制品检定所经世界卫生组织正式批准，成为世卫组织生物制品标准化和评价合作中心。这是全球第7个，也是发展中国家首个世卫组织生物制品标准化和评价合作中心。**

1月17日

［纲　文］ **《人民日报》发表题为《"一把手"要带头——一论转作风看实效》的评论员文章。**

1月18日

［纲　文］ **中共中央、国务院在人民大会堂举行国家科学技术奖励大会。**

［目　文］ 胡锦涛、习近平、温家宝、李克强、刘云山出席大会并为获奖代表颁奖。中共中央总书记、中共中央军委主席习近平主持大会。中央和国家机关及军队有关方面负责人、国家科技教育领导小组成员、国家科学技术奖励委员会委员和首都科技界代表3300余人出席大会。

习近平在主持大会时指出，党中央、国务院隆重奖励在我国科学技术事业发展中作出杰出贡献的科技工作者，充分体现了党和国家对我国科学技术事业发展的高度重视和对广大科技工作者的亲切关怀。他希望广大科技工作者以获奖者为榜样，继续发扬求真务实、勇于创新的精神，始终把祖国和人民放在心中，努力作出无愧于时代、无愧于人民的创新成果。

国务院总理温家宝代表党中央、国务院在大会上讲话。他强调，要深化科技体制改革，坚持把科研的重点放在产业发展前沿，以企业为主导深化产学研结合，下大力气攻克核心技术和关键技术，争取在高技术产品研发和市场开拓上取得重大突破。要瞄准关系全局和长远发展的战略必争领域，加强基础研究、前沿先导技术研究，为经济社会发展提供新的动力源泉。要努力营造各类创新主体平等竞争的政策环境，形成崇尚科学、遵循规律、尊重知识、尊重人才的良好风尚。

中共中央政治局常委、国务院副总理李克强在会上宣读了《国务院关于2012年度国家科学技术奖励的决定》。胡锦涛、习近平等向获奖代表颁奖。获得"2012年度国家最高科学技术奖"的中国工程院院士、中国电子科技集团公司电子科学研究院研究员王小谟代表全体获奖人员发言。

同日，国务委员刘延东会见了获得“2012年度中华人民共和国国际科学技术合作奖”的外国专家。这些专家是美国化学家理查德·杰尔和古气候学家朗尼·汤普森、丹麦纳米科学家弗莱明·贝森巴赫、日本粒子加速器专家黑川真一、加拿大精神卫生学专家费立鹏。刘延东向他们颁发奖章，并代表中国政府向获奖者表示祝贺和感谢。从1995年至今，共有79位外籍科学家和1个国际组织获得“中华人民共和国国际科学技术合作奖”。

1月18日

［纲　文］ **刘云山主持召开中央精神文明建设指导委员会第一次全体会议。**

［目　文］ 会议主要任务是学习贯彻党的十八大精神，研究部署2013年工作。中央精神文明建设指导委员会主任刘云山指出，新形势下推进精神文明建设，必须抓住根本、突出重点，多做打基础利长远的工作。要加强理想信念教育，广泛开展中国特色社会主义宣传教育，坚定人们道路自信、理论自信、制度自信，凝聚实现伟大中国梦的精神力量。要倡导正确价值取向，积极培育和践行社会主义核心价值观，扩大社会认同、推动实践养成、完善政策导向，使核心价值体系要求成为社会群体意识和自觉行动。要深入开展道德实践，注重群众性、增强广泛性，推动学雷锋活动常态化，表彰全国道德模范，推进道德领域突出问题专项教育治理，形成健康向上的社会道德风尚。要深化群众性精神文明创建，更加注重满足人的精神需求，更加注重为民利民惠民，更加注重城乡文明共同发展，在新的起点上进一步提升公民文明素质和社会文明程度。

刘云山强调，精神文明建设是在精神领域搞建设，贵在坚持、重在积累，不能抓抓停停、雨过地皮湿，必须狠狠地抓，一天不放松地抓，从具体事情抓起，对认准的事情要一抓到底，积小胜为大胜。精神文明建设目标是提升公民文明素质和社会文明程度，必须尊重科学，坚持“三贴近”，按规律办事，适应社会变化，着眼人民群众需求，不断改进创新，努力提高工作科学化水平。精神文明建设一般号召容易、深入下去难，形成声势容易、收到实效难，必须大兴求真务实之风，倡导勤俭办事、扎实做事、文明办事，重实际、求实效，切忌形式主义、花架子。各级党委、政府要加强对精神文明建设的领导，认真贯彻两手抓、两手硬的方针，完善领导体制和工作机制，形成全社会共同参与、共同推动的工作格局。

中央精神文明建设指导委员会副主任刘延东、刘奇葆出席会议并讲话。

1月18日

［纲　文］ **全国打击侵犯知识产权和制售假冒伪劣商品工作领导小组会议在北京召开。**

［目　文］ 国务院副总理、全国打击侵犯知识产权和制售假冒伪劣商品工作领导小组组长王岐山主持会议。他强调，打击制售假冒伪劣商品关乎人民群众的切身利益，关乎保障民生。要认真贯彻党的十八大精神，立足当前，着眼长远，标本兼治，完善长效机制，确保打击侵权假冒工作的可持续性。打击侵犯知识产权和制售假冒伪劣商品是党中央、国务院作出的重要决策，这项工作开展得有声有色。两年来，共依法查处各类案件52万多起，涉案金额360多亿元，有效遏制了侵权假冒蔓延势头。打击侵权假冒工作已

纳入社会管理综合治理考核内容，长效机制逐步建立。实践证明，中央的决策完全正确，各地区、各部门贯彻执行有力有效。2013年是全面贯彻党的十八大精神的开局之年。一季度，要扎实做好打击侵权假冒工作，切实维护消费者权益，让群众过一个欢乐祥和的春节，为全国“两会”的召开营造良好氛围。要突出重点，严厉打击制售假冒伪劣农资、药品、食品、汽车配件等行为，保护商标、专利、版权、植物新品种、商业秘密等知识产权，坚决守住不发生系统性、区域性风险的底线。要继续办好网上成果展，边做边说，加大正面宣传力度，曝光反面典型，充分发挥舆论媒体的教育、监督和震慑作用。

王岐山指出，中央和省级政府机关软件正版化已全部按期完成。下一步，要确保市县级政府按计划如期完成软件正版化。积极探索推进中央企业、国有大型金融机构软件正版化。要把软件正版化与各地区、各部门的信息化建设结合起来，建立责任制，防止反弹。我国仍处于社会主义初级阶段，既要看到打击侵权假冒伪劣工作取得的成绩，又要看到问题的长期性、严峻性和复杂性。各地区、各部门要高度重视，明确责任，密切协调配合，认真总结行之有效的做法和经验，探索和把握规律，逐步完善法律法规，健全体制机制，始终保持打击侵权假冒的高压态势，确保工作不断取得新成效。

1月18日

[纲　文]　国务院召开全国扶贫开发工作电视电话会议。

[目　文]　国务院副总理、国务院扶贫开发领导小组组长回良玉主持会议。回良玉在会上宣布，全国集中连片特困地区区域发展与扶贫攻坚规划全面启动实施。他强调，要加大投入和工作力度，创新体制机制，广泛动员各方面力量，坚决打好全面建成小康社会决定性阶段的扶贫开发攻坚战。回良玉指出，中共十六大以来这10年，农村居民生存和温饱问题的基本解决，结束了中华民族几千年饱受饥寒的历史。一个13亿多人口的发展中国家，靠自己的努力基本解决了温饱问题，是对人类减贫事业最大的贡献。中国成功地走出了一条以经济发展为带动力量、以增强扶贫对象自我发展能力为根本途径，政府主导、社会帮扶与农民主体作用相结合，普惠性政策与特惠性政策相配套，扶贫开发与社会保障相衔接的中国特色扶贫开发道路。他强调，在全面建成小康社会决定性阶段，扶贫开发的任务依然十分艰巨，要坚决打好这场攻坚战，要加大对扶贫对象和贫困地区的扶持力度，要在集中连片特困地区集中实施一批重大民生工程、重要基础设施项目，要保护好贫困地区生态环境，增强防灾减灾能力。

1月18日

[纲　文]　国家统计局首度公布10年来基尼系数。

[目　文]　数据显示，2012年中国的基尼系数为0.474。到2012年底，中国大陆总人口13.5404亿人，其中15—59岁劳动年龄人口9.3727亿人，比2011年减少345万人，占总人口的比重为69.2%，比2011年末下降0.60个百分点。2012年城镇居民人均可支配收入24565元，扣除价格因素实际增长9.6%，增速比2011年加快1.2个百分点。农村居民人均纯收入7917元，扣除价格因素实增10.7%，比2011年回落0.7个百分点。

城乡居民收入增速双双跑赢GDP，农村居民收入增速连续第三年超过了城镇居民。2012年前11月全国财政收入累计10.89万亿元，同比增11.9%，增幅比2011年同期回落14.9个百分点。

1月18日

［纲　文］　**国家质量监督检验检疫总局公布《进口棉花检验监督管理办法》。该《办法》自2013年2月1日起施行。**

1月18日

［纲　文］　**环境保护部公布《进口废塑料环境保护管理规定》。**

［目　文］　《规定》对文件适用范围、可申请进口废塑料加工利用的企业类型、加工利用企业环境保护要求等问题作出明确要求。《规定》自2013年4月1日起施行。

1月18日

［纲　文］　**中共中央政治局委员李源潮在北京会见欧盟委员会前主席、意大利前总理、联合国萨赫勒问题特使罗马诺·普罗迪。**

［目　文］　李源潮积极评价中意关系和中欧关系。他说，中意两国都处在经济社会发展的新阶段，深化合作潜力巨大，继续加强中意关系符合两国根本利益。双方应继续秉持相互尊重、互利共赢的精神，不断加深各领域务实合作。中国高度重视欧盟的地位和作用，坚定支持欧洲一体化建设。相信欧方有智慧、有能力克服暂时困难，恢复增长与活力。

普罗迪高度赞赏中国共产党领导人民取得的巨大发展成就。他说，意大利各界重视加强与中国的关系，将继续为推动意中关系和欧中关系发展作出更大努力。

1月18日

［纲　文］　**外交部发言人就中日在钓鱼岛附近海域空域对峙问题答记者问。**

［目　文］　外交部发言人说，一段时间以来，日方在钓鱼岛问题上不断采取消极行动，出动自卫队飞机对中方飞机的正常巡航飞行进行干扰。日方这种突出军事色彩，制造紧张气氛的做法，同本地区各国通过对话和平解决争端的潮流格格不入。中方维护国家领土主权的立场坚定不移，同时一贯主张通过对话磋商解决领土争端。中日就钓鱼岛问题保持着沟通，中方希望日方切实冷静对待，显示诚意，同中方相向而行，通过磋商找到妥善解决和管控问题的方法。

1月19日

［纲　文］　**2013年全国科技工作会议在北京召开。**

［目　文］　科技部党组书记、副部长王志刚主持会议。全国政协副主席、科技部部长万钢作工作报告。中央和国家机关有关部门负责人，教育部、国家自然科学基金会、中国科协、中科院、工程院、国防科工局等科字口部门负责人，科技部领导及各司局主要负责人，全国各地方科技厅局主要负责人，部分国家级高新区管委会负责人等200多名代表

参加了会议。

万钢在工作报告中回顾2012年科技工作，总结5年来科技改革发展取得的成就和经验，研究部署2013年工作。他指出，当前我国科技工作正站在一个新的起点上：第一，党中央国务院对科技工作提出了新的更高要求。第二，新科技革命和产业变革对科技改革发展带来了新的机遇和挑战。第三，经济社会持续健康发展对科技创新提出了新需求，我国发展中不平衡、不协调、不可持续问题依然突出，转方式、调结构、惠民生的要求十分迫切。面对新的形势和要求，我国科技改革发展仍然存在如何增强科技创新能力特别是原始创新能力，如何强化企业创新主体地位，如何加强创新政策落实，如何进一步完善科技创新管理等问题和难点。与此同时，随着我国经济和科技实力大幅提升，一些领域已接近或达到世界先进水平，某些领域正由“跟跑者”向“并行者”、“领跑者”转变，完全有能力在新的起点上实现更大跨越。因此必须坚定信心，更具胆识和智慧，切实把握和用好科技发展的战略机遇期，积极应对前进道路上的风险和挑战，深入实施创新驱动发展战略，充分释放科技体制改革红利，不断开创科技事业发展新局面。

万钢提出2013年主要推进以下十大重点任务：全面贯彻落实全国科技创新大会和中央6号文件精神，认真落实深化科技体制改革的各项任务；深入实施国家技术创新工程，强化企业技术创新主体地位；深入实施国家科技重大专项，加快培育发展战略性新兴产业；加强战略高技术的前瞻部署，抢占未来竞争制高点；加强高新技术集成示范和产业化，支撑产业结构调整；加强基础研究，提升科技持续创新能力；加强农业科技创新创业，促进城乡发展一体化；加强科技惠民，促进文化、社会和生态文明建设；加强基层科技工作，促进区域创新发展；深化科技开放合作，提升科技发展的国际化水平。

工作会上，湖北省科技厅厅长刘传铁、交通运输部科技司司长赵冲久、工信部装备工业司巡视员王富昌、山东省科技厅厅长翟鲁宁、国家林业局科技司司长彭有冬、甘肃省科技厅厅长李文卿、杭州高新区党工委书记张耕等与会代表作了交流发言。大会安排了分组讨论，与会代表就万部长讲话、党组一号文件等内容进行讨论。

1月19日

［纲　文］　**公安部在北京召开全国公安厅局长会议。**

［目　文］　公安部部长郭声琨在会上强调，各级公安机关要牢固树立维护秩序与激发活力并重的理念，改革创新公安行政管理工作，改进实有人口管理，主动适应人口大规模流动趋势和城乡发展一体化进程。各级公安机关要紧紧围绕建设平安中国的总目标，坚持科学应对、注重源头治理，全面深化矛盾纠纷排查化解，大力强化突发事件应急处置，坚持打防结合、注重整体防控，始终把打击矛头对准突出犯罪活动，深入推进治安乱点排查整治，不断完善立体化社会治安防控体系，拓展警务合作广度和深度，着力形成打击防范犯罪的整体合力。要牢牢把握建设法治中国的总要求，着力解决执法突出问题、完善执法制度、强化执法监督，不断提高公安机关执法公信力。

会议要求，各级公安机关要强化消防安全管理、道路交通安全管理、边防出入境管理，以信息化引领警务实战、服务社会公众、提升基础工作水平。要大力加强公安队伍建设，毫不动摇地坚持政治建警方针，切实抓好领导班子建设，健全完善教育培训工作体系，全面提升依法履职能力。

1月19日

［纲　文］　**外交部发言人就日本首相发表对东盟政策谈话表示，希望日本顺应历史潮流，采取负责任的态度，为亚洲的稳定和发展作出努力。**

［目　文］　外交部发言人说，亚洲是一个多元文化、多种社会制度并存、丰富多彩、充满活力的区域。我们一贯主张尊重本地区的多样性，各国和平共处，和谐共存，开放包容，共同发展。在领土海洋争议问题上，我们一贯主张有关当事国通过双边对话磋商和平解决有关问题，这也是地区各国的共识。

1月19日

［纲　文］　**新华社讯，中国南车以CRH380A动车组形成的创新成果为基础，成功研制出时速500公里高速试验列车和中国首列城际动车组。**

1月19日

［纲　文］　**《人民日报》发表题为《奋发有为，创新驱动建新功》的评论员文章。**

1月20日

［纲　文］　**中缅两军在缅甸内比都举行首次战略安全磋商。**

［目　文］　中国人民解放军副总参谋长戚建国与缅甸国防军副总司令兼陆军司令梭温在缅甸内比都举行中缅两军首次战略安全磋商，双方就地区安全形势、两国两军关系等问题深入交换了意见。戚建国说，中缅长期友好，首次战略安全磋商的成功举行，表明两军关系将进入一个新的阶段。中方愿与缅方一道，在互相尊重、平等互利的基础上不断推进两军关系，为巩固和发展中缅睦邻友好，维护地区和平与稳定作出贡献，希望缅方通过和平方式妥善处理缅北问题，共同维护中缅边境地区安宁。

此前，1月19日，缅甸总统吴登盛在仰光会见了戚建国一行。吴登盛说，在当前复杂形势下，缅中两军间加强沟通非常重要，希望双方共同努力，维护好缅中共同利益及边境地区和平稳定。戚建国说，中方从不干涉缅内部事务，希望缅方着眼国内社会和谐、缅北和平与中缅边境安全需要，采取有力措施，努力实现边境地区的稳定。

1月20日

［纲　文］　**外交部发言人就美方近期涉钓鱼岛言论表示，美国在钓鱼岛问题上负有不可推卸的历史责任。**

［目　文］　此前，美国国务卿希拉里·克林顿在与日本外相岸田文雄共同会见记者时称，美在钓鱼岛主权归属上不持立场，但承认钓鱼岛在日本行政管辖范围内，反对任何寻求破坏日本行政管辖的单边行动。对此，外交部发言人表示，钓鱼岛及其附属岛屿是中国固有领土，有史为凭、有法为据。这是任何人都抹煞不了的。日本政府执意采取错误

“购岛”行动，并不断采取升级挑衅行为，是导致目前钓鱼岛局势持续紧张的根源所在。这也是任何人都掩盖不了的。美方上述言论罔顾事实，不分是非，中方对此表示强烈不满和坚决反对。我们敦促美方以负责任的态度对待钓鱼岛问题，谨言慎行，以实际行动维护地区和平稳定和中美关系大局，取信于中国人民。

1月20日

［纲 文］ **新华社讯，中国首个纳米技术产业综合社区在苏州正式投入使用。**

［目 文］ 电讯说，该社区旨在应对全球纳米技术应用产业的激烈竞争，占地约100公顷，规划建筑面积150余万平方米。

1月20日

［纲 文］ **《光明日报》报道，中国首台双手臂大型救援抢险机器人在江苏新沂顺利下线，并通过专家组中期验收。**

［目 文］ 报道说，该30吨级“双动力”智能机器人双手臂最大抓取重量8吨，手臂最大跨度8米，是目前世界上罕有的大吨位紧急救援智能设备。

1月中旬

［纲 文］ **许其亮在驻洛阳、青岛部队调研。**

［目 文］ 调研期间，中共中央政治局委员、中央军委副主席许其亮先后到解放军外国语学院、济南军区某红军师、总装某基地和海军北海舰队等单位，下连队、登舰艇，深入训练场、实验室、学习室和图书馆，在连队和水兵食堂与官兵一同用餐，详细询问他们学习工作生活情况。

许其亮指出，要坚持把学习贯彻十八大精神作为首要政治任务来抓，紧紧抓住坚持和发展中国特色社会主义这条主线，把学习十八大精神与学习习近平主席一系列重要讲话融合起来，做到融会贯通，使之成为指导和推动部队建设的科学指南和强大思想武器。要坚决落实习主席能打仗、打胜仗的要求，牢固确立战斗力标准，坚持不懈拓展和深化军事斗争准备，做到一切工作向打胜仗聚焦。要紧盯使命任务，适应战争形态和作战样式演变，从战术技术入手深化作战问题研究。要强化战斗精神培育，加大联合作战指挥人才培养力度，提高武器装备保障能力，着力解决存在的重难点问题。要强化针对性对抗性实战化训练，努力锻造一批精锐之师、拳头部队、王牌尖子，确保一旦需要，坚决捍卫国家主权、安全和领土完整。

许其亮强调，要把作风建设作为从严治党、从严治军的重点，从党委班子和领导干部抓起，以上率下，促进部队风气建设。要精心组织好团以上党委机关“学习贯彻党章、弘扬优良作风”教育活动，贯彻整风精神，注重解决问题，务求取得实效。

1月21日

［纲 文］ **温家宝在中国人民银行调研。**

［目 文］ 国务院总理温家宝看望中国人民银行调查统计司、货币政策司等司局工

作人员，在金融信息中心听取国库业务系统和个人、企业征信系统建设及应用情况介绍，与中国人民银行、中国银监会、中国证监会、中国保监会及有关金融单位、主要商业银行负责人座谈。温家宝在座谈会上强调，当前和今后一段时期，金融工作面临的国内外环境依然严峻复杂，必须进一步发挥好货币政策在实现经济持续健康发展、稳定物价和防范金融风险中的关键作用；鼓励以市场为导向的金融创新，发挥各类金融机构作用，加快发展民营金融机构，健全促进宏观经济稳定、支持实体经济发展的现代金融体系；加快发展多层次资本市场，积极培育保险市场；进一步推进金融改革，加强现代金融企业制度建设，稳步推进利率市场化，完善人民币汇率形成机制，扩大人民币在跨境贸易和投资中的使用，逐步实现人民币资本项目可兑换；进一步防范化解金融风险，切实维护金融稳定，确保国家金融安全。

1 月 21 日

［纲　文］　**国务院公布《征信业管理条例》。**

［目　文］　《条例》共 47 条，规定中国人民银行及其派出机构依法对征信业进行监督管理，负责向社会公告经营个人征信业务和企业征信业务的征信机构名单并及时更新。未经批准，擅自设立经营个人征信业务的征信机构或者从事个人征信业务活动的，由国务院征信业监督管理部门予以取缔，没收违法所得并处罚款，构成犯罪的，依法追究刑事责任。禁止征信机构采集个人的宗教信仰、基因、指纹、血型、疾病和病史信息以及法律、行政法规规定禁止采集的其他个人信息。该《条例》于 2012 年 12 月 26 日国务院第 228 次常务会议通过，自 2013 年 3 月 15 日起施行。

1 月 21 日

［纲　文］　**证监会在北京召开 2013 年全国证券期货监管工作会议。**

［目　文］　证监会主席郭树清对 2013 年资本市场发展的重点工作作出安排：加快发展多层次资本市场；进一步深化发行和退市制度改革；发挥期货市场服务实体经济功能；大力培育机构投资者队伍；引导各类中介机构规范发展；进一步完善合格境内机构投资者制度安排，增加投资便利性等。

1 月 21 日

［纲　文］　**全国医疗管理工作电视电话会议在北京召开。**

［目　文］　卫生部、国家中医药管理局和总后卫生部有关司局负责人，部有关直属单位、有关学（协）会负责人，各省（区、市）卫生厅局和新疆生产建设兵团卫生局、部分医院负责人分别在主会场和分会场参加了会议。天津、上海、山东、湖北、海南、陕西 6 省（市）卫生厅局分别就医政管理、公立医院改革、医院评审工作、医疗集约化服务、无偿献血、县级公立医院改革等方面工作进行了大会交流。

会议全面总结 2012 年公立医院改革和医疗管理工作，对全面推进公立医院改革、完善医疗管理体系建设进行部署。会议提出，要把握基本医保快速发展为公立医院改革提供的战略机遇期，以病人为中心顺畅医疗服务流程，创新领导体制和办医体制，完善财政补偿机制和医保支付政策，改革人事编制管理制度，加强监管体制建设，建立起促进资源纵向流动的医疗服务体系。大型公立医院要以控制单体规模、改善病种结构、提升质量效益为目标，在体制创新、机制转换和能力提升中发挥示范引领作用。

会议要求，医疗管理工作战线的同志们要切实转变工作作风，发扬实干精神，多深入基层；要深化县级公立医院综合改革试点，以“四个分开”为重点推进试点城市公立医院改革试点，在全国面上进一步加强医疗服务体系建设、开展便民惠民服务；要加强医疗质量安全管理，推动医疗质量控制体系建设，利用信息化手段实现科学、规范、高效的医疗质量控制，推动平安医院创建和医疗责任保险工作，推进医院评审评价工作；要围绕基层医疗卫生机构特点，开展专项治理工作；要深入开展城乡对口支援工作，推动建立上下联动的分工协作机制。

1 月 21 日

［纲　文］　**全军纪律检查工作会议在北京召开。**

［目　文］　军委纪委领导及军队中的中央纪委委员、军委纪委委员，各大单位和武警部队纪委书记、纪检部长等出席会议。会议主要任务是深入学习贯彻党的十八大精神和习近平主席重要指示，学习贯彻中央纪委二次全会精神，研究部署在新的起点上推进军队党风廉政建设和反腐败工作。总政治部副主任兼军委纪委书记杜金才作了题为《深入学习贯彻党的十八大精神，在新的起点上推进军队党风廉政建设和反腐败工作》的工作报告。

会议提出，要充分认清党面临的“四大考验”“四种危险”，准确把握军队党风廉政建设的职能定位，进一步明确军队党风廉政建设的标准要求、基本思路、工作重点，切实认清责任，坚定态度，增强信心，以坚决有力的举措反对和惩治腐败，确保部队集中统一、纯洁巩固、风清气正。严格维护党的政治纪律，确保部队在思想上政治上行动上与党中央、中央军委和习主席保持高度一致；要加强军事斗争准备各项工作监督监察，为实现能打仗、打胜仗要求发挥服务保证作用；要着力抓好领导干部和机关作风建设，以良好作风带出部队好风气；要加大查办违纪违法案件力度，形成坚决反对和惩治腐败的高压态势；要持续抓好惩治和预防腐败体系建设，统筹推进反腐倡廉各项工作，不断开创军队反腐倡廉建设新局面，为推动党的十八大精神全面贯彻落实、有效履行我军历史使命作出新的贡献。

1 月 21 日

［纲　文］　**环保部与保监会联合印发《关于开展环境污染强制责任保险试点工作的指导意见》。**

［目　文］　《意见》对各地在涉重金属企业和石油化工等高环境风险行业推进环境污染强制责任保险试点工作作出指导。目前我国已在 10 多个省（自治区、直辖市）开展了相关试点，投保企业达 2000 多家，承保金额近 200 亿元。运用保险工具，以社会化、市场化途径解决环境污染损害，有利于促使企业加强环境风险管理，减少污染事故发生；有利于迅速应对污染事故，及时补偿、有效保护污染受害者权益。

《意见》明确了强制投保企业的范围：涉重金属企业，包括重有色金属矿（含伴生矿）采选业、重有色金属冶炼业、铅蓄电池制造业、皮革及其制品业、化学原料及化学制品制造业等行业内涉及重金属污染物产生和排放的企业。按地方有关规定已被纳入投保范围的企业，都应投保环境污染责任保险。其他高环境风险企业。国家鼓励石化行业企业、危险化学品经营企业、危险废物经营企业以及存在较大环境风险的二噁英排放企业等高环境风险企业，投保环境污染责任保险。

《指导意见》规定了相应的激励和约束机制。对应当投保而未及时投保的企业，环保部门将采取相关约束措施，同时提出了促进企业投保的激励措施。

1月21日

［纲　文］ **外交部举行例行记者会，就朝鲜射星问题、韩国媒体所报道的韩方从朝鲜火箭残骸中发现产自中国的部件问题发表看法。**

［目　文］ 外交部发言人表示，中方已多次就朝鲜宣布发射卫星表明立场。中方对朝方在国际社会普遍表明关切的情况下实施发射表示遗憾。同时中方认为，安理会的反应要慎重、适度，应有利于维护半岛和平稳定大局，避免局势轮番升级。中方建设性参与了近期安理会有关磋商。中国在防扩散问题上的立场是一贯的、明确的，中方已建立起完备的出口管制法律法规体系和有效的执行机制。中方的出口管制清单与国际社会相接轨。

1月21日

［纲　文］ **布达拉宫成功申报国家5A级景区，实现了西藏5A级景区零的突破。**

1月21日

［纲　文］ **《人民日报》发表题为《用辛勤劳动创造美好生活》的评论员文章。**

1月21—22日

［纲　文］ **十八届中央纪律检查委员会第二次全体会议在北京举行。**

［目　文］ 中央纪律检查委员会常务委员会主持会议。出席会议的中央纪委委员129人，列席295人。全会深入贯彻党的十八大精神，分析当前反腐倡廉形势，研究部署了2013年党风廉政建设和反腐败工作。全会审议通过了王岐山同志代表中央纪委常委会所作的《深入学习贯彻党的十八大精神，努力开创党风廉政建设和反腐败斗争新局面》的工作报告。

中共中央总书记、中央军委主席习近平出席会议并发表重要讲话。李克强、张德江、俞正声、刘云山、王岐山、张高丽等党和国家领导人出席会议。

习近平指出，实现党的十八大确定的各项目标任务，实现“两个一百年”目标，实现中华民族伟大复兴的中国梦，必须把我们党建设好。党风廉政建设和反腐败斗争，是党的建设的重大任务。我们党员干部队伍的主流始终是好的。同时，我们也要清醒地看到，当前一些领域消极腐败现象仍然易发多发，一些重大违纪违法案件影响恶劣，反腐败斗争形势依然严峻，人民群众还有许多不满意的地方。党风廉政建设和反腐败斗争是一项长期的、复杂的、艰巨的任务。

习近平指出，我们党是靠革命理想和铁的纪律组织起来的马克思主义政党，纪律严明是党的光荣传统和独特优势。党的各级纪律检查机关要把维护党的政治纪律放在首位，加强对政治纪律执行情况的监督检查。习近平强调，反腐倡廉建设，必须反对特权思想、特权现象。抓好党风廉政建设和反腐败斗争，必须全党动手。各级党委对职责范围内的党风廉政建设负有全面领导责任。

全会认真学习了习近平同志的重要讲话。全会指出，党的十八大对当前和今后一个时期党风廉政建设和反腐败工作作出新的部署，十八届一中全会以来习近平同志一系列重要讲话对加强反腐倡廉提出明确要求。全会号召，全党要紧密团结在以习近平同志为总书记的党中央周围，统一思想、坚定信心，开拓进取、扎实工作，努力开创党风廉政建设和反腐败斗争新局面，为完成党的十八大各项战略决策部署、实现全面建成小康社会奋斗目标作出新的更大贡献!

中共中央政治局委员、中央书记处书记，全国人大有关领导同志，国务委员，最高人民法院院长，最高人民检察院检察长，全国政协有关领导同志以及中央军委委员等出席会议。各省、自治区、直辖市和新疆生产建设兵团设分会场。

1 月 21—23 日

［纲　文］　俞正声走访在北京的全国性宗教团体，向全国宗教界人士致以新春祝福。

［目　文］　中共中央政治局常委俞正声分别走访了中国佛教协会、中国道教协会、中国伊斯兰教协会和中国天主教爱国会、主教团等在京的全国性宗教团体以及中国藏语系高级佛学院，同各宗教团体、学院负责人进行座谈，看望工作人员，了解他们的工作情况和存在的困难，并考察了各宗教团体、学院的办公场所。

俞正声指出，宗教界和广大信教群众是我们建设中国特色社会主义事业的积极力量。在我们的人民群众中，信不信宗教、信仰何种宗教的差异是次要的，而实现中华民族伟大复兴的共同目标是主要的。要进一步加强宗教团体自身的思想建设、组织建设和人才建设，努力造就一支政治上靠得住、宗教上有造诣、品德上能服众、关键时起作用的宗教教职人员队伍。

1 月 22 日

［纲　文］　第二十六次全国“扫黄打非”工作电视电话会议在北京召开。

［目　文］　全国“扫黄打非”工作小组成员、单位负责人出席会议。各省（区、市）有关负责人在分会场出席会议。中宣部部长、全国“扫黄打非”工作小组组长刘奇葆发表讲话，强调要深入开展集中行动和专项治理，严厉打击非法出版活动。要把工作重心放到网上，加强网络社会管理，严厉打击网络淫秽色情等文化垃圾。要严格执行知识产权保护的有关法律法规，严厉打击侵权盗版活动。要牢固树立对人民、对下一代高度负责的态度，着力解决社会反映强烈的问题，推动“扫黄打非”任务落实，推动工作常态化、机制化。

1月22日

［纲　文］　**全国公安机关反恐怖工作会议在北京召开。**

［目　文］　各省、自治区、直辖市和新疆生产建设兵团反恐办主任、公安厅（局）反恐总队长，各省会（首府）市、计划单列市反恐办主任、公安局反恐支队长，公安部有关业务局负责人参加会议。会议总结了2012年反恐怖工作，部署了2013年反恐怖工作，要求全国公安机关要立足当前，扎扎实实地抓好反恐怖工作各项措施的落实，始终保持对暴力恐怖活动的严打高压态势，切实做到发现得早、打击得准、处置得好。各地公安机关紧紧围绕源头性、根本性问题，明确工作责任，完善工作机制，提升实战能力，为维护国家安全和社会稳定作出更大贡献。

1月22日

［纲　文］　**财政部发布2012年全国财政数据。**

［目　文］　数据显示，2012年公共财政收入117210亿元，比2011年增长12.8%；公共财政支出125712亿元，比2011年增加16464亿元，增长15.1%，民生等重点支出得到切实保障。

1月22日

［纲　文］　**财政部、人民银行印发《储蓄国债（电子式）管理办法》。**

［目　文］　《办法》共47条，规定储蓄国债（电子式）发行对象为个人，实行两级托管，采用代销方式发行。承销团成员不得向政府机关、企事业单位和社会团体等任何机构销售储蓄国债（电子式)。《办法》自2013年2月1日起施行，此前按照财政部、人民银行2009年印发的《储蓄国债（电子式）管理办法（试行）》发行的储蓄国债（电子式）仍执行原文件规定。

1月22日

［纲　文］　**工信部、发展改革委、财政部等国务院促进企业兼并重组工作部际协调小组12家成员单位联合发布《关于加快推进重点行业企业兼并重组的指导意见》。**

［目　文］　《意见》提出了汽车、钢铁、水泥、船舶、电解铝、稀土、电子信息、医药和农业产业化9大行业和领域兼并重组的主要目标和重点任务。

《意见》指出，到2015年，前10家钢铁企业集团产业集中度达到60%左右，形成3—5家具有核心竞争力和较强国际影响力的企业集团，6—7家具有较强区域市场竞争力的企业集团；大幅减少企业数量，提高钢铁产业集中度；鼓励钢铁企业参与国外钢铁企业的兼并重组。重点支持钢铁企业参与国内现有矿山资源、焦化企业的整合。

《意见》明确，到2015年，前10家水泥企业产业集中度达到35%，形成3—4家熟料产能1亿吨以上，矿山、骨料、商品混凝土、水泥基材料制品等产业链完整，核心竞争力和国际影响力强的建材企业集团；重点支持优势骨干水泥企业开展跨地区、跨所有制兼并重组；鼓励水泥企业延伸产业链。在电解铝方面，到2015年，形成若干家具有核心竞争力和国际影响力的电解铝企业集团，前10家企业的冶炼产量占全国的比例达到90%；

大幅度减少稀土开采和冶炼分离企业数量，提高产业集中度，基本形成以大型企业为主导的行业格局；培育3—5家具有较强国际竞争力的大型企业集团。

在稀土行业方面，《意见》提出将支持大企业以资本为纽带，通过联合、兼并、重组等方式，大力推进资源整合，大幅度减少稀土开采和冶炼分离企业数量，提高产业集中度，基本形成以大型企业为主导的行业格局。

《意见》指出，要坚决取消各地自行出台的限制外地企业对本地区企业实施兼并重组的规定，在不违背国家有关政策规定的前提下，地区间可根据企业资产规模和盈利能力，签订企业兼并重组后的财税利益分成协议，妥善解决企业兼并重组后增加值等统计数据的归属问题，实现企业兼并重组成果共享。

1月22日

［纲　文］　**环保部印发《关于加强国家重点生态功能区环境保护和管理的意见》。**

［目　文］　《意见》指出，一、鼓励开展国家重点生态功能区环保管理试点示范。国家从政策、资金和技术上对试点示范地区给予支持和倾斜，发挥试点示范地区在重点生态功能区建设方面的先行和导向作用。二、完善配套政策体系。地方各级政府要建立健全有利于国家重点生态功能区环境保护和管理的各项政策措施及法律法规，统筹协调各类生态环境保护与建设资金的分配和使用，发挥各项政策和资金的合力，促进区域整体生态功能改善。三、加强监督评估工作。发展改革部门要加强对国家重点生态功能区建设整体进展成效的监督检查和综合评估工作。环境保护部门要建立健全专业队伍和技术手段，强化国家重点生态功能区生态功能专项评估和监管工作，并将评估与监管结果向全社会公布。有关部门要加强相互配合，相互支撑，形成合力。

1月22日

［纲　文］　**卫计委印发《药品经营质量管理规范》。**

［目　文］　《规范》共4章，包括总则、药品批发的质量管理、药品零售的质量管理、附则，共计187条。《规范》提出，要全面实施企业计算机管理信息系统，强化药品购销渠道和仓储温湿度控制，突破票据管理、冷链管理和药品运输3个难点问题；药品经营企业应当制定执行药品电子监管的制度；药品零售企业的法定代表人或企业负责人应当具备执业药师资格；企业应当按国家有关规定配备执业药师，负责处方审核，指导合理用药。《规范》于2012年11月6日经卫生部部务会审议通过，自2013年6月1日起施行。

1月22日

［纲　文］　**财政部、海关总署、国家税务总局联合印发《关于第二届夏季青年奥林匹克运动会等三项国际综合运动会税收政策的通知》。**

［目　文］　《通知》对2013—2014年在中国境内承办的第二届亚洲青年运动会、第六届东亚运动会、第二届夏季青年奥林匹克运动会提供免征营业税及个税等一系列税收优惠。《通知》规定，对三项国际综合运动会组委会取得的电视转播权销售分成收入、赞助计划分成收入（包括实物和资金）、国内外赞助收入、转让无形资产（如标志）特许收入、

宣传推广费收入、销售门票收入及所发收费卡收入、与国家邮政局合作发行纪念邮票收入、与中国人民银行合作发行纪念币收入等，免征营业税。对参赛运动员比赛获得的奖金和其他奖赏收入，免缴个人所得税；对企事业单位、社会团体和其他组织以及个人通过公益性社会团体或者县级以上人民政府及其部门捐赠的资金、物资支出，在计算企业和个人应纳税所得额时予以税前扣除。《通知》还明确了相关进口税收政策。

根据该《通知》，青奥会税收政策自2011年1月1日起执行，亚青会、东亚会税收政策自2012年1月1日起执行。

1月22日

［纲　文］　**国家发展改革委、铁道部、交通运输部、民航局等部门联合召开2013年全国春运电视电话会议**。

［目　文］　国家安全监管总局党组副书记、副局长王德学在会上指出，做好2013年春运安全工作面临几个新的考验：一是部分地区气候寒冷，雨雪冰冻、浓雾等自然灾害多发；二是出行人员增幅大，比上年预计增加9%左右；三是出现一些新情况、新问题，春运组织难度加大；四是广大人民群众对安全生产工作尤其是春运安全工作的期望值越来越高。各地区、各有关部门和单位：一要清醒认识做好2013年春运安全工作的异常特殊性和极端重要性，深入一线、加强研判、强化组织、明确责任、层层落实；二要进一步加大交通运输领域“打非治违”工作力度；三要切实加强对各类交通运输设备设施和司乘人员的安全监管，超前排查治理各类事故隐患；四要切实加强宏观管控和微观指导，及时发现和解决春运安全中的各种矛盾和问题；五要进一步建立健全应急联动机制，加强节日期间值班值守工作，一旦发生事故或紧急情况要立即报告，并及时有效开展应急救援和处置工作。

1月22日

［纲　文］　**中国成为第三个掌握主机核心技术的国家**。

［目　文］　科技部联合浪潮集团在北京发布中国第一台关键应用主机“浪潮天梭K1系统”。该产品可扩展至32颗处理器，每分钟可完成450万次联机事务处理，可用性达到99.9994%，整体技术指标已经达到国际先进水平。我国成为继美国、日本之后全球第三个掌握新一代主机技术的国家，一举结束了我国关键行业信息化建设受制于人的局面。

1月22日

［纲　文］　**全军纪律检查工作会议在北京举行**。

［目　文］　会议强调，要着眼确保部队始终高举旗帜、听党指挥，把维护政治纪律作为首要任务紧抓不放，保证部队纯洁巩固和集中统一，坚决听从党中央、中央军委和习近平主席指挥。抓好党风廉政建设和反腐败工作，关键在党委、在主要领导。各级要肩负起抓反腐倡廉建设的政治责任，要树立“一盘棋”思想，把廉政要求寓于各领域建设和工作之中。要真正把政治强、素质好、作风正的干部用起来。要打造过硬的纪检监察干部队伍，不断把军队党风廉政建设和反腐败工作推向前进。

1月22日

［纲　文］ **《人民日报》发表题为《狠刹浪费之风》的评论员文章。**

1月22日

［纲　文］ **《人民日报》发表题为《把群众满意作为检验标准——二论转作风看实效》的评论员文章。**

1月22—23日

［纲　文］ **全国粮食流通工作会议在北京召开。**

［目　文］ 会议认真贯彻党的十八大精神，全面落实中央经济工作会议、中央农村工作会议关于粮食工作的决策部署，传达贯彻李克强副总理1月15日视察指导粮食流通工作时的讲话，总结交流2012年粮食流通工作，研究部署2013年工作任务，同时召开了全国粮食系统纪检监察工作会议。各省、自治区、直辖市、计划单列市及新疆生产建设兵团粮食局主要负责人和分管纪检监察工作的负责人，黑龙江省农垦总局、部分涉粮院校的负责人和大型中央粮食企业的有关负责人，以及国家粮食局各司室和直属联系单位的主要负责人参加了会议。中央、国务院有关部门和单位的有关负责人应邀出席了会议。浙江、湖南、辽宁、河南、江西、江苏6省粮食局和河南省潢川县粮食局在会上作了典型经验交流。

会议强调，要善于运用“底线思维”的方法，凡事从坏处准备，努力争取最好的结果。要以全力保障“种粮卖得出、吃粮买得到”作为粮食流通工作的“底线目标”，绝不允许发生农民“卖粮难”，绝不允许出现粮食供应脱销断档。在守住这一底线的基础上，力求更好更优。抓收购、保供给、稳粮价是粮食部门的行业职责，是贯穿2013年全年的中心工作，必须一以贯之地抓好落实、抓出成效。同时，要着力推进四项重点工作：一是积极推动粮食安全省长负责制的全面落实，加快建立可量化、可考核、可奖惩的制度。二是启动实施“粮安工程”，即“粮食收储供应安全保障工程”，守住粮食安全底线。三是着力提高粮食经济增长质量和效益，深化产权制度改革促进企业做大做强，创新粮食经营体制机制，大力推进主食产业化，积极发展木本油料、全谷物、杂粮产业。四是大力实施创新驱动发展和人才兴粮战略，提升粮食科技自主创新能力，提高粮食系统人才队伍整体素质。

1月23日

［纲　文］ **中共中央总书记习近平在北京会见韩国候任总统特使金武星。**

［目　文］ 金武星转达了朴槿惠致中国领导人的问候并转交了朴槿惠致习近平的亲笔信。朴槿惠在信中说，中国是韩国重要邻邦，也是战略合作伙伴。我高度重视韩中关系，希望与中方深化互信，加强各领域合作，巩固和发展两国战略合作伙伴关系，共同为半岛稳定及东北亚和平繁荣作出努力。

习近平表示，中韩关系正站在新的历史起点上，面临新的重要契机。中方高度重视韩国和中韩关系，赞赏朴槿惠候任总统提出进一步深化中韩战略合作伙伴关系的积极意愿，愿与韩方一道，把握机遇，继往开来，乘势而上，保持高层交往，加强政治、经济、人文等领域交流合作，共同推动中韩关系取得新的更大发展。维护朝鲜半岛和平稳定符合中韩两国根本利益。解决半岛问题要标本兼治。中方主张通过对话协商均衡解决各方关切，实现半岛无核化和长治久安，希望六方会谈早日重启。中国支持半岛最终实现自主和平统一，愿为此发挥积极作用。

1月23日

［纲 文］ **国务院印发《循环经济发展战略及近期行动计划》。**

［目 文］ 《计划》全面总结了“十一五”时期我国发展循环经济取得的成效，深入分析了今后一段时期我国循环经济发展面临的形势，提出了“十二五”时期及今后一段时期我国循环经济发展的总体要求、主要任务和保障措施。

《计划》提出，要以邓小平理论、“三个代表”重要思想、科学发展观为指导，落实节约资源和保护环境基本国策，紧紧围绕加快转变经济发展方式，以提高资源产出率为目标，遵循“减量化、再利用、资源化，减量化优先”的原则，以构建循环型产业体系、推动资源再生利用产业化、推行绿色消费为重点，健全有效的激励和约束机制，加快形成覆盖全社会的资源循环利用体系，建设资源节约型、环境友好型社会，提高生态文明水平。

《计划》提出，循环经济发展的中长期发展目标是循环型生产方式广泛推行，绿色消费模式普及推广，覆盖全社会的资源循环利用体系初步建立，资源产出率大幅度提高，可持续发展能力显著增强。近期目标（到“十二五”末）是主要资源产出率提高15%，资源循环利用产业总产值达到1.8万亿元。循环经济发展的重点任务：一是构建循环型工业体系。在工业领域全面推行循环型生产方式，促进清洁生产、源头减量，实现能源梯级利用、水资源循环利用、废物交换利用、土地节约集约利用。二是构建循环型农业体系。在农业领域推动资源利用节约化、生产过程清洁化、产业链接循环化、废物处理资源化，形成农林牧渔多业共生的循环型农业生产方式，改善农村生态环境，提高农业综合效益。三是构建循环型服务业体系，充分发挥服务业在引导树立绿色低碳循环消费理念、转变消费模式方面的作用。四是推进社会层面循环经济发展，完善回收体系，推动再生资源利用产业化，发展再制造，推进餐厨废弃物资源化利用，实施绿色建筑行动和绿色交通行动，推行绿色消费，实施大循环战略，加快建设循环型社会。五是开展循环经济“十百千”示范行动，实施十大工程，创建百座示范城市（县），培育千家示范企业和园区。

《计划》还从完善循环经济政策、健全法规和标准体系、加强循环经济管理和监督、强化循环经济技术和服务支撑、建立循环经济统计评价制度、强化循环经济宣传教育和人才培养、加强循环经济交流与合作、加强循环经济组织领导8个方面提出了发展循环经济的保障措施。

1月23日

［纲 文］ **温家宝主持召开国务院第八次全体会议。**

［目 文］ 会议讨论即将提请十二届全国人大第一次会议审议的政府工作报告，决

定将《政府工作报告（征求意见稿）》发往各省（区、市）和中央有关部门、单位征求意见。

国务院总理温家宝回顾了国务院两次修订工作规则，确定科学民主决策、坚持依法行政、加强行政监督、推进政务公开、加强廉政建设5项准则的过程，总结了10年来政府改革和建设的实践。他指出，推进政府改革和建设既是做好政府各项工作的根本保障，也是政治体制改革的重要内容，是全面深化改革的重要环节。要按照建立比较完善的中国特色社会主义行政管理体制的目标，继续推进政府职能转变和政府机构、行政运行机制、政府管理方式等各项改革，努力建设人民满意的服务型政府。

1月23日

［纲　文］　**国务院食品安全委员会召开第五次全体会议。**

［目　文］　国务院副总理、食安委主任李克强主持会议。会议听取了食安委成员单位的汇报和发言，审议了《2013年食品安全重点工作安排》。

李克强在讲话中指出，我国已进入中等收入国家行列，群众对食品安全、环境质量等较过去有更高要求，发达国家也曾有过类似的过程。在这个阶段，保障好重大民生是经济转型的重要内容，经济和民生联系更加紧密，发展是第一要务，而改善民生是根本目的。目前食品监管领域仍存在职能交叉或职责不清，既有重复监管，也有监管“盲点”。要建立监管的长效机制，必须整合部门监管职能，进一步统筹监管力量，该整合的要整合。加强监管并不替代企业是食品安全第一责任人，而是要确保“环环有监管、守土必有责”，做到“无缝对接”。

会议明确了2013年重点工作：一是继续深化专项整治，抓牛鼻子、啃硬骨头，对问题绝不捂、更不绕，坚决取缔“黑工厂”、“黑作坊”和“黑窝点”；二是始终保持高压态势，斩断非法利益链，让“潜规则”失效，让不良生产经营者付出高昂代价，对食品安全领域犯罪、腐败、渎职等坚决依法依规惩处；三是进一步健全食品安全标准体系和法规制度，力量配置、资金投入都要向基层倾斜；四是对食品安全热点问题，要及时客观准确发布信息，做到科学防范、公开透明，确保食品安全事故在第一时间得到有效处置。

1月23日

［纲　文］　**十八届中央纪委委员学习贯彻党的十八大精神研讨班在北京举办。**

［目　文］　中央书记处书记、中央纪委副书记赵洪祝出席研讨班并主持。中央纪委委员、监察部副部长、副部级纪检组长、省级纪委书记共170余人参加了研讨班。

中共中央政治局常委、中央纪委书记王岐山在发言中指出，中央纪委委员必须学好党章。党章，章章重要，首先要熟读总纲。总纲阐述了党的性质、宗旨、指导思想和奋斗纲领，阐述了党的发展历程和对中国特色社会主义道路的艰辛探索。我们要用中国特色社会主义理论体系和马克思列宁主义中国化的最新成果武装头脑，掌握辩证唯物主义和历史唯物主义。学习党章要结合学习党史、国际共运史，全面认识党领导中国革命和改革开放前30年、后30年的奋斗历程。要全面履行党章赋予我们的职责。

王岐山强调，要深刻认识党风廉政建设和反腐败斗争的长期性、复杂性和艰巨性。坚持标本兼治，当前要以治标为主，为治本赢得时间。要严明党的政治纪律，重点抓好“八项规定”的贯彻落实，狠抓改进作风，反对奢侈浪费、反对特权。目前要盯住春节、“两会”，坚决刹住用公款搞相互走访、送礼、宴请、旅游等不正之风。接着抓好五一、十一，再抓元旦。以抓铁有痕的劲头，一个阶段一个阶段抓下去，经常抓、长期抓，必见成效。纪检监察干部要拉长耳朵，瞪大眼睛，严肃查处顶风违纪的典型，树立好典型，把经常性检查监督和有针对性的抽查结合起来，一级抓一级，层层抓落实。

1月23日

［纲　文］　**中国科协八届三次全委会议在北京召开。**

［目　文］　全国人大常委会副委员长、中国科协主席韩启德主持会议。会议传达学习了中央书记处对科协工作的重要指示。

中共中央政治局委员李源潮出席会议并讲话。他充分肯定2012年科协工作的成绩，同时指出，实现我国经济发展从量的扩张转向质的提高，关键靠科技创新。科协要充分发挥优势，推动科技工作者围绕“四化”同步发展和产业转型升级中的核心关键技术开展科技攻关，深入生产一线开展科技创业和科技服务，促进产学研结合和创新要素向企业集聚，推动科技成果加快转化为现实生产力。

李源潮强调，科技创新，人才为本。科协要有“不拘一格荐人才”的热情，积极发现、举荐、培养科技人才特别是青年科技人才。科学家的崇高精神境界和道德追求是社会文明的示范，要坚持不懈把加强科学道德和学风建设抓下去，营造良好学术风气和科研环境。要组织科技工作者送科技下乡村、进社区、进学校，适应网络化信息发展拓展网上科普阵地。要以改革创新精神加强自身建设，努力成为有作为、受欢迎的“科技工作者之家”。

1月23日

［纲　文］　**刘奇葆在新华社调研。**

［目　文］　调研期间，中共中央政治局委员、中宣部部长刘奇葆参观了新华社社史展览，考察了新闻信息发稿中心和多媒体演播厅，听取了有关情况介绍，充分肯定了新华社的工作。刘奇葆指出，新华社承担着“消息总汇”的职能，肩负着引导社会舆论的重大政治责任。要围绕党和国家工作大局，做好权威发布，大力宣传党的重大理论观点、重大方针政策、重大工作部署，发挥统一思想、凝聚力量、鼓舞斗志的作用。对重大事件、社会热点要快速反应，真实准确、全面客观发布信息，表达事情事态事件的真实面貌，回应社会关切，牢牢掌握消息发布的主动权和舆论引导的主动权。

刘奇葆指出，只有到群众中去，以群众为友，向群众学习，才能写出好的通讯报道。要坚持以人民为中心的新闻理念，用心走基层，用情写群众，深化“走基层、转作风、改文风”活动，把火热实践作为报道的主题，把普通百姓作为报道的主角，真正做到为人民采写、为时代放歌。要坚持不懈地改进文风，写短文、讲实话、发有用的报道，以文风的有效改进，促进新闻报道水平的提高。要加强党对新闻宣传工作的领导，坚持正确政治方向和舆论导向，不断提高舆论引导能力，巩固壮大主流思想舆论。要着力建设一支过得硬、水平高的采编队伍，让党放心、让人民满意。

刘奇葆强调，新华社要在对外传播中发挥更大作用，国际传播能力建设要上水平上台阶。要认真研究不同国家受众的文化传统、思维方式、审美情趣，以他们听得懂、易接受的方式，有针对性地讲述中国故事、传播中国声音，展示美好中国形象。要提高新闻信息原创率、首发率、落地率，提升产品质量，加强海外营销，努力把新华社打造成国际一流媒体。

1月23日

［纲 文］ **国务院办公厅印发《近期土壤环境保护和综合治理工作安排》。**

［目 文］《安排》提出，到2015年，全面摸清我国土壤环境状况，建立严格的耕地和集中式饮用水水源地土壤环境保护制度，初步遏制土壤污染上升势头；建立土壤环境质量定期调查和例行监测制度，对全国60%的耕地和服务人口50万以上的集中式饮用水水源地土壤环境开展例行监测；全面提升土壤环境综合监管能力；力争到2020年，建成国家土壤环境保护体系，使全国土壤环境质量得到明显改善。

《安排》还提出，要严格控制新增土壤污染，确定土壤环境保护优先区域，强化被污染土壤的环境风险控制，开展土壤污染治理与修复，提升土壤环境监管能力，加快土壤环境保护工程建设。在保障措施方面，应加强组织领导，健全投入机制，完善法规政策，强化科技支撑，引导公众参与并严格目标考核。

1月23日

［纲 文］ **农业部、财政部联合印发《2013年农业机械购置补贴实施指导意见》。**

［目 文］《意见》重点在以下几个方面进行了修改完善：一是倡导各省继续开展“全价购机、县级结算、直补到卡”资金兑付方式试点。自2012年开始，农、财两部鼓励各省结合自身实际，开展全价购机后凭发票领取补贴试点。从2012年试点效果看，全价购机、直补到卡的补贴资金兑现方式有利于减轻资金结算压力和加强监管。2013年倡导各地继续开展试点，鼓励已启动试点的省份进一步扩大试点范围，未启动试点的要启动试点工作，有条件可在全省试行。二是强化信息公开，接受社会监督。将《农业部办公厅关于深入推进农机购置补贴政策信息公开工作的通知》有关内容，在指导意见中具体细化、量化和规范化，重点明确各级农机化主管部门信息公开的主要内容、公开形式、公开时限等，使补贴政策信息公开到村、宣传到户，接受社会监督。三是按照“有进有出”原则，对全国农机购置补贴机具种类范围进行微调，由12大类46个小类180个品目调整为12大类48个小类175个品目。根据各地反馈意见和农机化发展实际，农业部组织专家对2012年全国农机购置补贴机具种类范围进行了完善。增加蔬菜收获机械、精准农业设备等2个小类，新增果类蔬菜收获机、干坚果脱壳机等12个品目，删除网围栏、嫁接设备等17个品目。各省自选品目须报农业部备案审查，防止出现地方保护和权力寻租。四是进一步突出补贴重点，优化农机装备结构。鼓励各省根据资金总量，选择部分农业生产急需的薄弱环节机具品目在省域内满足所有农民申购需求，优化农机装备结构。积极引导农

民购置高性能、大马力、复式作业农业机械，允许各省可以将价格较低的机具不列入中央财政资金补贴范围。适当提高大马力高性能机械单机补贴额上限。如200马力以上拖拉机单机补贴限额可提高到25万元，甘蔗收获机单机补贴限额可提高到20万元，大型棉花采摘机单机补贴限额可提高到30万元。继续在山西等11个省份开展报废更新补贴试点，促进老旧机具报废，优化装备结构。五是进一步建立健全联合监管机制，严惩违规行为。明确省级农机化主管部门、财政部门要密切合作，建立工作协调机制；地市级农机化主管部门要加强对县级农机购置补贴实施方案审核、补贴工作监督检查、补贴机具抽查核实工作；县级农机化主管部门要加强监督管理，实施中必须邀请纪检监察部门全程参与，配合有关部门依法依规严厉打击违法违规行为。强化责任意识，推行“谁办理、谁负责，谁核实、谁负责”问责制。建立健全投诉举报制度，做到凡报必查、一查到底，发现问题严肃处理、决不姑息。

1月23日

［纲　文］　**云南省西双版纳傣族自治州召开建州60周年庆祝表彰大会。**

［目　文］　西双版纳傣族自治州州委书记陈玉侯在庆祝表彰大会致辞时说，60年来，西双版纳坚持和完善社会主义制度，全面落实党的民族政策和民族区域自治制度，各族人民充分享有政治、经济、文化、社会权利，营造了各民族共同团结奋斗、共同繁荣发展的新气象。大会同时对西双版纳州民族团结进步模范集体、模范个人进行了表彰并对建州前参加工作的老同志代表颁发了60周年纪念章。庆祝表彰大会结束后，进行了大型民族歌舞展演《魅力傣乡》。

1953年1月23日，西双版纳傣族自治区正式成立（1955年改为西双版纳傣族自治州）。

1月23日

［纲　文］　**国防大学举行2012学年冬季毕业典礼。**

［目　文］　毕业典礼上，中央军委副主席范长龙代表习近平主席和中央军委向圆满完成学业的全体学员表示热烈祝贺，向国防大学领导机关和全体教职员工表示诚挚问候。他指出，听党指挥，是对我军的最高政治要求。要毫不动摇地坚持党对军队绝对领导的根本原则和制度，在思想上政治上行动上与党中央保持高度一致，坚决听从党中央、中央军委和习主席指挥。要坚定对马克思主义的信仰、对中国特色社会主义的信念、对党的信赖，以思想认识上的清醒保证政治上的坚定和行动上的自觉。要深入学习贯彻党的十八大精神和习近平主席一系列重要指示，围绕“建设一支听党指挥、能打胜仗、作风优良的人民军队”的目标要求，按照全面建设的思想加强革命化现代化正规化建设，不断提高信息化条件下的实战能力，确保部队坚决听党指挥、有效履行使命，树立新风正气、保持团结稳定，努力开创军队建设和军事斗争准备新局面。

1月23日

［纲　文］　**外交部发言人就联合国安理会通过关于朝鲜发射卫星问题的第2087号**

决议一事答记者问。

［目　文］　联合国决议要求朝鲜遵守安理会有关决议规定，不得再使用弹道导弹技术进行发射。决议重申希望寻求以和平、外交和政治方式解决有关问题，呼吁重启六方会谈。

外交部发言人表示，2012年12月12日朝鲜发射卫星后，中方已多次表明了立场。我们对朝方在国际社会普遍表明关切的情况下仍实施发射表示遗憾。同时，中方认为安理会的反应要慎重、适度，应有利于维护半岛和平稳定大局，避免局势轮番升级。基于上述立场，中方建设性参与了安理会有关磋商。安理会第2087号决议是各方反复磋商的结果。该决议既表明了国际社会在朝鲜射星问题上的立场，也发出了希望通过对话谈判和平解决半岛问题、呼吁重启六方会谈等积极和正面的信息，总体上是平衡的。我们希望有关各方从维护半岛和平稳定大局出发，保持冷静和克制，避免任何导致局势升级的举动，这符合各方利益。朝鲜射星事件再次凸显从根本上解决半岛问题的紧迫性和必要性。中方一贯主张，应通过对话协商化解矛盾，全面均衡解决各方关切，以和平方式解决半岛相关问题，实现半岛无核化和半岛及东北亚地区的长治久安。六方会谈是推动实现这一目标的有效机制。中方愿同国际社会一道，为推进六方会谈进程，维护半岛及东北亚地区和平与稳定作出积极努力。

1月23日

［纲　文］　**外交部发言人表示，中国对南沙群岛及其附近海域拥有无可争辩的主权，这有着充分的历史和法理依据**。

［目　文］　外交部发言人说，中国与菲律宾在南海的有关争端的根源和核心，是菲方非法侵占中国南沙群岛部分岛礁引发的领土主权争议，中方一向坚决反对菲方的非法侵占。从维护中菲双边关系和地区和平稳定的大局出发，中方一贯致力于通过双边协商、谈判解决争议，这体现了中方极大的善意和诚意。由直接有关的主权国家谈判解决有关争议，也是中国与东盟国家在《南海各方行为宣言》中达成的共识，《南海各方行为宣言》所有签署国都应遵守自己的庄严承诺。

1月23日

［纲　文］　**《人民日报》发表题为《反对浪费从领导干部做起》的评论员文章**。

1月24日

［纲　文］　**环境保护部、统计局、发展改革委、监察部联合印发《“十二五”主要污染物总量减排统计办法》、《“十二五”主要污染物总量减排监测办法》**。

1月24日

［纲　文］　**农业部召开农业安全生产工作会议**。

［目　文］　会议传达学习了国务院安全生产委员会全体会议、全国安全生产电视电话会议和全国安全生产工作会议精神，总结了2012年农业安全生产工作，全面分析了农

业安全生产工作面临的形势，安排部署了2013年农业安全生产重点工作。会议强调，做好2013年农业安全生产工作，要认真落实安全生产责任制，坚持各单位“一把手”负总责、分管领导直接负责、责任处室具体落实的工作责任制，真正做到工作重心下沉、关口前移、职责清楚、工作到位。要认真落实安全生产行业指导职责，加大监督检查力度，深入开展多种形式的安全生产大检查，及时消除安全隐患。要突出抓好农业部系统各单位供电、供气、供水、通信、交通、消防等重要设备设施，以及有毒有害物品、易燃易爆危险品、微生物菌毒种等检查，发现问题及时整改，不留隐患。要加强办公场所、出租房屋或施工现场的管理，坚决防止发生安全事故。要认真组织开展好“安全生产月”、“防灾减灾日”等宣传教育活动，不断强化农业系统广大干部职工和农民群众的安全意识，营造良好的舆论氛围。要落实应急值守制度，坚持24小时值班和领导带班制度，保持通讯畅通，一旦发生重特大突发事件，要立即启动应急预案，主要领导靠前指挥，妥善处置，最大限度降低事故损失。要落实信息限时报告规定，坚决防止出现瞒报、漏报、迟报现象。

会议强调，必须以高度的政治责任感和紧迫感，切实抓好春节、“两会”期间的农业安全生产工作，确保春节、“两会”期间安全和谐。各级领导干部要全面落实中央八项规定和农业部实施办法，进一步转变作风，密切联系群众，坚持厉行勤俭节约，坚决反对铺张浪费，大力精简各种团拜会、茶话会和联谊会，严禁用公款搞宴请、团拜、相互走访、送礼等活动。要牢固树立宗旨意识和群众观点，深入基层，深入群众，积极开展帮扶救助、走访慰问和送温暖、献爱心活动。要关心部系统干部职工生活，帮助解决实际问题。

1月24日

［纲　文］ **国家安全监管总局印发《煤矿矿长保护矿工生命安全七条规定》。**

［目　文］ 《规定》明确了煤矿矿长保护矿工生命的责任和措施。《规定》要求，必须证照齐全，严禁无证照或者证照失效非法生产；必须在批准区域正规开采，严禁超层越界或者巷道式采煤、空顶作业；必须确保通风系统可靠，严禁无风、微风、循环风冒险作业；必须做到瓦斯抽采达标，防突措施到位，监控系统有效，瓦斯超限立即撤人，严禁违规作业；必须落实井下探放水规定，严禁开采防隔水煤柱；必须保证井下机电和所有提升设备完好，严禁非阻燃、非防爆设备违规入井；必须坚持矿领导下井带班，确保员工培训合格、持证上岗，严禁违章指挥。

1月24日

［纲　文］ **解放军总部机关“学习贯彻党章、弘扬优良作风”教育活动动员部署会在北京召开。**

［目　文］ 中央军委副主席范长龙、许其亮出席会议并讲话。在全军团以上党委机关开展“学习贯彻党章、弘扬优良作风”教育活动的目的是深入贯彻党的十八大精神和习近平主席决策指示，落实中央和军委加强作风建设的部署要求，使各级党委和领导干部自觉做学习党章、遵守党章的模范，为实现建设一支听党指挥、能打胜仗、作风优良的人民军队的目标，在新的起点上加快推进国防和军队现代化提供有力保证。

范长龙指出，作风建设是事关军队打得赢、不变质的重大问题。总部机关处在领率地位，在改进作风上要真正警醒起来、重视起来、行动起来，释放“正能量”，为全军作表率。要多从制度层面想办法、找出路，匡正用人风气、公平公正用权、消除腐败现象。要以上率下，坚持正人先正己，严下先严上，领导带着部属改，总部带着全军改。各级领导干部，对权力要有敬畏感，始终谨记不是权力越大越好，当感到权力很大、离了你不行的时候，往往是最危险的时候。

许其亮指出，总部机关是全军工作和作风建设的“领跑者”和“风向标”。坚定信念、举旗铸魂是加强作风建设最根本的、第一位的要求，要通过学习贯彻党章，加强理论武装。要大力传承我党我军的好传统好作风，树立与时代发展和使命任务相适应的优良作风。要着力整治形式主义、官僚主义，整治选人用人上的不正之风，整治铺张浪费、豪华奢侈，以权谋私、消极腐败及思想和精神懈怠等突出问题。要按照走在前列的标准要求从严从紧，党委领导带头抓带头做，切实抓好制度建设这个保证，把改进作风的成效真正体现到履职尽责、干出实绩上。

1 月 24 日

[纲　文]　**外交部发言人表示，中方一贯主张朝鲜半岛应实现无核化，各方应共同努力维护朝鲜半岛和平稳定。**

[目　文]　外交部发言人说，六方会谈是推动实现有关目标的有效机制。各方应在六方会谈框架下加强接触、增进互信、改善关系、化解矛盾，全面均衡解决各方关切，切实落实“9·19”共同声明确定的各项目标，推进朝鲜半岛无核化进程，共同维护朝鲜半岛的和平稳定。中方愿与国际社会一道，为实现这一目标作出不懈努力。

1 月 24 日

[纲　文]　**《人民日报》发表题为《党要管党，从严治党——一论学习贯彻习近平在十八届中央纪委二次全会讲话》的评论员文章。**

1 月 24—25 日

[纲　文]　**环保部在北京召开 2013 年全国环境保护工作会议。**

[目　文]　环保部副部长潘岳主持会议，中央和国务院有关部门负责人，以及各省、自治区、直辖市和副省级市、解放军和新疆生产建设兵团的环境保护厅（局）长，环境保护部机关和直属单位的主要负责人等出席了会议。

会议主要任务是认真学习贯彻党的十八大和中央经济工作会议精神，以生态文明建设为统领，以建设美丽中国为目标导向，以解决影响科学发展和损害群众健康的突出环境问题为重点，总结 2012 年工作，部署 2013 年任务。会议表彰了“十一五”时期全国减排先进集体和先进个人。中纪委驻环保部纪检组长周英传达了十八届中央纪委二次全会会议精神，学习了习近平总书记的重要讲话，并就环保部贯彻落实《十八届中央政治局关于改进工作作风、密切联系群众的八项规定》实施办法作了说明。北京、浙江、宁夏、江苏、辽宁、湖南 6 省（区、市）环保厅（局）的负责人分别介绍了工作经验。

1月24—29日

［纲　文］　**温家宝主持召开三次座谈会，听取各界人士对《政府工作报告（征求意见稿）》的意见和建议。**

［目　文］　在各民主党派、全国工商联负责人和无党派人士座谈会上，万鄂湘、张宝文、陈昌智、严隽琪、陈竺、万钢、韩启德、林文漪、王钦敏和胡四一着重就落实“三农”政策、积极稳妥推进城镇化、优先发展教育、加快医药卫生体制改革、迎接新技术革命、支持发展小微企业、发挥社会组织作用、加强大气污染治理等发言。国务院总理温家宝说，城镇化要避免走弯路，科学规划非常重要。要坚持城乡建设一体化，真正把农村建设好。雾霾天气对人们生产生活和身体健康都造成影响，应该采取切实有效的措施，加快推进产业结构和布局调整，推进节能减排，建设生态文明，用行动让人民看到希望。

在专家学者和企业界人士座谈会上，卢中原、汤敏、迟福林、李培林、贾康、张瑞敏、傅育宁、汪建、马化腾等就扩大消费、转变政府职能、收入分配改革、把握互联网与传统产业融合的机遇等发言。温家宝说，信息化不仅改变生产方式，而且改变生活方式，将会带来一场深刻的技术革命。我们要尊重企业家、尊重创业者，为不同类型企业创造平等的竞争环境，这关系着未来。

在教科文卫体和基层群众代表座谈会上，张杰、叶甜春、刘震云、陈勇、冯巩、王海滨、张鑫燚、朱正森、殷勇等就提高教育质量、加强基层医疗、扶持文化产业、扶持农产品生产流通等方面提出建议。温家宝说，要下决心减少流通环节，降低管理费用。

温家宝强调指出，第一，要高度重视民生。民生是经济社会发展的中心，也是政府工作的中心。第二，要有民族自信和道路自信。一定要把我们国家建成现代化强国，不仅使人民生活水平得到提高，而且要让人民具有更高的文明素质，得到应有的尊严。第三，只有创新，国家才有希望。创新的根本是坚持解放思想，推进改革开放。第四，一个有远见的民族才是有希望的民族。无论遇到多大困难，都要毫不动摇、永不停顿地坚持社会主义现代化建设的伟大目标。

1月25日

［纲　文］　**中共中央总书记习近平在北京会见日本公明党党首山口那津男。**

［目　文］　习近平表示，中日互为重要近邻，邦交正常化40年来，各领域合作深度和广度达到前所未有的水平，有力促进了两国各自的发展。中国政府重视发展中日关系的方针没有变化。事实证明，两国间四个政治文件是中日关系的压舱石，应坚持遵守。新形势下，我们要像两国老一辈领导人那样，体现出国家责任、政治智慧和历史担当，推动中日关系克服困难，继续向前发展。习近平强调，要保持中日关系长期健康稳定发展，必须着眼大局，把握方向，及时妥善处理好两国间存在的敏感问题。中方在钓鱼岛问题上的立场是一贯和明确的，日方应正视历史和现实，以实际行动，同中方共同努力，通过对话磋商找到妥善管控和解决问题的有效办法。以史为鉴，才能面向未来。日方应尊重中国人

民的民族感情，正确处理历史问题。中方重视山口在两国关系面临特殊形势之际访华，希望公明党继续为推动中日关系发展发挥建设性作用。

山口那津男表示，公明党一直坚定致力于发展日中友好，主张遵守日中间四个政治文件确定的原则。作为日本联合执政党之一，公明党将继承和弘扬日中友好传统，促进两国交流与合作，推动通过对话妥善解决有关问题，为改善和发展日中关系做出积极努力。

山口那津男还向习近平转交了日本首相安倍晋三的亲笔信。安倍在信中表示，日中关系是最重要的双边关系之一，两国对亚太地区和世界和平发展承担着共同责任。日方愿从大局出发，推动日中战略互惠关系向前发展。

1月25日

［纲　文］　**刘云山主持召开学习宣传贯彻十八大精神督查情况汇报会。**

［目　文］　这次督查活动，由中央办公厅、国务院办公厅会同有关部门抽调精干力量组成8个组，分赴东、中、西部16个省区市，深入92个县（区、旗）、220多个村（社区），召开150多个座谈会，并走访干部群众直接了解情况、听取意见。中共中央政治局委员、中央书记处书记刘奇葆、赵乐际、栗战书，中央有关部门和单位负责人出席会议，8个督查组组长分别作了汇报。中共中央政治局常委、中央书记处书记刘云山听取汇报后对督查工作给予肯定，要求有关部门对各地的好经验及时总结推广，对发现的问题认真研究解决。

刘云山指出，从督查情况看，十八大精神学习宣传贯彻开局很好、态势很好，广大群众对十八大精神高度认同，对十八大以来中央采取的改进作风、联系群众的一系列举措充分肯定，对党和国家未来发展充满信心。把学习宣传贯彻十八大精神引向深入，关键是要进一步武装头脑、指导实践、推动工作。要深入学习领会十八大报告和新修订的党章，学习领会习近平总书记一系列重要讲话，原原本本研读，领会精神实质，更好用中央精神统一思想。要着力推动党和国家中心工作，把握好中央关于今年经济工作的总体要求，深化重要领域和关键环节的改革，完善推动科学发展的政策举措，奋力实现今年经济社会发展良好开局。要牢记为人民服务是共产党人的天职，牢记人民的愿望期待就是努力方向，加大保障和改善民生工作力度，实现好维护好发展好人民群众根本利益。要认真贯彻党要管党、从严治党，加强理想信念教育，严明党的纪律，加大反腐倡廉力度，努力把党建设成为中国特色社会主义事业的坚强领导核心。

刘云山强调，中央政治局制定改进作风八项规定，目的就是以良好的作风推动十八大精神贯彻落实。现在改进作风已取得初步成效，但要看到作风问题具有顽固性和反复性。改进作风，不能抓而不紧，不能抓而不实，更不能抓抓停停、一阵风，一定要以踏石留印、抓铁有痕的劲头抓下去，建立长效机制，持之以恒、善始善终，让人民群众看到实实在在的成效。春节期间，尤其要大力倡导艰苦奋斗、勤俭节约，反对铺张浪费、挥霍奢靡，严格执行中央有关规定，把今年春节过成一个干干净净的春节、一个风清气正的春节、一个欢乐祥和的春节。

1月25日

［纲　文］　**纪念延安“双拥”运动70周年座谈会在北京举行。**

［目　文］　国务院副总理、全国双拥工作领导小组组长回良玉主持座谈会。中共中央政治局常委张高丽，全国人大常委会副委员长司马义·铁力瓦尔地，全国政协副主席阿不来提·阿不都热西提，全国双拥工作领导小组副组长及全体成员，解放军四总部、驻京部队大单位政治部和北京市有关负责人，全国双拥模范城（县）、双拥模范单位和个人代表，陕西延安、江西井冈山等革命老区代表以及老同志代表参加了会议。

中央军委副主席许其亮在会上发表讲话指出，拥军优属、拥政爱民，是广大军民在中国共产党领导下的伟大创造，是我们的优良传统和特有政治优势。我们的军队是党绝对领导下的人民子弟兵，必须以党的宗旨为宗旨，“兵民是胜利之本”。按照党的十八大的部署要求，大力弘扬双拥光荣传统，更加扎实有效地做好双拥工作，为全面建成小康社会，为加快推进国防和军队现代化提供坚强的政治保证。要从坚持和发展中国特色社会主义高度，充分认识新形势下双拥工作的重大意义。坚持用共同的理想信念凝聚军心民心，充分发挥军队的资源和优势支持地方经济社会发展，大力支持部队现代化建设和军事斗争准备，着力解决涉及军民切身利益的实际问题，进一步营造爱国拥军、爱民奉献的良好社会风尚。切实加强双拥工作组织领导，不断开创军政军民团结的新局面。

1月25日

［纲　文］　**公安部就打击食品犯罪、保卫餐桌安全问题召开视频会。**

［目　文］　会议部署2013年全国公安机关打击食品安全犯罪、保卫餐桌安全工作。会议指出，食品安全事关人民群众身体健康和生命安全，事关社会和谐稳定，是社会各界和广大人民群众广泛关注的重大民生问题。特别是春节期间，食品市场供需两旺，食品安全风险集中。

会议要求，各级公安机关要紧紧围绕食用油、肉类、酒类、调味品、民俗特产等节日市场热销食品，坚持主动进攻，积极会同食安、农业、工商、质检、食药监等部门，加强联控联查，重拳打击食品安全犯罪，坚决保护春节期间老百姓餐桌安全。会议决定，2013年组织全国公安机关开展“打击食品犯罪保卫餐桌安全”专项行动，严厉打击涉及面广、社会影响大、群众反响强烈、带有行业“潜规则”性质的危害食品安全违法犯罪活动，坚决捣毁制售有毒有害食品犯罪的“黑工厂”“黑作坊”“黑窝点”“黑市场”，斩断非法利益链，切实维护食品安全。

1月25日

［纲　文］　**财政部、发展改革委、工业和信息化部联合印发《关于简化节能家电、高效电机补贴兑付信息管理及加强高效节能工业产品组织实施等工作的通知》。**

［目　文］　《通知》要求，消费者在购买节能家电产品并提供身份证复印件、销售发票复印件、签署补贴领取确认单后，家电终端销售商即将补贴资金兑付给消费者，不得要求消费者在购买后二次返回商场领取补贴。同时，为防止骗补，各地工业和信息化主管部

门应扎实开展核查工作，确保核查结果真实有效；应结合本地区实际情况，制订详细的核查工作方案和流程，及时报工业和信息化部备案；应在电视、报纸、网络等媒体上对核查工作进行宣传，让消费者了解核查目的，充分理解并积极配合核查工作；核查时应加大对大宗用户的核查比例和核查力度；对存在疑问的信息应要求生产企业或相关销售商配合进行核实。信息核查工作涉及企业和消费者个人信息，相关单位要严格做好保密工作。各推广企业和各级销售商有义务配合各地工信部门开展核查工作，拒绝配合核查或为核查工作设置障碍的相关单位，将收回其已领取的补贴资金并视情况予以处罚。

《通知》要求，电机生产企业要认真收集并及时上报产品的推广信息。为确保财政资金安全，相关部门会将推广核查工作延伸到主机生产企业和各级经销商，以核实准确的销售及用户安装情况。主机生产企业及相关经销商应完整留存相关产品的生产、出货及销售信息，并积极配合核查工作。

1月25日

［纲　文］　环境保护部印发《全国生态保护“十二五”规划》。

［**目　文**］《规划》指出，“十一五”以来，尽管我国生态保护工作取得积极进展，但我国生态环境整体恶化的趋势仍未得到根本遏制。当前主要面临部分区域重要生态功能不断退化、生物多样性面临严重威胁、生态保护监管能力薄弱、生态示范建设水平有待提升等问题。未来5年，随着经济增长和人口增加，资源能源消耗和人为活动干扰对生态环境的压力将不断加大，产业布局和产业结构与生态环境承载力不匹配、不协调的矛盾依然突出，产业转移和资源开发对部分生态脆弱地区可能产生新的生态破坏。人民群众对生态服务的需求不断提高。同时，全球气候变化的不确定性影响愈发明显，生态系统更加脆弱，进一步影响了生态环境对经济社会可持续发展的支撑能力。

《规划》指出，生态保护“十二五”期间，要初步建立起以生态环境质量监测与评估为核心的生态监管体系；完成25个国家重点生态功能区的动态评估，初步建立国家重点生态功能区生态环境保护和管理的政策和标准体系；陆地自然保护区面积占陆地国土面积比例稳定在15%左右；90%的国家重点保护物种和典型生态系统类型得到保护，80%以上的就地保护能力不足、野外现存种群量极小的受威胁物种得到有效保护；建成生态县（市、区）不少于50个，生态市不少于10个，力争个别地区基本达到生态文明建设示范区的要求，2—3个跨行政区域建成协同高效的生态文明联动机制，1—2个行业制定实施生态文明建设示范标准；建设50家特色鲜明、成效显著的国家生态工业示范园区。

《规划》强调，要全面推进生态文明示范建设，深化生态建设示范区建设和管理，深入开展生态文明建设试点，开展生态文明水平评估；要加强生物多样性保护，强化优先区域的监管，加强生物物种资源保护与监管，深化生物安全管理，推动履约和国际合作；要提升自然保护区建设和监管水平，提高管护水平，优化空间布局，加强监督管理；要强化国家及区域生态功能保护，划定生态红线，加强重点生态功能区保护和管理，强化生态监测与评估体系建设，开展流域生态健康评估与管理，强化资源开发和基础设施建设生态环境监管。

1月25日

［纲　文］　**国家广电总局印发《关于实行电视纪录片题材公告制度的通知》。**

［目　文］　《通知》表示，近年来中国电视纪录片创作生产日趋活跃，产量质量不断提高，呈现出良好的发展势头。为进一步繁荣电视纪录片市场，避免产生题材撞车、资源浪费等问题，国家广电总局自2013年起实行电视纪录片题材公告制度，汇总全国电视纪录片创作生产、中外合拍、引进境外电视纪录片（含素材）等题材信息，向社会公告。

《通知》指出，电视纪录片是指以自然世界、人类社会为表现对象，以非虚构的真实记录为表现手法，以公开播出为展示渠道的电视片。电视纪录片题材实行中央、省（自治区、直辖市）两级汇总，国家广电总局统一公告制度。通知对象包括广电总局向各省、自治区、直辖市广播影视局，新疆生产建设兵团广播电视局，解放军总政宣传部、中央电视台、中国电影集团公司、中央新影集团、中国教育电视台、中央和国家有关单位。国家广电总局对全国电视纪录片题材信息进行汇总分析，与制作机构沟通协调后，制定《全国电视纪录片题材目录》，向社会公告。各省级广播影视行政部门要高度重视纪录片创作生产工作，认真组织做好电视纪录片题材汇总工作，特别是要做好社会制作机构的电视纪录片题材汇总工作，提高服务意识，以服务促发展，以服务促繁荣。电视纪录片题材公告实行半年制。每年1月发布全国上半年电视纪录片题材公告，每年7月发布全国下半年电视纪录片题材公告。

1月25日

［纲　文］　**人力资源社会保障部举行新闻发布会，公布2012年中国5项社会保险基金收支情况。**

［目　文］　新闻发言人指出，2012年我国5项社会保险基金总收入为28465.3亿元，比上年增长18.4%；总支出22063.1亿元，增长22.2%。

2012年底，全国参加城镇职工基本养老保险、基本医疗保险、失业保险、工伤保险和生育保险人数分别为30379万人、53589万人、15225万人、18993万人、15445万人，分别比上年底增加1988万人、6246万人、908万人、1297万人、1553万人。

2012年底，全国农民工参加基本养老、基本医疗、失业、工伤保险人数分别为4543万人、4996万人、2702万人、7173万人，分别比上年底增加403万人、355万人、311万人、345万人。

2012年底，全国城乡居民参保人数达到48370万人，比上年底增加15187万人，13075万城乡老年居民按月领取养老金。

1月25日

［纲　文］　**纪念黄华同志诞辰100周年座谈会在北京举行。**

［目　文］　国务委员戴秉国主持座谈会。全国人大常委会委员长吴邦国，全国人大常委会副委员长路甬祥，有关方面负责人和黄华亲属、生前好友等出席。中央党史研究

室、外交部、全国人大常委会办公厅、河北省有关负责人先后发言。

路甬祥全面回顾了黄华同志为中国革命、为社会主义建设和改革开放事业不懈奋斗、鞠躬尽瘁的光辉一生，高度评价了黄华同志的革命精神和为党和国家作出的重要贡献。他指出，我们要继承老一辈无产阶级革命家的遗志，在以习近平同志为总书记的党中央领导下，凝聚力量，攻坚克难，扎实做好改革发展稳定各项工作，为全面建成小康社会而努力奋斗。

1 月 25 日

［纲　文］ **《光明日报》报道，中科院重庆绿色智能技术研究院日前成功制备出国内首片 15 英寸的单层石墨烯。该石墨烯可以作为制备新型触摸屏的核心部分——透明电极的材料。**

1 月 25 日

［纲　文］ **外交部部长杨洁篪应约同法国外交部部长法比尤斯通电话。**

［目　文］ 双方积极评价近年来中法关系取得的成果，一致认为 2013 年是两国关系发展进程中的重要一年，双方将共同努力，加强高层交往，深化务实合作，推动两国关系迈上新台阶。双方还就马里局势交换了看法。

1 月 25 日

［纲　文］ **外交部发言人就中美在亚太地区发展问题答记者问。**

［目　文］ 外交部发言人表示，中方高度重视发展中美关系，愿与美方共同努力，继续推进中美合作伙伴关系建设，探索构建新型大国关系。亚太是中美利益交融最紧密、互动最频繁的地区。中美应为维护亚太地区的和平、稳定、繁荣共同发挥建设性作用。双方可继续通过战略与经济对话、亚太事务磋商等机制保持沟通、协调与合作，推动实现中美在亚太的良性互动。

1 月 25 日

［纲　文］ **《人民日报》发表题为《卸掉“弹簧门”解决真问题——三论转作风看实效》的评论员文章。**

1 月 25 日

［纲　文］ **《人民日报》发表题为《严格监督，刹住浪费歪风》的评论员文章。**

1 月 26 日

［纲　文］ **中国自主发展的运 -20 大型运输机首次试飞成功。**

［目　文］ 该型飞机是我国依靠自己的力量研制的一种大型、多用途运输机，可在复杂气象条件执行各种物资和人员的长距离航空运输任务。运 -20 大型运输机的首飞成功，对于推进我国经济和国防现代化建设，应对抢险救灾、人道主义援助等紧急情况，具有重要意义。该型飞机首飞后将按计划继续开展相关试验和试飞工作。

1 月 26 日

［纲　文］ **《人民日报》报道，西藏自治区双湖县经国务院批准成立。该县由那曲地**

区管辖，是世界上海拔最高的县级行政区。

1 月 26 日

［纲　文］ **国务委员戴秉国应约同美国国务卿希拉里·克林顿通电话。**

［目　文］ 双方就中美关系交换了意见。戴秉国表示，过去 4 年来，在两国领导人正确引领和各界人士有力推动下，中美关系总体保持稳定并取得重要积极进展。当前，中美关系处在继往开来的重要阶段。双方要继续认真落实两国元首重要共识，牢牢把握共建相互尊重、互利共赢的合作伙伴关系和构建新型大国关系的大方向，推动中美关系在新时期取得新的更大发展。希拉里表示，美方愿继续加强同中国的交流、对话和合作，在过去 4 年美中关系取得长足发展的基础上，共同为构建新型大国关系而努力。

1 月 26 日

［纲　文］ **中国人民政治协商会议第八届、九届全国委员会副秘书长郑质英在北京病逝，享年 68 岁。**

1 月 27 日

［纲　文］ **国家统计局发布 2012 年规模以上工业企业利润数据。**

［目　文］ 数据显示，2012 年全国规模以上工业企业实现利润 55578 亿元，同比增长 5.3%。12 月当月实现利润 8952 亿元，同比增长 17.3%。

2012 年在规模以上工业企业中，国有及国有控股企业实现利润 14163 亿元，同比下降 5.1%；集体企业实现利润 819 亿元，同比增长 7.5%；股份制企业实现利润 32867 亿元，同比增长 7.2%；外商及港澳台商投资企业实现利润 12688 亿元，同比下降 4.1%；私营企业实现利润 18172 亿元，同比增长 20%。

在 41 个工业大类行业中，29 个行业利润同比增长，11 个行业同比下降，1 个行业由同期亏损转为盈利。主要行业利润增长情况：农副食品加工业利润同比增长 20.6%，通用设备制造业增长 4.2%，汽车制造业增长 5.6%，电气机械和器材制造业增长 8.3%，计算机、通信和其他电子设备制造业增长 7.9%，电力、热力生产和供应业增长 69.1%，石油和天然气开采业下降 2.2%，化学原料和化学制品制造业下降 5.9%，黑色金属冶炼和压延加工业下降 37.3%，石油加工、炼焦和核燃料加工业由同期亏损转为盈利。

规模以上工业企业实现主营业务收入 915915 亿元，同比增长 11%。每百元主营业务收入中的成本为 84.77 元，主营业务收入利润率为 6.07%。

1 月 27 日

［纲　文］ **中国杂技团体在法国巴黎“明日”世界杂技节上凭借创意杂技《舞空竹》斩获金奖。**

1 月 27 日

［纲　文］ **中国在境内再次进行陆基中段反导拦截技术试验，相关技术排世界前列。**

［目　文］ 试验达到预期目的，表明我国已经掌握了弹道导弹防御系统的核心技

术，反导系统可靠性也经历了考验。试验是防御性的，不针对任何国家。

1月27日—2月1日

［纲　文］　**全国人大常委会委员长吴邦国应邀赴俄罗斯出席亚太议会论坛第二十一届年会并访问蒙古。**

［目　文］　该年会围绕地区安全、经济贸易、区域合作等议题进行对话。吴邦国在28日上午召开的年会上作了题为《坚持和平发展，促进合作共赢》的主旨发言。吴邦国说，促进亚太地区和平合作发展，是亚太各国的共同责任，也是亚太人民的殷切期盼。要坚持从战略高度审视地区形势和彼此关系，坚定维护和平稳定，着力深化互利合作，弘扬包容互鉴精神。要加强议会间各层次各领域对话交流，努力使议会交往成为推动国家关系发展的建设性力量。吴邦国从坚持科学发展、坚持对外开放、坚持和平发展三个方面阐述了中国的内外政策。

年会期间，吴邦国分别会见了年会东道国俄罗斯联邦委员会主席马特维延科，韩国国会议长姜昌熙、马来西亚上议院议长阿布·扎哈尔和老挝国会主席巴妮，并接受了马特维延科代表普京总统授予的俄罗斯联邦友谊勋章。

出席论坛后，吴邦国应蒙古国国家大呼拉尔主席恩赫包勒德的邀请，于30日至2月1日对蒙古国进行正式友好访问，这是中国全国人大常委会委员长时隔16年后再次访蒙。访问期间，吴邦国与恩赫包勒德举行了会谈。吴邦国表示，中方将始终从战略高度看待和发展对蒙关系，愿与蒙方一道，不断充实和丰富两国关系的内涵。为此，他提出四点建议：一是加强战略互信，继续在涉及彼此核心利益问题上相互支持，加强在重大问题上的沟通协调，密切在执法安全和非传统安全等领域的交流合作，巩固中蒙关系的政治基础。二是深化互利合作，继续坚持矿产资源开发、基础设施建设、金融合作“三位一体，统筹推进”的经贸合作总体思路，推动经贸合作不断取得新成果，夯实中蒙关系的物质基础。三是活跃人文交流，进一步扩大两国青年、媒体、地方等友好往来，增进相互了解，巩固传统友谊，夯实中蒙关系的社会基础。四是加强多边合作，继续保持在国际和地区事务中相互支持、相互协作的良好传统，维护双方共同利益。中方支持蒙方加入亚太经合组织，愿为蒙参与东北亚合作、加强同上合组织成员国合作发挥积极作用。会谈结束后，双方共同签署了《中华人民共和国全国人民代表大会和蒙古国国家大呼拉尔合作备忘录》，并出席了两国政府有关经济技术合作协定签字仪式。

31日，吴邦国先后会见了蒙古国总统额勒贝格道尔吉和总理阿勒坦呼亚格，并出席了中国银行乌兰巴托代表处揭牌仪式。

1月28日

［纲　文］　**习近平主持召开中共中央政治局会议。**

［目　文］　会议研究部署了加强新形势下党员发展和管理工作。会议指出，党员是党的肌体的细胞和党的活动的主体，党员队伍建设是党的建设基础工程。随着改革开放和

社会主义市场经济深入发展，随着党员队伍越来越壮大，管党治党任务更加艰巨。世情、国情、党情发生的深刻变化，对党员干部队伍建设提出了许多新课题新挑战，党员发展和管理工作还存在一些不适应新形势新任务新要求的问题。主要表现是：有的党组织对发展党员把关不严，发展党员质量需要提高；党员队伍结构不尽合理，党员管理方式和手段比较单一，流动党员管理机制还不健全；少数党员理想信念动摇、宗旨意识淡薄、组织纪律不强，甚至思想蜕变、腐化堕落，等等。这些问题影响着党员队伍的生机活力，影响着党在人民群众中的形象和威信，削弱了党的创造力、凝聚力、战斗力，必须切实加以解决。

会议强调，加强新形势下党员发展和管理工作，对于贯彻落实党的十八大精神、保持党的先进性和纯洁性具有十分重要的意义。要坚持以邓小平理论、“三个代表”重要思想、科学发展观为指导，牢牢把握加强党的执政能力建设、先进性和纯洁性建设这条主线，坚持解放思想、改革创新，坚持党要管党、从严治党，按照控制总量、优化结构、提高质量、发挥作用的总要求，明确目标、突出重点，健全机制、务求实效，不断提高党员发展和管理工作科学化水平，着力把各方面先进分子和优秀人才更多吸收到我们党内，努力建设一支规模适度、结构合理、素质优良、纪律严明、作用突出的党员队伍，夯实党执政的组织基础，为全面建成小康社会、夺取中国特色社会主义新胜利提供坚强组织保证。

会议要求，要严格坚持标准，始终把政治标准放在首位，加强入党积极分子培养教育，扩大发展党员工作中的民主，严格工作程序和纪律，提高发展党员质量。要着力在工人中发展党员，继续做好在农民中发展党员工作，重视从青年工人、农民、知识分子中发展党员，优化党员队伍结构。要加强发展党员工作宏观指导，制定和落实发展党员规划，保持党员队伍适度规模。要强化党员管理，严格党内组织生活，严明党的纪律，及时处置不合格党员，改进对流动党员的管理，健全党内激励关怀帮扶机制，构建党员联系和服务群众工作体系，增强党员队伍生机活力。要加强组织领导，明确工作责任，完善保障措施，确保各项任务落到实处。

1月28日

［纲　文］　习近平主持中共中央政治局第三次集体学习。

［目　文］　十八届中共中央政治局就坚定不移走和平发展道路进行第三次集体学习。中共中央总书记习近平在主持学习时强调，走和平发展道路，是我们党根据时代发展潮流和我国根本利益作出的战略抉择。我们要以邓小平理论、“三个代表”重要思想、科学发展观为指导，加强战略思维，增强战略定力，更好统筹国内国际两个大局，坚持开放的发展、合作的发展、共赢的发展，通过争取和平国际环境发展自己，又以自身发展维护和促进世界和平，不断提高我国综合国力，不断让广大人民群众享受到和平发展带来的利益，不断夯实走和平发展道路的物质基础和社会基础。

习近平强调，我们要坚持走和平发展道路，但决不能放弃我们的正当权益，决不能牺牲国家核心利益。任何外国不要指望我们会拿自己的核心利益做交易，不要指望我们会吞下损害我国主权、安全、发展利益的苦果。中国走和平发展道路，其他国家也都要走和平发展道路，只有各国都走和平发展道路，各国才能共同发展，国与国才能和平相处。我们要广泛深入宣传我国坚持走和平发展道路的战略思想，引导国际社会正确认识和对待我国的发展，中国发展绝不以牺牲别国利益为代价，我们绝不做损人利己、以邻为壑的事情，将坚定不移做和平发展的实践者、共同发展的推动者、多边贸易体制的维护者、全球经济治理的参与者。

外交部部长杨洁篪、中共中央对外联络部部长王家瑞、商务部部长陈德铭结合工作实际，就坚定不移走和平发展道路问题发表了意见。中共中央政治局各位同志认真听取了他们的发言，并就有关问题进行了讨论。

1 月 28 日

［纲　文］　**新华社讯，习近平在新华社一份《网民呼吁遏制餐饮环节"舌尖上的浪费"》的材料上作出批示。**

［目　文］　电讯说，中共中央总书记习近平近日批示指出，从文章反映的情况看，餐饮环节上的浪费现象触目惊心。广大干部群众对餐饮浪费等各种浪费行为特别是公款浪费行为反映强烈。联想到我国还有为数众多的困难群众，各种浪费现象的严重存在令人十分痛心。浪费之风务必狠刹！要加大宣传引导力度，大力弘扬中华民族勤俭节约的优秀传统，大力宣传节约光荣、浪费可耻的思想观念，努力使厉行节约、反对浪费在全社会蔚然成风。各级党政军机关、事业单位，各人民团体、国有企业，各级领导干部，都要率先垂范，严格执行公务接待制度，严格落实各项节约措施，坚决杜绝公款浪费现象。要采取针对性、操作性、指导性强的举措，加强监督检查，鼓励节约，整治浪费。

中共中央办公厅 1 月 20 日发出通知指出，习近平同志的这一重要批示，是深入贯彻落实党的十八大精神和中央政治局关于改进工作作风、密切联系群众八项规定的新要求，反映了广大干部群众的呼声和愿望，表明了中央厉行勤俭节约、反对铺张浪费的鲜明态度和坚定决心，体现了中央关心群众生活、注重改善民生的为民情怀。各地区各部门要充分认识狠刹浪费之风的重要性和迫切性，采取有力措施落实好习近平同志重要批示。

1 月 28 日

［纲　文］　**新华社讯，习近平签署通令，给 6 个单位 24 名个人记功。**

［目　文］　电讯说，中国共产党中央军事委员会主席习近平签署通令，给在单位建设取得突出成绩和完成任务中作出突出贡献的总参谋部某研究所、63698 部队、63752 部队、海军徐州舰、96165 部队、78511 部队记一等功；给在本职岗位上作出突出成绩和完成任务中表现出色的 63620 部队一室高级工程师李国顺、63920 部队总工程师童斌、93936 部队副部队长张建兴记一等功，给总政治部话剧团一级编剧孟冰、解放军总医院主任医师范利记二等功，给解放军总医院南楼临床部主任医师俞森洋、从玉隆记三等功；给在科研工作中作出突出成绩的 61419 部队研究员张宝东，总参谋部某研究所原所长樊邦奎、某研究所研究员王建新，解放军理工大学原工程兵工程学院教授钱七虎，第四军医大学副校长兼第三附属医院院长赵铱民，第四军医大学第一附属医院院长熊利泽，军事医学

科学院微生物流行病研究所所长曹务春，95338部队高级工程师林茂光记一等功；给总参谋部某研究所总工程师陈左宁、某研究所研究员马根海、某研究所副所长兼总工程师吕跃广，某研究所高级工程师曹江、某研究所研究员姚富强、某研究所研究员任辉启，解放军信息工程大学原测绘学院教授王家耀，海军工程大学某研究室主任何琳，95538部队高级工程师曹定国记二等功。

1月28日

［纲　文］　**新华社讯，习近平签署命令，授予1个单位1名个人荣誉称号。**

［目　文］　电讯说，中共中央军事委员会主席习近平签署命令，授予西藏阿里军分区某边防连“雪域高原戍边模范连”荣誉称号，追授某试验训练基地原研究员林俊德同志“献身国防科技事业杰出科学家”荣誉称号。

命令指出，西藏阿里军分区某边防连官兵始终保持坚定的理想信念、高昂的军心士气和崇高的奉献精神，先后有80多名官兵患上高原病、6人留下终身残疾、5人长眠雪山，连队连续多年被评为军事训练和边防执勤先进单位。他们认真贯彻、积极宣传党的民族宗教政策，真心服务藏族群众，主动资助特困学生，积极为牧民送医送药，有力促进了军政军民团结。连队10多次被总部或军区表彰为基层建设、边防工作等先进单位，荣立一等功2次、二等功1次、三等功3次。连队党支部先后被表彰为全军和全国先进基层党组织。

命令要求，全军和武警部队要向西藏阿里军分区某边防连学习，始终坚持用中国特色社会主义理论体系武装官兵，毫不动摇坚持党对军队绝对领导的根本原则和制度，持续培育当代革命军人核心价值观；始终坚持军事斗争准备龙头地位不动摇，牢固确立战斗力标准，强化当兵打仗、带兵打仗、练兵打仗的意识，确保部队召之即来、来之能战、战之必胜；始终坚持人民军队的光荣传统和优良作风，不怕艰难困苦、不怕流血牺牲，保持严明作风和铁的纪律，确保部队高度集中统一和安全稳定；始终坚持按照《军队基层建设纲要》全面搞建设、扎实打基础、反复抓落实，不断提高部队建设整体水平。

命令指出，林俊德同志年过七旬依然战斗在科研试验第一线，在被确诊为胆管癌晚期到去世的20多天里，仍把病房当作战场，为国防科技事业奋斗到生命最后一息。他不畏艰难、勇攀高峰，先后获国家科技进步奖4项、国家技术发明奖2项、军队科技进步奖31项。他爱才育才、甘为人梯，对年轻同志言传身教、勤勉扶持、悉心指导，倾力匡助他们成长成才。命令要求，全军和武警部队广大官兵要向林俊德同志学习，模范践行当代革命军人核心价值观，自觉强化军魂意识，坚定不移听党话、跟党走，矢志不渝为中国特色社会主义共同理想而奋斗，始终保持奋发有为的精神状态，大力弘扬我党我军的光荣传统和优良作风，自觉抵御拜金主义、享乐主义、个人主义的侵蚀和影响，淡泊名利、乐于奉献，艰苦奋斗、勤俭建军，始终保持革命军人的高尚品格和良好形象。

1月28日

［纲　文］　**贾庆林主持召开政协第十一届全国委员会第五十五次主席会议。**

［目　文］　全国政协副主席王刚、杜青林、廖晖、白立忱、陈奎元、阿不来提·

阿不都热西提、李兆焯、黄孟复、董建华、张梅颖、张榕明、钱运录、孙家正、李金华、郑万通、万钢、林文漪、厉无畏、罗富和、陈宗兴、王志珍、何厚铧出席会议。全国政协副秘书长全广成、蒋作君、卢昌华，办公厅研究室主任刘佳义分别就有关议题作了说明。

会议审议通过了政协第十一届全国委员会常务委员会工作报告（草案），政协第十二届全国委员会第一次会议议程（草案）和日程（草案），关于授权主席会议审议政协第十一届全国委员会常务委员会第二十次会议未尽事宜的决定（草案），政协第十二届全国委员会参加单位、委员名额和人选名单（草案），会议决定将上述有关文件草案提交政协十一届常委会第二十次会议审议。会议还听取了其他事项的通报。

1月28日

［纲　文］　**全国政协邀请已故党外全国政协委员、知名人士夫人联谊迎春。**

［目　文］　茶话会由全国政协副主席兼秘书长钱运录主持。全国政协主席贾庆林、全国政协副主席王刚、全国政协副主席郑万通和有关单位负责人出席茶话会。出席茶话会的已故党外全国政协委员、知名人士夫人有：许克坤（李沛瑶夫人）、徐素芝（陈俊生夫人）、师剑英（马文瑞夫人）、许慧君（朱光亚夫人）、廖静文（徐悲鸿夫人）、赵恕之（陈劭先夫人）、文洁若（萧乾夫人）、李玲虹（蔡子民夫人）、黄浣碧（爱泼斯坦夫人）等。

王刚在茶话会会上说，在这喜迎佳节的时刻，我们倍加思念老一辈无产阶级革命家，倍加思念曾经与中国共产党风雨同舟、肝胆相照的亲密战友和朋友，深切缅怀他们崇高的思想品格、博大的革命胸怀和不朽的历史功绩。在过去漫长的岁月里，各位老大姐始终热情关心人民政协事业，全力支持人民政协事业，积极参与人民政协事业，为统一战线和人民政协事业发展作出了卓越贡献。王刚强调，各级政协组织要认真落实党和国家有关政策，认真做好服务老大姐的各项工作，真正重视、真情关怀、真心爱护老大姐，努力为她们颐养天年、发挥余热创造良好条件。

1月28日

［纲　文］　**商务部、国家旅游局联合召开电视电话会议。**

［目　文］　会议就全国餐饮行业开展“厉行勤俭节约 反对铺张浪费”活动进行工作部署。各省、自治区、直辖市、计划单列市及新疆生产建设兵团商务、旅游主管部门负责同志，有关协会、企业代表在各地分会场参加会议。青岛市商务局、北京市旅游委以及餐饮企业代表在会上作了发言。

两部门在会上联合发布《关于在餐饮行业厉行勤俭节约，反对铺张浪费的指导意见》，指导各地大力支持餐饮节约，反对铺张浪费，宣传文明用餐，提倡科学合理消费。中国烹饪协会和中国旅游饭店业协会代表分别发出行业倡议，倡导在餐饮行业和饭店行业树立文明、健康、科学、节俭的风尚。

1月28日

［纲　文］　**国务院办公厅印发《关于保障近期蔬菜市场供应和价格基本稳定的紧急**

通知》

［目　文］《通知》指出，2012年入冬以来，受极寒天气等因素影响，蔬菜价格持续走高，引起社会普遍关注。地方各级人民政府和有关部门要从惠民生的高度，进一步提高做好春节前后蔬菜等食品保供稳价工作的认识，特别是大城市人民政府要切实强化“菜篮子”市长负责制，加大调控力度，采取更有针对性的措施，保障市场供应和价格基本稳定。

《通知》要求，一、保障市场供应。抓好蔬菜生产，做好储备投放，积极组织货源。二、搞活市场流通。减少流通环节，降低流通成本，畅通“绿色通道”。三、加强价格调控监管。充分发挥平价商店作用，加大市场监管力度，有针对性地开展价格执法检查，加强舆论宣传，引导社会预期。四、保障困难群众基本生活。民政和财政部门在2013年春节前尽快发放困难群众一次性生活补贴。各地区执行社会救助和保障标准与物价上涨挂钩的联动机制，及时启动发放价格临时补贴。加强大中专院校学生食堂管理，落实好国家助学政策，保障家庭经济困难学生基本生活。

1月28日

［纲　文］　**国务院办公厅印发《关于强化企业技术创新主体地位，全面提升企业创新能力的意见》**。

［目　文］《意见》提出，要支持企业建立高水平的研发机构，健全组织技术研发、产品创新、成果转化的机制，大幅度提高大中型工业企业建立研发机构的比例。加大国家重点实验室、国家工程（技术）研究中心、国家工程实验室等在骨干企业的布局建设，支持企业研发机构提升创新能力，开展技术创新活动。鼓励科研院所、高等院校与企业共建研发机构，共建学科专业，合作实施研发项目。对企业研发机构进口科技开发用品或科教用品的，依据相关规定给予一定的税收优惠。鼓励企业到海外建立研发机构，联合科研院所承担国际科技合作项目。在承担国家科技任务、人才引进等方面，民办科研机构等新型研发组织将与同类公办科研机构享受同等的支持政策。

《意见》对“科技资源开放共享”作了明确要求：要建立健全科研院所、高等学校、企业的科研设施和仪器设备等科技资源向全社会开放的合理运行机制，加大国家重点实验室、国家工程实验室、国家工程（技术）研究中心、大型科学仪器中心、分析测试中心等向企业开发服务的力度，并将资源开放共享情况，纳入其运行绩效的考核。

《意见》指出，要依托骨干转制院所、行业特色高等学校和行业领军企业，通过体制机制创新，整合相关科研资源，推动建设产业共性技术研发基地，加强共性技术研发和成果推广扩散。《意见》将“完善面向企业的技术创新服务平台”作为一项重点任务，一是面向行业、区域需求，推动形成一批技术创新服务平台，培育一批专业化、社会化、网络化的示范性科技中介服务机构。二是创新机制和服务模式，推动平台面向中小企业提供研发设计、检验检测、技术转移、大型共用软件、知识产权、标准、质量品牌、人才培训等服务，提高专业化服务能力和网络化协同水平。三是加大财政资金引导，围绕特色优势支持区域公共科技服务平台建设；创新财政投入方式，探索通过购买公共服务等方式，引导建立促进技术创新服务平台有效运行的良好机制。

1 月 28 日

［纲　文］ **人力资源社会保障部发出《关于做好国家级重点技工院校评估工作的通知》。**

［目　文］ 《通知》指出，为推动示范性技工院校建设，促进技工院校提升办学水平，我部决定将原国家级重点技工学校评估调整为国家级重点技工院校评估，包括国家级重点技工学校、国家级重点高级技工学校和国家级重点技师学院评估。各省、自治区、直辖市人力资源社会保障部门要从促进区域经济发展和本地区技工院校办学实际出发，综合考虑产业结构调整、技能人才结构和劳动者就业需求等，科学统筹规划本区域 3 类国家级重点技工院校的数量和布局。评估工作要坚持自愿原则，实行自主申报。

1 月 28 日

［纲　文］ **中国气象局发布《关于做好霾天气预警工作的通知》。**

［目　文］ 《通知》针对霾预警信号标准进行了修订，将霾预警分为黄色、橙色、红色三级，分别对应中度霾、重度霾和极重霾，以反映空气污染的不同状况。在预警级别的划分中，首次将 $PM_{2.5}$ 作为发布预警的重要指标之一，并在霾预警中引入 $PM_{2.5}$ 浓度指标，使单独发布霾预警更具科学性和可操作性。

同日，中央气象台首次单独发布霾预警。

1 月 28 日

［纲　文］ **国务委员兼国防部部长梁光烈在北京会见文莱皇家武装部队司令阿米努丁一行。**

［目　文］ 梁光烈说，中文关系发展迅速，堪称不同社会制度国家平等相待、互利合作、和谐共处的典范。近年来，两军保持了经常性接触，开展了积极的交流与合作。中国与东盟在本地区享有重要的共同利益，中方愿全力支持文莱 2013 年担任东盟轮值主席国工作，希望同东盟各国共同珍惜当前的务实合作成果，不断提升双方互信，为共同维护本地区和平稳定与繁荣作出贡献。

1 月 28 日

［纲　文］ **外交部发言人就朝鲜半岛问题表示，中方反对任何可能导致半岛局势紧张升级、不利于实现半岛无核化的举措。**

［目　文］ 有记者问，上周联合国安理会通过对朝制裁决议。朝鲜领导人表示，针对当前形势，决心采取“实际性、高强度国家重大措施”。中方对此有何评论？

外交部发言人说，中方对有关动向高度关切。当前半岛局势复杂敏感，中方呼吁有关各方保持冷静克制，切实维护半岛和平稳定大局。朝鲜半岛问题错综复杂，有关各方仍应坚持通过对话解决彼此关切，改善相互关系，寻求东北亚地区长治久安的办法。

1 月 28 日

［纲　文］ **中国国际交流协会原总干事、副会长郁文在北京病逝，享年 87 岁。**

1月28日

［纲　文］ **《人民日报》发表题为《深入反腐，取信于民——二论学习贯彻习近平在十八届中央纪委二次全会讲话》的评论员文章。**

1月28日

［纲　文］ **《人民日报》发表题为《改作风不能一阵风——四论转作风看实效》的评论员文章。**

1月29日

［纲　文］ **习近平到武警总部机关、武警北京市总队十三支队视察。**

［目　文］ 中共中央总书记、中共中央军委主席习近平在视察时指出，武警部队首先是一个战斗队，各项建设都必须向提高战斗力聚焦用力。要坚持以维护国家安全和社会稳定核心需求为导向，突出遂行执勤处突核心能力建设，科学筹划和推进各项建设和工作，切实把战斗力标准贯彻到部队建设全过程和各方面，着力提高遂行多样化任务能力。要把依法治警、从严治警作为全局性、基础性、长期性工作抓紧抓实，真正使武警部队既成为能打胜仗的威武之师，又成为人民群众爱戴的文明之师。要坚决贯彻军委关于加强作风建设的决策指示，坚持求真务实、公道正派、艰苦奋斗，对各种违规违纪问题要敢于较真碰硬、严肃查处。各级要强化强基固本思想，牢固树立大抓基层的鲜明导向，扎实打基础，反复抓落实，推动基层建设全面进步、全面过硬。

1月29日

［纲　文］ **温家宝在国家发展改革委调研。**

［目　文］ 调研期间，国务院总理温家宝看望了高技术产业司、发展规划司、固定资产投资司、经济贸易司、国民经济综合司、农村经济司、社会发展司等司局工作人员，参观了发展和改革史料展示。温家宝说，当前我国已经进入全面建成小康社会的决定性阶段，面临的发展机遇和风险挑战前所未有。要密切关注和跟踪国际形势，集中精力把自己的事情做好；科学研判国内经济发展走势，更好地处理经济增长、结构调整和控制通货膨胀三者关系，使经济增长保持在合理水平，切实提高质量和效益，防范和化解经济金融风险。中国地域辽阔，人口众多，各地情况千差万别，要坚持区别对待，避免一刀切。要加大强农惠农富农政策力度，高度重视改善民生，要通过体制创新为教育、科技、文化等社会事业发展创造好的环境。更加重视指导和协调各项重大改革，是发展改革委职能转变的关键。要认真梳理影响科学发展的体制机制障碍，突出重点、抓住关键、攻坚克难，把改革引向深入。

1月29日

［纲　文］ **中央国家机关第二十七次党的工作会议暨第二十五次纪检工作会议在北京召开。**

［目　文］ 中央国家机关工委常务副书记李智勇作工作报告。中央国家机关各部门党组（党委）书记、中央有关部门负责人等参加了会议。

会议指出，严明党的纪律，是对党的历史经验的深刻总结，是当前应对复杂局面、顺利推进中国特色社会主义事业的迫切需要，对中央国家机关又具有特殊的重要意义。中央国家机关各级党组织和党员特别是党的高级干部更要坚持高标准、严要求，要求全党做到的自己要首先做到，用铁的纪律打造让党放心、让人民满意的中央国家机关干部队伍。

1月29日

［纲　文］　**国务院副总理王岐山在北京会见美国国会众议院“美中工作小组”共同主席里克·拉森率领的美众议员代表团。双方就中美关系、世界经济形势等交换了看法。**

1月29日

［纲　文］　**国务委员兼国防部部长梁光烈在北京与巴布亚新几内亚国防部部长费边·伯克会谈。**

［目　文］　梁光烈说，中国与巴新建交以来，两国政治互信不断加深，经贸合作不断扩大，在资源能源、基础设施建设、卫生、教育等广泛领域的合作成果丰硕。在两国关系顺利发展的同时，两军关系也不断取得新进展，高层互访频繁，人员交流活跃，其他领域的合作也在不断拓展。中国视巴新为南太岛国地区的好朋友、好伙伴，中方愿与巴新方共同努力，积极推动两军务实交流与合作，共同为地区和平与稳定贡献力量。

1月30日

［纲　文］　**温家宝主持召开国务院常务会议。**

［目　文］　会议研究部署控制能源消费总量工作。为切实改变过度使用能源的状况，确保国家能源安全，促进经济社会持续健康发展和生态文明建设，会议提出，要立足于转方式、调结构，充分发挥市场机制作用，优化产业结构和布局，推动能源生产和消费革命，加快形成能源消费强度和消费总量双控制的新机制。会议同意国家发展改革委提出的预期目标：到2015年，全国能源消费总量控制在40亿吨标准煤左右，用电量控制在6.15万亿千瓦时左右。

会议强调，实现这一预期目标，必须切实贯彻落实科学发展观，重点抓好以下工作：一、建立分解落实机制。把总量控制目标科学分解到各地区，地方各级政府对本行政区域的控制能源消费总量工作负总责。强化企业节约能源、保护环境的责任。二、充分发挥市场机制作用，加强科技创新。完善水电、核电及可再生能源电价定价机制，理顺天然气与可替代能源比价关系和煤电价格关系，完善差别电价和惩罚性电价政策。推进资源税改革，强化能源消费环节税收调节，严格控制高耗能产业。推广应用节能新技术、新产品，扶持和壮大节能服务产业。三、完善法律法规和标准，做好能源统计与预测预警，适时组织开展全国能源统计普查。四、提高能源基本公共服务水平，引导居民合理用电，保证居民生活用电，严格禁止对居民拉闸限电。

1月30日

［纲　文］　**国务院批复安全监管总局同意《关于建立金属非金属矿山整顿工作部际**

联席会议制度的请示》。

［目　文］　批复说，同意建立由安全监管总局牵头的金属非金属矿山整顿工作部际联席会议制度。联席会议不刻制印章，不正式行文，请按照国务院有关文件精神认真组织开展工作。

随批复一同发出的《金属非金属矿山整顿工作部际联席会议制度》文件中规定，联席会议主要职能是研究、指导金属非金属矿山整顿关闭工作，协调有关重大事项，提出政策建议；制定工作计划和阶段性任务，并对实施情况进行督促检查；组织开展联合执法活动；研究金属非金属矿山安全生产标本兼治的措施，推动解决有关问题。联席会议由安全监管总局、发展改革委、工业和信息化部、公安部、财政部、国土资源部、环境保护部、工商总局、电监会9个部门组成，安全监管总局为牵头单位。联席会议办公室设在安全监管总局，承担联席会议的日常工作，原则上每年召开一次例会。

1月30日

［纲　文］　**国务院发布关于修改《信息网络传播权保护条例》的决定**。

［目　文］　国务院决定作如下修改：将第十八条、第十九条中的“并可处以10万元以下的罚款”修改为：“非法经营额5万元以上的，可处非法经营额1倍以上5倍以下的罚款；没有非法经营额或者非法经营额5万元以下的，根据情节轻重，可处25万元以下的罚款”。《决定》自2013年3月1日起施行。《条例》根据《决定》作相应修改后重新公布。

1月30日

［纲　文］　**国务院发布关于修改《计算机软件保护条例》的决定**。

［目　文］　国务院决定作如下修改：将第二十四条第二款修改为：有前款第一项或者第二项行为的，可以并处每件100元或者货值金额1倍以上5倍以下的罚款；有前款第三项、第四项或者第五项行为的，可以并处20万元以下的罚款。《决定》自2013年3月1日起施行。《条例》根据《决定》作相应修改后重新公布。

1月30日

［纲　文］　**国务院发布关于修改《中华人民共和国著作权法实施条例》的决定**。

［目　文］　国务院决定作如下修改：将第三十六条修改为：“有著作权法第四十八条所列侵权行为，同时损害社会公共利益，非法经营额5万元以上的，著作权行政管理部门可处非法经营额1倍以上5倍以下的罚款；没有非法经营额或者非法经营额5万元以下的，著作权行政管理部门根据情节轻重，可处25万元以下的罚款。”《决定》自2013年3月1日起施行。《条例》根据《决定》作相应修改后重新公布。

1月30日

［纲　文］　**刘云山看望著名科技专家——国家最高科技奖获得者吴良镛院士和师昌绪院士**。

［目　文］　中央书记处书记刘云山说，广大科技工作者都应该像他们那样弘扬科学

精神，志存高远、脚踏实地、潜心钻研，为全面建成小康社会、实现伟大中国梦贡献智慧和力量。各级党委和政府要认真贯彻党的知识分子政策，尊重劳动、尊重知识、尊重人才、尊重创造，为科技工作者成长进步、施展才华创造良好条件，把各方面优秀人才集聚到党和国家事业中来。

1月30日

［纲　文］　**国家安全监管总局召开全国职业卫生监管工作视频会议。**

［目　文］　国家安全监管总局和国家煤矿安监局有关司局、有关科研单位和社团组织负责人，部分在京中央企业分管职业卫生工作的负责人及职业卫生管理机构负责人在主会场参加了会议；各省、自治区、直辖市及新疆生产建设兵团、15个副省级城市安全监管局分管职业卫生监管工作的负责人和职业卫生监管处室全体人员及相关人员在分会场参加了会议。湖北省、山东省青岛市、江苏省丹阳市、中国北车集团大连机车车辆有限公司4个单位分别作了大会交流发言。

会议要求，2013年要认真抓好用人单位职业卫生主体责任落实基础工作、积极构建职业卫生监管体系、强化技术支撑体系、深化职业卫生培训、加强建设项目职业卫生“三同时”管理、逐步开展职业卫生监督执法6个方面的工作，全力预防、控制职业病危害，努力减少职业病危害事故的发生，维护劳动者的健康权益。

1月30日

［纲　文］　**中国石油集团经济技术研究院发布《2012年国内外油气行业发展报告》。**

［目　文］　《报告》指出，2012年我国石油表观消费量4.90亿吨左右，同比增长4.7%，增速较上年提高0.4%。全年原油表观消费量4.75亿吨，同比增长4.7%，与石油消费量增速基本一致。我国天然气表观消费量达到1475亿立方米，同比增长12.9%，增速低于上年，但仍位居世界主要消费国前列，天然气占一次能源消费的比重由5.0%增至5.4%，用气人口超过2亿，城镇气化率达到29%。

1月30日

［纲　文］　**文化部印发《全国公共图书馆事业发展“十二五”规划》。**

［目　文］　《规划》提出，到“十二五”末期，逐步建立覆盖城乡、结构合理、功能健全、实用高效的服务网络，带动全国图书馆事业发展，使公共图书馆在公共文化服务体系和公共数字文化建设中发挥主体作用，使公共图书馆成为人民群众基本文化需求的重要阵地的总体目标。

《规划》提出的“十二五”时期公共图书馆事业发展的主要指标包括，到2015年，实现地市和县级行政区划公共图书馆的100%覆盖；60%的县以上公共图书馆达到部颁三级以上评估标准；县以上公共图书馆全面实现免费开放；全国人均公共图书馆藏书量达到0.7册；全国人均公共图书馆年新增图书藏量达到0.05册；全国人均公共图书馆购书经费达到1.65元；全国有效读者总人数达到5050万人；国家数字图书馆资源总量达到1000TB；全国文献外借册次达到4亿；全国总流通人次达到4.5亿；提供远程访问服务的公共图书馆比例省级馆达到100%，地市级馆达到90%，县级馆达到50%。

《规划》从制度规范建设、设施网络建设、公共数字文化服务、传统文化传承、文献资源保障、公共文化产品提供、新技术研究与应用、科研规划与管理、人才队伍建设、国内外交流与合作方面提出了10个领域的重点任务。各项重点任务分别规划了地市级公共图书馆建设工程、全国文化信息资源共享工程、数字图书馆推广工程、公共电子阅览室建设计划、中华古籍保护计划、革命历史文献和民国时期文献保护计划、公共图书馆免费开放7个重点项目，为重点任务确立了项目抓手。

1月30日

［纲　文］ **国务院副总理张德江在北京会见文莱外交与贸易部第二部长林玉成。**

［目　文］ 张德江说，中国将始终不渝走和平发展道路，奉行互利共赢的开放战略，努力使自身发展更好地惠及包括文莱在内的周边国家。中国将继续高度重视发展同文莱的睦邻友好合作关系。双方应结合各自发展战略，进一步加强经贸合作，扩大双向投资，深化能源等领域的互利合作，推动中文关系实现更大发展。

林玉成表示，文莱高度重视发展对华关系，对双边关系取得的成果感到满意，愿同中方共同努力，推进文中全方位合作。作为今年东盟轮值主席国，文莱愿同中方密切配合，加强友好往来，坚持互利共赢，共同推动东盟—中国关系健康稳定发展。

1月30日

［纲　文］ **国台办举行新闻发布会，就维护钓鱼岛领土主权问题答记者问。**

［目　文］ 有记者提问：台湾的“台联党”、“民进党”一些人声称，在钓鱼岛问题上，台湾不能和大陆站在一起来挑战日本、挑战美日安保同盟。请问对此有何看法?

国台办新闻发言人表示，钓鱼岛及其附属岛屿是中国的固有领土。维护对钓鱼岛及其附属岛屿的领土主权是两岸同胞的共同责任。历史会检验所有人的言行。如果数典忘祖，背弃民族大义，最终必将遭到全体中华儿女的唾弃。

1月30日

［纲　文］ **《人民日报》发表题为《铁的纪律，党的团结——三论学习贯彻习近平在十八届中央纪委二次全会讲话》的评论员文章。**

1月31日

［纲　文］ **国务院总理温家宝出席在人民大会堂举行的外国专家座谈会。**

［目　文］ 温家宝说，中国革命和现代化建设取得的成就是全体中国人民奋斗的结果，也包含了外国朋友和专家的贡献。我们不会忘记你们。中国将坚定不移地坚持对外开放政策。只有开放包容，国家才能富强。外国专家的数量和质量，一定程度上反映了一个国家的开放和文明程度。我们将一如既往地欢迎大批外国专家特别是各领域的高级人才到中国工作，为外国专家在华开展研究、合作交流、施展才能创造良好的政策环境和工作条件。

1月31日

［纲　文］　**国务院印发关于修改《中华人民共和国植物新品种保护条例》的决定。**

［目　文］　国务院决定对《条例》作如下修改：一、将第39条第3款修改为：省级以上人民政府农业、林业行政部门依据各自的职权处理品种权侵权案件时，为维护社会公共利益，可以责令侵权人停止侵权行为，没收违法所得和植物品种繁殖材料；货值金额5万元以上的，可处货值金额1倍以上5倍以下的罚款；没有货值金额或者货值金额5万元以下的，根据情节轻重，可处25万元以下的罚款。二、将第40条修改为：假冒授权品种的，由县级以上人民政府农业、林业行政部门依据各自的职权责令停止假冒行为，没收违法所得和植物品种繁殖材料；货值金额5万元以上的，处货值金额1倍以上5倍以下的罚款；没有货值金额或者货值金额5万元以下的，根据情节轻重，处25万元以下的罚款；情节严重，构成犯罪的，依法追究刑事责任。《决定》自2013年3月1日起施行。

1月31日

［纲　文］　**全国教育科研工作会议在北京召开。**

［目　文］　各地教育部门、教科院所、教育科学规划办及有关高校、教育学术社团、教育部有关司局单位负责人参加会议。

会议提出，教育科研要在办好人民满意教育过程中发挥创新理论、服务决策、指导实践、引导舆论的重要功能，全面提升创新能力和服务水平，促进教育事业科学发展。教育科研系统应抓住机遇，勇于担当，努力成为探索教育规律、创新教育理论的“思想库”，成为提出政策建议、服务教育决策的“智囊团”，成为开发教育策略、服务教育实践的“设计师”，成为引导教育舆论、更新教育观念的“宣传队”，努力开创教育科学研究新局面。

1月31日

［纲　文］　**全国旅游监管暨行风建设工作会议在北京召开。**

［目　文］　各省区市、新疆生产建设兵团旅游局（委）相关负责人参加会议。会议的主要任务是认真贯彻落实党的十八大精神，按照十八届中央纪委二次全会和全国旅游工作会议的要求，研究部署2013年规范旅游市场秩序、加强旅游行风建设各项工作。

会议指出，旅游战线要实现五位一体的要求，必须坚持以中国特色社会主义理论为指导，正确处理发展旅游与促进经济、政治、文化、社会、生态建设的关系，走中国特色科学发展旅游的道路。要充分认识规范旅游市场秩序、加强旅游行风建设是建设美丽中国、构建美好生活的客观需要，是维护群众利益、建设和谐社会的重要体现，是提高游客满意度、建设人民群众更加满意的现代服务业的必然要求。

会议强调，要从解决人民群众反映强烈的突出问题入手，取得规范市场秩序和行风建设工作新进展。一是要在整治强迫或变相强迫消费行为方面有实效；二是要在畅通旅游投诉渠道方面有进展；三是要在严格执行准入退出机制方面有成效；四是要在强化执法监督方面有行动；五是要在用好“全国游客满意度调查”结果方面有突破。

会议要求，改进旅游行业工作作风，深入推进全行业践行社会主义核心价值体系，落实行业监管和行政监察协调配合工作机制，坚持标本兼治、疏堵结合的工作方针，运用调查研究、注重落实的工作方法。

1月31日

［纲　文］　**司法部召开党风廉政建设和反腐败工作电视电话会议。**

［目　文］　司法部负责人在会上指出，各级司法行政机关要把学习习近平总书记重要讲话和十八届中央纪委二次全会精神作为当前和今后一个时期的重要政治任务，组织广大司法行政干警和法律服务工作者认真学习、深刻领会、坚决贯彻落实习近平总书记和王岐山同志重要讲话和十八届中央纪委二次全会精神，充分认识加强新形势下司法行政系统反腐倡廉建设的重要意义和任务要求，进一步把思想和行动统一到中央对反腐倡廉形势的分析判断上来，统一到中央对党风廉政建设和反腐败斗争的工作部署上来，切实增强忧患意识、风险意识和责任意识，扎实推进反腐倡廉各项工作，不断取得司法行政系统党风廉政建设和反腐败斗争的新成效。

1月31日

［纲　文］　**国务院副总理李克强在北京会见美国众议院外委会主席爱德华·罗伊斯率领的代表团。**

［目　文］　李克强说，中美关系具有重大战略意义和全球影响。发展好两国相互尊重、互利共赢的合作伙伴关系，处理好“两个利益”是关键。既要充分照顾彼此核心利益，又要发展与扩大双方的共同利益。中美处于不同的发展阶段，互补性远大于竞争性，做互利共赢的合作伙伴，就会产生“利益倍增”效应，双方政治家应努力为企业和地方合作、人文交流等创造更好的环境，少一些障碍，多一些平台，把中美合作的潜力更加充分发挥出来。

罗伊斯等5位来自美国共和、民主两党的议员一一发言，表示美中关系是世界上最重要的双边关系，美国共和、民主两党都积极支持发展美中关系。双方应加强各层面对话，深化合作，为两国繁荣发展和世界的和平稳定作出更大贡献。

1月31日

［纲　文］　**国务委员刘延东在北京会见吉尔吉斯斯坦副总理萨尔帕舍夫一行。**

［目　文］　刘延东说，中吉是友好邻邦，两国关系具有长远性和战略性。中方积极支持吉方举办本年度上海合作组织比什凯克峰会，愿与吉方保持密切高层交往，深化各领域务实合作，不断扩大人文交流，为两国关系可持续发展打下更加坚实的政治、物质和民意基础。

萨尔帕舍夫表示，吉政府高度重视发展对华关系，愿与中方进一步加强各领域互利合作，将两国睦邻友好合作关系提升到更高水平。

1月31日

［纲　文］　**外交部发言人就中菲南海争议问题答记者问。**

［目　文］　有记者问，据报道，美国众议院外交事务委员会主席罗伊斯29日称，中方应同意将中菲南海争议提交国际仲裁，以避免引发危机扰乱地区市场或引发地区动荡。中方对此有何评论？

外交部发言人说，中方不赞成这种背离共识、另搞一套的做法，不赞成将中菲南海争议提交国际仲裁。

1月31日

［纲　文］　**《人民日报》发表题为《改革不停顿 开放不止步》的评论员文章。**

1月31日

［纲　文］　**《人民日报》发表题为《在现场，才不会走过场——五论转作风看实效》的评论员文章。**

1月31日—2月1日

［纲　文］　**刘云山看望文化界知名人士，代表习近平总书记和党中央向文化工作者致以诚挚问候和新春祝福。**

［目　文］　中央书记处书记刘云山先后看望了《求是》杂志社原总编辑邢贲思，中国记协名誉主席邵华泽，中国文联名誉主席周巍峙，中国影协名誉主席、著名导演谢铁骊等文化界知名人士。刘云山说，文化繁荣兴盛是中华民族伟大复兴的应有之义，建设文化强国是实现中国梦的重要支撑。文化工作者要珍惜时代提供的难得机遇，坚守文化追求，牢记社会责任，在深入基层、深入群众中汲取智慧营养，在推动文化改革发展中激发创作活力，在中国特色社会主义伟大实践中进行文化创造，传播正能量、建设软实力，为实现伟大中国梦贡献力量。各级党委、政府要关心爱护文化工作者，激励文化工作者更好地施展才华、服务人民、奉献社会。

1月

［纲　文］　**中国地图出版集团发布新编竖版《中华人民共和国全图》。**

［目　文］　这是国内首套全景展示中国陆海疆域的地图，首次将南海诸岛与大陆同比例展示出来，全图左下角有一幅放大的钓鱼岛插图，较详细地表示了钓鱼岛及其附属岛屿与祖国大陆及台湾岛的位置关系，为维护我国海洋权益提供了更直观有力的证据。

在原来的横版地图中，右下角南海诸岛仅作为插图，只有主图比例尺的1/2，只能标注东沙群岛、西沙群岛、中沙群岛、南沙群岛、永兴岛、黄岩岛、曾母暗沙等大的岛屿岛礁，很大一部分岛屿岛礁被忽略。而在新编竖版地图中，南海诸岛和大陆的比例尺是相同的，明确标示了南海诸岛的主要岛屿、岛礁以及与周边岛国、岛屿、岛礁的地理位置关系，而不是挤在角上成为插图。这对于提高全民的国家版图意识，给公众展现一个更完整、直观的中国陆海疆域，维护我国海洋权益，彰显我国政治外交立场，具有十分重要的意义。

2 月

2月1日

［纲　文］　**2013年军民迎新春文艺晚会在人民大会堂举行。**

［目　文］　这台题为《高举旗帜向未来》的晚会由全国双拥工作领导小组、民政部、广播电影电视总局和解放军总政治部联合举办。党和国家领导人胡锦涛、习近平、吴邦国、温家宝、贾庆林、李克强、张德江、俞正声、刘云山、王岐山、张高丽等与首都军民欢聚一堂，共贺新春。中共中央、全国人大、国务院、全国政协、中央军委有关负责同志观看演出。观看演出的还有中央和国家机关有关部门、全国双拥工作领导小组成员单位、北京市和解放军四总部、驻京部队各大单位、武警部队和军委办公厅的领导同志，全国双拥模范城（县）、双拥模范单位和个人代表，以及驻京部队官兵和首都各界群众代表。

晚会上，歌舞《祖国春光好》，抒发了亿万军民欢庆盛会、喜迎新春的美好心声。联唱《科学发展铸辉煌》、舞蹈《神州欢歌》，全景式、形象化地再现了党的十六大以来，祖国各条战线科学发展取得的辉煌成就。女声独唱《美丽中国》、《最美是你》，唱出了各族儿女对建设幸福美好家园的深情期待。乐曲《鱼水情深》、诗朗诵《当人民需要的时候》、男声独唱《双拥花开》，真情讴歌了军队与人民生死相依的血脉亲情。合唱《伟大的中国伟大的党》、《小白杨》，表现了我军官兵爱国奉献的豪迈情怀。杂技《虎跃龙腾》、男声四重唱《誓言》、小品《光荣花》，展示了三军将士能打仗、打胜仗的坚强意志。歌舞《旗帜飞扬》，以激昂的旋律将晚会推向高潮。整台晚会抒发了全国军民深入学习贯彻党的十八大精神，沿着中国特色社会主义道路奋勇前进的坚定信念。

2月1日

［纲　文］　**温家宝到北京市西城区牛街西里二区看望群众并召开座谈会，听取群众对政府工作的意见和建议。**

［目　文］　座谈会在社区活动室召开，参加座谈的有退休教师、社区医生、敬老院护理工、残疾人、退休职工、保洁员、社区工作者、物业公司经理等。

牛街礼拜寺寺管会主任韦春杰说，现在牛街发生了巨变，老百姓生活改善不少。国务院总理温家宝说，我们民族宗教政策的核心有三条：一是民族平等，二是信仰自由，三是尊重少数民族风俗习惯。各民族是一个大家庭里的平等成员，不同民族都是兄弟姐妹。他说，我十分关注牛羊肉的价格。过去牛羊肉主要是少数民族群众吃，现在汉族群众也喜欢吃，虽然连年增产，但供不应求，这也是价格上涨的一个因素。要研究制定措施，帮助低收入回族群众解决实际困难。

社区干部杨丽荣反映当前社区工作者定位难、大学生人才流失等问题。温家宝说，社区工作很重要，居民生活、秩序、安全、调解都靠社区，要相信群众能管好自己的事情。从本质上看，这就是社会管理创新。我们应该在全社会形成做社区工作光荣的风尚。

退休教师郭玉兰在小区内担任课外辅导班志愿教师。她直言当前教育存在的学校主渠道淡化、孩子学习负担重等问题。温家宝说，这些问题集中在三方面：第一是素质教育不到位，学生太累，家长太苦；第二是择校问题，反映教育资源不均衡；第三是教师的素质和队伍稳定，职称待遇不规范。我们教育的目的是让学生健康、愉快成长。

社区卫生服务中心主任毕春红反映，基层卫生工作在为老百姓健康服务中发挥了很大作用，但需要有政策的扶持和保障，需要有更多的投入。温家宝说，社区医院比过去发展多了，但是确有吸引人和留住人的问题，必须解决三件事：第一，对于在社区和农村一线工作的医生社会要给予应有的尊重；第二，要保证他们的基本待遇；第三，要大力培养全科医生，全科医生将来主要在农村和城市的社区服务。

王玉梅、马洪年、高春晓、王雅杰、张长征、白福庆分别就残疾人保护、污染防治、建设保障租赁房、加强敬老院建设、提高退休工人待遇等先后发言。温家宝逐一作出回应。

2月1日

[纲　文]　**《经济日报》报道，财政部数据显示：10年来公共文化投入年均增8成。**

[目　文]　报道说，近年来，中央财政不断加大投入力度，支持构建覆盖城乡的公共文化服务体系，2003年至2012年累计投入580.11亿元，年均增长82.2%。其中，2012年中央财政安排公共文化服务体系建设资金155.21亿元，比2011年增加25.66亿元，增长19.81%。

资金主要用于5个方面：一是继续支持实施重点文化惠民工程。安排广播电视“村村通”、乡镇和社区综合文化站、全国文化信息资源共享工程、农家书屋工程、广播电视直播卫星“户户通”工程专项资金34.09亿元，保障群众基本文化权益。二是稳步推进公益性文化设施向社会免费开放。安排博物馆、纪念馆、美术馆、公共图书馆、文化馆（站）等免费开放专项资金48.92亿元，提高其公共文化服务水平。三是支持加强农村文化建设。安排资金40.29亿元，支持基层开展具有地方特色的群众文体活动，促进城乡文化一体化发展。四是支持提升公共文化机构服务能力。安排资金27.91亿元，支持地方改善县级以上（含县）文化、文物、体育等单位设施条件。五是支持加快公共数字文化建设。安排资金4亿元，推进数字图书馆工程和基层公共电子阅览室建设。

2月1日

[纲　文]　**财政部在北京召开全国财政反腐倡廉建设工作视频会议。**

[目　文]　财政部党组成员、副部长王军主持会议。财政部党组成员、中央纪委驻财政部纪检组长刘建华代表部党组作工作报告。在京的财政部党组成员、部机关各司局、

在京事业单位负责人、党风廉政建设工作联络员在主会场参加会议。各省（自治区、直辖市、计划单列市）财政厅（局）党组成员、处级以上干部，财政部驻各地专员办全体干部，国家会计学院和中国财税博物馆主要负责人和分管纪检监察工作的领导在各分会场参加会议。

财政部党组书记、部长谢旭人在会上讲话强调，财政部门广大党员干部一定要深刻学习领会党的十八大和十八届中央纪委二次全会精神，切实增强忧患意识、风险意识、责任意识，不断以党风廉政建设和反腐败斗争的实际成效推动财政事业发展。

谢旭人指出，2012年，在党中央、国务院领导下，各级财政部门按照中央的部署和要求，认真落实《建立健全惩治和预防腐败体系2008—2012年工作规划》，加强监督检查，有力保障了中央重大决策部署的贯彻落实；深入推进廉政风险防控机制建设，加强对财政权力运行的监督制约；大力推进财政制度改革，完善财政惩防体系；加大查办案件工作力度，努力营造风清气正的廉政氛围；加强纪检监察干部队伍自身建设，提高财政反腐倡廉建设科学化水平，财政反腐倡廉建设取得了新的成效。

谢旭人强调，2013年，各级财政部门要认真贯彻落实党的十八大精神，按照十八届中央纪委二次全会的部署，坚持标本兼治、综合治理、惩防并举、注重预防的方针，严明党的纪律特别是政治纪律，着力改进工作作风，加强惩治和预防腐败体系建设，深入推进廉政风险防控管理，完善财政权力运行监督制约机制，抓住重点、扎实推进，切实解决财政部门党风政风方面存在的突出问题，努力开创反腐倡廉建设新局面。他要求，各级财政部门要严明党的纪律，牢固树立党员意识，维护党章的权威性和严肃性，严格遵守和执行党的政治纪律、组织纪律等各方面纪律，维护党的团结统一。要坚持以人为本、执政为民，坚持和发扬艰苦奋斗、勤俭节约的优良作风，抓好中央八项规定以及财政部实施办法的落实，切实改进工作作风，密切联系群众。要全面推进反腐倡廉建设，加强对领导干部特别是主要领导干部的监督制约，坚决反对特权思想、特权现象，加大惩治腐败力度，着力解决人民群众反映强烈的突出问题，让群众切实感受到财政反腐倡廉建设的实际效果。

2月1日

［纲　文］　**财政部、农业部联合印发《中央财政农业生产防灾救灾资金管理办法》。**

［目　文］　《办法》明确了农业救灾资金使用范围，包括自然灾害预防措施、生物灾害防控措施以及恢复农业生产措施所需的物资材料补助等。《办法》指出农业救灾资金补助对象是承担农业灾害预防和控制任务的，遭受农业灾害并造成损失的农业生产者，包括农户、直接从事农业生产的专业合作组织及相关企业、事业单位。《办法》自2013年3月1日起施行。

2月1日

［纲　文］　**纪念洪学智同志诞辰100周年座谈会在北京举行。**

［目　文］　全国政协副主席王刚主持座谈会。全国政协主席贾庆林、有关方面负责人和洪学智亲属及其生前好友等出席。中共中央政治局委员、中央军委副主席范长龙全面

回顾了洪学智同志忠诚于党、身经百战、艰苦奋斗、无私奉献的一生。他指出，我们要继承发扬我党我军的光荣传统和优良作风，振奋精神，开拓进取，扎实工作，为建设一支听党指挥、能打胜仗、作风优良的人民军队而奋斗，为维护国家主权、安全、发展利益作出应有贡献。座谈会上，中央党史研究室、全国政协办公厅、解放军总后勤部、安徽省有关负责人先后发言。

洪学智同志曾任中央军委委员、副秘书长，解放军总后勤部部长兼政委，第七届、八届全国政协副主席，1955年和1988年两次被授予上将军衔。

2月1日

［纲　文］　**中国本土汽车企业、北京汽车集团与德国戴姆勒公司签署股权变更协议**。

［目　文］　根据协议，双方合资公司北京奔驰的股权比例由之前的50%变为51%。这是在中国国内的汽车合资企业中，中方首次取得国内合资汽车公司的控股地位。

2月1日

［纲　文］　**连霍高速发生烟花爆竹爆炸事故**。

［目　文］　8时57分，一辆运输烟花爆竹的大货车行至连霍高速公路河南三门峡市渑池段义昌大桥时发生爆炸，造成该桥南半幅桥面垮塌，部分车辆和人员坠落桥下。事故造成14人死亡，2人重伤。车辆及货物损失1016.5148万元。

2月1日

［纲　文］　**外交部发言人就媒体报道美国前官员谈钓鱼岛问题答记者问**。

［目　文］　美国前常务副国务卿阿米蒂奇日前在接受日本NHK电视台采访时，谈2012年10月包括他在内的4名美国前政要和学者访华与中方谈钓鱼岛问题的情况。对此，外交部发言人指出，中方在钓鱼岛问题上的立场是一贯的、明确的。中国领导人曾多次向包括美国在内的各国来访者强调，钓鱼岛及其附属岛屿是中国固有领土，有史为凭、有法为据。这是任何人都抹煞不了的。美方在涉及中国领土主权问题上应尊重历史、尊重事实，不对外发出错误信息。

2月1日

［纲　文］　**国家国防动员委员会正式启用国防动员标志**。

［目　文］　国防动员标志是国防动员事业的象征，以五角星、和平鸽、长城烽火台、橄榄枝和文字为主要元素，通过抽象概括，将五角星与和平鸽组合为一个有机整体。制定国防动员标志的主要目的是，加强国防动员文化建设，进一步提高国防动员工作的社会影响力和国防动员系统的内部凝聚力，增强全社会关心、支持和参加国防动员建设的意识。

国家国防动员委员会同时颁发的《国防动员标志使用管理办法（试行）》明确，国防动员标志主要用于国防动员会议和宣传教育、训练演练等活动以及各级国防动员委员会及其办事机构的工作场所、公务用品和设施设备。承担国防动员任务的企业事业单位在国防动员活动中可以使用国防动员标志。国防动员标志可以用于公益宣传广告，不得用于商业广告和作为商标使用，不得用于私人庆典等非公务活动。各级国防动员委员会对本区域内国防动员标志的使用实施监督管理。

2月1日

［纲　文］ **《人民日报》发表题为《创新农业经营体制，增强农村发展活力》的社论。**

2月1日

［纲　文］ **《人民日报》发表题为《改进作风，踏石留印——四论学习贯彻习近平在十八届中央纪委二次全会讲话》的评论员文章。**

2月2、4日

［纲　文］ **习近平在空军某试验训练基地等地调研。**

［目　文］ 2日上午，中共中央军委主席习近平参观了空军某试验训练基地部分装备，接见了基地官兵和技术人员代表，要求大家认清肩负的职责使命，再接再厉，开拓进取，坚决完成以试验和训练为中心的各项任务。下午，习近平来到航天事业的发祥地——酒泉卫星发射中心，向安葬在东风革命烈士陵园的聂荣臻元帅和为我国航天科技事业献身的英烈敬献花篮，向共和国的功臣们表示敬意。习近平参观了发射中心历史展览馆，视察了载人航天发射场垂直总装测试厂房，他勉励大家发扬“两弹一星”精神、载人航天精神和“东风精神”，以民族复兴为己任，追求卓越，扎根大漠，报效祖国和人民。

4日下午，习近平来到兰州军区机关，接见了驻兰州部队师以上领导干部。他还来到军区某通信团执勤机房，看望正在值班的官兵，详细了解她们的学习、工作情况，称赞她们素质过硬、英姿飒爽。习近平对兰州军区部队扎根大西北、保卫大西北、建设大西北，为维护国家安全和统一、促进西北地区稳定和发展作出的重要贡献给予充分肯定，要求大家紧紧抓住高举旗帜、听党指挥这个根本，紧紧抓住打赢信息化条件下局部战争，紧紧抓住党委班子和干部建设，紧紧抓住作风纪律建设，大力加强部队全面建设，努力为党和人民再立新功。

习近平在听取兰州军区工作汇报后发表讲话。他强调，要以邓小平理论、“三个代表”重要思想、科学发展观为指导，着力从思想上政治上建设部队，结合实际持续深入抓好党的十八大精神学习贯彻，深入进行党史军史和光荣传统教育，确保部队建设坚定正确的政治方向。要着力拓展和深化军事斗争准备，推动信息化建设加速发展，不断增强基于信息系统的体系作战能力，确保部队召之即来、来之能战、战之必胜。

习近平指出，要着力加强作风纪律建设，抓好依法治军、从严治军方针落实。要坚持和发扬艰苦奋斗精神，使厉行节约、反对浪费在部队蔚然成风。要严肃各项纪律，确保政令军令畅通。要始终把工作重点放在基层，关心关爱基层官兵，注意把人力物力财力向边防、向基层、向一线倾斜。要着力做好支援地方经济社会发展各项工作，巩固军政军民团结和民族团结，以实际行动为西北地区人民造福、为西北地区发展兴利。

2月2—5日

［纲　文］　**习近平在春节前夕赴甘肃看望各族干部群众，向全国各族人民表达美好的新春祝福。**

［目　文］　中共中央总书记习近平赴甘肃省酒泉、定西、临夏、兰州等地，深入乡村、企业、社区，就贯彻落实党的十八大精神、保障和改善民生、推进西部大开发、改进工作作风等调研考察。

习近平到海拔2400多米的定西市渭源县元古堆村和海拔1900多米的临夏回族自治州东乡族自治县布楞沟村，入户看望老党员和困难群众。他强调，党和政府高度重视扶贫开发工作，特别是高度重视少数民族和民族地区的发展，一定会给乡亲们更多支持和帮助，乡亲们要发扬自强自立精神，找准发展路子、苦干实干，早日改变贫困面貌。缺水干旱是制约甘肃经济社会发展和人民生活改善的一个主要难题。习近平到渭源县引洮供水工程工地，实地考察工程建设情况，强调要以民生为上、治水为要，要尊重科学、审慎决策、精心施工，把惠及甘肃几百万人民群众的圆梦工程、民生工程切实搞好，让老百姓早日喝上干净甘甜的洮河水。

习近平到东乡族自治县县城重建工地现场（该县城于2011年3月发生滑坡，城区近2/3面积出现裂缝和塌陷），听取工程进展情况介绍，看望慰问现场施工人员，要求坚持统筹安排、安全施工、确保进度和质量。习近平来到兰州市七里河区西湖街道考察，强调要坚持把社区管理和服务群众结合起来，扎实开展基层服务型党组织创建活动，让党旗在街道社区高高飘扬。习近平还考察了兰州市城关区“虚拟养老院”的养老餐厅，仔细询问“虚拟养老院”的运行情况，给老人们拜年，祝愿他们新春愉快、身体健康、安享晚年。习近平到兰州市城关区五泉菜市场详细了解年货供应情况，嘱咐当地干部要切实组织好节日期间的生活品供应，努力让人民群众过一个欢乐祥和的春节。习近平还考察了金川集团股份有限公司，听取了兰州新区规划建设情况介绍，他强调，实施创新驱动发展战略，是加快转变经济发展方式、提高我国综合国力和国际竞争力的必然要求和战略举措，必须紧紧抓住科技创新这个核心和培养造就创新型人才这个关键，瞄准世界科技前沿领域，不断提高企业自主创新能力和竞争力。

调研期间，习近平听取了甘肃省委和省政府工作汇报，对甘肃近年来的工作给予充分肯定。他强调，贯彻落实好党的十八大精神，抓住新一轮推进西部大开发机遇，加快经济社会发展步伐，关键在于各级干部以优良作风带领人民群众不懈奋斗。要多到群众最需要的地方去解决问题，多到发展最困难的地方去打开局面。改进作风，最终要落实到各级干部特别是领导干部身上。各级党委要把作风要求贯穿于干部培养选拔和管理监督全过程。要树立正确用人导向。

2月2日

［纲　文］　**中共中央政治局常委俞正声在北京会见委内瑞拉外交部部长埃利亚斯·豪亚。**

［目　文］　俞正声表示，中委进一步加强各领域互利友好合作，符合两国和两国人民的根本利益，有利于世界的和平、稳定与繁荣。中共十八大选举产生的新的领导集体将继续坚持和平发展道路。中方重视同委内瑞拉关系，愿继续同委方共同努力，推动两国共同发展的战略伙伴关系持续深入发展。俞正声请豪亚转达胡锦涛主席和习近平总书记对查韦斯总统的亲切问候，并祝他早日康复。

豪亚转达了查韦斯总统对胡锦涛主席和习近平总书记的问候。他说，长期以来，对华关系是委内瑞拉最重要的双边关系之一，查韦斯总统本人高度重视并亲自推动。委方谨对中方给予的真诚帮助表示衷心感谢，并愿与中方一道，继续加强政治、经济、文化、科技等领域合作，推动两国关系深入发展。

同日，外交部部长杨洁篪会见了豪亚一行。

2月2日

［纲　文］　**国务院办公厅印发《关于印发国民旅游休闲纲要（2013—2020年）》。**

［目　文］　《纲要》要求，到2020年，职工带薪年休假制度基本得到落实，城乡居民旅游休闲消费水平大幅增长，健康、文明、环保的旅游休闲理念成为全社会的共识，国民旅游休闲质量显著提高，与小康社会相适应的现代国民旅游休闲体系基本建成。

《纲要》提出保障国民旅游休闲时间，落实《职工带薪年休假条例》。鼓励机关、团体、企事业单位引导职工灵活安排全年休假时间，完善针对民办非企业单位、有雇工的个体工商户等单位的职工的休假保障措施。加强带薪年休假落实情况的监督检查，加强职工休息权益方面的法律援助。在放假时间总量不变的情况下，高等学校可结合实际调整寒、暑假时间，地方政府可以探索安排中小学放春假或秋假。《纲要》要求改善国民旅游休闲环境，稳步推进公共博物馆、纪念馆和爱国主义教育示范基地免费开放。城市休闲公园应限时免费开放。鼓励设立公众免费开放日。逐步推行中小学生研学旅行。

2月3日

［纲　文］　**国务院批转发展改革委、财政部、人力资源社会保障部制定的《关于深化收入分配制度改革的若干意见》。**

［目　文］　国务院在批语中指出，收入分配制度是经济社会发展中一项带有根本性、基础性的制度安排，是社会主义市场经济体制的重要基石。改革开放以来，我国收入分配制度改革不断推进，与基本国情、发展阶段相适应的收入分配制度基本建立。同时，收入分配领域仍存在一些亟待解决的突出问题，城乡区域发展差距和居民收入分配差距依然较大，收入分配秩序不规范，隐性收入、非法收入问题比较突出，部分群众生活比较困难。当前，我国已经进入全面建成小康社会的决定性阶段，按照党的十八大提出的千方百计增加居民收入的战略部署，要继续深化收入分配制度改革，优化收入分配结构，调动各方面积极性，促进经济发展方式转变，维护社会公平正义与和谐稳定，实现发展成果由人民共享，为全面建成小康社会奠定扎实基础。

我国仍处于并将长期处于社会主义初级阶段，当前收入分配领域出现的问题是发展中的矛盾、前进中的问题，必须通过促进发展、深化改革来逐步加以解决。解决这些问题，也是城乡居民在收入普遍增加、生活不断改善过程中的新要求新期待。同时也应该看到，深化收入分配制度改革，是一项十分艰巨复杂的系统工程，不可能一蹴而就，必须从我国基本国情和发展阶段出发，立足当前、着眼长远，克难攻坚、有序推进。

深化收入分配制度改革，要坚持共同发展、共享成果。倡导勤劳致富、支持创业创新、保护合法经营，在不断创造社会财富、增强综合国力的同时，普遍提高人民富裕程度。坚持注重效率、维护公平。初次分配和再分配都要兼顾效率和公平，初次分配要注重效率，创造机会公平的竞争环境，维护劳动收入的主体地位；再分配要更加注重公平，提高公共资源配置效率，缩小收入差距。坚持市场调节、政府调控。充分发挥市场机制在要素配置和价格形成中的基础性作用，更好地发挥政府对收入分配的调控作用，规范收入分配秩序，增加低收入者收入，调节过高收入。坚持积极而为、量力而行。妥善处理好改革发展稳定的关系，着力解决人民群众反映突出的矛盾和问题，突出增量改革，带动存量调整。

各地区、各部门要深入学习和全面贯彻落实党的十八大精神，充分认识深化收入分配制度改革的重大意义，将其列入重要议事日程，建立统筹协调机制，把落实收入分配政策、增加城乡居民收入、缩小收入分配差距、规范收入分配秩序作为重要任务。各有关部门要围绕重点任务，明确工作责任，抓紧研究出台配套方案和实施细则，及时跟踪评估政策实施效果。各地区要结合本地实际，制定具体措施，确保改革各项任务落到实处。要坚持正确的舆论导向，引导社会预期，回应群众关切，凝聚各方共识，形成改革合力，为深化收入分配制度改革营造良好的社会环境。

2月3日

［纲　文］　国务院批准设立昆山深化两岸产业合作试验区。

［目　文］　昆山试验区包括国家级昆山经济技术开发区、昆山高新技术产业开发区、昆山综合保税区和省级花桥经济开发区，以及规划建设的海峡两岸（昆山）商贸示范区。昆山作为两岸经贸交流最紧密的地区，在对台合作的广度、深度上具有独特优势和显著特点。截至2012年底，已聚集4230多家台资企业，吸引台资约占大陆吸引台资总量的1/9，对台年贸易额122.6亿美元，台湾有影响的制造业企业大多在昆山投资经营。设立昆山试验区，对于进一步促进两岸关系和平发展、推动两岸产业转型升级、探索两岸产业合作新路径都具有重要的现实意义。

国务院要求，昆山试验区要努力打造成为两岸产业合作转型升级的先行先试区、两岸中小企业深度合作的重要载体、两岸交流合作模式创新的示范平台。通过推进两岸产业深度对接、两岸服务业和金融业合作，争取在深化两岸产业合作方面实现新突破，形成新亮点，构建新机制。为加快推进昆山试验区建设发展，国务院赋予昆山试验区在研发服务、金融业开放、台湾商品检验检疫等方面的优惠政策，支持昆山试验区先行先试，使昆山试验区为两岸产业合作发挥更大的示范推动作用，共同开创两岸产业合作发展新局面。

2月3日

［纲　文］ **《江泽民文选》第三卷英文、法文、俄文、西班牙文、日文版由外文出版社出版发行。**

［目　文］ 《江泽民文选》第三卷收入的是江泽民2000年2月25日至2004年9月20日的重要著作，包括江泽民首次提出“三个代表”重要思想到他离开中央领导岗位这段时间内的重要论述。《江泽民文选》第三卷外文版的出版发行，连同已经出版发行的第一卷和第二卷外文版，对帮助外国读者了解江泽民关于中国特色社会主义重大问题的理论思考，了解“三个代表”重要思想形成和发展的历程，加深国际社会对当代中国特别是对中国特色社会主义道路、中国特色社会主义理论体系、中国特色社会主义制度的了解和认识具有重要作用。

中共中央文献编辑委员会编辑的《江泽民文选》第一至三卷，2006年8月由人民出版社出版。中共中央编译局将该书译成英文、法文、俄文、西班牙文、日文5个文种。《江泽民文选》第一卷、第二卷外文版已分别于2010年2月和2012年2月出版发行。

2月3—5日

［纲　文］ **李克强在内蒙古自治区考察。**

［目　文］ 国务院副总理李克强看望返乡农民工，走访棚户区居民和山区贫困农牧民，探望光荣院老战士，慰问各族干部群众。考察中，李克强说，我国已站在新的发展起点上，但发展仍不平衡，4亿多城市户籍居民与近9亿农民的城乡差距、东部与中西部的区域差距，是最大、最普遍的差距。同时城市还有上亿人住在棚户区和危旧房里。缩小两大差距、破除双二元结构，其复杂性、艰巨性是世界上少有的，这根本上要靠发展，靠大家共同努力，并把发展的成果体现在改善民生上。反过来，民生改善也会为发展提供动力和空间。全面建成小康社会，就是要惠及百姓。

李克强3日在包头市北梁棚户区居委会主持召开棚户区改造现场会。会上，呼和浩特、包头、呼伦贝尔、乌海市政府负责人汇报了城市、林区、垦区、工矿等棚户区改造情况，提出了建议。棚户区居民代表反映了生活中的难处，表达了希望尽快改造的强烈愿望。李克强说，棚改剩下的都是“硬骨头”。各地既要有决心，又要有韧劲，进一步摸清底数，排出时间表，准备启动第二轮棚改攻坚战，有条件的地区要把小片棚户区和危旧房也统筹纳入改造范围。李克强指出，棚改是城镇化绕不过去的一道坎，是破解城市内部二元结构的关键举措。不能一边是高楼大厦，一边是低矮的棚户区。这种二元结构不消除，城镇化的质量就无从谈起。城镇化的核心是人。对棚户区百姓来讲，棚改是天大的事，政府就要顺民意，办实办好这件事，使群众从“忧居”到“宜居”。棚改既是民生工程又是发展工程，可以带来很大内需，也有利于调节收入分配，起到牵一发而动全身的多重效应。他强调，最近我国中东部地区多次雾霾遮天，要引起我们高度重视。实施棚改可以减少生活用煤和环境污染。推进城镇化要注重加强环境保护，必须周密谋划推进。

针对地方反映棚改中资金筹措、土地供应、行政审批等面临的难题，李克强说，中央会加大棚改等重大民生工程的投入，地方政府资金也要向这方面倾斜。要严格控制“三公”经费和楼堂馆所建设，把转变作风、勤俭办事省下来的钱用到棚改等民生工程上。对棚改异地搬迁等用地，要因地制宜，探索完善相关政策。对公共交通、供水供暖等配套设施建设，规划上要支持，审批上要放权。棚改等保障性安居工程为的是扶贫济困，建设资金不得挪用，房源不得侵占，这是不能碰的“高压线”。棚改是为群众办事，我们的干部要能担当、敢负责，用改革的办法、扎实的作风解难题，使群众真正受益。他说，在推进保障房建设的同时，要继续坚持做好房地产调控，保持房地产市场健康发展。

2月3—7日

［纲　文］　**全国政协主席贾庆林前往柬埔寨金边出席柬埔寨太皇西哈努克葬礼，并应邀对马来西亚进行正式友好访问。**

［目　文］　4日上午，贾庆林会见了柬埔寨太后莫尼列、国王西哈莫尼和首相洪森。贾庆林向莫尼列太后和西哈莫尼国王转达了胡锦涛主席、习近平总书记和中国其他领导人对西哈努克太皇的深切哀悼和对莫尼列太后、西哈莫尼国王和柬埔寨人民的诚挚慰问。贾庆林向洪森首相转达了温家宝总理和中国新一届领导人的亲切问候和良好祝愿。贾庆林表示，中国新一届中央领导集体将坚持对柬友好政策，支持柬保持稳定、加快发展，推动两国关系迈上新台阶。中柬双方应保持高层交往，大力推进中柬全面战略合作伙伴关系。中方将一如既往地为柬发展经济、改善民生提供大力支持和帮助，深化务实合作，着眼增强柬自主发展能力，加强双方在农业、基础设施等领域合作。中方愿同柬方设计好、举办好“中柬友好年”系列庆祝活动，增进两国人民间的了解和友谊。中方高度赞赏柬埔寨为维护和推进中国—东盟关系所发挥的积极作用，希望双方在地区事务中继续相互支持和配合。4日下午，贾庆林出席柬埔寨太皇西哈努克葬礼，向安放着西哈努克太皇遗体的火化塔献花，致以沉痛哀悼，送别这位中国人民的伟大朋友。

5—7日，贾庆林应马来西亚政府邀请对马来西亚进行正式友好访问，在吉隆坡会见了马来西亚总理纳吉布、最高元首哈利姆和上议长阿布·扎哈尔，并与纳吉布共同出席了马中关丹产业园启动仪式。在会见纳吉布时，贾庆林首先转达了温家宝总理及中国其他领导人的良好祝愿。贾庆林表示，中国政府高度重视发展中马关系。中马在实现各自国家发展战略的进程中，有着巨大的合作潜力和空间。中马两国应发挥中国—东盟自贸区的政策优势，加大对基础设施、互联互通等领域的投入，加强双向投资合作，增强亚洲经济发展的内生动力。进一步加强钦州和关丹产业园建设、金融、执法、航天等领域的战略合作，促进文化、教育、旅游等人文领域交流。纳吉布表示，在两国领导人的推动下，马中关系日益成熟，取得丰硕成果。两国投资、科技、教育等领域合作向更深层次发展，将更有利于两国关系的长远发展。马来西亚珍视与中国强有力的伙伴关系和相互信任，高度重视中国的战略地位和影响，倚重中国经济的重要带动作用。马方愿与中方共同努力，将两国关系提升到新水平。

2月4日

［纲　文］　**国务院办公厅发布《关于开展对口帮扶贵州工作的指导意见》**。

［目　文］　《意见》指出，贵州是我国西部多民族聚居的省份，也是贫困问题最突出的欠发达省份。贫困和落后是贵州的主要矛盾，加快发展是贵州的主要任务。贵州尽快实现富裕，是西部和欠发达地区与全国缩小差距的一个重要象征，是国家兴旺发达的一个重要标志。开展对口帮扶贵州工作，促进贵州经济持续健康发展，是先富帮后富、逐步实现共同富裕的重要举措。

《意见》提出，要科学编制对口帮扶规划，做好与国家总体规划和相关专项规划的衔接，始终把保障和改善民生放在对口帮扶工作首位，坚持帮扶方加大支持力度与受帮扶地区自力更生相结合，建立帮扶资金稳定增长机制。到2020年，在国家和社会各界支持下，通过自身努力和帮扶方大力支援，力争使贵州受帮扶地区城乡居民基本生产生活条件明显改善，基本公共服务水平和均等化程度显著提高；集中连片特殊困难地区扶贫攻坚工作取得突破性进展，扶贫对象大幅减少；特色优势产业体系基本形成，经济发展质量和效益明显提高，综合竞争力显著增强。

《意见》规定，对口帮扶工作期限初步确定为2013—2020年。2013年6月底前为工作启动阶段，主要任务是明确对口帮扶关系，建立工作机制，制定规划和相关工作制度。从2013年下半年开始，全面组织实施对口帮扶工作。综合考虑原有东西协作扶贫关系、帮扶方财力状况、受帮扶地区困难程度以及双方合作基础等因素，确定对口帮扶工作由辽宁、上海、江苏、浙江、山东、广东等6个省（直辖市）的8个城市，分别对口帮扶贵州的8个市（州），即上海市对口帮扶遵义市，大连市对口帮扶六盘水市，苏州市对口帮扶铜仁市，杭州市对口帮扶黔东南州，宁波市对口帮扶黔西南州，青岛市对口帮扶安顺市，广州市对口帮扶黔南州，深圳市对口帮扶毕节市。

2月4日

［纲　文］　**温家宝在商务部调研**。

［目　文］　调研期间，国务院总理温家宝到商务部看望了世贸司、合作司、市场秩序司、外资司、欧洲司、亚洲司等司局工作人员，参观了“商务部十周年图片展”，与我国在厄瓜多尔承建的辛克雷水电站项目、在斯里兰卡投资的科伦坡集装箱码头扩建项目的中外员工进行了视频交流，向大家致以新春问候。

温家宝在座谈时说，当前，统筹国内发展和对外开放的要求越来越高，商务部门的任务越来越重。必须把扩大内需和稳定外需结合起来，大力推进流通现代化，不断提高消费对经济增长的拉动力；加快转变外贸发展方式，不断优化进出口产品结构、市场结构和地区结构。

温家宝专门就做好当前市场供应和保持物价稳定作出了部署。他要求商务部门和有关部门密切关注市场和天气变化，切实做好春节期间副食品市场供应工作。一要千方百计保障供应。建立完善肉菜等副食品储备制度和应急保供预案，适时投放储备。在灾害天气和春节期间，北方大城市要及时投放储备蔬菜。组织销区大城市骨干流通企业到产区采购和调运蔬菜等农副产品，增加节日供应。二要切实加强价格监管。重点查处囤积居奇和经营者捏造散布涨价信息等不法行为。有针对性地开展价格执法检查，维护正常的市场秩序。建立健全鲜活农产品流通追溯体系，加强质量监督检查，确保食品安全。三要加强市场及价格信息监测，掌握供应和价格变化情况，及时引导生产和市场流向。四要减少流通环节，降低管理费用。认真落实降低流通费用的政策措施，鼓励多种形式的产销衔接，鼓励农产品流通企业设立平价专柜，引导公益性菜市场、国有批发市场在特殊时段减免进场费，多渠道降低流通成本。

2月4日

［纲　文］　**俞正声在中南海与全国性宗教团体负责人举行迎春座谈**。

［目　文］　中国佛教协会会长传印、中国道教协会会长任法融、中国伊斯兰教协会会长陈广元、中国天主教爱国会主席房兴耀、中国天主教主教团主席马英林、中国基督教三自爱国运动委员会主席傅先伟、中国基督教协会会长高峰、中国佛教协会副会长班禅额尔德尼·确吉杰布等参加座谈会。中共中央政治局常委俞正声代表中共中央和习近平总书记向全国宗教界人士和广大信教群众表示新春祝福。

在听取各宗教团体负责人发言后俞正声指出，2013年是全面贯彻落实十八大精神的开局之年，是实施“十二五”规划承前启后的关键一年。宗教界要深刻认识中国特色社会主义道路是实现中华民族伟大复兴的必由之路，不断增强道路自信、理论自信、制度自信。要围绕国家的宏观战略部署，结合宗教界的自身特点和优势，找准促发展保稳定的着力点，带领和引导广大信教群众在新的历史阶段作出新的贡献。

俞正声强调，全面贯彻党的宗教信仰自由政策，依法管理宗教事务，坚持独立自主自办的原则，积极引导宗教与社会主义社会相适应，是我们党宗教工作的基本方针。只有结合新的社会实际，坚定不移地贯彻这一方针，才能把信教群众和不信教群众、信仰不同宗教群众在全面建成小康社会的大目标下团结起来共同奋斗，才能把宗教事务纳入法制化轨道，才能抵御境外敌对势力利用宗教对我国进行渗透，才能引导我国各宗教通过自身的进步，适应建设中国特色社会主义事业的历史潮流。

俞正声对各宗教团体近年来自身建设取得的成果给予充分肯定，要求进一步健全完善规章制度，提高规范化水平，大力加强中青年教职人员教育培养，使他们成为合格的宗教界代表人士。他要求各级党委、政府进一步加强和改善对宗教工作的领导，努力形成有利于宗教活动规范有序的良好法制环境和社会氛围。春节在即，要注意关心宗教团体的困难和信教群众的生活，确保广大信教群众过上欢乐、祥和的节日。

2月4日

［纲　文］　**国家发展改革委发布2012年中国原油数据**。

［目　文］　数据显示，2012年我国生产原油20748万吨，同比增长1.9%；进口原

油 27109 万吨，同比增长 7.3%；出口 244 万吨，同比减少 3.5%；原油表观消费量 47613 万吨，同比增长 4.9%，对外依存度 56.4%。

2012 年我国加工原油 46791 万吨，同比增长 3.7%；生产成品油（包括汽煤柴，下同）28171 万吨，同比增长 5.5%；其中汽油 8976 万吨、煤油 2131 万吨、柴油 17064 万吨，同比分别增长 10.3%、13.7%、2.3%。全年单月成品油产量基本维持在 2200 万吨以上，基本满足了国内市场需要。原油加工量和成品油产量增速呈现先抑后扬态势，后四个月基本维持在 7%—9% 的增幅。由于国内供应充足，2012 年我国进口成品油 716 万吨，同比减少 16.9%。

2 月 4 日

［纲　文］ **国家发展改革委、工信部、监察部、住房城乡建设部、交通运输部、铁道部、水利部、商务部 8 部门联合印发《电子招标投标办法》。**

［目　文］《办法》规定，电子开标应当按照招标文件确定的时间，在电子招标投标交易平台上公开进行，所有投标人均应当准时在线参加开标。开标时，电子招标投标交易平台自动提取所有投标文件，提示招标人和投标人按招标文件规定方式按时在线解密。解密全部完成后，应当向所有投标人公布投标人名称、投标价格和招标文件规定的其他内容。电子招标投标交易平台应当生成开标记录并向社会公众公布，但依法应当保密的除外。

该《办法》自 2013 年 5 月 1 日起施行。

2 月 4 日

［纲　文］ **住房城乡建设部印发《关于做好 2013 年全国村庄规划试点工作的通知》。**

［目　文］《通知》强调，充分尊重村民在生产、土地使用和农房建设上的主体地位，农民的关切要体现在规划中，建设项目要与农民利益相结合。

《通知》要求在规划调研、编制、审批等各个环节，通过简明易懂的方式向村民征询意见、公示规划成果，动员村民积极参与村庄规划编制全过程。住房和城乡建设部打算 2013 年开展村庄规划试点工作，目的是探索符合农村实际的村庄规划理念，创新和改进村庄规划方法，形成一批有示范意义的优秀村庄规划范例，提高村庄规划编制水平，增强村庄规划的实用性。试点村庄主要选择以下类型：一是将开展人居环境整治的村庄；二是产业发展较快、需统筹规划的村庄，包括现代农业、工业、旅游等产业；三是建设活动频繁、需加强管控的村庄，包括城乡结合部和公路沿线的村庄；四是需加强保护的村庄，包括历史文化名村、传统村落等；五是以整治和打造乡村景观为重点的村庄；六是其他有热点、难点问题的村庄。

在村庄规划编制方法上，《通知》要求各地采取实地踏勘、入户调查、召开座谈会等多种方式，了解村庄实际情况和村民真实需求，全面收集规划基础资料。调查次数不少于 3 次，包括初步调查、详细调查和补充调查，调查时间不少于 50 人日。

《通知》强调村庄规划要以整治为主。尊重既有村庄格局，尊重村庄与自然环境及农业生产之间的依存关系，防止盲目规划新村，不搞大拆大建，重点改善村庄人居环境和生产条件，保护和体现农村历史文化、地区和民族以及乡村风貌特色。防止简单套用城市规划手法。

2月4日

［纲　文］　**国家安全监管总局召开全国安全生产调度视频会议。**

［目　文］　国家安全监管总局副局长王德学主持会议，通报了有关事故情况，并就强化责任措施落实、加强应急值守和协调联动提出要求。国家安全监管总局副局长、煤矿安监局局长付建华就加强煤矿安全生产工作作出部署。国家安全监管总局总工程师黄毅解读了“七条规定”。有关地方政府、部门和企业主要负责人就近期发生的有关事故作了汇报检查，提出了整改措施。总局党组其他成员和煤矿安监局班子成员出席会议。

会上传达了中央领导同志关于加强当前应急管理和安全生产工作的重要批示。会议强调，春运已全面展开，加之天气原因，安全生产工作进入关键阶段，各地区、各部门和各单位要深刻领会、认真贯彻落实中央领导同志的重要批示精神，切实吸取一些地区近期连续发生的道路交通等重大事故教训，全面开展安全大检查，找准原因，分析透彻，严肃事故查处，完善防范措施。要突出交通运输、烟花爆竹和煤矿等重点行业领域，深化“打非治违”专项行动，加大隐患排查治理力度，促进安全生产形势持续好转。会议指出，《煤矿矿长保护矿工生命安全七条规定》字字重千钧、条条都是生命线，是对矿长的最基本要求。各级安全监管监察部门要立即行动，深入开展“保护矿工生命，矿长守规尽责”的主题活动，集中时间加大宣传贯彻力度，使之深入人心、耳熟能详，不折不扣地严抓落实，真正体现在行动上、效果上。

2月4日

［纲　文］　**文化部印发《娱乐场所管理办法》。**

［目　文］　《办法》规定，娱乐场所不得设立在学校、医院、机关的周围，充分考虑到保护未成年人的成长环境，明确了娱乐场所不得设立在符合教育法规定的中小学校周围。

这次颁布的办法在《娱乐场所管理条例》的基础上明确了娱乐场所的设立条件，规范娱乐场所的审批流程，强化管理部门的服务意识，提高政府公共服务的效率。

《办法》明确，娱乐场所不得设立在房屋用途中含有住宅的建筑内；明确场所与学校、医院、机关的距离及测量方法、歌舞娱乐场所人均占有使用面积和游艺娱乐场所的使用面积的最低标准、农村地区设立条件由省级人民政府文化主管部门自行规定。

鉴于娱乐场所规模化、连锁化的发展趋势，娱乐场所投资较大，为保障投资人利益，《办法》规定申请设立娱乐场所前，筹建人可以向负责审批的文化主管部门提交筹建咨询申请，文化主管部门根据其拟设立地点、周围环境，为筹建人提供行政咨询和指导，避免娱乐场所盲目投资。

《办法》还明确了娱乐场所文化产品内容审核制度，规定文化主管部门应当对歌舞娱乐场所使用的歌曲点播系统和游艺娱乐场所使用的游戏游艺设备进行内容审核。办法还规定娱乐场所应当建立文化产品内容自审制度，确定专人管理在场所内提供的文化产品和服务。

该《办法》于 2013 年 1 月 25 日经部务会议审议通过，自 2013 年 3 月 11 日起施行。

2 月 4 日

［纲　文］　**教育部印发《义务教育学校校长专业标准》。**

［目　文］　《标准》提出了“以德为先”、“育人为本”、“引领发展”、“能力为重”、“终身学习”5 个基本理念，明确了校长的道德使命、办学宗旨、角色定位以及专业发展的实践导向和持续提升要求；首次系统建构了我国义务教育学校校长“规划学校发展”、“营造育人文化”、“领导课程教学”、“引领教师成长”、“优化内部管理”、“调适外部环境”6 项专业职责，体现了倡导教育家办学的要求。

2 月 4 日

［纲　文］　**山西省文物局印发《山西省文物建筑构件保护管理办法》。**

［目　文］　这是我国首个专门针对文物建筑构件保护管理出台的法规性文件，重点是打击非法买卖，保护民间文物建筑。

该《办法》共 18 条，界定了文物建筑构件的范围，明确了文物建筑构件所在地政府及其文物行政部门的职责，明确了文物建筑管理、使用单位或所有人、使用人保护文物建筑及建筑构件的法定义务，明确了文物建筑构件收藏单位的职责，明确了对擅自拆除、转让、抵押和非法买卖文物建筑构件行为的处理程序，明确了对文物建筑所在地文物行政部门行政不作为的处理程序，明确了文物进出境审核机构的职责。

2 月 4 日

［纲　文］　**《人民日报》发表题为《有腐必反，有贪必肃——五论学习贯彻习近平在十八届中央纪委二次全会讲话》的评论员文章。**

2 月 5 日

［纲　文］　**国务院印发《关于推进物联网有序健康发展的指导意见》。**

［目　文］　《意见》指出，我国在物联网技术研发、标准研制等方面已初步具备基础，但也存在关键核心技术有待突破、产业基础薄弱、网络信息安全存在潜在隐患等问题。

《意见》提出，到 2015 年突破一批核心技术，初步形成物联网产业体系。为实现目标，有关部门将营造良好发展环境并加强财税政策扶持、完善投融资政策，鼓励金融资本、风险投资及民间资本投向物联网应用和产业发展。

《意见》要求，到 2015 年，实现物联网在经济社会重要领域的规模示范应用，突破一批核心技术，初步形成物联网产业体系，安全保障能力明显提高。物联网技术研发水平和创新能力显著提高，感知领域突破核心技术瓶颈，明显缩小与发达国家的差距，网络通信领域与国际先进水平保持同步，信息处理领域的关键技术初步达到国际先进水平。实现技术创新、管理创新和商业模式创新的协同发展。创新资源和要素得到有效汇聚和深度合作。在工业、农业、节能环保、商贸流通、交通能源、公共安全、社会事业、城市管理、安全生产、国防建设等领域实现物联网试点示范应用，部分领域的规模化应用水平显著提升，培育一批物联网应用服务优势企业。发展壮大一批骨干企业，培育一批“专、精、特、新”的创新型中小企业，形成一批各具特色的产业集群，打造较完善的物联网产业链，物联网产业体系初步形成。

2月5日

［纲　文］　**科技部印发《技术市场“十二五”发展规划》。**

［目　文］　《规划》指出，“十二五”时期是我国全面建设小康社会的关键时期，是深化改革开放、加快转变经济发展方式的攻坚时期。“十二五”期间，技术市场建设的总体目标是：经过5年的努力，把我国技术市场建设成为满足经济社会发展要求，适应社会主义市场经济体制和科技发展规律，具有完善的法规政策保障体系、健全的市场监督管理体系、高效的社会化服务体系，供给推动和需求拉动相结合，各类市场主体相融合，国内和国际资源相配合，制度健全、结构合理、功能完善、运行有序、统一开放的现代技术要素市场。

到2015年，围绕技术市场体系建设和为国家经济社会科技发展战略服务，着力实现以下具体目标：其一是技术市场发展环境进一步优化；其二是全国统一多层次技术市场服务体系初步形成；其三是技术交易机制和模式实现重大创新；其四是技术市场服务国家重大发展战略的能力全面提升。

《规划》明确了“十二五”时期技术市场发展的重点任务：一、加强技术市场制度化建设，营造有利于技术转移的良好环境。二、进一步强化专业化导向，加速构建技术市场服务体系。三、大力推进网络化、信息化和国际化，建设全国统一大技术市场。四、创新体制机制，积极服务科技成果转移转化和高新区创新发展。

2月5日

［纲　文］　**全国中小企业工作电视电话会议在北京召开。**

［目　文］　会议由工业和信息化部党组成员、总工程师朱宏任主持。工业和信息化部相关司局、直属单位的负责人在主会场参加了会议。各省、自治区、直辖市、计划单列市、新疆生产建设兵团以及各地级市中小企业主管部门，部分中小企业服务机构的负责人，共计8000多人在主会场及各地方320多个分会场参加了会议。

会上，朱宏任传达了中央政治局常委、国务院副总理张德江近日在国务院促进中小企业发展工作领导小组会议上的讲话精神。张德江指出，发展中小企业不是权宜之计，是我国必须始终坚持的长期战略。要正确把握当前中小企业发展面临的新形势、新任务，充分认识做好中小企业工作在经济社会发展全局中的重要地位；充分认识促进中小企业健康发展对推进新型工业化、信息化、城镇化、农业现代化进程，促进经济增长，保障和改善民生，保持社会和谐安定的极端重要性，全面贯彻落实党的十八大作出的决策部署，采取更加有力的政策措施，在加大财税支持力度、解决小微企业融资问题、提高发展质量和效益、加强和改善中小企业服务、加强组织领导和政策协调等方面下更大的工作气力，努力开创中小企业工作新局面。

工业和信息化部部长苗圩在会上作了题为《开拓创新，扎实工作，努力开创中小企业工作新局面》的讲话。苗圩要求各级中小企业主管部门要认真学习、深刻领会张德江的讲话精神，结合实际抓好贯彻落实。并对深入开展“扶助小微企业专项行动”进行了动员部署，提出六项要求：一要进一步抓好国发14号文件的贯彻落实工作。二要进一步促进创新型、创业型和劳动密集型小微企业发展。三要进一步完善中小企业公共服务体系。四要进一步加强对小微企业的融资服务。五要进一步减轻小微企业负担。六要进一步转变作风。

北京、陕西、江苏、黑龙江中小企业主管部门负责人在会上交流了本地区贯彻落实国发14号文件的情况以及促进中小企业发展的经验和做法。

2月5日

［纲　文］　**新华社讯，中国科学家刷新单电子晶体管量子运算速度世界纪录。**

［目　文］　电讯说，中国“超级973”科技专项“固态量子芯片”研究近期取得重大突破，中国科学技术大学郭国平研究组成功在“一个电子”上实现10皮秒级量子逻辑门运算，将原世界纪录提高近百倍，为实现基于半导体的“量子计算机”迈出重要一步。

2月5日

［纲　文］　**国务院副总理王岐山在北京会见英国怡和集团主席亨利·凯瑟克爵士，双方就中英关系、中英经济合作等共同关心的问题交换了看法。**

2月5日

［纲　文］　**外交部部长杨洁篪应约同美国新任国务卿克里通电话。**

［目　文］　杨洁篪祝贺克里出任美国国务卿。杨洁篪表示，中方愿与美方一道，推进相互尊重、互利共赢的合作伙伴关系，探索构建新型大国关系。双方应继续保持高层交往，加强对话，尊重和照顾彼此核心利益和重大关切，增进互信，扩大合作，加强在重大问题上的沟通协调，更好地维护地区和世界和平、稳定和发展。

克里表示，美中关系十分重要。美方期待着同中方增进接触和交往。美中现有的战略与经济对话、人文交流高层磋商等机制卓有成效，美方愿推进上述对话。美方愿同中方加强在亚太地区交流与合作，实现互利共赢，并保持在重大全球和地区问题上的沟通协调。

双方还就一些国际和地区问题交换了意见。

2月5日

［纲　文］　**中国驻日大使程永华就中国海监船进入钓鱼岛领海驳回日方抗议。**

［目　文］　日本外务省审议官斋木昭隆约见中国驻日本大使程永华，就中国海监船

进入钓鱼岛领海提出抗议。针对日方的交涉和抗议，程永华强调，钓鱼岛是中国固有领土，相关海域是中国的领海，中国海监船系进行正常维权巡航公务活动，中方不接受日方交涉和抗议，要求日方停止对中国海监船公务活动的干扰。

2月5日

［纲　文］ **《人民日报》发题为《厉行节俭，人人有责》的评论员文章。**

2月5日

［纲　文］ **《人民日报》发表题为《改作风的“加”与“减”——六论转作风看实效》的评论员文章。**

2月6日

［纲　文］ **习近平在中南海邀请各民主党派中央、全国工商联新老领导人和无党派人士代表欢聚一堂，共迎新春。**

［目　文］ 中共中央总书记习近平代表中共中央，向各民主党派、工商联和无党派人士，向统一战线广大成员，致以诚挚的问候和新春的祝福。中共中央政治局常委李克强、俞正声，中共中央政治局委员栗战书出席，民革中央主席万鄂湘、民盟中央主席张宝文、民建中央主席陈昌智、民进中央主席严隽琪、农工党中央主席陈竺、致公党中央主席万钢、九三学社中央主席韩启德、台盟中央主席林文漪、全国工商联主席王钦敏、无党派人士代表林毅夫、全国工商联有关负责人及中央有关部门负责人出席。

严隽琪代表各民主党派、全国工商联和无党派人士致辞。她表示，刚刚过去的一年在我国发展征程上具有极其重要的意义，中共十八大明确了中国特色社会主义的总依据、总布局、总任务。作为与中国共产党肝胆相照、风雨同舟的诤友和挚友，我们将以中共十八大精神为指导，从“为执政党助力、为国家尽责、为人民服务”出发，凝心聚力，加强自身建设，切实履行职能，为实现中国梦贡献才智。

习近平指出，各民主党派是同中国共产党通力合作的中国特色社会主义参政党，无党派人士是我国政治生活中的一支重要力量。各民主党派和无党派人士一定要把坚持中国特色社会主义政治发展道路作为根本方向，提高参政议政、民主监督的水平，提高政治把握能力、组织领导能力、合作共事能力。工商联要加强思想政治建设和履职能力建设，努力成为政治坚定、特色鲜明、作风优良的人民团体和商会组织。

习近平强调，中国共产党同各民主党派和无党派人士团结合作，是建立在共同思想政治基础之上的。今天，我们的共同思想政治基础就是中国特色社会主义。中国特色社会主义事业越是向前推进，越需要凝聚最广泛的力量。同志们要充分认识肩负的重要责任和使命，坚定政治信念，坚持前进方向，多建睿智之言，多献务实之策，共同开创中国特色社会主义事业新局面。

习近平指出，要继续加强民主监督。对中国共产党而言，要容得下尖锐批评，做到有则改之、无则加勉；对党外人士而言，要敢于讲真话，敢于讲逆耳之言，真实反映群众心声，做到知无不言、言无不尽。希望同志们积极建诤言、作批评，帮助我们查找问题、分析问题、解决问题，帮助我们克服工作中的不足。中共各级党委要主动接受、真心欢迎民主党派和无党派人士监督，切实改进工作作风，不断提高工作水平。

2月6日

［纲　文］　**温家宝主持召开国务院常务会议。**

［目　文］　会议研究确定了促进海洋渔业持续健康发展的政策措施，部署了完善研究生教育投入机制，决定加快油品质量升级。

会议讨论通过《关于促进海洋渔业持续健康发展的若干意见》，明确了今后一段时期的主要任务：一是加强海洋生态环境保护，不断提升海洋渔业可持续发展能力。二是调整生产结构和布局。控制近海养殖密度，拓展海洋离岸养殖和集约化养殖；积极稳妥发展外海和远洋渔业；大力发展海水产品加工和流通。三是提高设施装备水平和组织化程度。加快渔船更新改造和渔业装备研发；加强渔港建设和管理；培育壮大渔民专业合作社和海洋渔业龙头企业。四是改善渔民民生。积极推进渔村建设，解决好饮水安全和用电等问题，拓宽渔民转产转业和增收渠道；改进渔业服务，减轻渔民负担。五是加强渔政执法维权和涉外渔业管理。建立健全与国际渔业管理规则相适应的远洋渔业管理制度。

为完善研究生教育投入机制，改善研究生学习、科研和生活条件，提高研究生培养质量，会议确定了以下政策：一是完善财政拨款制度。中央财政对国家招生计划内的中央部门所属高校全日制研究生，安排生均综合定额拨款，并建立拨款标准动态调整机制，逐步提高拨款水平；中央财政设立绩效拨款，由学校自主安排用于研究生培养。各地要参照这一模式，建立健全地方高校研究生教育拨款制度。二是完善研究生奖助政策体系。设立研究生国家奖学金，每年奖励4.5万名研究生。同时设立研究生学业奖学金。加大研究生助教、助研和助管岗位津贴资助力度。提高国家助学贷款最高限额。落实和完善鼓励捐资助学的优惠政策。三是建立健全研究生教育收费制度。

会议指出，随着汽车保有量快速增长，汽车尾气排放对大气污染的影响日益增加。为加快油品质量升级，会议决定：第一，在已发布第四阶段车用汽油标准（硫含量不大于50ppm）的基础上，由国家质检总局、国家标准委尽快发布第四阶段车用柴油标准（硫含量不大于50ppm），过渡期至2014年底；2013年6月底前发布第五阶段车用柴油标准（硫含量不大于10ppm），2013年底前发布第五阶段车用汽油标准（硫含量不大于10ppm），过渡期均至2017年底。第二，加快国内炼油企业升级改造，确保按照汽、柴油标准升级实施时间如期供应合格油品。中石油、中石化、中海油要首先如期完成改造任务。加快汽车发动机相关技术研发与应用。第三，按照合理补偿成本、优质优价和污染者付费的原则合理确定成品油价格，并完善对困难群体和公益性行业补贴政策。第四，加强油品质量监管，加大处罚力度。加强行业自律，企业要向社会公开产品质量承诺。

2月6日

［纲　文］　**刘云山主持召开调研座谈会，就如何开展党的群众路线教育实践活动听**

取专家学者的意见建议。

［目　文］　中共中央政治局委员、中央书记处书记、中组部部长赵乐际和中央有关部门负责人参加了座谈会。在座谈会上，全国党建研究会5位专家学者和内蒙古、浙江、河南、湖北、广东5省区党委组织部部长作了发言。中共中央政治局常委、中央书记处书记刘云山在听取发言后指出，从调研情况看，全党全社会充满期待、寄予厚望使我们对搞好教育实践活动更有信心也更感责任重大，当前基层党员群众反映强烈的突出矛盾和问题使我们明确了教育实践活动的目标要求和工作重点，各方面提出的意见建议为搞好教育实践活动提供了重要参考，基层创造的好做法好经验为开展好教育实践活动提供了有益借鉴。有关部门要把调研成果运用好，把各方面意见建议吸收好，形成一个指导思想明确、措施办法有力、针对性操作性强的工作方案，确保教育实践活动有效展开。

刘云山说，深入贯彻中央八项规定，必须针对当前存在的问题，采取切实措施，加大工作力度，务求取得实实在在的成效。一是要解决好“不以为然”的问题，作风问题不是小事，改进作风是政治要求，不能不以为然，不能左顾右盼、观望等待，必须提高思想认识、增强行动自觉。二是要解决好“只说不做”的问题，改进作风贵在落实，不落实就会落空，一定要狠抓落实，不能雷声大、雨点小，不能虚晃一枪、走过场做样子。三是要解决好“上有政策、下有对策”的问题，对中央的每一项规定，都要有具体落实的措施，不能打折扣、搞变通，不能明里一套、暗里一套，不能有令不行、有禁不止。开弓没有回头箭，对认准的事情必须一抓到底。各地各部门一定要以踏石留印、抓铁有痕的劲头抓作风改作风，做到持之以恒、善始善终，防止虎头蛇尾、半途而废，以改进作风的实际成果取信于民。

2月6日

［纲　文］　**国务院办公厅印发《关于加强内燃机工业节能减排的意见》。**

［目　文］　《意见》指出，内燃机是交通运输、工程机械、农业机械、渔业船舶、国防装备的主导动力设备，内燃机工业是重要的基础产业。经过多年发展，我国内燃机工业取得了长足进步，内燃机产品节能减排等技术水平有了很大提高，我国已成为全球内燃机生产和使用大国。但与国际先进水平相比，我国内燃机产品在节能环保指标上仍有较大差距，关键核心技术欠缺，节能减排标准体系不健全，高能耗、高排放、低性能内燃机产品仍在广泛使用，内燃机工业节能减排的潜力巨大。《意见》提出，到2015年，节能型内燃机产品占全社会内燃机产品保有量的60%，与2010年相比，内燃机燃油消耗率降低6%—10%，实现节约商品燃油2000万吨，减少二氧化碳排放6200万吨，减少氮氧化物排放10%，采用替代燃料节约商品燃油1500万吨。

《意见》公布了11个加强内燃机工业节能减排的重点领域和任务。其中指出，到2015年，新生产的车用柴油机全部应用高压燃油喷射系统，燃油消耗率比2010年降低5%—8%。30%—40%新生产的车用汽油机产品应用缸内直喷燃油系统，燃油消耗率比2010年降低8%—10%。同时，还将加快制定出台内燃机制造企业准入条件，健全标准体系，加强监督管理，加快技术创新体系建设，出台经济激励政策。

2月6日

［纲　文］　**交通运输部、公安部、国家发展改革委、工业和信息化部、住房城乡建设部、商务部、国家邮政局联合印发《关于加强和改进城市配送管理工作的意见》。**

［目　文］　《意见》要求各城市人民政府统一领导，加快完善城市配送管理体制机制，建立健全城市配送制度标准体系，在满足人民群众出行需求的同时，统筹兼顾城市配送需要，优化城市交通资源配置，实现“人便于行、货畅其流”。

《意见》提出的总体目标是：用5年左右的时间，基本建立起职能明确、运转高效、监管有力的城市配送管理体制和运行机制，形成城市配送管理法律法规、制度标准体系，城市配送规划引领作用得到发挥，城市配送基础设施明显改善，城市配送市场主体结构明显优化，城市配送车型得到广泛应用，城市配送车辆通行更加有序顺畅，城市配送运营效率明显提高，城市配送服务保障能力显著增强。

根据《意见》，城市规划部门要会同发展改革、交通运输、公安、工业和信息化、城乡建设、商务、邮政管理等有关部门，组织制定城市配送发展规划，并将其及时纳入城市总体规划。

配送节点、货运枢纽站场、物流中心等建设将得到鼓励。商业区、居住区、大商场等城建项目的早期规划中，要求合理设置城市配送所需的停车和装卸场地。《意见》还提出，城市交通较为拥堵的大型城市，城市有关部门应结合实际积极推进“分时段配送”、“夜间配送”，为有需求的商贸和物流企业提供便利。鼓励快递企业建设适应电子商务发展的快件配送体系，探索“仓储一体化”等新型配送模式，提升电子商务配送水平。

2月6日

［纲　文］　**中国科技大学实现世界最高品质单光子源。**

［目　文］　中国科大微尺度物质科学国家实验室潘建伟教授等在国际上首次实现基于量子点脉冲共振荧光的确定性高品质单光子源。

量子点是一种通过分子束外延方法制备的纳米晶体，又被称为“人造原子”，可以为量子保密通信和光学量子计算提供理想的单光子源。此前，加州大学、剑桥大学和斯坦福大学等研究组实现了基于非共振激发量子点产生的单光子源。然而，由于单光子发射时间抖动、激子退相干等不可避免地引起光子品质下降，光子全同性只能达到70%左右，无法进一步应用于可扩展量子信息处理。因此要发展能够真正实用化的光量子信息技术，关键技术之一是实现确定性的高品质单光子源。为此，中国教授潘建伟、陆朝阳等在国际上首次发展了一套新颖的量子点脉冲共振光学激发、多重滤波技术，显著消除了消相干效应，解决了单光子源的确定性和高品质这两个基本问题。研究组实验产生的单光子源信噪比超过300：1，二阶关联函数小于1.5%，光子全同性优于97%的，这些技术指标使得中国在这一领域的研究跻身世界前列，为可扩展光学量子计算和基于自旋的固态量子网络的实现奠定了基础。

该研究成果发表在权威学术期刊《自然》子刊《自然·纳米技术》上。这也是中国在量子点光学量子调控领域发表在《自然》系列期刊上的第一篇论文。审稿人称赞这是一个“令人惊喜的高质量实验”。

2月6日

［纲　文］　**新华社讯，范长龙近日在北京军区和空军部队调研。**

［目　文］　电讯说，中央军委副主席范长龙来到北京军区某机步师、某装甲师和空军航空兵某师等单位调研，代表习近平主席和中央军委，向部队官兵、退休老同志和职工家属致以诚挚问候和新春祝福。他强调，要深入学习贯彻党的十八大精神和习主席一系列重要指示，围绕建设一支听党指挥、能打胜仗、作风优良的人民军队的目标要求，坚定不移把信息化作为军队现代化建设发展方向，深入开展信息化条件下军事训练，不断提高基于信息系统的体系作战能力。

范长龙在调研时指出，要强化当兵打仗、带兵打仗、练兵打仗思想，紧贴使命任务，创新信息化条件下军事训练。要在熟练掌握和使用信息化武器装备上下功夫，学好信息化知识，提高信息化技能，掌握信息化装备。要在提高基于信息系统的体系作战能力上下功夫，以复杂电磁环境下训练为切入点，深化训练改革，创新训练模式，推进训练转变。要在实战化训练上下功夫，使训练贴近未来战场、符合实战要求。要在培养信息化人才上下功夫，加大培养高素质新型军事人才力度，尤其要重视联合作战指挥人才培养，为军队建设和军事斗争准备提供强有力的人才支持。

范长龙强调，要抓住根本，围绕坚定信念、铸牢军魂，抓好党的十八大精神学习贯彻，抓好创新理论武装，抓好部队各项思想政治教育，做到绝对忠诚、绝对纯洁、绝对可靠。要强化强基固本思想，树立大抓基层导向。要坚持依法治军、从严治军，高度重视做好保持部队安全稳定工作。要改进作风，一头抓领导机关存在的突出问题，一头抓士兵身边的不良风气整治，严肃查处违规违纪问题。

2月6日

［纲　文］　**外交部部长杨洁篪在北京会见叙利亚外交部常务副部长米格达德。**

［目　文］　双方重点就叙利亚局势交换了看法。杨洁篪表示，叙利亚局势正处在关键阶段，尽早推进政治解决进程是当前的紧迫任务。叙利亚有关各方应切实落实“行动小组”日内瓦外长会议公报，确定现实、可操作的具体步骤，以便尽早开启政治对话、实施政治过渡。应切实尊重叙利亚人民的合理意愿和诉求，以灵活、务实态度处理政治过渡有关问题，找到能充分反映叙人民意愿、为各方普遍接受的解决方案。应继续支持联合国—阿盟叙利亚问题联合特别代表普拉希米的斡旋努力。杨洁篪强调，中方在叙利亚问题上秉持客观、公正立场，对任何能为叙利亚有关各方普遍接受的解决方案均持积极和开放态度。

米格达德介绍了叙利亚当前形势以及叙方不久前提出的分阶段解决叙利亚问题倡议，表示叙利亚政府愿根据“行动小组”日内瓦外长会议公报精神，不断推进倡议的实施，与普拉希米联合特别代表保持合作，并确保人道主义援助送达叙利亚全境。

米格达德应中国外交部邀请于2月4日开始访华。

2月6日

［纲　文］ **《人民日报》发表题为《迈出重要的一步》的评论员文章。**

2月7日

［纲　文］ **新华社讯，春节前夕党和国家领导人分别看望或委托有关方面负责同志看望了江泽民等老同志。**

［目　文］ 电讯说，党和国家领导人分别看望或委托有关方面负责同志看望了江泽民、李鹏、万里、乔石、朱镕基、李瑞环、宋平、尉健行、李岚清、曾庆红、吴官正、李长春、罗干、贺国强、张劲夫、郑天翔、刘复之、田纪云、迟浩田、张万年、姜春云、钱其琛、王乐泉、刘淇、吴仪、曹刚川、曾培炎、王汉斌、张震、何勇、倪志福、王丙乾、邹家华、王光英、布赫、铁木尔·达瓦买提、彭珮云、周光召、曹志、李铁映、司马义·艾买提、何鲁丽、丁石孙、成思危、许嘉璐、蒋正华、顾秀莲、热地、盛华仁、唐家璇、肖扬、韩杼滨、贾春旺、叶选平、杨汝岱、任建新、宋健、钱正英、孙孚凌、万国权、胡启立、陈锦华、赵南起、毛致用、王文元、王忠禹、李贵鲜、张思卿、罗豪才、张克辉、郝建秀、徐匡迪、张怀西、李蒙、邓力群等老同志，向老同志们致以亲切的节日问候，衷心祝愿老同志们新春愉快、健康长寿。

老同志们对此表示感谢，希望全党全国各族人民紧密团结在以习近平同志为总书记的党中央周围，高举中国特色社会主义伟大旗帜，以邓小平理论、"三个代表"重要思想、科学发展观为指导，解放思想，改革开放，凝聚力量，攻坚克难，坚定不移沿着中国特色社会主义道路前进，为实现党的十八大提出的各项任务、全面建成小康社会而奋斗。

2月7日

［纲　文］ **李克强慰问中国极地大洋科考队员和海监工作人员。**

［目　文］ 国务院副总理李克强到国家海洋局，通过卫星视频连线向正在极地和大洋执行任务的科考队员致以节日问候和新春祝福，看望在京队员和队员家属的代表，并慰问海监工作人员。

通过海事卫星，李克强与南极的雪龙船、长城站和中山站进行视频连线。他仔细了解南极科考开展情况，关心队员们的业余生活和节日安排。李克强说，在极地，我们建立了海拔最高的具有重大科学价值的南极昆仑站，成功由北极高纬度航线穿越北冰洋；在深海，载人深潜突破了7000米大关；在大洋，我们获得了两块国际海底专属矿区。这些成绩的取得，体现了国家综合国力的增强，体现了广大海洋工作者敢于攻坚克难、善于开拓创新的精神。海洋对人类的生存发展至关重要。我国是海洋大国，有辽阔海域，必须高度重视海洋战略。海洋既是能源、资源的巨大宝库，也是地球生态的重要组成部分。我们建设海洋强国，是建设现代化国家的必然要求。要合理开发利用海洋资源，加强海洋生态环境保护，促进蓝色经济持续健康发展。

李克强强调，走向海洋要倡导合作互利的原则，各国只有协调行动、共同开发，才能实现多赢目标。我们要以更加积极开放的姿态，参与和推动国际交流，在海洋科技、海洋环境、防灾减灾和极地事务等领域加强合作，努力使广阔海洋真正成为和平之海、合作之海，既连接彼此，更造福人类。

李克强考察了国家海域动态监视监测管理系统，通过大屏幕观看了全国主要海域使用情况。他强调，对我国所辖海域进行监管，是海监工作的主要职责，要科学整合海上执法力量，强化综合执法。希望你们牢记使命，坚决维护国家海洋权益，守护好我们的每一片海域，规范海域开发使用，在和平合作发展中走向深海、走向大洋、走向极地，实现海洋事业的更大发展。

2月7日

［纲　文］　**刘云山看望慰问中央电视台春节联欢晚会演职人员。**

［目　文］　中共中央政治局常委刘云山到中央电视台春节联欢晚会彩排现场看望正在紧张工作的演职人员，向大家致以新春祝福和诚挚慰问，勉励大家精心排演、精益求精，把喜闻乐见、精彩纷呈的春节晚会奉献给海内外电视观众，把风清气正、欢乐祥和的浓浓春意传递给全国各族人民。

2月7日

［纲　文］　**国务院办公厅印发《关于落实中共中央国务院关于加快发展现代农业，进一步增强农村发展活力若干意见有关政策措施分工的通知》。**

［目　文］　《通知》要求，有关部门研究提出具体实施意见并加以落实。2013年中央一号文件提出，用5年时间基本完成农村土地承包经营权确权登记颁证工作，妥善解决农户承包地块面积不准、四至不清等问题，并要求尽快完成确权登记颁证工作。对此，《通知》确定由国土资源部、农业部、财政部会同住房和城乡建设部、林业局等部门负责落实。

《通知》对继续开展粮食稳定增产行动、加大新一轮“菜篮子”工程实施力度等80项政策措施或相关问题进行了分工安排，分别规定由国务院各部委及各直属机构负责落实。

关于今年中央一号文件提出的“按照生产成本加合理利润的原则，继续提高小麦、稻谷最低收购价”的问题，《通知》明确要求由发展改革委会同中央农办、财政部、农业部、粮食局、农业发展银行、中储粮总公司在播种前提出方案并公布。

《通知》指出，国务院办公厅负责督促检查各项分解任务的落实情况。各牵头部门要在10月底前将牵头负责工作的落实情况送农业部。农业部要加强与有关部门的衔接沟通，在11月底前将各项分解任务落实情况汇总报国务院。

2月7日

［纲　文］　**环境保护部印发《化学品环境风险防控“十二五”规划》。**

［目　文］　《规划》指出，我国化学品环境风险管理较为薄弱，法规制度、监督监

管、基础能力尚不能适应形势发展要求，化学品环境风险防控能力和防控水平亟待提升。加强化学品环境管理、防控环境风险已经成为“十二五”环境保护工作的重要组成部分，成为新时期探索环境保护新道路、解决影响科学发展和损害群众健康突出环境问题的迫切需要。

《规划》阐明了“十二五”时期化学品环境风险防控的原则、重点和主要目标，通过实施优化布局、健全管理、控制排放、提升能力等主要任务，着力推进化学品全过程环境风险防控体系建设，遏制突发环境事件高发态势，控制并逐步减少危险化学品向环境的排放，探索符合科学规律、适应我国国情的化学品环境管理和环境风险防控长远战略与管理机制，逐步实现化学品环境风险管理的主动防控、系统管理和综合防治，不断提高化学品环境风险管理能力和水平，保障人体健康和环境安全。

2月7日

［纲　文］ **中国黄金协会公布2012年中国黄金产量数据**。

［目　文］ 数据显示，2012年中国黄金产量突破400吨大关，为403.047吨，比2011年增加42.090吨，增幅11.66%，再创历史新高，连续6年位居世界第一。

2月7日

［纲　文］ **新华社讯，许其亮近日到西北部队和驻京军事新闻单位调研**。

［目　文］ 电讯说，中共中央政治局委员、中央军委副主席许其亮近日到西北部队和驻京军事新闻单位调研，代表习近平主席和军委其他领导，向部队官兵、离退休老同志和职工家属致以诚挚问候。他强调，要深入学习贯彻党的十八大精神和习主席一系列重要指示，围绕建设一支听党指挥、能打胜仗、作风优良的人民军队的目标要求，积极适应新形势新任务，大力加强思想政治建设，扎实推进军事斗争准备，持续抓好作风建设，为实现强国强军伟大梦想作出新贡献。

许其亮指出，军队新闻单位要充分认清肩负的职责使命，努力发出时代的声音，打造富有我军特色、具有创新力战斗力的新闻宣传和舆论阵地，为实现强国梦强军梦积聚更多正能量。要把服务大局、服务战斗力、服务官兵作为根本着力点，传递好党的声音，宣传好国家和军队建设的新探索新发展新进步新风貌，积极反映官兵心声和关切。要把握时代发展新要求、军队建设新需要、部队官兵新期待，不断增强新闻宣传的先进性、时代性、群众性、鲜活性。要坚持正确导向、正面宣传，贴近生活、反映实际，快速反应、占领阵地，内涵丰富、内容鲜活、形式灵活，切实提高舆论引导和传播能力。

许其亮强调，要扎实开展“学习贯彻党章、弘扬优良作风”教育活动，牢固树立党章意识，锤炼坚强党性，着力整治突出问题，以优良的作风促进部队全面建设和战斗力提升。要积极转作风、正学风、改文风，努力出更多精品，发挥更大作用。

2月7日

［纲　文］ **《人民日报》发表题为《心贴心，实打实——七论转作风看实效》的评论员文章**。

2月8日

［纲　文］ **中共中央、国务院在人民大会堂举行2013年春节团拜会。**

［目　文］ 党和国家领导人胡锦涛、习近平、吴邦国、温家宝、贾庆林、李克强、张德江、俞正声、刘云山、王岐山、张高丽等同首都各界人士2000多人欢聚一堂，共庆佳节。

中共中央总书记、中共中央军委主席习近平主持团拜会。他说，在中华民族的传统节日春节即将到来之际，我们欢聚一堂，共迎新春佳节。我代表中共中央、国务院，向全国各族人民，向广大工人、农民、知识分子和干部，向人民解放军指战员、武警官兵和公安民警，向各民主党派和工商联、各人民团体和各界人士，表示诚挚的慰问！向全国离退休老干部、老同志，致以诚挚的问候！向香港特别行政区同胞、澳门特别行政区同胞、台湾同胞和海外侨胞，致以良好的祝愿！向关心和支持我国现代化建设的国际友人，表示衷心的感谢！祝大家新春愉快、身体健康、阖家幸福！

国务院总理温家宝在团拜会上讲话。他说，2012年，面对严峻复杂的国际环境和艰巨繁重的改革发展任务，中国共产党带领全国各族人民团结奋斗，开拓进取，从容应对各种困难挑战，胜利实现了经济社会发展的目标，各项事业取得新的重大成就。我们胜利召开党的十八大，选举产生了新一届中央领导集体，绘制了全面建成小康社会、加快推进社会主义现代化的宏伟蓝图。社会主义中国展现出更加光明的前景。

温家宝强调，2013年是贯彻落实党的十八大精神，为全面建成小康社会奠定坚实基础的一年。我们要大力推进改革开放，不断增强经济社会发展的活力和动力；努力保障和改善民生，让人民群众共享改革发展成果；坚持稳中求进，开拓创新，实现经济持续健康发展和社会和谐稳定。尽管前进的道路并不平坦，但我们有信心、有能力战胜任何艰难险阻，把现代化建设事业不断推向前进。

温家宝指出，春节是中华民族的传统节日。各级政府一定要本爱民利民之心，行爱民利民之政，时刻把人民群众的冷暖放在心头，为群众排忧解难。要努力改进作风，密切联系群众，勤俭办一切事情，过一个欢乐、祥和、文明的春节。

团拜会上，党和国家领导人同大家亲切握手，互致新春的问候和祝愿。文艺工作者表演了精彩的节目。中共中央、全国人大、国务院、全国政协、中央军委领导同志和老同志出席团拜会。参加团拜会的还有中央党政军群各部门及北京市的负责人，各民主党派中央、全国工商联负责人和无党派人士代表，离退休老同志代表，著名专家学者及首都各界人士代表。

2月8日

［纲　文］ **习近平看望慰问在节日期间坚守岗位的一线劳动者。**

［目　文］ 中共中央总书记习近平来到地铁施工现场、派出所、环卫站、出租客运公司，看望慰问坚守岗位的一线劳动者，向坚守工作岗位的各条战线劳动者致以节日的问

候，向全国各族人民致以新春的祝福。

习近平首先来到北京地铁8号线南锣鼓巷站施工现场察看工程进展情况，他对北京市和施工单位的负责人说，发展公共交通是现代城市发展的方向。前一段出现的雾霾天气，对市民工作和生活造成了较大影响。治理雾霾天气要多管齐下，发展公共交通、减少汽车尾气排放就是其中很重要的一个举措。他强调，农民工是改革开放以来涌现出的一支新型劳动大军，是建设国家的重要力量，全社会一定要关心农民工、关爱农民工。要安排好他们在节日期间的生活，使他们过上有意义、很愉快的春节。听说工地为农民工家人团聚安排了“夫妻房”，习近平特地走进其中的一间，看望来自河南的钢筋工范勇一家，关切地对他们说：来一趟不容易，看看北京的景点，好好团聚一下。

习近平看望了北京市西城区地安门派出所什刹海巡逻警务站在岗执勤的民警和协警，到厂桥派出所视察了办事大厅、指挥室，并同110紧急警务车巡逻民警进行交谈。他向全国广大公安民警致以节日的问候。他指出，金色盾牌热血铸就，人民警察是“人民卫士”，相信大家能够履行好保护人民、惩治犯罪、服务发展的职责，为党和人民再立新功。他要求公安部做好春节期间各项工作，让人民群众过一个平平安安、欢乐祥和的春节。

习近平到西城区环境卫生服务中心手帕口清洁站向环卫工人祝贺新年。习近平说，环卫工人是城市的“美容师”，没有环卫工人的辛勤劳动，就没有城市环境的清洁美丽，就没有市民生活的安逸舒适。全社会都要尊重环卫工人，广大市民要珍爱我们生活的环境，节约资源，杜绝浪费，从源头上减少垃圾，使我们的城市更加清洁、更加美丽、更加文明。

习近平到北京市祥龙出租客运有限公司了解节日期间出租车运营情况，询问了群众反映突出的“打车难”问题。习近平说，出租客运工作很辛苦，为群众出行提供了方便，为城市交通事业发展作出了贡献。行胜于言，应该综合施策、标本兼治，健全激励保障机制，加强科学管理，提高职业道德水平，努力解决好“打车难”问题。

2月8日

［纲　文］　国务院办公厅印发《关于深化收入分配制度改革重点工作分工的通知》。

［目　文］　《通知》要求，各级政府要将深化收入分配制度改革列入重要议事日程，建立统筹协调机制，把落实收入分配政策、增加城乡居民收入、缩小收入分配差距、规范收入分配秩序作为重要任务，纳入日常考核。各地区要结合本地实际，在部分领域先行先试，积极探索。各有关部门要按照职责分工，抓紧研究出台配套方案和实施细则，认真组织实施，对实施中涉及多个部门的工作，牵头部门要加强协调，其他部门要积极支持和配合。发展改革委要认真做好统筹协调和督促检查工作。

2月8日

［纲　文］　税务总局发布《关于加强纳税人权益保护工作的若干意见》。

［目　文］　《意见》指出：

一、提高认识，高度重视纳税人权益保护工作。保护纳税人合法权益，有利于激发经济发展的内生动力，有利于构建和谐征纳关系，有利于维护社会稳定，有利于提高纳税服务能力和践行以人为本的理念，对于进一步深化纳税服务具有重大的战略意义。牢固树立征纳双方法律地位平等的理念。高效推进纳税人权益保护工作。

二、强化措施，夯实纳税人权益保护基础。推进办税公开，保障纳税人的知情权；推进依法行政，规范执法行为；完善税收征纳沟通机制，融洽征纳关系；探索建立税收风险防范机制，促进税法遵从；推进减负提效，降低纳税人办税成本；加强涉税信息保密，维护纳税人保密权；探索建立税收争议调解机制，畅通侵权救济渠道；建立纳税人权益保护组织，构建纳税人维权平台；强化涉税信息服务和中介机构监管，提高行业服务水平。

三、强化保障，全面提升纳税人权益保护工作效率。在组织保障上，高度重视纳税人权益保护工作，强化组织领导，健全服务机构，整合管理资源，合理划分职能，明晰工作职责，加强内部协调，确保纳税人权益保护工作顺利开展。在制度保障上，建立纳税人权益保护工作岗责体系，明确不同部门和岗位人员在纳税人权益保护工作方面的职责与任务，建立纳税人权益保护工作规程和制度、纳税人权益保护工作考核评价制度和纳税人权益保护工作责任追究制度，加大对侵害纳税人权益行为的责任追究力度。在人力保障上，加强纳税人权益保护工作的专业化队伍建设，适当增配岗位力量，优化人员结构，抽调一批既精通税收业务又熟悉法律知识的复合型人才从事纳税人权益保护工作。在经费保障上，合理使用纳税服务专项经费，确保纳税服务部门在进行纳税人需求管理、满意度调查以及纳税服务投诉等工作时的经费使用，以利于纳税人权益保护工作的开展。

2 月 8 日

［纲　文］　**由中国自主研发的风能机器人“极地漫游者”在南极冰盖首次“行走”。**

［目　文］　“极地漫游者”是我国研发的首台基于再生风能驱动的机器人，本体长 1.8 米，高 1.2 米，宽 1.6 米，重 300 公斤，可在风能发电驱动下不间断地昼夜行走，能跨越高度近半米以上的障碍物，并在冰盖复杂地形下进行多传感器融合的自主导航控制以及国内通过卫星链路进行遥控，未来可搭载大气传感器、冰雪取样器、地理地质分析器 50 公斤的任务载荷等。该机器人随国家第 29 次南极科考队赴中山站进行科学实验，包括探索在寒冷、极风、地磁干扰大、宇宙射线等极端恶劣危险环境条件下，移动机器人利用环保的再生风能 / 太阳能驱动下长期进行环境监测任务的可能性，为未来我国建立智能机器人化的无人值守科考站奠定基础。

2 月 8—9 日

［纲　文］　**温家宝到陕西省勉县、略阳，甘肃省康县、舟曲等地看望慰问各族干部群众。**

［目　文］　2008 年汶川大地震造成陕西汉中、甘肃陇南等地严重受灾。2010 年 8 月 8 日舟曲又遭受特大山洪泥石流灾害。国务院总理温家宝十分牵挂这里的灾后重建。当年赶来指导抗灾时，他说过三年后要再来看望大家。2013 年春节前夕，温家宝来到灾区

看望灾区群众，并考察了武都区油橄榄产业，察看了白龙江大桥和江堤整治情况。温家宝向舟曲泥石流纪念碑敬献鲜花。他向在场的干部群众说，舟曲泥石流灾害夺去了1700多名同胞的生命，我们在这里祭奠死难者，让他们在地下得以安慰。舟曲恢复重建搞得很好，一个新的舟曲拔地而起，它安全、美丽、祥和，这里的各族群众有着幸福的生活和美好的明天。我们要尊重自然，爱护生命，永远把人民的安全和利益放在第一位。当年我曾站在废墟上对大家说，要把舟曲建成全国人民放心、舟曲人民满意的地方，舟曲不会倒！今天，舟曲不但不倒，而且站得更高。各族人民团结一心、奋发图强，会把舟曲建设得更加美好。

2月9日

［纲　文］ **第五届全国人大常委会副秘书长邢亦民在北京病逝，享年100岁。**

2月10日

［纲　文］ **国务院批复江苏省政府同意《关于申报泰州市为国家历史文化名城的请示》。**

［目　文］ 批复如下：

一、同意将泰州市列为国家历史文化名城。泰州市历史悠久，遗存丰富，街区特色鲜明，文化底蕴丰厚，古城传统格局和风貌保存完整，城市历史地位突出。

二、江苏省及泰州市人民政府要按照《历史文化名城名镇名村保护条例》的要求，正确处理城市建设与保护历史文化遗产的关系，深入研究发掘历史文化遗产的内涵与价值，明确保护的原则和重点。编制好历史文化名城保护规划，并纳入城市总体规划，划定历史文化街区、文物保护单位、历史建筑的保护范围及建设控制地带，制定严格的保护措施。在历史文化名城保护规划的指导下，编制好重要保护地段的详细规划。在规划和建设中，要重视保护古城风貌，注重古城环境整治和历史建筑修缮，不得进行任何与历史文化名城环境和风貌不相协调的建设活动。

三、江苏省和住房城乡建设部、国家文物局要加强对泰州市国家历史文化名城规划、保护工作的指导、监督和检查。

2月10日

［纲　文］ **国务院办公厅印发《关于巩固完善基本药物制度和基层运行新机制的意见》。**

［目　文］ 《意见》提出，在基层医疗卫生机构全面实施一般诊疗费，并明确为10元左右，替代原有的挂号费、诊查费、注射费（含静脉输液费，不含药品费）以及药事服务成本。医保按比例报销。

《意见》鼓励非政府办基层医疗卫生机构使用基本药物。在没有政府办基层机构的乡镇和社区，采取政府购买服务的方式落实基本药物制度，以确保每个乡镇、社区都有实施基本药物制度的基层医疗卫生机构。

《意见》提出，国家基本药物目录规定原则上每三年调整一次。由省级统一增补，增补品种将考虑基层常见病、慢性病用药与当地公立医院用药的衔接，提高基层门急诊就诊量占总数的比例。

2月11日

［纲　文］　**外交部发言人就美国援引国内法制裁中国公司和个人答记者问。**

［目　文］　外交部发言人表示，美国援引其国内法，对中国公司实施制裁，严重违反国际关系准则，损害中方利益。中方对此表示强烈不满和坚决反对，已向美方提出严正交涉。中方敦促美方立即纠正错误做法，撤销对相关公司和个人的无理制裁，停止做损害中方利益和中美关系的事。发言人说，中方致力于维护国际防扩散体系，已建立一整套与国际接轨的出口管制法律和措施，并严格有效执法，成绩有目共睹。中美应在“平等互利、相向而行”原则基础上共同努力，推进防扩散领域的务实合作，而不是动辄以制裁相威胁和损害对方利益。

2月12日

［纲　文］　**外交部就朝鲜第三次实施核试验发表声明。**

［目　文］　12日，朝鲜国防科学部门在朝鲜北部地下核试验场进行了第三次地下核试验。中国外交部就此发表声明指出：实现半岛无核化、防止核扩散、维护东北亚和平与稳定，是中方的坚定立场。我们强烈敦促朝方信守无核化承诺，不再采取可能恶化局势的行动。维护半岛及东北亚和平与稳定符合各方共同利益。中国政府呼吁各方冷静应对，坚持通过对话协商，在六方会谈框架下解决半岛无核化问题。

2月12日

［纲　文］　**外交部部长杨洁篪应约同美国国务卿克里通电话。**

［目　文］　双方就朝鲜进行第三次核试验交换了看法。杨洁篪强调，关于朝鲜进行核试验，中方已经表明了原则立场。中方呼吁有关各方着眼大局，妥善应对，避免局势轮番升级。各方应坚持和平解决问题的方向，在六方会谈框架下，解决半岛无核化问题，维护半岛及东北亚地区和平稳定。

2月12日

［纲　文］　**外交部部长杨洁篪在北京召见朝鲜驻华大使池在龙，就朝鲜进行第三次核试验提出严正交涉。**

［目　文］　杨洁篪表示，中国政府对朝方不顾国际社会普遍反对，再次进行核试，表示强烈不满和坚决反对。中方一贯主张半岛无核化，维护半岛和平稳定，支持在六方会谈框架下通过对话协商均衡地解决各方关切。他要求朝方停止采取进一步激化局势的言行，尽快回到对话协商的正确轨道。

2月12—18日

［纲　文］　**国务院副总理回良玉赴意大利出席国际农发基金第36届理事会并对斯洛伐克、瑞士进行正式访问。**

［目　文］　13日，回良玉出席理事会会议开幕式并发表主旨讲话。他在讲话中介绍了中国在农业农村发展和减贫事业发展方面的主要体会。他指出，发展中国家应把发展农业特别是粮食生产放在优先位置；国际社会应把帮助发展中国家解决粮食安全问题、消除农村贫困现象作为合作重点；要加大对发展中国家小规模农户支持力度。中国将进一步扩大与发展中国家和国际农发基金等国际组织的合作，共同推动全球农业和减贫事业发展。

15日，回良玉在斯洛伐克首都布拉迪斯拉发会见斯总统加什帕罗维奇。回良玉表示，斯洛伐克是中东欧地区的重要国家之一，是中国在这一地区的重要合作伙伴。目前，中国—中东欧国家合作已呈现良好合作势头，希望斯方能在中国—中东欧国家和中欧互利共赢合作进程中发挥更大作用。加什帕罗维奇总统说，中国的发展为斯克服欧债危机提供了重要机遇。斯洛伐克愿与中方共同努力，加强人员往来、拓宽合作领域、丰富合作内容，使包括斯洛伐克在内的中东欧地区与中国的合作为有关各国人民带来实实在在的好处，进而推动中欧关系进一步发展。

18日，回良玉在瑞士首都伯尔尼会见瑞士联邦主席毛雷尔和副主席兼外交部部长伯克哈尔特，并与联邦委员兼经济部部长施奈德－阿曼举行会谈。回良玉表示，中国高度重视发展与瑞士的关系，愿与瑞方一道，充分发挥两国经济互补优势，尽早完成中瑞自贸区谈判；两国要深挖农业合作潜力，中方欢迎瑞士农业企业积极参与中国现代农业建设；双方应不断扩大两国地方和民间交往，使中瑞友好深入人心。回良玉强调，中瑞之间没有根本利害冲突，双方应本着相互尊重、平等相待的精神，尊重对方选择的发展道路，切实照顾彼此重大关切，实现合作共赢、共同发展。在瑞期间，回良玉还深入考察了其农业企业和家庭农场。

2月15日

［纲　文］　**新华社讯，中国个体户首次突破4000万户，从业人数约8000万，资金总额约2万亿元。**

2月15日

［纲　文］　**海军远海训练编队首次无补给舰随行执行远海任务。**

［目　文］　由北海舰队三艘军舰组成的海军远海训练编队，圆满完成了春节期间在西太平洋海域的训练任务，于上午9时返回青岛。这是中国海军大型远航训练编队首次在无补给舰随行的状态下，执行远海训练任务。

2月15日

［纲　文］　**外交部部长杨洁篪在北京与非洲联盟委员会主席祖马共同主持中国—非盟第五次战略对话。**

［目　文］　杨洁篪说，近年来，中国与非盟关系取得显著发展，双方各层次往来频繁，各领域互利合作成果丰硕。非盟委员会加入中非合作论坛，论坛第五届部长级会议推出一系列涉非盟合作举措，为双方关系发展打下了坚实基础。中方愿与非盟方进一步密切高层交往，拓展在基础设施、农业、人力资源开发、媒体等领域合作，加强在国际和地区事务中的协调配合，推动中国非盟关系以及中非关系迈上新台阶，实现合作共赢。

祖马积极评价中国非盟关系发展，感谢中国长期以来为非洲和平、发展事业提供的支持和帮助，表示非洲视中国为好朋友和可信赖的合作伙伴，希望与中国进一步加强在非洲和平与发展事务中的合作，学习借鉴中国的发展经验，制定长远发展规划，努力调整经济结构，促进非洲可持续发展。

双方还就非洲形势以及共同关心的国际和地区问题交换了意见。

2 月 16 日

［纲　文］　**中国黄金协会发布黄金消费最新统计数据。**

［目　文］　数据显示，2012 年全国黄金消费量为 832.18 吨，比 2011 年增加 71.13 吨，同比增长 9.35%。其中，黄金首饰 502.75 吨，同比增长 10.09%，占黄金消费量比重超过六成；金条 239.98 吨，同比增长 12.22%；金币 25.30 吨，同比增长 21.63%；工业用金 48.85 吨，同比下降 8.21%；其他用金 15.3 吨，同比下降 7.38%。

2 月 17 日

［纲　文］　**中共中央总书记习近平在人民大会堂会见非洲联盟委员会主席祖马。**

［目　文］　习近平表示，非洲是充满希望的大陆，非洲的发展符合时代潮流，也有利于维护世界和平稳定。中国支持非洲国家自主发展和联合自强，支持非洲国家积极探索符合自身国情的发展道路，我们对非洲发展前景始终抱有信心。非洲的发展是中国的机遇，中国的发展也是非洲的机遇，中非共同发展对于增强发展中国家整体实力、促进国际关系民主化具有重要意义。无论形势如何变化，中国都将重视发展对非关系，做非洲国家的可靠朋友和真诚伙伴，始终把非盟视为可以信赖的战略伙伴。中方愿与非洲国家共同努力，与时俱进，落实好中非合作论坛第五届部长级会议各项成果，密切政治交往，加强战略协调，拓展互利合作，促进人文交流，加强在非洲和平与安全事务以及重大国际问题上的合作，不断推动中非关系向更高水平发展。

祖马表示，非洲国家感谢中国支持和帮助非洲和平与发展。在非洲实现现代化和可持续发展进程中，中国是非洲的重要战略合作伙伴。非洲国家希望借鉴中国发展的成功经验，加强在发展规划、农业、制造业、科技、基础设施建设、人力资源培训等领域交流与合作，在重大国际和地区问题上保持密切沟通协调。非盟愿同中方加强合作，推动中非关系迈上新台阶。

2月17日

［纲 文］ **环保部印发《国家环境保护标准“十二五”发展规划》。**

［目 文］《规划》提出，加快污染物排放标准修订，通过完善污染物排放监控体系、收紧排放控制水平，进一步提高水、大气、固体废物和环境噪声等排放标准控制要求。

《规划》强调，要以人为本，配套环境质量标准实施需求，以总量控制污染物、重金属、颗粒物（PM_{10}和$PM_{2.5}$）、挥发性有机污染物、持久性有机污染物和其他有毒污染物为重点控制对象，通过完善污染物排放监控体系、收紧排放控制水平，进一步提高水、大气、固体废物和环境噪声等排放标准控制要求。坚持因地制宜，鼓励有条件的地区制订更严格的排放标准。进一步深化细化重大排放标准制修订工作内容。

《规划》要求，要加强大气污染物排放标准修订。结合环境保护重点工作需求、行业污染物种类及排放分担率，优化整合大气污染物排放标准体系，开展重点大气污染物排放标准制修订工作。固定源大气污染物排放标准体系由行业型、通用型和综合型排放标准构成，共约35项（类）标准。移动源大气污染物排放标准体系由道路、非道路的新车和在用车（发动机）排放标准构成，共约25项（类）标准。其中行业型、通用型固定源大气污染物排放标准和移动源排放标准共覆盖约95%以上二氧化硫、氮氧化物和烟尘排放源，80%以上挥发性有机物排放源。加强对相关行业二氧化硫、氮氧化物、颗粒物的排放控制，加强对相关行业重金属、挥发性有机物和持久性有机污染物的控制，特别是无组织排放控制和污染源周边环境质量监控要求，满足风险防范需求。修订恶臭大气污染物排放标准，加强恶臭控制。修订大气污染物综合排放标准，保障污染监控体系的严密性。适应机动车工业高速增长情况下污染防治工作的需要，以氮氧化物、颗粒物和挥发性有机污染物排放控制为重点，坚持道路与非道路移动源并重，机动车与油品标准同步，开展机动车和其他移动污染源排放标准制修订工作。

《规划》还要求，加快水污染物排放标准结合环境保护重点需求、行业污染物种类及排放分担率，开展重点水污染物排放标准制修订工作。修订污水综合排放标准，完善污染物控制指标和要求，保障污染物排放监控体系的严密性。研究完善工业园区和农村污水处理厂排放控制要求。进一步研究国家水污染物间接排放监控方案，在排放标准中完善水污染物间接排放控制要求，防范环境风险。

《规划》提出，要加快核与电磁辐射安全标准修订。坚持安全第一，结合中国核能和核技术利用的发展特点和水平，推动核与电磁辐射安全标准的基础研究，为标准的自主研究制定提供支撑。适应核电与核工业快速发展的形势，针对放射性废物管理、放射性物品安全运输、铀矿冶尾矿库等重点领域，开展相关标准制修订工作，满足核与电磁辐射监管工作需要。

2月17日

［纲 文］ **商务部、民政部印发《关于香港、澳门服务提供者在内地举办营利性养**

老机构和残疾人机构服务有关事项的通知》。

［目　文］《通知》中说，允许香港、澳门服务提供者以中外合资经营企业、中外合作经营企业或外资企业形式，通过新设或并购的方式在内地设立营利性养老机构和残疾人服务机构。港澳服务提供者申请设立营利性养老机构和残疾人服务机构，应具有良好的信誉及经营实力，至少有一个服务提供者具有在香港、澳门从事3年以上养老服务、残疾人服务的经验。营利性养老机构和残疾人服务机构应以提供社会服务为宗旨，依法纳税，合规经营，营利性养老机构不得经营住宅贴现养老等业务。

2月17日

［纲　文］　**中国东北第一个核电厂——辽宁红沿河核电站1号机组并网发电**。

［目　文］　该机组15时09分并网发电成功，标志着该机组正式进入并网调试阶段，具备发电能力。

辽宁红沿河核电站是东北地区第一个核电厂和最大的能源建设项目。它于2007年开工建设，一期工程建设4台百万千瓦级核电机组；2010年上马二期工程，再增加2台百万千瓦级核电机组，从而成为目前全球在建机组最多的核电项目。2016年核电站全部建成后，年发电量为450亿千瓦时。

辽宁红沿河核电站是中国自主创新最多、国产化率最高的核电站。其二期工程设备，包括关键设备的国产化比例，均超过80%。其海水淡化系统，开辟了中国内地核电站利用海水淡化技术提供淡水资源的先河。

2月17、19日

［纲　文］　**国务院副总理、中俄能源合作委员会中方主席王岐山会见俄罗斯总统能源发展战略和生态安全委员会秘书长谢钦**。

［目　文］　王岐山说，能源合作是中俄全面战略协作伙伴关系的重要组成部分。近年来，中俄能源合作全方位推进，在石油、天然气、煤炭、核能、电力等各个领域，开展了贸易、投资、金融以及上下游一体化合作，成果丰硕。中俄两国政治高度互信，能源合作互有需求，资源、市场、资金、技术各有优势，合作前景非常广阔。王岐山指出，石油和天然气是中俄能源合作的重点，进一步扩大合作兼具互补性、必要性和可能性。目前，双方正相向而行，油气合作不断取得新突破，契合点越来越多。双方要从中俄关系和国家利益的大局出发，秉持互利共赢原则，照顾彼此关切，力争取得更多实实在在的成果，推动中俄能源合作不断深入发展，更好地造福于两国人民。王岐山强调，当前国际形势不确定因素增多，全球经济并未真正好转。在此情势下，进一步加强中俄各领域合作，不仅有利于携手应对外部挑战，促进两国经济社会发展，也会对世界产生积极影响。

谢钦表示，俄中加强双边合作，是应对国际经济金融危机的最好办法。俄方非常珍惜俄中全面战略协作伙伴关系，两国务实合作的深度一定要与高水平的政治关系相适应。俄方愿与中方全面扩大包括油气贸易、投资、融资在内的全方位能源合作，以此作为深化两国经贸合作、实现2015年双边贸易额达到1000亿美元目标的一个主要增长点。

2月17—23日

［纲　文］　**外交部部长杨洁篪应邀对南非和俄罗斯进行正式访问。**

［目　文］　19日，南非总统祖马在开普敦会见了杨洁篪。祖马表示，南中关系发展势头强劲，前景广阔，两国全面战略伙伴关系不断在各个领域结出新成果。祖马说，南非即将主办金砖国家领导人第五次会晤，热切期待中国领导人与会并访问南非，这既是南中关系的大事，也是非中关系的大事。杨洁篪表示，两国建交15年来，在双方领导人的亲自关心和推动下，中南关系实现历史性跨越，各领域合作成果丰硕。中国领导人将出席金砖国家领导人第五次会晤并访问南非。中方将以此为重要契机，与南方密切合作，共同做好有关筹备工作，深入中南和中非关系，加强金砖国家合作。

20日，俄罗斯总统普京在莫斯科会见了杨洁篪。普京表示，俄中全面战略协作伙伴关系继续保持快速发展的良好势头，双方在各领域合作不断取得积极成果。俄方热烈欢迎中国国家主席不久对俄罗斯进行国事访问，这将是双边关系中的一件大事，期待访问取得丰硕成果。杨洁篪表示，多年来，在两国领导人的亲自关心和共同推动下，中俄关系已进入互为重要发展机遇、互为重要合作伙伴的新阶段。中国国家主席将应普京总统邀请对俄罗斯进行国事访问，相信在双方共同努力下，此访将为中俄全面战略协作伙伴关系长期健康稳定发展注入新的强劲动力。杨洁篪在莫斯科还同俄罗斯外交部部长拉夫罗夫举行了会谈。双方就中俄关系及共同关心的重大国际和地区问题深入交换了意见，达成广泛共识。

2月18日

［纲　文］　**十一届全国人大常委会第九十六次委员长会议在人民大会堂召开。**

［目　文］　全国人大常委会委员长吴邦国主持会议。全国人大常委会副委员长王兆国、路甬祥、乌云其木格、韩启德、华建敏、陈至立、周铁农、司马义·铁力瓦尔地、蒋树声、陈昌智、严隽琪、桑国卫出席会议。

会议决定，十一届全国人大常委会第三十一次会议于2月25日至27日举行。根据委员长会议建议的议程，会议审议了全国人大常委会工作报告稿；听取全国人大常委会办公厅关于十二届全国人大代表选举工作情况的报告，审议十一届全国人大常委会代表资格审查委员会关于十二届全国人大代表的代表资格的审查报告；审议十二届全国人大一次会议议程草案、主席团和秘书长名单草案、列席人员名单草案等。全国人大常委会副委员长兼秘书长李建国就十一届全国人大常委会第三十一次会议议程草案和日程安排意见作了汇报。全国人大常委会有关副秘书长就十二届全国人大一次会议议程草案、主席团和秘书长名单草案等作了汇报。全国人大常委会代表资格审查委员会负责人就十二届全国人大代表的代表资格的审查情况作了汇报。

2月18日

［纲　文］　**交通运输部印发《车辆购置税用于公路灾损抢修保通专项补助资金管理暂行办法》。**

［目　文］《办法》指出，公路灾损是指因台风、暴雨、暴风雪、洪水、冰雹、内涝、地壳震动、山体滑坡、泥石流等自然灾害，对在用公路及其附属设施造成的损害。车辆购置税用于公路灾损抢修保通专项补助资金是指经财政部批准从车辆购置税中安排，专项用于公路灾损抢修保通的补助资金。抢通资金纳入交通运输部部门预算管理。

《办法》规定，公路灾损抢修保通所需资金以地方自筹为主，交通运输部予以适当补助。省级交通运输主管部门应根据本地公路灾损特点，每年预留一定额度的公路灾损抢修保通资金。抢通资金的安排、使用，应遵循公开、公正、透明的原则。抢通资金补助范围主要为国省干线公路及其附属设施灾损抢修保通支出。在建公路和收费公路及附属设施灾损抢修保通支出，抢通资金不予补助。抢通资金补助标准：一类灾情（灾情特别严重）不超过1000万元；二类灾情（灾情严重）不超过800万元；三类灾情（灾情较重）不超过600万元；四类灾情（灾情一般）不超过400万元。公路灾损灾情类别，由交通运输部根据省级交通运输主管部门抢通资金申请报告，结合国家减灾委、国家防总、民政部、国家气象局、中国地震局、交通运输部路网中心等部门（单位）提供的灾情信息综合研究确定。必要时，交通运输部公路局可采取抽样核查等办法对公路灾损情况进行核实。

2月18日

［纲　文］**财政部印发《国际金融组织贷款赠款项目绩效评价管理办法》。**

［目　文］《办法》包含总则、管理机构与职责、评价对象和内容、组织和实施、评价结果应用、工作保障与激励、附则7章共25条。《办法》自2013年3月1日起施行，2008年4月21日财政部发布的《国际金融组织贷款项目绩效评价管理暂行办法》同时废止。

2月18日

［纲　文］**国家发展改革委员会和国家认证认可监督管理委员会印发《低碳产品认证管理暂行办法》。**

［目　文］《办法》指出，低碳产品认证是由认证机构证明产品碳排放量值符合相关低碳产品评价标准或者技术规范要求的合格评定活动。由独立的第三方机构对相关产品、服务及其过程的碳排放量进行检测、核查、审定和认证等技术评价活动，以控制温室气体排放、引导低碳生产消费方式，是国际上的通行做法。建立中国的低碳产品认证制度，为低碳产品的生产、消费和政府监管提供科学的评价与采信依据，有利于提升中国在国际碳排放领域的话语权。《办法》提出，中国应建立统一的低碳产品认证制度，实行统一的低碳产品目录，统一的标准、认证技术规范和认证规则，统一的认证证书和认证标志。《办法》规定了从事低碳产品认证、检测活动的机构及人员的资质条件，明确了实施程序、监督管理要求和相关法律责任。

2月18日

［纲　文］**证监会公布《资产管理机构开展公募证券投资基金管理业务暂行规定》。**

［目　文］《规定》共18条，主要规定了申请开展基金管理业务的资产管理机构应

当具备的条件。《规定》适当降低了证券公司、保险资产管理公司、私募证券基金管理机构三类机构直接开展公募基金管理业务的门槛，增加了符合条件的股权投资管理机构、创业投资管理机构等其他资产管理机构也可以申请开展基金管理业务的规定。《规定》明确了资产管理机构开展基金管理业务应当隔离和可以共享的业务环节，对申请材料清单进行了列示，便于资产管理机构提交申请。《规定》自2013年6月1日起施行。

2月18日

［纲　文］　**商务部、环境保护部印发《对外投资合作环境保护指南》。**

［目　文］　《指南》倡导企业在积极履行环境保护责任的过程中，尊重东道国社区居民的宗教信仰、文化传统和民族风俗，保障劳工合法权益，为周边地区居民提供培训、就业和再就业机会，促进当地经济、环境和社区协调发展，在互利互惠基础上开展合作。

《指南》提出，企业应当秉承环境友好、资源节约的理念，发展低碳、绿色经济，实施可持续发展战略，实现自身盈利和环境保护“双赢”。企业应当了解并遵守东道国与环境保护相关的法律法规的规定。企业投资建设和运营的项目应当依照东道国法律法规规定，申请当地政府环境保护方面的相关许可。企业应当将环境保护纳入企业发展战略和生产经营计划，建立相应的环境保护规章制度，强化企业的环境、健康和生产安全管理。鼓励企业使用综合环境服务。应当建立健全环境保护培训制度，向员工提供适当的环境、健康与生产安全方面的教育和培训，使员工了解和熟悉东道国相关环境保护法律法规规定，掌握有关有害物质处理、环境事故预防以及其他环境知识，提高企业员工守法意识和环保素质。应当根据东道国的法律法规要求，对其开发建设和生产经营活动开展环境影响评价，并根据环境影响评价结果，采取合理措施降低可能产生的不利影响。

《指南》鼓励企业充分考虑其开发建设和生产经营活动对历史文化遗产、风景名胜、民风民俗等社会环境的影响，采取合理措施减少可能产生的不利影响。鼓励企业在项目建设前，对拟选址建设区域开展环境监测和评估，掌握项目所在地及其周围区域的环境本底状况，并将环境监测和评估结果备案保存。鼓励企业对排放的主要污染物开展监测，随时掌握企业的污染状况，并对监测结果进行记录和存档。鼓励企业在收购境外企业前，对目标企业开展环境尽职调查，重点评估其在历史经营活动中形成的危险废物、土壤和地下水污染等情况，以及目标企业与此相关的环境债务。鼓励企业采取良好环境实践，降低潜在环境负债风险。

《指南》要求，企业对生产过程中可能产生的危险废物，应当制订管理计划。计划内容应当包括减少危险废物产生量和危害性的措施，以及危险废物贮存、运输、利用、处置措施。企业对可能存在的环境事故风险，应当根据环境事故和其他突发事件的性质、特点和可能造成的环境危害，制订环境事故和其他突发事件的应急预案，并建立向当地政府、环境保护监管机构、可能受到影响的社会公众以及中国企业总部报告、沟通的制度。

2月19日

［纲　文］　**国务院副总理李克强在中南海紫光阁会见加拿大庞巴迪公司总裁兼首席**

执行官布多昂。

［目　文］　会见时，李克强回忆起几年前同布多昂的父亲、庞巴迪前总裁会面的情形。他说，中加同为亚太重要国家，近年来，双方合作领域越来越宽，共同利益越来越多，在大项目合作上取得突破，两国战略伙伴关系向前发展的基础更加坚实，对地区乃至世界的繁荣稳定也产生积极影响。李克强指出，中国正在推动产业转型升级，而加拿大制造业、高科技产业和服务业发达，这其中的巨大合作商机，是任何有眼光的企业家都能看出而且不会放过的。中方愿同加方一道，提供公平竞争、更加便利的投资兴业环境，鼓励两国企业按商业原则加强长期合作，实现互利发展，并共同开拓第三方市场。

布多昂表示庞巴迪公司是加中经贸关系健康发展的见证者和受益者，对中国市场未来发展充满信心，希望在交通设备研发、制造和管理等方面深化与中方合作。

2月19日

［纲　文］　**2013年对台工作会议在北京举行**。

［目　文］　国务委员戴秉国主持会议，中央党政军有关部门和各地有关负责人出席会议。中共中央政治局常委俞正声出席会议并讲话，中共中央台办、国务院台办主任王毅作工作报告。

俞正声指出，中国共产党在对台工作实践中形成的两岸关系和平发展重要思想，丰富了国家统一理论和中央对台工作大政方针，具有长期指导意义。推动两岸关系和平发展，是实现和平统一的必由之路，也是我国和平发展战略的重要组成部分。俞正声强调，做好对台工作事关国家核心利益和民族根本利益，党中央历来高度重视。新一届中央领导集体将义不容辞地担当起这一历史责任。党的十八大明确了今后对台工作的指导思想、总体布局和努力目标。我们要坚持中央对台工作大政方针，全面贯彻两岸关系和平发展重要思想，不断巩固深化两岸关系和平发展的政治、经济、文化、社会基础，在实现中华民族伟大复兴进程中完成祖国统一大业。

会议认为，2012年，各地各部门继续贯彻推动两岸关系和平发展的各项方针政策，稳妥有序开展各项对台工作，推动两岸关系取得一系列新的重要成果。会议强调，各地各部门要围绕巩固深化两岸关系和平发展这一主要任务，更加积极有为地做好今年对台工作，稳步推进两岸关系全面发展。要努力增进两岸政治互信，反对“台独”分裂图谋，保持两岸关系发展正确方向。要加快两岸经济合作框架协议后续协商，加强两岸产业和金融合作，支持帮助台资企业发展，促进海西经济区建设。要坚持把团结广大台湾同胞作为对台工作主线，努力为台湾同胞多做实事、多办好事。要进一步促进两岸人员往来，深化文化教育等各领域交流，扩大两岸基层交流。要着力提高两岸交流的质量和效益，积极推进制度化建设。要鼓励两岸学术界从民间角度就解决两岸政治问题开展对话。要切实做好台胞权益保护工作。会议强调，各地各部门要增强做好对台工作的政治责任感，加强党的领导，完善体制机制，发挥各自优势，为发展两岸关系、促进和平统一作出新的贡献。

2月19日

［纲　文］　**卫生部公布《职业病诊断与鉴定管理办法》。**

［目　文］　《办法》包括总则、诊断机构、诊断、鉴定、监督管理、法律责任、附则共7章63条。《办法》于2013年1月9日经卫生部部务会审议通过，自2013年4月10日起施行。2002年3月28日卫生部公布的《职业病诊断与鉴定管理办法》同时废止。

2月19日

［纲　文］　**10时46分，云南省昭通市巧家县附近发生4.9级地震。**

［目　文］　成都高新减灾研究所与云南昭通市防震减灾局联合建设的地震预警系统对该次地震成功预警。这是国内地震预警系统首次实现对破坏性地震成功预警。

2月20日

［纲　文］　**温家宝主持召开国务院常务会议。**

［目　文］　会议研究部署继续做好房地产市场调控工作。会议指出，近年来，各地区、各部门认真落实中央关于加强房地产市场调控的决策部署，取得积极成效，投机投资性购房得到有效抑制，房地产市场形势逐步平稳。住房限购、差别化住房信贷和税收、增加土地供应等综合性政策措施，对合理引导住房需求、缓解供求矛盾、稳定房价特别是遏制一些热点城市房价过快上涨，发挥了关键作用。

会议还指出，我国正处于城镇化快速发展时期，短期内热点城市和中心城市住房供求紧张格局难以根本改变，支持自住需求、抑制投机投资性购房是房地产市场调控必须坚持的一项基本政策。要保持政策的连续性和稳定性，严格执行并完善有关措施，促进房地产市场平稳健康发展。

会议确定了以下政策措施：（一）完善稳定房价工作责任制。各直辖市、计划单列市和除拉萨外的省会城市要按照保持房价基本稳定的原则，制定并公布年度新建商品住房价格控制目标。建立健全稳定房价工作的考核问责制度。（二）坚决抑制投机投资性购房。严格执行商品住房限购措施，已实施限购措施的直辖市、计划单列市和省会城市要在限购区域、限购住房类型、购房资格审查等方面，按统一要求完善限购措施。其他城市房价上涨过快的，省级政府应要求其及时采取限购等措施。严格实施差别化住房信贷政策。扩大个人住房房产税改革试点范围。（三）增加普通商品住房及用地供应。2013年住房用地供应总量原则上不低于过去五年平均实际供应量。加快中小套型普通商品住房项目的供地、建设和上市，尽快形成有效供应。（四）加快保障性安居工程规划建设。全面落实2013年城镇保障性安居工程基本建成470万套、新开工630万套的任务。配套设施要与保障性安居工程项目同步规划、同期建设、同时交付使用。完善并严格执行准入退出制度，确保公平分配。2013年底前，地级以上城市要把符合条件的外来务工人员纳入当地住房保障范围。（五）加强市场监管。加强商品房预售管理，严格执行商品房销售明码标价规定，强化企业信用管理，严肃查处中介机构违法违规行为。推进城镇个人住房信息系统建设，加强市场监测和信息发布管理。

会议要求进一步完善住房供应体系，健全房地产市场运行和监管机制，加快形成引导房地产市场健康发展的长效机制。

2月20日

［纲　文］　**教育部、国家发展改革委、财政部联合印发《中西部高等教育振兴计划（2012—2020年）》。**

［目　文］　《计划》确定中西部高等教育总体发展目标：到2020年，中西部高等教育结构更加合理，特色更加鲜明，办学质量显著提升，建成一批有特色、高水平的高等学校，为整体提升我国高等教育发展水平、建设高等教育强国奠定坚实基础。

《计划》细化为加强优势特色学科专业建设、加强人才队伍建设、深化教育教学改革、提升科研创新水平、增强社会服务能力、促进优质资源共享、扩大中西部学生入学机会、优化院校布局结构、加强交流与合作、健全投入机制等10个方面26项主要任务，明确了中西部高校在办学条件、人才队伍、学科专业、人才培养、科学研究、社会服务、文化传承创新等方面的具体改革目标，包括"中西部高校基础能力建设工程"、"中西部高校提升综合实力工作"和"对口支援西部地区高等学校计划"等内容。

2月20日

［纲　文］　**发展改革委印发《西部地区重点生态区综合治理规划纲要（2012—2020年）》。**

2月20日

［纲　文］　**证监会公布《关于进一步规范期货营业部设立有关问题的规定》。**

［目　文］　该《规定》自公布之日起施行，中国证监会公布的《关于期货公司设立营业部与分类评价结果衔接工作有关问题的规定》同时废止。

2月20日

［纲　文］　**卫生部公布《结核病防治管理办法》。**

［目　文］　该《办法》自2013年3月24日起施行，1991年9月12日卫生部公布的《结核病防治管理办法》同时废止。

2月20日

［纲　文］　**世界上最大跨度的钢桁梁柔性拱铁路桥——厦门至深圳铁路客运专线榕江特大桥主体工程完工。**

［目　文］　榕江特大桥是厦深铁路客运专线建设的关键控制性工程，也是我国铁路桥梁建设的标志性工程。大桥位于广东揭阳市，全长近8公里，由主桥和南北引桥组成，桥墩高42.5米，桥墩基础桩的最大深度达108米。大桥主桥采用连续两跨220米的钢桁梁柔性拱新技术，为目前世界上同类桥梁跨度之最。主桥钢桁梁的总重量约16000吨，单根钢梁最大重量约60吨，主桥通航净高38米，工程技术难度为国内同类桥梁建设所罕见。

2月20—22日

［纲　文］　**吴邦国出席澳门社会各界纪念澳门基本法颁布20周年活动。**

［目　文］　20日，全国人大常委会委员长吴邦国会见了澳门特别行政区行政长官崔世安。在听取崔世安汇报后，吴邦国表示，中央对特区政府的工作是充分肯定的，对澳门各界人士在爱国爱澳旗帜下团结奋斗的精神是充分肯定的。澳门回归祖国13年的实践充分证明，“一国两制”方针具有强大生命力，澳门同胞有智慧、有能力、有办法管理好、建设好、发展好澳门，希望特区政府高度重视澳门的长远发展规划，在“一国两制”、“澳人治澳”、高度自治的实践中，不断探索符合澳门实际的发展路子。

在崔世安的陪同下，吴邦国前往珠海市视察正在建设中的澳门大学横琴校区，中共中央政治局委员、广东省委书记胡春华等陪同视察。吴邦国详细询问新校区规划和施工建设进展，了解大学未来发展的规划和办学设想。吴邦国说，作为粤澳合作开发横琴的首个项目，澳门大学横琴校区已成为澳门与内地在教育、科研、城市规划、社会服务和行政管理等方面进行紧密合作的创新范例，希望施工方把横琴校区建成精品工程、放心工程，希望澳门大学借助开辟新校区，突出澳门特色、瞄准世界水平，着眼于国家的总体部署和澳门的发展战略，加强与内地大学和研究机构的交流合作，引入国内和国际的高端教学和研发人才，促进多学科、多领域和产学研的有机结合，努力创建名牌大学，为澳门培养更多创新型人才。

同日，吴邦国还会见了全国政协副主席何厚铧以及澳门特别行政区行政、立法、司法机构负责人，全国人大代表，全国政协委员，澳门基本法委员会委员，中央驻澳机构和主要中资企业负责人等。

21日，澳门社会各界纪念澳门基本法颁布20周年启动大会在澳门文化中心举行，特区行政长官崔世安、澳门基本法推广协会负责人、原澳门基本法起草委员会委员代表等致辞。来自澳门特区社会各界代表850人出席大会。吴邦国出席大会并发表讲话。他强调，宣传和推广基本法，一要始终坚持中央政府对澳门实行的各项方针政策的根本宗旨，维护国家主权、安全、发展利益，保持澳门长期繁荣稳定，并以此作为依法处理澳门事务的指导原则。这是维护基本法权威地位的要求，也是既保持基本法稳定，又与时俱进、不断丰富基本法理论和实践的要求。二要深刻认识澳门特别行政区实行的制度，既要维护中央权力，也要保障澳门特别行政区高度自治权，从而使这两方面权力都落到实处，以实现澳门的良好管治。三要全面理解国家主体实行社会主义和澳门实行资本主义的关系，这样坚持一国原则才能落到实处，尊重两制差异才能成为自觉行动，从而保持两种制度都不变，把国家和澳门建设好、发展好。

启动仪式后，吴邦国出席澳门基本法纪念馆开馆仪式暨《澳门历史的巨变》新书发行仪式，前往氹仔岛官也街接触当地民众和游客，听取澳门城市发展规划汇报，出席澳门中华总商会成立百年庆祝宴会。

2月21日

［纲　文］　**国务院总理温家宝前往柬埔寨太皇西哈努克生前在北京的住所，看望柬埔寨太后莫尼列和国王西哈莫尼。**

［目　文］　温家宝欢迎他们回来休养，并向他们拜年。温家宝说，西哈努克太皇为发展中柬友好作出了不可磨灭的历史性贡献，永远为人们所缅怀。莫尼列太后和西哈莫尼国王为密切中柬关系发挥着特殊重要的作用，同样是我们尊贵、信赖的朋友。无论何时，中国一直都有你们温暖的家。无论国际和地区形势如何变化，中方将与柬方继续风雨同舟，携手前行。

莫尼列太后和西哈莫尼国王衷心感谢温家宝前来看望，感谢中国政府和人民长期以来给予的关心和帮助。他们说，西哈努克太皇生前深爱中国，把中国当作第二故乡，这也是他们的心声。柬埔寨王室和政府将继承西哈努克太皇遗志，继续奉行对华友好政策，进一步巩固和发展柬中传统友好关系。

2月21日

［纲　文］　**温家宝在科技部调研。**

［目　文］　国务院总理温家宝看望科技部高新技术发展及产业化司、基础研究司、社会发展科技司、农村科技司、重大专项办公室等司局工作人员，参观了科技十年重大成就展。

温家宝在调研时强调，新世纪以来，全世界在信息、能源、新材料、生物和生命、环境保护、高端制造等领域孕育着新的科技革命。各国都在抢抓先机，探求大的突破，以在激烈的竞争中赢得主动，从根本上应对国际金融危机的挑战。我们必须认清形势，振奋精神，开拓进取，勇于创新，继续大力推进科技体制改革，促进科技与经济的紧密结合，在重点领域、关键环节、核心技术和新产品研发上尽快有所突破、有所发明、有所前进。机不可失，时不再来。每个领导者、企业负责人和广大科技人员都要有紧迫感。温家宝说，教育关系民族的素质和未来，也是经济社会发展的基础。科技是经济发展的动力和源泉。国家强大、民族振兴必须高度重视教育和科技。要深化教育、科技体制改革，建立培养拔尖人才的体制，形成人们首先是青年独立思考、勇于创新的自由宽松环境。

2月21日

［纲　文］　**全国标准化工作会议在北京召开。**

［目　文］　全国政协副主席、科技部部长万钢，国家质检总局局长支树平出席会议并讲话，国家质检总局党组成员、国家标准委主任陈钢作工作报告，国际标准化组织（ISO）秘书长罗博·斯蒂尔出席会议并致辞。

万钢在讲话中指出，科技与标准的结合越来越紧密，科技进步与产业发展需要创新驱动，产业创新发展需要标准支撑，实施技术标准战略也需要科技与标准更加紧密结合。目前，科技研发周期在快速缩短，科技创新和技术标准研发由过去的两个阶段正在融为一体，技术标准研制已经嵌入科技活动过程，为科技成果快速进入市场、形成产业提供了重要支撑和保障。

支树平在讲话中说，党的十八大提出全面建成小康社会的宏伟目标，科学发展、转型发展对标准化的需求更加迫切，标准在经济社会发展中的作用越来越重要。在强化作用方面，一要服务国家发展，强化支撑作用。二要应对国际挑战，强化战略作用。标准是参与国际竞争的战略手段和制胜法宝，强化标准的战略作用，要“迎上去”，紧密跟踪发达国家标准竞争策略和国际标准化发展方向，主动应对国际挑战；要“站上去”，站到国际标准的至高点上去，提升我国在国际标准领域的话语权；要“走出去”，促进对外贸易从规模扩张向质量效益提升转变。三要促进质量提升，强化基础作用。要紧紧抓住质量和效益这个中心，深入研究标准与“抓质量、保安全、促发展、强质检”的关系，做到质量评价有依据、风险分析有基础、检验检测有方法，为完善中国特色质检工作体系夯实基础。在提升水平方面，一要依靠科技，提升标准水平。二要凝聚合力，提升实施水平。三要完善制度，提升管理水平，加快推进《标准化法》修改步伐。

陈钢在题为《创新驱动、服务发展，推动标准化为全面建成小康社会作出新贡献》的工作报告中，回顾总结了过去一年的标准化工作，对做好新一年的标准化工作作出了部署。

罗博·斯蒂尔在致辞中赞扬了中国标准化工作取得的成绩，并希望中国与ISO一起，共同应对当今世界的重大问题和挑战。

2月21日

［纲　文］　**2013年全国基层卫生与新农合工作会议在北京召开。**

［目　文］　各省（区、市）卫生厅局、新疆生产建设兵团卫生局负责人，妇社（社区）、农卫（基层）、合作医疗处处长及省级新农合管理中心负责人，副省级城市卫生局负责人，卫生部相关司局及有关专家约130人出席了会议。上海、浙江等6个地方在会上作了交流发言。会议主要任务是：贯彻落实党的十八大精神，系统总结2012年基层卫生和新农合工作，深入分析面临的问题和挑战，围绕2013年医改重点工作，提高认识，明确任务，进一步推动基层卫生和新农合工作科学发展。卫生部部长陈竺出席会议并作讲话，卫生部副部长刘谦作总结讲话。

陈竺在会上分析了基层卫生和新农合工作形势，总结了2012年工作。他指出，2012年新农合制度持续推进，管理运行机制不断完善，大病保障机制初步建立，参合农民受益程度日益提高。但当前基层卫生和新农合仍然面临众多困难和挑战，与群众需求还有较大差距。基层医疗卫生队伍服务能力不高、基层运行机制不完善、新农合和基本公共卫生服务保障水平较低等问题还比较突出，部分地方乡村医生补偿落实不到位，养老问题还没有得到有效地解决。

陈竺强调，2013年是巩固和完善基层运行新机制关键的一年，下一步工作：一是要继续巩固完善新农合制度，推进支付方式改革，完善重大疾病医疗保障机制，加快商业保险机构参与新农合经办服务，加强新农合精细化管理。二是要继续加强基层卫生服务能力建设。加强基层基础设施建设，加强基层医疗卫生人员培训，推动全面落实乡村医生补偿政策，积极研究解决乡村医生养老问题。加强基层医疗卫生机构监督管理，加快基层信息化建设。三是要进一步巩固完善基层医疗卫生机构运行新机制。四是要继续推动落实国家基本公共卫生服务项目。加强项目的组织与管理，强化项目资金落实与监管，完善绩效考核制度，确保服务质量和效果。

刘谦在总结讲话中要求，各地要充分认识基层卫生发展与改革的长期性、复杂性和艰巨性，以巩固基层运行新机制为重点，进一步转变服务理念，完善服务模式，调动基层医务人员积极性，保持基层运行活力。要深入总结新农合工作取得的成功经验，完善新农合制度，加强基金监管，提高使用效率，保证广大农民获得实实在在的好处。

2月21日

［纲　文］　**证监会公布《关于修改〈期货公司风险监管指标管理试行办法〉的决定》。《决定》自2013年7月1日起施行。**

2月21日

［纲　文］　**国家体育总局公布《经营高危险性体育项目许可管理办法》。《办法》自2013年5月1日起施行。**

2月21日

［纲　文］　**中共中央政治局委员、中宣部部长刘奇葆在北京会见由总书记德索萨率领的葡萄牙共产党代表团。**

［目　文］　刘奇葆积极评价中葡两国和两党关系。他说，中葡建交34年来，特别是2005年建立全面战略伙伴关系以来，各领域交流与合作不断迈上新台阶。中方愿与葡方共同努力，进一步提高两国关系水平。中国共产党重视发展与葡萄牙共产党的友好关系，愿扩大和深化两党交流与合作，并推动两国关系的长期健康稳定发展。刘奇葆还向客人简要介绍了中共十八大有关情况。

德索萨说，葡萄牙共产党钦佩中国共产党率领中国人民在社会主义建设中所取得的巨大成就，赞赏中国在当前国际事务中所发挥的重要作用，愿深化与中国共产党的友好交往，并推动两国关系不断取得新进步。

2月21日

［纲　文］　**《人民日报》发表题为《盼改善民生稳步推进——一论以实干贯彻十八大精神》的评论员文章。**

2月21—22日

［纲　文］　**张德江在天津市调研。**

［目　文］　国务院副总理张德江到天津信息技术、环保、金融、新能源等10多家中小企业进行调研。21日晚，张德江主持召开中小企业座谈会指出，中小企业是建设中国特色社会主义的一支重要力量。发展中小企业符合中国的基本国情和所处的发展阶段，

不是权宜之计，而是贯穿整个社会主义现代化全过程的一项重大战略任务。大力发展中小企业，包括大力发展个体工商户，有利于实现共同富裕，有利于全面建成小康社会，有利于发展中国特色社会主义。我们必须从坚持社会主义基本经济制度的高度，毫不动摇地鼓励、支持、引导非公有制经济发展，坚定不移支持中小企业发展。我们必须从科学发展的高度，加快转变中小企业发展方式，大力提高中小企业发展的质量和效益，使广大人民群众真正从中小企业发展中实现就业、完善保障、得到实惠，提高生活水平，促进社会和谐稳定。

张德江强调，促进中小企业持续健康发展，不是一句空话，要切实营造有利于中小企业发展的政策环境、市场环境、创业环境、成长环境、服务环境和舆论环境。要坚持"放水养鱼"，建立健全中小企业政策支持体系，坚决清理整顿涉及中小企业的不合理负担。要消除一切障碍，营造良好的市场环境。要大力弘扬创业精神、优化创业环境，"多浇水，少挑刺"。要坚持集群发展、协作发展，加强企业管理、促进转型升级，走"专精特新"发展道路。要"扶上马，送一程"，加快公共服务体系建设，支持建设公共技术服务平台，切实保障企业的基本服务需求。要加强舆论宣传，在全社会树立尊重劳动、尊重创造、尊重人才，劳动致富光荣、创业致富光荣的良好舆论氛围，努力开创中小企业发展新局面。

2月22日

［纲　文］　**中共中央总书记习近平在人民大会堂会见上海合作组织新任秘书长梅津采夫。**

［目　文］　习近平强调，当前国际形势继续发生深刻复杂变化，加强上海合作组织建设，推动成员国长期睦邻友好合作，更好地应对新威胁、新挑战，符合成员国根本利益，也有利于本地区和世界和平与稳定。希望上海合作组织落实好成员国领导人达成的重要共识，为维护地区安全稳定、促进成员国共同发展繁荣发挥重要作用。

梅津采夫表示，愿同中方加强合作，筹备好今年上海合作组织比什凯克峰会，积极推动本组织进一步发展。

2月22日

［纲　文］　**国务院办公厅印发《关于建立疾病应急救助制度的指导意见》。**

［目　文］　《意见》指出，设立疾病应急救助基金是建立疾病应急救助制度的重要内容和保障。各省（区、市）、市（地）政府组织设立本级疾病应急救助基金，通过财政投入和社会各界捐助等多渠道筹集。中央财政对财力困难地区给予补助，并纳入财政预算安排。境内企业、个体工商户、自然人捐赠的资金按规定享受所得税优惠政策。

《意见》要求，建立由卫生部门、基本医保管理部门、民政部门、公安机关、医疗机构、基金管理机构等部门的多方联动的工作机制，明确了救助基金支付范围，规定基金由当地卫生部门管理，成立基金监督委员会，基金独立核算并进行外部审计，同时接受社会监督。

《意见》强调各地区、各有关部门要结合实际，研究制定具体办法。已经开展应急救助的地区，要进一步完善现行政策，做好疾病应急救助制度与基本医疗保险制度、大病保险制度和医疗救助制度的衔接。

2月22日

［纲　文］ **监察部、人力资源社会保障部、国家档案局公布《档案管理违法违纪行为处分规定》。**

［目　文］ 该《规定》经2013年1月24日监察部第1次部长办公会议、2012年8月27日人力资源社会保障部第87次部务会议、2012年7月30日国家公务员局第37次局务会议、2012年4月28日国家档案局局务会议审议通过，自2013年3月1日起施行。

2月22日

［纲　文］ **刘奇葆出席中央文明委在北京召开的全国未成年人思想道德建设工作电视电话会议。**

［目　文］ 中央文明委部分成员单位负责人、各地文明委和有关部门负责人在分会场出席会议。

中共中央政治局委员、中央文明委副主任刘奇葆出席会议并讲话，强调要以学习宣传贯彻党的十八大精神为主线，以立德树人为根本任务，深入进行理想信念教育，广泛开展道德教育和实践活动，积极营造良好社会文化环境，引导未成年人勤奋学习、快乐生活、健康成长，培育德智体美全面发展的社会主义建设者和接班人。

刘奇葆指出，2004年以来，未成年人思想道德建设工作内容不断充实，方法手段更加有力，取得良好实际效果。要坚持育人为本、德育为先，大力开展社会主义核心价值体系学习教育，开展中国梦学习教育，全面实施素质教育，着力培养未成年人社会责任感、创新精神和实践能力。要关心关爱留守儿童、流浪儿童、孤残儿童等特殊群体孩子，重视未成年人心理健康教育，让每个孩子都能成为有用之才。要持之以恒地抓，一以贯之地抓，完善学校、家庭、社会"三结合"教育网络，全员育人、全方位育人，让孩子们学习得更好、生活得更好、成长得更好。

2月22日

［纲　文］ **国家食品药品监管局印发《关于深化药品审评审批改革进一步鼓励创新的意见》。**

［目　文］ 《意见》通过调整药品审评审批策略，鼓励具有临床价值药物的创新和儿童药物的研制。《意见》确定仿制药优先审评领域。属于临床供应不足、市场竞争不充分、影响公众用药可及性和可负担性的药品，儿童用药、罕见病用药和特殊人群用药，以及其他经评估确认为临床急需的药品，实行优先审评。同时，对仿制药优先审评领域试点流程进行优化。在不降低技术标准的前提下，简化不必要的行政程序，针对优先审评的仿制品种，探索实施生物等效性试验备案制管理。备案后，临床试验机构即可开展试验。对优先审评的仿制药，通过单独排序、调整生产现场检查检验程序、优化审评流程，提高审

评效率。

《意见》专门就儿童药物研发提出鼓励措施，是此次改革的突破之一。一是鼓励企业开发适于不同年龄段儿童使用的剂型和规格的药品，切实加快我国儿童用药品的研发和上市速度，鼓励创新药申报时一并申报儿童剂型和规格。针对儿童特殊疾病、罕见病研究开发的创新药，纳入特殊审批程序。仿制药的儿童用规格和剂型申请，可以优先受理和审评。二是积极开展儿童药管理的政策研究。组织相关技术单位、医疗机构、科研院校和药品企业的药品、医疗和法律专家就儿童药的研发、注册审评、临床试验管理等方面进行专题讨论和研究。三是会同有关部门研究儿童用药在招标、定价、医保等方面的综合鼓励措施。

2月22日

［纲 文］ **《光明日报》报道，中核集团研制的铀浓缩离心机在兰州成功实现工业化应用**。

［目 文］ 报道说，离心机具有高真空、高转速、强腐蚀、高马赫数、长寿命、不可维修等特点。铀浓缩离心机技术是核燃料生产的关键技术，是衡量国家核技术水平的重要标志。国际上实现工业化生产的只有西欧 Urenco 合资公司和俄罗斯 Rosatom 公司。中核集团研制的铀浓缩离心机多项技术指标达到国际先进水平，形成了离心机研发制造，离心工程设计、建造和运行的完整的铀浓缩研发和产业体系，目前的技术水平和装备制造能力可保障和满足国内核电发展的需要。这标志着我国具备了核燃料生产的自主化工业能力，完全掌握了离心法铀浓缩技术。

2月22日

［纲 文］ **中国国家主席胡锦涛特使、住房和城乡建设部部长姜伟新应邀出席塞拉利昂当选总统欧内斯特·巴伊·科罗马的就职典礼**。

［目 文］ 就职典礼在首都弗里敦的弗里敦国家体育场举行。科罗马发表了就职演说。他对塞拉利昂人民给予的支持表示感谢，承诺将进一步发展经济，加强基础设施建设，改善教育和医疗状况，为年轻人创造更多就业机会。他还号召各行各业的民众负起责任，为塞拉利昂的团结、民主和繁荣作出贡献。

2月22日

［纲 文］ **外交部发言人就日本首相安倍晋三发表对华示强言论答记者问**。

［目 文］ 有记者问，日本首相安倍晋三在启程访美前接受美国媒体采访，发表对华示强言论，攻击中国政治体制和外交政策，声称要阻止中国“掠夺他国领土”。中方对此有何评论？

外交部发言人说，中方对日本领导人公然发表歪曲事实、攻击抹黑中国、煽动中日对立的言论表示强烈不满，已向日方提出严正交涉。

发言人重申以下几点：

第一，钓鱼岛及其附属岛屿自古以来就是中国固有领土，中国对此拥有无可争辩的主权。日本政府非法“购岛”严重侵犯中国领土主权，日方必须纠正错误，消除影响。中国公务船在钓鱼岛海域巡航执法，是依法行使自身固有权利。日本对钓鱼岛的所谓“实际控制”是非法无效的，中方从未承认、决不接受。中方一贯主张通过对话磋商妥善处理钓鱼岛问题，并为此作出了巨大努力。日方应正视历史和现实，立即停止在钓鱼岛海域的非法活动，为妥善处理当前事态切实作出努力。

第二，中国根据国内法和国际法开展正常的海洋活动。东海和南海的航行自由和安全从未因此受到任何影响。日方刻意渲染“中国威胁”，误导国际舆论，人为制造地区紧张，有着不可告人的目的。日方应多做有利于增进两国政治安全互信和地区和平稳定的事，而不是相反。

第三，中国民众的强烈不满和义愤是由于日方在历史、钓鱼岛等重大敏感问题上不断采取错误举措造成的。当前两国关系面临困难局面，责任完全在日方。日方应深刻反省侵略历史，认真反思自己的所作所为。

第四，一国的政治体制和发展道路是否合适，只有该国人民最有发言权。中国人民在建设国家进程中取得的巨大成就举世瞩目。只有带有政治偏见和别有用心的人才会对此恶意解读、横加指责。中国将继续沿着中国特色社会主义道路阔步前进，中华民族的伟大复兴进程是任何人都无法阻挡的。

第五，中方愿根据中日四个政治文件的原则和精神发展同日本的关系。我们希望日本政府和领导人正确认识和看待中国和中国的发展，奉行积极的对华政策，拿出诚意和行动，为两国关系改善和发展作出努力。

2月22日

［纲　文］《人民日报》发表题为《让创新为发展之路导航——二论以实干贯彻十八大精神》的评论员文章。

2月23日

［纲　文］　习近平主持召开中共中央政治局会议。

［目　文］　会议决定2013年2月26日至28日在北京召开中国共产党第十八届中央委员会第二次全体会议。会议讨论了《国务院机构改革和职能转变方案（草案）》稿。会议认为，行政体制改革是推动上层建筑适应经济基础的必然要求。国务院机构改革和职能转变在行政体制改革中起着至关重要的作用，需要首先抓紧抓好。要根据党的十八大精神，按照建立中国特色社会主义行政体制目标，深化国务院机构改革和职能转变，坚持积极稳妥、循序渐进、成熟先行，把职能转变放在更加突出位置，继续简政放权、推进机构改革、完善制度机制、提高行政效能，加快完善社会主义市场经济体制，为全面建成小康社会提供有力保障。

会议讨论了向第十二届全国人民代表大会第一次会议推荐的国家机构领导人员建议人选和向政协第十二届全国委员会第一次会议推荐的全国政协领导人员建议人选。

会议确定将以上两个方面的内容作为十八届二中全会的议题。

会议讨论了国务院拟提请第十二届全国人民代表大会第一次会议审议的《政府工作报告》稿。会议指出，第十一届全国人民代表大会第一次会议以来的五年，是我国发展进程中极不平凡的五年。全国各族人民在中国共产党的领导下，高举中国特色社会主义伟大旗帜，同心同德，团结奋进，顽强拼搏，迎难而上，有效应对国际金融危机严重冲击，圆满完成“十一五”规划，顺利实施“十二五”规划，保持经济平稳较快发展，我国社会生产力和综合国力显著提高，人民生活水平和社会保障水平显著提高，国际地位和影响力显著提高，社会主义经济建设、政治建设、文化建设、社会建设、生态文明建设取得重大进展。这是党中央总揽全局、正确领导的结果，是全党全国各族人民齐心协力、艰苦奋斗的结果。国务院和各级地方政府认真履行职责，做了大量卓有成效的工作。

会议强调，2013年是全面贯彻落实党的十八大精神的开局之年，是实施“十二五”规划承前启后的关键一年，是为全面建成小康社会奠定坚实基础的重要一年。我国发展仍处于可以大有作为的重要战略机遇期，经济社会发展具备很多有利条件和积极因素，也面临不少风险和挑战。我们要深入学习和全面贯彻落实党的十八大精神，坚持以邓小平理论、“三个代表”重要思想、科学发展观为指导，紧紧围绕主题主线，以提高经济增长质量和效益为中心，进一步深化改革开放，进一步强化创新驱动，稳中求进，开拓创新，扎实开局，全面推进社会主义经济建设、政治建设、文化建设、社会建设、生态文明建设，实现经济持续健康发展和社会和谐稳定。会议同意国务院将《政府工作报告》稿提请第十二届全国人民代表大会第一次会议审议。

2月23日

［纲　文］　**习近平主持中央政治局第四次集体学习**。

［目　文］　中共中央总书记习近平在主持学习时强调，全面建成小康社会对依法治国提出了更高要求。我们要全面贯彻落实党的十八大精神，以邓小平理论、“三个代表”重要思想、科学发展观为指导，全面推进科学立法、严格执法、公正司法、全民守法，坚持依法治国、依法执政、依法行政共同推进，坚持法治国家、法治政府、法治社会一体建设，不断开创依法治国新局面。

全国人大常委会法工委主任李适时、最高人民法院副院长沈德咏、最高人民检察院副检察长胡泽君、国务院法制办主任宋大涵等结合实际工作，就依法治国问题发表了意见。中共中央政治局各位同志认真听取了他们的讲解，并就有关问题进行了讨论。

习近平在主持学习时发表了讲话。他指出，要加强宪法和法律实施，维护社会主义法制的统一、尊严、权威，形成人们不愿违法、不能违法、不敢违法的法治环境，做到有法必依、执法必严、违法必究。行政机关是实施法律法规的重要主体，要带头严格执法，维护公共利益、人民权益和社会秩序。执法者必须忠实于法律。各级领导机关和领导干部要提高运用法治思维和法治方式的能力，努力以法治凝聚改革共识、规范发展行为、促进矛盾化解、保障社会和谐。要加强对执法活动的监督，坚决排除对执法活动的非法干预，坚决防止和克服地方保护主义和部门保护主义，坚决惩治腐败现象，做到有权必有责、用权受监督、违法必追究。

习近平强调，我们提出要努力让人民群众在每一个司法案件中都感受到公平正义，所有司法机关都要紧紧围绕这个目标来改进工作，重点解决影响司法公正和制约司法能力的深层次问题。要坚持司法为民，改进司法工作作风，通过热情服务，切实解决好老百姓打官司难问题，特别是要加大对困难群众维护合法权益的法律援助。司法工作者要密切联系群众，规范司法行为，加大司法公开力度，回应人民群众对司法公正公开的关注和期待。要确保审判机关、检察机关依法独立公正行使审判权、检察权。

习近平指出，任何组织或者个人都必须在宪法和法律范围内活动，任何公民、社会组织和国家机关都要以宪法和法律为行为准则，依照宪法和法律行使权利或权力、履行义务或职责。要深入开展法制宣传教育，在全社会弘扬社会主义法治精神，引导全体人民遵守法律、有问题依靠法律来解决，形成守法光荣的良好氛围。要坚持法制教育与法治实践相结合，广泛开展依法治理活动，提高社会管理法治化水平。要坚持依法治国和以德治国相结合，把法治建设和道德建设紧密结合起来，把他律和自律紧密结合起来，做到法治和德治相辅相成、相互促进。

2月23日

［**纲　文**］　**中共中央在人民大会堂举行元宵节联欢晚会**。

［**目　文**］　党和国家领导人习近平、李克强、张德江、俞正声、刘云山、王岐山、张高丽等同知识界知名人士、首都劳动模范和先进工作者、农民工等基层干部群众代表欢聚一堂、喜迎佳节。联欢晚会由中共中央政治局常委、中央书记处书记刘云山主持。

刘云山代表中共中央向全国知识界和各行各业的同志们致以节日的祝福和诚挚的问候。他表示，2012年是我国发展历程中具有特殊重要意义的一年。中国共产党团结带领全国各族人民，开拓进取、攻坚克难，中国特色社会主义的各项事业都取得新的重大成就。这些成就的取得，凝结着知识界和各行各业同志们的智慧和力量。他指出，党的十八大描绘了我国未来一个时期改革开放和社会主义现代化建设的宏伟蓝图。全面建成小康社会，实现中华民族伟大复兴的中国梦，是全体中华儿女的共同愿望。推进这样伟大的事业，实现这样宏大的目标，需要科技工作者提供创新发展的强劲动力，需要教育工作者培养一大批堪当重任的优秀人才，需要理论、新闻、文艺、出版工作者推动文化繁荣发展，需要各行各业千千万万普通劳动者共同努力。希望同志们胸怀理想、脚踏实地，在以习近平同志为总书记的党中央领导下，顽强奋斗、艰苦奋斗、不懈奋斗，为夺取中国特色社会主义新胜利作出更大贡献。

联欢晚会在欢快的歌舞《中国日子中国节》中拉开序幕。歌曲《大地飞歌》《草原上升起不落的太阳》《天之大》《中国梦》，舞蹈《祝福》，黄梅戏《对花》《夫妻双双把家还》，童声合唱《悯农》《春晓》，京剧《龙凤呈祥》，钢琴独奏《黄河》，诗朗诵《新春记事》，杂技《腾韵·顶碗》以及魔术《快乐变变变》等节目精彩纷呈。由农民工代表朗诵的《农民工的歌谣》赢得热烈掌声。

2月23日

［纲　文］　**国务院印发《国家重大科技基础设施建设中长期规划（2012—2030年）》。**

［目　文］　《规划》从兼顾传统大科学装置领域与学科交叉及新兴学科发展需求、兼顾国际发展趋势与国内基础、兼顾学科发展与国家战略需求3方面考虑，对能源、生命、地球系统与环境、材料、粒子物理和核物理、空间和天文、工程技术等7个科学领域进行了系统部署，明确了未来20年这7个科学领域重大科技设施发展的主要方向。

《规划》提出"十二五"时期，在我国科技发展急需、具有相对优势和科技突破先兆显现的领域中，优先安排16项重大科技基础设施建设。7个科学领域中，能源领域包括加速器驱动嬗变研究装置、高效低碳燃气轮机试验装置；生命领域包括转化医学研究设施、模式动物表型与遗传研究设施；地球系统与环境领域包括海底科学观测网、精密重力测量研究设施、地球系统数值模拟器；材料领域包括高能同步辐射光源验证装置、综合极端条件实验装置、上海光源线站工程；粒子物理与核物理领域包括强流重离子加速器、高海拔宇宙线观测站；空间和天文领域包括空间环境地面模拟装置、中国南极天文台；工程技术领域包括未来网络试验设施、大型低速风洞等。《规划》规定，今后拟以5年为期对规划进行修订。

《规划》是我国历史上第一部系统部署国家重大科技基础设施中长期建设和发展的指导性文件。我国重大科技基础设施经历了从无到有、从小到大、从学习跟踪到自主创新的过程，大致可以分为三个阶段。一是上世纪五六十年代的萌芽期，围绕"两弹一星"研制任务，建造起一些大型科研支撑装置，掀开了设施建设的序幕。二是上世纪七八十年代的成长期，以北京正负电子对撞机奠基为标志，陆续兴建了中国遥感卫星地面站和兰州重离子加速器等设施，设施建设迈出新步伐。三是上世纪90年代以后的发展期，兴建了上海光源、海洋科考船和地壳运动观测网等一大批设施，设施数量、建造规模和覆盖领域逐步扩大。

2月23日

［纲　文］　**云南国际铁路大通道（泛亚铁路）东线的重要组成部分玉蒙（自）铁路正式开通运营。**

［目　文］　玉蒙铁路起于玉溪南站，经通海、建水，至红河哈尼族彝族自治州蒙自市，全长141公里，设计标准为国铁Ⅰ级电气化铁路，速度目标值为每小时120公里。开通运营后，将先开行货运列车，逐步开行客运列车。

玉蒙铁路将与昆玉铁路，以及正在全力推进建设的蒙（自）河（口）铁路组成泛亚铁路东线昆河准轨铁路。通过这条国际铁路通道，云南将成为中国连接东南亚的铁路起点。

2月23—26日

［纲　文］　**中共中央政治局委员、国务委员刘延东作为胡锦涛主席、习近平总书记特别代表赴韩国出席韩国新任总统朴槿惠就职仪式。**

2月23—27日

［纲　文］　**应外交部部长杨洁篪邀请，秘鲁共和国外交部部长拉斐尔·龙卡利奥**

洛·奥韦戈索对中国进行正式访问。

2月24日

［纲　文］　**新华社讯，解放军总参谋部、总政治部、总后勤部、总装备部日前联合印发《厉行节约严格经费管理的规定》。**

［目　文］　电讯说，《规定》以中共中央军委主席习近平关于加大依法治军、从严治军力度，发扬艰苦奋斗光荣传统、勤俭办一切事业的指示精神为指导，与中央军委加强自身作风建设“十项规定”相衔接，着重对“哪些钱能花、哪些钱不能花”作出明确和规范。《规定》明确了按战斗力标准花钱办事、严格经费分配与审批、控制非急需基建投资、规范集中采购集中支付、从严管控会议集训和公务接待开支等17条具体规定要求。

从花钱办事源头严起，明确经费分配使用的基本要求。《规定》强调经费投向投量向“能打仗、打胜仗”聚焦，优先保障军事斗争准备、信息化建设、高新技术武器装备建设、新型作战力量建设、实战化军事训练、新型军事人才培养、政策制度调整改革等重点，扩大标准化供应范围，改进和加强预算管理，坚决防止重复建设、贪大求洋、铺张浪费，提高经费使用效益。

从问题易发的重点领域严起，加大财经管理和整治力度。《规定》规范了基建投资、集中采购、会议接待、纪念庆典、预算外经费收支、经济适用住房建设，以及公费出国（境）、自购车辆等财经事项，强调严格按标准、按程序、按权限管钱用钱，把好经费开支关口。

从管住“钱袋子”严起，堵住搞不正之风的财路。《规定》要求加强资金支付、结算报销等环节的管控，运用信息手段动态监控部队账户变动和资金流动情况，推行公务卡强制结算目录管理，严格控制现金使用。

从检查监督严起，强化惩处问责措施。《规定》要求加强财务经常性监督检查，与纪检、审计监督结合起来，针对重点领域突出问题组织联合检查，建立检查结果运用和信息共享机制，增强财经法规制度的执行力约束力。

2月25—26日

［纲　文］　**胡锦涛、习近平、贾庆林分别会见连战及台湾各界人士访问团全体成员。**

［目　文］　国家主席胡锦涛在会见中国国民党荣誉主席连战时，高度评价连战为改善和发展两岸关系作出的不懈努力和重要贡献，并向所有关心、支持和致力于两岸关系和平发展的台湾各界同胞表示衷心感谢。胡锦涛强调，两岸同胞共同参与、团结奋斗是推动两岸关系和平发展的不竭动力，希望两岸同胞持续扩大合作，促进交流融合。为适应形势发展的需要，两岸双方都应当采取积极措施，为两岸交流合作提供更完善的制度性保障。

中共中央总书记习近平在会见连战时指出，两岸关系虽然历经坎坷，但终究能打破长期隔阂，开启交流合作。这是因为，两岸同胞同属中华民族，这种天然的血缘纽带任何力量都切割不断；两岸同属一个中国，这一基本事实任何力量都无法改变；两岸交流合作得天独厚，这种双向利益需求任何力量都压制不住。更是因为，全体中华儿女有决心通过自己的不懈奋斗自立于世界民族之林，这种全民族共同愿望任何力量都阻挡不了。习近平强调，只要两岸双方都秉持民族大义，巩固反对“台独”、坚持“九二共识”的基础，增进共同维护一个中国框架的认知，两岸各领域合作的前景就是宽广和光明的。大陆和台湾是休戚与共的命运共同体。实现中华民族伟大复兴，需要两岸同胞共同努力。我们真诚希望台湾同大陆一道发展，两岸同胞共同来圆中国梦。携手推动两岸关系和平发展，同心实现中华民族伟大复兴，应该成为两岸关系的主旋律，成为两岸中华儿女的共同使命。

连战表示，两岸关系和平发展是一条不应也不会逆转的正确道路。现阶段两岸关系来之不易，希望能在新的起点上加以深化。

全国政协主席贾庆林在会见连战时指出，这几年两岸关系取得的最重要成果是，两岸双方、两岸同胞共同探索并开辟了和平发展的道路。当前和今后一个时期，两岸同胞最重要的任务，就是做好巩固深化两岸关系和平发展这篇大文章，不断夯实两岸关系的政治、经济、文化和社会基础，不断为两岸关系向前发展注入新的动力，使它日益成为难以逆转的趋势。这需要两岸双方和两岸同胞共同作出不懈努力。

2月25日

［纲　文］　**胡锦涛任免驻外大使**。

［目　文］　国家主席胡锦涛根据全国人民代表大会常务委员会的决定任免下列驻外大使：一、免去张备三的中华人民共和国驻葡萄牙共和国特命全权大使职务；任命黄松甫为中华人民共和国驻葡萄牙共和国特命全权大使。二、免去李长华的中华人民共和国驻哥斯达黎加共和国特命全权大使职务；任命宋彦斌为中华人民共和国驻哥斯达黎加共和国特命全权大使。三、免去王开文的中华人民共和国驻吉尔吉斯共和国特命全权大使职务；任命齐大愚为中华人民共和国驻吉尔吉斯共和国特命全权大使。四、免去赵卫平的中华人民共和国驻萨摩亚独立国特命全权大使职务；任命李燕端（女）为中华人民共和国驻萨摩亚独立国特命全权大使。

2月25日

［纲　文］　**农业部等9部门联合召开2013年全国农资打假专项治理行动电视电话会议**。

［目　文］　会议动员各地立即行动起来，深入开展农资打假专项治理行动。会议指出，2012年，各地各有关部门共查获各类假劣农资3.3万吨，伪劣农机具10.6万台件，捣毁制假窝点240个，共为农民挽回直接经济损失18.9亿元。

农业部部长韩长赋在会上表示，各地各部门要不断深化对农资打假工作重要性的认识，以净化农资市场为主线，以维护农民利益为根本，严厉打击各种制售假劣农资坑农害农的违法行为。

2月25日

［纲　文］　**2013年全国报刊管理工作会议在北京召开。**

［目　文］　中宣部、新闻出版总署有关司局负责人，中国报业协会、中国期刊协会、全国各省（区、市）新闻出版局和解放军总政宣传部新闻出版局、新疆生产建设兵团新闻出版局有关负责人共90多人参加了会议。

新闻出版总署党组书记、副署长蒋建国在会上发表讲话强调，深入贯彻落实党的十八大精神，扎实推进社会主义文化强国建设，对报刊管理工作提出了新任务、新要求。各级新闻报刊行政部门要重点做到4个“抓”。

一是要抓导向，巩固壮大主流思想舆论。牢记责任和使命，对于党的基本政治路线、重大原则问题、重要方针政策的宣传引导，一定要有正确的立场、鲜明的观点、坚定的态度，绝不能模棱两可，更不能沉默失语；建立健全新闻宣传引导机制，引导全行业把党和政府的声音传播好，把当代社会的主流展示好，把人民群众的心声反映好；加快实施精品报刊建设工程，以开展中国出版政府奖评选活动为契机，组织百强报纸、百强社科期刊、百强科技期刊推荐活动；组织属地媒体积极刊载中央有关部门以“讲文明、树新风”为主题创作推出的公益广告，引领文明风尚。

二要抓改革，在更高起点上加快发展。要真正转企改制，凡是能够转企的要尽快转企，已经完成转企的要加快改制，实行“三改一加强”，一旦条件具备便走向资本市场；加速转型升级，加快出版与科技、传统媒体与新兴媒体的深度融合，大力发展数字报刊、数字传播等新兴业态，提高规模化、集约化、专业化水平；转变经营方式，大力开发公共和个人、城市和农村、大众化和分众化市场，满足不同层次和多样化、个性化、差异化的消费需求；转战两个市场，充分利用好国内国外两种资源，着力打造国际一流媒体。

三要抓规范，不断提高行政管理水平。严格按照法定职权和法定程序，切实做到依法行政；严格落实主管主办、属地管理、年度核验等行之有效的管理制度和办法；把加强日常监管和开展专项治理结合起来，对假报刊、假记者、假记者站、假新闻和新闻敲诈、有偿新闻等人民群众反映强烈的突出问题予以集中整治；适应管理对象和范围的变化，综合运用经济、技术、法律、政策和行政等手段加强管理。

四要抓队伍，努力造就高素质专业人才。严格执行法人代表资格和从业人员资格制度；加强教育培训，以换发新闻记者证为契机，开展全员轮训、统一考核；深入开展“三项学习教育”活动，切实提高报刊队伍的职业素养和能力水平；严肃工作纪律，规范新闻采编和学术期刊出版秩序，对利用职务之便牟取不正当利益的违法违规行为依法依纪严处。

2月25日

［纲　文］　**国家发展和改革委员会印发《深入推进毕节试验区改革发展规划（2013—2020年）》。**

［目　文］　《规划》提出，进一步加大政策支持和资金投入，不断深化改革扩大开

放，确保毕节试验区与全国同步实现全面建成小康社会的宏伟目标，为全国贫困地区探索一条超常规的后发赶超之路。

《规划》明确中央财政在现有资金渠道内加大对试验区交通、水利、教育等领域支持力度；研究开展煤炭等资源税从价计征改革试点；健全县级基本财力保障机制，增强基层政府提供基本公共服务的能力。根据《规划》，中央预算内投资优先向试验区民生工程、基础设施和生态环境等领域倾斜，建立专项补助制度，逐年递增补助额度；中央安排的公益性建设项目，取消县以下（含县）以及集中连片特殊困难地区的市级配套；研究提高纳入国家规划的重大基础设施项目资本金补助比例。

《规划》提出，到2020年，试验区现代产业体系基本形成，建成川滇黔结合部的区域性经济中心；石漠化扩展势头得到根本扭转，森林覆盖率达50%以上；城镇化率达45%以上；基本公共服务达到全国平均水平，与全国同步实现全面建成小康社会奋斗目标。

2月25日

［纲　文］　**国家税务总局公布《税收票证管理办法》。**

［目　文］　该《办法》自2014年1月1日起施行，1998年3月10日国家税务总局发布的《税收票证管理办法》同时废止。

2月25日

［纲　文］　**国家税务总局公布《税收执法督察规则》。**

［目　文］　该《规则》自2013年4月1日起施行,《国家税务总局关于印发〈税收执法检查规则〉的通知》同时废止。

2月25日

［纲　文］　**国家税务总局印发《网络发票管理办法》。**

［目　文］　该《办法》旨在规范网络发票的开具和使用。开具发票的单位和个人必须如实在线开具网络发票，不得利用网络发票进行转借、转让、虚开发票及其他违法活动。办法将于2013年4月1日起施行。

《办法》明确，网络发票是指符合国家税务总局统一标准，并通过国家税务总局及省、自治区、直辖市国家税务局、地方税务局公布的网络发票管理系统开具的发票。纳税人通过登录收税门户网站进入网络发票管理系统，并按规定输入名称、单价、金额等相关的发票信息，就可以开具网络发票。使用纸质发票，需要纳税人往返税务机关办理发票领购、验票、认证、抄报税等事项。推行网络发票减少了以上这些环节，可以有效降低税收征纳双方的成本。同时，税务机关还可通过网络发票管理系统，实时记录和查询纳税人的真实经营信息，有利于从源头上解决假发票和发票信息失真等问题，实现从“以票控税”向“信息管税”的方式转变，确保国家税收收入不流失。

根据《办法》，税务机关应加强网络发票的管理，确保网络发票的安全、唯一、便利，并提供便捷的网络发票信息查询渠道；应通过应用网络发票数据分析，提高信息管税水平。省以上税务机关在确保网络发票电子信息正确生成、可靠存储、查询验证、安全唯一等条件的情况下，可以试行电子发票。

2月25日

［纲　文］　**林业局印发《国家珍贵树种培育示范县管理办法（试行）》。**

2月25日

［纲　文］　**国务院副总理、中俄能源合作委员会中方主席王岐山在北京与俄罗斯副总理德沃尔科维奇举行会晤。**

［目　文］　王岐山指出，能源合作是中俄全面战略协作伙伴关系的重要组成部分，两国元首和总理均高度重视。中俄能源谈判机制建立五年来，取得了丰硕成果，为深化两国务实合作，推动中俄全面战略协作伙伴关系健康发展，发挥了十分重要的作用。中俄能源合作互有需求，资源、市场、技术各有所长。双方进一步加强能源合作，不仅有互补性、必要性和可能性，更具有战略和全局意义，符合两国人民的根本利益。此次中俄能源合作委员会主席会晤取得了实实在在的成果，为中俄全面战略协作伙伴关系注入了新的动力。

王岐山表示，近日双方达成了扩大原油贸易的重要共识，中俄能源合作取得新的重大进展。双方政府部门应就原油增供问题抓紧磋商、尽快签署政府间协议，两国企业在互利基础上加快商务谈判。关于中俄天津炼厂项目，希望双方尽快磋商，签署政府间协议文本。两国政府支持企业进行东部管道供气谈判，双方确认将通过东线管道每年对华供气380亿立方米，并就东线液化天然气项目和西线供气合作继续研究论证。中俄两国核能合作势头良好，前景广阔，希望双方开展全方位合作，同步推进核电站、空间堆、浮动堆、快堆以及在第三国建设核电站等一揽子合作。支持两国企业在互利共赢的基础上，继续推动电力、煤炭、能效与可再生能源、铝业等领域的长期合作。

德沃尔科维奇表示，俄方对两国全面战略协作伙伴关系的发展及在能源领域的合作感到满意。俄方认为，原油增供既有必要性，也有可能性，符合两国共同利益。天然气项目是两国能源合作的优先和重点方向，希望并行不悖地推进东线管道气和液化天然气项目合作。在核能项目合作方面，双方照顾彼此关切，成熟一个推出一个。俄中在石油、天然气、电力、煤炭、新能源等各领域全方位合作，充分体现了两国全面战略协作伙伴关系的精神。

会晤后，王岐山与德沃尔科维奇共同签署了《中俄能源合作委员会双方主席会晤纪要》。

2月25日

［纲　文］　**外交部发言人在例行记者会上就钓鱼岛问题答记者问。**

［目　文］　有记者问，日本首相安倍晋三22日在美国战略与国际问题研究中心发表演讲称，历史和国际法均可证明"尖阁诸岛"（即中国钓鱼岛及其附属岛屿）是日本领土，事实上，在1895年到1971年间，没有一个国家对此质疑。中方对此有何评论？

外交部发言人说，钓鱼岛是中国的固有领土，从15世纪到1895年的近500年间，没有任何国家挑战中国对钓鱼岛的主权。发言人表示，"二战"结束后，日本未按《开罗宣言》和《波茨坦公告》有关规定，履行作为战败国应尽的国际义务，将其窃取的钓鱼岛归还中国。日本迄今对钓鱼岛采取的一切行动都基于对中国领土的非法窃取和侵占，都是非法和无效的。中方敦促日方端正态度，正视历史和现实，为妥善处理钓鱼岛问题、改善中日关系作出切实努力。

2 月 25 日

［纲　文］ **《人民日报》发表题为《为国家操劳，为百姓打工——一谈基层干部》的评论员文章。**

2 月 25—27 日

［纲　文］ **十一届全国人大常委会第三十一次会议在人民大会堂举行。**

［目　文］ 全国人大常委会委员长吴邦国主持会议。会议听取了全国人大常委会副秘书长王万宾作的全国人大常委会办公厅关于十二届全国人大代表选举工作情况的报告。报告指出，第十二届全国人大代表选举的最大特点是首次实行城乡按相同比例选举人大代表，各选举单位坚持党的领导，充分发扬民主，严格依法办事，选举工作依法有序进行。

会议审议了全国人大常委会代表资格审查委员会主任委员黄镇东作的关于十二届全国人大代表的代表资格的审查报告。根据选举法等有关法律和规定，在十一届全国人大常委会的主持下，各省、自治区、直辖市、香港特别行政区、澳门特别行政区和中国人民解放军等 35 个选举单位共选举产生了十二届全国人大代表 2987 名。审查结果认为，35 个选举单位的十二届全国人大代表的选举符合法律规定，2987 名代表的代表资格全部有效，提请全国人大常委会确认并予以公告。会议审议了全国人大常委会委员长会议关于提请审议十二届全国人大一次会议议程草案、主席团和秘书长名单草案、列席人员名单草案等议案。会议还审议了吴邦国委员长出席亚太议会论坛第二十一届年会并访问蒙古国情况的书面报告，审议了全国人大常委会代表资格审查委员会关于个别十一届全国人大代表的代表资格的报告，审议了有关任免案。

会议表决通过了全国人大常委会代表资格审查委员会关于十二届全国人大代表的代表资格的审查报告，确认 2987 名十二届全国人大代表的代表资格全部有效，决定会后发表公告，公布代表名单。会议原则通过了全国人大常委会工作报告稿。委员长会议将根据审议意见对报告稿作必要修改完善后，提请十二届全国人大一次会议审议。委员长会议提议，由吴邦国委员长代表常委会向十二届全国人大一次会议作工作报告。会议表决通过了十二届全国人大一次会议议程草案，决定提请十二届全国人大一次会议预备会议审议；通过了十二届全国人大一次会议主席团和秘书长名单草案，决定提请十二届全国人大一次会议预备会议选举；通过了十二届全国人大一次会议列席人员名单。会议经表决，免去了冯淑萍的全国人大常委会预算工作委员会副主任职务。会议还表决通过了其他任免案，表决通过了全国人大常委会代表资格审查委员会关于个别十一届全国人大代表的代表资格的报告。

2 月 26—28 日

［纲　文］ **中国共产党第十八届中央委员会第二次全体会议在北京举行。**

［目 文］ 全会由中央政治局主持。出席全会的有中央委员204人，候补中央委员168人。有关负责人列席了会议。中央委员会总书记习近平作了重要讲话。

全会听取和讨论了习近平受中央政治局委托作的工作报告，审议通过了中央政治局在广泛征求党内外意见、反复酝酿协商的基础上提出的拟向十二届全国人大一次会议推荐的国家机构领导人员人选建议名单和拟向全国政协十二届一次会议推荐的全国政协领导人员人选建议名单，决定将这两个建议名单分别向十二届全国人大一次会议主席团和全国政协十二届一次会议主席团推荐。审议通过了在广泛征求意见的基础上提出的《国务院机构改革和职能转变方案》。李克强就《国务院机构改革和职能转变方案（讨论稿）》向全会作了说明。全会建议国务院将这个方案提交十二届全国人大一次会议审议。

全会充分肯定党的十八届一中全会以来中央政治局的工作。一致认为，面对严峻复杂的国际环境和艰巨繁重的国内改革发展稳定任务，中央政治局全面贯彻党的十八大和十八届一中全会精神，高举中国特色社会主义伟大旗帜，以邓小平理论、“三个代表”重要思想、科学发展观为指导，团结带领全党全军全国各族人民，解放思想，改革开放，凝聚力量，攻坚克难，按照稳中求进的工作总基调，着力转变工作作风，着力推动经济持续健康发展，实施“十二五”规划纲要，全面推进社会主义经济建设、政治建设、文化建设、社会建设、生态文明建设，全面推进党的建设新的伟大工程，各项工作取得新进展。

全会强调，行政体制改革是推动上层建筑适应经济基础的必然要求，要深入推进政企分开、政资分开、政事分开、政社分开，健全部门职责体系，建设职能科学、结构优化、廉洁高效、人民满意的服务型政府。全党同志要增强忧患意识和风险意识、保持清醒头脑，增强工作前瞻性、进取性、创造性。要进一步保持经济发展良好势头，紧紧围绕以科学发展为主题、以加快转变经济发展方式为主线，坚持稳中求进，坚持扩大内需，加大统筹城乡发展力度，强化创新驱动，加快产业结构战略性调整，继续实施区域发展总体战略和主体功能区战略，积极稳妥推进城镇化，加强节能减排，推动经济持续健康发展。要进一步做好保障和改善民生工作，时刻把群众安危冷暖放在心上，落实好各项惠民政策，完善基本公共服务体系，加大对扶贫对象和贫困地区的扶持力度，不断在实现全体人民学有所教、劳有所得、病有所医、老有所养、住有所居目标上取得实实在在的进展。要进一步深化改革开放，尊重人民首创精神，深入研究全面深化体制改革的顶层设计和总体规划，把经济、政治、文化、社会、生态等方面的体制改革有机结合起来，把理论创新、制度创新、科技创新、文化创新以及其他各方面创新有机衔接起来，构建系统完备、科学规范、运行有效的制度体系。要进一步加强党的建设，突出党要管党、从严治党，增强自我净化、自我完善、自我革新、自我提高能力，全面加强党的思想建设、组织建设、作风建设、反腐倡廉建设、制度建设。对党内存在的突出矛盾和问题，不能视而不见，不能回避，不能文过饰非，必须下大气力加以解决。要持之以恒抓好改进工作作风各项工作，建立健全管用的体制机制，不断取得人民满意的成效，以此带动党的建设各方面工作。

2月26日

［纲　文］　**国务院办公厅印发《关于继续做好房地产市场调控工作的通知》。**

［目　文］　《通知》对2月20日国务院常务会议出台房地产市场调控五项政策措施进一步细化。

《通知》要求，继续严格执行商品住房限购措施。已实施限购措施的直辖市、计划单列市和省会城市，进一步完善现行住房限购措施。限购区域应覆盖城市全部行政区域；限购住房类型。应包括所有新建商品住房和二手住房；购房资格审查环节应前移至签订购房合同（认购）前；对拥有1套及以上住房的非当地户籍居民家庭、无法连续提供一定年限当地纳税证明或社会保险缴纳证明的非当地户籍居民家庭，要暂停在本行政区域内向其售房。其他城市出现房价过快上涨情况的，省级人民政府应要求其及时采取限购等措施。继续严格实施差别化住房信贷政策。对房价上涨过快的城市，人民银行当地分支机构可根据城市人民政府新建商品住房价格控制目标和政策要求，进一步提高第二套住房贷款的首付款比例和贷款利率。对出售自有住房按规定应征收的个人所得税，通过税收征管、房屋登记等历史信息能核实房屋原值的，应依法严格按转让所得的20%计征。

《通知》还要求，各直辖市、计划单列市和省会城市（除拉萨外），要按照保持房价基本稳定的原则，制定本地区年度新建商品住房（不含保障性住房）价格控制目标，并于一季度向社会公布。另外，市、县人民政府应于一季度公布年度住房用地供应计划。

2月26日

［纲　文］　**国务院办公厅发出《关于印发消防工作考核办法的通知》。**

2月26日

［纲　文］　**中国海洋石油有限公司宣布完成收购加拿大尼克森公司的交易。**

［目　文］　中海油收购尼克森的普通股和优先股的总对价约为151亿美元。这是中国企业成功完成的最大一笔海外并购。由此，中海油证实储量增加约30%，产量增加20%，首次进入海上油气富集盆地英国北海地区。

收购尼克森，中海油将获得一个国际领先的发展平台。尼克森分布在加拿大西部、英国北海、墨西哥湾和尼日利亚海上等全球最主要产区的资产中包含了常规油气、油砂以及页岩气资源，是对中海油现有资产的良好补充，同时也使中海油全球化布局得以增强。

2月26日

［纲　文］　**教育部印发《关于勤俭节约办教育建设节约型校园的通知》。**

［目　文］　《通知》要求，要充分认识勤俭节约办教育，建设节约型校园的重要意义。各级各类学校承担着培养社会主义建设者和接班人的任务。勤俭节约办教育，建设节约型校园，有利于营造良好的育人环境，促使广大学生树立勤俭节约意识，养成勤俭节约习惯，促进青少年一代健康成长；有利于促进学校节约能源资源，降低办学成本，提高办

学效益；对于推动全社会形成勤俭节约的文明风尚，建设资源节约型、环境友好型社会，实现中华民族伟大复兴的中国梦都具有重要意义。

《通知》指出，要加强制度建设，建立健全促进节约的规章制度。要严格开支标准，控制各项经费支出。要按照朴素、实用、适用和节约资源的原则建设学校校舍，严格控制校舍建设项目的造价标准，不得搞豪华装修，坚决杜绝“豪华校门”“豪华办公楼（室）”“豪华宾馆”和“豪华电梯”等。严格执行住房、用车以及各种生活待遇的有关规定。实行固定资产最低使用年限制度，严禁随意或超标配置办公用房、设备和家具。公务接待一般在学校餐厅安排工作餐，在学校招待所安排住宿。减少会议数量，控制会议规模，降低会议成本。严格控制各类剪彩、奠基活动和庆祝会、纪念会、表彰会、研讨会及各类论坛。《通知》提出，要抓住关键环节，实行精细化管理。严格伙食成本核算及成本管理，加强食堂管理。制定文明用餐规范，大力倡导吃完所购食物、不留剩饭剩菜的“光盘行动”。加强校园采暖、空调、照明等主要用能设备维护管理，强化节能措施。对学校的大型物业实行专业化、现代化管理，促进节能减排。广泛开展节水节电节纸活动，以实际行动降低能源资源消耗。

《通知》还要求，要加强宣传教育，培育节约型校园文化。积极举办节约能源、循环利用、环境保护等科普讲座，普及节约知识。组织开展“节水节电周”“节粮周”“节约校园倡议书”等主题活动，充分运用校园网络阵地，多形式、多途径宣传节约文明。引导广大师生员工身体力行，从我做起、从点滴做起，营造节约型校园的良好环境。支持和引导学生积极参与节能环保社会实践活动，深入社区、社会开展宣传，带动家庭、社会树立节约文化。

《通知》强调，要加强组织领导和监督检查，狠抓工作落实。要抓住制度建设这个重点，着力形成制度、形成风气、形成习惯，一抓到底，常抓不懈，常抓常新，防止搞成新的形式主义。各级领导干部要以身作则，率先垂范，带头厉行勤俭节约。要把执行情况纳入教职员工管理和考核，对浪费现象进行批评处罚，对违反规定的开支不予报销，对违反规定的单位和个人进行严肃处理。

2月26日

［纲　文］　**全国政协主席贾庆林在北京会见阿塞拜疆国民议会第一副议长阿斯克罗夫。**

［目　文］　贾庆林欢迎阿斯克罗夫访华。他说，建交以来，中阿关系健康稳定发展。两国政治互信不断加深，友好往来日益增多，在经贸、能源、通信、基础设施建设等领域积极开展合作，取得良好效果。两国人文交流与合作日益密切。双方在联合国等多边组织框架内保持良好沟通与协调。中方重视发展对阿关系，尊重阿人民根据本国国情选择的发展道路，愿与阿方一道，推动中阿关系不断取得新成就。

贾庆林表示，中国全国政协重视发展与阿国民议会的友好交流与合作，愿同阿国民议会开展多层次、多领域、多渠道交往，相互学习借鉴参政议政经验，为促进两国关系发展、加深两国人民相互了解与友谊发挥积极作用。

阿斯克罗夫对中国经济社会发展取得的成就表示钦佩，对中方长期的支持表示感谢。他说，阿塞拜疆高度重视对华关系，视中国为可信赖的真诚朋友，愿与中方一道，认真落实两国领导人达成的共识，共同促进两国关系迈上新台阶。阿国民议会愿为推动阿中友好作出不懈努力。

2月26日

［纲 文］ **《人民日报》发表题为《愿公平正义的阳光普照——三论以实干贯彻十八大精神》的评论员文章。**

2月27日

［纲 文］ **中华全国总工会第十五届执行委员会主席团第十四次全体会议在北京召开。**

［目 文］ 全国人大常委会副委员长、中华全国总工会主席王兆国出席并主持会议。中共中央政治局委员、中组部部长赵乐际到会介绍了有关人事事项。

按照《中国工会章程》规定，会议推选全国总工会党组书记、副主席、书记处书记陈豪为全国总工会书记处第一书记。会议听取了陈豪、张鸣起、段敦厚分别就关于全总第十五届七次执委会议工作报告（审议稿）等文件和有关人事事项作的说明，审议并原则通过陈豪同志代表全总第十五届执委会主席团在全总第十五届七次执委会议上作的工作报告（审议稿），审议并原则通过拟提交全总第十五届七次执委会议审议的《中华全国总工会关于深入学习贯彻党的十八大精神坚定不移走中国特色社会主义工会发展道路团结动员广大职工为全面建成小康社会建功立业的决议（审议稿）》、《关于召开中国工会第十六次全国代表大会的决议（草案）》，审议并通过了拟提交全总第十五届七次执委会议和九次经审会议履行民主程序的有关人事事项和全总第十五届执行委员会第七次全体会议议程。

2月27日

［纲 文］ **国务院办公厅印发《贯彻实施质量发展纲要2013年行动计划》。**

［目 文］ 《行动计划》明确2013年质量工作重点。针对当前社会较为关注的民生质量热点问题，《行动计划》要求强化惠民生产品和服务的质量监管，加强服务“三农”产品质量安全监管。

《行动计划》突出强调强化惠民生产品和服务的质量监管。包括改善大气环境质量，推进实施清洁生产促进工程，完善节能减排和循环经济标准体系和认证认可制度，加强车用汽油、柴油产品质量监管，在旅游、金融、汽车售后和社区服务等重点民生领域启动服务质量满意度调查试点，开展计量惠民专项行动和能效标识产品专项执法打假等。

针对长期以来的“三农”热点问题，《行动计划》明确要求加强服务“三农”产品质量安全监管。包括开展农机、化肥等重点农业生产资料的产品质量监督抽查，组织实施全国饲料质量安全、生鲜乳质量安全和养殖环节“瘦肉精”监测计划等。同时,《行动计划》要求国家质检总局牵头加强重点工程和重大设备质量安全监管，组织开展“质检利剑行动”，严厉打击重点消费类产品制售和进口环节中的违法行为，加大对进口商品的通报召回工作力度；开展全国“质量月”等系列主题活动。

针对我国知名品牌不多、品牌国际影响力弱的现状,《行动计划》要求探索建立“中国精品”培育机制。主要措施包括建立中国知名品牌数据库、组织开展品牌价值评价等。目标是在我国先进制造业和现代服务业中，探索培育一批能与国际顶尖品牌相媲美的“中国制造”和“中国服务”高端品牌。

《行动计划》还强调，要强化质量工作考核激励机制。措施包括推动将质量指标纳入国家统计指标体系，加强地方政府质量工作绩效管理，将质量安全与质量发展考核指标纳入地方政府绩效管理指标体系，开展“质量强市”示范城市创建活动，开展首届中国质量奖评选表彰等。

在保障质量安全措施方面,《行动计划》要求加强质量安全风险排查整治和监测评估，落实企业质量安全社会责任，加快质量诚信体系建设，在汽车、农业机械、家用电器等行业骨干企业开展可靠性提升试点等。

对以上各项工作,《行动计划》列出了具体的责任单位，明确了工作职责。同时,《行动计划》要求地方各级人民政府加强对质量工作的组织领导和统筹协调，逐级落实责任，确保各项任务的完成。

2月27日

［纲　文］　**国家电网公司发布《关于做好分布式电源并网服务工作的意见》。**

［目　文］　这是继支持分布式光伏发电并网后，国家电网公司将支持范围扩大至风电、天然气等所有类型分布式电源。今后，单位个人不但能用分布式电源给自家供电，还可将用不完的电卖给电网。此次发布将承诺扩大到所有类型分布式电源，是指位于用户附近所发电能就地利用，以10千伏及以下电压等级接入电网，且单个并网点总装机容量不超过6兆瓦的发电项目。

截至2012年底，我国已并网投产的分布式电源1.56万个，装机容量3436万千瓦，其中分布式水电2376万千瓦，世界第一。

2月27日

［纲　文］　**中国首艘航母辽宁舰首次靠泊青岛航母某军港。**

［目　文］　这标志着中国航母军港已具备靠泊保障能力。中国首座航母军港由中国海军组织设计施工，历时4年时间建成，码头水、电、气、油等保障设施完备。辽宁舰将在这里继续开展后续相关试验和训练。

2月27日

［纲　文］　**全国政协主席贾庆林在人民大会堂会见文莱外交与贸易部部长穆罕默德亲王。**

［目　文］　贾庆林说，建交22年来，中文关系始终保持健康稳定发展，双方尊重各自自主选择符合本国国情的发展道路，积极探索互利共赢的合作方式，在本地区树立了大小国家平等相待、互利合作、和谐共处的典范。未来双方可结合各自国内发展战略，探索新形势下加强各领域合作的新思路、新办法，实现优势互补、共同发展。贾庆林指出，2013年是中国与东盟建立战略伙伴关系10周年。中方愿与东盟轮值主席国文莱密切合作，牢牢把握中国—东盟关系的大方向，坚持发展与合作的主题，推动中国—东盟关系实现更大发展。

穆罕默德亲王表示，文莱和中国两国人民有着深厚的传统友谊。建交以来，文中两国政治关系发展顺利，各领域务实合作取得长足进展，在国际地区问题上开展了良好的协调与配合，文方对两国关系发展感到满意。作为东盟轮值主席国，文方将继续致力于推动东盟—中国关系发展，维护本地区良好发展势头。

2月27日

［纲　文］　**公安部打击侵害海外华侨华人犯罪退赃仪式在中国驻阿根廷大使馆举行。这是中国公安机关在海外首次举行退赃仪式，向遭受黑社会犯罪团伙侵害的华侨华人发还被敲诈钱款。**

2月27日

［纲　文］　**台湾电影《阿嬷的梦中情人》在两岸同步上映，这是受益于《海峡两岸经济合作框架协议》（ECFA）而实现两岸同步上映的首部台湾电影。**

2月27日

［纲　文］　**《人民日报》发表题为《适应发展要求，提高自身素质——二谈基层干部》的评论员文章。**

2月28日

［纲　文］　**中共中央在中南海怀仁堂举行民主协商会。**

［目　文］　中共中央总书记习近平主持会议并发表讲话。中共中央政治局常委李克强、张德江、俞正声、刘云山、王岐山、张高丽出席会议，中共中央、国务院有关部门负责人、各民主党派中央、全国工商联有关负责人和无党派人士代表出席会议。

会议就国务院机构改革和职能转变、中共中央拟向十二届全国人大一次会议推荐的国家机构领导人员人选建议名单和拟向全国政协十二届一次会议推荐的全国政协领导人员人选建议名单，向各民主党派、全国工商联和无党派人士通报情况，听取意见。

习近平在讲话中指出，行政体制改革是推动上层建筑适应经济基础的必然要求。实现全面建成小康社会和全面深化改革开放的目标，必须深化已进行30多年并取得重要成果的行政体制改革，破除制约经济社会发展的体制机制弊端。中共十八大从我国发展全局出发，提出了深化行政体制改革的要求和任务，强调要按照建立中国特色社会主义行政体制目标，深入推进政企分开、政资分开、政事分开、政社分开，建设职能科学、结构优化、廉洁高效、人民满意的服务型政府。国务院机构改革和职能转变在行政体制改革中起着至关重要的作用，需要首先抓紧抓好。中共中央根据中共十八大提出的任务，在深入调查研究、广泛征求意见的基础上，形成了《国务院机构改革和职能转变方案（草案）》。中共十八届二中全会审议通过后，将建议国务院提请十二届全国人大一次会议审议。

习近平指出，邀请各民主党派中央、全国工商联负责人和无党派代表人士，就国家政治生活中的重大问题包括国家机构领导人员人选进行协商，是多党合作和政治协商制度的内在要求，是我国社会主义民主的具体体现，也是我们党的优良传统和一贯做法。会上，李克强通报了《国务院机构改革和职能转变方案（草案）》的有关情况。刘云山就新一届国家机构领导人员和全国政协领导人员人选建议名单作了说明。民革中央主席万鄂湘、民盟中央主席张宝文、民建中央主席陈昌智、民进中央主席严隽琪、农工党中央主席陈竺、致公党中央主席万钢、九三学社中央主席韩启德、台盟中央主席林文漪、全国工商联主席王钦敏、无党派人士代表郝如玉等发了言。他们认为，《国务院机构改革和职能转变方案（草案）》，新一届国家机构领导人员和全国政协领导人员人选建议名单，都是在广泛征求意见、充分酝酿协商的基础上形成的，体现了中共十八大精神，顺应全面建成小康社会新形势新任务的要求，考虑比较周全，表示拥护和赞成，并就推进国务院机构改革和职能转变等提出了意见和建议。

2月28日

［纲　文］　**国务院印发《关于开展第一次全国地理国情普查的通知》。**

［目　文］　为全面掌握地理国情现状，满足经济社会发展和生态文明建设的需要，国务院印发该《通知》，决定于2013年至2015年开展第一次全国地理国情普查工作。

《通知》指出，地理国情主要是指地表自然和人文地理要素的空间分布、特征及其相互关系，是基本国情的重要组成部分。开展全国地理国情普查，系统掌握权威、客观、准确的地理国情信息，是制定和实施国家发展战略与规划、优化国土空间开发格局和各类资源配置的重要依据，是推进生态环境保护、建设资源节约型和环境友好型社会的重要支撑，是做好防灾减灾工作和应急保障服务的重要保障，也是相关行业开展调查统计工作的重要数据基础。

这次普查对象是中国陆地国土范围内的地表自然和人文地理要素。普查内容一是自然地理要素的基本情况，包括地形地貌、植被覆盖、水域、荒漠与裸露地等的类别、位置、范围、面积等，掌握其空间分布状况；二是人文地理要素的基本情况，包括与人类活动密切相关的交通网络、居民地与设施、地理单元等的类别、位置、范围等，掌握其空间分布现状。

2月28日

［纲　文］　**国务院国资委印发《中央企业应急管理暂行办法》。**

［目　文］　国资委指出，近年来，中央企业防范应对各类突发事件的能力得到了明

显加强，并在重大突发事件的救援和处置中，发挥了重要作用。但应急管理工作还存在一些问题和不足。其主要表现为，应急管理体系不够完善；应急管理责任落实不够到位；未形成应急管理联动机制；应急管理日常工作不够规范；应急管理的社会责任不够明确。为解决上述问题和不足，按照出资人监管应急管理工作的职责，特印发该《办法》，对中央企业的应急管理工作进行规范。

《暂行办法》共分正文6章42条。国资委表示,《暂行办法》把握出资人的应急工作监管定位和中央企业应急管理职责，结合中央企业的实际，具有以下3个特点：明确了“牵头管理、分工负责”的管理机制；强调中央企业的社会责任，要求中央企业在做好自身救援的同时，认真履行社会救援的责任；突出了联动机制的建设。

2月28日

［纲　文］ **农业部、财政部联合印发《2013年农产品产地初加工补助项目实施指导意见》。**

［目　文］ 为加快解决我国农产品产后损失严重问题，中央财政决定2013年继续实施农产品产地初加工补助项目，投资5亿元在14个省区开展农产品产地初加工补助项目，重点扶持农户和农民专业合作社建设马铃薯贮藏窖、果蔬通风库、冷藏库和烘干房等产地初加工设施。

2月28日

［纲　文］ **国家工商总局等13部门联合印发《2013年虚假违法广告专项整治工作实施意见》。**

［目　文］《意见》指出，严格监管电视购物广告，严厉查处以新闻报道形式和健康资讯节（栏）目变相发布广告的行为。继续加大都市类报纸、省级电视台卫视频道以及地（市）以下报纸、广播电台、电视台广告发布情况的监测检查力度，加强大型门户网站、视频类网站、网络交易平台、搜索类网站及医药类网站的广告监管监控，及时查处虚假违法广告。

2月28日

［纲　文］ **财政部、发展改革委、教育部联合印发《关于完善研究生教育投入机制的意见》。**

［目　文］《意见》指出，研究生教育是高等教育的重要组成部分，承担着培养高层次人才、创造高水平科研成果、提供高水平社会服务的重任。改革开放以来，我国研究生教育规模逐步扩大，培养能力不断增强，投入机制逐步健全，初步形成了一条符合我国国情的发展道路。但与教育改革发展的新形势、新要求相比，还存在培养经费供需矛盾突出、成本分担机制不健全、奖助政策体系不完善等问题。

《意见》提出，建立健全包括生均综合定额拨款、绩效拨款、奖助经费在内的财政拨款体系。从2012年起，中央财政对纳入全国研究生招生计划的中央高校全日制研究生（委托培养研究生除外）安排生均综合定额拨款。同时，根据经济发展水平、物价变动情况和财力状况，建立拨款标准动态调整机制，逐步提高拨款水平。中央财政根据研究生培养质量、科学研究水平等因素确定中央高校研究生教育绩效拨款，由学校自主安排用于研究生培养。中央高校按规定统筹利用“985工程”等经费，支持研究生教育发展。各地要参照中央高校研究生教育财政拨款模式，建立健全地方所属普通高等学校研究生教育拨款制度，加大财政投入力度。

《意见》明确，自2014年秋季学期起，全面实行研究生教育收费。同时，现有的研究生普通奖学金调整为研究生国家助学金，范围覆盖全国研究生招生计划内的所有全日制研究生。另设研究生学业奖学金。政策实施后，研究生所获资助总体上超过其应缴纳的学费。

2月28日

［纲　文］　**中国国家开发银行在拉丁美洲的第一家分支机构——里约热内卢代表处挂牌成立。**

2月28日

［纲　文］　**10时18分，嫦娥二号卫星与地球间距离成功突破2000万公里，标志着中国月球及深空探测能力实现新的跃升。**

2月28日

［纲　文］　**《人民日报》发表题为《让法治思维更加深入人心——四论以实干贯彻十八大精神》的评论员文章。**

2月28日—3月1日

［纲　文］　**中华全国总工会第十五届执行委员会第七次全体会议在北京召开。**

［目　文］　全总副主席、书记处第一书记陈豪代表全总十五届执委会主席团在会上作工作报告。会议传达学习中央书记处关于工会工作的重要指示精神，回顾总结党的十六大和中国工会十四大以来工会工作的成就，深入研究坚持走中国特色社会主义工会发展道路问题，并在总结2012年工会工作的基础上部署2013年主要任务。会议选举中共中央政治局委员、全国人大常委会副委员长兼秘书长李建国为中华全国总工会主席。

全国人大常委会副委员长、中华全国总工会主席王兆国在会上发表讲话。他指出，要把坚持和发展中国特色社会主义作为深入学习贯彻党的十八大精神的聚焦点、着力点、落脚点，紧密结合工会工作实际，深刻认识中国特色社会主义是工运事业发展进步的力量源泉和根本保障，准确把握中国特色社会主义道路、理论体系、制度对工会发展道路的重要意义。王兆国强调，在推进中国特色社会主义事业不懈奋斗中探索形成的工会发展道路，是中国工会的生命。必须深刻理解形成这条道路、坚持这条道路的历史必然性和现实紧迫性，进一步加深对这条道路探索形成过程中一些重大问题的认识，不断增强走这条道路的自觉性和坚定性。王兆国寄语广大工会干部，要增强道路自信、理论自信、制度自信，继承优良传统，破解实践难题，不断探索，不断创新，努力实现工会整体工作迈上新台阶。要进一步深化工会发展道路的理论研究与实践探索，不断丰富拓展这条道路；要深入开展社会主义劳动竞赛，弘扬工人阶级伟大品格和劳模精神，焕发职工群众投身社会主义现代化建设的主人翁精神；要把构建和谐劳动关系作为维护职工合法权益的建设性工作放在更加突出的位置，深入探索新途径新方法；要更好地保障和改善职工群众生活，促进广大职工共享改革发展成果；要进一步深化服务职工活动，健全联系基层、服务职工的长效机制，切实做好新形势下职工群众工作。他还要求切实加强工会领导班子和干部队伍建设，加强工会组织内党的建设，培养一支政治坚定、业务扎实、作风过硬、廉洁自律的工会干部队伍，不断增强工会组织的服务力、创造力、凝聚力。

3 月

3月1日

［纲　文］　**中共中央党校举行建校80周年庆祝大会暨2013年春季学期开学典礼。**

［目　文］　大会由中共中央政治局常委、中央党校校长刘云山主持。中共中央总书记习近平出席并发表重要讲话。中央有关部门负责人、中央党校校委成员、在校学员和分校学员代表、教职工代表共约2200人出席会议。会议对部分长期为中央党校工作和贡献人员授予荣誉奖。

习近平强调，全党面临的一个重要课题，就是如何正确认识和妥善处理我国发展起来后不断出现的新情况新问题。要认识好、解决好各种问题，唯一的途径就是增强我们自己的本领。增强本领就要加强学习，既把学到的知识运用于实践，又在实践中增长解决问题的新本领。同过去相比，我们今天学习的任务不是轻了，而是更重了。领导干部都担负着党和人民交付的职责，要不断提高自己、丰富自己，兢兢业业做好工作，不断提高工作水平和质量。

习近平指出，我们正在从事的中国特色社会主义事业是伟大而波澜壮阔的，是前人没有做过的。因此，我们的学习应该是全面的、系统的、富有探索精神的，既要抓住学习重点，也要注意拓展学习领域；既要向书本学习，也要向实践学习；既要向人民群众学习，向专家学者学习，也要向国外有益经验学习。认真学习马克思主义理论，这是我们做好一切工作的看家本领，也是领导干部必须普遍掌握的工作制胜的看家本领。学习党的路线方针政策和国家法律法规，这是领导干部开展工作要做的基本准备，也是很重要的政治素养。要认真学习党史、国史，知史爱党，知史爱国。经济、政治、历史、文化、社会、科技、军事、外交等方面的知识，要结合工作需要来学习，不断提高自己的知识化、专业化水平。要坚持干什么学什么、缺什么补什么，有针对性地学习掌握做好领导工作、履行岗位职责所必备的各种知识，努力使自己真正成为行家里手、内行领导。

习近平强调，学习的目的全在于运用。领导干部加强学习，根本目的是增强工作本领、提高解决实际问题的水平。要发扬理论联系实际的马克思主义学风，带着问题学，拜人民为师，做到干中学、学中干，学以致用、用以促学、学用相长。领导干部应该把学习作为一种追求、一种爱好、一种健康的生活方式，做到好学乐学，如饥似渴地学习，只要坚持下去，必定会积少成多、积沙成塔，积跬步以至千里。

习近平强调，80年来，中央党校为我国革命、建设、改革事业培养了大批领导干部，在坚持党的思想路线、推进党的理论创新中作出了重要贡献，为推动党和人民事业发展特别是推进改革开放发挥了重要作用。我们庆祝中央党校建校80周年，就是要发扬党校的光荣传统，为加强干部教育培训、推进党的理论建设，为坚持和发展中国特色社会主义作出新的更大的贡献。

3月1日

［纲　文］　**政协第十一届全国委员会第五十八次主席会议在北京召开。**

［目　文］　全国政协主席贾庆林主持会议。会议根据十一届全国政协第二十次常委会议的授权，主要研究政协第十二届一次会议的有关筹备工作。会议审议通过政协十二届一次会议主席团、常务主席、主席团会议主持人和秘书长、副秘书长名单（草案）；政协十二届一次会议预备会议日程；政协十二届一次会议提案审查委员会人选建议名单（草案）；政协十二届一次会议分组办法（草案）和委员小组召集人名单（草案）；政协十二届一次会议秘书处机构设置和工作任务（草案）。会议决定将上述有关草案分别提请政协十二届一次会议预备会议和政协十二届一次会议主席团第一次会议审议。

会议推举十一届全国政协主席贾庆林在政协十二届一次会议上作常委会工作报告、十一届全国政协副主席万钢作提案工作情况的报告。确定吕新华担任全国政协十二届一次会议新闻发言人。会议听取全国政协副主席兼秘书长钱运录，全国政协副秘书长仝广成等分别就有关议题和政协十二届一次会议筹备工作情况作的说明和汇报。

3月1日

［纲　文］　**中央精神文明建设指导委员会在北京召开纪念毛泽东等老一辈革命家为雷锋同志题词五十周年座谈会。**

［目　文］　中共中央政治局委员、中央文明委副主任刘奇葆主持座谈会。中共中央政治局常委刘云山，中共中央政治局委员、中央文明委副主任刘延东，全国政协副主席、中国社科院院长陈奎元出席会议。共青团中央书记处第一书记陆昊，长沙市委书记陈润儿，抚顺市委书记王桂芬，沈阳军区雷锋生前所在团政治委员吕新胜等在座谈会上作了发言。座谈会上，中央文明委授予武警新疆总队医院院长庄仕华“当代雷锋”荣誉称号。

刘云山在会上发表讲话指出，毛泽东同志发出“向雷锋同志学习”号召50年来，学雷锋活动在中华大地接力推进，雷锋精神不断传承弘扬，哺育激励着一代又一代中华儿女成长，涌现出一批又一批雷锋式模范人物，雷锋的名字永远写在春天里、镌刻在人们心灵中。永远的雷锋，永远的雷锋精神。在新形势下深化学雷锋活动、弘扬雷锋精神，有助于引导人们树立崇高的理想追求，发扬爱党爱国爱社会主义的思想，坚定对中国特色社会主义的道路自信、理论自信和制度自信；有助于培育和践行社会主义核心价值观，增强人们对主流价值观念的认同感和践行力；有助于激发全社会道德建设热情，集聚道德建设正能量，形成引领社会进步的文明风尚。

刘云山说，从善如登，从恶如崩。精神文明建设有其特殊的规律，急了不行、慢了也不行，暴风骤雨不行、抓抓停停也不行，关键要在“常长”二字上下功夫，就是常态化、长期抓，持之以恒，久久为功，抓出成效。推动学雷锋活动常态化，要深刻把握雷锋精神的时代内涵，加强对雷锋精神的时代解读，增进人们的思想共识和价值认同。要发挥党员干部的模范带头作用，引导党员干部以雷锋精神为镜子，做社会主义道德的示范者，以优良党风推动形成良好社会风尚。要突出学雷锋活动的实践性，抓好基本道德规范的践行，抓好基础道德行为的养成，推动形成我为人人、人人为我的良好氛围。要建立长效机制、创新途径办法，把学雷锋活动作为经常性工作纳入精神文明建设，总结推广成功经验，探索新的活动载体，使学雷锋活动更有时代感、吸引力，不断向深度广度发展。

3月1日

［纲　文］ **中央社会主义学院在北京举行2013年春季开学典礼。**

［目　文］ 全国人大常委会副委员长、中央社会主义学院院长严隽琪出席并讲话。

严隽琪在讲话中强调，民主党派广大成员学习贯彻中共十八大精神，最根本的就是始终坚持中国特色社会主义不动摇、不放松、不偏离，自觉接受中国共产党的领导，与中国共产党和衷共济、通力合作，共同实现国家富强、祖国统一和民族振兴。作为致力于中国特色社会主义事业的参政党，民主党派要坚定不移推进社会主义民主政治建设，健全社会主义协商民主制度，推进协商民主广泛、多层、制度化发展，当好执政党的参谋和助手，有效保证中国共产党的执政基础不断稳固。要在正确认识参政党建设客观规律的基础上，探索规律、遵循规律、运用规律，努力建设适应时代要求的高素质参政党，与中国共产党一道共同致力于建设富强、民主、文明的社会主义现代化强国。

3月1日

［纲　文］ **银监会公布2012年度监管统计数据。**

［目　文］ 统计数据显示，截至2012年12月末，我国银行业金融机构境内外本外币资产总额为133.6万亿元，同比增长17.9%。境内本外币负债总额为125.0万亿元，同比增长17.8%。

截至2012年12月末，商业银行不良贷款余额4929亿元，同比上升647亿元，不良贷款率为0.95%，同比下降0.01个百分点；流动性比例为45.8%，同比上升2.7个百分点；存贷比65.3%，同比上升0.5个百分点；人民币超额备付金率3.5%，同比上升0.4个百分点。

商业银行全年累计实现净利润1.24万亿元，同比增长18.9%；平均资产利润率为1.3%，与去年同期持平；平均资本利润率19.8%，同比下降0.6个百分点；加权平均资本充足率13.3%，同比上升0.5个百分点；加权平均核心资本充足率为10.6%，同比上升0.4个百分点。

3月1日

［纲　文］ **科技部印发《“十二五”国家重大创新基地建设规划》。**

［目　文］ 《规划》明确，“十二五”期间，结合国民经济发展重大需求和现有创新载体的发展基础，选择具备优势创新条件和基础的领域，我国将试点建设15—20个国家重大创新基地。通过国家重大创新基地建设，加强创新载体间的协同与集成，同时，通过

国家重大创新基地建设，有效解决现有创新载体存在的系统封闭、资源分散等问题。

《规划》指出，到2020年，在试点建设工作取得经验的基础上，围绕国家中长期科技发展规划纲要确定的重点领域和优先主题开展布局，建成一批国家重大创新基地。通过10年左右的持续建设，围绕国家战略需求，面向经济社会发展主要领域，初步形成国家层面的国家重大创新基地布局，引导现有创新载体围绕创新链合理建设、明确定位、有序发展；建立规范、完善的管理制度，探索形成灵活、高效的治理结构、管理模式和运行机制。

《规划》提出，按照创新成果在基础研究、技术开发与工程化、产业化等创新链不同环节扩散的特点，围绕关键领域和重点产业，在以下五个层面部署建设国家重大创新基地。第一，建设基础性、公共性国家重大创新基地。根据现有基础，"十二五"期间，将在计量科学、海洋资源、公共安全等领域启动国家重大创新基地试点建设工作。第二，建设面向重点工程的国家重大创新基地。根据现有基础，"十二五"期间，将在高速列车、智能电网与特高压、深海工程等领域启动国家重大创新基地建设试点工作。第三，建设面向农业的国家重大创新基地。根据现有基础，"十二五"期间，将在农业装备、农业生物育种等领域启动国家重大创新基地建设试点工作。第四，建设面向新兴产业的国家重大创新基地。根据现有基础，"十二五"期间，将在新能源汽车、有色金属新材料、智能制造、光电技术、移动通信、生物医药等领域启动国家重大创新基地建设试点工作。第五，建设面向传统产业的国家重大创新基地。根据现有基础，"十二五"期间，将在钢铁冶金、机械制造等领域启动国家重大创新基地建设试点工作。

《规划》还提出，国家支持国家重大创新基地与世界一流研究机构、大学、学术组织及国际主要研究基金组织建立良好的国际交流与合作机制，搭建联合研发平台，推进国家重大创新基地的国际化发展。鼓励和推动国家重大创新基地发起和组织国际科技合作计划，参与国际大科学计划和大科学工程，把握重大国际科技合作机会，充分发挥国际科技合作在提升我国科学研究能力，培养高质量创新人才和团队等方面的作用。

3月1日

［纲　文］　邮政局印发《邮政行政处罚程序规定》。

［目　文］　该《规定》明确，各级邮政管理部门应当依照法律、法规或者规章规定，公正、公开地实施行政处罚，做到事实清楚、证据确凿、定性准确，坚持处罚与教育相结合，处罚与违法行为的事实、性质、情节以及社会危害程度相当，充分保护当事人的合法权益。邮政管理部门对公民、法人或者其他组织实施的违法行为给予行政处罚的，必须查明事实，确定具体违法行为的性质、情节和社会危害程度。违法事实不清的，不得给予行政处罚。当事人有权进行陈述和申辩。邮政管理部门必须充分听取当事人的意见，对当事人提出的事实、理由和证据，应当进行复核；当事人提出的事实、理由或者证据成立的，邮政管理部门应当采纳。邮政管理部门不得因当事人申辩而加重处罚。违法行为轻微，没有造成危害后果的，邮政管理部门可以约谈企业主要负责人予以告诫；及时纠正违法行为的，不予行政处罚。

《规定》提出，邮政管理部门进行调查取证时，办案人员不得少于2人，并应当出示邮政管理执法证件。办案人员可以依法要求当事人或者有关单位和个人提供证明材料，并由提供人在证明材料上签名或者盖章。根据需要可以采取拍照、录音、录像等方式收集证据。办案人员对调查取证过程中知悉的国家秘密和商业秘密，负有保密义务。该《规定》自2013年5月1日起施行。

3月1日

［纲　文］ **中国证监会、中国人民银行、国家外汇管理局公布《人民币合格境外机构投资者境内证券投资试点办法》。**

［目　文］ 《办法》规定，中国证监会依法对人民币合格投资者的境内证券投资实施监督管理，中国人民银行依法对人民币合格投资者在境内开立人民币银行账户进行管理，国家外汇局依法对人民币合格投资者的投资额度实施管理，人民银行会同国家外汇局依法对人民币合格投资者的资金汇出入进行监测和管理。

《办法》还规定，人民币合格投资者开展境内证券投资业务，应当委托具有合格境外机构投资者托管人资格的境内商业银行负责资产托管业务，委托境内证券公司代理买卖证券。人民币合格投资者开展境内证券投资业务试点，应当遵守中国境内关于持股比例、信息披露等法律法规的规定和其他有关监管规则的要求。中国证监会、人民银行和国家外汇局依法可以要求人民币合格投资者、境内托管人、证券公司等机构提供人民币合格投资者的有关资料，并进行必要的询问、检查。人民币合格投资者及境内托管人在开展境内证券投资业务试点过程中发生违法违规行为的，中国证监会、人民银行和国家外汇局可以依法采取相应的监管措施和行政处罚。《办法》自公布之日起施行。

3月1日

［纲　文］ **《经济日报》报道，国内首个海洋输电实验基地日前在浙江舟山建成。**

［目　文］ 报道说，该实验基地未来将围绕海洋输电工程设计、施工、运维，以及海缆工程深埋敷设、动力定位、故障定位和路径测试等开展科研活动。该实验基地的部分研究成果已应用于生产实际，有效提高了海底电缆的输送容量、输送能力和供电可靠性。截至当前，该实验基地已申请专利19项，其中授权17项，发明专利6项。

3月1日

［纲　文］ **文化部批准《海洋渔文化（象山）生态保护实验区总体规划》，这标志着全国唯一的以海洋渔文化为保护核心的文化生态区落户浙江省宁波市象山县。**

3月1日

［纲　文］ **《人民日报》发表题为《多些理解支持，多些关心帮助——三谈基层干部》的评论员文章。**

3月2日

［纲　文］ **国家主席胡锦涛与科特迪瓦总统瓦塔拉互致贺电，热烈庆祝两国建交30**

周年。同日，外交部部长杨洁篪就中科建交30周年与科外交国务部部长迪比互致贺电。

3月2日

［纲　文］　**政协第十二届全国委员会第一次会议预备会议在人民大会堂举行。**

［目　文］　会议由十一届全国政协主席贾庆林主持。十一届全国政协副主席王刚、杜青林、廖晖、帕巴拉·格列朗杰、白立忱、陈奎元、阿不来提·阿不都热西提、李兆焯、黄孟复、董建华、张梅颖、张榕明、钱运录、孙家正、李金华、郑万通、邓朴方、万钢、林文漪、厉无畏、罗富和、陈宗兴、王志珍、何厚铧出席预备会议。

会议审议通过政协十二届一次会议主席团、主席团会议主持人和秘书长名单，政协十二届一次会议议程和日程以及政协十二届一次会议提案审查委员会名单。

3月2日

［纲　文］　**国务院印发《计量发展规划（2013—2020年）》。**

［目　文］　该《规划》是国务院首次出台计量事业发展的中长期规划。根据《规划》，计量发展的目标是，到2020年计量科技基础更加坚实，量传溯源体系更加完善，计量法制建设更加健全。

《规划》指出，我国已初步形成具有中国特色的计量发展与计量管理制度，但计量体系还存在不足，如国家新一代计量基准持续研究能力不足，量子计量基准相关研究还处于艰难的攻坚阶段，社会公用计量标准建设迟缓，法律法规和监管体制滞后，监管手段不完备等。

刚刚印发的这个《规划》提出了八个方面的量化指标：完成《中华人民共和国计量法》修订；国家计量基标准、标准物质和量传溯源体系覆盖率达到95%以上；国家一级标准物质数量增长100%，国家二级标准物质品种增加100%；国家计量基准实现国际等效比例达到85%以上；得到国际承认的校准测量能力达到1400项以上，其中90%以上达到国际先进水平；国家重点管理计量器具受检率达到95%以上；全国范围内引导并培育10万家诚信计量示范单位；实现万家重点耗能企业能源资源计量数据实时、在线采集等。

该《规划》的发布实施对促进我国计量事业发展，提升全国计量整体能力和水平，进而促进科学技术进步、服务经济转型发展、增强国防建设实力，以及保障全面建成小康社会发挥重要的技术基础保障作用。

3月2日

［纲　文］　**国务院办公厅印发《中国反对拐卖人口行动计划（2013—2020年）》。**

［目　文］　《计划》提出，严格落实侦办拐卖儿童案件责任制。对拐卖儿童案件实行"一长三包责任制"，由县级以上公安机关负责人担任专案组组长，负责侦查破案、解救被拐卖儿童、安抚受害人亲属等工作。案件不破，专案组不得撤销。各级政府将《计划》实施经费纳入财政预算。鼓励社会组织、公益机构、企事业单位和个人捐助，争取国际援助，多渠道筹集反拐资金。

《计划》指出，要加强部门联动，建立发现、举报拐卖人口犯罪工作机制。加强拐卖人口犯罪活动重点行业、重点地区和重点人群预防犯罪工作。要加强人力资源市场管理，规范劳动者求职、用人单位招用和职业中介活动，鼓励用工单位开展反拐教育培训。建立和完善劳动用工备案制度，加强劳动保障监察执法，加大对非法职业中介及使用童工、智力残疾人等违法行为查处力度，完善部门联动协作机制。研究在劳务市场发生的拐卖人口犯罪问题，有针对性地开展预防工作。

《计划》要求，要认真开展来历不明儿童摸排工作。各地公安机关负责采集失踪儿童父母血样，检验录入全国打拐DNA信息库，并加强与有关部门沟通，及时发现来历不明、疑似被拐卖的儿童，采血检验入库。对被收养儿童、来历不明儿童落户的，要采血检验入库比对，严把儿童落户关。国务院反拐部际联席会议加强组织领导和统筹协调，制定并完善政策措施，及时研究解决突出问题和困难。联席会议办公室负责协调组织对《计划》实施情况进行督导检查，开展阶段性评估和终期评估，对拐卖人口犯罪重点案件和重点地区建立挂牌督办和警示制度。

《计划》强调，依法严惩拐卖人口犯罪。对拐卖人口犯罪集团首要分子和多次参与、拐卖多人，同时实施其他违法犯罪或者具有累犯等从严、从重处罚情节的，坚决依法惩处。对收买被拐卖受害人以及以暴力、威胁方法阻碍、聚众阻碍国家机关工作人员解救受害人，依法应当追究刑事责任的，坚决依法惩处。依法解救被拐卖儿童，并送还其亲生父母。对查找不到亲生父母的，由公安机关提供相关材料，交由民政部门妥善安置，不得由收买家庭继续抚养。

《计划》要求将反拐工作纳入社会管理综合治理考核范畴以及相关部门、机构的目标管理和考核体系，考核结果送干部主管部门，作为对相关领导班子和领导干部综合考核评价的重要依据。对反拐措施得力、成效显著的部门和地区，给予表彰和奖励。对拐卖人口犯罪严重、防控打击不力的地区，依法依纪追究有关人员的责任，并实行社会管理综合治理一票否决。

3月2日

［纲　文］　**国家行政学院在北京举行2013年春季开学典礼暨省部级领导干部生态文明建设专题研讨班开班式。**

［目　文］　开学典礼与开班式由国家行政学院党委书记、常务副院长李建华主持。中央和国家机关有关部门负责人以及国家行政学院学员和教职员工参加了开学典礼和开班式。国家行政学院院长马凯出席并讲话。

马凯指出，党的十八大将生态文明建设纳入中国特色社会主义事业“五位一体”总体布局，是我们党又一次重大理论创新和实践深化。大力推进生态文明建设，是保持我国经济社会持续健康发展的现实需要，是实现中华民族世世代代永续发展的必然选择，是不断满足人民群众日益增长的物质文化需要的内在要求。

马凯强调，建设生态文明要坚持以科学发展观为指导，坚持把尊重、顺应和保护自然作为本质要求，坚持把节约优先、保护优先、自然恢复为主作为基本方针。要切实推进主体功能区战略实施，优化国土空间开发格局；要加快转变经济发展方式，促进生产方式转型；要合理引导消费行为，形成文明生活方式；要着力加强生态保护与修复，营造良好生态环境；要大力推进科技进步，支撑生态文明建设；要不断创新体制机制，完善生态文明制度。

3月3—12日

［纲 文］ **中国人民政治协商会议第十二届全国委员会第一次会议在北京举行。**

［目 文］ 3月3日下午，中国人民政治协商会议第十二届全国委员会第一次会议在人民大会堂开幕。胡锦涛、习近平、吴邦国、温家宝、贾庆林、李克强、张德江、刘云山、王岐山、张高丽等党和国家领导人在主席台就座，祝贺大会召开。俞正声主持开幕会。会议听取并赞同温家宝总理所作的政府工作报告，赞同最高人民法院工作报告、最高人民检察院工作报告以及其他报告，赞同《国务院机构改革和职能转变方案》。会议审议批准贾庆林代表政协第十一届全国委员会常务委员会所作的工作报告，审议批准万钢代表政协第十一届全国委员会常务委员会所作的提案工作情况的报告，选举产生了第十二届全国政协领导人。俞正声当选全国政协主席，会议同时选出23位政协副主席。会议期间，习近平总书记等党和国家领导人出席会议并参加分组讨论，与委员共商国是。

会议就我国经济社会发展中的重大问题和人民群众普遍关心的问题，进行了认真协商讨论。委员们强调，要坚持以经济建设为中心，坚持科学发展主题和加快转变经济发展方式主线，坚持稳中求进，加强和改善宏观调控，扩大国内需求，强化创新驱动发展，加快产业结构调整，推进区域经济协调发展，积极稳妥推进城镇化，加强环境保护和节能减排，深化对外开放，推动经济持续健康发展。要下更大气力做好保障和改善民生的各项工作，着力解决好教育、就业、收入分配、社会保障、医药卫生、食品安全、住房保障、环境保护等关系人民群众切身利益的问题，完善基本公共服务体系，落实好各项惠民政策，努力在实现全体人民学有所教、劳有所得、病有所医、老有所养、住有所居目标上取得新进展。要促进各民族和睦相处、和衷共济、和谐发展，发挥宗教界人士和信教群众在促进经济社会发展中的积极作用。要以更大的政治勇气和智慧不失时机地深化重要领域改革，精心组织实施《国务院机构改革和职能转变方案》，统筹推进经济、政治、文化、科技、社会、生态等方面的体制改革，不断推进中国特色社会主义制度自我完善和发展。各级政协组织和广大政协委员要围绕这些重大问题，深入调查研究，积极议政建言，努力为党和政府科学决策提供重要参考。

会议强调，实现祖国完全统一和中华民族伟大复兴，需要全体中华儿女共同奋斗。人民政协要坚定不移地贯彻“一国两制”、“港人治港”、“澳人治澳”、高度自治的方针和基本法，进一步密切与港澳委员的联系，充分发挥他们在特别行政区发展经济、改善民生、推进民主、促进和谐和国家事务中的积极作用。坚持“和平统一、一国两制”方针，贯彻两岸关系和平发展重要思想，切实加强与台湾各界的交往、对话、合作，巩固和深化两岸关系和平发展的政治、经济、文化、社会基础，努力促进两岸同胞团结奋斗。加强与海外侨胞、归侨侨眷及海外留学人员的团结联谊，支持他们参与祖国现代化建设与和平统一大业。

会议强调，要把加强作风建设作为人民政协事业发展的重要任务来抓，切实抓出成效。各级政协组织和广大政协委员要在调研视察等各项履职活动中，认真倾听群众的愿望和呼声，积极反映各界群众的利益诉求，切实做好新形势下人民政协联系和服务群众的各项工作。广大政协委员要切实牢记使命、遵守章程、加强学习、履职尽责，不辜负党和人民的信任。

会议号召，人民政协的各级组织、各参加单位和广大政协委员，更加紧密地团结在以习近平同志为总书记的中共中央周围，高举中国特色社会主义伟大旗帜，以邓小平理论、“三个代表”重要思想、科学发展观为指导，求真务实，锐意进取，开拓创新，为全面建成小康社会、实现中华民族伟大复兴而共同奋斗。

在圆满完成各项议程后，12 日上午，全国政协十二届一次会议在人民大会堂闭幕。

3 月 3 日

［纲　文］ **新华网报道，风电跃居中国第三大主力电源。**

［目　文］ 报道说，根据最新发布的中国电力企业联合会 2012 年全国电力工业年快报统计，2012 年底中国风电并网总装机 6083 万千瓦，跃居世界第一；2012 年风电发电量 1004 亿千瓦时，超过核电发电量的 982 亿千瓦时。这是中国风电发电量首次超过核电，由此，风电已经成为继火电和水电之后的中国第三大主力电源。

3 月 3 日

［纲　文］ **《人民日报》发表题为《团结就是力量，民主才有活力——热烈祝贺全国政协十二届一次会议开幕》的社论。**

3 月 3 日

［纲　文］ **《人民日报》发表题为《雷锋，一面永不褪色的旗帜》的评论员文章。**

3 月 3 日

［纲　文］ **《人民日报》发表题为《以绿色发展构建美丽中国——五论以实干贯彻十八大精神》的评论员文章。**

3 月 4 日

［纲　文］ **十一届人大常委会在人民大会堂举行第九十八次委员长会议。**

［目　文］ 全国人大常委会委员长吴邦国主持会议。会议听取了十一届全国人大常委会副秘书长王万宾作的关于十二届全国人大一次会议主席团和秘书长名单草案审议情况的汇报，决定将名单草案提请十二届全国人大一次会议预备会议选举。会议通报了十二届全国人大一次会议主席团常务主席人选，决定提请十二届全国人大一次会议主席团第一次会议推选。

会议听取了王万宾作的关于十二届全国人大一次会议议程草案审议情况的汇报，决定将议程草案提请大会预备会议表决。会议还通报了十二届全国人大一次会议执行主席分组名单草案。

3月4日

［纲 文］ **第十二届全国人民代表大会第一次会议在人民大会堂举行预备会议。**

［目 文］ 第十一届全国人大常委会委员长吴邦国主持会议。出席预备会议的全国人大代表经过表决，选举产生了十二届全国人大一次会议主席团和秘书长，通过了十二届全国人大一次会议议程。十二届全国人大代表共2987人。截至3月3日，已向大会秘书处报到的代表2975人。此次预备会议，出席2882人，缺席105人，出席人数符合法定人数。

吴邦国宣布十二届全国人大一次会议于3月5日召开。大会的各项准备工作已经全部就绪。吴邦国指出，十二届全国人大一次会议的指导思想是：深入学习贯彻党的十八大精神，高举中国特色社会主义伟大旗帜，以邓小平理论、“三个代表”重要思想、科学发展观为指导，认真行使宪法和法律赋予职权，完成各项议案的审议，做好国家机构的换届选举工作，将大会开成一个民主、团结、求实、奋进的大会，动员全国各族人民紧密团结在以习近平同志为总书记的党中央周围，万众一心、开拓进取、扎实工作，为全面建成小康社会、不断夺取中国特色社会主义事业新胜利而奋斗。

3月4日

［纲 文］ **农业部和联合国粮农组织在中国农业科学院哈尔滨兽医研究所联合举行国际动物流感参考中心挂牌仪式。**

［目 文］ 哈尔滨兽医研究所动物流感实验室是我国首个获得FAO认可的国际动物疫病参考中心，也是FAO继德国联邦动物健康研究机构之后在全球认定的第2个动物流感参考中心。这标志着哈尔滨兽医研究所动物流感实验室正式成为联合国粮农组织动物流感参考中心，我国在动物流感实验室诊断、科学研究等方面达到国际领先水平。

哈尔滨兽医研究所动物流感实验室是农业部指定的国家禽流感参考实验室，也是世界动物卫生组织国际参考实验室，近年来在动物流感诊断监测、分子流行病学、疫苗研制等方面取得一系列重大成果，为我国及周边有关国家和地区动物流感防控提供了有力的技术支持。

3月4日

［纲 文］ **“海巡31船”的海事直升机B-7778巡视了东门礁附近通航环境、通航秩序，完成对东门礁附近水域的空巡监管任务。这是中国海事直升机首次对南海水域进行巡航监管。**

3月4日

［纲 文］ **《人民日报》发表题为《从严治党不辱历史使命——六论以实干贯彻十八大精神》的评论员文章。**

3月5—17日

［纲 文］ **第十二届全国人民代表大会第一次会议在北京召开。**

［目　文］　3 月 5 日上午，第十二届全国人民代表大会第一次会议在人民大会堂开幕。胡锦涛、习近平、李克强、俞正声、刘云山、王岐山、张高丽等党和国家领导人在主席台就座。张德江主持大会。

会议的主要议程是：听取和审议政府工作报告；审查和批准 2012 年国民经济和社会发展计划执行情况与 2013 年国民经济和社会发展计划草案的报告，批准 2013 年国民经济和社会发展计划；听取审议国务院机构改革方案；选举产生新一届中华人民共和国国家领导人等。

会议经表决批准了政府工作报告，充分肯定国务院过去 5 年的工作，同意报告提出的 2013 年经济社会发展的总体要求和目标任务。会议经表决批准关于 2012 年国民经济和社会发展计划执行情况与 2013 年国民经济和社会发展计划草案的报告，批准 2013 年国民经济和社会发展计划；批准关于 2012 年中央和地方预算执行情况与 2013 年中央和地方预算草案的报告，批准 2013 年中央预算；批准全国人大常委会工作报告、最高人民法院工作报告和最高人民检察院工作报告。

会议选举了十二届全国人大常委会委员长、副委员长、秘书长、委员，选举国家主席、副主席，决定国务院总理的人选，决定国务院副总理、国务委员、各部部长、各委员会主任、中国人民银行行长、审计长、国务院秘书长的人选，选举中央军委主席，决定中央军委副主席、委员的人选，选举最高人民法院院长，选举最高人民检察院检察长，表决通过其他 8 个全国人大专门委员会组成人员的人选名单。

会议以无记名投票方式，选举习近平为国家主席、中央军委主席，选举张德江为第十二届全国人大常委会委员长，选举李源潮为国家副主席。会议根据表决、计票结果宣布李克强为国务院总理，范长龙、许其亮为中央军委副主席，周强为最高人民法院院长，曹建明为最高人民检察院检察长。会议根据国务院总理李克强的提名，决定了国务院其他组成人员。

在圆满完成各项议程，产生新一届国家机构组成人员后，十二届全国人大一次会议闭幕。国家主席习近平在闭幕会上发表重要讲话。他对大会选举他担任中华人民共和国主席，对各位代表和全国各族人民的信任，表示衷心的感谢。他表示，实现中国梦必须走中国道路。中国梦归根到底是人民的梦，必须紧紧依靠人民来实现，必须不断为人民造福。我们要坚持党的领导、人民当家作主、依法治国有机统一，充分调动人民积极性；要坚持发展是硬道理的战略思想，不断夯实实现中国梦的物质文化基础；要随时随刻倾听人民呼声、回应人民期待，不断实现好、维护好、发展好最广大人民根本利益；要巩固和发展最广泛的爱国统一战线，最大限度团结一切可以团结的力量。中国共产党是领导和团结全国各族人民建设中国特色社会主义伟大事业的核心力量，肩负着历史重任，经受着时代考验，必须坚持立党为公、执政为民，坚持党要管党、从严治党，全面加强党的建设，不断提高党的领导水平和执政水平、提高拒腐防变和抵御风险能力。全体共产党员特别是党的领导干部，要坚定理想信念，始终把人民放在心中最高的位置，弘扬党的光荣传统和优良作风，坚决反对形式主义、官僚主义，坚决反对享乐主义、奢靡之风，坚决同一切消极腐败现象作斗争，永葆共产党人政治本色，矢志不移为党和人民事业而奋斗。全国各党派、各团体、各民族、各阶层、各界人士要更加紧密地团结在中共中央周围，全面贯彻落实中共十八大精神，以邓小平理论、“三个代表”重要思想、科学发展观为指导，始终谦虚谨慎、艰苦奋斗，始终埋头苦干、锐意进取，不断夺取全面建成小康社会、加快推进社会主义现代化新的更大的胜利，不断为人类作出新的更大的贡献。

张德江委员长随后也发表了讲话。他说，十二届全国人大一次会议已经圆满完成各项议程，在全体代表的共同努力下，会议开得很成功。这是一次民主、团结、求实、奋进的大会，是承前启后、继往开来的大会。他代表十二届全国人大及其常委会，向吴邦国同志，向十一届全国人大常委会全体组成人员，向十一届全国人大代表，致以崇高的敬意。

张德江说，这次大会选举产生了十二届全国人大常委会，并选举我担任本届全国人大常委会委员长。这是各位代表和全国各族人民对我们的信任，我谨代表十二届全国人大常委会全体组成人员表示衷心的感谢。他说，我们将同全体代表一道，以对国家、对人民高度负责的精神，忠实履行宪法和法律赋予的职责，恪尽职守，勤勉工作，为发展社会主义民主政治、保证人民当家作主、建设社会主义法治国家贡献全部智慧和力量，决不辜负全国各族人民的重托。

3月17日上午，张德江宣布：第十二届全国人民代表大会第一次会议闭幕。

3月5日

［纲　文］ **国务院批复同意《贵阳市城市总体规划（2011—2020年）》。**

［目　文］ 国务院在批复中要求，要以科学发展观为指导，坚持经济、社会、人口、环境和资源相协调的可持续发展战略，统筹做好贵阳市城乡规划、建设和管理的各项工作。在《总体规划》确定的3121平方公里的城市规划区范围内，实行城乡统一规划管理。到2020年，中心城区城市人口规模控制在320万人以内，城市建设用地规模控制在300平方公里以内。完善城市基础设施体系，建设资源节约型和环境友好型城市，创造良好的人居环境，重视历史文化和风貌特色保护，严格实施《总体规划》。

国务院要求，贵阳市人民政府要根据本批复精神，认真组织实施《总体规划》，任何单位和个人不得随意改变。贵州省和住房城乡建设部要对《总体规划》实施工作进行指导、监督和检查。

3月5日

［纲　文］ **全国粮食质量安全监管工作会议在昆明召开。**

［目　文］ 各省（区、市）及新疆生产建设兵团粮食局主管局长及职能处室负责人、各国家粮食质量监测中心主任，以及有关粮食企业和院校负责同志参加了会议。辽宁、安徽、湖北、湖南、云南、陕西等省粮食局在会上作了典型经验交流。会议传达贯彻国务院副总理李克强在国家粮食局座谈会上的重要讲话和国务院食品安全委员会第五次全体会议的重要精神，贯彻落实全国粮食流通工作会议确定的质量安全监管工作任务，总结交流

2012年监管工作经验，研究部署2013年粮食质量安全监管重点工作。国家粮食局党组成员、副局长吴子丹同志出席会议并讲话。

会议认为，2012年全国粮食质量安全监管工作稳步推进，各级粮食部门对粮食质量安全的重视程度普遍提高，工作力度明显加大，工作作风更加扎实，按照“机构成网络、监测全覆盖、监管无盲区、系统无风险”的工作目标和《2012年粮食质量安全重点工作》部署，积极开展粮食质量安全监测抽查，建立健全监管长效机制，着力推进检验监测体系和粮油标准体系建设，妥善应对处置突发性粮食质量安全事件，为保障国家粮食质量安全作出了积极贡献。

会议要求，2013年全国粮食质量监管工作要切实按照李克强副总理关于“守住管好天下粮仓”，协调推进“新四化”建设，做好“广积粮、积好粮、好积粮”三篇文章的总部署，以及全国粮食流通工作会议关于“一个中心、四项重点工作”的部署要求，以更坚决的态度、更有力的措施，切实抓好粮食质量安全工作，守护一方粮食安全。一是深入贯彻落实《国务院关于加强食品安全工作的决定》和《国家食品安全监管体系“十二五”规划》的各项工作任务；二是围绕推动粮食安全省长负责制的全面落实，理顺各级粮食行政管理部门的质量安全监管机构和职责，落实监管责任，加强对工作开展情况的评估考核，落实责任追究；三是全力推进实施“粮安工程”，保质保量按时完成2013年粮食质量安全检验监测能力建设项目投资计划，统筹规划体系建设；四是进一步强化粮食质量安全监管工作，推进基层监管执法能力建设，继续做好收获粮食质量安全监测和库存粮油质量安全抽查。

3月5日

［纲　文］《人民日报》发表《凝聚起实现“中国梦”的强大力量——热烈祝贺十二届全国人大一次会议开幕》的社论。

3月6日

［纲　文］国家主席胡锦涛、中共中央总书记习近平、全国人大常委会委员长吴邦国分别就委内瑞拉玻利瓦尔共和国总统乌戈·拉斐尔·查韦斯·弗里亚斯不幸逝世，向委内瑞拉代总统马杜罗致唁电。

［目　文］中共中央政治局常委俞正声前往委驻华使馆吊唁查韦斯总统逝世。

3月6日

［纲　文］财政部、国土资源部印发《国家级地质遗迹保护专项资金管理办法》。

［目　文］《办法》规定，专项资金用于国家级地质遗迹的保护，主要包括地质遗迹保护工程支出、地质遗迹科普宣传支出、地质遗迹标本收集展示支出和其他相关支出等。专项资金使用管理坚持“科学、公开、公正”原则，接受社会监督。专项资金实行专款专用，任何单位和个人不得截留、挤占、坐支和挪用。专项资金不得用于下列支出：对外投资，赞助和捐赠支出，支付滞纳金、罚款、违约金、赔偿金；人员工资、津贴补贴及奖金

和公务车辆等支出；购置和修建与项目实施无关的设备、装备、房屋、基础设施等固定资产以及与项目实施无关的其他支出。

《办法》还规定，专项资金由财政部、国土资源部共同管理。财政部负责确定专项资金年度预算，国土资源部负责确定年度支持项目。国土资源部、财政部将不定期对项目建设和资金使用情况进行专项检查。省级财政、国土资源部门要加强资金的监管，督促项目承担单位加快预算执行进度，提高专项资金使用效益。

《办法》自印发之日起施行。

3 月 6 日

［纲　文］　**国家发展改革委印发《价格行政处罚程序规定》。**

［目　文］　该《规定》提出，价格主管部门应当依照法律、法规、规章的规定实施行政处罚。没有法定依据或者不遵守法定程序的，行政处罚无效。《规定》还提出，执法人员有下列情形之一的，应当回避，当事人也有权申请其回避：是本案的当事人或者当事人的近亲属；本人或者其近亲属与本案有利害关系；与本案当事人有其他关系，可能影响对案件公正处理的。执法人员的回避，由价格主管部门负责人或者经授权的价格监督检查机构负责人决定。

《规定》明确，任何单位和个人有价格违法行为，情节严重，拒不改正的，价格主管部门除依法给予行政处罚外，可以公告其价格违法行为，直至其改正。《规定》自 2013 年 7 月 1 日起施行。

3 月 6 日

［纲　文］　**中华全国妇女联合会在北京举行纪念“三八”国际妇女节中外妇女招待会。**

［目　文］　全国妇联副主席、书记处第一书记宋秀岩主持招待会。在京中央国家机关女部长，两院女院士，港澳地区人大女代表、政协女委员，在京女将军等中国各界妇女代表；外国驻华女大使、使节夫人、女外交官，联合国系统驻华机构代表、在华工作的外国女专家及专家夫人以及关心、支持中国妇女儿童事业的各界朋友近 1200 人出席招待会。

全国人大常委会副委员长、全国妇联主席陈至立在招待会上向各国妇女姐妹致以节日的问候并简要介绍了中国妇女儿童事业在 2012 年取得的成绩。她说，2012 年是中国妇女事业全面推进的一年，全国妇联在推动妇女发展方面又取得了新成效。“坚持男女平等基本国策，保障妇女儿童合法权益”写进了党的十八大报告，《中国妇女发展纲要（2011—2020）》全面实施，新换届的各级党政班子女干部数量比上届增加，妇女小额贴息贷款突破 1000 亿元，农村妇女“两癌”免费检查、消除婴幼儿贫血行动等项目取得新进展，中外妇女交流取得丰硕成果。陈至立指出，2013 年是贯彻落实党的十八大精神的开局之年，希望全国广大妇女姐妹在新的一年里，奋发有为，建功立业，为全面建成小康社会、为实现中华民族伟大复兴的中国梦贡献全部智慧和力量。她表示愿与各国妇女和妇女组织一道，互相支持、携手合作，为争取男女平等、为世界和平与发展作出新的更大贡献。

3 月 6 日

［纲　文］　**外交部发言人就朝鲜不再承认《朝鲜停战协定》一事答记者问。**

［目　文］　外交部发言人说，《朝鲜停战协定》对维护朝鲜半岛和平稳定具有重要作用。当前半岛形势复杂敏感，中方呼吁有关各方从维护半岛和地区和平稳定大局出发，保持冷静克制，不要采取使局势进一步升级的行动。发言人表示，从长远看，中方认为半岛应以和平机制取代停战机制，希望有关各方通过对话协商共同致力于这一目标，实现半岛和地区的长治久安。

3 月 7 日

［纲　文］　**农业部印发《2013 年农机购置补贴政策落实监督检查工作方案》。**

［目　文］　《方案》明确了 2013 年农机购置补贴政策落实监督检查的十项重点内容：补贴机具种类范围确定情况，补贴额确定和补贴机具价格情况，补贴受益对象确定情况，补贴机具经销经营行为管理情况，补贴机具质量和牌证管理情况，补贴信息公开和补贴管理软件使用情况，“全价购机、县级结算、直补到卡”和“报废更新”创新试点情况，补贴资金使用情况，廉政风险防控和延伸绩效管理机制建设和落实情况，以及群众举报投诉的查处情况。

《方案》要求，采取多种方式对各地落实政策工作进行监督检查，一经发现问题，不论涉及到哪一年，均将一查到底。一是专项督查。深入乡村一线和补贴机具经销企业实地了解补贴政策落实情况，同时定点抽查群众举报投诉案件和以往举报投诉查处情况。二是购机户抽查。通过开展实地随机抽查、电话抽查等形式开展抽查，对发现的问题要一查到底，进行责任追究。三是延伸绩效管理核查。结合农业部强农惠农富农政策延伸绩效管理总体要求，对各地补贴政策绩效管理工作进行全面考核。四是举报投诉调查处理。农业部将会同纪检监察、财政等有关部门，对线索清楚、问题严重、影响面广的举报投诉，联合进行查处。同时要求各地对农业部等有关部门批转的举报投诉进行调查核实，并负责查处本省域内的举报投诉案件；对部、省两级督查、抽查过程中发现的线索和问题，要必查必纠；要将督导检查情况和对各类违规违纪案件的查处情况及时报农业部、财政部。

3 月 7 日

［纲　文］　**发展改革委印发《促进综合交通枢纽发展的指导意见》。**

［目　文］　《意见》提出，促进综合交通枢纽发展，是提高交通运输整体效率和服务水平、降低物流成本的有效途径，是优化运输结构、实现交通运输战略转型的迫切需要，是集约利用资源、节能环保的客观要求，对解决现阶段我国综合交通枢纽规划设计不统一、建设时序不同步、运营管理不协调、方式衔接不顺畅等问题，构建便捷、安全、高效的综合交通运输体系，支撑国民经济和社会发展，方便广大人民群众出行，提升国家竞争

力具有战略意义。

《意见》还提出，一、加强以客运为主的枢纽一体化衔接。二、完善以货运为主的枢纽集疏运功能。三、提升客货运输服务质量。四、统筹枢纽建设经营。

《意见》还要求，制定枢纽规划，创新管理机制，拓宽融资渠道，鼓励综合开发，完善技术标准。

3月7日

［纲　文］　**国务院批复成立郑州航空港经济综合实验区。**

［目　文］　国务院批复郑州航空港经济综合实验区发展规划，标志中国首个航空港经济发展先行区正式起航。郑州航空港经济综合实验区面积415平方公里，战略定位是建成国际航空物流中心、以航空经济为引领的现代产业基地、内陆地区对外开放重要门户、现代航空都市、中原经济区核心增长极。国家发展和改革委地区经济司司长范恒山说，郑州航空港经济综合实验区，是国务院批准的首个以航空港经济为主题的实验区。实验区将带动中原经济区新型城镇化、工业化和农业现代化协调发展，促进中西部地区全方位扩大开放，具有十分重要的意义。

3月8日

［纲　文］　**国务院印发《关于促进海洋渔业持续健康发展的若干意见》。**

［目　文］　《意见》提出，到2015年，海水产品产量稳定在3000万吨左右，海水养殖面积稳定在220万公顷左右，其中海上养殖面积控制在115万公顷以内；到2020年，海洋渔业基础设施状况显著改善，物质装备水平进一步提高，科技支撑能力显著提升，海洋渔业生态环境和渔民生产生活条件明显改善，形成生态良好、生产发展、装备先进、产品优质、渔民增收、平安和谐的现代渔业发展新格局。

《意见》强调，到2015年，我国近海捕捞强度有效控制，外海和远洋渔业综合生产能力不断增强，海水产品精深加工规模不断扩大；渔业组织化程度明显提高，渔民收入稳步增长；渔船装备水平明显提高，安全生产能力进一步提升；现代渔业产业体系和支撑保障体系基本形成；水生生物资源养护和修复能力明显提升，渔业生态环境有所改善。为实现上述目标，我国将加强海洋渔业资源和生态环境保护，全面开展渔业资源调查，健全渔业资源调查评估制度，每5年开展一次渔业资源全面调查，重点调查濒危物种、水产种质等重要渔业资源和经济生物产卵场、江河入海口、南海等重要渔业水域。大力加强渔业资源保护，严格执行海洋伏季休渔制度，积极完善捕捞业准入制度，开展近海捕捞限额试点，严格控制近海捕捞强度。

《意见》还提出，要制定并落实水域、滩涂养殖规划，引导渔民依法规范养殖。调整海洋渔业生产结构和布局，科学发展海水养殖。积极稳妥发展外海和远洋渔业，大力发展海水产品加工和流通。针对我国渔船装备老旧的现状，大力提高海洋渔业设施和装备水平，升级改造海洋捕捞渔船。在改善渔民民生方面，积极推进渔村建设，以渔港建设带动渔区小城镇和渔村发展。加强渔区基础设施建设，重点解决饮水安全、用电、道路等问题。完善社会保障制度，促进渔区教育、文化、卫生、养老等社会事业全面发展。落实扶持政策，启动实施以船为家渔民上岸安居工程。

3月8日

［纲　文］　**中国海监编队赴西沙海域进行海岛保护定期巡查。**

［目　文］　17时50分，由中国海监83船领航的西沙巡航编队陆续驶出海南三亚港，起航前往西沙海域进行为期9天的海岛保护定期巡查联合执法行动。本次巡航是三沙市成立后，中国海监部门首次全面对西沙海域海岛进行海空立体巡查。

中国海监南海维权执法支队将西沙海域海岛定巡职责以及西中南沙执法站的任务和工作、生活等设施移交中国海监第十支队。3月9日，中国海监第十支队正式进驻海南省三沙市。支队进驻后将常态化开展海域使用、海洋环境保护和海岛保护等行政执法工作。

3月10日，执法人员乘坐海监83船、262船、263船抵达指定海域后，分成3艘快艇登抵赵述岛和北岛进行勘测执法，海监B-7103直升机通过高空悬停、低空飞行进行空中巡查，按计划海监编队巡查西沙10个岛礁。

3月8日

［纲　文］　**《人民日报》发表题为《男女平等是一种现实权利》的评论员文章。**

3月9日

［纲　文］　**国家主席胡锦涛与西班牙国王胡安·卡洛斯一世互致贺电，热烈庆祝两国建交40周年。**

3月9日

［纲　文］　**委内瑞拉代总统马杜罗在加拉加斯会见国家主席胡锦涛特使、国家发展和改革委员会主任张平。**

［目　文］　会见时，马杜罗说，已故的查韦斯总统对中国有着深厚的感情，他生前一直致力于建设两国重要的战略合作关系和不断开拓和深化两国在不同领域的合作，向他致敬的最好方式就是继续加强和深化委内瑞拉和中国的战略关系。马杜罗感谢中国特使团在委内瑞拉人民最悲痛的时刻专程赴委参加查韦斯的葬礼，并表示委内瑞拉永远是中国忠实的朋友。

张平说，中国政府和人民对查韦斯总统的逝世表示深切哀悼，查韦斯曾6次访问中国，在他执政的14年中，中委关系得到加速发展。中国政府非常重视和委内瑞拉的双边关系，并着眼两国关系的长远发展，中方愿意继续加强和深化两国关系的发展，以慰藉已故总统的在天之灵。

委内瑞拉前总统查韦斯于5日下午4时25分因病逝世，他的国葬仪式于8日上午11时举行。张平作为胡锦涛特使于7日晚抵达委内瑞拉，8日出席委内瑞拉总统查韦斯葬礼和代总统马杜罗的就职仪式。

3月9日

［纲　文］　**青岛港董家口港区矿石接卸码头工程正式通过国家验收。**

［目　文］　这是目前世界最大的矿石接卸码头，也是中国建成的第一个30万吨级（结构兼顾40万吨）矿石接卸码头。该项工程创出了五项世界之最：世界最大的码头、最深的码头水深、最先进的环保系统、最先进的信息化操作系统、最大的岸桥。董家口港区将成为国家大宗散货集散中心，支撑青岛港从第三代港口向第四代港口的转型升级，并确定了青岛港国际矿石中转港的地位。

3月11日

［纲　文］　**习近平出席十二届全国人大一次会议解放军代表团全体会议。**

［目　文］　中共中央军委主席习近平在出席会议时强调，全军要深入贯彻落实党的十八大精神，高举中国特色社会主义伟大旗帜，以邓小平理论、“三个代表”重要思想、科学发展观为指导，牢牢把握党在新形势下的强军目标，全面加强军队革命化现代化正规化建设，为建设一支听党指挥、能打胜仗、作风优良的人民军队而奋斗。

解放军代表团气氛热烈，发言踊跃。代表们围绕国防和军队建设有关问题积极建言献策。习近平认真听取了代表们的发言，并发表了重要讲话。他指出，建设一支听党指挥、能打胜仗、作风优良的人民军队，是党在新形势下的强军目标。听党指挥是灵魂，决定军队建设的政治方向；能打胜仗是核心，反映军队的根本职能和军队建设的根本指向；作风优良是保证，关系军队的性质、宗旨、本色。全军要准确把握这一强军目标，用以统领军队建设、改革和军事斗争准备，努力把国防和军队建设提高到一个新水平。要铸牢听党指挥这个强军之魂，坚持党对军队绝对领导的根本原则和人民军队的根本宗旨不动摇，确保部队绝对忠诚、绝对纯洁、绝对可靠，一切行动听从党中央和中央军委指挥。要扭住能打仗、打胜仗这个强军之要，强化官兵当兵打仗、带兵打仗、练兵打仗思想，牢固树立战斗力这个唯一的根本的标准，按照打仗的要求搞建设、抓准备，确保部队召之即来、来之能战、战之必胜。作风优良是我军的鲜明特色和政治优势。要把改进作风工作引向深入，贯彻到军队建设和管理的每个环节，真正在求实、务实、落实上下功夫，夯实依法治军、从严治军这个强军之基，保持人民军队长期形成的良好形象。

习近平指出，要统筹经济建设和国防建设，努力实现富国和强军的统一。进一步做好军民融合式发展这篇大文章，坚持需求牵引、国家主导，努力形成基础设施和重要领域军民深度融合的发展格局。要发扬艰苦奋斗精神，厉行勤俭节约，反对铺张浪费，把军费管好用好，使国防投入发挥最大效益。要弘扬拥政爱民、拥军优属的光荣传统，开展军民共建与和谐创建活动。地方各级党委和政府要关心支持国防和军队建设，加强国防教育，增强全民国防观念，使关心国防、热爱国防、建设国防、保卫国防成为全社会的思想共识和自觉行动。

中共中央政治局委员、中央军委副主席范长龙主持会议。会议结束时，习近平等军委领导接见了来自基层的部分军队人大代表，同他们进行了亲切交谈。

3月11日

［纲　文］　**住房城乡建设部、工业和信息化部印发《关于贯彻落实光纤到户国家标准的通知》。**

［目　文］　《通知》指出，贯彻落实光纤到户国家标准、加快推进光纤到户建设是加快宽带网络发展、提升宽带基础设施水平的关键要素，是实施宽带中国工程，构建宽带、泛在、融合、安全的国家信息基础设施的迫切需要，是促进传统产业改造升级、推动信息化与工业化深度融合的重要动力，对于转变经济发展方式，调整优化产业结构，促进经济社会可持续发展，提升国家综合竞争力具有重要的战略意义。近年来，我国宽带网络发展取得了长足的进步，宽带网络覆盖和接入能力逐步提高，但我国宽带发展水平与全社会日益增长的需求还存在比较突出的矛盾、与国际先进水平相比还存在较大差距，面临“慢进亦退”的风险，加快宽带发展势在必行。要加快宽带发展，必须推动技术换代和网络改造，实现光纤到户。与此同时，光纤到户建设中存在建设标准难以落实、多部门管理协调机制不完善、责任要求需进一步明确等问题，有必要制定政策措施，切实贯彻落实光纤到户国家标准的有关规定，着力解决光纤到户建设中的现实难题。

《通知》还指出，根据光纤到户国家标准的要求，自2013年4月1日起在公用电信网已实现光纤传输的县级及以上城区，新建住宅区和住宅建筑的通信设施应采用光纤到户方式建设，同时鼓励和支持有条件的乡镇、农村地区新建住宅区和住宅建筑实现光纤到户。既有住宅建筑光纤到户改造是全面实现光纤到户的难点，各单位应参照光纤到户国家标准，加快推动既有住宅建筑逐步实施光纤到户改造。各地住房城乡建设、通信行业主管部门要加大对既有住宅区和住宅建筑通信配套设施资源共享的监管力度，对阻挠正常光纤到户改造的行为予以纠正，切实解决光纤到户改造入场难的问题。住宅建设单位、物业服务企业要积极支持光纤到户改造，为光纤到户改造提供便利条件。不得与任何企业签订垄断性协议，不得限制各电信运营企业平等接入和使用，不得以任何方式限制用户选择权。

3月11日

［纲　文］　**国家质检总局在北京召开全国进出口商品检验监管工作视频会议。**

［目　文］　会议对2013年全国检验监管工作作出具体部署。一是要继续推进出口质量安全示范区建设，抓质量要再有新成效。通过示范区建设形成监管合力，促进监管模式转变。二是要大力推进风险预警管理，保安全要再加新力度。三是要锐意改革创新，凸显工作有效性，促发展要再有新作为。四是要抓好作风建设和队伍建设，强质检要再树新形象。五是要抓好绩效考评，确保工作落实到位。

3月11日

［纲　文］　**连霍高速公路甘肃永登至古浪段乌鞘岭隧道群高岭隧道贯通。**

［目　文］　乌鞘岭特长公路隧道群所有隧道至此全部贯通，这标志着中国东西交通大动脉连霍高速主干线即将全部实现高速化。

3月11日

［纲　文］　**成都高新减灾研究所研发的应急地震预警系统在云南大理启用，这是中国首次运用应急地震预警系统。**

3月12日

［纲　文］　**俞正声看望正在人民大会堂进行两会新闻报道的中央主要新闻媒体负责人和工作人员。**

［目　文］　全国政协主席俞正声向所有参加两会报道的新闻工作者表示诚挚的慰问和衷心的感谢，充分肯定了新闻媒体对大会的新闻报道工作。

俞正声说，在政协大会的新闻报道工作中，各新闻媒体发挥自身优势和特点，通过不同载体、不同形式，全面、准确、及时、充分反映大会盛况、委员履职风貌，以及委员们建设性的意见和建议，同时结合社会热点和百姓关注，讲真话、讲实话，有看头、有启发，宣传报道力度大、效果好，展现出报道新风，引起社会高度关注，及时传递了“正能量”。

俞正声希望各新闻媒体继续发扬优良传统和作风，以高度的政治责任感和饱满的工作热情，创新报道，改进文风，进一步宣传好中国共产党领导的多党合作和政治协商制度，宣传好人民政协围绕党和国家中心工作，认真履行职能所发挥的作用和取得的成果，为全面建成小康社会、实现伟大中国梦营造更好的舆论氛围。

3月12日

［纲　文］　**保监会印发《保险公司发展规划管理指引》。**

［目　文］　《指引》包括总则、规划要素、制定、实施、监督、附则共计6章39条。《指引》自发布之日起施行。

3月12日

［纲　文］　**保监会印发《保险公司城乡居民大病保险业务管理暂行办法》。**

［目　文］　《办法》包括总则、经营资质、投标管理、业务管理、服务管理、财务管理、风险调节、监督管理、市场退出共计9章55条。《办法》自发布之日起施行。

3月13日

［纲　文］　**胡锦涛任免驻外大使。**

［目　文］　国家主席胡锦涛根据全国人民代表大会常务委员会的决定任免下列驻外大使：一、免去胡业顺的中华人民共和国驻拉脱维亚共和国特命全权大使职务；任命杨国强为中华人民共和国驻拉脱维亚共和国特命全权大使。二、免去袁南生的中华人民共和国驻苏里南共和国特命全权大使职务；任命杨子刚为中华人民共和国驻苏里南共和国特命全权大使。三、免去顾子平的中华人民共和国驻斯洛伐克共和国特命全权大使职务；任命潘伟芳为中华人民共和国驻斯洛伐克共和国特命全权大使。四、免去屈生武的中华人民共和

国驻乌拉圭东岸共和国特命全权大使职务；任命严邦华为中华人民共和国驻乌拉圭东岸共和国特命全权大使。五、免去杨厚兰的中华人民共和国驻尼泊尔联邦民主共和国特命全权大使职务；任命吴春太为中华人民共和国驻尼泊尔联邦民主共和国特命全权大使。六、免去李军华的中华人民共和国驻缅甸联邦特命全权大使职务；任命杨厚兰为中华人民共和国驻缅甸联邦特命全权大使。七、免去边燕花（女）的中华人民共和国驻毛里求斯共和国特命全权大使职务；任命李立为中华人民共和国驻毛里求斯共和国特命全权大使。

3月13日

［纲　文］　工商总局发出《关于进一步严格监管报刊出版单位、广播电台、电视台利用医药资讯专版、节目以及购物短片等形式发布广告行为的通知》。

［目　文］　《通知》指出，近期监测发现，一些报刊出版单位、广播电台、电视台等大众传播媒介利用健康资讯专版、节目以及电视购物短片等形式，以专家讲座、医学探秘、企业寻访、主持人和嘉宾互动等方式，发布虚假违法的药品、医疗器械、医疗、保健食品以及收藏品、手机等商品或服务广告，严重扰乱了广告市场秩序。

《通知》要求：

一、严格监管变相发布广告行为。各地工商部门要落实监管职责，加强报刊出版单位、广播电台、电视台等大众传播媒介，利用医药资讯专版、节目以及购物短片等形式发布广告行为的监测检查，对监测发现发布或者变相发布虚假违法广告的，要立即责令停止发布，坚决制止虚假违法广告的重复发布。

二、推进广告审查责任落实到位。各地工商部门要监督和指导报刊出版单位、广播电台、电视台等大众传播媒介认真贯彻落实《大众传播媒介广告发布审查规定》，监督大众传播媒介严把广告发布关，对不履行广告审查责任，屡次发布或者变相发布虚假违法广告的，依法暂停广告业务。

三、切实加强广告内容监管。各地工商部门要监督指导报刊出版单位、广播电台、电视台等大众传播媒介，严格遵守《广告法》等广告法律法规有关广告内容要求的规定，严格规范电视购物短片广告内容，认真执行新闻出版刊载广告、广播电视广告播出等有关要求，杜绝有偿新闻和以新闻报道形式等变相发布广告的行为。

四、依法严厉追究违法责任主体。各地工商部门要加大对发布或者变相发布虚假违法广告行为的查处力度，严厉惩治屡次代理、发布虚假违法广告的广告经营者、广告发布者和广告主，及时向社会公告曝光，对认定为虚假广告涉嫌构成虚假广告犯罪行为的，依照有关规定移送司法机关追究刑事责任。

各地工商部门要按照本《通知》要求，联合有关部门，切实加强广告发布环节的监管，对违反相关规定继续发布虚假违法广告的，依法查处。

3月13日

［纲　文］　卫生部发布《国家基本药物目录》（2012年版）。

［目　文］　《目录》分为化学药品和生物制品、中成药、中药饮片三个部分，其中，

化学药品和生物制品317种，中成药203种，共计520种。《目录》中的化学药品和生物制品数量与世界卫生组织现行推荐的基本药物数量相近，并坚持中西药并重。《目录》自2013年5月1日起施行。

3月13日

［纲　文］ **《人民日报》发表题为《踏上新征程，开创新局面——热烈祝贺全国政协十二届一次会议胜利闭幕》的社论。**

3月14日

［纲　文］ **国家主席习近平应约同俄罗斯总统普京通电话。**

［目　文］ 普京衷心祝贺习近平当选中国国家主席，祝愿中国不断发展、人民幸福。普京表示，俄中关系是维护世界和平稳定的重要因素之一，具有特别重大的意义。俄方正在积极准备习近平主席即将对俄罗斯进行的国事访问，相信这次访问必将大力推动两国合作和人文交流，进一步巩固俄中关系。

习近平对普京的祝贺表示感谢。习近平表示，普京总统在我当选国家主席后第一时间打来电话表示祝贺，这充分体现了你本人对中俄关系的高度重视和俄罗斯人民对中国人民的友好感情。我同样高度重视发展中俄全面战略协作伙伴关系，始终将其作为中国外交的优先方向。中方愿同俄方一道，承前启后，继往开来，把双方各领域合作推向更高水平。

习近平表示，我期待着访问俄罗斯期间同你会晤，就加强两国合作及重大国际和地区问题交换意见，相信此访一定会为中俄关系深入发展注入新的动力。

3月14日

［纲　文］ **国家主席习近平应约同美国总统奥巴马通电话。**

［目　文］ 奥巴马祝贺习近平当选中国国家主席。奥巴马表示，过去4年来，美中两国开展了广泛深入的合作。当前，美中关系正面临确立未来方向的历史性机遇。美方希望同中方共同努力，保持两国元首交往，加强对话沟通，再接再厉，继续推动美中关系沿着正确方向稳定向前发展，努力构建基于健康竞争而非战略博弈的新型大国关系。奥巴马表示，美方愿通过美中战略与经济对话等机制加强沟通协调，解决彼此关切，推进两国经贸关系。美方愿同中方加强合作，确保亚太地区安全、稳定、繁荣。

习近平对奥巴马的祝贺表示感谢。习近平指出，中美有着巨大的共同利益，也存在一些分歧。中方坚定不移维护和促进中美关系发展，愿同美方一道，牢牢把握两国关系大方向，增进互信，扩大合作，管控分歧，保持高层交往，维护和发展好战略与经济对话、人文交流高层磋商等机制，推进合作伙伴关系建设，走出一条新型大国关系之路。

在谈到中美经贸合作时，习近平指出，双方要坚持平等对话、坦诚沟通，防止将经贸问题政治化，使中美经贸关系互利共赢的基本格局越来越稳固，这有利于中美两国人民，也有利于世界经济发展。习近平强调，只要本着相互尊重、开放包容的精神，中美在亚太完全能够有更大作为，让太平洋成为真正的太平之洋、合作之洋。

双方还就朝鲜半岛形势、网络安全等问题交换了意见，习近平阐述了中方原则立场。

3月14日

［纲　文］ **国务院印发《国务院关于组建中国铁路总公司有关问题的批复》。**

［目　文］ 批复中说，中国铁路总公司注册资金为10360亿元人民币，历史债务问题没有解决前，国家对公司暂不征收国有资产收益。不增加铁路改革成本。

批复还说，中国铁路总公司是经国务院批准，依据《中华人民共和国全民所有制工业企业法》设立，由中央管理的国有独资企业，由财政部代表国务院履行出资人职责，交通运输部、国家铁路局依法对公司进行行业监管。

批复同意将原铁道部相关资产、负债和人员划入中国铁路总公司，将原铁道部对所属18个铁路局（含广州铁路集团公司、青藏铁路公司）、3个专业运输公司及其他企业的权益作为中国铁路总公司的国有资本。

批复明确，建立铁路公益性运输补贴机制。对于铁路承担的学生、伤残军人、涉农物资等公益性运输任务，以及青藏线、南疆线等有关公益性铁路的经营亏损，研究建立铁路公益性运输补贴机制，研究采取财政补贴等方式，对铁路公益性运输亏损给予适当补偿。

中国铁路总公司组建后，继续享有国家对原铁道部的税收优惠政策，国务院及有关部门、地方政府对铁路实行的原有优惠政策继续执行，继续明确铁路建设债券为政府支持债券。对企业设立和重组改制过程中涉及的各项税费政策，按国家规定执行，不增加铁路改革成本。

批复要求，中国铁路总公司组建后，要加强铁路运输调度集中统一指挥，维护良好运输秩序，保证重点运输、公益性运输，确保铁路运输安全和职工队伍稳定。要有序推进铁路建设，按期完成“十二五”规划建设任务。

3月14日

［纲　文］ **财政部印发《关于委托地方财政部门对所在地中央垂管单位财政票据使用管理情况进行重点检查核销的通知》。**

［目　文］ 《通知》要求对中央垂直管理部门和单位财政票据使用管理情况进行重点检查和核销。检查核销单位包括：公安部出入境管理局、公安部边防管理局、交通运输部海事局、中国船级社、铁道部、海关总署、国土资源部、国家质量监督检验检疫总局、中华全国总工会等9家中央单位。检查核销票据包括：2009—2010年使用的政府非税收入票据（专用行政事业性收费票据、通用非税收入票据、当场处罚收据、代收罚款收据等）、工会经费拨缴款专用收据、捐赠票据、资金往来结算票据等财政票据。

3月14日

［纲　文］ **工业和信息化部、发展改革委、商务部、海关总署、质检总局发布《乘用车企业平均燃料消耗量核算办法》。**

［目　文］ 《办法》包括总则、乘用车企业平均燃料消耗量核算主体、乘用车产品燃料消耗量数据报送与公示、乘用车企业平均燃料消耗量核算方法、乘用车企业平均燃料消

耗量报告、核算与公示、额度的转结与使用、监督管理、附则共计9章32条。《办法》自2013年5月1日开始实施。

3月15日

［纲　文］　**习近平签署中华人民共和国主席令（第一号）。**

［目　文］　第一号主席令说，根据中华人民共和国第十二届全国人民代表大会第一次会议的决定，任命李克强为中华人民共和国国务院总理。

3月15日

［纲　文］　**国家主席习近平应约同法国总统奥朗德通电话。**

［目　文］　奥朗德代表法国人民热烈祝贺习近平当选中国国家主席。奥朗德表示，法方同中方加强全面战略伙伴关系的决心是坚定的。2014年是两国建交50周年，法方愿以此为契机，同中方一道，继承友好传统，规划两国关系未来，推进互利合作。

习近平对奥朗德的祝贺表示感谢。习近平指出，当前形势下，两国关系面临许多新机遇。双方要坚持平等相待、开放包容、互利共赢的精神，适应时代变化，抓住机遇，保持高层交往，扩大务实合作，加强在重大国际问题上的沟通和协调，共同搞好建交50周年庆祝活动，增进人民友好，推动中法新型全面战略伙伴关系迈上新台阶。

3月15日

［纲　文］　**国务院总理李克强应约同德国总理默克尔通电话。**

［目　文］　默克尔祝贺李克强当选中国国务院总理。默克尔表示，中国的发展对德国、对世界至关重要。德国高度重视对华关系，作为中国的朋友和伙伴，希望同中国保持高层交往，加强务实合作，实现共同发展，推动德中关系不断向前。

李克强对默克尔的祝贺表示感谢。他说，中德都是有重要影响的国家，我愿与你保持密切沟通，共同推动双方加强各领域合作和在国际事务中的协调，促进中德关系百尺竿头，更进一步。发展中欧关系是中方战略选择和长期政策，中方愿与包括德国在内的欧方一道，把中欧政治、经济、人文等方面合作的潜力进一步发挥出来，为推动世界和平繁荣发展作出贡献。默克尔感谢中国给予欧洲的宝贵支持和帮助。

双方还就欧洲国家应对主权债务问题交换了看法。

3月15日

［纲　文］　**国务院总理李克强应约同印度总理辛格通电话。**

［目　文］　辛格祝贺李克强就任中国国务院总理。辛格表示，世界有足够空间，使印中两国实现共同的发展目标。印方愿与中国新一届领导人共同努力，挖掘互利合作潜力，推动两国关系取得更大发展，成为21世纪国与国关系的典范。

李克强对辛格的祝贺表示感谢。李克强指出，中国和印度是两个最大的发展中国家和亚洲大国，又同是文明古国和新兴市场经济国家，双方加强合作，空间会越来越大，共同利益会越来越多。实现两国经济社会持续发展，推动国际秩序和国际体系朝着公正合理的方向发展，不仅能够促进中印20多亿人民过上更好生活，也对世界有重大意义。中方将一如既往地重视对印关系，与印方一道，推动两国战略合作伙伴关系迈上一个新台阶。

3月15日

［纲　文］ **商务部发布《旧电器电子产品流通管理办法》。**

［目　文］《办法》规定，商务部负责旧电器电子产品流通的行业管理工作，负责制定行业发展规划、政策。县级以上地方商务主管部门负责本行政区域内旧电器电子产品流通的行业管理工作。相关行业协会依照章程规定，积极为经营者服务，组织专业技能培训，完善旧电器电子产品档案信息系统，建立企业、从业人员诚信经营档案，发挥行业自律作用。经营者收购旧电器电子产品时应当对收购产品进行登记，建立旧电器电子产品档案资料。经营者不得将在流通过程中获得的机关、企（事）业单位及个人信息用于与旧电器电子产品流通活动无关的领域。旧电器电子产品涉及商业秘密、个人隐私的，出售人应当在出售前妥善处置相关信息，经营者收购上述产品前应作出提示。退出使用的涉密旧电器电子产品的流通活动应当符合《保守国家秘密法》和国家有关保密规定。

《办法》自2013年5月1日起施行。

3月15日

［纲　文］ **保监会印发《保险公司分支机构市场准入管理办法》。**

［目　文］《办法》在明确审批条件、简化审批程序、方便公司操作的同时，在准入条件方面，强化了保险总公司偿付能力、合规管理、风险控制和对分支机构的管控能力等方面的内容。《办法》规定，保险公司注册资本为两亿元的，每申请设立一家省级分公司，应增加不少于两千万元的注册资本。注册资本在五亿元以上的，可不再增加。《办法》自2013年4月1日起施行。中国保监会现行规定与本办法不一致的，按照本办法执行。

3月15日

［纲　文］ **证监会公布《证券投资基金销售管理办法》。**

［目　文］ 该《办法》包含总则、基金销售机构、基金销售支付结算、基金宣传推介材料、基金销售费用、销售业务规范、监督管理和法律责任、附则共计8章95条。该《办法》自2013年6月1日起施行。

3月15日

［纲　文］ **证监会公布《证券公司资产证券化业务管理规定》。**

［目　文］ 该《规定》包括总则、专项计划、管理人及托管人、原始权益人、设立申请、信息披露、监督管理、附则共计8章46条。该《规定》自公布之日起施行。

3月15日

［纲　文］ **工业和信息化部决定自本日起废止2009年3月5日公布的《税控收款机生产企业资质管理办法》。**

3月15日

［纲　文］ **《人民日报》发表题为《建设服务型政府的新突破》的评论员文章。**

3月16日

［纲　文］　**习近平签署中华人民共和国主席令（第二号）。**

［目　文］　第二号主席令说，根据中华人民共和国第十二届全国人民代表大会第一次会议的决定：任命张高丽、刘延东（女）、汪洋、马凯为国务院副总理；任命杨晶（蒙古族）、常万全、杨洁篪、郭声琨、王勇为国务委员；任命杨晶（蒙古族，兼）为国务院秘书长；任命王毅为外交部部长；任命常万全（兼）为国防部部长；任命徐绍史为国家发展和改革委员会主任；任命袁贵仁为教育部部长；任命万钢为科学技术部部长；任命苗圩为工业和信息化部部长；任命王正伟（回族）为国家民族事务委员会主任；任命郭声琨（兼）为公安部部长；任命耿惠昌为国家安全部部长；任命黄树贤为监察部部长；任命李立国为民政部部长；任命吴爱英（女）为司法部部长；任命楼继伟为财政部部长；任命尹蔚民为人力资源和社会保障部部长；任命姜大明为国土资源部部长；任命周生贤为环境保护部部长；任命姜伟新为住房和城乡建设部部长；任命杨传堂为交通运输部部长；任命陈雷为水利部部长；任命韩长赋为农业部部长；任命高虎城为商务部部长；任命蔡武为文化部部长；任命李斌（女）为国家卫生和计划生育委员会主任；任命周小川为中国人民银行行长；任命刘家义为审计署审计长。

3月16日

［纲　文］　**国家主席习近平应约同巴基斯坦总统扎尔达里通电话。**

［目　文］　扎尔达里首先祝贺习近平当选中国国家主席。扎尔达里表示，巴基斯坦和中国是全天候朋友，巴基斯坦人民热爱中国。巴方愿同中方保持高层交往，加强在双边和国际事务中的沟通合作，使两国友谊世代永存，为世界和地区和平稳定作出更大贡献。巴方将继续在中国朋友需要的时候坚定支持中方。

习近平对扎尔达里的祝贺表示感谢。习近平表示，中巴是全天候战略合作伙伴。建交62年来，两国一直相互尊重、相互支持，开展了全方位合作。中巴关系经受住时间和国际风云变幻的考验，始终保持健康稳定发展。

习近平强调，中方高度重视中巴关系，发展同巴基斯坦的友好合作关系是中国的既定政策。我们一如既往支持巴方为维护国家主权和独立、实现国家稳定和发展所作的努力，愿同巴方密切合作，把中巴关系维护好、发展好，让两国传统友谊代代相传。

3月16日

［纲　文］　**国家主席习近平应约同斯里兰卡总统拉贾帕克萨通电话。**

［目　文］　拉贾帕克萨对习近平当选中国国家主席表示祝贺。拉贾帕克萨表示，斯中两国是亲密朋友，两国领导人和人民交往密切，各领域合作富有成果。斯里兰卡感谢中方为斯里兰卡和平稳定和发展提供的帮助，在涉及中国主权和领土完整问题上将继续坚定支持中方。

习近平感谢拉贾帕克萨的祝贺。习近平表示，中斯是传统友好近邻。多年来，两国关系保持健康稳定发展势头，各领域合作成果丰硕。中方感谢斯方长期以来在涉及中国核心利益的问题上给予的支持。

习近平强调，中方高度重视发展中斯关系，坚定支持斯方维护国家独立、主权、领土完整的努力，愿继续为斯里兰卡提供力所能及的帮助。希望双方共同努力，将两国全面合作伙伴关系推向更高水平。

3 月 16 日

［纲　文］　**张德江在人民大会堂看望参加第十二届全国人大一次会议新闻报道工作的中央主要媒体负责人和工作人员。**

［目　文］　全国人大常委会委员长张德江代表大会主席团和第十二届全国人大常委会向所有参加人大会议报道的新闻工作者表示慰问和感谢。张德江说，本次人大会议的新闻报道工作组织有力、导向正确、精彩纷呈、影响深远。各新闻媒体广泛深入地宣传党的十八大精神，宣传人民代表大会制度，宣传“两个一百年”的奋斗目标，宣传伟大的中国梦，宣传各族人民大团结，发挥了积极引领海内外舆论的重要作用，为大会成功举行提供了有力的舆论支持。希望广大新闻工作者，再接再厉、开拓创新，把人民代表大会制度宣传好、报道好，让人民代表大会制度更加深入人心。

3 月 16 日

［纲　文］　**中国正在建设的最长高瓦斯隧道——兰州至重庆铁路客运专线梅岭关隧道正式贯通。**

［目　文］　位于川、陕、甘三省交界处广元市的兰渝铁路梅岭关隧道，穿越川东北高瓦斯油气区，东距九龙山气田约 30 公里，西距射箭河气田约 10 公里。设计为单洞双线，单洞双线总长 16500 多米，最大埋深 407 米，是兰渝铁路全线的关键控制性工程，也是目前中国在建的最长高瓦斯高风险隧道。

3 月 16 日

［纲　文］　**《人民日报》报道，中国科学家近期首次成功实现“量子反常霍尔效应”。**

［目　文］　报道说，中国科学院物理研究所和清华大学物理系的科研人员组成的联合攻关团队，经过数年不懈探索和艰苦攻关，成功实现了“量子反常霍尔效应”。这是国际上该领域的一项重要科学突破，该物理效应从理论研究到实验观测的全过程，均由我国科学家独立完成。

量子霍尔效应是整个凝聚态物理领域最重要、最基本的量子效应之一。德国科学家和美国科学家分别在 1980 年和 1982 年发现“整数量子霍尔效应”和“分数量子霍尔效应”，后来均获得诺贝尔物理学奖。在量子霍尔效应家族里，至此仍未被发现的效应是“量子反常霍尔效应”——不需要外加磁场的量子霍尔效应。

3 月 17 日

［纲　文］　**国务院总理李克强在人民大会堂会见采访两会的中外记者并回答提问。**

［目　文］　会见历时1小时47分。参加采访的中外记者约800名。李克强就国家机构改革和职能转变方案、新一届政府施政目标、反腐举措、中美构建新型大国关系、中美黑客攻击问题、推动中俄合作、下一步推进改革着力点、新形势下两岸关系的机遇和挑战、城镇化、环境污染和食品安全、中国劳教制度的改革等问题回答了记者的提问。

3月17日

［纲　文］　**国家卫生和计划生育委员会召开首次干部会议。**

［目　文］　国务院副总理刘延东出席并讲话。全国人大常委会副委员长、中组部常务副部长沈跃跃，全国人大常委会副委员长陈竺出席会议。刘延东强调，要贯彻党的十八届二中全会精神和十二届全国人大一次会议通过的决定，以转变职能为核心，扎实做好卫生计生机构改革各项工作。组建国家卫生和计划生育委员会，是从全面建成小康社会目标要求出发，为保障人民健康、提高人口素质所作的重要举措，是深化行政体制改革、进一步转变政府职能的必然要求，是合理配置资源、加强卫生和计生工作的客观需要，对于发展卫生计生事业、不断满足人民美好生活的新期待具有重要意义。

刘延东指出，长期以来，广大卫生计生工作者为有效控制我国人口增长、提高人民健康水平作出了历史性贡献，党中央、国务院是充分肯定的，广大人民是会永远铭记的。她强调，国家卫生和计划生育委员会成立后，要坚持为人民健康服务、为提升人口素质服务、为计划生育群众服务，牢牢把握机构改革方向和基本要求，深刻理解改革目标、改革核心和改革重点，抓好国家卫生和计划生育委员会机构的组建和职能转变，确保机构改革各项工作的有序衔接。要统筹落实好各项工作部署，持续推进和深化医改，建立完善中国特色医疗卫生体制机制。继续抓好公共卫生服务体系建设、卫生信息化建设和卫生应急工作。坚持计划生育基本国策，继续实行党政一把手亲自抓、负总责，促进人口长期均衡发展。要加强卫生计生队伍作风建设，不负重托、同心协力，聚合改革正能量，开创工作新局面。

3月18日

［纲　文］　**习近平、李克强在北京分别会见梁振英、崔世安。**

［目　文］　国家主席习近平在分别会见香港特别行政区行政长官梁振英、澳门特别行政区行政长官崔世安时强调，香港、澳门与祖国内地的命运始终紧密相连。实现中华民族伟大复兴的中国梦，需要香港、澳门与祖国内地坚持优势互补、共同发展，需要港澳同胞与内地人民坚持守望相助、携手共进。

习近平充分肯定两位行政长官和香港、澳门特别行政区政府的工作。他表示，梁振英提出“稳中求变”的施政理念，得到了广大香港市民认同。现在的关键是抓好落实。这既是行政长官和特区政府的责任，也有赖于香港社会各界一起努力。众人拾柴火焰高。希望香港社会各界紧密团结起来，支持行政长官和特区政府依法施政，共同开创香港更加美好的未来。习近平指出，当前澳门正处于历史上比较好的时期。但未来发展也面临一些挑战。希望澳门特别行政区政府和社会各界增强忧患意识，利用有利时机和条件，研究解决制约发展的突出问题，为澳门长远发展夯实基础。

国务院总理李克强在会见时充分肯定香港和澳门两个特别行政区在国家整体发展中所发挥的独特而重要的作用。他说，新一届中央政府将坚持全面贯彻“一国两制”方针，严格按照基本法办事，全力支持行政长官和特区政府依法施政，继续加强内地与香港、澳门交流合作，共创繁荣稳定，共享繁荣稳定。李克强指出，当前，香港、澳门正处于发展的关键时期。希望香港、澳门两个特区政府和港澳社会各界全面准确理解和执行“一国两制”方针，把坚持一国原则和尊重两制差异、维护中央权力和保障特别行政区高度自治权、发挥祖国内地坚强后盾作用和提高港澳自身竞争力有机结合起来，齐心协力，发展经济，改善民生，妥善解决前进道路上遇到的各种问题，把香港、澳门的各项建设事业推上更高的台阶。

3月18日

［纲　文］　**十二届全国人大常委会第一次委员长会议在人民大会堂举行。**

［目　文］　全国人大常委会委员长张德江主持会议并讲话，副委员长李建国、王胜俊、陈昌智、严隽琪、沈跃跃、吉炳轩、张平、向巴平措、艾力更·依明巴海、万鄂湘、张宝文、陈竺出席会议。会议决定，十二届全国人大常委会第一次会议3月19日上午在北京举行。

张德江强调，做好委员长会议的工作，要注意把握好以下几个方面。第一，要把学习贯彻党的十八大精神引向深入，紧密结合人大工作的实际，努力开创人大工作新局面。第二，要坚持党的领导，紧紧围绕党和国家工作大局开展工作，确保党的路线方针政策落实在全国人大工作的各个方面，保证党领导人民有效治理国家。第三，要坚持人民的主体地位，坚持以人为本，实现好、维护好、发展好最广大人民的根本利益。第四，要坚持依法治国基本方略，把全面推进依法治国、维护宪法和法律权威作为重要任务，加强重点领域立法，提高立法科学化、民主化水平，发挥立法的引领和推动作用，大力加强对宪法和法律实施情况的监督检查。第五，要严格依法按程序办事，确保宪法赋予人大的职权得到正确行使。第六，要大力加强学习，善于用全局的、长远的眼光分析问题、提出意见，更好地推动常委会各项工作。第七，要带头改进作风，带头严格执行中央的规定和实施办法，以身作则、率先垂范。

委员长会议建议十二届全国人大常委会第一次会议的议程是：任命全国人大常委会副秘书长；任免全国人大常委会法制工作委员会个别副主任；任免第三任全国人大常委会香港特别行政区基本法委员会主任、个别副主任；任免第三任全国人大常委会澳门特别行政区基本法委员会主任、个别副主任；决定最高人民法院副院长、审判委员会委员、审判员的免职；张德江委员长讲话。会议听取了全国人大常委会副委员长兼秘书长王晨作的关于十二届全国人大常委会第一次会议议程草案和日程安排意见的汇报、关于十二届全国人大常委会副秘书长任命事项和其他各项任免事项的汇报。

为贯彻中央关于改进工作作风、密切联系群众的八项规定精神，会议通过了《全国人大常委会委员长会议组成人员贯彻落实中央八项规定的实施办法》。全国人大常委会副秘书长王万宾就实施办法的制订情况作了汇报。会议还研究确定了十二届全国人大常委会副委员长联系全国人大专门委员会的分工。

3月18日

［纲　文］　**李克强主持召开新一届国务院第一次常务会议。**

［目　文］　会议研究了加快推进机构改革，重点是抓紧把政府职能转变的各项任务落到实处。会议经研究确定了国务院领导同志工作分工；讨论通过《国务院工作规则（修订草案）》，决定将草案提交国务院第一次全体会议审议。根据十二届全国人大一次会议批准的《国务院机构改革和职能转变方案》，会议讨论通过国务院直属机构和单位的设置；批准组建国家食品药品监督管理总局、国家新闻出版广电总局、国家铁路局，重新组建国家海洋局、国家能源局。会议讨论通过国家食品药品监督管理总局和国家铁路局主要职责、内设机构、人员编制“三定”规定。会议研究确定实施《国务院机构改革和职能转变方案》的任务分工，将《方案》内容分解细化为72项任务，逐项明确了责任部门和完成时限。会议指出，《方案》具有法律效力，必须不折不扣地贯彻落实，加快建设职能科学、结构优化、廉洁高效、人民满意的政府。各部门要切实转变观念，从大局出发，抓紧开展相关工作，突出重点、分批实施、逐步推进。

会议强调，政府职能转变是深化行政体制改革的核心，也是发展市场经济、法治经济的保障。要把职能转变作为新一届国务院工作开局的关键，把减少行政审批作为职能转变的突破口。大幅减少和下放行政审批事项，真正向市场放权，发挥社会力量作用，减少对微观事务的干预，激发经济社会发展活力，从根本上遏制行政审批边减边增问题，严格事中事后监管，管住管好政府该管的事。同时，改善和加强宏观管理，把更多精力集中到事关长远和全局的重大事项上来，提高政府管理科学化水平。

3月18日

［纲　文］　**国务院总理李克强应约同俄罗斯总理梅德韦杰夫通电话。**

［目　文］　梅德韦杰夫祝贺李克强就任中国国务院总理。梅德韦杰夫表示，习近平主席即将访问俄罗斯体现了俄中全面战略协作伙伴关系的高水平。我希望与你建立良好的工作关系，在俄中总理定期会晤机制下，与你一道推进俄中各领域务实合作。

李克强对梅德韦杰夫第一时间发来贺信并打来电话祝贺表示感谢。李克强说，中俄互为最大邻国，新形势下，推进中俄全面战略协作伙伴关系，符合两国根本利益，也有利于世界的和平、稳定与发展。再过几天，习近平主席将对俄罗斯进行国事访问，一定会为中俄关系发展注入新的动力。

李克强表示，我愿与你共同努力，把深化中俄关系作为本国外交的优先方向，在现有成果基础上，把中俄全面合作推向更高水平。中俄总理定期会晤机制是统筹规划和协调推动中俄各领域合作的重要平台，发挥着不可替代的作用。我邀请你下半年访华并举行中俄总理第十八次定期会晤，就进一步推动中俄务实合作问题深入交换意见。

3月18日

［**纲　文**］　**中央政法委员会在北京召开全体会议。**

［**目　文**］　中共中央政治局委员、中央政法委书记孟建柱主持会议。他指出，要认真学习贯彻全国两会精神，以党的十八大精神为指导，坚持严格执法、公正司法，坚决反对执法不公、司法腐败，不断提高执法司法公信力，以实际行动和成效回应人民群众对政法工作的新期待，切实维护社会公平正义。

孟建柱强调，作为中国特色社会主义事业建设者、捍卫者，政法机关要始终把政治坚定、对党忠诚作为第一位的要求。要加强教育培训，引导干警牢固树立尊重法律、敬畏法律的理念，增强法治观念、提升法律素养，不断提升正规化、专业化、职业化水平，努力建设一支理念、素质、作风都过硬的政法队伍。要以解决影响司法公正、制约司法能力的深层次问题为着力点，建立科学合理、规范有序的司法权力运行机制。针对容易发生问题的领域环节，完善执法司法制度，规范执法司法行为，确保司法权严格依法运行。要完善规范依法接受党内监督、民主监督、法律监督、舆论监督机制，拓宽人民群众有序参与司法的渠道。要主动回应人民群众对司法公正公开的关注和期待，加大司法公开力度，让执法司法权在阳光下运行。

孟建柱要求，各级政法机关领导干部要对党无限忠诚、奉献服务人民、依法秉公用权、专心致志工作、不断完善自己，既要立足当前，狠抓各项部署措施的落实，全力维护国家安全和社会稳定，又要着眼长远，建立健全长效机制，从制度上保障政法工作长足发展，一步一个脚印地把政法事业推向前进。

3月18日

［**纲　文**］　**国管局、中直机关事务管理局、财政部、审计署、国家工商总局联合印发《关于严禁中央和国家机关使用“特供”“专供”等标识的通知》。**

［**目　文**］　《通知》明确，严禁中央和国家机关各部门及所属行政事业单位使用、自行或授权制售冠以“特供”、“专供”等标识的物品。“特供”、“专供”等标识包括：含有中央和国家机关部门名称（包括简称、徽标）的“特供”、“专供”等标识，如“××部门特供”、“××机关专供”；同时含有中央和国家机关部门名称与机关所属行政事业单位名称的“特供”、“专供”等标识，如“××部门机关服务中心特供”；含有与中央和国家机关密切关联的重要会议、活动名称的“特供”、“专供”等标识，如“××会议特供”、“××活动专供”；含有与中央和国家机关密切关联的地点、标志性建筑名称的“特供”、“专供”等标识，如“××礼堂专供”；类似“特供”、“专供”的标识还包括“专用”、“内招”、“特制”、“特酿”、“特需”、“定制”、“订制”、“授权”、“指定”、“合作”、“接待”等标识。

《通知》要求，各部门、各单位要严格审核预算资金用途，严禁申报、分配预算资金用于涉及“特供”、“专供”等标识的物品；规范采购行为，严禁采购涉及“特供”、“专供”等标识的物品；完善财务制度和支出流程，严禁报销列支涉及“特供”、“专供”等标识物品的经费支出；强化审计监督，将涉及“特供”、“专供”等标识物品的事项作为内部审计的重点内容；定期对社会上盗用冒用本部门“特供”、“专供”等标识的信息进行筛查，将发现的问题或线索，及时向工商等职能部门投诉举报并配合做好打击工作，采取适当方式消除不良影响，切实维护自身合法权益。对使用涉及“特供”、“专供”等标识物品的单位，由相关职能部门或其上级部门责令限期改正并通报批评。对自行或授权生产销售涉及“特供”、“专供”等标识物品、牟取不当利益的单位，由有关部门依法依纪对相关责任人员进行处理；涉嫌犯罪的，依法追究刑事责任。

3月18日

［纲　文］ **发展改革委印发《全国老工业基地调整改造规划（2013—2022年）》。**

［目　文］《规划》指出，改革开放特别是实施东北地区等老工业基地振兴战略以来，120个老工业城市呈现不同的发展态势。95个地级老工业城市中，大部分发展速度加快，但发展方式仍然比较粗放，需要在更高层次上推进调整改造；少部分发展滞缓或主导产业呈现明显的衰退特征，调整改造任务艰巨。25个直辖市、计划单列市和省会城市整体发展基本进入良性轨道，但传统工业企业比较集中的市辖区的调整改造任务尚未完成。

《规划》提出，把老工业基地调整改造作为扩内需、调结构、惠民生的重要战略任务，针对突出矛盾和问题，明确总体思路和目标任务，加大工作力度，努力开创新局面。到2017年，规划范围内老工业基地调整改造的主要目标是：一、产业结构优化升级取得重要进展，产业竞争力显著提升，高新技术产业增加值、服务业增加值占地区生产总值的比重分别达到17.8%和45%。二、城市内部空间布局得到优化，城区老工业区调整改造全面展开，基础设施得到改善，服务功能明显提升。三、节能减排取得明显成效，与2012年相比，单位工业增加值用水量降低32%，单位地区生产总值能源消耗降低18%，化学需氧量、二氧化硫排放分别减少10%、9%。四、科技创新能力得到增强，人才队伍建设得到加强，创新体系进一步完善，研究与试验发展经费支出占地区生产总值比重达到2.2%，每万人口发明专利拥有量提高到3.1件。五、人民生活持续改善，居民收入增长和经济发展同步，城镇居民人均可支配收入达到2.99万元，城镇参加基本养老保险人数达到1亿人，城镇累计新增就业人数1300万人，城镇保障性安居工程累计建设680万套。六、改革开放取得新进展，国企改革基本完成，多种所有制经济协调发展，对外开放的广度和深度不断拓展，经济发展的活力动力明显增强。到2022年，老工业基地现代产业体系基本形成，自主创新和绿色低碳发展水平显著提升，城区老工业区调整改造基本完成，城市综合功能基本完善，辐射带动作用显著增强，基本公共服务体系趋于健全，良性发展机制基本形成，为建设成为产业竞争力强、功能完善、生态良好、和谐发展的现代化城市奠定坚实基础。

3月18日

［纲　文］ **国家旅游局发出《关于印发〈旅游质量发展纲要（2013—2020年）〉的通知》。**

［目　文］《通知》指出，新世纪的第二个十年是我国建设世界旅游强国的关键时期，是全面深化旅游业改革开放、加快转变旅游发展方式的攻坚时期。面对新形势、新机遇和新挑战，坚持质量强旅、建设旅游质量强国，是保障人民群众的切身利益、改善民生与提高人民生活品质的迫切需要，是转变旅游发展方式、走规模增长与质量效益并重发展道路的内在要求，是实现旅游业科学发展、增强我国旅游国际竞争力的战略选择，是全面贯彻落实国家战略决策、将旅游业培育成国民经济的战略性支柱产业和人民群众更加满意的现代服务业的必由之路。

各级旅游行政管理部门要充分认识旅游质量对促进旅游业发展的重要意义，根据《纲要》确定的工作方针和发展目标，抓紧制定具体工作方案。要结合本地区、本单位的实际情况，将旅游质量工作纳入到本地区旅游发展规划，积极争取地方政府及相关部门的支持，有针对性地解决重点旅游质量问题。要发挥好《纲要》的指导作用，进一步夯实旅游质量基础，加强贯彻实施力度和检查考核，确保《纲要》目标的实现，推动旅游质量强国建设，促进旅游业又好又快发展。

3月18日

［纲　文］　**商务部印发《规范对外投资合作领域竞争行为的规定》**。

［目　文］《规定》提出，国家鼓励企业在市场经济条件下，通过正当竞争开展对外投资合作；鼓励企业通过正当竞争行为实现优胜劣汰，促进生产要素的优化配置；鼓励企业树立开放的经营理念，广泛合作、整合力量，降低市场开拓成本并实现可持续性发展。企业在经营中应当遵循平等、公平、诚实守信的原则，遵守公认的商业道德。企业不应采取不正当竞争行为损害其他企业的合法权益，扰乱对外投资合作经营秩序。

《规定》明确，商务部负责对外投资合作领域不正当竞争行为的监督管理。各省、自治区、直辖市、计划单列市及新疆生产建设兵团商务主管部门负责本行政区域内企业对外投资合作领域不正当竞争行为的监督管理。商务部履行监督检查职能。可以委托地方商务主管部门、驻外使领馆经商机构或其他有关单位，依照法律、行政法规的规定对对外投资合作领域不正当竞争行为进行调查和认定。涉及单位和个人应当对调查给予配合、协助。商务部会同有关部门建立对外投资合作不良信用记录制度，对违反本规定构成不正当竞争的对外投资合作经营行为将记录在案，并通报有关部门和机构。涉及企业3年内不得享受国家有关支持政策。

3月18日

［纲　文］　**教育部办公厅、公安部办公厅、交通运输部办公厅联合印发《关于做好校车信息采集工作的通知》**。

［目　文］《通知》指出，校车信息采集和录入的责任主体是设区的市级和县级教育行政部门。信息采集的对象是所有为义务教育学生和幼儿园幼儿服务的校车，包括专用校车和非专用校车、学校及幼儿园自备校车和校车服务提供者提供的校车。变化的信息应及时更新。省级和市级教育行政部门要加强对所辖县的督促检查，建立健全信息报送和督办

机制，做到县不漏校（园），校（园）不漏车，车不漏人。

3月18日

［纲　文］ **国务委员杨洁篪应约同美国国务卿克里通电话。**

［目　文］ 杨洁篪强调，中方愿同美方一道，认真落实两国元首重要共识，保持高层交往，增进沟通、互信和合作，管控好分歧和敏感问题，推动中美关系在新时期开好局、起好步，为未来健康稳定发展打下坚实基础。克里表示，美中关系很重要，两国在许多问题上应该加强合作。美方希望同中方保持交往和对话，共同应对各种挑战。双方同意，做好举行新一轮中美战略与经济对话的准备工作。双方还就朝鲜半岛局势、气候变化、网络安全等问题交换了意见，杨洁篪重申了中方的原则立场。

3月18日

［纲　文］ **国务委员杨洁篪应约同德国外交部部长韦斯特韦勒通电话。**

［目　文］ 杨洁篪说，双方要落实好两国领导人达成的重要共识，继续办好两国政府磋商机制，加强对话合作，密切在二十国集团等多边框架内的沟通协调，共同推动世界经济复苏。我们对展望未来的中德战略伙伴关系充满信心。韦斯特韦勒表示，德方愿同中方继续保持交往和合作，加强在重大国际和地区问题上的沟通协调，推动德中关系进一步发展。

3月18日

［纲　文］ **《人民日报》发表题为《开启实现中国梦的新征程——热烈祝贺十二届全国人大一次会议胜利闭幕》的社论。**

3月18—22日

［纲　文］ **张高丽在国家发展改革委、财政部等部门调研。**

［目　文］ 国务院副总理张高丽先后到国家发展改革委、财政部、住房城乡建设部、环境保护部、国土资源部、国务院发展研究中心、国家税务总局、国家统计局、三峡办、南水北调办调研，看望干部职工，同部门负责人共商贯彻落实中央经济工作会议、两会和国务院第一次全体会议精神，做好2013年经济社会发展工作。

张高丽指出，2013年，是为全面建成小康社会奠定坚实基础的重要一年，是新一届政府的开局之年。要卓有成效地做好各方面工作，必须坚定理想信念，坚定不移地同以习近平同志为总书记的党中央保持高度一致，以邓小平理论、“三个代表”重要思想、科学发展观为指导，全面贯彻落实党的十八大精神，保持工作、政策的连续性稳定性，增强忧患意识和责任意识，把握好稳中求进的工作总基调，求真务实，开拓创新，努力实现良好开局。

张高丽强调，各部门要明确责任，恪尽职守，重在落实，既要稳得好，也要进得好。要善于把握大局，善于底线思维，善于宏观思考，提高政府管理科学化水平。要稳增长防通胀控风险，充分挖掘三大需求潜力特别是进一步扩大内需，提高增长质量和效益，推动经济持续健康发展；要突出转变经济发展方式这条主线，强化创新驱动，着力化解产能过剩，加快调整优化经济结构，增强综合国力和国际竞争力；要大力节约能源资源，加强生态环境保护，努力建设天蓝水清地绿的美好家园；要坚持科学规划因地制宜，从实际出发，积极稳妥推进城镇化；要区别对待分类指导，统筹东中西、协调南北方，促进区域经济协调发展；要牢固树立以人为本的执政理念，高度关心群众疾苦，认真解决实际困难，切实做好保障改善民生工作；要把握新形势新特征新要求，全面深化改革开放，创新和完善体制机制，培育形成发展的新活力新动力新优势。各部门要抓紧实施机构改革，加快转变政府职能，下决心再减少一批行政审批事项，重在向市场、社会、企业放权，该管的要切实管住管好管出水平；要加强基础性工作，摸清底数搞准情况，创新管理理念，改进工作方式，加强领导班子和干部队伍建设，弘扬敬业奉献精神，形成团结坚强温暖的集体；要切实改进工作作风，认真落实中央八项规定，踏踏实实工作，清清白白做人，以工作的实际成效取信于民。

3月19日

［**纲　文**］　**国家主席习近平在人民大会堂接受金砖国家媒体联合采访。**

［**目　文**］　在对俄罗斯、坦桑尼亚、南非、刚果共和国进行国事访问并出席金砖国家领导人第五次会晤前夕，习近平接受俄罗斯俄通—塔斯社、俄罗斯全国广播电视公司、南非卫星电视五台、印度报业托拉斯、巴西《经济价值报》和中国新华社记者联合采访，就中国同有关国家双边关系、中非关系、金砖国家合作、中国改革开放等阐述了政策主张。

关于中国和俄罗斯关系，习近平指出，中俄互为最主要、最重要的战略协作伙伴，中国人民对俄罗斯人民怀有深厚的感情。两国关系在各自外交全局和对外政策中都占据优先地位。两国要巩固战略和政治互信，增强在涉及对方核心利益问题上的相互支持；扩大务实合作，深化人文交流；密切在国际和地区事务中的协调和配合，维护世界和平、安全、稳定。我期待着访俄期间同普京总统就进一步发展两国关系深入交换意见。

关于中国和南非关系，习近平表示，建交15年来，中南关系实现了从伙伴关系到全面战略伙伴关系的历史性跨越。中南同为新兴市场国家和发展中国家，都视对方为自己的发展机遇和对外战略的重要支点，双方合作越来越具有战略影响和全球意义。

关于中国和非洲关系，习近平强调，中非同属发展中国家，有着广泛共同利益。中非合作是全方位和互利共赢的。中国衷心感谢并铭记非洲朋友在涉及中国核心利益和重大关切问题上所给予的坚定支持和宝贵帮助。无论国际风云如何变幻，中国都会一如既往做非洲和平稳定、繁荣发展、联合自强、平等参与国际事务的支持者和促进者。

关于中国和印度关系，习近平指出，中印是两个最大的发展中国家，一起走和平发展、合作发展道路，是两国共同利益所在，对亚洲和世界也是一件大好事。当前，中印两国都在加快发展，双方要抓住机遇，扎实推进各领域交流合作，照顾对方核心关切，妥善处理两国间存在的问题和分歧，把中印关系提高到新水平。

关于中国和巴西关系，习近平指出，当前，中巴关系正处于历史最好水平，战略性和全局性日益凸显，两国发展利益从未像今天这样紧密相连。我相信，在双方共同努力下，两国合作一定能够不断取得新突破，既促进两国更好实现可持续发展，又有利于两国增强抵御国际经济风险的能力。

关于金砖国家合作，习近平指出，金砖国家合作有利于促进世界经济更加平衡、全球经济治理更加完善、国际关系更加民主。中方期待德班会晤向国际社会传递团结、合作、共赢的积极信息。

关于中国改革发展，习近平强调，改革开放是发展中国特色社会主义的必由之路。中国特色社会主义必须随着形势和条件的变化而向前发展。我们愿意借鉴人类一切文明成果，但不会照抄照搬任何国家的发展模式。中国的改革是中国特色社会主义制度的自我完善和发展。只有走中国人民自己选择的道路，走适合中国国情的道路，最终才能走得通、走得好。

关于中国同世界的关系，习近平强调，随着国力不断增强，中国将在力所能及范围内承担更多国际责任和义务，为人类和平与发展作出更大贡献。中国将坚定不移走和平发展道路。我们也希望世界各国都走和平发展道路，国与国之间、不同文明之间平等交流、相互借鉴、共同进步，齐心协力推动建设持久和平、共同繁荣的和谐世界。

3月19日

［纲　文］　**国家主席习近平在人民大会堂会见美国总统特别代表、财政部部长雅各布·卢。**

［目　文］　习近平指出，中美联系紧密，利益交融。两国经济关系是两国关系的"压舱石"，其本质是互利共赢。双方应该客观看待彼此的发展阶段，尊重彼此的发展利益，把对方的机遇和挑战视为自己的机遇和挑战，寻找更多利益契合点，创造更多合作新亮点，实现良性互动，共同发展，造福两国人民。希望双方继续通过中美战略与经济对话等机制深入沟通，加强宏观经济政策协调和在二十国集团、亚太经合组织等多边框架下的合作，推动全球经济治理改革，共同促进世界经济强劲、可持续和平衡增长。

雅各布·卢表示，奥巴马总统坚定致力于加强美中合作，继续保持美中关系的连续性。美中作为世界两大经济体，对促进两国及全球经济增长负有特殊重要的责任。美方愿继续保持高层交往，通过美中战略经济对话等机制，扩大两国合作，开展良性竞争，妥善处理分歧。美方重视中方在中国企业赴美投资、美对华高技术产品出口、承认中国市场经济地位等问题上的关切，愿努力推动解决。

双方还就朝鲜半岛形势、网络安全等问题交换了意见，习近平阐述了中方的原则立场。

20日，国务院总理李克强在北京会见了雅各布·卢。李克强在会谈时表示，中美关系正处于承前启后的关键阶段，在新形势下，要按照两国元首达成的共识，推进建设相互尊重、互利共赢的合作伙伴关系，必须创新思维，用战略、全局和长远的眼光看待彼此，不纠缠和拘泥于具体问题。中国政府将一如既往重视中美关系，愿同美方一道，推动中美关系在合作、包容、竞争中健康稳定发展。

3月19日

［纲　文］　**十二届全国人大常委会第一次会议在人民大会堂举行。**

［目　文］　常委会组成人员170人出席会议，出席人数符合法定人数。全国人大常委会委员长张德江主持会议并讲话。张德江指出，依法治国之路，是实现国家繁荣昌盛、社会和谐稳定、人民幸福安康的必由之路。依法治国，首先是依宪治国。要按照党的十八大的部署，按照习近平总书记的要求，更加自觉地恪守宪法原则、弘扬宪法精神、履行宪法使命，坚持依法治国基本方略，维护宪法和法律权威，为加快建设社会主义法治国家坚持不懈地努力奋斗。张德江强调，全国人大常委会承担着制定法律和保证法律实施的职责，处在社会主义民主法制建设的第一线，对于全面推进依法治国、建设社会主义法治国家负有重要使命。未来5年，是全面建成小康社会的决定性阶段，也是全面推进依法治国的关键时期。要把依法治国、维护宪法和法律权威作为人大及其常委会的重要任务，为建设社会主义法治国家作出新的贡献。

会议经表决，任命王万宾、李飞、张少琴、曹卫洲、李连宁、何晔晖、沈春耀、韩晓武等为全国人大常委会副秘书长。免去李飞的全国人大常委会法制工作委员会副主任职务，任命张荣顺为全国人大常委会法制工作委员会副主任；免去乔晓阳的第三任全国人大常委会香港特别行政区基本法委员会主任、第三任全国人大常委会澳门特别行政区基本法委员会主任职务，任命李飞为上述两个基本法委员会主任、张荣顺为副主任。免去万鄂湘的最高人民法院副院长、审判委员会委员、审判员职务。

3月19日

［纲　文］　**国务院发出《关于机构设置的通知》。**

［目　文］　《通知》指出，国务院机构设置如下：

一、中华人民共和国国务院办公厅。

二、国务院组成部门。中华人民共和国外交部、中华人民共和国国防部、中华人民共和国国家发展和改革委员会、中华人民共和国教育部、中华人民共和国科学技术部、中华人民共和国工业和信息化部、中华人民共和国国家民族事务委员会、中华人民共和国公安部、中华人民共和国国家安全部、中华人民共和国监察部、中华人民共和国民政部、中华人民共和国司法部、中华人民共和国财政部、中华人民共和国人力资源和社会保障部、中华人民共和国国土资源部、中华人民共和国环境保护部、中华人民共和国住房和城乡建设部、中华人民共和国交通运输部、中华人民共和国水利部、中华人民共和国农业部、中华人民共和国商务部、中华人民共和国文化部、中华人民共和国国家卫生和计划生育委员会、中国人民银行、中华人民共和国审计署。监察部与中共中央纪律检查委员会机关合署办公，机构列入国务院序列，编制列入中共中央直属机构。教育部对外保留国家语言文字工作委员会牌子。工业和信息化部对外保留国家航天局、国家原子能机构牌子。环境保护部对外保留国家核安全局牌子。

三、国务院直属特设机构。国务院国有资产监督管理委员会。

四、国务院直属机构。中华人民共和国海关总署、国家税务总局、国家工商行政管理总局、国家质量监督检验检疫总局、国家新闻出版广电总局、国家体育总局、国家安全生产监督管理总局、国家食品药品监督管理总局、国家统计局、国家林业局、国家知识产权局、国家旅游局、国家宗教事务局、国务院参事室、国家机关事务管理局。国家预防腐败局列入国务院直属机构序列，在监察部加挂牌子。国家新闻出版广电总局加挂国家版权局牌子。

五、国务院办事机构。国务院港澳事务办公室、国务院法制办公室、国务院研究室。国务院台湾事务办公室与中共中央台湾工作办公室、国务院新闻办公室与中共中央对外宣传办公室、国务院防范和处理邪教问题办公室与中央防范和处理邪教问题领导小组办公室，一个机构两块牌子，列入中共中央直属机构序列。

六、国务院直属事业单位。新华通讯社、中国科学院、中国社会科学院、中国工程院、国务院发展研究中心、国家行政学院、中国地震局、中国气象局、中国银行业监督管理委员会、中国证券监督管理委员会、中国保险监督管理委员会、全国社会保障基金理事会、国家自然科学基金委员会。

3月19日

［纲　文］　**国务院发出《关于部委管理的国家局设置的通知》。**

［目　文］　《通知》指出，部委管理的国家局设置如下：国家信访局，由国务院办公厅管理。国家粮食局，由国家发展和改革委员会管理。国家能源局，由国家发展和改革委员会管理。国家国防科技工业局，由工业和信息化部管理。国家烟草专卖局，由工业和信息化部管理。国家外国专家局，由人力资源和社会保障部管理。国家公务员局，由人力资源和社会保障部管理。国家海洋局，由国土资源部管理。国家测绘地理信息局，由国土资源部管理。国家铁路局，由交通运输部管理。中国民用航空局，由交通运输部管理。国家邮政局，由交通运输部管理。国家文物局，由文化部管理。国家中医药管理局，由国家卫生和计划生育委员会管理。国家外汇管理局，由中国人民银行管理。国家煤矿安全监察局，由国家安全生产监督管理总局管理。国家档案局与中央档案馆、国家保密局与中央保密委员会办公室、国家密码管理局与中央密码工作领导小组办公室，一个机构两块牌子，列入中共中央直属机关的下属机构序列。

3月19日

［纲　文］　**国务委员杨洁篪、外交部部长王毅分别应约同加拿大外交部部长贝尔德通电话。**

［目　文］　杨洁篪说，中方高度重视发展中加关系，始终认为一个良好的中加关系不仅符合两国和两国人民的根本利益，也有利于促进地区和世界的和平、稳定与繁荣。我们愿与加方一道，增进政治互信，深化务实合作，妥善照顾彼此利益和关切，推动两国战略伙伴关系取得新的更大发展。贝尔德表示，加方高度重视发展加中关系，祝贺中共十八大和两会成功举行。加方愿与中方加强高层和各级别交往，拓展各领域务实合作，密切在国际和地区事务中的对话与沟通，将两国关系提升到更高水平。

贝尔德祝贺王毅就任中国外交部部长，积极评价加中关系发展。王毅感谢贝尔德来电祝贺并表示，中加两国经济互补性强，合作基础坚实，发展潜力巨大。

3 月 19 日

［纲　文］ **外交部部长王毅应约同韩国外交部部长尹炳世通电话。**

［目　文］ 尹炳世祝贺王毅就任中国外交部部长，希望以两国新政府成立为契机，规划双边关系发展蓝图，深化各领域务实合作，加强在地区及国际问题上的沟通。王毅表示中韩关系面临继往开来的重要机遇。中方高度重视对韩关系，愿同韩方加强交往，拓展合作，不断充实提升两国战略合作伙伴关系。

王毅重申了中方维护半岛和平、推动半岛无核化的一贯立场。他说，我有幸从事了几年对台工作，致力于推动两岸关系改善与祖国的统一大业。尽管两岸关系与南北关系很不同，但我能感受到骨肉同胞分裂的民族伤痛。半岛问题的背景和情况十分复杂，但半岛要和平，南北间首先要和平；半岛形势要缓和，南北关系首先要缓和。作为半岛最主要近邻，中方始终支持南北改善关系，支持半岛最终实现自主和平统一，愿意继续为此发挥建设性作用。

谈及东亚区域合作时，王毅表示，中方一贯重视东亚区域合作。多边合作的基础在于双边关系的稳定和发展。中方愿与韩方及其他有关各方共同努力，推进本地区合作不断取得进展。

3 月 19 日

［纲　文］ **《人民日报》发表题为《满怀信心走好中国道路——一论同心共筑中国梦》的评论员文章。**

3 月 20 日

［纲　文］ **国家主席习近平应约同韩国总统朴槿惠通电话。**

［目　文］ 朴槿惠热烈祝贺习近平当选中国国家主席。朴槿惠表示，我高度赞赏习近平主席提出实现中华民族伟大复兴的中国梦。韩国致力于推进国家发展和国民幸福。两国治国理念相通，共同利益广泛。韩方愿同中方加强高层交往和民间交流，不断丰富两国合作内涵，使韩中关系在现有良好基础上取得新的更大发展，造福两国人民。

习近平对朴槿惠的祝贺表示感谢。习近平强调，中韩建交 20 年来，两国关系持续快速发展，给两国和两国人民带来了实实在在的利益，也为维护地区和平稳定发挥了重要作用。中韩发展任务中有许多共同点。新形势下，中韩加强理解、信任和合作，对两国及本地区和平和发展尤为重要。中方高度重视中韩关系，视韩国为重要战略合作伙伴，愿同韩方一道，承前启后、继往开来，推动中韩关系向更高水平发展。习近平指出，朝鲜半岛和平稳定关乎半岛人民切身利益，也关乎中国人民切身利益。中方致力于维护半岛和平稳定、实现半岛无核化，主张通过对话协商解决问题。当前形势下，中方希望其他有关各方为此付出努力，共同使形势缓下来，并实现转圜。南北是同胞，南北关系对半岛形势走向至关重要。中方愿为促进南北双方和解合作提供必要协助。朴槿惠表示，韩方愿同中方加强沟通合作，共同推动半岛无核化进程，维护半岛及东北亚地区和平、稳定和繁荣。

3月20日

［纲　文］ **中共中央政治局常委刘云山在人民大会堂会见由总书记阿卜杜拉曼·基纳纳率领的坦桑尼亚革命党高级干部考察团。**

［目　文］ 刘云山在会见时说，中坦两国长期相互支持、密切合作，结下深厚友谊。习近平主席当选后第一次出访就有坦桑尼亚，这必将推动中坦传统友好关系进一步深入发展。刘云山应询向客人介绍了全国两会有关情况。刘云山说，习近平主席提出实现中华民族伟大复兴中国梦，极大激发了全国各族人民的热情。中国梦的本质内涵就是国家富强、民族振兴、人民幸福，实现中国梦需要的是行动和实干，需要13亿人共同奋斗，需要每个人脚踏实地干好自己的事情。

基纳纳相信中国人民一定会顺利实现伟大中国梦。他说，习近平主席即将访坦的喜讯令我们举国振奋，这充分体现了中国党和政府对坦中关系和非洲的高度重视，也向国际社会传递了非中世代友好的积极信息。

3月20日

［纲　文］ **李克强主持召开新一届国务院第一次全体会议。**

［目　文］ 国务院全体会议组成人员出席了会议。国务院其他部门、单位的负责人列席了会议。会议宣布国务院领导同志分工和国务院机构设置，讨论通过《国务院工作规则》，对政府工作进行部署，新一届政府开始全面履责。

国务院总理李克强指出，本届政府任期的5年，是我国向全面建成小康社会迈进具有决定性意义的五年。关于2013年工作，中央经济工作会议和政府工作报告，都作了全面部署，关键在抓好落实。要把2013年工作和今后工作结合起来，既立足当前，又着眼长远。一是持续发展经济，做到稳增长、防通胀、控风险，促进经济转型，切实提高增长质量和效益，打造中国经济的升级版。二是不断改善民生，围绕保障基本民生，做到织好网、补短板、兜住底，让人民群众安心创业就业。三是促进社会公正，从制度上为所有人、所有企业创造公平竞争、公平发展的机会。四是建设创新政府，各部门都要有改革的举措，用制度创新来推动发展。五是建设廉洁政府，要坚决落实国务院向社会承诺的“约法三章”，勤俭过日子。六是建设法治政府，各项工作都要依法行政，对不符合科学发展、有碍社会公正的法规政策和规则进行清理。

李克强着重就做好政府工作提出了六点要求：第一，有全局意识。各部门都要从国家命运、民族前途、群众利益的高度想问题、办事情，这样留下的业绩才是久远的。如果被部门和局部利益牵着走，不仅损害全局，从长远看对部门也是不利的。第二，充分调动中央和地方两个积极性。中央的政策要尽可能符合地方的实际，少搞一刀切，让地方有施展空间，更好发挥基层首创精神。地方要强化全国一盘棋的理念，自觉维护党中央、国务院的权威，做到令行禁止。第三，在谋大局当中抓重点。各部门要抓住矛盾最集中、群众最关心的事情，围绕国务院工作全局，突出重点，力争一年解决几个关键问题，积跬步至千里，让人民群众心中有希望。第四，锐意改革形成长效机制。做工作不是“头痛医头、脚痛医脚”，要干对当前有用、对长远有利的事情。要注重发挥体制机制的作用，机制的建立要符合长远的方向，不能今天建明天改，不能使今天的改革成为明天改革的障碍。第五，把有限的钱花在建机制、增效益上。未来财政收入很难持续高速增长，而民生等领域的支出是刚性的，这就要求把钱花在刀刃上。而且要注重“花钱换机制”，机制建设要尽可能完整，不能“碎片化”，以收到事半功倍之效。要做到公开、公平、公正，接受人民群众监督，以减少和避免腐败。第六，不断提高政府的公信力、执行力和效率。要加强政府政风建设，树立风清气正、办实事、能干事的形象，这样政府才有公信力，人民才会和政府一道攻坚克难。政府说到就要做到，不能“放空炮”。国务院做出的决定一定要不折不扣地执行，决不能搞变通，各级都要加大督查力度，没有做到的要问责，不能当无所作为的“太平官”。

3 月 20 日

［纲　文］　**中宣部在北京召开全国两会新闻宣传工作总结会议。**

［目　文］　中宣部常务副部长雒树刚主持会议。中央宣传文化系统有关部门和单位负责人出席会议，中宣部部长刘奇葆出席会议并讲话。刘奇葆说，这次两会新闻宣传主题突出、基调昂扬、内容丰富，文风清新、亮点频频、出新出彩，会议报道生动深入，配合性报道有声有色，热点引导及时有力，网上宣传形成规模声势，报道形式和宣传手法有创新，媒体服务规范有效，反映了会议民主、团结、求实、奋进的良好风貌，为两会胜利召开营造了庄重热烈的舆论氛围。

刘奇葆指出，要在前一段工作基础上，进一步宣传好阐释好两会精神，引导广大干部群众朝着党的十八大和两会确定的奋斗目标努力奋进。要把两会新闻宣传的成功经验总结好，上升为规律性认识，形成有效工作机制，自觉运用到日常报道之中。要健康深入地推进文风改进工作，唱响时代主旋律，传播社会正能量，巩固壮大主流思想舆论。

3 月 20 日

［纲　文］　**财政部、国家税务总局联合印发《关于对城市公交站场道路客运站场免征城镇土地使用税的通知》。**

［目　文］　《通知》明确，2013 年 1 月 1 日至 2015 年 12 月 31 日期限内，对城市公交站场、道路客运站场的运营用地免征城镇土地使用税。

《通知》指出，城市公交站场运营用地包括城市公交首末车站、停车场、保养场、站场办公用地、生产辅助用地，道路客运站场运营用地包括站前广场、停车场、发车位、站务用地、站场办公用地、生产辅助用地。

《通知》还指出，城市公交站场、道路客运站场是指由县级以上（含县级）人民政府交通运输主管部门等批准，按《汽车客运站级别划分和建设要求》等标准建设的，为公众及旅客、运输经营者提供站务服务的场所。

3月20日

［纲　文］　**国家海洋局发布《2012年中国海洋环境状况公报》。**

［目　文］　《公报》显示，2012年我国海洋环境质量状况总体较好，但近岸海域环境问题依然突出，部分海域污染严重，生态系统处于亚健康和不健康状态，海岸侵蚀严重，海洋环境突发事件风险加剧。海洋环境状况总体较好，部分近岸海域污染严重。

《公报》显示，2012年，我国管辖海域海水环境状况总体较好，符合第一类海水水质标准的海域面积约占我国管辖海域面积的94%；近岸以外海域水质总体良好并保持稳定；沉积物质量状况总体良好，96%以上站位符合第一类海洋沉积物质量标准。但部分近岸海域污染依然严重，未达到第一类海水水质标准的海域面积17.0万平方公里，高于2007年—2011年15.0万平方公里的平均水平。严重污染区域主要分布于大中型河口、海湾和部分大中城市近岸海域，主要超标物质是无机氮、活性磷酸盐和石油类。近岸约1.9万平方公里海域呈重度富营养化状态。

《公报》显示，海洋生物多样性状况基本稳定，部分近岸生态系统健康状况不佳。国家级海洋保护区环境质量总体良好，主要保护对象或保护目标基本保持稳定。长江口、苏北浅滩等典型海洋生态系统和关键生态区域生物多样性水平呈下降趋势，变化情况值得关注。栖息地生境丧失、富营养化严重、生物群落结构异常是造成典型生态系统健康状况不佳的主要原因。

《公报》显示，江河污染物入海量上升，陆源排污对海洋环境影响显著。2012年72条主要江河携带入海的污染物总量约1705万吨，较2011年有所增加。入海排污口邻近海域环境质量状况总体依然较差，排污口邻近海域75%水质、30%沉积物质量不能满足海洋功能区的环境质量要求。

《公报》显示，赤潮发现次数达近五年最多，蓬莱溢油事故污染损害仍在。2012年我国海洋赤潮灾害多发，海洋环境突发事件风险加剧。全海域共发现赤潮73次，为近五年最多。赤潮多发区仍集中于东海近岸海域。黄海绿潮发生规模为近五年最小。渤海滨海平原地区海水入侵和土壤盐渍化依然严重。我国砂质海岸和粉砂淤泥质海岸侵蚀严重。2012年广东、福建和长江口等海域相继发生多起突发海洋污染事件，部分污染物质泄漏入海导致局部海域环境受到不同程度影响。蓬莱19-3油田溢油事故和大连新港“7·16”油污染事件对邻近海域生态环境造成的污染损害依然存在。日本福岛核泄漏尚未影响我管辖海域，我国将加强核电站风险防范。

3月20日

［纲　文］　**中俄韩三国代表在中国珲春口岸举行“新蓝海”航线开通仪式。**

［目　文］　韩国束草市政府及经贸代表团乘坐“新蓝色海洋”号客货滚装船抵达俄罗斯扎鲁比诺港，又与俄罗斯代表经陆路乘车抵达中国的珲春。随后，三方代表在珲春口岸举行了“新蓝海”航线开通仪式。这标志着在时隔两年半后，中俄韩三国陆海航线成功实现了复航。

3月20日

［纲　文］　**外交部部长王毅应约分别同美国务卿克里和德国外交部部长韦斯特韦勒通电话。**

［目　文］　在同克里通话时，王毅指出，建交34年来，在两国几代人共同努力下，中美关系取得了巨大进展。当前中美关系正站在新的历史起点上，我们要在前人的基础上进一步开拓进取。双方面临的重大课题就是如何把两国领导人就共同建设中美合作伙伴关系、探索构建新型大国关系的重要共识落到实处。中美探索构建新型大国关系应面向全球，首先从亚太做起，实现良性互动，合作共赢。

在同韦斯特韦勒通电话时，王毅说，当前国际形势复杂多变。中德作为有影响的大国和战略伙伴，更需要加强合作。中国新一届政府一如既往高度重视中德关系。双方要继续保持密切高层交往，延续好政府磋商和战略对话等机制，增进相互了解，深化合作，加强在重大国际和地区问题上的沟通协调。

3月20日

［纲　文］　**王毅会见梁振英。**

［目　文］　外交部部长王毅在会见香港特别行政区行政长官梁振英时表示，外交部将一如既往支持特区开展对外交往合作，维护香港同胞在海外的合法权益。王毅还简要介绍了国家外交政策。他说，我们正为实现“两个一百年”目标和民族复兴的中国梦不懈奋斗，外交要为此创造良好、友善的外部环境。我们将坚决贯彻落实十八大确定的对外方针政策，始终高举和平、发展、合作、共赢的旗帜，探索和推进有中国特色的大国外交，在复杂纷纭的国际形势中，维护世界和平，促进共同发展，主持公道正义，承担应尽责任。

梁振英表示，香港同胞对祖国国际地位不断提高感到自豪。特区愿进一步加强与外交部沟通合作，为外交工作作出贡献。

3月20日

［纲　文］　**《人民日报》发表题为《高扬凝心聚力的中国精神——二论同心共筑中国梦》的评论员文章。**

3月21日

［纲　文］　**中共中央总书记习近平应约同越共中央总书记阮富仲通电话。**

［目　文］　阮富仲对习近平当选中国国家主席表示热烈祝贺，表示相信在中国共产党领导下，伟大的中国人民一定能够顺利实现中共十八大确定的各项目标，把中国特色社会主义事业推向新高度。越南党和政府高度重视越中传统友谊，始终致力于推动越中两党两国关系发展。希望同中方一道努力，继续把两国老一代领导人缔造的越中友好关系推向前进，为两国人民造福，为地区和世界和平发展作出积极贡献。

习近平对阮富仲的祝贺表示感谢。他说，中越关系健康稳定发展，对促进各自国家社会主义建设，对维护地区与世界和平、促进共同发展都有重要意义。中国党和政府坚持从战略高度和长远角度看待中越两党两国关系，将一如既往同越南党和政府一道，根据“长期稳定、面向未来、睦邻友好、全面合作”的十六字方针和“好邻居、好朋友、好同志、好伙伴”的四好精神，保持高层交往，深化两党交流合作，积极推进两国经贸互利合作，加强人文、科技等领域交流，妥善处理分歧，推动中越全面战略合作伙伴关系稳定健康发展。

3月21日

［纲　文］　**国家主席习近平应约同联合国秘书长潘基文通电话。**

［目　文］　潘基文对习近平当选中国国家主席表示祝贺。潘基文表示，联合国高度赞赏中国坚定走和平发展道路，希望中国在国际上发挥更大更积极的作用。感谢中国给予联合国强有力的支持，相信联合国同中国的合作将不断扩大。潘基文预祝习近平即将对俄罗斯、非洲三国进行国事访问取得成功，希望金砖国家领导人第五次会晤取得积极成果，表示联合国愿同中国加强在非洲事务中的合作。潘基文表示相信，在习近平主席领导下，中国人民一定能够实现中华民族伟大复兴的中国梦。

习近平感谢潘基文的祝贺。习近平强调，中国的发展离不开世界。我们将坚定不移走和平发展道路，坚定不移奉行互利共赢的开放战略，坚定不移促进世界和平与发展。中国始终是联合国的坚定支持者和重要合作伙伴，积极倡导和践行多边主义，维护联合国宪章宗旨和原则，维护联合国权威和作用。随着中国不断发展，我们将履行自己应尽的国际义务，深化同联合国的合作，共同维护国际公平正义、促进国际合作，努力为人类和平与发展事业作出更大贡献。习近平指出，联合国在维护非洲和平、支持非洲发展方面也作出了重要贡献。我们愿同联合国加强交流合作，为促进非洲及世界和平与发展作出更多努力。

3月21日

［纲　文］　**国家主席习近平就孟加拉人民共和国总统齐勒·拉赫曼病逝，向孟加拉国代总统哈米德致唁电。**

3月21日

［纲　文］　**国务院总理李克强应约同英国首相卡梅伦通电话。**

［目　文］　卡梅伦祝贺李克强当选中国国务院总理。卡梅伦表示，中国的发展对世界是重要机遇。英方愿与中方共同努力，深化两国各领域务实合作，加强在国际事务中的协调，为英中关系注入新的动力。

李克强对卡梅伦发来贺信并打来电话祝贺表示感谢。李克强表示，中英都是世界上有影响的大国，在双边和多边领域拥有广泛共同利益。推动两国关系向前发展，是双方的共识。增进和深化双方合作，不仅符合两国利益，也有利于世界的和平与繁荣。关键是双方要平等相待，特别是要切实尊重对方核心利益，妥善处置敏感问题，把发展两国关系的愿望落实到具体行动上，推动中英关系平稳健康发展。

3月21日

［纲　文］　**国务院总理李克强应约同马来西亚总理纳吉布通电话。**

［目　文］　纳吉布祝贺李克强当选中国国务院总理。纳吉布表示，马方愿与中方共同努力，保持两国友好关系，推进两国在贸易、科技、旅游、教育、执法、文化等领域合作，使两国关系更加紧密。

李克强对纳吉布的祝贺表示感谢。李克强说，当前中马关系发展顺畅，传统友谊和政治互信不断深化，各领域合作走在中国与东盟国家前列。李克强表示，中国新一届政府将一如既往地高度重视发展中马关系，愿与马方携手努力，推进中马双边合作，加强两国在国际和地区事务中的协调与配合，共同维护中国—东盟关系的健康稳定发展，推动中马战略性合作取得新的重要成果。

3月21日

［纲　文］　**国务院办公厅印发《国家铁路局主要职责内设机构和人员编制规定》。**

［目　文］　《规定》明确，国家铁路局（副部级）为交通运输部管理的国家局。主要职责：第一，起草铁路监督管理的法律法规、规章草案，参与研究铁路发展规划、政策和体制改革工作，组织拟订铁路技术标准并监督实施。第二，负责铁路安全生产监督管理，制定铁路运输安全、工程质量安全和设备质量安全监督管理办法并组织实施，组织实施依法设定的行政许可。第三，负责拟订规范铁路运输和工程建设市场秩序政策措施并组织实施，监督铁路运输服务质量和铁路企业承担国家规定的公益性运输任务情况。第四，负责组织监测分析铁路运行情况，开展铁路行业统计工作。第五，负责开展铁路的政府间有关国际交流与合作。第六，承办国务院及交通运输部交办的其他事项。

国家铁路局内设7个机构：综合司（外事司）、科技与法制司、安全监察司、运输监督管理司、工程监督管理司、设备监督管理司、人事司。行政编制为130名。

3月21日

［纲　文］　**银监会印发《关于深化小微企业金融服务的意见》。**

［目　文］　《意见》鼓励商业银行尤其是中小银行加大小微企业金融服务专营机构建设，对于小微企业授信客户数占该行所有企业授信客户数，以及最近6个月月末平均授信余额占该行企业授信余额达到一定比例以上的商业银行，允许其一次同时筹建多家同城支行，且不受“每次批量申请的间隔期限不得少于半年”的限制。

3月21日

［纲　文］　**民政部和中国残疾人联合会印发《关于残疾军人享受社会残疾人待遇有关问题的通知》。**

［目　文］　《通知》指出，残疾军人除享受国家给予的特殊待遇外，同时也应享受当地社会残疾人的相应待遇。残疾军人是为国家作出特殊贡献的优抚对象，是社会残疾人的重要组成部分。惠及所有残疾人的政策待遇，残疾军人凭《中华人民共和国残疾军人证》应予享受；惠及特定残疾人的政策待遇（如安装假肢、配发轮椅车等），按照有关身体残疾的特殊要求，符合条件的残疾军人应予享受。具体办法由地方民政部门和残联制定。

《通知》要求，各地民政、残联部门要密切协作，加强有关政策宣传，加大工作力度，建立信息共享机制，确保残疾军人享受社会残疾人的相应待遇。

3月21—22日

［纲　文］　**国务院副总理、中俄旅游年中方组委会主席汪洋在莫斯科检查指导“中国旅游年”开幕式筹备工作。**

［目　文］　汪洋先后与俄罗斯副总理、中俄旅游年俄方组委会主席戈洛杰茨和俄罗斯副总理罗戈津举行会谈会见。汪洋会面时表示，中国国家主席习近平就任后首访国家就是俄罗斯，充分表明中国新一届中央领导集体对发展中俄关系的重视。两国元首参加“中国旅游年”开幕式是习近平此访的一项重要活动，也是2013年两国人文交流的一大亮点，我们双方要共同努力确保开幕式圆满成功。汪洋指出，2012年俄方在中国成功举办“俄罗斯旅游年”，极大提升了中国民众赴俄旅游的热情。俄方统计中国游客2012年同比增加了47%。相信2013年在俄举办“中国旅游年”，必将进一步促进两国民众赴对方国家旅游人数的增加。中俄应以互办旅游年为契机，促进两国旅游业的合作与发展，不断巩固两国友好的民意基础。汪洋强调，双方要共同努力，把两国的政治关系优势进一步转化为全方位实际合作成果，造福两国人民。

俄方表示，对习近平就任后将俄作为出访首站感到鼓舞，坚信此访必将有力推动俄中关系迈上新台阶。俄方将全力以赴配合中方办好“中国旅游年”开幕式以及各项活动。会谈会见后，汪洋和俄方领导人共同见证中俄两国有关部门、学校、企业和金融机构签署15份双方合作的文件。在俄期间，汪洋还与俄罗斯旅游界人士座谈、主持第三次中俄旅游年中方组委会会议、召开驻俄中资企业家座谈会、出席了中国建设银行（俄罗斯）有限责任公司揭牌仪式。

3月21日

［纲　文］　**《人民日报》发表题为《凝聚不可战胜的中国力量——三论同心共筑中国梦》的评论员文章。**

3月22—31日

［纲　文］　**国家主席习近平应邀对俄罗斯、坦桑尼亚、南非、刚果四国进行国事访问。**

［目　文］　22—24日，习近平主席对俄罗斯进行国事访问。习近平与俄罗斯总统普京举行了会晤。两国元首就中俄关系及重大国际和地区问题深入交换意见，就加强中俄全方位战略合作达成了重要共识。习近平在会晤时强调，中俄互为最主要、最重要的战略协作伙伴，深化中俄全面战略协作伙伴关系，在两国外交全局和对外关系中都占据优先的战略地位。面对复杂多变的国际形势和依然严峻的国际经济环境，中俄要更加紧密地加强全方位战略合作。两国元首表示，愿共同努力，承前启后，继往开来，把中俄关系维护好、发展好，造福两国人民。会谈后，两国元首共同签署了《中华人民共和国和俄罗斯联邦关

于合作共赢、深化全面战略协作伙伴关系的联合声明》。

访问期间，习近平参观了俄罗斯联邦国防部；出席了中国共产党第六次全国代表大会纪念馆建馆启动仪式、俄罗斯“中国旅游年”开幕式；在莫斯科国际关系学院发表了题为《顺应时代前进潮流，促进世界和平发展》的重要演讲。

24—25日，习近平主席对坦桑尼亚进行国事访问。习近平在达累斯萨拉姆同坦桑尼亚总统基奎特举行会谈。两国元首决定，传承中坦传统友谊，构建和发展互利共赢的全面合作伙伴关系，把中坦关系提升到更高水平。习近平表示，中坦一直保持全天候友谊。中坦两国都面临国家发展的相同任务。中方愿继续为坦桑尼亚经济社会发展提供力所能及的帮助，加强在坦方优先关注领域的合作，扎实推进重大项目。会谈后，两国元首发表《中华人民共和国与坦桑尼亚联合共和国联合公报》。访问期间，习近平在达累斯萨拉姆尼雷尔国际会议中心发表题为《永远做可靠朋友和真诚伙伴》的重要演讲，总结中非友好关系发展历史经验，全面阐述新时期中非共谋和平、同促发展的政策主张；访问援坦中国专家公墓，缅怀为中坦、中非友好事业献出宝贵生命的烈士们。

25—28日，习近平主席对南非进行国事访问。习近平在比勒陀利亚同南非总统祖马举行会谈。两国元首从促进中非关系发展和推动发展中国家团结合作的战略高度，深入探讨发展中南关系，达成重要共识。习近平表示，中南同为重要发展中国家，有着相似的历史、相连的命运、相依的未来，两国关系越来越具有战略意义和全球影响。中方将南非作为对外关系优先方向，愿同南方一道，共同谱写友好合作新篇章，将中南关系打造成中非新型战略伙伴关系和发展中大国团结合作的典范。会谈后，两国元首发表《中华人民共和国和南非共和国联合公报》。

29—30日，习近平主席对刚果共和国进行国事访问。习近平在布拉柴维尔同刚果共和国总统萨苏举行会谈。两国元首一致表示，将共同致力于建立和发展中刚团结互助的全面合作伙伴关系。习近平指出，中方高度重视刚方有关合作要求，愿继续为刚果提供力所能及的帮助，争取早日上马大型合作项目。中方鼓励有实力的中国企业参与刚果经济特区建设。会谈后，两国元首共同见证了双方一系列合作文件的签署，发表《中华人民共和国和刚果共和国联合公报》。访问期间，习近平在刚果共和国议会发表题为《共同谱写中非人民友谊新篇章》的重要演讲；在刚果共和国首都布拉柴维尔出席中刚友好医院竣工剪彩仪式、恩古瓦比大学图书馆启用和中国馆揭牌仪式。

3月22日

［纲　文］　**国务院总理李克强应约同澳大利亚总理吉拉德通电话**。

［目　文］　吉拉德祝贺李克强就任中国国务院总理。吉拉德表示，澳中合作潜力巨大，前景广阔。澳方高度重视对华关系，愿与中方共同努力，推进建立在相互尊重、互利共赢基础上的全面建设性合作，推动两国关系提高到新的水平，并增进地区国家间的信任与合作。

李克强对吉拉德发来贺信并打来电话祝贺表示感谢。李克强说，中方赞赏澳大利亚政府将发展对华关系作为外交优先方向，将澳方视为本地区和平共处的好朋友、互利合作的好伙伴。新形势下，中方愿与澳方一起努力，加强政治与战略互信，深化务实合作，促进中澳关系深入发展。李克强指出，中澳同为亚太重要国家，维护这一地区的和平、稳定和繁荣，符合双方共同利益。亚太地区的良好发展势头来之不易，地区各国的亚太政策应该有利于增进亚太国家间互信、团结与合作，有利于地区经济社会发展，中方愿与澳方加强协调沟通，作出应有努力。

3月22日

［纲　文］ **新组建的食品药品监督管理总局正式挂牌。**

［目　文］ 国家食品药品监督管理总局将统合国务院食安办、药监、质检、工商等部门的相应职责，覆盖食品和药品的生产、流通、消费等全链条，实施全部环节无缝监管。

3月22日

［纲　文］ **新组建的国家新闻出版广电总局正式挂牌。**

［目　文］ 该局由原新闻出版总署、原广电总局整合而成。根据《国务院机构改革和职能转变方案》，国家新闻出版广电总局主要职责是，统筹规划新闻出版广播电影电视事业产业发展，监督管理新闻出版广播影视机构和业务以及出版物、广播影视节目的内容和质量，负责著作权管理等。国家新闻出版广电总局加挂国家版权局牌子。

3月22日

［纲　文］ **《人民日报》发表题为《以发展筑牢梦想根基——四论同心共筑中国梦》的评论员文章。**

3月22日

［纲　文］ **《人民日报》发表题为《用改革精神打造现代政府》的评论员文章。**

3月23日

［纲　文］ **国务院印发《国务院工作规则》。**

［目　文］ 《规则》指出，国务院工作的指导思想是，高举中国特色社会主义伟大旗帜，以邓小平理论、“三个代表”重要思想、科学发展观为指导，认真执行党的路线方针政策，严格遵守宪法和法律，全面正确履行政府职能，努力建设职能科学、结构优化、廉洁高效、人民满意的服务型政府。国务院工作的准则是，执政为民，依法行政，实事求是，民主公开，务实清廉。国务院实行总理负责制，总理领导国务院的工作。副总理、国务委员协助总理工作。各部、各委员会、人民银行、审计署实行部长、主任、行长、审计长负责制，由其领导本部门的工作。国务院各部门要各司其职，各负其责，顾全大局，协调配合，切实维护团结统一、政令畅通，坚决贯彻落实国务院各项工作部署。

《规则》规定，国务院要全面正确履行经济调节、市场监管、社会管理和公共服务职能，形成权界清晰、分工合理、权责一致、运转高效、法治保障的机构职能体系，创造良好发展环境，提供基本均等公共服务，维护社会公平正义。完善宏观调控体系，加强经济发展趋势研判，科学确定调控目标和政策取向，主要运用经济、法律手段并辅之以必要的行政手段引导和调控经济运行，促进国民经济持续健康发展。依法严格市场监管，推进公平准入，完善监管体系，规范市场执法，维护全国市场的统一开放、公平诚信、竞争有序。加强社会管理制度和能力建设，完善基层社会管理服务，形成源头治理、动态管理、应急处置相结合的社会管理机制，维护社会公平正义与和谐稳定。更加注重公共服务，完善公共政策，健全政府主导、社会参与、覆盖城乡、可持续的基本公共服务体系，增强基本公共服务能力，促进基本公共服务均等化。

《规则》还规定，国务院及各部门要完善行政决策程序规则，把公众参与、专家论证、风险评估、合法性审查和集体讨论决定作为重大决策的必经程序，增强公共政策制定透明度和公众参与度。国务院及各部门要把公开透明作为政府工作的基本制度。深化政务公开，完善各类办事公开制度，健全政府信息发布制度，推进行政权力行使依据、过程、结果公开。国务院要自觉接受全国人大及其常委会的监督，认真负责地报告工作，接受询问和质询，依法备案行政法规；自觉接受全国政协的民主监督，虚心听取意见和建议。

3月23—25日

［纲　文］　**国务院发展研究中心在北京举办中国发展高层论坛。**

［目　文］　论坛主题是“中国：改革开放与全面建成小康社会”。来自国内外的专家学者、企业家、政府官员和国际机构代表出席论坛，围绕全面建成小康社会的目标与政策、财税体制改革、对外开放新格局、城镇化战略等重要议题开展讨论。

国务院副总理张高丽出席开幕式并致辞。张高丽指出，全面建成小康社会是中国现代化进程中的一个重要阶段性目标，是实现中华民族伟大复兴的中国梦的重要体现，承载着千百年来中国人民对美好生活的向往。中国共产党第十八次全国代表大会郑重提出了全面建成小康社会的目标要求。实现这一目标，中国实力将显著增强，市场规模将显著扩大，人民生活水平将显著提高，中国也将为世界经济发展提供更多的机会、更强的动力，作出更大的贡献。张高丽强调，改革开放是坚持和发展中国特色社会主义的必由之路。30多年来，中国改革开放有序推进、全面展开、不断深化，极大解放和发展了社会生产力，经济社会发展取得了举世瞩目的成就。实践充分证明：改革开放是中国经济社会发展的根本动力，没有改革开放，就没有中国的今天。

张高丽指出，中国30多年来积累的一条重要经验是，以改革的精神推动开放，以开放促改革、促发展。在中国和世界联系日趋紧密、相互影响不断加深的今天，中国改革发展比以往任何时候都需要坚持和扩大对外开放。我们将在更大范围、更广领域、更高水平上推进对外开放，实施更加积极主动的开放战略，坚持进口和出口并重、引进来和走出去并重，进一步完善互利共赢、多元平衡、安全高效的开放型经济体系，积极参与全球经济治理，为世界经济发展增添正能量。中国将一如既往欢迎和鼓励跨国公司来华投资兴业，切实保护投资者合法权益，为各国企业提供公平竞争和分享中国发展红利的机会。

中国发展高层论坛是国务院发展研究中心主办的国家级大型国际论坛，旨在“与世界对话，谋共同发展”，是中国政府高层领导、全球商界领袖、国际组织和中外学者之间重要的对话平台。自2000年创办以来，已经成功地举办了13届，为推动中外发展政策交流与国际合作作出了积极贡献。

3月24日

［纲　文］　**国务委员兼国防部部长常万全在莫斯科与俄罗斯国防部部长绍伊古举行会谈。**

［目　文］　常万全在会谈时说，近年来中俄全面战略协作伙伴关系保持健康、稳定的发展势头，两国关系进入互相提供重要发展机遇、互为主要优先合作伙伴的新阶段。习近平主席刚刚对俄罗斯进行了成功访问，两国元首就进一步推动、深化两国各领域合作达成一系列重要共识，为中俄全面战略协作伙伴关系深入发展注入了新的强劲动力。在当前复杂多变的国际形势下，中俄两国加强全面战略协作，不仅符合两国人民的根本利益，而且也有利于地区乃至世界的和平与稳定。常万全指出，中俄两军关系是两国关系的重要组成部分。在双方的共同努力下，两军多层次、宽领域的务实友好合作不断发展，成了两国全面战略协作伙伴关系的重要支撑。当前摆在两军领导人面前的重要任务是落实两国元首有关共识，深化和拓展两军交流与合作。中方愿与俄方一道不断挖掘双方合作潜力、拓展合作领域、提升合作水平，推动包括高层互访、战略磋商、联合演习、中青年军官交流在内的各领域务实合作，将两军关系不断推向新的高度，开启中俄军事交流新篇章。

绍伊古说，俄中全面战略协作伙伴关系不断丰富和发展，达到前所未有的高水平。两国元首达成的共识为两国关系未来的发展指明了方向。俄方高度重视发展俄中军事领域互利合作关系，对两军务实交流取得的丰硕成果表示满意，愿同中方密切配合，推动两军务实合作向更高水平发展。

3月24—27日

［纲　文］　**俞正声在贵州省调研。**

［目　文］　全国政协主席俞正声先后来到遵义、毕节、贵阳等地，深入工厂企业、民族村寨、城市社区，并多次召开座谈会，与各族干部群众共商发展大计。加快少数民族和民族地区发展是俞正声调研的重点。在大方县响水乡以拉村、在花溪区龙井布依村，俞正声指出，要始终不渝地坚持和完善民族区域自治制度，积极引导各族群众树立“三个离不开”思想，增强“四个认同”，促进各民族交流交往交融。要把促进民族地区发展始终作为民族工作的根本，充分利用国家战略支持和东部产业转移的双重利好，推进经济结构调整，加强基础设施建设，特别是要保护好生态环境，促进经济持续健康发展。他特别叮嘱当地干部和有关部门，要把改善群众生活放在首位，帮助困难群众尽快脱贫致富，让各族群众都能过上好日子。

毕节曾是贵州最贫困地区之一。俞正声在毕节金沙县岩孔镇永丰同心新村、毕节同心农工中等职业技术学校、大方县羊场镇卫生院，实地了解帮扶情况。他强调，毕节试验区建设以“开发扶贫、生态建设、人口控制”为主题，充分体现了科学发展观的要求。各民主党派中央、全国工商联要深入贯彻“同心”思想，坚持积极参与与量力而行相结合、体现优势与立足实际相结合、出主意与办实事相结合、发挥作用与深化认识相结合，在总结经验基础上不断探索新思路、新途径、新办法。贵州曾是西南“三线”建设的重点。在贵州凯星液力传动机械有限公司等企业调研时，俞正声看望为“三线”建设作出贡献的离退休职工。他说，“三线”企业要继续解放思想、加快调整，在吸引人才上想办法，在开发新产品上花气力，争取更大的成就。

俞正声还看望了贵州省政协机关干部职工，希望各级政协组织和广大政协委员积极围绕党和国家中心任务献计出力，增强责任意识，改进工作作风，以实际行动开创人民政协发展新局面。

3月25日

［纲　文］　**国务院总理李克强在人民大会堂会见美国前国务卿基辛格。**

［目　文］　李克强说，进入新世纪，国际形势发生深刻复杂变化，全球性挑战不断增多，新的国际力量均衡正在构筑，各方唯有协商才能增进共识，唯有合作才能实现共赢与和平。经过40多年的发展，今天的中美利益交融、合作广度深度以及对全球的影响都前所未有。中方愿同美方一道，发展不同于历史以往的新型大国关系，让两国人民共享更多合作成果，并为维护世界和平发挥应有作用。李克强指出，把中美关系之路走实走远，离不开两国社会各界尤其是两国人民的支持参与。双方可采取灵活多样的方式，让更多人成为中美关系的参与者、建设者、获益者，汇聚推动两国关系发展的新动力。

基辛格表示，美中关系对世界和平与进步至关重要，要有长期规划，也要加强彼此沟通交流，推动双边关系更好发展。

3月25日

［纲　文］　**国务院总理李克强在人民大会堂同出席中国发展高层论坛2013年年会的境外代表座谈。**

［目　文］　上百名来自著名跨国公司的负责人，国际知名学府和研究机构的专家学者，以及世行、国际货币基金组织、经合组织等国际组织的负责人参加了座谈。代表们就产业升级、创新体系、能源政策、服务贸易、城镇化、投资环境等广泛问题谈了看法，李克强与他们深入交流探讨。

李克强指出，中国发展面临“两个前所未有”：第一，13亿人口的大国努力实现现代化，在人类历史上前所未有。我们既有难得的机遇，也面临严峻挑战。从应对国际金融危机的实践看，要保持经济持续健康发展，必须将立足点放在扩大内需上，而且要长期依靠内需，把“四化协调”发展和城镇化这个最大内需潜力逐步释放出来。同时，要有相应的供给做支撑，要通过创新驱动，提升产业层次，补足服务业等短板，提高发展的质量和效益，打造中国经济升级版。第二，中国在现代化进程中要保护环境、节约资源，实现绿色发展，难度之大和受到的国际关注也前所未有。从历史上看，发展与环境是发达国家过去推进现代化中遇到的一对矛盾。如何在中国这样庞大的经济体走向现代化过程中，处理好这对矛盾，在发展中保护甚至优化环境，没有先例可循。这也是基本民生，必须有新作为，努力破解能源资源和环境等“瓶颈”制约，在探索中寻找出一条经济与资源环境协调发展的新路。

李克强强调，改革开放30多年的实践表明，中国的发展必须在对外开放中不断推进，在扩大开放中扩大内需。无论是产品还是服务，中国对世界来说都是一个大市场。今后五年，货物贸易进口将达10万亿美元。服务业开放的空间更大。中国的服务业增加值已近4万亿美元，而服务贸易总额才4700多亿美元。扩大服务业开放是我们今后的一个重点，当然，这要一步一步地向前推进。

谈到投资环境，李克强指出，中国的发展，离不开同国际的合作。政府要做的，是提供公平竞争的市场和平台，要更加突出规则的严肃性，保护知识产权，保护商业秘密。外资企业与中国企业不仅可以在市场上平等竞争、同台竞技，还可以相互合作，共同开发第三方市场。希望在座的企业家和专家学者们继续多提好建议，积极参与到中国的发展中来，实现互利共赢。

3月25日

［纲　文］　**全国人大常委会委员长张德江在人民大会堂会见阿联酋联邦国民议会议长米尔。**

［目　文］　张德江说，建交以来，在双方共同努力下，中阿关系成为中国与阿拉伯国家间发展最快的双边关系之一，特别是战略伙伴关系的建立，将两国关系提升至新的水平。阿联酋是中东海湾地区具有重要影响的国家，中阿是彼此依赖的朋友和伙伴。中国新一届领导集体高度重视发展中阿关系，愿与阿方一道，加强各层次友好往来，巩固政治互信，扩大投资、能源、金融、基础设施建设等领域的务实合作，活跃人文交流，密切在国际和地区事务中的协调配合，不断开创中阿战略伙伴关系新局面。张德江表示，阁下是我担任中国全国人大常委会委员长后接待的首位外国议会领导人，这反映出中阿议会关系的高水平。新一届中国全国人大愿继续与阿议会开展多层次多领域的友好交往，加强在民主法制建设、治国理政等方面的交流互鉴，丰富中阿关系的内涵。张德江表示，习近平主席明确提出要实现中华民族伟大复兴的中国梦，这需要中国人民的不懈努力，也离不开和平的国际环境。中国坚持走和平发展道路，愿与世界各国一道，推动建设持久和平、共同繁荣的和谐世界。

米尔对中国十二届全国人大一次会议的成功召开表示祝贺，相信新一届领导集体一定会带领中国人民实现中国梦。他说，中国的和平发展将造福中国人民，也将造福世界。阿联酋愿加强与中方在政治、经济、文化等领域的互利合作，密切议会间的友好交往，推动阿中战略伙伴关系取得更大发展。

3月25日

［纲　文］　**国务院副总理张高丽在中南海会见美国前国防部长威廉·科恩。**

［目　文］　张高丽表示，中美两国有着广泛的共同利益。中国积极致力于建设相互尊重、互利共赢的中美合作伙伴关系。中国将加快经济结构调整和发展方式转变，实施创新驱动发展战略，推进城乡发展一体化，切实保护好生态环境，全面深化改革开放，进一步提升开放型经济水平，这将为扩大中美经贸合作提供新的机遇。中国欢迎并鼓励包括美国在内的外国企业来华投资，并将努力为中外各类企业营造平等竞争的环境。

科恩表示，美中是世界两大经济体，两国扩大经贸合作对促进两国经济及全球经济增长具有重要意义。美工商界支持美中合作，愿为此发挥积极作用。

3月25日

［纲　文］　**国务院副总理张高丽在中南海会见来访的世界银行执行董事访华团。**

［目　文］　双方主要就中国利用世行贷款、进一步加强与世行全面合作、世界经济形势和中国经济发展等问题交换了意见。

张高丽说，多年来，中国与世界银行的合作全面务实、互利共赢，取得了丰硕成果。中国愿意继续深化与世界银行的合作伙伴关系。在当前依然复杂严峻的国际经济形势下，世界银行作为全球重要的多边开发金融机构，应在谋发展、促增长方面更加有所作为。中国将以科学发展为主题，以加快转变经济发展方式为主线，加快经济结构调整，强化创新驱动，保护资源环境，改善人民生活，深化改革开放，促进经济持续健康发展。

世界银行执行董事访华团高度评价中国改革开放和现代化建设取得的成就，充分肯定过去双方的合作成果，表示世界银行重视发展与中国的合作伙伴关系，将一如既往地支持中国经济社会发展。

3月25日

［纲　文］　**马凯在河南省调研。**

［目　文］　国务院副总理马凯一行乘坐高速铁路检测车检查了京广高铁北京至郑州段的运行情况，实地考察了铁路建设项目施工现场和郑州北编组站，随后召开座谈会听取郑州铁路局负责人和基层同志意见。

马凯在座谈会上指出，铁路体制改革是党中央、国务院着眼党和国家工作大局和铁路自身长远发展作出的重大决策，有利于稳步推进“大部制”改革，加快构建便捷、通畅、高效、安全的综合运输体系；有利于解决长期以来制约铁路发展的体制机制弊端，确立铁路运输企业市场主体地位，完善内部治理结构，提高运行效益和服务质量，形成适应社会主义市场经济要求的管理体制和运行机制。通过改革一定能够为铁路事业发展提供更广空间、更大机遇和更强动力，推进铁路事业持续健康发展。

马凯强调，安全是铁路运输的生命线。确保铁路安全稳定，是改革顺利推进的根本前提，也是衡量改革成效乃至成败的一个重要标准。铁路总公司和各铁路局要肩负起安全主体责任，牢固树立“安全第一”的思想，始终把安全放在各项工作的首位，做到守土有责，确保一方平安，坚决杜绝发生重特大铁路交通事故，特别要抓好高铁安全，确保高铁安全万无一失，为铁路改革创造良好环境。

3月25日

［纲　文］　**国务院办公厅印发《关于做好城市排水防涝设施建设工作的通知》。**

［目　文］　《通知》要求做好城市排水防涝设施建设工作。2013年汛期前，各地区要认真排查隐患点，采取临时应急措施，有效解决当前影响较大的严重积水内涝问题，避免因暴雨内涝造成人员伤亡和重大财产损失。2014年底前，要在摸清现状基础上，编制完成城市排水防涝设施建设规划，力争用5年时间完成排水管网的雨污分流改造，用10年左右的时间，建成较为完善的城市排水防涝工程体系。

《通知》要求加快设施建设，加大资金投入，健全法规标准，完善应急机制。要在2013年汛期前制订、完善城市排水与暴雨内涝防范应急预案。同时，强化日常监管，加强科技支撑。《通知》还要求，切实落实城市人民政府的主体责任，加强排水防涝工作行政负责制，将其纳入政府工作绩效考核体系。

3月25日

［纲　文］　**财政部、工业和信息化部、海关总署、国家税务总局4部门联合印发《关于调整重大技术装备进口税收政策有关目录的通知》。**

［目　文］　《通知》对集成电路设备等装备及其关键零部件、原材料进口税收政策予以调整。自2013年4月1日起，对符合规定条件的国内企业为生产国家支持发展的直流场设备、高速铁路信号系统、生活垃圾精分选成套系统装备、举高消防车、染色机、新型农业机械、太阳能电池设备、集成电路关键设备、新型平板显示器件生产设备、锂离子动力电池设备、电子元器件生产设备等装备，而确有必要进口部分关键零部件、原材料，免征关税和进口环节增值税。取消液压支架等装备进口关键零部件及原材料免税政策；调整直流输变电设备、交流输变电设备等装备的技术规格要求；调整六氟化硫断路器、串联补偿装置、PTA工艺空气压缩机组、大型空分设备、刮板输送机、刮板转载机、混凝土泵车、等离子刻蚀机等装备的进口零部件清单。

3月25日

［纲　文］　**《人民日报》发表题为《民生改善是梦想的最好诠释——五论同心共筑中国梦》的评论员文章。**

3月26—27日

［纲　文］　**国家主席习近平出席在南非德班举行的金砖国家领导人第五次会晤并发表主旨讲话。**

［目　文］　第五次会晤主题为“金砖国家与非洲：致力于发展、一体化和工业化的伙伴关系”。习近平同与会领导人就加强金砖国家伙伴关系、深化金砖国家与非洲合作以及共同关心的国际和地区问题深入交换了意见。

习近平发表题为《携手合作，共同发展》的主旨讲话，强调金砖国家要坚定维护国际公平正义，维护世界和平稳定。金砖国家要大力推动建设全球发展伙伴关系，促进各国共同繁荣。要努力发展经济、改善民生。金砖国家要深化互利合作、谋求互利共赢。中国将继续同金砖国家加强合作，使金砖国家经济增长更加强劲、合作架构更加完善、合作成果更加丰富，为各国人民带来实实在在利益，为世界和平与发展作出更大贡献。在讨论促进包容性增长和全球治理议题时，习近平指出，当前形势下最重要的是共同应对好世界经济下行风险，同时加快转变经济发展方式，主动寻找新的经济增长点。在讨论关于发展、一体化和工业化的伙伴关系议题时，习近平指出，金砖国家要朝着一体化大市场、多层次大流通、陆海空大联通、文化大交流的目标迈进。

祖马、罗塞夫、普京、辛格分别发言。他们表示，当前，国际金融危机负面影响仍在向深层次发展，欧债危机持续蔓延，世界经济存在诸多不确定性。金砖国家要加强团结合作，发挥互补优势，相互提供更多贸易和投融资机会，共同应对各种风险和挑战，努力保持经济包容性增长，拉动世界经济强劲、可持续、平衡增长。同时，加强在联合国、二十国集团等框架内协调和配合，维护世界和平稳定，推动国际货币体系和国际金融体系改革，积极参与改善全球经济治理。

成员国领导人决定，建立金砖国家开发银行并筹备建立金砖国家外汇储备库。会晤结束后，五国领导人出席了《金砖国家多边可持续发展合作和联合融资协议》、《金砖国家非洲多边基础设施联合融资协议》以及《关于成立金砖国家工商理事会的宣言》等合作文件签字仪式。会议发表《德班宣言》及行动计划，宣布下次会晤2014年在巴西举行。

会议期间，习近平分别会见巴西总统罗塞夫、印度总理辛格、埃及总统穆尔西，并参加金砖国家领导人同非洲国家领导人对话会、金砖国家领导人与成员国工商界早餐会。

3月26日

［纲　文］　国务院召开第一次廉政工作会议。

［目　文］　中共中央政治局常委、中央纪委书记王岐山，中共中央书记处书记赵洪祝应邀出席会议。国务院副总理张高丽、刘延东、汪洋、马凯，国务委员常万全、郭声琨、王勇出席会议。监察部、住房城乡建设部、交通运输部和福建省、江西省政府主要负责人在会上发言。

国务院总理李克强出席会议并发表讲话。他强调，要坚定不移地把反腐倡廉推向深入，坚持有贪必肃、有腐必反，用制度管权、管钱、管人，给权力涂上防腐剂、戴上“紧箍咒”，真正形成不能贪、不敢贪的反腐机制。

李克强从六个方面对2013年政府反腐倡廉工作提出了要求：一是简政放权。抓紧推进职能转变，下决心把该放的权力放下去，这是反腐倡廉“釜底抽薪”之策，也有利于激发社会活力和创造力，释放制度红利。不能干了市场的活儿，弱化甚至失了政府的责。二是管住权力。防止腐败的利器之一是深化改革，特别要加快推进公共资源交易市场化改革，同时以完善的规则和严格的法律制度，来约束和规范权力运行和政府行为，从源头上减少和治理腐败。三是管好钱财。筑牢预算约束力的防线。财政资金、公共资产都是纳税人的钱，任何人都没有贪污浪费的权力。建立公开、透明、规范、完整的预算制度，把政府所有收入和支出都纳入预算，逐步做到所有政府开支都要事先编制预算，让人民能有效进行监督。取消不合法、不合理的行政事业性收费和政府性基金项目。四是政务公开。让权力公开透明，也是最有效的防腐剂。要及时主动公开涉及群众切身利益的环境污染、食品药品安全、安全生产等信息，向人民群众说真话、交实底。深化细化预算决算公开和“三公”经费公开，从2013年开始，要逐步实现县级以上政府公务接待经费公开。公开的形式要通俗，要让老百姓看得懂，可以有效地监督政府。五是勤俭从政。今年要把倡俭治奢、倡勤治懒，作为转变政风的工作重点。在财政增收趋缓而刚性支出增加的形势下，政府必须首先过紧日子。有困难不能难百姓，只能难自己。本届政府任期内，要坚决落实国务院向社会承诺的“约法三章”。严格公务用车、机关办公室使用标准等，推进公务用车服务市场化。在公务接待方面，政府和国有企业都要有严格规定，能俭则俭。切实减少会议和文件。六是依法促廉。让权力在法治的轨道上运行。各级政府和工作人员必须严格按照法定的权限和程序行使权力，履行职责。所有行政行为都要于法有据、程序正当。不作为或乱作为，要依法承担责任。

3月26日

［**纲　文**］　**国务院在河北省邯郸市召开全国春季农业生产工作会议。**

［**目　文**］　各省、自治区、直辖市人民政府，计划单列市人民政府和新疆生产建设兵团负责人，中央有关部门负责人参加了会议。河北、黑龙江、湖南、四川、安徽、陕西省政府负责人作了交流发言。与会代表实地考察了永年县春季麦田管理、春耕备耕和农资服务现场。

国务院总理李克强对会议作出批示，强调当前经济形势错综复杂，保持农业持续发展、保障粮食和重要农产品供给，对于稳定经济增长和稳定市场物价具有特殊意义。要扎实抓好各项准备工作，加大政策扶持力度，保障农资供应和价格稳定。加强技术指导和服务，调动农民生产积极性。强化春季田管，落实春播面积，勿误农时，努力争取夏粮和全年农业丰收。

国务院副总理汪洋在会上强调，农民是农业生产的主体，搞好春季农业生产，最重要的是调动好、发挥好农民的积极性。各级政府要重点做好三件事。一是加强政策扶持和引导，认真落实中央支持粮食和农业生产的各项政策，努力保持农产品价格合理水平，强化农民增产增收预期。二是提供农业公共服务，针对关键技术环节，指导农民搞好田间管理，提高春播质量，加强气象和农业防灾减灾服务。三是加大农资保障和信贷支持力度，稳定农资市场价格，打击制售假冒伪劣农资等违法行为，解决好农民春耕贷款难问题。同时，要统筹做好农业农村其他各项工作，抓好森林草原防火、动物疫病防控和春季防汛，安排好困难群众生产生活。

3月26日

［**纲　文**］　**国务院办公厅印发《国家食品药品监督管理总局主要职责内设机构和人**

员编制规定》。

［目　文］《规定》明确，国家食品药品监督管理总局（正部级）为国务院直属机构。主要职责：第一，负责起草食品安全、药品、医疗器械、化妆品监督管理的法律法规草案，拟订政策规划，制定部门规章，推动建立落实食品安全企业主体责任、地方人民政府负总责的机制，建立食品药品重大信息直报制度，并组织实施和监督检查，着力防范区域性、系统性食品药品安全风险。第二，负责制定食品行政许可的实施办法并监督实施。第三，负责组织制定、公布国家药典等药品和医疗器械标准、分类管理制度并监督实施。第四，负责制定食品、药品、医疗器械、化妆品监督管理的稽查制度并组织实施，组织查处重大违法行为。第五，负责食品药品安全事故应急体系建设，组织和指导食品药品安全事故应急处置和调查处理工作，监督事故查处落实情况。第六，负责制定食品药品安全科技发展规划并组织实施，推动食品药品检验检测体系、电子监管追溯体系和信息化建设。第七，负责开展食品药品安全宣传、教育培训、国际交流与合作。推进诚信体系建设。第八，指导地方食品药品监督管理工作，规范行政执法行为，完善行政执法与刑事司法衔接机制。第九，承担国务院食品安全委员会日常工作。负责食品安全监督管理综合协调，推动健全协调联动机制。督促检查省级人民政府履行食品安全监督管理职责并负责考核评价。第十，承办国务院以及国务院食品安全委员会交办的其他事项。

国家食品药品监督管理总局内设17个机构：办公厅、综合司（政策研究室）、法制司、食品安全监管一司、食品安全监管二司、食品安全监管三司、药品化妆品注册管理司（中药民族药监管司）、医疗器械注册管理司、药品化妆品监管司、医疗器械监管司、稽查局、应急管理司、科技和标准司、新闻宣传司、人事司、规划财务司、国际合作司（港澳台办公室）。行政编制为345名。

3月26日

［纲　文］**中共中央政治局常委、中央纪委书记王岐山在人民大会堂会见德国联邦议院联盟党党团主席福尔克尔·考德尔率领的德国联盟党代表团。**

［目　文］王岐山在会见时说，中国共产党高度重视与德国联盟党开展党际交流，推动中德务实合作，促进中德战略伙伴关系健康发展。中国共产党坚持理想、信念和宗旨不动摇，制定适合中国国情的路线、方针和政策，带领全国人民坚定不移地走中国特色社会主义道路。中国共产党的执政理念、地位和方式本身即是中国特色社会主义道路的重要内涵。中国要把自己的事情办好，最根本的是要靠中国共产党的领导，使8200万党员从思想上、行动上与党中央保持一致。只要坚定道路自信、理论自信和制度自信，就一定能够实现中国梦。考德尔表示，德国联盟党愿继续同中方加强党际交流，为促进德中关系发展作出贡献。

3月26日

［纲　文］**财政部、国土资源部联合印发《矿产资源节约与综合利用专项资金管理办法》。**

［目　文］《办法》规定，专项资金安排按照党的十八大提出的全面促进资源节约和

加强矿产资源保护、合理开发等有关要求，以加强全过程节约管理，推动资源利用方式根本转变为目的，以“关系全局、意义深远、带动性强”为原则，选择资源分布相对集中、资源潜力大、综合利用前景好、矿产开发布局基本合理的地区，依托大型骨干矿业集团，开展示范基地建设工作。专项资金由财政部和国土资源部共同管理。财政部负责确定专项资金年度预算，国土资源部负责确定示范基地名单。专项资金专款专用，任何单位和个人不得截留、挤占和挪用。

《办法》规定，专项资金重点支持提高矿产资源开采回采率、选矿回收率和综合利用率，低品位、共伴生、难选冶及尾矿资源高效利用，以及多矿种兼探兼采和综合开发利用。主要包括以下7个领域：一、油气及共伴生资源综合利用。二、煤炭及共伴生资源综合利用。三、黑色金属综合利用。四、有色金属综合利用。五、稀有、稀土及贵金属综合利用。六、化工及非金属综合利用。七、铀矿及共伴生资源综合利用。

《办法》规定，专项资金不得用于下列事项：职工工资、奖金、津补贴及其他福利性支出；投资性支出、捐款及赞助；各种罚款、违约金、滞纳金等支出；缴纳税费；支付矿山建设引起的居民搬迁补偿、征地补偿、青苗补偿等相关支出；购置和修建与项目实施无关的设备、装备、房屋、基础设施等固定资产；公务车辆、生产辅助材料、低值易耗品、配件及燃料采购等支出；归还贷款本息以及与矿产资源节约与综合利用工作无关的费用。该《办法》自印发之日起实施。

3月26日

［纲 文］ **外交部发言人就有关日本新版教科书将钓鱼岛称为“日本领土”一事及中非局势答记者问。**

［目 文］ 日本文部科学省26日公布了2014年春季起使用的高中教科书的审定结果，全部2册地理教科书及7册政治经济教科书中的6册均把钓鱼岛称为“日本领土”。对此，中国外交部发言人表示，中国在有关问题上的立场是非常清楚的。钓鱼岛是中国的固有领土，中国对钓鱼岛拥有无可争辩的主权。我们希望日本方面正视历史和现实，纠正错误，为改善两国关系作出实实在在的努力。

有关中非局势，外交部发言人说，中方对南非士兵在中非战乱中发生伤亡表示同情和慰问。中方对中非政治安全形势严重恶化表示关切。我们反对武力夺权行为，呼吁通过政治途径解决中非危机，尽快恢复该国正常秩序。中方支持南非以及非盟等地区组织所作的积极努力，并愿发挥自己的建设性作用。

3月26日

［纲 文］ **《人民日报》发表题为《和世界共发展，与世界同分享——六论同心共筑中国梦》的评论员文章。**

3月27日

［纲 文］ **李克强主持召开国务院常务会议。**

［目　文］　会议研究确定2013年政府重点工作的部门分工，确定6个方面及相关部分共48项重点工作，并将任务逐项分解到国务院各部门、各单位。会议要求，全面推进2013年各项工作，扎实做好群众关心、社会关注、牵一发动全身的事。

会议指出，当前国内外环境中不确定、不稳定因素较多，各部门、各单位都要加强对国内外经济形势的跟踪监测和深入分析，把稳增长、控通胀、防风险和推动经济转型结合起来，促进经济持续健康发展，保持物价总水平基本稳定。要进一步增强农村发展活力，努力实现全年农业好收成。广泛征求各方意见，抓紧制定城镇化中长期发展规划，完善配套政策措施。加快产业结构调整，分行业提出化解产能过剩矛盾的具体办法，责任落实到相关部门。要积极推进重要领域改革，力争有实质性进展。财税改革要拿出方案，循序推进。金融改革要在推动利率和汇率市场化、发展多层次资本市场方面推出新的举措。价格改革要重点推进完善资源性产品价格形成机制。努力培育对外开放新优势，开拓新局面。

会议指出，保障和改善民生是政府工作的出发点和落脚点。要通过稳定经济增长和调整经济结构增加就业岗位。完善社会保障制度，重点是努力解决特殊困难群体的问题。要继续搞好房地产市场调控，加快建立房地产稳定健康发展的长效机制，加强保障性安居工程建设。要完善监管体系，提升食品药品安全和安全生产保障水平。在重点地区有针对性地采取措施，加强对大气、水、土壤等突出污染问题的治理，集中力量打攻坚战，让人民群众看到希望。

会议指出，公正是社会创造活力的源泉。要从制度上推进教育公平、就业公平、创业公平，逐步实现国有单位都能公开公平公正择优录取人员，促进社会纵向流动和劳动力合理流动。要拿出切实有效的举措，放宽民间投资市场准入，激发民间投资活力。要用好2万多亿元年度财政性教育经费，提高各级各类教育质量。全面推进社会建设和社会领域改革。

会议强调，2013年是新一届政府的开局之年，做好政府工作具有重要意义。各部门、各单位要围绕大局、各负其责，狠抓落实、务求实效。一要加强组织领导，抓紧制定落实分工的细化方案，结合实际提出自己的工作重点，把每一项任务落实到具体单位、具体人，列出时间表。二要密切协作配合，牵头部门要负起组织协调责任，其他部门要积极主动配合，提高政府执行力和效率。三要创新思路，转变作风，深入基层开展调研，听真言实话，及时发现新情况新问题，集中力量解决突出矛盾。四要加强督查，强化绩效考核和行政问责，年中检查，年底督办，确保重点工作按时完成，实现全年经济社会发展预期目标。

3月27日

［纲　文］　**国务院召开全国森林草原防火和造林绿化工作电视电话会议。**

［目　文］　中央国家机关、军队、武警有关部门和单位负责人出席会议。各地绿化委员会、森林草原防火指挥部和有关部门负责人在分会场出席会议。会上，国家林业局赵树丛、农业部余欣荣作了发言。

国务院副总理汪洋在会上强调，做好森林草原防火工作，必须明确林农、林场等经营主体的责任，让他们切实看好自己的地、防住自己的火。各级政府要立足当前、着眼长远，全面履行好职责。要强化灾前防范和应急处置，及时排查和整改存在的隐患，加强预警监测和应急值守，提前动员、靠前部署各类森林草原消防力量，确保不发生特大森林草原火灾和重大人员伤亡。要加大防火基础设施建设投入力度，推广使用先进适用防火技术和装备，加强专业扑救力量建设，提升防火科学化、机械化和信息化水平。

汪洋指出，我国造林绿化事业在长期实践中形成了一整套符合国情的经验和做法，要继续坚持，并从实际出发大胆开拓创新。一要深入持久地开展全民义务植树，创新形式、完善举措、健全机制，使之更有内涵、更具活力、更富成效。二要实施好林业重点工程，加强组织和管理，确保质量和成效。三要推进集体林权制度配套改革，发展各类林业合作组织和林业社会化服务体系，进一步释放集体林业活力。四要加强政策扶持和引导，认真落实国家支持造林绿化的各项政策，充分发挥市场机制作用，建立健全利益驱动机制，调动社会各方面参与造林绿化的积极性。

3月27日

［纲　文］　**中共中央政治局常委、中央书记处书记刘云山在人民大会堂会见以党主席恩赫图布辛为团长的蒙古人民党代表团。**

［目　文］　刘云山说，习近平主席最近在坦桑尼亚发表演讲时特别强调“真、实、亲、诚”，这可以说是中国对外关系的四字箴言，不仅适用于中非友好合作，也同样适用于中蒙友好合作。中方高度重视加强中蒙战略伙伴关系，对蒙古人民党为促进中蒙关系所作的努力表示赞赏。中国共产党愿同蒙古国各主要政党保持友好交流，把两国互利合作的优势转化为共同发展的成果，给两国人民带来实实在在的利益。恩赫图布辛说，蒙古人民党高度重视两国、两党关系，愿推动两国各领域合作不断发展。

3月27日

［纲　文］　**财政部、国土资源部印发《矿山地质环境恢复治理专项资金管理办法》。**

［目　文］　《办法》规定，专项资金用于矿山地质环境恢复治理工程支出及其他相关支出。工程支出包括矿山地质灾害治理、地形地貌景观破坏治理、矿区地下含水层破坏治理和矿区土地复垦等。专项资金重点支持可以充分挖掘低效、废弃工矿用地潜力，能够同时体现环境效益、社会效益和经济效益的矿山地质环境恢复治理项目。专项资金实行专款专用，任何单位和个人不得截留、挤占、坐支和挪用。

《办法》还规定，专项资金不得用于下列支出：对外投资，赞助和捐赠支出，支付滞纳金、罚款、违约金、赔偿金；购置与项目实施无关的设备、装备等固定资产；修建与项目实施无关的房屋、道路、通信、电力等基础设施；人员工资、津贴补贴及奖金和公务车辆支出以及其他与项目无关的支出。专项资金实行专账管理、单独核算。财政部、国土资源部每年根据经论证的实施方案对项目建设情况进行考核。对考核合格的项目，财政部、国土资源部将按计划给予持续支持；对考核不合格的项目，财政部、国土资源部将暂停下一年度预算安排，要求其限期整改，经整改仍不符合要求的，取消支持并收回已拨付资金。省级财政、国土资源主管部门要落实项目资金的监管责任，确保专款专用，督促项目承担单位加快预算执行进度，提高专项资金使用效益，重大事项要及时向财政部和国土资源部报告。项目承担单位要严格按照批准下达的预算，合理安排使用资金，不得扩大支出范围，不得用于本办法规定支出范围以外的其他支出，自觉接受财政、审计、监察等部门的监督检查。对违反规定，截留、挤占、挪用等违规使用项目资金的，依照《财政违法行为处罚处分条例》及有关法律法规予以处理。涉嫌犯罪的，移送司法机关处理。

该《办法》自印发之日起实施。

3月27日

［纲　文］ **《人民日报》发表题为《中国梦归根到底是人民的梦——七论同心共筑中国梦》的评论员文章。**

3月27—29日

［纲　文］ **李克强在江苏省、上海市考察。**

［目　文］ 在常熟市田娘家庭农场，国务院总理李克强详细询问家庭农场运营情况。他说，通过股份合作、家庭农场、专业合作等多种形式发展现代农业是大方向，长三角一带是人口密度最高的地区，在人多地少的地方探索经验，会有全局意义。要因地制宜，尊重农民意愿，保护农民权益。适度规模经营可以提高土地、劳动力效率，更好更多地提供农产品，对新型城镇化会形成有力支撑。在江阴市新桥镇，李克强考察了小城镇规划和建设。他说，小城镇能够就地就近聚集人口、吸纳就业，是统筹城乡的重要关节点，要在优化布局中打造更多有活力的小城镇。在海澜集团考察时，李克强指出，城镇化要有产业作支撑，实现产城结合。进城的农民有就业能创业，生活就会安稳，城镇化就能走得更扎实。

外高桥保税区是全国首个也是最大的保税区。考察时，李克强勉励上海港发挥长江黄金水道龙头的作用，辐射带动沿江港口和中上游腹地发展。他鼓励支持上海积极探索，在综合保税区基础上，研究如何试点先行，建立自贸区试验区，积累经验，推动完善开放型经济的体制机制。

李克强还考察了药明康德公司，并现场召开部分企业座谈会。他说，我国改革开放的一大特点，就是改革与开放相伴随，在一定程度上是开放促改革，现在看这方面仍有很大的空间和潜力。要以进一步扩大开放推动观念和体制创新，形成开放新格局。李克强强调，我们要立足内需，面向世界，深耕亚太，吸引更多的跨国公司地区总部、运营中心来华落户，推进新一轮对外开放。引进来要放宽领域特别是服务业领域，走出去要注重形成研发、品牌、营销相结合的综合优势，在扩大开放中拓展发展空间，用倒逼机制推动转型升级。

3月28日

［纲　文］ **刘云山在中央党校主持召开中央党校弘扬良好学风座谈会。**

［目　文］　参加座谈的有中央有关部门和单位负责人，来自中央党校省部班、高级研修班、中青一班的学员代表和教师代表。大家围绕学习贯彻习近平总书记关于加强学习的重要指示，结合落实中组部《关于在干部教育培训中进一步加强学员管理的规定》，就如何进一步弘扬良好学风，讲认识、谈体会、提建议。

中共中央政治局常委、中央党校校长刘云山在认真听取学员和教师代表发言后指出，弘扬良好学风首先是大兴学习之风，学习者智、学习者胜，学习才能生存、学习才能发展，选择了学习就选择了进步，要在全党掀起学习的热潮，使学习成为各级党组织的鲜明特征，成为选人用人的重要导向，成为每个党员领导干部的自觉追求。要树立问题意识，找准理论与实践的结合点，以辩证的态度对待问题，以科学的方法分析问题，以正确的理论来指导解决问题。要大兴调查研究之风，把调查研究作为培育和弘扬良好学风的重要途径，引导党员领导干部在深入实践中学习，在总结经验中提高。要坚持正学风与转作风、改文风一起抓，大兴苦干实干之风，大力倡导清新朴实的文风，讲管用的短话，讲来自基层的实话，讲富有活力的新话。

3月28日

［纲　文］　**全国政协第十二届全国委员会第一次专门委员会主任会议在北京举行。**

［目　文］　全国政协副主席兼秘书长张庆黎主持会议，中共中央书记处书记、全国政协副主席杜青林作动员讲话，全国政协副主席韩启德、万钢出席会议。全国政协各专门委员会负责人汇报了2013年的工作要点，并在研讨班上围绕进一步做好专委会工作、切实发挥专委会在政协工作中的重要作用进行了研讨交流。

全国政协主席俞正声在会上作讲话。他指出，要充分认识政协专委会工作的重要性。专委会是做好政协工作的重要抓手，是开展调研、组织经常性工作的重要基础，是联系委员的重要桥梁和纽带。专委会汇集了很多来自党政机关的领导同志和专家学者，也有各个方面的优秀代表人物，他们了解情况、熟悉政策、经验丰富，有条件集中各方面智慧和力量，对于促进党和政府民主科学决策具有重要作用。俞正声对切实做好2013年专委会工作提出明确要求。他指出，要根据《中共全国政协党组2013年工作要点》，积极围绕深化改革献计出力，选择重点题目，切实做好调查研究，拿出一批高质量的意见和建议。要认真筹备，开好专题协商会和专题议政性常委会议。他强调，要以改革创新精神不断提高专委会工作水平和成效。一是要深入调研，把问题研究透，做到点面结合，有数据有分析，提出切中实际的建议。二是要重视对具体问题的研究，在具体问题上的突破，往往有利于推动全局工作的进展。三是要创新方式，增强与有关中央国家机关对口部门的联系，使专题协商、对口协商常态化，充分发挥界别和委员的作用，调动社会各方面的力量，使政协工作有声有色。四是政协机关要为专委会工作服好务。

3月28日

［纲　文］　**国务院印发《关于落实〈政府工作报告〉和国务院第一次全体会议精神重点工作部门分工的意见》。**

［目　文］《意见》提出，2013 年是全面贯彻落实党的十八大精神和本届政府的开局之年，是实施“十二五”规划承前启后的关键一年，是为全面建成小康社会奠定坚实基础的重要一年，贯彻党的十八大、中央经济工作会议精神，落实《政府工作报告》和国务院第一次全体会议确定的重点工作分工，具有特殊重要的意义。做好政府工作，要树立全局意识，克服部门利益和本位主义；要充分调动中央和地方两个积极性，发挥基层的首创精神；要在谋大局当中抓重点，解决好矛盾最集中、群众最关心的问题；要锐意改革形成长效机制，着力做好对当前有用、对长远有利的事；要把有限的钱花在建机制、增效益上，以起到事半功倍的作用；要不断提高政府的公信力、执行力，说到做到，令行禁止。各部门、各单位要以对国家和人民高度负责的精神，认真履行职责，加倍努力工作，切实完成各项任务。一要加强领导，明确责任。各部门、各单位要精心部署，抓紧制定落实重点工作的实施方案，结合实际提出本部门、本单位的工作重点，把每一项工作落实到具体单位、具体人，列出时间表。实施方案要在 4 月 25 日前报国务院。二要密切配合，加强协作。要增强全局观念，加强沟通协调，克服推诿扯皮现象。需要多个部门参与的工作，牵头部门要负起组织协调责任，其他部门要积极主动配合，提高执行力和效率。三要创新思路，转变作风。深入实际、深入基层开展调查研究，及时发现新情况新问题，集中力量解决突出矛盾。四要加强督查，健全问责。各部门、各单位要加强对各项工作的督促检查，强化绩效考核和行政问责，年中检查，年底督办，确保重点工作按时完成，实现全年经济社会发展预期目标。

3 月 28 日

［纲　文］**财政部印发《国外无偿援助资金预算管理办法》。**

［目　文］《办法》规定，国外援款是指国务院各部委、各直属机构、全国性社会团体以中国政府名义接受的来自外国政府、国际组织等货币形式的无偿援助。国外援款按照援助方是否指定受援单位或受援项目，分为定向国外援款和非定向国外援款两类。定向国外援款原则上纳入部门预算管理。非定向国外援款原则上纳入中央公共财政预算管理，统筹安排使用。

《办法》规定，按照援助方的要求和国内相关规定，中央归口管理部门负责资金管理或拨付定向国外援款的，原则上应将其收到的定向国外援款存放在财政部门按币种开设的定向国外援款财政专户，并按协议规定及时、足额拨付给项目单位。编报部门预算的项目单位应将其使用的定向国外援款纳入本单位的部门预算管理，根据定向国外援款协议金额和项目执行进度编制本单位定向国外援款支出预算和相应的收入预算。不编报部门预算的项目单位应对定向国外援款资金单独核算，根据定向国外援款协议金额和项目执行进度编制定向国外援款年度资金使用计划。中央归口管理部门在协调定向国外援款具体使用单位和项目时，应将定向国外援款项目与其他资金安排的项目统筹考虑，合理布局，以充分发挥定向国外援款的效用，提高其使用效益。定向国外援款用于资本性支出，形成属于国有资产权益时，项目单位应当按照国有资产管理的相关规定履行职责，防止国有资产流失。

非定向国外援款作为政府非税收入，纳入中央预算管理，统筹安排使用。国内单位收到非定向国外援款时，应按照国库集中收缴的有关规定，及时足额上缴中央财政，列政府收支分类“其他收入—捐赠收入—国外捐赠收入”科目。该《办法》自2013年1月1日起施行。

3月28日

［纲　文］　**最高人民法院召开新闻发布会公布一批人民法院审理商标案件典型案例。**

［目　文］　最高人民法院发言人指出，近年来商标民事案件数量呈快速上升趋势。2010年，全国法院共审理商标民事案件8460件，2012年达到19815件，年增长率50%以上。当前三种较为突出的商标侵权和不正当竞争案件有：一是将他人的知名商标作为字号在境内外注册公司，突出使用与他人商标相同或者近似的字号，导致公众混淆误认。二是涉及网络的侵权和不正当竞争案件增多。如通过电子商务交易平台售假、设置虚假的所谓官方网站从事经营、将他人知名品牌设置为搜索关键字或者抢注为域名等。三是恶意抢注他人的驰名商标或已使用有一定影响的未注册商标谋取不正当利益。

3月28日

［纲　文］　**国家林业局公布《湿地保护管理规定》。**

［目　文］　该《规定》指出，国家对湿地实行保护优先、科学恢复、合理利用、持续发展的方针。国家林业局负责全国湿地保护工作的组织、协调、指导和监督，并组织、协调有关国际湿地公约的履约工作。县级以上地方人民政府林业主管部门按照有关规定负责本行政区域内的湿地保护管理工作。县级以上人民政府林业主管部门及有关湿地保护管理机构应当加强湿地保护宣传教育和培训，结合世界湿地日、爱鸟周和保护野生动物宣传月等开展宣传教育活动，提高公众湿地保护意识。县级以上地方人民政府林业主管部门应当鼓励、支持公民、法人和其他组织，以志愿服务、捐赠等形式参与湿地保护。

《规定》指出，湿地保护规划应当包括下列内容：湿地资源分布情况、类型及特点、水资源、野生生物资源状况；保护和利用的指导思想、原则、目标和任务；湿地生态保护重点建设项目与建设布局；投资估算和效益分析及保障措施。经批准的湿地保护规划必须严格执行；未经原批准机关批准，不得调整或者修改。国家林业局定期组织开展全国湿地资源调查、监测和评估，按照有关规定向社会公布相关情况。

《规定》指出，具备自然保护区设立条件的湿地，应当依法建立自然保护区。以保护湿地生态系统、合理利用湿地资源、开展湿地宣传教育和科学研究为目的，并可供开展生态旅游等活动的湿地，可以建立湿地公园。工程建设应当不占或者少占湿地。确需征收或者占用的，用地单位应当依法办理相关手续，并给予补偿。临时占用湿地的，期限不得超过2年；临时占用期限届满，占用单位应当对所占湿地进行生态修复。该《规定》自2013年5月1日起施行。

3月28日

［纲　文］　**《人民日报》发表题为《在党的引领下汇聚圆梦力量——八论同心共筑中**

国梦》的评论员文章。

3月28—29日

［纲　文］　**张高丽在北京市调研并召开企业家座谈会**。

［目　文］　28日，国务院副总理张高丽到北京中关村国家自主创新示范区调研，在科兴、百度、联想、曙光等企业了解生产经营情况，与企业家、科技人员深入交流。29日张高丽召开企业家座谈会，同10多家企业负责人一起分析经济走势，共商促进经济持续健康发展大计。

在中关村调研时，张高丽说，中关村国家自主创新示范区，对首都经济发展和科技进步发挥了重要作用，也为全国提供了很好的示范。实施创新驱动发展战略，是中央在改革发展关键时期作出的重大决策，是促进结构优化、节能环保、生态建设和国民健康的重要支撑。实施好这一战略，要充分发挥企业的主体作用，大力增强创新能力，大力发展战略性新兴产业，大力支持科技型企业发展，要认真研究公平竞争规则，完善鼓励企业创新的财税、金融政策，激发各类企业和人才创新创造创业的积极性和主动性。

在同企业家座谈时，张高丽强调，要积极应对各种困难、风险和挑战，当前要把稳增长防通胀控风险放在重要位置，把握好宏观调控的方向、力度和节奏，合理运用财政、货币、产业、价格等政策，促进经济平稳运行，保持物价基本稳定，防范和化解潜在风险；要坚持扩大内需，特别是要在增加居民消费上下功夫，在优化投资结构上下功夫，在稳定出口上下功夫；要以提高增长质量和效益为中心，大力促进科技创新、结构调整和生态环境保护，提高产业产品档次、附加值和技术水平，要抓紧研究制定有效措施，下大决心综合整治，逐步解决$PM_{2.5}$等社会关注的突出污染问题；要高度关注民生，认真解决群众实际困难，继续加强房地产市场调控，加快保障性安居工程建设，促进社会和谐稳定；要全面深化改革扩大开放，落实和完善稳定外贸的各项政策，提高出口产品竞争力。

3月28—29日

［纲　文］　**刘云山在天津市调研**。

［目　文］　中共中央政治局常委刘云山在天津深入企业、村镇、社区和文化单位，了解经济社会发展情况，走访慰问困难群众和基层老党员，就贯彻落实党的十八大和全国两会精神，推进改革发展和基层党建工作，与干部群众面对面交流。期间还专门召开基层干部群众座谈会，听取对改进工作作风、开展群众路线教育实践活动的意见建议。刘云山对天津市经济社会发展和党的建设等各方面工作取得的成绩给予充分肯定，希望天津弘扬优良作风，继续保持良好发展态势，在全面建成小康社会进程中创造新的业绩。

刘云山指出，抓落实需要好的作风。党的十八大后，中央政治局制定出台改进作风八项规定，一定要坚定不移贯彻落实。要有高度的思想自觉，深刻认识作风是党的形象、党的生命，切实解决“不以为然”的问题。要拿出管用有效的措施，以踏石留印、抓铁有痕的劲头改作风，切实解决“只说不做、虚晃一枪”的问题。要不折不扣地改作风，不搞变通、不耍花样，切实解决“上有政策、下有对策”的问题。人民群众对改进作风普遍赞同，寄予很高的期望，我们必须在“常长”二字上下功夫，坚持常态化、长期抓，完善相关制度，建立长效机制，加强督促检查，步步深化、久久为功，以作风建设的实际成效凝聚人民群众、推进事业发展。

3月28日—4月1日

［纲　文］　**刘延东在云南省、贵州省调研。**

［目　文］　国务院副总理刘延东到云南砚山、丘北、嵩明县和贵州丹寨、麻江县，深入大山深处、偏远乡村、民族地区，实地考察农村中小学的素质教育、教学质量、教师队伍及寄宿制学校建设、营养餐、留守儿童、学生上下学和校园安全等情况，并在贵阳召开西部9省（区）、市县、农村学校及教学点负责人和教育专家参加的农村义务教育座谈会。她强调，要加大支持农村义务教育的力度，缩小城乡差距，使农村孩子接受公平而有质量的义务教育。

刘延东指出，只有把占全国85%的农村中小学办好，才能实现义务教育的均衡发展。要巩固“普九”成果，切实控辍保学。要加强寄宿制学校建设，办好必要的村小、教学点。推进标准化建设，使所有学校的师资、校舍、图书、教学和生活设施等配备以及学校管理达到国家规定的标准，帮助薄弱学校提升办学水平。要把中国梦主题教育活动作为全面实施素质教育的重要内容切实抓好，引导学生励志图强、成才报国。要通过教育信息化扩大优质资源覆盖以提高农村义务教育质量。精心组织农村义务教育学生营养改善计划，惠及更多农村学生。要加强培训，关心农村教师成长。提高待遇，落实连片特困地区乡村学校和教学点教师生活补助。扩大免费师范生计划、国培计划、特岗计划规模，让更多优秀教师下得来、留得住、教得好。

刘延东还考察了县医院、乡卫生院、乡村卫生计生服务站室等单位。她充分肯定新农合和计划生育发挥的重要作用，指出要按照保基本、强基层、建机制要求，加强公共医疗卫生服务体系建设，进一步加强完善新农合制度，完善农村三级医疗卫生服务网络，加强卫生计生人才培训，增强基层卫生服务能力，缓解基层群众看病难看病贵问题，提升出生人口素质和妇幼保健水平。

3月29日

［纲　文］　**习近平、李克强对西藏墨竹工卡县山体滑坡作出重要指示。**

［目　文］　29日晨，西藏自治区拉萨市墨竹工卡县境内，中国黄金集团公司下属的华泰龙矿业开发有限公司甲玛矿区发生大面积山体滑坡，造成83名工人被埋。事故发生后，党中央、国务院对此高度重视，正在国外访问的国家主席习近平、国务院总理李克强分别作出重要指示，要求全力展开救援，尽最大努力抢救被困人员，防止次生灾害，并抓紧核实被困人数，查明滑坡原因，做好各项善后工作。

3月29日

［纲　文］　**李克强在上海召开部分省市经济形势座谈会。**

［目　文］　中共中央政治局委员、上海市委书记韩正参加座谈会。会上，上海市和江苏、浙江、安徽省政府负责人介绍了本地经济运行状况，并提出了建议。国务院总理李克强与大家深入讨论。

李克强说，长三角区域地处改革开放的前沿，经济分量大，既是沿海经济也是内地经济的最大引擎，对国际国内市场反应灵敏。长三角经济形势总体平稳，但当前国内外经济环境仍然错综复杂，积极因素和隐忧并存。对此，我们一方面要把握稳中求进的总基调，搞好宏观调控，统筹考虑稳增长、控通胀、防风险，保持经济平稳运行，另一方面，要立足当前、着眼长远，用勇气和智慧推动转型发展，打造中国经济升级版。

李克强强调，打造中国经济升级版，首先要立足于扩大内需，在扩大开放中培育和拓展好国内市场。经济转型升级要体现在人民生活水平的提高上。他指出，资源环境约束问题不解决，发展就会“断粮”，民生就会“打折扣”。这也是转型升级必须破解的难题。各级政府要增强紧迫感，更加主动地采取措施，解决突出问题，力推绿色发展，把让人民群众呼吸洁净空气、喝干净水、吃安全食品作为发展的重要内容。

李克强指出，稳定经济大势，既要发挥宏观政策的作用，更要依靠改革促进转型，激发社会、企业、个人的活力和创造力。要抓紧清理束缚生产力发展的障碍、取消不合理的政策和制度规定，降低企业生产经营成本，使他们在更公平公正的环境中参与竞争。特别是要加快转变政府职能，向市场放权、为企业松绑，用政府权力的“减法”换取市场活力的“加法”。希望长三角区域发挥基础雄厚、区位独特的优势，在改革开放上大胆探索、先行先试，既走在率先发展的前列，又作出率先升级的表率。

3月29日

［纲　文］　**教育部、国家发展改革委、财政部联合印发《关于深化研究生教育改革的意见》。**

［目　文］　《意见》明确，我国将逐步建立研究生教育规模、结构、布局与经济社会发展相适应的动态调整机制，基本稳定学术学位授予单位和学位授权学科总体规模，建立学科动态调整机制。

根据《意见》，我国将对全日制和非全日制研究生招生计划实行统一管理，取消国家计划和自筹经费“双轨制”，推进学术学位与专业学位硕士研究生分类考试。在研究生培养模式方面，学术学位研究生将以提高创新能力为目标，专业学位研究生将建立以提升职业能力为导向，推动专业学位与职业资格的有机衔接。同时，加大考核与淘汰力度，实行严格的中期考核和论文审核制度，建立学风监管与惩戒机制，对学位论文作假者取消学位申请资格或撤销学位。为防止形成导师终身制，《意见》要求改变单独评定研究生导师资格的做法，根据年度招生需要，综合考虑学科特点、师德表现、学术水平、科研任务和培养质量，确定招生导师及其指导研究生的限额。研究生发生学术不端行为的，导师应承担相应责任。

《意见》强调要改革质量评价机制。加快建设以教育行政部门监管为主导，行业部门、学术组织和社会机构共同参与的质量监督体系。加强研究生教育质量评估，加大学位论文抽检力度，改进优秀博士学位论文评选办法，统筹学科评估。对评估中存在问题的单位，视情做出约谈、减少招生计划、停止招生直至撤销学位授权的处理。另外，在职人员攻读硕士专业学位和授予同等学力人员硕士、博士学位工作的管理将规范。研究生培养单位不得以“研究生”和“硕士、博士学位”等名义举办课程进修班。

3月29日

［纲　文］　**外交部发言人就日本首相安倍晋三拟于4月下旬向靖国神社供奉祭品，并可能于本年秋天前往参拜一事答记者问。**

［目　文］　外交部发言人说，靖国神社问题事关日本是否能够正视和反省过去那段侵略历史，是否尊重包括中国在内的广大受害国人民的感情。日方只有正视过去，才能开辟未来。我们希望日方切实恪守迄今在历史问题上作出的表态和承诺，以实际行动取信于国际社会。

3月29日

［纲　文］　**《人民日报》发表题为《担起我们这代人的使命——九论同心共筑中国梦》的评论员文章。**

3月29日

［纲　文］　**《人民日报》发表题为《向最美基层干部致敬》的评论员文章。**

3月29日

［纲　文］　**《人民日报》发表题为《让人民监督，立政府公信》的评论员文章。**

3月29—31日

［纲　文］　**李源潮在广东省调研。**

［目　文］　国家副主席李源潮在调研时指出，群团组织要认真学习贯彻党的十八大和全国两会精神，在广大群众中开展生动的中国梦的宣传教育，充分调动和激发人民群众为实现中国梦而奋斗的积极性主动性。

29日，李源潮来到珠海华发社区。华发社区是全国妇联基层组织建设示范社区。在社区文化活动中心，李源潮与社区“大家唱”合唱队的成员交谈。他说，中国梦不仅是国家和民族的梦，也是每个人、每个家庭对幸福生活的愿望和追求。幸福生活既要有丰富的物质生活，也要有充实的精神生活，这样才会有幸福家庭、和谐社区。

30日上午，李源潮到珠海横琴新区考察。他详细了解新区规划和建设情况，指出新区开发要前瞻性搞好人口、产业和建设规划，集约用好土地，保护和建设好生态环境。要充分发挥毗邻港澳的区位优势，积极推进与港澳紧密合作发展。在BP化工公司，他关切地询问企业污水处理、废气排放等情况，叮嘱企业负责人，要用先进工艺和标准节能减排，确保不损害环境，实现企业发展与当地百姓共赢。李源潮还实地考察了江门五邑华侨博物馆，了解华侨的发展史、奋斗史，希望宣传好华侨爱国爱乡的精神和对住在国与祖国发展作出的贡献，激励广大华侨为实现中国梦贡献智慧和力量。30日晚，李源潮召开座谈会，听取基层共青团、妇联、科协和侨联同志的意见建议。他说，群团组织是党联系服务群众的桥梁和纽带，要带头改进作风，密切与群众的联系，热心为群众服务，维护群众合法权益。要结合各自特点，用中国梦引导和凝聚所联系的群众，齐心协力为实现全面小康和民族复兴的宏伟目标不懈奋斗。

3月30日

［纲　文］　**《人民日报》报道，财政部、农业部、中国中化集团公司、中国农业发展银行日前正式成立现代种业发展基金**。

［目　文］　报道说，这是我国第一支具有政府背景、市场化运作的种业基金。现代种业发展基金采用有限公司形式，首期注册资本为15亿元，分别由中化集团、农发行、财政部各出资5亿元。基金采用基金公司与新投资人设立子基金、原股东增资等方式扩大募集规模，基金募集目标为50亿元—80亿元。基金的经营期限暂定为10年，主要对具有高成长性的种业企业进行股权投资，一般只参股、不控股，为企业提供政策、信息、服务等其他资源。

3月31日

［纲　文］　**2013年共和国部长义务植树活动在北京市平原造林工程“锦绣大地景观生态林建设”项目区举行**。

［目　文］　活动由全国绿化委员会、中共中央直属机关绿化委员会、中央国家机关绿化委员会、首都绿化委员会联合举办，活动主题为“深入开展植树造林，积极建设生态文明”。186名部级领导参加活动，栽种油松、刺槐等树木2020多株。

3月31日

［纲　文］　**国家卫计委通报：上海市和安徽省发现3例人感染H7N9禽流感病例**。

［目　文］　国家卫计委指出，3例病例临床表现均为早期出现发热、咳嗽等呼吸道感染症状，进而发展为严重肺炎和呼吸困难。此次人感染的H7N9禽流感病毒，尚未纳入我国法定报告传染病监测报告系统，目前国内外尚无针对H7N9禽流感病毒的疫苗。国家卫生和计划生育委员会正密切关注疫情进展，根据疫情形势及时采取有效措施，切实保障公众健康。上述病例有关情况已及时向世界卫生组织、港澳台地区和有关国家通报。

3月31日

［纲　文］　**中国人民解放军海军南海舰队联合机动编队在西太平洋开展对海实弹射击训练**。

4 月

4月1日

［纲　文］　**新华社讯，范长龙近日在南京战区调研。**

［目　文］　电讯说，中央军委副主席范长龙在调研时强调，要深入贯彻落实党的十八大精神，高举中国特色社会主义伟大旗帜，以邓小平理论、“三个代表”重要思想、科学发展观为指导，坚决贯彻习近平一系列决策指示，围绕建设一支听党指挥、能打胜仗、作风优良的人民军队的强军目标，牢固确立战斗力这个唯一的根本的标准，一切建设和工作向能打仗、打胜仗聚焦，不断开创部队建设和军事斗争准备新局面，圆满完成党和人民赋予的各项任务。

范长龙指出，习近平在十二届全国人大一次会议解放军代表团全体会议上的重要讲话中，鲜明提出建设一支听党指挥、能打胜仗、作风优良的人民军队的强军目标，科学回答了新形势下为什么要强军、强军目标是什么、怎样走中国特色强军之路这个重大课题，进一步明确了加强军队建设的聚焦点和着力点。全军要认真学习、坚决贯彻习近平重要讲话精神，用党在新形势下的强军目标统一官兵思想、统领各项工作，大力加强部队思想政治建设，确保官兵绝对忠诚、绝对纯洁、绝对可靠，坚决听从党中央、中央军委和习近平主席指挥。

范长龙强调，要扭住能打仗、打胜仗这个强军之要，牢固树立随时准备打仗的思想，按照打仗的要求搞建设抓准备，用战斗力标准衡量和检验各项工作。要以查找问题为牵引推进军事斗争准备，严格落实责任制，严格检验评估，把各项准备工作往前赶、往实里抓、往深处走。要持续兴起大抓军事训练热潮，注重在复杂电磁环境和野战条件下摔打磨练部队，使训练符合实战要求，经得起实战检验。要把改训风作为改作风的重要内容，动真的、去虚的、批假的，多查找问题，多认识差距，多搞些不打招呼的检查抽考，解决好训为看、演为看、以牺牲战斗力为代价消极保安全的问题，让训练真正严起来、实起来，形成真打实练的鲜明导向。

4月2日

［纲　文］　**国家主席习近平在人民大会堂会见沙特国防副大臣哈立德亲王一行。**

［目　文］　习近平说，中国和沙特虽然相距遥远，但两国人民的友好交往历史悠久。1990年建交以来，中沙关系全面、快速发展。双方高层交往密切，经贸、能源领域

合作富有成果。长期以来，两国在国际事务中保持着密切的磋商与协调。中方十分珍视与沙特的友谊，愿与沙方共同努力，推动双边关系不断向前发展。习近平指出，近年来，中沙两国在军事领域里的交往与合作不断加强，呈现出良好的发展势头。在当前形势下，进一步加强中沙两国的军事合作，不仅有利于两国关系发展，也有利于维护世界和地区的和平与稳定。希望两军共同努力，不断扩大合作领域，将两军关系提升到更高水平。

哈立德表示，沙中两国之间有着牢固的友谊，双方一贯致力于维护世界及地区的和平与稳定。沙特领导人十分重视发展同中国的关系，愿进一步深化双方的友好合作。

4月2日

［纲　文］　**习近平、李克强、张德江、俞正声、刘云山、王岐山、张高丽等党和国家领导人参加首都义务植树活动**。

［目　文］　中共中央总书记习近平在参加活动时强调，要加强宣传教育、创新活动形式，引导广大人民群众积极参加义务植树，不断提高义务植树尽责率，依法严格保护森林，增强义务植树效果，把义务植树深入持久开展下去，为全面建成小康社会、实现中华民族伟大复兴的中国梦不断创造更好的生态条件。

植树点位于北京市丰台区永定河畔。习近平种下一棵白皮松、一棵西府海棠、一棵榆叶梅和一棵碧桃树。植树间隙，习近平向国家林业局负责人询问全国造林绿化情况，对开展全民义务植树活动30多年来取得的成就给予充分肯定。他表示，全民义务植树开展30多年来，促进了我国森林资源恢复发展，增强了全民爱绿植绿护绿意识。同时，我们必须清醒地看到，我国总体上仍然是一个缺林少绿、生态脆弱的国家，植树造林，改善生态，任重而道远。

习近平对一起植树的同志们说，森林是陆地生态系统的主体和重要资源，是人类生存发展的重要生态保障。不可想象，没有森林，地球和人类会是什么样子。全社会都要按照党的十八大提出的建设美丽中国的要求，切实增强生态意识，切实加强生态环境保护，把我国建设成为生态环境良好的国家。

4月2日

［纲　文］　**国务院总理李克强应约分别同泰国总理英拉和加拿大总理哈珀通电话**。

［目　文］　英拉祝贺李克强就任中国国务院总理。英拉表示，泰方坚定奉行对华友好政策，愿与中方密切配合，加强高层交往，扩大交流合作，增进人民之间的友好感情。泰国将为推动东盟与中国关系发展发挥积极作用。李克强对英拉发来贺信并打来电话祝贺表示感谢。他表示，泰国是东盟创始国之一，希望泰国与中方一道，建设性维护中国—东盟关系发展大局，这对亚太地区的和平、发展与繁荣具有重要作用和影响。

哈珀祝贺李克强就任中国国务院总理并表示，加方希望在业已存在的加中关系良好基础上，加强对话沟通，促进经贸投资等各领域合作，推动加中关系不断向前发展。李克强对哈珀发来贺信并打来电话祝贺表示感谢。他指出，中加同处极富发展潜力的亚太地区，双方应发挥互补性强的优势，共同创造公平竞争的市场环境，在高技术等领域开展合作，促进贸易动态平衡，深化和丰富人文交流，积极扩大利益交汇点，把巨大的合作潜力转化为双赢的现实成果。

4月2日

［纲　文］ **国家副主席李源潮在北京会见美国旧金山市市长李孟贤一行。**

［目　文］ 李源潮说，中国将高举和平、发展、合作、共赢的旗帜。中国新一届领导集体高度重视中美关系，希望两国相互尊重、增进互信、管控分歧，加强包括地方政府在内的各层次交流合作，走出一条新型大国关系之路。

李孟贤表示，旧金山市愿为促进中美文化、科学等领域的友好交流合作积极努力。

4月2日

［纲　文］ **证监会、银监会联合印发《证券投资基金托管业务管理办法》。**

［目　文］ 《办法》主要包括托管业务准入、托管职责履行、托管业务内部控制、托管监督管理等内容。与2004年发布的《证券投资基金托管资格管理办法》相比，主要修订内容有：在托管资格准入方面，进一步提高基金托管资格准入的专业化要求，强调托管部门业务的独立性与完整性，同时，允许符合审慎监管要求并具备一定资质条件的在华外资法人银行在获得基金托管资格上享受与中资银行同等权利，进一步促进基金托管的市场化竞争。在托管资格后续管理方面，建立托管资格退出机制，对于缺乏业务发展战略、长期不开展基金托管业务，或者出现严重违规的托管银行，将依法取消托管资格。进一步落实基金托管人的共同受托职责，通过在法规上明确细化托管人各项法定职责，强化托管业务的内部控制要求，使基金持有人权益得到最大程度的保障。

证监会鼓励符合条件的境内法人银行，包括中资银行和外资法人银行积极申请基金托管资格，同时，希望已获得基金托管资格的商业银行抓住基金行业市场化改革的发展机遇，规划托管业务发展战略，找准市场定位，积极开拓各类投资产品的托管业务。《办法》自2013年4月2日起施行。

4月2日

［纲　文］ **台湾银行上海分行柜台正式开启现钞兑换。这是两岸货币清算机制启动后，首批无需经第三地银行而直接“登陆”的新台币。**

4月3日

［纲　文］ **国家主席习近平、国务院总理李克强、国家副主席李源潮在人民大会堂集体会见180位外国驻华使节及国际组织驻华代表。**

［目　文］ 习近平、李克强、李源潮同使节和代表们逐一握手，亲切交谈，请他们转达对各国领导人及国际组织负责人的问候，感谢他们为推动中外相互了解与合作所作的努力，强调中国将始终不渝走和平发展道路，始终不渝奉行互利共赢的开放战略，愿在和平共处五项原则基础上继续全面发展同世界各国及国际组织的友好合作关系。

使节和代表们转达了各国领导人及国际组织负责人对中国领导人的亲切问候和对中国

人民的良好祝愿，表示高度重视对华关系，将继续加强同中国的交往与合作。

4月3日

［纲　文］　**李克强主持召开国务院常务会议。**

［目　文］　会议部署开展现代农业综合配套改革试验工作。会议指出，发展现代农业是一项重大战略任务，通过深化改革同步推进“新四化”建设，是持续发展经济的重要支撑，也是富裕农民、改善民生的重要基础。要贯彻落实2013年中央一号文件精神，围绕发展现代农业，推行综合配套改革，推动转变传统的农业发展方式，提高农业综合生产能力，提高农产品质量，提高农民收入。

会议确定，选择有条件的地方率先开展现代农业综合配套改革试验。主要任务是：一、创新农业生产经营体制。培育壮大股份合作社、专业合作社、龙头企业、家庭农场、专业大户等新型生产经营主体，发展多种形式的适度规模经营；引导和规范龙头企业与农民股份合作社建立紧密型利益联结机制。二、深化土地管理制度改革。实行支持现代农业发展的差别化用地管理政策；规范推进集体经营性建设用地流转，逐步建立统一的城乡建设用地市场；严格农村集体土地征收管理，完善节约集约用地管理制度，创新耕地保护机制；完善农村宅基地有序退出机制。三、创新农村金融服务。建立农业信贷投入稳定增长机制，鼓励引入多元化资金，规范发展多种形式的农村金融组织；完善涉农贷款抵押担保、农业保险等机制；探索加强农村金融监管的有效办法。四、健全农业科技创新和服务体系。增强农业科技自主创新能力，完善农民培训体系，强化农业科技等公益性服务。五、创新农产品流通方式和流通业态。完善农产品市场体系，建设现代农产品物流网络，创新农产品交易方式；加强农产品质量安全监管。六、推进水利建设与管理体制改革。实行最严格的水资源管理制度，切实落实用水总量控制、用水效率控制、水功能区限制纳污三条红线；积极推进农业水价改革；深化小型水利工程产权制度和管理体制改革。七、完善粮食主产区利益补偿机制。建立健全农业投入增长、生态补偿、粮食产业发展保护等机制，增加中央财政对粮食大县的奖励资金，新增农业补贴向主产区和优势产区集中。八、整合涉农资金，把专项资金集中起来由试验地区的地方政府统筹使用，以提高使用效益。各部门要保证支持力度不减，地方政府要确保资金不用于非农领域。九、加快城乡一体化发展。加大对农村公共服务设施和社会保障体系建设投入，注重保护我国农业文明和农村文化特色，探索城镇化与新农村建设协调发展的新模式。

会议强调，改革试验要加强规划，做好与经济社会发展重大规划、政策的衔接，把保护生态环境摆在突出位置，坚持农村基本经营制度，尊重农民意愿和基层首创精神，切实保障农民合法权益。试点地区要创造性地开展工作，重点在创新体制机制上下功夫，先封闭运行，做到风险可控、积累经验、以点带面、扎实推进。有关部门要加强指导，确保各项措施落到实处。会议确定黑龙江省先行开展现代农业综合配套改革试验。

4月3日

［纲　文］　**俞正声在人民政协报社调研。**

［目　文］　全国政协主席俞正声在调研时强调，要充分认识进一步做好新形势下政协新闻宣传工作的重要性，切实增强责任感、使命感，坚持正确的政治方向和舆论导向，努力改进作风和文风，为推动人民政协事业创新发展，为全面建成小康社会、坚持走中国特色社会主义道路，增进共识，凝聚力量。俞正声充分肯定了《人民政协报》为人民政协事业发展，为党的统一战线事业，为反映人民群众呼声、意见和要求发挥的重要作用。他强调，政协新闻宣传工作是党的宣传思想工作的重要组成部分，是人民政协事业的重要内容。

俞正声就做好政协新闻宣传工作和办好《人民政协报》提出4点希望：一是坚持正确的政治方向，就是要坚持中国特色社会主义的理论、道路和制度，要努力增进共识，避免极端化倾向；二是突出鲜明的政协特色，准确把握政协性质，研究政协宣传工作的规律，允许各种不同意见的交流、交锋、交融；三是形成求实犀利的文风，解放思想、实事求是、有的放矢，多刊登深入反映当前社会现实的报道；四是内容要活泼多彩，更加贴近生活，使读者爱看、想看、受启发、得教益。

4月3日

［纲　文］　**司法部发布《司法行政机关强制隔离戒毒工作规定》。**

［目　文］　《规定》包括总则、场所设置、接收、管理、治疗康复、教育、生活卫生、解除、附则共计9章65条。该《规定》自2013年6月1日起施行。

4月3日

［纲　文］　**住房城乡建设部印发《“十二五”绿色建筑和绿色生态城区发展规划》。**

［目　文］　《规划》指出，我国正处于工业化、城镇化、信息化和农业现代化快速发展的历史时期，人口、资源、环境的压力日益凸显。为探索可持续发展的城镇化道路，在党中央、国务院的直接指导下，我国先后在天津、上海、深圳、青岛、无锡等地开展了生态城区规划建设，并启动了一批绿色建筑示范工程。建设绿色生态城区、加快发展绿色建筑，不仅是转变我国建筑业发展方式和城乡建设模式的重大问题，也直接关系群众的切身利益和国家的长远利益。

《规划》提出，到“十二五”期末，绿色发展的理念为社会普遍接受，推动绿色建筑和绿色生态城区发展的经济激励机制基本形成，技术标准体系逐步完善，创新研发能力不断提高，产业规模初步形成，示范带动作用明显，基本实现城乡建设模式的科学转型。新建绿色建筑10亿平方米，建设一批绿色生态城区、绿色农房，引导农村建筑按绿色建筑的原则进行设计和建造。“十二五”时期具体目标为：一、实施100个绿色生态城区示范建设。选择100个城市新建区域（规划新区、经济技术开发区、高新技术产业开发区、生态工业示范园区等）按照绿色生态城区标准规划、建设和运行。二、政府投资的党政机关、学校、医院、博物馆、科技馆、体育馆等建筑，直辖市、计划单列市及省会城市建设的保障性住房，以及单体建筑面积超过2万平方米的机场、车站、宾馆、饭店、商场、写字楼等大型公共建筑，2014年起率先执行绿色建筑标准。三、引导商业房地产开发项目执行绿色建筑标准，鼓励房地产开发企业建设绿色住宅小区，2015年起，直辖市及东部沿海省市城镇的新建房地产项目力争50%以上达到绿色建筑标准。四、开展既有建筑节能改造。“十二五”期间，完成北方采暖地区既有居住建筑供热计量和节能改造4亿平方米以上，夏热冬冷和夏热冬暖地区既有居住建筑节能改造5000万平方米，公共建筑节能改造6000万平方米；结合农村危房改造实施农村节能示范住宅40万套。

4月3日

［纲　文］　**民政部公布《烈士安葬办法》。**

［目　文］　《办法》提出，确定烈士安葬地和安排烈士安葬活动，应当征求烈士遗属意见。烈士可以在牺牲地、生前户口所在地、遗属户口所在地或者生前工作单位所在地安葬。烈士安葬地确定后，就近在烈士陵园或者烈士集中安葬墓区安葬烈士。运送烈士骨灰或者遗体（骸），由烈士牺牲地、烈士安葬地人民政府负责安排，并举行必要的送迎仪式。烈士骨灰盒或者灵柩应当覆盖中华人民共和国国旗。需要覆盖中国共产党党旗或者中国人民解放军军旗的，按照有关规定执行。国旗、党旗、军旗不同时覆盖，安葬后由烈士纪念设施保护单位保存。烈士安葬地县级以上地方人民政府应当举行烈士安葬仪式。烈士安葬仪式应当庄严、肃穆、文明、节俭，烈士安葬仪式中应当宣读烈士批准文件和烈士事迹。

《办法》要求，烈士墓区应当规划科学、布局合理。烈士陵园、烈士集中安葬墓区的保护单位应当及时收集陈列有纪念意义的烈士遗物、事迹资料，烈士遗属、有关单位和个人应当予以配合。在清明节等重要节日和纪念日时，机关、团体、企业事业单位应当组织开展烈士纪念活动，祭奠烈士。烈士陵园、烈士集中安葬墓区所在地人民政府民政部门对前来祭扫的烈士遗属，应当做好接待服务工作。鼓励和支持社会殡仪专业服务机构为烈士安葬提供专业化、规范化服务。《办法》自公布之日起施行。

4月3日

［纲　文］　**国务委员兼国防部部长常万全应约与美国国防部部长哈格尔通过中美国防部直通电话进行通话。**

［目　文］　常万全对哈格尔就任美国国防部部长表示祝贺，并指出，中美两军关系是两国关系的重要组成部分。中方高度重视两军关系，愿与美方一道，坚持在建设中美合作伙伴关系的大框架内处理两军关系，坚持切实尊重对方的核心利益和重大关切，坚持通过对话磋商增进战略互信，坚持深化两军务实合作，积极推动构建“平等互利、合作共赢”的中美新型军事关系。

4月3日

［纲　文］　**《人民日报》发表题为《转作风，正学风，改文风》的评论员文章。**

4月4日

［纲　文］　**中共中央办公厅、国务院办公厅、中央军委办公厅印发《关于进一步加强烈士纪念工作的意见》。**

［目　文］　《意见》主要内容有：一、大力弘扬烈士精神。二、广泛开展纪念烈士活

动。三、坚持用烈士英雄事迹教育青少年。四、加强烈士纪念设施保护管理。五、完善烈属抚恤优待政策。六、认真履行部门职责。七、强化组织领导。

《意见》强调，每年清明节、国庆节等节日和重要纪念日期间，各级党委、政府和驻军部队以及企事业单位、社会组织要充分利用烈士纪念设施、爱国主义教育基地、国防教育基地等红色资源，组织开展祭奠烈士、缅怀英烈活动。将烈士纪念活动融入日常生活、学校教育和红色旅游。充分运用现代信息技术手段，开展网上祭奠活动。坚持用烈士英雄事迹教育青少年，利用课堂教学、主题教育等对学生进行形式多样的思想道德教育。

《意见》要求，各级党委、政府和有关部门要认真落实烈士纪念设施保护管理相关法规，研究制定烈士纪念设施建设规范和标准，完善烈士纪念设施保护管理办法，明确分级保护管理责任，加大经费投入和保护管理力度。高质量高标准完成零散烈士纪念设施抢救保护工程，积极稳妥推进境外烈士纪念设施保护管理工作，建立健全保护管理长效机制。

《意见》提出，各级党委和政府要不断完善烈属优待帮扶政策，进一步强化政府主体责任，逐步提高烈属抚恤金标准，妥善解决烈属生活、医疗、住房和子女教育、就业等方面存在的实际困难。切实加强优抚医院、光荣院建设，最大限度地满足烈属医疗、供养服务需求。定期走访慰问烈属，精心组织烈属祭扫活动，认真落实为烈属挂光荣牌工作，积极动员社会力量为烈属送温暖献爱心，让广大烈属切实感受到党和政府的关心关爱，感受到全社会的尊重。

4月4日

［纲　文］　**国务委员杨洁篪应约同美国国务卿克里通电话。**

［目　文］　杨洁篪强调，中美关系正处在新的历史时期，开局良好。双方要增进对话、互信与合作，共同致力于建设中美合作伙伴关系、探索构建新型大国关系。为此，双方保持高层互访和接触尤为重要。克里表示，美方高度重视对华关系，希望同中方加强对话与合作。我期待着近期访华，愿同中方共同努力，使访问取得成功。双方还就朝鲜半岛形势、气候变化等问题交换了看法。

4月5日

［纲　文］　**国家主席习近平在人民大会堂同文莱苏丹哈桑纳尔举行会谈。**

［目　文］　习近平在会谈时表示，中文两国虽然国情和体制各异，但坚持相互尊重、平等相待，在本地区树立了大小国家和谐相处、互利共赢的典范。双方同意将中文关系提升为战略合作关系，将有力促进两国友好合作，并在本地区发挥示范和引领作用。

习近平强调，中文双方要牢牢把握两国关系发展大局和方向，坚持相互尊重独立、主权、领土完整，相互尊重各自国家根据本国国情选择的发展道路，照顾对方重大关切和舒适度。双方要坚持优势互补，加强油气、石化、新能源等领域合作，中方鼓励中国企业积极参与文莱基础设施、农业等领域建设，支持文莱经济多元化发展。双方要加强人民往来，增加互派留学生，推动文艺团组互访和医疗卫生机构交往。他强调，中国坚持与邻为善、以邻为伴的周边外交方针，积极发展同周边国家睦邻友好关系，努力使自身发展更好惠及周边国家。我们的意愿是真诚的，也是这样做的。中方一贯主张，由直接有关的主权国家通过友好协商和谈判解决相关争议。在争议解决前，中方愿同东盟国家加强对话和沟通，共同维护南海和平与稳定。文莱是今年东盟主席国，中方愿同文方一道努力，牢牢把握中国—东盟关系发展大方向，唱响和平与合作主旋律，不要让任何因素干扰友好合作进程。中国继续支持东盟在东亚合作中发挥主导作用。

哈桑纳尔表示，中国的发展是本地区发展繁荣的重要引擎。东盟国家感谢中国的支持，相信东盟同中国的关系一定会不断深化。文方主张，有关各方坚持《南海各方行为宣言》精神，通过对话协商，寻求和平解决南海问题，不应让南海问题影响东盟—中国友好合作关系。文方愿同中方一道，推动东盟—中国关系继续向前发展。

会谈开始前，习近平在人民大会堂东门外广场为哈桑纳尔访华举行隆重欢迎仪式。会谈后，双方共同发表了《中华人民共和国和文莱达鲁萨兰国联合声明》。

应国家主席习近平邀请，文莱达鲁萨兰国苏丹和国家元首苏丹哈吉·哈桑纳尔·博尔基亚·穆伊扎丁·瓦达乌拉陛下于4月4日至7日对中国进行国事访问。国务院总理李克强、全国人大常委会委员长张德江分别会见了哈桑纳尔苏丹一行。哈桑纳尔苏丹还赴海南省出席4月7日举行的博鳌亚洲论坛2013年年会开幕式并致辞。

4月5日

［纲　文］　**国家主席习近平在海南省三亚市同缅甸总统吴登盛举行会谈。**

［目　文］　两国元首在会谈中就发展中缅关系深入交换意见，一致同意，不断巩固和加强双边关系，共同推动中缅全面战略合作伙伴关系持续健康稳定发展。

习近平强调，中方高度重视中缅关系。双方要牢牢把握两国关系发展正确方向，在相互尊重、平等互利基础上深化战略互信，坚持合作共赢，维护共同利益，不为风雨所动，不为外力所扰，坚定不移推进中缅友好事业。他指出，中缅双方要加强双边关系政策指导和规划，保持高层互访，及时就重大问题交换意见，确定合作目标。双方要推动两国经贸合作持续发展，中方鼓励和支持中国企业参与缅甸国家建设，希望双方密切配合，确保惠及双方的重大合作项目顺利实施。双方要开展多种形式人文交流，加强两国人民特别是青年学生友好交往。中方将继续同缅方保持在联合国等多边场合的协调和配合。他表示，中方衷心希望缅甸社会稳定、经济发展、民生改善，支持缅甸走符合自身实际的发展道路。中方支持缅方推进缅北和谈进程，将继续发挥建设性作用。

吴登盛表示，缅方期待着同中国新一届领导集体保持交往，推进互利合作，落实好有关项目，推动缅中全面战略合作伙伴关系取得新进展。缅方致力于国家改革开放和稳定发展，希望继续得到中方支持，欢迎中国公司继续参与缅甸经济建设。缅方愿努力推进缅北和谈进程，希望继续得到中方支持，促进边境地区安宁和发展。缅方将为推动东盟同中国合作发挥积极作用。

会谈前，习近平为吴登盛访华举行欢迎仪式。会谈后，双方发表《中华人民共和国和缅甸联邦共和国联合新闻公报》，两国元首共同出席两国政府经济技术合作协定等双边合作文件签字仪式。

应国家主席习近平邀请，缅甸联邦共和国总统吴登盛于 4 月 5 日至 7 日对中国进行国事访问，并出席博鳌亚洲论坛 2013 年年会。

4 月 5 日

［纲　文］ **清晨 5 点 55 分，中国空间环境垂直探测及首次空间科学主动实验在位于海南省儋州市的中科院海南探空部进行并取得圆满成功。**

4 月 5 日

［纲　文］ **郭川创造帆船单人不间断环球航行纪录。**

［目　文］ 上午 7 时 59 分，48 岁的青岛人郭川驾驶“青岛号”无动力帆船，经过 137 天 20 小时 2 分钟 28 秒、21600 海里的艰苦航行返回青岛，不仅成为中国单人不间断环球航行第一人，而且还创造了 40 英尺级帆船单人不间断环球航行世界纪录。

4 月 5—8 日

［纲　文］ **汪洋在甘肃省贫困村调研。**

［目　文］ 甘肃省积石山保安族东乡族撒拉族自治县是全国贫困程度最深的县之一。国务院副总理汪洋和参与调研的人员分成 7 个小组，深入该县高寒山区的刘集乡肖家村、干旱贫瘠的柳沟乡阳山村和十年九旱的关家川乡芦家庄村，入户访谈、填写调查问卷，仔细询问调查户收入支出、外出务工、上学看病等情况，详细了解扶贫项目到村入户的效果，面对面听取农民的诉求，先后召开 3 个座谈会，听取农民、龙头企业负责人、地方干部的意见和建议，了解扶贫项目的组织方式、实施效果。汪洋强调，共同富裕是中国特色社会主义的本质要求，要充分认识推进扶贫开发的重要性、紧迫性、艰巨性和长期性，进一步解放思想，开拓思路，创新体制机制，采取有针对性的帮扶措施，切实提高扶贫成效。

4 月 6—8 日

［纲　文］ **博鳌亚洲论坛 2013 年年会在海南省博鳌举行，国家主席习近平出席开幕式并发表主旨演讲。**

［目　文］ 年会主题是“革新、责任、合作：亚洲寻求共同发展”。来自五大洲国家和地区领导人、国际组织负责人以及政界、工商界人士，专家学者共 2500 多人参加。开幕式上，博鳌亚洲论坛理事长福田康夫致欢迎辞。国家主席习近平出席开幕式并发表题为《共同创造亚洲和世界的美好未来》的主旨演讲。

习近平强调，亚洲发展需要乘势而上，转型升级，发展仍是头等大事。亚洲稳定需要共同呵护、破解难题，地区国家要增强互信、携手努力，实现本地区长治久安。亚洲合作需要百尺竿头、更进一步。只有增进理解、凝聚共识、充实内容、深化合作，才能协调各方面利益诉求，形成能够保障互利共赢的机制。习近平提出，人类只有一个地球，各国共处一个世界。我们应该牢固树立命运共同体意识，推动亚洲和世界共同发展。第一，勇于变革创新，为促进共同发展提供不竭动力。第二，同心维护和平，为促进共同发展提供安全保障。第三，着力推进合作，为促进共同发展提供有效途径。第四，坚持开放包容，为促进共同发展提供广阔空间。习近平指出，中国发展离不开亚洲和世界，亚洲和世界繁荣稳定也需要中国。中国将坚持与邻为善、以邻为伴，努力使自身发展惠及周边国家。

与会外国政要分别致辞，发表对当前世界及亚洲经济形势的看法，介绍各自发展改革战略。他们高度赞赏中国发展为地区和全球经济增长提供了强劲动力和难得机遇，相信实现中华民族伟大复兴的中国梦必将更好造福中国人民，更多惠及亚洲和世界。各国希望同中国加强合作。亚洲国家领导人表示，亚洲国家要超越差异和分歧，增进互信，深化合作，推进区域一体化，本着开放包容的精神，同其他地区交往合作，携手应对风险和挑战，共同维护地区和平稳定，协力促进发展繁荣。其他国家及国际组织领导人表示，看好亚洲发展前景，希望同亚洲建立更加紧密的联系，交流互鉴，加强协调，扩大相互贸易和投资，合作共赢，努力实现联合国千年发展目标，拉动世界经济复苏，实现平衡、可持续发展。

论坛召开期间，习近平还分别会见了蒙古国国家大呼拉尔主席恩赫包勒德、阿尔及利亚民族院议长本萨拉赫、博鳌亚洲论坛第四届理事会成员、第 67 届联合国大会主席耶雷米奇、国际货币基金组织总裁拉加德、美国盖茨基金会主席比尔·盖茨、出席博鳌亚洲论坛 2013 年年会的中外企业家代表、中国台湾两岸共同市场基金会荣誉董事长萧万长等人。

4 月 6 日

［纲　文］　**国家主席习近平在海南省三亚市同秘鲁总统乌马拉举行会谈。**

［目　文］　两国元首就双边关系和共同关心的重大国际和地区问题交换了意见，就加强两国合作达成高度共识，共同宣布把中秘关系提升到全面战略伙伴关系。

习近平表示，中秘两国相互信任、互利合作，是好朋友、好伙伴。2009 年秘鲁在拉美率先同中国签署一揽子自由贸易协定，在拉美起到了很好的示范效应。中方对中秘关系良好发展感到满意。我们愿同秘方一道努力，以两国建立全面战略伙伴关系为契机，谱写中秘友好合作关系新篇章。

习近平指出，两国要继续推动高层、立法机构、政党和地方政府交往，推动建立更高级别政府间对话机制，增进互信，推进合作。双方要以双边自贸协定为依托，充分发挥互补优势，优化贸易结构，扩大贸易规模，加强农业、矿产、基础设施建设、民生工程等领域务实合作，着力推动对双方有利的重大项目。中秘都是文明古国，双方要积极创造条件，鼓励人文交流。双方要在重大国际问题上保持沟通和协调，加强在亚太经合组织框架内合作，共同维护发展中国家权益。

乌马拉表示，中国是秘鲁重要战略合作伙伴。我这次访华的目的是全面推进合作，进一步提升秘中关系水平。秘方愿同中方保持高层交往，加强政策对话交流，扩大合作，寻求双边贸易和投资合作新的增长点，欢迎中国企业赴秘鲁投资兴业。秘方积极促进两国人员往来和教育、旅游合作，欢迎中方在秘鲁开设更多孔子学院。秘鲁高度重视中国在国际和地区事务中的积极作用，愿继续保持双方在亚太事务中的沟通和协调。秘鲁作为拉美国家“太平洋联盟”创始国，愿推动联盟同中方建立联系。会谈后，两国元首共同出席中秘两国政府经济技术合作协定及农业、林业、教育、文化、扶贫、减灾救灾等领域合作文件签字仪式。

应国家主席习近平邀请，秘鲁总统奥良塔·乌马拉·塔索于4月5日至9日对中国进行国事访问并出席博鳌亚洲论坛2013年年会。

4月6日

［纲　文］　**国家主席习近平在海南省三亚市同哈萨克斯坦总统纳扎尔巴耶夫举行会谈。**

［目　文］　两国元首在会谈时一致同意，继续保持密切交往，共同规划好中哈关系未来发展，不断推进两国合作。

习近平指出，中哈建立起全面战略伙伴关系，两国合作成果丰硕，在国际舞台上保持密切协作，携手推动上海合作组织发展，维护了共同利益。实践证明，双方对两国关系的定位及合作措施都是正确的，符合各自发展需要，中哈关系基础牢固，前景广阔。中哈是真正意义上的好邻居、好朋友、好伙伴。

习近平强调，中哈有着相似的发展目标，都处在关键发展阶段，利益契合点很多，合作潜力巨大。中方把发展对哈关系摆在中国外交的优先位置，愿同哈方一道努力，保持两国元首密切交往，共同规划好中哈关系未来发展，不断推进两国合作。双方要着眼长远，筹划好经贸合作，深化能源合作，全力实施好油气管道和油田项目。双方要充分发挥第二条跨境铁路运力，推进“中国西部—欧洲西部”公路通道建设，增开边境口岸和对飞航线，全面推进交通合作。双方要积极拓展农业、相互投资、金融等领域合作，加快制订中哈毗邻地区合作规划纲要，加强地方合作。

纳扎尔巴耶夫表示，哈中是友好邻邦，一直相互理解、相互帮助，哈萨克斯坦坚定支持中国人民实现中华民族伟大复兴的中国梦。哈方希望同中方继续保持密切高层交往，深化能源、交通、农业等领域合作，在上海合作组织、亚洲相互协作与信任措施会议等框架内加强协调和配合，共同维护地区和平稳定。会谈后，两国元首共同出席中哈企业家委员会成立大会并共同见证一系列重要协议等合作文件签字仪式。

应习近平主席邀请，哈萨克斯坦总统努尔苏丹·阿比舍维奇·纳扎尔巴耶夫于4月6日至8日对中国进行国事访问并出席博鳌亚洲论坛2013年年会。

4月6日

［纲　文］　**国家主席习近平在海南省三亚市同墨西哥总统培尼亚会谈。**

［目　文］　两国元首就中墨关系及共同关心的问题深入交换意见，达成广泛共识。

习近平表示，墨西哥历史悠久，发展潜力巨大，在国际和地区事务中发挥着日益重要的作用。两国关系取得长足发展。当前中墨都处在重要发展阶段，两国经济各具特色，加强合作具有良好基础。中方始终从战略高度重视发展中墨关系，愿同墨方一道，着重在以下方面作出努力：一是深化战略互信。双方要支持对方发展，在涉及对方核心利益问题上相互支持。双方要保持高层交往及政党、立法机构交流，充分发挥两国常设委员会、战略对话等合作机制作用，就各自发展战略进行协调。二是促进互利共赢。双方要挖掘潜力，优化贸易结构，扩大相互投资，提供政策和融资支持，加强基础设施建设、能矿等领域合作，并开辟新的合作领域，通过互利合作解决有关问题，使双边贸易平衡增长。三是加强人文交流。根深才能叶茂。双方要鼓励两国社会各界交往，扩大文化、教育、科技、旅游、卫生等领域交流合作，增进新闻界、学术界、体育界、地方和青年交流。四是密切多边协调。双方要加强在联合国、二十国集团、世贸组织、亚太经合组织等重要多边机制中磋商和合作，共同维护发展中国家权益，推动国际关系民主化。

培尼亚表示，墨中两国有着兄弟般情谊。墨方高度赞赏中国的发展成就及为世界作出的重大贡献。中国是墨西哥的战略伙伴，发展对华关系对墨西哥至关重要。我这次访华的目的是借鉴中国成功经验，加强友好合作，寻求共同发展。墨方愿同中方保持机制化交往和对话，深化政治互信，扩大经贸、能矿和投资合作，促进人文交流。墨方愿同中方携手应对全球性挑战，愿积极推动两国以及拉美和亚洲国家合作。会谈前，习近平为培尼亚访华举行欢迎仪式。

应习近平主席邀请，墨西哥总统恩里克·培尼亚·涅托于4月4日至7日对中国进行国事访问并出席博鳌亚洲论坛2013年年会。

4月6日

［纲　文］　**国家主席习近平在海南省三亚市同赞比亚总统萨塔举行会谈。**

［目　文］　两国元首就中赞关系、中非关系和非洲形势等共同关心的问题深入交换意见，一致表示，珍视两国传统友谊，深化互信与合作，推动中赞关系取得新发展。

习近平指出，中赞传统友谊深厚，两国老一辈领导人共同缔造的中赞友好事业经受住了历史考验。双方在涉及对方重大利益的问题上相互支持，在各自国家建设事业中相互帮助。坦赞铁路是中赞、中非友好的历史见证。事实证明，中赞关系发展给两国人民带来了实实在在的好处。中方高度重视发展中赞关系，愿同赞方一道，继承和发扬传统友好，与时俱进，推动中赞关系不断向前发展。

习近平强调，朋友越走越亲。双方要加强领导人及党际交往，交流治国理政经验，增进了解和信任。中方重视赞方有关合作意向，将继续向赞方提供力所能及的援助，落实好中非合作论坛框架内相关项目，支持中国企业参与赞比亚矿产、农业、制造业和基础设施建设，鼓励中国企业在当地积极承担社会责任，通过发展解决合作中的问题，帮助赞比亚实现自主发展。希望赞方为中国企业创造更有利条件。双方要扩大文化、教育、新闻媒体等领域合作，促进青年交流。

萨塔表示，新时期，中国发展为赞比亚和非洲提供了重要机遇。中国企业在赞比亚投资为当地提供了大量就业，惠及民生。赞方希望中方继续帮助赞比亚发展农业、渔业、畜牧业、工商业和基础设施，提升经贸和投资合作水平。赞方愿同中方加强文化、教育交流，派更多学生来华留学。会谈后，两国元首共同出席中赞两国政府经济技术合作协定等合作文件签字仪式。

应习近平主席邀请，赞比亚总统萨塔于4月4日至11日对中国进行国事访问并出席博鳌亚洲论坛2013年年会。

4月6日

［纲　文］　**国家主席习近平在海南省三亚市同芬兰总统尼尼斯特举行会谈。**

［目　文］　双方就中芬关系、中欧关系及共同关心的重大国际和地区问题深入交换意见，达成重要共识。两国元首共同宣布把中芬关系提升为面向未来的新型合作伙伴关系。

习近平指出，中芬建交60多年来，不论国际风云如何变幻，两国关系始终保持平稳发展。芬兰是先进工业化国家，也是公认的创新型国家，相关经验和优势同中国发展需求契合度高，两国合作潜力巨大、充满机遇。中方愿同芬方一道，致力于构建面向未来的新型合作伙伴关系，重点深化投资、创新、环保、城镇化等领域合作，优势互补、强强联合，打造合作新亮点。中国欢迎更多芬兰企业来华兴业，特别是到中国中西部地区投资。双方要丰富人文交流形式，充分发挥孔子学院平台作用，加强青年交流，实现中芬友好薪火相传。

习近平表示，中国高度重视欧洲的地位和作用，一个繁荣稳定的欧洲符合中国的利益。中方将一如既往支持欧洲一体化建设，真心实意支持欧洲应对主权债务问题的努力，愿同欧方加强务实合作，推动中欧全面战略伙伴关系取得新的发展。

尼尼斯特表示，芬方对两国合作感到满意，愿同中国加强友好伙伴关系，挖掘潜力，拓展经贸、城镇化、可持续发展、司法、减贫等领域合作，欢迎中国企业赴芬兰投资。芬兰支持中国成为北极理事会观察员，愿同中方就北极事务加强合作。展望未来，芬方相信两国关系会发展得更好。

应国家主席习近平邀请，芬兰总统尼尼斯特于4月上旬对中国进行国事访问并出席博鳌亚洲论坛2013年年会。

4月6日

［纲　文］　**外交部部长王毅应约同联合国秘书长潘基文通电话。**

［目　文］　潘基文对朝鲜半岛局势加剧紧张深表关切和忧虑，希望局势尽快降温，避免失控。联合国愿同中方及有关各方保持沟通。

王毅说，中方对朝鲜半岛当前的紧张事态表示严重关切。我们的立场十分明确，不管局势如何变化，都应坚持通过对话解决问题，坚持推进半岛无核化，坚持维护半岛和平与稳定。朝鲜半岛是中国近邻。我们反对任何一方在这一地区的挑衅言行，不允许在中国的家门口生事。中方敦促各方保持冷静克制，推动局势缓和。中方呼吁恢复六方会谈进程，使问题重回对话轨道。

4月6日

［纲　文］　**《人民日报》报道，中央财政近日下拨14亿元支持“新网工程”建设。**

［目　文］　报道说，专项资金用于2013年新农村现代流通服务网络工程，支持全国供销社系统推进农业生产资料、农副产品、日用消费品、再生资源回收利用等四大网络建设。

“新网工程”是2006年实施的一项为农服务的重要工作，2007年中央财政正式设立“新网工程”专项资金，到2013年底已累计投入专项资金47.5亿元。目前，全国供销合作社系统“新网工程”已发展91.28万个各类连锁经营服务网点，覆盖全国80%的乡镇和40%的建制村，初步形成了县有配送中心、乡有综合超市、村有便利店的连锁经营网络。

4月6—9日

［纲　文］　**张高丽在山西省、新疆维吾尔自治区调研。**

［目　文］　国务院副总理张高丽在调研期间了解经济运行和结构调整、节能减排、环境保护等方面情况，考察保障性住房、城镇化建设等民生工作，主持召开座谈会，听取当地领导、企业负责人和职工群众的意见建议。

张高丽强调，当前我国发展中的突出矛盾是经济结构不合理、科技创新能力不强、资源环境约束加剧。把经济结构调整、科技创新驱动、资源环境保护三者联动起来，统筹把握推进，就能够更好地促进经济发展方式转变，逐步解决不平衡、不协调、不可持续问题。要着力推进经济结构调整优化，有效化解产能过剩，遏制盲目重复建设，进一步提高发展的层次和水平；要着力强化科技创新驱动，充分发挥企业主体作用，大力增强自主创新能力，大力支持科技型企业和优秀人才创新创造创业；要着力加强生态环境保护，以治理突出污染问题为切入点，综合施策，重拳出击，区域联动，狠抓落实，为人民群众创造一个较好的工作生活环境。

张高丽指出，要深入实施区域发展总体战略，统筹东中西、协调南北方，科学布局、分类指导。中西部地区是我国重要的战略发展空间和增长点，要积极发展优势特色产业，大力推进绿色发展、循环发展、低碳发展，加强煤、油、气、水、土地等资源的节约集约利用，切实把资源优势转化为经济优势；要进一步深化改革扩大开放，取消不合理的政策和制度规定，营造公平竞争市场环境，在优胜劣汰中发展，加快大通道建设，拓展开放广度和深度，主动承接东部部分产业，同时防止污染企业和落后生产能力跨区域转移；要时刻关注民计民生，创新扶贫开发机制，加强保障性安居工程建设，积极稳妥推进城镇化，搞好安全生产，确保社会稳定，帮助群众解决就业、社保、医疗、上学等方面的实际困难，不断改善各族群众的生产生活条件。

张高丽指出，中西部地位重要、潜力巨大，国家将一如既往地支持山西、新疆等中西部地区发展；各级政府要加快转变职能和工作作风，向市场放权，为企业松绑，坚决反对官僚主义、形式主义和铺张浪费，大力提倡讲真话、说实情、办实事、解难题，全心全意为人民服务。

4月7日

［纲　文］　**国家主席习近平在博鳌会见柬埔寨首相洪森。**

［目　文］　习近平指出，中柬始终真诚相待、患难与共，相互信任、相互支持，各领域合作广度和深度达到前所未有的水平。“路遥知马力，日久见人心”。中柬友谊经受住了国际风云变幻的考验。两国是好邻居、好朋友、好伙伴，更是好兄弟。中柬关系是国与国友好共处、密切合作的典范。

习近平强调，中方高度重视柬埔寨和中柬关系，支持柬埔寨保持稳定、自主发展、改善民生的努力。中方愿同柬方保持高层交往，加强党际交流，分享治国理政经验。中方将加大对柬埔寨农田水利、公路桥梁等基础设施建设的支持力度，扩大对柬有关项目援助和优惠贷款规模。双方决定成立两国政府间协调委员会，希望委员会尽快开展工作，落实好中柬全面战略合作伙伴关系行动计划，扎实推进各领域合作。

习近平表示，中方重视发展同东盟的战略伙伴关系，希望同东盟国家加强团结互信，深化区域合作，通过对话协商妥善解决有关问题，促进地区稳定和繁荣。中方赞赏柬埔寨所作的积极努力，愿同柬方一道，推动中国—东盟关系沿着正确方向往前走。

洪森表示，柬埔寨感谢中国长期以来给予的宝贵支持，特别是西哈努克太皇去世后，中方给予的大力帮助。柬埔寨致力于国家稳定和发展，希望同中国加强全面战略合作伙伴关系，这是柬埔寨的政治选择。柬方将继续在涉及中国核心利益和重大关切问题上坚定支持中方。柬方愿为维护东盟—中国关系健康发展发挥积极作用。

应国务院总理李克强邀请，柬埔寨王国首相洪森于4月6日至10日对中国进行正式访问。访问期间，国务院总理李克强、全国人大常委会委员长张德江分别会见了洪森首相。

4月7日

［纲　文］　**国家主席习近平在博鳌会见澳大利亚总理吉拉德。**

［目　文］　习近平指出，建交40年来，中澳关系全面发展，利益交融不断加深。事实证明，中澳两国完全可以成为友好相处、共同发展的伙伴。我们双方一致同意构建相互信任、互利共赢的战略伙伴关系，并建立两国总理年度定期会晤机制，这是提升双边关系的重要一步。

习近平指出，面对复杂多变的国际和地区形势，两国共同利益不是减少了而是增多了，合作空间不是缩小了而是扩大了，共同责任不是减轻了而是加重了。中澳要把对方作为战略性、建设性合作伙伴，照顾彼此核心利益和重大关切，构建相互尊重、相互信任、合作共赢的新型国家关系。希望两国加强沟通，扩大合作，加快推进双边自由贸易协定谈判，实现贸易、投资多元化，将中澳关系推向新的高度。

习近平表示，中澳同处亚太地区。当前，亚太国家最关心的是稳定和发展。中方希望有关各方珍惜来之不易的良好发展势头，坚持东亚合作大方向，聚焦发展问题，增进互信、团结、合作。在这方面，中澳两国应该作出表率。

吉拉德表示，澳大利亚致力于在相互尊重基础上同中国发展相互信任、互利共赢的战略伙伴关系，相信两国建立总理定期会晤机制将提升澳中合作水平。澳方希望成为中国稳定可靠的资源供应国，同时拓展双方农业、金融服务业等领域合作，扩大相互投资，争取早日缔结双边自贸协定。澳方愿加强两国人文交流，增进相互了解。澳方希望同中方保持沟通和协调，共同维护地区和平、稳定、发展。

应国务院总理李克强邀请，澳大利亚总理吉拉德于4月5日至10日对中国进行正式访问。访问期间，李克强在北京同吉拉德举行了会谈。会谈后，两国总理出席了双方在可再生能源、融资、禁毒、发展援助等领域合作文件签字仪式。

4月7日

［纲　文］　**国家主席习近平在博鳌会见新西兰总理约翰·基。**

［目　文］　习近平表示，2013年是中新自由贸易协定签署5周年。这是中国同发达国家签署的首个自由贸易协定，有力推动了双方合作，起到了很好的示范作用。双方要继续实施和利用好这个协定，深化经贸合作，争取提前实现到2015年双边贸易额达到200亿新元的目标。新西兰在畜牧业、绿色经济、高技术等方面拥有独特优势，双方应该在农业科技、食品安全、节能环保、创意产业、金融等领域寻求新的合作增长点。中国政府鼓励中国企业赴新西兰投资兴业。

习近平指出，中新同为亚太地区重要国家，中方愿同新方加强在地区合作机制建设、经济一体化进程等问题上的沟通和协调，共同推动本地区各国交流、互信、合作，促进地区和平、稳定、繁荣。

约翰·基表示，新中关系发展得很好，两国合作不断加强，实现了互利双赢。新方高度重视发展对华全面合作关系，尊重中方核心利益，希望同中方加强对话和交往，扩大经贸合作，如期实现双边贸易额2015年达到200亿新元的目标。新方欢迎中国企业赴新西兰投资兴业，在林业、奶制品等行业拓展合作机会。新方希望在国际组织内继续得到中方支持，愿就亚太地区事务及南极海洋资源保护问题同中方加强合作。

应国务院总理李克强邀请，新西兰总理约翰·基于4月6日至13日对中国进行正式访问。访问期间，李克强在人民大会堂与约翰·基举行了会谈。双方就新时期推进中新全面合作关系达成重要共识。会谈后，两国总理出席了双方在教育、农业、科技、签证等领域合作文件的签字仪式。

4月7日

［纲　文］　**国务院办公厅印发《2013年食品安全重点工作安排》。**

［目　文］　《工作安排》要求，一、全面排查隐患，深化治理整顿。（一）深入开展风险隐患排查整治。（二）开展饲料农药兽药专项整治。（三）开展私屠滥宰和“注水肉”等违法违规行为专项整治。（四）开展保健食品专项整治。（五）开展食品标签标识问题专项整治。（六）切实巩固治理整顿成果。二、严惩违法犯罪，加强应急处置。（一）进一步加大打击惩处力度。（二）强化食品安全应急处置。（三）加强舆情监测和信息发布。三、加强能力建设，夯实基层基础。（一）健全食品安全监管体制机制。（二）健全基层食品安全监管体系。（三）完善相关法律法规。（四）加快食品安全标准建设。（五）做好风险监

测评估工作。（六）加强检验检测能力建设。（七）推进食品安全监管信息化建设。四、加强诚信建设，落实主体责任。（一）督促企业强化内部管理。（二）加强食品安全诚信体系建设。（三）大力开展食品安全宣传。（四）强化食品安全培训。五、加强组织保障，严格责任追究。（一）加强组织领导。（二）强化协调配合。（三）强化考核评价。（四）严格责任追究。

4月7日

［纲　文］　**新华社讯，许其亮近日在军事科学院、国防大学调研。**

［目　文］　电讯说，中央军委副主席许其亮指出，要深入学习贯彻党的十八大精神和习近平一系列决策指示，切实作为党的理论创新最新成果，加强学习研究和宣传阐释。毛泽东军事思想、邓小平新时期军队建设思想、江泽民国防和军队建设思想、胡锦涛国防和军队建设思想，是马克思主义军事理论中国化的重大成果，是我们最可宝贵的财富和特有政治优势。要把党的军事指导理论作为军事科研和教育教学的根本指导和重要内容，充实完善军事科学体系，构建立体的、开放的、接地气的科研组织体系，为我军作战和各领域各方面建设提供有力理论支撑。

许其亮强调，要在全军大兴研究战争、研究作战问题之风，盯着战争形态和作战样式演变、盯着使命任务、盯着未来战场，深刻研究战争，揭示制胜机理。要关注科技发展、研究军事革命，创造出更多站在时代前沿、拨开战争迷雾、引领建设发展、指导明天战争的成果。军事科学院、国防大学要当好思想库智囊团。

许其亮指出，要开阔视野、更新理念，面向战场、面向部队、面向未来，培养更多对党和人民大忠大爱，深谙现代战争，能驾驭信息化装备、指挥信息化作战的高素质新型军事人才。要改进创新教学内容模式，进一步探索走开联合作战指挥人才培养路子。要进一步加强作风建设，深入开展“学习贯彻党章、弘扬优良作风”教育活动，提高党委机关领导教学科研能力，培养更多名师大家，努力建设具有世界一流水平和我军特色的思想高地、人才高地、创新高地。

4月7日

［纲　文］　**外交部发言人就朝方要求驻朝使团和国际机构明确“有事时”疏散计划答记者问。**

［目　文］　外交部发言人说，当前朝鲜半岛形势不断紧张升级，中方对此表示严重关切。中国政府已要求朝方按照《维也纳外交关系公约》等国际法和国际惯例，切实保障中国驻朝使领馆人员的安全。中方将切实维护中国在朝公民和中资机构的合法权益和安全。

4月8—10日

［纲　文］　**习近平到海南省考察并视察海军驻三亚部队。**

［目　文］　中共中央总书记习近平到琼海、三亚等地深入渔港、特色农业产业园、国际邮轮港考察调研。

在了解海南国际旅游岛建设的进展后，习近平强调，加快建设国际旅游岛是中央的重大决策，也是海南的最大机遇和最强比较优势。要坚持以邓小平理论、“三个代表”重要思想、科学发展观为指导，认真贯彻党的十八大和十八届一中、二中全会精神，以更大的力度解放思想、深化改革、扩大开放，充分调动广大干部群众的积极性，通过锲而不舍、艰苦奋斗创造美好未来。他指出，保护生态环境就是保护生产力，改善生态环境就是发展生产力。良好生态环境是最公平的公共产品，是最普惠的民生福祉。青山绿水、碧海蓝天是建设国际旅游岛的最大本钱，必须倍加珍爱、精心呵护。他希望海南处理好发展和保护的关系，着力在“增绿”、“护蓝”上下功夫，为全国生态文明建设当个表率，为子孙后代留下可持续发展的“绿色银行”。

在我国第一座可停靠8万吨邮轮的国际码头——三亚凤凰岛国际邮轮港视察时，习近平指出，海南要加快形成以旅游业为龙头、现代服务业为主导的服务业产业体系，把中央支持海南发展旅游业的政策用足用好。发展高水平旅游业，要抓硬件，更要抓软件，特别要提高服务质量、推进精细化管理，以优质服务赢得旅客的笑脸和称赞，赢得持久的人气和效益。

调研期间，习近平听取了海南高速铁路发展等基础设施建设方面的情况汇报，要求科学规划、着眼长远、精心施工，不断为国际旅游岛建设创造更有利的条件。习近平还听取了海南省委和省政府工作汇报，对海南近年来的工作给予充分肯定。他强调，建设海南国际旅游岛，干部是决定因素。要引导干部坚定正确政治方向，增强工作本领，在实践中丰富阅历、磨砺意志，提高适应不同环境特别是艰苦环境、处理各种矛盾特别是复杂矛盾的能力。转变工作作风一定要持之以恒抓下去，做到有问题能及时发现、发现问题能有效解决、已解决问题不再反弹。

习近平到海军某驱逐舰支队军港码头检阅水兵仪仗队。视察期间，习近平听取了海军部队工作汇报，对近年来海军建设发展取得的成绩给予充分肯定。他强调，当前和今后一个时期，部队思想政治建设的一项重大任务，就是要教育引导广大官兵牢记强军目标，努力把个人理想抱负融入强军梦，强化使命担当，矢志扎根军营、建功军营。抓思想政治建设，必须把培育战斗精神、培养战斗作风突出出来，强化官兵当兵打仗、带兵打仗、练兵打仗的思想，探索形成战斗精神培育的长效机制。要全面加强舰队党组织建设，把党的政治优势和组织优势转化为推动部队建设的强大力量。海军部队类型多、驻防分散，点多、线长、面广，尤其要抓好基层党组织建设。要配强基层党委、支部班子，强化组织功能，把基层党组织建设成为坚强战斗堡垒。要重视和加强基层干部队伍建设，着力提高他们能力素质，关心他们成长进步，主动为他们排忧解难，充分调动基层干部的积极性、主动性、创造性。

4月8日

［纲　文］　**中宣部、教育部、共青团中央在北京召开深化中国梦宣传教育座谈会。**

［目　文］　中宣部部长刘奇葆主持会议。中央有关部门负责人参加会议。会议学习贯彻习近平总书记重要讲话精神，研究和畅谈如何深化中国梦宣传教育，凝聚全面建成小康社会、实现中华民族伟大复兴的强大力量。座谈会上，教育部、共青团中央和中央新闻

单位负责人，专家学者、道德模范、基层群众和大学生代表等18位同志发言，谈认识、谈体会、谈建议。

中央书记处书记刘云山出席会议并讲话。他强调，学习领会中国梦的精神实质，要把握好国家富强、民族振兴、人民幸福的基本内涵，把握好坚持中国道路、弘扬中国精神、凝聚中国力量的重要遵循，把握好中国梦是人民的梦这一本质属性，进一步坚定自信、增强自觉、实现自强，努力建设强盛中国、文明中国、和谐中国、美丽中国。

刘云山说，深化中国梦的宣传教育，要同中国特色社会主义宣传教育结合起来，同社会主义核心价值体系建设结合起来，同做好当前各项工作结合起来，引导人们坚定理想信念、构筑精神支柱，积极投身实现中国梦的生动实践。要把中国梦的宣传教育融入各级各类学校教育教学之中，融入未成年人思想道德建设和大学生思想政治教育之中，融入校园文化建设之中，做到进教材、进课堂、进学生头脑。社科界要切实加强理论研究，深入阐释中国梦的重大意义、精神实质和实践要求，为深化中国梦的宣传教育、实现中国梦的伟大实践提供有力支撑。

4月8日

［纲　文］ **刘延东考察中国疾病预防控制中心。**

［目　文］ 国务院副总理刘延东看望一线科研人员并与专家座谈。她强调，各地区各部门要按照中央有关部署，建立健全联防联控工作机制，强化疫情监测与报告制度，相关信息要公开透明，做到早发现、早报告、早诊断、早治疗；要全力救治患者，发挥好医疗保险、应急救助、医疗救助的作用；要抓好疫情溯源和源头控制，切实做好活禽交易市场的监管；要加强疾控体系建设，充分发挥科技支撑作用。中国疾控中心要充分发挥优势，会同有关方面加强对病毒特性的科学研究，尽快明确病因、流行规律和疾病流行特点，研究评估病毒传播风险，为科学制定防控措施提供依据；要充分发挥监测预警作用，及时研判疫情趋势，加强对疫情防控工作的专业指导，坚决防止疫情蔓延；要充分发挥健康教育和社会宣传作用，及时解疑释惑，回应社会关切，普及疾病防治知识，增强群众自我防护意识。

刘延东指出，要根据我国工业化、城镇化发展和人口老龄化进程加速的趋势，进一步加强疾控体系建设，建设素质优良的疾控专业队伍，提升科研能力和专业水平，为保障人民群众健康安全作出应有的贡献。

4月8日

［纲　文］ **财政部、水利部印发《中央财政统筹从土地出让收益中计提的农田水利建设资金使用管理办法》。**

［目　文］ 《办法》明确，中央农田水利建设资金专项用于农田水利建设与管护。其中，80%要用于农田水利设施建设，具体使用范围包括：小型农田水利设施、田间工程和灌区末级渠系的新建、修复、续建、配套、改造；山丘区小水窖、小水池、小塘坝、小泵站、小水渠等“五小水利”工程建设；发展节水灌溉，推广渠道防渗、管道输水、喷灌滴

灌等技术；牧区农田水利建设。20% 用于上述农田水利设施的日常维护支出。

《办法》指出，中央农田水利建设资金的支出范围包括项目建设材料费、工程设备费、施工作业费、日常维修养护费以及包括项目勘测设计、工程监理、质量监督检测、工程招标等其他费用支出。但其他支出比例不得超过中央农田水利建设资金用于农田水利设施建设部分的 5%。《办法》强调，中央农田水利建设资金不得用于人员经费、公用经费、购置交通工具等与农田水利建设无关的支出。《办法》自印发之日起施行。

4月9日

［纲　文］ **习近平任免驻外大使。**

［目　文］ 国家主席习近平根据全国人民代表大会常务委员会的决定任免下列驻外大使：免去张业遂的中华人民共和国驻美利坚合众国特命全权大使职务；任命崔天凯为中华人民共和国驻美利坚合众国特命全权大使。

4月9日

［纲　文］ **发展改革委印发《价格行政处罚证据规定》。**

［目　文］《规定》包括总则、证据的种类、证据的收集、证据的审查与认定、附则共计 5 章 45 条。该《规定》自 2013 年 7 月 1 日起施行。

4月9日

［纲　文］ **中国首个为南海海域及周边国家和地区服务的多语种广播——“中国国际广播电台南海之声”（FM101.0）9日正式开播。**

［目　文］ “南海之声”旨在服务于中国将南海打造成“和平之海”、“合作之海”的外交努力，同时服务于世居南海中国渔民，满足南海周边国家和地区民众、中外过往船只船员的文化资讯需求。“南海之声”将采用汉语普通话、英语、越南语、马来语、菲律宾语和印尼语等六种语言，通过调频、中波和短波三种方式广播，节目覆盖菲律宾、越南、印尼等南海周边国家、海南省本岛以及中国南海海域。

4月9日

［纲　文］ **外交部发言人就英国前首相撒切尔夫人8日因中风医治无效去世一事答记者问。**

［目　文］ 外交部发言人说，撒切尔夫人是一位杰出的政治家，生前曾为中英关系的发展，特别是香港问题和平解决作出了重要贡献。中方对撒切尔夫人不幸去世表示哀悼，向撒切尔夫人的家属表示慰问。

4月9—10日

［纲　文］ **第六届中美互联网论坛在北京召开。**

［目　文］ 此次论坛以“对话、沟通、理解”为主题，来自中国和美国政府有关部门、学术机构和知名互联网企业代表，围绕隐私保护与数据安全、移动互联网、互联网治理、网络文化等议题进行交流。

国务院新闻办公室、国家互联网信息办公室副主任钱小芊在会上强调，网络安全已经成为世界各国共同面临的重大挑战，特别是黑客攻击日益严重，成为全球互联网一大公害，需要合作应对。中国法律禁止任何形式的网络黑客行为，中国政府反对网络攻击行为的原则和立场是明确的、一贯的。当前，中美关系正处于承前启后的重要时期，网络安全问题已经成为中美关系中一个十分重要的问题。中美两国在促进互联网发展、维护网络安全等方面，存在共同利益，有着共同责任，应该进一步建立信任、建立信心，凝聚共识和力量，努力排除和减少各种干扰，增进两国间维护网络安全的战略互信，扩大两国互联网领域的互利合作，拓展互联网治理的交流协作机制，推动两国互联网领域的对话交流与合作向前发展。

美国国务院副国务卿罗伯特·霍马茨、美国驻华大使骆家辉、微软公司CEO资深顾问克瑞格·蒙迪就互联网治理、信息自由流动、知识产权保护等分别发表了意见。罗伯特·霍马茨积极评价了中国在互联网许多领域取得的发展成就，表示美中两国在互联网发展和治理方面的合作有巨大潜力，双方需要的是合作而不是对抗，美方将继续加强与中国在互联网领域的合作，包括积极开展多形式多层次可持续对话，增加交流的频度深度。希望两国在互利共赢基础上，采取建设性措施，共同解决互联网发展面临的一些问题。

4月10日

［纲　文］　**全国人大常委会委员长张德江在人民大会堂与厄瓜多尔国民代表大会主席科尔德罗会谈。**

［目　文］　张德江积极评价中厄关系的发展。他说，近年来，在双方共同努力下，中厄关系进入全面快速发展的新阶段，处于历史最佳水平。中方赞赏厄方长期奉行一个中国政策，在台湾、涉藏等问题上给予中方宝贵支持。当前中厄都处在发展的关键时期，两国合作潜力巨大、前景广阔。中方高度重视发展中厄关系，愿与厄方一道，继往开来，共同开创中厄友好和互利合作新局面，造福两国和两国人民。为此，他提出四点建议：一是保持领导人及各层次友好往来，照顾彼此核心关切，增进政治互信。二是扩大务实合作，加强在能源、基础设施建设、金融等领域合作，创新合作模式，提高合作水平。三是密切在文教、卫生、旅游等人文领域的交流，不断夯实中厄友好的民意基础。四是加强在国际事务中的协调配合，共同维护发展中国家权益，推动建设持久和平、共同繁荣的和谐世界。

在谈到立法机构交往时，张德江表示，近年来，中国全国人大和厄瓜多尔国民代表大会的联系与合作日益密切，为增进中厄两国和人民之间的友谊，推动双边互利合作发挥了独特和积极作用。新一届中国全国人大重视发展同厄瓜多尔国民代表大会的友好关系，愿保持双方领导人互访势头，扩大专门委员会和议员之间的友好往来，就民主法制建设、保护环境、促进可持续发展等深入交换意见，密切在多边议会组织中的沟通协调，为中厄友好合作关系全面发展作出新的更大贡献。

科尔德罗说，在中国共产党的正确领导下，中国人民取得了巨大的发展成就，走出了一条成功的道路。当前，厄中各领域的交流与合作成效显著，两国关系正处于历史最好时期。厄方愿与中方加强政府、议会间的友好交往，扩大清洁能源、基础设施等领域的互利合作，深化在改善民生、减少贫困等方面的经验交流，为两国的共同发展和双边关系的提升不断注入新的活力。

4月10日

［纲　文］　**李克强主持召开国务院常务会议。**

［目　文］　会议决定进一步扩大营业税改征增值税试点，要求继续做好人感染H7N9禽流感防控工作。

会议指出，实行营改增是推进财税体制改革的“重头戏”。2012年1月启动试点以来，有关地区和部门精心组织实施，改革成效逐步显现。产业结构得到优化，服务业特别是现代服务业发展加快，工业转型升级迈出新步伐。中小规模纳税人税收负担得到减轻，促进了中小企业特别是小微企业发展。税制得到简化和规范，有利于解决税制不统一和重复征税问题。

会议决定进一步扩大营改增试点，并逐步在全国推行，这有利于解决因局部地区试点导致的政策差异和税收征管风险等问题。（一）扩大地区试点，自2013年8月1日起，将交通运输业和部分现代服务业营改增试点在全国范围内推开，适当扩大部分现代服务业范围，将广播影视作品的制作、播映、发行等纳入试点。据测算，全部试点地区2013年企业将减轻负担约1200亿元。（二）扩大行业试点，择机将铁路运输和邮电通信等行业纳入营改增试点。力争“十二五”期间全面完成营改增改革。通过实行营改增，激发企业活力，形成新的增长点，不断扩大就业，增加居民收入，促进经济持续健康发展。

会议要求，各地区、各有关部门要认真总结试点经验，完善改革试点方案，精心组织，确保试点平稳有序推进。跟踪分析试点中的新情况新问题，及时采取应对措施。随着营改增试点范围扩大，要推动进一步完善增值税制度，加强增值税专用发票管理，研究合理调整增值税分成比例，理顺中央与地方分配关系。各级政府要转变政风，倡俭治奢，过紧日子，把钱用在刀刃上，为推进营改增创造条件。

会议听取了卫生计生委的汇报并指出，2013年3月下旬以来，华东四省市先后确诊33例人感染H7N9禽流感，其中死亡9例。党中央、国务院高度重视，有关地区和部门正在有序开展疫情防控工作。目前确诊病例呈散发状态，密切接触者尚未发现异常情况，尚未发现人传人，疫情总体上处于可防可控状态。下一步，要以对人民群众生命健康高度负责的精神，继续组织医疗卫生、动物防疫、市场管理等专业力量，强化联防联控工作机制，加强国际合作，全面落实好各项防控措施，加强疫情研判、排查，抓好疫情的源头控制，及时消除隐患。充分发挥科技在防控工作中的作用，加快推进病原研究、诊断试剂标准化和治疗药物筛选。加强疫情发生地区医疗救治工作，切实做到早发现、早报告、早诊断、早治疗。科学高效应对，及时准确、公开透明发布疫情和防控信息，宣传普及防治知识，引导公众理性对待，保持正常的生产生活秩序。

4月10日

［纲　文］　**国务院办公厅发出《关于同意广东省县际间海域行政区域界线的通知》。**

［目　文］　《通知》指出，国务院同意广东省汕头市南澳县和潮州市饶平县间等38条县际间海域行政区域界线。广东省人民政府要按照《行政区域界线管理条例》和海洋管理法律法规的规定，落实管理责任，依法加强海域行政区域界线管理，健全维护涉界海域社会稳定的协调机制，及时妥善处理涉海界线纠纷，合理开发利用海洋资源，保护和改善海洋生态环境，促进界线附近海域社会稳定和海洋经济可持续发展。《通知》要求，国家海洋局加强对广东省人民政府海域行政界线管理工作的指导和协调，做好相关督促检查工作。

4月10日

［纲　文］　**国务院发出《关于地方改革完善食品药品监督管理体制的指导意见》。**

［目　文］　《意见》指出，食品药品安全是重大的基本民生问题。我国食品药品安全保障水平稳步提高，形势总体稳定趋好，但实践中食品监管职责交叉和监管空白并存，责任难以完全落实，资源分散配置难以形成合力，整体行政效能不高。同时，人民群众对药品的安全性和有效性也提出了更高要求，药品监督管理能力也需要加强。改革完善食品药品监管体制，整合机构和职责，有利于政府职能转变，更好地履行市场监管、社会管理和公共服务职责；有利于理顺部门职责关系，强化和落实监管责任，实现全程无缝监管；有利于形成一体化、广覆盖、专业化、高效率的食品药品监管体系，形成食品药品监管社会共治格局，更好地推动解决关系人民群众切身利益的食品药品安全问题。

《意见》要求，地方食品药品监管体制改革，要全面贯彻党的十八大和十八届二中全会精神，以邓小平理论、“三个代表”重要思想、科学发展观为指导，以保障人民群众食品药品安全为目标，以转变政府职能为核心，以整合监管职能和机构为重点，按照精简、统一、效能原则，减少监管环节、明确部门责任、优化资源配置，对生产、流通、消费环节的食品安全和药品的安全性、有效性实施统一监督管理，充实加强基层监管力量，进一步提高食品药品监督管理水平。一、整合监管职能和机构。二、整合监管队伍和技术资源。三、加强监管能力建设。四、健全基层管理体系。

《意见》强调要认真落实食品药品监督管理责任，地方政府要负总责，监管部门要履职尽责，相关部门要各负其责。

4月10日

［纲　文］　**财政部印发《中央补助地方农村文化建设专项资金管理暂行办法》。**

［目　文］　《办法》包括总则、支出范围与标准、申报与审批、管理与使用、监督检查、附则共计6章21条。《办法》自印发之日起施行。《财政部关于印发〈农村文化以奖代补专项资金管理暂行办法〉的通知》、《财政部广电总局关于印发〈农村电影公益放映场次补贴专项资金管理办法〉的通知》同时废止。

4 月 10 日

［纲　文］ **国务委员杨洁篪应约同欧盟外交和安全政策高级代表阿什顿通电话。**

［目　文］ 杨洁篪强调，中方把中欧关系作为对外政策的重点。双方应坚持合作共赢精神，推动中欧全面战略伙伴关系不断向前发展。阿什顿表示，欧方期待着同中方继续保持各种对话交往机制，扩大合作，使欧中关系取得更多成果。双方同意，为年内举办第十六次中欧领导人会晤做好准备。双方还就伊朗核问题交换了看法。杨洁篪希望有关各方共同努力，保持对话势头，通过外交谈判妥善解决伊朗核问题。

4 月 10 日

［纲　文］ **外交部发言人就联合国驻南苏丹特派团在南苏丹遭身份不明武装人员袭击一事答记者问。**

［目　文］ 外交部发言人说，中方强烈谴责袭击联合国驻南苏丹特派团的暴力行径，对遇难者表示哀悼，对他们的家属表示慰问。任何袭击或威胁联合国维和人员的行动都不可接受。中方敦促有关各方采取有效措施，切实确保联合国维和人员安全。

9 日，联合国驻南苏丹特派团发表声明称，该团人员当日在南苏丹遭身份不明武装人员袭击，5 名联合国维和士兵和 7 名文职人员遇害。

4 月 10 日

［纲　文］ **菊美多吉先进事迹报告会在人民大会堂举行。**

［目　文］ 报告会由中宣部和四川省委联合举办。各主办单位有关负责人，中央和国家机关干部代表，北京市基层干部群众和社会各界代表等 700 多人参加报告会。菊美多吉妻子昂旺巴姆和报告团其他 4 位成员结合自己的亲身经历，深情讲述了菊美多吉的先进事迹和崇高精神。

报告会前，全国政协主席俞正声会见了报告团成员。他强调，要深入学习菊美多吉同志对党忠诚、信念坚定的政治品质，扎根基层、一心为民的公仆情怀，忘我工作、务实进取的敬业精神，清正廉洁、默默奉献的崇高品格，把爱国之情、报国之志、强国之梦转化为做好各项工作的强大动力，走好中国道路、弘扬中国精神、凝聚中国力量，继续把中国特色社会主义事业推向前进。

俞正声强调，少数民族和民族地区的党员干部要大力弘扬菊美多吉同志身上这种不怕困难、苦干实干的“高原牦牛”精神，推动解决群众生产生活中的实际问题，着力推进经济社会全面发展，切实保障和改善民生，保护好生态环境，维护好社会稳定，使各族群众过上更加幸福美好的生活。

菊美多吉生前是四川省甘孜州道孚县瓦日乡原党委副书记、乡长，2012 年 5 月因病殉职在工作岗位上，年仅 33 岁。

4 月 10 日

［纲　文］ **中国科学家首次发现量子反常霍尔效应。**

［目　文］ 清华大学和中国科学院物理研究所在北京联合宣布：由清华大学薛其坤

院士领衔，清华大学物理系和中科院物理研究所联合组成的实验团队最近取得重大科研突破，在磁性掺杂的拓扑绝缘体薄膜中，从实验上首次观测到量子反常霍尔效应。这一实验发现也证实了此前中科院物理研究所与斯坦福大学理论团队的预言。这一重大发现将可能加速推进信息技术革命，在未来研制出极低能耗的电子器件。

该成果已于北京时间3月15日在美国《科学》（Science）杂志在线发表。该成果的获得是我国科学家长期积累、协同创新、集体攻关的一个成功典范，得到了国家自然科学基金、科技部、教育部和中国科学院等单位的基金资助。

4月11日

［纲　文］　**习近平任免驻外大使。**

［目　文］　国家主席习近平根据全国人民代表大会常务委员会的决定任免下列驻外大使：一、免去王士雄的中华人民共和国驻赤道几内亚共和国特命全权大使职务；任命赵宏声为中华人民共和国驻赤道几内亚共和国特命全权大使。二、免去张军的中华人民共和国驻荷兰王国特命全权大使职务；任命陈旭为中华人民共和国驻荷兰王国特命全权大使。三、免去苑桂森的中华人民共和国驻厄瓜多尔共和国特命全权大使职务；任命王士雄为中华人民共和国驻厄瓜多尔共和国特命全权大使。四、免去王辅国的中华人民共和国驻波斯尼亚和黑塞哥维那特命全权大使职务；任命董春风为中华人民共和国驻波斯尼亚和黑塞哥维那特命全权大使。五、免去刘汉明的中华人民共和国驻安提瓜和巴布达特命全权大使职务；任命任共平为中华人民共和国驻安提瓜和巴布达特命全权大使。

4月11日

［纲　文］　**国家防汛抗旱总指挥部在北京召开第一次全体会议。**

［目　文］　会议研究部署2013年防汛抗旱工作。国家防汛抗旱总指挥部总指挥汪洋出席会议并强调，要以对党和人民高度负责的精神，扎实做好各项工作，夺取2013年防汛抗旱工作的全面胜利，为经济持续健康发展和社会和谐稳定提供更加可靠的防灾减灾安全保障。

汪洋强调，随着经济社会发展和全球气候变化影响加剧，旱涝形势更加复杂，防灾减灾任务越来越重。要坚持以人为本、民生优先，坚持人水和谐、科学防控，坚持以防为主、常备不懈。一要做好汛前准备，加快水毁旱损工程修复和应急度汛工程建设，抓紧修订完善各类调度方案和应急预案。二要突出防御重点，在确保大江大河大湖防洪安全的同时，抓好水库安全度汛以及山洪灾害防御、城市排涝等重点难点和薄弱环节。三要强化预警预报，提高预报精度、延长预见期。四要高度重视做好当前西南、西北等地的抗旱工作，认真落实应急供水保障措施，保障城乡群众基本生活用水需求，同时，科学调度抗旱水源，努力安排好春耕春灌生产用水。

4月11日

［纲　文］　**财政部、交通运输部印发《农村老旧渡船报废更新中央专项奖励资金管**

理办法》。

［目　文］《办法》指出，农村老旧渡船是指船龄达到或超过15年且仍在运营的农村渡口旅客渡运船舶（不包括客滚船和车客渡船）。为明确责任，充分调动地方政府做好农村老旧渡船更新的积极性，专项资金采取以奖代补的方式安排，实行专项转移支付。专项资金实行专款专用，按照公开、公平、公正的原则进行管理，接受群众和社会监督。

《办法》规定，农村老旧渡船更新按照地方政府和渡船所有人自愿的原则，由地方政府组织实施，更新所需资金由地方政府和渡船所有人共同承担，中央财政根据实际更新情况予以适当奖励。对东部地区，农村老旧渡船更新中央财政奖励标准为新造农村渡船造价的50%；对中部地区，中央财政奖励标准为新造农村渡船造价的60%；对西部地区（西藏除外），中央财政奖励标准为新造农村渡船造价的70%；对西藏地区，中央财政给予新造农村渡船全额补助。单船奖励资金原则上不超过15万元。地方补助比例和资金来源由船舶所在地省级财政部门商同级交通运输主管部门确定。

4月12日

［纲　文］**国家主席习近平在北京会见法国外交部部长法比尤斯。**

［目　文］习近平强调，中法都是具有重要影响的国家，在许多重大问题上持相同看法，两国友好基础深厚。2014年是中法建交50周年，双方应该继续秉持开创精神，深化战略互信，加强在双边及国际事务中的协调合作，不断充实中法新型全面战略伙伴关系内涵。相信中法关系的发展不仅造福两国和两国人民，也有利于构建发达国家同新兴市场国家和发展中国家合作共赢的新模式，有利于促进中欧关系发展，有利于推动世界多极化和国际关系民主化。中方高度重视奥朗德总统即将对中国进行国事访问，我期待着同他就中法关系及共同关心的国际和地区问题深入交换意见，加深了解，增进共识，扩大合作，为中法关系的长期发展确定方向。

法比尤斯表示，法中都坚持独立自主的外交，都致力于推动世界和平、稳定和发展。世界需要法中加强合作。奥朗德总统将是中国新一届领导集体产生后首位访华的西方大国元首，这充分显示出法方在发展对华关系方面的开创性，相信这次访问将为法中关系发展注入新动力。

同日，国务委员杨洁篪在北京会见了法国外交部部长法比尤斯。应外交部部长王毅邀请，法比尤斯于4月12日至13日访问中国。

4月12日

［纲　文］**俞正声在人民大会堂西藏厅接见第十一世班禅额尔德尼·确吉杰布。**

［目　文］班禅向俞正声敬献了哈达，汇报了近年来学习生活情况。班禅表示，一定继承和发扬历世班禅爱国爱教的光荣传统，牢记责任，服务信众，不辜负党和国家的殷切期望。

全国政协主席俞正声说，宗教的兴衰与国家的命运息息相关，只有国家繁荣强大，社会和谐稳定，宗教才能健康发展，僧人才能专心修行。我们党的宗教工作基本方针的一个重要内容就是积极引导宗教与社会主义社会相适应。相适应的过程既是党和政府引导的过程，也是宗教界人士自觉努力的过程。藏传佛教界要继承传统，庄严国土，利乐有情，持戒守法，为藏传佛教与社会主义社会相适应作出贡献，为促进西藏和四省藏区经济社会发展发挥积极作用。

俞正声希望班禅不断加强学习，不仅要钻研佛经佛法，还要掌握科学文化知识，在实践中不断增进学识；要秉承佛教众生平等、慈悲为怀的理念，关注社会、心念众生，努力提高自身修养；要牢记责任，胸怀祖国、心系人民，坚决维护祖国统一和民族团结，成为藏传佛教广大信众所信服的大活佛。

4月12日

［纲　文］ **人力资源社会保障部印发《世界技能大赛参赛管理暂行办法》。**

［目　文］ 《办法》指出，支持和鼓励青年技能人才参加世界技能大赛，争创优异成绩，为国争光。人力资源和社会保障部作为我国在世界技能组织的代表，负责统筹管理我国参加世界技能大赛各项工作。各地、各部门、各行业协会、学会和企业、院校，要充分发挥各自优势，积极承担参赛相关工作。

《办法》对组织机构与职责分工、会议制度与工作规程、参赛项目、集训基地与技术指导专家组、人员选拔、组团与参赛、表彰奖励与宣传、经费与保障作出具体规定。

4月12日

［纲　文］ **新华社讯，许其亮在北京军区调研。**

［目　文］ 电讯说，中央军委副主席许其亮在调研时指出，习近平发出实现中国梦的动员令，鲜明提出党在新形势下的强军目标。这一强军目标，蕴含强军之魂、强军之要、强军之基，充分反映了新形势下党和人民对我军的新期待新要求，为我军建设指明了发展方向、立起了更高标准，具有重大战略意义和深远历史意义。各级要进一步拓宽战略视野，切实用强军目标统领部队建设和军事斗争准备。

许其亮强调，要按照走在前列要求深入抓好十八大精神和习近平重要指示的学习贯彻，在用党的创新理论武装头脑上进入新境界，在把握新形势下建军治军规律上达到新高度。要深入开展“坚定信念、铸牢军魂”主题教育，大力培育当代革命军人核心价值观，发展先进军事文化，打好意识形态领域主动仗，确保绝对忠诚、绝对纯洁、绝对可靠，一切行动听从党中央、中央军委和习主席指挥。

许其亮强调，要聚焦能打仗、打胜仗，把战斗力标准在部队建设中立起来、落下去。用深化作战问题研究促进战斗力建设，真正掌握战争制胜规律和战斗力建设规律；用实战化训练催生和提高部队履行使命任务能力，确保遇有情况能够上得去、打得赢；用高素质人才群体支撑部队建设发展，加快培养高素质新型军事人才，打造托举现代化的人才方阵。要深化陆军装备建设和运用研究，努力推动陆军装备体系建设。

许其亮要求，各级要坚决落实习近平重要指示，深化推进作风和风气建设。要增强改进作风、纯正风气的坚定性自觉性；以对党、国家和军队建设高度负责精神，着力在解决重点难点问题上求突破；坚持党委领导带头抓带头做，务求使作风和风气实现根本好转。

4月12日

［纲　文］　**外交部发言人就日本和“台湾”有关团体10日签署渔业协议一事答记者问。**

［目　文］　外交部发言人表示，钓鱼岛及其附属岛屿是中国的固有领土。关于中日之间的渔业问题，两国早在1997年就签署了渔业协定。中方反对日方在有关海域采取单方面行动。中方要求日方严格按照中日联合声明确定的原则和精神妥善处理涉台问题。

4月12—14日

［纲　文］　**刘延东在江苏省、上海市、浙江省检查禽流感疫情防控工作。**

［目　文］　国务院副总理刘延东率考察组深入医疗卫生机构、疾病预防控制机构、卫生应急指挥中心、集贸市场，实地了解防控措施落实情况，慰问连日奋战在一线的医护人员，勉励科研工作者加强科技攻关，为防控工作提供科技支撑。

刘延东在杭州主持召开江苏、上海、浙江、安徽、河南五省市防控工作座谈会并听取专家意见建议。她指出，疫情发生以来，相关省市采取有力、有序、有效、有度的防控措施，迅速行动，果断应对，防控工作取得积极成效，得到世界卫生组织、联合国粮农组织等的肯定。但由于H7N9是一种新型病毒，目前对它的认识有限，对下一步疫情走向要高度重视，精心组织专业力量科学研判、有效应对，毫不松懈地抓好各项防控工作。

刘延东强调，做好下一步防控工作，一要强化地方责任，完善区域联防联控工作机制。发生疫情的地区要进一步落实防控措施，加强合作，沟通信息，协调联动。二要采取更加有效措施控制源头。进一步加强动物感染H7N9病毒的监测，坚决控制传染源。三要尽最大努力救治患者，切实做到早发现、早报告、早诊断、早治疗，提高治愈率，努力减少死亡病例。四要继续坚持公开、透明、准确发布信息，及时回应社会关切，澄清不实传言，大力开展爱国卫生运动，倡导健康文明的生活方式。要关心群众生活，推动家禽产业发展与流通方式转型升级，保障市场供应，维护正常生产生活秩序。

4月12—14日

［纲　文］　**汪洋在云南省灾区考察。**

［目　文］　去冬今春以来，云南降雨持续偏少，气温持续偏高，旱情相当严重，部分地区人畜饮水困难，工农业生产受到影响。国务院副总理汪洋先后到受灾最重的宾川、祥云、南华等县了解旱情灾情，与基层干部群众共商当前抗旱减灾应急之策和水利建设长远大计。他强调，当前最为紧迫的任务是解决群众饮水困难问题，落实供水措施，不能让群众没有水喝。要强化农业抗旱措施，引导农民调整结构，推广抗旱、节水技术，发展旱作农业。要认真做好森林防火工作，确保不发生重特大森林火灾和重大人员伤亡。同时，对可能出现的旱涝急转，要高度重视，提早抓好防汛抗洪工作。

汪洋指出，云南连续几年发生严重干旱，暴露出工程性缺水问题突出，要科学规划，合理布局，多措并举，加快推进水利建设。在继续加强控制性水利骨干工程建设的同时，把建设小水窖、小塘坝等小型水利设施作为解决山区农民用水问题的重要途径，不断增强抗御旱灾能力。

4月13日

［纲　文］　**国家主席习近平、国务院总理李克强在北京分别会见美国国务卿克里。**

［目　文］　习近平在会见时表示，希望双方坚持从战略高度和长远角度把握两国关系，以积极态度和发展眼光推进对话合作，以相互尊重、求同存异精神妥处分歧矛盾，不断充实合作伙伴关系的战略内涵，走出一条平等互信、包容互鉴、合作共赢的新型大国关系之路。习近平指出，中美双方应该保持高层战略沟通。中美经贸合作本质是互利共赢。双方要不断打造合作亮点，拉紧利益纽带，要采取积极措施解决彼此关切，不能将经贸问题政治化。中美在一些问题上有不同看法，双方应该恪守《中美三个联合公报》原则，尊重彼此核心利益，尊重对方自主选择的发展道路，妥善处理有关分歧，避免两国关系受到大的干扰。

克里表示，美方愿同中方一道，按照两国元首的要求，加强高层交往，加深对话、互信、合作，共同应对各种挑战，造福两国和两国人民，维护世界和地区和平与安全，为美中构建新型大国关系注入强劲生命力。

李克强与克里就深化中美合作及共同关心的国际和地区热点问题交换意见。李克强指出，维护地区和平稳定，相关各方都要负起责任、承担后果。在半岛和本地区挑事生事，会损害各方利益，也无异于搬起石头砸自己的脚。李克强表示，作为两大主要经济体，中美合作顺应潮流，有利世界。双方应在合作的广度深度、质量层次上实现新突破，在企业公平竞争、保护合法权益方面作出更大努力，打造合作新亮点。希望美方在放宽对华高技术产品出口限制上有实质行动。中美应本着开放、透明、包容精神参与和推动亚太区域经济一体化进程。

克里表示，美中是有世界影响的大国，美中合作对双方有利，也将对世界产生重要影响。美方高度重视美中关系，愿与中方共同努力，进一步完善合作机制，加强沟通协调，扩大互利合作，共同应对全球性挑战和地区热点问题，使美中合作取得更加丰硕的成果。双方还决定，发表《中美气候变化联合声明》，宣布在中美战略与经济对话框架下成立气候变化工作组，推进相关合作。

克里应外交部部长王毅邀请，于4月13日至14日访问中国。

4月13日

［纲　文］　**中美清洁能源合作研讨会在北京举行。**

［目　文］　研讨会由中国产业海外发展和规划协会、中国美国商会联合举办。中美双方能源、经商界人士300人与会。国务委员杨洁篪与美国国务卿克里共同出席中美清洁能源合作研讨会。

杨洁篪在致辞中说，中美作为世界上两个最大的能源生产国和消费国，在清洁能源、节能环保领域拥有广泛共同利益，该领域合作已成为中美关系一大亮点。克里国务卿访华期间，中美就深化相关合作达成广泛共识，将为两国务实合作开辟广阔前景。中美应共同努力，为世界能源安全、应对气候变化作出积极贡献，更好造福两国人民和世界人民。

克里在致辞时表示，美中加强清洁能源合作是应对21世纪全球能源安全和气候变化挑战的迫切需要。中美应加强该领域对话，深化合作，促进全球节能环保，创造更多商机和就业。

4月14日

［纲　文］ **《人民日报》报道，李克强近日主持召开经济形势专家和企业负责人座谈会，听取对当前经济形势的看法和建议。**

［目　文］ 报道说，国务院副总理张高丽、刘延东、汪洋、马凯，国务委员王勇等参加座谈会。座谈会上，来自高校、研究机构等方面的专家学者对当前国际国内宏观经济形势和我国外贸、金融、房地产等的运行情况发表了看法，来自家电、纺织、能源、机械制造等领域的企业负责人反映了当前市场变化和企业经营状况。

国务院总理李克强指出，我国经济发展正处在“爬坡过坎”的关键阶段，必须远近结合，在有效应对好短期问题、保持经济合理增长速度的同时，更加注重提高发展的质量和效益，把力气更多地放在推动经济转型升级上来，放到扩大就业和增加居民收入上来。出台的每一项政策，既要对解决当前问题有针对性，更要为长远发展“垫底子”，努力打造中国经济“升级版”。

李克强强调，必须依靠深化改革增强发展后劲。针对中国经济不平衡、不协调、不可持续的深层次矛盾，要对症下药，开出的每一剂“药方”，既能够治表、更能够治本。这从根本上讲还得靠改革，通过改革固本培元、增强经济发展的元气。即使必须要出台一些临时性的措施，也要注意不能给今后推进市场化改革和发展设置障碍。要注重形成能够长期有效的、对增强发展后劲管用的制度安排，不断释放改革红利，促进经济长期持续健康发展。

4月15日

［纲　文］ **国家主席习近平在人民大会堂会见参加第二届中美省州长论坛的双方代表。**

［目　文］ 习近平表示，中美在经贸方面有很强的互补性，人文交往源远流长，这赋予两国地方合作丰富内涵和强劲活力。当前，中美地方交流合作呈现出前所未有的良好局面。在座的中美省州市长为了合作和发展这一共同目标走到一起。预祝本届论坛取得成功，希望双方利用好、发展好省州长论坛机制，为促进中美友谊和两国关系发展发挥更大作用。

习近平希望中美双方结合各自发展战略，充分发挥各自特色和优势，既加强农业等传统领域合作，也推进节能环保、新能源、城市规划、基础设施等新领域合作，把地方交流合作做实、做深，建立更长远、可靠的合作关系。

美国艾奥瓦州州长布兰斯塔德、威斯康星州州长沃克和弗吉尼亚州州长麦克唐纳分别发言，他们一致表示，中国是他们越来越重要的合作伙伴，双方交往合作富有成果。希望今后扩大农业、经贸、文化、教育等领域交流合作，为促进美中关系作出更大贡献。

中美省州长论坛是根据中美两国元首共识于2011年成立的。第二届论坛4月15日至16日在北京、天津举行。美国艾奥瓦州、威斯康星州和弗吉尼亚州州长以及中国天津市、河北省、黑龙江省、福建省、广西壮族自治区等5个省市区负责人出席。

4月15日

［纲　文］ **国家主席习近平致电祝贺马杜罗当选委内瑞拉总统。**

4月15日

［纲　文］ **十二届全国人大常委会第二次委员长会议在人民大会堂召开。**

［目　文］ 全国人大常委会委员长张德江主持会议。会议决定，十二届全国人大常委会第二次会议于4月23日至25日举行。

根据委员长会议建议的议程，常委会第二次会议将继续审议《旅游法草案》、《特种设备安全法草案》，首次审议《消费者权益保护法修正案草案》；审议国务院关于生态补偿机制建设工作情况的报告、全国人大常委会法制工作委员会关于司法解释集中清理工作情况的报告；审议委员长会议关于提请审议全国人大常委会代表资格审查委员会主任委员、副主任委员、委员名单草案的议案，审议任免案等。

委员长会议听取了关于常委会分组会议分组办法及召集人建议名单等有关工作安排意见的汇报；审议通过了全国人大常委会2013年工作要点和立法工作计划、监督工作计划。全国人大常委会副委员长兼秘书长王晨就十二届全国人大常委会第二次会议议程草案、日程安排意见以及相关工作事项作了汇报。全国人大常委会有关副秘书长，全国人大有关专门委员会、常委会工作委员会负责人就常委会第二次会议的相关议程作了汇报。

4月15日

［纲　文］ **国务院总理李克强、副总理张高丽在北京分别会见俄罗斯第一副总理舒瓦洛夫。**

［目　文］ 李克强在会谈时指出，中俄互为最大邻国，同为快速发展的新兴经济体，深化合作具有无可比拟的条件，也是两国共同愿望，更好、更快、更深入地开展务实合作时机成熟。双方应抓住机遇，以更加开放的理念和便利规范的环境，发挥好资源、市场、技术、资金等方面的互有优势，推动两国贸易规模在现有基础上再翻一番、翻两番，而且合作质量有大的提升。中方愿深化两国投资合作，与俄方开展联合研制、联合生产等战略性大项目合作，带动两国合作向纵深推进，更好地促进两国共同发展繁荣。舒瓦洛夫说，习近平访俄成果为深化俄中务实合作注入了强劲动力。俄方愿与中方一道，推进俄中贸易与投资合作。俄方欢迎中方企业赴俄投资兴业，愿为此提供良好的投资环境。

张高丽在会谈时指出，中俄开展大规模经济合作的时机和条件已经成熟，中方愿扩大对俄投资，与俄开展一些战略性大项目合作。双方合作的领域可以更开放些，合作的步子可以更大些，合作的程度可以更深些，以早日实现两国元首确定的双边贸易额2015年达到1000亿美元，2020年达到2000亿美元的目标。舒瓦洛夫表示，俄方对中方投资持开放态度，真诚欢迎中方企业赴俄投资，正在创造优质投资环境，愿与中方在能源、金融、工业现代化和基础设施等领域扩大合作。张高丽与舒瓦洛夫在会谈后共同会见了中俄企业家。

4月15日

［纲　文］　**国家发展改革委、财政部等13个部门联合印发《关于进一步促进电子商务健康快速发展有关工作的通知》。**

［目　文］　《通知》提出，国家发展改革委会同相关部门进一步完善促进电子商务健康快速发展的跨部门工作协调机制，继续推进国家电子商务示范城市创建工作。质检总局会同工商总局等有关部门，研究建立电子商务交易产品基础信息规范化管理和基于统一产品编码体系的质量信息公开制度。

4月15日

［纲　文］　**教育部印发《关于积极推进高等职业教育考试招生制度改革的指导意见》。**

［目　文］　《意见》提出要逐步使高等职业教育考试招生与普通本科考试分离，重点探索“知识＋技能”的考试评价办法，为学生提供多样化入学形式，逐步形成省级政府为主统筹管理，学生自主选择、学校多元录取、社会有效监督的中国特色高等职业教育考试招生制度。

4月15日

［纲　文］　**《人民日报》发表题为《改作风不能做表面文章——持之以恒转作风之一》的评论员文章。**

4月15—17日

［纲　文］　**张德江在山东省调研。**

［目　文］　全国人大常委会委员长张德江先后到烟台、潍坊、淄博、济南等地，深入企业、农村、社区调研。他充分肯定了山东省近年来经济社会发展的成绩，希望保持优势，奋发有为，谱写人民美好生活新篇章。他强调，要促进经济持续健康发展，准确把握稳中求进总基调，加快转变发展方式，强化发展质量和效益，着力培育和壮大海洋产业等发展新优势；要巩固农业基础地位，重视粮食安全，发展现代农业，增加农民收入；要坚持把办好广大人民群众的事作为最大责任，解决好关系人民群众切身利益的突出问题，加快推进以保障和改善民生为重点的社会建设。

调研期间，张德江分别主持召开了各级人大代表和地方人大工作座谈会。张德江指出，全面推进依法治国，重点是提高立法质量。要坚持科学立法、民主立法，强化立法论证、立法调研、立法评估，加强重点领域立法，拓展人民有序参与立法途径，切实增强法律的可执行性和可操作性，提高法律的权威性，更好地发挥立法的引领和推动作用。

张德江强调，全面推进依法治国，关键是加强法律的实施。要坚持严格执法，推进依法行政，维护公共利益、人民权益和社会秩序。要坚持公正司法，增强司法公信力，切实维护社会公平正义。要加强对法律实施情况的监督，维护国家法制统一、尊严、权威。

张德江指出，全面推进依法治国，基础是推进全民守法。要深入开展法制宣传教育，大力弘扬法治精神，在全社会营造良好的法治氛围。领导干部和公职人员要切实增强法治观念，提高运用法治思维和法治方式的能力。全体人民要树立法律意识，养成自觉守法、办事依法、遇事找法的行为习惯。

4月16日

［纲　文］　**国家主席习近平在人民大会堂会见冰岛总理西于尔扎多蒂。**

［目　文］　习近平指出，中冰两国都具有坚忍不拔、自强不息的民族精神。建交42年来，双方开拓进取，努力探索出一条不同经济规模、不同发展水平国家间互利合作的道路。中冰关系已成为不同幅员、社会制度国家之间友好相处的典范。

习近平强调，中国正在努力实现“两个一百年”目标，将加快转变经济发展方式，调整产业结构，节约资源，保护生态环境。中国的发展战略同冰岛产业优势具有较强互补性，两国合作面临更多机遇。昨天，双方签署了中冰自由贸易协定并发表了联合声明，这对推动中冰关系发展意义重大。中方愿同冰方加强交往，增进了解，扩大清洁能源、可再生能源、渔业等领域合作，实现共同发展。中方将继续支持冰方恢复经济增长的努力。

西于尔扎多蒂表示，冰岛钦佩中国的发展成就，感谢中国支持冰岛克服金融和经济危机的努力，这增进了两国友谊，加深了冰方对两国合作的愿望。

国务院总理李克强4月15日与冰岛总理西于尔扎多蒂举行了会谈。会谈后，两国总理出席了中冰自贸协定和金融、节能、地热、康复器具等领域合作文件的签字仪式。双方还发表了《中华人民共和国政府和冰岛政府关于全面深化双边合作的联合声明》。

应国务院总理李克强的邀请，冰岛总理约翰娜·西于尔扎多蒂于2013年4月13日至18日对中国进行正式访问。

4月16日

［纲　文］　**国家主席习近平就美国波士顿连环爆炸事件向美国总统奥巴马致慰问电。**

［目　文］　慰问电就美国波士顿发生爆炸事件并造成严重人员伤亡，向美国政府和人民表示深切同情和诚挚慰问。同日，国务委员杨洁篪、外交部部长王毅也分别向美国国务卿克里致慰问电。

17日，习近平对美国波士顿爆炸案中不幸遇难和身受重伤的中国留学生善后与救治事宜作出指示，委托有关部门转达了对遇难学生的悼念、对受伤学生及两位学生家属的慰问。习近平指示外交部和中国驻美国使馆、驻纽约总领馆全力做好遇难学生善后事宜和受伤学生救治工作，同美方继续保持密切联系，及时处理好相关事宜。

4月16日

［纲　文］ **刘延东在故宫博物院西玉河基地调研**。

［目　文］ 国务院副总理刘延东强调，要把“平安故宫”作为重大文化建设工程，全面提升故宫博物院的文化遗产保护、展示传播和服务观众能力，实现故宫博物院的高水平保护利用和可持续发展，为传承弘扬中华优秀传统文化，满足人民精神文化需求，提升国家软实力作出新贡献。

她强调，2020年是故宫建成600周年。要围绕建设中国特色、世界一流博物馆的目标要求，根据我国国情和故宫历史文化特色，借鉴国外一流博物馆的经验，科学论证编制《故宫保护总体规划》；坚持以人为本、科学实用，坚持硬件建设与软件建设有机统一；加强科技支撑和自主创新，突出环保、节能，确保质量、安全。要在统筹规划基础上，突出重点，区分缓急，分阶段组织实施故宫北院区建设、地下文物库房改造、安全防范系统、文物防震、基础设施改造、世界文化遗产监测、文物抢救性科技修复保护等项目。要保障必要经费，坚持精打细算，严格资金监管，务求节俭廉洁。要加强组织领导、部门协同配合和专家咨询论证，科学、民主、依法决策，组建强有力管理团队，精心组织实施“平安故宫”工程建设，切实把故宫保护好、建设好、管理好、使用好、发展好。

4月16日

［纲　文］ **国务院副总理汪洋在中南海会见以日本国际贸易促进协会会长、前众议院议长河野洋平为团长的日本国际贸易促进协会代表团**。

［目　文］ 汪洋说，作为在亚洲和世界上有重要影响的国家，中日两国拥有广泛的共同利益，合则两利，斗则两伤。保持中日关系健康稳定发展，符合两国和两国人民根本利益。中方愿在《中日四个政治文件》各项原则基础上，同日方一道继续推进两国战略互惠关系。中日两国经济互补性强，中国政府愿继续积极推进中日韩自贸区建设；愿以更加开放的态度妥善处理自贸区谈判中的分歧，争取早日取得成果。

河野说，日本国际贸易促进协会愿意为中日关系改善发展发挥作用，加强两国地方交流和食品安全等领域合作；积极推动中日韩自贸区建设，同中方共同开发第三国市场。

4月17日

［纲　文］ **李克强主持召开国务院常务会议**。

［目　文］ 会议分析一季度经济形势，研究部署下一阶段工作。会议认为，一季度国民经济运行平稳，总体良好，经济增长速度、城镇新增就业等主要指标稳定在合理区间。当前我国正处于工业化、城镇化的重要阶段，经济转型升级处于关键时期，发展有巨大潜力和空间。但面临的国内外环境十分复杂，平稳运行与隐忧风险并存，制约发展的矛盾不断显现。要进一步加强分析研判，把握规律性，增强预见性，求真务实，真抓实干，

牢牢掌握经济工作的主动权。

会议强调，要保持宏观经济政策连续性和稳定性，继续实施和用好积极的财政政策和稳健的货币政策，增强政策针对性，统筹考虑稳增长、控通胀、防风险。同时，用更大气力释放改革红利，加大结构调整力度，激发企业和市场活力，稳中求进，增加就业和收入，提高质量与效益，加强节能环保，努力打造中国经济升级版。

会议部署了下一阶段重点工作。一、积极扩大国内有效需求。完善消费政策，提高居民消费能力，大力发展服务业，开发和培育信息消费、医疗、养老、文化等新的消费热点，增强消费的拉动作用。保持合理投资规模，加强城市道路、轨道交通、环保基础设施等方面建设。发展环保产业。推进科技创新，加快淘汰落后产能，扩大先进产能市场空间。二、夯实农业基础。增加有效供给。确保支农资金尽快拨付、足额兑现到位。切实应对自然灾害影响，抓好夏季粮油生产和春播备耕工作，通过适度规模经营促进农业转型发展。加大扶贫攻坚力度，提高集中连片特困地区发展能力。采取更加有效措施，因地制宜，减轻动物疫情对养殖业的冲击。硬化细化“米袋子”省长负责制和“菜篮子”市长负责制，保持市场供求和物价总水平基本稳定。三、着力保障和改善民生。做好高校毕业生等重点群体就业工作，多渠道扩大就业、支持创业，增加居民收入。完善社会保障体系，逐步消除群众养老、医疗等方面后顾之忧。落实贫困家庭学生资助政策。加快落实保障性住房建设任务，确保质量和公平分配。继续做好人感染H7N9禽流感疫情防控，加强联防联控机制，提高针对性和实效性，确保救治费用到位，保证患者得到及时救治。四、深化改革开放。抓紧清理取消和调整行政审批项目，并向社会公开，激发民间投资和社会创业热情。深化财税制度和资源性产品价格改革，积极稳妥推进利率市场化和人民币资本项下可兑换。进一步扩大开放特别是服务业开放，以开放促改革、促发展。五、有效防范地方政府性债务、信贷等方面存在的风险。加强市场监管，提高产品和服务质量。

4月17日

［纲　文］　**保监会印发《关于加强保险行业文化建设的意见》。**

［目　文］　《意见》提出，一、保险行业文化建设的指导思想是以邓小平理论、“三个代表”重要思想和科学发展观为指导，深入贯彻落实党的十八大精神，积极践行“守信用、担风险、重服务、合规范”的保险行业核心价值理念，充分发挥文化在凝聚行业共识、提升行业发展动力方面的重要作用，增强文化自觉与自信，为推动行业加快转变发展方式、提升服务能力和水平、保护保险消费者利益、树立良好的行业形象提供强大的思想保证和精神动力。二、保险行业文化建设作为一项长期性、基础性的工作，必须坚持系统推进、常抓不懈。力争未来3至5年，通过不断加强行业文化建设，使保险行业核心价值理念融入到保险经营管理和服务全过程，成为全行业共同的价值追求和行为准则。从业人员责任感和职业自豪感明显增强，诚实守信、依法合规意识明显提高，整体素质明显提升；保险业服务能力、创新能力明显增强；行业形象明显改善，社会认同和人民群众满意度显著提高。三、保险行业文化建设要坚持服务中心。四、加强行业核心价值理念学习宣导。

五、健全完善制度机制。六、积极推进行业自律管理。七、做好行业文化形象传播工作。八、积极培育和塑造先进典型。九、不断丰富文化载体和平台。十、定期开展学习交流活动。十一、注重建立完善文化建设工作长效机制。十二、切实加强组织领导。

4月17日

［纲　文］　**保监会印发《关于加强保险监管文化建设的意见》。**

［目　文］　《意见》提出，一、保险监管文化建设的指导思想是：以邓小平理论、“三个代表”重要思想和科学发展观为指导，深入贯彻落实党的十八大精神，紧紧围绕“抓服务、严监管、防风险、促发展”的总体思路，积极践行“为民监管、依法公正、科学审慎、务实高效”的保险监管核心价值理念，大力培育构建具有时代精神的保险监管文化，充分发挥文化的导向、凝聚、激励作用，为切实履行监管职能，保护保险消费者利益，树立良好的监管形象，促进保险业持续健康发展提供强大的精神动力和文化支撑。二、保险监管文化建设是一项长期的重要工作，必须持续不断地抓紧抓好。最近3至5年，要通过不断加强文化建设，将核心价值理念充分融入到保险监管的制度和行为中，成为监管干部普遍认同并自觉遵循的价值追求和行为准则。监管队伍的使命感、责任感、荣誉感和凝聚力明显增强，思想作风、工作作风明显改进，团队协作意识、廉洁自律意识明显增强；监管机关依法履职能力、创新能力和服务能力明显提高；保险监管的社会形象明显提升。三、保险监管文化建设要坚持服务大局。四、加强核心价值理念的学习教育和宣传。五、健全完善制度机制。六、广泛开展文化创建活动。七、大力选树先进典型。八、深入开展理论研究。九、建立健全监管文化建设工作长效机制。十、切实加强组织领导。

4月17日

［纲　文］　**全国政协主席俞正声在北京会见以党主席诺罗敦·阿伦·拉斯梅为团长的柬埔寨奉辛比克党代表团。**

［目　文］　俞正声说，中国共产党与奉辛比克党保持长期友好关系，双方交流合作为中柬两国关系发展作出重要贡献，中国共产党将继续加强同奉辛比克党的全面交流与合作。俞正声表示，近年来，中柬关系保持向前发展势头。双方各级别交往频繁，经贸合作不断拓展，人文交流活跃。不久前，习近平主席在博鳌与洪森首相成功会晤，就巩固中柬全面战略合作伙伴关系达成重要共识。中方愿与柬方共同努力，以两国建交55周年和“中柬友好年”为契机，推动中柬关系迈上新台阶。阿伦表示，将继续坚定奉行对华友好政策，光大柬中友好事业。

4月18日

［纲　文］　**国家主席习近平在人民大会堂会见尼泊尔联合尼共（毛）主席普拉昌达。**

［目　文］　习近平说，中尼两国是好邻居、好朋友、好伙伴。中国党和政府高度重视发展中尼关系，赞赏尼方长期坚持一个中国政策，支持尼泊尔为实现国家进步和发展所

作出的努力，愿同尼方一道，巩固睦邻友好，深化互利合作，共同推动中尼世代友好的全面合作伙伴关系取得新发展。他表示，中尼友好符合两国和两国人民的根本利益，也有利于地区的稳定和发展。中国将坚持与邻为善、以邻为伴，与尼泊尔等周边国家一起走和平发展、合作共赢的道路，实现成果共享、共同发展。习近平高度评价中尼党际交往成果，表示中国共产党愿继续与联合尼共（毛）等尼泊尔主要政党加强交流合作，为促进中尼友好发挥积极作用。

普拉昌达说，尼方真诚感谢中国长期以来的无私帮助，期待中方加大对尼泊尔的资金、技术支持，扩大两国基础设施、水利、旅游等领域务实合作，共同把尼中睦邻友好关系推向更高水平。

4月18日

［纲　文］ **国务院总理李克强在中南海紫光阁会见国际计生联会长瑟伯尼和总干事梅莱斯。**

［目　文］ 李克强说，人口多是中国最大的基本国情，我们正在建设富强民主文明和谐的社会主义现代化国家、实现中华民族伟大复兴的中国梦，必须努力建设人口均衡型社会，实现人口资源环境相协调。长期以来，国际计划生育联合会倡导科学理念，为提高世界人口的健康和发展水平发挥了积极作用，中方愿继续同国际计生联拓展计划生育、提高出生人口素质等的合作。李克强指出，中国政府高度重视公共卫生和人民生命健康，在H7N9疫情防控方面，做到科学有效应对，公开透明防控，要求确保每一位患者得到及时救治，绝不能出现因费用耽误和放弃治疗的情况，并与世卫等国际组织进行了密切合作。

瑟伯尼赞赏中国在公共卫生方面取得的成绩，愿加强与中国合作，推进联合国千年发展目标的落实。

4月18日

［纲　文］ **刘延东出席第一次全国可移动文物普查电视电话会议。**

［目　文］ 国务院副总理、第一次全国可移动文物普查领导小组组长刘延东指出，可移动文物作为中华文化的实物见证，是开展爱国主义教育、传播先进文化、构建社会主义和谐社会的宝贵资源。依法开展文物普查，是建设文化强国、增强国家软实力的重大文化工程，对于提升公共服务能力、保障人民群众基本文化权益，加强国有文物监管、健全国家文物保护和利用体系，弘扬中华优秀传统文化、维护国家文化安全具有重要意义。

她强调，对可移动文物开展普查在我国尚属首次，要借鉴以往不可移动文物普查的成功经验，依法严格按照普查实施方案精心组织，统一标准规范，加强质量监控，确保基础数据的完整、真实、准确。要加强文化与科技的融合，充分运用信息技术实现数字化管理。要通过翔实准确的普查数据为科学制定文物保护政策和规划提供依据，创新展示传播功能，实现文化遗产资源信息共享。她要求，各地各有关部门要加强组织领导，落实保障措施，加强人员培训，动员全社会积极参与文化遗产保护事业，确保如期完成普查任务。

第一次全国可移动文物普查是落实国家“十二五”时期文化改革发展规划纲要任务，

由国务院部署开展的文化遗产领域的一项国情国力调查，计划到2016年底完成对全国（不含港澳台地区）各类国有单位收藏保管的国有可移动文物的全面普查。

4月18日

［纲　文］　**范长龙在武警部队特警学院调研。**

［目　文］　中央军委副主席范长龙强调，要深入贯彻落实党的十八大精神，高举中国特色社会主义伟大旗帜，以邓小平理论、“三个代表”重要思想、科学发展观为指导，坚决贯彻习近平主席一系列决策指示，围绕党在新形势下的强军目标，加强思想政治建设，加强执勤处突、反恐维稳能力建设，锻造一支政治特别坚定、军事特别过硬、作风特别顽强、完成任务特别出色的武警特战力量，圆满完成党和人民赋予的各项任务。

他强调，要始终把思想政治建设作为根本性建设来抓，确保部队绝对忠诚、绝对纯洁、绝对可靠。要加强党的创新理论武装，以理论上的清醒保证政治上的坚定、行动上的自觉。要把听党指挥这一最高政治要求落到实处，永远做党和人民的忠诚卫士。特战力量要完成特殊任务，必须具备特殊本领，有战而胜之的绝招。要瞄准世界一流，把部队打造成反恐劲旅。要加强基础训练，重视极限训练，锻造官兵超常的意志品质、心理素质和体能技能。要加强特战人才培养，多出有一招制敌本领的特战尖子。

他指出，要时刻准备战斗，做到令行禁止，依靠集体的智慧和力量完成任务。要始终保持常备不懈的战备状态，着眼反恐任务突发性、敏感性、复杂性强的特点，高标准做好遂行任务的各项准备。雪豹突击队和特警学院特勤大队作为反恐的国家队，是处突的“尖刀”和“拳头”，要随时准备上一线、打头阵，为党和人民再立新功。

范长龙接见了武警部队参加第五届“勇士竞赛”国际特种兵比武代表队成员，向他们取得的优异成绩表示祝贺。

4月18日

［纲　文］　**国务院副总理刘延东在北京会见国际计划生育联合会会长纳奥米·瑟伯尼和总干事特沃德斯·梅莱斯。**

［目　文］　刘延东对国际计生联多年来对中国人口和计划生育事业的支持和帮助表示感谢。她说，国际计生联是中国在国际人口和计划生育领域可信赖的合作伙伴，为中国计生协的发展作出了有益贡献。中国政府将继续积极支持其在国际计划生育／生殖健康领域发挥更为重要的作用，为实现“人人享有生殖健康”和千年发展目标作出应有贡献。

4月18日

［纲　文］　**国家副主席李源潮在北京会见科姆率领的南苏丹苏丹人民解放运动干部考察团。**

［目　文］　李源潮说，中国高度重视发展与南苏丹的关系，愿与南苏丹增进政治互信，深化人文交流和务实合作。中国共产党愿与苏人解加强各层次交往，为推动中南友好合作关系发展发挥积极作用。科姆表示，苏人解希望考察、借鉴中共的治党治国经验，促进两国投资合作和教育、文化交流。

4月18日

［纲　文］《人民日报》发表题为《在求实效上下功夫——持之以恒转作风之二》的评论员文章。

4月19日

［纲　文］习近平就做好H7N9禽流感疫情防控工作再次作出重要指示。

［目　文］针对目前疫情防控的情况，国家主席习近平作出批示强调，各地区各部门务必高度重视，坚持把人民群众生命安全和身体健康放在第一位，切实加强疫情防控。疫情发生地区要把救治患者作为第一任务，努力减少死亡病例，同时做好流行病学观察、研究，严格控制传染源。要加大传染病防控知识和措施的普及落实，增强人民群众自觉防护意识，加快疫苗研发，发挥科技支撑作用，提高全社会科学防治水平。要加强对活禽和禽类产品检测，组织好生产、加工、保管、运输、供应工作，确保市场供应，确保居民食用安全卫生食品。要准确发布疫情信息，加强舆论引导，维护正常生产生活秩序。要把人们的注意力和精力引导、凝聚到贯彻落实党的十八大精神上来，切实做好各项工作，确保完成今年工作任务。

4月19日

［纲　文］习近平主持召开中共中央政治局会议。

［目　文］会议研究部署在全党深入开展党的群众路线教育实践活动工作。会议决定从2013年下半年开始，用一年左右时间，在全党自上而下分批开展党的群众路线教育实践活动。

会议强调，党的十八大明确提出，围绕保持党的先进性和纯洁性，在全党深入开展以为民务实清廉为主要内容的党的群众路线教育实践活动，这是新形势下坚持党要管党、从严治党的重大决策，是顺应群众期盼、加强学习型服务型创新型马克思主义执政党建设的重大部署，是推进中国特色社会主义伟大事业的重大举措。

会议认为，全心全意为人民服务是党的根本宗旨，群众路线是党的生命线和根本工作路线。深入开展党的群众路线教育实践活动，对于教育引导党员干部牢固树立宗旨意识和马克思主义群众观点，切实改进工作作风，赢得人民群众信任和拥护，夯实党的执政基础，巩固党的执政地位，具有十分重大而深远的意义。

会议指出，当前，党员干部贯彻落实党的群众路线总体是好的，在联系服务人民群众方面做了大量富有成效的工作，但也存在着不符合为民务实清廉要求的问题。特别是有的领导机关、领导班子和一些领导干部形式主义、官僚主义、享乐主义突出，奢靡之风严重，主要表现在理想信念动摇，宗旨意识淡薄，精神懈怠；贪图名利，弄虚作假，不务实效；脱离群众，脱离实际，不负责任；铺张浪费，奢靡享乐，甚至以权谋私、腐化堕落。这些问题，严重损害党在人民群众中的形象，严重损害党群干群关系，必须认真加以解决。

会议强调，开展党的群众路线教育实践活动，要高举中国特色社会主义伟大旗帜，坚持以马克思列宁主义、毛泽东思想、邓小平理论、“三个代表”重要思想、科学发展观为指导，紧紧围绕保持党的先进性和纯洁性，以为民务实清廉为主要内容，以县处级以上领导机关、领导班子和领导干部为重点，切实加强全体党员马克思主义群众观点教育，把贯彻落实中央八项规定作为切入点，进一步突出作风建设，坚决反对形式主义、官僚主义、享乐主义和奢靡之风，着力解决人民群众反映强烈的突出问题，提高做好新形势下群众工作的能力，保持党同人民群众的血肉联系，发挥党密切联系群众的优势，为推动经济持续健康发展、全面建成小康社会、实现中华民族伟大复兴的中国梦提供坚强保证。党的群众路线教育实践活动全过程，要贯穿“照镜子、正衣冠、洗洗澡、治治病”的总要求。

会议要求，各级党委（党组）要坚持围绕中心、服务大局，全面贯彻落实党的十八大提出的各项任务要求，把作风建设放在突出位置，以作风建设的新成效凝聚起推动事业发展的强大力量。要教育引导党员干部树立群众观点，弘扬优良作风，解决突出问题，保持清廉本色，使干部作风进一步转变，干群关系进一步密切，为民务实清廉形象进一步树立。要以好的作风组织开展教育实践活动，牢牢把握正面教育为主、批评和自我批评、讲求实效、分类指导和领导带头的原则，确保教育实践活动沿着正确轨道健康深入推进，努力在解决作风不实、不正、不廉上取得实效，在提高群众工作能力、密切党群干群关系、全心全意为人民服务上取得实际成效。

4月19日

［纲　文］　**中共中央政治局就中国历史上的反腐倡廉进行第五次集体学习。**

［目　文］　中共中央总书记习近平主持学习。中国社会科学院历史研究所卜宪群研究员、政治学研究所房宁研究员就这个问题进行讲解，并谈了他们的意见和建议。中共中央政治局各位同志听取他们的讲解，并就有关问题进行了讨论。

习近平在主持学习时发表讲话强调，我们党把党风廉政建设和反腐败斗争提到关系党和国家生死存亡的高度来认识，是深刻总结了古今中外的历史教训的。核心的问题是党要始终紧紧依靠人民，始终保持同人民群众的血肉联系，一刻也不脱离群众。要做到这一点，就必须下最大气力解决好消极腐败问题，确保党始终同人民心连心、同呼吸、共命运。

习近平强调，中央提出抓作风建设，反对形式主义、官僚主义、享乐主义，反对奢靡之风，就是提出了一个抓反腐倡廉建设的着力点，提出了一个夯实党执政的群众基础的切入点。全党同志一定要从这样的政治高度来认识这个问题，从思想上警醒起来，牢记“两个务必”，坚定不移转变作风，坚定不移反对腐败，切实做到踏石留印、抓铁有痕，不断以反腐倡廉的新进展新成效取信于民。

习近平指出，要大力加强反腐倡廉教育和廉政文化建设，坚持依法治国和以德治国相结合。从思想道德抓起具有基础性作用，思想纯洁是马克思主义政党保持纯洁性的根本，道德高尚是领导干部做到清正廉洁的基础。我们要教育引导广大党员、干部坚定理想信念、坚守共产党人精神家园，不断夯实党员干部廉洁从政的思想道德基础，筑牢拒腐防变的思想道德防线。要抓好思想理论建设、抓好党性教育和党性修养、抓好道德建设，教育引导广大党员、干部认真学习和实践马克思列宁主义、毛泽东思想、中国特色社会主义理论体系，牢固树立正确的世界观、权力观、事业观，模范践行社会主义荣辱观，以理论上的坚定保证行动上的坚定，以思想上的清醒保证用权上的清醒，不断增强宗旨意识，始终保持共产党人的高尚品格和廉洁操守。

习近平强调，制度问题更带有根本性、全局性、稳定性、长期性。关键是要健全权力运行制约和监督体系，让人民监督权力，让权力在阳光下运行，把权力关进制度的笼子里。要更加科学有效地防治腐败，全面推进惩治和预防腐败体系建设，提高反腐败法律制度执行力，让法律制度刚性运行。要加强对典型案例的剖析，深化腐败问题多发领域和环节的改革，最大限度减少体制缺陷和制度漏洞，通过深化改革不断铲除腐败现象滋生蔓延的土壤。反腐倡廉必须常抓不懈，拒腐防变必须警钟长鸣。

4月19日

［纲　文］　**国家副主席李源潮在北京会见摩洛哥国王特使费赫里一行。**

［目　文］　李源潮说，中摩建交以来，两国关系始终健康稳定发展，各领域合作富有成果。中方高度重视发展中摩关系，愿在相互尊重、平等互利基础上，推动两国关系迈上更高水平，造福两国和两国人民。费赫里表示，摩视中国为战略伙伴，愿推动双边友好合作不断迈上新台阶。

4月19日

［纲　文］　**外交部发言人就中国和非洲的合作一事答记者问。**

［目　文］　外交部发言人表示，中非合作是基于平等和相互尊重的互利共赢的合作。进入新世纪，由于中国对非洲的援助和投资，非洲经济实现了年均5%以上的增速，中非合作对非洲经济增长的贡献率超过20%。非洲经济由于中国需求的拉动，在国际金融危机中率先复苏，实现强劲增长。这些事实有目共睹，说明中非合作不是浪漫主义，是现实主义。

4月20日

［纲　文］　**习近平对四川省雅安市芦山县发生7.0级地震作出重要指示。李克强飞赴灾区察看灾情，部署抗震救灾工作。**

［目　文］　北京时间4月20日8时2分，在四川省雅安市芦山县（北纬30.3度，东经103.0度）发生7.0级地震。震源深度为13公里，震中芦山县龙门乡99%以上房屋垮塌，卫生院、住院部停止工作，停水停电。受灾人口152万，受灾面积12500平方公里。

中共中央总书记习近平作出重要指示，要求抓紧了解灾情，把抢救生命作为首要任务，千方百计救援受灾群众，科学施救，最大限度减少伤亡，同时要加强地震监测，切实防范次生灾害。要妥善做好受灾群众安置工作，维护灾区社会稳定。

同日，习近平对军队和武警部队做好抗震救灾工作作出重要指示，强调地震已给当地人民生命财产安全造成重大损失。灾情就是命令。要部署部队迅速投入抗震救灾第一线。各救灾部队要发扬我军能打仗、打胜仗的精神，全力抢救受困群众，全力救治伤员，努力防范次生灾害，积极配合地方做好受灾群众安置、灾区社会稳定等工作。同时，各救灾部队一定要注意自身安全防护。

根据习近平重要指示精神，中共中央政治局委员、国务院副总理汪洋立即召开会议作出工作部署，决定启动国务院抗震救灾I级响应。国务院有关部门和军队、武警部队有关方面紧急赶赴灾区组织抗震救灾工作。四川省委和省政府已组织工作组抵达震中地区，各项抗震救灾工作正在紧张进行。

同日，国务院总理李克强代表党中央国务院、代表总书记习近平飞赴灾区察看灾情，部署抗震救灾工作。在赴灾区途中李克强在飞机上召开紧急会议，听取国家地震局、卫生计生委、发展改革委、交通部、民政部等部门和人民解放军、武警部队负责人汇报灾情、群众伤亡和救援情况，部署救灾工作。他提出9点要求，强调生命是第一重要的，首先是救人。抵达灾区后，李克强代表党中央、国务院向遇难同胞表示深切哀悼，向受伤和受灾群众表示诚挚慰问，并现场指导救灾行动。

同日，中央军委召开紧急专题会议，传达贯彻习近平重要指示精神，部署军队和武警部队参加四川芦山抗震救灾工作，中共中央政治局委员、中央军委副主席范长龙主持会议并讲话。

21日，国务院办公厅印发《关于有序做好支援四川芦山地震灾区抗震救灾工作的通知》。

23日，习近平主持召开中共中央政治局常务委员会会议，进一步全面部署四川芦山抗震救灾工作。会议开始时，习近平提议，出席会议的全体人员起立，为四川芦山地震中遇难的同胞和在抢险救灾中英勇牺牲的战士默哀。会议听取国务院抗震救灾指挥部关于四川芦山地震灾情和抗震救灾工作情况的汇报。会议认为，四川芦山地震发生后，党中央高度重视，迅速对抗震救灾工作作出全面部署、提出明确要求，领导和调动各方统一行动，牢牢把握抗震救灾工作主动权。

5月2日，习近平就芦山地震抗震救灾工作再次作出重要指示，强调“4·20”芦山强烈地震抢险救援阶段工作取得了重大胜利，当前抗震救灾工作要以受灾群众安置为中心任务，同时要抓紧开展灾后恢复重建前期工作。

4月20日

［纲　文］　**俞正声在北京会见台湾佛光山开山长老星云法师。**

［目　文］　全国政协主席俞正声充分肯定星云多年来情系中华，为推动两岸交往特别是文化交流作出的重要贡献。俞正声强调，中华文化是两岸同胞共同的宝贵财富，希望两岸同胞携手合作，不断扩大文化交流，密切两岸同胞感情，共同致力于弘扬中华文化，

共同致力于两岸关系和平发展，共同致力于中华民族伟大复兴。

星云表示，两岸同胞是一家人，都是中国人。大陆近年来发展成就举世瞩目，为两岸同胞提供了广阔合作空间。他表示愿为促进两岸文化等领域交流作出不懈努力。

4月20—22日

［纲　文］　**刘云山在江苏省调研。**

［目　文］　中央书记处书记刘云山就做好新形势下的党建工作深入企业、农村、社区调研。刘云山对江苏经济社会发展和党的建设工作取得的成绩给予肯定，希望江苏在"两个率先"上不断取得新进展。

刘云山说，农村富不富，关键看支部。要按照党性强、能力强的要求，选好配强农村基层党组织书记，使农村基层党组织真正成为农民群众致富奔小康的主心骨。推进农村发展、造福农民群众是农村基层党组织的根本职责，要进一步强化服务理念，把带领群众共同致富作为工作重心，实打实、心贴心地造福农民群众。

刘云山说，企业生产经营靠技术创新，企业党建工作同样需要改进创新。要积极适应体制环境、社会条件的新变化，大力推进党建工作内容形式、方法手段的创新。对基层来说，凡是有利于增强党组织凝聚力、战斗力的做法，凡是有利于发挥党员先锋模范作用的做法，都要鼓励大胆探索。要认真总结基层党建工作经验，在把握规律中不断提高促进经济发展、服务人民群众的水平。

调研期间，刘云山主持召开组织工作和基层服务型党组织建设座谈会指出，实践好党的根本宗旨，履行好党的执政使命，必须认真贯彻党要管党、从严治党原则，全面推进党的建设各项任务，切实解决存在的问题，不断增强自我净化、自我完善、自我革新、自我提高能力。要按照中央的要求和部署，贯彻"照镜子、正衣冠、洗洗澡、治治病"的总要求，把落实中央八项规定作为切入点，进一步突出作风建设，精心组织好以为民务实清廉为主要内容的党的群众路线教育实践活动。

4月21日

［纲　文］　**清华大学苏世民学者项目启动仪式在北京举行，国家主席习近平和美国总统奥巴马分别致贺信。**

［目　文］　国务院副总理刘延东出席仪式并致辞。澳大利亚前总理陆克文、加拿大前总理马尔罗尼等出席启动仪式。出席启动仪式的全体人员为在中国四川芦山地震和美国波士顿爆炸案中的遇难者进行了默哀。

习近平在贺信中对项目启动表示诚挚的祝贺。他强调，今天的世界是各国共同组成的命运共同体。战胜人类发展面临的各种挑战，需要各国人民同舟共济、携手努力。教育应该顺此大势，通过更加密切的互动交流，促进对人类各种知识和文化的认知，对各民族现实奋斗和未来愿景的体认，以促进各国学生增进相互了解、树立世界眼光、激发创新灵感，确立为人类和平与发展贡献智慧和力量的远大志向。

奥巴马在贺信中表示，教育交流对于塑造学生全面人格、推动国家间的深入理解和相互尊重，发挥着重要的作用。在当前复杂多变的世界环境下，我们所面临的挑战更需要国家之间、人民之间加强合作，建立起富有活力的联系。

刘延东在致辞时说，人文交流是增进各国人民了解和友谊、促进国家合作共赢的重要途径。高等教育作为人文交流的重要组成部分，应为培养具有世界眼光、综合素质、卓越能力的学生创造条件，为21世纪成为和平、发展、合作、共赢的世纪作出独特贡献。

清华大学苏世民学者项目由清华大学和美国黑石集团主席施瓦茨曼（苏世民）合作设立，旨在立足中国，面向世界，借鉴国际先进教育理念，在全球范围选聘优秀师资，为世界各国优秀大学生提供专项教育培训。

4月21日

［纲　文］　**新华社讯，经习近平主席批准，解放军总政治部下发《规定》，要求全军和武警部队组织团以上领导和机关干部下连当兵、蹲连住班。**

［目　文］　电讯说，《规定》明确，领导和机关干部下连当兵，就是要戴列兵军衔，以士兵身份，与连队官兵实行“五同”；蹲连住班，就是要蹲在一个连级单位，一般住在班排，搞好对所在连队的指导帮带，并进行“解剖式”调研。

《规定》要求，当兵和蹲连，主要安排55岁以下的领导和机关干部，没有基层任职经历的干部和连职以下机关干部一般安排当兵。旅团级单位的机关干部每3年、军师级单位的每4年、总部和军区级单位的每5年，一般应安排当兵或蹲连1次。旅团级单位每季度、军师级单位每半年、总部和军区级单位每年至少安排1次当兵蹲连，每次不少于15天。当兵重点安排在先进基层单位和驻边远艰苦地区部队，蹲连重点安排在基础相对薄弱单位、小散远直单位和执行重大任务单位。

《规定》强调，当兵和蹲连人员要自备个人生活用品，按标准交纳伙食费，不得接受宴请，不得游山玩水，不得收受礼品，不得插手基层敏感事务。

《规定》要求，各级党委和政治机关要加强对当兵、蹲连的组织领导，科学安排，严密组织，狠抓落实。组织当兵、蹲连的情况，每年要作为党委工作的重要内容，向上级报告。军委领导对组织领导和机关干部下连当兵、蹲连住班高度重视，强调基层是部队建设的基础和支撑，要强化强基固本思想，树立大抓基层的鲜明导向，当兵要真当、蹲连要真蹲，切实当出感情来、蹲出好作风。

4月21日

［纲　文］　**外交部发言人就芦山地震后国际社会对中国政府和人民表示的慰问与支持发表谈话。**

［目　文］　发言人表示，4月20日中国四川芦山发生地震后，国际社会迅速向中国政府和人民表示慰问和支持，一些国家提出愿意提供各种形式的援助。中国政府和人民对此表示衷心感谢。中国政府正全力开展救灾工作。目前中方搜救和医疗力量有保障，救灾物资充足，同时考虑到灾区交通和通讯条件不便，暂不需要外国救援队、医疗队和救灾物

资。如有需要，我们将适时向有关国家提出。中国红十字会总会已发布了接受国际资金援助的联络方式。

4月21日

［纲　文］ **《人民日报》发表题为《雅安平安，中国加油》的评论员文章。**

4月22日

［纲　文］ **国家主席习近平在人民大会堂接受九国新任驻华大使国书，感谢国际社会对中国抗震救灾的慰问支持。**

［目　文］ 习近平接受巴基斯坦新任驻华大使哈立德、马拉维新任驻华大使马卡瓦、黎巴嫩新任驻华大使阿布德、苏丹新任驻华大使奥马尔、赞比亚新任驻华大使丰达丰达、利比亚新任驻华大使布沙里、菲律宾新任驻华大使巴西里奥、西班牙新任驻华大使瓦伦西亚、葡萄牙新任驻华大使佩雷拉递交的国书。他对外国使节们来华履新表示欢迎，请他们转达对各自国家领导人和人民的问候，希望他们为促进中国同有关国家双边关系发展作出贡献。

习近平指出，一方有难，八方支援。国际社会也以各种方式向中国政府和人民表达了同情、慰问和支持，充分体现了对中国人民的友好情谊，鼓舞了中国人民抗震救灾的意志和决心。我谨代表中国政府和人民，向各国政府和人民及国际组织表示衷心感谢。我们坚信，在中国党和政府正确领导下，在国际社会有力支持和帮助下，全体中国人民团结一心、众志成城、顽强拼搏，一定能战胜自然灾害，重建灾区美好家园。

外国使节们转达各国就四川芦山地震对中方的慰问，相信中国政府和人民一定能取得抗震救灾的胜利，表示愿继续向中方提供支持。他们将为推动同中国的友好合作作出积极努力。

4月22日

［纲　文］ **国家主席习近平应约同俄罗斯总统普京通电话。**

［目　文］ 普京代表俄罗斯政府和人民对中国四川芦山发生强烈地震致以深切慰问。他表示，值此困难时刻，俄罗斯人民坚定同中国人民站在一起，俄方愿为中方提供一切必要帮助。相信中国政府和人民一定能够克服困难，战胜灾害。无论遇到什么困难，俄罗斯人民都是中国人民的可靠朋友。

习近平指出，患难见真情。每当中俄两国发生重大自然灾害时，双方都第一时间给予相互支持。这充分体现了中俄高水平的关系和两国人民的友好情谊。中方愿同俄方就抗震救灾及灾后重建保持密切沟通。在介绍了地震灾情后，习近平强调，我们正在全面有序展开抗震救灾工作。中国人民同心同德、协力奋战，一定能够战胜灾害、重建家园，让灾区人民过上美好生活。

两国元首还就双边关系交换了意见。

4月22日

［纲　文］ **习近平任免驻外大使。**

［目　文］　国家主席习近平根据全国人民代表大会常务委员会的决定任免下列驻外大使：一、免去吴泽献的中华人民共和国驻黎巴嫩共和国特命全权大使职务；任命姜江为中华人民共和国驻黎巴嫩共和国特命全权大使。二、免去张国庆的中华人民共和国驻吉布提共和国特命全权大使职务；任命符华强为中华人民共和国驻吉布提共和国特命全权大使。三、免去刘焕兴的中华人民共和国驻博茨瓦纳共和国特命全权大使职务；任命郑竹强为中华人民共和国驻博茨瓦纳共和国特命全权大使。四、免去徐建国的中华人民共和国驻格林纳达特命全权大使职务；任命欧渤芊（女）为中华人民共和国驻格林纳达特命全权大使。五、免去杨优明的中华人民共和国驻特立尼达和多巴哥共和国特命全权大使职务；任命黄星原为中华人民共和国驻特立尼达和多巴哥共和国特命全权大使。

4月22日

［纲　文］　**十二届全国人大常委会在人民大会堂举行常委会组成人员第一次履职学习专题讲座。**

［目　文］　全国人大常委会委员长张德江主持讲座并讲话。张德江指出，专题讲座是全国人大常委会组成人员集体学习的重要平台。加强学习是一项重要而紧迫的任务，要把加强学习贯穿于人大工作的全过程，努力把全国人大常委会建设成为学习型人大常委会。要突出学习重点，拓展学习领域，一要加强政治理论学习，深入学习领会党的十八大精神和习近平总书记一系列重要讲话精神，自觉把中央的决策部署贯彻落实到依法履职、开展工作的各方面和全过程；二要认真学习宪法和有关法律，增强法律意识，弘扬法治精神，在法治轨道上推动国家各项工作开展；三要广泛学习经济、政治、文化、社会、科技、生态、外交等方面的知识，不断提高自身知识化、专业化水平。要坚持理论联系实际，既注重向书本学习、向专家学习，又注重向实践学习、向群众学习，坚持集体学习与个人学习相结合，培养优良学风。

张德江指出，专题学习要形成制度并长期坚持下去。要抓紧制定常委会学习规划，重点把今年的专题讲座安排好，努力使专题讲座更具吸引力。要进一步完善组织方式、学习方式，努力营造良好学习氛围。要在总结以往经验的基础上，增强学习的针对性，努力做到学有所得、学有所用。

这次履职学习专题讲座共4讲，全国人大法律委员会主任委员乔晓阳和全国人大常委会副秘书长、香港澳门基本法委员会主任李飞在上午分别主讲《关于中国特色社会主义法律体系的构成、特征和内容》、《全国人大常委会的组织制度和议事规则》，全国人大常委会法制工作委员会主任李适时和十一届全国人大法律委员会主任委员胡康生在下午分别主讲《关于全国人大常委会的立法工作》、《全国人大常委会的监督工作》。

4月22日

［纲　文］　**国家工商总局、中宣部、国务院新闻办、工信部等8部门联合召开整治虚假违法医药广告电视电话会议。**

［目　文］　会议决定从4月下旬至7月下旬联合开展为期3个月的打击违法虚假医

药广告专项行动。此次专项整治的重点是有关媒体和网站发布的医药广告、信息，开办的各类专题类健康资讯节目、栏目。清理整治内容主要是：广告内容超出批准的功能主治和保健功能，宣传包治百病、适合所有症状以及治愈率的；使用患者、医学专家、科研机构等名义证明疗效或者保证治愈，以及冒用公众人物的形象和名义做宣传的；夸大产品功效，宣传保健食品、保健用品、消毒产品具有治疗疾病作用的；利用医药资讯专版、专题节目等形式，以专家讲座、医学探秘、患者讲述用药治病经历等方式，变相发布医药广告，推销医药产品与服务的；未经卫生、食品药品监管部门审查批准，非法发布医疗、药品、医疗器械、保健食品广告的；利用大众传播媒介发布处方药广告的。

国家工商总局副局长甘霖表示，工商机关将会同有关部门整合监管资源，采取联合告诫、联合公告、联合检查、挂牌督办等形式，综合运用经济处罚、行政处理、刑事追责等手段，严厉惩治发布虚假违法医药广告和信息的违法主体。公告曝光一批虚假违法医药广告，暂停一批医药生产经销企业、广告发布者的医药广告发布资格。对涉嫌构成虚假广告犯罪行为的，及时移送司法机关，追究刑事责任。

4月22日

［纲　文］ **人力资源社会保障部印发《关于进一步做好工伤预防试点工作的通知》。**

［目　文］《通知》要求，扩大工伤预防的试点范围。试点城市在保证工伤保险待遇支付和储备金留存的前提下，用于工伤预防的费用为本统筹地区上年度工伤保险基金征缴收入的2%左右，主要用来开展工伤预防的宣传、培训以及法律、法规规定的其他工伤预防项目。

此前，我国已在河南、广东、海南等3省的12个地市开展了工伤预防试点。

4月22日

［纲　文］ **环境保护部、国土资源部、住房城乡建设部、水利部印发《华北平原地下水污染防治工作方案》**

［目　文］《方案》提出，本文件是开展华北平原地区地下水污染防治工作的重要指导性文件，北京、天津、河北、山西、山东及河南省（市）人民政府要切实加强组织领导，进一步将《方案》相关责任分解落实到省（市）内有关部门和地方各级政府，认真做好《方案》实施工作。

《方案》提出，一、加强领导，落实责任。二、加强协调，整合资源。三、统筹规划，突出重点。四、加强论证，科学实施。

4月22日

［纲　文］ **国家税务总局发布《国家税务总局定点联系企业名册管理办法》。**

［目　文］《办法》包括总则、工作模式、工作职责、工作流程、附则共计5章16条，自2013年9月1日起施行。

4月22日

［纲　文］ **中央书记处书记刘云山在苏州会见出席第四届中欧政党高层论坛的欧方代表。**

［目　文］　刘云山说，当前中欧都处于各自发展的重要时期，中欧相互联系加深、共同利益增多、合作前景广阔。中欧双方应积极实践同舟共济、合作共赢的理念，在加强战略沟通、深化务实合作中推动中欧关系实现新飞跃。中欧政党高层论坛作为中欧政党间的战略性对话平台，已成为中欧合作的一个亮点。希望本届论坛围绕双方共同关心的问题进行探讨，提出更多建设性意见，为新时期中欧关系健康发展贡献智慧。

欧方代表向四川雅安芦山地震遇难者表示沉痛哀悼，对中国党和政府迅速有效的救援行动表示赞赏，祝愿灾区人民早日克服困难，重建美好家园。希望以本届论坛为契机，深化党际交流合作，为欧中关系发展作出积极贡献。

4月22日

［纲　文］　**国务院副总理刘延东在北京会见国际奥委会主席罗格。**

［目　文］　刘延东高度评价罗格主席为推动奥林匹克运动发展所作贡献。对他长期关心支持中国奥林匹克运动和体育事业发展、特别是对北京奥运会的成功举办所给予的支持表示衷心感谢。她说，奥林匹克精神是人类文明进步的重要体现，中国政府将继续大力支持中国体育事业发展，积极推动奥林匹克精神在中国的传播。

罗格主席是应邀专程来华出席天津萨马兰奇纪念馆首展活动的。

4月22日

［纲　文］　**国家副主席李源潮、中央军委副主席范长龙在北京分别会见美国前国务卿基辛格。**

［目　文］　李源潮在会见时说，基辛格博士是中美关系发展的开拓者和见证人。当前中美关系正处在承前启后、继往开来的新时期，中国将高举和平、发展、合作、共赢的旗帜，愿与美方一道，落实两国元首达成的共识，探索构建平等互信、包容互鉴、互利共赢的新型大国关系。基辛格表示，美中合作对世界的和平与进步至关重要，愿继续为推动美中关系健康稳定发展作出努力。

范长龙在会见时说，中美关系正处于新的重要时期，习近平主席与奥巴马总统对构建中美新型大国关系达成重要共识，明确了两国关系的战略定位和发展方向。双方要继续保持良好合作势头，着眼新的形势，正视矛盾问题，强化战略互信，共同应对挑战，推动两国两军关系健康稳定发展。基辛格说，此次访问进一步感受到中国军队的友好和开放，表示将继续致力于促进美中友好。

4月22—23日

［纲　文］　**第四届中欧政党高层论坛在苏州召开。**

［目　文］　本届论坛主题为谋合作、求共赢：推动中欧关系新飞跃。来自欧洲27个国家的44个政党、部分欧洲地区性政党和欧洲议会党团领导人、智库负责人和中方各界代表200余人与会。论坛开幕式上，中欧代表共同为四川雅安芦山地震遇难者默哀。中央书记处书记刘云山发表题为《同舟共济，合作共赢，共创中欧美好未来》的主旨讲话。

刘云山指出，习近平总书记提出的中国梦本质内涵是国家富强、民族振兴、人民幸福。实现中国梦，给世界带来的是和平、是发展、是合作，是机遇而不是威胁。中国将坚定不移走和平发展道路，始终奉行互利共赢的开放战略，把中国梦与世界分享，与欧洲分享，为实现持久和平、共同繁荣的世界梦提供更多正能量。

刘云山指出，推动中欧关系新飞跃，需要双方在以下几个方面共同努力：一是坚持合作共赢理念，把握中欧全面战略伙伴关系的正确方向；二是做大合作“蛋糕”，夯实中欧全面战略伙伴关系的经济基础；三是加强人文交流，构筑中欧全面战略伙伴关系的精神纽带；四是妥善管控分歧摩擦，切实维护中欧全面战略伙伴关系大局；五是共迎全球挑战，携手推动构建持久和平、共同繁荣的和谐世界。

刘云山说，党际关系是国家关系的重要组成部分。随着中欧全面战略伙伴关系的加强，中欧党际交往的重要性进一步上升，合作空间不断扩大。中国共产党愿继续密切同欧洲各政党的关系，为推动中欧合作共赢、增进中欧人民福祉作出更大努力。

欧方代表致辞表示，中国共产党以实现人民对美好生活的梦想为奋斗目标，这也是欧洲各国各类政党的目标和责任。欧中政党应以此为动力，超越意识形态差异，深化相互理解，实现合作共赢。本届论坛为此提供重要平台，必将为欧中政党合作，为欧中关系的飞跃作出积极贡献。

4月22—23日

［纲　文］　全国人大常委会委员长张德江、国务院总理李克强在北京分别与泰国国会主席颂萨·革素拉暖举行会谈。

［目　文］　22日，张德江在会见时简要介绍中国全国人民代表大会制度和十二届全国人大一次会议情况。他说，中国全国人大和泰国国会作为各自国家的最高立法机关，双方开展友好交流与合作，不仅对推动中泰关系深入发展、中泰友好发扬光大发挥着不可替代的重要作用，而且对推进两国民主法制进程、促进实现各自发展战略有着重要意义。中国全国人大愿进一步密切与泰国国会的友好关系，扩大多层次、多渠道的交往，开展治国理政、发展经济、改善民生等方面的交流互鉴，增进中泰人民之间的相互了解和友谊，共同推动两国全面战略合作伙伴关系取得更大发展。颂萨说，泰中友好深入人心，两国关系正处于历史最好时期。泰方愿与中方一道，在现有基础上把各领域的友好合作做实，进一步扩大在投资、基础设施特别是语言文化等领域的合作，为泰中友好注入不竭的动力。泰国国会愿为促进泰中关系发展多作贡献。

23日，国务院总理李克强在会见时感谢泰国王室和政府在中国四川芦山强烈地震发生后第一时间发来慰问电。李克强说，中泰友好关系持续深入，开创了周边睦邻合作的良好范例。希望双方在更高层次、更大范围拓展合作，深化交流，共同发展，使中泰关系继续领跑中国与东盟关系。中方支持东盟共同体建设，支持东盟在东亚合作中的主导作用。中方愿与泰方密切合作，推动中国—东盟关系健康稳定发展。颂萨再次对中国芦山地震造成的伤亡和损失表示关切和慰问，高度赞赏中国政府及时有效的应对和救援，表示泰方愿与中方携手，把友好关系转化为各领域务实合作，密切在国际和地区事务中的协调配合，为本地区的和平、稳定与发展作出贡献。

4月23日

［纲　文］　**中央军委主席习近平在人民大会堂会见美军参谋长联席会议主席登普西。**

［目　文］　登普西首先代表美国政府和人民向中国四川芦山发生强烈地震致以深切慰问，高度评价中国人民解放军在抗震救灾中的迅速有效反应。习近平说，中方对四川芦山发生地震后美国政府向中国政府和人民表达的慰问和支持表示感谢。习近平表示，中方有能力、有信心战胜自然灾害。

习近平指出，当前中美关系正处在承前启后、继往开来的重要时期。不久前，我同奥巴马总统通电话时一致重申，共同致力于建设中美合作伙伴关系、探索构建新型大国关系，确认了两国关系的战略定位和发展方向。中方愿同美方一道，从战略高度和长远角度把握两国关系，不断充实合作伙伴关系的战略内涵，走出一条平等互信、包容互鉴、合作共赢的新型大国关系之路。

习近平强调，中美两军关系是两国合作伙伴关系的重要组成部分。保持两军关系健康稳定发展，有利于增进中美战略互信，也有利于防范风险和管控危机。习近平说，中方高度重视发展中美两军关系。过去一年多来，两军在高层互访、磋商对话、联演联训等领域的交流与合作取得积极进展。中方愿与美方共同努力，加强军事互信、拓展交流合作领域，积极推动构建中美新型军事关系。

登普西感谢习近平的会见，转达了奥巴马总统、拜登副总统对习近平的问候。登普西说，此次访问是落实两国元首达成共识的重要组成部分，两军领导人进行了开诚布公的对话和坦诚深入的沟通，会谈富有成效。登普西表示，美方愿与中方共同努力，加强互信，克服障碍，按照两国元首指引的方向努力深化两国两军关系。

4月23—25日

［纲　文］　**全国人大常委会第二次会议在人民大会堂举行。**

［目　文］　会议经表决通过《中华人民共和国旅游法》。会议表决通过全国人大常委会代表资格审查委员会主任委员、副主任委员、委员名单和其他任免案。

全国人大常委会委员长张德江发表讲话。他说，坚持依法治国、维护宪法和法律权威，是全国人大及其常委会的重要任务。依法治国的前提和基础是立法。我们要认真贯彻落实党的十八大精神，继续加强和改进立法工作，切实提高法律的针对性、及时性、系统性，更好地发挥法律的引领和推动作用。一要突出提高立法质量，使法律准确反映经济社会发展要求，更好协调利益关系，严谨周密、可靠管用。二要增强法律的可执行性，在立法中科学严密地设计法律规范，有针对性地作出规定。三要加强立法评估工作，在法律提交通过前增加评估环节，使立法更为周全。四要加强法律的宣传工作，为法律出台后有效实施打好基础，为法律得到正确适用和自觉遵守营造良好环境。

4月23日

［纲　文］　**财政部印发《经济建设项目资金预算绩效管理规则》。**

［目　文］　《规则》包括总则、基本建设类投资预算绩效管理、财政专项资金预算绩效管理、附则共计4章4条。该《规则》自2013年6月1日起施行。

4月23日

［纲　文］　**交通运输部印发《港口危险货物重大危险源监督管理办法（试行）》。**

［目　文］　《办法》包括总则、辨识评估、登记备案、安全管理、监督检查共计5章29条。

4月23日

［纲　文］　**外交部发言人就日本国会议员集体参拜靖国神社一事答记者问。**

［目　文］　外交部发言人说，如何认识历史，如何对待靖国神社问题，是亚洲邻国和国际社会观察了解日本今后要走什么发展道路的重要参照。不管日本领导人以何种形式和身份参拜靖国神社，其本质都是企图否认那段日本军国主义侵略历史。日方的行为及其意图动向值得亚洲邻国和国际社会高度警惕。只有以史为鉴，才能面向未来。我们敦促日方本着对历史负责，对人民负责，对未来负责的态度，不要再做损人害己、自我孤立的事情。

4月24日

［纲　文］　**国家主席习近平在人民大会堂分别会见美国前国务卿基辛格和前财政部部长保尔森。**

［目　文］　在会见基辛格时，习近平赞赏其数十年来积极致力于推动中美关系发展并作出的特殊贡献。习近平说，双方要进一步密切高层交往和机制性对话，厘清利益契合点，推进各领域合作，相互尊重，平等相待，妥善处理分歧。双方要从大处着眼，登高望远，从战略高度认识当今时代形势，始终把握两国关系的正确走势。同时要从小处着手，积微成著。建立中美新型大国关系需要双方一点一滴的实践和积累。双方要加强在双边领域的务实合作，保持在国际地区问题上的沟通协调，推动两国关系长期健康稳定发展。基辛格说，美中合作对两国和世界都至关重要。双方可在事关和平稳定的重大问题上深入沟通，扩大合作，这既有助于美中关系的可持续发展，也有助于世界的稳定与发展。

在会见保尔森时，习近平首先感谢保尔森对四川芦山发生强烈地震的深切慰问。习近平说，现在抗震救灾各项工作正在有效、有序进行，中国政府和人民有信心、有能力克服困难，取得抗震救灾和灾后重建的胜利。当前中美关系总体保持稳定发展。两国领导人保持密切沟通，双方建立了90多个政府间对话机制，在广泛领域开展互利合作。中国正在努力实现中华民族的伟大复兴，朝着“两个一百年”的目标前进。美国也在振兴经济，推进改革。中美合作前景广阔。习近平肯定保尔森中心近年来在推进两国能源、环境、气候、人员培训等领域合作所作努力，鼓励其继续为两国关系发展发挥积极作用。保尔森说，美中两国新政府都高度重视发展美中关系，我对此感到振奋。当前双方在振兴经济、能源、环境、气候变化等领域面临机遇和挑战，可进一步加强合作。保尔森中心愿继续为此作出努力。

4 月 24 日

［纲　文］　**中国国家主席习近平向孟加拉国当选总统哈米德致贺电。**

4 月 24 日

［纲　文］　**李克强主持召开国务院常务会议。**

［目　文］　会议部署安排进一步做好四川芦山抗震救灾工作，把损失减少到最小程度，决定取消和下放一批行政审批事项，推进政府职能转变。会议听取国务院有关部门关于四川芦山抗震救灾最新情况汇报。

会议指出，国务院有关部门要认真贯彻 4 月 23 日中央政治局常委会精神，按照国务院常务会议要求，根据已明确的以四川省为主、形成统一指挥体系的安排，继续各负其责、加强指导、协同配合，着力抓好以下工作：一是目前虽然已经过了 72 小时“黄金救援期”，但仍不能轻言放弃，要继续全力科学搜救被困群众，排查盲点、不留死角。这次地震伤员较多，要安排足够的医护人员和血浆、药品等，确保得到及时救治。二是发挥灾区基层组织作用，做好受灾群众过渡性安置。抓紧将急需的帐篷、衣被、活动板房等物资调运到位，尽快将中央财政下拨的补助粮款发到因灾无房可住、无生活来源、无自救能力的“三无人员”手中，保证受灾群众有安全住所、有饭吃、有干净水喝。把强化卫生防疫作为当前抗震救灾的重要任务，备足消毒用品、药品，对重点区域持续开展消杀工作，确保灾后无大疫。三是针对气象变化带来的新情况，加强监测预警，做好滑坡、塌方、泥石流等次生灾害应急防范，务必避免新的人员伤亡。四是加大道路抢通、保通、保畅工作，及时修复电力、通信、供水等设施，开展废墟清理、危房鉴定、拆除等工作。抓紧恢复医疗机构、商业网点、学校等正常运转，尽快恢复灾区生产生活秩序。五是及时组织开展灾害损失评估，科学编制灾后重建规划和方案，适时启动灾后重建工作。

为落实《国务院机构改革和职能转变方案》，会议决定，第一批先行取消和下放 71 项行政审批项目等事项，重点是投资、生产经营活动项目。

会议指出，这是深化改革、加快职能转变的重要一步，必须精心组织实施，做好与相关法律法规的衔接，及时公布，接受各方监督。对取消审批的事项，要相应加强事中事后监管。下一步，各部门要加大减少和下放行政审批事项工作力度，加快进度，科学评估，成熟一批推出一批。各级政府要适应职能转变新要求，把该放的事坚决放开，把该管的事管住管好，以政府职能转变的新成效为经济社会发展注入新的动力和活力。

会议强调，政府工作千头万绪，必须围绕大局，统筹兼顾。要在及时高效、科学有序应对自然灾害、公共卫生突发事件等的同时，继续抓好稳增长、推改革、促升级等各项重点工作。

4月24日

［纲　文］　**国务院总理李克强在北京会见韩国外交部部长尹炳世。**

［目　文］　尹炳世代表韩国政府和人民对中国四川芦山发生强烈地震表示深切慰问，高度评价中国政府在抗震救灾中表现出的卓越领导力，并代表韩国政府向中方提供100万美元现汇援助。李克强表示，感谢韩方的慰问和援助，并借此机会，感谢各国政府和民间团体对中国芦山地震造成人员伤亡和财产损失给予的同情、支持和帮助。

李克强说，当前，中韩关系已成为亚太最重要的双边关系之一，在国际和地区政治经济形势复杂演变的新形势下，中韩之间建立相互理解、互信合作、稳定发展的关系尤为重要。希望双方继续加强沟通协调，深化务实合作，加快自贸区谈判，不断充实中韩战略合作伙伴关系的内涵，这不仅能给双方人民带来实际利益，也有利于本地区的和平稳定与发展。李克强指出，中方始终致力于实现半岛无核化，维护半岛的和平稳定，坚决反对与之相悖的行为。中方积极支持南北改善关系，愿与韩方一道，努力推动形势向缓和的方向发展。

尹炳世表示，朴槿惠总统和韩国新政府高度重视对华关系，愿同中方加强沟通交流，促进共同发展。韩方感谢中方为维护半岛和平稳定、实现半岛无核化所作努力。

同日，外交部部长王毅在北京同韩国外交部部长尹炳世举行会谈，双方还就朝鲜半岛形势交换了看法。王毅强调中方在半岛核问题上秉持公正和负责任态度，当务之急是各方保持冷静克制，采取积极主动措施，缓解紧张局势，促使问题重回对话解决轨道。

4月24日

［纲　文］　**中共中央政治局常委王岐山在北京会见由越南中央政治局委员吴文裕率领的越南共产党代表团。**

［目　文］　王岐山表示，中国共产党愿继续同越南共产党一道，在党的建设和治国理政等方面加强交流合作，互学互鉴，推动中越全面战略合作伙伴关系稳定健康发展。王岐山说，把中国的事情办好，关键在坚持党的领导、坚定不移走中国特色社会主义道路。党必须首先战胜来自自身的风险和挑战，坚持党要管党、从严治党，立党为公、执政为民，保持心系人民、艰苦朴素的优良传统和作风，推进党风廉政建设和反腐败斗争。

吴文裕表示，愿同中国共产党继续加强党际交流，相互借鉴反腐倡廉经验。

4月24日

［纲　文］　**十二届全国人大常委会第三次委员长会议在人民大会堂举行。**

［目　文］　全国人大常委会委员长张德江主持召开第三次委员长会议。全国人大常委会副委员长李建国、王胜俊、陈昌智、严隽琪、沈跃跃、吉炳轩、张平、向巴平措、艾力更·依明巴海、万鄂湘、张宝文、陈竺出席会议。

会议听取全国人大法律委员会主任委员乔晓阳作的《关于旅游法草案修改意见》的汇报，听取全国人大常委会副委员长兼秘书长王晨作的《关于十二届全国人大常委会代表资格审查委员会主任委员、副主任委员、委员名单草案和任免案审议情况》的汇报。委员长会议决定，根据常委会审议意见，对上述议案和草案作进一步审议修改后，交付十二届全国人大常委会第二次会议闭幕会表决。

4月24日

［纲　文］　**财政部印发《关于中央部门和单位开展财政票据电子化改革试点工作的通知》。**

［目　文］　《通知》决定在中央部门和单位实施财政票据电子化改革试点工作，以进一步加强和规范政府非税收入征收管理。首批试点的中央部门和单位包括中华全国总工会、海关总署、故宫博物院、清华大学、北京大学等29家。

财政票据电子化改革将分步实施，先选择一批试点部门和单位，试验运行票据系统。然后在总结试点经验的基础上，再逐步推广到其他用票部门和单位，最终实现在中央部门和单位全面实施财政票据电子化管理。

4月24日

［纲　文］　**军队和武警部队参加四川芦山抗震救灾工作电视电话会议在北京召开。**

［目　文］　会议开始时，与会人员全体起立，为四川芦山地震中遇难的同胞和在抗震救灾中英勇牺牲的战士默哀。中央军委副主席范长龙出席并讲话。

范长龙在讲话中指出，当前，四川芦山抗震救灾正处在关键时刻。要认真学习贯彻党中央、习近平主席决策指示，坚决完成下一步抗震救灾任务，打胜这场硬仗。要把党中央、习主席对军队和武警部队的信任、厚望和鼓励传达到参加救灾的全体官兵，激励大家不辱使命，不负重托。要高度重视搜救工作，只要还有一线希望，就要百倍努力施救。要坚持科学用兵，把兵力、装备用在最需要的地方。要把人民群众的利益摆在第一位，想方设法为受灾群众排忧解难。

范长龙强调，成都军区抗震救灾联合指挥部要继续加强对部队行动的统一指挥和协调，各任务部队要坚决服从命令、听从指挥。要加强与地方党委、政府的沟通协调，主动承担最危险、最紧急、最艰巨的任务。要及时、有力、有效地开展政治工作，教育引导官兵发扬我军特别能吃苦、特别能战斗的优良传统和作风，跟进搞好各项保障。要科学救灾，落实安全防护措施，避免不必要的损失。要加强部队管理，严格落实各项规定，严格执行群众纪律，客观反映部队救灾情况，切实把改进作风的成效体现到救灾工作之中，维护人民军队的良好形象，向党和人民交出一份合格答卷。

4月24日

［纲　文］　**新华社讯，许其亮日前在驻云南部队调研。**

［目　文］　电讯说，中央军委副主席许其亮强调，要按照走在前列的要求深入学习贯彻十八大精神和习近平主席一系列重要指示，突出抓好习主席关于强国强军重大战略思想的学习教育，引导官兵牢记强军目标、坚定强军信念、献身强军实践。要深入开展“坚定信念、铸牢军魂”主题教育，坚定官兵听党指挥的信念，确保一切行动听从党中央、中央军委和习主席指挥。要把思想政治工作做深做细做扎实，春风化雨，润物无声，激发官

兵爱岗敬业、创先争优、精武强能的热情和干劲。

许其亮指出，要坚持把国家主权和安全放在第一位，牢固树立“养兵千日、用兵千日”的思想，持续拓展深化军事斗争准备，把战斗力这个唯一的根本的标准立起来、落下去，扎实抓好战备执勤，确保边防安全稳定。要培养一批地形通、政策通、社情通、外军通和执勤能手，积极发展适应边防部队履行使命任务需要的武器装备，为戍边稳边提供有力人才和装备支撑。同时，每个执勤官兵要当好戍边卫士和睦邻友好的使者，为稳边控边发挥积极作用。

许其亮强调，要大力加强作风建设，把习主席“三个坚持、三个着力”的重要指示落到实处，推动作风和风气实现更大进步。要注重在艰苦环境、重大任务中锻炼摔打，磨砺战斗意志和作风，打造有血性、敢担当、能打仗的精武尖兵和敢打必胜、令敌生畏的精锐之师。当前，要全力以赴抓好四川芦山抗震救灾，坚决落实习近平主席重要指示，发扬能打仗、打胜仗的精神，科学组织实施，军地密切配合，尽最大努力保护灾区人民群众生命财产安全。

4月24日

［纲　文］　**国务院副总理刘延东在北京会见世界卫生组织助理总干事福田敬二等世卫组织人感染H7N9禽流感防控联合考察专家。**

［目　文］　刘延东表示，此次疫情发生后，中国政府高度重视、迅速行动，积极科学有效应对，坚持信息公开透明，加强患者救治和疫情监测研判，有力有序地开展工作。我们将继续强化各项联防联控措施，为保障生命安全和人民健康而不懈努力。世卫组织专家赞赏中国政府以透明、开放的态度应对人感染H7N9禽流感疫情并积极评价所采取的措施，愿继续提供技术支持。

4月24日

［纲　文］　**国家副主席李源潮在北京分别会见哥斯达黎加第一副总统皮瓦、美国前财政部部长保尔森。**

［目　文］　李源潮对皮瓦代表哥政府和人民向中国芦山地震表达的慰问表示感谢。他说，当前中哥都处在重要发展阶段。中国将高举和平、发展、合作、共赢的旗帜，与哥斯达黎加共同努力，深化政治互信，加强互利合作，丰富人文交流，推动两国关系全面深入发展。皮瓦表示，愿加强两国在农业、经贸、基础设施、教育、国土规划等方面的交流合作，促进拉丁美洲国家同中国整体合作。

李源潮会见保尔森时说，中美应互信互利、互相包容，寻找更多合作机遇，发展更多共同利益，巩固中美经贸关系互利共赢的格局，更好地造福两国人民。保尔森表示，愿继续为推动美中在投资、环保、企业家培训等方面的合作发挥积极作用。

4月25日

［纲　文］　**习近平主持召开中共中央政治局常务委员会会议，研究当前经济形势和**

经济工作。

［目　文］　会议指出，当前，我国经济运行仍面临一些困难和挑战。从国际看，世界经济增长动力不足，全球流动性大幅增加，主权债务危机反复冲击市场信心，国际金融危机深层次影响不断显现。从国内看，经济增长动力仍需增强，影响农业稳定生产因素仍然较多，金融领域潜在风险需要加强防范，环境污染和食品药品安全等问题突出。

会议强调，面对新形势，我们要坚持用两点论看待问题，既要充分肯定取得的成绩，又要清醒看到存在的问题，未雨绸缪，加强研判，宏观政策要稳住，微观政策要放活，社会政策要托底。要按照稳中求进的要求，坚持以提高经济发展质量和效益为中心，继续实施和用好积极的财政政策和稳健的货币政策，增强政策针对性，统筹考虑稳增长、控通胀、防风险，把深化改革开放、强化创新驱动贯穿持续发展经济、结构转型升级、不断改善民生全过程，加快转变经济发展方式，使质量和效益、就业和收入、环境保护和资源节约协调推进，稳中求好、稳中求优，促进经济持续健康发展。

会议提出，要着力释放内需潜力，大力发展绿色消费和服务消费，先行取消下放一批投资项目审批事项，严格控制“两高”行业盲目扩张。力争农业丰收，抓好夏季粮油生产和春耕备耕工作，实施好新一轮“菜篮子”工程，加强畜禽疫病监测和防控。促进对外经济稳定发展，增加能源资源、先进技术和设备等进口，扩大金融、物流等服务业开放，支持重点领域、重大项目的境外投资，优化利用外资结构。保持价格总水平基本稳定，做好重要商品储备吞吐和进出口调节工作，完善社会救助和保障标准与物价上涨挂钩的联动机制。扎实推进产业转型升级，积极推进产能过剩行业调整，坚决遏制产能过剩和重复建设，推动战略性新兴产业发展，支持服务业新型业态和新型产业发展。切实加强环境保护和资源节约，把环境保护放到更加突出的位置，抓紧研究大气污染防治行动计划，强化重点流域和地下水污染防治。扎实推进城镇化和区域协调发展，推进实施区域发展总体战略，大力实施集中连片特困地区区域发展与扶贫攻坚规划。加大改革攻坚力度，抓紧清理、取消、调整行政审批项目，做好扩大营改增试点地区和行业范围工作，抓紧建立规范的地方政府举债融资机制，完善资源性产品价格形成机制。

会议强调，要大力保障和改善民生，及早做好高校毕业生就业服务工作，完善城乡居民养老保险制度，推进基本医疗保险城乡统筹，完善低保、重特大疾病保障和救助制度，抓好房地产市场调控和住房保障工作。做好 H7N9 禽流感疫情防控工作。全力以赴做好四川芦山地震抗震救灾工作，安排好受灾群众生活，抓紧做好灾后恢复重建各项准备工作。

4 月 25 日

［纲　文］　**习近平签署中华人民共和国主席令（第三号）。**

［目　文］　第三号主席令说，《中华人民共和国旅游法》已由中华人民共和国第十二届全国人民代表大会常务委员会第二次会议于 2013 年 4 月 25 日通过，现予公布，自 2013 年 10 月 1 日起施行。

4月25日

［纲　文］　**中国商务部和法国外贸部在北京共同举办中法商务论坛。**

［目　文］　中国国家主席习近平和法国总统奥朗德出席论坛闭幕式并致辞。习近平在致辞中表示，经贸合作是中法全面战略伙伴关系的重要组成部分。当今世界，经济全球化深入发展，给我们带来新挑战，更带来新机遇。中法经济互补性强，合作潜力巨大。双方要从战略高度看待和发展经贸合作，积极探索新领域新方式，共同建设紧密、长期、可持续的新型经贸伙伴关系。习近平希望两国企业继续加强在航空、核能、汽车等传统领域合作，拓展节能环保、农产品贸易、医疗健康、数字经济等新领域合作。中方欢迎法国企业来华投资兴业，鼓励更多中国企业赴法投资。中国愿进口更多法国产品。希望法方推动欧盟放宽对华高新技术产品出口管制。习近平指出，中法双方要共同反对保护主义，完善公平竞争的市场环境，友好协商解决合作中的问题，消除投资壁垒，促进贸易和投资便利化，推动尽早启动中欧投资协定谈判，实现合作共赢。习近平强调，中法双方要加强在二十国集团、国际货币基金组织等多边场合的沟通和配合，加强宏观经济政策协调，推动国际货币金融体系改革，推动世界经济强劲、可持续、平衡发展。

习近平表示，中国确立了未来发展目标，我们将继续把发展作为第一要务，将坚持对外开放、互利共赢、共同发展，不断提高开放型经济水平，中国经济将继续保持较快发展势头。中国越发展，越能给世界带来发展机遇。希望法国企业家审时度势、抓住机遇，积极开拓中国市场。相信只要双方相互尊重、携手努力，中法经贸合作一定能焕发新的活力，更好造福两国人民，为世界经济发展作出更大贡献。

奥朗德在致辞中表示，法国高度赞赏中国改革开放取得非凡成就，特别是面对国际金融危机冲击，努力扩大内需，保持经济较快增长。法国希望借重中国的发展，实现两国共同发展和繁荣。法方愿开辟两国合作新领域，扩大双边贸易和投资规模。法方坚决反对保护主义，欢迎中国企业赴法投资，鼓励更多法国企业进入中国市场，共享技术及成果。法方感谢中方对欧洲抱有信心并支持欧元区应对债务危机的努力，愿同中方携手推进欧中合作。法方还希望同中方共同推动全球经济治理改革，促进世界经济增长。法方对未来两国合作充满信心和期待。

论坛由中国商务部外贸发展局、中国国际经济技术交流中心、法中委员会共同承办，本次论坛主题为“合作伙伴关系：崭新活力”，中法两国政府官员、企业家及各界代表共700余人参加论坛。商务部外贸发展局副局长贾国勇和法中委员会副主席钱法仁主持论坛全会。论坛期间，双方企业按照农业食品、医疗健康、城市可持续发展、数字经济四个领域进行了充分交流和对接。

4月25日

［纲　文］　**全国军队转业干部安置工作电视电话会议在北京召开。**

［目　文］　会议指出，要充分认识做好军转安置工作的极端重要性，认真贯彻落实中央关于军转安置工作的一系列方针政策。要突出安置重点，改进安置办法，拓宽安置渠

道，挖掘安置潜力，千方百计安排好计划分配军转干部。要完善政策措施，扎实做好自主择业军转干部管理服务和就业促进工作。要不断提高针对性和实效性，切实加强教育培训工作。要积极推进中国特色退役军官安置制度建设，继续重视做好部分企业军转干部解困和稳定工作。

会议强调，要切实增强做好军转安置工作的政治责任感，坚决贯彻中央决策部署，加大工作力度，明确工作责任，严肃工作纪律，改进工作作风。要深入细致做好思想工作，密切军地协调配合，形成工作合力。要坚持透明公开、公平公正，坚持一切安置工作在阳光下运行。要做到执行安置计划不打折扣，落实安置政策不搞变通，完成安置任务不讲条件，确保军转安置任务圆满完成。

4月25日

［纲　文］　**国家发展改革委印发《苏南现代化建设示范区规划》。**

［目　文］　《规划》明确，围绕到2020年建成全国现代化建设示范区，到2030年全面实现区域现代化、经济发展和社会事业达到主要发达国家水平的目标，重点推进经济现代化、城乡现代化、社会现代化和生态文明、政治文明建设，促进人的全面发展，将苏南地区建成自主创新先导区、现代产业集聚区、城乡发展一体化先行区、开放合作引领区、富裕文明宜居区，为我国实现社会主义现代化积累经验、提供示范。

4月25日

［纲　文］　**保监会印发《人身保险电话销售业务管理办法》。**

［目　文］　《办法》加强对电话销售主体的资质管理和销售环节的细节管理，以解决销售误导、电话扰民、落地服务不到位等问题。如规定开展电销的公司连续两季度偿付能力充足、最近两年内无重大行政处罚记录等；要求保险公司及其委托机构设置全国统一的专用号码，并在官方网站显著位置开辟信息披露专栏，公布电话号码、电销产品信息以及消费者投诉维权途径，同时禁止保险销售人员个人随机拨打电话约访陌生客户；规定各公司必须根据不同地区、不同人群的生活习惯设置禁止拨打时间，除客户主动要求外，每日21时至次日9时不得呼出销售；要求各公司对于明确拒绝再次接受电话销售的客户，录入禁止拨打名单，设立不少于6个月的禁止拨打时限，同时建立因禁拨管理不当对客户造成骚扰的责任追究机制；电话销售的产品范围限于普通型人身保险产品，但连续经营电话销售业务两年以上，其间未受到金融监管机构重大行政处罚的，可以通过电话销售分红型人身保险产品；保险公司必须对电话通话过程全程录音，并对成交件录音备份存档，保险期间在1年以下的不得少于5年，保险期间超过1年的不得少于10年。

《办法》进一步明确了监管责任主体：呼出地保监局负责电话销售中心批设及委托代理项目备案等事项，呼入地保监局负责对辖内电话销售业务进行检查，并对违规行为进行处罚。为确保人身保险电话销售业务平稳过渡，保监会表示将给予已经开展电话销售业务的人身保险公司6个月的改建期。

4月25日

［纲　文］　**司法部印发《进一步推进法律援助工作的意见》。**

［目　文］　《意见》提出，一、充分认识做好新形势下法律援助工作的重要性。二、加大对困难群众法律援助服务力度。积极做好为困难群众提供法律援助的工作。扩大法律援助覆盖面。深化法律援助便民服务。提高法律援助服务质量。三、切实履行法律援助监管职责。强化法律援助监管职能。完善法律援助工作制度。四、加强法律援助工作保障。提高法律援助工作保障水平。加强对经济欠发达地区和律师资源短缺地区法律援助工作扶持。

4月25日

［纲　文］　**全国政协主席俞正声在北京会见公正俄罗斯党主席、俄罗斯国家杜马副主席列维切夫。**

［目　文］　俞正声感谢俄方对中国抗震救灾的慰问支持。他说，习近平同志担任国家主席后首访俄罗斯，与俄方就一系列重大问题达成新的重要共识，中俄全面战略协作伙伴关系已站在新的历史起点上。党际交往和议会交流都是中俄关系的重要组成部分，中方愿继续深化同公正俄罗斯党、俄国家杜马的友好合作，共同为推动中俄关系全面深入发展作出新贡献。

列维切夫高度评价习近平主席首访俄罗斯的重要意义，强调公俄党坚定支持中俄战略协作并将为此作出自己的努力。

4月25日

［纲　文］　**国家副主席李源潮在北京会见美国常务副国务卿伯恩斯。**

［目　文］　李源潮说，中美关系进入新的重要阶段。双方应坚持两国元首确定的方向，通过对话增进战略互信，通过合作扩大利益交融，通过妥处分歧排除干扰，共同建设合作伙伴关系，走出一条新型大国关系之路。伯恩斯表示，美国愿在双方关注的重大问题上与中方加强磋商，推动美中新型大国关系向前发展。

4月25日

［纲　文］　**国务院副总理汪洋在北京会见瑞士联邦副主席伯克哈尔特。**

［目　文］　汪洋说，当前中瑞关系呈现良好发展势头。两国经济贸易互补性较强，双方要从战略高度，本着互惠互利的原则，寻求共同点，在具体问题上体现灵活性，为签署中瑞自贸协定创造成熟条件，给两国友好关系发展注入新的活力。伯克哈尔特表示，瑞方高度重视保持和发展良好的对华关系，愿与中方共同努力，又好又快地推进谈判，达成互惠双赢平衡的高质量自贸协定。

4月25日

［纲　文］　**《人民日报》发表题为《灾难中凝聚不屈的力量》的评论员文章。**

4月25—26日

［纲　文］　**应国家主席习近平邀请，法兰西共和国总统弗朗索瓦·奥朗德对中国进行国事访问。**

［目　文］　25日，中国国家主席习近平在人民大会堂同法国总统奥朗德举行会谈。

习近平在会谈时指出，新形势下，中法要继续做优先战略合作伙伴，相互支持、深化合作，走不同政治制度和文化传统国家合作共赢之路，共同致力于推动国际关系民主化，推动国际秩序朝着更加公平合理方向发展，推动平等协商集体制定国际规则，推动对话和平解决国际争端，维护世界和平稳定，促进共同发展繁荣。习近平强调，中法双方要加强沟通和交往，相互尊重、深化互信，切实照顾彼此核心利益和重大关切，支持对方自主选择的发展道路。双方要着眼长远，秉持创新和共赢理念，结合各自发展战略，拓宽思路、拓展领域，扩大经贸合作。双方要加强人文交流，增进两国人民友好感情，共同维护世界文化多样性。双方要加强在国际事务中协调和配合。

奥朗德表示，面对各种全球性挑战，法中作为两个负责任的大国，应就重大问题加强对话、协调与合作，共同推进全球经济治理，维护世界和平与繁荣。法国致力于同中国加强相互信任、互利共赢、稳定发展的全面战略伙伴关系。法国尊重中国的主权和领土完整，支持中国的发展。

两国元首就全面加强中法交往合作交换了意见，决定保持元首年度会晤，加强战略对话，建立高级别经济财金对话机制。提升核能、航空等传统领域合作水平，加强联合研发、联合投资和联合生产，共同开拓第三方市场。在城镇化、现代农业和农产品加工、食品加工、工业节能、新能源、城市可持续发展、卫生、数字化、海洋、极地等领域打造合作新亮点，扩大双向投资，促进双边贸易平衡增长。加强在二十国集团事务中以及在气候变化、粮食和能源资源安全等问题上的协调和配合。双方还就共同关心的地区热点问题交换了看法。会谈后，两国元首共同见证了两国政府和企业间多项合作文件的签署，涉及科技创新、环保、城市可持续发展、文化、旅游、核能、电力、航空、金融保险、食品和食品安全等多个领域，双方共同发表了《中法联合新闻公报》。

26 日，国务院总理李克强、全国人大常委会委员长张德江在北京分别会见法国总统奥朗德。李克强在会见时指出，中法经济互补性很强，合作空间巨大。要把潜力转化为更多现实成果，关键是增强共赢思维、创新合作方式。奥朗德表示，法方感谢中方对欧洲和欧元的支持，愿为欧中关系发展发挥更大作用。张德江在会见时表示，新一届中国全国人大坚持依法治国，切实维护宪法和法律的权威，同时愿加强与法国议会的友好往来，发挥好定期交流机制作用，为夯实双边关系的社会和民意基础、推动中法务实合作作出更大贡献。奥朗德表示，法方对进一步发展法中全面战略伙伴关系充满信心。议会交往是法中关系的重要组成部分，法方希望进一步加强同中国全国人大的交流合作。

4 月 26 日

［纲　文］　**国务院总理李克强就孟加拉国首都达卡发生大楼坍塌事故向孟加拉国总理哈西娜致慰问电。**

4 月 26 日

［纲　文］　**政协第十二届全国委员会第三次主席会议在北京举行。**

［目　文］　全国政协主席俞正声主持会议并讲话。会议听取调研座谈工作筹备情况、关于“积极稳妥推进城镇化，着力提高城镇化质量”会议筹备情况的汇报，审议通过政协第十二届全国委员会常务委员会第二次会议议程（草案）和日程（草案）、关于十二届全国政协副主席联系界别的意见、关于十二届全国政协专门委员会相应联系界别的意见。全国政协副秘书长仝广成、经济委员会副主任石军分别就有关议题作了说明。

俞正声指出，要深入学习领会中共十八大精神和习近平总书记的一系列重要讲话精神，充分发挥政协组织的优势和作用，凝聚各方面的智慧和力量。要精心组织、统筹协调，扎实开展调研。要选准题目、认真准备，深入基层、实事求是，统筹安排、协调配合。他强调，各专门委员会要进一步创新工作理念和活动方式，为相关界别履行职能搭建平台载体，在实践中积极探索和创新以界别为基础、以专委会为依托、以专题为内容、以座谈为方法的协商形式。

4月26日

［纲　文］　**海协会第三届理事会第一次会议暨纪念“汪辜会谈”20周年活动在人民大会堂举行。**

［目　文］　全国政协主席俞正声会见全体代表并发表讲话。俞正声说，中央历来高度重视对台工作，制定了一系列行之有效的方针政策，开辟了两岸关系和平发展的正确道路，推动两岸关系发展取得了历史性成就。我们一贯主张通过平等协商，改善与发展两岸关系，逐步解决彼此间的问题，推动和平统一进程。今年是“汪辜会谈”20周年。“汪辜会谈”迈出了两岸关系历史性的重要一步，在两岸关系前进道路上具有里程碑的重要意义。“汪辜会谈”彰显了“九二共识”作为两岸协商基础的重要地位，其揭示的以对话取代对抗、以协商促进合作的精神，依然启迪着两岸关系的现实和未来。开展协商谈判是推动两岸关系和平发展的重要途径。我们真诚希望两岸双方继续积极促进两岸协商不断取得新成果，共同推进两岸关系和平发展，鼓舞两岸同胞团结携手，同心实现中华民族伟大复兴的中国梦。

俞正声对即将组成的海协会新一届理事会提出四点希望。首先，要深入学习领会中央对台工作方针政策和关于两岸协商的指示精神，巩固和增强两岸协商的政治基础，保持协商的正确方向。第二，要着力促进两岸关系和平发展的制度化建设。当前要尽快完成两岸经济合作框架协议后续协商的各项目标，积极推进两会互设综合性办事机构，并且推动商签两岸科技、文教交流协议。第三，要积极推动两岸交流合作，加强与台湾社会各界的联系，广泛团结台湾同胞共同促进两岸关系发展。第四，要热情服务两岸民众，坚持以人为本的理念，切实维护两岸同胞正当权益。

会议推举成立了海协会第三届理事会，推举陈德铭为会长；审议通过第二届常务理事会向大会提交的会务报告，修改《海协会章程》。

4月26日

［纲　文］　**中国重大科技专项高分辨率对地观测系统首发星“高分一号”卫星成功**

发射。

［目　文］　12时13分，我国在酒泉卫星发射中心用“长征二号丁”运载火箭，将“高分一号”卫星发射升空，卫星顺利进入预定轨道。这是我国重大科技专项高分辨率对地观测系统的首发星。此次任务还成功搭载发射了两个荷兰卫星分配器和三颗分别由厄瓜多尔、阿根廷和土耳其研制的小卫星。

4月26日

［纲　文］　**刘延东参加科学大师宣传汇演活动。**

［目　文］　国务院副总理刘延东与2000多名高校师生一起观看了以我国“两弹”元勋邓稼先为主题的话剧《马兰花开》。刘延东指出，科学大师是“共和国的脊梁”，高校学生剧团创作以现当代著名科学家为主题的剧目，面向大中学校学生和社会公众演出，展现科学大师的光辉业绩和崇高精神，弘扬我国科技界优良传统很有意义。有关部门和高校要推出更多富有思想性艺术性的精品力作，扩大覆盖面和影响力，使其成为推进社会主义核心价值体系建设的生动教材、发展健康向上校园文化的重要抓手、弘扬科学精神和科学思想的有效载体。

刘延东希望广大青年学生和科技工作者以老一辈科学家为楷模，把自身事业追求同国家富强、社会进步、人民幸福结合起来，坚持人民利益高于一切，以报国奉献为最高追求，积极投身社会主义现代化建设实践，开拓创新、勇攀高峰，为建设创新型国家、全面建成小康社会、实现中华民族伟大复兴中国梦作出应有贡献。

2012年中国科协、教育部实施“科学大师名校宣传工程”以来，已有北京大学、清华大学、上海交通大学、浙江大学、中国科学技术大学、中国地质大学（武汉）排演了以钱学森、邓稼先、郭永怀、竺可桢、李四光、王选等科学家为主题的话剧或歌剧。

4月26日

［纲　文］　**全国政协主席俞正声在人民大会堂会见毛里塔尼亚经济社会理事会主席海默尔。**

［目　文］　俞正声说，中国和毛里塔尼亚有着深厚的传统友谊。建交48年来，两国关系始终健康稳定发展，各领域务实合作成果丰硕。近年来，双方各层次交往日益频繁，政治互信不断巩固。中方赞赏和感谢毛长期以来在台湾、涉藏、涉疆、人权等事关中国核心利益和重大关切问题上所给予的坚定支持。中国全国政协愿与包括毛经社理事会在内的毛有关各方一道，继续开展多方面的交流，共同推动中毛友好关系向前发展。

海默尔对中国四川芦山发生强烈地震表示深切慰问。他感谢中国政府长期以来对毛经济社会发展的援助与支持，表示愿通过加强毛中经社理事会之间的合作推动两国关系发展。

4月26日

［纲　文］　**国务院副总理刘延东在北京会见美国加州大学系统总校长马克·尤多夫和圣巴巴拉分校校长杨祖佑一行。**

［目　文］　刘延东对美国加州大学系统与中国高校富有成效的合作表示赞赏。希望

中美两国大学、科研机构的专家学者，充分利用自身优势进一步加强前沿性合作研究，培养更多优秀人才，为增进中美两国教育、科技、人才等领域的交流与合作作出新贡献。

4月26日

［纲　文］ **国务院副总理汪洋在北京分别会见法国农业和食品及林业部部长斯特凡纳·勒福尔、英中贸易协会主席白乐威爵士**。

［目　文］ 汪洋高度评价中法双边合作关系，并表示两国农业各有特色、互补性强、合作潜力大，双方要加强在国际和双边农业合作中的协调，采取切实措施落实合作项目，进一步深化在农业各领域的互利合作。勒福尔表示愿与中方共同努力，积极支持两国农业企业交流和投资合作。

在会见白乐威爵士一行时，汪洋充分肯定英中贸易协会为推动中英经贸合作特别是促进中小企业交流所作的工作，表示中国将坚持对外开放，反对贸易保护主义，愿为中英工商界各领域合作创造更多条件、营造更好环境。

4月26日

［纲　文］ **外交部发言人就中菲南海争议仲裁庭问题答记者问**。

［目　文］ 外交部发言人指出，20世纪70年代起，菲律宾违反《联合国宪章》和国际法原则，非法侵占了中国南沙群岛的部分岛礁，包括马欢岛、费信岛、中业岛、南钥岛、北子岛、西月岛、双黄沙洲和司令礁。中方一向坚决反对菲方的非法侵占，郑重重申要求菲方从中国岛礁上撤走一切人员和设施。

外交部发言人表示，按照国际法，特别是海洋法中的“陆地统治海洋”的原则，确定领土归属是海洋划界的前提和基础。菲方提出的仲裁事项实质上是两国在南海部分海域的海洋划界问题，这必然涉及相关岛礁主权归属，而领土主权问题不是《联合国海洋法公约》的解释和适用问题。因此，在中菲岛礁争端悬而未决的情况下，菲方提出的仲裁事项不应适用《公约》规定的强制争端解决程序。更何况中国政府于2006年已经根据《公约》第298条的规定提交了声明，将涉及海洋划界等争端排除在包括仲裁在内的强制争端解决程序之外。因此，菲方的仲裁主张明显不成立。中方拒绝接受菲方的仲裁要求，有充分的国际法根据。

发言人指出，从维护中菲双边关系和南海和平稳定大局出发，中方一贯致力于通过与菲律宾的双边谈判和协商解决有关争议。由直接有关的主权国家谈判解决领土和海洋权益争议，也是包括菲律宾在内的签署国在《南海各方行为宣言》中作出的承诺。《宣言》理应得到全面、认真落实。中方坚持按国际法的有关规定和《宣言》的有关精神，通过双边谈判解决领土和海洋划界争议。

4月26日

［纲　文］ **《人民日报》发表题为《不屈中国的坚强砥柱》的评论员文章**。

4月27日

［纲　文］ **纪念中共中央发布“五一口号”六十五周年座谈会在北京举行**。

［目　文］　全国政协主席俞正声出席座谈会并讲话。民革中央主席万鄂湘、民盟中央主席张宝文、民建中央主席陈昌智、民进中央主席严隽琪、农工党中央主席陈竺、致公党中央主席万钢、九三学社中央主席韩启德、台盟中央主席林文漪、无党派人士代表袁驷分别作了发言。

俞正声指出，我们纪念“五一口号”，就是要认真总结中国共产党与各民主党派、无党派人士团结合作的光辉历程，探索社会主义民主政治建设和多党合作事业发展的内在规律。65 年的实践给了我们很多启示，需要倍加珍惜、牢牢把握。必须始终不渝地坚持中国共产党的领导，坚持共产党和各民主党派、无党派人士之间“长期共存、互相监督、肝胆相照、荣辱与共”的方针；必须坚定不移地走符合国情的政治发展道路，始终保持清醒头脑，像珍惜生命一样珍惜这条道路；必须坚持中国共产党领导、人民当家作主和依法治国的有机统一，毫不动摇地发展社会主义民主；必须聚精会神地致力共同奋斗目标，团结一切可以团结的力量，实现中华民族伟大复兴的中国梦；必须与时俱进地完善和发展多党合作制度，进一步提升多党合作制度化规范化程序化水平。

俞正声强调，当前我国正处于改革发展的关键时期，多党合作事业面临着新的形势和任务。希望各民主党派紧密团结在以习近平同志为总书记的中共中央周围，进一步加强中国特色社会主义参政党建设，牢固树立理想信念，全面提高参政议政水平，着力发挥民主监督作用，切实搞好政治交接，为全面建成小康社会、实现中华民族伟大复兴的中国梦作出新的更大贡献。

4 月 27 日

［纲　文］　**中央党校举行 2013 年春季学期第一批进修班毕业典礼。**

［目　文］　中央党校校长刘云山出席毕业典礼并为学员颁发毕业证书。中央有关部门负责人、中央党校负责人出席毕业典礼。中央党校本期毕业学员 254 人。

中央党校常务副校长李景田在毕业典礼上讲话，希望学员们继续深入学习党的十八大精神和全国两会精神，坚持实干兴邦，不断开创各项工作新局面；坚持好学乐学，当好学习型领导干部；坚持以人为本、执政为民，始终保持党同人民群众的血肉联系；继续关心党校事业，支持本地区本部门党校发展。

4 月 27 日

［纲　文］　**财政部印发《地方特色产业中小企业发展资金管理办法》。**

［目　文］　《办法》包括总则、支持内容及方式、项目资金的申请、项目申报和审核及资金拨付、监督管理、附则共计 6 章 25 条。该《办法》自 2013 年 5 月 1 日起施行,《财政部关于印发〈地方特色产业中小企业发展资金管理暂行办法〉的通知》同时废止。

4 月 27 日

［纲　文］　**林业局、财政部印发《国家级公益林管理办法》。**

［目　文］　《办法》包括总则、保护管理、经营管理、监测与检查、资源档案、责任追究、附则共计 7 章 35 条。该《办法》自印发之日起施行，有效期至 2017 年 4 月 30 日。

4月27日

［纲　文］　**住房城乡建设部发布《房屋建筑和市政基础设施工程施工图设计文件审查管理办法》**。

［目　文］　《办法》共31条，自2013年8月1日起施行，原建设部2004年8月23日发布的《房屋建筑和市政基础设施工程施工图设计文件审查管理办法》同时废止。

4月27日

［纲　文］　**全国人大常委会委员长张德江在人民大会堂会见以林建岳为团长的香港经济民生联盟访京团全体成员**。

［目　文］　张德江说，香港回归祖国以来，"一国两制"实践取得了举世公认的成功，"一国两制"方针是完全正确的。中央政府将继续坚定不移地贯彻"一国两制"方针和基本法，全力支持香港特别行政区集中精力发展经济，切实有效改善民生，循序渐进推进民主，包容共济促进和谐。

张德江指出，当今世界经济形势错综复杂。发展经济是当前香港的首要任务。逆水行舟，不进则退。香港应增强忧患意识，切实把握机遇，争创新优势，实现新发展。他鼓励香港经济民生联盟坚持爱国爱港立场，坚决维护国家主权、安全、发展利益，秉承联盟宗旨，发挥自身专长，积极支持行政长官和特区政府依法施政，更好地服务香港、服务国家。

4月27日

［纲　文］　**全国政协主席俞正声、国务委员杨洁篪、国务委员兼国防部部长常万全在北京分别会见欧盟外交和安全政策高级代表阿什顿**。

［目　文］　俞正声在会见时说，当前中欧都处在各自发展的关键阶段，双方要抓住中国城镇化和欧洲经济复苏两条主线，推动中欧合作实现更大发展。中方愿与欧方共同努力，在互尊互信、合作共赢的基础上深化中欧全面战略伙伴关系，造福中欧人民，并为世界和平与繁荣释放正能量。俞正声说，欧盟是国际舞台上一支重要力量。中方将继续支持欧洲一体化进程，支持欧洲应对主权债务问题的努力。阿什顿说，中国是欧盟克服困难实现经济复苏过程中强有力的伙伴。欧中加强各领域合作有利于促进双方发展，欧方愿推动欧中全面战略伙伴关系进一步发展。

杨洁篪在会见时说，中欧全面战略伙伴关系建立10年来取得长足发展。当前国际形势发生复杂深刻变化，中欧加强沟通，增进理解，扩大合作具有重要意义。双方要展现远见和智慧，发掘双边关系的巨大潜力，共同反对保护主义，提升中欧合作的规模和水平，这符合双方的根本利益。阿什顿表示，欧方对欧中关系发展势头感到满意，愿与中方深化互利合作，加强人文交流，相互借鉴，共同应对全球性挑战。

常万全在会见时表示，中欧建立全面战略伙伴关系10年来，双边关系保持着总体稳定、健康发展的势头。中方愿和欧方共同努力，增进了解与互信，深化各领域务实合作，不断推动中欧全面战略伙伴关系取得新进展。阿什顿表示，欧盟愿意在涉及国际和地区安全与发展的广泛议题上加强与中方的合作。

4月27日

［纲　文］ **“蛟龙号”载人潜水器研制和海试成功。**

［目　文］ 历时10年，863专项经费累计投入3.5亿元的“蛟龙号”载人潜水器研制与海试项目在江苏省无锡市通过了科技部组织的专家验收会，这标志着我国系统地掌握了大深度载人潜水器设计、建造和试验技术，实现了从跟踪模仿向自主集成、自主创新的转变，跻身世界载人深潜先进国家行列。

4月27日

［纲　文］ **《人民日报》发表题为《统筹抓好抗震救灾和经济发展》的评论员文章。**

4月28日

［纲　文］ **习近平在全国总工会机关同全国劳动模范代表座谈。**

［目　文］ 座谈会由中共中央政治局委员、全国总工会主席李建国主持。来自全国31个省（区、市）的26位“全国劳模”、39位“全国五一劳动奖章”获得者出席座谈会。座谈会上，大庆油田1205钻井队队长胡志强、国家杂交水稻工程技术研究中心暨湖南杂交水稻研究中心主任袁隆平、中国航天科技集团空间技术研究院载人飞船系统总设计师张柏楠、山西省昔阳县大寨村党总支书记郭凤莲、中铁一局电务公司电力高级技师窦铁成、潍柴动力股份有限公司“三高”试验队队长常国丽、中国能源建设集团山西省电力建设二公司焊工贾向东、鞍钢矿业公司齐大山铁矿生产技术室采场公路管理员郭明义、哈尔滨市农业机械局原总工程师梁军等劳模纷纷发言，结合各自工作岗位和成长经历，就继承和发扬中国工人阶级的伟大品格和崇高精神，坚守信念、追求梦想，立足岗位、发挥才干，为祖国发展和人民幸福作贡献畅谈了体会和感受。

在听取劳模们的发言后，国家主席习近平发表讲话。他指出，在我们党团结带领人民进行革命、建设、改革各个历史时期，劳动模范始终是我国工人阶级中一个闪光的群体，享有崇高声誉，备受人民尊敬。长期以来，广大劳模以高度的主人翁责任感、卓越的劳动创造、忘我的拼搏奉献，谱写出一曲曲可歌可泣的动人赞歌，铸就了“爱岗敬业、争创一流，艰苦奋斗、勇于创新，淡泊名利、甘于奉献”的劳模精神，为全国各族人民树立了光辉的学习榜样。

习近平强调，工会工作要顺应时代要求、适应社会变化，善于创造科学有效的工作方法，把竭诚为职工群众服务作为工会一切工作的出发点和落脚点，全心全意为广大职工群众服务，让职工群众真正感受到工会是“职工之家”，工会干部是最可信赖的“娘家人”。各级党委和政府要加强和改善对工会的领导，支持工会开展工作。各级领导干部要带头发扬劳模精神，出实策、鼓实劲、办实事，不图虚名，不务虚功，坚决反对干部群众反映强烈的形式主义、官僚主义、享乐主义和奢靡之风“四风”，以身作则带领群众把各项工作落到实处。

4月28日

［纲　文］ **李克强到中国疾控中心考察H7N9禽流感防控工作并主持召开卫生计生委、农业部等部门及中外专家参加的座谈会。**

［目　文］ 国务院总理李克强到中国疾病预防控制中心看望慰问医务人员，考察人感染H7N9禽流感防控工作，并向大家致以劳动节问候。在座谈会上，李克强指出，我国部分地区发现人感染H7N9禽流感疫情以来，党中央、国务院高度重视，习近平总书记作出重要批示，政治局常委会和国务院常务会听取了汇报，国务院迅速启动了多部门联防联控机制，有关地区和部门按照中央要求，及时启动应急预案，取得积极成效，目前的机制和工作是有效科学的。但疫情仍在持续，还有新的病例出现，思想不能有丝毫麻痹，工作不能有丝毫松懈，毕竟我们面对的是全新的病毒，对可能出现的新情况要有预案。要加强源头控制，加强科学研究，在早发现、早报告、早诊断、早治疗上下功夫，全力救治患者，努力降低死亡率，继续确保所有患者不因费用耽误治疗。继续加强国际合作，公开透明发布信息，增强公众自我保护意识。充实完善联防联控机制，增强工作针对性、协同性和有效性。

4月28日

［纲　文］ **国务院总理李克强、全国人大常委会委员长张德江、全国政协主席俞正声在北京分别会见阿根廷众议长多明格斯。**

［目　文］ 李克强在会见时向多明格斯介绍中国当前经济发展情况。他说，中阿同为重要新兴市场国家和发展中国家，应以更具全局性和战略性的眼光发展双边关系，推进贸易投资合作，实现共同发展。中方乐见拉美国家联合自强，愿与阿方加强协调，推动中拉关系在更高水平上发展。多明格斯表示，中国的发展给阿带来巨大机遇。阿方视中国为重要合作伙伴，坚定致力于发展对华关系，希望进一步加强两国经贸等全方位合作，推动阿中战略伙伴关系发展进入新阶段。

张德江在会见时说，阿根廷是中国在南美重要的友好合作伙伴。中方高度重视发展与阿根廷的关系，愿加强与阿方友好往来，扩大互利合作，更好地造福两国人民，不断增强中阿战略伙伴关系的深度和广度。中国全国人大一贯重视加强同阿根廷议会的友好合作，愿进一步加强在立法、治国理政方面的经验交流，进一步就双方共同关心的议题进行深入对话，为增进两国政治互信、推进务实合作、深化人民间的友谊发挥重要而独特的作用。多明格斯说，发展阿中关系是阿议会各党派的高度共识。阿方尊重和赞赏中国的发展道路，愿深化与中国全国人大的交流合作，为推动两国关系发展作出贡献。

俞正声在会见时说，中国已成为阿根廷在全球的第二大贸易伙伴，双方在能源、农业、金融、基础设施建设等重点领域合作成果丰硕。俞正声向多明格斯介绍了中国共产党领导的多党合作和政治协商制度，表示中国全国政协愿进一步加强与阿根廷议会的友好往来，为中阿战略伙伴关系发展作出积极贡献。多明格斯表示，阿根廷议会重视发展同中国全国政协的友好关系，希望双方进一步加强各层次的交流与合作，推动阿中关系继续深入发展。

4月28日

［纲　文］ **庆祝“五一”国际劳动节暨为全面建成小康社会建功立业推进大会在北京人民大会堂举行。**

［目　文］ 中华全国总工会主席李建国代表党中央发表讲话。他强调，党的十八大明确提出了全面建成小康社会、实现“两个一百年”的奋斗目标，开启了实现中华民族伟大复兴中国梦的新征程。广大职工要认真学习贯彻习近平总书记在同全国劳动模范代表座谈时的重要讲话精神，做走中国道路的实践者、弘扬中国精神的承载者、凝聚中国力量的主力军，汇聚起众志成城、实干兴邦的正能量，为全面建成小康社会、实现中国梦作出新的更大贡献。

他说，中国梦是国家的梦，是人民的梦，是近代以来中华民族最伟大的梦。团结动员广大职工为全面建成小康社会、实现中国梦而奋斗，是各级工会组织义不容辞的庄严责任。要适应新形势新任务的要求，加强职工思想政治工作，扎实做好职工群众工作。要大力开展“中国梦·劳动美”主题宣传活动，进一步凝聚广大职工的智慧和力量。要广泛开展社会主义劳动竞赛，全面提高职工队伍整体素质，积极为加快转变经济发展方式、推动科学发展作贡献。要大力发展和谐劳动关系，继续依法推进企业建立工会组织、开展工资协商，旗帜鲜明地维护职工群众合法权益，千方百计为职工群众办实事好事，为促进社会和谐奠定坚实基础。要把职工群众满意不满意作为评价标准，深入推进工会工作改革创新，不断提升服务大局、服务职工的能力水平，努力打造职工群众信赖的“职工之家”。

312个先进集体荣获“全国五一劳动奖状”，1224名先进个人荣获“全国五一劳动奖章”，1084个先进集体荣获“全国工人先锋号”称号。会前，李建国和全国人大常委会副委员长兼秘书长王晨会见此次受表彰的“全国五一劳动奖状”、“全国五一劳动奖章”获得者代表和“全国工人先锋号”代表。

4月28日

［纲　文］ **全国打击侵犯知识产权和制售假冒伪劣商品工作领导小组在北京召开全体会议。**

［目　文］ 国务院副总理、领导小组组长汪洋出席会议并强调，要进一步增强责任感和使命感，密切配合，始终保持高压态势，确保打击侵权假冒工作不断取得新成效，为建设创新型国家、改善民生和促进社会公正提供有力保障。

汪洋指出，近年来，各地区、各有关部门认真贯彻落实国务院决策部署，集中开展专项整治，扎实推进软件正版化，遏制了侵权假冒蔓延势头，维护了消费者权益和市场秩序，进一步增强了全社会知识产权意识，得到了人民群众的拥护和国际社会肯定。

汪洋强调，当前侵权假冒形势依然严峻，必须坚持集中打击与制度建设并重，突出重点，坚持不懈地抓好打击侵权假冒各项工作。一要强化各级领导干部责任，推动各地、各部门采取切实有效措施打击侵权假冒。二要继续抓好专项整治，重点打击制售假劣农资、建材、汽车配件等违法行为，确保广大人民群众生命财产安全。三要狠抓一批大案要案，坚决打掉各类“保护伞”，对不法分子形成有力震慑。四要扎实推进软件正版化，确保市县政府机关今年底前完成检查整改任务。五要加强宣传和舆论监督，向社会公布行政处罚案件信息，营造“守信者受益，失信者受制”的信用环境。六要推进长效机制建设，完善法律法规，建立健全执法责任制，强化绩效考核。

4月28日

［纲　文］　**国务院残疾人工作委员会在北京召开第一次全体会议。**

［目　文］　国务委员、国务院残疾人工作委员会主任王勇主持会议。国务院残疾人工作委员会副主任、中国残联理事长王新宪代表残工委作了工作报告，总结了五年来残疾人工作取得的成绩，对2013年残疾人工作安排提出了建议；国务院残疾人工作委员会副主任、中国残联主席张海迪和教育部、民政部、人力资源社会保障部、卫生计生委等成员单位负责人作了发言。国务院残疾人工作委员会各成员单位负责同志出席会议，中国残联党组成员列席会议。

王勇在讲话中指出，当前残疾人工作的中心任务，就是要贯彻落实党的十八大、十八届二中全会和国务院第一次全体会议精神，加快推进残疾人全面小康进程，扎实推进残疾人两个体系建设，建立完善残疾人事业发展长效机制。要认真贯彻国务院的决策部署，把残疾人工作放在更加突出的位置，加强组织领导，狠抓工作落实；广泛动员社会力量，营造有利环境；切实加强各级残联自身建设，夯实组织基础。他强调，要把残疾人工作放在更加突出的位置，切实加强领导，加强协调配合，加大投入力度，创新体制机制，保持残疾人事业发展的好势头，开创残疾人工作新局面。

会议宣读了《国务院办公厅关于调整国务院残疾人工作委员会组成人员的通知》。新一届国务院残疾人工作委员会由国务委员王勇担任主任，国务院办公厅、教育部、民政部、人力资源社会保障部、卫生计生委、中国残联等35个相关部门负责人担任副主任、委员。

4月28日

［纲　文］　**财政部、国家税务总局召开扩大营业税改征增值税试点工作视频会议。**

［目　文］　会议要求财税部门要切实落实国务院常务会议精神，进一步统一认识和行动，做好2013年扩大营改增试点工作。2012年营改增试点以来，运行平稳，成效显著，试点方案和工作机制已经成熟。为加快扩大试点步伐，进一步释放改革红利，国务院决定自2013年8月1日起将交通运输业和部分现代服务业营改增试点扩大到全国，并择时扩大铁路运输和邮电通信行业试点。

会议强调，各地要建立健全政府主导、财税部门协作、相关部门支持配合的工作机制；财政和税务部门要加强对试点运行情况的分析评估；国税和地税部门要密切合作，做好工作衔接，建立试点纳税人认定的争议解决机制；国税部门要做好纳税服务和政策培训，引导企业准确把握税制改革带来的发展机遇，优化经营模式，提高内部管理水平，充分享受改革红利，提升企业竞争力；要梳理排查可能出现的各种风险，制定应急预案，坚决打击虚开发票、骗取退税和财政补贴的违法犯罪活动。

4月28日

［纲 文］ **财政部、民政部印发《中央专项彩票公益金支持农村幸福院项目管理办法》。**

［目 文］ 《办法》包括总则、资金使用范围与标准、项目申报、资金使用、公告报告、监督管理、附则共计7章27条。该《办法》自印发之日起施行。

4月28日

［纲 文］ **由中核集团自主研发的具备完整自主知识产权的先进压水堆核电站——ACP1000初步设计通过鉴定，该技术和安全指标达到国际上三代核电机组的同等水平。**

4月28日

［纲 文］ **国务委员兼国防部部长常万全在北京会见菲律宾国防部副部长阿斯库埃塔。**

［目 文］ 常万全说，中菲两国隔海相望，维护睦邻友好符合双方利益。两国军队在促进两国友好、维护地区稳定方面承担重要责任，希望共同努力，推动两国两军关系向前发展。

阿斯库埃塔说，菲方希望两国防务部门保持经常性沟通，为两国关系顺利发展作出贡献。

4月28日

［纲 文］ **《人民日报》发表题为《规范旅游市场 保护合法权益》的评论员文章。**

4月29日

［纲 文］ **国务院办公厅印发《国务院办公厅关于成立第三次全国经济普查领导小组的通知》。**

［目 文］ 《通知》指出，为加强对第三次全国经济普查工作的领导，国务院决定成立第三次全国经济普查领导小组。国务院副总理张高丽任组长。

《通知》明确，第三次全国经济普查领导小组的主要职责是负责第三次全国经济普查的组织和实施，协调解决普查中的重大问题。领导小组办公室设在统计局，承担领导小组的日常工作，研究提出需领导小组决策的建议方案，督促落实领导小组议定事项，加强与有关地区和部门的沟通协调，承办领导小组交办的其他事项。

《通知》还明确，第三次全国经济普查领导小组不作为国务院议事协调机构，任务完成后自动撤销。

4月29日

［纲 文］ **中华全国总工会发出《通知》，要求各级工会认真学习宣传贯彻习近平总书记在劳动模范座谈会上的重要讲话精神。**

［目 文］ 《通知》指出，习近平到全总机关看望劳模并与劳模座谈，充分体现了党中央对工人阶级的深厚感情，对劳动模范的亲切关怀。其讲话进一步指明了当前和今后一

个时期我国工运事业发展的前进方向和大政方针，是新形势下指导我国工会工作的纲领性文献，对于进一步加深对党的十八大精神的理解，加深对实现中国梦的理解，进一步增强中国特色社会主义道路自信、理论自信、制度自信，坚定不移地走中国特色社会主义工会发展道路，增强为党的工运事业奋斗的使命感、责任感，具有重大指导意义。

《通知》要求，各级工会要把学习宣传和贯彻落实习近平总书记重要讲话精神作为当前首要政治任务。各级工会组织和工会干部要全心全意为职工服务，始终坚持中国特色社会主义工会发展道路，努力使这条道路越走越宽广。

《通知》要求，各级工会要把习近平总书记重要讲话精神贯彻落实到工会工作中去，引导广大职工努力做走中国道路的实践者、弘扬中国精神的承载者、凝聚中国力量的主力军，凝聚起实现中国梦的强大合力。

4月29日

［纲　文］ **《人民日报》发表题为《用劳动筑梦，以实干圆梦》的社论。**

4月29—30日

［纲　文］ **中国国务委员、公安部部长郭声琨率中国代表团出席在吉尔吉斯斯坦首都比什凯克召开的上合组织安全会议秘书第八次会议和上合组织禁毒部门领导人会议。**

［目　文］ 29日，上海合作组织成员国安全会议秘书第八次会议在吉尔吉斯斯坦首都比什凯克举行，会议的主要议题是如何在周边形势变化背景下维护上合组织地区安全，共同打击“三股势力”、毒品走私、跨国有组织犯罪和网络犯罪等。

郭声琨在发言时表示，中国新一届中央领导集体高度重视发展同周边国家的睦邻友好关系，全力支持上合组织框架下的执法安全合作。中国愿意同各方保持密切协调、配合，为实现整个地区的长治久安与共同繁荣作出更大的贡献。为有效开展执法安全合作，妥善应对各种威胁和挑战，成员国各方必须采取进一步措施，加快对本组织执法安全合作机制的建设与完善，强化情报交流、技术交流、危机预警、联合执法等方面的合作。各方还应加大打击毒品犯罪和网络犯罪的合作力度，加强能源基础设施安保，开展边境地区联合执法演习演练，并进一步加大对人员培训的投入。

与会期间，郭声琨还分别会见了哈萨克斯坦、吉尔吉斯斯坦、塔吉克斯坦、乌兹别克斯坦安全会议秘书，就加强双边及上合组织框架内的执法安全合作、共同维护地区安全稳定等重大问题深入交换了意见。

30日，郭声琨率团出席上海合作组织禁毒部门领导人第四次会议并发表讲话。会议讨论了地区毒品形势和打击阿富汗毒品贩运等议题，批准了《〈2011—2016年上合组织成员国禁毒战略落实行动计划〉2013—2014年措施计划》并签署了《会议纪要》。郭声琨在发言中表示，中国政府秉承厉行禁毒的方针和政策，一贯高度重视并积极推进与本组织成员国的禁毒务实合作，联合开展了一系列在本地区产生积极影响的执法行动，并积极为相关国家提供人员培训、技术设备等支持，共同提高执法能力。实践证明，各成员国进一步加强禁毒合作不仅有利于遏制阿富汗毒品渗透、改善地区毒品形势，而且对有效打击与毒品紧密相联的各类有组织犯罪、维护地区安全稳定具有重大意义。中方始终认为，地区事务应由地区各国作主，解决本地区毒品问题应充分发挥上合组织的作用和影响。

会议期间，郭声琨还会见了俄罗斯联邦麻醉品监管总局局长伊万诺夫，双方就共同关心的问题交换了意见。

4月30日

［纲　文］　**中国驻美国大使崔天凯就美国国防部部长在钓鱼岛问题上的表态作出回应。**

［目　文］　崔天凯就4月29日美国国防部部长哈格尔与日本防卫大臣小野寺五典会晤时对钓鱼岛问题的表态进行了回应。崔天凯表示，在钓鱼岛问题上，挑起紧张局势、加剧紧张局势的是日本，采取所谓单方面、胁迫性行动的也是日本。

关于美方“美国反对任何寻求破坏日本管辖权的单方面行动或强制行为”的表态，崔天凯指出，钓鱼岛问题的历史经纬是清楚的，应该说从历史上看，美国方面对此是有责任的，中方从未承认过日本对钓鱼岛的主权或是管辖权，这一点中方已经反复向美方进行过说明。

4月30日—5月5日

［纲　文］　**外交部部长王毅应邀对泰国、印度尼西亚、新加坡、文莱四国进行正式访问。**

［目　文］　5月1日，泰国总理英拉在曼谷总理府会见王毅。英拉表示，泰中一家亲，两国长期以来相互理解，相互支持。泰方愿深化对华全面合作，加强政治沟通，保持双边贸易增长势头，拓展铁路、水利领域合作，欢迎更多中国游客到泰国旅游。王毅表示，中国新一届政府将继续弘扬中泰传统友谊，推动中泰关系好上加好、亲上加亲，同泰方一道，把良好的政治关系转化为推进互利合作的强大动力。中泰要继续落实两国签署的《战略性合作共同行动计划》等纲领性文件，做好双边关系未来发展规划。

2日，王毅与印尼外交部部长马蒂在雅加达举行会谈。王毅表示，作为战略伙伴，中印尼关系还有巨大发展空间和潜力，双方应加强战略沟通与协作，全面深化各领域互利合作，把两国关系蕴藏的潜力和能量充分发挥出来，更多造福两国和两国人民，共同为地区及世界和平与发展作出贡献。中方全力支持印尼主办2013年的亚太经合组织领导人非正式会议。两国外交部部长长认为，两国应保持高层交往，扩大双边贸易和投资规模，加强海上合作并在本地区发挥引领作用，深化防务安全合作，拓展人文交流，加强在联合国、二十国集团等国际组织中的协调配合。

3日，新加坡总理李显龙会见王毅。李显龙表示，新中应与时俱进，结合各自发展需要、发展水平，不断创新合作机制和内容。同时，在东盟推进共同体和一体化建设进程中，新加坡愿大力推动东盟—中国战略伙伴关系。王毅表示，中方愿在迄今良好基础上，与新方共同努力，在新时期打造中新关系的“升级版”。为此，双方应进一步加强在生态、科技以及社会管理等领域展开的互利合作，积极探索搭建区域融资平台，不断深化金融合作，开展防务安全交流，加强在国际和地区事务中的协调配合。以中国—东盟建立战略伙伴关系 10 周年为契机，进一步拓展中国—东盟战略伙伴的内涵，大力加强互联互通、海上和建设地区全面经济伙伴关系等方面的合作。

4 日，文莱苏丹哈桑纳尔会见王毅。哈桑纳尔表示，文中关系紧密友好。文方愿深化两国战略合作关系，推动各领域合作取得更大成果。感谢中方大力支持文方承担东盟主席国的工作，愿与中方共同推进东盟—中国战略伙伴关系。王毅表示，习近平主席与苏丹陛下一致同意将中文关系提升为战略合作关系，中方将全面落实两国元首共识，开辟双边关系稳定发展的新时期。中方愿全力支持文莱履行好东盟轮值主席国作用，办好东亚领导人系列会议，我们共同向世界发出正面、积极信号，展示东亚进一步发展繁荣的前景。

5 月

5 月 1 日

［纲　文］ **《人民日报》发表题为《用劳动创造托起中国梦》的社论。**

5 月 2 日

［纲　文］ **习近平给北京大学考古文博学院 2009 级本科团支部全体同学回信。**

［目　文］ 中共中央总书记习近平在信中肯定全体同学立志为实现中华民族伟大复兴的中国梦而奋斗的理想和追求，勉励当代青年珍惜韶华、奋发有为，勇做走在时代前面的奋进者、开拓者、奉献者。习近平指出，中国梦是国家的梦、民族的梦，也是包括广大青年在内的每个中国人的梦。只有把人生理想融入国家和民族的事业中，才能最终成就一番事业。

2012 年 6 月 19 日，习近平到北京大学调研高校党建工作时看望了考古文博学院 2009 级学生，并同他们交流，勉励他们学好专业，为中华民族文化传承和祖国建设多作贡献。五四青年节前夕，学生团支部全体同学于 4 月 28 日给习近平写信汇报了他们近一年来的学习、生活、思想情况，特别是关于中国梦的认识和体会。

5 月 2 日

［纲　文］ **国家发展改革委印发《关于进一步降低农产品生产流通环节电价有关问题的通知》。**

［目　文］ 《通知》规定，自 2013 年 6 月 1 日起在全国范围内对生猪、蔬菜生产用电执行农业生产用电价格；农产品批发市场、农贸市场用电、农产品冷链物流的冷库用电价格，已实现商业和工业同价的地区，按一般工商业及其他用电价格执行，尚未实现商业和工业同价的地区，执行非工业、普通工业用电价格；甘肃省非居民照明用电实行与一般工商业用电同价。尚未实现商业与工业用电同价的江西、新疆、广东、贵州省（区），要抓紧研究商业与工业用电同价实施方案，结合销售电价调整，实现商业与工业用电同价。

《通知》强调，各地价格主管部门要高度重视农产品生产流通环节电价管理工作，加强对电网企业价格执行情况监督检查，确保相关电价政策落实到位。

5 月 2 日

［纲　文］ **中国保监会印发《保险公司业务范围分级管理办法》。**

［目　文］ 《办法》共 6 章 29 条，将保险公司业务范围分为基础类业务和扩展类业

务两级。对于基础类业务，主要规定了注册资本要求。对于扩展类业务，设置了财务、风险管理能力、合规经营等三类条件指标。《办法》规定新设保险公司只能申请基础类业务，在获得基础类前三项业务经营资质后，方可申请增加扩展类业务，且每次只能申请一项，两次申请间隔不少于6个月。对于偿付能力不足或发生重大违法违规行为的保险公司，保监会可限制其业务范围。《办法》将统一适用于中外资财产保险公司、人身保险公司以及专业性保险公司经营主营业务以外的其他业务。保险集团（控股）公司、保险资产管理公司、专属财产保险公司、相互保险公司以及保险互助社的业务范围不适用本《办法》。《办法》自发布之日起施行。

5月2日

［纲　文］ **最高人民法院、最高人民检察院印发《关于办理危害食品安全刑事案件适用法律若干问题的解释》。**

［目　文］ 《解释》共计22条，明确了危害食品安全相关犯罪的定罪量刑标准，提出了相关罪名的司法认定标准，统一了新型疑难案件的法律适用意见。

5月2日

［纲　文］ **军队参加和支援西部大开发领导小组在北京召开第八次全体会议。**

［目　文］ 中央军委副主席、军队参加和支援西部大开发领导小组组长许其亮出席全会。许其亮指出，要深刻学习领会党的十八大精神和习近平的重要指示，充分认识到西部地区繁荣发展稳定关系国家安全和发展战略全局，充分认识到参加和支援西部大开发是体现我军性质宗旨、提升遂行多样化军事任务能力的重要实践，切实站在强国强军高度增强做好援建工作的使命感责任感。

许其亮强调，要切实把国家实施西部大开发战略的新部署转化为军队援建工作的具体行动。要把保障和改善民生作为重中之重，着力帮助群众解决最关心最直接最现实的利益问题。要全力维护边境地区安全，不断巩固军政军民团结和民族团结。要在推动军民融合式发展上有新拓展。各级要以求真务实精神抓好各项援建工作落实。

5月2日

［纲　文］ **中国成功发射“中星十一号”通信卫星。**

［目　文］ 凌晨0时06分，中国在西昌卫星发射中心用“长征三号乙”运载火箭，将“中星十一号”通信卫星顺利发射升空，并成功送入预定转移轨道。

5月2日

［纲　文］ **外交部发言人就接待巴以两国领导人来访事、近期日本领导人多次辩解历史问题事答记者问。**

［目　文］ 就接待巴以两国领导人来访事，外交部发言人说，巴勒斯坦问题是中东问题的核心。长期以来，中方积极劝和促谈，为推动中东和平进程作出不懈努力。当前形势下，中方愿与国际社会有关各方一道，为推动巴勒斯坦问题早日得到全面、公正解决继续发挥积极和建设性作用。外交部发言人表示，中国与巴勒斯坦、以色列两国保持着友好

交往，并始终支持中东和平进程，支持巴以双方通过和谈解决分歧和争端。中方接待巴以两国领导人来访，也是上述努力的一部分。

就近期日本领导人多次辩解历史问题事，外交部发言人说，历史是一面镜子。只有诚实地面对过去，才能真实地拥有未来。历史不会因为个别人的言行而改变。由于历史原因，日本的发展动向一直受到亚洲邻国高度关注。我们希望日本走和平发展道路，以史为鉴，尊重本地区国家的关切，多做有利于本地区和平与稳定的事。

5月2日

［纲　文］　**《人民日报》发表题为《焕发工人阶级的历史主动精神——论学习贯彻习近平4月28日重要讲话》的评论员文章。**

5月2日

［纲　文］　**《人民日报》发表题为《在制度建设上作出持续不断的努力——持之以恒转作风之三》的评论员文章。**

5月3日

［纲　文］　**住房城乡建设部印发《关于进一步加强公园建设管理的意见》。**

［目　文］　《意见》强调严格公园的运营管理，确保公园姓“公”，并加大财政投入，严禁“以园养园”。《意见》要求各地开展公园运营管理专项检查，就公园中存在的出租公园房屋及设施设备给私人经营，违规建立为少数人服务的会所、茶楼等情况进行整改，尽快恢复公园的公共产品性质。

《意见》要求各地应按照市民出行300米—500米见公园绿地的要求，加大社区公园、街头游园、郊野公园、绿道绿廊等规划建设力度，确保城区人均公园绿地面积不低于5平方米、公园绿地服务半径覆盖率不低于60%，切实满足人民群众休闲、娱乐、健身等生活需要。

5月3日

［纲　文］　**中国人民对外友好协会在北京人民大会堂举行纪念尼克松首次访华座谈会。**

［目　文］　美国前总统尼克松的家人、尼克松基金会成员、中美双方当年参与尼克松访华的亲历者参加了座谈会，回顾尼克松访华这一历史性事件及其重要意义，并为新时期双方继续推动中美关系长期健康稳定发展积极建言献策。

座谈会后，国务委员杨洁篪会见尼克松基金会代表团一行。杨洁篪对代表团的来访表示欢迎，并对尼克松家族以及尼克松基金会长期以来为促进中美关系发展、增进两国人民友谊所做的大量工作表示赞赏。他指出，当前中美关系正处在承前启后、继往开来的重要时期。双方要始终坚持合作共赢、与时俱进的时代精神，坚持不懈推进两国各界友好交往，共同建设中美合作伙伴关系和探索构建中美新型大国关系。

尼克松基金会代表团一行40余人应中国人民对外友好协会邀请，为纪念美国前总统尼克松诞辰100周年和访华41周年于5月2日至10日来华访问。

5月3日

［纲　文］ **外交部发言人就澳大利亚发表《2013年国防白皮书》一事答记者问。**

［目　文］ 外交部发言人说，中方注意到该白皮书视中国为伙伴而不是对手，欢迎并鼓励中国和平崛起，认为中国的和平发展对本地区和世界都有益，这体现了澳方对发展中澳关系的重视和积极态度。中方希望澳方以发表新版国防白皮书为契机，将中澳战略伙伴关系定位落实到双边关系的方方面面。

5月3日

［纲　文］ **《人民日报》发表题为《中国特色社会主义的根本依靠——二论学习贯彻习近平4月28日重要讲话》的评论员文章。**

5月4日

［纲　文］ **习近平参观空间技术成就展并同各界优秀青年代表座谈。**

［目　文］ 中共中央总书记习近平到中国航天科技集团公司中国空间技术研究院参观空间技术成就展。在导航卫星系统、通信卫星、载人航天系统、航天技术应用产业、探月工程等实物展品前，在介绍几代航天青年优秀代表人物的展板前，习近平听取介绍并同青年科研带头人交流。他指出，我国航天事业的发展历程充分说明，创新的制高点在科技，科技创新的希望在青年。他希望大家认真学习航天青年科研团队的创新创造精神，结合实际发扬光大。

参观结束后，习近平同各界优秀青年代表进行座谈。共青团中央、教育部等有关部门负责人，“中国青年五四奖章”获得者、“中国青年创业奖”获得者、“全国农村青年致富带头人”标兵、“西部计划”优秀志愿者、2012中国大学生年度人物和全国高校辅导员年度人物等各界优秀青年代表约70人出席座谈会。

中国石油第一建设公司第三工程处313工程队电焊技师裴先锋、内蒙古自治区新巴尔虎右旗克尔伦苏木芒来嘎查党支部书记、芒来牧民养羊专业合作社理事长米吉格、中国地质大学2011级硕士研究生陈晨、92815部队某潜艇艇长华明、探月工程二期探测器系统总设计师和嫦娥三号卫星总设计师孙泽洲、解放军陆军军官学院学员曾昇铨、北京市大兴区庞各庄镇王场村党支部书记胡建党、厦门市丽行企业管理咨询有限公司足疗技师刘丽、新疆昌吉州木垒县政府办公室副主任许晓艳、河南农业大学农学院2011级硕士研究生王灵光、中国科学院遗传与发育生物学研究所研究员王秀杰等先后发言。他们结合各自岗位和成长经历，抒发了与祖国共奋进、与时代齐发展的青春感受，表示要坚定跟党走的信念，勇敢担负起当代青年的历史责任，为国家富强、民族振兴、人民幸福而不懈奋斗。

在听取大家发言后，习近平发表了重要讲话。他强调，广大青年要勇敢肩负起时代赋予的重任，把理想信念建立在对科学理论的理性认同上，建立在对历史规律的正确认识上，建立在对基本国情的准确把握上，永远紧跟党高高举起中国特色社会主义伟大旗帜；

增强知识更新的紧迫感，如饥似渴学习，勇于到条件艰苦的基层、国家建设的一线、项目攻关的前沿去经受锻炼、增长才干，不断提高与时代发展和事业要求相适应的素质和能力；勇于解放思想、与时俱进，敢于上下求索、开拓进取，在立足本职的创新创造中不断积累经验、取得成果；自觉树立和践行社会主义核心价值观，带头倡导良好社会风气，始终保持积极的人生态度、良好的道德品质、健康的生活情趣，努力使自己成为祖国建设的有用之才、栋梁之材。

5月4日

［纲　文］　**李源潮在北京与“中国青年五四奖章”获得者座谈。**

［目　文］　团中央书记处第一书记秦宜智主持座谈会。座谈会上，青年代表畅谈学习习近平总书记五四讲话精神的体会。中共中央政治局委员李源潮勉励大家深刻领会习近平总书记的嘱托，积极投身中国梦的奋斗实践。他说，中国梦是中国进步青年追求的理想，当代青年要自觉把人生追求汇入中华民族伟大复兴的中国梦。要倡导艰苦创业精神，抓住国家创业发展的好时机，在各自领域开创新事业，积极创办科技型和服务型小微企业，做创业发展的开拓者；倡导改革创新的精神，积极参加建设创新型国家的实践，支持改革、大胆探索、刻苦钻研，做创新创造的追求者；倡导争先创优的精神，努力把本职工作干到最好、干成最优，成为素质优秀、工作优秀，为社会认可的优秀青年。

5月4日

［纲　文］　**《人民日报》发表题为《发挥群众监督的作用——持之以恒转作风之四》的评论员文章。**

5月4日

［纲　文］　**《人民日报》发表题为《让灾区群众生活得更好》的评论员文章。**

5月4—5日

［纲　文］　**汪洋在黑龙江省考察。**

［目　文］　国务院副总理汪洋先后到肇东市、五常市等地的玉米春播现场和水稻育秧基地，询问春播进度，察看机械作业情况，了解农民合作社运营状况，到种牛繁育基地、兽医科研单位、设施蔬菜园区、农产品加工企业等，了解畜牧、蔬菜生产和动物疫病防控等情况，与基层干部和科技人员共商现代农业建设大计。

汪洋强调，黑龙江在全国粮食生产中具有举足轻重的地位，要全力以赴抗春涝、战低温、保春种，努力降低灾害影响，坚决打赢春耕生产攻坚战，促进粮食稳定发展、农民持续增收。黑龙江“两大平原”现代农业综合配套改革，要重点探索推进农业现代化的体制机制，促进农业生产经营规模化和农业服务规模化，鼓励和引导农民土地承包经营权有序流转，统筹使用好涉农资金，创新农村金融保险服务。要把发展粮食生产摆到重要位置，把提高粮食综合生产能力作为检验综合配套改革成效的重要标准。切实加强黑土资源、地下水资源、森林、湿地等保护，促进可持续发展。

5月5日

［纲　文］ **国家外汇管理局印发《关于加强外汇资金流入管理有关问题的通知》。**

［目　文］ 《通知》要求，外汇局应高度重视异常资金流入风险，强化监测分析与窗口指导；对异常资金流入线索，应主动开展现场核查或检查；对于使用虚假单证进行套利交易的案件，依法从重处罚；对违反外汇管理规定导致违规资金流入的银行、企业等主体，应依法给予罚款、停止经营相关业务、追究负有直接责任的相关人员责任等处罚，并加大公开披露力度。该《通知》自2013年6月1日起实施。

5月5—7日

［纲　文］ **应国家主席习近平邀请，巴勒斯坦国总统马哈茂德·阿巴斯对中国进行国事访问。**

［目　文］ 6日，国家主席习近平会见阿巴斯。习近平在会谈时指出，巴勒斯坦问题是中东问题的核心。巴勒斯坦人民合法民族权利得不到恢复，巴勒斯坦和以色列的和平就不可能实现，中东地区和平稳定也无从谈起。任何时候都不能忽视巴勒斯坦问题，必须把解决巴勒斯坦问题放在重要而突出的位置。

习近平就推动解决巴勒斯坦问题提出四点主张：第一，应该坚持巴勒斯坦独立建国、巴以两国和平共处这一正确方向。建立以1967年边界为基础、以东耶路撒冷为首都、拥有完全主权的独立国家是巴勒斯坦人民不可剥夺的权利，也是解决巴勒斯坦问题的关键。同时，以色列的生存权和合理安全关切也应该得到充分尊重。第二，应该将谈判作为实现巴以和平的唯一途径。巴以双方应该顺应时代潮流，坚持走和谈之路，互谅互让，相向而行。当务之急是在停建定居点、停止针对无辜平民的暴力活动、解除对加沙地带封锁、妥善解决在押巴勒斯坦人问题等方面采取切实措施，为重启和谈创造必要条件。巴勒斯坦内部实现全面和解有助于重启并推进巴以和谈。第三，应该坚持“土地换和平”等原则不动摇。有关各方应该在“土地换和平”原则、联合国有关决议、“阿拉伯和平倡议”等既有成果基础上，全面推进中东和平进程向前发展。第四，国际社会应该为推进和平进程提供重要保障。国际社会有关各方应该增强责任感和紧迫感，秉持客观公正立场，积极劝和促谈，并加大对巴勒斯坦人力资源培训、经济建设等方面的援助。

阿巴斯介绍了巴以关系及巴以和谈有关情况。他强调，政治解决是最佳、也是唯一出路。巴勒斯坦坚持和平这一选择，寻求在“两国方案”基础上，通过和谈，最终实现巴以和平共处。当务之急是以方遵守国际协议，停建定居点，为尽快重启和谈创造条件。巴方致力于实现内部和解和团结。巴方高度赞赏中方在巴勒斯坦问题上秉持公正立场，希望中方继续发挥重要作用。

会谈后，两国元首共同出席两国政府间经济技术合作协定和文化、教育合作文件签字仪式。

同日，国务院总理李克强在中南海同阿巴斯会谈。李克强指出，中方将继续以自己的方式、利用自身影响劝和促谈，推动巴以和谈向前发展。中方愿不断深化和拓展中巴经济技术等各领域务实合作，向巴人民提供实实在在的支持。落实和有效推进已有项目，鼓励更多有实力的中国企业赴巴投资，对巴方开展基础设施建设和培养人才给予支持，密切双方人文交往，传承和弘扬中巴友好。阿巴斯表示，巴中传统友好关系不断向前发展。巴方愿进一步扩大同中方的互利合作，欢迎中国企业到巴投资。巴方期待中国继续为推进中东和平进程发挥重要作用。

5月6日

［纲　文］ **李克强主持召开国务院常务会议。**

［目　文］ 会议确定2013年在行政体制、财税、金融、投融资、价格、民生、统筹城乡、农业农村、科技等重点领域和关键环节加大改革力度：（一）抓紧清理、分批取消和下放投资项目审批、生产经营活动和资质资格许可等事项。制定实施严控新设行政许可和规范非许可审批项目的措施，加快出台政府向社会组织购买服务的指导意见。（二）下力气推动建立公开、透明、规范、完整的预算体制，形成深化预算制度改革总体方案，完善地方政府债务风险控制措施。削减、合并一批专项转移支付项目。扩大营业税改征增值税试点范围。形成资源税费和矿产资源有偿使用制度改革方案。（三）稳步推出利率汇率市场化改革措施，提出人民币资本项目可兑换的操作方案。建立个人投资者境外投资制度，制定投资者尤其是中小投资者权益保护相关政策，出台扩大中小企业股份转让系统试点范围方案。规范发展债券、股权、信托等投融资方式。（四）形成铁路投融资体制改革方案，支线铁路、城际铁路、资源开发性铁路所有权、经营权率先向社会资本开放，引导社会资本投资既有干线铁路。（五）在保障群众基本生活需求的前提下，建立健全居民生活用电、用水、用气等阶梯价格制度。出台完善水电上网价格形成机制改革方案。（六）继续推进医药卫生体制改革，深化公立医院改革，整合城乡基本医疗保险管理职能。加快推进城乡居民大病保险。健全保障房分配制度，推进公租房、廉租房并轨。建立最严格的食品药品安全监管制度，完善食品药品质量标准和安全准入制度。健全环保监管和生态补偿制度。（七）围绕提高城镇化质量、推进人的城镇化，研究新型城镇化中长期发展规划。出台居住证管理办法，分类推进户籍制度改革，完善相关公共服务及社会保障制度。保护农民合法权益。（八）发展现代农业，建立健全农村产权确权、登记、颁证制度，出台小型水利工程管理体制改革指导意见，提出国有林区改革指导意见。（九）完善科技创新体制机制，健全以企业为主体、产学研协同创新政策，整合资源实施科技重大专项，扩大国家自主创新示范区先行先试政策试点范围，发挥科技在经济发展中的支撑作用。

会议强调，对上述各项改革重点任务都要按照明确的时间节点抓紧抓好，对已部署并正在推进的国有企业、深化开放、教育文化等社会事业及其他领域的改革，要继续按照职能分工抓好落实。会议要求，在推进改革中，要正确处理好政府与市场、政府与社会的关系，尊重群众首创精神，坚持依法行政，确保各项改革顺利有效推进。会议讨论通过国家卫生和计划生育委员会、国家能源局、国家海洋局主要职责、内设机构、人员编制“三定”规定。

5月6日

［纲　文］ **国家发展改革委、财政部、教育部联合印发《关于加强研究生教育学费标准管理及有关问题的通知》。**

［目　文］ 《通知》要求，从2014年秋季学期起，高等学校向所有纳入全国研究生招生计划的新入学研究生收取学费。全日制学术型硕士研究生、博士研究生的学费标准，现阶段分别按照每生每学年不超过8000元、10000元确定。研究生学费标准实行“新生新办法、老生老办法”，2014年秋季学期前入学的研究生仍执行原收费政策。各地要根据经济发展水平、物价变动情况以及受教育者的经济承受能力等因素，建立研究生学费标准动态调整机制。

《通知》要求，高等学校在招生简章中必须注明研究生学费具体标准。研究生学费原则上按学年收取。研究生因故休学、退学、提前结业或经批准转学等，高等学校应根据研究生在校实际学习时间、学习阶段，计退部分学费。

5月6日

［纲　文］ **质检总局发布《注册计量师注册管理暂行规定》。**

［目　文］ 该《暂行规定》包括总则、注册条件、注册程序、监督管理、附则共5章35条。该《暂行规定》自发布之日起30日后施行。

5月6日

［纲　文］ **国家副主席李源潮在北京会见马派拉副总书记率领的南非共产党代表团。**

［目　文］ 李源潮说，中国高度重视中南关系，愿与南方一道努力，落实好两国元首达成的重要共识，深化各领域务实合作。中国共产党愿与南非共产党加强治党理政经验交流，推动两党关系向更高水平迈进，促进中南全面战略伙伴关系发展。马派拉表示，愿加强两党交流合作，相互学习借鉴经验，加深两国人民友好。

5月6日

［纲　文］ **外交部发言人就中印双方解决边境对峙事件答记者问。**

［目　文］ 外交部发言人说，中印两国近日通过协商就妥善解决中印边界西段发生的事件达成共识。目前，双方边防部队已解除在天南河谷地区的对峙。

外交部发言人说，边境对峙事件发生后，中印双方从两国关系大局出发，本着建设性的合作态度，通过有关涉边机制、外交及边防会晤渠道及时妥善处理。维护边境地区的和平安宁符合中印双方的共同利益。中方愿与印方共同努力，争取早日达成一个公平合理和双方都能接受的边界问题解决方案。

5月6日

［纲　文］ **《人民日报》发表题为《激发亿万人民的劳动热情——三论学习贯彻习近**

平4月28日重要讲话》的评论员文章。

5月6—10日

［纲　文］　**应国务院总理李克强邀请，以色列总理内塔尼亚胡访华。**

［目　文］　9日，国家主席习近平在人民大会堂会见以色列总理内塔尼亚胡。习近平表示，中以关系基础良好，两国建交后，双边关系发展势头良好。希望双方继续秉持平等互信、包容互鉴、合作共赢的精神，规划好、发展好两国友好关系。双方要加强各层次交往，增进相互了解，积极探讨发挥互补优势，深化务实合作。双方要开展文化、教育、新闻等领域交流，扩大民间往来，传承传统友谊。

习近平强调，当今世界正在发生深刻复杂变化，国与国之间应该倡导并建立平等、包容、互利的新型国家关系。中东地区饱经战火，至今动荡不宁。谋和平、求稳定、促发展是地区国家共同愿望，通过政治途径化解争端，是符合各方根本利益的战略选择。包括以色列在内的中东各国人民都应该享有平等的生存和发展权利。只有保障各国合法权益，尊重彼此关切，才能真正实现地区长治久安。中东和平进程艰难曲折，但实现以色列和巴勒斯坦和睦为邻、以色列和所有阿拉伯国家和平共处，是各方努力方向和国际社会的期待。我日前在同巴勒斯坦总统阿巴斯会谈时，阐述了中方关于推动解决巴勒斯坦问题的主张。希望以巴双方共同努力，采取切实举措，逐步建立互信，尽快重启和谈并取得实质性进展。中方将继续秉持客观公正立场，积极劝和促谈，努力推动地区热点问题政治解决，为维护中东地区和平稳定作出贡献。

内塔尼亚胡表示，中国是富有远见、开放进取的国家，取得了了不起的发展成就。以方从战略高度、用长远眼光重视发展对华关系，愿同中方一道，把握机遇，结合各自经济发展战略，加强交往与合作，增进人民友好感情，开辟以中关系广阔未来。内塔尼亚胡表示以色列深知战争带来的痛苦，欢迎和渴望和平，愿通过谈判实现和平。以方赞赏中方致力于推动中东和平进程，愿同中方保持沟通。

8日，国务院总理李克强在人民大会堂同以色列总理内塔尼亚胡举行会谈。李克强说，中国新一届政府高度重视发展同以色列的关系，希望双方加强政府、议会、政党、民间等各层次往来，扩大教育、旅游、青年等人文领域交流，使中以关系不断深化。务实合作是中以关系发展最快、最具活力、前景最为广阔的领域。双方要努力提升各领域合作水平，更好造福两国人民。一是扩大双向贸易投资，提升贸易的层次和附加值。二是深化科技合作。通过共建产业园区、技术转移中心等方式，实现两国技术和市场的优势对接。欢迎以方在技术前沿领域加大对华投资。三是做大做强农业合作。中方愿继续学习借鉴以方农产品选育、畜牧业等方面的先进技术和管理经验，开展节水旱作领域合作。四是开拓工程承包和劳务合作。中方鼓励更多有实力的企业赴以参与工程项目建设。

内塔尼亚胡表示，以色列钦佩中国的发展成就，愿与中方携手开展合作，发挥各自优势，共创以中关系美好未来。

李克强和内塔尼亚胡决定，两国有关部门成立专门工作组，就双方开展经济社会相关领域合作进行统筹研究，尽快制定合作计划并加以推进。会谈后，两国总理出席了中以农业、科技、教育等领域合作文件的签字仪式。

5月7日

［纲　文］　**全国妇联在北京召开全国妇联十届六次执委会议。**

［目　文］　中共中央政治局委员、中央书记处书记、中组部部长赵乐际在会上就有关人事事项作了说明，会议选举全国人大常委会副委员长沈跃跃为全国妇联主席。

中共中央政治局委员、国家副主席李源潮出席会议并讲话。他要求全国妇联坚持以邓小平理论、“三个代表”重要思想、科学发展观为指导，深入贯彻落实党的十八大精神和习近平总书记要求，围绕中心、服务大局，立足基层、服务妇女，切实维护妇女儿童合法权益，凝聚广大妇女为全面建成小康社会作贡献，在实现中华民族伟大复兴中国梦的奋斗中展现巾帼风采。沈跃跃在当选全国妇联主席后讲话，要求各级妇联组织和干部认真学习贯彻党的十八大和习近平总书记的一系列重要讲话精神，坚决落实党中央对妇联工作的基本要求，自觉服从服务于党和国家工作大局，竭诚为妇女群众服务，建设好“坚强阵地”和“温暖之家”，引领妇女为全面建成小康社会、实现中华民族伟大复兴的中国梦再建新功。

沈跃跃在当选全国妇联主席后发表讲话，要求各级妇联组织和干部认真学习贯彻党的十八大和习近平总书记的一系列重要讲话精神，坚决落实党中央对妇联工作的基本要求，自觉服从服务于党和国家工作大局，竭诚为妇女群众服务，建设好“坚强阵地”和“温暖之家”，引领妇女为全面建成小康社会、实现中华民族伟大复兴的中国梦再建新功。

5月7日

［纲　文］　**财政部印发《中央文化企业国有产权交易操作规则》。**

［目　文］　《规则》包括总则、受理转让申请、发布转让信息、登记受让意向、组织交易签约、结算交易资金、出具交易凭证、争议处理和法律责任、附则共9章50条。

《规则》从中央文化企业国有产权转让的场所、方式、程序和相关主体的法律责任等方面予以明确，并对转让公告、提交资料等方面提出了重点要求。同时，完善中央文化企业国有产权交易管理方式，注重审核转让过程的合规性。该《规则》自2013年6月1日起施行。

5月7日

［纲　文］　**《人民日报》发表题为《实现中国梦的强大精神力量——四论学习贯彻习近平4月28日重要讲话》的评论员文章。**

5月8日

［纲　文］　**李克强主持召开国务院常务会议。**

［目　文］　会议研究部署抓好当前农业生产、保障市场供应和价格平稳等工作。

会议认为，农业是国民经济的基础，保持农业持续健康发展是稳增长、控通胀、防风险的重要保障。2013年以来，我国农业农村经济运行总体平稳。夏粮、早稻面积增加，长势好于常年，实现全年粮食丰收有基础，其他农产品生产也基本稳定。但农业发展仍面临较大困难，东北地区春涝较重，西北、西南等地区旱情尚未根本缓解；畜牧业生产形势比较严峻，生猪价格下跌，牛羊肉供应偏紧，特别是人感染H7N9禽流感使家禽业受损严重，四川芦山"4·20"强烈地震也对当地农业生产造成较大影响。有效应对这些困难和挑战，未雨绸缪，防止农产品供求和价格大的波动，对于实现经济持续健康发展，增加农民收入具有重要意义。

会议指出，抓好粮食和生猪、家禽等生产，保障市场供应，一要不误农时做好春耕、春播、春管，指导组织做好夏粮、早稻田间管理，抓好东北地区抢播抢种，多种措施支持大机械耕种，为秋粮稳产创造条件。支持主产区和种粮大户、家庭农场等新型生产经营主体，为发展现代农业打基础。合理提高玉米最低收购价格。稳定大宗农产品和"菜篮子"产品生产供应。二要继续落实生猪规模化生产扶持政策，通过增加国家和商业储备等多种方式加大猪肉收储力度，稳定猪价，提振养殖信心。抓紧建立病死动物无害化处理机制。三要支持肉牛肉羊标准化规模养殖场基础设施建设。充分利用现有畜牧良种补贴等资金，加大对生产大县的扶持，增加牛羊肉供应。严格食品安全监管，严厉打击肉类产品掺假售假等违法违规行为。四要在全力做好人感染H7N9禽流感防治工作的同时，实施稳定发展家禽业的措施，保护种禽生产能力。中央财政对家禽加工重点龙头企业流动资金贷款给予短期贴息，发挥农信社等地方金融机构作用，帮助企业渡过难关。五要尽快恢复芦山地震灾区农业生产。将中央支持和灾区自救相结合，抓紧灾毁设施和农地修复、农作物补种、畜禽补栏。

会议强调，要整合优化使用存量支农资金，有效应对当前农业发展中的问题，同时要注重研究长效机制，大力发展现代农业，提高农业生产规模化、标准化水平，政策和资金都要往这一方向倾斜，增强竞争力和抗风险能力。完善物价水平与居民低保标准的联动机制，保障低收入群众的基本生活。

会议要求，要切实落实"米袋子"省长负责制、"菜篮子"市长负责制。各地区、各部门要因地制宜、创新思路，抓农业的劲头不能松，抓粮食等主要农产品生产的力度不能减，抓农业改革创新的步伐不能停，保障有效供给，着力防控通胀，促进农民增收，为经济发展和民生改善提供支撑。

5月8日

[纲　文]　国务院办公厅印发《关于调整国家减灾委员会组成人员的通知》。

[目　文]　《通知》指出，根据国务院机构设置及人员变动情况和工作需要，国务院决定对国家减灾委员会组成部门和人员进行调整。

国家减灾委员会组成部门和人员调整后的名单为：国务委员王勇任主任；解放军副总参谋长章沁生、国务院副秘书长丁学东等任副主任；民政部副部长姜力任秘书长；中央宣传部副部长孙志军、外交部部长助理马朝旭、发展改革委副主任杜鹰、教育部副部长鲁昕、科技部副部长王伟中、工业和信息化部总工程师朱宏任、公安部副部长刘金国、国土资源部副部长汪民、环境保护部副部长李干杰、住房城乡建设部副部长郭允冲、交通运输部副部长冯正霖、水利部副部长刘宁、农业部副部长余欣荣、商务部部长助理俞建华、卫生计生委副主任徐科、国资委副主任黄淑和、新闻出版广电总局副局长聂辰席、安全监管总局副局长王德学、统计局副局长张为民、林业局副局长张建龙、中科院副院长丁仲礼、地震局副局长赵和平、气象局副局长矫梅燕、保监会主席助理李劲夫、自然科学基金会副主任刘丛强、海洋局副局长王宏、测绘地信局副局长闵宜仁、武警部队副司令员薛国强、中国科协书记处书记徐延豪、中国红十字会常务副会长赵白鸽等任委员。

《通知》指出，国家减灾委员会的具体工作由民政部承担，姜力兼任办公室主任。

5月8日

［纲　文］　**世界第一条新能源纯电动高速客车长途运营线路在中国正式通车。**

［目　文］　4台装配锂离子电池的纯电动客车，从辽宁省朝阳市驶出，1个小时后，平稳开进锦州世博园，标志着世界第一条新能源纯电动高速客车长途运营线路正式通车。

5月8日

［纲　文］　**中央书记处书记刘云山在人民大会堂会见由领导委员会委员、总统府国务部部长恩迪亚耶率领的塞内加尔争取共和联盟代表团。**

［目　文］　刘云山说，习近平就任国家主席后首次出访就选择了非洲，取得了重大成果，中非关系进入新的历史阶段，中非合作面临新的历史机遇。中塞关系是中非关系的重要组成部分，希望双方共同努力，深化政治互信，加强党际交流，拓展合作领域，实现中塞关系新飞跃。刘云山介绍了中国国内有关情况，他说，中国人民正致力于实现中华民族伟大复兴的中国梦，实现中国梦关键靠党领导全国各族人民团结奋斗。我们将坚持从严治党，坚持创新务实，使党成为富有蓬勃创造活力的坚强领导核心。

恩迪亚耶说，塞内加尔钦佩中国发展成就和中共执政能力，希望加强党际治国理政经验交流。

5月8日

［纲　文］　**国防部新闻发言人就美国国防部发表2013年度《中国军事与安全态势发展报告》发表谈话。**

［目　文］　国防部新闻发言人说，中国坚持走和平发展道路，坚定奉行防御性国防政策。中国加强国防投入，是维护国家主权、安全和领土完整的需要，是作为主权国家的正当权利，不针对任何国家和目标。近年来，美方大力发展先进武器装备，组建进攻性网络战部队，国际社会对此有目共睹。美方无权对中国正当的国防和军队建设说三道四。他表示，领土主权关乎国家核心利益，中国军队维护国家领土主权的决心和意志坚定不移。2012年以来，个别邻国仗势妄为，在涉及中国领土主权和海洋权益上制造事端，这是引发当前周边局势紧张的根源。美方的报告颠倒黑白，误导国际舆论，是极不负责任的。

国防部新闻发言人指出，近年来，两岸关系取得一系列重大积极进展，呈现出和平发展的新局面，维护了台海地区和平。在这种形势下，美方蓄意炒作大陆对台“军事威胁”，渲染两岸军力失衡，挑拨两岸关系，为售台武器寻找借口，中方对此坚决反对。当前中美两国领导人已就探索构建新型大国关系达成重要共识，两军关系也面临良好发展势头。美方发表这个报告，与其“致力于建设健康、稳定、可靠的两军关系”的承诺背道而驰，损害双方互信。美方应拿出诚意，以实际行动推动中美两军关系健康稳定发展。

5月8日

［纲　文］　**外交部发言人就中印关系答记者问。**

［目　文］　外交部发言人表示，中国和印度同为重要的新兴市场国家和发展中大国，中印关系保持健康稳定发展符合中印两国人民的利益，也有利于亚洲乃至世界的和平、稳定与繁荣。近年来，在双方共同努力下，中印关系保持良好发展，政治互信日益加深，各领域务实合作取得丰硕成果，在国际和地区事务中进行了良好的协调与配合。中方愿以印度外交部部长胡尔希德访华为契机，推动中印战略合作伙伴关系继续向前发展。

5月8—9日

［纲　文］　**国务委员杨洁篪应邀访问蒙古国。**

［目　文］　访问期间，蒙古国总统额勒贝格道尔吉在乌兰巴托会见杨洁篪。杨洁篪在会见时强调，中国新一届领导集体高度重视发展中蒙睦邻友好关系。中方尊重蒙古国主权、独立和领土完整，尊重蒙古国人民自主选择的发展道路，愿同蒙方保持高层交往，增进互信，在涉及彼此核心利益和重大关切问题上相互坚定支持。中蒙合作是互利共赢的。双方要尽早制定中蒙战略伙伴关系中长期发展纲要，统筹推进矿产资源开发、基础设施建设和金融合作。双方要扩大人文交流，支持青年和媒体交往，加深了解和友谊。

额勒贝格道尔吉表示，蒙方愿在相互尊重、平等互利原则基础上同中方加强合作，不断赋予两国传统友好新的内涵。在涉及中国主权和领土完整问题上，蒙方坚定不移地支持中方。

访问期间，杨洁篪还分别同蒙古国总理阿勒坦呼亚格、副总理特尔比希达格瓦、外交部部长包勒德举行会见、会谈，同他们就两国合作交换意见。

5月8—16日

［纲　文］　**国家副主席李源潮应邀对阿根廷和委内瑞拉进行正式访问。**

［目　文］　访问阿根廷期间，李源潮在布宜诺斯艾利斯会见了阿根廷总统克里斯蒂娜。李源潮转达了习近平主席对克里斯蒂娜总统的问候。李源潮说，中国新一届政府愿同阿方保持高层交往，制定两国政府共同行动计划，成立两国经济主管部门间合作对话机制，促进两国贸易和相互投资持续健康发展，进一步加强金融合作，实现互利双赢、共同发展。拉美和加勒比是世界重要新兴地区，中国重视阿根廷在拉美事务中的重要作用，希望阿方继续发挥积极影响，推动拉共体成员国尽早就建立中拉合作论坛达成共识，推进中拉整体合作。克里斯蒂娜说，阿根廷高度重视阿中战略伙伴关系，希望建立和完善两国高层对话机制，加强投资、经贸、农业、食品工业、基础设施建设等领域的务实合作，实现

互利共赢，造福两国人民。

访问期间，李源潮同阿根廷副总统兼参议长布杜举行会谈，共同出席司法、农产品贸易和质检等领域合作协议签字仪式；会见了阿根廷众议长多明格斯。

访问委内瑞拉期间，李源潮在加拉加斯会见了委内瑞拉总统马杜罗。李源潮转达了习近平主席对马杜罗总统的亲切问候和良好祝愿。李源潮说，中委共同发展的战略伙伴关系近年来全面快速发展，给两国人民带来实实在在的利益。中委都处在继往开来的重要时期，双边关系发展面临新的重要机遇。中委经济互补性强，应发挥各自优势，积极推进能源合作，打造农业合作新亮点，抓好做实基础设施和民生领域合作项目，使两国互利友好合作迈上新台阶。李源潮表示，拉美和加勒比是世界重要新兴地区，中方高度重视发展同拉美国家关系，愿同委方一道推动建立中拉合作论坛，为深化中拉全面合作伙伴关系搭建更好平台。马杜罗感谢习近平主席的问候。他说，委中战略伙伴关系是查韦斯总统和中国领导人共同缔造的，委政府愿不断深化这一伙伴关系。欢迎中国企业来委投资兴业，希望双方不断丰富合作模式，扩大合作领域，加快合作步伐。委内瑞拉愿积极推动中国同拉美国家关系发展，支持尽早建立中拉合作论坛。双方共同出席了能源、基础设施建设、通信等领域合作协议的签字仪式。

访问期间，李源潮同委内瑞拉副总统阿雷亚萨举行会谈，会见了全国代表大会主席卡韦略。

5月9日

［纲　文］　**外交部、国台办发言人就一名中国台湾渔民遭菲律宾军舰枪击事答记者问。**

［目　文］　外交部发言人表示，中方对此表示严重关切，对开枪射杀中国台湾渔民的野蛮行径表示强烈谴责。中方要求菲方立即进行调查，并尽快作出说明。我们对遇害的台湾同胞表示深切哀悼，对家属表示慰问。

国务院台办发言人表示，我们强烈谴责枪杀中国台湾渔民的野蛮行径，要求菲方尽快彻查，给受害渔民一个交代。我们对遇害台湾渔民同胞表示深切哀悼，对家属表示慰问。

据中国台湾媒体报道，台湾一艘渔船9日上午在屏东县鹅銮鼻东南方约180海里处遭菲律宾军舰射击，1名船员身亡。

5月9—10日

［纲　文］　**应外交部部长王毅邀请，印度共和国外交部部长萨尔曼·胡尔希德对中国进行正式访问。**

［目　文］　9日，中国外交部部长王毅与胡尔希德举行会谈。王毅在会谈时表示，中印是天然的战略伙伴，两国关系越来越具有全球性意义，合作潜力巨大，发展空间广阔。当前双方正积极筹备高层互访，两国关系发展面临重大机遇。中方愿与印方共同努力，抓住契机，推动两国战略合作伙伴关系迈上新台阶。中方也愿与印方一道推进边界问题谈判进程，寻求公平合理的解决办法。在边界问题解决前，共同维护好边境地区的和平

与安宁。

胡尔希德说，印中在国际事务中发挥着越来越重要作用。加强印中合作，不仅符合两国根本利益，也有利于推动亚洲世纪早日到来。希望双方以两国高层互访为契机，扩大各领域合作，开启两国关系新篇章。

10日，国务院总理李克强在中南海会见印度外交部部长胡尔希德。李克强在会见时说，中印都是发展中大国和新兴市场国家，两国关系具有战略意义和全球影响。中国新一届政府高度重视发展同印度的关系，愿增进政治互信，深化务实合作，加强民间了解和友谊，扩大在国际地区事务中的沟通协调，共同把中印战略合作伙伴关系维护好、发展好。李克强指出，中印友好合作是主流，共同利益远大于分歧。双方应当珍惜两国关系来之不易的良好局面，以更加长远的眼光和更为进取的姿态扩大和深化合作，更好造福两国25亿人民，也给亚太乃至世界经济的发展注入新动力。中方愿与印方共同致力于通过和平友好协商推动解决边界问题，为两国合作发展营造有利环境。

胡尔希德说，印中发展友好关系有利于造福两国人民，促进本地区乃至世界的和平与繁荣。印方愿与中方携手合作，向世界发出印中相互信任、相互支持的积极信号，同时有效管控矛盾分歧，致力于推进边界问题的解决进程。

5月10日

［纲　文］　**国家主席习近平在人民大会堂会见俄罗斯东正教大牧首基里尔。**

［目　文］　习近平表示，深厚的传统友谊及合作的现实需要把中俄两国人民紧紧地联系在一起。不久前，我对俄罗斯进行了成功的国事访问，取得丰硕成果。我和普京总统一致决定，加大相互政治支持，扩大务实合作，促进人文交流，加强中俄全方位战略合作。这不仅可以造福两国人民，也有利于维护世界和平，促进国际公平和正义。

习近平高度赞赏俄罗斯东正教会一贯积极支持发展中俄关系，在涉及中国国家主权、安全、领土完整和发展等核心利益问题上明确支持中方。习近平表示，基里尔大牧首这次访华是两国宗教交往的一部分，也体现了中俄两国高水平和特殊友好关系，有助于加深相互了解。希望俄罗斯东正教会和基里尔大牧首为促进中俄友好发挥更大作用。习近平还向基里尔介绍中国的有关宗教政策。

基里尔表示，俄中是友好邻邦，两国友谊基础牢固。两国人民有着相通的理念和价值观，都珍视国家独立和主权，都崇尚团结、勤劳和公正。俄中要相互理解、支持和配合，共同应对各种挑战。俄罗斯东正教会愿本着相互尊重、互不干涉的原则同中方开展交往，为促进俄中关系发展做出贡献，使俄中世代友好、永不为敌成为俄罗斯文化的一部分，使俄罗斯年轻一代怀着俄中友好的信念成长。

5月10日

［纲　文］　**国务院总理李克强在中南海会见越南副总理阮善仁。**

［目　文］　在会见越南副总理阮善仁时，李克强说，中越是重要近邻。两国保持高

层战略沟通，深化各领域务实合作，妥善处理分歧，符合两国人民的根本利益，对地区的稳定和发展也具有积极意义。中越视对方发展为自身的机遇，两国应从战略和全局的高度把握双边关系，增进政治互信，扩大共同利益，巩固传统友谊，推动两国关系取得更大的发展。

李克强指出，发展中越睦邻友好是两国人民的共同心愿，这也需要良好的条件和氛围。双方要管控和解决好在南海问题上的分歧，不使其干扰双边关系的发展与相互合作。

阮善仁表示，越南党、政府和人民对中国取得的巨大成就表示祝贺。越方愿与中方落实好达成的共识，加强传统友好，推动经贸合作，增进人文交流，妥善处理南海问题，将两国全面友好和互利合作提高到新水平。

5月10日

［纲　文］　**国务院办公厅印发《关于调整国务院抗震救灾指挥部组成人员的通知》。**

［目　文］　《通知》指出，根据国务院机构设置及人员变动情况和工作需要，国务院决定对国务院抗震救灾指挥部的组成单位和人员进行调整。调整后的名单如下：

国务院副总理汪洋任指挥长；地震局局长陈建民、解放军副总参谋长章沁生、国务院副秘书长丁学东、发展改革委副主任杜鹰、民政部副部长姜力、公安部副部长刘金国任副指挥长；中央宣传部副部长吴恒权、外交部部长助理张明、教育部副部长鲁昕、科技部副部长王伟中、工业和信息化部总工程师朱宏任、司法部副部长张苏军、财政部部长助理余蔚平、国土资源部副部长汪民、环境保护部副部长周建、住房城乡建设部副部长郭允冲、交通运输部副部长冯正霖、水利部副部长刘宁、农业部副部长高鸿宾、商务部副部长姜增伟、卫生计生委副主任徐科、国资委副主任黄淑和、新闻出版广电总局副局长聂辰席、安全监管总局副局长王德学、旅游局副局长祝善忠、港澳办副主任华建、台办主任助理李亚飞、新闻办副主任王国庆、中科院副院长丁仲礼、地震局副局长修济刚、气象局副局长矫梅燕、保监会主席助理李劲夫、能源局副局长史玉波、国防科工局副局长胡亚枫、海洋局副局长王宏、测绘地信局副局长闵宜仁、总参谋部应急办主任孙原生、武警部队副司令员薛国强、共青团中央书记处书记周长奎、中国铁路总公司副总经理胡亚东等任成员。

《通知》指出，国务院抗震救灾指挥部具体工作由地震局承担。

5月10日

［纲　文］　**国务院办公厅印发《关于调整国家防汛抗旱总指挥部组成人员的通知》。**

［目　文］　《通知》指出，根据国务院机构设置及人员变动情况和工作需要，国务院决定对国家防汛抗旱总指挥部的组成单位和人员进行调整。调整后的名单为：国务院副总理汪洋任总指挥；水利部部长陈雷、解放军副总参谋长章沁生、国务院副秘书长丁学东任副总指挥；水利部副部长刘宁任秘书长；武警部队副司令员薛国强、气象局副局长矫梅燕任副秘书长；中央宣传部副部长孙志军、发展改革委副主任杜鹰、工业和信息化部副部长尚冰、公安部副部长黄明、民政部副部长姜力、财政部部长助理胡静林、国土资源部副

部长汪民、住房城乡建设部副部长仇保兴、交通运输部副部长何建中、农业部副部长余欣荣、商务部部长助理房爱卿、卫生计生委副主任徐科、新闻出版广电总局副局长李伟、安全监管总局副局长王德学、能源局副局长史玉波、海洋局副局长王宏、铁路局局长陆东福、三峡办副主任雷鸣山、南水北调办副主任张野任成员。

《通知》指出，国家防汛抗旱总指挥部的具体工作由水利部承担，张志彤同志任国家防汛抗旱总指挥部办公室主任。

5 月 10 日

［纲　文］　**税务总局发布《委托代征管理办法》。**

［目　文］　《办法》包括总则、委托代征的范围和条件、委托代征协议的生效和终止、委托代征管理职责、法律责任、附则共 6 章 30 条。该《办法》自 2013 年 7 月 1 日起施行。

5 月 10 日

［纲　文］　**教育部印发《关于进一步加强高等学校实验室危险化学品安全管理工作的通知》。**

［目　文］　《通知》要求，高度重视实验室危险化学品管理工作。各地、各部门和各校应及时了解和掌握所属学校和本校实验室危险化学品的种类和使用、管理等具体情况，严格按照国家规定，加大监管力度，对涉及实验室危险化学品管理的重点部位和薄弱环节进行重点排查，堵塞漏洞，排除隐患，并要有针对性地建立事故应急预案。

《通知》要求，严格管理实验室危险化学品。制定并完善实验室危险化学品保管、使用、处置等各个环节的规章制度。严格分库、分类存放，严禁混放、混装，做到规范操作、相互监督。要建立购置管理的规范，对使用情况和存量情况进行检查监督，使各类危险化学品在整个使用周期中处于受控状态，建立从请购、领用、使用、回收、销毁的全过程的记录和控制制度，确保物品台账与使用登记账、库存物资之间的账账相符、账实相符。

《通知》要求，明确实验室危险化学品的安全管理责任。危险化学品管理必须做到“四无一保”，即无被盗、无事故、无丢失、无违章、保安全。对于危险化学品中的毒害品，要参照对剧毒化学品的管理要求，落实“五双”即“双人保管、双人领取、双人使用、双把锁、双本账”的管理制度。

《通知》要求，加大对废弃实验室处理的审批、监管力度。对于搬迁或废弃的实验室，要彻底清查废弃实验室存在的易燃易爆等危险品，严格按照国家相关要求及时处理，消除各种安全隐患。

5 月 10 日

［纲　文］　**国家卫生和计划生育委员会印发《关于规范医师定期考核电子化认证工作的通知》。**

［目　文］　《通知》要求，自 6 月 1 日起，全国统一启用《医师定期考核结果通知

书》和考核合格防伪标贴，以规范医师定期考核认证工作，健全医师定期考核管理制度。考核证明的推行，健全了我国医师的管理体系和证照管理制度。今后医师上岗必须资格证、执业证、考核合格证“三证齐全”。

5月10日

［纲　文］　**经中央军委批准，海军首支舰载航空兵部队在渤海湾畔正式组建。**

［目　文］　正式组建舰载航空兵部队标志航母部队战斗力建设进入了新的发展阶段。中央军委委员、海军司令员吴胜利出席组建大会并授予军旗。

5月10日

［纲　文］　**中国掘进距离最长、埋深最深、水压最高、直径最大的地铁过江隧道——南京地铁10号线过江地铁隧道贯通。**

［目　文］　南京过江地铁是地铁10号线建设的关键性控制工程。隧道全长3600米，合同总价约8.2亿元，合同工期36个月。该项目是中国单洞双线最长穿江隧道，具有掘进断面大、隧道长、水压高、透水性强、局部埋深浅、工期紧的特点。隧道采用直径11.64米的超大型泥水盾构机挖掘施工，是南京地铁首次采用单洞双线过江的盾构隧道。

自2012年正式掘进施工以来，承建方中国铁建十四局集团不断优化施工方案，创新科研成果，先后克服了盾构始发与接收、穿越浦口水厂、掘进1.8公里施工困难的卵砾石与泥岩等不良地质、下穿江南民房群等重大风险源，成功采用了中德双方共同研发的世界独创盾构机“常压更换刀具”技术，并进行10余项的优化与改进，在国际上填补了行业的空白。

5月10日—11月1日

［纲　文］　**2013中国·锦州世界园林博览会在辽宁锦州举办。**

［目　文］　这是全球第一个海上园林博览会。该世博园总面积7平方公里，其中水域面积3.7平方公里，以“城市与海，和谐未来”为主题，倡导让蓝色大海滋润绿色家园的理念，向世界展示“花开大海”的神奇，同时创造了世界园林博览园建设面积最大、速度最快等多项世界之最。通过6个月运营，共计接待入园游客突破1200万人次。

5月11日

［纲　文］　**中国—越南双边合作指导委员会第六次会议在北京举行。**

［目　文］　中方主席、国务委员杨洁篪和越方主席、越南副总理阮善仁共同主持会议。杨洁篪指出，中越是山水相连的邻邦，两国之间相互联系、相互依存不断加深。双方应切实落实习近平总书记和阮富仲总书记达成的重要共识，从战略高度和长远角度把握两国关系发展的正确方向，推进全面战略合作。双方应保持高层交往，提升务实合作实效，促进民间交往，有效管控和妥善处理南海分歧，加强海上合作。阮善仁表示，越南党和政府愿不断深化越中全面战略合作，增进政治互信，深入推进全面务实合作，妥善处理南海分歧。会议就推进各领域合作达成广泛共识。

5月12日

［纲　文］　**国家减灾委在北京国家减灾中心召开全体会议。**

［目　文］　国务委员、国家减灾委主任王勇主持会议。他指出，在各方面共同努力下，我国防灾减灾体制机制不断健全，法规预案体系日益完善，减灾保障水平明显提高、公众防灾意识逐步增强，成功战胜了汶川特大地震、四川芦山强烈地震等一系列重特大自然灾害，防灾减灾工作成效显著。

王勇强调，要对当前灾害多发的形势和防灾减灾工作存在的薄弱环节有清醒认识，切实做好当前及下一阶段重点工作。一要全力做好芦山地震过渡安置和灾后恢复重建，尽早恢复灾区正常生产生活秩序。二要强化汛期灾害监测预警和隐患排查，落实抢险队伍和救援物资，做好灾害防范应对准备。三要积极推进国家综合防灾减灾“十二五”规划实施和项目落实，不断提升防灾减灾能力。四要坚持工程措施和非工程措施相结合，全面夯实城乡防灾减灾基础。五要普及防灾减灾知识和安全避险技能，形成全民参与、全社会关心防灾减灾的良好氛围。

5月12日

［纲　文］　**国家旅游局公布《旅游行政处罚办法》。**

［目　文］　该《办法》共计9章85条，包括：总则、旅游行政处罚的实施主体与管辖、旅游行政处罚的适用、旅游行政处罚的一般程序、旅游行政处罚的简易程序、旅游行政处罚的执行、旅游行政处罚的结案和归档、旅游行政处罚的监督、附则。该《办法》自2013年10月1日起施行。

5月12日

［纲　文］　**《人民日报》发表题为《在这里我们写下中国力量——写在汶川特大地震五周年》的评论员文章。**

5月13日

［纲　文］　**国家主席习近平在人民大会堂会见来华出席太湖文化论坛第二届年会的莫桑比克总统格布扎。**

［目　文］　习近平表示，莫桑比克是中国在非洲的全天候朋友。在双方几代领导人共同关心下，中莫传统友好关系不断取得新发展。当前中莫务实合作面临重要机遇，双方要加强政治引领和总体规划，抓好基础设施建设、能源、农业、渔业等领域重点项目合作，加强政策扶持，创新合作模式，提升合作水平，造福两国人民。

习近平指出，非洲国家和人民就要迎来非洲统一组织成立50周年的喜庆日子，非洲和平与发展事业进入了一个新阶段。要实现非洲复兴大业，非洲必须要稳定，要团结，要走适合自身的发展道路。中方将一如既往支持非洲促进和平与发展的努力，愿同非方携手为共同实现发展振兴而团结奋斗。

格布扎感谢中国长期以来为莫民族解放、国家建设提供的宝贵支持。他表示，莫政府正致力于国家的可持续发展，愿借鉴中国的发展经验，与中方开展更加多元化的合作，欢迎更多中国企业来莫参与人力资源培训、农业、能源、基础设施建设等领域合作，实现共同发展。

5月18—19日，太湖文化论坛第二届年会在浙江省杭州市举行。本次论坛以“加强国际合作，建设生态文明”为主题。全国政协主席俞正声出席开幕式并发表题为《加强国际合作，建设生态文明》的主旨讲话。莫桑比克总统格布扎、安提瓜和巴布达总督莱克-塔克、希腊总理萨马拉斯、浙江省委书记夏宝龙等分别在开幕式上致辞。

太湖文化论坛成立于2008年，以加强中外文化交流为宗旨，邀世界各国知名人士共商不同文明对话与合作大计，共建和谐文化和和谐世界。

5月13日

［纲　文］　**国家主席习近平在人民大会堂会见红十字国际委员会主席莫雷尔。**

［目　文］　习近平在会见时高度评价红十字国际委员会成立150年来在国际人道主义事务方面所做的大量工作，感谢红十字国际委员会积极参与中国人道救援。习近平表示，红十字不仅是一种精神，更是一面旗帜，跨越国界、种族、信仰，引领着世界范围内的人道主义活动。人道主义事业是全人类共同的事业，相信红十字精神将不断发扬光大。习近平强调，中国高度重视和支持红十字事业，愿同红十字国际委员会加强合作，积极参与国际人道援助，为更多弱势群体提供帮助，在力所能及范围内履行国际责任和义务，为国际人道主义事业作出更大贡献。

莫雷尔感谢中国对红十字国际委员会的支持，表示中国有着重要的国际影响力，为国际红十字事业做出了重要贡献，红十字国际委员会愿进一步扩大与中国的合作，更好地在世界范围积极开展人道主义救助活动。

5月13日

［纲　文］　**国务院召开全国电视电话会议，动员部署国务院机构职能转变工作。**

［目　文］　中共中央政治局常委、国务院副总理张高丽主持会议。国务院总理李克强出席会议并发表讲话。他指出，转变政府职能，是在当前形势下稳增长、控通胀、防风险，保持经济持续健康发展的迫切需要和重大举措，也是经济社会发展到这一阶段的客观要求。他强调，行政审批制度改革是转变政府职能的突破口，是释放改革红利、打造中国经济升级版的重要一招，2013年要开好头。一要以简政放权稳增长。二要以简政放权推转型。三要以简政放权促就业。

李克强指出，改革不仅要取消和下放权力，还要创新和改善政府管理，管住管好该管的事。放和管两者齐头并进。要切实加强市场监管，营造公平竞争的市场环境，对食品、环境、安全生产等领域群众高度关注、反映强烈的问题，要重拳打击违法违规行为，让不法分子付出付不起的代价。要创新公共服务提供方式，把政府工作重点放在“保基本”上，在非基本的公共服务领域，更多发挥市场和社会组织作用。必要的行政审批也必须规范，防止滋生腐败，做到标准明确、程序严密、运作透明、制约有效、权责分明。要腾出更多精力抓大事、议长远、谋全局，增强宏观调控的针对性、有效性和权威性，坚决完成遏制产能严重过剩行业盲目扩张等硬任务。

国务院副总理刘延东、汪洋、马凯，国务委员常万全、郭声琨、王勇等出席会议。发展改革委、人力资源社会保障部、中央编办主要负责人在会上发言。

5月13日

［纲　文］　**国务院总理李克强应约同马来西亚总理纳吉布通电话。**

［目　文］　李克强在通话中祝贺纳吉布连任马来西亚总理。李克强说，当前中马关系面临良好发展机遇。中方愿与马方加强战略沟通，深化双向贸易投资合作，扩大人文领域交流，推动双边关系在重点领域取得新突破，打造合作新亮点，将中马关系提升到新水平。同时，巩固和深化中国同东盟的互利合作，推动中国—东盟关系向前发展。纳吉布说，马中关系非常重要，双方合作前景广阔。马方祝贺中国经济社会发展取得的巨大成就，希望继续保持和发展对华友好合作关系，与中方共同努力促进马中关系取得更大发展。

5月13日

［纲　文］　**俞正声在人民大会堂会见香港中华总商会访京团全体成员。**

［目　文］　全国政协主席俞正声指出，当前香港的总体形势保持稳定，但也面临不少挑战，希望香港社会各界人士不断增强忧患意识和危机意识，着眼大局，着眼长远，着眼发展，进一步弘扬自强不息的拼搏精神、同舟共济的团结精神、灵活应变的创新精神，积极参与经济、社会、政治事务，共同维护香港长期繁荣稳定。

俞正声强调，香港过去的成就离不开团结，未来的辉煌也离不开团结。他向香港中华总商会提出四点希望：一是要发挥旗帜作用，积极推进“一国两制”事业；二是要有大局观念，积极支持配合行政长官和特区政府依法施政，维护香港的法治；三是要树立前瞻意识，主动为推动香港经济发展献计出力；四是要加强团结，增强爱国爱港阵营的凝聚力和影响力。

5月13日

［纲　文］　**全国政协主席俞正声在人民大会堂会见俄罗斯总统驻伏尔加河沿岸联邦区全权代表巴比奇。**

［目　文］　俞正声指出，地方合作是中俄务实合作重点领域。双方启动长江中上游地区和伏尔加河沿岸联邦区合作，有利于实现优势互补和互利共赢，拓展两国非毗邻地区间合作。双方可重点加强高科技和高附加值产业合作，打造两地区合作“创新版”和“升级版”。

巴比奇表示，此访主要任务是与中方启动伏尔加河沿岸联邦区与长江中上游地区合作，推动两地区合作尽快取得实质进展，不断深化俄中地方合作。

5月13—14日

［纲　文］　**张高丽在内蒙古自治区调研并主持召开部分企业负责人座谈会。**

［目　文］　国务院副总理张高丽赴内蒙古自治区调研，了解经济运行、结构调整、环境保护等方面情况，考察了包钢、京东方、神华、鄂尔多斯羊绒集团等企业，与企业负责人、科技人员进行深入交流，听取对促进经济持续健康发展的意见建议。

张高丽在座谈会上指出，要认真落实国务院机构职能转变动员会议精神，坚决实施取消和下放的行政审批项目，向社会放权，为企业松绑，通过改革创造各种所有制各类企业公平公正公开的市场竞争环境。地方各级政府对国务院取消的审批项目，需要放给市场和社会的，一律不得截留，对下放给地方的，要做好衔接、加强监管。同时，抓紧研究出台本级政府职能转变的具体措施，以实实在在的成效取信于民。

张高丽强调，要坚持以人为本，以人为本首先要想到人民群众健康，保障人民群众健康就必须保护好环境资源生态。要高度重视人民群众反映强烈的突出污染问题，比如雾霾等问题，要下大决心，认真研究，综合施策，采取有效措施，以治理京津冀及周边地区大气污染为重点，统筹推进经济结构调整优化、科技创新驱动发展、资源节约环境保护，逐步解决人民群众关心的环境问题，造福子孙后代，为全面建成小康社会、实现中华民族伟大复兴中国梦而奋斗。

5月14—15日

［纲　文］　**习近平在天津市考察**。

［目　文］　中共中央总书记习近平在天津武清区南蔡村镇察看农业生产情况时强调，一个国家只有立足粮食基本自给，才能掌握粮食安全主动权，进而才能掌握经济社会发展这个大局。

在滨海新区考察时，习近平指出，要以滨海新区为龙头，积极调整优化产业结构，加快转变经济发展方式，推动产业集成集约集群发展。同时，要加快发展服务业，形成与现代化大都市地位相适应的服务经济体系。习近平强调，保持我国经济社会发展良好势头，实现“两个一百年”奋斗目标，都需要进一步深化改革，下大气力解决体制机制弊端。天津要充分利用滨海新区平台，先行先试重大改革措施，努力为全国改革发展积累经验。

在天津国际生物医药联合研究院考察时，习近平观看了该院自主研发产品展示，察看了分析测试中心、药物筛选中心等，详细了解国家创新药重大专项课题研发情况。习近平充分肯定该院海外归国创业人员为祖国科技事业和人民健康所作出的努力。他指出，科技创新是提高社会生产力和综合国力的战略支撑，必须摆在发展全局的核心位置。要充分发挥科技资源丰富、科技人才众多的优势，建设科技创新高地，不断提高原始创新、集成创新和引进消化吸收再创新能力，促进科技和经济深度融合。

在中新天津生态城考察时，习近平听取了生态城规划建设情况介绍，察看了规划实景沙盘和建设展板，并考察了生态城智能电网综合示范服务中心。他指出，生态城要兼顾好先进性、高端化和能复制、可推广两个方面，在体现人与人、人与经济活动、人与环境和谐共存等方面作出有说服力的回答，为建设资源节约型、环境友好型社会提供示范。

在人力资源发展促进中心、天津职业技能公共实训中心考察时，习近平强调，保障和改善民生是一项长期工作，没有终点站，只有连续不断的新起点，要实现经济发展和民生改善良性循环。就业是民生之本，解决就业问题根本要靠发展。要切实做好以高校毕业生为重点的青年就业工作，加强城镇困难人员、退役军人、农村转移劳动力就业工作，搞好职业技能培训、完善就业服务体系，缓解结构性失业问题。他勉励当代大学生志存高远、脚踏实地，转变择业观念，坚持从实际出发，勇于到基层一线和艰苦地方去，把人生的路一步步走稳走实，善于在平凡的岗位上创造不平凡的业绩。他要求有关部门加大对高校毕业生自主创业支持力度，对就业困难毕业生进行帮扶，增强学生就业创业和职业转换能力。

调研期间，习近平听取了天津市委和市政府工作汇报，对天津近年来的工作给予充分肯定。他强调，加强和改善党的领导，是实现经济社会持续健康发展的根本保障。各级党委要改进领导经济工作的方式方法，善于为经济工作把握方向、谋划全局、提出战略、制定政策、推动立法、营造环境；要坚持从大局出发、从党和人民利益出发、从党性原则出发进行决策，努力提高决策能力和水平；要充分发挥党的政治优势，全面做细、做实、做好群众工作，充分激发人民群众的积极性、主动性、创造性。

5 月 14 日

［纲　文］　**俞正声在北京会见许历农率领的台湾退役将领一行。**

［目　文］　全国政协主席俞正声在会见新同盟会会长许历农一行时强调，新一届中共中央领导集体将毫不动摇地坚持推动两岸关系和平发展、促进祖国和平统一的大政方针，促进两岸关系不断向前发展，更好地造福两岸同胞。两岸关系和平发展进入新阶段，应更加注重稳步推进，全面发展。我们愿意看到两岸民间就促进建立两岸军事安全互信机制议题开展交流对话，为今后破解两岸政治难题积极创造条件，希望来访退役将领在推动两岸关系和平发展进程中发挥更大作用。

俞正声高度评价台湾民众在四川芦山发生强烈地震后表达关心慰问和积极提供援助，认为这充分体现中华民族传统美德和同胞手足情怀。

5 月 14 日

［纲　文］　**全国人大常委会委员长张德江、全国政协主席俞正声在人民大会堂分别会见爱尔兰众议长巴雷特、参议长伯克。**

［目　文］　张德江在会见时说，中国全国人大高度重视与爱尔兰议会的关系，愿在现有基础上，进一步加强与爱尔兰众、参两院的友好交往。一是以开展立法、治国理政方面的交流为重点，选择共同关心的议题开展实质性交流，加强对话磋商，加强互学互鉴。二是以推动中爱关系发展为核心，不断挖掘合作潜力，不断扩大合作规模，从议会层面促进中爱务实合作向更高水平、更宽领域迈进。三是以带动地方和民间交流为基础，充分发挥双方议员联系广泛、代表性强的优势，多做促进两国地方合作、扩大人文交流的工作，

不断夯实两国关系的社会和民意基础，为中爱互惠战略伙伴关系持续健康发展作出新的更大贡献。

俞正声在会见时说，近年来，中爱关系进入快速、全面、高水平发展的新阶段，正处于历史最好时期。中爱两国发展各具优势，互补性强，加强双方各领域务实合作的潜力巨大、前景广阔。中方重视发展中爱关系，愿与爱方共同努力，深化贸易、农业、地方交往等领域的务实合作，更好地造福两国人民。中国新一届全国政协愿进一步发展同爱尔兰众参两院的友好关系，密切双方各专门委员会的交往，推动中爱互惠战略伙伴关系不断向前发展。

5月14日

［纲　文］　**纪念韩先楚诞辰100周年座谈会在北京召开。**

［目　文］　中共中央政治局常委、全国人大常委会委员长张德江，中共中央政治局委员、中央军委副主席范长龙出席座谈会。中共中央政治局委员、全国人大常委会副委员长李建国在座谈会上讲话。李建国在会上全面回顾韩先楚同志的生平业绩和卓越贡献并指出，我们要继承和发扬老一辈无产阶级革命家的光荣传统，谦虚谨慎、艰苦奋斗，埋头苦干、锐意进取，不断夺取全面建成小康社会、加快推进社会主义现代化新的更大的胜利，努力实现中华民族伟大复兴的中国梦。

韩先楚同志曾任兰州军区司令员，中央军委委员、常委，第六届全国人大常委会副委员长。1955年被授予上将军衔。

5月14日

［纲　文］　**《人民日报》发表题为《坚决打好政府职能转变攻坚战》的评论员文章。**

5月15日

［纲　文］　**李克强主持召开国务院常务会议。**

［目　文］　会议研究进一步部署四川芦山地震灾后过渡性安置并适时启动恢复重建工作，研究做好2013年高校毕业生就业工作，决定进一步提高重点高校招收农村学生比例。

会议听取了关于四川芦山地震灾后过渡性安置和灾害评估情况的汇报。会议指出，按照党中央、国务院部署，四川省和国务院有关部门积极开展受灾群众安置工作，目前共安置79.7万人，临时生活救助措施全面落实，卫生防疫工作有序展开，各级各类学校全面复课，灾区生产生活秩序逐步恢复。会议决定，建立灾后恢复重建指导协调机制。下一步要毫不松懈地全力做好工作，确保所有伤员继续得到有效救治，早日康复；确保受灾群众过渡期基本生活，全面加强集中安置点的消防、防疫和治安等工作；确保地质灾害隐患得到全面排查，坚决防止出现新的损失。实事求是地科学评估灾情，在此基础上开展灾后重建规划编制，出台相关政策，适时启动恢复重建。创新体制机制，调动各方力量共同做好重建工作。

会议指出，2013年高校应届毕业生达699万人，就业压力明显增大。要采取有效措施，切实保障应届毕业生就业水平不降低、有提高。一要落实现有政策。对高校毕业生就业政策落实情况开展集中检查。二要拓宽就业渠道。开发更多岗位，引导毕业生到中小企业、非公经济和基层就业。实施离校未就业毕业生的“就业促进计划”，为他们提供持续的就业帮扶。三要鼓励自主创业。落实创业培训补贴、小额担保贷款及贴息、税费减免等政策，降低自主创业门槛。四要完善就业服务。各地可将校园招聘活动纳入公共就业服务适当支持。毕业生异地求职，可按规定享受当地免费公共就业服务和就业扶持政策。五要开展就业帮扶。对城乡低保家庭的应届高校毕业生，从今年起给予一次性求职补贴。适当提高毕业生就业见习基本生活补助标准。六要促进就业公平。严防招聘过程中出现性别、民族、残疾等方面的歧视。加强国有企业招聘活动监管，切实做到招聘信息、过程、结果“三公开”，鼓励国有企业、科研机构吸纳更多高校毕业生就业。

根据国务院第一次全体会议关于促进教育公平的部署和要求，会议决定，提高重点高校招收农村学生比例，让更多勤奋好学的农村孩子看到更多的希望。2013年要扩大农村贫困地区定向招生专项计划，将2012年面向集中连片特困地区的1万名重点高校招生计划增至3万名，招生区域包括所有国家级扶贫开发重点县，招生高校覆盖所有“211工程”和中央部属高校特别是知名高校。按照高考程序和确定的标准，将2013年新增的本科招生计划主要用于高等教育资源相对缺乏、升学压力大、农村考生多的中西部省份。继续实施“支援中西部地区招生协作计划”，在全国高校招生计划中专门安排18.5万个名额，由东部高校招收中西部考生。多措并举，使更多优质高等教育资源惠及农村、边远、贫困、民族地区的农家子弟。

5月15日

［纲　文］　**国务院总理李克强在中南海紫光阁会见中印青年代表。**

［目　文］　在听取印方代表团团长——印度青年事务和体育部秘书乔杜里介绍此次访华的感受和体会后，李克强说，中印是重要近邻和天然伙伴，双边关系持续稳定发展，各领域合作成果丰硕。中印同属世界文明古国，都创造了值得骄傲的灿烂文化，在历史上也有悠久的交往传统，当前都面临繁重的发展任务和重要的发展机遇，都主张国与国和平相处以及国际关系多极化。中印之交不仅从亚洲和世界角度看具有重要战略意义，而且直接关乎两国25亿人的命运和福祉。21世纪亚太地区尤其是亚洲在世界的政治、经济地位日显重要，已成为世界经济增长的重要引擎。中印两大文明互鉴交融，两大市场对接携手，两大邻国和睦相处，尊重彼此关切，妥善处理分歧，不仅是亚洲之幸，而且是世界之福，将给两国人民带来实实在在的利益，为亚洲和世界的发展与繁荣提供不可估量的强大动力。

李克强说，中印两国有理想、有抱负的青年人要深刻认识中印关系的重要现实意义和长远战略意义，从两国丰富的历史传统文化中汲取智慧和勇气，做中印友好合作的积极参与者、有力推动者。把希望变成现实需要从青年一代的交往奠定基础，两国青年人要抓住一切机会开展交流与互动，为中印友好播下种子，把中印友谊之树浇灌好、呵护好，使之成为两国之间坚固的桥梁，让中印友好合作的事业造福两国青年和亿万民众。

中印于2005年建立青年交流机制，迄今已开展7轮青年代表互访交流活动。此次印度百名青年代表团是应共青团中央邀请访华，在华期间安排了内容丰富的参观考察、座谈研讨、交流联谊等活动，增进了两国青年人之间的了解和友谊。

5月15日

［纲 文］ **国务院发出《关于取消和下放一批行政审批项目等事项的决定》。**

［目 文］ 《决定》指出，第十二届全国人民代表大会第一次会议批准的《国务院机构改革和职能转变方案》明确提出要减少和下放投资审批事项，减少和下放生产经营活动审批事项，减少资质资格许可和认定，取消不合法不合理的行政事业性收费和政府性基金项目。经研究论证，国务院决定取消和下放一批行政审批项目等事项共计117项。其中，取消行政审批项目71项，下放管理层级行政审批项目20项，取消评比达标表彰项目10项，取消行政事业性收费项目3项；取消或下放管理层级的机关内部事项和涉密事项13项（按规定另行通知）。另有16项拟取消或下放的行政审批项目是依据有关法律设立的，国务院将依照法定程序提请全国人民代表大会常务委员会修订相关法律规定。

各地区、各部门要认真做好取消和下放管理层级行政审批项目等事项的落实和衔接工作，切实加强后续监管。要按照深化行政体制改革、加快转变政府职能的要求，继续坚定不移推进行政审批制度改革，清理行政审批等事项，加大简政放权力度。要健全监督制约机制，加强对行政审批权运行的监督，不断提高政府管理科学化、规范化水平。

5月15日

［纲 文］ **国务院副总理刘延东在杭州出席“文化：可持续发展的关键”国际会议并致辞。**

［目 文］ 刘延东在致辞中指出，当今世界正处在大发展大变革大调整时期，文化在国家发展和人类进步中的作用日益凸显，迫切需要从文化的高度审视传统发展理论和发展道路；文化与经济、政治、社会关系更加紧密，迫切需要文化成为经济社会发展和人的全面发展的支撑力量；国与国之间相互依存不断加深，人文交流日趋深入，迫切需要文化发挥增信释疑、沟通心灵、深化友谊的独特优势。当前，走可持续发展道路已成为各国的共同选择，只有把可持续发展的理念凝聚成文化的共识，转化为人们的自觉行动，世界才能拥有更加美好的未来。她倡议，要尊重文化多样性和各国自主选择发展道路的权利，在包容中求共识、在差异中促和谐、在合作中共发展。要推动文化传承创新，以文化之力塑造人与人、人与社会、人与自然的和谐关系，为可持续发展提供强劲动力。要坚持文化创造源自人民、文化价值在于惠民的理念，优化文化发展环境，激发推动文化繁荣的生机与活力，不断满足人们精神文化需求。要深化跨文化交流，发挥文化影响力，共同推动和谐世界建设。中国政府将继续把可持续发展作为国家的基本战略之一，坚持以人为本、科学发展，在努力建设美丽中国、实现中国梦的同时，为人类繁荣进步作出应有贡献。

会后，刘延东会见了联合国教科文组织总干事伊琳娜·博科娃一行。在杭期间，刘延东还到部分职业院校、高新技术企业和文化创意产业园调研。她强调，要大力发展职业教育，创新人才培养模式，进一步提高学生综合素质，增强其就业创业和发展的能力；要实施创新驱动发展战略，发挥企业技术创新主体作用，探索多种形式的产学研结合模式和科技成果转化方式；要深化文化体制改革，加快发展文化产业，加强公共文化与体育服务体系建设，使人民群众共享文化改革发展成果。

5月15日

［纲　文］　**教育部召开全国中小学幼儿园安全工作电视电话会议。**

［目　文］　会议通报了近期发生的中小学幼儿园的安全事故，就进一步加强中小学幼儿园安全教育和安全管理工作进行部署。

教育部副部长刘利民在会议讲话中要求各地（要）进一步明确并落实中小学安全管理职责。抓好责任落实，要建立健全校园安全责任制，建立起“纵向到底、横向到边”的校园安全管理体系。要明确中小学校长、幼儿园园长作为校园内部安全管理第一责任人的责任，特别要告知家长在监管孩子安全方面的责任；完善工作机制，要进一步健全领导体制和工作机制，形成分工明确、各尽其责、统筹协调的工作体系。中小学幼儿园要严格校园安全管理各项制度，加强教师队伍管理，严把准入关；强化工作考核，建立上级教育部门对下一级教育部门校园安全工作的考核体系，县级教育部门要建立对辖区内所有中小学幼儿园安全工作的考评制度，中小学幼儿园要将校园安全教育和管理工作纳入学校日常管理考核。

5月15日

［纲　文］　**北极理事会部长级会议在瑞典北部城市基律纳宣布，接受中国成为理事会正式观察员。**

5月15—19日

［纲　文］　**应国务院总理李克强邀请，希腊总理安东尼斯·萨马拉斯对中国进行正式访问并出席太湖文化论坛第二届年会。**

［目　文］　访问期间，国家主席习近平、国务院总理李克强分别同萨马拉斯总理举行会谈。

习近平在会谈中表示，中希两国应该以古老文明为依托，交流互鉴，合作共赢，做相互理解、彼此信赖的全面战略伙伴，共同谱写中希关系新篇章，造福两国和两国人民，携手促进人类和平与发展。中方赞赏希腊应对主权债务危机取得的积极进展。中国人民自强不息。我们正在与时俱进，改革创新，朝着实现中华民族伟大复兴的目标奋力前行。随着中国和希腊各自进一步发展，双方合作潜力会进一步释放，前景更加广阔。希望双方加强在经贸、航运、文化、旅游等领域合作，中方支持本国企业赴希腊开展合作。中国坚定支持欧洲一体化。希腊是中国在欧盟最友好的合作伙伴之一。2014年希腊将轮值欧盟主席，中方愿以此为契机，同希方一道，推动中欧关系取得新发展。萨马拉斯表示，希腊人民感谢中方支持希腊应对主权债务危机。希方希望加强两国在经贸、航运、基础设施建设、文化等领域交流合作，愿为推动欧中关系发展作出更大贡献。希方赞赏中国走和平发展道路，相信中国是维护世界和平与发展的重要力量，祝愿中华民族伟大复兴的中国梦早日实现。

李克强在会谈中指出，中希合作基础扎实，两国应进一步拓宽合作领域，提高合作成效。一是扩大务实合作，研究制定合作一揽子规划，促进贸易动态平衡发展，力争实现2015年双边贸易额比现在翻一番，深化在基础设施、新能源等领域的投资合作，期待希方为中国企业赴希投资提供更好环境。二是加强海运合作，加大对重点合作项目的投入和支持。三是大力推动旅游合作，希望希方进一步简化中国公民赴希签证手续。四是深化人文交流，用好用足两国丰厚的文化资源，开展多种形式的互动，为两国人民增进了解打开新窗口。萨马拉斯表示，新形势下，希方期待进一步密切两国在经贸、海运、旅游、文化等各领域交流合作，欢迎中国企业继续赴希投资兴业。希方将推动欧盟妥善处理贸易摩擦问题，为欧中关系发展发挥建设性作用。

5月16日

［纲　文］　**国务院召开贯彻实施《旅游法》电视电话会议。**

［目　文］　全国人大财经委有关负责人介绍了《旅游法》主要内容，国家旅游局负责人作了发言。国务院有关部门负责人出席会议。党中央、全国人大有关方面负责人应邀参加会议。

国务院副总理汪洋出席会议并讲话。他指出，《旅游法》将于2013年10月1日开始施行，这是我国旅游业发展历程中的一件大事，将为旅游业持续健康发展奠定重要的制度基石。《旅游法》的制定，是保护旅游者和市场经营者合法权益的迫切需要，是有效保护和合理利用旅游资源的根本保障，是促进经济发展方式转变和经济结构调整的有力支撑。

汪洋强调，贯彻实施《旅游法》是一项事关全局和长远的系统性工作，是各级政府、各有关部门和全社会的共同责任。各地各部门要统一思想，认清责任，加强领导，精心部署，自觉把贯彻实施工作抓实抓好。要迅速开展宣传培训，切实加大执法力度。

汪洋指出，我国旅游业正处于黄金发展期，前景广阔。要依法兴旅，促进旅游消费稳定增长，转变旅游业发展方式，深化旅游业改革开放，努力把旅游业培育成为国民经济的战略性支柱产业和人民群众满意的现代服务业。要依法治旅，加快转变政府职能，培育行业组织、加强行业自律，强化市场监管，全面提高旅游业发展的质量和水平。他特别强调，要倡导健康文明旅游方式，提高公民的文明素质，树立中国游客的良好形象。

5月16日

［纲　文］　**国务院办公厅印发《关于做好2013年全国普通高等学校毕业生就业工作的通知》。**

［目　文］　《通知》指出，用人单位不得对求职者设置性别、民族等条件，招聘高校

毕业生，不得以毕业院校、年龄、户籍等作为限制性要求，不得将毕业证书发放与高校毕业生签约挂钩。同时，鼓励在校生积极参加创业教育和创业实践活动，放宽创业培训补贴期限等。

《通知》指出，2013 年全国高校毕业生就业压力继续加大，就业任务更加繁重。各地区、各有关部门要抓紧对高校毕业生就业政策落实情况组织一次集中检查，逐项督促落实。

《通知》要求在全国范围内组织实施“离校未就业高校毕业生就业促进计划”，力争使每一名有就业意愿的离校未就业高校毕业生在年底前实现就业或参加到就业准备活动中。各地公共就业人才服务机构要依托基层服务平台，一对一地开展服务。同时要加大人力资源市场监管力度，严厉打击招聘过程中的欺诈行为，及时纠正性别歧视和其他各类就业歧视现象。探索建立国有单位招聘信息统一公开发布制度。

《通知》强调各高校要将创业教育课程纳入学分管理，鼓励在校生积极参加创业教育和创业实践活动。各地区要对自主创业高校毕业生进一步放宽准入条件，创业地应按规定给予小额担保贷款等政策扶持。积极推进大学生创业孵化基地建设，为自主创业高校毕业生提供项目开发、开业指导、融资、跟踪扶持等“一条龙”创业服务。

《通知》要求将高校毕业生就业工作情况列入政府政绩考核内容，将高校毕业生就业工作经费纳入同级财政预算，将创业培训补贴政策期限从目前的毕业年度调整为毕业学年，即从毕业前一年 7 月 1 日起的 12 个月。

5 月 16 日

［纲　文］　**中共中央党校举行春季学期第二批入学学员开学典礼。**

［目　文］　中央有关部门负责人，中央党校负责人、在校全体学员、教职工等共 900 多人参加开学典礼。中央党校校长刘云山出席并讲话。

刘云山说，改作风是从严治党的应有之义，党要管党很重要的就是管好作风，从严治党关键要严在作风上。改作风的根本是树立宗旨意识，改作风的要义是端正思想路线。全心全意为人民服务是党的根本宗旨，密切联系人民群众是党的优良作风，改作风首先要回答好“为了谁、依靠谁、我是谁”的问题，始终牢记群众是我们的根、我们的本，强化群众立场、增进群众感情，与群众同甘共苦、同群众打成一片，真心实意地同群众坐在一条板凳上。

刘云山指出，改作风要坚持防风与整风并重，对于不良之风必须有防范措施，在思想上设置警戒线。改作风必须找准穴位、抓住要害，当前要以反对形式主义、官僚主义、享乐主义和奢靡之风为重要突破口。改作风必须坚持领导干部带头，风气好不好、主要看领导，领导干部行得端、走得正，才会有“向我看齐”的底气。改作风必须有踏石留印、抓铁有痕的劲头，不良作风是顽症，如果没有一股狠劲、没有工作力度，就很难真正抓出成效。要敢于管理、敢于较真、敢于碰硬，推动形成祛歪风、树良风的正能量，使我们党的作风有一个大的改观。

5月16日

［纲　文］　**外交部发言人就叙利亚问题答记者问。**

［目　文］　外交部发言人表示，叙利亚的前途命运应由叙利亚人民自主决定。当务之急是敦促叙利亚有关各方尽快停火止暴，在《“行动小组”日内瓦外长会议公报》基础上实施政治过渡。包括联合国大会在内的国际社会所采取的任何行动，应有助于实现上述目标，并恪守《联合国宪章》的宗旨和原则以及国际关系基本准则。

第六十七届联合国大会15日召开会议，以107个国家赞成，12个国家反对，59个国家弃权的表决结果通过了由法、德、英、美等37国共同起草的有关叙利亚问题的新决议。中国、俄罗斯、朝鲜、伊朗、津巴布韦等12个国家投下了反对票。印度、巴西、新加坡、南非、乌克兰、尼日利亚、苏丹等59个国家投了弃权票。

5月17日

［纲　文］　**国家主席习近平在人民大会堂会见爱尔兰众议长巴雷特、参议长伯克。**

［目　文］　习近平说，中爱尽管相距遥远、国情不同，但我们双方都有着对世界进步、国家发展、人民幸福的一致愿望和共同追求，都坚持以互尊求互信、以互信促互惠、以互惠谋共赢，因此双边关系一直保持稳定和健康发展势头，堪称不同文化、不同制度国家间友好共处的典范。特别是2012年中爱互惠战略伙伴关系的建立，使两国的交流合作面临新的广阔前景。中方愿与爱方一道，加强政府、议会间的交往，不断增进政治互信；优势互补、扩大合作，积极落实双方达成的共识，推动双边务实合作迈上新台阶，为两国人民带来更多实实在在的利益。

习近平还应询介绍了中国的基本国情和发展状况。他说，中国改革开放以来取得了巨大的发展成就，其中最根本的原因就是我们找到了中国特色社会主义道路。这条正确的发展道路我们还将坚定不移走下去。中国的发展，将给包括爱尔兰在内的世界各国提供广阔的市场和难得的机遇，为世界的和平、稳定和繁荣作出贡献。

5月17日

［纲　文］　**国家主席习近平在人民大会堂会见沙特外交大臣费萨尔。**

［目　文］　习近平请费萨尔转达致沙特国王阿卜杜拉的问候。习近平强调，中方始终从战略高度和长远角度看待中沙关系，不管国际风云如何变幻，发展同沙特友好关系始终是中方既定方针。双方要增进交往，加强互信，推动中国同海湾合作委员会的集体合作，构建更加成熟、稳定、可持续的中沙战略性友好关系。

费萨尔转达了阿卜杜拉国王致习近平的友好口信，表示沙特高度重视对华关系，愿同中方扩大交流合作，加强在重大地区问题上磋商和协调。

在听取了费萨尔对中东海湾地区形势的看法后，习近平指出，当前该地区继续发生深刻复杂变化。中方致力于劝和促谈，推动有关问题的政治解决，愿同沙方加强沟通和配合，共同维护地区和平稳定。

5月17日

［纲　文］ **习近平在人民大会堂会见载人深潜先进单位和先进工作者代表。**

［目　文］ 中共中央总书记习近平向胜利完成“蛟龙号”载人深潜海试任务的广大科技工作者、干部职工表示热烈祝贺和诚挚问候，勉励大家团结拼搏、开拓奋进，推动我国海洋事业不断取得新突破，为建设海洋强国作出更大成绩。

会见后，人力资源社会保障部、国家海洋局联合召开了中国载人深潜表彰大会，叶聪、付文韬、唐嘉陵、崔维成、杨波、刘开周、张东升获得“载人深潜英雄”称号，“蛟龙号”载人潜水器7000米级海试团队获得“载人深潜英雄集体”称号。

2002年，“蛟龙号”列为国家863计划重大专项，由国家海洋局组织实施，全国100多家科研单位参与联合攻关、自主设计、集成创新，2012年6月成功完成“蛟龙号”7000米级下潜，最大下潜深度达到7062米，创造了国际上同类作业型载人深潜器最大下潜深度纪录，标志着我国已经具备在全球99.8%以上海域开展深海资源研究和勘查的能力，实现了我国深海技术的重大突破，标志着我国载人深潜技术已跻身世界先进行列。

5月17日

［纲　文］ **中央巡视工作领导小组在北京召开中央巡视工作动员暨培训会议。**

［目　文］ 中央巡视工作领导小组副组长赵洪祝主持会议。中共中央政治局常委、中央巡视工作领导小组组长王岐山出席会议并讲话。

王岐山指出，巡视是党章赋予的重要职责，是加强党的建设的重要举措，是从严治党、维护党纪的重要手段，是加强党内监督的重要形式。当前，党风廉政建设和反腐败斗争形势极为严峻复杂，我们党面临的挑战有的来自国际，有的来自国内，最根本的还是来自党内，不正之风和腐败就是来自党内的挑战之一。要坚定“三个自信”，狠抓党风廉政建设，铲除滋生腐败的温床。今年是贯彻落实党的十八大精神开局之年，巡视工作只能加强、不能削弱。

王岐山强调，党风廉政建设和反腐败斗争要全党动手一起抓。中央巡视组要明确自身定位，履行监督责任，当好党中央的“千里眼”，找出“老虎”和“苍蝇”，对违纪违法问题早发现、早报告。巡视工作要突出四个重点：一是要围绕党风廉政建设和反腐败斗争，着力发现领导干部是否存在权钱交易、以权谋私、贪污贿赂、腐化堕落等违纪违法问题；二是要在贯彻落实八项规定方面，着力发现是否存在形式主义、官僚主义、享乐主义和奢靡之风等问题，紧紧盯住，防止反弹；三是要着力发现是否存在违反党的政治纪律问题；四是要着力发现是否存在选人用人上的不正之风和腐败问题。

王岐山指出，巡视工作要与时俱进、求真务实，创新方式方法。中央巡视组要紧紧依靠各级党委，密切联系群众，拓宽发现问题的渠道和途径。要关口前移，“下沉一级”了解干部情况，对领导干部报告个人有关事项进行抽查，提高巡视的针对性和有效性。

王岐山强调，打铁还需自身硬。要加强巡视队伍自身建设，严格落实责任。巡视组组长不是“铁帽子”，一次一授权。要严守政治纪律、廉政纪律、保密纪律，严格落实八项规定，打造一支作风过硬的巡视队伍。

2013年上半年，中央巡视组计划对内蒙古、江西、湖北、重庆、贵州、水利部、中国储备粮管理总公司、中国进出口银行、中国出版集团、中国人民大学开展巡视。

5月17日

［纲　文］ **国务院在北京召开全国普通高等学校毕业生就业工作电视电话会议。**

［目　文］ 会议指出，高校毕业生就业事关经济升级、民生改善和社会稳定。各地、各部门、各高校要认真贯彻落实习近平总书记、李克强总理关于做好高校毕业生就业工作的一系列指示精神，充分认识做好这一工作的极端重要性和形势的复杂严峻性，坚持把高校毕业生就业工作放在就业工作的首位，以更加坚定的决心、更加扎实的工作、更加有力的举措，全力以赴做好2013年高校毕业生就业工作。

会议强调，要坚决按照中央的决策部署，落实责任、各方努力、加强引导、综合施策，把扶持高校毕业生的各项政策落到实处。要进一步拓宽就业领域和渠道，引导青年学生树立正确的就业观和择业观，到基层、到企业特别是中小微企业就业，积极支持高校毕业生自主创业。要加强就业服务和职业指导，切实做好就业困难群体帮扶工作。要严格规范用人单位招聘行为，保障毕业生合法权益，大力促进公平就业。要优化人才培养结构，突出教育与产业对接，专业和职业对接，增强学生就业创业和适应社会的本领，推动高等教育更好适应经济社会发展需要。要进一步加强组织领导、协调配合、督促检查和宣传引导，确保实现今年高校毕业生就业水平不降低、有提高的目标。

5月17日

［纲　文］ **国务院办公厅印发《2013年全国打击侵犯知识产权和制售假冒伪劣商品工作要点》。**

［目　文］ 该《工作要点》指出，2013年全国打击侵犯知识产权和制售假冒伪劣商品工作的重点任务是，围绕严重侵害人民群众切身利益和影响创新驱动发展的突出问题，继续深入开展专项整治，积极探索治本之策，为促进科学发展、构建和谐社会提供有力保障。

该《工作要点》要求：一、打击制售假冒伪劣商品违法行为。开展农资打假专项整治，整治假冒伪劣食品药品，开展生产流通环节治理整顿，开展进出口环节治理整顿，规范网络商品交易秩序。二、打击侵犯知识产权违法行为。打击侵犯商标权违法行为，打击侵犯著作权违法行为，打击侵犯专利权违法行为，打击其他领域侵权违法行为。加强文化市场监督管理，做好软件正版化工作。三、保持刑事司法打击高压态势。加强侵权假冒犯罪案件侦办工作，加强刑事犯罪案件检察工作，加强案件审判工作。四、推进长效机制建设。健全法律法规体系，积极推进行政执法与刑事司法衔接，健全考核与监督机制，推动案件信息公开，加快诚信体系建设。五、加强基础工作。深入开展宣传教育，加强执法能力建设，积极开展国际合作。

5月17日

［纲　文］ **《人民日报》发表题为《转方式要“上下对称”》的评论员文章。**

5月17—20日

［纲 文］ **刘云山在河南省调研。**

［目 文］ 中央书记处书记刘云山到河南安阳、信阳，深入太行山、大别山腹地，瞻仰革命遗址，重温光荣传统，看望老党员老红军，走访基层干部群众，听取对党建工作的意见建议。刘云山对河南经济社会发展和党建工作给予肯定，希望河南在中原崛起、富民强省中迈出新步伐。

在参观红旗渠纪念馆和引水干渠时，刘云山说，自力更生、艰苦创业的红旗渠精神十分珍贵，要结合新的实践不断发扬光大。在鄂豫皖革命根据地旧址，刘云山与当地干部群众缅怀革命先辈的光辉业绩，感悟党的非凡历程。他说，精神力量是无穷的，我们党带领人民战胜困难、成就伟业，靠的是理想、靠的是信念、靠的是作风。开辟未来就要不忘本来，继承党的优良传统，用好宝贵教育资源，不断丰富中国精神、壮大中国力量，汇聚起实现中国梦的强大正能量。

在安阳冯家口村、信阳陆庙村和城东街道和谐社区，在羚锐制药公司、文新茶叶公司，刘云山专门召开基层服务型党组织建设座谈会。他说，基层组织的服务意识强了、工作主动了，就能保持先进性、增强生命力。服务群众既需要本钱、还需要本领，本钱就是自身过硬，有好的思想境界，带好头、作表率，本领就是加强学习、提高能力，练就服务群众的真本事。归根结底要贴近民心、顺应民意、改善民生，埋头苦干建设小康社会、增进人民福祉。

调研期间，刘云山还主持召开组织工作座谈会。他指出，党要管党、从严治党，一个重要方面，就是从严管理干部、管好干部，落实好各项规章制度，用好的作风选作风好的人。“显规则”不落实，“潜规则”就有市场。对干部队伍要严格教育、严格管理、严格监督，选人用人要严格标准、严格程序、严格纪律，按原则办事、按规矩办事，不能有例外、不能搞变通，更不能借“破格”之名、行谋私之实。组织部门要敢担当、敢负责、敢碰硬，坚决整治用人上的不正之风，确保选人用人公道正派、风清气正。对违规违纪用人，要发现一起、查处一起，决不能姑息迁就。

5月18日

［纲 文］ **国务院批准并转发国家发展改革委《关于2013年深化经济体制改革重点工作的意见》。**

［目 文］ 《意见》确定2013年要在行政体制、财税、金融、投融资、价格、民生、统筹城乡、农业农村、科技等9个重点领域和关键环节加大改革力度。

《意见》提出要加快促进经济转型的改革，主要是推进财税、金融、投融资、价格、统筹城乡、科技等改革；加快促进民生改善的改革，主要是推进医药卫生、收入分配、社会保障、食品药品安全监管、环保监管和生态补偿等方面的改革；加快促进社会公正的改革，构建保障各类企业平等竞争和人民平等参与、平等发展的制度环境；加快释放市场主体活力的改革，主要是推进行政体制改革，促进政府职能转变。

《意见》部署了2013年改革的重点任务，要求研究制定城镇化发展规划，分类推进户籍制度改革；提出扩大个人住房房产税改革试点范围；继续推进医药卫生体制改革，深化公立医院改革，整合城乡基本医疗保险管理职能；稳步推出利率汇率市场化改革措施，提出人民币资本项目可兑换的操作方案；形成铁路投融资体制改革方案，支线铁路、城际铁路、资源开发性铁路所有权、经营权率先向社会资本开放，引导社会资本投资既有干线铁路等。

5月18日

［纲　文］　**国务院批复云南省人民政府《关于申报会泽古城为国家历史文化名城的请示》。**

［目　文］　国务院在批复中说，一、同意将会泽县列为国家历史文化名城。会泽县历史悠久，遗存丰富，街区集中成片，古城传统格局和风貌保存完整，历史地位突出。二、你省及会泽县人民政府要根据本批复精神，按照《历史文化名城名镇名村保护条例》的要求，正确处理城市建设与保护历史文化遗产的关系，深入研究发掘历史文化遗产的内涵与价值，明确保护的原则和重点。编制好历史文化名城保护规划，并纳入城市总体规划，划定历史文化街区、文物保护单位、历史建筑的保护范围及建设控制地带，制定严格的保护措施。在历史文化名城保护规划的指导下，编制好重要保护地段的详细规划。在规划和建设中，要重视保护古城风貌，注重古城环境整治和历史建筑修缮，不得进行任何与历史文化名城环境和风貌不相协调的建设活动。三、你省和住房城乡建设部、国家文物局要加强对会泽县国家历史文化名城规划、保护工作的指导、监督和检查。

5月18日

［纲　文］　**教育部在江苏省张家港市召开全国县域义务教育均衡发展督导评估认定现场会。**

［目　文］　会议对张家港、常熟、太仓三市义务教育均衡发展进行评估认定，正式启动全国县域义务教育均衡发展评估认定工作。

现场会后，国家教育督导检查组陆续对江苏、浙江、四川、河北、湖北、黑龙江、湖南、陕西、新疆、天津、山西、辽宁、重庆、西藏、青海、宁夏、安徽、山东、河南、广西、海南、福建等22个省（区、市）325个申报义务教育发展基本均衡县的县（市、区）开展了督导评估认定工作，293个县（市、区）达到国家认定标准，成为首批义务教育发展基本均衡县（市、区）。

5月18日

［纲　文］　**《光明日报》报道，浙江大学与英国帝国理工学院签署《浙江大学—帝国理工联合学院合作谅解备忘录》。**

［目　文］　根据该协议，浙江大学将在英国帝国理工学院西校区建立海外校区，这是中国高校首次把海外校区办到了世界名校的校园内，建设工作将于2014年实施。

5 月 18—19 日

［纲　文］ **汪洋在河南省考察。**

［目　文］ 国务院副总理汪洋在新乡市原阳县、焦作市修武县和武陟县考察时强调，当前正值夏粮生产的关键阶段，要搞好田间管理，落实好“一喷三防”技术措施，密切防范干热风、烂场雨的危害，做好机收作业和夏粮收购准备工作，努力实现增产增收。农业生产的规模化、集约化水平越高，对农业机械化和科技服务的要求也越高。农业技术要适应现阶段我国农村的发展水平，做到技术上适用，经济上可行，操作起来简单方便。

汪洋在洛阳市栾川县重渡沟村调研乡村旅游工作时强调，发展乡村旅游不仅是拓宽就业门路、帮助农民脱贫致富的一条新路子，而且能够传播新的生活方式和促进乡风文明。要做好乡村旅游业这篇文章，开发更多特色旅游产品，满足人民群众日益增长的旅游消费需求。要认真宣传贯彻《旅游法》，爱护旅游资源和环境，规范旅游市场秩序，倡导健康文明的旅游方式，提高依法兴旅、依法治旅的水平。

5 月 19 日

［纲　文］ **2013 年全国科技活动周暨北京大型科普博览在全国农业展览馆新馆启动。**

［目　文］ 此次活动由科技部、中宣部、中国科协等部门组织开展。中共中央政治局委员刘延东、郭金龙，全国政协副主席、科技部部长万钢参加科技周现场活动。中央国务院有关部门、北京市委市政府负责同志和首都科技教育工作者、科普专家、青少年学生、社区居民等参加了科普博览活动。

围绕“科技创新·美好生活”主题，本年科技活动周在活动内容上重点突出以下四个方面：一是通过展示提振民族信心、支撑经济发展、促进民生改善的重大科技成果，促进公众理解和支持科技创新；二是针对食品安全、生态环保、应急避险、低碳节能、健康生活等百姓生活密切相关的热点问题，普及科技知识，增强科技意识；三是动员高层次科技人员开展科普活动，组织高端科技资源向社会开放，让公众特别是广大青少年亲身体验科技活动，激发创新创造兴趣；四是推出一批影视剧作、动漫游戏、科普图书、展教用品等寓教于乐、互动参与的科普产品，增强科普活动乐趣，推动科普产业发展。活动周期间，组委会举办了北京大型科普博览、网络科技周、科技列车湘西行、流动科技馆进基层、青少年“未来工程师”竞赛、科研机构和大学向社会开放、万名科学使者进校园（社区）、全国优秀科普作品推介、媒体科普传播专题活动、中国海宁·长三角科技博览会等十项重大示范活动。同时，各部门和各省（市、区）还将突出区域特色和行业优势，举办形式多样的科普活动。

科技活动周是经国务院批准，在每年 5 月第三周举办的大规模群众性科技活动，自 2001 年以来已经连续成功举办了 12 次，参与公众累计超过 7 亿人次，成为公众参与度高、范围覆盖面广、社会影响力较大的品牌性科普活动。

5月19—27日

［纲　文］ **国务院总理李克强应邀对印度、巴基斯坦、瑞士、德意志联邦四国进行正式访问。**

［目　文］ 19—22日，李克强对印度进行正式访问。李克强在新德里与印度总理辛格举行会谈。李克强表示，中方愿与印方共同努力，抓住机遇，深化合作，使中印关系的发展切实造福两国人民。一是加强战略沟通，增进政治互信。二是推进务实合作，深化利益交融。三是加强防务合作，增进安全互信。四是扩大人文交流，增进相互了解。五是照顾彼此关切，妥处敏感问题。李克强重申了中国政府在涉藏问题上的原则立场。辛格表示，印度政府认为西藏自治区是中国领土的一部分，不允许任何势力在印度领土从事反华活动。会谈后，李克强与辛格发表《中华人民共和国和印度共和国联合声明》，共同见证了双边经贸、农业、文化、环保、地方交往等领域合作文件的签署。访印期间，李克强与印度总统普拉纳布·慕克吉等印度领导人和地方领导人会见会谈，在印度《印度教徒报》《觉醒日报》发表题为《跨越喜马拉雅山的握手》的署名文章，在印度世界事务委员会发表题为《把握中印战略合作新机遇》的演讲。

22—23日，李克强对巴基斯坦进行正式访问。李克强在伊斯兰堡与巴基斯坦总统扎尔达里、总理霍索举行会谈，就深化中巴战略合作伙伴关系达成重要共识。李克强说，中巴关系经历了时间考验，彼此是可以相互信赖、相互依靠的全天候朋友和伙伴。中国尊重巴基斯坦根据本国国情选择的发展道路，继续坚定支持巴方维护独立、主权和领土完整，愿向巴经济发展提供力所能及、不附带任何条件的帮助，并就治国理政经验开展交流，互学互鉴，共同进步。会见后，两国领导人发表了《中华人民共和国和巴基斯坦伊斯兰共和国关于深化两国全面战略合作的联合声明》，扎尔达里向李克强颁发了巴最高勋章“巴基斯坦勋章”，双方共同见证了双边经贸、基础设施、教育等领域合作文件的签署。访问期间，李克强分别与巴各政党、议会和军方领导人会谈会见，在伊斯兰堡小山公园种植友谊树，在巴基斯坦议会发表题为《让全天候友谊结出新硕果》的演讲。

23—25日，李克强对瑞士进行正式访问。李克强在伯尔尼与瑞士联邦主席毛雷尔举行会谈。李克强表示，中方高度重视中瑞关系，愿与瑞方共同努力，始终从世界发展大形势、各自国家发展大趋势来牢牢把握两国关系的大方向，相互尊重、平等相待，尊重对方选择的发展道路。双方签署了结束中瑞自贸协定谈判的《谅解备忘录》，并宣布建立金融对话机制。两国领导人共同见证了双边经贸、金融、人力资源、教育等领域合作文件的签署。访问期间，李克强参观位于苏黎世市郊的古尔登贝格家庭农庄；在苏黎世发表题为《携手迈向中瑞务实合作的新未来》的演讲。

25—27日，李克强对德国进行正式访问。李克强与德国总理默克尔举行会谈。双方共同规划了中德未来合作的方向和重点，并就深化中德战略伙伴关系达成重要共识。李克强说，双方要牢牢把握两国关系大方向，加强战略沟通，保持领导人年度会晤和政府磋商等机制，加强在国际和地区事务中的沟通与协调。会谈后，两国总理发表《中德关于李克强总理访问德国的联合新闻公报》，共同见证了双边投资、节能环保、农业、教育等领域合作文件的签署。访问期间，李克强分别与德国总统高克、德国前总理施密特等人进行会面会谈，参观位于德国勃兰登堡州的波茨坦会议旧址；出席中德工商界午餐会并发表题为《创造中德合作新辉煌》的演讲。

5月20日

［纲 文］ **国家主席习近平在人民大会堂同塔吉克斯坦总统埃莫马利·拉赫蒙举行会谈。**

［目 文］ 两国元首决定，建立中塔战略伙伴关系，全面深化合作，造福两国和两国人民。习近平指出，中塔两国都肩负着加快自身发展、实现民族振兴的历史使命，需要加强合作，坚定维护共同利益，携手应对共同挑战。中方将一如既往奉行对塔吉克斯坦睦邻友好合作政策。中塔关系提升为战略伙伴关系，对两国稳定、发展、合作意义重大。双方要在涉及对方主权、领土完整、安全等重大问题上相互坚定支持，在经济发展方面有效推进合作，在重大国际和地区问题上密切协调和配合，永做好邻居、好朋友、好伙伴。拉赫蒙表示，塔中一直坦诚互信、友好相助，是国与国关系的典范。塔方愿做中方可信赖的战略伙伴，在涉及中方核心利益和重大关切问题上继续坚定支持中方，祝愿中华民族伟大复兴的中国梦早日实现。塔方希望继续得到中方的支持，愿同中方保持高层交往，深化互信和合作。

两国元首决定，以建立中塔战略伙伴关系为契机，全方位推进务实合作。在交通基础设施领域，加快实施跨境公路和铁路项目，加强边境口岸建设，扩大民航运输合作，促进互联互通。在资源能源领域，共同开展矿产、油气资源勘探和开发，探讨电力基础设施、风能、太阳能等方面合作。在农业领域，积极落实农业技术合作项目，尽快在塔方设立中塔农业技术示范中心和农业产业园区，提升塔方粮食生产能力。在金融领域，为双方贸易和项目合作及中国企业赴塔投资提供有力金融支持，鼓励在双边贸易中使用本币结算。在安全领域，加强执法和司法部门沟通和合作，加大打击“三股势力”和毒品犯罪，携手应对新威胁、新挑战。在人文领域，中方鼓励更多塔方学生来华学习，塔方欢迎在塔吉克斯坦增设孔子学院。开展丰富多彩的文化交流活动，包括互办文化日、文化节。

两国元首一致认为，面对复杂多变的国际地区形势，上海合作组织作为本地区国家维护和平稳定、促进共同发展的重要平台，重要性进一步凸显。双方将与其他成员国共同努力，确保2013年本组织比什凯克峰会取得成功。塔方将在峰会后轮值本组织主席国，中方将全力支持塔方。双方还就中亚和阿富汗局势交换了意见，表示反对外部势力干涉中亚国家内政、破坏中亚稳定，支持加快阿富汗和平重建进程，同意在双边及上海合作组织框架内加强沟通和协作，共同维护地区和平、稳定和安宁。

会谈后，两国元首共同签署了《中华人民共和国和塔吉克斯坦共和国关于建立战略伙伴关系的联合宣言》，并见证了双方多项合作文件的签署。

5月19—20日，应国家主席习近平邀请，塔吉克斯坦共和国总统埃莫马利·拉赫蒙来华进行国事访问。

5月20日

［纲　文］ **国家安全生产监督管理总局公布《工贸企业有限空间作业安全管理与监督暂行规定》。**

［目　文］《规定》包括总则、有限空间作业的安全保障、有限空间作业的安全监督管理、法律责任、附则共计5章30条。该《规定》自2013年7月1日起施行。

5月20日

［纲　文］ **新华社讯，范长龙近日在成都战区调研。**

［目　文］ 电讯说，中共中央政治局委员、中央军委副主席范长龙在调研时强调，要引导官兵铸牢强军之魂，坚决落实听党指挥这一最高政治要求，做到平时听招呼，战时听指挥，关键时刻不含糊，任何时候都对党忠诚老实；扭住强军之要，树牢为战而备的思想，确立战斗力这个唯一的根本的标准，弘扬一不怕苦、二不怕死的战斗精神，做到召之即来、来之能战、战之必胜；夯实强军之基，自觉落实依法治军、从严治军方针，继承和发扬我军优良传统和作风。

范长龙强调，要按照能打仗、打胜仗要求推进军事斗争准备，以作战任务为牵引，落实真难严实要求，大力开展针对性适应性训练，注重在复杂电磁环境和野战条件下摔打磨练部队，做到信息化条件下仗怎么打兵就怎么练，什么在实战中最管用就把什么练过硬。要狠抓日常战备工作落实，严密组织战备值班、警戒巡逻和边防空防管控，妥善处置各类突发事件，确保边防空防安全稳定。要主动承担抢险救灾等急难险重任务，积极为地方经济社会发展作贡献。

范长龙指出，要始终把工作重心放在基层，加大经常性基础性工作落实力度，推动基层建设全面进步、全面过硬。要坚持士兵至上、基层第一，积极帮助基层解决实际困难，着力帮带基础薄弱单位。要发扬尊干爱兵、官兵一致的优良传统，纯洁内部关系。要认真贯彻习近平主席关于“三个坚持、三个着力”的指示要求，深入持久地抓好作风建设。当前，要着力解决选人用人、训风考风、军车管理、占房建房、公务接待等方面的突出问题，务使作风建设取得实实在在的成效。

5月20日

［纲　文］ **国务委员杨洁篪在北京会见墨西哥外交部部长梅亚德。**

［目　文］ 杨洁篪表示，中国和墨西哥都是重要新兴市场国家和发展中大国。近年来，两国关系快速发展，互利合作成果丰硕。中方高度重视发展同墨西哥的关系，愿同墨方一道，密切高层交往，不断开拓新的合作领域，将中墨战略伙伴关系提高到新的水平。梅亚德说，墨新政府十分重视发展对华关系，愿同中方共同努力，推动两国关系全面深入发展。

5月20日

［纲　文］ **纪念王恩茂诞辰100周年座谈会在北京举行。**

［目　文］　中共中央书记处书记、全国政协副主席杜青林主持座谈会，全国政协主席俞正声、全国政协副主席兼秘书长张庆黎及各有关方面代表约200人出席座谈会。杜青林在发言中全面回顾王恩茂同志生平业绩和卓越贡献并表示，我们要继承和弘扬老一辈无产阶级革命家的伟大精神，坚持中国道路，弘扬中国精神，凝聚中国力量，为夺取中国特色社会主义事业新胜利、实现中华民族伟大复兴而努力奋斗。

王恩茂同志曾任第六届、七届全国政协副主席，第八届、九届中央候补委员，第十一届、十二届中央委员，第一届、五届、六届全国人大代表，1955年9月被授予中将军衔。

5月20日

［纲　文］　**云南昆明地铁1、2号线首期工程南段开始载客试运营，这是中国开通的首条高原全功能地铁。**

5月20日

［纲　文］　**《人民日报》发表题为《牢固树立过紧日子思想》的评论员文章。**

5月21—23日

［纲　文］　**习近平在芦山地震灾区考察并主持召开抗震救灾工作会议。**

［目　文］　中共中央总书记习近平在四川芦山地震灾区看望慰问受灾群众，深入城镇、农村及受灾群众集中安置点、板房学校、临时建筑工地，实地指导抗震救灾工作，对抗震救灾工作提出明确要求。他强调，芦山强烈地震抢险救援阶段工作取得重大胜利，抗震救灾任务仍然十分艰巨，要继续大力发扬伟大抗震救灾精神，全力救治伤员，妥善安置受灾群众，科学布局灾后恢复重建，让灾区人民早日走出灾难阴影，开始美好新生活。

习近平在抗震救灾工作会议上听取四川省、雅安市、芦山县的工作汇报，就下一阶段工作作出指示。他强调，全力做好受灾群众过渡期安置工作，是当前抗震救灾工作的中心任务。要及时把工作重点转移到恢复重建上来。恢复重建是一项复杂的系统工程，要科学规划，精心组织实施。特别要按时完成灾害损失、灾害范围评估，搞好资源环境承载能力评价；按照以人为本、尊重自然、统筹兼顾、立足当前、着眼长远的要求，科学编制好规划；加大政策支持力度，统筹研究资金、税费、金融、土地、产业、住房、就业、社会保障等各项支持政策。工作中，既要考虑灾区原有发展基础、资源禀赋，又要充分利用恢复重建提供的机遇，高起点、高标准建设，高度重视产业升级、节能环保，努力实现恢复重建和经济社会发展双赢。要实行中央统筹、分级负责的体制机制，充分调动市场和社会力量，发挥群众主体作用，积极引导灾区群众开展自力更生、生产自救活动，充分调动群众建房兴业、创业就业、增收致富的积极性、主动性、创造性。

考察期间，习近平听取了四川省委和省政府关于全省经济社会发展情况的汇报，对四川近年来的工作给予充分肯定。他指出，当前要在抓好抗震救灾工作的同时，坚定不移抓好发展这个第一要务，扎实做好“三农”工作，持续努力保障改善民生，做到抗震救灾和经济社会发展两手抓、两不误。习近平强调，大灾大难是检验党组织和党员干部的时候，也是锻炼提高党组织和党员干部的时候，要引导各级党组织强化整体功能，教育党员干部提高思想政治素质、自觉改进作风，做到哪里危险多、哪里困难大、哪里有群众需要，哪里就有共产党员的身影、哪里就有共产党人的奋斗。

考察期间，习近平还接见了驻成都部队师以上领导干部，听取了成都军区工作汇报。他对军区部队在芦山抗震救灾中作出的贡献给予充分肯定，要求军区部队适应新形势新任务，把握强军目标新要求，深入推进思想政治建设，毫不动摇坚持党对军队的绝对领导，大力加强全面建设，增强遂行多样化军事任务能力，全面提高履行使命任务水平。

5月21日

［纲　文］　**国家主席习近平就美国俄克拉何马州遭受严重风灾向美国总统奥巴马致慰问电。同日，国务委员杨洁篪、外交部部长王毅也分别向美国国务卿克里致慰问电。**

5月21日

［纲　文］　**刘云山在北京主持召开中央党的群众路线教育实践活动领导小组第一次全体会议。**

［目　文］　中共中央政治局委员、中央党的群众路线教育实践活动领导小组副组长赵乐际，中央书记处书记、中央党的群众路线教育实践活动领导小组副组长赵洪祝，中央党的群众路线教育实践活动领导小组成员参加会议。会议传达学习中央指示精神，听取教育实践活动准备工作情况汇报，审议关于在全党深入开展党的群众路线教育实践活动实施方案，讨论中央党的群众路线教育实践活动领导小组工作规则，安排近期需要抓紧做好的有关工作。

中共中央政治局常委、中央党的群众路线教育实践活动领导小组组长刘云山在讲话中指出，在全党深入开展以为民务实清廉为主要内容的党的群众路线教育实践活动，是党的十八大作出的战略部署，是以习近平同志为总书记的党中央坚持从严治党、加强党的建设的重大决策。中央对开展党的群众路线教育实践活动高度重视，习近平总书记多次作出重要指示、提出明确要求，中央政治局常委会议和中央政治局会议进行了研究。开展好教育实践活动，对于增强广大党员干部的宗旨意识和群众观念，保持党同人民群众的血肉联系，进一步巩固党执政的群众基础；对于坚持党要管党、从严治党，解决党员干部作风方面存在的突出问题，不断增强党的凝聚力创造力战斗力；对于保持党的先进性和纯洁性，充分发挥各级党组织的战斗堡垒作用和广大党员的先锋模范作用，在全党全社会凝聚起实现中华民族伟大复兴中国梦的强大力量，具有重要意义。

刘云山说，教育实践活动领导小组在中央政治局常委会领导下开展工作，要深入学习领会中央精神，切实把思想统一到中央部署上来，以高度的思想自觉和行动自觉，做好教育实践活动各项工作，发挥加强指导协调、抓好督促落实的作用。要牢牢把握好指导思想和总要求，把握好教育实践活动的根本目的、主要内容、重点对象以及要解决的突出问题，确保教育实践活动健康深入开展。要精心组织实施，统筹好各批次工作进度、各环节工作重点，掌握节奏、注意方式，使整个教育实践活动扎实有序推进。要加强指导、加强督查，推动各地区各部门各单位在提高思想认识、解决突出问题上下功夫，确保教育实践活动切合实际、取得实效。要注意加强调查研究，多到基层一线了解情况，多到党员群众中听取意见，多到实际工作中发现问题，有针对性地总结经验、解剖麻雀，用以指导和推动工作，把中央部署落到实处。

5月21日

［纲　文］　**全国人大常委会委员长张德江在人民大会堂会见比利时众议长弗拉奥。**

［目　文］　张德江说，当前两国政治互信不断深化，务实合作继续扩大，中国全国人大同比利时议会保持着友好往来，中比关系发展势头良好。议会交往、政党交往是国家关系的重要组成部分，希望双方进一步加强多渠道、多层次的友好交流与合作，共同推动中比关系取得更大的发展，比方在支持中欧关系发展方面发挥更大的作用。

弗拉奥说，比议会高度重视同中国全国人大的机制化交流，也始终以长远眼光看待和发展对华关系，今后愿采取更多措施进一步深化两国在各个领域的务实合作。

5月21日

［纲　文］　**全国政协在北京举行仪式，向不再连任的在京十一届全国政协常委颁发纪念牌。**

［目　文］　全国政协副主席兼秘书长张庆黎主持仪式。全国政协主席俞正声出席仪式并向老常委们逐一颁发纪念牌。张维庆代表不再连任的十一届全国政协常委发言，他回忆了在政协履职五年的难忘经历，对新一届委员更好地履行职能提出了建议，展示了心系政协事业的情怀。

全国政协副主席杜青林出席仪式并讲话。他说，颁发的纪念牌深深镌刻着各位常委的特殊荣誉，见证着人民政协的事业发展，凝结着合作共事的深情厚谊，记载着履职尽责的激情岁月，也寄托着全国政协对各位常委的殷切期待和美好祝愿。中共十八大高举中国特色社会主义伟大旗帜绘就全面建成小康社会宏伟蓝图，习近平总书记鲜明提出实现中华民族伟大复兴中国梦，为人民政协事业发展指明了努力方向。十二届全国政协立足历届政协奠定的坚实基础，继承创新、务实进取，实现了良好开局。人民政协是团结之家、民主之家，各位老常委永远是这个大家庭的重要成员，希望大家一如既往地关心支持人民政协的工作，继续为人民政协事业发展常思常想、常为常乐。全国政协将加强与离任常委的联系，一如既往地为老常委搞好服务。

5月21日

［纲　文］　**俞正声在人民大会堂会见参加全国台湾同胞投资企业联谊会第三届会员代表大会的台商代表。**

［目　文］　全国政协主席俞正声指出，两岸关系和平发展已进入巩固深化新阶段，两岸经济合作前景广阔。广大台商应抓住机遇，争取在深化两岸经济合作中获得更大的发展。我们将继续秉持两岸一家人的理念，为台资企业在大陆发展创造更好的环境和条件，努力为台湾同胞多办好事、多办实事。

俞正声充分肯定台企联成立6年来卓有成效的工作。他希望台企联继续以促进两岸关系和平发展为己任，牢记服务台商、促进两岸经济交流的宗旨，发挥好桥梁纽带作用，团结和引领广大台商，更加积极主动地参与两岸交流，推动两岸经济合作，为促进两岸关系和平发展、实现中华民族伟大复兴作出更大贡献。

5 月 21—23 日

［纲　文］　**刘延东在安徽省考察医改工作。**

［目　文］　国务院副总理刘延东实地考察了滁州、芜湖、合肥等地村卫生室、乡镇卫生院、社区卫生服务机构和公立医院，听取医务人员对医改的意见，询问群众对医改的感受和要求，并主持召开了省市县相关部门及医疗卫生机构、村医代表参加的座谈会。

刘延东指出，当前，医改处于向纵深推进的攻坚阶段，任务艰巨繁重。要按照党的十八大和国务院第一次全体会议精神，紧紧围绕实现人人“病有所医”的目标和为民、利民、惠民、便民的要求，坚持保基本、强基层、建机制，坚持把解决突出问题与健全制度结合起来，坚持充分发挥医务人员主力军作用，坚持尊重群众首创和完善顶层设计的有机结合，继续深化医疗卫生体制改革，使改革红利最大限度惠及广大人民群众。

刘延东强调，医改工作千头万绪，需要统筹谋划，抓住重点，攻克难点，扎实有序推进。要巩固完善基本药物制度和基层运行的科学机制，落实扶持村医的政策，确保基层医疗卫生服务“网底”不破。要创新和健全全民医保体系，完善医疗救助制度，不断提高医保质量。要拓展深化公立医院改革，把县级公立医院作为重点，明确改革路线图和时间表，积极探索城市公立医院新体制新机制。要鼓励社会办医，落实相关政策，努力形成多元办医格局。要逐步完善医务人员收入分配制度，保障其合法权益，在全社会营造尊医重卫的良好氛围。

5 月 21—25 日

［纲　文］　**国务院副总理汪洋应邀对津巴布韦进行正式访问，并作为习近平主席特别代表应邀出席在埃塞俄比亚举行的非盟特别峰会。**

［目　文］　汪洋在哈拉雷与津巴布韦总统穆加贝进行会谈。汪洋表示，习近平 2013 年 3 月对非洲的访问将中非关系推上了新高度。中津友谊源远流长，基础牢固，希望通过此访，落实习主席访非成果，加强沟通，增进了解，推动中津传统友好合作关系不断向前发展。中方愿同包括津巴布韦在内的非洲国家共同努力，推动中津关系和中非新型战略伙伴关系深入发展，为非洲实现和平稳定与繁荣发展作出更大贡献。访问期间，汪洋与津巴布韦副总统穆朱鲁、总理茨万吉拉伊分别举行会谈、会见，出席两国多项合作协议的签字仪式，与在津的中资企业代表举行了座谈，并看望了驻津巴布韦使馆工作人员。

应非盟轮值主席、埃塞俄比亚总理海尔马里亚姆的邀请，汪洋作为习近平主席特别代表，出席在非盟总部所在地埃塞俄比亚首都亚的斯亚贝巴举行的庆祝非洲统一组织成立 50 周年非盟特别峰会。

5 月 22 日

［纲　文］　**俞正声在北京分别会见台湾联合报系访问团和台湾民意代表交流参**

访团。

［目　文］　全国政协主席俞正声在会见台湾联合报系访问团一行时表示，当前两岸关系面临前所未有的发展机遇，双方应在坚持“九二共识”、反对“台独”的基础上相向而行，增进互信，夯实基础，稳步推进，全面发展，不断为两岸关系和平发展注入新的动力。我们将保持对台大政方针的连续性，同时与时俱进，推动两岸关系发展不断取得新成就，更好地造福两岸同胞，造福中华民族。希望联合报系继续秉持一贯理念，善尽媒体责任，坚持民族大义，反对“台独”分裂，努力增进两岸同胞相互了解，积极营造交流合作的舆论氛围，为促进两岸关系和平发展、实现中华民族伟大复兴作出更大贡献。

俞正声在会见台湾民意代表交流参访团时说，大陆政协委员与台湾民意代表的交流，反映两岸民意、汇聚两岸民智，在推动两岸相互理解、提供政策建言等方面发挥了不可替代的作用。过去5年来，在两岸同胞共同努力下，两岸关系取得一系列突破性进展和重要成果，巩固了和平发展的正确道路，总体面貌发生了历史性变化，迈入巩固深化新阶段。俞正声就进一步推动两岸关系和平发展提出三点意见：第一，努力增进两岸政治互信，保持两岸关系发展正确方向。第二，紧密团结广大台湾同胞，共同致力于实现中华民族伟大复兴。第三，着力提高交流的质量和效益，积极推进制度化建设。

5月22日

［纲　文］　**交通运输部印发《加快推进绿色循环低碳交通运输发展指导意见》。**

［目　文］　《意见》指出，交通运输是国民经济和社会发展的基础性、先导性和服务性行业，也是国家节能减排和应对气候变化的重点领域之一。

《意见》提出，要深入贯彻落实党的十八大精神，按照建设“五位一体”总体布局的要求，以科学发展观为指导，以节约资源、提高能效、控制排放、保护环境为目标，以加快推进绿色循环低碳交通基础设施建设、节能环保运输装备应用、集约高效运输组织体系建设、科技创新与信息化建设、行业监管能力提升为主要任务，以试点示范和专项行动为主要推进方式，将生态文明建设融入交通运输发展的各方面和全过程，加快建成资源节约型、环境友好型交通运输行业，实现交通运输绿色发展、循环发展、低碳发展。

《意见》规定，到2020年，在保障实现国务院确定的单位GDP碳排放目标的前提下，全行业绿色循环低碳发展意识明显增强，节能减排体制机制更加完善，科技创新驱动能力明显提高，监管水平明显提升，行业能源和资源利用效率明显提高，控制温室气体排放取得明显成效，适应气候变化能力明显增强，生态保护得到全面落实，环境污染得到有效控制，基本建成绿色循环低碳交通运输体系。

《意见》指出，加快推进绿色循环低碳交通运输发展主要任务有：一、强化交通基础设施建设的绿色循环低碳要求。实现交通基础设施畅通成网、无缝衔接，加强能源节约利用，加强土地和岸线资源集约利用，加强资源循环利用，加强生态环境保护。二、加快节能环保交通运输装备应用。优化交通运输装备结构，加快推广节能与清洁能源装备，加强交通运输装备排放控制。三、加快集约高效交通运输组织体系建设。优化运输结构，优化客运组织，加快发展绿色货运和现代物流，优化城市交通组织，引导公众绿色出行。四、加快交通运输科技创新与信息化发展。加强绿色循环低碳交通运输科研基础能力建设，加强绿色循环低碳交通运输技术研发，加强绿色循环低碳交通运输技术和产品推广，推进交通运输信息化和智能化建设。五、加快绿色循环低碳交通运输管理能力建设。完善绿色循环低碳交通运输战略规划，完善绿色循环低碳交通运输法规标准，完善绿色循环低碳交通运输统计监测考核体系，推进绿色循环低碳交通运输市场机制运用，积极探索参与碳排放交易机制。

5月22日

［纲 文］ **国务委员杨洁篪在北京会见蒙古副总理特尔比希达格瓦。**

［目 文］ 杨洁篪说，中蒙建立战略伙伴关系以来，两国务实合作不断取得进展。我们将在与蒙古国的经贸合作中始终贯彻恪守互利共赢原则，落实好互利互惠项目，造福两国和两国人民。

特尔比什达格瓦表示，蒙方重视蒙中战略伙伴关系，愿与中方在矿能开发和深加工、基础设施、农牧业和金融等领域开展互利双赢合作，深化两国战略伙伴关系。

5月22日

［纲 文］ **《人民日报》发表题为《生态文明是民意所在》的评论员文章。**

5月22—24日

［纲 文］ **张高丽考察四川省芦山县老县城等重灾区和青仁乡集中安置点并主持召开贯彻落实习近平总书记视察芦山地震灾区重要讲话会议。**

［目 文］ 国务院副总理张高丽在陪同习近平总书记视察四川芦山地震灾区后，于22日实地考察了芦山县老县城等重灾区和青仁乡集中安置点，与灾区干部群众深入交流，并与四川省、市、县负责人专题研究了有关事项。24日下午在北京主持召开四川省和有关部门负责人会议，贯彻落实习近平总书记重要讲话和李克强总理的要求，研究部署灾后恢复重建工作。

在发展改革委、民政部、财政部、住建部和四川省作了贯彻意见发言后，张高丽强调，党中央、国务院对四川芦山地震灾区十分关心，习近平总书记第一时间作出重要批示，李克强总理迅即奔赴灾区指挥抗震救灾，习近平总书记亲赴灾区看望受灾群众，就抗震救灾和灾后重建作出重要指示。习近平总书记的讲话意义重大、影响深远。我们要认真学习贯彻，切实把思想认识行动统一到中央精神上来，按照习近平总书记和李克强总理关于做好四川芦山抗震救灾工作的一系列指示精神，以及国务院常务会议的安排部署，科学有序高效开展灾后恢复重建工作。要全面准确做好灾害评估，科学编制灾后恢复重建规划，把恢复重建与优化经济布局、改善城乡环境、灾区奔康致富有机结合起来，统筹好当前与长远、生活与生产、经济发展与生态建设。要创新灾后恢复重建体制机制，统筹研究各项支持政策，把发挥政府主导作用与利用社会资源更好地结合起来，合理安排财政资金，充分调动社会力量，吸引更多市场资金全方位、多层次参与灾后恢复重建，广泛开展自力更生、生产自救活动，大力发展特色优势产业，努力实现恢复重建和经济社会发展双赢。

张高丽指出，灾后恢复重建事关灾区群众切身利益，事关灾区长远发展，任务繁重而艰巨。有关部门要加强对恢复重建工作的指导协调，统筹解决重大问题。四川省要创新工作思路，加强组织实施，充分发挥各级党组织和广大党员干部的先锋模范作用，把灾后恢复重建工作做实做好做出水平。

5 月 23 日

［纲　文］ **国务院办公厅印发《关于调整国务院安全生产委员会组成人员的通知》。**

［目　文］ 《通知》指出，根据国务院机构设置及人员变动情况和工作需要，国务院决定对国务院安全生产委员会组成人员进行调整，国务院副总理马凯担任国务院安全生产委员会主任。调整后，国务院安全生产委员会副主任由国务委员、公安部部长郭声琨，国务委员王勇，国务院副秘书长肖亚庆等担任。

国务院安全生产委员会成员由发展改革委、教育部、科技部、工业和信息化部、公安部、监察部、司法部、财政部、人力资源社会保障部、国土资源部、环境保护部、住房城乡建设部、交通运输部、水利部、农业部、商务部、卫生计生委、国资委、工商总局、质检总局、新闻出版广电总局、体育总局、林业局、旅游局、法制办、新闻办、气象局、能源局、国防科工局、海洋局、铁路局、民航局、中央宣传部、中央编办、全国总工会、共青团中央、全国妇联、总参谋部、武警部队等部门的相关负责人担任。

5 月 23 日

［纲　文］ **国家副主席李源潮在北京分别会见土耳其青年政治家干部考察团和外国政党媒体联合考察团。**

［目　文］ 李源潮在会见土耳其考察团时说，近年来中土各领域友好合作全面发展，土主要政党在发展对华关系方面高度一致。两国政党应加强交流互鉴，推动中土战略合作关系向前发展。土方表示，此访目睹了中国的发展成就，愿为推动土中关系持续健康发展作出努力。

李源潮在会见媒体考察团时说，希望各政党媒体向世界介绍真实的中国、真实的中国共产党、真实的中国梦，加深世界人民对中国发展情况和发展道路的理解。考察团成员表示，对中国民众展现出的友好印象深刻，相信中国梦一定会取得成功。

5 月 23 日

［纲　文］ **国务院副总理张高丽在北京会见由党主席希门内斯率领的哥斯达黎加民族解放党代表团。**

［目　文］ 张高丽说，中哥建交以来，双边关系快速稳定发展，高层交往频繁，政治互信不断增强，各领域交流合作成果丰硕。中方愿与哥方一道，不断丰富和充实中哥互利合作，推动两国关系持续深入发展。张高丽表示，中国共产党重视与民族解放党的友好

关系，愿进一步巩固和加强两党在各领域的交流与合作。

希门内斯高度评价哥中建交以来，两国关系在各领域获得的长足进步，表示希望加强两党交流与合作，推进国家关系的进一步发展。

5月23日

［纲　文］　**人民网讯，中国首部国家标准的冶金矿山设计规范——《冶金矿山采矿设计规范GB50830—2013》日前正式发布。**

［目　文］　电讯说，《规范》由中冶北方工程技术有限公司主编，中冶长天国际工程有限责任公司、东北大学、中国科学院武汉岩土力学研究所、梅山冶金发展有限公司矿业分公司、鲁中冶金矿业有限公司和攀钢集团矿业有限公司等参编。《规范》共分11章51节7篇附录，主要包括总则、术语和符号、基本规定、矿山地质、矿山防治水、岩石力学、露天开采、地下开采、矿山机械、井巷工程、矿山安全生产与环境保护等内容，其中一部分为强制性条文。该《规范》自2013年10月1日起实施。

《规范》作为中国首部冶金矿山设计规范，是一部为贯彻落实科学发展观和认真执行国家、地方、行业主管部门的各项法律、法规和方针、政策，统一冶金矿山采矿设计主要技术要求，推动技术进步和创新，提高设计质量，确保安全生产和资源合理利用，确保矿山设计适应市场经济的发展要求而制定的高水平国家标准。《规范》的发布将为国家制定冶金矿山采矿设计方针、政策提供有力的技术支持。

5月23—28日

［纲　文］　**俞正声在新疆维吾尔自治区调研。**

［目　文］　全国政协主席俞正声先后来到和田、喀什、伊犁、乌鲁木齐等地，深入民族乡镇、兵团团场、工业园区、边境口岸，并多次召开座谈会，与各族干部群众共商发展稳定大计。

俞正声在和田地毯有限责任公司、新疆雅戈尔棉纺织有限公司喀什分公司、新疆庆华能源循环经济工业园、霍尔果斯口岸等地考察时指出，要立足新疆区位特点和资源优势，充分挖掘潜力，加快经济结构调整步伐，发展特色产业，加强基础设施建设，加大向西开放力度，切实保护好生态环境，努力实现全面协调可持续发展。

俞正声在和田县罕艾日克镇中心小学、喀什市第十八小学和巴楚县职业技术学校考察时强调，就业是民生之本，也是确保新疆稳定的基础，要大力发展职业教育，注重发展劳动密集型产业，努力解决好少数民族群众就业问题。要进一步搞好“双语”教学，促进各民族交流进步，使各族群众有能力有机会过上好日子。

俞正声在喀什地区公安局、巴楚县多来提巴格乡库木且克勒1村警务室、和田市古勒巴格街办团结清真寺考察时强调，要有效遏制宗教极端势力的滋生蔓延，引导宗教界人士和信教群众为新疆发展稳定作出更大贡献，同时要始终保持高压态势，坚决依法打击暴力恐怖活动。

俞正声听取了新疆稳定和发展工作汇报，对新疆近年来认真贯彻中央新疆工作座谈会精神，经济社会发展取得的显著成绩和生产建设兵团的出色工作，以及对口援疆工作作出的杰出贡献给予了充分肯定。

5 月 24 日

［纲　文］　**中共中央总书记习近平在人民大会堂会见朝鲜劳动党第一书记金正恩特使、朝鲜劳动党中央政治局常委崔龙海。**

［目　文］　习近平表示，中朝友好符合两国和两国人民的共同利益。中国党和政府愿同朝方共同努力，推动两国关系长期健康稳定发展。习近平指出，朝鲜半岛无核化和持久和平稳定，是人心所向、大势所趋。中方立场十分明确，不管局势如何变化，有关各方都应坚持半岛无核化目标，坚持维护半岛和平稳定，坚持通过对话协商解决问题。中方希望有关各方保持冷静克制，推动局势缓和，重启六方会谈进程，为实现半岛无核化，维护半岛和东北亚持久和平稳定不懈努力。

崔龙海转交了金正恩第一书记给习近平总书记的亲笔信。崔龙海表示，朝方十分珍惜朝中传统友谊，愿与中方一道，加强高层交往与深度沟通，不断巩固和发展朝中友好关系。崔龙海说，朝方真诚希望发展经济，改善民生，愿营造和平的外部环境。朝方愿与有关各方共同努力，通过六方会谈等多种形式的对话协商妥善解决相关问题，维护半岛和平稳定，朝方愿为此采取积极行动。

23—24 日，中共中央政治局常委刘云山、中央军委副主席范长龙分别会见崔龙海。

5 月 24 日

［纲　文］　**中共中央政治局就大力推进生态文明建设进行第六次集体学习。**

［目　文］　中共中央总书记习近平主持学习。清华大学环境科学与工程研究院教授、中国工程院院士郝吉明，中国环境科学研究院研究员、中国工程院院士就生态文明建设进行讲解，中共中央政治局各位同志就有关问题进行了讨论。

习近平在主持学习时发表讲话。他强调，建设生态文明，关系人民福祉，关乎民族未来。党的十八大把生态文明建设纳入中国特色社会主义事业五位一体总体布局，明确提出大力推进生态文明建设，努力建设美丽中国，实现中华民族永续发展。这标志着我们对中国特色社会主义规律认识的进一步深化，表明了我们加强生态文明建设的坚定意志和坚强决心。

习近平指出，推进生态文明建设，必须全面贯彻落实党的十八大精神，以邓小平理论、“三个代表”重要思想、科学发展观为指导，树立尊重自然、顺应自然、保护自然的生态文明理念，坚持节约资源和保护环境的基本国策，坚持节约优先、保护优先、自然恢复为主的方针，着力树立生态观念、完善生态制度、维护生态安全、优化生态环境，形成节约资源和保护环境的空间格局、产业结构、生产方式、生活方式。

习近平强调，要正确处理好经济发展同生态环境保护的关系，牢固树立保护生态环境就是保护生产力、改善生态环境就是发展生产力的理念，更加自觉地推动绿色发展、循环发展、低碳发展，决不以牺牲环境为代价去换取一时的经济增长。

习近平指出，国土是生态文明建设的空间载体。要按照人口资源环境相均衡、经济社会生态效益相统一的原则，整体谋划国土空间开发，科学布局生产空间、生活空间、生态空间，给自然留下更多修复空间。要坚定不移加快实施主体功能区战略，严格按照优化开发、重点开发、限制开发、禁止开发的主体功能定位，划定并严守生态红线，构建科学合理的城镇化推进格局、农业发展格局、生态安全格局，保障国家和区域生态安全，提高生态服务功能。要牢固树立生态红线的观念。在生态环境保护问题上，就是要不能越雷池一步，否则就应该受到惩罚。

习近平强调，节约资源是保护生态环境的根本之策。要大力节约集约利用资源，推动资源利用方式根本转变，加强全过程节约管理，大幅降低能源、水、土地消耗强度，大力发展循环经济，促进生产、流通、消费过程的减量化、再利用、资源化。

习近平强调，要实施重大生态修复工程，增强生态产品生产能力。良好生态环境是人和社会持续发展的根本基础。人民群众对环境问题高度关注。环境保护和治理要以解决损害群众健康突出环境问题为重点，坚持预防为主、综合治理，强化水、大气、土壤等污染防治，着力推进重点流域和区域水污染防治，着力推进重点行业和重点区域大气污染治理。

习近平指出，只有实行最严格的制度、最严密的法治，才能为生态文明建设提供可靠保障。最重要的是要完善经济社会发展考核评价体系，把资源消耗、环境损害、生态效益等体现生态文明建设状况的指标纳入经济社会发展评价体系，使之成为推进生态文明建设的重要导向和约束。要建立责任追究制度，对那些不顾生态环境盲目决策、造成严重后果的人，必须追究其责任，而且应该终身追究。要加强生态文明宣传教育，增强全民节约意识、环保意识、生态意识，营造爱护生态环境的良好风气。

5月24日

［纲　文］　财政部和国家税务总局联合印发《关于在全国开展交通运输业和部分现代服务业营业税改征增值税试点税收政策的通知》。

［目　文］　《通知》指出，一、经国务院批准，自2013年8月1日起，在全国范围内开展交通运输业和部分现代服务业营改增试点。二、在全国开展交通运输业和部分现代服务业营改增试点，范围广、时间紧、任务重，各地要高度重视，切实加强试点工作的组织领导，精心组织、周密安排、明确责任，采取各种有效措施，做好试点前的各项准备以及试点过程中的监测分析和宣传解释等工作，确保改革的平稳、有序、顺利进行。遇到问题请及时向财政部和国家税务总局反映。三、《财政部 国家税务总局关于在上海市开展交通运输业和部分现代服务业营业税改征增值税试点的通知》、《财政部 国家税务总局关于应税服务适用增值税零税率和免税政策的通知》、《财政部 国家税务总局关于交通运输业和部分现代服务业营业税改征增值税试点若干税收政策的通知》、《财政部 国家税务总局关于交通运输业和部分现代服务业营业税改征增值税试点若干税收政策的补充通知》、《财政部 国家税务总局关于在北京等8省市开展交通运输业和部分

现代服务业营业税改征增值税试点的通知》、《财政部 国家税务总局关于交通运输业和部分现代服务业营业税改征增值税试点应税服务范围等若干税收政策的补充通知》、《财政部 国家税务总局关于营业税若干政策问题的通知》第三条第（十六）和第（十八）项，自2013年8月1日起废止。

5月24日

［纲　文］ **国务院副总理刘延东在北京分别会见泰国副总理兼教育部部长蓬贴·贴甘乍那和埃塞俄比亚副总理兼教育部部长德梅克一行。**

［目　文］ 刘延东高度评价中泰全面战略合作伙伴关系，表示中泰是友好邻邦，中方愿意同泰方携手推动两国关系不断取得新发展，希望两国进一步深化人文领域的交流，为中泰全面合作注入新活力。

刘延东欢迎德梅克作为非盟轮值主席代表来华出席非洲驻华使团举办的非洲统一组织成立50周年庆祝活动，赞赏埃塞俄比亚为推动非洲复兴与发展所作努力，表示中方将继续支持非洲和平与发展事业，与埃方共同努力推动中非、中埃关系不断迈上新台阶。

5月24日

［纲　文］ **中科院遥感与数字地球研究所三亚卫星接收站在海南三亚正式揭牌。**

［目　文］ 三亚卫星接收站的建成，使我国陆地观测卫星数据直接获取能力首次伸展至南部海疆，解决了我国南海和周边区域长期缺乏遥感卫星数据的状况，填补了我国民用对地观测数据接收的空白。

5月24—25日

［纲　文］ **中国政府特使、水利部部长陈雷应邀出席厄瓜多尔总统科雷亚的就职仪式活动，并与厄外交部部长举行会谈。**

［目　文］ 24日，陈雷特使在厄国民代表大会出席科雷亚总统就职仪式，随后与科雷亚总统举行会谈。陈特使向科雷亚转达习近平主席、李克强总理的亲切问候和诚挚祝贺，并转交了习主席的亲署函。科雷亚感谢陈特使代表中国政府来厄参加其就职仪式，请其转达对习主席、李总理的亲切问候和良好祝愿。科雷亚表示，厄瓜多尔政府高度重视对华关系，将与中方一道，推动两国友谊与合作不断向前发展。

25日，陈特使在厄外交部会见了厄外交部部长帕蒂尼奥、战略协调部部长波韦达、电力和可再生资源部部长阿尔沃诺斯、水资源国务秘书索利斯等，就共同推动中厄务实合作向前发展深入地交换了意见。

5月25日

［纲　文］ **国家主席习近平特别代表、国务院副总理汪洋出席庆祝非洲统一组织成立50周年非盟特别峰会并宣读习近平致峰会的贺词。**

［目　文］ 特别峰会在埃塞俄比亚首都亚的斯亚贝巴召开。习近平在贺词中高度评价非洲统一组织在推动非洲人民反帝反殖、反种族主义正义斗争，为非洲大陆实现政治解

放方面作出的重大贡献。习近平强调，中非从来都是命运共同体。在争取民族独立和解放的斗争中，在谋求和平与发展的征程上，中国人民和非洲人民始终相互支持、紧密合作，结下了同呼吸、共命运、心连心的兄弟情谊。中国一贯坚定支持非洲联合自强和一体化进程，中非合作为非洲发展复兴提供了正能量。中方愿继续深化同非盟及非洲次区域组织的合作，支持非盟在地区合作中发挥重要作用，并同非洲国家共同努力，推动中非新型战略伙伴关系深入发展，为非洲的和平、发展、繁荣、复兴作出积极贡献。

会议期间，汪洋会见了非盟轮值主席、埃塞俄比亚总理海尔马里亚姆和非盟委员会主席祖马，就中非及中埃关系发展深入交换意见，并达成广泛共识。汪洋表示，非盟兴则非洲兴，非盟强则非洲强。祝愿非洲国家和人民以庆祝非统成立50周年为契机，进一步提振泛非主义精神，凝聚非洲复兴共识，在和平与发展道路上取得新的更大成就。中非友好合作现在面临新的发展机遇，中方愿与非盟共同努力，健全中非合作机制，推进务实合作，加强在国际事务中的磋商与协调，推动中非关系更加深入发展。海尔马里亚姆和祖马表示，中国派高级代表团与会充分证明中国对非洲的重视和非中关系的密切。非盟领导人感谢中国多年来对非洲的帮助和对非洲发展的贡献，期待进一步加强非中在各领域的交流与合作。

汪洋还出席了中国与埃塞俄比亚及非盟多项合作协议的签字仪式。

5月25日

［纲　文］　**全国人大常委会委员长张德江在北京出席非洲驻华使团庆祝非洲统一组织成立50周年招待会并致贺词。**

［目　文］　张德江在致辞中向非洲国家和人民致以节日祝贺，对50年来非洲统一组织和非洲联盟前赴后继，团结带领非洲国家在实现独立解放和稳定发展道路上取得的辉煌成就表示赞赏。他回顾了中非关系发展历程并指出，中非友谊经受半个多世纪国际风云的考验，历久弥坚。特别是进入新世纪，在中非合作论坛的引领和推动下，中非关系迈上全面发展的快车道。他强调，面对时代潮流，中非关系更具活力，中非合作更显重要，中非友谊更入人心。中国将同非洲朋友共同努力，秉承真诚友好、相互尊重、平等互利、共同发展的优良传统，全面落实2013年3月习近平主席访非成果，推动中非新型战略伙伴关系再上新台阶。

非盟轮值主席特使、埃塞俄比亚副总理德梅克·梅孔嫩感谢中国长期以来对非洲的真诚帮助和支持，表示中非关系堪称典范，对非洲保持当前良性发展势头至关重要。非洲国家期待进一步加强对华友好合作，更好地造福双方人民。

招待会前，张德江与德梅克举行了会见。双方积极评价当前中非、中国非盟及中国埃塞关系发展，表示愿共同努力，推进双方友好合作关系取得新进展。

5月25日

［纲　文］　**11时18分，拉日铁路（拉萨至日喀则）盆因拉隧道4号横洞和3号横洞贯通，这标志着中国高原首座万米铁路特长隧道成功贯通。**

5月25日

［纲　文］ **《人民日报》发表题为《推进改革重在行动》的评论员文章。**

5月25—28日

［纲　文］ **应国家主席习近平邀请，乌拉圭东岸共和国总统何塞·穆希卡对中国进行工作访问。**

［目　文］ 27日，国家主席习近平在人民大会堂同乌拉圭总统穆希卡举行会谈。习近平强调，中乌建交25年来，相互尊重、平等互利，使两个国情差异大、相距遥远的国家成为好朋友、好伙伴，也成为发展中国家团结合作的范例。乌拉圭提出了建设中等发达国家的目标，中国人民正在为实现国家富强、民族振兴、人民幸福而奋斗。中方愿同乌方加强交流合作，分享发展机遇，共同应对挑战，推动中乌关系走得更稳健、更深入。

习近平指出，中乌双方要加强全方位交往，保持高层接触，密切立法机构、政府、政党往来，积极开展治国理政经验交流，巩固和深化政治互信。双方要采取切实措施落实两国经贸合作五年规划，执行好汽车制造、电信、金融、化工等领域现有合作项目，商签促进相互投资协定，确定重点合作领域。促进贸易产品多样化，为各自优势产品进入对方市场创造便利。中方支持中国企业参与乌拉圭港口、铁路等基础设施建设。双方要开展农牧业交流合作，积极探讨在乌拉圭设立中拉农业科技研发中心。双方要加强人文交流，扩大人员往来，密切青年交往。双方要加强在国际和地区事务中的协调和配合，增加发展中国家代表性和发言权。

穆希卡表示，乌拉圭人民高兴地看到中国正走向更美好的未来。乌方愿着眼长远，同中国加强交往，增进了解，建立长期、可持续的互利合作关系，携手发展。希望双方创新思路和方式，扩大双边贸易规模，提升高附加值产品份额。乌方欢迎中国企业前往投资，在汽车制造组装、羊毛深加工等方面拓展合作。穆希卡介绍了拉丁美洲一体化进程和南方共同市场建设。他强调，中国是拉美国家的重要伙伴，拉美国家重视中国，欢迎中国积极参与本地区发展，希望同中国加强经贸等领域合作。乌拉圭愿为促进拉中关系及南方共同市场同中国合作发挥更大作用。

会谈后，两国元首共同出席了经贸、教育、信息通讯等领域双边合作文件签字仪式。

28日，全国人大常委会委员长张德江在人民大会堂会见穆希卡。张德江在会见时说，总统先生是中国人民的老朋友，是中乌友好关系的见证人和建设者。近年来，中乌立法机关往来不断，增进了两国政治互信和人民友谊，推动了双边互利合作。中国全国人大愿与乌拉圭国会进一步密切各层级交流，深化各领域合作，相互学习，相互借鉴，共同落实习近平主席同总统先生昨天达成的广泛共识，共同推进两国友好合作关系持续深入发展，更好地服务各自国家和造福两国人民。穆希卡说，中国这一文明古国在过去几十年中快速发展，改变了世界经济版图。乌方重视中国全国人大的作用，希望中国与乌拉圭开展全面、深入合作，实现互利共赢的可持续发展。

5月25—27日

［纲　文］ **第十五届中国科协年会在贵阳市召开。**

［目　文］ 本届年会由中国科协和贵州省政府共同主办，主题是“创新驱动与转型发展”，我国科研、生产、教学一线的科技工作者和包括诺贝尔奖获得者在内的国际知名科学家、海外专家学者、国际科技组织代表2500余人参加开幕式。

中共中央政治局委员李源潮出席年会并讲话。李源潮说，创新驱动发展需要汇聚广大科技工作者的创新智慧，希望大家把自己的科技追求与国家发展战略需要结合起来，勇攀科技高峰。创新创造要更多地走产学研相结合的路子，面向产业转型升级和企业科技需求开展科研攻关。当今中国科技创业天地广阔，有志者要勇于走出高校和院所，创办科技企业。科技工作者有知识优势，要积极履行科技服务的社会责任，为地方科学决策服务，为企业创新发展服务，为提高全民科学素质服务。各级科协组织要抓住政府职能转移的改革机遇，拓展职能、扩大影响。要强化服务科技工作者职能，把科协建成深受信赖的科技工作者之家。

本届年会设立12个专题论坛，重点围绕贵州省科技、经济、社会发展中的关键问题和热点难点问题开展调研，提出对策建议。

中国科协年会是我国科技领域高层次、高水平、大规模的科技盛会，1999年设立至今，先后在杭州、西安等地举办了十四届，其宗旨是“大科普，学科交叉，为举办地服务”。

5月26日

［纲　文］ **中国队在第13届苏迪曼杯世界羽毛球混合团体锦标赛决赛中以三个2：0横扫对手韩国队，成就了苏杯五连冠。**

5月27日

［纲　文］ **国家主席习近平在人民大会堂会见俄罗斯国家杜马主席纳雷什金。**

［目　文］ 习近平在会见时请纳雷什金转达对普京总统的诚挚问候和良好祝愿。他说，中俄关系的高水平和特殊性，在于双方在涉及彼此核心利益和重大关切问题上相互提供坚定支持，这是两国关系强大生命力所在。中俄相互支持是全面的。一是体现在涉及彼此主权、安全、领土完整、发展等核心利益问题上。二是体现在对方遭遇重大自然灾害等严重困难时。三是体现在处理重大国际和地区问题上。在新的历史时期，希望双方根据形势发展变化，相互进一步提供坚定支持。

习近平说，中俄高度的政治互信为两国各领域务实合作奠定了良好的基础。希望双方继续共同努力，充分用好中俄高水平政治关系优势，密切双方各党派交流合作，积极落实已达成的共识，推动各领域合作不断取得新成果，造福两国和两国人民。习近平积极评价中国全国人大和俄罗斯国家杜马长期以来的友好交往，预祝双方合作委员会第六次会议取得圆满成功。希望两国立法机构充分发挥代表性强、联系广泛的优势，深入开展交流与合作，密切在多边议会组织框架下的协调配合，为中俄全面战略协作伙伴关系发展发挥更大的建设性作用。

纳雷什金转达了普京总统对习近平的亲切问候和良好祝愿。他说，当前，俄中关系发展良好。无论在地区还是国际事务中，俄方都视中方为最重要和最可信赖的合作伙伴。俄方愿加强与中方在各领域的务实合作，密切在多边组织中的协调配合，为俄中友好的世代相传作出不懈努力。

同日，全国人大常委会委员长张德江与纳雷什金举行会谈并共同出席中俄议会合作委员会第六次会议。张德江就加强中俄立法机构合作提出三点建议：一是加大相互支持。要本着中俄"四个相互坚定支持"原则，在双边和多边议会层面加大对彼此核心利益和重大关切的支持，加强相互支持和战略协作。二是加强立法交流。要发挥议会职能优势，加强在维护稳定、宏观调控、保障和改善民生、促进经济现代化等领域的立法经验交流，服务各自发展振兴目标。三是密切议员之间的友好往来。要发挥中俄议会合作委员会和双边友好小组的作用，密切议员特别是青年议员之间的友好往来，在两国民众中广泛宣传中俄世代友好理念，不断巩固和扩大中俄友好的社会和民意基础。

纳雷什金说，俄方将继续在重大问题上给予中方坚定支持。俄罗斯国家杜马重视发展与中国全国人大的友好关系，愿通过双方合作委员会、议会专门委员会等渠道开展实质性交流与合作，加强治国理政方面的交流互鉴，促进经贸、人文、地方等各领域互利合作，为两国和两国人民带来更多实实在在的利益。

5月27日

［纲　文］　**国家主席习近平在人民大会堂会见美国总统国家安全事务助理多尼伦。**

［目　文］　习近平指出，当前，中美关系处于承上启下、继往开来的重要历史时期。双方应该从两国人民和世界人民根本利益出发，共同致力于建设中美合作伙伴关系，走出一条前无古人、后启来者的新型大国关系之路。

习近平表示，我期待着6月上旬同奥巴马总统举行会晤，就双方共同关心的重大战略性问题进行广泛深入沟通，加深了解，增进互信，积累共识，推动合作。相信在双方共同努力下，这次会晤将会取得重要积极成果，为今后一个时期中美关系发展注入新的活力，造福两国和两国人民，促进亚太地区和世界的和平、稳定与繁荣。

多尼伦表示，美中两国有着广泛的共同利益，一个积极、建设性、在更高水平发展的美中关系，对两国有利，对亚太地区和世界也有利。美方坚定致力于同中方加强交往与合作，妥善处理分歧，共同应对各种全球性挑战。奥巴马总统十分期待即将同习近平主席举行会晤，就美中关系和重大国际地区问题深入交换意见，为推动美中关系未来取得更大发展奠定坚实基础。美方愿同中方一道，积极筹备，确保两国元首会晤取得成功。

5月27日

［纲　文］　**中央纪委在北京召开全国纪检监察系统电视电话会议。**

［目　文］　中央纪委副书记赵洪祝主持会议。中央纪委书记王岐山出席会议并讲

话。王岐山强调，全国纪检监察系统要深入贯彻落实党的十八大和习近平总书记在十八届中央纪委二次全会上的重要讲话精神，严肃认真地开展会员卡清退活动，实现自我净化，巩固落实八项规定成果，营造风清气正的良好环境。要通过这次活动，向全党全社会发出一个信号，表明纪检监察系统广大干部职工以实实在在的行动落实八项规定。

王岐山指出，党风问题是关系党生死存亡的重大问题，加强党的作风建设是反腐败的治本之策。在当前党风廉政建设和反腐败斗争严峻复杂的形势下，各级纪检监察机关要深入贯彻中央纪委二次全会精神，持之以恒落实八项规定，进一步明确定位，转变职能、转变作风，全面履行党章赋予执纪监督的职责。

王岐山说，加强作风建设，贯彻落实八项规定，必须把自己摆进去，联系思想、工作和生活实际，从小处抓起，从点滴做起，防微杜渐。中央纪委决定在纪检监察系统开展会员卡专项清退活动，是纪检监察干部巩固落实八项规定成果、加强自身建设、实现自我净化的具体措施。会员卡虽小，折射出的却是作风建设的大问题，反映的是享乐主义和奢靡之风。这次活动标准并不高，既属必要，又具可行，应是大家都能做到的。纪检监察干部职工要深刻理解此次活动的意义，加强组织领导，按时清退，真正做到“零持有、零报告”。领导干部要带头清退，发挥表率作用。欢迎党内和广大人民群众对这次活动进行监督。

王岐山强调，打铁还需自身硬。这次会员卡专项清退活动，是纪检监察系统开展以为民务实清廉为主要内容的党的群众路线教育实践活动的“前奏曲”。纪检监察干部要以高标准要求自己，牢固确立凡要求别人做到的首先自己必须做到的意识，正人必先正己，在活动中“照镜子、正衣冠、洗洗澡、治治病”，增强宗旨意识和群众观念，自觉抵御各种诱惑，以实际行动深入贯彻落实八项规定，以改进作风的新成效积累“正能量”，以优异成绩迎接建党92周年。

5月27日

［纲　文］　**国务院安全生产委员会在北京召开全体会议。**

［目　文］　国务院安委会副主任王勇主持会议。会议指出，2013年以来，各地区、各部门认真贯彻落实党中央、国务院决策部署和习近平总书记、李克强总理重要指示精神，不断加强安全生产工作，全国安全生产形势总体稳定。但事故总量仍然较大，重特大事故时有发生，安全生产形势仍然严峻。

会议强调，要充分认识做好安全生产工作的极端重要性，坚持科学发展、安全发展，坚持警钟长鸣、常抓不懈。各地区、各部门要自觉把安全生产放在经济社会发展全局中去把握和推进，把安全生产与科学发展结合起来，与推进经济转型升级结合起来，与落实为民务实的要求结合起来，与提升治国理政能力结合起来，更加认真负责、扎实有效地抓好安全生产工作，促进全国安全生产形势持续稳定好转。严格督查考核，认真落实企业主体责任、政府监管责任，严格执行“一岗双责”和“一票否决”制度。开展“打非治违”回头看，深入查找薄弱环节和监管漏洞，纠正问题，落实责任。继续深化煤矿、非煤矿山、道路交通、烟花爆竹、危险化学品、民爆、消防和冶金等重点行业领域安全整治。加强汛期安全风险防范。强化安全科技支撑、应急救援、安全标准化建设和宣传教育培训，增强安全基础保障能力。加强安全监督管理，对因监管不到位造成事故的要严肃追究有关人员责任。

5月27日

［纲　文］　**刘奇葆在中国社科院调研。**

［目　文］　中宣部部长刘奇葆在调研时强调，要深入学习和全面贯彻落实党的十八大精神，瞄准世界学术发展前沿，立足当代中国学术实际，大力推进哲学社会科学创新体系建设，促进学科体系、学术观点、科研方法创新，努力建设中国特色、中国风格、中国气派的哲学社会科学。

刘奇葆强调，中国社科院要始终坚持正确政治方向，紧密结合时代和实践的新发展，全面推进各项研究，把系统抓与抓重点结合起来，把抓继承与抓创新结合起来，做到基础研究不断加强，决策咨询类研究不要放松，努力把中国社科院建设成为马克思主义的坚强阵地，成为我国哲学社会科学的最高殿堂，成为党中央国务院的重要思想库和智囊团。

刘奇葆指出，当前社科理论界的首要任务，就是深入研究阐释中国特色社会主义和民族复兴中国梦。中国社科院作为理论研究的"国家队"，要组织专家学者从不同学科和学科综合的角度，深入研究中国特色社会主义的重大理论和现实问题，深入阐释中国梦的重大意义、精神实质和实践要求，集中推出一批研究成果，为增强道路自信、理论自信、制度自信提供有力学理支撑。

刘奇葆强调，中国社科院要始终坚持以我们正在做的事情为中心，抓住关系全局的重大现实问题，主动贴近决策需求，加强战略性思维，开展前瞻性研究，提高服务决策的质量和水平。要积极构建让世界听得懂、能信服的理论和话语，增强中国学术的国际影响力和话语权。要带头抓好学风文风作风建设，以良好的学术风气，扎实有效地开展研究工作。要把培养人才、吸引人才作为一项战略任务，培养造就高素质的马克思主义理论人才，造就一批有广泛社会影响的名家大家，造就一批创新能力和带动能力强的学术领军人物和学科带头人，努力多出成果、多出人才。

调研期间，刘奇葆考察了马克思主义研究院、历史研究所、金融研究所、人口与劳动经济研究所等，听取了有关情况介绍，充分肯定了中国社科院的工作。

5月27日

［纲　文］　**"2013年俄罗斯电影节"在北京人民大会堂举行开幕式。**

［目　文］　电影节由中国国家新闻出版广电总局与俄罗斯联邦文化部联合主办。本届俄罗斯电影节是为了贯彻落实习近平主席3月份访俄期间与普京总统达成的共识，为了进一步提升中俄电影交流层次和水平而举办的一次重要的中俄文化交流活动。国务院副总理刘延东与俄罗斯国家杜马主席纳雷什金出席开幕式。国家新闻出版广电总局副局长童刚、俄罗斯驻华大使杰尼索夫及俄电影代表团团长安东·马雷舍夫先后致辞，祝贺电影节

的开幕。全国人大、外交部、国家新闻出版广电总局负责人，同700多位观众一起参加开幕式并观看俄罗斯优秀影片《母亲》。

本届俄罗斯电影节5月27日至6月4日分别在北京和上海举办，展映《母亲》《圣诞树》《石头》《间谍》《5个新娘》《生死足球赛》《女倾慕者》《寻宝者》《男式女子足球队》等俄罗斯影片。

5月27日

［纲　文］　**外交部发言人就参与叙利亚问题国际会议一事答记者问。**

［目　文］　外交部发言人说，中方支持一切有助于政治解决叙利亚问题的努力，对有关召开叙利亚问题国际会议的倡议表示欢迎，并愿积极参与上述会议。中方愿同有关各方共同努力，推动叙利亚问题早日得到公正、和平、妥善解决。

5月27—30日

［纲　文］　**应国家主席习近平邀请，斯里兰卡民主社会主义共和国总统马欣达·拉贾帕克萨对中国进行国事访问。**

［目　文］　28日，习近平在人民大会堂同拉贾帕克萨会谈。习近平表示，中斯是传统友好近邻。中方愿同斯方一道，传承友谊，相互支持，互利合作，共同发展，造福两国人民。拉贾帕克萨表示，中国正在迈向繁荣复兴的美好未来。斯里兰卡视中国为重要合作伙伴，希望借鉴中方成功经验，加强两国友好合作。两国元首决定将中斯关系提升为战略合作伙伴关系，充实合作内涵。一是保持高层交往势头，密切政治沟通，支持对方维护国家独立、主权和领土完整，根据本国国情选择发展道路。加强治国理政经验交流。二是扩大双边贸易和投资规模，加快推进贸易便利化和投融资合作，拓展农业、航天技术应用等领域合作。斯方欢迎中国企业参与斯里兰卡交通基础设施建设。三是巩固执法安全防务等领域合作，共同打击“三股势力”、跨国犯罪和毒品走私。四是扩大人文交流，建立青年定期互访机制。五是加强在国际和地区事务中的沟通协调，合作应对气候变化、非传统安全威胁等全球性问题，共同维护发展中国家权益。斯方支持中方深化同南亚区域合作联盟合作。会谈后，两国元首共同出席了多项合作文件签字仪式，并发表了《中华人民共和国和斯里兰卡民主社会主义共和国联合公报》。

29日，国务院总理李克强会见拉贾帕克萨。李克强指出，中斯经济互补性强，合作前景广阔。两国要加强贸易投资合作，制定双边经济合作规划，研究商谈自贸区协定，推动两国贸易在动态中实现平衡。深化基础设施领域合作，落实好港口、铁路、公路等重点项目。拓展航天、海洋等新领域的科研和务实合作。扩大人文交往，促进教育和旅游合作，推动中斯战略合作伙伴关系取得更大发展。拉贾帕克萨表示，斯中友谊深厚，在涉及彼此重大利益问题上相互支持。斯方视中国为重要合作伙伴，希望进一步加强两国在经贸、基础设施、旅游、教育等领域合作。

30日，国家副主席李源潮会见拉贾帕克萨。李源潮在会见时说，当前中斯关系处于历史上最好时期，中国愿同斯深化互利合作，推动两国战略合作伙伴关系向前发展。拉贾帕克萨表示，希望加强两国两党高层交往，扩大投资、旅游、教育等领域合作和青年交流。

访问期间，拉贾帕克萨还出席了全球服务论坛北京峰会开幕式并致辞，出席了2013年亚洲政党专题会议并致辞。

5月28日

［纲　文］　**国家主席习近平在人民大会堂会见坦桑尼亚桑给巴尔总统谢因。**

［目　文］　习近平欢迎谢因访华并出席第二届京交会暨全球服务论坛北京峰会。习近平表示，中坦是全天候朋友。中国同桑给巴尔关系是中坦关系重要组成部分。当前，中桑合作面临向更高水平迈进的重要机遇。双方要加强沟通和规划，落实好已有合作项目，探索新领域新途径，拓展和深化农业、渔业、海洋、旅游、人力资源培训、医疗卫生等领域合作。中方鼓励更多中国企业到桑给巴尔投资兴业。习近平表示，中非人民彼此有着发自内心的友好感情，推进中非合作是大势所趋、人心所向。我们愿同非洲国家加强团结合作，促进共同发展繁荣，推动中非新型战略伙伴关系不断迈上新台阶。

谢因表示，坦中传统友谊深厚。习近平主席对坦桑尼亚的访问有力地推动了两国关系发展。我这次访华深切感受到两国人民真挚的友好感情和双方合作的广阔前景。桑给巴尔感谢中国长期以来给予的支持和帮助，将继续秉持友好传统，同中国扩大交往与合作，做相互支持、相互信赖、携手共进的好伙伴。坦桑尼亚愿同中方加强在非中合作论坛框架下的合作，共同推动非中关系取得更大发展。

同日，国家副主席李源潮在北京会见坦桑尼亚桑给巴尔总统谢因。李源潮在会见时说，中坦建交以来，两国始终保持高度政治互信，不断扩大和深化各领域合作。中桑友好合作是中坦关系的重要组成部分。2013年是中坦建交50周年，我们要共同传承发展中坦传统友谊，落实好习近平主席访坦期间中桑签署的各项合作协议，推动中坦互利共赢的全面合作伙伴关系不断向前发展。谢因感谢中国多年来对桑给巴尔人民的大力支持，相信此访能从中国借鉴更多发展经验。

5月28日

［纲　文］　**国家主席习近平在人民大会堂会见美国洛杉矶市市长维拉莱戈萨。**

［目　文］　习近平表示，当前，中美关系处在承前启后、继往开来的重要时期。推动中美关系发展，需要自上而下，加强顶层设计。推动中美关系发展，也要自下而上。中美关系根基在地方、在民间、在基层。中美关系发展离不开地方交流合作，更离不开两国人民广泛参与和积极支持。双方要从地方做起、从民间做起、从基层做起，发挥地方特色，实现优势互补，通过实实在在的合作，夯实中美关系的社会基础。

习近平赞赏维拉莱戈萨为促进中美地方交流合作所作的积极努力。他表示，洛杉矶是美国第二大城市，对华交往合作一直走在中美地方合作前列，双方合作潜力巨大。希望洛杉矶市继续努力，利用自身优势，不断推进同中方合作，使洛杉矶真正成为中美友好合作的“天使之城”。

维拉莱戈萨表示，美中两国应该相互尊重，求同存异，加强合作，实现共同发展和繁荣。双方应该加强人文、经贸和地方交流，自下而上，促进美中关系发展。宽广的太平洋将美中两国联在一起，中国的发展给洛杉矶带来重大机遇，洛杉矶愿作美中合作的桥梁，我将继续为美中关系发展作出贡献。

5月28日

［纲　文］ **国务院副总理张高丽在人民大会堂会见新加坡副总理尚达曼。**

［目　文］ 张高丽表示，中国政府高度重视同新加坡的友好关系，中新建交23年来，合作水平不断提升，利益交融日益加深。双方紧扣两国发展战略，设计和推进中新合作，相继启动了苏州工业园区、天津生态城、广州知识城等合作项目，在高科技、中国西部开发、中国企业“走出去”、人才交流培训、金融与社会管理等领域合作也取得明显成效。在新形势下，中方愿与新方一道，加强两国各领域、多层次合作交流，认真落实现有合作项目，不断开拓新的合作空间，保持两国合作的前瞻性和示范作用。

尚达曼说，新方愿继续深化同中方各领域务实合作，推动两国关系不断迈上新台阶。

5月28日

［纲　文］ **《人民日报》发表题为《提高党建科学化水平的重要一步》的评论员文章。**

5月28日—6月1日

［纲　文］ **第二届京交会在北京举行。**

［目　文］ 在本届京交会期间，共有来自117个国家和地区的2.62万名客商及代表注册参会，举行了峰会、专业大会、推介洽谈、综合展示、主题日活动、权威发布6类活动，涵盖服务贸易35个专题，并举办8场次专业大会、101场次推介洽谈活动、20场次主题日活动、5场次签约发布、4场次权威发布。

5月29日，第二届京交会暨全球服务论坛北京峰会在人民大会堂举行。国务院总理李克强出席峰会并发表《把服务业打造成经济社会可持续发展的新引擎》的主旨演讲。李克强在演讲中说，大力发展服务业，既是当前稳增长、保就业的重要举措，也是调整优化结构、打造中国经济升级版的战略选择。增加服务业有效供给，提高服务业水平，可以释放巨大的内需潜力，形成稳定经济增长的有力支撑，也会对经济结构优化和质量价值提升产生放大效应。同时，服务业还是最大的就业容纳器。李克强强调，中国服务业发展滞后，最大的制约是体制机制障碍，出路在于改革开放。要坚持社会主义市场经济的改革方向，最大限度地释放改革红利，最大限度地依法依规为服务业发展“松绑”，让企业轻装上阵，增添活力和创造力。健全制度、标准，规范市场监管，营造良性发展环境。进一步扩大服务业对外开放，探索建立自由贸易试验区先行先试。

李克强指出，服务贸易是跨境的服务业，在经济全球化日益深入的大背景下，服务贸易有很大发展空间。中国将着力扩大服务贸易规模，拓展服务业外包，促进进出口均衡发展，促进服务领域相互投资。他强调，各国应秉承合作共赢的原则，反对保护主义，消除贸易壁垒，加强在人员流动、资格互认、行业标准制定等方面的协调，推动服务贸易自由化。发达国家应率先开放市场，发展中国家应积极参与服务领域全球治理机制和规则体系建设，逐步提升代表性和话语权。

5月29日

［纲　文］ **习近平在北京市少年宫与儿童代表共同参加“快乐童年，放飞希望”主题队日活动。**

［目　文］ 中共中央总书记习近平同来北京参加交流体验活动的全国56个民族、革命老区、灾区、患有先天性心脏病少年儿童和农民工子女，以及首都城乡少年儿童代表1600多人一起参加主题队日活动，并向全国广大少年儿童祝贺节日。

由共青团中央、全国少工委组织的全国各族少年儿童交流体验活动已举办3届，2013年在北京的活动共7天。期间，正值北京市少年宫新宫落成，北京市少年宫邀请全国各族少年儿童代表来这里做客。

在植物园农作物区，习近平对孩子们说，生活靠劳动创造，人生也靠劳动创造。你们从小就要树立劳动光荣的观念，自己的事自己做，他人的事帮着做，公益的事争着做，通过劳动播种希望、收获果实，也通过劳动磨炼意志、锻炼自己。

在“阅读木化石”活动区和城市生态系统观测站，习近平对孩子们说，大自然充满乐趣、无比美丽，热爱自然是一种好习惯，保护环境是每个人的责任，少年儿童要在这方面发挥小主人作用。

在“能想象能创造”实践活动中，习近平对孩子们说，想象力、创造力从哪里来？要从刻苦的学习中来。知识越学越多，知识越多越好，你们要像海绵吸水一样学习知识。既勤学书本知识，又多学课外知识，还要勤于思考，多想想，多问问，这样就能培养自己的创造精神。

习近平观看各族少年儿童“手拉手、心连心”联欢活动后对孩子们说，每个人都是从孩子长大的。实现我们的梦想，靠我们这一代，更靠下一代。少年儿童从小就要立志向、有梦想，爱学习、爱劳动、爱祖国，德智体美全面发展，长大后做对祖国建设有用的人才。

习近平强调，孩子们成长得更好，是我们最大的心愿。党和政府要始终关心各族少年儿童，努力为他们学习成长创造更好的条件。老师、家长要承担起教育引导少年儿童成长成才的责任。少先队组织要更好地为少年儿童服务。全社会都要关心少年儿童成长，支持少年儿童工作。对损害少年儿童权益、破坏少年儿童身心健康的言行，要坚决防止和依法打击。

5月29日

［纲　文］ **国家主席习近平在人民大会堂会见斐济总理姆拜尼马拉马。**

［目　文］ 习近平强调，中国一贯主张国家不分大小、强弱、贫富，都是国际社会

平等一员，应该相互尊重、平等相待。中方赞赏斐济在涉及中国核心利益问题上给予的支持，珍视两国友谊，尊重斐济人民自主选择的发展道路，将继续为斐济提供力所能及的帮助。

习近平希望双方深化农林渔业、交通通信、矿产开发、基础设施建设、旅游等领域互利合作，促进人文和青年交流，加强在多边及太平洋岛国事务中的协调和配合，支持斐方在能源安全、气候变化、海洋资源保护等问题上合理诉求，推动中斐关系进一步发展。

习近平指出，太平洋岛国是亚太地区重要组成部分。没有太平洋岛国的发展就没有亚太地区的整体发展繁荣。中国支持太平洋岛国平等参与国际事务，增强自主发展能力，实现可持续发展，愿同包括斐济在内的各岛国加强沟通与合作，共同促进本地区稳定和发展。

姆拜尼马拉马表示，斐济人民对中国怀有真挚的友好感情。斐济是第一个同中华人民共和国建交的太平洋岛国。我也是中国新一届领导集体就任以来，第一个访华的太平洋岛国领导人。长期以来，中国为斐济经济社会发展提供了宝贵支持，造福了当地人民。斐济正在推进改革发展，希望借鉴中国成功经验，同中国加强合作。

同日，国务院总理李克强在人民大会堂同斐济总理姆拜尼马拉马会谈。李克强表示，中斐当前都面临发展经济、改善民生的重任。双方应发挥互补优势，不断拓展合作的新领域和新内涵。一是深化农林渔矿、交通通讯、基础设施等领域合作。积极商谈渔业、互免签证等协定和文件，保障和促进两国人员往来。二是加强贸易与投资合作。中方鼓励中国企业赴斐投资，愿为斐济在促进民生改善等方面提供力所能及的帮助。三是扩大人文交流，加强在教育、文化、旅游以及地方交往等领域的合作，使两国人民之间的友谊不断加深。姆拜尼马拉马表示，斐中长期以来相互信任，相互尊重。斐方感谢中方多年来在农业、渔业、基础设施建设等领域提供的大力帮助。中国是伟大的国家，发展前景广阔。斐方把中国作为斐“北向战略”的重点，希望加强同中国在贸易、投资、旅游、可再生能源、气候变化等领域的务实合作。太平洋岛国珍视同中国的友好关系，愿不断深化双方的团结协作。

5月29日

［纲　文］　**人力资源社会保障部印发《关于实施离校未就业高校毕业生技能就业专项活动的通知》。**

［目　文］　《通知》提出，2013年将在全国范围内组织1000所国家级重点以上的技工院校和职业培训机构，对有意愿的离校未就业高校毕业生开展就业技能培训、企业上岗前培训和创业培训，使其掌握就业或创业的专项技能和实际能力，培训合格率力争达到90%以上，培训后的就业率达到90%以上。对参加培训的毕业生，可按有关规定享受职业培训补贴和职业技能鉴定补贴。

《通知》强调，培训要有针对性。对离校未就业的高校毕业生，重点开展以定向培训为主的就业技能培训。对企业拟录用的高校毕业生，重点开展以定岗培训为主的上岗前培训。技工院校和培训机构，将制定专门的方案，强化技能操作训练。人社部门将及时发布面向离校未就业高校毕业生所开设的培训专业目录、承担培训任务的机构名单、培训鉴定补贴报销的经办主体和办理流程等信息，广泛动员有培训愿望的离校未就业高校毕业生自主选择适合的培训项目。

5 月 30 日

［纲　文］　**国务院公布《中华人民共和国外资保险公司管理条例》。**

［目　文］　《条例》规定，设立经营人身保险业务的外资保险公司和经营财产保险业务的外资保险公司，其设立形式、外资比例由中国保监会按照有关规定确定。

《条例》明确要求，合资保险公司、独资保险公司的注册资本最低限额为 2 亿元人民币或者等值的自由兑换货币；其注册资本最低限额必须为实缴货币资本。外国保险公司分公司应当由其总公司无偿拨给不少于 2 亿元人民币或者等值的自由兑换货币的营运资金。中国保监会根据外资保险公司业务范围、经营规模，可以提高规定的外资保险公司注册资本或者营运资金的最低限额。

《条例》规定，申请设立外资保险公司的外国保险公司，应当具备经营保险业务 30 年以上、在中国境内已经设立代表机构 2 年以上、提出设立申请前 1 年年末总资产不少于 50 亿美元、符合所在国家或者地区偿付能力标准等条件。

5 月 30 日

［纲　文］　**国务院办公厅印发《质量工作考核办法》。**

［目　文］　这是国务院首次提出每年对省级人民政府有关质量的工作进行考核。《办法》提出，考核工作坚持客观公正、科学管理、突出重点、统筹兼顾、因地制宜的原则。考核对象为各省、自治区、直辖市人民政府。每年 7 月 1 日至次年 6 月 30 日为一个考核年度。考核工作由国家质量监督检验检疫总局牵头，会同全国质量工作部际联席会议（以下简称联席会议）各成员单位及有关领域专家组成考核工作组负责组织实施。考核主要从产品质量、工程质量、服务质量等领域的质量安全和质量发展两个方面进行，包括质量目标完成情况和质量措施落实情况。

《办法》规定，考核评定采用评分法，满分为 100 分。考核结果分 4 个等级，分别为：A 级（90 分及以上）、B 级（80—89 分）、C 级（60—79 分）、D 级（59 分及以下）。发生区域性、系统性产品质量安全事件的，考核结果一律为 D 级。对考核结果为 A 级的，由国家质量监督检验检疫总局予以通报表扬，有关部门在相关项目安排上优先予以考虑。对考核结果为 D 级的省（区、市）人民政府，有关领导干部不得参加年度评奖、授予荣誉称号等，国家收紧或暂停对该地区各项质量奖励和政策支持的核准和审批。考核结果为 D 级的，应在考核结果公告后一个月内向国务院作出书面报告，提出限期整改工作措施，并抄送国家质量监督检验检疫总局。整改不到位的，按职责分工由联席会议相关成员单位组织实施约谈，必要时由监察部门依据有关规定追究该地区有关责任人员的责任。

《办法》提出，考核结果经国务院审定后，由国家质检总局通报各省（区、市）人民政府和有关部门，并向社会公告；同时交由干部主管部门和纪检监察机关，作为对省（区、市）人民政府领导班子和领导干部进行综合考核评价和实行问责的重要依据。

5月30日

［纲　文］ **国务院办公厅发出《关于〈印发深化流通体制改革加快流通产业发展重点工作部门分工方案〉的通知》。**

［目　文］ 《通知》指出，按照《分工方案》的要求，将涉及本部门的工作进一步分解和细化，抓紧制定具体落实措施。同一项工作涉及多个部门的，牵头部门要加强协调，部门间要主动密切协作。商务部要认真做好统筹协调、督促检查工作。工作落实中的重大问题及时向国务院报告。

《分工方案》提出，一、加强现代流通体系建设。二、积极创新流通方式。三、提高保障市场供应能力。四、全面提升流通信息化水平。五、培育流通企业核心竞争力。六、大力规范市场秩序。七、深化流通领域改革开放。八、制定完善流通网络规划。九、加大流通业用地支持力度。十、完善财政金融支持政策。十一、减轻流通产业税收负担。十二、降低流通环节费用。十三、完善流通领域法律法规和标准体系。十四、健全统计和监测制度。十五、加强组织领导。

5月30日

［纲　文］ **刘延东在北京主持召开繁荣发展高校哲学社会科学、推动中国特色新型智库建设座谈会。**

［目　文］ 国务院副总理刘延东在会上强调，要深入贯彻落实党的十八大精神和中央领导同志有关要求，充分发挥高校学科齐全、人才密集的优势，繁荣发展高校哲学社会科学，为建设中国特色新型智库作出贡献。

刘延东指出，建设中国特色新型智库是服务党和政府科学民主决策、破解发展难题的迫切需要，对于坚持和发展中国特色社会主义、提升国家软实力、全面建成小康社会具有重要意义。高校作为我国哲学社会科学事业的生力军和各学科人才聚集的高地，是建设中国特色新型智库的重要力量，要以服务决策为导向，以提升能力为核心，以改革创新为动力，以哲学社会科学繁荣发展为依托，努力打造一批在国内外具有重要影响的高端智库。

刘延东强调，高校要聚焦重大问题，服务国家战略，坚持求真务实、奋发有为，多出具有前瞻性战略性和针对性可操作性的研究成果，为党和政府科学决策提供高质量的智力支持，努力做改革发展决策方案的建言者、政策效果的评估者、社会舆论的引导者。要创新体制机制，加强平台建设，强化协同创新，增强内生动力，推动形成特色鲜明、结构合理、形式多样的智库发展新格局。要深化对外交流，积极参与全球性问题国际合作研究，提升中国话语权，为世界和平发展和人类文明进步贡献中国智慧。

5月30日

［纲　文］ **国家发展改革委发布《咨询工程师（投资）管理办法》。**

［目　文］《办法》包括总则、登记服务、执业规定、权利和义务、执业检查、法律责任、附则共计7章44条。该《办法》自2013年7月1日起施行。《注册咨询工程师（投资）注册管理办法（试行）》同时废止。本《办法》施行前合法取得《中华人民共和国咨询工程师（投资）执业资格证书》的，视同取得水平证书。

5月30日

［纲　文］**财政部印发《关于加强和改进基层会计管理工作的指导意见》。**

［目　文］《意见》提出，一、加强和改进基层会计管理工作的指导思想、基本原则和总体目标。二、贯彻实施会计法律法规，提升会计管理法制化水平。三、加强会计人员管理，稳步提高会计人员素质。四、加强农村会计管理，服务社会主义新农村建设。五、规范代理记账行为，服务小微企业发展。六、加强会计管理队伍自身素质建设，提升服务质量和水平。七、加强组织保障，确保基层会计管理各项工作落到实处。

5月30日

［纲　文］**国家副主席李源潮在西安分别会见老挝国家副主席本扬、柬埔寨副首相索安。**

［目　文］李源潮在会见本扬时说，中共新一届领导集体坚持从战略高度和长远角度看待中老关系，愿同老党和政府共同推动中老全面战略合作伙伴关系健康稳定发展，努力振兴社会主义事业。本扬表示，中国的成就和经验，激励并启发我们继续建设老挝特色的社会主义。

李源潮在会见索安时说，2013年是中柬建交55周年，也是“中柬友好年”。中国愿与柬落实好中柬全面战略合作伙伴关系行动计划，更好造福两国人民。索安表示，两国关系发展势头非常良好，希望中国加大对柬农业、工业、基础设施等投资力度，推进旅游和贸易合作。

5月30日

［纲　文］**国务院副总理刘延东在中南海紫光阁会见英国北爱尔兰政府首席部长鲁滨逊和副首席部长麦吉尼斯一行。**

［目　文］刘延东对北爱尔兰重视发展对华关系、积极推动双方在各领域的务实互利合作表示赞赏。她指出，中英两国有着广阔的合作空间，中方支持地方政府与英国地方政府发展友好合作关系，希望双方继续在平等合作、互利共赢的基础上，不断增进互信和了解，扩大经贸、人文等领域的交流与合作，为发展中英两国关系、增进两国人民友谊作出积极努力。

5月30日

［纲　文］**外交部发言人就中方阻止菲律宾船只向在仁爱礁废旧登陆舰上的非人员运送补给一事答记者问。**

［目　文］外交部发言人说，中国对南沙群岛及其附近海域拥有无可争辩的主权。1999年，菲律宾一艘军舰以搁浅为借口，在中国南沙群岛仁爱礁非法坐滩，中方多次向

菲方提出严正交涉，要求菲方拖走该舰，菲方称未将该舰拖走是因为“缺少零部件”，并表示没有在礁上建造任何设施的打算，也没有任何挑衅倾向。然而，菲方罔顾中方严正立场和自己的承诺，企图强化非法存在，企图非法侵占仁爱礁，这严重侵犯中国的领土主权，违反《南海各方行为宣言》。发言人表示，中国政府派公务船前往该海域正常巡航无可非议。中方维护国家主权的决心和意志是坚定不移的，绝不会接受菲律宾方面以任何形式非法侵占仁爱礁。中方敦促菲方切实履行承诺，与中方相向而行，不采取使局势复杂化的挑衅行动，为维护南海地区和平稳定作出应有的努力。

5月30—31日

［纲　文］　**国家发展改革委在北京召开2013年全国经济体制改革工作会议。**

［目　文］　各地发展改革委主要负责人、分管负责人，国务院有关部门相关司局负责人以及有关单位负责人参加了会议。国家发展改革委党组书记、主任徐绍史作了题为《认清大势，着力落实，以更大的勇气和智慧深化改革》的讲话。国家发展改革委党组成员、副主任连维良出席会议，并主持召开了各地发展改革委负责人参加的经济体制改革座谈会。

徐绍史在讲话中指出，党的十八大之后，我国经济社会发展进入了一个新的阶段，站在了新的历史起点上。当前，全球经济仍处于金融危机引发的大调整、大转型之中，我国发展阶段、发展条件正在发生深刻变化，既存在难得的机遇，也面临前所未有的挑战。妥善应对各种挑战、化解各种风险、创造新的优势，打造中国经济的“升级版”，努力实现中华民族伟大复兴的中国梦，必须继续深化改革开放，加强制度供给，加快释放改革红利。我国改革开放已经进入攻坚期和深水区，艰巨性、复杂性前所未有，必须以敢闯的锐气和会闯的睿智，集中力量攻坚克难。一要围绕推动经济转型深化改革。二要围绕不断改善民生深化改革。三要围绕促进社会公正深化改革。四要围绕激发市场主体活力深化改革。

在各地发展改革委参加的座谈会上，连维良指出，做好2013年的经济体制改革工作，地方既要抓好落实，更要积极探索，为全国的改革贡献经验。一是尽快发布年度改革意见或工作要点；二是结合本地实际选择重点领域尽快取得突破；三是及时发现和反映改革实施中的问题；四是切实发挥改革试点的示范带动作用；五是营造良好的舆论氛围；六是进一步强化推进改革的工作力量和工作推进机制。

5月30—31日

［纲　文］　**2013年亚洲政党专题会议在西安举行。**

［目　文］　会议的主题是“推动绿色发展，共建美丽亚洲”，来自亚洲国家50多个政党的代表，拉美、非洲部分政党及政党组织的观察员近200人与会。斯里兰卡总统拉贾帕克萨、老挝国家副主席本扬、柬埔寨副首相索安、亚洲政党国际会议常委会主席德贝内西亚分别在开幕式上致辞，联合国秘书长潘基文向大会发来视频贺词。

中共中央政治局委员、国家副主席李源潮出席开幕式并集体会见与会外方代表。李源潮指出，和平、发展、合作、共赢已成为时代的潮流、人民的期盼。亚洲各国政党应自觉做亚洲持久和平的维护者、共同发展的开拓者、友好合作的促进者、互利共赢的倡导者。追求独立自主、繁荣富强是亚洲人民不懈奋斗的共同梦想。第二次世界大战结束后的60多年来，亚洲人民奋力追赶，创造了举世公认的“亚洲奇迹”。新形势下，亚洲各国应以更开阔的眼界、更开阔的思路、更开阔的胸襟，积极借鉴人类优秀文明成果，充分发挥亚洲人民的聪明智慧，努力走出一条和平、发展、合作、共赢的亚洲发展繁荣之路。绿色发展是当今世界发展的潮流，也是政党合作的全新空间。亚洲各国应重视环境保护，节约使用资源，倡导合理消费，致力造福民众，齐心建设美丽亚洲。

会议通过了《西安倡议》。《倡议》指出，亚洲政党国际会议成立13年来，作为推动亚洲政党交流与合作的重要平台，影响力不断提升，为亚洲的和平与发展作出了积极贡献。在亚洲大发展、大合作的背景下，亚洲政党合作有着更广阔的空间。亚洲政党国际会议应继续秉承谋共识、促合作的传统，继续深化和拓展亚洲政党合作内涵，推动政党交流合作为促进国家关系发挥更大作用，成为推动实现“亚洲梦”的独特渠道。

5月30日—6月1日

[**纲　文**]　**张德江在广东省调研。**

[**目　文**]　全国人大常委会委员长张德江先后到广东珠海、广州、深圳等地，就加强立法工作进行调研。

在东江环保公司、福田交通枢纽公交加电站调研时，张德江说，加强生态文明建设任务十分艰巨，健全和完善生态文明领域立法十分紧迫，必须贯彻落实好节约资源和保护环境的基本国策，为生态文明建设提供可靠的法治保障。在广日集团电梯生产车间调研时，张德江强调，必须严把质量关，规范特种设备生产、使用、维护和监管，建立设备的身份管理制度、质量责任追溯制度、产品报废制度，强化设备安全跟踪。在禾信分析仪器、京信通信、华星光电技术公司和三诺集团，张德江说，要依法保护知识产权，激发企业创新活力，提高核心竞争力。在听取珠海横琴新区和深圳前海合作区规划和建设情况后张德江说，希望广东充分发挥毗邻港澳的区位优势，深化改革开放，大胆创新实践，积极推进粤港澳务实合作，维护港澳繁荣稳定，促进广东科学发展。

调研期间，张德江主持召开加强立法工作座谈会。他指出，新形势下加强和改进立法工作，要把提高立法质量放在更加突出的位置，使法律准确反映经济社会发展要求，更好协调利益关系，发挥立法引领和推动作用。张德江强调，提高立法质量，一要加强调查研究，抓住事物的本质、把握事物的规律，夯实立法工作基础；二要加强科学立法，坚持科学的理论指导，坚持科学的方法机制，坚持科学的评价标准；三要加强民主立法，拓展人民有序参与立法途径，使法律更好体现党的主张和人民意志相统一；四要完善立法评估，加强对各方面意见的综合分析，积极回应社会关切，更好地发挥立法在表达、平衡、调整社会利益方面的积极作用；五要加强法律宣传，扩大立法影响和效果，有力推动法律实施。张德江说，地方性法规是我国法律体系的重要组成部分，要进一步加强地方立法工作，推动民主法制建设和各项事业发展。

5月30日—6月1日

［纲　文］　**全国政协主席俞正声应邀对芬兰进行正式友好访问。**

［目　文］　俞正声在赫尔辛基分别会见芬兰总统尼尼斯特、总理卡泰宁，并与议长海内卢奥马举行了会谈。

俞正声说，芬兰是最早同新中国建交的西方国家之一。建交60多年来，两国始终坚持相互尊重、平等相待、求同存异，政治互信不断加强，务实合作广泛深入。芬兰是世界闻名的创新强国和绿色发展的典范，中国经济持续快速发展，同时也面临一些挑战，正在转变经济增长方式，调整产业结构，推进可持续发展。中芬在科技创新、城镇化和可持续发展领域合作潜力巨大，前景广阔。我此次访问芬兰，目的就是要增进两国之间的沟通了解，学习借鉴芬方在上述领域的先进经验，推动两国在相关领域加强交流与合作。

俞正声表示，芬兰支持中国成为北极理事会正式观察员国，反对欧盟对华光伏产品和无线通信设备产品进行反倾销、反补贴调查，体现了芬方坚持自由贸易和开放的立场。经济发展遇到困难，就采取贸易保护主义，损人不利己，希望芬方为推动中欧协商解决有关贸易摩擦继续发挥建设性作用。中方愿与芬方加强北极事务交流合作，共同维护北极地区和平稳定。

俞正声介绍了中国国内经济形势以及政协在中国政治经济生活中的作用，表示中国全国政协近年来与芬兰议会交往较多，丰富了两国友好关系的内涵。中国全国政协重视发展同芬兰议会关系，双方可进一步加强各专门委员会之间多层次、多渠道的交往与合作，加强治国理政和民主监督等方面的交流互鉴，为增进两国了解互信、促进中芬关系发展作出积极贡献。

尼尼斯特表示，中国经济持续快速发展，给芬兰和世界带来机遇。芬方愿加强与中方在科技创新、清洁技术等领域合作，推动面向未来的芬中合作伙伴关系取得更多新成果。中国成为北极理事会正式观察员国，对于北极合作具有重要意义。芬方愿与中方加强北极事务交流合作。

卡泰宁表示，芬中政治关系很好，双方高层交往密切，各领域合作成果丰硕。芬兰在清洁技术、污染治理、研发等领域拥有优势，希望在此方面成为中国的重要合作伙伴。芬方将坚持反对贸易保护主义。

海内卢奥马说，中国是坚持开放和改革的成功典型。芬中关系良好，是不同幅员、不同社会制度、不同发展水平国家相互学习，友好合作的典范。芬方期待与中方共同努力，挖掘潜力，加强在科技创新、清洁技术、城镇化、可持续发展等领域交流合作。芬兰议会期待与中国全国政协加强各层级、各领域交往，增进两国友好合作。

访问期间，俞正声还会见了芬兰议会未来委员会主席利波宁，听取该委员会关于可持续发展和环境科技情况介绍，出席芬兰工商业联合会举办的欢迎宴会并发表演讲。

5 月 30 日—6 月 8 日

［纲 文］ **中共中央政治局委员、北京市委书记郭金龙应邀率中共代表团对古巴、巴西两国进行友好访问。**

［目 文］ 6 月 1 日，古巴共产党中央第一书记劳尔·卡斯特罗在哈瓦那会见了郭金龙。郭金龙转达了习近平总书记和李克强总理对劳尔的亲切问候。劳尔对此表示感谢，并请郭金龙转达他对习近平总书记和李克强总理的良好祝愿。郭金龙说，中古建交 53 年来，两国在建设社会主义、维护世界和平和促进共同发展的事业中，始终相互理解、相互同情、相互支持，结下了深厚的友谊。以习近平为总书记的新一届中共中央领导集体十分珍视中古传统友谊，将一如既往地支持古巴党、政府和人民维护国家主权、反对外来干涉的正义斗争，支持古巴党和政府探索符合本国国情的社会主义发展道路。新时期，中方愿与古方一道努力，深化两国传统友谊，扩大各领域务实合作，推动两国关系不断向前发展。劳尔表示，当前古中两党关系处于历史最好时期。古方愿进一步加强治党、治国经验交流，共同探索符合本国国情的社会主义道路。

3 日，郭金龙与巴西劳工党主席法尔康举行会谈。4 日，郭金龙在巴西利亚会见巴西众议长恩里克·阿尔维斯。郭金龙表示，近年来中巴战略伙伴关系发展顺利，双方高层交往频繁，务实合作全面扩大，两国在二十国集团和金砖国家等国际组织和多边机制中的合作卓有成效。中巴立法机构间的交流是双边关系的重要组成部分，中国共产党与巴西国会主要政党均保持友好交往或接触，两国议会和党际交流为推动两国关系发展作出了积极贡献。同日，郭金龙会见了巴西 2014 年世界杯足球赛和 2016 年里约奥运会总协调员费尔南德斯，就推动中巴两国在体育领域合作，尤其是筹备奥运会等国际重大赛事和利用奥运遗产促进城市发展等交换看法。

5 月 31 日—6 月 6 日

［纲 文］ **国家主席习近平应邀对特立尼达和多巴哥、哥斯达黎加、墨西哥进行国事访问。**

［目 文］ 5 月 31 日—6 月 2 日，习近平对特立尼达和多巴哥进行国事访问。习近平与特总统卡莫纳举行会谈。习近平表示，特立尼达和多巴哥是最早同中国建交的加勒比国家之一，在事关中国核心利益问题上一贯支持中方。中国人民不会忘记，1971 年，特立尼达和多巴哥投票赞成恢复中华人民共和国在联合国合法席位。习近平与特总理比塞萨尔举行会谈。习近平表示，中方充分理解小岛屿国家在气候变化问题上的特殊处境和关切，一直在谈判中支持小岛屿国家合理诉求。中方愿积极考虑向加勒比有关国家提供部分节能产品，帮助这些国家提高适应和应对气候变化的能力。会谈后，两国领导人共同出席两国政府经济技术合作协定等合作文件签字仪式。

访问期间，习近平在特首都西班牙港分别会见圭亚那总统拉莫塔尔、安提瓜和巴布达总理斯潘塞、多米尼克总理斯凯里特、格林纳达总理米切尔、巴哈马总理克里斯蒂、牙买加总理辛普森－米勒、苏里南总统鲍特塞、巴巴多斯总理斯图尔特，同他们就加强双边友好合作及中国同加勒比地区整体关系交换意见。习近平强调，加勒比地区国家是国际社会中一支重要力量。中加合作促进了双方发展，造福双方人民。中方愿同该地区国家建立和发展全面合作伙伴关系。习近平还到特多中部城市库瓦出席中国公司承建的库瓦儿童医院开工典礼。

6月2—4日，习近平对哥斯达黎加进行国事访问。习近平在圣何塞会见哥立法大会主席门多萨及各政党代表。习近平表示，哥斯达黎加人民坚持走符合自身国情的发展道路，中方祝愿哥方在发展道路上不断取得新的更大的成就。中哥尽管国情不同，但都处在重要发展阶段，两国关系面临新的发展机遇。中方愿同哥方携手努力，全面推进各领域合作，更好造福两国人民。习近平同哥总统钦奇利亚举行会谈。两国元首就两国合作交换了意见，达成广泛共识：一是加强高层交往，巩固政治互信。二是继续推进务实合作。三是深化文化、教育、体育、旅游等领域交流。四是加强国际合作，特别是在气候变化、可持续发展等重大问题上沟通和协调，推动国际关系民主化，共同维护发展中国家整体利益。会谈后，两国元首共同出席了两国政府经济技术合作协定以及关于哥方公路、炼油厂改扩建投融资协议等多项合作文件签字仪式。

6月4—6日，习近平对墨西哥进行国事访问。习近平在墨西哥城同墨总统培尼亚举行会谈。双方一致认为，加强中墨长期友好合作符合两国和两国人民根本利益，也有利于发展中国家团结合作。两国元首宣布，将中墨战略伙伴关系提升为全面战略伙伴关系。两国元首同意，在以下方面共同努力，不断推进中墨全面战略伙伴关系：一是始终从战略高度和长远角度看待两国关系，增进政治互信。二是契合各自发展战略，加强务实合作。三是利用各自作为文化大国的优势，扩大人文交往。四是基于在重大国际问题上的共同利益和责任，密切多边协调。会谈后，两国领导人共同签署了《中华人民共和国和墨西哥合众国联合声明》，见证了多项合作协议的签署。访问期间，习近平在墨西哥参议院发表题为《促进共同发展，共创美好未来》的演讲，阐述新时期发展中墨关系和中拉关系政策主张。习近平强调，发展中墨关系既要着眼双边合作，更要面向世界。双方携手合作、共创未来，共同推进两国全面战略伙伴关系。习近平指出，中拉关系正处于快速发展的重要机遇期，双方应该登高望远，与时俱进，推动中拉全面合作伙伴关系实现新的更大发展。

5月31日

［纲　文］　**李克强主持召开国务院常务会议。**

［目　文］　会议研究部署进一步加强婴幼儿奶粉质量安全工作，围绕转变政府职能通过一批法律修正案草案和废止、修改部分行政法规的决定。

会议认为，随着我国经济发展和人民生活水平的提高，婴幼儿奶粉已日益成为广大婴幼儿的必需主食。保障婴幼儿食用安全、放心的奶粉，关系下一代健康成长，关系千百万家庭的幸福和国家民族的未来。近年来，党中央、国务院高度重视，出台了一系列政策措施，各地区、各有关部门加大整治和监管力度，婴幼儿奶粉质量安全总体水平不断提升。

但影响产品质量安全的因素依然存在，消费者对国产奶粉的信心有待增强。

会议指出，婴幼儿奶粉的质量安全，既是重大民生问题，也是重大的经济社会问题。促进经济持续健康发展，必须着力提高发展质量，必须突出解决重点产品的质量问题，这是一项刻不容缓的任务。当前要把提升婴幼儿奶粉质量安全水平作为突破口，把优质国产品牌树起来，使消费者的信心提起来。一是制定相关政策，推进奶牛标准化规模养殖，鼓励支持婴幼儿奶粉企业兼并重组，提高产业集中度，推动产业规范化、规模化、现代化发展。二是按照严格的药品管理办法监管婴幼儿奶粉质量，采用电子监管码等手段，做到全程可追溯。加快制定网上销售婴幼儿奶粉的监管制度。加强进口婴幼儿奶粉质量监管。三是开展婴幼儿奶粉质量安全专项行动。加强源头监管，严把准入门槛，全面清理和规范婴幼儿奶粉原料供应商和生产经营企业，坚决取缔不合格生鲜乳收购站和运输车辆，坚决淘汰不符合许可条件的企业。四是严格生产经营监管，落实企业首负责任。监督企业落实原料收购质量把关、婴幼儿奶粉出厂全项目批批检验，建立婴幼儿奶粉的配方和标签备案制度，严格责任追究，严惩重处违法违规行为。五是建立具有国际水平的产品标准体系，强化对市场上销售的婴幼儿奶粉的检测，公开、透明、规范发布信息。会议要求，全社会都要本着对下一代高度负责的态度，为少年儿童的健康成长创造良好环境。

会议讨论通过了《税收征收管理法》等12部法律的修正案草案和国务院关于废止、修改部分行政法规的决定草案。同时，为加强事中事后监管，这次修改法律、行政法规时，进一步健全了有关监管制度。会议强调，在推进职能转变过程中，要始终贯彻依法治国的基本方略，坚持依法办事，提高依法行政水平，不断推进法治政府建设。会议决定，上述法律修正案草案经修改后，由国务院提请全国人大常委会审议；国务院关于废止、修改部分行政法规的决定以国务院令公布施行。

5月31日

［纲　文］　**公安部在江苏省苏州市召开深化平安中国建设工作会议。**

［目　文］　中央政法委副书记、公安部部长郭声琨主持会议。中央政法委书记、中央综治委主任孟建柱，最高人民法院院长周强，最高人民检察院检察长曹建明等中央政法委员会委员出席会议。

会前，中共中央总书记、国家主席习近平就建设平安中国作出重要指示。他强调，平安是人民幸福安康的基本要求，是改革发展的基本前提。多年来，政法综治战线深入推进平安建设，为保障人民安居乐业、维护社会稳定、服务经济社会发展作出了重要贡献。习近平强调，要深入贯彻落实党的十八大精神，把平安中国建设置于中国特色社会主义事业发展全局中来谋划，紧紧围绕“两个一百年”奋斗目标，把人民群众对平安中国建设的要求作为努力方向，坚持源头治理、系统治理、综合治理、依法治理，努力解决深层次问题，着力建设平安中国，确保人民安居乐业、社会安定有序、国家长治久安。

中共中央政治局委员、中央综治委主任孟建柱在会上强调，要深入贯彻党的十八大和习近平总书记关于建设平安中国的重要指示精神，积极适应小康社会新要求和人民群众新期待，继承优良传统，积极改革创新，着力把握规律，下大气力解决影响社会和谐稳定的突出问题，加强源头性基础性工作，在更高起点上全面推进平安中国建设，努力建设领域更广、人民群众更满意、实效性更强的平安中国。孟建柱强调，要牢固树立依法治理的理念，提高平安建设法治化水平。要加快平安建设信息化进程，着力实现平安建设信息资源的共享共用，不断提升平安建设现代化水平。要着力构建党政领导、综治协调、部门负责、社会协同、公众参与的工作格局，形成平安建设的整体合力。

会议提出，全国政法综治部门要深入贯彻党的十八大和习近平总书记关于建设平安中国的重要指示精神，积极适应小康社会新要求和人民群众新期待，继承优良传统，积极改革创新，着力把握规律，下大气力解决影响社会和谐稳定的突出问题，加强源头性、基础性工作，在更高起点上全面推进平安中国建设，努力建设领域更广、人民群众更满意、实效性更强的平安中国，为全面建成小康社会、夺取中国特色社会主义新胜利作出新贡献。

5月31日

［纲　文］ **中央军委副主席范长龙会见哈萨克斯坦国防部第一副部长兼武装力量总参谋长扎苏扎科夫一行。**

［目　文］ 范长龙说，中哈两军关系发展顺利，高层往来密切，务实合作不断深化。中方重视发展与哈军队的友好关系，希望双方继续加强包括在上海合作组织框架内的交流与合作，为两国全面战略伙伴关系增添新的内涵。

扎苏扎科夫表示，希望两军合作空间不断拓展，友好关系不断深入。

5月31日

［纲　文］ **外交部发言人就跨太平洋战略经济伙伴关系协定答记者问。**

［目　文］ 外交部发言人表示，中方对包括跨太平洋战略经济伙伴关系协定及区域全面经济伙伴关系在内的有利于促进亚洲地区经济融合和共同繁荣的倡议，均持开放态度。中方认为各方应该在照顾亚太地区经济发展多样性和差异性的基础上，根据开放、包容、透明的原则，循序渐进推进地区经济一体化进程。中方一直重视并跟踪协定谈判进展情况，愿同有关各方保持沟通。中方也希望跨太平洋战略经济伙伴关系协定谈判能够加强其透明度。

5月31日—6月1日

［纲　文］ **李源潮在陕西省调研。**

［目　文］ 中共中央政治局委员李源潮在陕西调研少先队工作时指出，中国梦是构建孩子们理想梦的有力动力和基本导向，要用中国梦激发孩子们心中的理想梦，使他们将来成为中国梦的建设者、创造者、贡献者。

李源潮说，少年儿童的理想很大程度是以梦想的形式萌发和展开的，少先队要用中国梦引导孩子们的理想梦，开展适合孩子们特点的思想教育。要激发孩子们心中的科学梦，从根本上引导孩子们热爱学习、主动学习、快乐学习。要激发孩子们心中的创造梦，引导孩子们热爱劳动。实现中国梦需要无数为国为民献身的人，要引导孩子们热爱祖国，长大做对祖国和人民有所贡献的人。

6 月

6月1日

［纲　文］　**中国民主建国会中央委员会原常务委员、副秘书长、顾问，中华职业教育社原副理事长王艮仲在北京病逝，享年110岁。**

6月1日

［纲　文］　**《人民日报》发表题为《解决深层次问题，推进平安中国建设》的评论员文章。**

6月1—4日

［纲　文］　**全国政协主席俞正声应邀对瑞典进行正式友好访问。**

［目　文］　访问期间，俞正声会见了瑞典卡尔十六世·古斯塔夫，与议长韦斯特贝里举行会谈。

在会见卡尔十六世·古斯塔夫时，俞正声表示，希望通过此访加强与瑞典议会交流并学习和借鉴瑞典在创新、可持续发展等方面的先进经验，推动两国在相关领域加强合作。卡尔十六世·古斯塔夫表示，中国经济发展成就给他留下深刻印象。很多瑞典企业在华合作取得成功，对两国各自经济发展起到积极促进作用，希望双方进一步加强交流合作。

与韦斯特贝里会谈时，俞正声表示，中欧加强互利合作符合双方利益，应致力于通过改革和开放解决经济发展过程中遇到的困难和问题，而不应动辄采取贸易保护主义措施。中瑞在维护自由贸易问题上有着相似看法和共同利益，应加强合作。韦斯特贝里说，瑞方高度重视中国，希望抓住中国发展带来的机遇，进一步拓展双方在投资、创新、环境等领域的互利合作。瑞方愿与中方共同努力，继续维护自由公平贸易。瑞典议会愿与中国全国政协保持密切交往，增进双方相互了解、友谊和合作。

俞正声还会见了瑞典外交大臣比尔特、西哥特兰省省长贝克斯特伦，出席了银瑞达投资公司主席瓦伦堡举行的午宴，参观了沃尔沃、爱立信等瑞典著名企业和哈马碧生态城，与瑞典外贸大臣比约林及有关企业家、专家就加强绿色发展、科技创新和经贸合作进行了深入交流。

6月1—4日

［纲　文］　**马凯在湖北省、上海市进行调研。**

［目　文］　调研期间，国务院副总理马凯分别召开了企业和金融机构座谈会。在座谈会上，马凯强调，要坚持用“两点论”看经济和金融，既要坚定信心，又要增强忧患意

识，扎扎实实做好经济和金融工作。金融系统要认真贯彻中央对金融工作的一系列决策部署，坚持稳中求进的总基调，处理好稳增长、控通胀、防风险的关系，为实现全年经济发展目标作出应有贡献。一要稳定政策；二要优化结构；三要提升服务；四要严防风险；五要深化改革。

6月3日

［纲　文］　**吉林省德惠市发生特别重大火灾事故，习近平作出重要指示。**

［目　文］　3日6时10分许，位于吉林省长春市德惠市的吉林宝源丰禽业有限公司主厂房发生特别重大火灾爆炸事故。事故共造成121人死亡、76人受伤，17234平方米主厂房及主厂房内生产设备被损毁，直接经济损失1.82亿元。

事故发生后，党中央、国务院对此高度重视，正在国外访问的中共中央总书记习近平主席立即作出重要指示，要求全力以赴组织救援，千方百计救治受伤人员，最大限度减少人员伤亡，认真做好遇难者的善后工作。要查明事故原因，依法追究责任；深刻总结教训，采取有效措施，坚决防止重特大事故发生。

同日，国务院总理李克强作出批示，要求把救人作为最重要任务，调集消防、医疗等专业应急力量实施有效救援。依法依规严肃查处相关责任人，采取进一步措施有效制止此类事故发生。国务委员、国务院安委会副主任郭声琨代表党中央、国务院，率国务院有关部门负责人紧急赶赴事故现场指导救援工作。事故发生后，吉林省迅即启动应急预案，全力组织开展应急救援。

6月3日

［纲　文］　**国务院总理李克强应约同欧盟委员会主席巴罗佐通电话。**

［目　文］　李克强表示，中国政府高度关注中欧关于光伏产品的贸易争端。此案涉及中国重大经济利益，如果处理不好，不仅会严重损害中方利益，也必然会伤及欧方利益，影响中欧合作大局。中方坚决反对贸易保护主义和滥用贸易救济措施，坚决维护中国的利益，希望双方通过对话磋商解决贸易争端，而不是打贸易战。李克强指出，中欧互为重要合作伙伴，拥有广泛共同利益。中欧经贸规模巨大，出现一些摩擦是正常现象。中方愿与欧方在现有双边经贸机制下就有关问题进行沟通，找到双方都能接受的合理解决方案，共同促进中欧全面战略伙伴关系继续发展。

巴罗佐表示，欧方高度重视欧中关系和中方关切，愿努力同中方通过对话与协商解决贸易摩擦，推动欧中关系和各领域合作向前发展。

6月3日

［纲　文］　**全国人大常委会委员长张德江与老挝国会主席巴妮举行会谈。**

［目　文］　张德江在会谈时说，中方感谢老挝党和政府在涉及中国重大利益的问题上给予的坚定支持。中老议会来往密切，有着良好的交流合作基础。本届全国人大已成立了中老友好小组，愿在现有的基础上，加强和深化中老议会间的友好关系，继续保持议会

高层的密切接触，开展专门委员会的对口交流，加强议员特别是青年议员的友好往来，促进人员培训合作取得积极效果。同时，应进一步加强在立法、监督等方面的交流合作，选择共同关心的领域，交换看法，借鉴经验，为推进实现两国各自的发展目标、促进中老全面战略合作伙伴关系深入发展，发挥议会的重要作用。

巴妮说，老挝十分珍惜老中传统友谊，视中方为真诚的朋友和可靠的伙伴。老挝党、国会和政府高度重视发展与中国的关系。此访的目的就是加强老挝国会与中国全国人大的友好关系，保持高层互访势头，促进务实合作特别是大项目合作，加强治国理政方面的交流，密切在多边议会组织中的协调配合，为老中关系全面深入发展作出更大贡献。

6月4日，中共中央政治局常委刘云山会见了巴妮。刘云山说，中老是友好邻邦，近年来两国高层互访频繁，各领域合作成果丰硕，成为国与国互利合作、共同发展的典范。巴妮说，老方对中国近年来取得的巨大发展成就感到钦佩，相信中国一定会在中国特色社会主义道路上取得新的胜利。老挝党和政府愿与中方一道，全面深化两国战略合作关系。

6月3日

［纲　文］　**中共中央政治局常委刘云山在人民大会堂会见由前自民党干事长野中广务率领的日本超党派资深政治家代表团。**

［目　文］　刘云山在会见中赞赏野中广务等长期以来为发展中日关系作出的积极努力，表示中国党和政府重视发展中日关系，愿在中日间四个政治文件的原则基础上，推动两国关系向前发展。刘云山强调，希望日方正视历史和现实，同中方相向而行，为两国关系改善发展创造条件。希望日方以史为鉴，面向未来，坚持走和平发展道路。野中广务说，他在《日中和平友好条约》缔结35周年之际访华，旨在推动日本各党派政治家重温和正视历史，修复日中友好。野中回顾了日中邦交正常化时两国领导人就搁置钓鱼岛问题达成的共识，并强调日中友好是大势所趋、人心所向，他们愿为此竭尽全力。

6月3日

［纲　文］　**国务院副总理马凯在上海会见国际货币会议2013年轮值主席、法国巴黎银行董事长博杜安·普罗特等代表。**

［目　文］　双方就当前经济金融形势、宏观经济政策及国际金融监管合作等问题交换了意见。

6月3日

［纲　文］　**国家副主席李源潮、国务委员兼国防部部长常万全在北京分别会见加拿大国防部部长彼得·麦凯。**

［目　文］　李源潮说，中加两国隔洋相望，双方没有根本利害冲突，共同利益远远超过分歧。中加应进一步落实两国领导人达成的重要共识，增进政治互信，照顾彼此关切，扩大互利合作，推动中加战略伙伴关系健康稳定发展。麦凯说，期待加中两军有更多交流机会，为世界安全与和平作出积极贡献。

常万全与麦凯就中加两军关系、国际和地区安全形势及其他共同关心的问题进行了坦诚、深入的交流。双方同意继续保持高层接触。麦凯邀请常万全2013年访加。双方同意建立两国国防部工作会晤机制。双方同意签署《中国人民解放军与加拿大军队合作计划倡议》。

6月3日

［纲　文］ **财政部、教育部、人力资源社会保障部联合印发《中等职业学校免学费补助资金管理办法》。**

［目　文］《办法》明确，中等职业学校是指经政府有关部门依法批准设立，实施全日制中等学历教育的各类职业学校，包括公办和民办的普通中专、成人中专、职业高中、技工学校和高等院校附属的中专部、中等职业学校等。中等职业学校免学费补助资金是指中等职业学校学生享受免学费政策后，为弥补学校运转出现的经费缺口，财政核拨的补助资金。《办法》规定，中等职业学校免学费补助资金由中央和地方财政共同承担。中央财政统一按每生每年平均2000元测算标准和一定比例与地方财政分担，具体分担比例为：西部地区，不分生源，分担比例为8∶2；中部地区，生源地为西部地区的，分担比例为8∶2，生源地为其他地区的，分担比例为6∶4；东部地区，生源地为西部地区和中部地区的，分担比例分别为8∶2和6∶4，生源地为东部地区的，分担比例分省确定。

该《办法》自2013年7月1日起施行。

6月3日

［纲　文］ **财政部、教育部、人力资源社会保障部联合印发《中等职业学校国家助学金管理办法》。**

［目　文］《办法》规定，资助对象为具有中等职业学校全日制学历教育正式学籍的一、二年级涉农专业学生和非涉农专业家庭经济困难学生。国家助学金由中央和地方政府共同出资设立，主要资助生活费开支，资助标准每生每年1500元，以后年度将根据经济发展水平和财力状况适时调整资助标准。国家助学金按学期申请和评定，按月发放。国家助学金通过学生资助卡发放给受助学生。中等职业学校或学生资助管理机构为每位受助学生办理学生资助卡，学生本人持身份证原件和学生证，到发卡银行网点柜台激活资助卡后方可使用。不得向学生收取卡费或押金等费用，也不得以实物或服务等形式，抵顶或扣减国家助学金。六盘山区、秦巴山区、武陵山区、乌蒙山区、滇桂黔石漠化区、滇西边境山区、大兴安岭南麓山区、燕山—太行山区、吕梁山区、大别山区、罗霄山区等11个连片特困地区和西藏及四省藏区、新疆南疆三地州中等职业学校农村学生（不含县城）全部纳入享受国家助学金范围。中等职业学校应当开辟“绿色通道”，对携有可证明其家庭经济困难材料的新生，可先办理入学手续，根据核实后的家庭经济情况予以不同方式的资助，再办理学籍注册。

该《办法》自2013年7月1日起施行。

6月3日

［纲　文］ **财政部印发《中央补助地方博物馆、纪念馆免费开放专项资金管理暂行**

办法》。

［目　文］《办法》规定，专项资金由中央财政设立，用于补助博物馆、纪念馆免费开放所需经费支出，鼓励改善陈列布展，支持重点博物馆提升服务能力，对免费开放工作成绩突出的省份给予奖励。地方财政应当保障本地区免费开放博物馆、纪念馆日常运转经费，不得因中央财政安排专项资金而减少应由地方财政安排的资金。专项资金管理和使用坚持“统筹安排、分级管理、分级负责、专款专用”的原则。专项资金管理和使用应当接受财政、审计和宣传、文化、文物等部门的监督检查。

《办法》规定，专项资金的补助范围和支出内容包括：第一，运转经费补助。用于补助列入中宣部、财政部、文化部、国家文物局确定的免费开放名单的博物馆、纪念馆或全国爱国主义教育示范基地免费开放后正常运转和提升公共服务能力等支出。第二，陈列布展补助。用于补助文化文物主管部门归口管理的博物馆、纪念馆改善基本陈列的方案设计、相关材料及设备购置、施工、监理和专家咨询等支出。第三，中央地方共建国家级博物馆补助。用于补助国家文物局、财政部确定的中央地方共建国家级博物馆提升藏品保护、陈列展览、学术研究、人才培养、交流合作、社会教育等支出。其中，学术研究和交流合作支出所占比例不超过该项补助金额的20%。第四，对自行免费或低票价开放的奖励。用于鼓励地方自行免费或低票价开放博物馆、纪念馆（含民办博物馆）提升公共服务能力。第五，对免费开放工作优秀省份的奖励。用于鼓励免费开放工作成绩突出的省份，进一步提升博物馆、纪念馆公共服务能力。

《办法》要求，专项资金不得用于支付各种罚款、捐款、赞助、投资等支出，不得用于发放编制内在职人员和离退休人员基本工资、基本建设、大型维修改造、文物征集等支出，不得用于偿还债务。

6月4日

［纲　文］**中共中央政治局常委王岐山在人民大会堂会见白俄罗斯总统办公厅主任科比亚科夫。**

［目　文］王岐山在会见时说，白俄罗斯是中国的好朋友、好伙伴。建交以来，中白关系发展势头良好，两国高层交往频繁，政治高度互信，经贸、人文、科技等各领域合作不断深化。政治互信是国与国之间友好交往的基础。彼此尊重对方社会制度和发展道路的选择，是相互尊重的重要内容，是政治互信的前提。中白应继续加强合作，发展互利共赢的经济关系，促进两国经济社会全面发展，更好地造福两国人民。双方还就反腐败问题交换了看法。

科比亚科夫表示，白俄罗斯愿进一步加强对华交流与合作，推动两国友好关系不断向前发展。

6月4日

［纲　文］**国务院经济普查领导小组会议在北京召开。**

［目　文］　国务院副总理、国务院第三次全国经济普查领导小组组长张高丽主持会议。会议研究部署经济普查准备工作，领导小组成员单位负责人参加会议。国家统计局负责人在会上介绍了第三次全国经济普查准备工作情况。

张高丽在会上指出，第三次全国经济普查是在我国步入全面建成小康社会决定性阶段进行的一次重大国情国力调查，是提高决策和管理科学化水平的重要基础性工作。开展这次经济普查，对于更好地把握改革发展全局，努力解决各种深层次矛盾和问题，做好稳增长、防通胀、控风险工作，提高经济发展的质量、效益和水平具有重要意义。他强调，数据准确是统计工作的灵魂，也是这次普查最根本、最核心的要求。要坚持依法普查、科学普查、创新普查，突出抓好三方面工作：一要完善普查方案，创新普查方式，建立全过程的质量控制体系，提高普查科学化水平；二要实现普查工作全覆盖，构建横向到边、纵向到底的普查工作体系，做到普查单位不重不漏、普查指标准确无误；三要确保数据真实，严格执行《中华人民共和国统计法》和《全国经济普查条例》，严肃普查纪律，坚决杜绝虚报瞒报、伪造篡改普查资料的违法行为。要以这次普查为契机，完善统计体制机制，改革统计标准和制度，创新统计方法和手段，不断提高统计数据质量和统计分析水平，更加注重成果运用，推动统计工作改革发展。

张高丽要求，认真做好普查组织实施工作。要加强领导、落实责任，按照“全国统一领导、部门分工协作、地方分级负责、各方共同参与”的原则，建立健全责任明晰、分工明确的工作机制，确保各项工作有人抓、有人管、有人做。要强化保障、勤俭普查，落实设备和经费保障，牢固树立过紧日子的思想，力争少花钱把事办好。要扎实准备、有序推进，加强教育培训、宣传动员和检查落实，保证普查工作质量。

6月4日

［纲　文］　**国务院办公厅印发《关于公布辽宁大黑山等21处新建国家级自然保护区名单的通知》。**

［目　文］　《通知》指出，自然保护区是生态文明建设的重要载体。建立自然保护区是保护生态环境、自然资源的有效措施，是加快转变经济发展方式、实现可持续发展的积极手段。辽宁大黑山等21处国家级自然保护区主要保护对象的典型性、稀有性、濒危性、代表性较强，在保护生物多样性和生物资源、维护生态系统服务功能等方面具有重要作用。

这21处新晋升为国家级的自然保护区是：辽宁省大黑山国家级自然保护区，吉林省汪清国家级自然保护区，黑龙江省三环泡国家级自然保护区、乌裕尔河国家级自然保护区，福建省闽江河口湿地国家级自然保护区、茫荡山国家级自然保护区，江西省赣江源国家级自然保护区、庐山国家级自然保护区，湖北省堵河源国家级自然保护区，湖南省东安舜皇山国家级自然保护区、白云山国家级自然保护区，广东省罗坑鳄蜥国家级自然保护区，广西壮族自治区大桂山鳄蜥国家级自然保护区，重庆市五里坡国家级自然保护区，四川省小寨子沟国家级自然保护区，陕西省略阳珍稀水生动物国家级自然保护区、黄柏塬国家级自然保护区、平河梁国家级自然保护区，甘肃省漳县珍稀水生动物国家级自然保护区，青海省柴达木梭梭林国家级自然保护区，宁夏回族自治区云雾山国家级自然保护区。

6月4日

［纲　文］ **中国胶州湾大桥在第30届国际桥梁大会上获乔治·理查德森奖。**

［目　文］ 全长36.48公里的胶州湾大桥是目前世界最长的跨海大桥，连接青岛、红岛、黄岛，于2011年6月30日建成通车。

该国际桥梁大会每年举办一次，桥梁技术奖共设7项，乔治·理查德森奖被誉为桥梁界的诺贝尔奖，每年在世界范围内评选一项在设计、建造、科研等领域取得杰出成就的桥梁工程。这是迄今为止我国桥梁工程获得的最高国际奖项。

6月4日

［纲　文］ **《人民日报》报道，中国自行研发的首艘无人测量艇诞生。**

［目　文］ 报道说，由我国自行研制开发的首艘无人测量艇，通过交通运输部海事局召开的"水面无人智能测量平台工程样机"项目评审。这填补了我国海洋测绘远程操控无人驾驶测量的空白，满足了在浅滩、暗礁等危险水域及特殊海况下的测量工作等需要。

6月4—7日

［纲　文］ **全国政协主席俞正声应邀对丹麦进行正式友好访问。**

［目　文］ 访问期间，俞正声在哥本哈根分别会见了丹麦王储腓特烈、首相托宁－施密特，与议长吕克托夫特举行会谈。

会见腓特烈时，俞正声说，中方高度赞赏女王、殿下和丹麦王室长期支持和推动发展中丹友好关系。目前两国各层级人员往来密切，合作成果丰硕。中方重视发展中丹关系，愿与丹方共同努力，推动两国全面战略伙伴关系深入发展。腓特烈表示，丹麦人喜爱中国文化，重视发展对华关系。丹麦在风能和垃圾废弃物处理等绿色技术方面积累了一些成功经验，这与中国发展战略有契合之处。丹方愿与中方加强在这些领域的交流与合作。

会见托宁－施密特时，俞正声说，中国正处于转变经济增长方式的重要阶段，如何实现绿色增长是中国发展面临的重要课题。丹麦在这方面具有先进技术、理念和经验，双方加强合作潜力巨大，空间广阔。他表示，中方感谢丹方支持中国成为北极理事会观察员，反对欧盟对华光伏产品进行反倾销调查。中欧互为重要合作伙伴，应坚持合作共赢。双方应坚持对话，求同存异，通过协商妥善处理分歧和问题，希望丹方继续在有关问题上支持中国立场。托宁－施密特表示，丹麦议会和各界在推进丹中互利合作方面有着广泛共识，丹麦坚定致力于发展丹中全面战略伙伴关系，希望与中方保持高层密切交往势头，深化在清洁技术、可再生能源等领域的务实合作。

与吕克托夫特会谈时，俞正声介绍了中国经济形势及全国政协的职能和作用，表示中国全国政协愿与丹麦议会和社会各界加强交流，扩大共识，促进合作，推动中丹关系迈上新台阶。吕克托夫特说，丹中在绿色技术和可持续发展领域加强合作，符合两国利益，也有利于世界可持续发展。丹麦议会重视中国全国政协地位和作用，愿与中方加强对话交流，增进了解合作。

俞正声出席了吕克托夫特议长及议会主席团举行的欢迎晚宴和外交大臣瑟芬达尔举行的午宴，与气候、能源和建筑大臣利德高，卫生大臣克拉格，运输大臣克里斯滕森等进行了交流。俞正声还参观考察了玻尔研究所、米德尔格伦登风电场和丹麦首个二氧化碳“零排放”示范性公共建筑“绿色灯塔”。

6月4—5日

［纲　文］　**第四轮中美工商领袖和前高官对话会在北京举行。**

［目　文］　中美工商领袖和前高官对话会由中国国际经济交流中心和美国全国商会联合举办。会议围绕中美商业伙伴关系前景、中美贸易和投资政策、双边基础设施投资和中美自贸区建设等议题进行了坦诚交流和深入探讨。中国国际经济交流中心理事长曾培炎和美国全国商会会长托马斯·多诺霍及中美两国企业领袖、政府前高官及知名学者代表参加了对话会。

中美与会代表指出，当前正值开启中美关系新发展的关键时期，两国应致力于发展相互尊重、互利共赢的中美新型大国关系。经济改革、开放和竞争将对中美两国的经济发展、扩大就业、促进创新产生积极影响，蕴含着双边合作的新潜力。建议开展探讨中美自由贸易区可行性的研究，将其作为解决当前中美经贸问题的重要载体。

会后，中国国际经济交流中心和美国全国商会发表了《第四轮中美工商领袖和前高官对话联合声明》，总结了双方四轮对话成果和达成的共识。声明在贸易、投资、市场竞争、创新等方面形成共同看法，并提出建议，其中包括：两国政府应努力消除对高技术产品不合理的出口管制；切实简化外资审查，以确保外资和国内企业受到相同的审查程序；支持两国企业在对方市场开展贸易、投资合作，并给予对方企业公平公正待遇；支持世界贸易组织致力于改进并完善全球贸易体系相关规则，加强在健全该体系方面的合作，推动取得切实成果；通过建立更开放的全球贸易体系，抑制贸易保护主义，减少非关税壁垒，扩大双边贸易；不应将贸易和投资政治化，不应对不同国籍的企业区别对待；应采取积极政策与措施，鼓励市场驱动的创新。

6月5日

［纲　文］　**李克强主持召开国务院常务会议。**

［目　文］　会议研究部署进一步加强安全生产工作。会议听取了国务委员郭声琨代表党中央、国务院率工作组赴吉林处置吉林宝源丰禽业有限公司特别重大火灾事故有关情况的报告。会议认为，这次事故造成重大人员伤亡，令人十分痛惜，教训十分深刻。要在前段工作的基础上，做好伤员救治、次生灾害防范、善后安抚，同时彻查事故原因，依法依规严肃追究相关人员的责任。

会议分析研究了安全生产形势，指出当前安全生产领域仍存在不少隐患和问题，主要是：一些地方和企业安全意识淡薄，安全生产隐患排查治理不认真，安全责任不落实，安全监管不到位，打击非法违法和治理违规违章不得力等，必须采取有力措施加以解决。

会议强调，安全生产是经济持续健康发展的基本前提，是促进经济转型升级的重要抓手。各地区、各部门要坚持以人为本、安全发展的理念，始终绷紧安全生产这根弦，警钟长鸣，须臾不可松懈，在预防和治本上下更大功夫，坚决遏制重特大事故发生。一是迅速开展全国安全生产大检查，全面排查治理安全生产隐患，做到不留死角、不走过场，对查出的问题实行“零容忍”，列出清单、限期整改，并公布检查结果。构建隐患排查治理的常态化机制。二是铁腕打击非法违法和违规违章生产行为，依法严惩违法犯罪。对事故多发地区开展专项督查。三是切实抓好重点行业和领域的安全生产工作，开展煤矿安全治本攻坚，建立健全煤矿安全长效机制，做好消防、危险化学品等领域和人员密集场所的安全整治工作。落实汛期防范措施，严防自然灾害引发安全事故。四是强化安全生产责任体系建设。对企业责任不落实、政府监管不到位、失职渎职的，一律严格追究、严厉问责。抓住重大事故、典型案件，对责任人从严重处，决不手软。以有效的问责机制，提高政府执行力。五是加强安全生产基础工作，创新监管方式，完善法规制度，加大科技投入，实行精细化管理。强化从业人员特别是高危行业从业人员的安全教育，提高全社会安全意识，夯实安全生产基础。

6月5日

［纲　文］　**国务院总理李克强在人民大会堂会见美国前财政部部长保尔森。**

［目　文］　李克强在会见时说，中美正致力构建新型大国关系，习近平主席即将同奥巴马总统会晤，两国关系面临新的发展机遇。中方愿与美方深化各领域合作，促进中美经济深度融合，为两国企业创造公平竞争、互补双赢的环境。李克强应询介绍了中国政府职能转变情况。他说，转变政府职能是深化改革的重要举措，关键是处理好政府与市场、与社会的关系，把该放的权真正放开放到位，更多发挥市场机制作用，激发创业创新活力和内生增长动力；把该管的事切实管住管好，加强市场监管，提高政府效能。放管结合、齐头并进。这既有利于当前稳增长、促转型、保就业，更有利于中国经济的长远发展，也会拓展各国对华合作的空间。

保尔森表示，美国内非常关注中国推进改革和转变政府职能，这将会推动中国发展，并为美中合作开辟新机会。美工商界期待美中投资保护协定谈判取得进展，愿为此发挥积极作用。

6月5日

［纲　文］　**全国人大常委会委员长张德江在人民大会堂与波兰众议院议长科帕奇举行会谈。**

［目　文］　张德江在会见时表示，中国全国人大重视发展与波兰众议院的关系，希望双方以此次会谈为契机，加强各层级、各领域的友好往来，就共同关心的问题深入交换意见，加强交流互鉴，促进两国关系持续健康发展。当前两国都把发展经济、改善民生作为工作重点，中国全国人大愿与波兰众议院以此为合作重点，从法律保障方面为推动两国

的经贸合作、人文交流等，提供良好环境和便利条件。本届中国全国人大已成立了中波友好小组，双方要充分发挥友好小组的作用，夯实中波战略伙伴关系的社会和民意基础。

科帕奇说，波方高度重视发展对华关系，认为波中战略伙伴关系的确立和深入发展符合两国和两国人民的根本利益。波兰议会愿加强与中国全国人大的友好往来与务实合作，以实际行动促进双边经贸、文化、地方等领域的互利合作，增进人民间的友好感情，为波中关系发展发挥更大的建设性作用。

6月5日

［纲　文］ **国家副主席李源潮在北京分别会见委内瑞拉石油和矿业部部长拉米雷斯、波兰众议长科帕奇。**

［目　文］ 在会见拉米雷斯时，李源潮说，中委经济合作潜力巨大，能源合作是互利合作的重点领域。两国应加快落实已达成的协议，促进中委共同发展的战略伙伴关系达到更高水平。

在会见科帕奇时，李源潮说，建交64年来，中波关系历久弥坚，2011年战略伙伴关系的建立使两国关系站在了新的起点上。中国愿与波共同努力，多做打基础、促友谊、利长远的实事，使中波关系走在中东欧国家关系的前列。两国要加强地方合作，使互利合作实现更大发展。

6月5日

［纲　文］ **汪洋出席国务院有关部署全国食品药品安全和监管体制改革工作的电视电话会议并发表讲话。**

［目　文］ 国务院副总理汪洋在会上强调，食品药品安全事关人民群众健康和生命安全，是重大的民生问题、经济问题和政治问题，要作为头等大事来抓；各地区、各有关部门要认真贯彻落实《国务院关于地方改革完善食品药品监督管理体制的指导意见》，加快推进地方监管机构改革和职能转变，建立覆盖生产、流通、消费各环节的最严格的监管制度，形成食品药品监管社会共治格局，全面提升食品药品安全工作水平。

汪洋指出，改革食品药品监管体制，是保障食品药品安全的重大举措。各地区要按照国务院的统一安排，周密部署，精心组织，确保如期完成改革任务。要确保各方面责任落实到位，地方各级政府对本地区食品药品安全负总责，监管机构和相关部门要各司其职、各负其责。各地区、各有关部门要以食品药品监管体制改革为契机，全面加强食品药品安全工作。要建立生产经营者首负责任制，落实质量安全责任追究制度，充分发挥市场机制、行业自律和社会监督作用。以婴幼儿奶粉质量安全为突破口，开展重点行业、重点产品专项整治，严肃惩处违法违规行为。食品药品安全人人都关心、人人都有责，要畅通食品安全投诉渠道，落实有奖举报制度，营造各方齐抓共管、人人参与监管的社会氛围。

6月5日

［纲　文］ **国务院发出《关于公布〈通用规范汉字表〉的通知》。**

［目　文］ 《通知》中说，《通用规范汉字表》是贯彻《中华人民共和国国家通用语

言文字法》，适应新形势下社会各领域汉字应用需要的重要汉字规范。制定和实施《通用规范汉字表》，对提升国家通用语言文字的规范化、标准化、信息化水平，促进国家经济社会和文化教育事业发展具有重要意义。《通用规范汉字表》公布后，社会一般应用领域的汉字使用应以《通用规范汉字表》为准，原有相关字表停止使用。

6月5日

［纲　文］　**新华网报道，宁夏回族自治区日前出台全国第一部农村环保十年规划——《宁夏回族自治区农村环境保护规划（2011—2020年）》。**

［目　文］　《规划》明确，2011—2020年宁夏回族自治区重点实施村庄环境综合整治、村镇生态示范建设“以奖代补”、农业面源污染防治、农村生态保护与恢复示范、农村清洁能源建设、农村环境监管能力建设6大工程，分别制定农村废弃物综合利用激励政策、农村环保设施运行维护投入政策、农村环保实用技术推广政策和农业清洁生产推动政策。《规划》总投资需求为99.48亿元。其中，“十二五”期间投资需求48.44亿元，申请国家资金34.95亿元，地方配套13.49亿元；“十三五”投资需求51.04亿元。

6月5日

［纲　文］　**《人民日报》发表题为《把智慧力量凝聚到创新发展上来》的评论员文章。**

6月6日

［纲　文］　**国家主席习近平向2013成都《财富》全球论坛发送贺信。**

［目　文］　习近平在6月5日的贺信中指出，当前，世界多极化和经济全球化深入发展，各国相互依存更加紧密。中国的发展离不开世界，世界的发展也需要中国。实现中华民族伟大复兴的中国梦，是中国各族人民的共同愿景。实践将证明，一个充满生机活力的中国，一个不断发展进步的中国，将给各国人民带来更多机遇和福祉。中国坚定不移走和平发展道路、奉行互利共赢的开放战略。我们依然热忱欢迎全球优秀企业来华兴业，参与中国现代化进程，共享中国改革发展成果。中国政府将一如既往保护投资者合法权益，加强知识产权保护，为各国企业提供良好服务。

该论坛由美国时代华纳集团《财富》杂志主办，于6月6日至8日在成都举行。论坛的主题是“中国的新未来”。出席论坛开幕晚宴的有世界500强企业领导人、外国前政要、专家学者、媒体负责人和国务院有关部门、四川省有关方面负责人。开幕晚宴上，国务院新闻办公室主任蔡名照宣读习近平的贺信，美国时代华纳集团董事长兼首席执行官比克斯致欢迎辞，国务院副总理张高丽出席开幕晚宴并发表演讲。

6月5日，国务院总理李克强在人民大会堂同出席2013《财富》全球论坛和出席全球首席执行官委员会的企业家代表会见并座谈。李克强向企业家代表介绍了中国当前经济形势。他说，中国作为一个拥有13亿人口的发展中大国，已进入中等收入阶段，如何实现经济持续健康发展是一个重要课题。我们将继续深化改革，扩大开放，转变经济发展方式，更加注重提高经济发展的质量和效益，打造中国经济升级版。时代华纳董事长比克斯和IBM董事长罗睿兰代表在座企业家感谢李克强同企业家会见并座谈。他们表示，此次财富论坛将“中国的新未来”作为主题，全球首席执行官委员会以促合作、谋发展为宗旨，表明全球跨国公司都高度重视中国的市场，看好中国的发展前景。在座各国企业家所代表的跨国公司都参与了中国改革开放和经济发展的进程，愿抓住新的重要机遇扩大和深化对华合作，同中国一起成长。

6月6日

［纲　文］ **习近平就做好安全生产工作作出重要指示。**

［目　文］ 中共中央总书记习近平指出，接连发生的重特大安全生产事故，造成重大人员伤亡和财产损失，必须引起高度重视。人命关天，发展决不能以牺牲人的生命为代价。这必须作为一条不可逾越的红线。习近平要求，国务院有关部门将这些事故及发生原因的情况通报各地区各部门，使大家进一步警醒起来，吸取血的教训，痛定思痛，举一反三，开展一次彻底的安全生产大检查，坚决堵塞漏洞、排除隐患。习近平强调，要始终把人民生命安全放在首位，以对党和人民高度负责的精神，完善制度、强化责任、加强管理、严格监管，把安全生产责任制落到实处，切实防范重特大安全生产事故的发生。

6月6日

［纲　文］ **财政部印发《利用亚洲开发银行贷款农业综合开发项目管理办法》。**

［目　文］ 《办法》规定，项目旨在通过改造中低产田，建设高标准农田，加强农业基础设施和生态建设，改善农业基本生产条件，提高农业综合生产能力；通过引进亚行项目管理的先进理念和管理经验，提高农业综合开发项目管理水平。国家农业综合开发办公室（以下简称国家农发办）作为项目管理机构，负责日常管理工作，会同亚行组织项目检查工作。

地方农业综合开发办事机构（以下简称农发机构）具体负责项目实施管理工作，配备满足工作需要的专职人员，并保持相对稳定。亚行贷款由财政部统借统还，执行国家农业综合开发相关政策。各级财政部门负责配套资金筹措、资金拨付、会计核算、提款报账和资金使用监督检查等工作。亚行贷款及地方财政配套资金实行专户存储、专账核算、专人管理、专款专用。各级农发机构负责项目招标采购工作，严格按照《亚洲开发银行贷款采购指南》组织项目采购活动，各级财政部门参与招标采购管理工作。

该《办法》自2013年6月6日起执行。

6月6日

［纲　文］ **证监会公布关于修改《开放式证券投资基金销售费用管理规定》的决定。**

［目　文］ 证监会要求，《决定》施行之日起新注册的基金销售费用结构、水平适用新公布的《开放式证券投资基金销售费用管理规定》；该《决定》施行之日前已注册的基金，其销售费率结构、水平等的调整将由基金管理人依法定程序自行确定。

该《决定》自2013年8月1日起施行。

6月6日

［纲　文］ **文化部印发《关于做好取消和下放营业性演出审批项目工作的通知》。**

［目　文］《通知》要求，从2013年7月1日起，外国文艺表演团体、个人来华在非歌舞娱乐场所进行营业性演出的审批，由省级文化主管部门负责受理，文化部不再受理相关审批项目。

《通知》取消了文化主管部门对演出经营主体变更的审批，文艺表演团体变更名称、住所、法定代表人等事项，可以持变更后的工商营业执照副本或者组织机构代码证、原营业性演出许可证正（副）本，到原发证机关换发许可证。

根据该《通知》，举办外国及香港特别行政区、澳门特别行政区、台湾地区的文艺表演团体、个人参加的营业性演出，应当向演出所在地省级文化主管部门提出申请。省级文化主管部门应当根据《营业性演出管理条例》及其实施细则的规定，自受理申请之日起20日内作出决定。

6月6日

［纲　文］**中华全国总工会印发《关于充分发挥工会劳动保护监督检查作用促进企业安全生产的紧急通知》**。

［目　文］《通知》要求，全国各级工会立即组织开展群众性安全生产监督检查，排查隐患，促进企业安全生产，维护职工安全健康合法权益。各级工会要立即开展群众性安全生产监督检查活动，做到全覆盖、不留死角，对安全隐患、违法违规行为"零容忍"。对不顾职工死活，强令职工冒险作业，严重危害职工安全与健康的行为，工会要依法采取果断措施予以制止，并向政府相关部门反映，提出工会的处理意见。

6月6日

［纲　文］**总政治部在北京召开会议，着眼实现中国梦强军梦、围绕强军目标开展政治工作进行研讨**。

［目　文］中央军委副主席许其亮出席会议并讲话。许其亮指出，这次会议旨在围绕强军目标加强思想政治建设，总结历史经验，紧盯在新的起点上推动政治工作创新发展面临的重大重点难点问题深化研究，统一思想，凝聚共识，理清思路。与会人员就新形势下用强军目标统领政治工作，筑牢听党指挥思想根基，树立战斗力这个唯一的根本的标准，进一步改进作风，强化党的组织功能，加强干部队伍建设，健全完善政治工作制度机制等，踊跃建言献策，发言质量高，许多意见建议很有价值，达到了预期目的。

许其亮强调，新形势下，要不断深化对政治工作地位作用的认识，在准确把握历史方位中明确围绕强军目标开展政治工作的使命担当。要确保官兵理想信念坚定、听党指挥高度自觉。要充分发挥政治工作在战斗力生成和作战中的强有力服务保证作用。要努力打造托举军队现代化的人才方阵。要强化党的组织功能、发挥党的组织优势。要进一步更新思想观念、改进工作指导、创新方式方法。要加强政治干部队伍建设。

6月6日

［纲　文］**国务委员兼国防部部长常万全在北京会见越南国防部副部长阮志咏**。

［目　文］常万全在会见时表示，中越两国军队在维护两国友好和地区和平稳定等

方面负有重要责任。希望双方共同努力，推动两国两军关系向前发展。阮志咏表示，愿进一步保持两国防务部门之间的经常性沟通，为促进两国全面战略合作伙伴关系进一步发展作贡献。

6月5日，中国人民解放军副总参谋长戚建国与来访的越南国防部副部长阮志咏共同举行了中越第七次国防部防务安全磋商。戚建国表示，在当前国际和地区形势发生较大变化的背景下，双方举行防务安全磋商具有重要意义。希望越方与中方相向而行，坚持从战略的、全局的高度看待两国关系，有效管控争议，妥善解决有关问题，共同维护地区和平稳定。阮志咏表示，越方高度重视对华关系，愿与中方共同努力，加强沟通与对话，妥善处理分歧，坚定维护越中关系大局，推动两军关系取得更大发展。

6月6日

［纲　文］　**国务院副总理刘延东在中南海会见美国前国务卿奥尔布赖特。**

［目　文］　刘延东在会见时表示，当前中美关系正处于承前启后、继往开来的重要历史时期。双方要按照两国元首达成的共识，积极开展务实合作，不断深化人文交流，为构建平等互信、包容互鉴、合作共赢的新型大国关系夯实社会基础，增添强劲动力。

6月6日

［纲　文］　**国务院副总理汪洋在中南海紫光阁分别会见来访的联合国粮农组织总干事若泽·格拉齐亚诺·达席尔瓦和经济合作与发展组织秘书长安赫尔·古里亚。**

［目　文］　在会见达席尔瓦时，汪洋高度评价粮农组织在世界粮农领域内的重要作用及与中国的友好合作。汪洋说，中国政府高度重视“三农”工作，坚持立足自身解决粮食安全问题，并在力所能及范围内积极帮助其他国家。

在会见古里亚时，汪洋对经合组织重视与中国合作、积极推动双方在各领域的务实互利合作表示赞赏，希望双方继续在平等合作、互利共赢的基础上，不断增进互信和了解，扩大合作领域，为推动世界经济社会发展作出积极努力。

6月6日

［纲　文］　**中国广核集团有限公司、辽宁红沿河核电有限公司宣布，辽宁红沿河核电站一期1号机组正式投入商业运行。至此，红沿河核电站成为我国第5个、东北首个投入商业运行的核电基地。**

6月6—7日

［纲　文］　**汪洋在安徽省考察“三夏”生产和农业农村工作。**

［目　文］　国务院副总理汪洋先后来到宿州市埇桥区、阜阳市太和县等地，察看小麦生产情况，了解夏粮收获和秋粮播种进展，了解惠农政策落实情况。他强调，当前夏粮主产区要突出抓好抢收抢种，精心组织跨区机收、机播，加强信息引导，搞好农机调度，做到“麦熟有机收、机到有活干”，确保夏粮颗粒归仓、秋粮种足种满。重视开展烘干服务，防止已收小麦霉变发芽。要加强农业科技服务，指导农民做好在田作物管理。密切关注天气变化，加强农情监测和灾情预警，全力抓好防灾减灾工作。搞好农资市场调控，保

障“三夏”用油、用电，加强化肥、农药、种子等的市场监管，确保农资质量。要认真落实小麦最低收购价政策，做好收购仓容、器材、资金等各项准备，按照方便农民售粮的原则，合理布设收购网点，根据市场状况及时启动收购预案，保持粮食市场和价格稳定，保护种粮农民利益。

汪洋还考察了农民专业合作社、粮食产业联合体、农业科技示范园区的运行情况。他强调，农民合作社、家庭农场等新型农业经营主体的发展，扩大了农业经营规模，提高了农业机械化水平，增加了农业科技含量，提升了农业生产效益。要大力推进农业经营体制创新，完善现代农业产业体系，不断提高农业集约化、组织化程度和市场竞争力，加快农业现代化。

6月6—10日

［纲　文］　**首届中国—南亚博览会暨第二十一届中国昆明进出口商品交易会在昆明国际会展中心召开。**

［目　文］　中国国务院副总理马凯出席开幕式并致辞。马拉维总统乔伊丝·班达、斯里兰卡总理迪萨纳亚克·贾亚拉特纳、尼泊尔副总统帕拉马南达·贾阿、老挝副总理宋沙瓦·凌沙瓦、越南副总理武文宁、马来西亚前总理敦·马哈蒂尔·穆罕默德、泰国前总理颂猜·翁沙瓦、南盟秘书长萨利姆等政要和有关领导人出席开幕式。

马凯表示，中国—南亚博览会是中国与世界特别是南亚各国交流合作的广阔平台。我们愿与包括南亚国家在内的各国一道，增进理解，凝聚共识，坚持与时俱进，不断开拓创新；坚持包容开放，促进全面发展；坚持团结协作，共建和谐世界。马凯强调，中国的发展是和平的发展，开放的发展，合作的发展，共赢的发展。中国将始终不渝奉行互利共赢的开放战略，加快内陆地区和沿边开放，加强与各国的友好交往，深化互利合作，共同推动亚洲和世界发展。

本届展会共设置南亚国家展区、东盟及其他国家和地区展区、机电展区和生物资源展区等4个室内展区，设置标准展位2420个，其中南亚国家展位748个，同时还设置了家具建材和大型机械两个室外展区。本届博览会共有1200多家境内外企业参加，除东盟10国和南亚8国外，还有来自土耳其、伊朗、澳大利亚、法国、意大利等国家和地区的企业参展，境外参展国家和地区总数达42个。

6月7—8日

［纲　文］　**国家主席习近平应邀赴美国举行中美元首会晤。**

［目　文］　7日，在美国加利福尼亚州安纳伯格庄园，习近平同奥巴马举行中美元首第一场会晤，就各自国家的内外政策、中美新型大国关系以及共同关心的重大国际和地区问题交换意见并达成重要共识。关于中美新型大国关系，习近平强调，事在人为。第一，双方都有建设新型大国关系的政治意愿。第二，40多年双方合作的积累，使两国合作具有很好的基础。第三，双方建立了战略与经济对话、人文交流高层磋商等90多个对

话沟通机制，为建设新型大国关系提供了机制保障。第四，双方建立了220多对友好省州和友好城市。中国有近19万学生在美留学，美国有2万多学生在华留学。建设中美新型大国关系具有深厚民意基础。第五，未来两国有着广泛的合作空间。习近平指出，中美建设新型大国关系前无古人、后启来者。中美需要在加强对话、增加互信、发展合作、管控分歧的过程中，不断推进新型大国关系建设。

奥巴马表示，中国继续和平发展非常符合美国利益。如果中国成功，将促进世界经济发展，并使中国成为美国的平等伙伴，双方可以共同应对许多全球性挑战。美中合作而不对抗，就更有可能实现各自安全和繁荣的目标。

8日，两国元首举行第二场会晤，双方介绍了各自国内经济形势和经济政策，并就中美经济关系深入交换意见。习近平表示，目前中国宏观政策的基调是稳中求进。中国正在加快转变经济发展方式，着力推进新型工业化、信息化、城镇化、农业现代化，实施创新驱动发展战略，努力扩大内需，发展空间十分广阔。经济关系一直是中美关系的重要基石。中方希望美方能采取负责任的宏观经济政策，关注本国经济金融政策的外溢性影响，坚持自由贸易，反对保护主义，放宽对华高技术出口限制，为中国企业赴美投资提供公平环境，保障中国在美资产安全，同中方一道开创中美经济关系新格局。关于知识产权保护，习近平强调，中国高度重视知识产权保护，认为知识产权保护不仅是中国履行国际义务的需要，更是中国构建创新型国家、实现自身经济社会发展目标的需要。中国遵守国际条约义务，依法加强知识产权保护。习近平指出，气候变化问题是中美两国和全世界面临的共同挑战之一。中国对此高度重视，愿同美方在这一领域开展广泛务实合作，使之成为中美关系新的合作增长点。

习近平表示，这次会晤是中美两国政府换届后我们首次面对面接触和交流，也是两国高层交往的一个创举。这次会晤向两国人民和国际社会传递出中美坚定致力于加强战略沟通、增进战略互信、推动构建新型大国关系，共同促进亚太地区和世界和平、稳定、繁荣的积极信息。这次会晤取得了丰硕成果。习近平强调，新形势下，中美关系要进取、要发展；中美合作要开拓、要创新；中美两国要互尊、要包容。中美双方要始终从战略高度和长远角度出发，牢牢把握中美关系正确方向，一步一个脚印走出一条新型大国关系之路。

奥巴马介绍了当前美国经济的情况。奥巴马表示，美中广泛的经济联系攸关两国稳定和繁荣，对世界经济也将有重大积极影响。美国鼓励中国企业到美国投资，愿采取措施推动放宽美高技术产品对华出口，希望同中方加强在经贸、能源等领域合作。

8日下午，习近平离开美国加利福尼亚州，于9日晚回到北京。

6月7日

［纲　文］　**厦门快速公交车着火造成42人遇难，习近平、李克强对此作出重要指示。**

［目　文］　6月7日18时20分许，福建省厦门市湖里区金山街道一辆BRT公交车（快速公交车）在行驶过程中突然起火。18时45分，火被扑灭。大火造成42人死亡、33

人受伤。事发后，党中央、国务院高度重视，习近平总书记、李克强总理和中央政治局委员、中央政法委书记孟建柱作出重要指示。国务委员、公安部部长郭声琨受党中央国务院委派，连夜率国务院工作组赶赴厦门指导处置工作。

6 月 7 日

［纲　文］ **国家副主席李源潮在北京会见尼泊尔副总统贾阿。**

［目　文］ 李源潮表示，中尼是山水相连的友好邻邦，建交以来两国关系始终健康稳定发展。中国坚持与邻为善、以邻为伴，努力使自己的发展更好地惠及周边国家。中国愿同尼一道，深化传统友谊，拓展互利合作，扩大各领域交流，推动中尼世代友好的全面合作伙伴关系不断向前发展。贾阿感谢中国多年来对尼的帮助和支持，表示尼政府坚定奉行一个中国政策，希望加强两国合作交流，促进尼中世代友好。

6 月 7 日

［纲　文］ **国务院召开全国安全生产电视电话会议。**

［目　文］ 国务委员、国务院安委会副主任王勇主持会议。中央有关部门及部分中央企业负责人出席了会议，各省（区、市）及有关部门负责人在分会场出席会议。安全监管总局、工业和信息化部、公安部、交通运输部负责人汇报了有关情况。

国务院副总理马凯在会上传达了习近平的重要指示，并对贯彻落实习近平的重要指示和李克强的要求、切实做好安全生产工作进行部署。马凯指出，习近平总书记的批示十分重要，催人警醒，意义深远，充分体现了中央对保障人民生命安全的高度重视，深刻阐明了安全生产工作的极端重要性，再次敲响了安全生产的警钟，并为安全生产工作指明了方向，提出了明确要求，对做好当前和今后安全生产工作具有重要的指导意义。各地区各部门一定要认真学习领会，坚决贯彻落实习近平总书记的指示精神和李克强总理的要求，按照国务院常务会议的部署，采取更加坚决、更加有力、更加有效的措施，从 6 月初至 9 月底在全国集中组织开展安全生产大检查，深入排查整治安全生产隐患，督促全面落实安全生产责任制度，铁腕打击非法违法和违规违章行为，大力推进煤矿安全治本攻坚，切实抓好重点行业领域安全整治，严格监管执法和事故查处，进一步夯实安全生产基础，坚决堵塞安全生产监管漏洞，有效防范和遏制重特大安全事故发生，努力促进全国安全生产形势持续稳定好转。

6 月 7 日

［纲　文］ **财政部、文化部印发《中央补助地方美术馆、公共图书馆、文化馆（站）免费开放专项资金管理暂行办法》。**

［目　文］ 《暂行办法》明确了“三馆一站”免费开放基本补助标准：地市级美术馆、公共图书馆、文化馆每馆每年 50 万元；县级美术馆、公共图书馆、文化馆每馆每年 20 万元；乡镇综合文化站每站每年 5 万元。专项资金由中央财政设立，分为补助资金和奖励资金，其中：补助资金用于对东中西部地区“三馆一站”免费开放所需支出给予补助；奖励资金用于对“三馆一站”免费开放工作实施效果好的省份给予奖励。中央财政对东、中、

西部地区分别按照基本补助标准的20%、50%和80%的比例安排补助资金，其余部分由地方财政负责安排。各地方可以根据实际情况提高补助标准，高于基本补助标准部分，所需资金由地方财政自行负担。

6月7日

［纲　文］ **中国首架波音787飞机投入商业运行。12时35分，满载着228名旅客的南航波音787飞机从广州白云国际机场起飞，14时56分顺利降落北京首都国际机场。**

6月7日

［纲　文］ **中国人民大学原校长李文海在北京逝世，享年82岁。**

6月7—8日

［纲　文］ **李克强在河北省考察。**

［目　文］ 国务院总理李克强到河北邯郸、邢台、石家庄考察，深入农村、企业、大学、环境监测点，围绕经济社会发展中的热点难点问题开展调研。他强调，面对复杂严峻的国内外形势，要增强忧患意识，提高预见性，做好稳增长、控通胀、防风险和深化改革、改善民生的各项工作。

在邯郸县裴堡东村，他对当地农民说，多用良种，深松土壤，加上科学的田间管理，明年收成会更好。你们既能增产、又能增收，也是为国家大局作贡献。在大型光伏组件生产企业邢台晶龙公司，他说，中国光伏产业具有国际竞争优势，我们坚决反对贸易保护主义。重振光伏产业既要稳住国际市场，更要启动国内市场。任何一个行业要保持世界领先，都不会一帆风顺。在河北师范大学就业指导中心，他对自愿到农村和西部工作的学生说，基层最能锻炼人，农村孩子公平接受教育的关键是要有师资，你们是打开他们思想心灵知识大门的"金钥匙"。在环境监测站，李克强详细了解$PM_{2.5}$、PM_{10}等指标的变化趋势。他对工作人员说，必须公开、透明、准确发布污染监测信息，让群众了解实情，这有助于自我防护。环保部门要分析污染物来源，加大环境治理和环保执法力度，督促企业落实环保责任，促进环保产业发展。

6月8日，李克强主持召开环渤海省份经济工作座谈。会上，北京、天津、河北、辽宁、山东等省市负责人介绍了本地经济社会发展情况，结合本地区实际，对进一步稳增长、控通胀、防风险和推动经济转型升级提出了建议，对加强环渤海地区经济合作、优化经济布局等提出了意见。

李克强在会上强调，做好当前经济工作，关键要在稳定宏观经济政策中有所作为，创新宏观调控方式，激发市场活力。通过运用科学的应对措施，确保完成全年经济社会发展任务。

6月8日

［纲　文］ **国务院办公厅印发《国务院办公厅关于成立第一次全国地理国情普查领导小组的通知》。**

［目　文］《通知》指出，为加强对第一次全国地理国情普查的领导，根据《国务院关于开展第一次全国地理国情普查的通知》，国务院决定成立第一次全国地理国情普查领导小组。负责第一次全国地理国情普查的组织和领导，协调解决普查中的重大问题。《通知》对领导小组的组成人员以及工作机构及其职责等内容做了说明。根据《通知》，领导小组办公室设在测绘地信局，承担领导小组的日常工作，研究提出需领导小组决策的建议方案，督促落实领导小组议定事项，加强与有关部门和地区的沟通协调，具体负责普查工作的业务指导与监督检查，承办领导小组交办的其他事项。国土资源部副部长、国家测绘地理信息局局长徐德明兼任领导小组办公室主任。

《通知》明确，领导小组成员因工作变动需要调整的，由所在单位向领导小组办公室提出，报领导小组组长审批。领导小组不作为国务院议事协调机构，任务完成后自动撤销。

6月8日

［纲　文］ **刘云山在北京市调研。**

［目　文］ 中共中央政治局常委刘云山到有30余家文化创意企业入驻的北京工业设计创意产业基地、被认定为“国家版权贸易基地”的中关村科技园雍和园、歌华有线电视网络公司，深入了解文化改革发展情况，就文化科技融合、文化业态创新、文化人才培养等，同有关方面负责人和企业员工交流。刘云山对北京市文化改革发展工作给予肯定，希望北京市再接再厉，在实践中创造更多经验。

调研期间，刘云山专门召开调研座谈会听取对文化改革发展的建议。他指出，深化文化体制改革、推动文化繁荣发展，关键是要跳出文化看文化，全方位认识文化体制改革的重要性、紧迫性和长期性。要确立文化改革发展的新目标，着力在转变职能基础上提高文化宏观管理能力，在转企改制基础上增强文化市场主体竞争力，在规范秩序基础上建立现代文化市场体系，在统筹城乡基础上加快建立公共文化服务体系，在统筹各种资源基础上提高文化“走出去”水平。要加大工作力度，在体制机制创新、内容业态发展、传播能力建设、政策法规保障等多方面采取新举措，巩固提高、深化拓展、攻坚克难、科学发展，推动文化改革发展取得新进展。要加强组织领导，加强战略谋划和顶层设计，注意把握好政府、市场、社会的关系，把握好经济效益与社会效益的关系，把握好意识形态属性和文化产业属性的关系，调动各方面积极性主动性，形成推进文化改革发展的正能量。

6月8日

［纲　文］ **教育部印发《关于推进中小学教育质量综合评价改革的意见》。**

［目　文］《意见》构建了体现素质教育要求、以学生发展为核心的绿色评价指标体系，包括学生品德发展水平、学业发展水平、身心发展水平、兴趣特长养成、学业负担状况等5个方面20个关键性指标。指标体系强调综合考查学生发展状况，既关注学生的学业水平又关注品德发展和身心健康，既关注共同基础又关注兴趣特长，既关注学习结果又关注学习过程和学习效益。

6月8日

［纲　文］**《人民日报》报道，近日由中国科学技术大学潘建伟院士领衔的量子光学和量子信息团队的陆朝阳、刘乃乐研究小组，在国际上首次成功实现了用量子计算机求解线性方程组的实验。**

［目　文］报道说，相关成果发表在6月7日出版的《物理评论快报》上，审稿人评价该实验工作新颖而且重要，认为其算法是量子信息技术最有前途的应用之一。

6月8—9日

［纲　文］**刘延东在上海市考察。**

［目　文］国务院副总理、国务院深化医药卫生体制改革领导小组组长刘延东先后到社区卫生服务中心、公立医院和国际医学园等实地考察，并主持召开医改座谈会。她充分肯定上海市注重顶层设计，在基层医疗卫生服务能力提升、全科医生制度完善以及公立医院改革等方面取得的成效。希望上海市再接再厉，推动医改迈出新步伐。

刘延东在考察医药分开改革首批试点医院时说，公立医院是群众看病就医的主要场所，也是医改的"重头戏"。要以破除以药补医为抓手，进一步理顺医药价格，推进医保支付、财政补偿和医院内部治理结构的综合改革，建立维护公益性、调动积极性、保障可持续的运行新机制。要鼓励和规范社会资本参与，为医疗卫生事业发展注入新的活力，不断满足群众医疗卫生服务的基本需求和多样化需求。

刘延东在考察街道社区卫生服务中心时说，基层医疗卫生机构是做好预防保健工作的"前哨"，深化医改要坚持预防为主、防治结合的方针，促进医疗卫生服务的关口前移，重心下移。要创新培养和使用制度，大力推进全科医生制度建设和医德医风建设，提升基层人才能力水平，成为群众健康的守门人。要深化人事制度、收入分配和绩效考核等改革，使医务人员成为改革的受益者和推动者。

刘延东强调，医改已进入向纵深推进的关键阶段，健全全民医保、巩固基层医改成果、推进公立医院改革，是今后医改的三大主攻方向，要统筹谋划，协同推进，实施好医保、医疗、医药的"三医联动"。要发挥信息化对医改的科技支撑作用，建立信息共享机制，推动医疗机构互联互通、高效运转。要继续加强基层服务体系建设，提高公共卫生服务水平，为群众提供优质便捷的基本医疗卫生服务。要加大医改宣传力度，为改革营造良好的舆论氛围。

6月8—9日

［纲　文］**首届中国—拉丁美洲和加勒比农业部长论坛在北京召开。**

［目　文］来自中国与拉丁美洲和加勒比22个国家的农业部、农业科研机构、农业企业及部分国际或区域组织代表350余人出席了论坛。论坛以"互利合作、共赢发展"为主题，总结回顾了中拉农业领域友好合作发展历程和取得的积极成就，并就新形势下加强中拉农业合作的机遇和愿景交流了看法，探讨了全面开展合作的方式和途径，达成了广泛共识。

国务院副总理汪洋出席论坛开幕式。他强调，要认真落实习近平主席等领导人访拉成果，切实加强农业等领域的互利合作，实现共赢发展，不断巩固和深化中拉全面合作伙伴关系。

论坛通过了《中国—拉丁美洲和加勒比农业部长论坛北京宣言》。6月8日，还分别举行了农业科技和农业经贸专题论坛。

6月9日

［纲　文］　**国务院办公厅印发《国家海洋局主要职责内设机构和人员编制规定》。**

［目　文］　《规定》明确，国家海洋局（副部级）为国土资源部管理的国家局。主要职责为：第一，负责起草内海、领海、毗连区、专属经济区、大陆架及其他海域涉及海域使用、海洋生态环境保护、海洋科学调查、海岛保护等法律法规、规章草案，会同有关部门组织拟订并监督实施海洋发展战略以及海洋事业发展、海洋主体功能区、海洋生态环境保护、海洋经济发展、海岛保护及无居民海岛开发利用等规划，推动完善海洋事务统筹规划和综合协调机制。第二，负责组织拟订海洋维权执法的制度和措施，制定执法规范和流程。第三，负责组织编制并监督实施海洋功能区划。第四，负责组织拟订海岛保护及无居民海岛开发利用管理制度并监督实施。第五，负责组织开展海洋生态环境保护工作。第六，负责拟订海洋观测预报和海洋灾害警报制度并监督实施。第七，负责组织拟订并实施海洋科技发展规划。第八，负责组织开展海洋经济运行综合监测、统计核算、评估及信息发布工作。第九，负责开展海洋领域国际交流与合作。第十，承担国家海洋委员会的具体工作。

海洋局内设战略规划与经济司、政策法制与岛屿权益司、海警司（海警司令部、中国海警指挥中心）等11个内设机构，编制为372名。

6月9日

［纲　文］　**国务院办公厅印发《国家能源局主要职责内设机构和人员编制规定》。**

［目　文］　《规定》明确，国家能源局（副部级）为国家发展和改革委员会管理的国家局。主要职责：第一，负责起草能源发展和有关监督管理的法律法规送审稿和规章，拟订并组织实施能源发展战略、规划和政策，推进能源体制改革，拟订有关改革方案，协调能源发展和改革中的重大问题。第二，组织制定煤炭、石油、天然气、电力、新能源和可再生能源等能源，以及炼油、煤制燃料和燃料乙醇的产业政策及相关标准。第三，组织推进能源重大设备研发及其相关重大科研项目。第四，负责核电管理。第五，负责能源行业节能和资源综合利用。第六，负责能源预测预警，发布能源信息，参与能源运行调节和应急保障。第七，监管电力市场运行。第八，负责电力安全生产监督管理、可靠性管理和电力应急工作。第九，组织推进能源国际合作。第十，参与制定与能源相关的资源、财税、环保及应对气候变化等政策，提出能源价格调整和进出口总量建议。第十一，承担国家能源委员会具体工作。第十二，承办国务院、国家能源委员会以及国家发展和改革委员会交

办的其他事项。

国家能源局设综合司、法制和体制改革司、发展规划司等12个内设机构。

6月9日

［纲　文］　**国务院办公厅印发《国家卫生和计划生育委员会主要职责内设机构和人员编制规定》。**

［目　文］　《规定》明确，国家卫生和计划生育委员会为国务院组成部门。主要职责：第一，负责起草卫生和计划生育、中医药事业发展的法律法规草案。第二，负责制定疾病预防控制规划、国家免疫规划、严重危害人民健康的公共卫生问题的干预措施并组织落实。第三，负责制定职责范围内的职业卫生、放射卫生、环境卫生、学校卫生、公共场所卫生、饮用水卫生管理规范、标准和政策措施。第四，负责组织拟订并实施基层卫生和计划生育服务、妇幼卫生发展规划和政策措施。第五，负责制定医疗机构和医疗服务全行业管理办法并监督实施。第六，负责组织推进公立医院改革。第七，负责组织制定国家药物政策和国家基本药物制度。第八，负责完善生育政策。第九，组织建立计划生育利益导向、计划生育特殊困难家庭扶助和促进计划生育家庭发展等机制。第十，制定流动人口计划生育服务管理制度并组织落实。第十一，组织拟订国家卫生和计划生育人才发展规划。第十二，组织拟订卫生和计划生育科技发展规划。第十三，指导地方卫生和计划生育工作。第十四，负责卫生和计划生育宣传、健康教育、健康促进和信息化建设等工作。第十五，指导制定中医药中长期发展规划。第十六，负责中央保健对象的医疗保健工作。第十七，承担全国爱国卫生运动委员会、国务院深化医药卫生体制改革领导小组和国务院防治艾滋病工作委员会的日常工作。第十八，承办国务院交办的其他事项。

委员会内设办公厅、卫生应急办公室（突发公共卫生事件应急指挥中心）、疾病预防控制局（全国爱国卫生运动委员会办公室）等21个机构，行政编制为545名。

6月9日

［纲　文］　**国务院办公厅发出《关于集中开展安全生产大检查的通知》。**

［目　文］　《通知》指出，接连发生四川省泸州市泸县桃子沟煤矿“5·11”重大瓦斯爆炸事故、保利民爆济南科技有限公司“5·20”特别重大爆炸事故、吉林省长春市宝源丰禽业有限公司“6·3”特别重大火灾事故等多起重特大事故，暴露出一些地方和企业安全意识淡薄，隐患排查治理不认真，安全责任不落实，安全监管不到位，打击非法违法和治理违规违章行为不得力等问题。习近平总书记、李克强总理等中央领导同志高度重视并作出重要批示，指出接连发生的重特大安全生产事故，造成重大人员伤亡和财产损失，必须引起高度重视。人命关天，发展决不能以牺牲人的生命为代价。这必须作为一条不可逾越的红线。

为深刻吸取事故教训，切实加强安全生产工作，经国务院同意，定于2013年6月至9月底，在全国集中开展安全生产大检查。检查范围为全国所有地区、所有行业领域，所有生产经营企事业单位和人员密集场所。重点检查煤矿、金属非金属矿山、尾矿库、石油天然气开采、危险化学品和烟花爆竹等。各单位必须对本单位安全生产工作进行全面深入、细致彻底的大检查。地方各级人民政府要按照职责分工对直接监管的单位做到全覆盖。在全面督查检查的基础上，采取明察暗访、突击夜查、回头检查、交叉检查等多种方式进行，对重大隐患，要挂牌督办、一盯到底。要把安全检查与严格执法相结合。

6月9日

［纲　文］　**财政部、国家文物局联合印发《国家重点文物保护专项补助资金管理办法》。**

［目　文］　《办法》对中央财政专项资金的补助范围和支出内容作出进一步明确。《办法》明确，专项资金是中央财政为支持全国重点文物保护工作、促进文物事业发展而设立的具有专门用途的补助资金。专项资金的补助范围主要包括：全国重点文物保护单位的维修、保护与展示，国家文物局、财政部批准的大遗址保护项目，列入联合国教科文组织世界文化遗产名录项目的保护，国家文物局批准的考古（含水下考古）发掘项目，以及可移动文物保护等。专项资金支出内容包括：文物维修保护工程支出，文物考古调查、发掘支出，文物安防、消防及防雷等保护性工程支出，文物技术保护支出，文物陈列布展支出，文物保护管理体系建设支出等。《办法》规定，专项资金补助范围不包括：征地拆迁、基本建设、日常养护、应急抢险、超出文物本体保护范围的环境整治支出、文物征集以及中央与地方共建国家级重点博物馆的各项支出。专项资金不得用于支付各种罚款、捐款、赞助、投资等支出，不得用于各种工资福利性支出，不得用于偿还债务，不得用于国家规定禁止列入的其他支出。

《办法》自发布之日起实施。财政部和国家文物局制定发布的《国家重点文物保护专项补助经费使用管理办法》和《大遗址保护专项经费管理办法》同时废止。

6月10日

［纲　文］　**“蛟龙号”载人潜水器首次开展试验性应用。**

［目　文］　“向阳红09”船搭载着“蛟龙号”载人潜水器从江苏省江阴市码头起航，奔赴南海和太平洋执行首个试验性应用航次任务，这将进一步发挥其技术和性能优势，为科学家实现深海梦想搭建可靠稳定的平台，在探索海洋、研究海洋、保护海洋方面展现能力。

6月11日

［纲　文］　**神舟十号载人飞船发射成功。习近平在酒泉卫星发射中心观看发射并发表讲话。**

［目　文］　11日中午，中共中央总书记习近平在酒泉卫星发射中心听取了天宫一号与神舟十号载人飞行任务有关情况汇报。习近平充分肯定各参研参试单位和部门为完成神舟十号载人航天飞行任务所做的大量准备工作。习近平说，这次任务飞行时间长，试验难

度大，面临一系列新的挑战和考验。希望同志们牢记使命、坚定信心、周密组织、科学实施，确保实现既定的任务目标，努力夺取载人航天事业发展新胜利。

17时38分，神舟十号载人飞船在酒泉卫星发射中心发射升空，准确进入预定轨道，顺利将3名航天员送入太空。天宫一号与神舟十号载人飞行任务是我国组织实施的第五次载人航天飞行，是神舟飞船和长征二号F运载火箭组成的载人天地往返运输系统的首次应用性飞行。根据计划，神舟十号飞船在轨飞行期间，将与天宫一号目标飞行器进行2次交会对接。已成功与神舟八号、神舟九号飞船进行4次交会对接试验的天宫一号目标飞行器，已进入预定的对接轨道，在轨运行稳定，设备状态良好，静候神舟十号飞船的到来。

11日晚，习近平在酒泉卫星发射中心接见天宫一号与神舟十号载人飞行任务参研参试单位代表。他代表党中央、国务院、中央军委，向神舟十号飞船发射成功表示热烈祝贺，向参加这次载人航天飞行任务的全体同志致以诚挚问候。习近平指出，发展航天事业，建设航天强国，是我们不懈追求的航天梦。党中央作出实施载人航天工程重大战略决策以来，航天战线的同志们秉持航天报国的理想和追求，艰苦奋斗，自强不息，开拓进取，取得了举世瞩目的伟大成就。同志们为祖国航天事业建立的卓越功勋，党和人民永远不会忘记。神舟十号载人航天飞行任务，是我国载人航天工程“三步走”战略第二步第一阶段的收官之战，对巩固和完善空间交会对接技术、推动空间实验室和空间站建设具有重要意义。他希望同志们总结经验、再接再厉，精心做好各项后续工作，确保任务取得全面胜利，在实现航天梦的征程中谱写新的壮丽篇章。

12日，在神舟十号飞船轨道舱内，航天员聂海胜、张晓光和王亚平品尝了专为他们准备的端午节美食豆沙粽。3名航天员向全国人民、全球华人致以节日祝福。

6月11日

［纲　文］ **外交部部长王毅在北京与荷兰外交大臣蒂默曼斯举行会谈。**

［目　文］ 王毅在会谈中欢迎蒂默曼斯率荷兰国家足球队来华。王毅表示，近年来，中荷关系发展良好，特别是农业和水利合作在中国同欧盟国家合作中保持领先。中方愿同荷方一道，本着相互尊重、互利共赢的精神，使两国关系更加成熟稳定，在城镇化、节能环保、新能源等领域合作取得新发展。王毅赞赏荷方反对欧盟对中国输欧光伏产品征收反倾销和反补贴税的立场，希望荷方继续推动欧方通过对话与中方解决有关问题。

蒂默曼斯祝贺神舟十号载人飞船发射成功，表示中国经济社会发展取得巨大成就，荷兰希望分享中国发展带来的机遇，加强双方政治、经贸、文教、科技等领域合作，特别是在可持续发展领域合作，建设面向未来的荷中关系。欧盟委员会对中国光伏产品临时性征税的决定不符合自由贸易原则，荷方坚决反对。

会谈后，两国外交部部长就中荷分别在威廉斯塔德、重庆设立总领馆互换了照会。

6月13日

［纲　文］ **习近平在人民大会堂会见吴伯雄和由他率领的中国国民党访问团全体成员。**

［目　文］　中共中央总书记习近平强调，两岸关系已站在新的起点上，也面临着重要机遇。应该认真总结经验，清醒认识并主动因应形势发展变化，坚定不移走两岸关系和平发展道路，巩固和深化两岸关系和平发展的政治、经济、文化、社会基础，推动两岸关系不断取得新的成就。习近平就此提出4点意见：第一，坚持从中华民族整体利益的高度把握两岸关系大局。第二，坚持在认清历史发展趋势中把握两岸关系前途。第三，坚持增进互信、良性互动、求同存异、务实进取。第四，坚持稳步推进两岸关系全面发展。会见中，习近平高度评价吴伯雄具有深厚民族情怀和振兴中华的使命感，为促进两岸关系发展作出了重要贡献。

中国国民党荣誉主席吴伯雄强调，坚持“九二共识”、反对“台独”是国共两党一致的立场，是两岸关系和平发展的基础。两岸各自的法律、体制都实行一个中国原则，都用一个中国框架定位两岸关系，而不是“国与国”的关系。马英九主席最近重申不推动“两个中国”、“一中一台”及“台湾独立”，坚持了中国国民党的一贯路线。吴伯雄表示，两岸人民同属中华民族，都是炎黄子孙。两岸关系面临承前启后、继往开来的新形势，国共两党要有共同振兴中华民族的使命感。两岸应该强化经济关系，深化社会交流，加强文化交流，讨论推动签署教育交流、文化交流协议，为两岸民众创造更多实质利益。两岸同胞有责任传承和发扬中华文化，让中华民族为世界作出有意义的贡献。

会见中，吴伯雄转达了国民党主席马英九对习近平总书记的问候。习近平也请吴伯雄转达对马英九的问候。

6月13日

［纲　文］　**国务院总理李克强在人民大会堂同埃塞俄比亚总理海尔马里亚姆会谈。**

［目　文］　李克强在会谈时说，中埃传统友谊源远流长。建交以来，两国关系发展顺利，合作取得丰硕成果。中埃都是发展中国家，都致力于发展本国经济和改善民生，两国合作互补性强，潜力巨大。今年是中埃建立全面合作伙伴关系10周年，中方愿与埃方携手推动两国友好合作再上新台阶。中国政府支持有实力的中国企业赴埃开展基础设施、能源资源、工业园区、制造业、农业等领域合作，希望埃方继续给予政策扶持，进一步改善投资环境。中方愿与埃方密切人文交流，深化教育、文化、旅游等合作，在安理会改革、索马里、南北苏丹等国际地区热点问题上加强沟通协调，促进地区乃至世界的繁荣与稳定。

李克强表示，非洲始终是中国值得信赖的好朋友、好伙伴，相互给予真诚帮助和宝贵支持。进入新世纪以来，双方在中非合作论坛框架下的合作不断取得新成果。中方对非提供的力所能及的援助从不附带任何政治条件，也要求赴非投资的本国企业和公民遵守驻在国法律，尊重当地习俗。我们希望驻在国切实保护好中国企业和公民的合法权益，通过协商妥善处理遇到的问题。中方将继续坚定支持非洲和平发展事业和一体化进程，帮助非洲国家增强自我发展能力，使中非合作更好造福双方人民。希望埃塞作为非盟轮值主席国，为推动中非关系发展发挥建设性作用，作出新的贡献。

海尔马里亚姆表示，埃中是长期可靠的合作伙伴。中国为埃塞民族解放事业和国家建设提供了宝贵支持，为埃方培养了大量人才，埃方对此深表感激，愿全面深化两国各领域务实合作。埃方欢迎中国企业赴埃投资，愿保护好中方利益，提供必要便利。中国作为非洲的真诚朋友，为非洲的和平、稳定与发展发挥了重要作用。埃塞将努力推动非中关系取得更大发展。

6月13日

［纲　文］ **政协第十二届全国委员会在北京举行第四次主席会议。**

［目　文］ 全国政协主席俞正声主持会议，全国政协副主席杜青林、万钢、林文漪、罗富和、李海峰、陈元、卢展工、周小川、王家瑞、王正伟、马飚、齐续春、陈晓光、马培华、王钦敏等出席会议。

会议听取了政协第十二届全国委员会常务委员会第二次会议筹备工作情况的汇报，审议通过了有关人事事项的名单草案，有关名单草案将提请第二次常委会议审议。全国政协副主席兼秘书长张庆黎等就有关议题作了说明和汇报。

俞正声说，这次常委会议筹备工作进展顺利，办公厅和各专门委员会围绕会议的主要议题做了大量的准备工作，希望再接再厉，把组织服务工作进一步做细做好。常委会议后，要认真整理与会人员的意见建议，及时报送会议成果。

6月13日

［纲　文］ **全国人大常委会委员长张德江、全国政协主席俞正声在北京分别会见芬兰议长海内卢奥马。**

［目　文］ 张德江在会见时说，中芬建交以来，双方始终本着相互尊重、平等相待的原则发展友好往来与互利合作，为中芬关系持续稳定发展奠定了坚实的政治基础。今年4月，习近平主席与尼尼斯托总统就共同构建和推进面向未来的新型合作伙伴关系达成了重要共识，将两国关系提升到新的阶段。中国全国人大重视深化与芬兰议会的关系，愿与芬兰议会一道，保持各层次各领域的友好往来，加强治国理政、民主法制建设等方面的探讨交流，积极推动落实两国元首达成的共识，全面促进中芬关系务实发展。海内卢奥马说，芬方钦佩中国取得的建设成就，赞赏中国积极参与全球事务，芬兰议会愿进一步加强与中国全国人大的交流合作。

俞正声在会见时说，近年来，中芬两国关系发展势头强劲。双方在经贸、教育、科技和文化等领域的合作成果丰硕。中方愿进一步加强与芬兰在环境保护、发展绿色经济、绿色能源、北极保护等领域合作，共同构建和推进两国面向未来的新型合作伙伴关系。俞正声赞赏芬兰坚持自由贸易原则，反对保护主义，表示中国愿通过对话解决中欧贸易摩擦，希望芬方继续发挥积极作用，推动欧盟妥善处理中欧贸易中的问题。海内卢奥马祝贺中国成功发射神舟十号载人飞船。他表示，芬中关系良好，芬兰议会愿加强与中国全国政协的交流合作，推动两国关系发展。

6月13日

［纲　文］ **国务院批复同意《黑龙江省“两大平原”现代农业综合配套改革试验总**

体方案》。

［目　文］　批复指出，《方案》实施要以转变农业发展方式为主线，以提高农业综合生产能力和农民收入为目标，发挥垦区引领作用，着力在创新农业生产经营体制、建立现代农业产业体系、创新农村金融服务、完善农业社会化服务体系、统筹城乡发展等方面开展改革试验，着力破解制约现代农业发展的体制机制问题和深层次矛盾，促进黑土资源永续利用、水资源科学开发和高效利用，努力把"两大平原"建成国家商品粮基地核心区、绿色食品生产样板区、高效生态农业先行区和统筹城乡发展先导区，为全国粮食主产区实现"四化同步"发挥示范引领作用。要加强改革试验的统筹规划，做好与经济社会发展重大规划、政策的衔接，把保护生态环境摆在突出位置，坚持农村基本经营制度，尊重农民意愿和基层首创精神，切实保障农民合法权益。

批复要求，黑龙江省人民政府抓紧制定配套实施方案，进一步细化改革试验内容，认真落实各项具体措施。对于具有突破性的重大改革试验事项，要按规定程序报批后实施，做到封闭运行、风险可控。对于改革试验过程中出现的新情况、新问题，要及时统筹研究，妥善提出对策。国务院有关部门要按照职责分工，积极指导和支持黑龙江省开展"两大平原"现代农业综合配套改革试验，拟推出的与现代农业发展相关的改革事项，要优先在"两大平原"先行先试。发展改革委要将"两大平原"现代农业综合配套改革试验纳入全国综合配套改革试验区管理，牵头建立省部际协调机制，加强指导和协调，有序推进改革试验工作。

6月13日

［纲　文］　住房城乡建设部和工商总局联合印发《关于集中开展房地产中介市场专项治理的通知》。

［目　文］　《通知》要求，集中开展为期6个月的房地产中介市场专项治理工作。对拒不改正或情节严重的房地产中介机构，可取消网上签约资格、处以罚款。

此次专项治理工作锁定十大重点，包括发布虚假房源信息，造谣、传谣以及炒作不实信息误导消费者的行为；诱导、教唆、协助购房人通过伪造证明材料等方式，骗取购房资格、骗提或骗贷住房公积金、规避限贷的行为；采取内部认购或雇人排队制造销售旺盛的虚假氛围以及通过炒卖房号非法牟利的行为；协助当事人签订"阴阳合同"规避交易税费的行为；违反《商品房屋租赁管理办法》规定，擅自改变房屋内部结构分割出租，为不符合安全、防灾标准的房屋提供租赁经纪服务以及低价收进高价租出赚取差价的行为；侵占、挪用房地产交易资金的行为；未履行书面告知义务，强制提供代办贷款、担保服务并额外收取费用的行为；泄露、出售或不当使用委托人的个人信息，谋取不正当利益的行为；未取得营业执照或未在房地产主管部门备案，擅自从事房地产经纪服务的行为；借用冒用房地产经纪人员名义签署房地产经纪服务合同，以及租借房地产经纪人员资格或注册证书的行为。

《通知》要求各级房地产管理部门、工商行政管理部门对存在违法违规行为的房地产中介机构和经纪人员，要加大查处力度，责令限期改正，记入信用档案；拒不改正或情节严重的，对房地产中介机构可取消网上签约资格、处以罚款，并将有关情况通报税收、物价等部门；对经纪人员要依法处以罚款。

6月13日

［纲　文］ **中国最大信用评级机构大公国际“登陆”欧洲。**

［目　文］ 经欧洲证券和市场管理局授权，大公欧洲资信评估有限公司正式启动全盘欧洲业务。大公欧洲是中国最大的信用评级机构——大公国际资信评估有限公司旗下公司，这也标志着大公国际成为中国和亚洲第一家在欧洲注册并获得信用评级资质的评级公司。

6月13日

［纲　文］ **“天宫”、“神十”实现自动交会对接。**

［目　文］ 6月13日13时18分，天宫一号目标飞行器与神舟十号飞船成功实现自动交会对接。这是天宫一号自2011年发射入轨以来，第五次成功与神舟系列飞船交会对接。

在天宫一号与神舟十号自动交会对接完成后，3名航天员成功进入天宫一号。

6月14日

［纲　文］ **国家主席习近平在人民大会堂会见埃塞俄比亚总理海尔马里亚姆。**

［目　文］ 习近平在会见时指出，当前，中国和埃塞俄比亚均处于国家建设的关键阶段，有许多相通或相似的理念，两国关系发展面临重大机遇。双方要加强政治引领和总体规划，保持高层交往，深化治国理政经验交流，抓好重点领域合作，提升合作水平。中方支持埃塞俄比亚加入世界贸易组织。

习近平祝贺非洲统一组织成立50周年，表示中方支持非洲国家联合自强。我们一贯主张，加强国际对非合作，目的是促进非洲发展、实现共同繁荣。国际社会应该充分尊重非洲国家自主选择发展道路，同非洲建立平等互利、合作共赢的发展伙伴关系。中方将继续呼吁有关各方尊重非洲自主发展要求，切实履行对非援助承诺，帮助非洲实现更大发展。中非合作论坛是为非洲办好事、办实事的有效机制。中方愿同埃方一道，加强论坛建设，造福中国和非洲各国人民。

海尔马里亚姆祝贺神舟十号飞船发射成功，表示中国的发展给发展中国家带来希望和机遇。埃塞俄比亚致力于实现国家现代化，希望同中方深化党际交流，借鉴中国成功经验，加强基础设施建设、能源资源开发、制造业、人力资源培训等领域合作。埃方愿同中方就联合国事务、气候变化等问题密切沟通协调。海尔马里亚姆表示，非洲国家希望加强团结合作，坚持自主发展，实现非洲和平与繁荣。中国对非政策是建立在平等相待、相互尊重、互利共赢基础上，受到非洲国家欢迎。非方希望通过非中合作论坛机制，加强非中全面伙伴关系，实现共同发展。埃方将继续为促进非中关系发展作出贡献。

6月14日

［纲　文］　**李克强主持召开国务院常务会议。**

［目　文］　会议部署大气污染防治十条措施，研究促进光伏产业健康发展。

会议认为，大气污染防治既是重大民生问题，也是经济升级的重要抓手。我国日益突出的区域性复合型大气污染问题是长期积累形成的。治理好大气污染是一项复杂的系统工程，需要付出长期艰苦不懈的努力。当前必须突出重点、分类指导、多管齐下、科学施策，把调整优化结构、强化创新驱动和保护环境生态结合起来，用硬措施完成硬任务，确保防治工作早见成效，促进改善民生，培育新的经济增长点。

会议确定了防治工作十条措施。一是减少污染物排放。全面整治燃煤小锅炉，加快重点行业脱硫脱硝除尘改造。整治城市扬尘。提升燃油品质，限期淘汰黄标车。二是严控高耗能、高污染行业新增产能，提前一年完成钢铁、水泥、电解铝、平板玻璃等重点行业"十二五"落后产能淘汰任务。三是大力推行清洁生产，重点行业主要大气污染物排放强度到2017年底下降30%以上。大力发展公共交通。四是加快调整能源结构，加大天然气、煤制甲烷等清洁能源供应。五是强化节能环保指标约束，对未通过能评、环评的项目，不得批准开工建设，不得提供土地，不得提供贷款支持，不得供电供水。六是推行激励与约束并举的节能减排新机制，加大排污费征收力度。加大对大气污染防治的信贷支持。加强国际合作，大力培育环保、新能源产业。七是用法律、标准"倒逼"产业转型升级。制定、修订重点行业排放标准，建议修订大气污染防治法等法律。强制公开重污染行业企业环境信息。公布重点城市空气质量排名。加大违法行为处罚力度。八是建立环渤海包括京津冀、长三角、珠三角等区域联防联控机制，加强人口密集地区和重点大城市$PM_{2.5}$治理，构建对各省（区、市）的大气环境整治目标责任考核体系。九是将重污染天气纳入地方政府突发事件应急管理，根据污染等级及时采取重污染企业限产限排、机动车限行等措施。十是树立全社会"同呼吸、共奋斗"的行为准则，地方政府对当地空气质量负总责，落实企业治污主体责任，国务院有关部门协调联动，倡导节约、绿色消费方式和生活习惯，动员全民参与环境保护和监督。

会议指出，要围绕稳增长、调结构，陆续出台扩内需的举措，打造中国经济"升级版"。光伏产业是新能源产业的重要发展方向，我国光伏产业已具有相当国际竞争力，但受全球光伏市场低迷、国内市场应用不足等影响，目前出现生产经营困难，必须支持光伏产业走出困境并健康发展。要在努力巩固国际市场的同时，用改革的办法，发挥市场机制作用，着力激发国内市场有效需求，推动产业创新升级。一是加强规划和产业政策引导，促进合理布局，重点拓展分布式光伏发电应用。二是电网企业要保障配套电网与光伏发电项目同步建设投产，优先安排光伏发电计划，全额收购所发电量。三是完善光伏发电电价支持政策，制定光伏电站分区域上网标杆电价，扩大可再生能源基金规模，保障对分布式光伏发电按电量补贴的资金及时发放到位。四是鼓励金融机构采取措施缓解光伏制造企业融资困难。五是支持关键材料及设备的技术研发和产业化，加强光伏产业标准和规范建设。六是鼓励企业兼并重组、做优做强，抑制产能盲目扩张。

6月14日

［纲　文］　**国务院总理李克强在北京会见世界经济论坛主席施瓦布。**

［目　文］　李克强在会见时说，世界经济正处于深度调整期，增长动力仍显不足，风险和挑战不容低估。促进经济稳固复苏是当前国际社会的首要关切，没有哪个国家能够独善其身。各国应加强合作，在追求本国利益时也要兼顾他国合理关切。贸易保护主义是以邻为壑，是死胡同，营造开放自由公平的贸易环境才是走向经济复苏之路。希望世界经济论坛为促进全球贸易与投资自由化、便利化发挥积极作用。李克强指出，2013年夏季达沃斯论坛以“创新：势在必行”为主题，同当前国际经济形势和中国发展战略相契合。世界经济实现复苏、中国打造经济升级版，都需要依靠创新驱动带来更有质量和竞争力的发展。把创新与改革更好结合，我们就能赢得发展的未来。中国愿与世界经济论坛加强在一些重大问题上的研究与合作。

施瓦布说，世界经济论坛看好中国经济未来发展前景，重视同中国的合作，期待为中国企业更好融入世界提供支持和服务，同时也让世界更好地认识和了解中国。

6月14日

［纲　文］　**十二届全国人大常委会第五次委员长会议在人民大会堂召开。**

［目　文］　全国人大常委会委员长张德江主持会议，全国人大常委会副委员长李建国、王胜俊、陈昌智、严隽琪、沈跃跃、吉炳轩、张平、向巴平措、艾力更·依明巴海、万鄂湘、张宝文、陈竺出席会议。会议决定十二届全国人大常委会第三次会议6月26日至29日在北京举行。

根据委员长会议建议的议程，常委会第三次会议将继续审议《特种设备安全法草案》、《环境保护法修正案草案》、《商标法修正案草案》；审议国务院关于提请审议《文物保护法》等12部法律的修正案草案的议案、关于提请审议批准《上海合作组织成员国组织和举行联合反恐演习的程序协定》的议案、关于提请审议批准《关于在上海合作组织成员国境内组织和举行联合反恐行动的程序协定》的议案。

委员长会议建议的常委会第三次会议议程还有：审议国务院关于2012年中央决算的报告，审查和批准2012年中央决算；审议国务院关于2012年度中央预算执行和其他财政收支的审计工作报告；审议国务院关于公安机关执法规范化建设工作情况的报告、关于城镇化建设工作情况的报告、关于农村金融改革发展工作情况的报告；审议全国人大常委会代表资格审查委员会关于个别代表的代表资格的报告；审议任免案。

委员长会议上，全国人大常委会副委员长兼秘书长王晨就常委会第三次会议议程草案、日程安排意见作了汇报。全国人大常委会有关副秘书长、全国人大有关专门委员会和常委会代表资格审查委员会负责人就常委会第三次会议的相关议程作了汇报。

委员长会议还听取了关于《全国人民代表大会常务委员会委员长会议议事规则》等工作文件修改意见的汇报。

6 月 14 日

［纲　文］　**国务院办公厅印发《关于成立国务院农民工工作领导小组的通知》。**

［目　文］　《通知》指出，为进一步加强对农民工工作的组织领导，国务院决定成立国务院农民工工作领导小组，作为国务院议事协调机构，国务院农民工工作联席会议同时撤销。

《通知》明确，国务院农民工工作领导小组的主要职责是组织拟订和审议农民工工作的重大方针、政策、措施，组织推动农民工工作，督促检查各地区、各部门相关政策落实情况和任务完成情况，统筹协调解决政策落实中的重点难点问题。

根据《通知》公布的组成人员名单，国务院副总理马凯任组长，副组长为人力资源社会保障部部长尹蔚民、国务院副秘书长肖亚庆和国研室副主任黄守宏。成员包括发展改革委、教育部、科技部等 29 个部门的有关负责人。《通知》还明确，国务院农民工工作领导小组办公室设在人力资源社会保障部，承担领导小组日常工作，人力资源社会保障部副部长杨志明兼任办公室主任。《通知》要求，领导小组成员调整由各成员单位向领导小组办公室提出，报领导小组组长批准。

6 月 14 日

［纲　文］　**交通运输部发出《关于贯彻落实〈国务院关于城市优先发展公共交通的指导意见〉的实施意见》。**

［目　文］　《意见》提出了城市公共交通发展的总体目标。到 2020 年，基本确立城市公共交通在城市交通中的主体地位，安全可靠、经济适用、便捷高效的公共交通服务系统基本形成，较好满足公众基本出行需求。具体体现在：公共交通引领城市发展能力显著提升。公共交通服务质量显著提升。公共交通可持续发展能力显著提升。

《意见》提出，城市公共交通发展的主要任务是提升规划调控能力，加强规划编制，强化规划调控，推进规划落实；提升公交基础设施服务能力，完善公交基础设施服务网络，完善公交基础设施投资政策，加强公交基础设施运营管理；提升公共交通服务品质，扩大公共交通服务范围，提高换乘便利性，提高出行快捷性，提高乘坐舒适性；提升公共交通安全保障能力，落实企业安全生产主体责任，加强应急管理，加强安全监管，增强公众安全意识；提升公共交通智能化水平，加快信息技术应用，完善移动支付体系建设；提升公交企业发展活力，落实财税支持政策，落实公共交通用地综合开发政策，规范公交企业管理；推进公交都市创建活动，完善工作机制，建立创建工作平台，加大支持力度；推进城市交通综合管理，合理引导交通需求，落实交通影响评价制度；完善票制票价和补贴补偿制度，完善公共交通定价和调价机制，完善公共财政补贴补偿制度。

《意见》提出，要加强组织领导，健全法规标准，加强绩效评价和服务质量考核，加强社会监督，加强公共交通文化建设。

6 月 14 日

［纲　文］　**刘奇葆出席文化体制改革工作座谈会并讲话。**

［目　文］　中共中央政治局委员、中央文化体制改革和发展工作领导小组组长刘奇

葆在会上强调，要深入学习贯彻党的十八大精神和习近平总书记一系列重要讲话精神，深刻把握文化改革发展的新阶段新形势新要求，按照加大力度、巩固提高、深化拓展、攻坚克难、科学发展的要求，树立新观念、确立新目标、采取新举措，推动文化改革发展取得新进展，为实现民族复兴中国梦提供强大文化力量。

刘奇葆指出，党的十六大以来，文化改革发展取得历史性成就，走出了一条中国特色社会主义文化发展道路。站在新的起点上，要进一步解放思想、坚定信心、凝聚共识，以更大的勇气和智慧把文化体制改革推向前进。要着眼提高文化宏观管理能力、增强文化市场主体竞争力，推动国有经营性文化单位建立和完善现代企业制度，积极培育骨干文化企业，建立健全现代文化市场体系，分类推进文化事业单位改革，加快转变文化行政管理部门职能，探索健全国有文化资产管理体制。要推进公共文化服务均等化，提高文化产业规模化集约化专业化水平，加强文化传播能力建设，繁荣发展文化事业文化产业。要切实加强组织领导，不断提高推动文化改革发展的能力。

6 月 14 日

［纲　文］　**全国征兵工作电视电话会议在北京召开。**

［目　文］　会议要求，从 2013 年起，全国征兵时间由冬季调整到夏秋季，这是自 1990 年实行冬季征兵 23 年以来首次调整征兵时间。会议指出，调整征兵时间，使学生毕业时间与征兵时间有机衔接，有利于把更多优秀青年送到部队。据悉，按调整后的征兵时间，国防部征兵网站已开通网上报名系统，高中以上学历适龄青年可登陆报名。全国新兵的体检、政审和征集工作将于 8 月 1 日全面展开，至 9 月 30 日结束。除征集时间变化外，2013 年度征兵对征集对象的年龄、身体、文化等条件要求没有变化，征集流程也与往年基本相同。

6 月 14 日

［纲　文］　**全国人大常委会委员长张德江在人民大会堂会见埃塞俄比亚总理海尔马里亚姆。**

［目　文］　张德江在会见时说，中埃友好合作，主要得益于双方始终致力于维护、深化传统友谊，得益于双方始终坚持真诚友好、平等相待。中国全国人大与埃联邦议会保持着密切交往与合作，双方应以中埃关系深入发展为新的起点，从议会层面加强各层次各领域的交往，借鉴立法、监督等方面的经验，提供经贸合作等方面的法律保障，更好地服务于各自国家发展战略和共同发展目标，夯实中埃友好往来和务实合作的基础，为中埃关系发展增添新的活力、谱写新的篇章。

海尔马里亚姆说，埃方致力于深化埃中友谊与合作，希望进一步加强与中国全国人大的友好交流与合作，学习借鉴中方成功经验。

6 月 14 日

［纲　文］　**《人民日报》发表题为《发展决不能以牺牲人的生命为代价》的评论员文章。**

6 月 14—16 日

［纲　文］　**俞正声在福建省调研。**

［目　文］　全国政协主席俞正声先后来到福州、平潭综合实验区、厦门等地，深入工厂企业、港口码头、建设工地，就对台工作进行调研。调研期间，他还专门召开了深化对台经贸交流与合作座谈会。

福建与台湾产业互补性强，在开展对台经贸合作方面具有得天独厚的优势。俞正声考察了华映科技公司科立视材料科技有限公司、东南（福建）汽车工业有限公司，询问台资企业生产经营、技术创新和市场开拓等情况。在厦门国际邮轮中心暨厦金客运码头，他考察港口条件、船舶安全性能和对台"小三通"等情况。俞正声指出，对台经贸合作在两岸关系发展中发挥着重要的基础性作用。要积极探索对台经贸合作的有效方式和途径，强化产业对接，搞好平台建设，完善体制机制，不断拓宽合作领域、提升合作水平。要继续改善投资环境，完善有关政策法规，支持在大陆的台资企业加快转型升级和自主创新，帮助台资企业解决生产经营中遇到的问题，使他们在深化两岸经济合作中实现更大发展。

在平潭综合实验区规划馆和对台小额贸易市场建设工地，俞正声了解实验区建设总体规划以及市场建设具体方案。在宸鸿科技（平潭）有限公司，他实地察看项目建设进展。俞正声强调，平潭综合实验区是对台交流先行先试区域，在两岸交往中具有不可替代的作用。要把平潭综合实验区建设作为推动两岸交流合作的重要着力点，科学规划、分步实施，产业为先、循序渐进，落实政策、完善政策，严格监管、绿色发展，扎实推进开放开发，真正把平潭建成科学发展的实验区。

俞正声还看望了政协机关干部职工。他指出，推动福建经济持续健康发展和社会和谐稳定，推进海峡西岸经济区建设，必须依靠各党派团体、各族各界人士共同团结奋斗。各级政协组织和广大政协委员要更好地认清使命、履行职责，更好地增进共识、凝心聚力，在全面建成小康社会进程中建功立业。

6月15日

［纲　文］　**国家主席习近平应约同俄罗斯总统普京通电话。**

［目　文］　习近平在通话时指出，当前中俄关系正在更高水平上向前发展。双方积极落实两国元首2013年3月在莫斯科会晤期间达成的重要共识和协议。两国高层交往频繁。双方投资、能源、地方、人文、执法安全等各领域合作都取得积极进展，在国际事务中的协调和配合更加密切。中方支持俄方举办圣彼得堡国际经济论坛。习近平向普京介绍了芦山强烈地震灾后恢复重建进展情况，再次对俄方的支持和援助表示感谢。

普京在通话时表示，俄中关系无论在互信程度还是在合作质量上都达到前所未有的高水平。习近平主席2013年3月对俄罗斯的国事访问有力推动了两国关系发展。发展俄中关系具有长远战略意义。俄方愿同中方一道，共同落实好访问取得的重要成果。我高度重视两国元首的建设性友好关系，愿同你保持定期交往，期待着在今年二十国集团领导人圣彼得堡峰会期间同你再次会晤。祝愿中国各项建设事业继续顺利向前发展。

双方还就朝鲜半岛局势等问题交换了意见。

6月15日

［纲　文］　**国家发展改革委印发《关于完善核电上网电价机制有关问题的通知》**。

［目　文］　《通知》对新建核电机组实行标杆上网电价政策，将现行核电上网电价由个别定价改为对新建核电机组实行标杆上网电价政策，并核定全国核电标杆电价为每千瓦时0.43元。

《通知》指出，实行核电标杆电价是政府价格主管部门转变职能进一步发挥市场在价格形成中基础性作用的重要举措，有利于利用价格信号引导核电投资，有助于激励企业约束成本，促进核电健康发展。核电标杆电价保持相对稳定，今后将根据核电技术进步、成本变化、电力市场供需状况等对核电标杆电价定期评估并适时调整。

6月15日

［纲　文］　**财政部印发《边境地区转移支付资金管理办法》**。

［目　文］　财政部指出，边境地区转移支付政策是一项强国惠民政策，实施这项政策有利于维护国家安全、促进边境沿海地区社会和经济发展、改善民生。各级财政部门要高度重视，切实做好资金和项目管理工作，将边境地区转移支付政策落到实处。

该《办法》自印发之日起实施。2012年4月20日财政部公布的《边境地区转移支付资金管理办法》同时废止。

6月15日

［纲　文］　**郭声琨出席在安徽省合肥市召开的部分省市户籍管理制度改革座谈会并发表讲话**。

［目　文］　国务委员郭声琨在会上指出，要主动适应城镇化要求，切实维护人民群众权益，坚持积极稳妥、注重统筹谋划，努力实现户籍管理制度改革与相关经济社会领域改革有机结合、协同推进。

郭声琨强调，户籍管理制度改革事关经济社会发展全局、事关人民群众切身利益、事关社会和谐稳定。各地区、各有关部门要进一步加强调查研究，强化顶层设计，坚持科学决策，加快改革步伐，力争取得新的突破。要充分尊重群众意愿，切实维护群众权益，加快推进城镇基本公共服务常住人口全覆盖。要区别不同情况、坚持分类指导，既要立足我国人口大国的基本国情和发展的阶段性特征，充分考虑本地经济社会发展和城市综合承载能力，又要积极创造条件，加快改革步伐。

6月15日

［纲　文］　**许其亮在北京会见出席共青团第十七次全国代表大会的解放军和武警部队代表**。

［目　文］　中央军委副主席许其亮代表习近平主席和军委其他领导向各位代表和全军广大团员青年表示热烈祝贺和诚挚问候。他指出，我们党历来重视青年、关怀青年，对青年一代寄予厚望。前不久，习主席在五四讲话中深刻指出，为实现中华民族伟大复兴的中国梦而奋斗，是中国青年运动的时代主题。这为广大青年健康成长和共青团建设指明了

方向。全军各级共青团组织和青年官兵要认真学习贯彻习主席重要指示，充分发挥助手和生力军作用。

许其亮强调，全军广大团员青年要牢记使命，献身强军实践，做追梦人、圆梦者，把理想抱负融入中国梦强军梦。要坚持用中国特色社会主义理论体系武装头脑，切实打牢听党话、跟党走的思想根基，坚决听从党中央、中央军委和习主席指挥。要矢志打赢，锻造过硬本领，成为未来战场的“尖刀”，为打赢未来战争做好准备。全军各级党委和政治机关要加强对共青团建设和青年工作的组织领导。共青团组织要紧紧围绕中心任务积极作为、彰显作用，把青年官兵培养成实现强军梦的生力军。

6月15日

［纲　文］ **中国铁路总公司成立后首项改革——铁路货运改革正式启动**。

［目　文］ 这是中国铁路总公司成立后推出的首项改革，旨在实现铁路运输组织由内部生产型向市场导向型转变，并以此为突破口，推动铁路运输整体改革，加快建立符合市场经济要求的铁路运输管理体制和运行机制，提高铁路运输质量和效益。

6月15日

［纲　文］ **《人民日报》发表题为《坚定不移深化文化体制改革》的评论员文章**。

6月15日

［纲　文］ **《人民日报》发表题为《坚守不可逾越的红线》的评论员文章**。

6月15—21日

［纲　文］ **第五届海峡论坛在福建省厦门市召开**。

［目　文］ 论坛主会场设在福建厦门，同期在福建省各区市和平潭综合实验区举行相关活动。本届论坛以“扩大民间交流、加强两岸合作、促进共同发展”为主题，以基层民众为主角，保持民间性、广泛性、草根性特色，面向基层、面向民间、突出民生，安排大会活动1项、基层交流12项、文化交流8项、经贸交流7项等四大版块28项活动，由两岸73家单位共同主办。

全国政协主席俞正声出席论坛开幕式并致辞。俞正声指出，两岸关系在短短几年间取得重大成就，带给我们许多深刻的启示。两岸关系之所以能够开启和平发展的崭新局面，关键在于两岸双方建立并巩固了反对“台独”、坚持“九二共识”的共同政治基础，保持了两岸关系发展的正确方向。两岸关系之所以能够开辟出和平发展的道路，关键在于遏制了“台独”分裂活动，促进了交流合作和平等协商，推进了两岸交往合作的机制化建设。两岸关系和平发展道路之所以能够越走越宽广，是因为这条道路有效增进了两岸同胞福祉，得到越来越多两岸同胞的认同、支持和参与。俞正声表示，面向未来，我们要努力促进中华民族伟大复兴的梦想更加深入人心。两岸同胞推动两岸关系和平发展，就是在促进中华民族伟大复兴；加强互利双赢的经济合作，就是在壮大中华民族经济；共同传承和弘扬中华文化，就是在繁荣中华民族文化；融洽亲如一家的同胞感情，增强一脉相承的民族认同，就是在促进中华民族团结和谐。两岸同胞要担当起新时代赋予的历史使命，共同致力于实现民族复兴的伟大梦想。

中国国民党副主席林丰正、台中市副市长蔡炳坤等在发言中盛赞海峡论坛是两岸民间交流的重要平台，希望论坛为增进两岸同胞了解，深化两岸交流合作，推动两岸关系和平发展，实现中华民族的伟大复兴发挥更大作用。中共中央台办、交通运输部、国家旅游局等部门和福建省负责人在发言中公布了一系列促进两岸交流合作的政策措施。

6月16日

［纲　文］　**国务院办公厅转发食品药品监管总局、工业和信息化部、公安部、农业部、商务部、卫生计生委、海关总署、工商总局、质检总局《关于进一步加强婴幼儿配方乳粉质量安全工作的意见》。**

［目　文］　批语说，《意见》已经国务院同意，现转发给你们，请认真贯彻执行。婴幼儿配方乳粉的质量安全，既是重大民生问题，也是重大的经济社会问题。提升婴幼儿配方乳粉质量安全水平，保障婴幼儿食用安全、放心的配方乳粉，关系下一代健康成长，关系亿万家庭的幸福和国家民族的未来，对于转变经济发展方式、提高经济增长质量和效益具有重要意义。各地区、各有关部门要认真贯彻落实国务院决策部署，高度重视婴幼儿配方乳粉质量安全工作，将其作为抓好我国食品质量安全工作的突破口，全力以赴打一场提高婴幼儿配方乳粉质量安全水平的攻坚战，重塑消费者对国产乳粉的信心。地方各级政府要切实负起食品安全责任，加强统一领导和组织协调，细化方案，明确责任，认真抓好本地区的婴幼儿配方乳粉质量安全工作。各有关部门要严格履行监管职责，加强相互配合，强化工作指导，扎实推进各项工作。食品药品监管总局要加强统筹协调，组织有关部门加大对各地区工作的检查督导，确保各项工作任务落实到位。

食药监总局等部门在《意见》中提出，把保障婴幼儿配方乳粉质量安全工作放在更加突出的位置，严格落实地方政府食品安全责任和企业主体责任，全面实现生产经营者对婴幼儿配方乳粉质量安全承担首负责任；坚持治标与治本并举、整治与建制相结合，严打违法违规行为，健全长效监管机制，实现婴幼儿配方乳粉从源头到消费全过程监管；坚持调动社会各方力量，充分发挥社会监督作用，构建婴幼儿配方乳粉社会共管共治格局。通过强化监管、综合施策，全面提高我国婴幼儿配方乳粉质量安全水平，维护人民群众切身利益，提振消费信心，促进乳品产业振兴和健康持续发展。工作重点：第一，参照药品管理办法严格管理。第二，落实企业首负责任。第三，强化监督监管。第四，加大打击惩处力度。第五，建立社会监督机制。第六，完善相关保障措施。

6月16日

［纲　文］　**《人民日报》发表题为《始终把人民生命安全放在首位》的评论员文章。**

6月17—20日

［纲　文］　**共青团第十七次全国代表大会在北京召开。**

［目　文］　会议通过了中国共产主义青年团第十七次全国代表大会关于团十六届中央委员会报告的决议。大会认为，报告全面总结了过去5年共青团的工作，阐明了当代青年的青春使命和中国青年运动的时代主题，提出了新时期共青团的光荣责任和做好工作的基本要求，对未来五年的共青团工作和建设作出了总体部署，体现了党的要求和青年的期望，是今后一个时期全团工作的重要指导性文件。大会同意报告关于中国青年运动的时代主题是为实现中华民族伟大复兴的中国梦而奋斗的论述。大会强调，共青团要牢牢把握八个基本要求：必须始终坚持党的领导；必须始终坚持围绕中心、服务大局；必须始终坚持发挥优势、凝心聚力；必须始终坚持以人为本、融入青年；必须始终坚持强基固本、狠抓基层；必须始终坚持改革创新、锐意进取；必须始终坚持勤奋学习、提高本领；必须始终坚持脚踏实地、埋头苦干。大会同意报告对今后5年共青团工作的部署。共青团要坚持用社会主义核心价值体系引导青年，要在全面建成小康社会进程中充分发挥生力军作用，要竭诚帮助青年成长发展。

大会强调，要全面提高共青团建设的科学化水平。要坚持党建带团建，以改革创新精神加强团的自身建设，努力建设学习型、服务型、创新型马克思主义青年组织。要着力打造一支信念坚定、本领过硬、作风优良的团干部队伍，着力建设一支思想进步、作用明显、规模合理的团员队伍。

大会通过了关于《中国共产主义青年团章程（修正案）》的决议。大会一致同意把科学发展观写入共青团的行动指南。大会认为，科学发展观，是同马克思列宁主义、毛泽东思想、邓小平理论、“三个代表”重要思想既一脉相承又与时俱进的科学理论，是马克思主义关于发展的世界观和方法论的集中体现，是马克思主义中国化最新成果，是中国共产党集体智慧的结晶，是党必须长期坚持的指导思想。

大会一致同意在团章中对共青团的奋斗目标进行调整和充实，对现阶段共青团基本任务、共青团思想政治工作内容、团的建设基本要求的内容进行充实。大会认为，与总纲部分的修改相衔接，根据新形势新任务对团的工作和建设提出的新要求，对团章部分条文作适当修改十分必要。

大会选举产生了新一届团中央领导机构，选举秦宜智为团十七届中央委员会书记处第一书记，贺军科、罗梅（女，藏族）等21人为团十七届中央委员会常委。

大会号召，全团要紧密团结在以习近平同志为总书记的党中央周围，高举中国特色社会主义伟大旗帜，以邓小平理论、“三个代表”重要思想、科学发展观为指导，团结带领广大团员青年在全面建成小康社会、加快推进社会主义现代化、实现中华民族伟大复兴的中国梦的新征程上谱写新的青春篇章。

6月17日

［纲　文］　**李克强在审计署考察并座谈。**

［目　文］　国务院总理李克强察看了行政事业和扶贫资金、金融等方面的审计情况，与工作人员深入交流，听取他们的建议。他说，审计对着资金，也连着经济运行。审

计工作就是要围绕完成经济社会发展任务这个大局来开展。在当前存在经济下行压力、财政收入增速下降的情况下，要通过强化审计监督，推动宏观调控政策和各项部署的落实，紧紧盯住、管好用好宝贵的财政资金，坚决压缩一般性行政开支，坚决保障好改善民生的支出特别是扶贫、救灾等“生存钱”、“救命钱”，推进重大民生工程，把积极财政政策的效应更好地激发出来，保障好基本民生，在完成今年经济社会发展主要任务中发挥重要作用。同时，发挥审计对经济的“体检诊断”功能，及时发现和揭示发展中的风险隐患，防止苗头性问题转化为趋势性问题，当好公共资金的“守护者”。

在与干部职工座谈时，李克强说，审计监督是国家监督体系的重要组成部分，管好国家大家业，审计监督一定要跟上。加强审计也是推进政府转变职能的需要，越是减少行政审批，越要加强事中和事后监管，审计在这方面具有不可替代的作用。他提出三点要求。一是念好权力监督的“紧箍咒”，促进廉洁政府建设。腐败的主要表现就是权钱交易，要通过加强审计毫不留情地揭露滥用权力、以权谋私等行为，揪住不放，深挖严查，让中饱私囊的人暴露在阳光之下，坚决清除侵蚀公共利益的“蛀虫”。二是为国家看好钱财，促进俭朴政府建设。政府的职责是为老百姓办事，要把取之于民的钱更好地造福人民。政府俭朴了，用于群众的钱就能更多。要按照中央八项规定的要求，落实国务院提出的“约法三章”，对各地方、各部门“三公”等行政经费使用情况加强专项审计，切实纠正公费接待、出国、购车中的违规行为，坚决制止新建或变相购建办公楼。三是完善制度，促进法治政府建设。管钱、管权、管事，根本上还是靠体制机制，把权力涂上“防腐剂”。要以审计“倒逼”各项制度的完善，释放改革红利，推动建立不敢贪不能贪的机制。审计结果要向人大报告、向社会公开、向人民负责，公开的内容不仅要有“总账”，还要有“明细”，让老百姓看得懂、好监督。

李克强充分肯定审计工作的成绩。他说，各级审计机关依法履行职责，对维护财经秩序、推动反腐倡廉，发挥了重要作用。希望广大审计干部继续忠于职守，敢于碰硬，依法履职，不断提高审计能力和水平。他要求各级政府加强对审计工作的领导，任何人都不得利用职权干预依法开展审计工作。

6月17—19日

［**纲　文**］　**全国政协十二届常委会第二次会议在北京召开。**

［**目　文**］　会议的主要议题是围绕“大力推进生态文明建设”建言献策。这次会议是十二届全国政协举行的第一次专题议政性常委会议。为了开好这次会议，全国政协办公厅、各民主党派和政协有关专门委员会深入开展了一系列调研视察活动，还专门召开了人口资源环境态势分析会，做了大量准备工作。会议期间，与会人员结合6个专题深入研讨，从不同角度提出了许多好的意见和建议，提交大会发言120份，14位委员作了大会口头发言和即席发言。

中共中央政治局常委、国务院副总理张高丽应邀出席会议并作《关于大力推进生态文明建设、努力开创我国发展新局面》的报告。张高丽指出，大力推进生态文明建设对全面建成小康社会、实现中华民族伟大复兴中国梦具有极为重要的意义。加强生态文明建设，要牢固树立尊重自然、顺应自然、保护自然的基本理念，坚持节约资源和保护环境的基本国策，坚持节约优先、保护优先、自然恢复为主的基本方针，形成政府主导、企业主体、多方参与、全民行动的基本工作格局，在发展中保护，在保护中发展，标本兼治、综合施策，逐步改善我国生态环境质量。当前和今后一段时间，生态文明建设工作，要以主体功能定位为依据，加快优化国土空间开发格局；以调整优化经济结构为抓手，有效减轻经济活动对生态环境带来的压力；以加强污染治理为着力点，切实提高生态环境质量和水平；以全面加强资源节约为突破口，推动资源利用方式转变；以健全法律、创新机制为核心，加快生态文明制度建设；以促进绿色消费、低碳消费为重点，加快形成良好的社会氛围。

全国政协主席俞正声出席闭幕会并讲话。他强调，要坚持规划先行、综合施策，进一步加强生态文明建设。要有规划，加强顶层设计和整体部署，从五大建设一体推进的全局高度和中华民族永续发展的长远角度，尽快研究制定国家层面的总体规划，同时制定完善相应的区域性、行业性和专题性规划，使之与总体规划相衔接、相配套、相协调，努力形成科学规范的规划体系；要有目标，对群众关注、反映强烈的重大问题提出明确的治理目标和时限要求，同时切实强化目标的权威性，各项工作都要按照既定目标来部署落实；要有措施，需要研究出台针对性和操作性强的配套政策措施；要有责任，要强化政府责任，落实企业责任，激发全社会的责任；要有监督，最有效的监督是群众的监督，同时强化环保等职能部门的监管作用，逐步完善生态文明建设法律体系，强化执法和司法，为生态文明建设提供有力的长效机制和坚实的法治保障。俞正声还就扎实做好全国政协下半年重点工作做出具体部署。

会议通过表决，任命刘家强为全国政协副秘书长；刘遵义为全国政协经济委员会副主任，不再担任人口资源环境委员会副主任；侯建民为全国政协经济委员会驻会副主任；顾伯平为全国政协社会和法制委员会驻会副主任；金学锋为全国政协外事委员会驻会副主任。

6月17日

［纲　文］　**刘延东在北京市考察。**

［目　文］　国务院副总理刘延东实地考察了北京市社区卫生服务中心和公立医院，并主持召开了有关部门、医疗机构代表和专家学者参加的座谈会。她对北京市重预防、强基层、求创新，突出便民惠民和信息化建设，以破除以药补医机制为突破口推进公立医院改革等方面取得的成效给予充分肯定，希望北京市继续改革创新，有力有序推动医改迈入新阶段。

刘延东在考察社区卫生服务中心时说，深化医改要注重调结构、转方式、促发展。要加强基层服务能力建设，把更多的财力、物力投向基层，把更多的技术、人才引向基层，使基层成为人民群众看病就医的首选。要转变医疗卫生服务方式，完善服务功能，为城乡居民提供预防、保健、基本医疗、康复、健康教育、计生指导等六位一体的公共服务。

刘延东指出，医改是世界性难题，必须立足国情，理清思路，正确处理好公平和效率、保障基本和多元办医、增加投入和创新机制、预防保健和医疗救治、基础设施建设和软件环境提升，以及和经济社会其他领域改革等方面的关系，推进我国医药卫生事业在新的起点上取得新进展。

刘延东强调，公立医院改革是当前和今后一段时期亟需攻克的“堡垒”，面临诸多困难和挑战，要集中力量、协力同心破解这个难题。推进公立医院改革，要坚持政事分开、管办分开、医药分开、营利性与非营利性分开的原则，按照上下联动、内增活力、外加推力的要求，着力做好“破除以药补医、创新体制机制、调动医务人员积极性”三篇大文章，统筹推进财政补助、医保支付、法人治理、多元办医等综合改革，尽快形成公立医院改革的基本路子。她说，医改是一项复杂的系统工程，需要各地各部门形成合力，需要人民群众广泛参与，更需要专家学者献计献策，加强顶层设计，使医改各项政策措施更加科学有效，符合实际。

6月17日

［纲　文］ **2013年全国食品安全宣传周主场活动在北京举行。**

［目　文］ 活动以“社会共治、同心携手维护食品安全”为主题。国务院副总理汪洋出席活动。他强调，要发挥社会主义的制度优势和市场机制的基础作用，多管齐下、内外并举，综合施策、标本兼治，构建企业自律、政府监管、社会协同、公众参与、法治保障的食品安全社会共治格局，凝聚起维护食品安全的强大合力。

汪洋指出，实行社会共治，关键是落实各方责任。企业要落实主体责任，自觉树立质量意识，健全管理制度，形成层层追溯、相互制约机制。政府要履行监管责任，创新监管方式，建立覆盖“从农田到餐桌”全过程的最严格的科学监管制度。社会要强化监督责任，形成人人监督食品安全的天网，让不安全食品没有市场，让生产经营者“一处失信、寸步难行”，让不法分子无处藏身。

汪洋强调，要做好实行社会共治的制度安排，有序向前推进。要完善政策措施，强化激励约束机制；搭建平台桥梁，畅通公众参与渠道，完善管理服务机制；健全法律制度，让各类主体有法可依、有章可循；营造环境条件，加强食品安全宣传教育，引导公众积极、理性、合法、有序地参与食品安全社会管理。

6月17日

［纲　文］ **《人民日报》发表题为《为实现中国梦凝聚青春力量——热烈祝贺中国共青团第十七次全国代表大会开幕》的社论。**

6月17日

［纲　文］ **《人民日报》发表题为《改作风，发展才有正能量》的评论员文章。**

6月18日

［纲　文］ **《人民日报》报道，习近平对国防科技大学研制成功天河二号超级计算机**

系统作出重要批示。

［目　文］　报道说，中共中央总书记习近平指出，天河二号超级计算机系统研制成功，标志着我国在超级计算机领域已走在世界前列。他希望同志们总结经验，再接再厉，坚持以我为主，勇于自主创新，不断强化前沿技术研究，为推动我国科技进步、建设创新型国家作出更大贡献。

天河二号超级计算机系统是科技部“十二五”863计划信息技术领域“高效能计算机研制”重大项目一期工程取得的标志性成果。6月17日，世界超级计算机TOP500组织在德国莱比锡举行的2013国际超级计算大会上，正式发布了第四十一届世界超级计算机500强排名，天河二号超级计算机系统以峰值计算速度每秒5.49亿亿次、持续计算速度每秒3.39亿亿次双精度浮点运算的优异性能位居榜首。这是继2010年国防科大研制的天河一号首次夺冠后，我国超级计算机再次登上世界超算之巅。

6月18日

［纲　文］　**党的群众路线教育实践活动工作会议在北京召开，习近平出席会议并发表重要讲话。**

［目　文］　中央党的群众路线教育实践活动领导小组组长刘云山主持会议。会议以电视电话会议形式举行，对全党开展教育实践活动进行部署。中共中央总书记习近平在讲话中指出，群众路线是我们党的生命线和根本工作路线。开展党的群众路线教育实践活动，就是要使全党同志牢记并恪守全心全意为人民服务的根本宗旨，以优良作风把人民紧紧凝聚在一起，为实现党的十八大确定的目标任务而努力奋斗。人心向背关系党的生死存亡。党只有始终与人民心连心、同呼吸、共命运，始终依靠人民推动历史前进，才能做到坚如磐石。

习近平强调，这次教育实践活动的主要任务聚焦到作风建设上，集中解决形式主义、官僚主义、享乐主义和奢靡之风这“四风”问题。这“四风”是违背我们党的性质和宗旨的，是当前群众深恶痛绝、反映最强烈的问题，也是损害党群干群关系的重要根源。“四风”问题解决好了，党内其他一些问题解决起来也就有了更好条件。

习近平指出，教育实践活动要着眼于自我净化、自我完善、自我革新、自我提高，以“照镜子、正衣冠、洗洗澡、治治病”为总要求。要以整风精神开展批评和自我批评，开好民主生活会，坚持开门搞活动。教育实践活动要以县处级以上领导机关、领导班子、领导干部为重点。各级领导干部既是活动组织者、推进者、监督者，更是活动参与者，要以普通党员身份把自己摆进去，力争认识高一层、学习深一步、实践先一着、剖析解决突出问题好一筹。保持党同人民群众的血肉联系是一个永恒课题，作风问题具有反复性和顽固性，必须经常抓、长期抓，特别是要建立健全促进党员、干部坚持为民务实清廉的长效机制。要以这次活动为契机，制定新的制度，完善已有的制度，废止不适用的制度。制度一经形成，就要严格遵守，执行制度没有例外。

中共中央政治局常委李克强、张德江、俞正声、王岐山、张高丽出席主会场会议，在京中共中央政治局委员、书记处书记，全国人大常委会党员副委员长，国务委员，最高人民法院院长，最高人民检察院检察长，全国政协党员副主席出席主会场会议。

6月18日

［纲　文］　**国家主席习近平、国务院总理李克强在北京分别会见古巴国务委员会第一副主席兼部长会议第一副主席迪亚斯－卡内尔。**

［目　文］　迪亚斯－卡内尔应国家副主席李源潮邀请，于6月17日至19日对中国进行正式访问。

习近平在会见时请迪亚斯－卡内尔转达对劳尔·卡斯特罗主席和菲德尔·卡斯特罗同志的诚挚问候。习近平表示，中古建交以来，始终相互理解、相互支持。进入新世纪，中古关系日益成熟，合作内涵更加丰富，表现出强大的生命力。中国党和政府珍视中古传统友谊，愿同古方保持高层交往，加强党际交往和治国理政经验交流，增进政治互信，不断凝聚共识，加深相互理解，扩大务实合作，促进各自发展与共同繁荣。中方愿与古方密切在国际和地区事务中的相互协调和配合，为提升发展中国家影响力、推动实现国际社会公平和正义作出积极贡献。中国愿与拉美和加勒比国家做政治上互尊互信、经贸上互补互利、文化上互学互鉴的好伙伴，建立以中拉合作论坛为核心的中拉整体合作机制，在更高平台上推动中拉互利友好合作。中方赞赏古方为推动中拉整体合作所作的积极努力，期待在古巴担任拉美和加勒比共同体轮值主席国期间，中国同拉共体关系取得更大发展。迪亚斯－卡内尔转达了劳尔·卡斯特罗主席和菲德尔·卡斯特罗同志的亲切问候。他表示，古方高度重视古中关系，愿与中方加强高层互访和沟通交流，扩大友好互利合作，推动古中关系和拉中关系取得更大发展。

李克强在会见时应询介绍了中国当前经济社会发展情况。他说，中国正在为实现中华民族伟大复兴的中国梦而努力，需要保持经济持续健康发展。2013年以来中国经济总体平稳，增速处于合理区间，虽然也面临不少困难、挑战甚至是风险，但我们将继续实施积极的财政政策和稳健的货币政策，坚持稳中求进、稳中有为、稳中提质。迪亚斯－卡内尔表示，古巴党和政府高度重视对华关系，将其放在古对外关系的优先位置，愿加强两国高层交往和治国理政经验交流，深化经贸、科技、基础设施、通信、教育、旅游等领域务实合作，并为推动拉美国家同中国关系的发展作出贡献。

李源潮6月17日同迪亚斯－卡内尔举行了会谈。

6月18日

［纲　文］　**世界高海拔第一长隧——青藏铁路西格二线新关角隧道2标段贯通。**

［目　文］　经过6年的艰苦掘进，由中铁隧道局承建的青藏铁路西格二线新关角隧道2标段胜利贯通。

新关角隧道全长32.16公里，是国内在建特长隧道，也是世界铁路隧道中高海拔第一长隧。隧道建成通车后，将使列车运行时间缩短2小时。全长818公里的青藏铁路西格二线，是青海省、西藏自治区铁路运输的唯一通道。它的建成将对青海省、西藏自治区的经济发展起到巨大推动作用。

6 月 18 日

［纲　文］　**国务委员杨洁篪在北京会见太平洋岛国论坛秘书长斯莱德。**

［目　文］　杨洁篪在会见时表示，中国与太平洋岛国论坛及其成员国素有友好传统。近年来，彼此关系取得长足发展。双方高层交往密切，互利合作富有成果。中方愿与论坛方携手努力，共同推动中国同论坛及其成员国关系全面、深入发展，更好地惠及双方人民。

6 月 19 日

［纲　文］　**国家主席习近平在人民大会堂会见联合国秘书长潘基文。**

［目　文］　习近平在会见时指出，联合国承载着各国人民的期望，肩负着诸多重大使命。联合国要抓住和平与发展的主题，高举公平正义的旗帜，讲公道话，办公道事。零和思维已经过时，我们必须走出一条和衷共济、合作共赢的新路子。在这方面，联合国应该有所作为。他强调，中国确立了“两个一百年”的奋斗目标，为未来国家发展绘制了宏伟蓝图。中国需要联合国，联合国也需要中国。中国重视联合国，将坚定地支持联合国。中国是联合国安理会常任理事国，这不仅是权力，更是一份沉甸甸的责任。中国有这个担当。中国将继续大力推动和平解决国际争端，支持联合国推进千年发展目标，愿同各方一道努力，共同应对气候变化等问题，为世界和平、人类进步作出更大贡献。潘基文祝贺神舟十号发射成功，祝愿中国人民成功实现中华民族伟大复兴的中国梦，表示中国梦的实现必将对联合国及国际社会产生深远和积极影响。潘基文表示，联合国高度赞赏中国积极支持和参与联合国维和行动，推动实现联合国千年发展目标，为维护世界和平、促进可持续发展作出了重大贡献。面对复杂多变的国际形势以及诸多地区和全球性问题和挑战，联合国需要中国发挥更大作用。双方还就叙利亚、朝鲜半岛局势等问题交换了意见。

19 日，外交部部长王毅与潘基文举行会谈。20 日，国务院总理李克强、国务委员杨洁篪分别与潘基文会谈。

潘基文应中国政府邀请，于 6 月 18 日至 21 日对中国进行正式访问。

6 月 19 日

［纲　文］　**李克强主持召开国务院常务会议。**

［目　文］　会议研究部署金融支持经济结构调整和转型升级的政策措施，决定再取消和下放一批行政审批等事项。

会议指出，金融和实体经济密不可分。稳增长、调结构、促转型、惠民生，金融发挥着重要作用。在当前经济运行总体平稳、但也面临不少困难和挑战的情况下，要坚持稳中求进、稳中有为、稳中提质，在保持宏观经济政策稳定性、连续性的同时，逐步有序不停顿地推进改革，优化金融资源配置，用好增量、盘活存量，更有力地支持经济转型升级，更好地服务实体经济发展，更有针对性地促进扩大内需，更扎实地做好金融风险防范。

会议研究确定了以下政策措施。一是引导信贷资金支持实体经济。把稳健的货币政策坚持住、发挥好，合理保持货币总量，按照有保有压、有扶有控的原则，加大对先进制造业、战略性新兴产业、劳动密集型产业和服务业、传统产业改造升级等的信贷支持。推进利率市场化改革。支持调整过剩产能，对整合过剩产能的企业定向开展并购贷款，严禁对产能严重过剩行业违规建设项目提供新增授信。二是加大对“三农”和小微企业等薄弱环节的信贷倾斜。全年“三农”和小微企业贷款增速不低于各项贷款平均增速、贷款增量不低于上年同期水平。三是支持企业“走出去”。创新外汇储备运用，拓展外汇储备委托贷款平台和商业银行转贷款渠道，大力发展出口信用保险。推进个人对外直接投资试点工作。四是助推消费升级。创新金融服务，支持居民家庭首套自住购房、大宗耐用消费品、教育、旅游等信贷需求，支持保障性安居工程建设，扩大消费金融公司试点。五是加快发展多层次资本市场。将中小企业股份转让系统试点扩大至全国，鼓励创新、创业型中小企业融资发展。扩大债券发行，逐步实现债券市场互通互融。六是发挥保险的保障作用。推广涉农新险种，试办小额信贷保证保险，推动发展国内贸易信用保险。七是推动民间资本进入金融业。鼓励民间资本参与金融机构重组改造，探索设立民间资本发起的自担风险的民营银行和金融租赁公司、消费金融公司等。进一步发挥民间资本在村镇银行改革发展中的作用。八是严密防范风险。加强信用体系建设，排查和化解各类风险隐患，提高监管有效性，严守不发生系统性区域性金融风险的底线。

会议通过了国家新闻出版广电总局“三定”规定，至此，本次国务院机构改革涉及的新组建部门“三定”已全部完成。在这些部门“三定”中，又取消和下放了32项行政审批等事项，包括取消能源企业发展建设规划审批、铁路客货直通运输审批、出版单位变更登记等，下放电力业务许可、港澳台在内地设立独资医院审批等。会议要求，各地区、各部门要切实加大政府职能转变力度，既要积极主动地放掉该放的权，又要认真负责地管好该管的事，切实从“越位点”退出，把“缺位点”补上，做到简政放权和加强监管齐推进、相协调，以更有效的“管”促进更积极的“放”，使转变职能的成效不断显现，进一步激发市场主体活力和内生发展动力，使改革红利惠及最广大群众。

6月19日

［纲　文］　**财政部印发《西部地区基层政权建设资金管理办法》。**

［目　文］　财政部指出，为贯彻落实党中央、国务院关于实施西部大开发战略的重大决策，切实强化西部地区基层政权执政能力建设，规范西部地区基层政权建设资金管理，我部制定了《西部地区基层政权建设资金管理办法》。加强西部地区基层政权建设，有利于巩固执政基础，增强基层政府提供基本公共服务的能力，对加快西部地区经济社会发展、维护民族团结、确保边疆稳定具有重要意义。各级财政部门要高度重视，切实做好资金和项目管理工作，将中央对西部地区基层干部的关怀落到实处。该《办法》自印发之日起施行。

6月19日

［纲　文］　**保监会印发《人身保险公司风险排查管理规定》。**

[目　文]　保监会指出，为防范人身保险公司经营风险，保护保险消费者合法权益，特制定该《规定》。各人身保险公司应当按照《规定》要求，对公司经营管理风险进行全面排查。各总公司应当做好风险排查的组织工作，在总、分两级机构成立风险排查工作责任部门，确保排查工作不走过场，不流于形式。保监会将对各人身保险公司的风险排查工作情况进行跟踪指导，对排查情况和排查结果进行抽查。对风险排查工作组织不力、排查不认真、整改不到位的公司，采取行业通报、监管谈话、开展专项现场检查等方式依法严肃处理。该《办法》自印发之日起施行。

6月19日

[纲　文]　**中国加入《华盛顿协议》，成为该协议组织的预备成员。**

[目　文]　在韩国首尔召开的国际工程联盟大会上，《华盛顿协议》全会一致通过接纳中国为该协议的预备成员。加入《华盛顿协议》表明中国工程教育的质量得到了国际社会的认可，意味着中国通过工程教育专业认证的学生未来可以在相关的国家或地区按照注册工程师的要求，取得工程师执业资格，获得走向世界所须具备的国际互认质量标准通行证。

《华盛顿协议》于1989年由来自美国、英国、加拿大、爱尔兰、澳大利亚、新西兰6个国家的民间工程专业团体发起和签署。该协议主要针对国际上本科工程学历（一般为四年）资格互认，确认由签约成员认证的工程学历基本相同，并建议毕业于任一签约成员认证的课程的人员均应被其他签约国（地区）视为已获得从事初级工程工作的学术资格。

6月19日

[纲　文]　**外交部部长王毅应约同美国国务卿克里通电话。**

[目　文]　王毅在通话时表示，习近平主席同奥巴马总统在安纳伯格庄园的会晤非常成功。两国元首同意，双方共同努力构建中美新型大国关系，相互尊重，合作共赢。这为中美关系的未来发展指明了战略方向，在复杂多变的国际形势下，向世界传递了十分积极的信号。

克里在通话时表示，美中元首会晤富有成果。美方赞赏两国元首在会晤中体现的对话和合作精神。美方坚信，美中合作非常重要，可以对许多全球性问题的解决带来重大影响。双方有许多工作要做，美方期待着同中方加强合作。

双方还就近期朝鲜半岛局势出现的一些积极变化交换了看法。

6月19日

[纲　文]　**《人民日报》发表题为《始终保持与人民的血肉联系》的社论。**

6月19—21日

[纲　文]　**应国家主席习近平邀请，越南社会主义共和国主席张晋创到中国进行国事访问。**

[目　文]　19日，习近平同张晋创举行了会谈。习近平指出，中越互为重要邻邦和合作伙伴。两国关系60多年走过的历程留给我们最重要的启示是，不管遇到任何问题和

干扰，中越双方要朝着友好合作的道路坚定不移往前走。他强调，中越关系正处于承前启后、继往开来的关键阶段。面对国际政治经济格局深刻复杂变化，中越双方要共同把握好两党两国关系发展的正确方向，从双方根本利益和两党两国前途命运出发，坚定不移巩固和推进中越友好，不断增进战略互信，妥善处理分歧，不使中越关系这艘大船偏离正确的航道。张晋创表示，越南党、政府和人民不会忘记中国给予的支持和帮助，越方愿同中方加强睦邻友好和全面合作，增进互信，妥处分歧，继承和发扬传统友谊，使越中关系发展得更好，为各自发展营造良好外部环境。

两国元首一致认为，中越均处在经济社会发展的关键时期，双方视对方发展为自身发展的机遇，要进一步深化全面战略合作。一是保持两国高层交往，加强战略沟通，就两国关系中重大问题及时交换意见，加强指导。二是继续发挥中越双边合作指导委员会机制重要作用，统筹推进各领域务实合作。执行好《中越两国政府落实中越全面战略合作伙伴关系行动计划》，提升外交、国防、执法等领域合作水平。三是加强两国经济发展战略协调，抓紧落实《中越2012—2016年经贸合作五年发展规划》，推进交通、能源、农业、加工制造、服务业等领域合作，探讨实施基础设施互联互通合作项目。四是扩大友好交往，共同办好2013年下半年在华举办的第二届中越青年大联欢等活动。五是加强多边合作，维护共同利益。

关于南海问题，习近平强调，中越双方要本着对历史和人民负责的精神，以中越友好和两国发展大计为重，下决心指导和推进南海问题政治解决，防止干扰两国关系。关键在于维护稳定和推进合作。双方要坚持推进双边谈判和友好协商，不采取任何可能使争议复杂化、扩大化的单方面行动，防止南海问题国际化。中方愿同越方共同努力，加大北部湾湾口外海域工作组谈判力度和密度，争取同步推进共同开发和划界，并尽快开展北部湾湾口外海域共同考察。张晋创表示，越方愿认真落实两国达成的共识，通过友好协商，妥善处理有关问题，积极商谈北部湾湾口外海域划界和共同开发，共同维护海上和平稳定，不使其影响两国关系。

会谈前，习近平在人民大会堂东门外广场为张晋创举行欢迎仪式。会谈后，两国元首共同出席了《中越两国政府落实中越全面战略合作伙伴关系行动计划》等多项合作文件签字仪式。20日，国务院总理李克强、全国人大常委会委员长张德江分别会见了张晋创主席。21日，两国领导人发表《中越联合声明》。

6月19—20日

［纲　文］　**国家副主席李源潮、中共中央政治局常委刘云山在北京分别会见由总书记卡拉特率领的印度共产党（马克思主义）代表团。**

［目　文］　19日，李源潮在会见中说，中印互为重要近邻，今年以来两国关系取得新发展。双方应积极推动两国面向和平与繁荣的战略合作伙伴关系迈上新台阶。印共（马）等印度左翼政党是维护中印友好的重要力量，希望两党加强交往，为推动中印关系健康稳定发展发挥积极作用。

卡拉特说，印中是世界上两个最大的国家，积极发展两国战略合作伙伴关系对整个亚洲和世界具有重要意义。印共（马）愿为推动这一关系不懈努力。

20 日，刘云山在会见时说，2013 年以来中印高层频繁会晤，就巩固中印战略合作伙伴关系达成重要共识。中印都是人口超过 10 亿的发展中大国，发展中国家最大的特点、最重要的任务是发展。现在中国人民正致力于实现中华民族伟大复兴的中国梦，中国梦是国家富强、民族振兴、人民幸福之梦，是和平、发展、合作、共赢之梦。中国共产党愿同印共（马）一道，相互学习借鉴、深化交流合作，为促进中印共同发展、增进两国人民福祉作出新贡献。

卡拉特表示，印中是亚洲大国，也是世界上最大的发展中经济体。两国在双边关系和国际领域有着巨大的合作潜力。印共（马）愿与中共加强合作，深化治国理政经验交流，共同推动两党两国关系不断发展。

6 月 19—22 日

［纲　文］　**国务院副总理张高丽应邀访问俄罗斯，参加第十七届圣彼得堡国际经济论坛。**

［目　文］　20 日，俄罗斯总统普京在圣彼得堡会见了张高丽。会见时，张高丽首先转达了习近平主席对普京总统的亲切问候和良好祝愿。张高丽表示，中国政府对圣彼得堡国际经济论坛的成功举办表示衷心祝贺。当前世界经济复苏进程艰难曲折多变。在这样的大背景下，这次论坛主要探讨如何推动全球经济稳定增长，重点突出，为深入研究全球经济稳定增长和加强与俄罗斯的合作提供了一个重要平台，必将产生重大影响和取得丰硕成果。普京请张高丽转达他对习近平主席的亲切问候和最良好的祝愿。他表示，习近平主席就任之后高度重视推动俄中务实合作，两国已有合作项目进展迅速，双边贸易额稳步增长。能源和高新科技领域已成为优先发展方向，长期大型合作项目保持强劲发展势头。

21 日，张高丽出席第十七届圣彼得堡国际经济论坛。此次论坛的主题是“如何推动全球经济稳定增长”，重点探讨全球经济前景和实现经济增长的途径，德国总理默克尔、荷兰首相吕特等在内的近 20 位欧洲、亚洲、美国、独联体国家政要和来自国际货币基金组织等众多金融机构、国际大型企业集团、新闻媒体及其他国际组织的代表 1 万多人与会。

张高丽在会上发表题为《凝聚共识，扩大合作，共同发展》的致辞。他指出，全球经济增长动力不足，形势复杂多变严峻，必须凝聚共识，扩大合作，同舟共济，共同推动世界经济尽快进入复苏增长的轨道。

访问期间，张高丽分别会见了俄政府第一副总理舒瓦洛夫、副总理兼中俄能源合作委员会俄方主席德沃尔科维奇、俄罗斯总统能源发展战略和生态安全委员会秘书长兼俄石油公司总裁谢钦，就全面落实中俄两国元首达成的共识和决定、深化双边务实合作、推动两国投资、经贸、能源等领域合作取得新成果等进行了深入会谈。张高丽还与舒瓦洛夫第一副总理共同见证了《中国黑龙江省政府和俄罗斯犹太自治州政府关于修建同江—下列宁斯阔耶跨界铁路桥进度的谅解备忘录》的签署。

6月20日

［纲 文］ **习近平在中南海同团中央新一届领导班子成员集体谈话**。

［目 文］ 集体谈话由中央政治局委员李源潮主持。共青团十七届中央书记处第一书记秦宜智汇报了共青团第十七次全国代表大会和十七届一中全会的召开情况，团中央书记处书记贺军科、罗梅、汪鸿雁、周长奎、徐晓、傅振邦分别作了发言。中共中央总书记习近平认真听取大家的发言，并不时插话，询问有关情况。

大家发言结束后，习近平发表了重要讲话。他强调，团的工作要把握住广大青年的脉搏。要提高团的吸引力和凝聚力，关键是要高举理想信念的旗帜。共青团要做好青年思想引导工作、增强吸引力和凝聚力，必须站在理想信念这个制高点上。只有思想上精神上的吸引力和凝聚力，才是内在的强大的持久的。

习近平指出，扩大团的工作有效覆盖面，关键是要把工作延伸到广大青年最需要的地方去。青年在哪里，团组织就建在哪里；青年有什么需求，团组织就要开展有针对性的工作，努力使团组织成为联系和服务青年的坚强堡垒。团组织要努力做广大青年值得信赖的贴心人，深入青年之中，倾听青年呼声，把青年安危冷暖挂在心上，发挥组织优势，调动社会资源，千方百计为青年排忧解难，使团组织成为广大青年遇到困难时想得起、找得到、靠得住的力量。

习近平对加强团干部队伍建设提出了明确要求，强调推动共青团事业不断开创新局面，关键在团干部。团的干部必须坚定理想信念，应该最富有理想、富有理想主义，团干部要在广大青年中树立威信、形成号召力，首先要高扬理想旗帜。团的干部必须心系广大青年，坚持以青年为本，深深植根青年、充分依靠青年、一切为了青年，做青年友，不做青年“官”，努力增强党对青年的凝聚力和青年对党的向心力。团的干部必须提高工作能力，勤奋学习，向书本学习，向实践学习，向青年学习，在同广大青年的密切交往中提高工作本领，在同他们打成一片中找到做好青年工作的有效办法。团的干部必须锤炼优良作风，既要有干事创业的激情，更要有脚踏实地的作为。要深刻领会中央八项规定的精神实质，养成慎始、慎独、慎微的意识，走好人生每一步。要坚决反对形式主义、官僚主义、享乐主义和奢靡之风这“四风”，着力解决广大青年反映强烈的突出问题，为做好团的工作提供坚强作风保证。

习近平指出，各级党委要从巩固和扩大党执政的青年群众基础的战略高度，加强对团的工作的领导，为团组织提供良好工作环境和条件。各级党委要热情关心、严格要求团干部，帮助他们树立正确的世界观、权力观、事业观，做他们建功成才路途上的良师益友。我们党从来都是在重大政治任务中、在火热社会实践中锻炼干部、培养干部的。团干部要敢于到经济社会发展最需要的地方，到条件艰苦、情况复杂的地方，砥砺品质，提高本领。

6月20日

［纲　文］　**教育部与中国载人航天工程办公室、中国科学技术协会共同主办神舟十号航天员太空授课活动。**

［目　文］　为激发青少年学生的民族自豪感和爱国主义精神，增强学习兴趣，提高科学素质，在大约40分钟的授课中，航天员王亚平通过质量测量、单摆运动、陀螺运动、水膜和水球等5个基础物理实验，展示了失重环境下物体运动特性等物理现象，并通过视频与设在中国人民大学附属中学的地面课堂进行互动交流，包括少数民族学生、进城务工人员随迁子女及港澳台地区学生代表在内的330余名中小学生参加了地面课堂活动。全国6000余万名中小学生通过电视直播同步收看，其余学生通过教育网视频收看。

6月20日

［纲　文］　**住房城乡建设部、发展改革委、农业部、国土资源部4部委联合印发《关于实施以船为家渔民上岸安居工程的指导意见》。**

［目　文］　《意见》表示，在尊重渔民意愿和方便渔民生产生活的前提下，多渠道支持以船为家渔民上岸安居。凡能够纳入现行有关城乡住房保障政策支持范围的，优先纳入现行相关政策解决；对于无法纳入的，通过实施以船为家渔民上岸安居工程解决。以船为家渔民上岸安居工程将被纳入全国保障性安居工程范围，以家庭为单位进行管理，同等享受相应的土地、税收、贷款等优惠政策，并将根据渔民户籍、居住现状、经济条件、地理位置等情况，合理选择新建、翻建、扩建、修缮加固、补助购房等多种安置方式。资金方面，以船为家渔民上岸安居工程资金以渔户自筹为主，中央和地方政府适当补助，并通过银行信贷和社会捐助等多渠道筹集。中央对以船为家渔民上岸安居给予补助，无房户、D级危房户和临时房户户均补助2万元，C级危房户和既有房屋不属于危房但住房面积狭小户户均补助7500元。地方各级政府要加大资金投入，地方补助资金及项目管理等工作经费应纳入年度预算，省级人民政府配套补助资金不低于中央补助资金的50%，市县级财政也要给予适当补助，减免工程建设相关规费。此外，地方各级政府应通过制定贴息、担保等政策措施，引导金融机构为渔户上岸安居提供贷款，并鼓励社会力量通过捐赠和资助等形式支持以船为家渔民上岸安居。标准方面，以船为家渔民上岸安居工程建设要以满足渔户最基本的居住需求为目标，坚持节约实用和量力而行的原则，从严控制建筑面积及总造价。国家补助的基本户型建筑面积为60平方米，各地在户型设计上可根据渔民意愿、经济实力和当地实际情况适当调整。

以船为家渔民上岸安居工程的补助对象按长期作业地确定，2010年12月31日前登记在册的渔户至少满足以下条件之一方可列为补助对象：一是长期以渔船（含居住船或兼用船）为居所；二是无自有住房或居住危房、临时房、住房面积狭小（人均面积低于13平方米），且无法纳入现有城镇住房保障和农村危房改造范围。

《意见》规定，以船为家渔民上岸安居工程资金必须专款专用，分账核算，严禁截留、挤占和挪用。要定期对资金的管理和使用情况进行监督检查，发现问题，及时纠正，严肃处理。问题严重的要公开曝光，并追究有关人员责任，涉嫌犯罪的，移交司法机关处理。年度计划完成后，省级住房城乡建设部门要及时牵头组织对工程实施情况进行检查，并在一个月内提交检查报告报住房城乡建设部、国家发展改革委、农业部、国土资源部备案，四部委将组织进行抽查。

6月20日

［纲　文］　**外交部发言人就美国国务院发布2013年度《国际贩运人口问题报告》将中国从二类观察国降级为第三类国家一事答记者问。**

［目　文］　外交部发言人表示，任何国家都没有资格以权威自居，对别国进行所谓“评级”。中国政府一向重视打击各种形式的贩运人口犯罪，保障受害者的权益。中方不断完善国内立法，加强执法和司法措施，开展与各国的合作。中方作出的努力是实实在在的，取得的成效是有目共睹的，不容否认。

6月20—21日

［纲　文］　**党的群众路线教育实践活动中央督导组培训会议在北京召开。**

［目　文］　中央党的群众路线教育实践活动领导小组副组长赵乐际出席会议并发表讲话。中共中央书记处书记、中央党的群众路线教育实践活动领导小组副组长赵洪祝出席会议并作了总结讲话。中央党的群众路线教育实践活动领导小组副组长陈希、雒树刚，中央督导组全体成员，中央组织部部务会成员，中央纪委、中央宣传部有关负责人参加了会议。

会议深入学习领会习近平总书记和刘云山同志在党的群众路线教育实践活动工作会议上的讲话精神，对中央督导组进行了思想动员和工作培训并认真研究了督导工作。

赵乐际强调，中央派出督导组，是加强督促检查、具体指导的重要举措，是教育实践活动健康开展、取得实效的重要保证。督导组要提高思想认识，把握中央要求，注意工作方法，强化责任担当，认真履行职责。要加强分类指导，抓住督导重点，发现并督促解决突出问题，督促建立健全并严格执行作风建设的制度规定，注重发现总结典型经验，确保教育实践活动不虚、不空、不偏，确保有序有效进行。赵洪祝要求，督导组要从严要求，务求实效，注重把握各环节重点工作，督促解决突出问题；要加强沟通协调，形成督促检查工作合力；要改进作风、求真务实、严守纪律，带头树立为民务实清廉形象。

6月21日

［纲　文］　**习近平向中国南极长城站、中山站的全体考察队员以及在南极地区工作的各国科学家和工程技术人员致慰问电，祝南极仲冬节快乐。**

6月21日

［纲　文］　**中央军委在北京召开全军党的群众路线教育实践活动工作会议。**

［目　文］　会议以电视电话会议形式举行。四总部、驻京各大单位、军委办公厅领

导和全军教育实践活动领导小组成员在主会场参加会议。全军和武警部队军以上单位党委常委、部门领导在分会场参加会议。中共中央政治局委员、中央军委副主席范长龙，中共中央政治局委员、中央军委副主席许其亮出席会议并讲话，中央军委委员常万全、赵克石、张又侠、吴胜利、马晓天、魏凤和等出席会议。

会前，中共中央总书记习近平对军队开展党的群众路线教育实践活动作出重要指示，强调军队开展党的群众路线教育实践活动，既要贯彻中央统一要求，又要体现自身特点和建设规律，着眼永葆人民军队性质、宗旨、本色，着眼形成和发展团结友爱和谐纯洁的内部关系，着眼促进军队各项工作和建设。要坚决反对形式主义、官僚主义、享乐主义和奢靡之风，着力在纠治官兵反映强烈的突出问题上见到成效，在解决深层次矛盾和问题上见到成效，在构建规范化、制度化的长效机制上见到成效，努力从思想上、组织上、作风上为实现党在新形势下的强军目标提供坚强保证。

会议主要任务是认真贯彻党中央的部署要求，坚决落实习主席和军委决策指示，对全军深入开展党的群众路线教育实践活动进行动员部署。会议提出，要深化思想认识，充分认清教育实践活动的重大意义，站在听党指挥的高度，树立走在前列的标准，打赢改作风这场硬仗。反对形式主义，要着重解决文山会海、贪图虚名、弄虚作假、工作不实的问题；反对官僚主义，要着重解决对广大官兵的根本态度问题；反对享乐主义，要着重克服贪图享受、及时行乐思想和精神懈怠、不思进取的现象；反对奢靡之风，要着重纠治铺张浪费、挥霍无度、骄奢淫逸的不良风气。要把教育实践活动与部队正在开展的各项工作结合起来，与加强党委班子和干部队伍建设结合起来，聚焦到提高战斗力上，贯穿到以军事斗争准备为龙头的各项工作中，确保部队能经受各种考验，圆满完成各项任务。

6月21日

［纲　文］　**中宣部、浙江省委在人民大会堂举行杭州“最美现象”思想道德建设先进经验报告会。**

［目　文］　报告会前，中共中央政治局常委刘云山会见报告会成员，强调要把学习“最美人物”、弘扬“最美精神”作为社会主义核心价值体系建设的重要载体，与全面建成小康社会实践结合起来，更好地激励人们奋发有为，凝聚起实现中国梦的强大精神力量。思想道德建设重在建设积累，贵在贴近实际，难在持之以恒。要深入推进社会主义核心价值体系建设，营造崇尚先进、学习先进的浓厚氛围，引导全社会礼敬“最美人物”、争做“最美人物”。要从多方面关心帮助先进典型，让他们真正感到光荣、心中得到温暖。中共中央政治局委员、中央书记处书记、中宣部部长刘奇葆参加会见。

报告会上，杭州市委副秘书长陈卫强、阿里巴巴集团社会责任部员工吴菊萍、杭州长运集团有限公司副总经理俞中欢、杭州市富阳市万市镇众缘村村民黄小荣、杭州电视台记者李天琼作了报告，多角度诠释了杭州“最美现象”的深刻内涵和时代价值。首都干部群众代表700余人参加报告会。

近年来，杭州涌现出吴菊萍、吴斌、黄小荣等一批来自普通岗位的先进典型，他们用爱心和善举，用勇敢和坚强，在危急时刻做出英雄壮举，在生死关头展现人间大爱，感动了杭州，感动了全国，被人们誉为“最美人物”。在他们的感召和带动下，越来越多的人参与到学习“最美人物”、争做“最美人物”的行列中来。

6月21日

［纲　文］ **中核集团在兰州铀浓缩基地宣布：中国核工业关键技术——铀浓缩技术完全实现自主化，并成功实现工业化应用，达到了国际先进水平，为中国铀浓缩产业参与国际竞争奠定了技术基础。**

6月21日

［纲　文］ **第三十七届世界遗产大会宣布中国新疆天山列入世界自然遗产。这是中国西北地区迄今为止唯一一处世界自然遗产。**

6月21日

［纲　文］ **国务院副总理马凯在北京会见来华出席第二十七届中欧经贸混委会的欧盟委员会贸易委员德古赫特。**

［目　文］ 马凯在会见时表示，中国政府高度重视中欧关系，希望双方按照平等对待、互利合作的原则妥善解决贸易争端，促进中欧全面战略伙伴关系健康发展。双方表示将适时举行第四次中欧经贸高层对话。

6月21日

［纲　文］ **国务院副总理刘延东在中南海紫光阁会见韩国三星集团首席副会长李在镕。**

［目　文］ 刘延东在会见时积极评价三星集团长期以来为推动中韩经贸合作发展所作努力。她说，中韩两国在国家发展目标、社会管理经验等方面有许多值得借鉴之处，经贸、科技等方面互补性很强，合作前景广阔，人文交流潜力巨大。中国政府欢迎更多有实力企业与中方加强高新技术领域合作，实现互利共赢，愿为外资企业在华经营创造良好条件。

6月21日

［纲　文］ **国务委员杨洁篪在北京会见朝鲜外务省第一副相金桂冠。**

［目　文］ 杨洁篪在会见时说，中朝外交部门战略对话取得积极成果。中方愿同朝方一道推动两国关系健康稳定发展。中方坚持实现朝鲜半岛无核化，坚持维护半岛和平稳定，坚持通过对话协商解决问题。当前半岛形势出现缓和势头，但仍复杂敏感，希望各方积极对话接触，推动形势继续好转，争取早日重启六方会谈。金桂冠说，朝方希望半岛形势缓和，坚持通过对话解决问题，愿参加包括六方会谈在内的各种形式对话。

6月21日

［纲　文］ **著名水利水电工程专家和工程教育学家张光斗在北京病逝，享年101岁。**

6月22—25日

［纲　文］ **中共中央政治局召开专门会议，对照检查中央八项规定落实情况，讨论**

研究深化改进作风举措。

［目　文］　中共中央总书记习近平主持会议。会前，中共中央政治局同志学习了毛泽东、邓小平、江泽民、胡锦涛同志以及党的十八大以来党中央关于坚持群众路线的重要论述，通过谈心谈话听取了有关方面意见和建议，围绕加强作风建设、发挥表率作用进行了反思和剖析，自己动手撰写了发言提纲。中央办公厅会同中央纪委、中央宣传部、国务院办公厅、财政部调查了解了全党贯彻八项规定精神的情况，就中央政治局加强作风建设广泛征求了意见。

会议共有3项议程：第一，听取中央八项规定贯彻执行情况和对中央政治局加强作风建设征求意见情况的汇报；第二，中央政治局同志发言，对照检查自己落实中央八项规定的情况；第三，讨论研究加强作风建设的措施和制度。

会议认为，中央政治局发挥领导作用的一项基本要求，就在于要求别人做到的自己首先做到，要求别人不做的自己绝对不做。抓改进作风，必须从中央政治局抓起。中央八项规定出台以来，中央政治局的同志自觉、认真、坚持贯彻执行，在改进调查研究、精简会议活动、精简文件简报、规范出访活动、改进警卫工作、改进新闻报道、严格文稿发表、厉行勤俭节约等方面取得积极成效。

会议指出，进一步落实中央八项规定精神，要同反对形式主义、官僚主义、享乐主义和奢靡之风这“四风”紧密结合起来。要从思想教育入手，深刻剖析产生“四风”的思想根源，解决好世界观、人生观、价值观这个“总开关”问题。要结合实际，找准“四风”的具体表现，统筹制定领导干部办公用房、住房、配车、秘书配备、公务接待、警卫、福利、休假等工作生活待遇标准，深化财政体制、审批体制、决策机制等方面的改革创新。会议强调，坚持党要管党，全面加强党的作风建设，是进一步落实中央八项规定精神的有力保障。要严格规范党内政治生活，完善干部政绩考核评价体系，树立正确用人导向，深化改革、转变职能，从体制机制上堵塞滋生不正之风的漏洞，以法治思维和法治方法抓作风建设，加强问责，发挥舆论监督、群众监督作用。

习近平发表讲话，肯定了中央政治局认真贯彻八项规定取得的成效，对中央政治局各位同志的对照检查发言进行了总结，强调改进工作作风、推进党内相关制度改革是全面深化改革的重要内容，并就加强中央政治局自身建设、提高中央政治局工作水平提出5点要求：第一，不断提高思想政治水平。第二，善于观大势、谋大事。第三，全面贯彻执行民主集中制。第四，发挥模范带头作用。第五，保持同人民群众的血肉联系。

会议审议通过了进一步改进作风、密切联系群众的有关制度规定。会议要求中央政治局的同志要带头严格遵守，各地、各部门要自觉执行有关规定，不打折扣、不搞变通，严肃查处违规行为，用实际行动维护制度的权威性。

6月22日

［纲　文］　**第三十七届世界遗产大会宣布中国红河哈尼梯田文化景观列入《世界遗产名录》。**

［目　文］　随着红河哈尼梯田文化景观申报成功，中国拥有的世界遗产总数已达到45处，超越西班牙成为第二大世界遗产国，仅次于意大利跃居第二。

6月23日

［纲　文］　国务院办公厅印发《关于调整国务院促进中小企业发展工作领导小组组成人员的通知》。

［目　文］　《通知》中说，根据工作需要和人员变动情况，国务院决定对该领导小组组成人员进行调整，国务院副总理马凯任组长，副组长为工业和信息化部部长苗圩、财政部部长楼继伟、国务院副秘书长肖亚庆。成员包括工业和信息化部、发展改革委、科技部、财政部、人力资源社会保障部等18个部门的有关负责人。

《通知》明确，领导小组办公室设在工业和信息化部，工业和信息化部总工程师朱宏任兼任领导小组办公室主任。

6月23日

［纲　文］　孟建柱出席在济南召开的国际反贪局联合会第五届研讨会开幕式并讲话。

［目　文］　最高人民检察院检察长、国际反贪局联合会主席曹建明主持开幕式，70多个国家和地区的反贪机构代表参会。中央政法委书记孟建柱在讲话中指出，腐败是人类社会共同的敌人，反腐败是一项长期、艰巨的任务，是全世界各国政府共同的责任。中国将以更加积极、开放、务实的态度，推动加强国际反腐败领域合作，坚决铲除腐败毒瘤。腐败严重危害政治文明和可持续发展。中国共产党自成立以来，就旗帜鲜明地反对腐败，正在走一条具有中国特色的反腐倡廉道路。中国政府从事关党和国家生死存亡的高度，把反对腐败作为重要任务，坚持标本兼治、综合治理、惩防并举、注重预防方针，坚持运用法治思维和法治方式反对腐败，努力把权力关进制度的笼子，促进官员清正、政府清廉、政治清明。孟建柱提出3点建议：一是坚持相互尊重、相互信任，促进国际反腐败领域务实合作。二是坚持相互支持、协作共赢，推动反腐败工作共同发展。三是坚持健全机制、深化合作，共同提升反腐败工作水平。

6月23日

［纲　文］　外交部发言人就美国国家安全局前雇员斯诺登经香港前往俄罗斯、美国对华网络攻击问题答记者问。

［目　文］　关于斯诺登经香港前往俄罗斯一事，外交部发言人说，我们看到了有关报道，尚不了解具体情况，将继续关注有关进展。香港是一个法治社会，根据《香港特别行政区基本法》和“一国两制”原则，中央政府一贯尊重香港特区政府依法办事。关于美国曾对中国电信运营公司和清华大学进行网络攻击一事，发言人说，我们对最近所披露的美政府有关机构对中国进行网络攻击等情况表示严重关切，这再次证明中国是网络攻击的受害者。我们已就此向美方提出交涉。我愿重申，中方反对一切形式的网络攻击，愿本着

相互尊重的精神，与国际社会积极加强对话与合作，共同维护网络空间的和平与安全。

6 月 24 日

［纲　文］　**国家主席习近平应约同巴西总统罗塞夫通电话。**

［目　文］　双方就中巴关系、双边能源合作、国际经济金融形势和金砖国家合作交换了意见。习近平在通话时指出，当前国际金融市场出现了一些新的复杂因素，包括中巴在内的金砖国家要密切关注有关动向，加强财金领域沟通合作，加快金融安全网建设，推动国际社会加强宏观经济政策协调，落实二十国集团峰会有关承诺，维护国际金融稳定，反对贸易保护主义，促进世界经济健康发展。罗塞夫赞同习近平的意见，表示巴方高度重视巴中全面战略伙伴关系，愿同中国等金砖国家在国际经济金融领域保持密切沟通和协调，携手应对挑战，维护共同利益。

6 月 24 日

［纲　文］　**习近平到北京航天飞行控制中心同正在天宫一号执行任务的神舟十号航天员聂海胜、张晓光、王亚平亲切通话。**

［目　文］　中共中央总书记习近平代表党中央、国务院、中央军委，代表全国各族人民，向 3 名航天员表示诚挚的慰问。习近平询问了航天员的身体情况与工作进展并指出，这次载人航天飞行，航天员身上体现出了不畏艰险、勇于探索的意志品质，这种宝贵的意志品质对全国人民都是启示和鼓舞。航天梦是强国梦的重要组成部分。随着中国航天事业快速发展，中国人探索太空的脚步会迈得更大、更远。

另据《人民日报》报道，6 月 26 日 8 时 07 分，在经过 15 天太空飞行后，神舟十号载人飞船返回舱在内蒙古中部预定区域安全着陆，航天员聂海胜、张晓光、王亚平健康出舱，天宫一号与神舟十号载人飞行任务取得圆满成功。张高丽在北京航天飞行控制中心观看飞船回收实况并宣读了中共中央、国务院、中央军委的贺电。

6 月 24 日

［纲　文］　**住房城乡建设部发出《关于印发全国动物园发展纲要的通知》。**

［目　文］《通知》提出，动物园作为城市绿地系统中开展野生动物综合保护和相关科学研究的专类公园，是保护生物多样性的主要示范场所，具有生态保护、科学研究、科普宣传、游览观赏等综合功能，是社会公益事业的重要组成部分。为切实加强动物园的保护与发展，全面推进生态文明建设、构建和谐社会，依据动物园管理的有关法律法规，特委托中国动物园协会编制《全国动物园发展纲要》，各地参照执行。

该《纲要》中规定，为确保政府投资动物园的公益性，未来 3 年内将研究解决动物园“门票价格过高”等问题，确保成人门票价格不高于当地人均月收入的 0.5%，各类特殊人群按规定实行减、免票；要大力杜绝侮辱、虐待、恐吓或殴打动物行为，严禁各类动物表演。未来 5 年内，省会城市动物园中具有大学本科以上学历的人员应达到总职工人数的 50% 以上；未来 10 年内，所有动物园中具有大学本科以上学历的人员应达到总职工人数的50%以上。在应急处置方面，在未来3年内，所有动物园要健全保障人和动物安全的管理制度，建立健全突发事件应急处理机制和安全督查机制，要分类制订凶猛、危险动物逃逸处置预案，定期组织动物逃逸处置演练；同时设定游人接待量最高限制。此外，住房和城乡建设部将进一步完善动物园准入和退出审核制度，预计用10年时间全面清理行业内不合格的动物园。

6月24日

［纲　文］ **外交部部长王毅应约同英国外交大臣黑格通电话。**

［目　文］ 黑格在通话时表示，英方尊重中国的主权和领土完整，承认西藏是中国一部分，不支持“西藏独立”，充分认识到涉藏问题的敏感性，愿在尊重中方关切的基础上妥善处理。王毅在通话时表示，中方赞赏英方重视对华关系，积极评价英方重申承认西藏是中国一部分、不支持“西藏独立”的立场。希望英方今后以实际行动为中英关系的发展积累正能量，双方共同努力推动中英关系保持健康稳定发展。

6月24日

［纲　文］ **联合国工业发展组织（工发组织）第四十一届理事会在奥地利首都维也纳投票选举新任总干事，中国政府推荐候选人、财政部副部长李勇在选举中胜出。这是内地中国人首次担任联合国专门机构主要负责人。**

6月24日

［纲　文］ **《人民日报》发表题为《牢牢抓住党的生命线——一论学习贯彻习近平同志6月18日重要讲话精神》的评论员文章。**

6月25日

［纲　文］ **习近平主持中共中央政治局第七次集体学习，学习中国特色社会主义理论和实践。**

［目　文］ 中共中央总书记习近平在主持学习时强调，历史是最好的教科书。学习党史、国史，是坚持和发展中国特色社会主义、把党和国家各项事业继续推向前进的必修课。这门功课不仅必修，而且必须修好。要继续加强对党史、国史的学习，在对历史的深入思考中做好现实工作、更好走向未来，不断交出坚持和发展中国特色社会主义的合格答卷。习近平表示，这次中央政治局集体学习以“中国特色社会主义理论和实践”为题，主要目的是通过回顾我们党走过的光辉历程，特别是通过重温我们党领导人民在我国建设社会主义的历史进程，提高我们对坚持和发展中国特色社会主义的认识，增强做好改革发展稳定各项工作的自觉性。这对贯彻落实党的十八大精神很有意义，也是对我们党成立92周年的最好庆祝。

习近平指出，无论搞革命、搞建设、搞改革，道路问题都是最根本的问题。我们党之所以得到人民拥护和支持，从根本上说，就是因为能始终代表中国最广大人民根本利益。道路自信、理论自信、制度自信，来源于实践、来源于人民、来源于真理。中国特色社会主义这条道路来之不易，它是在改革开放30多年的伟大实践中走出来的，是在中华人民共和国成立60多年的持续探索中走出来的，是在对近代以来170多年中华民族发展历程的深刻总结中走出来的，是在对中华民族5000多年悠久文明的传承中走出来的，具有深厚的历史渊源和广泛的现实基础。我们要在深入把握中国特色社会主义的科学性和真理性的基础上增强自信，在领导人民推进改革开放和社会主义现代化建设的进程中继续开拓，按照党的十八大提出的坚持和发展中国特色社会主义的基本要求，不断开创中国特色社会主义事业新局面。

为了准备这次学习，中共中央政治局各位同志事先学习了中国共产党历史，做了认真思考和准备。马凯、刘奇葆、范长龙、孟建柱、赵乐际、胡春华作了重点发言。

6月25日

［纲　文］　**财政部、发展改革委联合印发《关于公布取消和免征一批行政事业性收费的通知》。**

［目　文］　《通知》提出，在对全国性及中央部门和单位行政事业性收费项目进行全面清理的基础上决定自8月1日起，在全国统一取消和免征33项行政事业性收费。

《通知》明确，33项行政事业性收费取消和免征后，有关部门和单位依法履行管理职能所需相关经费，由同级财政预算予以保障。其中，行政机关和财政补助事业单位的经费支出，通过部门预算予以安排；自收自支事业单位的经费支出，通过安排其上级主管部门项目支出予以解决。各级财政部门要按照上述要求，妥善安排有关部门和单位预算，确保其工作正常开展。有关执收部门和单位要按规定到原核发《收费许可证》的价格主管部门办理《收费许可证》注销手续，并到原核发财政票据的财政部门办理票据缴销手续。有关行政事业性收费的清欠收入，应当按照财政部门规定渠道全额上缴国库。

《通知》要求，取消和免征一批行政事业性收费，是国务院确定的重要任务，也是转变政府职能、扎实推进改革的迫切要求。各地区和有关部门要严格执行本通知规定，对公布取消和免征的行政事业性收费，不得以任何理由拖延或者拒绝执行，不得以其他名目变相继续收费。各级财政、价格主管部门要加强对落实本通知情况的监督检查，对不按规定取消或免征相关收费的，按有关规定给予处罚，并追究责任人员的行政责任。

此次取消的行政事业性收费项目共31项：外交部门代发电报费；教育部门剑桥少儿英语考试费（转为经营服务性收费由教育部考试中心自行管理）；公安部门菲律宾船员检查费；司法部门外国律师事务所办事处申请手续费、外国律师事务所办事处年检费、涉外和涉港澳台公证书工本费；交通运输部门船舶证明签证费、船舶申请安全检查复查费、油污水化验费、海事调解费、浮油回收费、海岸电台无线电电报电话费（含船舶电信业务岸台费）；工业和信息化部门电子工程概预算人员培训费、无线电设备检测费；水利部门占用农业灌溉水源及设施补偿费（占用农业灌溉水源及设施补偿资金由占用者依法支付给相关部门，不作为行政事业性收费管理）；农业部门海事调解费；商务部门装船证费、手工制品证书费；工商行政管理部门企业年度检验费；质量监督检验检疫部门制造和修理计量器具许可证证书费、计量标准考核证书费、计量授权证书费、计量认证合格证书费；林业部门绿化费、林地补偿费（林地补偿资金由征占用林地单位按规定支付给被征占用林地单位和个人，不作为行政事业性收费管理）；统计部门统计人员岗位培训费；烟草部门烟草制品及原辅材料检验费；档案部门利用档案收费；保密部门保密证表包装材料费；贸促会ATA单证册收费；中国文联摄影师预备资格考试费。免征的行政事业性收费项目共2项：农业部门水生野生动物资源保护费；林业部门陆生野生动物资源保护管理费 。

6月25日

［纲　文］　**财政部印发《关于〈2013年地方政府自行发债试点办法〉的通知》。**

［目　文］　《通知》指出，经国务院批准，2013年适当扩大自行发债试点范围。现确定，2013年上海市、浙江省、广东省、深圳市、江苏省、山东省开展自行发债试点。

该《办法》规定，2013年试点省（市）政府债券由财政部代办还本付息。试点省（市）发行政府债券实行年度发行额管理，全年发债总额不得超过国务院批准的当年发债规模限额。2013年度发债规模限额当年有效，不得结转下年。2013年政府债券期限为3年、5年和7年，试点省（市）最多可以发行3种期限债券，每种期限债券发行规模不得超过本地区发债规模限额的50%（含50%）。试点省（市）应当按照公开、公平、公正原则，组建本省（市）政府债券承销团，其成员应当是2012—2014年记账式国债承销团成员，原则上不得超过20家。试点省（市）政府债券承销团成员资格有效期不超过2014年。

6月25日

［纲　文］　**国家副主席李源潮在北京会见西班牙外交大臣马加略。**

［目　文］　李源潮在会见时说，中西建交40年来，两国始终相互尊重、平等相待。当前两国经济都处在转型调整阶段，中西应共同努力，拓展互利合作，反对贸易保护主义，加强人文交流，进一步推动两国全面战略伙伴关系发展。马加略表示，西班牙高度重视对华关系，当前西中关系发展良好，期待两国在经贸、旅游、人文等领域合作有更大发展。

6月25日

［纲　文］　**天宫一号和神舟十号组合体成功分离后，神舟十号飞船从天宫一号目标飞行器上方绕飞至其后方，并顺利完成了与天宫一号保持一定距离的交会试验。**

［目　文］　这是我国首次成功实施航天器绕飞交会试验，表明我国航天器绕飞及多方位交会技术得到充分验证，为后续空间站工程建设积累了丰富的经验。

6月25日

［纲　文］　**《人民日报》发表题为《集中解决“四风”问题——二论学习贯彻习近平同志6月18日重要讲话精神》的评论员文章。**

6月26日

［纲　文］　**国家主席习近平在人民大会堂会见苏里南总统鲍特塞。**

［目　文］　习近平在会见时表示，中国与苏里南建交37年来，两国各领域交流合作取得长足发展，已经成为相互信赖的好朋友、互利合作的好伙伴。中苏经济互补性强，合作潜力很大。双方要大力推进基础设施建设、能源资源开发、农林渔业、节能环保等领域务实合作，实现互利双赢。中国政府支持有实力的中国企业赴苏投资兴业，探讨合资经营、共同开发等多种合作模式。双方要进一步改善贸易和投资环境，为合作提供更坚实的法律保障。加强人力资源等领域合作，举办形式多样的人文交流活动，夯实两国友好的社会基础。密切多边协调配合，加强在气候变化等问题上的对话和交流，共同维护两国和发展中国家权益。中方将一如既往从战略高度看待中国同加勒比关系，愿同加勒比国家做相互尊重、平等互利、共同发展的全面合作伙伴，让中加合作惠及双方人民。苏里南2013年下半年将接任南美国家联盟轮值主席，希望苏方继续为促进中加、中拉关系发展发挥积极影响。鲍特塞表示，苏中是真正的好朋友，两国在政治、经济等领域开展了卓有成效的合作。中国向苏里南等加勒比国家提供支持和帮助，有力促进了地区国家经济、社会发展。苏方愿进一步扩大两国友好互利合作，推动苏中关系和加中、拉中关系继续向前发展。

6月26日

［纲　文］　**国家主席习近平在人民大会堂会见塞拉利昂总统科罗马。**

［目　文］　习近平在会见时表示，中塞建交以来，始终坚持真诚友好、团结互助，两国关系不断发展。中方愿同塞方加强各领域务实合作，不断创造更多利益契合点和合作增长点，实现共同发展。中方愿积极支持塞文教、卫生等领域发展，为塞方提供力所能及的帮助，鼓励有实力的中国企业在基础设施建设、矿业、电信、农业等领域同塞方开展互利合作，同时要求在塞企业合法经营，积极回馈当地社会。中方希望塞方切实保障中国企业的合法权益，为两国经贸合作营造稳定、可靠的环境。中方愿在“中非和平安全合作伙伴倡议”框架内同塞方开展和平安全领域合作，促进非洲和平稳定。习近平表示，中国和非洲是命运共同体，新形势下中非合作大有可为、前景光明。中非要永远做可靠朋友和真诚伙伴，共同推动新型战略伙伴关系全面深入发展，更好造福中非人民。科罗马表示，塞中两国相互尊重，相互支持，各领域友好合作成果丰硕。塞方感谢中方的支持和帮助，愿与中方扩大合作，做共同繁荣的伙伴。塞方将进一步改善投资环境，欢迎更多中国企业赴塞投资，开展互利合作。

27日，国家副主席李源潮会见了塞拉利昂总统科罗马。李源潮在会见时说，中塞长期保持友好合作关系，当前两国都处在发展建设的关键时期。双方应把握发展机遇，密切政治交往，扩大互利合作，加强地方交流，为中塞传统友好关系注入新活力。科罗马表示，塞拉利昂将努力营造有利投资环境，扩大与中国的经贸合作，促进两国共同发展。

6月26日

［纲　文］　**李克强主持召开国务院常务会议。**

［目　文］　会议研究部署加快棚户区改造，促进经济发展和民生改善。会议认为，

2013年以来我国经济形势总体平稳。要保持政策连续性和稳定性，稳定市场预期。要坚持稳中有进、稳中有为，积极采取既稳增长、又调结构，既利当前、又利长远，让群众特别是困难群众得到更多实惠的措施，着力扩大国内有效需求。会议强调，棚户区改造既是重大民生工程，也是重大发展工程，可以有效拉动投资、消费需求，带动相关产业发展，推进以人为核心的新型城镇化建设，破解城市二元结构，提高城镇化质量，让更多困难群众住进新居，为企业发展提供机遇，为扩大就业增添岗位，发挥助推经济实现持续健康发展和民生不断改善的积极效应。

会议决定，在过去5年大规模改造棚户区取得显著成效的基础上，今后5年再改造城市和国有工矿、林区、垦区的各类棚户区1000万户，其中2013年改造304万户。逐步将非集中成片城市棚户区统一纳入改造范围。同步建设配套市政设施、公共服务设施，确保同步使用。要进一步强化政策支持：一是增加财政投入。今后5年要加大中央安排补助资金的支持力度，地方各级政府也要相应增加资金投入。二是引导金融机构加大对棚户区改造的信贷支持。符合规定的企业可发行专项用于棚户区改造项目的企业债券或中期票据。三是对企业用于政府统一组织的棚户区改造支出，准予在所得税前扣除。扩大棚户区改造安置住房的税收优惠政策范围。四是落实相关政策措施，鼓励和引导民间资本通过投资参股、委托代建等形式参与棚户区改造。五是加大供地支持，将棚户区改造安置住房用地纳入当地土地供应计划优先安排。六是完善安置补偿政策，实行实物安置和货币补偿相结合，由居民自愿选择。

会议要求，各地区、各部门要重视并加强对棚户区改造的领导，省级政府是责任主体，并把责任分解落实到市县和有关部门。要优化棚户区改造规划布局，方便居民就业、就医、就学和出行等，确保工程质量安全。尊重群众意愿，禁止强拆强迁，依法维护群众合法权益，把好事办好。要抓住当前施工的有利时机，抓紧安排资金到位，加快推进棚户区改造工程，确保完成今年改造任务。同时，还要抓好其他保障房的建设、分配和管理，做好房地产市场调控，促进房地产市场健康发展。

6月26日

［纲　文］　**汪洋出席全国现代渔业建设工作电视电话会议并讲话**。

［目　文］　国务院副总理汪洋在会上强调，现代渔业建设要坚持生态优先、养捕结合、以养为主的方针，切实加强渔业资源和生态环境保护，大力推动渔业发展方式转变，建立健全渔业建设保障机制，加快形成生态良好、生产发展、装备先进、产品优质、渔民增收、平安和谐的现代渔业发展新格局。要深入推进改革创新，调动渔民和渔业企业的积极性和创造性，激发渔业发展的内在活力。要稳定和完善渔业基本经营制度，培育壮大渔业龙头企业，积极推进渔业产业化经营，构建集约化、专业化、组织化、社会化相结合的新型渔业经营体系，不断解放和发展渔业生产力。要加强对现代渔业建设工作的组织领导，认真落实和完善各项扶持渔业的政策。要加强渔港等渔业基础设施建设，提升技术装备水平，加快推进渔船升级改造和养殖池塘标准化改造。强化渔业生态养护，严控

水域排污，减轻近海捕捞强度，提高渔业可持续发展能力。大力发展健康养殖，加强水产品质量安全监管。实施以船为家渔民上岸安居工程，加快渔区建设，保障和改善渔民生计。

6月26日

［纲　文］　**全国政协主席俞正声在北京会见刚果（布）经社理事会主席塔苏阿。**

［目　文］　俞正声在会见时说，近年来，中刚双边关系进入快速发展的新阶段，两国在涉及对方核心利益问题上相互支持，经贸等领域务实合作成果丰硕，在地区和国际事务中配合密切。中方愿与包括刚果（布）在内的非洲国家一道，抓住历史机遇，深化务实合作，把中非友好事业推向前进，希望中刚两国经社理事会携手开展多层次、多形式、多渠道的交流，推动两国友好关系不断向前发展。塔苏阿对中国经济社会发展成就表示钦佩，表示刚果（布）经社理事会愿与中方共同努力，为两国关系发展作出新的贡献。

6月26日

［纲　文］　**国家副主席李源潮在北京会见苏里南总统鲍特塞。**

［目　文］　李源潮在会见时说，中苏关系保持良好发展势头，近期两国元首就深化中苏友好合作达成重要共识，为中苏关系长期稳定发展开启了新篇章。双方应坚持真诚相待，坚持互利共赢，坚持交流互鉴，深化各领域合作，推动两国关系不断向前发展。鲍特塞说，苏中关系有巨大发展潜力，苏方愿加强两国务实合作，推进双边关系全面发展。

6月26日

［纲　文］　**中央军委副主席范长龙在北京会见泰国武装部队最高司令塔纳萨。**

［目　文］　范长龙在会见时表示，近年来，中泰两军在高层互访、防务安全磋商、联合训练等多个领域的合作富有成效。中方一贯重视发展中泰两军关系，希望双方不断拓展交流合作新领域，推动两军关系稳步深化。

6月26日

［纲　文］　**外交部发言人就日本防卫省已拟定新版《防卫白皮书》中有关表述召开例行记者会。**

［目　文］　外交部发言人表示，中国坚持走和平发展道路，奉行防御性国防政策，战略意图是透明的，中国正常发展国防能力是为了维护国家主权、领土完整、维护地区和世界的和平与稳定，不对任何国家构成威胁。由于历史原因，日本在军事安全领域的走向受到亚洲邻国高度关注。近年来，日方不断渲染“中国威胁”，人为制造紧张对立，联系到日本一些政治势力和政客借此鼓噪强军备战，频繁举行军演，不能不令国际社会对日本的发展走向感到担忧。中国希望日方顺应历史潮流，深刻反省自己在历史上的侵略罪行，走和平发展道路；多做有利于增进国家间政治安全互信和地区和平稳定的事。

6月26日

［纲　文］　**《人民日报》发表题为《着力实现“四个自我”——三论学习贯彻习近平同志6月18日重要讲话精神》的评论员文章。**

6月26—29日

［纲　文］　**十二届全国人大常委会第三次会议在人民大会堂举行。**

［目　文］　26日，全国人大常委会委员长张德江主持第一次全体会议，常委会组成人员162人出席会议。27日，全国人大常委会副委员长李建国主持第二次全体会议，常委会组成人员162人出席会议。29日，全国人大常委会委员长张德江主持闭幕会，常委会组成人员166人出席会议。

会议听取了全国人大法律委员会副主任委员孙宝树作的关于《特种设备安全法》草案审议结果的报告；听取了全国人大法律委员会副主任委员张鸣起作的关于《环境保护法》修正案草案修改情况的汇报；听取了全国人大法律委员会副主任委员谢经荣作的关于《商标法》修正案草案修改情况的汇报。草案二审稿从完善驰名商标保护制度、遏制恶意商标注册、加强对注册商标专用权的保护等方面作了修改。

受国务院委托，国务院法制办主任宋大涵就《文物保护法》等12部法律的修正案草案作了说明；国务委员兼公安部部长郭声琨作了关于公安机关执法规范化建设工作情况的报告；国家发展和改革委员会主任徐绍史作了关于城镇化建设工作情况的报告；财政部部长楼继伟向会议提出2012年中央决算报告和中央决算草案、审计署审计长刘家义报告了2012年度中央预算执行和其他财政收支的审计情况、银监会主席尚福林作了关于农村金融改革发展工作情况的报告等。会议听取了全国人大常委会代表资格审查委员会主任委员马馼作的个别代表的代表资格的报告、全国人大财经委副主任委员廖晓军作的关于2012年中央决算审查结果的报告。

会议表决通过了《特种设备安全法》和关于修改《文物保护法》等12部法律的决定。会议分别表决批准了《上海合作组织成员国组织和举行联合反恐演习的程序协定》和《关于在上海合作组织成员国境内组织和举行联合反恐行动的程序协定》。会议表决通过了全国人大常委会关于批准2012年中央决算的决议，批准了2012年中央决算；通过了代表资格审查委员会关于个别代表的代表资格的报告；会议经表决任命安建为全国人大法律委员会副主任委员、任命王胜明为全国人大内务司法委员会副主任委员，免去其法律委员会委员、常委会法制工作委员会副主任职务；免去黄建初的常委会预算工作委员会副主任职务。会议表决通过了全国人大常委会第四任香港特别行政区基本法委员会组成人员名单。会议经表决，免去苏泽林的最高人民法院副院长、审判委员会委员、审判员职务。会议表决通过了全国人大常委会关于接受陈斯喜、王晓辞去常委会委员等职务的请求的决定。会议还表决了其他任免案。

6月27日

［纲　文］　**范长龙出席全军基建项目和房地产资源普查工作电视电话会议并讲话。**

［目　文］　总后勤部部长赵克石主持会议。中央军委副主席范长龙在会上强调，在全军统一开展基本建设项目和房地产资源普查，是一项关系全局的重要基础性工作。各级

党委领导要把思想认识统一到习近平主席和军委的决策部署上来，自觉把全军基本建设项目和房地产资源普查作为一件大事来抓，切实摸清底数，解决突出问题，规范建设管理。各级党委要加强统一领导，军政主官要负起本单位第一责任人的责任，普查工作人员要坚持原则、敢于较真。普查范围要“全”，对全军所有单位、所有基建营房保障资源，都要查清见底，实现领域全覆盖、资源全掌控、资料全入档。普查数据要“准”，做到统计信息准、权属界定准、评估测算准。普查过程要“实”，保证普查过程和结果真实可信。普查的最终目的是要解决基建营房方面存在的矛盾和问题，规范建设管理，提升保障效益。要管住管好军用房地产资源，从严控制楼堂馆所建设，严格建房标准，清理不合理住房，完善安置住房保障制度政策。要在这次普查摸清底数的基础上加强分析研究，拿出实在管用的措施办法，认真抓好整改，让官兵看到新气象。

6月27日

［纲　文］　**国务院办公厅印发《关于调整国务院扶贫开发领导小组组成人员的通知》。**

［目　文］　根据国务院机构设置及人员变动情况和工作需要，国务院对国务院扶贫开发领导小组组成人员作了调整。根据通知公布的调整后的名单，国务院副总理汪洋任组长，副组长为国务院副秘书长丁学东、扶贫办主任范小建、总政治部副主任贾廷安、中央农办副主任唐仁健、发展改革委副主任杜鹰、民政部副部长戴均良、财政部部长助理胡静林、农业部副部长余欣荣等。成员包括外交部、教育部、科技部、工业和信息化部、国家民委、人力资源社会保障部、国土资源部、环境保护部、住房城乡建设部等28个部门的有关负责人。《通知》还明确，范小建兼任国务院扶贫开发领导小组办公室主任。

6月27日

［纲　文］　**农业部、财政部、民政部、审计署4部门联合印发《关于进一步加强和规范村级财务管理工作的意见》。**

［目　文］　《意见》要求，要落实村级民主理财，保证农民群众对集体财务的知情权、参与权、表达权和监督权。民主理财人员应根据业务量按月或按季定期召开民主理财会议，开展民主理财活动，对重要财务事项要随时发生随时理财。同时，完善村级财务公开，村级组织的财务计划、各项收支、各项资产资源以及债权债务和收益分配等内容要全面公开；土地征用补偿费、直接补贴给农民的“四补贴”资金等要逐项逐笔公开；“一事一议”财政奖补、农业小型基础设施建设补助等拨付到村使用的财政资金要全程公开。

《意见》指出，在加强农村集体财务审计工作上，县乡两级农村集体资产和财务管理指导部门负责对农村集体财务、村干部经济责任等进行审计监督，县级要内设专门的审计科室，开展对村干部任期和离任经济责任、集体资产和资源、农民负担、村级债权债务等专项审计，对集体土地征用补偿费和涉农财政资金进行重点审计。

《意见》强调要加大对审计查出问题的处理力度。在审计中查出被侵占的集体资产和资金，要责成责任人如数退赔；涉及国家工作人员及村干部违规违纪的，移交纪检监察部门处理；对于情节严重、构成犯罪的，移交司法机关依法追究当事人的刑事责任。

6月27日

［纲　文］ **中共中央政治局常委刘云山在北京会见参加第二届中苏执政党高层对话的苏丹全国大会党代表团。**

［目　文］ 刘云山在会见时说，中国与苏丹有着深厚传统友谊，两国面临着发展经济、改善民生的共同任务，中方愿与苏方坚持互利共赢，推动中苏友好合作关系不断向前发展。党际关系是国家关系的重要组成部分，中国共产党将同苏丹全国大会党加强各层次交往，增进政治互信，拓宽合作领域，为促进两国关系长期稳定发展作出贡献。苏丹全国大会党副主席、总统助理纳菲阿表示，中国是苏丹和非洲地区和平与发展的积极支持力量。苏丹对两党两国关系感到满意，将继续奉行对华友好政策，坚定支持中国维护核心利益。

6月27日

［纲　文］ **《人民日报》发表题为《把梦想写在更高远的天空——热烈祝贺神舟十号凯旋》的社论。**

6月27—28日

［纲　文］ **第二届世界和平论坛在清华大学举行。**

［目　文］ “和平论坛”是我国举办的首个非官方高级别安全论坛。本届论坛主题是“世界变革中的国际安全：和平、发展、创新”，来自80多个国家的专家学者和驻华使节等近500人参加了开幕式。论坛主席唐家璇主持开幕式。

开幕式前，国家副主席李源潮会见了出席论坛的塞拉利昂总统科罗马、苏里南总统鲍特塞，以及马来西亚、巴基斯坦、法国、日本、美国、欧盟等外国前政要。他指出，和平、发展、合作、共赢符合历史进步潮流和各国人民共同愿望，各国应同心求和平、携手促安全，共同应对面临挑战，推进人类和平与发展事业。

在开幕式上，李源潮发表题为《同心求和平、携手促安全》的讲话。他指出，安全问题是世界和平面临的重大挑战。各国应树立和平出安全、发展出安全、合作出安全、共赢出安全的新理念，坚持和平对话解决矛盾争端，加强国际合作应对安全挑战，通过共同发展从根本上消除安全隐患，坚持互利共赢，努力促进世界持久和平、共同繁荣。塞拉利昂总统科罗马、苏里南总统鲍特瑟、上海合作组织副秘书长扎洛洛夫、马来西亚前总理巴达维、巴基斯坦前总理阿齐兹、法国前总理德维尔潘、日本前首相鸠山由纪夫、美国前国家事务安全助理布热津斯基、俄罗斯前国家安全会议秘书伊万诺夫、前欧盟理事会秘书长兼共同外交与安全政策高级代表索拉纳等外国现任政要和前任分别发表了主旨演讲，并回答了提问。论坛共设18个专题小组，8场新闻发布会。

6月27—30日

［纲　文］ **应国家主席习近平邀请，大韩民国总统朴槿惠对中国进行国事访问。**

［目　文］ 27日，习近平在人民大会堂同朴槿惠举行了会谈。两国元首就发展中韩

战略合作伙伴关系、加强在朝鲜半岛局势等重大国际和地区问题上的合作深入交换意见，达成广泛共识。会谈后，习近平同朴槿惠共同会见中韩两国青年代表，共同见证涉及经贸、金融、科技、节能、海洋科学等多个领域的多项双边合作文件的签署，并共同发表了《中韩面向未来联合声明》和《充实中韩战略合作伙伴关系行动计划》。

28日，国务院总理李克强、全国人大常委会委员长张德江分别会见朴槿惠。

6月28日

［纲　文］　**全国医改工作电视电话会议在北京召开。**

［目　文］　国务院总理李克强对会议作重要批示。批示指出，医改事关民生福祉，也是民心所向。新一轮医改以来，按照党中央、国务院的部署，各有关方面扎实工作，攻坚克难，医改取得重大阶段性成果，请代我向大家表示衷心感谢。医改是世界性难题，需要持续不懈的艰苦努力。各地方、各有关部门一定要把推进医改作为保障和改善民生的重要任务，坚持保基本、强基层、建机制，向深化改革要红利，把基本医疗卫生制度作为公共产品向全民提供，努力办好人民满意的医疗卫生事业。

中共中央政治局委员、国务院副总理、国务院医改领导小组组长刘延东出席会议并讲话。她强调，要认真贯彻落实李克强总理的重要批示精神，加大攻坚力度，加快改革步伐，推动医改取得新突破，为实现健康中国目标作出新贡献。

刘延东指出，2009年新一轮医改以来，卫生事业成绩显著，基层面貌一新，人民群众得到实惠，为持续深化改革打下了坚实基础。刘延东强调，医改是全面建成小康社会和实现中国梦的重要保障，没有全民健康就没有全面小康。必须增强使命感紧迫感，巩固成果，攻坚克难，坚定不移地把医改推向前进。要坚持医疗卫生的公益性，抓住重点，扎实做好各项工作。要进一步健全全民医保制度，着力做好保基本，积极推进居民大病保险试点，加快建立疾病应急救助制度，筑牢群众看病就医安全网。要完善基本药物制度和基层运行新机制，在继续做好硬件建设的同时，加强基层人才队伍建设，全面提升服务能力和水平。要继续以县级医院为重点推进公立医院改革，做好县级医院改革的总结评估，尽快形成改革的基本路径。要统筹推进药品生产流通、医学教育、国产医疗设备研制等配套改革，切实发挥信息化的支撑作用，形成深化医改的联动机制和强大合力。

6月28日

［纲　文］　**国务院总理李克强会见出席“第三届全球智库峰会”的外方代表并座谈。**

［目　文］　李克强28日在人民大会堂会见来华出席“第三届全球智库峰会”的外方代表并同他们进行了座谈。

美国前国务卿基辛格、日本前首相鸠山由纪夫、世界贸易组织总干事拉米等数十位来自亚、非、欧、美等地区国家的前政要和智库、工商企业界、国际组织的知名人士参加座谈。李克强一一回答了他们提出的涉及国际关系、全球经济、区域一体化等方面的问题，并同他们进行深入交流。他表示，如同一张椅子有四条腿可以坐得稳，世界多极化的发展也需要全球各地区的共同努力。

李克强还应询向客人介绍了中国经济社会发展的最新情况。他说，今年以来，在复杂严峻的国内外环境中，中国经济总体保持平稳，经济增速处于合理区间，物价水平、新增就业保持稳定。我们始终把稳增长、控通胀、防风险与促改革、调结构、惠民生统筹考虑，在稳定政策、把握大势的同时，不断深化改革开放，积极推进经济转型升级和政府职能转变，使改革的红利、内需的潜力、创新的活力叠加起来，这会进一步增强发展的内生动力和抗风险能力。中国不仅有条件有能力实现今年经济社会发展的主要目标，而且注重通过提高发展的质量和效益，可以使未来持续健康发展之路走得更远更好。

李克强表示，全球智库峰会具有思考力、影响力的优势，希望大家在深入研讨重大全球性问题、推动开展务实合作等方面积极建言献策，为增进中国与世界的相互了解与合作发挥建设性作用。

基辛格等与会人士感谢李克强深入介绍了中国在重大问题上的观点，表示全球智库峰会将加强就当前紧迫问题和今后长远问题的研究，积极提供政策建议，为实现世界的和平、公正与进步作出贡献。

6月28日

［纲　文］　**国务院总理李克强在北京会见印度国家安全顾问梅农。**

［目　文］　李克强在会见时说，中印关系是21世纪最重要的双边关系之一，也是最具潜力和活力的双边关系之一。中印互为发展的重要机遇，两国都需要和平稳定的周边环境。中印合作只能继续向前走，不能也不会停顿。作为战略伙伴和朋友，中印可以毫不讳言彼此之间的问题，也有足够的聪明智慧来解决分歧。双方都要从战略高度和全局角度看待和处理边界问题，加强沟通，缩小分歧，共同维护边境地区的和平与安宁，避免影响两国关系发展大局。希望双方边界问题特别代表密切合作，加强引导，为加快边界谈判，推动两国关系发展多做工作。

梅农转交了印度总理辛格致李克强的信。梅农表示，印方愿与中方保持高层交往，加强战略沟通，扩大和深化各领域合作，通过友好协商妥善处理边界问题，使两国关系取得更大发展。

同日，外交部部长王毅在北京会见了梅农。

6月28日

［纲　文］　**国务院总理李克强在人民大会堂会见美国前国务卿基辛格。**

［目　文］　李克强在会见时欢迎基辛格来华出席“第三届全球智库峰会”，赞赏基辛格作为峰会主宾发挥的重要作用。李克强表示，当前国际形势正在经历复杂深刻变化。世界经济全球化、区域经济一体化、贸易与投资自由化和便利化是大趋势，这也是处理全球经济金融问题、促进世界经济复苏的强有力推进力量。中国愿与各国一道，为实现世界的发展与繁荣作出努力。

基辛格表示，中国的发展对世界至关重要。他本人愿继续在全球智库峰会中发挥影响和作用。

6月28日

［纲　文］ **十二届全国人大常委会第六次委员长会议在人民大会堂举行。**

［目　文］ 全国人大常委会委员长张德江主持会议，副委员长李建国、王胜俊、陈昌智、严隽琪、沈跃跃、吉炳轩、张平、向巴平措、艾力更·依明巴海、万鄂湘、张宝文、陈竺出席会议。

会议听取了全国人大法律委员会主任委员乔晓阳作的关于《特种设备安全法》草案三次审议稿修改意见的汇报、关于《文物保护法》等12部法律的修正案草案审议结果的报告；听取了全国人大外事委员会主任委员傅莹作的关于《上海合作组织成员国组织和举行联合反恐演习的程序协定》《关于在上海合作组织成员国境内组织和举行联合反恐行动的程序协定》审议情况及决定草案代拟稿的汇报；听取了全国人大财经委副主任委员廖晓军作的关于2012年中央决算草案和2012年中央决算报告审查情况及决议草案代拟稿的汇报；听取了全国人大常委会副委员长兼秘书长王晨作的关于个别代表的代表资格的报告、任免案审议情况的汇报和关于接受陈斯喜、王晓辞去十二届全国人大常委会委员等职务的请求的决定草案代拟稿的汇报。

委员长会议要求，根据常委会审议意见，对上述议案和草案作进一步审议修改后，提交第七次委员长会议决定是否交付十二届全国人大常委会第三次会议闭幕会表决。

6月28日

［纲　文］ **圆明园流失青铜鼠首和兔首捐赠仪式在国家博物馆举行。**

［目　文］ 国务院副总理刘延东出席捐赠仪式。青铜鼠首和兔首原为北京圆明园大水法十二生肖兽首喷泉构件中的两件，1860年英法联军火烧圆明园后流失。两件兽首被法国皮诺家族购得，并以其家族名义归还中国。

6月28日

［纲　文］ **国务院扶贫开发领导小组在北京召开全体会议。**

［目　文］ 国务院副总理、国务院扶贫开发领导小组组长汪洋在会上强调，扶贫开发是中国特色社会主义的重要特征，是实现全面建成小康社会目标的迫切需要，各地区各有关部门要认真贯彻中央关于扶贫开发工作的决策部署，进一步解放思想、开拓思路，创新举措、健全机制，深入推进各项工作，尽快改变贫困地区落后面貌。

汪洋强调，要进一步提高扶贫开发工作的针对性和有效性。要下决心摸清底数，找准扶贫对象，逐村逐户制定帮扶措施。开展扶贫开发行动计划，发展特色种养业和旅游业，加强职业教育培训和劳动力转移就业服务，推进村组道路硬化、饮水安全、危房改造、贫困村信息化工程建设，增强贫困群众自我发展能力。

汪洋强调，扶贫开发关系战略和全局，要全党动手、全国动员、全社会参与，在全国范围内配置扶贫资源。加大财政和信贷资金投入，加强扶贫资金管理和整合。注重发挥市场机制作用，引导各类资源要素向贫困地区集聚。改革贫困县考核方式。健全引导企业、社会组织和个人参与扶贫的激励机制，用扶贫济困培育良好社会风尚。

6月28日

［纲　文］　**中华见义勇为基金会成立20周年纪念座谈会在人民大会堂召开。**

［目　文］　公安部部长郭声琨出席座谈会并讲话。他强调，见义勇为是中华民族的传统美德，见义勇为精神是中国精神的重要组成部分。在新的历史条件下，必须进一步弘扬见义勇为精神，让见义勇为精神在全社会不断发扬光大，着力汇聚起建设平安中国的强大正能量。

在听取见义勇为英雄代表白雪洁等与会人员发言后，郭声琨强调，要积极倡导、大力弘扬见义勇为精神，引导人们坚定崇高理想信念、树立正确价值取向、培养高度道德自觉，着力树立倡导崇尚正义、追求崇高的良好社会风尚。要关心关爱见义勇为人员，让他们有地位、有待遇、有保障，努力在全社会营造尊重英雄、争当英雄的浓厚社会氛围。要进一步扩大见义勇为效应，最大限度地把人民群众组织发动起来，凝聚广大人民群众的共同智慧和力量，着力形成维护社会和谐稳定的整体合力，筑牢夯实维护社会和谐稳定的铜墙铁壁，努力形成平安建设人人参与、平安成果人人共享的生动局面。

6月28日

［纲　文］　**国务院安委会安全生产综合督查动员部署会议在北京召开。**

［目　文］　国务委员王勇出席并讲话。他强调，要认真贯彻落实中央领导同志近期关于加强安全生产工作的一系列重要指示精神和党中央国务院的决策部署，按照“全覆盖、零容忍、严执法、重实效”的总体要求，深入开展对各地、各有关部门安全生产工作全过程的持续督导督查，全面检查安全生产大检查开展情况、隐患漏洞整改治理情况和安全生产各项保障措施落实情况，大力推动工作落实，努力促进安全生产形势持续稳定好转。

7月初至9月底，国务院安委会组织督查组，将对全国31个省（区、市）和新疆生产建设兵团进行安全生产综合督查。王勇指出，要按照国务院办公厅关于集中开展安全生产大检查的通知和国务院安委会安全生产大检查工作实施方案的要求，加强组织领导，周密安排部署，细化工作方案，明确责任分工，切实转变作风，深入基层、深入现场、深入群众，采取明查与暗访、抽查与普查等方式，突出督查重点，务求督查质量，确保督查工作扎实有效。对督查发现的隐患和问题，要立即整改；一时不能整改的，要落实责任，制定保障措施，明确整改时限；对存在严重威胁安全的重大隐患，要责令立即停止运营或生产建设。

6月28日

［纲　文］　**民政部印发《烈士纪念设施保护管理办法》。**

［目　文］　《办法》根据烈士纪念设施的纪念意义和建设规模，对烈士纪念设施进行分级保护管理，将烈士纪念设施划分为国家级、省级、设区的市级、县级四个等级。符合下列基本条件之一的可以申报国家级烈士纪念设施：一是为纪念在革命斗争、保卫祖国

和建设祖国等各个历史时期的重大事件、重要战役和主要革命根据地斗争中牺牲的烈士而修建的烈士纪念设施；二是为纪念在全国有重要影响的著名烈士而修建的烈士纪念设施；三是为中国革命斗争牺牲的知名国际友人而修建的纪念设施；四是位于革命老区、少数民族地区的规模较大的烈士纪念设施。确定国家级烈士纪念设施，由民政部报国务院批准后公布。

《办法》规定，烈士纪念设施保护单位的上级主管部门应当提出划定保护范围的方案，报同级人民政府批准和公布；对属于文物的烈士纪念设施，应当按照文物保护法律法规划定保护范围和建设控制地带；县级以上烈士纪念设施应当设立保护标志。同时还规定，烈士纪念设施保护单位应当办理烈士纪念设施土地使用权属文件。

《办法》规定，改建、扩建烈士纪念设施，应当经原批准等级的人民政府民政部门同意，并纳入建设项目管理。因重大建设工程确需迁移地方各级烈士纪念设施的，须经原批准等级的人民政府同意，并报上一级人民政府的民政部门备案。迁移国家级烈士纪念设施的，应当由所在地省级人民政府报国务院批准。

《办法》还明确，县级以上烈士纪念设施应当确定保护单位，加强工作力量，明确管理责任，开展烈士史料征集研究、事迹编纂和陈列展示工作，组织烈士纪念活动，宣传烈士的英雄事迹、献身精神和高尚品质。烈士纪念设施保护单位应当配备具备资质的讲解员，并要充分发挥红色资源优势，具备条件的列入红色旅游发展规划，发挥爱国主义教育基地作用。

该《办法》自2013年6月28日起施行。1995年7月20日民政部发布的《革命烈士纪念建筑物管理保护办法》同时废止。

6月28日

［纲　文］　**财政部、中国人民银行、国家税务总局联合印发《关于营业税改征增值税试点有关预算管理问题的通知》。**

［目　文］　《通知》对试点期间营改增的预算管理相关问题进行了明确，《通知》自8月1日起执行。

《通知》明确，试点期间收入归属保持不变，原归属地方的营业税收入，改征增值税后仍全部归属地方，改征增值税税款滞纳金、罚款收入也全部归属地方。按照即征即退政策审批退库的改征增值税，全部由地方财政负担。改征增值税收入不计入中央对地方增值税和消费税税收返还基数。试点期间因营业税改征增值税试点发生的财政收入变化，由中央和地方按照现行财政体制相关规定分享或分担。

改征增值税试点前服务贸易出口原免征营业税部分仍由地方负担，新增加的改征增值税出口退税按照现行财政体制由中央与地方按92.5∶7.5的比例负担，地方应负担的部分通过年终结算据实上解中央。

6月28日

［纲　文］　**国务院副总理汪洋在中南海分别会见世贸组织总干事拉米和美国前总统**

国家安全事务助理斯考克罗夫特一行。

［目　文］　会见拉米时，汪洋说，当前全球经济复苏面临诸多不确定性，各国应加强互利合作，而不是搞贸易保护主义。中国支持世贸组织加强贸易政策的监督，在解决贸易争端等方面发挥作用。中方将继续推动多哈回合谈判实现早期收获，维护多边贸易体制的权威性和公信力。

会见斯考克罗夫特时，汪洋对斯考克罗夫特长期以来积极致力于推动中美关系和双边经贸合作表示赞赏，并就当前中美经济关系等交换了意见。

6月28日

［纲　文］　**《人民日报》发表题为《用实际成效取信于民——四论学习贯彻习近平同志6月18日重要讲话精神》的评论员文章。**

6月28日

［纲　文］　**《人民日报》发表题为《坚定信心，稳中有为》的评论员文章。**

6月28—29日

［纲　文］　**全国组织工作会议在北京召开。**

［目　文］　中共中央总书记习近平出席会议并发表重要讲话。他指出，我们党历来高度重视选贤任能，始终把选人用人作为关系党和人民事业的关键性、根本性问题来抓。好干部不会自然而然产生。成长为一个好干部，一靠自身努力，二靠组织培养。干部的党性修养、思想觉悟、道德水平不会随着党龄的积累而自然提高，也不会随着职务的升迁而自然提高，而需要终生努力。把好干部选用起来，需要科学有效的选人用人机制。要紧密结合干部工作实际，认真总结，深入研究，不断改进，努力形成系统完备、科学规范、有效管用、简便易行的制度机制。要特别注意研究新情况新问题。要把加强党的领导和充分发扬民主结合起来，发挥党组织在干部选拔任用工作中的领导和把关作用。要完善工作机制，推进干部工作公开，坚决制止简单以票取人的做法，确保民主推荐、民主测评风清气正。

习近平指出，组织工作必须认真贯彻党要管党、从严治党方针。党的先进性和纯洁性要靠千千万万党员的先进性和纯洁性来体现，党的执政使命要靠千千万万党员卓有成效的工作来完成，党要管党、从严治党必须落实到党员队伍的管理中去。党组织要严格把关，把政治标准放在首位，确保政治合格。要重视从青年工人、农民、知识分子中发展党员。要严格党员日常教育和管理，使广大党员平常时候看得出来、关键时刻站得出来、危急关头豁得出来，充分发挥先锋模范作用。贯彻党要管党、从严治党方针，必须扎实做好抓基层、打基础的工作，使每个基层党组织都成为坚强战斗堡垒。

习近平强调，组织部门作为管党治党的重要职能部门，必须带头改进作风，继承发扬组织部门优良传统和作风，树立和维护组织部门良好形象。组织部门改进作风，最核心的是坚持公道正派。要严明组织人事纪律，对违反组织人事纪律的坚决不放过，对跑官要官、买官卖官的决不姑息，发现一起，查处一起。

部分在京中共中央政治局委员、书记处书记，中央党的建设工作领导小组成员，中央和国家机关各部委主要负责人，各省区市和副省级城市、新疆生产建设兵团党委组织部部长，中央和国家机关各部委、各人民团体干部（人事）司（局）长，中央管理的金融企业、国有重要骨干企业和高校党委（党组）分管组织人事工作的负责人，解放军总政治部干部部和组织部、武警总部政治部负责人等参加了会议。会议研究部署了今后5年党的建设和组织工作。

6月28—29日

［纲　文］　**第三届全球智库峰会在北京召开。**

［目　文］　该峰会由中国国际经济交流中心主办，宗旨是“同享人类智慧，共谋全球发展”。本届峰会主题是“新格局、新合作、新发展”，各国智库代表、政界人士、专家学者和企业家300多人参加。中心理事长曾培炎主持开幕式，国家副主席李源潮出席28日开幕式并致辞。

李源潮说，靠转型发展走出危机是市场经济的一条基本经验，各国应在加快本国经济转型的同时，推动经济全球化发展方式作出调整，实现创新发展、均衡发展、包容发展、可持续发展。开放合作是最终战胜危机的重要保证，要增强命运共同体意识，反对贸易保护主义，维护稳定开放的国际贸易和投资环境。

李源潮说，互利是持久合作的基石和动力，各国应寻找利益交汇点，扩大共同利益，深化利益交融格局。共赢是全人类的希望，世界的发展不可能建立在一些国家越来越富裕而另一些国家却长期贫穷落后的基础上。各国应摒弃零和思维，树立共享、共富、共进的新理念。中国将高举和平、发展、合作、共赢的旗帜，与各国一道促进世界经济复苏繁荣，推动建立公平合理、普惠均衡、充满活力、稳定有序的国际经济新秩序。

6月29日

［纲　文］　**习近平签署中华人民共和国主席令（第四号、第五号）。**

［目　文］　第四号主席令说，《中华人民共和国特种设备安全法》已由中华人民共和国第十二届全国人民代表大会常务委员会第三次会议于2013年6月29日通过，现予公布，自2014年1月1日起施行。

第五号主席令说，《全国人民代表大会常务委员会关于修改〈中华人民共和国文物保护法〉等十二部法律的决定》已由中华人民共和国第十二届全国人民代表大会常务委员会第三次会议于2013年6月29日通过，现予公布，自公布之日起施行。

6月29日

［纲　文］　**国务院总理李克强致电陆克文，祝贺其就任澳大利亚联邦政府总理。**

6月29日

［纲　文］　**俞正声在新疆干部大会上传达中共中央政治局常委会会议精神。**

［目　文］　新疆维吾尔自治区党委书记张春贤主持会议，公安部部长郭声琨、国家

民委主任王正伟以及中央有关部门负责人参加会议。

中共中央政治局常委俞正声在会上表示，中共中央政治局常委会会议认为，党中央历来高度重视新疆工作。近年来，新疆经济发展形势是好的，但境内外民族分裂势力依然在加紧活动，影响新疆社会稳定的深层次问题尚未得到根本解决，近期连续发生少数犯罪分子策划实施的暴力恐怖袭击案件，性质恶劣、后果严重，给新疆各族群众生命财产安全造成严重损失。这充分表明暴力恐怖活动是影响新疆民族团结、社会稳定的重大现实危害。新疆各族干部群众一定要把思想认识统一到中央对形势的分析判断上来，把行动统一到中央的决策部署上来，高举维护国家统一、维护民族团结、维护各族群众根本利益的旗帜，始终保持清醒头脑，切实增强忧患意识，下好先手棋、打好主动仗，坚决反对和打击暴力恐怖势力、暴力恐怖活动，坚决维护人民生命财产安全，坚决维护民族团结、社会稳定，为新疆发展继续创造良好环境。

俞正声指出，要保持对暴力恐怖犯罪的严打高压态势，形成强大威慑力。要全面加强社会面整体防控，同时加强对重点地区、重点单位、重点要害部位的安全防范。要大力加强基层基础工作，广泛动员和紧紧依靠基层组织和广大党员、干部、群众，加强联防联控，实行群防群治，着力提高整体防控水平，切实增强自我防护能力。

俞正声强调，要毫不动摇坚持依法严厉打击暴力恐怖犯罪活动，一旦发生打砸抢烧等犯罪活动，要依法严惩。要继续深入开展打击暴力恐怖团伙和极端组织专项行动，加大追逃力度。

俞正声指出，要加强舆论引导，及时发布权威信息，揭露事实真相，牢牢把握舆论主动权。要广泛宣传党的民族政策和宗教政策，广泛宣传国家法律法规，广泛宣传“团结稳定是福、分裂动乱是祸”的道理，使各族干部群众擦亮眼睛、明辨是非，坚定自觉维护民族团结、反对民族分裂，形成维护社会稳定的铜墙铁壁。

俞正声要求，新疆各级党委和政府要按照中央统一部署要求抓好落实，党政主要负责同志要切实担负起维护稳定第一责任，严格落实责任制，确保各项任务落到实处。

中央政法委书记孟建柱在会上对新疆反恐维稳工作作了具体部署。他指出，近期新疆接连发生的暴力恐怖袭击案件，充分暴露了暴力恐怖分子反社会、反人类的真实面目，是各族人民的共同敌人。要旗帜鲜明、预防在先、掌握主动，严厉打击暴力恐怖活动，确保新疆社会大局稳定。

6月29日

［纲　文］ **全国人大常委会第七次委员长会议在人民大会堂举行。**

［目　文］ 全国人大常委会委员长张德江主持会议，全国人大常委会副委员长李建国、王胜俊、陈昌智、严隽琪、沈跃跃、吉炳轩、张平、向巴平措、艾力更·依明巴海、万鄂湘、张宝文、陈竺出席会议。

会议听取了全国人大法律委员会主任委员乔晓阳作的关于《特种设备安全法》草案、修改《文物保护法》等12部法律的决定草案建议表决稿审议情况的汇报；听取了全国人大常委会副委员长兼秘书长王晨作的关于批准《上海合作组织成员国组织和举行联合反恐演习的程序协定》、《关于在上海合作组织成员国境内组织和举行联合反恐行动的程序协定》的决定草案审议情况的汇报，关于批准2012年中央决算的决议草案审议情况的汇报，关于接受陈斯喜、王晓辞去十二届全国人大常委会委员等职务的请求的决定草案审议情况的汇报。会议决定将上述议案和草案交付十二届全国人大常委会第三次会议闭幕会表决。

6月29日

［纲　文］　**全国人大常委会在人民大会堂举办题为《法治在全面建成小康社会中的意义》的专题讲座。**

［目　文］　全国人大常委会委员长张德江主持讲座。全国人大常委会副委员长李建国、王胜俊、陈昌智、严隽琪、王晨、沈跃跃、吉炳轩、张平、向巴平措、艾力更·依明巴海、万鄂湘、张宝文、陈竺等听取讲座。

主讲人全国人大常委会委员、全国人大法律委员会委员、全国人大常委会副秘书长沈春耀，从制度建设意义上的法治、发展目标意义上的法治、治国理政方式意义上的法治三个方面，对法治在全面建成小康社会中的意义和法治对我们提出的要求等进行了讲解。

沈春耀认为，在全面建成小康社会中，法治的第一层意义是指加强法制建设，建立健全法律制度并贯彻实施。基本要求可以概括为有法可依、有法必依、执法必严、违法必究。适应新形势新要求，应从国家立法、依法行政、公正司法、法律服务、法制宣传教育五个方面，继续推进国家和社会生活制度化、法制化。全面推进依法治国，加快建设社会主义法治国家，实现国家各项工作法治化，就必须在公共生活领域中突破各种“差序格局”和“潜规则”的羁绊，逐步建立起体现社会公平正义的法律格局、制度格局、规则格局，让社会主义法治的阳光普照人间。实现治国理政方式的与时俱进，更好地坚持和实行依法执政，是实行社会主义法治的内在要求，也是新形势下加强和改进党的领导的客观要求，对于党和国家各项事业发展具有重要意义。因此要改革和完善党的领导方式和执政方式，坚持和实行依法执政。

6月29日

［纲　文］　**张德江在人民大会堂向人大常委会第四任香港特区基本法委员会12名组成人员颁发任命书。**

［目　文］　全国人大常委会副委员长李建国主持颁发任命书仪式。12名组成人员是主任李飞，副主任梁爱诗、张荣顺，委员刘迺强、陈弘毅、郑淑娜、饶戈平、莫树联、徐泽、黄玉山、黄兰发、谭惠珠。

6月29日

［纲　文］　**孟建柱出席在乌鲁木齐举行的新疆武警部队反恐维稳誓师大会并发表讲话。**

［目　文］　中央政法委书记孟建柱强调，要坚决贯彻落实习近平总书记重要指示和

中央政治局常委会议精神，进一步增强大局意识、政治意识、责任意识，提前防范、掌握主动，依法严厉打击暴力恐怖犯罪，切实提升各族群众安全感，保障各族群众安居乐业。当前，新疆经济社会发展总的形势是好的。各族群众思稳定、谋发展、盼和谐，正在为创造美好幸福生活而努力奋斗。但是，境内外“三股势力”乱我新疆之心不死，千方百计地制造实施捣乱破坏活动。近期，暴力恐怖犯罪分子接连制造暴力恐怖袭击案件，冲击基层政权机关，杀害无辜群众，性质恶劣、手段凶残，给各族人民群众生命财产安全和新疆社会稳定带来严重危害。广大武警官兵要坚决贯彻落实中央的决策部署，立即行动起来，继续发扬武警部队光荣传统和优良作风，以敢打必胜的战斗精神，坚决打掉犯罪分子的嚣张气焰。要与公安机关密切配合、通力合作，进一步强化社会面整体防控，实行24小时全天候执勤巡逻，提高见警率，保持威慑力，增强人民群众安全感。希望广大武警官兵不辱使命、不负重托，以实际行动忠实践行忠于党、忠于祖国、忠于人民的庄严承诺，充分展示武警部队威武之师、文明之师的良好形象。

新疆维吾尔自治区党委书记张春贤、公安部部长郭声琨、国家民委主任王正伟出席誓师大会。

6月29日

［纲　文］ **中国新一代大推力运载火箭长征五号的助推器动力系统在北京试车成功。**

［目　文］ 这是我国迄今为止最大量级的火箭助推器动力系统试车，意味着目前运载能力最大的长征五号火箭地面试验取得重大进展。

6月29日

［纲　文］ **外交部部长王毅在文莱首都斯里巴加湾会见文莱外交与贸易第二部长林玉成。**

［目　文］ 双方对中文关系良好发展表示满意，表示要落实好两国领导人达成的共识，保持高层交往，推进各领域合作取得更多成果。王毅强调，2013年是中国—东盟战略伙伴关系10周年，双方关系站在新的起点上，面临更大发展机遇。双方应该共同展望和规划好今后关系发展，着眼大局，牢牢把握正确方向，加深战略互信，拓展务实合作，携手维护地区和平稳定，促进共同发展繁荣。林玉成表示，中国是东盟重要合作伙伴。东盟国家赞赏中方为推进东盟—中国合作作出的重要贡献。文方愿同中方加强沟通协调，确保系列外长会议取得积极成果。文方愿为促进东盟—中国关系发挥积极作用。

6月29日

［纲　文］ **《人民日报》发表题为《坚决打击暴力恐怖犯罪活动》的评论员文章。**

6月30日

［纲　文］ **国务院办公厅印发《关于调整国务院南水北调工程建设委员会组成人员的通知》。**

［**目　文**］　根据《通知》公布的调整后的名单，国务院副总理张高丽任主任，国务院副总理汪洋任副主任。成员为发展改革委主任徐绍史、水利部部长陈雷、科技部部长万钢、财政部部长楼继伟、国土资源部部长姜大明、环境保护部部长周生贤、住房城乡建设部部长姜伟新、交通运输部部长杨传堂、审计署审计长刘家义、南水北调办主任鄂竟平、国务院副秘书长丁向阳、发展改革委副主任杜鹰、农业部副部长余欣荣、国资委副主任邵宁、林业局局长赵树丛、法制办主任宋大涵、能源局局长吴新雄、文物局局长励小捷、北京市市长王安顺、河北省省长张庆伟、江苏省省长李学勇、山东省省长郭树清、河南省省长谢伏瞻、湖北省省长王国生、陕西省省长娄勤俭等。

6月30日

［**纲　文**］　**国务院办公厅修订并印发《国家核应急预案》。**

［**目　文**］　该《预案》分总则、组织体系、核设施核事故应急响应、核设施核事故后恢复行动、其他核事故应急响应、应急准备和保障措施、附则7部分，自印发之日起实施。

6月30日

［**纲　文**］　**《人民日报》发表题为《坚决维护人民群众生命安全》的评论员文章。**

6月30日

［**纲　文**］　**《人民日报》发表题为《以好作风推动组织工作新进步》的评论员文章。**

7 月

7月1日

［纲　文］ **国务院办公厅发布《关于调整国务院西部地区开发领导小组组成人员的通知》。**

［目　文］《通知》说，国务院决定对国务院西部地区开发领导小组组成单位和人员进行调整。国务院总理李克强担任组长，国务院副总理张高丽担任副组长，中共中央、国务院35个部门的主要负责人为领导小组成员。领导小组具体工作由发展改革委承担。

7月1日

［纲　文］ **国务院办公厅发布《关于调整国务院振兴东北地区等老工业基地领导小组组成人员的通知》。**

［目　文］《通知》说，国务院决定对国务院振兴东北地区等老工业基地领导小组组成单位和人员进行调整。国务院总理李克强担任组长，国务院副总理张高丽担任副组长，中共中央、国务院35个部门的主要负责人为领导小组成员。领导小组具体工作由发展改革委承担。

7月1日

［纲　文］ **国务院办公厅印发《关于当前政府信息公开重点工作安排的通知》。**

［目　文］《通知》就政府信息公开重点工作作出如下安排：一、大力推进重点领域信息公开。（一）推进行政审批信息公开。（二）推进财政预算决算和"三公"经费公开。（三）推进保障性住房信息公开。（四）推进食品药品安全信息公开。（五）推进环境保护信息公开。（六）推进安全生产信息公开。（七）推进价格和收费信息公开。（八）推进征地拆迁信息公开。（九）推动以教育为重点的公共企事业单位信息公开。二、努力提高公开实效。各地区、各部门要更加自觉地把做好政府信息公开工作摆上重要日程，将推进政府信息公开、提升公开效果、增强政府公信力作为工作的着力点，深入细致地抓实抓好。（一）细化任务，强化落实。（二）规范信息发布，做好解读工作。（三）加强平台和渠道建设。（四）加强培训，提高能力。

7月1日

［纲　文］ **国务院办公厅发布《关于金融支持经济结构调整和转型升级的指导意见》。**

［目　文］《意见》指出，我国经济运行总体平稳，但结构性矛盾依然突出。为此，

经国务院同意，提出10条指导意见：一、继续执行稳健的货币政策，合理保持货币信贷总量。二、引导、推动重点领域与行业转型和调整。三、整合金融资源支持小微企业发展。四、加大对“三农”领域的信贷支持力度。五、进一步发展消费金融促进消费升级。六、支持企业“走出去”。七、加快发展多层次资本市场。八、进一步发挥保险的保障作用。九、扩大民间资本进入金融业。十、严密防范金融风险。

7月1日

［纲　文］　**财政部发布《关于发挥一事一议财政奖补作用推动美丽乡村建设试点的通知》。**

［目　文］　《通知》的主要内容有：一、充分认识开展美丽乡村建设试点的重要意义。二、美丽乡村建设试点目标和基本原则。三、开展美丽乡村建设试点的主要内容。四、开展美丽乡村建设试点的有关要求。

《通知》决定将美丽乡村建设作为一事一议财政奖补工作的主攻方向，从2013年起启动美丽乡村建设试点。根据《通知》，美丽乡村建设试点目标是：适应城乡发展一体化新形势和广大农民过上美好生活的新期待，注重发挥一事一议财政奖补自下而上民主决策、农村民生需求导向和以县为主统筹使用的制度优势，注重发挥财政资金“四两拨千斤”的引领撬动作用，通过局部试点，探索总结好的经验做法和有效模式，为在更大范围内开展美丽乡村建设积累经验，完善政策。基本原则：一是坚持以人为本，尊重农民主体地位。二是坚持规划引导，突出地域特色。三是坚持试点先行，重点突破。四是坚持多元投入，整合资源。五是坚持以县为主，统筹推进。六是坚持改革创新，完善制度机制。主要内容是：(一)继续抓好村级公益事业建设，逐步实现道路硬化、卫生净化、村庄绿化、村庄亮化、环境美化等目标，改善村容村貌和农民人居环境，为乡村生态农业、生态旅游、农家乐等发展创造良好条件，促进农村产业形态优化升级。(二)加强中心村和农村新社区建设，推动有条件的行政村、自然村落归并整合，优化村庄布局，引导农村人口适度集中居住，节约集约土地。(三)建立健全农村基础设施和公益事业的长效管护机制。具体有关要求是：(一)抓紧制定美丽乡村建设试点方案。(二)科学编制美丽乡村建设试点规划。(三)加大美丽乡村建设试点资金投入和整合力度。(四)加强美丽乡村建设试点项目和资金监管，强化激励约束机制。(五)加强调查研究和跟踪指导。(六)加强美丽乡村建设试点的组织领导。

7月1日

［纲　文］　**宁杭甬高铁开通运营。**

［目　文］　南京至杭州(宁杭)、杭州至宁波(杭甬)高速铁路正式开通运营，宣告沪—宁—杭长三角高速铁路网中最后一条“金边”被连通，长三角城市群成为我国高铁运营里程最长、运行线路最多、停靠站点最密、运输量最大的地区。

7月1日

［纲　文］　**国际博物馆培训中心在故宫博物院成立。**

［目　文］　国际博物馆协会主席汉斯－马丁·辛兹、国际博物馆协会中国国家委员会主席宋新潮、故宫博物院院长单霁翔代表合作三方共同签署了《国际博物馆协会中国国家委员会、故宫博物院与国际博物馆协会关于在北京建立国际博物馆协会国际博物馆培训中心框架协议》，并为中心揭牌。这是国际博协首次在巴黎总部外设立培训中心。

7月1日

［纲　文］　**全球1000家银行排名，中国工商银行一级资本排名第一**。

［目　文］　英国《银行家》杂志公布2013年全球1000家银行排名，其中96家中国银行榜上有名，有4家中国银行进入前10行列，分别是中国工商银行、中国建设银行、中国银行和中国农业银行。在银行盈利能力排名中，中国工商银行首次以一级资本指标排名全球银行首位。

7月1日

［纲　文］　**香港各界举办多项活动庆祝回归祖国16周年**。

［目　文］　香港各界庆典委员会及庆祝香港回归祖国16周年筹备委员会将“手牵手、庆回归、献爱心”作为本年“七一”庆祝活动的主题。上午8点，香港特区政府在维多利亚港边的金紫荆广场举行升旗仪式，全国政协副主席董建华、香港特区政府行政长官梁振英以及社会各界人士约2500人共同出席了仪式。下午，由香港各界庆典委员会举办的“庆祝香港回归祖国16周年启动礼”在香港金钟添马公园举行，香港特区行政长官梁振英、中央人民政府驻香港联络办公室主任张晓明、外交部驻香港特派员公署副特派员洪小勇等嘉宾出席启动礼。当天的重点活动还有“家是香港·伴你起航”青年创业论坛暨青年创业资助计划启动礼，吸引约8000名香港青年参加。此外，“庆回归电影日”活动于当天在香港18家戏院播放34场电影《钱学森》。

7月1日

［纲　文］　**外交部发言人表示，“东突”恐怖势力与国际恐怖组织勾联，严重威胁中国国家安全和地区和平稳定**。

［目　文］　外交部发言人在例行记者会上指出，以“东突”势力为代表的境内外“三股势力”为达到分裂中国的目的，长期从事反华分裂活动，甚至勾结国际恐怖势力在新疆策划实施大量暴力恐怖活动，破坏新疆发展稳定，造成无辜平民伤亡和财产损失，严重威胁中国国家安全和地区和平稳定。国际社会应对此保持高度警惕。中方继续与有关国家进一步加强合作，共同打击包括“东突”恐怖势力在内的恐怖组织。

发言人强调，涉疆问题事关中国主权和领土完整，涉及中国核心利益。中方坚决反对民族分裂主义，反对暴力恐怖行径。希望大家认清“东突”势力反华分裂和恐怖主义本质，理解和支持中方立场和关切，理解和支持中国为维护新疆民族团结和社会稳定、保障人民生命财产安全所采取的必要措施。

7月1日

［纲　文］　**《人民日报》发表题为《永与人民同呼吸共命运——热烈庆祝中国共产党**

成立九十二周年》的社论。

7月1日

［纲　文］ **《人民日报》发表题为《坚决打击“三股势力”》的评论员文章。**

7月1—2日

［纲　文］ **全国文化厅局长座谈会在山西省太原市召开。**

［目　文］ 会议围绕深入贯彻落实十八大精神和中央政治局“改进工作作风、密切联系群众”的八项规定，以推动实现中国梦为强大精神动力，以进一步转变政府职能为重要任务，以深入扎实开展党的群众路线教育实践活动为着力点，着力研究解决制约文化改革发展的深层次矛盾和问题，努力开创文化工作新局面。文化部党组书记、部长蔡武，党组成员、副部长、国家文物局局长励小捷，党组成员、副部长项兆伦、董伟出席会议，山西省委常委、宣传部部长胡苏平出席会议并代表山西省委、省政府致辞。

蔡武在会上作了题为《抓住机遇，勇担重任，为实现“中国梦”贡献文化力量》的讲话，明确了文化系统加快改革发展的工作思路和重点任务。项兆伦在会议闭幕时作总结讲话，就传达贯彻会议精神、加强调查研究、推动工作落实提出要求。

会议期间，蔡武及会议代表赴山西省图书馆、山西大剧院、太原市清徐县文体中心和首届山西文化产业博览交易会展馆等地考察调研。

7月2日

［纲　文］ **习近平任免驻外大使。**

［目　文］ 国家主席习近平根据全国人民代表大会常务委员会的决定任免下列驻外大使：一、免去吴恳的中华人民共和国驻瑞士联邦特命全权大使职务；任命许镜湖（女）为中华人民共和国驻瑞士联邦特命全权大使。二、免去布建国（女）的中华人民共和国驻老挝人民民主共和国特命全权大使职务；任命关华兵为中华人民共和国驻老挝人民民主共和国特命全权大使。三、任命段洁龙为中华人民共和国驻新加坡共和国特命全权大使。四、免去刘健的中华人民共和国驻巴基斯坦伊斯兰共和国特命全权大使职务；任命孙卫东为中华人民共和国驻巴基斯坦伊斯兰共和国特命全权大使。

7月2日

［纲　文］ **国家发展改革委、中国科学院印发《科技助推西部地区转型发展行动计划（2013—2020年）》**

［目　文］ 《计划》包括5个方面的内容：一、总体要求。二、区域创新重点布局。三、主要任务。四、重点专项。五、保障措施。

《计划》提出，到2020年，建成若干具有重要影响力的创新产业集群和科技研发基地，培育一批掌握核心关键技术、拥有自主品牌、在行业上具有重要影响力的领军企业，科技创新在西部地区转型发展中发挥重要支撑作用。重点支持科研院所、高等院校和企业合作开展协同创新，突破关键核心技术，实现技术系统集成，推进工程化示范。通过项目合作，引导各类创新要素向企业集聚，提升企业自主创新能力。到2015年，重点支持建设科技成果转移转化平台40个，实施科技成果转移转化项目1000项。

根据《计划》，将建设特色鲜明和优势突出的区域创新体系，支持西安统筹科技资源改革示范基地、成渝和关中—天水创新型区域、绵阳科技城、贵州科学城等发展，推进创新型区域和创新型城市建设，重点支持在四川攀西和德阳、云南滇中、陕西杨凌和阎良、青海海西、宁夏宁东、新疆乌（鲁木齐）昌（吉）石（河子）、广西南宁以及重庆两江、四川天府、贵州贵安、陕西西咸、甘肃兰州等城市新区建设创新型产业集群。

《计划》提出实施8个重点专项，包括生态建设环境保护重大技术集成与示范、煤炭高值清洁转化利用、特色能源矿产资源综合开发利用、先进制造技术集成应用、特色生物资源综合高效利用、特色农牧业、基于物联网技术的现代物流和科技惠民。

7月2日

［纲　文］　**中央书记处书记刘云山在北京会见由总书记貌貌登率领的缅甸巩固与发展党代表团。**

［目　文］　刘云山在会见时说，中缅“胞波”情谊深厚，中国新一届领导集体高度重视发展对缅关系，坚定奉行对缅友好政策。中方将同缅方认真落实好两国元首就发展中缅全面战略合作伙伴关系达成的新共识，更好地造福两国人民。党际交流对促进国家关系具有重要作用，中国共产党愿加强与缅甸巩发党的友好往来，相互交流借鉴治国理政经验，深化务实合作，推动中缅传统友谊开创新局面。

貌貌登表示，通过此次访问，我们深切感受到中国发生的巨变，也进一步明确了今后合作的方向。缅中地缘相近，互为好邻居、好伙伴、好朋友，缅甸巩发党愿继承传统，抓住机遇，不断巩固和深化两国两党关系。

全国政协副主席、中联部部长王家瑞参加会见。

7月2日

［纲　文］　**全国政协主席俞正声在北京分别会见泰国上议院第一副议长素拉猜和以庄山悦彦为团长的日本亚洲交流协会代表团。**

［目　文］　在会见素拉猜时，俞正声说，中方高度重视发展同泰国的友好关系，愿同泰方保持高层交往势头，务实推进重大合作项目，加深两国人民相互了解和友谊，推动中泰全面战略合作伙伴关系不断取得新发展。中国全国政协愿同泰国上议院开展多层次、多领域交流与合作，就双方共同关注的问题深入探讨。素拉猜表示，泰国政府和议会致力于发展对华关系，坚定奉行一个中国政策，愿继续为促进东盟同中国合作发挥积极作用。

在会见庄山悦彦一行时，俞正声说，中方愿在中日四个政治文件的原则基础上，本着“以史为鉴、面向未来”的精神，继续推进中日战略互惠关系，不断深化各领域务实交流与合作。当前中日关系面临严峻局面，希望日方正视历史，妥善处理钓鱼岛问题，推动中日关系早日回到正常发展轨道。庄山说，日本亚洲交流协会愿积极推动两国经济界在能源领域的交流与合作，双方应保持一种长期的相互信赖关系，共同维护双方友好协作。

代表团是应中国贸促会邀请来华访问的。

7月2日

［纲　文］　**第七届中华图书特殊贡献奖评选结果出炉。**

［目　文］　傅高义、陈安娜等6位在介绍中国和传播中国文化方面作出突出贡献的翻译家、作家和出版家获此殊荣。第七届中华图书特殊贡献奖的6位获奖者中有3位翻译家、2位作家和1位出版家，他们分别是：意大利著名汉学家、出版过150多种介绍中国文化等著作的兰乔第，瑞典著名翻译家、诺贝尔文学奖获得者莫言作品的译者陈安娜，埃及著名翻译家、翻译过大量中国古典文学作品的穆赫森·赛义德·法尔加尼，阿根廷知名中国问题专家、著有多部阐述中国著作的马豪恩，美国著名学者、《邓小平时代》作者傅高义，印度尼西亚出版家、长期出版发行有关中国图书的杨兆骥。

8月27日，第七届中华图书特殊贡献奖颁奖仪式在北京举行，国务院副总理刘延东出席。

中华图书特殊贡献奖设立于2005年，旨在表彰于介绍、翻译和出版中国图书、促进中外文化交流等方面作出重大贡献的外国作家、翻译家和出版家。至2013年，共奖励了包括美、法和德等19个国家在内的39名专家学者。

7月2日

［纲　文］　**《人民日报》发表题为《把领导带头贯穿始终》的评论员文章。**

7月2日

［纲　文］　**《人民日报》发表题为《坚决维护新疆社会稳定》的评论员文章。**

7月2—7日

［纲　文］　**第42届世界技能大赛在德国莱比锡举行，中国代表团获得一银三铜。**

［目　文］　这一届世界技能大赛共有来自全球53个国家和地区的1006名选手参赛。我国共派出26名选手参与22个项目的角逐。最终，中国选手在17个项目上都榜上有名。中国代表团在大赛中获得一银三铜，同时取得13个项目的优胜奖。美发项目中国选手胡已雪获得一枚银牌，数控铣项目选手谢海波、制冷与空调项目选手冼星文以及印刷媒体技术项目的选手王东东获得铜牌。

世界技能大赛被誉为“技能奥林匹克”，每两年举办一届，这次在莱比锡举行的第42届世界技能大赛，是我国第二次组团参赛。2015年第43届世界技能大赛将在巴西圣保罗举办。

7月3日

［纲　文］　**国家主席习近平在北京接受12国新任驻华大使国书。**

［目　文］　他们是：塞内加尔驻华大使法勒、波黑驻华大使马里奇、突尼斯驻华大使阿姆里、俄罗斯驻华大使杰尼索夫、莱索托驻华大使恩齐尼、墨西哥驻华大使温立安、巴西驻华大使莱昂、韩国驻华大使权宁世、希腊驻华大使科斯蒂斯、吉尔吉斯斯坦驻华大

使巴克特古洛娃、塞拉利昂驻华大使维克托·福、委内瑞拉驻华大使塞尔帕。

习近平对外国使节们来华履新表示欢迎，请他们转达对各自国家领导人和人民的问候，希望他们为促进中国同有关国家双边关系发展作出贡献。外国使节们表示将为同中国的友好合作作出积极努力。

7月3日

［纲　文］　**李克强主持召开国务院常务会议。**

［目　文］　会议主要内容是：部署审计后整改工作，研究激活财政存量资金，通过《中国（上海）自由贸易试验区总体方案》和《中华人民共和国外国人入境出境管理条例（草案）》。

会议指出，日前审计署向全国人大常委会报告了中央预算执行和其他财政收支审计情况，并向社会公布了审计结果。对审计查出的问题，各部门、各单位既要积极整改，及时纠正各类违法违规行为，又要针对一些方面存在的预算执行不到位、资金层层积淀等情况，以整改为契机，把挤占挪用的钱归位，把“跑冒滴漏”的钱堵住。特别是要进一步盘活存量，把闲置、沉淀的财政资金用好，集中有限的资金用于稳增长、调结构、惠民生的重点领域和关键环节，加大对棚户区改造、节能环保、公共服务业、城市基础设施和促进消费等方面的投入，不断释放内需潜力，促进经济转型升级，满足群众迫切需要，提高资金使用效益。同时要坚决把扶贫、社保资金等群众的“保命钱”看住。把积极财政政策发挥好、运用好。

会议强调，在上海外高桥保税区等4个海关特殊监管区域内，建设中国（上海）自由贸易试验区，是顺应全球经贸发展新趋势，更加积极主动对外开放的重大举措。要进一步深化改革，加快政府职能转变，坚持先行先试，既要积极探索政府经贸和投资管理模式创新，促进贸易和投资便利化，扩大服务业开放；又要防范各类风险，推动建设具有国际水准的投资贸易便利、监管高效便捷、法制环境规范的自由贸易试验区，使之成为推进改革和提高开放型经济水平的“试验田”，形成可复制、可推广的经验，发挥示范带动、服务全国的积极作用，促进各地区共同发展。这有利于培育我国面向全球的竞争新优势，构建与各国合作发展的新平台，拓展经济增长的新空间，打造中国经济“升级版”。

会议审议通过《中华人民共和国外国人入境出境管理条例（草案）》。会议要求，要围绕发展经济和改善民生，推动相关立法，加强法治政府建设，进一步为经济社会发展和改革开放提供法治保障。

7月3日

［纲　文］　**国务院总理李克强在北京会见乌干达全国抵抗运动总书记、政府总理姆巴巴齐。**

［目　文］　应中方邀请，姆巴巴齐率乌政府代表团访华。李克强在人民大会堂会见姆巴巴齐时说，中乌传统友谊深厚，双边关系发展势头良好。中方愿与乌方推进两党两国关系发展，深化基础设施建设、能源、农业等领域合作，通过创新方式不断培育合作新亮

点，造福两国人民。

李克强指出，发展同非洲国家的团结合作是中国对外政策的重要基础，也是中方长期、坚定的战略选择。中方愿一如既往地支持非洲国家增强自我发展能力，推动国际社会加大对非洲的关注和投入，共同促进非洲和平、发展与繁荣。

姆巴巴齐祝贺中国取得的巨大成就，愿深化同中国的伙伴关系，加强政党交流对话，拓展各领域务实合作，推动双边关系取得更大发展。

全国政协副主席、中联部部长王家瑞参加会见。

访问期间，国家副主席李源潮在北京会见了姆巴巴齐。姆巴巴齐还出席了中联部与乌干达驻华大使馆共同举办的中国乌干达经贸合作推介会。

7 月 3 日

［纲　文］　**国务院办公厅发布《关于调整国家应对气候变化及节能减排工作领导小组组成人员的通知》。**

［目　文］　《通知》指出，根据国务院机构设置及人员变动情况和工作需要，国务院决定对国家应对气候变化及节能减排工作领导小组组成单位和人员进行调整。国务院总理李克强任国家应对气候变化及节能减排工作领导小组组长，国务院副总理张高丽、国务委员杨洁篪任副组长。领导小组成员包括国务院副秘书长肖捷，外交部、发展改革委等国务院 16 个部委的负责人，以及国家税务总局等部门和单位的主要负责人。领导小组具体工作由发展改革委承担。

7 月 3 日

［纲　文］　**中国首批舰载战斗机飞行员和着舰指挥员通过航母资格认证。**

［目　文］　我国第一艘航空母舰辽宁舰顺利完成预定科研试验和训练科目，返航停靠青岛某军港。在此次为期 25 天的航行中，我国首批舰载战斗机飞行员和着舰指挥员通过了航母资格认证，中国成为世界上少数几个具备自主培养舰载战斗机飞行员能力的国家。

7 月 3—6 日

［纲　文］　**李源潮在黑龙江省调研。**

［目　文］　中共中央政治局委员李源潮在黑龙江省哈尔滨、佳木斯、鹤岗、抚远以及农垦宝泉岭、建三江管理局等地，就共青团、妇联、科协、侨联开展党的群众路线教育实践活动进行调研。

在农垦宝泉岭高中，李源潮详细询问团员学生开展团支部活动的情况，鼓励他们树立远大志向，做思想好、身体好、学习好的新时代青年。在共青农场，李源潮参观垦荒纪念馆，到知青庄亲切看望 30 年前在农场见过的老知青。

李源潮在哈尔滨召开座谈会，听取共青团、妇联、科协、侨联基层负责人对开展群众路线教育实践活动的建议。他说，实现十八大提出的“两个一百年”奋斗目标和习近平总书记提出的中华民族伟大复兴的中国梦，尤其需要以优良党风凝聚人民群众共同奋斗。开展群众路线教育实践活动，是群团组织充分发挥党联系群众桥梁纽带作用的一次重大机遇。共青团、妇联、科协、侨联要认真学习中央精神，提高思想认识，增强开展群众路线教育实践活动的自觉性。

李源潮说，这次活动的最大特点是领导带头、自上而下。中央为全党作出了示范。共青团、妇联、科协、侨联要按照中央精神和习近平总书记要求，自觉走在教育实践活动前列，作改进作风、联系服务群众的表率。

7月3—4日

［纲　文］　**首届中国—中东欧国家地方领导人会议在重庆召开，签约重大项目25个。**

［目　文］　本届会议是中国—中东欧国家合作框架下的首次地方领导人会议，由重庆市人民政府与中国—中东欧国家合作秘书处联合主办。会议的主题是“中国—中东欧国家合作——省、市发展机遇”。3日，会议在重庆南坪国际会展中心开幕。马其顿总理格鲁埃夫斯基、罗马尼亚总理蓬塔以及来自中国和中东欧的各省市代表等出席开幕式。

大会举行了“中国—中东欧国家合作——省、市发展机遇”主题发言。重庆市人民政府市长黄奇帆发言，重庆市人民政府常务副市长翁杰明主持会议。

大会同时举行了重大项目集中签约仪式，共计25个项目，投资涉及物流、金融、旅游、汽车、化工、商贸等多个领域。本次签约项目中，中国国家开发银行与罗马尼亚签署了国别规划协议；重庆市分别与波黑萨拉热窝市、斯洛文尼亚签署了友好合作协议；重庆市与匈牙利布达佩斯市、罗马尼亚布加勒斯特市、罗马尼亚伊尔福夫省、罗马尼亚皮特什蒂市之间，甘肃省兰州市与保加利亚佩尔尼克市、普列文市之间签署了《经贸合作谅解备忘录》。会议期间还举办了贸易投资、科技创新、文化交流和中小企业合作等专题论坛，以及商务推介活动、中国—中东欧国家传统友谊图片展和中东欧国家经典电影展映。

4日，会议在南坪会展中心闭幕。与会的60多个中国和中东欧国家地方领导人发起“重庆倡议”，强调中国—中东欧国家合作的开启为地方发展带来了重要机遇，愿意将地方合作打造成中国—中东欧国家合作的重要支撑之一，促进全面深入发展，并欢迎更多的中国和中东欧国家的省、州、市加入到合作行列中。

会前，国家主席习近平和国务院总理李克强在北京分别会见了蓬塔和格鲁埃夫斯基。

7月3—8日

［纲　文］　**应国务院总理李克强邀请，巴基斯坦总理谢里夫对中国进行正式访问。**

［目　文］　这是谢里夫于本年6月出任巴基斯坦总理后的第一次海外出访。他此次访华的重要任务之一是，力促中巴两国加强经济合作。访问期间，国家主席习近平在钓鱼台国宾馆会见了谢里夫，李克强总理与谢里夫举行了会谈，全国人大常委会委员长张德江会见了谢里夫。谢里夫还会见了中国企业领袖和商界代表，访问工业中心与经济发展区。两国总理共同签署了《中国发展和改革委员会和巴基斯坦计划和发展部关于开展中巴经济走廊远景规划及行动计划合作的备忘录》等8个合作文件，并发表了《关于新时期深化中

巴战略合作伙伴关系的共同展望》。

习近平在会见时说，加强中巴战略合作伙伴关系是中国周边外交的优先方向。我们要传承传统友谊，提升务实合作水平。希望双方加强统筹规划，稳步推进中巴经济走廊、互联互通等重点合作项目，促进优势互补和利益融合，实现共同发展。谢里夫表示，巴方高度重视两国经济和基础设施互联互通，以此带动两国及区域发展。巴方欢迎中国企业投资，鼓励两国人员交往，愿为此创造安全有利的环境。

5日，李克强与谢里夫先后举行了大小范围两轮会谈。两国总理一致同意，在新时期继续深化中巴战略合作伙伴关系：一是加强高层往来和战略合作。用好领导人年度会晤、战略对话等重要机制，规划两国关系长远发展方向。二是提升经贸合作水平。推动打造中巴自贸区升级版，在扩大贸易规模的过程中促进动态平衡。三是推进互联互通合作。成立联合合作委员会制定中巴经济走廊远景规划和短期行动计划，重点实施交通基础设施和沿线经济开发区等支点项目建设，发挥骨干支撑作用，扎实有序推进。积极拓展能源合作。四是扩大人文领域交流。加强政党、议会、智库、高校、青年、媒体间交往，落实好为巴方培训1000名汉语教师计划，使中巴友好代代相传。五是深化防务、安全、反恐合作，维护两国和地区安全。六是加强多边领域合作。在重大国际和地区问题上保持密切协调合作，维护两国和广大发展中国家的利益。

6日，谢里夫一行从北京乘高铁访问上海，中共中央政治局委员、上海市委书记韩正会见了谢里夫。7日，谢里夫一行从上海抵达广州，对广东进行参观访问。随谢里夫来访的有总理夫人、旁遮普省首席部长、贝洛兹省首席部长、计划发展部部长和驻华大使等约50人。

7月3—4日

［纲　文］　**应外交部部长王毅邀请，加拿大外交部部长贝尔德对中国进行正式访问。**

［目　文］　访问期间，国务委员杨洁篪在北京会见了贝尔德，王毅与贝尔德举行了会谈。杨洁篪在会见时说，中方高度重视中加关系，愿同加方一道，增进政治互信，深化互利务实合作，扩大人文交流，将双边关系推向新的高度，更好地造福两国人民。贝尔德表示，加拿大政府将发展对华关系作为外交政策的优先目标之一。加方希望与中方共同努力，不断深化和扩大两国务实合作，推动加中关系取得更大发展。双方还就共同关心的国际和地区问题交换了意见。

王毅在会谈时表示，中方高度重视中加关系，愿与加方共同努力，从战略高度和长远角度出发，加强各领域交流与合作，深化在重大国际地区问题上沟通与协调，不断丰富中加战略伙伴关系内涵。贝尔德说，全面深化对华关系是加外交政策的优先方向。加方希望与中方一道，进一步扩大两国在贸易投资、能源资源、人文教育等领域合作，推动双边关系取得新的更大发展。

7月4日

［纲　文］　**国务院办公厅印发《关于调整国家能源委员会组成人员的通知》。**

［目　文］《通知》指出，根据国务院机构设置及人员变动情况和工作需要，国务院决定对国家能源委员会组成部门和人员进行调整。国务院总理李克强任主任，国务院副总理张高丽任副主任。国家发展改革委主任徐绍史等20个部委第一把手担任委员。国家能源委员会办公室主任由发展改革委主任兼任，副主任由能源局局长兼任，办公室具体工作由能源局承担。

国家能源委员会成立于2010年1月27日，是目前中国最高规格的能源机构。主要负责研究拟订国家能源发展战略、审议能源安全和能源发展中的重大问题、统筹协调国内能源开发和能源国际合作的重大事项。

7月4日

［纲　文］**国务院印发《国务院关于促进光伏产业健康发展的若干意见》。**

［目　文］《意见》提出8个方面的要求：一、充分认识促进光伏产业健康发展的重要性。二、总体要求。三、积极开拓光伏应用市场。四、加快产业结构调整和技术进步。五、规范产业发展秩序。六、完善并网管理和服务。七、完善支持政策。八、加强组织领导。

《意见》指出，2013—2015年，我国年均新增光伏发电装机容量1000万千瓦左右，到2015年总装机容量达到3500万千瓦以上。当前我国光伏产业存在产能严重过剩，国内应用市场开发不足。

《意见》鼓励各类电力用户按照“自发自用、余量上网、电网调节”的方式建设分布式光伏发电系统。

7月4日

［纲　文］**国务院印发《关于加快棚户区改造工作的意见》。**

［目　文］《意见》主要内容有：一、总体要求和基本原则。二、全面推进各类棚户区改造。三、加大政策支持力度。四、提高规划建设水平。五、加强组织领导。

《意见》指出，棚户区改造是重大的民生工程和发展工程。政府将多渠道筹措资金，保证2013至2017年改造各类棚户区1000万户，重点推进资源枯竭型城市及独立工矿棚户区、三线企业集中地区的棚户区改造，稳步实施城中村改造，使居民住房条件明显改善，基础设施和公共服务设施建设水平不断提高。为保证棚改目标顺利完成，政府将加大政策支持力度，采取增加财政补助、加大银行信贷支持、吸引民间资本参与、扩大债券融资、企业和群众自筹等办法筹集资金。此前，2008至2012年，全国已改造各类棚户区1260万户。

7月4日

［纲　文］**国家发展改革委等5部门联合印发《再制造产品“以旧换再”试点实施方案》。**

［目　文］《方案》主要内容有：一、实施范围和补贴方式。二、推广产品应具备的条件。三、“以旧换再”回收旧件应具备的条件。四、推广企业应具备的条件。五、推广

方式。六、监督管理。

《方案》指出，再制造是指将旧汽车零部件、工程机械、机床等进行专业化修复的批量化生产过程，再制造产品达到与原有新品相同的质量和性能，与制造新品相比，可大幅节约能源、原材料和生产成本，降低污染物排放，有利于实现充分利用资源，保护生态环境的目的。“以旧换再”是指消费者交回旧件并以置换价购买境内再制造产品的行为。“以旧换再”试点的基本内容是，有关部门将再制造试点企业生产的部分量大面广、质量性能可靠、节能节材效果明显的再制造产品纳入财政补贴范围进行推广，中央财政对每类推广再制造产品的补贴，原则上不超过 5 年。

《方案》自 2013 年 7 月 4 日起施行。

7 月 4 日

［纲　文］ **《人民日报》发表题为《秉承烈士遗志，弘扬烈士精神》的评论员文章。**

7 月 4—9 日

［纲　文］ **应全国人大常委会委员长张德江邀请，西班牙众议院议长波萨达率团对中国进行正式友好访问。**

［目　文］ 访问期间，国家主席习近平在北京会见了波萨达。全国人大常委会委员长张德江与波萨达举行会谈。

习近平在会见时说，中西建交 40 年来，始终坚持本着平等相待、相互支持的原则处理双边关系，坚持秉承互利共赢、开拓创新的精神推动务实合作，坚持通过密切交流、深入了解的方式发展民间友好，两国各领域友好合作成果丰硕。特别是 2005 年建立全面战略伙伴关系后，中西关系发展更加成熟稳健，西班牙已成为中国在欧盟内最好的朋友和合作伙伴之一。中方愿同西方不断加强在政治、经济、人文等各领域的友好关系，密切在联合国改革、气候变化、可持续发展、文明对话等重大国际问题上的磋商和合作，携手维护世界和平、促进共同发展。

波萨达说，西班牙政府、议会、政党和人民都对发展对华关系有着强烈的愿望，期待与中方加强相互支持，扩大各领域务实合作。西班牙作为欧盟成员之一，积极支持欧盟加强与中国的合作，认为这一合作具有战略性。西方愿发挥自身优势，为促进欧中关系发展多做积极工作。

张德江在同波萨达会谈时说，中西建交 40 年来，两国关系经受住了考验，发展顺利并不断深化，给两国人民带来了实实在在的利益。近年来，中西两国保持密切协调配合，政治互信不断加强，合作发展不断巩固，成为不同社会制度国家之间和谐相处、互利共赢的典范。当前，中西关系已进入更加全面、稳定和成熟的新阶段，中方愿与西方以建交 40 周年为契机，坚持相互尊重、友好协商的原则，以更加积极和务实的态度推动互利合作，促进中西全面战略伙伴关系不断取得新的更大发展。

波萨达说，西班牙希望进一步发展对华友好合作关系。西班牙众议院愿深化与中国全国人大的友好交往，相互学习借鉴成功经验，积极促进经贸、旅游、人文等各领域的务实合作，为西中关系发展不断注入新的活力。

9日，波萨达访问上海，上海市人大常委会主任殷一璀会见了波萨达一行。

7月4—11日

［纲　文］ **应全国人大常委会委员长张德江邀请，哥斯达黎加立法大会主席门多萨率哥斯达黎加立法大会代表团访华。**

［目　文］ 9日，张德江在人民大会堂与门多萨举行会谈。张德江说，中哥建交以来，两国高层往来频繁，政治互信增强，合作成果丰富。习近平主席不久前成功访哥，掀开了中哥关系的新篇章。中方愿与哥方共同努力，落实好习主席访问成果，推动中哥友好合作关系迈上新台阶。张德江强调，立法机关的交往是国家关系的重要组成部分，立法机关合作的宗旨和目标与两国关系发展的方向是一致的。为进一步加强中国全国人大与哥斯达黎加立法大会的友好合作，他提出三点建议：一要增进相互信任，夯实政治基础；二要推动经贸合作，促进经济发展；三要加强友好合作，提供法制保障。

门多萨说，哥方期待与中方进一步发展政治、经济、人文等各领域的友好关系，并愿为促进中国与拉丁美洲国家关系发展发挥桥梁作用。哥斯达黎加立法大会愿加强与中国全国人大的交流与合作，促进双方在经贸、投资、旅游等领域和地方的互利合作，为哥中关系的深入发展作出新的更大贡献。门多萨重申，哥方将恪守一个中国原则。

10日，全国人大常委会副委员长陈昌智在北京会见了门多萨一行。

7月4—7日

［纲　文］ **应国防部部长常万全邀请，印度国防部部长安东尼对中国进行正式访问。**

［目　文］ 访问期间，国务院总理李克强在中南海紫光阁会见了安东尼。常万全与安东尼举行了会谈。国务委员杨洁篪会见了安东尼。

李克强在会见时说，中印是合作伙伴和重要邻邦，彼此和睦相处、共同发展，是两国之福，亚洲之幸，也有利于世界的和平、稳定与发展。中方愿与印方增进战略互信，扩大务实合作，将双边关系提升到更高水平。安东尼表示，李克强总理不久前对印度进行了历史性的访问，是两国关系的里程碑，给印度人民留下了深刻印象。两国领导人就发展双边关系和各领域合作、维护边境地区和平与安宁达成重要共识。印方愿与中方共同努力，推动两国关系全面向前发展。

5日下午，常万全在八一大楼与安东尼举行会谈。两位国防部部长就一系列防务和安全问题广泛交换了意见，重申防务交流是两国面向和平与繁荣的战略合作伙伴关系的重要组成部分；两位部长评估了涉及边境地区维护和平与安宁的有关协议与议定书执行情况，指示继续加强有关工作。两位部长认为，边防合作将为维护边境地区和平与安宁发挥重要作用，同意尽早完成拟议中的《中印边防合作协议》的双边谈判；两位部长讨论了正在进行及计划开展的双边交流项目，乐见两国陆军于2013年在中国举行第三次反恐联合训练。双方还同意开展其他多项交流与互访。

杨洁篪在会见时说，中国新一届中央领导集体高度重视对印关系，中方愿与印度成为共谋发展、共享繁荣的合作伙伴。双方应共同努力保持边境地区的和平安宁。

7月5日

［纲 文］ **中央党的群众路线教育实践活动领导小组在北京召开第二次会议。**

［目 文］ 会议学习贯彻习近平总书记在党的群众路线教育实践活动工作会议和中央政治局专门会议上的重要讲话精神，听取领导小组办公室关于各地区各部门各单位贯彻落实党的群众路线教育实践活动工作会议精神的情况汇报，讨论并原则通过《关于做好第一批教育实践活动学习教育、听取意见环节工作的通知》。中共中央政治局常委、中央党的群众路线教育实践活动领导小组组长刘云山主持会议并讲话。

刘云山指出，开展好教育实践活动，一定要贯彻整风精神，坚持从严、务实，坚持高标准、高质量。从严就是要引导党员干部本着严肃认真的态度参加教育实践活动，以对党和人民高度负责的精神严格要求，对作风之弊、行为之垢来一次大排查、大检修、大扫除。务实就是教育实践活动要始终突出一个实字，在学习教育上要有实实在在的举措，在查摆问题上要紧密联系思想实际和工作实际，在整改落实上要建立改进作风的切实管用的长效机制。

会议明确，教育实践活动领导小组及办公室当前要抓好以下几项重点工作：一是指导督促工作；二是中央政治局常委同志联系点的协调服务工作；三是舆论宣传工作；四是信息简报工作。

中共中央书记处书记、中央党的群众路线教育实践活动领导小组副组长赵洪祝，中央党的群众路线教育实践活动领导小组成员参加会议。

7月5日

［纲 文］ **新华社讯，中央财政下拨逾22亿元中央基建投资。**

［目 文］ 电讯说，在22亿元中央基建投资中，21亿元专项用于支持湖北、广西、重庆、四川等8个省（区、市）岩溶地区石漠化综合治理工程，并将用近10年的时间，通过加强植树造林、封山育林等措施恢复改善岩溶地区生态环境。此外，下拨2013年中央基建投资预算（拨款）1亿元，专项用于支持山西、内蒙古、重庆、四川等20个省（区、市）食品安全风险监测能力建设项目。

7月5—8日

［纲 文］ **张高丽在四川省调研。**

［目 文］ 中共中央政治局常委、国务院副总理张高丽在四川调研，深入了解上半年经济形势、科技创新、结构调整和民生保障等方面情况。调研期间，张高丽实地考察了中航集团成都发动机公司等企业，与企业负责人讨论市场走势、存在困难、建议要求；深入到双流县南天寺村、锦江区宏济路社区看望基层干部和群众，了解就业、收入、社保等情况；主持召开四川、河南、湖北、重庆、甘肃、青海六省市负责人参加的经济形势座谈会；召开会议传达中央的精神和总书记的重要讲话，部署芦山地震灾后恢复重建的工作。

张高丽指出，我国正处于矛盾凸显期、改革攻坚期、发展转型期，经济工作任务非常繁重艰巨。必须高度关注走势，加强分析研判，清醒沉着应对，变压力为动力，要按照中央确定的稳中求进的总基调，坚持积极的财政政策和稳健的货币政策的稳定性、连续性、协调性，针对经济运行中突出的矛盾和问题，及时果断采取措施，在稳中求进、稳中有为、稳中化解各种矛盾，努力使经济向着好的方向发展。

在部署芦山地震灾后重建工作会议上，张高丽首先传达了中央政治局常委会和习近平总书记等中央领导对灾后重建工作的指示要求，充分肯定前段抗震救灾、过渡安置取得的阶段性重大胜利。要求科学实施规划，突出民生优先，分清轻重缓急，解决群众住房，搞好公共设施，照顾困难群体，坚持自力更生，合理配置资金，坚决反对形象工程，把钱用到刀刃上，防止次生灾害，注重环境生态，发展优势产业，充分发挥基层组织和广大党员干部群众的作用，3年圆满完成灾后重建任务。

7月5—12日

［纲　文］　**中俄海军在日本海彼得大帝湾附近海空域举行“海上联合—2013”军事演习。**

［目　文］　双方出动19艘舰艇以及2个特战分队参加联演，这是中国海军迄今一次性向国外派出舰艇兵力最多的中外联合演习。联演主要分为三部分：一是系列海上联合防卫作战行动，包括舰艇无设防锚地防御、编队联合防空、联合反潜、联合打击海上目标、联合护航、联合补给、联合搜救、联合解救被劫持船舶等；二是实际使用武器，包括对海上目标射击、对空中目标射击和发射火箭深弹等；三是海上阅兵。

7月6日

［纲　文］　**国务院印发《芦山地震灾后恢复重建总体规划》。**

［目　文］　《规划》包括前言以及重建基础、总体要求、空间布局、居民住房和城乡建设、公共服务、基础设施、特色产业、生态家园、政策措施等9章。

《规划》明确用3年时间完成恢复重建任务，使灾区生产生活条件和经济社会发展得以恢复并超过震前水平，为到2020年与全国同步实现全面建成小康社会目标奠定坚实基础。

《规划》范围为极重灾区和重灾区，包括雅安市芦山县、雨城区、天全县、名山区、荥经县、宝兴县等6个县（区），以及成都市邛崃市的6个乡镇，共102个乡镇，面积10706平方公里，2012年末总人口114.79万人。

《规划》提出要实现灾区户户安居有业：全面完成城乡居民住房恢复重建，灾区群众住上安全、经济、实用、省地的放心房；就业创业环境不断改善，有劳动人口的家庭至少有一人稳定就业。民生保障提升；社会事业得到较大发展，人人享有基本生活保障，因灾受伤致残人员得到妥善安置，基本公共服务水平显著提升。

《规划》还确定了产业重建和发展、生态文明建设等目标，要求工农业和服务业全面恢复，文化旅游业、特色农林业等特色优势产业发展壮大，“飞地产业园区”和一批特色产业基地初具规模，产业市场竞争力明显提高。

7月6日

［纲　文］ **中国与欧洲大陆国家在北京签署首个自贸协定。**

［目　文］ 经过两年多9轮谈判，中国商务部部长高虎城和瑞士联邦委员兼经济部部长约翰·施奈德–阿曼在北京正式签署《中国—瑞士自由贸易协定》。这是中国与欧洲大陆国家和世界经济20强国家达成的首个自贸协定。该协定是两国或多国间具有法律约束力的契约，目的在于促进经济一体化，其目标之一是消除绝大多数货物的关税和非关税贸易壁垒，允许产品与服务在国家间自由流动。中国—瑞士自由贸易协定的签署，为中国与欧盟展开双边自贸谈判提供了经验和可能性。

当天，国务院总理李克强在中南海会见了施奈德–阿曼。李克强说，中瑞正式签署了一个高水平、内容广泛的自贸协定，这是中国同欧洲大陆国家之间的首个自贸协定，不仅是中瑞关系新的里程碑，而且将对中欧合作产生积极示范效应，共同向世界发出反对贸易保护主义的强烈信号。中瑞应以此作为合作新起点，使自贸红利尽早惠及两国人民。

施奈德–阿曼说，瑞中签署自贸协定是一个历史时刻。2013年5月，李克强总理成功访瑞，就结束自贸谈判同瑞方达成重要共识，为协定签署奠定了坚实基础。瑞各界愿与中方抓住自贸协定带来的机遇，反对贸易保护主义，将瑞中合作提升到更高水平。

7月6日

［纲　文］ **浙江平湖庄桥坟遗址发现中国最早的原始文字。**

［目　文］ 来自全国的古文字研究专家们齐聚平湖，现场对这些符号进行论证。专家们认为庄桥坟遗址出土的确为良渚原始文字，是迄今为止在我国发现的最早的原始文字。这表明大约在距今5000年前，良渚先民就开始使用文字，在那时华夏民族已进入文明时代。国家文物局考古专家组成员、中国考古学会理事长张忠培表示，庄桥坟遗址所有出土文物是真实而有科学依据的。

庄桥坟遗址位于平湖市林埭镇群丰村，是一处大型的良渚文化遗址。2003至2006年，浙江省文物考古研究所与平湖市博物馆联合对该遗址进行了两期发掘，遗址中共有240余件器物发现了刻画符号，这些文字曾引起业界强烈关注。

7月6日

［纲　文］ **西藏自治区人民政府原主席，中央统战部原顾问，中国藏学研究中心原党组书记、总干事多杰才旦在北京因病逝世，享年88岁。**

7月7—8日

［纲　文］ **中央军委召开专题民主生活会，习近平主持会议并讲话。**

［目　文］ 此次会议是中央军委开展教育实践活动的重要内容。会前，中央军委同志学习了毛泽东、邓小平、江泽民、胡锦涛同志以及党的十八大以来党中央关于坚持群众

路线的重要论述，开展了深入的谈心交心，撰写了对照检查发言提纲。根据军委要求，总政治部综合整理了全军贯彻中央八项规定精神和军委十项规定有关情况，军委办公厅征求了四总部和各大单位对军委加强作风建设的意见建议。

中共中央总书记、国家主席、中央军委主席习近平在讲话中指出，军委改进作风的实际成效，必须体现在加强自身建设、履行职责使命上。当前，国防和军队建设已站在新的历史起点上，面临着难得的发展机遇，同时国际国内安全形势十分复杂，军事斗争准备任务十分繁重，军队建设内外环境变化十分深刻，风险和挑战明显增多。如何把军队各项建设不断向前推进，实现党在新形势下的强军目标，对军委的战略思维、领导水平、指挥能力、作风形象是一个历史性考验。他对加强军委自身建设、提高军委工作水平提出了5点要求：(一)做到听党指挥、政治坚定；(二)做到善谋打仗、能打胜仗；(三)做到开拓进取、改革创新；(四)做到求真务实、真抓实干；(五)做到廉洁自律、风清气正。

会议完成了3项议程：一是听取全军贯彻落实中央八项规定精神和军委十项规定情况及对军委加强作风建设征求意见情况的汇报；二是军委同志对照检查自己落实中央八项规定精神和军委十项规定情况作发言；三是讨论研究加强作风建设的措施和制度。与会同志在发言中联系实际，把自己摆进去，自我剖析深刻，相互交流诚恳，提出了许多好的意见和建议，体现了整风精神，达到了提高认识、统一思想、改进提高的目的。

会议审议通过了进一步加强作风建设的有关制度规定。

7月7日

［纲　文］　**国家主席习近平关心在美国旧金山坠机事故中的中国公民。**

［目　文］　7月6日上午，韩国韩亚航空公司一架波音777-200型客机在美国旧金山国际机场降落时发生事故并坠毁。截至7日，事故中共有182人受伤，2名中国乘客死亡。这架飞机由中国上海起飞，在韩国首都首尔载客后，前往目的地旧金山国际机场。

习近平对客机坠机事故造成人员伤亡十分关心，对事故中不幸遇难的中国公民表示哀悼，对遇难中国公民家属和受伤、幸存中国公民及其他乘客表示慰问。习近平指示外交部和中国驻美使馆、驻旧金山总领馆、驻韩国使馆全力做好受伤中国公民救治和幸存中国公民安置工作，同时，与美方、韩方保持联系，妥善处理好遇难中国公民善后等事宜。

7月7日

［纲　文］　**“海峡组合”彭帅与谢淑薇勇夺温网女双冠军。**

［目　文］　在英国伦敦举行的温布尔登网球公开赛女双决赛中，中国大陆选手彭帅和中国台湾选手谢淑薇组成的“海峡组合”以7:6/6:1击败澳大利亚组合巴蒂/德拉奎尔，夺得冠军。这是彭帅/谢淑薇获得的第六座WTA赛事的女双冠军奖杯，也是彭帅摘得的个人第九个双打桂冠。温网女双从1913年首度举行，至2013年恰满100周年。

7月7—8日

［纲　文］　**俞正声在甘肃省调研。**

［目　文］　中共中央政治局常委、全国政协主席俞正声专程到甘南藏族自治州，深

入乡镇和农牧区调研，与基层干部群众共商发展稳定大计。

俞正声指出，藏区首要任务是抓发展，发展的重点是改善广大农牧民生活，只有群众生活得到改善，才能更好地把他们团结到党的周围，维护稳定才有可靠的基础。他针对民族地区教育的发展问题指出，在少数民族地区推行“双语”教育，有利于提升学生未来的就业致富能力，也有利于增进各民族了解和团结，“双语”教育要从儿童学龄前教育抓起。要多办、办好职业学校，使更多青年人及早掌握一技之长，提高在市场上的竞争力。

俞正声在与省州县相关负责人座谈时，充分肯定甘南州在高原艰苦条件下做了大量工作，取得显著成绩。在谈到达赖问题时，他指出，为了国家统一和藏区发展稳定，必须旗帜鲜明地深入开展对达赖集团斗争。要教育引导藏传佛教界人士在政治上划清同十四世达赖的界限，坚决反对一切分裂国家、破坏党的领导和社会主义制度的行为。

调研期间，俞正声还来到拉卜楞寺看望宗教界人士，鼓励他们发扬藏传佛教护国利民的光荣传统，培养更多爱国爱教又具有较高宗教造诣的僧才。

7月8日

［纲　文］　**国家主席习近平应约同澳大利亚总理陆克文通电话。**

［目　文］　习近平在通话中对陆克文再次就任澳大利亚总理表示祝贺。习近平指出，中澳同为亚太地区重要国家。只要双方坚持从战略高度和长远角度出发，坚持相互尊重、平等互利原则，真正把对方当成战略合作伙伴，不断拓展交流合作，就一定能够推动两国关系继续沿着正确轨道向前发展，更好造福两国人民。

习近平强调，中澳经济高度互补，合作潜力巨大。希望双方本着积极、务实、平衡、互利的精神，展示灵活，创造性解决各自关注的问题，尽早达成一项高水平的自由贸易协定。习近平表示，中澳将于明年分别主办亚太经合组织领导人非正式会议和二十国集团领导人峰会，希望双方加强协调、相互支持，使多边合作成为中澳战略伙伴关系的重要助推力。

陆克文表示，中国在地区和全球事务中发挥着重要作用。澳方关注中国改革开放事业，相信中国经济将继续保持发展势头，这有利于澳大利亚，有利于亚太地区和世界。两国建立战略伙伴关系为双方在广泛领域加强合作奠定了基础。澳大利亚希望同中国发展更密切的关系。澳方高度重视澳中自由贸易协定谈判，希望双方本着互谅互让的精神，加倍努力，早日签署协定。澳方愿在多边框架内同中方加强协调和配合。

7月8日

［纲　文］　**财政部网站消息，中央财政下拨17亿元促全科医生临床基地建设。**

［目　文］　中央财政近日下拨2013年中央基建投资预算（拨款）17.35亿元，专项用于支持北京、河北、内蒙古、辽宁等32个省（区、市）全科医生临床培养基地建设项目。

7月8日

［纲　文］　**中国首个跨境贸易电子商务产业园在杭州开园，杭州成为中国首个跨境贸易电子商务服务试点进入实质性运转的城市。**

7月8日

［纲　文］　**全国人大常委会委员长张德江、国家副主席李源潮在北京分别会见委内瑞拉统一社会主义党副主席、全国代表大会主席卡韦略。**

［目　文］　张德江在会见卡韦略时说，中国全国人大高度重视发展与委全国代表大会的关系，愿继续保持高层往来，积极开展专门委员会、友好小组间的合作，加强民主法制建设和治国理政等方面的交流，共同开创两国关系更加美好的未来，更好地造福两国人民。卡韦略表示，在全球相互依存加深的背景下，愿进一步加强委中党际和议会间交往，深化两国友好合作关系，推进委中共同发展战略关系的深入发展。

李源潮在会见时说，中委是相互信赖的好朋友、互利合作的好伙伴，中国始终从战略高度和长远角度看待两国关系。中国共产党愿与委内瑞拉统社党增进政治互信和战略沟通，相互学习借鉴治党治国经验，推动中委共同发展的战略伙伴关系提升到新水平。卡韦略表示，委内瑞拉视中国为坚定朋友，将发展对华关系作为委内瑞拉对外关系的重点，愿积极推进委中两国各领域的务实合作。

7月8—10日

［纲　文］　**李克强在广西壮族自治区考察。**

［目　文］　中共中央政治局常委、国务院总理李克强到广西北海、钦州、南宁考察，围绕经济运行、改革开放、民生改善等开展调研。

李克强在考察时指出，广西是中西部地区唯一有沿海大港的省份，现在产业由东向西转移加快，要顺应这一趋势，扩大向西向南开放，以开放促发展，打造我国西南和中南部新的战略支点，更有力地辐射、带动腹地发展，促进结构优化，提高增长的质量和效益。

李克强在广西主持召开了部分省区经济形势座谈会。他强调，我国正处于必须依靠经济转型升级才能持续健康发展的阶段，统筹推动稳增长、调结构、促改革十分重要。稳增长可以为调结构创造有效空间和条件，调结构能够为经济发展增添后劲，两者相辅相成；而通过改革破除体制机制障碍，则可为稳增长和调结构注入新的动力。宏观调控要立足当前、着眼长远，使经济运行处于合理区间，经济增长率、就业水平等不滑出“下限”，物价涨幅等不超出“上限”。在这样一个合理区间内，要着力调结构、促改革，推动经济转型升级。与此相适应，要形成合理的宏观调控政策框架，针对经济走势的不同情况，把调结构、促改革与稳增长、保就业或控通胀、防风险的政策有机结合起来，采取的措施要一举多得，既稳增长又调结构，既利当前又利长远，避免经济大起大落。

7月9日

［纲　文］　**新华社讯，中央党的群众路线教育实践活动领导小组印发《关于做好第**

一批教育实践活动学习教育、听取意见环节工作的通知》。

［目 文］ 电讯说，《通知》要求：一、扎实开展学习教育。重点是搞好学习宣传和思想教育，使党员、干部特别是领导干部提高思想认识，增强宗旨意识和群众观点。要适当集中时间，强化集体学习讨论，着力提高学习教育的成效。二、广泛听取意见建议。坚持开门搞活动，一开始就要深入群众听取意见和建议，问政于民、问需于民、问计于民。围绕反对“四风”查找问题，为对照检查、开展批评和解决问题打好基础。三、坚持边学边查边改。着力解决突出问题，是这次教育实践活动的鲜明特色。要紧密结合工作实际，边学习、边查找、边改进，让群众看到变化、见到成效。四、切实加强组织领导。各级党委（党组）要把学习教育、听取意见环节工作作为重要任务，切实加强组织领导和工作指导。

7月9—12日

［纲 文］ **应国家主席习近平邀请，尼日利亚总统古德勒克·乔纳森对中国进行国事访问。**

［目 文］ 访问期间，习近平在人民大会堂同乔纳森举行会谈。国务院总理李克强、全国人大常委会委员长张德江分别会见了乔纳森。

两国元首就发展中尼关系和中非关系深入交换意见，达成广泛共识。

习近平就进一步发展中尼战略伙伴关系提出以下建议：一、加强高层交往，继续在涉及各自国家核心利益的问题上相互理解和支持，深化政治互信和合作。加强政府部门、立法机构、政党、地方友好交流，相互学习借鉴治国理政经验，牢牢把握中尼友好大方向。二、推进务实合作，实现优势互补和共同发展。加强基础设施建设、贸易、投资、能源、航天、农业、经贸合作区建设、防务安全等方面合作。三、扩大人文交流，夯实友好民意基础。深化文化合作，共同办好尼日利亚在华文化中心、中国在尼文化中心及孔子学院，深化体育、媒体、高校、智库、青年交流合作，依法保障对方公民和机构的安全和合法权益。四、加强在国际和地区事务中的合作，密切在联合国、世贸组织等多边机构中的协调，维护共同利益。

会谈后，两国元首共同出席了双边经贸、金融、文化等领域合作文件的签字仪式。

李克强在会见时说，中方愿与尼方共同努力，增进政治互信，深化贸易投资、基础设施建设、能源、农业、人文等各领域全方位合作，扩大在国际和地区事务中的沟通与协调，推动中尼战略伙伴关系持续健康发展。

张德江在会见时说，中国全国人大高度重视发展与尼国民议会的关系，愿进一步加强与尼参议院、众议院的友好合作，从议会层面推动落实两国元首达成的重要共识，深化法制建设和治国理政等经验务实交流，促进中尼政治关系和经贸、人文等合作深入发展，为中尼战略伙伴关系注入新的动力。

7月10日

［纲 文］ **国务院办公厅发出《关于切实做好汛期灾害防范应对工作的紧急通知》。**

［目　文］《通知》主要内容有：一、切实加强监测预警。密切监视雨情、汛情、风情及其发展变化，制定严密的防范措施，及时发布灾害预警信息。二、细化完善相关预案，做好抢险救灾物资、装备等储备，落实好各类抢险队伍，坚决避免群死群伤事件的发生。三、突出抓好各项防灾减灾措施的落实。做好山洪泥石流灾害易发区、危险校舍、简易工棚等安全排查，遇有重大灾害性天气和险情，学校要停课、厂矿要停工、大型集会活动要取消，及时转移并妥善安置受威胁地区人员。四、全力做好灾害抢险和应急处置工作。灾害发生后，有关地区和部门要立即启动应急预案，及时协调专业队伍，千方百计搜救被困人员，全力做好伤员救治和卫生防疫，妥善安置受灾群众生活，积极组织恢复生产生活秩序。五、严格落实抗灾救灾工作责任制。主要负责同志要靠前指挥，深入一线指导解决抗灾救灾中的突出问题。做到任务逐级分解，确保责任层层落实到位。对领导不力、工作疏忽或处置失当造成严重后果的，要按照规定严肃追究有关领导和人员的责任。

7月10日

［纲　文］　**国务院办公厅、中央军委办公厅转发民政部、总参谋部等部门《关于深入贯彻〈退役士兵安置条例〉扎实做好退役士兵安置工作意见的通知》。**

［目　文］《通知》主要内容有：一、全力推进自主就业退役士兵免费教育培训。二、大力扶持自主就业退役士兵就业创业。三、采取有力措施保障符合政府安排工作条件的退役士兵就业。四、加强对退役士兵安置工作组织领导。

7月10日

［纲　文］　**全国研究生教育工作暨国务院学位委员会第三十次会议在北京召开。**

［目　文］　国务院副总理、国务院学位委员会主任委员刘延东出席会议并作《深化改革，提高质量，推进研究生教育内涵式发展》的报告。国务院学位委员会副主任委员、秘书长、教育部副部长杜占元做国务院学位委员会工作报告。

刘延东指出，研究生教育是创新型人才的主要来源和建设创新型国家的重要领域，要以服务国家需求为导向，以提高培养质量为核心，优化规模、布局和学科结构，坚持分层次办学和特色发展。要分类推进培养模式改革，实现知识学习和能力培养并重，学术学位与专业学位协调发展，完善质量监督体系，健全导师责权机制，强化研究生社会责任感、科学精神和创新实践能力培养，全面提高培养质量。要深化高校与科研院所、企业的合作，广泛开展国际合作交流，不断提升研究生教育开放办学水平。要统筹协调，加快职能转变，形成中央、地方、培养单位各负其责，招生、培养、评价各环节系统配套的研究生教育综合改革格局。

会议审议并通过了秘书长报告及国务院学位委员会2013年工作要点：以服务需求、提高质量为主线，以分类推进培养模式改革、统筹构建质量保障体系为着力点，全面推动学位与研究生教育综合改革。

会议还审批了国务院学位委员会办公室提交的《关于立项建设博士、硕士学位授予单位及其授权学科审核情况的报告》，审议通过了《关于加强学位与研究生教育质量保证和监督体系建设的意见》、《关于开展博士、硕士学位授权学科和专业学位授权类别动态调整试点工作的意见》等一系列重要文件。

7 月 10 日

［纲　文］ **习近平主席特使、全国人大常委会副委员长向巴平措在乌兰巴托出席蒙古国总统额勒贝格道尔吉就职典礼。**

7 月 10 日

［纲　文］ **《人民日报》发表题为《用法律保障特种设备的安全》的社论。**

7 月 10—12 日

［纲　文］ **刘奇葆在陕西省调研。**

［目　文］ 调研期间，中共中央政治局委员、中央书记处书记、中宣部部长刘奇葆先后来到延安、铜川、西安、渭南等地，瞻仰革命旧址，重温光荣传统，看望老红军老党员，走访基层干部群众，了解教育实践活动开展情况，考察爱国主义教育基地建设、公共文化服务、文化企业发展等情况。

刘奇葆指出，开展党的群众路线教育实践活动，要继承和发扬延安精神，使全党同志牢记并恪守全心全意为人民服务的根本宗旨。要牢牢抓住服务群众这个根本，加强理想信念和宗旨意识教育，使党员干部把人民放在心中最高位置，着力解决群众反映强烈的突出问题，为群众办实事、谋利益，确保教育实践活动取得群众满意的实效。刘奇葆强调，要充分发挥主流媒体优势，重视发挥网络媒体作用，加强典型宣传，切实改进文风，以优良作风开展教育实践活动的新闻报道，提高宣传的贴近性、针对性和亲和力、感染力，促进教育实践活动深入开展。

刘奇葆指出，要深化中国特色社会主义和中国梦宣传教育，深入挖掘思想内涵，改进创新方法手段，进一步扩大覆盖面、增强实效性，推动宣传教育进城下乡、进村入户，引导干部群众坚定中国特色社会主义自信，汇聚起同心共筑中国梦的强大正能量。要加快推进文化改革发展，着力抓好重点改革任务，不断完善公共文化服务体系，提高文化产业规模化集约化专业化水平，繁荣发展文化事业和文化产业。要推动红色旅游健康发展，在挖掘红色文化内涵上下功夫，在发挥爱国主义教育作用上下功夫。要牢固树立以人民为中心的工作导向，为人民奉献更好更多的精神食粮。

7 月 10—11 日

［纲　文］ **第五轮中美战略与经济对话在美国华盛顿举行。**

［目　文］ 会议主题是“推进相互尊重、合作共赢的全面互利中美经济伙伴关系”。在为期两天的时间里，双方围绕落实两国元首安纳伯格庄园会晤共识、推进中美新型大国关系建设坦诚、深入地交换了意见，达成了广泛共识，取得了重要积极成果。国家主席习近平特别代表、国务院副总理汪洋和国务委员杨洁篪同美国总统奥巴马特别代表、国务卿克里和财政部部长雅各布·卢共同主持对话。美国副总统拜登出席开幕式并致辞。

在经济对话中，双方就事关两国和世界经济的全局性、长期性、战略性问题进行了坦诚、深入交流。双方承诺促进经济结构改革和可持续、平衡发展。美方承诺增加投资，提高储蓄率，削减赤字，降低债务，致力于实现中期财政可持续性，并高度关注货币政策的外溢性和国际影响。在战略对话中，双方就推进中美新型大国关系建设，增进战略互信，构建双方在亚太良性互动格局，拓展在气候变化以及中东、南亚等全球和地区热点问题上合作进行了坦诚、深入和建设性的对话。两国有关部门举行了第三次中美战略安全对话、第一次网络工作组会议等子对话，还进行了气候变化、海关、打击野生动植物非法交易、联合国维和、南亚事务、拉美事务等对口磋商。

双方还就朝鲜半岛局势、东海、南海、网络安全等问题交换了意见。中方重申了有关原则立场。

会议期间，美国总统奥巴马在华盛顿白宫会见汪洋和杨洁篪。

中美战略与经济对话启动于2006年，对话机制每年举行两次，主要就双方共同感兴趣的双边和全球战略性经济问题进行交流和探讨。对话轮流在中美两国首都北京和华盛顿举行，此前已举行四轮。

7月11—12日

［纲　文］　**习近平在河北省调研。**

［目　文］　根据中央统一安排，中共中央政治局常委在第一批教育实践活动中分别联系一个省，进行具体指导，发挥示范带动作用。中共中央总书记、国家主席、中央军委主席习近平联系河北省。习近平先后来到正定县、平山县西柏坡、石家庄市区，深入农村、机关，与各级干部和党员、群众座谈，实地调研指导河北省第一批教育实践活动。

习近平来到正定县正定镇塔元庄村，了解村里近年来的发展变化和村党支部、村委会开展工作的情况。他对塔元庄村坚持发展优秀青年农民入党和坚持选育“农村好青年”的做法表示肯定，希望他们加强以村党组织为核心的村级组织配套建设，全面提高村级服务水平。在西柏坡，习近平参观了西柏坡纪念馆、毛泽东旧居、中央军委作战室、七届二中全会旧址。在九月会议旧址，习近平主持召开了座谈会。习近平还来到河北省民政厅社会救助处、社会福利和社会事务处，向工作人员了解机关开展教育实践活动和改进服务的情况。

调研指导期间，习近平听取了河北省级领导班子开展教育实践活动和中央督导组开展督导工作的情况汇报。他强调，开展好教育实践活动，要着力增强思想自觉和行动自觉，引导广大党员、干部提高贯彻执行党的群众路线的自觉性和坚定性，做到以“知”促“行”、以“行”促“知”、知行合一；着力贯彻和体现整风精神，把批评和自我批评摆在重要位置，把开门搞活动作为重要方法，把严格执行纪律作为重要措施；着力解决突出问题，坚持标本兼治，既认真解决“四风”方面的问题，又注重通过强化理想信念、规范工作程序、完善体制机制、抑制不正之风；着力保证活动健康发展，切实做到不虚、不空、不偏。

调研期间，习近平还专门分别召开河北省和石家庄市部分离退休老同志、正定县领导班子主要成员和退休干部座谈会，听取他们对教育实践活动的意见和建议。

王沪宁、赵乐际、栗战书等陪同调研。

7月11日

［纲　文］　**住房城乡建设部、国家发展改革委、财政部联合印发《关于做好2013年农村危房改造工作的通知》。**

［目　文］　《通知》包括改造任务、补助对象与补助标准、资金筹集和使用管理、科学制定实施方案、合理选择改造建设方式、严格执行建设标准、强化质量安全管理、完善农户档案管理、推进建筑节能示范、健全信息报告制度、完善监督检查制度、加强组织领导与部门协作12项内容。

《通知》明确，2013年中央安排农村危房改造补助资金230亿元（含中央预算内投资35亿元），由财政部会同国家发展改革委、住房城乡建设部联合下发。2013年中央支持全国266万贫困农户改造危房。其中，国家确定的集中连片特殊困难地区的县和国家扶贫开发工作重点县等贫困地区105万户，陆地边境县边境一线15万户，东北、西北、华北“三北”地区和西藏自治区14万农户结合危房改造开展建筑节能示范工作。

《通知》指出，为加大对贫困地区的扶持力度，2013年中央对贫困地区户均补助标准由7500元提高到8500元，同时对陆地边境县边境一线贫困农户、建筑节能示范户每户增加2500元补助。

7月11日

［纲　文］　**教育部等5部门联合印发《关于2013年规范教育收费治理教育乱收费工作的实施意见》。**

［目　文］　《意见》主要内容有：一、主要任务。（一）深化义务教育阶段择校乱收费治理工作；（二）深入推进中小学教辅材料散滥问题治理；（三）重点治理中小学补课乱收费；（四）治理高校违规招生及乱收费行为；（五）加强中央教育惠民政策落实情况的监督检查；（六）进一步规范各级学校办学及收费行为；（七）集中清理教育收费项目和收费标准。二、工作要求。（一）强化责任落实，建立完善纠风工作长效机制；（二）加强监督检查，加大案件查办工作力度；（三）转变工作作风，加强治理工作队伍建设。

《意见》指出，各地要重点检查就近入学比例、优质普通高中招生名额分配到区域内初中的比例、招生信息公开落实情况。严格查处与升学挂钩的捐资助学行为、以特长生为名乱收费、公办学校以民办名义乱收费，严禁地方政府、有关单位和学校以任何名义收取与入学挂钩的捐资助学款。坚决纠正与升学挂钩的“奥数”等各种类型的培训班和各种形式的升学考试行为。对于“课堂内容课外补”、公办教师在校外培训机构兼职补课、学校组织集体补课乱收费等突出问题，也将集中整治。对于公办中小学在职教师从事有偿补课的，在教师年度考核中给予不合格，考核结果要作为受聘任教、晋升工资、实施奖惩的依据，并进行严肃处理。对于在课堂上故意不完成教育教学任务，“课堂内容课外补”，向所教学生收取补课费的，要依据《教师法》给予行政处分或解聘。

《意见》强调，进一步深化高校招生“阳光工程”。严禁降低标准指名录取考生及乱收费。严肃招生纪律，各地不得出台涉及“点招”录取及收费的办法，已出台的应立即取消，严禁各省级高校招生办公室对“点招”考生违规投档。各省（区、市）、各高校招生考试部门负责人要签署承诺书，向社会公开承诺“零点招”。

7月11日

［纲　文］**《光明日报》报道，“海洋六号”船完成6000米海山区高精度调查**。

［目　文］　报道说，“海洋六号”船日前完成了中国大洋第29航次科学考察的重大任务——6000米声学深拖作业，这是我国首次利用自主研制的声学深拖设备在东太平洋海山区开展高精度调查，为我国开展富钴结壳资源的小尺度分布规律等研究提供基础性和关键性数据。

7月11日

［纲　文］**国家副主席李源潮在北京会见48家集团俱乐部主席斯蒂芬·佩里**。

［目　文］　48家集团俱乐部是一个致力于推动中英贸易关系发展的民间机构。为庆祝其“破冰之旅60周年”，11日，俱乐部在北京隆重举行了庆典新闻发布会、“青年破冰者组织中国分部”成立仪式等系列庆祝活动。1953年，英国工商界人士访问了处于重重封锁之中的新中国，该次访问被誉为中英关系“破冰之旅”。

李源潮在会见佩里时说，发展中英关系符合两国人民根本利益。中英两国经济互补性强，合作潜力巨大。希望两国工商界发扬60年前突破经贸阻力的“破冰者”精神，立足长远、抓住机遇，培育互利合作的新增长点，为扩大两国经贸合作、促进中英关系深入发展作出新贡献。

佩里表示，48家集团愿顺应世界经贸自由化趋势，继续以“破冰者”精神推动英中经贸合作向前发展。

7月12日

［纲　文］**四川省都江堰市发生特大型高位山体滑坡，习近平对抢险救灾工作作出重要指示**。

［目　文］　7月10日10时30分左右，因持续强降雨，四川省都江堰市中兴镇三溪村发生特大型高位山体滑坡，导致11户村民房屋被毁。截至12日15时45分，四川省都江堰市7·10特大型高位山体滑坡重大自然灾害已造成26人遇难、123人失踪和失去联系。中共中央总书记、国家主席、中央军委主席习近平高度重视，作出重要指示，要求继续组织有关方面力量，尽最大努力抓紧搜救失踪人员，同时做好遇难人员善后和亲属安抚工作。

灾害发生后，当地迅速出动特警、武警、消防、民兵等近千人的救援力量以及数十台工程机械，全力搜救、科学施救、有序转移受困人员和村民，并设立多处安置点，临时安置群众，接待和抚慰遇难及失踪人员亲属。国务院已派出工作组赶赴现场指导抢险救灾工作。

7月12日

［纲　文］　**李克强主持召开国务院常务会议。**

［目　文］　会议研究部署加快发展节能环保产业，促进信息消费，拉动国内有效需求，推动经济转型升级。

会议指出，我国正处于新“四化”同步推进的阶段，扩大内需要创新和拓展思路，既要有效稳增长，又要着力调结构，持续稳中有为。要注重用改革的办法促进产业发展，把政府引导与市场主导结合起来，把“走出去”和“引进来”结合起来，发挥市场机制作用，为节能环保产业和信息消费创造多元投入、公平竞争的发展环境。

会议要求，加快发展节能环保产业，既要有政策支持，更要创新机制，鼓励引导社会资本包括民间资本积极参与。一要推动节能环保和再生产品消费。二要提升产业技术装备水平。三要加快节能环保重点工程建设，完善污水管网等城镇环境基础设施，开展绿色建筑行动。四要营造有利的市场和政策环境，健全法规标准，完善价格、收费和土地政策。五要加大中央预算内投资和节能减排专项资金支持力度，继续安排国有资本经营预算支出支持重点企业实施节能环保项目，广泛开展国际交流和合作。

会议要求，促进信息消费，要把握好市场导向、改革推进、需求引领、有序安全发展的原则，推进工业化和信息化深度融合。一要实施“宽带中国”战略，加快网络、通信基础设施建设和升级。二要加快实施“信息惠民”工程。三要丰富信息产品和信息消费内容。四要构建安全可信的信息消费环境。通过上述努力，实现“十二五”后三年信息消费规模年均增长20%以上，电子商务交易额大幅增加。

会议还审议了保障水利重要设施安全的管理法规。

7月12日

［纲　文］　**国务院发布《中华人民共和国外国人入境出境管理条例》。**

［目　文］　《条例》共39条，包括总则、签证的类别和签发、停留居留管理、调查和遣返、附则5章，自2013年9月1日起施行。《条例》指出，《中华人民共和国出境入境管理法》实施细则根据外国人申请入境的事由，将普通签证分为D字、Z字、X字、F字、L字、G字、C字、J字8类。其中，F字签证和L字签证涵盖多种入境事由，不利于外国人入境后的服务和管理。为使签证类别能够准确反映外国人入境事由，实现外国人入境后的精细化管理，《条例》在保留现行签证分类基本不变的基础上，重点对现行F字签证、L字签证作了拆分，并新增加了R字签证，普通签证类别由目前的8类调整为12类。

《条例》规定，建立部门间协调配合机制，加强有关部门的协调配合，并实现有关信息共享。为了进一步提高签证的签发质量。驻外签证机关在签发签证时，需要向中国境内有关部门和单位核实有关信息的，有关部门和单位应当予以配合。

《条例》还增加了规范外国留学生参加校外勤工助学和实习的规定。进一步明确了聘用外国人工作或者招收外国留学生的单位的报告义务。

7月12日

［纲　文］　**环境保护部印发《关于加强污染源环境监管信息公开工作的通知》。**

［目　文］　为规范和加强污染源环境监管信息公开工作，环境保护部印发《通知》，同时发布《污染源环境监管信息公开目录（第一批）》。《通知》主要内容有：一、充分认识污染源环境监管信息公开工作的重要意义。二、着力抓好污染源环境监管信息公开各项工作。

《通知》明确要求，各级环保部门应按照"谁获取谁公开、谁制作谁公开"的原则公开污染源环境监管信息，细化公开内容为重点污染源基本情况、污染源监测、总量控制、污染防治、排污费征收、监察执法、行政处罚、环境应急等八大类31小项，严格信息公开时限，规范信息公开方式，要求以政府网站作为信息公开的重要平台，设置专门的污染源环境监管信息公开栏目，对于少数县级环保部门建设网站确有困难的，其辖区内的污染源环境监管信息应由上一级环保部门负责发布，也可由同级地方人民政府网站发布。

7月12日

［纲　文］　**中国人民银行发布的数据显示，截至2013年6月末中国人民币存款余额达100.91万亿元，首次突破百万亿元大关。**

7月12日

［纲　文］　**湖南株洲造首架通用飞机"阿若拉"成功首飞，标志着中国国内最大的民营通用航空产业基地正式投入使用。**

7月12日

［纲　文］　**中国外交部发言人表示，希望美方在南海问题上不选边站队。**

［目　文］　外交部发言人指出，在第五轮中美战略与经济对话期间，中方阐述了在南海问题上的原则立场。中方强调，中国坚定捍卫领土主权和海洋权益，同时致力于同直接当事国通过谈判解决争议。我们希望有关国家遵守承诺，通过双边友好协商妥善处理和解决有关争议。我们是这么说的，也是这么做的。

美方表示，在南海问题上不选边站队。中方希望美方尊重事实，言行一致。

7月12日

［纲　文］　**《人民日报》发表题为《只有深刻认识，才能增强自觉——一论把群众路线教育实践活动开展好》的评论员文章。**

7月12—19日

［纲　文］　**外交部部长王毅出席在吉尔吉斯举行的上海合作组织成员国外长理事会会议并对吉尔吉斯斯坦、乌兹别克斯坦、土库曼斯坦进行正式访问。**

［目　文］　王毅在上合组织外长会上表示，上合组织要持续深化各领域互利合作，努力把上合组织打造成政治、安全、经济、社会等多领域的利益共同体。各方应密切磋商协调，加大相互支持；加强安全合作，构筑安全屏障；加强务实合作，实现互利共赢；重

视人文合作，巩固民意基础；扩大对外交往，提升组织影响；加强常设机构建设，适应形势发展。

吉尔吉斯斯坦总统阿塔姆巴耶夫在会见王毅时表示，吉方热切期待习近平主席本年 9 月对吉尔吉斯斯坦进行国事访问并出席上海合作组织峰会，愿通过此访推动与中国各领域互利合作，将两国关系提高到新水平。王毅表示，两国应认真全面筹备好习近平主席对吉尔吉斯斯坦的访问，推进交通、电力等事关基础设施及民生的互利合作，提升两国整体合作水平。同日，王毅还与吉尔吉斯斯坦外交部部长阿布德尔达耶夫在吉外交部举行会谈，就推动两国各领域合作达成重要共识。

乌兹别克斯坦总统卡里莫夫在会见王毅时表示，乌方赞赏中国的发展为周边邻国提供的重要机遇，高度评价中国作为负责任大国在国际事务中发挥的重要影响。乌方期待习近平主席 2013 年 9 月对乌进行国事访问。乌方坚定支持中国维护国家主权和领土完整、打击“三股势力”。王毅表示，双方应以习近平主席访乌为重要契机，进一步巩固和深化互利合作，加强在国际和地区问题上的协调配合，为中乌战略伙伴关系赋予更多战略内涵。

土库曼斯坦总统别尔德穆哈梅多夫在会见王毅时表示，土方高度重视土中关系的战略意义，对双方政治、经贸、能源等领域的合作十分满意。土方坚定奉行一个中国政策。土方热切期待习近平主席本年 9 月对土进行国事访问。王毅表示，习近平主席 9 月的访问将是一次重要的历史性访问，双方应共同努力，切实做好各项筹备工作，从而进一步深化两国战略合作，并将经贸、能源、交通、执法安全、人文等领域合作提升到更高水平。

7 月 13 日

［纲 文］ **国务院公布《关于取消和下放 50 项行政审批项目等事项的决定》。**

［目 文］ 《决定》中说，经研究论证，国务院决定再取消和下放一批行政审批项目等事项，共计 50 项。其中，取消和下放 29 项、部分取消和下放 13 项、取消和下放评比达标项目 3 项；取消涉密事项 1 项（按规定另行通知）；有 4 项拟取消和下放的行政审批项目是依据有关法律设立的，国务院将依照法定程序提请全国人民代表大会常务委员会修订相关法律规定。

7 月 13 日

［纲 文］ **中国首套船舶电力推进系统研制成功。**

［目 文］ 中国首套具有自主知识产权的船舶中压 3 兆瓦级电力推进系统及核心设备研制成功。其主要技术指标达到国际先进水平，标志着我国已经具备了船舶大容量中压电力推进系统的设计和制造能力，实现了“零的突破”，填补了国内空白，成为世界上少数几个掌握此项技术的国家之一。此前，我国建造的电力推进船舶核心设备一直依赖进口。

7 月 13 日

［纲 文］ **《人民日报》发表题为《领导带头，就能确保实效》的评论员文章。**

7月14日

［纲　文］　**中共中央办公厅、国务院办公厅印发《关于党政机关停止新建楼堂馆所和清理办公用房的通知》。**

［目　文］　《通知》主要内容有：一、全面停止新建党政机关楼堂馆所。二、严格控制办公用房维修改造项目。三、全面清理党政机关和领导干部办公用房。四、严格规范党政机关办公用房管理。五、切实加强领导，强化监督检查。

《通知》要求，5年内，各级党政机关一律不得以任何形式和理由新建楼堂馆所。停止新建、扩建楼堂馆所，停止迁建、购置楼堂馆所，严禁以“学院”、“中心”等名义建设楼堂馆所，已批准但尚未开工建设的楼堂馆所项目，一律停建；严格控制办公用房维修改造项目。办公用房因使用时间较长、设施设备老化、功能不全、存在安全隐患，不能满足办公要求的，可进行维修改造。维修改造项目要以消除安全隐患、恢复和完善使用功能为重点，严格履行审批程序，严格执行维修改造标准，严禁豪华装修；全面清理党政机关和领导干部办公用房。各级党政机关要对占有、使用的办公用房进行全面清理。

7月14日

［纲　文］　**嫦娥二号突破5000万公里深空，创造中国深空探测新高度。**

［目　文］　凌晨1时许，已成为我国首个人造太阳系小行星的嫦娥二号卫星，与地球间距离突破5000万公里，再次刷新“中国高度”。

7月15—17日

［纲　文］　**应国家主席习近平邀请，白俄罗斯总统卢卡申科对中国进行国事访问。**

［目　文］　访问期间，习近平在北京人民大会堂同卢卡申科举行会谈。国务院总理李克强、全国政协主席俞正声在北京分别会见了卢卡申科。双方就双边关系及重大国际和地区问题深入交换意见，达成高度共识。

习近平在会谈中表示，中白两国互信水平高、合作成果丰硕，中白关系基础牢固、发展前景广阔。中方感谢白方在涉及中方主权和领土完整问题上一贯给予的支持。巩固和深化中白关系是中方坚定不移的政策。我们愿同白方一道，推动两国关系不断迈上新台阶。卢卡申科表示，发展对华关系是白俄罗斯外交的优先方向。白方希望同中方加强在重大问题上的沟通和协作，深化友谊、互信与合作。

两国元首决定建立中白全面战略伙伴关系，并制定相关发展规划，进一步提升两国合作水平。会谈后，两国元首共同签署《中华人民共和国和白俄罗斯共和国关于建立全面战略伙伴关系的联合声明》，并见证外交、经贸、投资、教育、科技、金融、农业、旅游、“一带一路”建设等领域多项双边合作文件的签署。

李克强在会见时说，中白是相互信赖的好伙伴，在彼此核心利益和重大关切上始终给予对方坚定支持。中方愿与白方密切高层往来，深化全方位合作，加强在国际事务中的协调配合，不断充实中白全面战略伙伴关系的内涵。

俞正声在会见时表示，中国全国政协与白俄罗斯国民会议之间有着良好的合作关系，双方应加强各级别、各层次交流与合作，互学互鉴，增进两国人民之间的相互了解和友谊，为两国企业和地方合作开辟新途径，创造良好环境，为推动中白全面战略伙伴关系发展发挥积极作用。

7月15日

［纲　文］　**国务院召开全国小微企业金融服务经验交流电视电话会议。**

［目　文］　会议旨在全国范围内介绍和推广一些好做法、好经验，进一步推进小微企业金融服务工作。中共中央政治局委员、国务院副总理马凯出席并讲话。国务院副秘书长肖捷主持会议。

会议分主会场和分会场，在主会场参加会议的有党中央、国务院有关部门和高法院、全国工商联负责人，以及在京主要金融机构和中小企业协会负责人。在分会场参加会议的有各省、自治区、直辖市、计划单列市以及部分市、县人民政府有关负责人，新疆生产建设兵团有关负责人，地方有关部门、单位和金融机构负责人等。

会议有三项议程：一是江苏省、安徽省人民政府以及武汉农村商业银行、工商银行、民生银行等5家单位介绍经验；二是有关部门负责人发言；三是国务院副总理马凯作讲话。

马凯强调，促进小微企业健康发展，事关经济社会发展全局，党中央、国务院高度重视。要认真贯彻落实国务院常务会议精神，多策并举，多管齐下，多方给力，提高小微企业金融服务水平。一是确保实现小微企业贷款增速和增量“两个不低于”目标。二是加快丰富和创新小微企业金融服务方式，为小微企业提供量身定做的金融服务。三是着力强化对小微企业的增信服务和信息服务，形成“小微企业—信息和增信服务机构—商业银行”利益共享、风险共担的新机制。四是积极发展小型金融机构，建立广覆盖、差异化、高效率的金融服务机构体系。五是大力拓展直接融资渠道，提高小微企业直接融资比重。六是切实降低小微企业融资成本，重点治理银行业金融机构不合理收费和高收费行为。七是加大对小微企业金融服务的政策支持力度。八是全面营造良好的金融发展环境，严守不发生系统性区域性风险底线。

全国政协副主席、中国人民银行行长周小川，银监会、证监会、保监会主要负责人，部分金融机构和地方政府的负责人在会议上发言。

7月15日

［纲　文］　**国务院发布《关于支持芦山地震灾后恢复重建政策措施的意见》。**

［目　文］　《意见》主要内容有：一、指导思想和基本原则。二、主要政策。三、工作要求。

《意见》指出，统筹安排灾后恢复重建资金。中央财政分三年安排芦山地震灾后恢复重建补助资金460亿元，其中：中央财政芦山地震灾后恢复重建基金310亿元，由四川省统筹使用；生态修复、地质灾害防治和产业发展专项支持资金150亿元，根据相关专项规划合理安排使用；积极利用国际金融组织和外国政府贷款支持灾后恢复重建，由中央财政统借统还。同时，根据受灾地区实际情况，中央财政安排综合性财力补助，由四川省统筹安排，重点用于保障受灾严重市（州）、县（区）和乡镇政府运转及社会事业发展需要；引导红十字会和慈善会等公益性社会团体将所接受的捐赠资金认建或承建重建规划内项目。通过银行贷款、居民和企业自筹资金等多渠道筹措灾后恢复重建资金。

7月15日

［纲　文］　**文化部印发《地方戏曲剧种保护与扶持计划实施方案》。**

［目　文］　《方案》主要内容有：一、保护与扶持地方戏曲剧种的意义。二、指导思想。三、基本目标。四、主要措施。五、支持方式及资金管理。

《方案》提出，基本目标是以5年为周期（首期实施时间为2013年至2017年），确立40个左右全国地方戏创作演出重点院团；创作一批地方戏优秀作品；培养一批潜心地方戏曲艺术、德艺双馨的专门人才；挖掘、整理一批珍贵的地方戏曲史料，使其成为地方戏曲剧目创作中心、地方戏曲剧种保护中心、地方戏曲艺术传播普及中心和地方戏曲资料收集整理与研究中心，逐步建立地方戏曲艺术生态保护区。

《方案》从7个方面提出了相关措施：1. 确定全国地方戏创作演出重点院团，以重点院团的扶持促进地方戏曲剧种的保护。2. 对全国地方戏创作演出重点院团的剧目创作给予资助，以剧目的扶持促进地方戏曲剧种的保护。3. 对全国地方戏创作演出重点院团的表演及创作人才进行培训，并鼓励各省采取多种方式完善地方戏曲人才梯队建设。4. 支持各地对本地最具代表性地方戏曲剧种的史料进行抢救、保存。5. 举办有影响的地方戏曲展演及表彰活动。6. 对全国地方戏创作演出重点院团赴境外演出和艺术交流活动实行补贴。7. 地方各级文化行政部门应制定相应政策措施，保护和扶持地方戏曲剧种。

7月15日

［纲　文］　**中共中央党校举行2013年春季学期毕业典礼。**

［目　文］　中共中央政治局常委、中央党校校长刘云山出席毕业典礼，并为学员颁发毕业证书。

中央党校本期毕业学员795人，另有中直机关分校、中央国家机关分校、部队分部和国资委分校的3200多名学员同期毕业。学员们反映，在党校培训期间，通过认真学习习近平总书记关于加强学习和加强作风建设的一系列重要讲话，进一步提高了加强学习和改进作风的自觉性、坚定性。大家深入学习领会党的十八大精神和中国特色社会主义理论体系，提高了思想理论水平，加深了对当前世界大势和我国大政方针的理解认识，开阔了视野，提升了领导素养；坚持理论联系实际，认真研究探讨重大理论和实际问题，提升了分析问题和解决问题的能力；认真贯彻落实中央八项规定精神，培养了优良作风，锤炼了党性。

中央党校常务副校长李景田在毕业典礼上讲话，希望学员们持之以恒加强学习，打牢履职尽责的思想理论基础；坚持实干兴邦，狠抓工作落实，不断开创各项工作的新局面；带头搞好党的群众路线教育实践活动，务求实效；重视党校工作，支持党校发展。

赵乐际、赵洪祝出席毕业典礼。中央有关部门负责人、中央党校负责人出席毕业典礼。

7月15日

［纲　文］　**汪洋在北京主持召开国家防汛抗旱总指挥部第二次全体会议。**

［目　文］　国务院副总理、国家防汛抗旱总指挥部总指挥汪洋在会上强调，要认真贯彻落实习近平总书记、李克强总理等中央领导同志的指示精神，充分认识做好防汛抗洪救灾工作的重要性和紧迫性，把确保人民群众生命安全放在首位，立足于防大汛、抢大险、救大灾，认真查找薄弱环节，完善和强化各项举措，最大程度减轻灾害损失。

汪洋指出，2013年入汛以来，部分地区发生严重洪涝灾害，造成重大人员伤亡和财产损失。各地区各有关部门要清醒认识防汛抗洪工作面临的严峻形势，切实加强组织领导，突出重点任务，有力有序地抓好下一阶段工作。要认真落实防汛抗洪行政首长负责制，逐级分解任务，层层落实责任，加强督促检查，严肃工作纪律。做好天气预报和预警工作，提前转移危险地区群众。强化汛期重要堤防防守，落实抢险队伍和物资，做好应急预案和处置准备工作，确保大江大河大湖和水库防洪安全。加强台风、山洪、地质灾害防御和城市防洪工作。强化统一指挥和协调配合，形成抗灾合力。

7月15日

［纲　文］　**世界第三大水电站——溪洛渡电站投产发电。**

［目　文］　15日零时，金沙江溪洛渡水电站首台机组（13F）圆满完成72小时试运行，并入南方电网，投入商业运行。这标志着世界第三大水电站——溪洛渡电站正式投产发电。

溪洛渡水电站位于我国四川省雷波县和云南省永善县接壤的金沙江峡谷段。溪洛渡水电站工程于2003年底开始筹建，2005年底开工，2007年实现截流。电站在左、右两岸各布置一座地下厂房，各安装9台单机容量77万千瓦的巨型水轮发电机组，总装机1386万千瓦，仅次于三峡电站和伊泰普电站。

7月15日

［纲　文］　**《人民日报》发表题为《只有听取意见，才能有的放矢——二论把群众路线教育实践活动开展好》的评论员文章。**

7月16日

［纲　文］　**李克强主持召开经济形势专家和企业负责人座谈会。**

［目　文］　会上，来自研究机构、高校的专家对当前国内经济运行及世界经济形势谈了看法，来自机械、家电、节能、金融等行业的企业负责人反映了生产经营状况、存在的问题和建议。大家认为，当前我国经济总体平稳，转型升级有新的进展，但也面临一些难题和风险。

中共中央政治局常委、国务院总理李克强在听取大家发言后指出，当前我国经济发展既有许多有利条件，也面临多年未有的错综复杂局面。全球经济复苏艰难，国内经济发展中的“两难”问题增多。应对这一局面，需要智慧和勇气，用新视角和新思路，正确认识发展大势，坚持稳中有进、稳中有为、稳中提质，把握好、运用好宏观政策，统筹施策，保持经济平稳运行。

李克强说，从国内外实践看，经济运行出现一定波动，有客观必然性。宏观调控的主要目的就是要避免经济大起大落，使经济运行保持在合理区间。其“下限”就是稳增长、保就业，“上限”就是防范通货膨胀。2013年要完成中央经济工作会议确定的全年经济社会发展的主要任务。对此，我们有信心、有条件、有能力，但也要付出许多努力。

李克强说，我国经济已步入新的发展阶段，必须更加注重依靠转型升级。在这种情况下，使经济运行保持在合理区间，不仅要继续用好已有的行之有效的办法，还要适应新形势，创新思路运用新举措，统筹考虑稳增长、调结构、促改革，形成科学的宏观政策框架，给市场以稳定预期，为发展营造良好环境。当经济运行保持在合理区间内，要以转变经济发展方式为主线，以调结构为着力点，释放改革红利，更好发挥市场配置资源和自我调节的作用，增强经济发展活力和后劲；当经济运行逼近上下限时，宏观政策要侧重稳增长或防通胀，与调结构、促改革的中长期措施相结合，使经济运行保持在合理区间。

国务院副总理张高丽、刘延东、马凯等参加座谈会。

7月16日

［纲　文］　**全国政协在北京召开“积极稳妥推进城镇化，着力提高城镇化质量”专题协商会。**

［目　文］　会议围绕破解城镇化过程中的重点难点问题、提高城镇化质量进行协商议政。中共中央政治局常委、全国政协主席俞正声出席会议并讲话。中共中央政治局委员、国务院副总理汪洋出席专题协商会并讲话。

俞正声强调，积极稳妥推进城镇化建设要坚持以人为本，为人民群众提供更好的生产生活条件；要坚持以产业为基础，推动产业集聚发展和转型升级，努力创造更多就业机会；要坚持规划约束，着力增强规划的科学性、权威性，加大监督执行的力度，切实发挥规划的长远指导作用；要坚持改革推动，建立健全相关体制机制，努力为城镇化健康发展提供不竭动力；要坚持协调发展，统筹推进工业化、信息化、城镇化、农业现代化，努力提高城镇化质量。

汪洋在听取委员发言和各方讨论后说，下一步要以推进人的城镇化为核心，以提高城镇化质量为目标，创新体制机制，着力推进新型城镇化发展。要加快改革户籍制度和基本公共服务均等化进程，有序推进农业转移人口市民化。强化产业支撑，优化城镇化布局和形态，推进资源节约型和环境友好型城镇建设。加强新农村建设，推动城乡发展一体化。

全国政协副主席韩启德、全国政协副主席兼秘书长张庆黎分别主持上午和下午的会议。18位委员围绕城镇化总体规划，城镇化的产业支撑、生产要素支撑和提高城镇化质量，人的城镇化等问题作了口头发言。中共中央办公厅、国务院办公厅以及有关部门和单位的负责人到会听取意见，国务院有关部门负责人介绍了我国城镇化情况并与委员进行了互动交流。

全国政协副主席杜青林、万钢、林文漪等出席会议。

7 月 16 日

［纲　文］ **工信部发布《电信和互联网用户个人信息保护规定》。**

［目　文］ 《规定》共 6 章 25 条，自 2013 年 9 月 1 日起施行。《规定》主要内容有：一、电信和互联网用户个人信息的保护范围。明确要求保护“电信业务经营者和互联网信息服务提供者在提供服务的过程中收集的用户姓名、出生日期、身份证件号码、住址、电话号码、账号和密码等能够单独或者与其他信息结合识别用户的信息以及用户使用服务的时间、地点等信息”。二、用户个人信息收集和使用原则。要求电信业务经营者、互联网信息服务提供者收集、使用用户个人信息应当遵循合法、正当、必要的原则，并对用户个人信息的安全负责。三、用户个人信息收集和使用规则。要求未经用户同意不得收集、使用用户个人信息；明确告知用户其收集、使用信息的目的、方式和范围等事项；不得收集提供服务所必需以外的用户个人信息；在用户终止使用服务后应当停止对用户个人信息的收集和使用，并提供注销号码或账号的服务；不得泄露、篡改、毁损、出售或者非法向他人提供用户个人信息等。四、代理商管理。明确规定由电信业务经营者、互联网信息服务提供者负责对其代理商的个人信息保护工作实施管理。五、安全保障制度。从岗位责任、管理制度、权限管理、存储介质、信息系统、操作记录、安全防护等方面，明确了电信业务经营者、互联网信息服务提供者应当采取的防止用户个人信息泄露、毁损、篡改或者丢失的措施。六、监督检查制度。要求电信管理机构对用户个人信息保护情况实施监督检查，电信业务经营者、互联网信息服务提供者应当予以配合。

7 月 16 日

［纲　文］ **外交部发言人就美国总统签署支持“台湾”参与国际民航组织活动法案答记者问。**

［目　文］ 外交部发言人说，台湾同胞参与国际组织，包括国际民航组织活动问题是中国人自己的事。中方坚决反对任何外国政府、组织或个人插手。美国会有关法案严重违反了一个中国政策和中美三个联合公报原则，中方对此坚决反对并已向美方提出了严正交涉。

7 月 17 日

［纲　文］ **习近平在中国科学院考察。**

［目　文］ 中共中央总书记、国家主席、中央军委主席习近平来到中国科学院西郊科教园区，首先考察了高能物理研究所。在北京谱仪控制室，习近平同当年参与对撞机建设的叶铭汉、方守贤、陈森玉 3 位院士亲切握手，感谢他们作出的贡献。习近平来到中国科学院大学多功能厅，了解中国科学院国防科技创新工作情况和所取得的重大成果。他指

出，当今世界综合国力竞争的核心和焦点是科学技术。现在，各主要国家都在抢占未来科学技术制高点，包括国防科技制高点。我们要大力弘扬“两弹一星”精神和“载人航天”精神，自力更生，勇攀高峰。在中国科学院大学礼堂会议室，习近平同中国科学院负责人和科技人员代表座谈。中科院院士李振声、中科院院士潘建伟、中科院大学博士毕业生冯端分别就盐碱地治理、量子信息领域科研等先后发言。

习近平在考察时指出，科学技术是世界性的、时代性的，发展科学技术必须具有全球视野、把握时代脉搏。当今世界，一些重要的科学问题和关键核心技术已经呈现出革命性突破的先兆。我们必须树立雄心、奋起直追，推动我国科技事业加快发展。要坚决扫除影响科技创新能力提高的体制障碍，有力打通科技和经济转移转化的通道，优化科技政策供给，完善科技评价体系。要优先支持促进经济发展方式转变、开辟新的经济增长点的科技领域，重点突破制约我国经济社会可持续发展的瓶颈问题，加强新兴前沿交叉领域部署。要最大限度调动科技人才创新积极性，尊重科技人才创新自主权，大力营造勇于创新、鼓励成功、宽容失败的社会氛围。

习近平指出，党中央对我国科技界寄予厚望。中国科学院要牢记责任，率先实现科学技术跨越发展，率先建成国家创新人才高地，率先建成国家高水平科技智库，率先建设国际一流科研机构。

王沪宁、刘延东、栗战书陪同考察。

7月17日

［纲　文］ **中国铀矿勘探突破新深度，钻探深度达2818米。**

［目　文］ 中核集团在江西相山铀矿大基地宣布，中国铀矿第一科学深钻项目顺利终孔，钻探深度达2818.88米，突破了以往1200米的找矿深度，填补了我国铀矿深部找矿的空白，缩短了与国外铀矿深部勘查的差距。

7月17日

［纲　文］ **中国外交部发言人就钓鱼岛问题答记者问。**

［目　文］ 有记者问，据报道，日本首相安倍晋三17日访问冲绳石垣岛，在视察海上保安厅时称，“针对日本领土、领海、领空及主权的挑衅行动持续发生，中国公务船频繁接近和徘徊在周边海域，警备环境日益严峻”。安倍还在石垣发表演讲称，钓鱼岛是日本固有领土，日方不会退让。中方对此有何评论？

外交部发言人说，钓鱼岛自古以来就是中国固有领土，中方对此拥有无可争辩的主权。中国政府将继续采取必要措施，坚决维护钓鱼岛领土主权。我们敦促日方正视历史和现实，停止一切损害中国领土主权的挑衅言行，为通过对话妥善解决钓鱼岛问题作出努力。

7月17日

［纲　文］ **《人民日报》发表题为《只有正风肃纪，才能解决问题——三论把群众路线教育实践活动开展好》的评论员文章。**

7 月 17—19 日

［纲　文］　**汪洋在山东省、江苏省调研。**

［目　文］　中央政治局委员、国务院副总理汪洋深入山东、江苏等地，专题调研食品药品安全工作，指导地方食品药品监管体制改革。国家食品药品监督管理总局局长张勇陪同调研。

在济南市，汪洋主持召开食品药品安全工作座谈会，听取基层政府、企业、科研院所、行业协会、农民合作社等的意见和建议。他强调，要整合、充实监管力量，改善监管执法条件，确保各级监管机构有足够的力量和资源履行职责。创新监管方式，加快电子追溯系统、信息化平台建设。要深入开展专项治理，严厉惩处违法违规行为，营造让人民群众放心的食品药品消费环境。

汪洋先后来到位于济南市的青岛啤酒有限公司、绿涧生态农业循环经济产业园、博士伦福瑞达制药有限公司以及位于南京市的雨润食品有限公司、先声药业有限公司，详细听取工作人员的介绍，询问食品药品生产经营和质量安全保障措施，并参观了生产车间、检验检测室、土猪饲养场。汪洋强调，要积极推进食品药品行业结构调整和转型升级，加快技术改造，全面提高食品药品质量安全水平。要完善激励约束机制，推动企业落实产品质量安全的首负责任。健全社会公众参与监督机制，加大信息公开力度，落实有奖举报制度，发挥行业协会、消费者、新闻媒体等的作用。

汪洋还考察了外贸企业，并在南京主持召开外贸形势座谈会。他指出，受外部不利环境影响，我国进出口形势严峻。各级政府要认真落实和完善促进对外贸易稳定发展的政策措施，帮助企业解决面临的困难和问题。要着眼长远，把外需不足、成本上升的压力转化为调结构、促转型的动力，更加注重开拓新兴市场、培育自主品牌、发展跨境电子商务、扩大境外投资等，不断提高企业的国际竞争力和抗风险能力。

7 月 17—21 日

［纲　文］　**应国家副主席李源潮邀请，委内瑞拉副总统豪尔赫·阿雷亚萨·蒙特塞拉特对中国进行正式访问。**

［目　文］　阿雷亚萨此次访华的目的之一是为新任总统马杜罗 9 月份的访华做准备。访问期间，国家主席习近平会见了阿雷亚萨。国家副主席李源潮与阿雷亚萨举行了会谈。

习近平在会见阿雷亚萨时积极评价中委关系，表示中方愿同委方一道，继承和发扬友好互信传统，保持高层交往，在涉及彼此核心利益的问题上继续相互支持，加强党际交往和治国理政经验交流，扎实推进金融、能源、农业、基础设施建设、高技术、经济特区建设等领域交流合作，推动中委战略伙伴关系不断迈上新台阶。阿雷亚萨表示，中国坚定走中国特色社会主义道路，为其他国家树立了榜样。中国在对外关系中奉行相互尊重的原则，为世界和平与发展作出了重大贡献。委内瑞拉政府和人民将继承查韦斯的意志，一如既往加强同中国的友好合作，交流互鉴。委内瑞拉愿成为推动中国同拉美国家合作的重要力量。

李源潮在同阿雷亚萨会谈时说，委内瑞拉是中国在拉美的重要合作伙伴，近年来两国关系全面快速发展。双方应抓住机遇，共同规划好两国关系发展蓝图，密切高层往来，拓展能源、金融、农业等领域务实合作，加强治国理政经验交流，不断丰富和深化中委共同发展的战略伙伴关系。阿雷亚萨说，委新政府继续将发展对华关系作为优先目标，愿进一步学习借鉴中国发展经验，加强委中各领域友好互利合作，更好地造福两国人民。

7月18日

［纲　文］　**新华社讯，中央军委印发《军队实行党风廉政建设责任制的规定》。**

［目　文］　电讯说，《规定》紧紧围绕党在新形势下的强军目标，依据党中央、中央军委关于党风廉政建设的有关规定，结合军队实际，明确规定了各级党委、纪委和领导干部在党风廉政建设中的具体责任，以及检查监督和责任追究的制度措施。

《规定》要求各级认真落实中央政治局关于改进工作作风、密切联系群众八项规定和中央军委加强自身作风建设十项规定精神，从源头上有效防治腐败，健全权力运行制约和监督体系，把权力关进制度的笼子里。要深入开展党的群众路线教育实践活动，集中解决形式主义、官僚主义、享乐主义和奢靡之风这“四风”问题，坚持有案必查、有腐必惩，坚持“老虎”“苍蝇”一起打，认真纠正并严肃处理本单位在党风廉政建设和反腐败工作中存在的问题，以严明的纪律保证党风廉政建设责任制的贯彻落实。

7月18日

［纲　文］　**国务院发布《关于废止和修改部分行政法规的决定》。**

［目　文］　《决定》明确，为依法推进行政审批制度改革和政府职能转变，进一步激发市场、社会的创造活力，发挥好地方政府贴近基层的优势，促进和保障政府管理由事前审批更多地转为事中事后监管，国务院对有关的行政法规进行了清理。经过清理，决定：一、废止《煤炭生产许可证管理办法》（1994年12月20日国务院公布）。二、对25件行政法规的部分条款予以修改。《决定》自2013年7月18日起施行。

7月18日

［纲　文］　**国务院办公厅印发《深化医药卫生体制改革2013年主要工作安排》。**

［目　文］　《安排》主要内容有：一、总体要求。二、工作任务。三、保障措施。《安排》共提出26项工作任务，涉及加快健全全民医保体系、巩固完善基本药物制度和基层医疗卫生机构运行新机制、积极推进公立医院改革、统筹推进相关领域改革4个方面。其中，健全全民医保体系主要包括巩固扩大基本医保覆盖面，稳步提高保障水平，建立重特大疾病保障和救助机制等；巩固完善基本药物制度和基层医疗卫生机构运行新机制主要包括实施2012年版国家基本药物目录，创新绩效考核机制，落实乡村医生补偿政策等；推进公立医院改革主要包括评估第一批县级公立医院改革试点经验，启动第二批县级公立医院改革试点工作，拓展深化城市公立医院改革试点等；统筹推进相关领域改革主要包括

加快推进社会资本办医，创新卫生人才培养使用制度等。

7月18日

［纲　文］　**世贸组织报告显示，2012年中国商品贸易出口全球第一。**

［目　文］　世界贸易组织在日内瓦发布的《2012世界贸易报告》显示，在2012年全球商品贸易排名中，中国出口位列第一，进口排第二位。包括中国在内的新兴经济体占据了全球贸易近一半的份额。过去30年中，国际贸易的增长远远超过了全球产量的增长，最为显著的是发展中经济体的崛起。中国在世界贸易出口中的份额，更是从1980年的1%上升到2011年的11%。《世界贸易报告》是世贸组织发布的关于全球贸易的权威报告，主要对前一年的全球贸易进行统计，并对未来贸易发展趋势作出预测。

7月19日

［纲　文］　**中国人民银行网站消息，中国人民银行自2013年7月20日起全面放开金融机构贷款利率管制。**

［目　文］　一、取消金融机构贷款利率0.7倍的下限，由金融机构根据商业原则自主确定贷款利率水平。二、取消票据贴现利率管制，改变贴现利率在再贴现利率基础上加点确定的方式，由金融机构自主确定。三、对农村信用社贷款利率不再设立上限。四、为继续严格执行差别化的住房信贷政策，促进房地产市场健康发展，个人住房贷款利率浮动区间暂不作调整。

中国人民银行表示，全面放开贷款利率管制后，金融机构与客户协商定价的空间将进一步扩大，有利于促进金融机构采取差异化的定价策略，降低企业融资成本；有利于金融机构不断提高自主定价能力，转变经营模式，提升服务水平，加大对企业、居民的金融支持力度；有利于优化金融资源配置，更好地发挥金融支持实体经济的作用，更有力地支持经济结构调整和转型升级。

7月19日

［纲　文］　**第五次中欧环境政策部长对话会在北京召开。**

［目　文］　环境保护部部长周生贤与欧盟委员会环境委员波托奇尼克共同出席对话会。双方重申了落实2012年第十四次中欧领导人峰会的决心，回顾并展望了中欧环保合作情况，并就生态文明建设和中国大气污染防治等重大政策问题深入交换了看法。双方对中欧环境合作所取得的成果表示满意，宣布启动“中欧环境可持续项目”。

双方就欧盟绿色增长战略以及大气、汞和废物管理等污染控制政策、生物多样性保护、可持续发展目标等全球性和战略性议题展开深入讨论并达成共识。双方同意在多边环境协定框架下加强合作，促进生物多样性、化学品、汞和废物管理等领域相关全球环境目标的实现；在双边层面，加强生物多样性和生态系统保护、可持续生产与消费、大气污染防治等领域的交流与合作。双方同意，在制定重大政策时，最大限度地增进中国生态文明建设和欧盟资源效率工作之间的协同增效作用，进而支持全球可持续发展事业。

中欧环境政策部长对话会作为双方在环境领域的对话平台，自 2003 年以来，已分别在北京和布鲁塞尔轮流举行了四次。对话会后，周生贤与波托奇尼克共同签署了《第五次中欧环境政策部长对话会纪要》。

7 月 19 日

［纲　文］ **国家副主席李源潮在北京会见以郑梦准为团长的韩国韩中议员外交协议会青年议员代表团一行。**

［目　文］ 李源潮在会见时说，青年友好是中韩友好的基础和未来。双方应落实两国元首达成的重要共识，积极推动两国青少年的交流合作，为中韩战略合作伙伴关系发展不断培养接续力量。

郑梦准表示，将继续促进两国青年交流与合作，为推动两国关系发展作出努力。

7 月 19 日

［纲　文］ **《光明日报》报道，湖北随州叶家山墓地出土首件西周青铜双面人像。**

［目　文］ 报道说，考古人员近日在随州叶家山墓地考古现场最大的 M111 号墓中发现了一件保存完好的青铜双面人像。这是迄今为止我国发现的首件西周时期青铜双面人像。

7 月 19 日

［纲　文］ **《人民日报》发表题为《只有坚持标准，才能确保质量——四论把群众路线教育实践活动开展好》的评论员文章。**

7 月 19—21 日

［纲　文］ **生态文明贵阳国际论坛 2013 年年会在贵阳召开，习近平致贺信。**

［目　文］ 生态文明贵阳国际论坛是我国以生态文明为主题的国家级论坛。本届论坛由贵州省人民政府、全国政协人环资委、科技部等联合主办，主题是“建设生态文明：绿色变革与转型——绿色产业、绿色城镇和绿色消费引领可持续发展”。论坛由开幕式、闭幕式、高峰论坛、分论坛、展览和商贸洽谈等系列活动组成，到会嘉宾 2100 余人，其中外宾 300 余人。

国务院副总理张高丽在开幕式上宣读了中共中央总书记、国家主席习近平的贺信并发表讲话。习近平在贺信中强调，保护生态环境，应对气候变化，维护能源资源安全，是全球面临的共同挑战。中国将继续承担应尽的国际义务，同世界各国深入开展生态文明领域的交流合作，推动成果分享，携手共建生态良好的地球美好家园。瑞士联邦主席兼国防部部长毛雷尔、多米尼克总理斯凯里特、汤加首相图伊瓦卡诺、泰国副总理兼商业部部长尼瓦探隆、意大利前总理普罗迪等分别在开幕式上致辞。

与会代表在未来的共同目标以及需要付出的行动方面达成共识。在 21 日闭幕会上，生态文明贵阳国际论坛秘书长、世界自然保护联盟主席章新胜代表大会发布《贵阳共识》，提出当前应围绕把生态文明建设融入经济建设、政治建设、文化建设、社会建设各方面和全过程的总要求，重点采取四方面政策举措：一是加快绿色发展和产业转型；二是推进社会和谐和包容性发展；三是采取最严格的措施修复自然生态和治理环境；四是普及以生态为导向的价值取向。

会议前后，习近平在北京会见了出席2013年年会的外国政要瑞士联邦主席毛雷尔。国务院总理李克强在北京会见了多米尼克总理斯凯里特和汤加首相图伊瓦卡诺。

7月20日

［纲　文］ **习近平电贺马英九当选中国国民党主席。**

［目　文］ 中共中央总书记习近平在贺电中表示：值此先生当选中国国民党主席之际，我谨表祝贺。当前，两岸关系站在新的起点上，面临重要机遇。贵我两党实当顺应世界发展之大势、两岸同胞福祉之大义，登高望远，深化互信，良性互动，继续推动两岸关系全面发展，拓宽两岸关系和平发展道路，俾使两岸关系不断前行，共同为两岸同胞之幸福、中华民族之复兴而携手努力。

马英九复电向习近平表示感谢。马英九在复电中表示：贺电敬悉，谨致谢忱。1992年，海峡两岸达成"各自以口头声明方式表达坚持一个中国原则"的共识。本党自五年前在台湾重返执政伊始，相关部门立即在此项"九二共识"的基础上，恢复两岸中断近10年的和解与合作，迄今已签署19项协议。双方关系的大幅改善，对促进两岸和平与繁荣，提升两岸人民福祉，贡献甚大。两岸人民同属中华民族，都是炎黄子孙，希望贵我两党在现有基础上，继续扩大与深化两岸的交流合作，以进一步发扬中华文化，复兴中华民族，促进两岸永续的和平与繁荣。

7月20—21日

［纲　文］ **张高丽在贵州省调研。**

［目　文］ 中共中央政治局常委、国务院副总理张高丽在贵州调研，了解经济运行、生态建设、科技创新、民生保障、新农村建设等方面情况。调研期间，张高丽实地考察了贵阳城乡规划展览馆、皓天光电科技有限公司、彭家湾大型城中村棚户区改造项目；深入到遵义县龙坑镇梳池村，了解村民生产生活情况；并主持座谈会，听取地方负责人和基层群众对经济工作和开展群众路线教育实践活动的意见建议。

张高丽指出，2013年以来，经济运行总体平稳、稳中有进、稳中有忧、稳中有为，主要指标在合理区间。但经济环境更加错综复杂，经济既有增长动力、也有下行压力。在我国经济转型升级的关键时期，我们要沉着应对严峻的挑战，统一思想认识，坚决按照中央确定的稳中求进的工作总基调，继续实施积极的财政政策和稳健的货币政策，适时适度预调微调，增强宏观调控的针对性和实效性，致力于加快转变经济发展方式和调整优化经济结构，提高经济的质量效益，确保全面完成今年经济社会发展任务。

张高丽强调，必须坚定信心、底线思维、立足当前、利于长远，统筹考虑稳增长、调结构、促改革，打造中国经济升级版；必须果断采取财政、金融、价格等政策措施，支持合理的基础设施、民生工程、服务业和出口企业、中小型企业、特别是小微企业的发展，扩大国内外需求；必须继续取消和下放行政审批权，吸引民间资本投向需要的领域和产业，鼓励各类企业在公平竞争中优胜劣汰，增强发展的动力和活力；必须化解产能过剩，加大污染治理；要盘活存量、优化增量、提高资金使用效益，坚决防范财政金融风险。

调研期间，张高丽来到遵义市红军山烈士陵园，向红军烈士敬献花篮，同干部群众一起缅怀革命先烈。

7月21—23日

［纲　文］　**习近平在湖北省考察。**

［目　文］　中共中央总书记、国家主席习近平在湖北省委书记李鸿忠和省长王国生陪同下，来到武汉、鄂州等地，深入港口、企业、乡村、社区，实地了解经济运行情况，听取对全面深化改革的意见和建议。

习近平指出，要大力发展现代物流业，长江流域要加强合作，充分发挥内河航运作用，发展江海联运，把全流域打造成黄金水道；要坚定不移走中国特色自主创新道路，培养和吸引人才，推动科技和经济紧密结合，真正把创新驱动发展战略落到实处；要大力发扬自力更生精神，研发生产我们自己的品牌产品，形成我们自己的核心竞争力，推动国家繁荣富强，工人阶级要把这个历史责任承担起来；要节约资源和保护环境，全社会都要提高认识，坚持走可持续发展道路；要好好研究农村土地所有权、承包权、经营权三者之间的关系，土地流转要尊重农民意愿、保障基本农田和粮食安全，要有利于增加农民收入；要破除城乡二元结构，推进城乡发展一体化，把广大农村建设成农民幸福生活的美好家园。

习近平在调研时强调，应对当前我国发展面临的一系列矛盾和挑战，关键在于全面深化改革。必须从纷繁复杂的事物表象中把准改革脉搏，把握全面深化改革的内在规律，特别是要把握全面深化改革的重大关系，处理好解放思想和实事求是的关系、整体推进和重点突破的关系、顶层设计和摸着石头过河的关系、胆子要大和步子要稳的关系、改革发展稳定的关系。

习近平听取了湖北省委和省政府的工作汇报，对湖北近年来的工作给予充分肯定。他希望湖北广大干部群众，着力在推进经济发展方式转变和产业结构调整上取得新突破，着力在推进农业现代化上不断取得新成果，着力在保障和改善民生上不断取得新进展，着力在生态文明建设上取得新成效，使湖北经济更好、结构更优、质量更高、后劲更足、实力更强。他要求湖北深入抓好党的群众路线教育实践活动，自始至终把握好活动定位，自始至终有序推进、内外结合，自始至终坚持两手抓、两促进。

王沪宁、栗战书等陪同考察。

7月21日

［纲　文］　**《人民日报》发表题为《只有化为制度，才能巩固成果——五论把群众路线教育实践活动开展好》的评论员文章。**

7月21—25日

［纲　文］　**常万全在黑龙江省、吉林省、辽宁省调研。**

［目　文］　调研期间，中央军委委员、国务委员兼国防部部长常万全深入边防连队、一线哨所、基层人武部和民兵应急分队，了解情况，听取汇报，与军地同志座谈，现地查看边防基础设施，观摩国防动员潜力信息管理系统组网操作演练等。

常万全强调，要认真贯彻习近平主席一系列重要指示，紧紧围绕强军目标，全面履行职责使命，更加自觉地扎根边疆、保卫边疆，把千里边防线建设成为屏护国家安全的厚重地带。要结合部队实际，扎实开展“坚定信念、铸牢军魂”主题教育，切实打牢官兵听党指挥的思想根基，确保一切行动听从党中央、中央军委和习主席指挥。要大力加强边防战备执勤和训练，协调推进边防管控力量、基础设施等各项建设，强化军警民联防联管联控，增强信息化管边控边能力，切实把“能打仗、打胜仗”要求落到实处。

常万全指出，各级要始终站在党和国家工作全局的高度，团结协作、锐意进取，努力把人民武装动员、国民经济动员、人民防空、交通战备和国防教育等各项工作抓得更紧、落得更实。要自觉落实“照镜子、正衣冠、洗洗澡、治治病”的总要求，坚决反对和抵制形式主义、官僚主义、享乐主义和奢靡之风，以强烈的宗旨意识和优良作风，确保各项工作有效落实。军地各级要充分发挥各自优势，合力推动拥军优属、拥政爱民工作向支持地方经济建设、支持军队军事斗争准备方向拓展，积极为边疆稳定和社会发展作贡献。

沈阳军区和东北三省有关领导、军委办公厅领导等参加调研。

7 月 22 日

［纲　文］　**新华社讯，习近平就当兵蹲连作出重要指示。**

［目　文］　电讯说，中共中央总书记、国家主席、中央军委主席习近平日前作出重要指示：全军和武警部队团以上领导和机关干部下连当兵、蹲连住班，对于弘扬我军光荣传统、改进工作作风、密切官兵关系、加强基层建设都起到了重要促进作用。要认真研究新形势下当兵蹲连的特点规律，总结推广好的经验和做法，坚持不懈地抓好这项工作，确保深入持久、扎实有效。

总政专门发出通知，要求各级认真贯彻落实习主席重要指示精神，以更高的标准、更大的力度把当兵蹲连工作抓得更加富有成效。通知强调，要认真贯彻落实总政当兵蹲连《规定》，精心组织实施，确保常态坚持、长效落实。要搞好计划安排，军以上单位每半年、师旅团每季度制定当兵蹲连计划。要抓好集中培训，组织当兵蹲连人员学习《军队基层建设纲要》、条令条例等法规，了解掌握基本职责和要求。要加强检查督导，督促当兵蹲连人员履职尽责、遵规守纪，督促所到部队严格执行有关规定。要实施奖惩激励，对表现突出的给予表扬奖励，对守纪不严的严肃批评和处理。要加大舆论宣传力度，大力宣传习主席和军委的决策指示，宣扬先进典型，推广好的经验和做法。通过深入持久抓好当兵蹲连工作，使各级领导机关的使命担当更加强化、为兵服务更加自觉、指导基层更加科学，切实凝聚起推进强军实践、实现强军目标的强大力量。

7月22日

［纲　文］　**统一战线深入学习贯彻中共十八大精神专题研讨班在北京开班。**

［目　文］　中共中央政治局常委、全国政协主席俞正声出席开班式并发表讲话。他强调，统一战线学习贯彻中共十八大精神，必须以学习领会十八大报告和习近平总书记一系列重要讲话为重点，以坚持和发展中国特色社会主义为聚焦点、着力点、落脚点，这样才能学得更深入、领会得更透彻、贯彻得更自觉。

俞正声指出，统一战线是夺取中国特色社会主义新胜利的重要法宝。要始终坚持中国特色社会主义政治发展道路，自觉坚持中国共产党的领导，坚持多党合作和政治协商制度和其他政治制度，推动社会主义政治制度不断完善和发展；切实加强中国特色社会主义参政党建设，大力推进思想、组织、制度和作风建设；积极为夺取中国特色社会主义新胜利贡献力量，围绕改革发展稳定中的重大问题，多建睿智之言、多出治本之策，在全面建成小康社会、加快推进社会主义现代化的实践中创造更大业绩。

陈昌智、严隽琪、万鄂湘等各民主党派中央和全国工商联负责人，无党派代表人士，中央国家机关和地方政府担任省部级领导职务的党外干部参加开班式。

7月22日

［纲　文］　**甘肃省定西市岷县漳县交界发生6.6级地震，习近平就应急救援工作作出重要指示。**

［目　文］　22日7时45分左右，岷县、漳县交界处发生6.6级强烈地震，致岷县多个乡镇受灾。截至22日20时，地震已造成89人死亡，600余人受伤。地震发生后，中共中央总书记习近平对此高度重视，作出重要指示，要求甘肃省和有关部门迅速组织力量，全力抗震救灾，当前要把抢救人员放在第一位，尽最大努力减少人员伤亡。要尽快组织群众避险和做好安置灾民工作，加强余震监测，采取措施防止次生灾害发生，把地震灾害造成的损失减少到最低程度。国务院总理李克强作出指示，要求有关部门立即启动应急响应机制，抓紧派出工作组和专业力量，赴灾区指导抗震救灾和协助开展应急救援工作。

地震发生后，甘肃省委和省政府主要负责人立即赶赴应急指挥部现场，迅速组织力量展开救援，甘肃省民政厅启动四级救灾应急响应，派出工作组赶赴灾区，并迅速向灾区调运救灾帐篷、棉被等物资。中国地震局启动二级应急响应，并派出工作队赶赴灾区。中央财政紧急拨付应急救灾综合补助5亿元，用于灾区抢险救灾、受灾群众转移和生活救济、地震受伤人员医疗救治、遇难人员家属抚慰以及公共服务设施应急抢修等方面。

7月22日

［纲　文］　**重组后的国家海洋局挂牌，中国海警局同时挂牌。**

［目　文］　位于北京复兴门外大街的国家海洋局机关大楼同时挂上“国家海洋局”和“中国海警局”两块新牌。与此同时，已悬挂14年的“中国海监总队”牌匾被取下。由此，广为关注的重组后的国家海洋局和新成立的中国海警局完成了正式亮相。

十二届全国人大一次会议表决通过的《国务院机构改革和职能转变方案》提出，将国家海洋局及其中国海监、公安部边防海警、农业部中国渔政、海关总署海上缉私警察的队伍和职责整合，重新组建国家海洋局，由国土资源部管理。其主要职责是，拟订海洋发展规划，实施海上维权执法，监督管理海域使用、海洋环境保护等。国家海洋局以中国海警局名义开展海上维权执法，接受公安部业务指导。

7 月 22 日

［纲　文］ **《光明日报》报道，中国新获太平洋 3000 平方公里富钴结壳矿区。**

［目　文］ 报道说，国际海底管理局理事会日前核准了中国大洋协会 2012 年提出的富钴结壳矿区申请，我国在西北太平洋国际海底区域又增加一块面积为 3000 平方公里具有专属勘探权和优先开采权的富钴结壳矿区。这标志着中国成为世界上首个拥有 3 种主要国际海底矿产资源专属勘探矿区的国家。此前，中国已于 2001 年在东北太平洋获得多金属结核矿区勘探权，2011 年又获得西南印度洋多金属硫化物矿区专属勘探权。

7 月 22 日

［纲　文］ **《光明日报》报道，中国首部美育年鉴出版。**

［目　文］ 报道说，由教育部高等学校社会科学发展研究中心与吉林大学联合组编的《中国美育年鉴·2012》日前出版，这是我国首部美育年鉴。年鉴分为专家论坛、研究述评、美育纪事等部分，内容包括年度美育态势、研究成果、典型范例等，兼具史料性和工具性，旨在为全国美育工作者提供具有实际意义的帮助，对美育发展起到引领作用。

7 月 22 日

［纲　文］ **《人民日报》发表题为《充分调动两个积极性——把握教育实践活动三大关系之一》评论员文章。**

7 月 22—23 日

［纲　文］ **第二届中拉智库交流论坛在北京举行。**

［目　文］ 论坛的主题是“新机遇、新挑战、新思路——新形势下的中拉关系”，由中国国际问题研究基金会和中国人民外交学会联合举办。来自中国和 17 个拉美和加勒比国家的政要和主要智库机构的专家学者 110 余人出席会议。拉美和加勒比各国驻华使节、商务代表等应邀与会。

国务委员杨洁篪出席论坛开幕式并致辞。他指出，巩固和发展同拉美和加勒比国家的友好合作关系是中国外交的重要组成部分。中方愿与拉方共同努力，落实中拉领导人达成的重要共识，推动中拉平等互利、共同发展的全面伙伴关系不断迈上新台阶。联合国拉美经委会国际贸易一体化司司长奥斯瓦尔多·罗萨莱斯在讲话中强调，发展中国家在经贸领域存在巨大发展潜力。拉美应加强同中国在各领域的合作交流，促进双方共同发展。

在为期两天的会议中，中拉双方与会专家学者共有 40 人发表了学术报告。会议达成并发布了《中拉智库北京共识》。《共识》简要阐述了中拉各自发展状况、双边关系和未来机遇与挑战，呼吁双方应尽早就建立中拉合作论坛达成一致，适时举办更高级别会议，为推动双边关系进一步发展发挥更重要的作用。

论坛于23日闭幕，中国国际问题研究基金会执行理事长刘古昌致闭幕词。

7月23日

［纲　文］ **习近平在武汉主持召开部分省市负责人座谈会**。

［目　文］ 中共中央总书记、国家主席、中央军委主席习近平主持召开座谈会，征求对全面深化改革的意见和建议。座谈会上，湖北省委书记李鸿忠、山西省委书记袁纯清、黑龙江省委书记王宪魁、上海市市长杨雄、浙江省委书记夏宝龙、湖南省委书记徐守盛和武汉市委书记阮成发、东风汽车公司董事长徐平先后发言，分别谈了他们对全面深化改革的意见和建议。

在认真听取了大家发言后，习近平作了重要讲话。他强调，要下大功夫总结和运用我国改革开放的成功经验，下大功夫把握党和国家事业发展对改革开放的客观要求，下大功夫了解党内外对改革开放的各种意见和建议，下大功夫了解地方、基层和群众在改革方面做的有益探索。

习近平从6个方面提出了全面深化改革需要深入调查研究的重大问题。第一，进一步形成全国统一的市场体系，形成公平竞争的发展环境。第二，进一步增强经济发展活力，为实现经济持续健康发展提供不竭动力。第三，进一步提高宏观调控水平，提高政府效率和效能。第四，进一步增强社会发展活力，促进社会和谐稳定。第五，进一步实现社会公平正义，通过制度安排更好保障人民群众各方面权益。第六，进一步提高党的领导水平和执政能力，充分发挥党总揽全局、协调各方的作用。

王沪宁、栗战书和中央有关部门负责人参加了座谈会。

7月23日

［纲　文］ **国家发展改革委印发《关于加强小微企业融资服务支持小微企业发展的指导意见》**。

［目　文］ 《意见》要求，各省与属地财税部门建立顺畅的工作机制，确保符合条件的创业投资企业及时足额享受税收优惠政策。同时，加快设立小微企业创业投资引导基金，吸引社会资本设立创业投资企业，主要投资于小微企业。已设立的创业投资引导基金应加快研究出台鼓励所投资创业投资企业支持小微企业的激励制度，支持小微企业发展。支持符合条件的创业投资企业、股权投资企业、产业投资基金发行企业债券，专项用于投资小微企业；支持符合条件的创业投资企业、股权投资企业、产业投资基金的股东或有限合伙人发行企业债券，扩大创业投资企业、股权投资企业、产业投资基金资本规模。

7月23日

［纲　文］ **《光明日报》报道，西气东输三线管道首次成功穿越黄河**。

［目　文］ 报道说，西气东输三线重点控制性工程中卫黄河盾构隧道日前贯通，首次成功穿越黄河。这也是国内能源通道建设迄今为止小断面盾构机直径最大的盾构工程，也是中石油承建的海拔最高的盾构工程。中卫黄河盾构的穿越断面位于宁夏中营高速公路

大桥上游约 500 米处，属于沙坡头水利枢纽库区，该库区是国家 5A 级旅游景区。

7 月 23—24 日

［纲　文］　**党的群众路线教育实践活动中央督导组工作座谈会在北京召开。**

［目　文］　会议学习贯彻习近平总书记和中央政治局常委其他同志在教育实践活动联系点调研指导时的重要讲话精神，总结交流前段工作情况，研究安排下步督导工作。中央政治局常委、中央书记处书记、中央党的群众路线教育实践活动领导小组组长刘云山出席会议并讲话。中央政治局委员、中央组织部部长、中央党的群众路线教育实践活动领导小组副组长赵乐际在会议开始时讲话。

刘云山说，做好督导工作，要坚持从严要求，有严的标准、严的措施、严的纪律，对教育实践活动每一个环节督导到位、严格把关，把“照镜子、正衣冠、洗洗澡、治治病”的总要求贯穿始终。在学习教育、听取意见环节，要督促被督导单位把学习教育摆在重要位置，认真听取各方面意见；在查摆问题、开展批评环节，要督促被督导单位正视问题、找准问题，开好专题民主生活会，以整风精神开展批评和自我批评；在整改落实、建章立制环节，要督促被督导单位抓好突出问题的集中治理，建立健全促进作风建设的长效机制。要注意督导方式，依靠被督导单位的党委（党组）开展工作，引导一把手带头示范，激发搞好教育实践活动的动力。要通过有力有效的督导工作，推动各地区各部门各单位把教育实践活动和促进经济社会发展、保障改善民生结合起来，把党员、干部在活动中激发出的热情转化为做好工作的实际行动。

赵乐际在讲话中强调，确保活动不走过场，中央督导组担负着重要责任，要把每个环节、每项部署，盯住盯紧盯实，指导要突出针对性，督查要突出严肃性，沟通要突出及时性，认真交流情况，真实反映问题，积极提出意见建议，更好地履行督导职责。

中央党的群众路线教育实践活动领导小组副组长赵洪祝出席会议。中央党的群众路线教育实践活动领导小组及办公室，45 个中央督导组的负责人和有关人员参加会议。

7 月 23—25 日

［纲　文］　**第六届“相聚国旗下”香港青少年内地参观交流活动在北京举行。**

［目　文］　交流活动由全国青联和香港中联办共同举办，自 2007 年开始，该活动已经连续举办了六届，累计邀请 6000 多名香港青少年学生来祖国内地参观学习。本次交流活动共有 26 个社团的香港青少年学生代表先后到北京人民大会堂、卢沟桥、人民抗日战争纪念馆等代表性景点参观，部分香港学生还到北京 67 家单位进行了为期一个半月的实习。

国家副主席李源潮看望在北京参加第六届“相聚国旗下”活动的香港青少年，勉励他们做“一国两制”的拥护者和爱国爱港的薪火传人。李源潮说，香港青少年多到内地走走看看，亲身感受国家发展变化，体会中华民族五千年生生不息的深厚力量，对认识国家、认识历史、认识人生很有帮助。从回归 16 年来香港发展情况看，“一国两制”是成功的，要坚持下去。希望大家做“一国两制”的拥护者。

团中央书记处第一书记秦宜智参加看望活动。

7月23—25日

［纲　文］　**中央军委副主席范长龙应邀访问缅甸、泰国。**

［目　文］　缅甸总统吴登盛23日在内比都会见了到访的范长龙。吴登盛在会见时说，缅中加强团结合作，符合两国人民的根本利益，有利于各自国家和本地区的发展与稳定。缅政府和军队感谢中国政府和军队长期以来的支持和帮助，缅方将继续奉行对华友好政策，为推动缅中全面战略合作伙伴关系不断向前发展作出不懈努力。范长龙说，在两国元首的关怀指导下，在中缅两军的共同努力下，两军关系保持了良好发展势头。中方愿与缅方一道，携手推进两国两军关系取得更大发展。范长龙还会见了缅甸议会人民院议长吴瑞曼，与缅国防军总司令敏昂莱大将举行了会谈，就两国两军关系坦诚深入地交换了意见。

泰国总理兼国防部部长英拉24日在泰总理府会见了范长龙。英拉表示，泰国政府和军队非常重视发展两国、两军关系，赞赏中国在国际和地区事务中发挥的积极作用，愿继续加强双边交流与合作，推动两国、两军关系深入发展。范长龙表示，中方愿与泰方一道，不断巩固和发展两国、两军友好合作关系，促进本地区的繁荣与稳定。范长龙当天还会见了泰国王储哇集拉隆功，与泰国国防部副部长育他沙举行了会谈，就两国、两军关系深入坦诚地交换了意见。

7月24日

［纲　文］　**李克强主持召开国务院常务会议。**

［目　文］　会议主要内容是：决定进一步公平税负，暂免征收部分小微企业增值税和营业税；研究确定促进贸易便利化推动进出口稳定发展的措施；部署改革铁路投融资体制，加快中西部和贫困地区铁路建设。

会议决定，通过调整支出结构盘活存量财政资金，缓解财政收支矛盾，按照公平税负原则，从2013年8月1日起，对小微企业中月销售额不超过2万元的增值税小规模纳税人和营业税纳税人，暂免征收增值税和营业税，并抓紧研究相关长效机制。这将使符合条件的小微企业享受与个体工商户同样的税收政策，为超过600万户小微企业带来实惠，直接关系几千万人的就业和收入。

会议指出，当前我国经贸环境复杂严峻，进出口增速均明显放缓。要通过制度创新，提高贸易便利化水平，增强企业竞争力。一是制定便利通关办法，抓紧出台“一次申报、一次查验、一次放行”改革方案，分步在全国口岸实行。二是整顿进出口环节经营性收费，减少行政事业性收费。暂免出口商品法定检验费用。减少法检商品种类，原则上工业制成品不再实行出口法检。抓紧研究法定检验体制改革方案。三是鼓励金融机构对有订单、有效益的企业及项目加大支持力度，发展短期出口信用保险业务，扩大保险规模。四是支持外贸综合服务企业为中小民营企业出口提供融资、通关、退税等服务。创造条件对服务出口实行零税率，逐步扩大服务进口。五是积极扩大商品进口，增加进口贴息资金规模。完善多种贸易方式，促进边境贸易。六是努力促进国际收支基本平衡，保持人民币汇率在合理均衡水平上的基本稳定。

会议强调，铁路是国家重要的基础设施和民生工程，是资源节约型和环境友好型运输方式。要按照统筹规划、多元投资、市场运作、政策配套的基本思路，推进铁路投融资体制改革，这是继铁路机构改革、实现政企分开后的又一重大改革举措。通过改革，全面开放铁路建设市场，优先建设中西部和贫困地区的铁路及相关设施。

会议还审议通过了《铁路安全管理条例（草案）》。

7月24日

［纲　文］　**住房城乡建设部等7部委联合印发《关于开展全国重点镇增补调整工作的通知》。**

［目　文］　《通知》主要内容有：一、充分认识增补调整工作的重要意义。二、工作原则和目标。三、全国重点镇推荐条件。

《通知》指出，我国将对2004年公布的全国重点镇进行增补调整，每个县（市）将至少有1个重点发展的建制镇列入全国重点镇。全国重点镇将作为今后各地各有关部门扶持小城镇发展的优先支持对象，将其发展成为既能承接城市产业转移、缓解城市压力，又能服务支持农村、增强农村活力的小城镇建设示范。全国重点镇的推荐条件有6项：人口达到一定规模；区位优势明显；经济发展潜力大；服务功能较完善；规划管理水平较高；科技创新能力较强。

7月24日

［纲　文］　**国务院批复农业部同意《关于建立全国农民合作社发展部际联席会议制度的请示》。**

［目　文］　该《制度》从主要职能、成员单位、工作规则、工作要求4个方面做了规定。

根据《制度》，联席会议的主要职能是：组织开展专题调研，研究提出支持农民合作社发展的政策建议和完善农民合作社立法建议；加强对农民合作社的指导和服务，协调落实国家对农民合作社发展的扶持政策；制定国家农民合作社示范社评定监测管理办法；研究解决农民合作社发展中的其他重要问题。联席会议由农业部、发展改革委、财政部、水利部、税务总局、工商总局、林业局、银监会、供销合作总社等9个部门和单位组成。联席会议原则上每年召开一次全体会议。在全体会议之前，召开联络员会议，研究讨论联席会议议题和需提交联席会议议定的事项及其他有关事项。研究具体工作事项时，可视情况召集部分成员单位会议，也可邀请其他相关部门和单位参加会议。联席会议以会议纪要形式明确议定事项，经与会单位同意后印发有关方面。重大事项由联席会议牵头部门向国务院报告。各成员单位要按照职责分工，主动研究农民合作社发展中的有关问题，及时向牵头部门提出会议议题，积极参加联席会议，认真落实会议议定事项和工作任务；要互通信息，密切配合，相互支持，形成合力，充分发挥联席会议作用。

7月24日

［纲　文］ **中央书记处书记刘云山在北京会见古巴共产党中央书记处书记、国际关系部部长何塞·拉蒙·巴拉格尔。**

［目　文］ 刘云山在会见巴拉格尔时说，中古两国相距遥远，但共同的理想信念将两党两国和两国人民紧密联系在一起。以习近平同志为总书记的新一届中央领导珍视中古传统友谊，将继续与古巴共产党一道，加强治党治国经验交流，深化各领域务实合作，通过党际交流促进两国政府和人民的友好交往，不断开创中古友好合作新局面。刘云山积极评价古巴社会主义建设取得的新成就，并简要介绍了当前中国国内情况。

巴拉格尔说，古巴高度重视古中两党两国关系，愿与中方继续努力，维护并发展古中关系全面快速发展的良好势头。他通报了当前古巴国内形势和古共党建情况。

全国政协副主席、中联部部长王家瑞参加会见。

7月24日

［纲　文］ **《人民日报》发表题为《切实打牢两个基础——把握教育实践活动三大关系之二》的评论员文章。**

7月25日

［纲　文］ **中共中央在中南海召开党外人士座谈会，习近平主持并讲话。**

［目　文］ 座谈会就当前经济形势和下半年经济工作听取各民主党派中央、全国工商联领导人和无党派人士的意见和建议。中共中央总书记习近平主持会议并发表重要讲话，中共中央政治局常委李克强、俞正声、刘云山、张高丽出席座谈会。

座谈会上，李克强通报了上半年经济工作有关情况，介绍了中共中央、国务院关于做好下半年经济工作的考虑。民革中央主席万鄂湘、民盟中央主席张宝文、民建中央主席陈昌智、民进中央主席严隽琪、农工党中央主席陈竺、致公党中央主席万钢、九三学社中央主席韩启德、台盟中央主席林文漪、全国工商联主席王钦敏、无党派人士林毅夫先后发言。

习近平在听取大家发言后作了重要讲话。他指出，自2012年底换届以来，各民主党派中央、全国工商联领导同志亲自带队，无党派人士组成建言献策小组，深入基层一线，围绕金融改革、科技创新、城乡统筹、社会管理、公共服务、污染治理等重点问题认真调查研究，形成了一批高质量的调研成果。大家提出的意见和建议对我们科学决策、科学施政发挥了重要作用。习近平指出，做好下半年经济工作，任务艰巨，需要各方面共同来努力。希望各民主党派、工商联和无党派人士把智慧和力量凝聚到推动经济持续健康发展上来，围绕加快转变经济发展方式、推进经济结构调整、提高宏观调控水平等事关全局的重大问题深入调查研究，多献务实之策，为实现今年经济工作目标任务共同努力。

马凯、王沪宁、刘延东、汪洋、栗战书和周小川等，中共中央、国务院有关部门负责人出席座谈会。

7 月 25 日

［纲　文］ **国务院办公厅印发《关于调整全国绿化委员会组成人员的通知》。**

［目　文］ 根据《通知》公布的调整后的名单，汪洋任主任，林业局局长赵树丛、发展改革委副主任杜鹰、财政部部长助理胡静林、住房城乡建设部副部长仇保兴、北京市副市长林克庆等任副主任。委员为：中央编办副主任王峰、教育部副部长鲁昕、人力资源社会保障部副部长何宪、国土资源部副部长张少农、环境保护部副部长李干杰、交通运输部副部长翁孟勇、水利部副部长刘宁、农业部副部长于康震、文化部副部长杨志今、新闻出版广电总局副局长童刚、林业局副局长张永利、中直管理局副局长张放鸣、国管局副局长高翔、武警部队副司令员戴肃军、全国总工会副主席兼书记处书记张世平、共青团中央书记处书记汪鸿雁、全国妇联书记处书记崔郁、中国铁路总公司副总经理胡亚东。

7 月 25 日

［纲　文］ **许其亮出席国防大学夏季毕业典礼。**

［目　文］ 中央军委副主席许其亮在毕业典礼上勉励大家自觉用习近平主席重要战略思想武装头脑，增强在新的起点上带领部队为实现强军目标而奋斗的使命担当，在新挑战面前带领部队为民族复兴提供可靠安全保障的使命担当，在新形势下带领部队实现跨越发展的使命担当，以军人的忠诚、血性、勇敢和实干，向党和人民交出合格答卷。

许其亮指出，学习贯彻习主席重要战略思想，是当前全军重要政治任务，也是在新的起点和更高层次上推动部队建设、有效履行使命的紧迫需要。我们要把习主席一系列新思想新观点新论断联系起来学习，注重从有机的科学思想体系上，全面系统内在地理解把握。要紧密联系实际，在推动强军目标落实上狠下功夫，把强军目标变为各单位的具体发展目标，转化为推动部队建设的思路举措，转化为全军官兵的实际行动。

许其亮强调，要按照善谋打仗、能打胜仗的要求，强化当兵打仗、带兵打仗、练兵打仗的观念，大力提高指挥现代化战争的本领。要强化标准更高、走在前列的意识，积极投入党的群众路线教育实践活动，更加坚定自觉地推进作风建设。

7 月 25 日

［纲　文］ **财政部网站消息，中央下拨 6.58 亿元支持退役士兵职业教育。**

［目　文］ 中央财政近日下拨 2013 年退役士兵职业教育和技能培训补助资金 6.58 亿元，比 2012 年增长 9.81%，主要用于退役士兵职业教育和技能培训所需的学杂费、住宿费、技能鉴定费、生活补助费以及转业士官待分配期间管理教育（含培训）、医疗补助等。

2010 至 2013 年，中央财政共安排退役士兵职业教育和技能培训补助资金 24.64 亿元，年均增长 13.06%，有力地支持了各地开展退役士兵职业教育和技能培训工作。

7 月 25—26 日

［纲　文］ **汪洋在吉林省调研。**

［目　文］　国务院副总理、国家防汛抗旱总指挥部总指挥汪洋在吉林调研时强调，当前正是防汛抗洪紧要时期，也是秋粮等农作物生长关键季节，各地区各有关部门要扎实抓好防汛抗洪和农业防灾减灾工作，强化责任落实，强化工作举措，切实保障人民群众生命安全，千方百计夺取农业丰收，为促进经济持续健康发展和社会和谐稳定提供有力支撑。

汪洋来到全国粮食生产大县农安县，深入田间地头，实地察看玉米高产创建、病虫害防治工作，详细了解农民增收情况，并考察了吉林省农业信息服务平台、农业科技创新中心和粮食加工企业。他指出，要加强灾害防范和风险防控，组织科技人员开展技术服务，指导农民搞好田间管理，确保丰收到手。要落实好粮食收储政策，做好秋粮收购所需资金、库容等准备。

汪洋实地检查了水库等水利工程防洪措施落实情况，并到吉林省天气预警中心、防汛抗旱指挥中心了解当前汛情和防汛工作。他强调，目前正处在主汛期，要把防汛抗洪工作摆到突出位置，认真落实防汛预案，科学有序开展防灾抗灾救灾工作。密切关注北方雨量增加给农业和防灾减灾工作带来的一些新情况、新问题，加强灾害预测预报和预警。加强江河堤防、水库大坝应急值守和巡查排险工作，确保大江大河、大中型水库、重要基础设施防洪安全。要高度重视台风和山洪泥石流等地质灾害防范，努力减少灾害损失。

7月25—28日

［纲　文］　**国家副主席李源潮率团访问朝鲜并出席朝鲜战争停战60周年纪念活动**。

［目　文］　朝鲜国防委员会第一委员长金正恩25日在平壤会见了李源潮。李源潮首先转达了习近平主席给金正恩第一委员长的口信。李源潮说，当前中朝关系正处于承前启后的新时期，中方愿同朝方一道，加强互信与沟通，扩大各领域交流与合作，推动中朝关系持续稳定发展。李源潮表示，作为朝鲜半岛近邻，中方坚持实现半岛无核化，坚持维护半岛和平稳定，坚持通过对话协商解决有关问题。中方愿与有关各方一道，推动重启六方会谈，致力于推进半岛无核化进程，实现半岛和平和东北亚的长治久安。

金正恩表示，朝鲜党和人民永远铭记在战争中牺牲的朝中烈士们。朝方高度评价中国社会主义事业取得的巨大成就，珍视对华传统友谊，愿与中方加强沟通，增进合作，推动两国关系发展。朝鲜致力于发展经济，改善民生，需要一个稳定的外部环境。朝方支持中国为重启六方会谈所作努力，愿与各方共同努力，维护朝鲜半岛和平稳定。

当天，李源潮还在平壤参谒了友谊塔，并前往桧仓中国人民志愿军烈士陵园，凭吊烈士。

27日，李源潮出席了在首尔战争纪念馆举行的60周年纪念仪式，多个国家的政府代表团和外交使节、参战战士、韩国政府主要人士等共4000余人参加。

7月26日

［纲　文］　**中共中央、国务院、中央军委决定向“神十”航天员颁发功勋奖章，习**

近平会见“神十”航天员代表。

［目　文］　2013年6月11日，我国航天员聂海胜、张晓光、王亚平驾乘神舟十号载人飞船成功进入太空，在实现与天宫一号目标飞行器自动和手动控制交会对接，完成一系列空间科学实验，开展航天员太空授课后，于6月26日安全返回地面。天宫一号与神舟十号载人飞行任务的圆满成功，巩固了我国空间交会对接技术，标志着我国载人航天工程第二步战略目标取得重大阶段性胜利。为褒奖他们建立的卓著功绩，中共中央、国务院、中央军委决定，给聂海胜颁发“二级航天功勋奖章”，授予张晓光、王亚平“英雄航天员”荣誉称号并颁发“三级航天功勋奖章”。

中共中央总书记、国家主席、中央军委主席习近平在人民大会堂会见神舟十号载人飞行任务航天员和参研参试人员代表。习近平代表党中央、国务院、中央军委，向神舟十号任务圆满成功表示热烈的祝贺，向参加任务的航天员和广大参研参试人员表示诚挚的慰问。他强调，载人航天事业的成就，充分展示了伟大的中国道路、中国精神、中国力量，坚定了全国各族人民实现中华民族伟大复兴的中国梦的决心和信心。你们为祖国和人民建立的卓越功勋，历史将永远铭记。

党和国家领导人李克强、张德江、俞正声、刘云山、王岐山、张高丽参加会见。

7月26日

［纲　文］　**世界海拔最高县西藏双湖县正式挂牌。**

［目　文］　双湖县是我国最年轻，也是世界海拔最高的县级行政区。双湖位于西藏那曲地区西北部，地处羌塘国家级自然保护区腹地，平均海拔5000米。“双湖”藏语为“错尼”，因地处康如湖和惹角湖而得名。1976年设立双湖办事处，1993年8月成立双湖特别行政区。2012年11月15日，国务院作出关于同意西藏自治区设立双湖县的批复。新成立的双湖县将尼玛县的措折罗玛镇、协德乡、雅曲乡、嘎措乡、措折强玛乡、多玛乡、巴岭乡划归双湖县管辖。双湖县人民政府驻多玛乡，由那曲地区管辖。

7月26日

［纲　文］　**《人民日报》发表题为《紧紧抓住两个关键——把握教育实践活动三大关系之三》的评论员文章。**

7月26日

［纲　文］　**《人民日报》发表题为《法治没有特区，反腐没有例外》的评论员文章。**

7月27—29日

［纲　文］　**第九次中越两党理论研讨会在辽宁省大连市举行。**

［目　文］　本次研讨会的主题是“新形势下加强党风廉政建设的经验”。中共中央政治局委员、中宣部部长刘奇葆和越共中央政治局委员、中央书记处书记、中央宣教部部长、中央理论委员会主席丁世兄出席开幕式。

刘奇葆作了题为《中国共产党党风廉政建设的主要做法和经验》的主旨报告，强调把党风廉政建设引向深入，就要坚持抓作风建设，始终保持党同人民群众的血肉联系；坚持抓惩防体系建设，构筑反腐倡廉的全方位战略屏障；坚持抓从严惩治，保持惩治腐败的高压态势；坚持抓廉政教育，筑牢拒腐防变的思想道德防线；坚持抓监督制约，把权力关进制度的笼子里；坚持抓改革创新，提高工作科学化水平。丁世兄作了题为《新形势下建设纯洁坚强的越南共产党——实践、经验与教训》的主旨报告。中宣部副部长王晓晖和越共中央对外部部长黄平君分别致开幕词。会前，刘奇葆、刘云山分别在北京人民大会堂会见了丁世兄。

在为期两天半的研讨中，中越双方代表紧紧围绕会议主题，坦诚交流，积极互动，深入研讨。中越双方均强调，加强党风廉政建设，保持党的先进性和纯洁性是中越两党团结带领本国人民巩固政权和发展事业的重要法宝和历史经验。在新的历史条件下，两党必须全面推进党的建设，增强自我净化、自我完善、自我革新、自我提高能力。双方代表都表示，愿继续充分利用两党理论研讨会的平台，加强交流，互学互鉴。

闭幕式上，中联部部长助理杨燕怡和越共中央理论委员会常务副主席冯友富分别致闭幕词，积极评价会议取得的成果。

7月28日

［纲　文］　**国务院批复山东省人民政府同意《关于申请将烟台市列为国家历史文化名城的请示》。**

［目　文］　国务院批复指出，一、同意将烟台市列为国家历史文化名城。烟台市历史悠久，遗存丰富，文化底蕴深厚，名胜古迹众多，近代建筑集中成片，街区特色鲜明，城区传统格局和风貌保存完好，具有重要的历史文化价值。二、山东省及烟台市人民政府要根据本批复精神，按照《历史文化名城名镇名村保护条例》的要求，正确处理城市建设与保护文化遗产的关系，深入研究发掘文化遗产的内涵与价值，明确保护的原则和重点。编制好历史文化名城保护规划，并将其纳入城市总体规划，划定历史文化街区、文物保护单位、历史建筑的保护范围及建设控制地带，制定严格的保护措施。在历史文化名城保护规划的指导下，编制好重要保护地段的详细规划。在规划和建设中，要重视保护城市格局，注重城区环境整治和历史建筑修缮，不得进行任何与名城环境和风貌不相协调的建设活动。三、山东省和住房城乡建设部、国家文物局要加强对烟台市国家历史文化名城规划、保护工作的指导、监督和检查。

7月28日—8月3日

［纲　文］　**应外交部部长王毅邀请，爱尔兰副总理兼外交贸易部部长埃蒙·吉尔摩对中国进行正式访问。**

［目　文］　这是吉尔摩外交贸易部部长任后的首次中国之行。31日，全国政协主席俞正声在北京会见吉尔摩。俞正声积极评价中爱政治互信与各领域交流合作，指出平等、互利和互补是中爱关系的突出特点，双方应进一步加以保持和发扬，为不断丰富和深化中

爱互惠战略伙伴关系创造条件和机遇。吉尔摩强调爱尔兰坚持奉行一个中国政策，尊重中国发展道路，将继续致力于扩大和深化双边各领域务实合作和交流互鉴。

王毅在北京同吉尔摩举行会谈。王毅表示，中爱2012年发表关于建立互惠战略伙伴关系的声明，推动两国关系进入新的发展阶段。两国在双边各领域合作势头良好，在国际事务中相互理解和支持。中方愿同爱方一道，加强对中爱关系的政治引领，大力推进双方务实合作，进一步促进人文交流，不断丰富两国互惠战略伙伴关系的内涵，继续树立不同幅员、制度、国情、文化国家间友好共处的典范。

全国政协副主席、中联部部长王家瑞也在北京会见了吉尔摩，双方就推动中国共产党同爱尔兰工党交流合作交换了意见。访问期间，吉尔摩还会见了中国外交书法家张泰瑞，并访问了上海。

7月29日

［纲　文］　**习近平"八一"前夕视察北京军区。**

［目　文］　视察期间，中央军委主席习近平听取了北京军区工作汇报，对军区部队近年来建设发展取得的成绩给予充分肯定。他强调，北京军区作为首都军区，地位作用特殊、使命任务特殊、所处环境特殊，必须确保部队坚决听党指挥、绝对忠诚可靠，必须有效履行职责使命，必须着力提高部队实战化水平，必须坚持不懈推进作风建设。

习近平指出，要坚持把思想政治建设摆在首位，坚持不懈用中国特色社会主义理论体系武装官兵，持续培育当代革命军人核心价值观，发展先进军事文化，加强各级党组织建设，确保思想政治上特别纯洁、特别过硬、特别坚定。

习近平强调，要始终坚持战斗力这个唯一的根本的标准，全部心思向打仗聚焦，各项工作向打仗用劲。要深入开展我军根本职能教育，真正使战斗队意识在官兵头脑中深深扎根。要坚持信息化的发展方向，推动信息化建设加速发展，增强基于信息系统的体系作战能力。要坚决贯彻战训一致原则，切实端正训风、演风、考风。要进一步抓好训练基地建设和使用，充分发挥训练基地在提高部队实战化水平方面的重要作用。

习近平指出，要坚决贯彻落实中央和军委有关作风建设规定，持之以恒、锲而不舍，善始善终、善做善成，不断把作风建设引向深入，以良好作风推动部队全面建设。要认真落实标准更高、走在前列的要求，扎扎实实抓好党的群众路线教育实践活动，深入基层、深入官兵，广泛听取意见建议，搞好专项整治。各级党委和领导既是组织者也是参与者，要坚持以上率下，把自己摆进去，从自身严起，从现在改起，从小事抓起，用实际行动为部队做好样子。要组织好团以上领导和机关干部下连当兵、蹲连住班，通过这种方式改进工作作风、密切官兵关系、加强基层建设，把部队基础打得更加牢固。

范长龙、许其亮等参加有关活动。

7月29日

［纲　文］　**中共中央发布《关于废止和宣布失效一批党内法规和规范性文件的**

决定》。

［目　文］　根据《决定》，1978 年以来制定的党内法规和规范性文件，有 300 件被废止和宣布失效，467 件继续有效，其中 42 件将作出修改。

中央要求，凡废止、宣布失效的党内法规和规范性文件，自《决定》发布之日起一律停止执行，不再作为规范党组织工作、活动和党员行为的依据。废止和宣布失效的党内法规和规范性文件，在规范党内生活、加强党的建设、推动党的工作等方面曾经发挥了重要历史作用，今后仍有借鉴参考价值，要按照档案管理有关规定，做好存档、查档利用等管理工作。对需作修改的党内法规和规范性文件，中央办公厅要加强统筹协调，在党内法规制定工作规划计划中作出安排，有计划、分步骤地加以推进。对继续有效的党内法规和规范性文件，要进一步加大贯彻落实力度，完善制度实施后评估机制、督查机制、问责机制，加强对制度执行的监督检查，严肃查处违规行为，坚决纠正有令不行、有禁不止现象，切实维护党内法规制度的严肃性和权威性，确保各项制度规定成为必须遵守的刚性约束。

中央要求，第一阶段清理任务结束后，要抓紧组织实施第二阶段清理工作，对新中国成立至 1978 年前制定的党内法规和规范性文件进行清理。各地区各有关部门要各司其职、狠抓落实，确保这次集中清理工作于 2014 年 12 月底前全部完成。

7 月 29 日

［纲　文］　**国务院办公厅转发教育部等部门《关于实施教育扶贫工程的意见》**。

［目　文］　《意见》主要内容有：一、总体要求。二、主要任务。三、保障措施。四、组织领导。

根据《意见》，我国对《中国农村扶贫开发纲要（2011—2020 年）》所确定的连片特困扶贫攻坚地区实施教育扶贫工程，到 2020 年使片区基本公共教育服务水平接近全国平均水平。中央和省级人民政府加大对教育扶贫工程的投入，省级人民政府加强各项教育经费统筹，经费安排向扶贫开发任务较重的地区倾斜。实施教育扶贫工程的范围为《中国农村扶贫开发纲要（2011—2020 年）》所确定的连片特困扶贫攻坚地区，具体是：六盘山区、秦巴山区、武陵山区、乌蒙山区、滇桂黔石漠化区、滇西边境山区、大兴安岭南麓山区、燕山—太行山区、吕梁山区、大别山区、罗霄山区等区域的片区和已明确实施特殊政策的西藏、四省藏区、新疆南疆三地州。

7 月 29 日

［纲　文］　**《人民日报》报道，中央财政下拨 63.56 亿元补助农村危房改造**。

［目　文］　报道说，中央财政近日下拨 63.56 亿元用于支持农村危房改造工作，帮助困难农户解决基本住房安全问题。加上此前已下拨的 157.96 亿元，2013 年中央农村危房改造补助资金已累计下拨 221.52 亿元。

2013 年中央安排的农村危房改造补助资金，将支持全国 266 万农户完成农村危房改造。其中，集中连片特殊困难地区县、国家扶贫开发重点县等贫困地区 105 万户，陆地边境县边境一线农户15万户，东北、西北、华北等“三北”地区和西藏自治区建筑节能示范户14万户。补助的标准为一般危房改造户户均补助7500元，在此基础上，对贫困地区每户再增加1000元补助，对陆地边境县边境一线贫困农户和建筑节能示范户每户再增加2500元补助。

7月29日

［纲　文］　**财政部、教育部联合印发《研究生国家助学金管理暂行办法》和《研究生学业奖学金管理暂行办法》。**

［目　文］　《国家助学金管理暂行办法》共5章20条，主要内容有：一、总则。二、奖励比例、标准与基本条件。三、评审组织与程序。四、资金管理。五、附则，自2014年9月1日起施行。根据本《办法》，研究生国家助学金资助标准为：博士研究生资助标准不低于每生每年10000元，硕士研究生资助标准不低于每生每年6000元。中央部门所属高校博士研究生资助标准为每生每年12000元，硕士研究生资助标准为每生每年6000元。地方所属高校研究生国家助学金资助标准，由各省财政部门会同教育部门确定。中央财政按照博士研究生每生每年10000元、硕士研究生每生每年6000元的标准以及普通本专科生国家助学金分担办法，承担地方所属高校研究生国家助学金所需资金。

《研究生学业奖学金管理暂行办法》共5章20条，主要内容有：一、总则。二、资助标准。三、预算下达。四、发放、管理与监督。五、附则，自2014年9月1日起施行。根据本《办法》，中央财政对中央高校研究生学业奖学金所需资金，按照博士研究生每生每年10000元、硕士研究生每生每年8000元的标准以及在校生人数的一定比例给予支持，所需资金按照预算管理程序列入年度部门预算。按照规定，研究生学业奖学金标准不得超过同阶段研究生国家奖学金标准的60%。研究生学业奖学金名额分配应向基础学科和国家急需的学科（专业、方向）倾斜。中央高校应根据实际情况，对研究生学业奖学金覆盖面、等级和奖励标准进行动态调整。

7月29日

［纲　文］　**全国政协主席俞正声在北京会见老挝建国阵线中央主席潘隆吉。**

［目　文］　潘隆吉此行是应全国政协邀请来华访问的。俞正声在会见时表示，中老双方政治上高度互信，经济上互利合作，人文交往密切，多边场合相互支持。中老关系已经成为中国同周边国家发展友好关系的典范。中国重视对老关系，愿同老方共同努力，推动中老全面战略合作伙伴关系取得更大发展。俞正声说，中国全国政协和老挝建国阵线同为共产党领导的统一战线组织，在各自国家的政治生活中发挥着重要作用。多年来，双方保持友好往来，各领域交流取得丰硕成果。希望双方进一步加强合作，为促进两国关系发展作出贡献。

潘隆吉高度评价老中关系和中国经济社会发展，希望进一步加强老挝建国阵线与中国全国政协的交流合作。

当天，全国政协副主席兼秘书长张庆黎在北京与潘隆吉举行会谈。双方就加强中国全国政协与老挝建国阵线的交流与合作、共同推动两国关系不断向前发展深入交换了意见。

7 月 29 日

［纲　文］ **《人民日报》发表题为《停建楼堂馆所就是要“一刀切”》的评论员文章**。

7 月 29—31 日

［纲　文］ **2013 第八届中国青少年艺术节在北京举行**。

［目　文］ 由文化部民族民间文艺发展中心指导，中国艺术家协会、中国儿童戏剧研究会、中国文化管理协会、教育部中国人生科学学会、中国教育事业促进会等 10 家单位主办的艺术节于 29 日晚在北京开幕。来自 28 个省区市和港澳台地区以及海外侨胞青少年在内的 5000 余名青少年组成 30 个代表队还将就声乐、器乐等各个艺术门类进行才艺大比拼。

北京总决赛中，有 5000 余名来自 28 个省区市和港澳台地区以及海外侨胞青少年组成 30 个代表队，分少儿组、少年组、青年组参与总决赛，决赛项目涉及声乐、器乐、舞蹈、影视、戏剧、书画、朗诵、曲艺等各个艺术门类。赛事聘请了解放军艺术学院、中央音乐学院等诸多知名艺术家担任评委，最终评选出各个专业组别 1 名金奖、3 名银奖、6 名铜奖以及全国十佳新人奖和优秀奖。

中国青少年艺术节于 2006 年首次举办后，创办了该盛会空前的规模和国际影响。此后每年暑期在北京举行一届，至 2013 年已先后举办了七届，已成为由民间协会主办的目前国内规模最大、专业性突出、公益性显著的综合性品牌艺术节，共吸引了全国青少年 1000 多万人次参与。

7 月 30 日

［纲　文］ **中共中央政治局召开会议讨论研究当前经济形势和下半年经济工作，习近平主持会议**。

［目　文］ 会议认为，2013 年上半年主要经济指标处于年度预期目标的合理区间，经济社会发展总的开局是好的。经济保持平稳增长，价格总水平基本稳定，就业形势总体平稳，夏季粮油再获丰收，服务业发展继续加快，科技创新成果不断涌现，节能减排工作进一步强化，简政放权取得积极进展，改革开放力度加大，社会事业得到加强。

会议认为，当前，我国发展仍处于可以大有作为的重要战略机遇期，具备经济持续健康发展的基础条件，下半年我国经济仍将保持总体平稳发展态势。同时，也要认识到，世界经济正在深度调整，国内外发展环境十分复杂。我们既要切实增强忧患意识，充分做好应对各种复杂困难局面的准备，又要牢牢把握重大调整机遇，积极有为，创新求进，坚持统筹稳增长、调结构、促改革，坚持宏观政策要稳、微观政策要活、社会政策要托底，努力实现三者有机统一。

会议指出，下半年经济工作要全面贯彻党的十八大精神，按照中央经济工作会议总体部署，坚持稳中求进，坚持以提高经济发展质量和效益为中心，坚持宏观经济政策连续性、稳定性，提高针对性、协调性，根据经济形势变化，适时适度进行预调和微调，稳中有为。要统筹稳增长、调结构、促改革，积极扩大有效需求，着力推进转型升级，不断深化改革开放，着力保障和改善民生，确保完成全年经济社会发展主要任务。

会议要求，各地区各部门要把思想和行动统一到中央对经济形势的分析判断和各项决策部署上来，坚定信心，奋发有为，努力做好经济社会发展各项工作。要把握好宏观调控的方向、力度、节奏，使经济运行处于合理区间。继续实施积极的财政政策和稳健的货币政策，盘活存量、优化增量、着力提高财政资金使用效益，加大金融支持实体经济的力度，把钱用在刀刃上；积极释放有效需求，推动居民消费升级，保持合理投资增长，积极稳妥推进以人为核心的新型城镇化，促进房地产市场平稳健康发展；保持农业稳定发展，夯实粮食丰收基础，抓好“菜篮子”产品生产，扎实开展防灾减灾各项工作；进一步激发企业活力，加大对中小微企业等的政策扶持和服务力度，进一步清费减负，拓宽企业融资渠道；加快推进产业结构调整，推动传统产业转型升级，积极培育和发展战略性新兴产业，加快信息产业发展，大力发展节能环保和新能源产业，推动新兴服务业和生活性服务业发展；深入实施区域发展总体战略，落实和完善区域发展规划和政策；努力稳定对外贸易，完善政策和服务，拓宽出口渠道，积极增加进口，有效应对贸易摩擦，鼓励有条件的企业到境外投资；继续取消和下放行政审批事项，深入推进财税金融体制改革，积极稳妥推进资源性产品和环境价格改革，抓好综合配套改革试点；稳定价格总水平，加强重要商品产供销衔接，努力减轻物价上涨对群众生活影响；着力保障改善民生，继续完善就业创业扶持政策，统筹城乡社保体系建设，妥善安排好灾区群众生产生活，促进教育、卫生、文化、体育事业发展，加强和创新社会管理，保持社会和谐稳定。

7月30日

［纲　文］　**中共中央政治局就建设海洋强国研究进行第八次集体学习，习近平主持并讲话。**

［目　文］　中国海洋石油总公司副总工程师、中国工程院院士曾恒一，国家海洋局海洋发展战略研究所研究员高之国就建设海洋强国问题进行讲解，并谈了他们的意见和建议。中共中央政治局各位同志认真听取了他们的讲解，并就有关问题进行了讨论。

中共中央总书记习近平在主持学习时强调，建设海洋强国是中国特色社会主义事业的重要组成部分。党的十八大作出了建设海洋强国的重大部署。实施这一重大部署，对推动经济持续健康发展，对维护国家主权、安全、发展利益，对实现全面建成小康社会目标、进而实现中华民族伟大复兴都具有重大而深远的意义。要进一步关心海洋、认识海洋、经略海洋，推动我国海洋强国建设不断取得新成就。

习近平指出，要提高海洋资源开发能力，着力推动海洋经济向质量效益型转变，使海洋产业成为国民经济的支柱产业。要保护海洋生态环境，着力推动海洋开发方式向循环利用型转变。要发展海洋科学技术，着力推动海洋科技向创新引领型转变，重点在深水、绿色、安全的海洋高技术领域取得突破。

7月30日

［纲　文］ **卓有成就的美术史论家表彰大会在北京举行。**

［目　文］ 表彰大会由中国美术家协会主办。中国文联党组成员、书记处书记、副主席左中一，中国文联副主席、中国美术家协会主席刘大为，中国美术家协会分党组书记、常务副主席吴长江，中国美协理论委员会主任薛永年与部分受到表彰的美术史论家及其家属代表等100余人出席大会。《卓有成就的美术史论家论文集》同时首发。

此次获表彰的25位美术史论家是：于风、郭因、马文启、俞永康、程永江、彭鸿远、邵养德、谭永泰、邵大箴、水天中、刘兴珍、黄可、奚静之、杨泓、姜澄清、夏硕琦、奚传绩、左庄伟、陶咏白、李纪贤、邓惠伯、周积寅、杨悦浦、孙克、聂崇正。他们被授予“卓有成就的美术史论家”称号。

7月30日

［纲　文］ **《人民日报》发表题为《一把手是关键》的评论员文章。**

7月31日

［纲　文］ **中央军委在北京举行晋升上将军衔仪式，习近平颁发命令状。**

［目　文］ 上午9时30分，晋升仪式开始。中央军委副主席范长龙宣读了6月29日中央军委主席习近平签署的晋升上将军衔命令。中央军委副主席许其亮主持晋衔仪式。

这次晋升上将军衔的6位高级军官是：总政治部副主任吴昌德、总装备部政治委员王洪尧、军事科学院政治委员孙思敬、北京军区政治委员刘福连、南京军区司令员蔡英挺、广州军区司令员徐粉林。中央军委主席习近平向他们颁发命令状，并与他们亲切握手，表示祝贺。

7月31日

［纲　文］ **习近平任免驻外大使。**

［目　文］ 国家主席习近平根据全国人民代表大会常务委员会的决定任免下列驻外大使：一、免去许镜湖（女）的中华人民共和国驻摩洛哥王国特命全权大使职务；任命孙树忠为中华人民共和国驻摩洛哥王国特命全权大使。二、免去李宝钧的中华人民共和国驻几内亚比绍共和国特命全权大使职务；任命王华为中华人民共和国驻几内亚比绍共和国特命全权大使。三、免去潘广学的中华人民共和国驻柬埔寨王国特命全权大使职务；任命布建国（女）为中华人民共和国驻柬埔寨王国特命全权大使。四、免去李志国的中华人民共和国驻南苏丹共和国特命全权大使职务；任命马强为中华人民共和国驻南苏丹共和国特命全权大使。五、免去王旺生的中华人民共和国驻利比亚国特命全权大使职务；任命李志国为中华人民共和国驻利比亚国特命全权大使。六、免去沈永祥的中华人民共和国驻马达加斯加共和国特命全权大使职务；任命杨民为中华人民共和国驻马达加斯加共和国特命全权大使。七、免去舒展的中华人民共和国驻卢旺达共和国特命全权大使职务；任命沈永祥为中华人民共和国驻卢旺达共和国特命全权大使。

7 月 31 日

［纲　文］　**李克强主持召开国务院常务会议。**

［目　文］　会议主要内容是研究推进政府向社会力量购买公共服务，部署加强城市基础设施建设。会议指出，创新方式，提供更好的公共服务，是惠及人民群众、深化社会领域改革的重大措施，又是加快服务业发展、扩大服务业开放、引导有效需求的关键之举，也是推动政府职能转变，推进政事、政社分开，建设服务型政府的必然要求。要放开市场准入，释放改革红利，凡社会能办好的，尽可能交给社会力量承担，加快形成改善公共服务的合力，有效解决一些领域公共服务产品短缺、质量和效率不高等问题，使群众得到更多便利和实惠。

会议明确，将适合市场化方式提供的公共服务事项，交由具备条件、信誉良好的社会组织、机构和企业等承担。一是各地要在准确把握公众需求的基础上，制定政府购买服务指导性目录，明确政府购买服务的种类、性质和内容，并试点推广。二是政府可通过委托、承包、采购等方式购买公共服务。要按照公开、公平、公正原则，严格程序，竞争择优，确定承接主体，并严禁转包。三是严格政府购买服务资金管理，在既有预算中统筹安排，以事定费，规范透明，强化审计，把有限的资金用到群众最需要的地方，用到刀刃上。四是建立严格的监督评价机制，全面公开购买服务的信息，建立由购买主体、服务对象及第三方组成的评审机制，评价结果向社会公布。五是对购买服务项目进行动态调整，对承接主体实行优胜劣汰，使群众享受到丰富优质高效的公共服务。

会议确定以下重点任务：一是加强市政地下管网建设和改造。完善城镇供水设施，提升城市防涝能力。二是加强污水和生活垃圾处理及再生利用设施建设，“十二五”末，城市污水和生活垃圾无害化处理率分别达到 85% 和 90% 左右。三是加强燃气、供热老旧管网改造。到 2015 年，完成 8 万公里城镇燃气和近 10 万公里北方采暖地区集中供热老旧管网改造任务。四是加强地铁、轻轨等大容量公共交通系统建设，增强城市路网的衔接连通和可达性、便捷度。加快在全国设市城市建设步行、自行车“绿道”。做好城市桥梁安全检测和加固改造，确保通行安全。五是加强城市配电网建设，推进电网智能化。六是加强生态环境建设，提升城市绿地蓄洪排涝、补充地下水等功能。会议强调，要提高城市建设管理的科学化、规范化、法制化水平。在科学规划和充分论证的基础上，抓紧在建项目施工，加快新项目开工。坚持质量第一，严禁不切实际的“形象工程”、“政绩工程”和滋生腐败的“豆腐渣工程”，真正做到建设为民、惠民，以实际行动取信于民。

7 月 31 日

［纲　文］　**国务院印发《船舶工业加快结构调整促进转型升级实施方案（2013—2015 年）》。**

［目　文］　《方案》分面临形势、总体要求、主要任务、支持政策、实施保障 5 个方面。《方案》指出，要立足当前，着眼长远，以加快转变船舶工业发展方式为主线，以提高发展质量和效益为中心，创新体制机制，发挥企业市场主体作用，着力改善产品结构、

提升技术结构、优化组织结构、调整布局结构，化解产能过剩矛盾，提高产业核心竞争力，努力实现船舶工业由大到强的转变。

《方案》明确了今后3年船舶工业结构调整和转型升级的主要任务：一是加快科技创新，实施创新驱动。二是提高关键配套设备和材料制造水平。三是调整优化船舶产业生产力布局。四是改善需求结构，加快高端产品发展。五是稳定国际市场份额。六是推进军民融合发展。七是加强企业管理和行业服务。

7月31日

［纲　文］　**民政部印发《关于启用〈烈士通知书〉〈烈士证明书〉和换发〈烈士证明书〉工作的通知》。**

［目　文］　《通知》主要内容有：一、《烈士通知书》的启用。二、《烈士证明书》的启用。三、《烈士证明书》的换发。四、有关要求。《通知》指出，自2013年8月1日起正式启用统一式样的《烈士通知书》和《烈士证明书》，同时换发《烈士证明书》。凡2013年8月1日后评定为烈士的，均发放新式《烈士通知书》和《烈士证明书》。《烈士通知书》由烈士评定机关统一编号、填发；《烈士证明书》由省级人民政府民政部门统一编号、填写，由烈属户籍所在地的县级人民政府民政部门向烈属颁发。

7月31日

［纲　文］　**国防部在北京举行招待会庆祝解放军建军86周年。**

［目　文］　中央军委委员、国务委员兼国防部部长常万全上将致祝酒词。中央军委委员、总后勤部部长赵克石上将，中央军委委员、总装备部部长张又侠上将，中央军委委员、空军司令员马晓天空军上将，中央军委委员、第二炮兵司令员魏凤和上将等出席了招待会。

常万全说，建军86年来，人民军队高举着党的旗帜，背负着人民的期望，前赴后继，英勇奋战，为中国人民解放事业，为我国社会主义建设和改革开放事业，为捍卫国家主权、安全、领土完整，为维护世界和平稳定、促进人类发展进步，建立了不可磨灭的历史功勋。

常万全指出，党的十八大对加快推进国防和军队现代化作出战略部署，习近平主席提出为建设一支听党指挥、能打胜仗、作风优良的人民军队而奋斗。我们要铸牢听党指挥这个强军之魂，坚持党对军队绝对领导根本原则和人民军队根本宗旨不动摇，贯彻执行党的理论和路线方针政策不动摇，一切行动听从党中央、中央军委和习主席指挥。要扭住能打仗、打胜仗这个强军之要，以战斗力为根本标准搞建设、抓准备，确保部队召之即来、来之能战、战之能胜。要夯实依法治军、从严治军这个强军之基，深入开展党的群众路线教育实践活动，着力提高部队正规化水平，始终保持人民军队的良好形象。

出席招待会的还有中共中央、国务院有关部门，北京市，对外友协负责人；军队离退休老干部代表，部队英模、首都民兵、军烈属、双拥模范、原国民党起义人员代表以及外国驻华使馆武官和夫人等800名中外嘉宾。

7月31日

［纲　文］　《人民日报》发表题为《总体平稳，稳中求进——论做好当前经济工作》的评论员文章。

7月31日—8月1日

［纲　文］　汪洋在湖南省考察。

［目　文］　南方部分地区近期由于降雨偏少、持续高温发生了严重干旱，群众生产生活受到严重影响。习近平总书记、李克强总理等中央领导对此十分关切，要求有关方面高度重视，确保城乡居民基本生活和正常生产。国务院副总理、国家防汛抗旱总指挥部总指挥汪洋到旱情较重的湖南省指导抗旱救灾工作。

汪洋先后到受灾严重的衡南、株洲等县，深入乡村农户、田间地头实地察看旱情灾情。他强调，要把保证群众饮水安全放在抗旱工作首位，采取一切有效措施，解决受旱群众饮水困难问题。当前正值南方水稻生产的关键时期，干旱易造成减产甚至绝收，要多措并举开辟抗旱水源，加强科学调度，强化节约用水，确保有限的水资源用在最为关键的地方。要充分发挥农村基层组织作用，强化抗旱技术服务，指导农民因时因墒因苗落实抗旱田管措施，及时改种补种，积极开展生产自救。要根据一些地方旱情可能会继续发展的情况，做好抗大旱、抗长旱的充分准备。要适应农业规模经营发展的新形势，引导农民积极参加农业保险，加强和改进理赔服务，多途径提高农业灾害防范水平。

汪洋指出，全国处在“七下八上”的防汛抗洪紧要期，务必坚持防汛抗旱两手抓。旱区要提防旱涝急转，做好局地强降雨的防御工作。要针对一些地方干旱常态化的趋势，加快水利基础设施建设，全面提高抗旱减灾能力。

国家防汛抗旱总指挥部副总指挥、水利部部长陈雷等陪同考察。

8 月

8月1日

［纲　文］　**国务院印发《关于加快发展节能环保产业的意见》。**

［目　文］　《意见》主要内容有：一、总体要求。二、围绕重点领域，促进节能环保产业发展水平全面提升。三、发挥政府带动作用，引领社会资金投入节能环保工程建设。四、推广节能环保产品，扩大市场消费需求。五、加强技术创新，提高节能环保产业市场竞争力。六、强化约束激励，营造有利的市场和政策环境。

《意见》提出近3年促进节能环保产业加快发展的目标：到2015年，节能环保产业总产值要达到4.5万亿元，产值年均增速保持15%以上，产业技术水平显著提升，为实现节能减排目标奠定坚实的物质基础和技术保障。

《意见》指出，加快发展节能环保产业要围绕提高产业技术水平和竞争力，以企业为主体、以市场为导向、以工程为依托，强化政府引导，完善政策机制，培育规范市场，着力加强技术创新，大力提高技术装备、产品和服务水平，以释放市场潜在需求，形成新的增长点，为稳增长、调结构、扩内需，改善环境质量，保障和改善民生，推动加快生态文明建设作出贡献。

8月1日

［纲　文］　**国务院印发《“宽带中国”战略及实施方案》。**

［目　文］　《方案》主要内容有：一、指导思想、基本原则和发展目标。二、技术路线和发展时间表。三、重点任务。四、政策措施。

《方案》提出了两个阶段性发展目标，一是到2015年，基本实现城市光纤到楼入户、农村宽带进乡入村，固定宽带家庭普及率达到50%，第三代移动通信及其长期演进技术用户普及率达到32.5%，行政村通宽带比例达到95%，学校、图书馆、医院等公益机构基本实现宽带接入；二是到2020年，宽带网络全面覆盖城乡，固定宽带家庭普及率达到70%，3G/LTE用户普及率达到85%，行政村通宽带比例超过98%。

《方案》明确了加快宽带网络建设的技术路线和发展时间表，将推进区域宽带网络协调发展、加快宽带网络优化升级、提高宽带网络应用水平、促进宽带网络产业链不断完善、增强宽带网络安全保障能力5个方面作为重点任务；将从加强组织领导、完善制度环境、规范建设秩序、加大财税扶持、优化频谱规划、加强人才培养和深化国际合作7个方面予以扶持。

8 月 1 日

［纲　文］　**财政部印发《关于推进省以下预决算公开工作的通知》。**

［目　文］　《通知》从工作目标、公开主体、公开内容、公开时限、工作要求 5 个方面提出要求。

《通知》指出，各省应于 2015 年之前，在省内所有县级以上政府开展包括财政预决算、部门预决算及“三公”经费预决算等方面的公开工作。其中，2013 年各省应至少选择 20% 的地市级和县级地区，开展“三公”经费预决算公开工作；2014 年所选地区应至少达到省内同级政府数量的 50%。原则上县级地区应从所选地市级地区中优先选取，有条件的省可扩大选取地区范围。

8 月 1 日

［纲　文］　**外交部发言人表示，强烈反对美国参议院通过涉南海、东海决议案。**

［目　文］　美国参议院 7 月 29 日通过一项没有法律约束力的决议案，重申美强烈支持和平解决亚太海域领土、主权和司法争议，就南海、东海问题向中方施压。外交部发言人对此表示，由美国会少数议员提出的上述决议案罔顾历史和事实，无理指责中方，所发出的信号是错误的。中方对此表示强烈反对，已向美方提出严正交涉。

8 月 1 日

［纲　文］　**《人民日报》发表题为《客观辩证认清趋势——二论做好当前经济工作》的评论员文章。**

8 月 1—6 日

［纲　文］　**俞正声在西藏自治区调研。**

［目　文］　中共中央政治局常委、全国政协主席俞正声来到拉萨市和那曲地区，先后考察了电力、藏药等企业，农业和畜牧业示范基地，社区、村庄、儿童福利院，并前往大昭寺、哲蚌寺、孝登寺、西藏佛学院，与寺庙僧尼和驻寺干部交谈。

俞正声指出，发展是解决西藏所有问题的根本和关键。要紧紧抓住国家深入实施西部大开发战略、加大支援西藏发展力度等宝贵机遇，科学谋划发展思路，大力加强基础设施建设，大力培育特色优势产业，大力推进生态建设和环境保护，推动经济社会发展不断迈上新台阶。要坚持把改善民生作为衡量发展质量的重要标准，重视发展职业教育、“双语”教育，做好就业工作，着力办好一些群众迫切需要的大事实事，使各族群众共享改革发展成果。藏传佛教界要认清达赖集团分裂本质，坚决维护祖国统一、民族团结和西藏的和谐稳定。要全面贯彻落实党的民族宗教政策，切实加强“三个离不开”教育，积极引导宗教与社会主义社会相适应，努力促进民族团结、宗教和睦，为维护社会和谐稳定营造良好环境。

对口支援西藏，是中央的重大战略决策。俞正声在援藏干部座谈会上指出，要始终把保障和改善民生作为对口援藏工作的首要任务，切实加强援藏干部队伍建设，不断提高对口援藏科学化水平。

调研期间，俞正声专程看望了武警西藏总队官兵，还看望了西藏自治区政协机关干部职工，并与在藏全国政协委员座谈。

8月1—6日

［纲　文］　**外交部部长王毅赴泰国出席中国—东盟高层论坛，并对马来西亚、老挝和越南进行正式访问。**

［目　文］　访问期间，马来西亚总理纳吉布和马来西亚外交部部长阿尼法在首都普特拉贾亚分别会见了王毅。王毅在会见时表示，双方要保持高层交往势头，发挥其对双边关系的引领作用。扩大贸易、投资、基础设施、农渔业、航天等务实领域合作，加快钦州、关丹两个产业园区建设，拓展执法、防务、科技、教育、文化、旅游等领域交流，共同办好2014年中马建交40周年暨"中马友好交流年"庆祝活动。

王毅在泰国曼谷出席中国—东盟高层论坛开幕式，并发表了题为《不断推进充满机遇与活力的中国—东盟关系》的致辞。他指出，多年来中国与东盟在各种困难和挑战面前同舟共济，守望相助，结下了深厚的兄弟情谊。今后我们双方共同要做的事情很多，最重要的事情有两件：一是全面深化合作，实现共赢发展。二是坚持以和平方式，通过平等对话与友好协商妥善处理分歧。

王毅在会见老挝国家主席朱马利时表示，中国新一届中央领导集体愿在两国老一辈领导人开创的中老友好基础上，与老方加强战略沟通，深化战略合作，维护好双方共同的战略利益，通过深化各领域务实合作，为中老全面战略合作伙伴关系不断增添新的内涵。

王毅在会见越共中央总书记阮富仲时表示，中越拥有相同战略目标和共同战略利益，都肩负着走社会主义道路，带领人民实现各自发展的重任。面对国际形势的新变化，双方应加强战略沟通，增进政治互信，深化团结合作，夯实人民友好。既要扩大两国陆上的务实合作，也要探索管控解决海上分歧的途径。

王毅应询向记者表示，中国与东盟各国已同意在落实《南海各方行为宣言》框架下探讨推进"南海行为准则"进程，以共同维护南海地区的和平与稳定。

8月2日

［纲　文］　**发展改革委、财政部印发《关于降低部分行政事业性收费标准的通知》。**

［目　文］　《通知》决定，自2013年10月1日起，降低14个部门20个行政事业性收费项目的收费标准。其中，公证收费中的财产继承、赠与、接受遗赠收费标准，由原来按固定比例收取，改为分段递减累计收取，并大幅度降低；机动车抵押登记费由现行的每辆次100元降为每辆次70元；商标注册费中的纸件商标注册申请，由每件1000元降为每件800元；国内植物检疫费标准降低20%；专利代理人资格考试和翻译专业资格考试等考试考务费标准降幅达25%—50%。此次降低收费标准每年可减轻企业和社会负担约2亿元。

8月2日

［纲　文］　**新华社讯，中国已进入"智力回流"期。**

［目　文］　电讯说，随着我国经济的快速发展，越来越多的出国留学人员学成后选择回国发展。教育部留学服务中心有关人士表示，我国已进入“智力回流”期，即人才外流率继续缓慢增加、回流率同时迅速增加。据统计数字显示，改革开放以来，我国留学回国人员总数达109.12万人，72.38%的留学人员选择了学成后回国发展；2012年度与2011年度相比，留学回国人员增加8.67万人，增长了46.57%。

8月2日

［纲　文］　**《人民日报》发表题为《稳中有为，奋发有为——三论做好当前经济工作》的评论员文章。**

8月2—3日

［纲　文］　**2013（第四届）库布其国际沙漠论坛在内蒙古自治区举行。**

［目　文］　论坛由联合国防治荒漠化公约组织牵头，会同中国科技部、国家林业局和内蒙古自治区人民政府共同主办。国务院总理李克强向论坛发来贺信，国务院副总理汪洋在开幕式上宣读贺信并讲话，联合国秘书长潘基文发来视频贺词。内蒙古自治区党委副书记、自治区主席巴特尔，联合国副秘书长、环境规划署执行主任阿齐姆·施泰纳，联合国前副秘书长、“里约+20”峰会秘书长沙祖康联合主持开幕式。本届论坛的主题是“沙漠·生态·科技”，共有来自30多个国家的政府官员、科学家、企业家等中外来宾300余人参加。

李克强在贺信中说，荒漠化防治是人类面临的重要课题和挑战，需要国际社会的共同努力。中国将继续遵循规律，强化科学治沙、综合治沙。中国愿与各国加强合作，探索实践防治荒漠化的新理念、新模式，拓展生态环保新技术、新产业，在打造中国经济升级版的进程中更好推进生态文明建设，推动人类的绿色可持续发展。联合国秘书长潘基文在视频贺词中高度评价中国在荒漠化治理方面发挥的领导力和取得的成就，赞扬论坛为分享造林和遏制沙漠化经验提供了良好平台，希望各国共同努力实现联合国千年发展目标，走上可持续发展之路。

开幕式上，联合国防治沙漠化公约秘书处执行秘书吕克·尼亚卡贾与第四届库布其国际沙漠论坛秘书长、中国亿利公益基金会主席王文彪，分别代表联合国环境规划署、亿利公益基金会签署了《全球荒漠化防治战略合作协议》，双方拟在5年内扭转沙漠化趋势，推动土地可持续管理，确保在2030年前实现干旱土地荒漠化零增长的目标。

论坛3日在库布其沙漠七星湖闭幕。大会宣读了论坛成果报告。报告指出，库布其采用公益商业治沙模式，坚持工业化和社会化途径相结合，保护了沙漠生态，利用沙源创造了经济效益，实现了生态建设与经济发展的共赢，这一经验值得在全球推广。

库布其沙漠论坛是全球唯一致力于世界沙漠环境改善和沙漠经济发展的国际论坛，论坛的永久性会址设在内蒙古鄂尔多斯库布其沙漠七星湖，自2007年以来，已先后成功举办了三届。

8月3日

［纲　文］　**国务院国资委公布中央企业负责人2012年度经营业绩考核结果，44家**

央企经营业绩获评A级。

［目　文］　考核结果显示，在获评2012年度考核A级的企业中，华电集团、中国电信、大唐集团、中国电子、中电投、中煤科工为新进入企业；发电企业排名均大幅上升，其中华能集团排名上升34位，是排名上升最多的企业。截至目前，国资委监管的中央企业为113家。

8月3日

［纲　文］　**世界首台煤矿斜井掘进机在长沙下线。**

［目　文］　这一装备总长238米，总重超过1200吨，开挖直径7.62米，集斜井施工开挖、衬砌、出渣、运输、通风、排水等功能于一身，可穿越软岩、硬岩和复合地层等复杂地层。该装备由中国铁建重工集团与神华集团联合研发，拥有完全自主知识产权，它将彻底改变我国乃至世界煤矿矿井建设的传统模式。

8月3日

［纲　文］　**《人民日报》发表题为《宏观要稳，微观要活——四论做好当前经济工作》的评论员文章。**

8月3—7日

［纲　文］　**第28届全国青少年科技创新大赛在江苏省南京市举办。**

［目　文］　本届大赛由中国科协、教育部等国家8部委和江苏省政府共同主办，英特尔（中国）有限公司领衔赞助，以“中国梦·科学梦·青春梦”为主题。全国35支代表队的487名中小学生代表、200名科技辅导员参加展示、评测，角逐最佳科技创新大奖。此外，来自德国、法国、瑞典、丹麦、日本等14个国家的23个项目、60多名国际代表也参加了展示和交流。

本届大赛共有360个学生项目，共评选出青少年创新项目一等奖65项、二等奖143项、三等奖152项。

8月4日

［纲　文］　**国务院办公厅印发《关于做好当前高温干旱防御应对工作的通知》。**

［目　文］　《通知》从7个方面提出要求：一、高度重视当前高温干旱防御应对工作。要充分认识当前高温防护和抗旱救灾工作的重要性，准确把握旱情发展形势，进一步强化组织领导，及时采取有针对性的应对措施，将各项工作部署落到实处。二、全力保障正常生产生活秩序和饮水安全。要把确保城乡居民饮水安全放在抗旱工作的首位，对旱区缺水状况进行全面摸底排查，针对不同缺水类型，细化人饮解困方案，采取打井取水、应急调水、拉水送水、对口帮扶等措施，保障群众基本生活用水。三、切实强化旱情监测和水源科学调度。加强雨情、水情、墒情的监测预报，科学研判旱情发展趋势。加强计划用水和节约用水。四、全面加强技术指导和物资资金支持。组织水利、农业技术人员深入抗旱一线，帮助群众落实抗旱田管措施。五、切实提高抗旱减灾基础能力。完善抗旱减灾

体系，加强基础设施和基本农田水利建设。六、进一步强化统一指挥和协调配合。国家防总、发改、财政等部门、农业部门、民政部门、气象部门、新闻媒体等有关部门要共同协调解决抗旱中的突出问题和困难。七、防止旱涝急转，切实抓好防汛抗洪工作。要在抓好抗旱工作的同时，继续统筹抓好局地强降雨和台风等灾害防御。

8月4日

［纲 文］ **习近平主席特使、文化部部长蔡武应邀出席伊朗当选总统鲁哈尼宣誓就职仪式**。

8月4日

［纲 文］ **《人民日报》发表题为《深化改革，激发活力——五论做好当前经济工作》的评论员文章**。

8月5日

［纲 文］ **刘云山在北戴河看望慰问暑期休假专家**。

［目 文］ 受中共中央总书记、国家主席习近平委托，中共中央政治局常委、中央书记处书记刘云山在北戴河看望参加暑期休假活动的专家。邀请专家暑期休假，是中央联系广大专家和各类优秀人才的一项制度性安排。自2001年以来，围绕国家发展重大主题，党中央、国务院先后邀请了13批700余位专家休假。参加2013年休假活动的60位专家，来自我国多个领域和科研生产一线，包括载人航天、载人深潜、高速铁路、超级计算机等国家科技重大专项、国防科技重点项目、国家重点工程建设项目的总设计师、总负责人。

刘云山说，改革开放以来特别是近年来，我国科技事业蓬勃发展，科技创新和应用能力持续增强，特别是在一些关键领域取得重大突破，成就举世瞩目，极大地提升了我国的综合国力，极大地振奋了民族自信心和自豪感。以参加休假专家为代表的各类优秀人才，在各自工作岗位上不懈探索创新，取得了突出成绩，为我国改革开放和社会主义现代化建设作出重要贡献，受到党和人民的充分肯定，赢得全社会的广泛赞誉。希望广大科技工作者胸怀理想、脚踏实地，弘扬科学精神，艰苦奋斗、顽强奋斗、不懈奋斗，为全面建成小康社会创造更加辉煌的科技成果。

中共中央政治局委员马凯、赵乐际，以及中央组织部、人力资源社会保障部负责人参加看望活动。

8月5日

［纲 文］ **农业部、财政部、银监会联合发布《关于加强国家现代农业示范区农业改革与建设试点工作的指导意见》**。

［目 文］ 《意见》主要内容有：一、总体要求。二、着力强化现代农业发展的物质技术基础。三、着力构建农业规模化经营机制。四、着力完善农产品产销衔接和订单履约机制。五、着力建立农业项目资金整合机制。六、着力创新农业投融资服务机制。七、着

力提高新型经营主体保险保障水平。八、着力完善试点工作保障措施。

《意见》提出，按照“一年见起色、两年出成效、三年有突破”的总体目标，力争到 2015 年，试点工作取得重大进展，试点示范区基本建立起以适度规模经营为重点的农业经营新体系、以订单农业为基础的产销新模式、以资金整合使用为重点的财政支持新方式、以金融资本为核心的农业投融资新机制、以农业保险为保障的风险防范新措施，现代农业建设的内生动力明显增强，农业现代化水平明显提升，粮食规模经营单产比 2012 年平均单产增加 20% 以上、农民人均纯收入年均增加 10% 以上。

8 月 5 日

［纲　文］　**孙杨男子 1500 米自由泳夺冠，收获巴塞罗那世锦赛第三金。**

［目　文］　在西班牙巴塞罗那进行的游泳世锦赛男子 1500 米自由泳决赛中，中国选手孙杨以 14 分 41 秒 15 的成绩夺得金牌，这是孙杨在本届游泳世锦赛上获得的第三枚金牌。

8 月 5 日

［纲　文］　**《人民日报》发表题为《一把手是标杆》的评论员文章。**

8 月 6 日

［纲　文］　**国家级北斗卫星导航产品检测机构在石家庄市挂牌成立。**

［目　文］　国家通信导航与北斗卫星应用产品质量监督检验中心在石家庄市挂牌成立，该中心由中国国家认证认可监督管理委员会批准中国电子科技集团公司第五十四研究所成立。与此同时，中国人民解放军总参测绘导航局和中国卫星导航定位应用管理中心批准该研究所成立“北斗卫星导航产品质量检测中心”。这标志着我国首个国家级北斗卫星导航产品检测机构成立。

两个中心的主要任务是：在国家认监委和总参测绘导航局指导下，制定北斗卫星导航及卫星应用标准；研究北斗卫星导航设备检测方法和测试技术；开展北斗卫星导航产品检测认证；提升北斗卫星导航产品质量，推动北斗卫星导航产业发展；向行业主管部门、政府有关部门及广大消费者提供产品质量信息。

8 月 6 日

［纲　文］　**《人民日报》发表题为《既要解放思想，也要实事求是——一论准确把握全面深化改革重大关系》的评论员文章。**

8 月 6—13 日

［纲　文］　**赵乐际在辽宁省、吉林省、黑龙江省调研。**

［目　文］　中共中央政治局委员、中央组织部部长赵乐际在辽宁、吉林、黑龙江调研教育实践活动时强调，确保教育实践活动取得实效、不走过场，基本遵循是中央的部署、习近平总书记一系列重要讲话精神；总要求是“照镜子、正衣冠、洗洗澡、治治病”；聚焦点是切实查找和解决“四风”问题；重要方法是领导带头、层层示范；关键是体现

“认真”二字、贯彻整风精神。

赵乐际指出，要下功夫抓好学习教育，深化对唯物史观的理解、深化对党的群众路线的理解，增进与群众的感情，切实做到真学真懂、真用真做。要下功夫找准突出问题，处理好“知”与“行”的关系，强化问题意识，勇于正视问题、自觉查摆问题；处理好“一般”与“特殊”的关系，着重查找本地本单位“四风”的具体表现，查找班子和领导干部自身的“特殊”问题、个性问题；处理好“自己找”与“集体议”的关系，对个人主动找的和群众提的问题，班子成员要集体会诊、认真梳理，深入分析、深化认识。要下功夫开好民主生活会，联系思想工作实际、联系岗位职责，进行认真的自我批评，主动摆思想、摆工作、摆作风、摆措施；严肃认真地开展相互批评，真正洗洗澡、出出汗、排排毒。要下功夫落实整改措施，边学边查、边查边改，明确重点解决的问题、什么时间解决、谁来具体落实。既要解决思想上的问题，又要解决工作上的问题；既要解决班子的问题，又要解决个人的问题；既要解决长期存在的问题，又要解决新出现的问题。要下功夫形成制度成果，用制度保障改进作风常态化、长效化。制度要有效管用、便于操作，与时俱进、体现改革精神，抓好落实、防止“破窗效应”。要发挥一把手的关键作用，坚持领导带头，从上到下做出样子，实践起来，蔚然成风，让干部群众真切感到明显变化。督导组要认真贯彻中央要求，切实履行职责，进一步推动活动有力有效开展。

调研期间，赵乐际走访看望了一些老党员、生活困难党员和群众，召开座谈会，征求了党员干部群众的意见建议。

8月7日

［纲　文］**《人民日报》发表题为《一把手要当好领头雁》的评论员文章。**

8月8日

［纲　文］**新华社讯，中央党的群众路线教育实践活动领导小组印发《关于认真学习贯彻习近平总书记在河北调研指导党的群众路线教育实践活动时讲话的通知》。**

［目　文］电讯说，《通知》指出，中共中央总书记习近平的重要讲话，明确了第一批单位教育实践活动的工作重点、基本要求和方式方法，指出了第二批教育实践活动的努力方向，对推进教育实践活动深入开展具有重要的指导意义。各级党组织和广大党员、干部要按照讲话精神，抓紧抓好教育实践活动各项工作。

《通知》强调，开展好教育实践活动，要进一步增强思想自觉和行动自觉，引导广大党员、干部主动克服不以为然的思想、等待观望的态度、消极被动的情绪，甚至是与己无关的想法，积极投身教育实践活动，在坚持党的群众路线方面做到知行合一。要始终坚持和弘扬“两个务必”，引导广大党员、干部自觉用“两个务必”对照检查和总结反思自己在“四风”方面的问题，始终做到谦虚谨慎、艰苦奋斗、实事求是、一心为民。要把握教育实践活动的三大关系，充分调动领导干部和广大群众两个积极性，引导领导干部端正态度，引导群众多提意见建议；着力打牢学习教育和查摆问题两个基础，原原本本学、联系实际学、深入思考学，自觉查摆问题；切实抓住整改落实和建章立制两个关键，加大力度解决问题，尽快建立健全为民务实清廉制度。要贯彻和体现整风精神，把批评和自我批评摆在重要位置，把开门搞活动作为重要方法，把严格执行纪律作为重要措施，始终以严的标准、严的措施、严的纪律，促使党员、干部积极主动查找和解决问题。要着力解决突出问题，引导广大党员、干部针对查找出来的作风问题，逐一分析原因，制定整改措施。要保证活动健康发展，切实加强组织领导和督促指导，党委（党组）主要负责人要把教育实践活动牢牢抓在手上，中央督导组要认真履行职责，切实加强工作督导。要切实做到领导带头示范，督促各级党员领导干部坚持从严标准，带头学习理论，带头听取意见，带头查摆问题，带头开展批评和自我批评，带头整改落实，带头推进制度建设，结合教育实践活动加强领导班子思想政治建设。

8月8日

［纲　文］ **国务院办公厅印发《关于金融支持小微企业发展的实施意见》。**

［目　文］ 《意见》从八个方面对金融支持小微企业发展做出具体要求：一、确保实现小微企业贷款增速和增量“两个不低于”的目标。二、加快丰富和创新小微企业金融服务方式。三、着力强化对小微企业的增信服务和信息服务。四、积极发展小型金融机构。五、大力拓展小微企业直接融资渠道。六、切实降低小微企业融资成本。七、加大对小微企业金融服务的政策支持力度。八、全面营造良好的小微金融发展环境。

8月8日

［纲　文］ **国务院印发《关于促进信息消费扩大内需的若干意见》。**

［目　文］ 《意见》共25条，从加快信息基础设施演进升级、增强信息产品供给能力、培育信息消费需求、提升公共服务信息化水平、加强信息消费环境建设5个方面提出了促进信息消费的主要任务。具体措施包括：推动于2013年内发放第四代移动通信（4G）牌照；三网融合2013年内向全国推广；引导社会资金投资集成电路产业；加快物联网和北斗卫星导航产业化；普及应用居民健康卡；在有条件的城市开展智慧城市试点示范建设；推进身份认证、网站认证和电子签名等网络信任服务等。

《意见》提出，到2015年，使信息消费规模超过3.2万亿元，年均增长20%以上，带动相关行业新增产出超过1.2万亿元，其中基于互联网的新型信息消费规模达到2.4万亿元，年均增长30%以上。

8月8日

［纲　文］ **《光明日报》报道，中国发现迄今最原始带毛发哺乳动物完整化石。**

［目　文］ 报道说，由沈阳师范大学、美国芝加哥大学和德国波恩大学组成的课题组在我国内蒙古宁城道虎沟，距今约1.65亿年的中侏罗世地层中，首次发现“哺乳形巨齿兽”化石，这是迄今发现的最原始的具毛发哺乳动物完整化石。8日，这一新发现以“侏罗纪哺乳形动物和最早期哺乳动物的演化适应”为题，发表在英国《自然》杂志上。

该论文由沈阳师范大学青年古脊椎动物专家周长付和伍少远、国际著名古哺乳动物学家芝加哥大学教授罗哲西和波恩大学教授 T · 马丁共同合作完成。目前，“巨齿兽”正型标本保存在沈阳师范大学校内的辽宁古生物博物馆。

8 月 8 日

［纲　文］ **《人民日报》报道，中国研发出首台自主知识产权细胞组织 3D 打印机。**

［目　文］ 报道说，杭州电子科技大学等高校的科学家近日研发出中国首台自主知识产权细胞组织 3D 打印机，该 3D 打印机使用生物医用高分子材料、无机材料、水凝胶材料或活细胞，目前已成功打印出较小比例的人类耳朵软骨组织、肝脏单元等。多位医学专家出具鉴定报告认为，这台 3D 打印机具有打印生物材料种类多、对细胞损伤率低、打印精度较高和操作方便等特点。在生物材料兼容性、细胞打印特性等参数上在同类产品中处于国际领先水平。

8 月 8 日

［纲　文］ **中国外交部发言人表示，中国海警编队在钓鱼岛海域对日船只进行维权执法。**

［目　文］ 外交部发言人在回答记者提问时表示，针对 8 月 7 日一艘日本右翼船只非法进入中国钓鱼岛领海，中国海警编队对日方船只依法进行了维权执法。中国外交部和驻日使馆已分别向日方提出严正交涉和强烈抗议。目前，日本右翼船只已离开中国领海。

发言人强调，钓鱼岛及其附属岛屿自古以来就是中国的固有领土。中方公务船在钓鱼岛海域巡航执法是行使本国固有主权。日方应正视历史和现实，停止一切挑衅言行，为妥善管控和解决问题作出切实努力。

8 月 8 日

［纲　文］ **《人民日报》发表题为《既要整体推进，也要重点突破——二论准确把握全面深化改革重大关系》的评论员文章。**

8 月 9 日

［纲　文］ **国务院印发《关于改革铁路投融资体制加快推进铁路建设的意见》。**

［目　文］ 《意见》从六个方面对改革铁路投融资体制加快推进铁路建设提出具体要求：一、推进铁路投融资体制改革，多方式多渠道筹集建设资金。二、不断完善铁路运价机制，稳步理顺铁路价格关系。三、建立铁路公益性、政策性运输补贴的制度安排，为社会资本进入铁路创造条件。四、加大力度盘活铁路用地资源，鼓励土地综合开发利用。五、强化企业经营管理，努力提高资产收益水平。六、加快项目前期工作，形成铁路建设合力。

8 月 9 日

［纲　文］ **发展改革委印发《黑龙江和内蒙古东北部地区沿边开发开放规划》。**

［目　文］ 《规划》包括开放基础与发展背景、战略定位与发展目标、总体布局与区

域协调发展、合作平台建设与开放水平提升、沿边城镇发展与城乡一体化、产业布局与开放型产业体系建设、基础设施建设与开放保障能力提高、社会事业发展与边疆民生改善、生态建设与环境治理、支持政策与保障措施等十个方面。规划期为2013年至2020年，展望到2025年。根据《规划》，到2020年，黑龙江和内蒙古东北部地区将基本建成中国对俄罗斯及东北亚沿边开放重要的桥头堡和枢纽站，成为中国沿边地区重要的经济增长区域。届时，该地区人均生产总值将达到84500元，城镇化率达到65%以上，对俄罗斯进出口总额达到700亿美元，对俄罗斯投资年均增长20%以上。到2025年，该地区沿边开放桥头堡和枢纽站地位将进一步巩固，成为中国有重要影响力的经济增长区域。

8月9日

［纲　文］ **国家审计署发布《关于2012年城镇保障性安居工程跟踪审计结果的公告》。**

［目　文］《公告》显示，城镇保障性安居工程总体情况较好，但一些保障性安居工程项目和单位还存在违反规定或管理不规范等问题。2012年11月至2013年3月，审计署对31个省（区、市）、5个计划单列市和新疆生产建设兵团2012年城镇保障性安居工程（包括廉租房、公租房、经适房、限价房和各类棚户区改造等）的投资、建设、分配、后续管理及相关政策执行情况进行了审计。审计发现的问题主要有：一是10.84万户不符合保障条件的家庭，因提供不实资料、相关部门审核把关不严，违规享受保障性住房实物分配3.89万套、领取租赁补贴1.53亿元，另有1.13万户家庭重复享受保障性住房实物分配2975套，重复领取租赁补贴2137.55万元；二是34个项目代建企业等单位违规出售保障性住房1.83万套，另有5333套住房被有关单位、个人违规用于拆迁周转、转借出租等；三是360个项目或单位挪用保障性安居工程专项资金57.99亿元，用于归还贷款、对外投资、征地拆迁以及单位资金周转等非保障性安居工程项目支出；四是45个项目未办理建设用地规划许可等手续用地1433.16亩，12个项目将建设用地601.53亩用于商业开发等其他用途。

审计指出上述问题后，地方各级政府督促相关单位积极整改，截至2013年6月17日，有关单位已取消不符合条件保障对象资格5.27万户，追回违规领取补贴4431.15万元，收回或清理被违规分配使用的保障性住房1.98万套，追回被挪用的资金40.63亿元，已补办19个项目1235亩用地批准等手续，完善各类管理制度和规范529个。

此外，审计机构向相关部门移送违纪违规和经济犯罪案件线索26起，涉案金额2487.17万元，涉案人员55人。

8月9日

［纲　文］ **财政部网站消息，中央财政紧急下拨特大防汛抗旱补助4.6亿元。**

［目　文］ 其中：特大抗旱补助费2亿元，支持湖南、贵州、湖北等地抗旱救灾；特大防汛补助费2.6亿元，支持四川、吉林、陕西等地防汛抗洪及水毁水利设施修复。2013年以来，中央财政已累计下拨特大防汛抗旱补助费32.37亿元。

8月9日

［纲　文］　**中新网讯，中国最大海水淡化项目——国投北疆电厂海水淡化一期工程日前在天津建成，在国内率先接入市政管网，每天20万吨的淡水产能，能满足滨海新区1/4用水量。**

8月9日

［纲　文］　**中国研制出首个半浮栅晶体管，为微电子罕见成就。**

［目　文］　复旦大学微电子学院张卫课题组成功研制出第一个介于普通MOSFET晶体管和浮栅晶体管之间的半浮栅晶体管（SFGT）。8月9日，美国《科学》杂志刊发了该研究成果。这是我国科学家首次在该杂志上发表微电子器件领域的论文，标志着我国在全球尖端集成电路技术创新链中获得重大突破。

8月9日

［纲　文］　**中国棋手包揽世界大赛八强。**

［目　文］　首届梦百合杯世界围棋公开赛16强战在上海战罢。在3盘中外棋手的较量中，中国棋手连笑、王磊和王檄分别战胜韩国棋手崔哲瀚、赵汉乘和日本棋手结城聪，至此，中国棋手包揽了此项赛事八强，这也是中国棋手首次在世界大赛中包揽八强。

8月9日

［纲　文］　**《人民日报》发表题为《用好榜样的力量》的评论员文章。**

8月10日

［纲　文］　**南水北调穿黄退水洞工程贯通。**

［目　文］　穿黄退水洞是穿黄工程的重要组成部分，其主要功能是在穿黄隧洞检修期间，将总干渠多余水量排往黄河，同时兼有向黄河补水的功能。主要由进口建筑物、退水洞及出口建筑物组成，洞身段全长790米。穿黄退水洞于2007年6月底开工建设，由于地质条件特殊且复杂，退水洞洞身段开挖先后发生3次较大的支护变形和8次严重塌方，最终实现安全贯通。这一工程的顺利贯通，解除了中线工程施工中的一个重大风险，为实现“2013年底中线主体工程完工，2014年汛后通水”提供了保障。

8月10日

［纲　文］　**中国科学家王春生“乘龙”首潜。**

［目　文］　“蛟龙号”开展试验性应用航次第二航段首次应用下潜。国家海洋局第二海洋研究所、海洋生物学家王春生乘“蛟龙号”下潜至最大深度5268米，成为我国在大洋科考中第一位下潜、也是迄今为止下潜深度最大的科学家。

8月10日

［纲　文］　**中国获第二十四届世界哲学大会承办权。**

［目　文］　第二十三届世界哲学大会在希腊首都雅典闭幕。国际哲学协会联合会程序委员会主席德莫特·莫兰在闭幕式上宣布，第二十四届世界哲学大会将于2018年由中

国承办，这是中国首次获得世界哲学大会的承办权。

首届世界哲学大会于 1900 年举行，“二战”结束后由国际哲学协会联合会主办，每五年举行一次。此次雅典哲学大会，包括约 300 名中国专家学者在内的、来自 100 多个国家和地区的约 3000 名哲学家围绕“作为探索和生活方式的哲学”主题，在柏拉图学院旧址等著名历史场所进行了交流。

8 月 11 日

［纲　文］ **教育部印发《关于中小学生学籍管理办法的通知》。**

［目　文］《通知》主要内容有：一、建立统一规范的学籍信息管理制度。二、抓紧制订或完善《办法》实施细则。三、有效开展《办法》教育培训。四、建立加强学籍管理的长效机制。五、营造实施《办法》的良好舆论环境。

《办法》共 30 条，分总则、学籍建立、学籍变动管理、保障措施、附则 5 章，对基础教育阶段学生学籍的建立、审核、转接和监管提出了规范性要求，自 2013 年 9 月 1 日起施行。《办法》规定，每个中小学生拥有唯一学籍号，实行“籍随人走、终身不变”。学生学籍号是学籍信息的核心要素，以学生居民身份证号为基础，从幼儿园入园或小学入学初次采集学籍信息后开始使用。《办法》还确立了学籍管理省级统筹、属地管理，动态监管、全程跟踪等基本原则。至 2013 年底，全国 31 个省份和新疆生产建设兵团已全部完成系统的安装部署，绝大多数省份系统运行稳定，这标志着全国中小学生学籍信息管理系统基本建成。

8 月 12 日

［纲　文］ **国家防总召开专题会议研究部署抗旱和防汛工作。**

［目　文］ 国务院副总理、国家防汛抗旱总指挥部总指挥汪洋出席会议并讲话。国家防总副总指挥、水利部部长陈雷主持会议，国务院副秘书长出席会议。国家防总秘书长、水利部副部长刘宁，中国气象局局长郑国光分别汇报了当前抗旱防汛工作情况和气象预测情况，财政部部长助理胡静林、农业部副部长张桃林作了发言。

7 月份以来，江淮、江南大部和西南东部持续高温少雨，旱情持续发展。截至 8 月 12 日，全国有 9022 万亩耕地受旱（多年同期 1.27 亿亩）。与此同时，嫩江、松花江发生了 1998 年以来最大洪水，黑龙江发生了 1987 年以来最大洪水，当前嫩江、黑龙江和松花江干流部分江段持续超过警戒水位并仍在上涨。

汪洋指出，受旱地区要紧急行动起来，对抗旱工作进行再动员、再部署、再落实，采取一切可能的措施，努力把灾害损失减少到最小程度。第一，受旱地区要把抗旱工作当作头等大事来抓。进一步落实抗旱行政首长负责制，科学研判旱情发展趋势，及时发布预警信息，统筹抗旱水源和用水需求，强化水资源统一调度和管理，落实水库放水、涵闸引水、泵站提水、移动抽水等各项应急措施。第二，千方百计保障群众饮水安全。对缺水情况进行排查摸底，细化人饮解困方案，制定供水保障措施，加快建设抗旱应急水源工程，组织抗旱服务队和各方力量为水源短缺地区和特别困难的群众拉水送水。第三，要切实落实农业抗旱减灾措施。多措并举，开辟抗旱水源，强化抗旱技术服务，积极开展生产自救，引导受灾农民调整种植结构，做好农业灾害保险理赔工作，加强旱灾救济和救助，加强旱区森林防火。第四，积极谋划和加强水利基础设施建设。加快实施抗旱规划，推进水利基础设施建设，提高水资源的调节能力。在继续推进控制性水利骨干工程建设的同时，大力加强小水窖、小塘坝等小型水利设施建设，全面提高抗旱减灾能力。

8月12日

［纲　文］　**发展改革委办公厅印发《关于组织实施2013年国家信息安全专项有关事项的通知》。**

［目　文］　《通知》主要包括两方面内容：一、专项重点支持领域。二、申报要求。根据《通知》，专项重点支持领域包括金融信息安全领域、云计算与大数据信息安全领域、信息安全分级保护领域与工业控制信息安全领域。所采用的产品自身应具有较高的安全性，不低于目前GB/T 20281—2006、GB/T 20275—2006、GB/T 18336—2008等国家标准中3级的相关要求。

《通知》指出，专项重点支持金融信息安全领域内的金融领域智能入侵检测产品、面向电子银行的Web漏洞扫描产品等；云计算与大数据信息安全领域的高性能异常流量检测和清洗产品、大数据平台安全管理产品等；信息安全分级保护领域的网络保密检查和失泄密核查取证产品、涉密信息系统安全保密风险评估软件产品等；工业控制信息安全领域内的面向现场设备环境的边界安全专用网关产品、面向集散控制系统（DCS）的异常监测产品等。

8月12日

［纲　文］　**《朱镕基上海讲话实录》由人民出版社和上海人民出版社联合出版发行。**

［目　文］　该书收录朱镕基1987年12月至1991年4月间部分讲话、谈话、信件、批语等106篇，照片83幅，批语及书信影印件9幅，绝大部分为首次发表。该书对于全面、深刻地了解我国改革开放和社会主义现代化建设的历程，对于广大党员干部更好地把握建设中国特色社会主义的理论和实践，对于正在全党深入开展的党的群众路线教育实践活动，具有重要意义。

8月12日

［纲　文］　**人民网消息，中国刷新脉冲磁场最高强度纪录闯入90特斯拉大关。**

［目　文］　依托华中科技大学建设的国家脉冲强磁场科学中心（筹）自行研制的脉冲磁体，成功实现了90.6特斯拉的峰值磁场，再次刷新我国脉冲磁场最高强度纪录，使我国成为继美、德后，第三个闯入90特斯拉大关的国家。据称，为实现90特斯拉以上的磁场强度，美国洛斯阿拉莫斯强磁场实验室用了20年，德国德累斯顿强磁场实验室用了10年，而我国仅用5年就实现了这一水平。

8月12日

［纲　文］**《人民日报》发表题为《既要顶层设计，也要摸石过河——三论准确把握全面深化改革重大关系》的评论员文章。**

8月13日

［纲　文］**卫生计生委印发《人体捐献器官获取与分配管理规定（试行）》。**

［目　文］《规定（试行）》共5章24条，自2013年9月1日起施行，主要内容有：一、总则。二、捐献器官的获取。三、捐献器官的分配。四、监督管理。五、附则。

《规定（试行）》要求，省级卫生（卫生计生）行政部门应当成立人体器官获取组织，负责划定区域内的捐献器官获取工作，组建人体器官捐献协调员队伍；将已经办理人体器官移植诊疗科目登记的医疗机构名单、各器官获取组织名单和服务范围、经考核合格的人体器官捐献协调员名单和联系方式向全社会公开，接受社会监督。《规定（试行）》提出，任何机构、组织和个人不得在器官分配系统外擅自分配捐献器官。对于未通过器官分配系统擅自分配捐献器官的，依法给予处罚；涉嫌买卖捐献器官的，移交公安机关和司法部门查处。

8月13—15日

［纲　文］**应外交部部长王毅邀请，第68届联合国大会当选主席约翰·阿什访华。**

［目　文］王毅与阿什会谈时表示，联大作为联合国重要的政策审议机构，在普遍性和代表性方面具有独特优势，是广大发展中国家，特别是中小国家参与国际事务的重要平台。中国支持联大主席进一步加强和改进联大工作，主张将占会员国绝大多数的发展中国家实现发展作为联合国的中心任务。阿什表示高度重视中国在国际事务中的地位和作用，愿就联大各项工作同中方保持密切沟通与合作，希望继续得到中方支持。

双方还就共同关心的国际和地区问题交换了意见。

国务委员杨洁篪在会见阿什时表示，面对新的国际形势，联合国作为全球治理的核心机构之一，应担负起其崇高使命，积极协调会员国的努力，推进国际合作，共同应对各类全球性挑战。中国支持联合国坚定捍卫国际公平正义，积极维护会员国团结，多倾听发展中国家的呼声。中国将全力支持联合国及联大主席的工作，希望双方保持密切沟通与合作。阿什表示，将积极推动第68届联大把促进发展，特别是2015年后发展议程作为工作重点，全力维护会员国团结。

8月14日

［纲　文］**中央党的群众路线教育实践活动领导小组第三次会议在北京召开。**

［目　文］会议学习贯彻习近平总书记重要指示精神，总结前一段活动开展情况，研究部署下一步工作任务和措施。中央书记处书记、中央党的群众路线教育实践活动领导小组组长刘云山主持会议并发表讲话。

会议明确，教育实践活动领导小组及办公室当前要抓好以下几项重点工作：一是要把《关于贯彻落实习近平总书记7月27日重要批示的具体举措》落到实处；二是做好分片分领域召开领导小组负责同志座谈会的筹备组织工作；三是配合做好中央政治局常委同志教育实践活动联系点联络服务工作；四是印发《关于做好第一批教育实践活动查摆问题、开展批评环节工作的通知》和《关于在党的群众路线教育实践活动中开好专题民主生活会的通知》；五是及时通报和反馈地方对中央部门的意见；六是推动正风肃纪和制度建设有关工作；七是加强舆论引导工作。

刘云山在讲话中强调了几点：一是抓住一把手这个关键，充分发挥好一把手的示范带动作用。引导和推动一把手以身作则，带头参加教育实践活动；引导和推动一把手认清责任，把教育实践活动紧紧抓在手上。二是坚持开门搞活动、开门听意见，深入查摆“四风”方面存在的突出问题。开门听意见、找问题，要有诚恳的态度，要找准聚焦点，要有正确的方法。三是提倡把自己摆进去，真正让党员干部受到触动和警醒。党员干部要认真贯彻“照镜子、正衣冠、洗洗澡、治治病”的总要求，深入反思自己、反省自己。四是坚持时间服从质量，组织召开一次高质量的专题民主生活会。五是加强组织领导和督促指导，确保教育实践活动各项工作扎实有序推进。

中共中央政治局委员、中央党的群众路线教育实践活动领导小组副组长赵乐际，中央书记处书记、中央党的群众路线教育实践活动领导小组副组长赵洪祝，中央党的群众路线教育实践活动领导小组成员参加会议。

8月14日

［纲　文］ **《人民日报》发表题为《狠刹奢靡之风》的评论员文章。**

8月14—16日

［纲　文］ **国务委员杨洁篪应邀访问俄罗斯并与俄方举行中俄第九轮战略安全磋商。**

［目　文］ 访问期间，俄罗斯总统普京在索契会见了杨洁篪。杨洁篪还会见了俄外交部部长拉夫罗夫，并同帕特鲁舍夫举行中俄第九轮战略安全磋商。双方达成一系列重要共识。

普京在会见时表示，他十分期待国家主席习近平9月来俄出席二十国集团圣彼得堡峰会并同习近平举行会晤，就双边关系及重大国际地区问题交换意见，进一步推动两国重大项目合作。双方还要继续共同努力，为开好上海合作组织比什凯克峰会作出贡献，以维护地区安全稳定，促进成员国共同发展。

杨洁篪表示，习近平主席2013年3月对俄罗斯进行了成功的国事访问，同普京总统共同规划了两国关系发展的大方向。双方积极落实两国元首达成的重要共识，经贸、能源、人文、地方等各领域合作取得新的重要进展，中俄关系继续全面发展。中方高度重视习近平主席出席二十国集团圣彼得堡峰会并同普京总统举行会晤，全力支持和配合俄方成功举办峰会，并同俄方一道，为两国元首会晤做好各项准备工作。

15日，杨洁篪同帕特鲁舍夫举行中俄第九轮战略安全磋商。双方表示要加强沟通协调和务实合作，全面落实两国元首达成的一系列重要共识，推动中俄关系取得新进展。双方还就朝鲜半岛、阿富汗、西亚北非、叙利亚局势等交换了看法。

8月15日

［纲　文］ **国务院办公厅发布《关于批准常州市城市总体规划的通知》。**

［目　文］《通知》主要内容有：一、国务院原则同意修订后的《常州市城市总体规划（2011—2020年）》。二、重视城乡统筹发展。在《总体规划》确定的1872平方公里的城市规划区范围内，实行城乡统一规划管理。三、合理控制城市规模。到2020年，中心城区城市人口控制在248万人以内，城市建设用地控制在298平方公里以内。四、完善城市基础设施体系。要加快公路、铁路、机场、港口等交通基础设施建设，改善城市与周边地区交通运输条件。五、建设资源节约型和环境友好型城市。六、创造良好的人居环境。七、重视历史文化和风貌特色保护。八、严格实施《总体规划》。城市建设要实现经济社会协调发展，物质文明、精神文明和生态文明共同进步。

根据《规划》，常州市将构筑和完善常州市域四级城镇体系，大力推进常州中心城市建设，加快发展金坛、溧阳两个二级中心城市，择优培育9个中心镇，积极推进一般镇的现代化建设，着力引导产业与人口的集聚，全面提高城镇发展质量，形成布局有序、功能互补、城乡一体的现代化城镇发展新格局。人口规模2015年达522万人，2020年达570万人。城市化水平2015年达70%，2020年达75%。统筹区域发展，市区形成“一城、七片”的结构形态。“一城”即常州中心城区。“七片”即中心城区外围七个片区——孟河、奔牛、邹区、湟里、雪堰、洛阳和横山桥片区。对外交通实现“121530”目标。1小时交通圈覆盖长三角北翼主要城市，2小时交通圈覆盖长三角南翼的杭州、湖州、宁波等城市；市区主要节点15分钟内驶入高速公路，市区城镇30分钟内到达中心城区。规划建设六处重点景区和六处次重点景区。六处重点景区为：天宁风景名胜旅游区、环球恐龙城现代休闲旅游区、淹城遗址公园和西太湖风景旅游度假区、常州环太湖湾旅游度假区、天目湖旅游度假区、茅山旅游度假区。六处次重点景区为：市区游憩商务区、小黄山旅游度假区、清明—芳茂山风景区、溧阳历史文化旅游区、金坛城南旅游区、洮湖（长荡湖）旅游区。

8月15日

［纲　文］ **国务院批复人民银行同意建立金融监管协调部际联席会议制度。**

［目　文］ 联席会议制度的职责和任务包括：货币政策与金融监管政策之间的协调；金融监管政策、法律法规之间的协调；维护金融稳定和防范化解区域性系统性金融风险的协调；交叉性金融产品、跨市场金融创新的协调；金融信息共享和金融业综合统计体系的协调；国务院交办的其他事项。

联席会议由人民银行牵头，成员单位包括银监会、证监会、保监会、外汇局。人民银行行长担任联席会议召集人。联席会议办公室设在人民银行，承担金融监管协调日常工作。

联席会议重点围绕金融监管开展工作，不改变现行金融监管体制，不替代、不削弱有关部门现行职责分工，不替代国务院决策，重大事项按程序报国务院。联席会议通过季度例会或临时会议等方式开展工作，落实国务院交办事项，履行工作职责。联席会议建立简报制度，及时汇报、通报金融监管协调信息和工作进展情况。

8月15日

［纲　文］　**质检总局印发《大型游乐设施安全监察规定》。**

［目　文］　《规定》共6章46条，自2014年1月1日起施行。主要内容有：一、总则。二、大型游乐设施设计、制造、安装。三、大型游乐设施使用。四、监督检查。五、法律责任。六、附则。

根据《规定》，大型游乐设施运营使用单位对使用的大型游乐设施安全负责。运营使用单位应当开展设备运营前试运行检查、日常检查和维护保养、定期安全检查并如实记录。在国家法定节假日或举行大型群众性活动前，运营使用单位应当对大型游乐设施进行全面检查维护，并加强日常检查和安全值班。鼓励推行大型游乐设施相关责任保险制度，提高事故应急处置和赔付能力。《规定》要求，运营使用单位应当在大型游乐设施安装监督检验完成后1年内，向特种设备检验机构提出首次定期检验申请；在大型游乐设施定期检验周期届满1个月前，运营使用单位应当向特种设备检验机构提出定期检验要求。运营使用单位应当制定应急预案，对每台（套）大型游乐设施还应当制定专门的应急预案，每年至少对每台（套）大型游乐设施组织1次应急救援演练。

8月15日

［纲　文］　**教育部印发《中小学教师资格考试暂行办法》和《中小学教师资格定期注册暂行办法》。**

［目　文］　《考试暂行办法》共36条，分总则、报考条件、考试内容与形式、考试实施、考试安全与违规处罚、组织管理、附则7章，自2013年8月15日起实施。《考试暂行办法》规定，教师资格考试实行全国统一考试；具有中华人民共和国国籍、遵守宪法和法律、热爱教育事业、具有良好的思想品德、符合申请认定教师资格的体检标准、符合《教师法》规定的学历要求的人员，可以报名参加教师资格考试。普通高等学校在校三年级以上学生，可凭学校出具的在籍学习证明报考。申请人应在户籍或人事关系所在地报名参加教师资格考试。普通高等学校在校生可在就读学校所在地报名参加教师资格考试。被撤销教师资格的，5年内不得报名参加考试。受到剥夺政治权利，或故意犯罪受到有期徒刑以上刑事处罚的，不得报名参加考试。曾参加教师资格考试有作弊行为的，按照《国家教育考试违规处理办法》的相关规定执行。教师资格考试包括笔试和面试两部分。笔试单科成绩有效期为2年。笔试和面试均合格者由教育部考试中心（教育部教师资格考试中心）颁发教师资格考试合格证明。教师资格考试合格证明有效期为3年。笔试一般在每年3月和11月各举行一次。面试一般在每年5月和12月各举行一次。

《定期注册暂行办法》共26条，分总则、注册条件、注册程序、罚则、附则5章，自

2013年8月15日起实施。《定期注册暂行办法》规定，中小学教师资格实行5年一周期的定期注册。定期注册不合格或逾期不注册的人员，不得从事教育教学工作。中小学教师资格定期注册的对象为公办普通中小学、中等职业学校和幼儿园在编在岗教师。对于注册有效期内未完成国家规定的教师培训学时或省级教育行政部门规定的等量学分，或者中止教育教学和教育管理工作一学期以上（经所在学校或教育行政部门批准的进修、培训、学术交流、病休、产假等情形除外），以及一个注册周期内任何一年年度考核不合格的，应暂缓注册；对于违反《中小学教师职业道德规范》和师德考核评价标准，影响恶劣，或者一个定期注册周期内连续两年以上（含两年）年度考核不合格，以及依法被撤销或丧失教师资格的，注册不合格。

8月15日

［纲　文］ **《人民日报》发表题为《从解决突出问题入手》的评论员文章。**

8月15日

［纲　文］ **《人民日报》发表题为《胆子要大，步子要稳——四论把握全面深化改革重大关系》的评论员文章。**

8月15—19日

［纲　文］ **第二届中国·西宁国际舞蹈节暨第九届中国舞蹈“荷花奖”古典舞大赛在青海省会西宁举办。**

［目　文］ 大赛由中国文联、青海省委宣传部主办，西宁市政府、中国舞蹈家协会承办。比赛期间，46支来自全国各地的古典舞作品经过2场半决赛、2场决赛的激烈竞争，决出了作品创作与表演的26个奖项，其中金奖6个、银奖10个、铜奖10个。解放军艺术学院舞蹈系《且看行云》、北京舞蹈学院《月满春江》获得表演金奖，北京舞蹈学院《济公》获得编导金奖，解放军艺术学院舞蹈系《丽人行》、吉林市歌舞团有限责任公司《满江红》、西宁艺术剧院有限公司《陶纹梦圆》获得作品金奖。

“荷花奖”由中国文学艺术界联合会、中国舞蹈家协会创意，1996年经中宣部立项、中央两办批准的全国性专业舞蹈评奖活动，旨在奖励优秀的舞蹈艺术作品，表彰成绩突出的舞蹈创作与表演人员，活跃舞蹈理论与舞蹈评论，推动我国舞蹈艺术事业健康发展。自1997年创建以来，已成为标志着中国专业舞蹈艺术最高成就的专家奖。

8月16日

［纲　文］ **习近平在北京会见全国援外医疗工作先进集体和先进个人代表。**

［目　文］ 8月15日下午，全国卫生援外工作暨援外医疗队派遣50周年会在北京召开。会上，人力资源社会保障部、国家卫生计生委对全国援外医疗先进集体和先进个人进行了评选表彰，包括59名先进个人，以及第24批援桑给巴尔医疗队等30个先进集体。

16日上午，中共中央总书记习近平在人民大会堂会见受到表彰的全国援外医疗工作先进集体和先进个人代表。习近平指出，卫生援外工作是我国外交工作的重要内容。希望大家继续努力，完成好党和祖国赋予的光荣使命。有关部门和地方要加强组织领导，完善有关政策，提高援外医疗队员待遇，切实解决援外医疗工作中的实际困难和问题，不断开创卫生援外工作新局面。

自1963年至今，我国先后无偿向66个国家和地区派遣过援外医疗队，累计派出医疗队员约2.3万人次，诊治患者2.7亿人次。有50名医疗队员因疾病、工伤、战乱、意外事故等牺牲在受援国。中国政府为非洲许多国家无偿援建了上百所医院，赠送了大批医疗设备和药品，特别是在2006中非合作论坛北京峰会之后，为非洲援建了30所现代化医院，为30个疟疾防治中心援建了疟疾诊断实验室，捐赠了大批抗疟药品。国家卫生计生委已向27个非洲国家派出疟疾防治专家组。中国在49个国家派有援外医疗队，其中42个在非洲，1171名医疗队员分布在113个医疗点上。已有1001名医疗队员获得受援国首脑颁发的勋章等多种荣誉。

8月16日

［纲　文］　**首届中国—非洲部长级卫生合作发展会议在北京召开，国家主席习近平会见参会代表**。

［目　文］　会议是落实2012年中非合作论坛第五届部长级会议通过的《北京行动计划》的重要举措，主题是“新形势下的中非卫生合作重点领域”，由中国国家卫生和计划生育委员会主办。来自非洲48个国家卫生部门、驻华使馆和8个国际组织代表及中国政府有关部门负责人、援外医疗工作先进集体和先进个人代表约400人出席会议。

国务院副总理刘延东出席开幕式并作主旨演讲，就深化中非卫生合作提出五点倡议：一是推动实现千年发展目标。中国政府将通过派遣专家、提供人才培训等方式，帮助非洲国家降低孕产妇和婴幼儿死亡率，提高卫生服务水平。二是继续开展惠及民众的卫生项目。中国政府未来3年将向非洲派遣1500名医疗队员，开展白内障手术“光明行”等活动。三是提高非洲医药产品可及性，鼓励中国医药企业与非洲企业加强务实合作。四是加强在全球卫生治理中的协调，共同应对新形势下全球卫生挑战。五是扩大中非卫生、教育、科技、文化、旅游等领域的合作。

会议期间，中非卫生官员共同签署并发布《中国—非洲部长级卫生合作发展会议北京宣言》。根据《北京宣言》，与会各国决定采取一系列措施推动中非卫生领域合作深化发展，具体包括：共同开发卫生人力资源，推动中非职业技术培训合作；推动建立中非医疗卫生联合研究实验室；支持非洲国家卫生政策和项目；支持传染病和非传染病防控合作，支持免疫体系建设；开展血吸虫、疟疾、艾滋病领域的公共卫生合作项目；捐赠全科模块化箱房诊所；支持中非医药企业合作，鼓励技术转让；加强全球卫生事务中的协调与合作。

开幕式当天，习近平在人民大会堂会见了参会代表。习近平表示，中非卫生合作是中非合作的重要组成部分。近半个世纪以来，中国向非洲派遣了1.8万人次的医疗队，使2.5亿人次的患者解除了病痛，推动了非洲卫生事业发展，为中非友谊作出了贡献。中方愿一如既往地推动中非卫生合作，继续开展好医疗队派遣、白内障手术“光明行”等惠及民生的卫生项目，深化妇幼保健、卫生人才培训等领域合作。发展的核心是人的发展，希望本次会议在中非合作论坛框架内扎实推进中非卫生合作，为中非人民的健康事业作出贡献。科摩罗副总统福阿德·穆哈吉、佛得角总理助理玛丽娅·利马等48个非洲国家代表，世界卫生组织总干事陈冯富珍，联合国副秘书长、联合国艾滋病规划署执行主任西迪贝，联合国副秘书长、联合国人口基金执行主任奥索提迈辛等国际组织负责人出席会见。

8月16日

［纲　文］　**李克强主持召开国务院常务会议。**

［目　文］　会议听取抗旱防汛、粮食生产形势汇报并部署秋季农业重点工作，确定深化改革加快发展养老服务业的任务措施，讨论通过拟提请全国人大常委会审议的关于授权国务院在中国（上海）自由贸易试验区等国务院决定的试验区域内暂停实施有关法律规定的决定草案。

会议强调，要重点做好以下工作：一是落实抗灾救灾措施，进一步加大资金支持，及时调拨抗旱物资，加强供水保障，千方百计解决旱区群众饮水困难，保障基本生活。重点做好松花江等流域防汛工作，加强台风防御，及时发布气象监测信息，排查处置险情隐患，确保江河安澜、人民安宁。二是抓好灾后农业生产恢复，安排落实中央财政资金，支持重灾区及时改种补种，大力推进病虫害和动物疫病统防统治。加快农业灾害保险理赔进度。做好应对夏秋冬连旱的准备，力夺全年粮食丰收。三是落实早稻收购政策，适时启动东北地区秋粮收购政策，做到应收尽收，保护农民种粮积极性。四是及早谋划秋冬种，支持主产区开展机械深松整地，加强农田水利基础设施建设。五是各地要全力保证“菜篮子”产品生产供应，促进农业稳定发展，努力实现粮食丰产、农民增收。

会议指出，要在政府“保基本、兜底线”的基础上，锐意改革创新，发挥市场活力，推动社会力量成为发展养老服务业的“主角”，到2020年全面建成以居家为基础、社区为依托、机构为支撑的覆盖城乡的多样化养老服务体系。一要加强养老服务能力建设；二要分层分类提供养老服务；三要创新养老服务模式；四要切实加强农村养老服务；五要推动医养融合发展，探索医疗机构与养老机构合作新模式，促进养老服务与医疗、家政服务、保险、教育、健身、旅游等领域互动发展。

会议讨论通过拟提请全国人大常委会审议的关于授权国务院在中国（上海）自由贸易试验区等国务院决定的试验区域内暂停实施外资、中外合资、中外合作企业设立及变更审批等有关法律规定的决定草案。

8月16日

［纲　文］　**教育部公布《2012年全国教育事业发展统计公报》。**

［目　文］　《公报》显示，2012年，国家大力推进教育公平，入学机会继续扩大。学前教育阶段毛入园率、初中阶段毛入学率、高中阶段毛入学率均高于上年，小学学龄儿童净入学率达到99.85%。

《公报》显示，(一)我国学前教育规模较大幅增长，全国共有幼儿园18.13万所，比上年增加1.45万所，在园幼儿3685.76万人，比上年增加261.32万人；共有义务教育阶段学校28.2万所，在校生14458.96万人，九年义务教育巩固率91.8%，其中初中学校5.32万所，初中毕业生升学率88.4%，与上年基本持平；共有高中阶段教育（包括普通高中、成人高中、中等职业学校）学校26868所，毛入学率85.0%，比上年提高1.0个百分点。(二)全国共有普通高等学校和成人高等学校2790所，培养研究生单位811个。本专科共招生688.83万人，比上年增加7.33万人，增长1.08%；研究生招生58.97万人，比上年增加2.95万人，增长5.27%。(三)全国义务教育阶段在校生中进城务工人员随迁子女共1393.87万人，农村留守儿童共2271.07万人。(四)全国共有各级各类民办学校（教育机构）13.99万所，比上年增加0.91万所；招生1454.03万人，比上年增加53.16万人。

8月16日

[纲　文]　**《人民日报》发表题为《实现改革发展稳定有机统一——五论准确把握全面深化改革重大关系》的评论员文章。**

8月16日

[纲　文]　**《人民日报》发表题为《行动比表态更重要》的评论员文章。**

8月16—19日

[纲　文]　**汪洋在黑龙江省考察调研。**

[目　文]　松花江、黑龙江流域发生了1998年以来最大洪水，多处河段发生险情。国务院副总理汪洋来到松花江干流堤防，详细了解汛情险情和防洪工作进展情况。他指出，近期东北地区仍有降雨过程，江河水位还可能上涨，要立足最为复杂情况、最为困难局面，进一步完善和强化各项举措，做好应对更大洪水的充分准备。要加强水利工程调度，做好堤防巡查防守，及时发现并科学处置各类险情，提前转移受洪水威胁群众，确保江河干堤不决口，确保大中型水库不垮坝。

黑龙江是全国粮食总产量最大、调出量最多的地区，汪洋先后到富锦市、农垦建三江管理局等地，实地察看水稻、玉米长势，了解灾害影响。他指出，当前秋粮长势总体较好，要进一步加强农作物田间管理，积极防范后期可能出现的寒露风、早霜等灾害。黑龙江“两大平原”是全国现代农业综合配套改革试验区，汪洋强调，要认真组织好改革试验，积极推进农业生产适度规模化、科技应用普及化、服务经营社会化、产业链条一体化，进一步提高发展的可持续性，努力为全国现代农业建设探索路子、积累经验。

汪洋还深入伊春市基层林业经营站所，详细了解森林抚育、天然林保护和利用情况，实地察看林区棚户区改造项目。他强调，要切实加强林业生态建设和保护，大力发展绿色富民产业，深化林业改革，着力改善林区民生，不断提高林业发展水平，为建设生态文明和美丽中国作出更大贡献。

8月16—24日

[纲　文]　**第二届亚洲青年运动会在南京举行。**

［目　文］　运动会16日晚在南京市奥林匹克体育中心体育馆开幕，中共中央政治局委员、国务院副总理刘延东出席并宣布开幕。亚奥理事会主席艾哈迈德亲王，中国奥委会主席、国家体育总局局长刘鹏，南京亚青会组委会主席、江苏省省长李学勇分别在开幕式上致辞。柬埔寨国王诺罗敦·西哈莫尼、江苏省委书记罗志军、亚奥理事会官员等出席开幕式。

本届运动会共设有游泳（含跳水）、田径、壁球、击剑、举重、篮球（3人制）、乒乓球、足球、手球、柔道、跆拳道、羽毛球、网球、橄榄球（7人制）、高尔夫和射击共16个大项122个小项，共有来自亚洲45个国家和地区的2417名运动员参赛。

运动会24日在南京闭幕。中国代表团以46枚金牌、23枚银牌、24枚铜牌的成绩名列奖牌榜首位；韩国代表团获得25枚金牌、13枚银牌、14枚铜牌，名列第二；泰国代表团位列第三，共获得6枚金牌、15枚银牌、16枚铜牌。

亚青会是亚奥理事会创设的综合性赛事，每4年举行一届，首届亚青会2009年在新加坡举行。

8月16—22日

［纲　文］　**国务委员兼国防部部长常万全应邀对美国、加拿大进行正式友好访问。**

［目　文］　19日，常万全在华盛顿与美国国防部部长查克·哈格尔举行会晤，双方就中美关系、两军关系、双边问题、地区问题、网络安全等一系列议题展开了讨论，并达成了多项共识。首先，双方同意认真落实两国元首在安纳伯格庄园会晤时达成的重要共识，共同致力于加强两军关系，并努力将其提高到新的水平。其二，双方同意继续加强两军互访，深化两军间的磋商与对话，不断增进互信。其三，双方认为中美两军在维护亚太地区和平与稳定方面肩负着越来越重要的责任。其四，双方同意进一步加强在人道主义救援、减灾、反恐、反海盗维和领域的交流与合作。最后，双方同意进一步深化中美军事档案合作，建立中美军事档案合作机制，在现有中方帮助美方查找失踪人员下落信息的基础上，加强相关军事档案资料的双向交流与合作。

在美期间，常万全一行先后访问了美军太平洋总部、北方总部和北美防空司令部。随同常万全部长出访的有海军副司令员丁一平、驻香港部队司令员王晓军等。

22日，常万全与加拿大国防部部长罗伯特·尼科尔森举行了会谈并共同签署了《中国人民解放军与加拿大军队合作计划倡议》。当日下午，常万全还会见了加拿大外交部部长贝尔德。此前，常万全一行参观了加军维和训练中心、皇家军事学院、陆军指挥参谋学院。

8月17日

［纲　文］　**国务院公布《铁路安全管理条例》。**

［目　文］　《条例》共8章108条，重点调整了铁路安全管理体制，并对保障铁路建设质量安全、高速铁路安全和铁路运输安全作出了明确规定。

《条例》规定，铁路建设工程的勘察、设计、施工、监理以及物资、设备的采购，应当依法进行招标；各相关方应对勘察、设计、施工的质量负责；铁路建设工程的安全设施应当与主体工程同时设计、施工和投入使用；工程使用的材料等产品，应当符合强制性国家标准、行业标准；建设工期应合理确定，任何单位和个人不得违反规定要求压缩工期；建设工程竣工经验收、评估合格，符合运营安全要求的，方可投入运营。为确保高速铁路运行安全和路外人员人身安全，《条例》明确规定了高速铁路线路安全保护区的范围，要求设计开行时速 120 公里以上列车的铁路应当实行全封闭管理；第 35 条明确规定高速铁路线路 200 米范围内禁止抽取地下水。

《条例》规定，对存在安全性缺陷的铁路机车车辆及其他专用设备实行召回制度，由设备制造者负责召回缺陷产品消除缺陷；禁止实施扰乱铁路运输指挥调度机构以及车站、列车正常秩序等危害铁路安全的行为。

8 月 17 日

［纲 文］ **国务院正式批准设立中国（上海）自由贸易试验区。**

［目 文］ 试验区范围涵盖上海市外高桥保税区、外高桥保税物流园区、洋山保税港区和上海浦东机场综合保税区 4 个海关特殊监管区域，总面积为 28.78 平方公里。

建设中国（上海）自由贸易试验区的主要任务是要探索我国对外开放的新路径和新模式，推动加快转变政府职能和行政体制改革，促进转变经济增长方式和优化经济结构，实现以开放促发展、促改革、促创新，形成可复制、可推广的经验。试验区建设将有利于培育我国面向全球的竞争新优势，拓展经济增长的新空间，打造中国经济“升级版”。

2013 上半年，商务部、上海市政府会同国务院有关部门，拟定了《中国（上海）自由贸易试验区总体方案》（草案），上报国务院审批。主要内容包括进一步深化改革、加快政府职能转变、积极探索投资管理模式创新、扩大服务业开放、加快转变贸易发展方式、深化金融领域的开放创新、建立与试验区相适应的监管等制度环境等。7 月 3 日，国务院常务会议讨论并原则通过了该方案草案。9 月 29 日，上海自由贸易试验区正式挂牌成立。挂牌仪式在上海外高桥保税区举行。中共中央政治局委员、上海市委书记韩正、中国商务部部长高虎城和中共上海市委副书记、市长杨雄等出席挂牌仪式。现场为 36 家企业颁发证照，首批入驻试验区，其中 11 家为中外合资、外商独资企业。2017 年底，上海自由贸易试验区试点已扩大至上海、广东、天津、福建、辽宁、浙江、河南、湖北、重庆、四川、陕西等地。

8 月 17 日

［纲 文］ **新华社讯，范长龙在沈阳战区部队调研。**

［目 文］ 电讯说，中央军委副主席范长龙近日在沈阳战区部队调研时指出，当前正在开展的党的群众路线教育实践活动是全军的一件大事，要作为重大政治任务，坚持大事大抓，以好的作风来抓。要把思想认识统一到党中央决策部署和习近平主席指示要求上来。要紧贴个人思想和工作实际，从严查找剖析问题，认真解决问题，一时解决不了的要作出整改承诺。要开好党委常委专题民主生活会，把个人住房、用车、公务接待、家属子

女从业、身边工作人员使用等情况说清楚，把自身问题解决在会前，把民主生活会开出质量。要把教育实践活动中形成的好做法和成果巩固下来、坚持下去，强化制度约束，严肃纠正违反制度规定的人和事，树立鲜明导向。

范长龙强调，“四风”问题在不同单位、部门和个人表现不同，必须结合实际抓整改，防止上下一般粗、左右一个样。要着力把部队风气带正，公道正派选人用人，公平公正处理涉及官兵切身利益的问题；把工作作风搞实，改进学风、会风、文风，端正训风、演风、考风；把生活搞俭朴，坚持艰苦朴素、勤俭节约；把家属子女和身边工作人员管住管好，为部队做好样子。

范长龙指出，开展党的群众路线教育实践活动，要与当前工作结合起来，把成效体现到圆满完成各项任务上。要大力加强思想政治建设，扎实推进军事斗争准备，提高军事训练实战化水平，坚持依法治军、从严治军，坚持抓基层打基础，高标准做好边海空防管控、民兵预备役和征兵等工作，加强军政军民团结和民族团结，不断开创部队全面建设的新局面。

中央军委委员、第二炮兵司令员魏凤和参加在二炮部队的调研。

8月17日

［纲　文］　**中国常驻世贸组织代表易小准被任命为WTO副总干事。**

［目　文］　世界贸易组织（WTO）候任总干事罗伯托·阿泽维多宣布，任命包括中国常驻世贸组织代表易小准在内的4人为该组织副总干事。易小准也是首位来自中国的世贸组织副总干事。

世贸组织官方网站介绍说，易小准是一位“资深高级贸易官员”，上世纪80年代起一直从事国际贸易相关工作，2011年起担任中国常驻世贸组织代表，此前曾担任中国商务部副部长。

8月17日

［纲　文］　**《人民日报》发表题为《坚持开门搞活动》的评论员文章。**

8月17—19日

［纲　文］　**李克强在甘肃省考察。**

［目　文］　国务院总理李克强一行来到甘肃岷县漳县地震灾区考察灾后重建工作。他在考察中指出，岷漳地震发生后，党中央、国务院高度重视，习近平总书记和其他中央领导同志一直惦念着灾区群众。我国地域辽阔，自然灾害多发频发。要在总结经验的基础上，完善科学有序有效应对灾害的机制。一是坚持以人为本。二是坚持科学应对。三是坚持合理把握政策。四是坚持因地施策。五是要向全民普及防灾避灾救灾知识，在灾难面前，知识就是力量。

李克强深入金融机构、施工现场、小微企业、大学校园进行实地调研。李克强说，农信社是在农民中生长起来的，要真正把农民当衣食父母，服务农民、让利农民；要优先发展中西部特别是贫困地区铁路，吸引更多劳动密集型、环境友好型产业向西部转移，使西部发展和环境保护相得益彰，新型城镇化和农业现代化相辅相成，带动更多群众就近就业，促进扶贫开发，缩小地区差距；小微企业是吸纳就业的主力军，国家出台扶持政策，就是要支持你们多增加就业岗位，多创造社会财富。各级政府要多为小微企业雪中送炭，营造良好发展环境；大学生要敢于创业、勇于创新，这也是国家发展的希望所在。高校要积极培养创业和创新型人才，社会要大力提倡“双创”精神，使年轻人更好地运用自己的“知识本钱”服务社会、创造财富。李克强在考察中指出，各级政府和有关方面都要在抓好政策落实上下功夫，言必行，行必果，争取尽早见效，使广大群众得到实惠。

李克强在兰州主持召开促进西部发展和扶贫工作座谈会。座谈会上，甘肃省省长刘伟平和内蒙古自治区主席巴特尔、云南省省长李纪恒、青海省省长郝鹏等分别介绍了本地发展情况，并就当前经济工作、西部发展、扶贫攻坚提出了意见和建议。李克强指出，西部大开发在区域协调发展总体格局中具有优先位置，是经济持续健康发展的重要支撑力量，也是促进社会公正的必然要求，要实行差别化的经济政策。重点基础设施建设更多地向西部倾斜，加快构建完整的铁路、公路骨架网络，推进重大水利工程建设。要积极引导产业转移和培育特色优势产业，在继续实行现有优惠政策基础上研究制定新的措施，支持西部承接劳动密集型、环境友好型产业转移，支持水、光、风等自然资源开发利用以及优势能源矿产资源就地加工转化。促进新型城镇化和农业现代化有机结合、相辅相成。要强化科技和人才支撑，完善激励机制，鼓励人才留在西部，使他们的创业创新能量得到更好地发挥。

8月18日

［纲　文］　**《人民日报》发表题为《真正“把自己摆进去”》的评论员文章。**

8月18—23日

［纲　文］　**应国家主席习近平邀请，肯尼亚总统乌胡鲁·肯雅塔对中国进行国事访问。**

［目　文］　访问期间，习近平同肯雅塔举行会谈。国务院总理李克强、全国政协主席俞正声分别会见了肯雅塔。

两国元首就发展双边关系深入交换意见，对中肯关系的发展表示满意，着眼未来，决定建立平等互信、互利共赢的中肯全面合作伙伴关系。

习近平强调，中肯双方要在涉及彼此核心利益和重大关切的问题上继续相互支持，深化政党、立法机构、地方政府间交往，开展治国理政经验交流。中方愿继续采取积极措施从肯方增加进口，促进双边贸易平衡增长。双方要加强基础设施、经济特区建设、投融资等领域合作，在新能源、农业、环境和野生动物保护等领域培育新的合作。肯雅塔表示，肯尼亚将中国视为真诚的朋友和重要的伙伴，希望借鉴中国的成功经验，以两国建立全面合作伙伴关系为契机，加强在政治、经济、人文等领域和国际事务中的合作，开启两国关系更加美好的新时代。

会谈后，两国元首共同出席了两国政府经济技术合作协定以及便利人员往来、融资、环保、新能源等领域双边合作文件签字仪式。

李克强在会见时表示，中方愿与肯方加强各领域合作，推动中肯关系迈上新台阶。中国支持非洲实现一体化、自主解决非洲问题的努力，愿为促进非洲和平与发展作出贡献。

俞正声在会见时表示，中方愿继续秉持真诚友好、平等互利的原则，推动中肯全面合作伙伴关系不断取得新进展。中国全国政协愿同肯尼亚议会进一步加强沟通交流，增进了解，扩大共识，为中肯关系不断发展注入新活力。

8月19—20日

［纲　文］ **全国宣传思想工作会议在北京召开，习近平出席并讲话。**

［目　文］ 会议回顾总结了党的十七大以来的宣传思想文化工作，研究部署了在新的历史起点上努力开创宣传思想文化工作新局面。中共中央总书记、国家主席、中央军委主席习近平出席会议并发表重要讲话，中共中央政治局常委、中央书记处书记刘云山出席会议并讲话。部分在京中共中央政治局委员、书记处书记出席会议。中央宣传思想工作领导小组成员，各省区市、新疆生产建设兵团以及副省级城市党委宣传部部长，中央和国家机关有关部委、有关人民团体分管宣传工作的负责人，中央宣传文化系统各单位主要负责人，总政治部宣传部、武警部队政治部主要负责人等参加会议。

习近平在讲话中强调，经济建设是党的中心工作，意识形态工作是党的一项极端重要的工作。党的十一届三中全会以来，我们党始终坚持以经济建设为中心，集中精力把经济建设搞上去、把人民生活搞上去。只要国内外大势没有发生根本变化，坚持以经济建设为中心就不能也不应该改变。这是坚持党的基本路线100年不动摇的根本要求，也是解决当代中国一切问题的根本要求。同时，只有物质文明建设和精神文明建设都搞好，国家物质力量和精神力量都增强，全国各族人民物质生活和精神生活都改善，中国特色社会主义事业才能顺利向前推进。

习近平指出，要深入开展中国特色社会主义宣传教育，把全国各族人民团结和凝聚在中国特色社会主义伟大旗帜之下。要加强社会主义核心价值体系建设，积极培育和践行社会主义核心价值观，全面提高公民道德素质，培育知荣辱、讲正气、作奉献、促和谐的良好风尚。

刘云山指出，习近平总书记重要讲话站在党和国家全局高度，深刻阐述了事关宣传思想工作长远发展的一系列重大理论问题和现实问题，进一步明确了今后工作的方向目标、重点任务和基本遵循。要深入学习领会、全面贯彻落实，切实把思想和行动统一到讲话精神上来。

8月19日

［纲　文］ **习近平对近期东北地区防汛抗洪工作作出重要指示。**

［目　文］ 8月14日以来，中国东北大部出现降雨过程，局部地区暴雨，引发洪涝等灾害。截至19日16时，已造成辽宁、吉林、黑龙江3省111个县（区、市）373.7万

人受灾，85人死亡，105人失踪，紧急转移安置36万人，倒塌和严重损坏房屋6万余间，农作物受灾面积787.2千公顷，直接经济损失161.4亿元。

灾害发生后，党中央、国务院高度重视。中共中央总书记、国家主席、中央军委主席习近平作出重要指示，指出入汛以来，东北三省特别是黑龙江、松花江流域和辽宁省部分地区发生严重洪涝灾害，造成一定的人员伤亡和财产损失。各地党委政府、解放军和武警部队、广大干部群众迅速行动起来，积极组织开展抗洪抢险工作，力避洪灾造成更大危害。目前，主汛期虽过，但东北三省秋汛形势依然严峻。要防止麻痹、松劲思想，坚持抗灾到底。要把确保人民群众生命安全放在第一位，全力搜救失踪人员，及时组织受洪水威胁地区群众转移避险，妥善安排好受灾群众的秋冬生活，抓紧灾后恢复重建。中共中央政治局常委、国务院总理李克强作出指示，要求国家防总会同有关部门指导和积极帮助地方进一步加强抗灾抢险工作，全力做好搜救失踪人员、及时转移受威胁地区群众、妥善安置受灾群众和相关善后工作。

根据习近平指示和李克强要求，国务院紧急派出以民政部副部长姜力为组长，水利部、发展改革委、财政部、国土资源部、交通运输部、卫生计生委等有关部门同志组成的国务院工作组，赶赴辽宁抚顺洪涝灾区，指导帮助开展抗洪救灾和抢险救援工作。国家防汛抗旱总指挥部已派出多个工作组、专家组赴嫩江、松花江、黑龙江防汛抗洪一线检查指导，并及时调拨抢险物资予以支持。

8月19日

［纲　文］　**第一次全国地理国情普查电视电话会议在北京召开。**

［目　文］　会议对开展好普查工作进行全面动员和部署，提出目标，明确要求。中共中央政治局常委、国务院副总理、第一次全国地理国情普查领导小组组长张高丽出席会议并讲话。会议由国务院副秘书长丁向阳主持。

张高丽在讲话中强调，利用三年时间进行一次系统的地理国情普查是国务院作出的一项重要决定，时间紧、任务重、要求高，各地区、各部门要进一步增强责任感和使命感，坚持科学普查、依法普查、创新普查的总体要求，抓住工作重点，提高工作效率，节约普查经费，共同做好普查各项工作。要精心做好顶层设计，认真制定和落实普查方案，创新普查管理方式方法，创造性地开展工作；要牢固树立质量第一的思想，坚决保证数据全面、真实、准确，决不能弄虚作假；要强化安全管理，按时保质完成普查任务；要加强组织领导，强化协作配合，保证经费按时到位，积极营造普查工作的良好氛围。

张高丽指出，普查的成果重在应用。要坚持边普查、边应用，充分发挥普查工作的效用。要利用普查获取的最新数据，及时开展地理国情监测工作，服务经济社会发展和人民生活；要促进信息共享，规范普查成果管理，促进普查成果转化和广泛利用；要强化数据分析，加强对普查成果的深度开发，寻找规律性，预测趋势性，揭示经济社会发展与自然资源环境的内在联系和演变规律，为科学管理决策提供依据。

第一次全国地理国情普查领导小组成员单位及相关部门负责人在主会场出席会议。各省、自治区、直辖市及计划单列市人民政府、新疆生产建设兵团分管测绘地理信息工作的负责人等在分会场出席会议。国家测绘地理信息局、财政部、陕西省政府有关负责人在会上发言。

8月19日

［纲　文］　**中组部等7部门联合印发《关于促进残疾人按比例就业的意见》。**

［目　文］　《意见》主要内容有：一、依法推进残疾人按比例就业。二、推动党政机关、事业单位及国有企业带头安排残疾人就业。三、加大对用人单位的补贴、奖励和惩处力度。四、加强对用人单位按比例安排残疾人的就业服务。五、齐抓共管协力促进残疾人按比例就业。

《意见》要求，到2020年，所有省级党政机关、地市级残工委主要成员单位至少安排有1名残疾人。各级残疾人工作委员会成员单位要率先招录残疾人，继而带动其他党政机关。各级残联机关干部队伍中都要有一定数量的残疾人干部，其中省级残联机关干部队伍中残疾人干部的比例应达到15%以上。

8月19日

［纲　文］　**俞正声在北京会见韩国前总理李寿成率领的第十三届中韩知名人士论坛韩方代表团。**

［目　文］　全国政协主席俞正声在会见时表示，中韩互为近邻，建交20多年来，双方各层次、各领域交流合作全面迅速发展。中方愿与韩方一道，以朴槿惠总统成功访华为契机，推动两国多领域务实合作不断向前发展，并为实现半岛无核化、维护东北亚地区的和平与稳定共同努力。

李寿成表示，希望今后韩中两国能继续加强各领域合作。在双边关系领域相互交流借鉴，不断充实韩中战略合作伙伴关系的内涵。在地区安全领域，韩国愿与中方合作，为实现地区持久和平而努力。

中韩知名人士论坛系根据两国政府高层提议，由中国人民外交学会与21世纪韩中交流协会共同创立的年度定期交流项目。2013年8月20日，第十三届中韩知名人士论坛在北京举行，中韩双方代表围绕“发展中韩战略合作伙伴关系行动方案的建议”以及“中韩两国如何为维护半岛和平与稳定、实现半岛无核化加强合作”两个议题进行了研讨。

8月19日

［纲　文］　**《人民日报》发表题为《切实发挥好督导作用》的评论员文章。**

8月19—20日

［纲　文］　**外交部部长王毅应邀对哈萨克斯坦进行正式访问。**

［目　文］　哈萨克斯坦总理艾哈迈托夫19日在会见王毅时表示，哈方热切期待习近平主席对哈进行首次国事访问，愿与中方共同努力，通过此访将哈中全面战略伙伴关系提高到新水平。哈中两国务实领域合作发展迅速，势头良好。双方应深化经贸、能源、农业、交通等领域合作，为两国人民增添福祉。

王毅表示，习主席访哈对中哈关系具有承前启后、继往开来的里程碑意义。中方愿与哈方一道，把务实合作提高到战略水平，促成一批对两国长远发展具有重要意义的合作项目；同时大力加强人文交流，使中哈友好成为两国社会各界民众的自觉意识和共同行动，为中哈全面战略伙伴关系夯实民意和社会基础。

当天，王毅与哈萨克斯坦外交部部长伊德里索夫举行会谈。伊德里索夫表示，中国正处于发展的关键阶段。周边国家期待中国的发展壮大，希望中国在国际和地区事务中发挥更加重要的作用和影响。王毅表示，中国是发展中大国，将把主要精力放在自身发展上。同时，作为联合国安理会常任理事国，中国意识到肩负的国际责任，愿为维护世界的和平与发展承担应尽的责任。中国的发展是和平力量的增强。王毅还会见了哈萨克斯坦总统办公厅主任马西莫夫。

8月20日

［纲　文］　**国家主席习近平在北京会见世界卫生组织总干事陈冯富珍。**

［目　文］　习近平强调，中国政府坚持以人为本、执政为民，把维护人民健康权益放在重要位置。我们将迎难而上，进一步深化医药卫生体制改革，探索医改这一世界性难题的中国式解决办法，着力解决人民群众看病难、看病贵，基本医疗卫生资源均衡配置等问题，致力于实现到2020年人人享有基本医疗卫生服务的目标，不断推进全面建设小康社会进程。

习近平表示，中方重视世界卫生组织的重要作用，愿继续加强双方合作，促进中西医结合及中医药在海外发展，推动更多中国生产的医药产品进入国际市场，共同帮助非洲国家开展疾病防治和卫生体系建设，为促进全球卫生事业、实现联合国千年发展目标作出更大贡献。

陈冯富珍表示，世界卫生组织高度赞赏中国医改取得阶段性成就。在不到5年时间里，城乡基本医疗保险覆盖了95%的中国人口，这在世界上绝无仅有。中国政府高效防控H7N9禽流感疫情赢得国际社会高度评价。世界卫生组织非常重视中国在多边领域的重要作用，相信中国将为促进世界发展和人类福祉作出更大贡献，愿同中方加强合作，积极支持中国政府改善民生、提高人民健康水平的努力，共同推进全球卫生事业。

国务院副总理刘延东参加会见。

8月20日

［纲　文］　**李克强在国务院应急指挥中心就部署抗洪抢险和防灾救灾工作召开视频会议。**

［目　文］　会议听取了辽宁、黑龙江、广东三省和国务院工作组关于汛情灾情和救灾情况汇报，进一步部署了下一阶段抗洪抢险和防灾救灾工作。

国务院总理李克强在听取汇报后指出，当前黑龙江、松花江流域汛情还在持续，抗洪抢险救灾形势依然严峻、任务仍然繁重，必须本着对人民高度负责的精神，做好各项应急救灾工作。一要把确保人民群众生命安全放在第一位，这是政府职责所在，不能有丝毫麻痹松懈。强化汛情灾情监测预警，遇有强降雨、台风等灾害性天气过程，一定要动员所有力量，逐户排查转移受威胁地区群众。同时，要普及灾害知识，提高群众避险防灾意识和自救互救能力。二要妥善做好遇难人员善后、家属安抚和灾后安置工作，全力救治灾害受伤人员，对他们的医疗费用，当地政府要多渠道给予帮助。加快调拨帐篷等救灾物资，确保转移安置的群众有饭吃、有衣穿、有安全饮水、有可靠居住场所和其他必需的生活保障设施，安定民心、稳定社会。三要进一步加强重点部位防范，突出薄弱环节和防范工作重点，加大巡查和防守力度，确保重点堤防安全。要备足抢险物料器材，落实抗洪抢险队伍，确保随时能够拉得出、用得上、靠得住。四要加强组织领导，细化应对预案，强化协调配合。有关地区要和国家防总、气象部门保持密切联系，24小时不间断沟通信息，确保有效防范灾害，有序开展抗灾救灾工作。五要做好减灾、灾后重建和恢复生产等各项工作，组织受灾群众开展生产自救，抓紧受灾农作物的抢种、补种和改种，力夺秋粮丰收，促进农民增收。同时科学规划，搞好恢复重建。

国务院副总理张高丽、国务委员王勇等参加了视频会议。

8月20日

［纲　文］　**第六届国务院关税税则委员会第一次全体会议在北京召开。**

［目　文］　会议由新任税委会主任、财政部部长楼继伟主持。中共中央政治局常委、国务院副总理张高丽出席会议并讲话，强调关税工作的重要性，对做好新形势下的关税工作提出要求。本届国务院关税税则委员会全体成员出席会议。

张高丽强调，要加强关税政策研究，用好关税杠杆统筹国际国内两个市场、两种资源的政策优势，充分发挥关税在保持经济平稳运行、推动经济转型升级、促进重要产业健康发展中的重要作用。要把实现好、维护好、发展好国家利益作为关税工作的根本出发点，积极参与全球经济治理和国际贸易规则制定，争取应有的国际经贸领域话语权；认真开展对外关税谈判，扎实推进自由贸易区战略，加快完善互利共赢、多元平衡、安全高效的开放型经济体系；合理运用贸易救济措施，积极应对贸易保护主义，妥善处理贸易摩擦，切实保护我国企业的合法权益。要加强关税和进口环节税收科学管理，严格规范税收减免，做到依法征税、应收尽收，确保中央财政收入稳定增长，保证国家预算的有效执行。

8月20日

［纲　文］　**财政部、教育部、总参谋部印发《高等学校学生应征入伍服义务兵役国家资助办法》。**

［目　文］　《办法》分总则、标准及年限、申请与审批、资金拨付和管理、管理与监督、附则，共6章23条，自2013年8月20日起实施。

《办法》规定，高校学生应征入伍服义务兵役国家资助资金，全部由中央财政安排。学费补偿、国家助学贷款代偿及学费减免标准，本专科生每人每年最高不超过6000元，硕士研究生每人每年最高不超过8000元，博士研究生每人每年最高不超过10000元。

8 月 20 日

［纲　文］ **国务院副总理、中俄总理定期会晤委员会中方主席汪洋在哈尔滨与俄罗斯副总理罗戈津举行会晤。**

［目　文］ 汪洋说，习近平主席 2013 年 3 月成功访俄，推动中俄全面战略协作伙伴关系和双方各领域合作进入了一个崭新的发展阶段。这次会晤就是要进一步落实两国元首共识，探讨扩大和深化双方务实合作的领域和重大项目。

汪洋表示，当前中俄经贸合作总体发展势头良好。双方要充分挖掘潜力，共同应对不利外部经济环境的影响，确保双边贸易额全年实现增长。中方愿与俄方开展核能领域一揽子合作，加快推进联合研制远程宽体客机和重型直升机等战略性大项目合作，加快跨境基础设施建设，支持中方有实力的企业和金融机构扩大对俄投资，积极参与俄罗斯远东地区开发，不断提升两国务实合作的规模和质量，促进两国的共同发展振兴。

罗戈津表示，俄方高度评价习近平主席本年 3 月首选俄罗斯进行访问，两国元首莫斯科会晤给双边关系深入发展注入了强劲动力。俄方愿与中方一道，全面扩大双方各领域务实合作，进一步巩固中俄全面战略协作伙伴关系的物质基础。

双方一致表示，将进一步加强协调配合，共同做好黑龙江流域的抗洪救灾工作。

8 月 20 日

［纲　文］ **环境保护部部长周生贤在北京会见肯尼亚环境、水与自然资源部部长朱迪·瓦克洪古。**

［目　文］ 双方就两国环保工作最新进展、如何落实新签署的《中华人民共和国环境保护部与肯尼亚共和国环境、水与自然资源部环境合作谅解备忘录》等议题交换了意见。周生贤简要介绍了“十二五”期间我国环保工作的重大举措，以及《大气污染防治行动计划》的主要措施。周生贤说，中国愿与包括肯尼亚在内的广大发展中国家分享经验与教训，开展务实合作，互利共赢，共同应对全球和地区环境问题，开创南南环保合作新局面。

瓦克洪古表示，愿与中国加强在环境保护方面的合作，希望两国环保部门进一步加强交流与合作。

2013 年 8 月 19 日，在习近平主席与肯尼亚总统肯雅塔见证下，周生贤部长与瓦克洪古部长在人民大会堂共同签署了《中华人民共和国环境保护部和肯尼亚共和国环境、水与自然资源部环境合作谅解备忘录》。根据该《备忘录》，中肯双方将通过专家互访、举办专题研讨会等形式，共同推动在生物多样性保护、环境立法与执法、污染防治与环境管理等领域的友好交流与务实合作。该《备忘录》的签署，将进一步促进中肯双方的环保合作，并将有利于推动两国关系的健康发展。

8 月 20 日

［纲　文］ **第十七届全国音乐作品“合唱、室内乐”颁奖仪式暨获奖作品音乐会在北京音乐厅举行。**

［目　文］ 音乐会由文化部主办、中央歌剧院承办。19 首合唱作品、31 首室内乐作

品获颁证书。本届评奖活动共收到全国各地报送的作品197首，包括合唱作品85首、室内乐作品112首。通过评委严格认真的评审，共50首作品获奖。其中，合唱作品组《引子与托卡塔》获一等奖，室内乐作品组一等奖空缺。据主办方介绍，本届评奖活动倡导通俗易懂、雅俗共赏，增加了来自艺术院团、活跃在创作生产一线的评委数量；更加注重获奖作品的含金量，即获奖作品要能够代表当前音乐创作的最高水平。

全国音乐作品评奖创办于1980年，从2003年起固定为合唱与室内乐、交响乐、民族器乐3个类别，每年轮换举办比赛，迄今为止已成功举办17届，推出了一大批优秀音乐作品。

8月20日

［纲　文］ **《人民日报》发表题为《把握好“督”与“导”的关系》的评论员文章。**

8月20—25日

［纲　文］ **应国务院总理李克强邀请，牙买加总理辛普森-米勒对中国进行正式访问。**

［目　文］ 访问期间，国家主席习近平会见了牙买加总理辛普森-米勒，国务院总理李克强同辛普森-米勒举行会谈，全国人大常委会委员长张德江会见了辛普森-米勒。

习近平在会见时表示，牙买加是中国在加勒比地区第一大贸易伙伴，两国合作空间广阔。双方要结合各自发展战略，加强投资、基础设施建设等领域合作。中方鼓励本国企业赴牙买加投资，支持当地经济社会发展。牙买加是加勒比地区重要国家。中方愿同牙方一道，推动中加关系发展。

辛普森-米勒表示，牙买加珍视两国传统友谊，愿同中国加强合作伙伴关系，在涉及中国主权和领土完整问题上坚定支持中方。牙方欢迎中国企业投资，愿帮助中方培训田径运动员。中国的发展对牙买加和其他加勒比国家是重要机遇。牙买加愿积极推动加中友好合作。

李克强在与辛普森-米勒举行会谈时说，双方要规划好未来合作的方向和重点，落实好具体合作项目，深化经贸、农业、新能源、教育、医疗、体育等领域合作，提升合作质量，更好实现互利双赢。中国政府鼓励和支持有实力的企业参与牙路网改造等国计民生项目建设，希望牙买加政府加大政策支持，采取有效措施保护中国公民和企业的安全和合法权益，为双方合作提供便利和保障。

辛普森-米勒表示，牙中建交41年来，双边关系得到长足发展。牙方感谢中方长期以来对牙买加等加勒比国家的帮助和支持，愿与中方加强沟通协调，扩大合作规模，提高合作水平，共同应对气候变化等全球性挑战，推动牙中关系和加中关系不断向前发展。

会谈后，两国总理共同出席了中国和牙买加政府经济技术合作协定及教育、基础设施建设等领域有关双边合作文件的签字仪式。

8月21日

［纲　文］ **李克强主持召开国务院常务会议。**

［目　文］　会议主要内容是：决定出台严格控制新设行政许可的措施，再取消一批评比达标表彰评估项目，听取对中央企业监督检查情况的汇报。

会议指出，出台严格控制新设行政许可的措施是行政体制改革的一项配套措施，也是坚定不移、持续推进政府职能转变的又一重要举措，有利于防止审批事项边减边增、明减暗增，进一步为企业“减负松绑”，激发市场活力，营造公正发展环境。要坚持依法设定行政许可，做到“三个严格”：一要严格设定标准。坚决控制新设对企业投资、产品、生产经营和资质资格的行政许可，放宽社会资金准入。二要严格设定程序。对确有必要设定的行政许可，要加强合法性、必要性、合理性审查，并广泛听取意见。不符合相关法律法规的，不得设定。召开听证会要真实反映民意，防止成摆设。三要严格对设定和实施行政许可的监督。各部门要公布其负责实施的行政许可目录，并定期评价，及时提出修改或废止建议。实施行政许可，要明确责任、权责一致，注重事中事后监督。对违法设定许可和增设许可条件，或以登记、备案、年检、监制为名行许可之实的，要坚决纠正、严肃处理，特别要制止以许可增加收费的行为。

会议决定，在之前已取消一批评比达标表彰评估项目的基础上，再取消76个项目，并从严从紧加快清理其他评比达标表彰评估项目，尤其是带有收费性质的项目。要做到“四个一律”：没有法律法规依据和中央文件规定的，一律不得开展；与政府职能无关、对推动工作没有实际意义的，一律不得进行；已取消的，一律不得变相保留或恢复，防止“割韭菜”现象；已转交行业协会等社会组织承担的，一律不得使用财政资金和向企业或社会摊派费用。

会议听取了国有重点大型企业监事会对中央企业监督检查情况的汇报。指出，加强国有企业监管是政府的重要职能。要进一步推行由事后监督到当期监督、由境内监督延伸到境外监督的有效做法，在完善政府事中事后监管方面走在前列，为转变政府职能积累经验。

8月21日

［纲　文］　**俞正声在北京会见台湾少数民族民意代表访京团。**

［目　文］　全国政协主席俞正声在会见时表示，两岸同胞同根同源，台湾少数民族同胞是中华民族大家庭的重要成员。长期以来，你们是抗御外来侵略斗争中民族尊严的坚定捍卫者，是宝岛开发的重要建设者，是两岸交流的积极促进者。台湾少数民族同胞用自己的行动证明，两岸同胞齐心协力，携手合作，就一定能开创两岸关系和平发展新局面，实现国家统一和中华民族伟大复兴的中国梦。

访京团团长廖国栋等表示，两岸同胞是一家人，大陆近年来发展成就举世瞩目，为两岸同胞提供了广阔的合作空间。台湾少数民族同胞愿为推动和促进两岸交流继续贡献力量。

8月21日

［纲　文］　**新华社讯，中央党的群众路线教育实践活动领导小组印发《关于做好第**

一批教育实践活动查摆问题、开展批评环节工作的通知》。

［目　文］　电讯说，中央党的群众路线教育实践活动领导小组近日印发《通知》，要求领导机关、领导班子和领导干部把“四风”方面的突出问题查找准、剖析透，以整风精神开展批评和自我批评，确保教育实践活动不走过场、取得实效。《通知》主要内容包括：一、找准突出问题。结合履行职能职责，通过群众提、自己找、上级点、互相帮，深入查摆、认真梳理领导机关、领导班子和领导干部“四风”方面的突出问题。二、深刻剖析检查。紧密联系思想、工作和生活实际，联系成长进步经历，分析作风建设的实际状况和“四风”方面的突出问题，勇于剖析自己，深挖思想根源，明确整改措施，撰写对照检查材料。三、认真开展批评和自我批评。召开一次高质量的专题民主生活会，以整风精神开展批评和自我批评，进行积极健康的思想斗争，切实做到触动思想、触及灵魂，解决问题、增进团结。四、严格督导把关。各级督导组要坚持严字当头，认真履职尽责，敢于“唱黑脸”，不怕得罪人，做到思想认识上不去的不放过，查摆问题不聚焦的不放过，自我剖析不深刻的不放过，整改措施不到位的不放过，群众不满意的不放过。五、一把手切实负起责任。一般手要继续抓好学习教育工作，以身作则发挥示范带头作用，精心组织好专题民主生活会，支持督导组充分发挥作用。

8月21日

［纲　文］　国家外汇管理局印发《合格境内机构投资者境外证券投资外汇管理规定》。

［目　文］　《规定》分总则、投资额度管理、账户管理3章，自2013年8月21日起实施。主要内容包括：一是取消资金汇出入币种限制，扩大境内机构境外证券投资资金来源；二是取消结汇、购汇审核，简化额度申请材料；三是统一额度管理要求，对各类合格机构境外证券投资统一实行余额管理，即境外证券投资净汇出额不超过经批准的投资额度；四是强化统计监测，充分运用电子化信息手段，加强对证券投资项下跨境资金流出入的统计和事后监控，防范跨境资金流动风险。

8月21日

［纲　文］　中国民用新技术试验卫星实践九号正式投入使用。

［目　文］　实践九号卫星是我国民用新技术试验卫星系列的首发星，于2012年10月14日成功发射升空，由中国航天科技集团公司所属航天东方红卫星有限公司负责研制。该卫星主要用于长寿命高可靠、卫星高精度高性能、国产核心元器件和卫星编队及星间测量与链路等试验，以此提升我国航天产品国产化能力。21日，实践九号卫星在北京举行交付仪式，正式投入使用。

实践九号卫星此次在轨开展了24类我国卫星发展急需的新产品验证及10类、20余种国产核心元器件和原材料的考核评价，取得了我国航天技术多项第一：第一次完成了卫星编队飞行和高精度GPS星间测量试验，验证了卫星编队建立与保持技术，为我国小卫星和微小卫星发展拓展了空间；第一次实现了电推进、高精度光纤陀螺、半球谐振陀螺等核心部组件在轨试验，为大幅提高卫星性能和寿命可靠性奠定了基础；第一次在轨进行了高温超导滤波器验证试验、红外探测器、新型成像技术试验，推动了我国微波通信、红外遥感和高性能光学成像技术的快速发展；第一次在轨搭建高端元器件试验验证平台，为提升我国宇航级核心元器件的研制能力、实现核心器件自主可控提供了支撑。

8月21日

［纲　文］**《人民日报》发表题为《把宣传思想工作做得更好——一论学习贯彻习近平总书记8·19重要讲话精神》的评论员文章。**

8月22日

［纲　文］**《人民日报》报道，习近平批准四总部修订印发《军队会议费管理规定》。**

［目　文］报道说，经习近平主席批准，总参谋部、总政治部、总后勤部、总装备部日前联合印发新修订的《军队会议费管理规定》，共23条，自2013年8月20日起施行。新修订的《规定》以习主席和中央军委关于加大财经管理和整治力度、加强具体制度建设的指示精神为指导，针对军队会议费管理中存在的矛盾问题，对精简会议活动、控制会议规模、严格经费管理等方面作了进一步明确，并优化了会议费标准结构，重新界定了会议费开支范围，完善了会议费监督管理机制。

《规定》强调会议费只用于保障会议食宿、文具、租用交通工具，以及制作会标、印刷文件资料等开支。现场会布置、会议新闻报道、表彰奖励、设备租赁、多媒体制作、外聘人员授课等开支，不得纳入会议费保障范围。严禁将会议费用于组织游览以及与会议无关的参观，不得购买纪念品等物品。

《规定》将军队会议费最高限额标准与中央国家机关标准拉齐，保障会议合理需求。考虑到各地物价水平不同，明确各单位可在总部规定的范围内，确定所属单位会议费具体标准。同时，参照中央国家机关会议费管理办法，会议费标准实行综合限额管理，不再区分房租费、伙食费和其他费用。

8月22日

［纲　文］**国务院总理李克强应约同俄罗斯总理梅德韦杰夫通电话。**

［目　文］李克强在通话时说，前一段时间，针对黑龙江流域发生的特大洪涝灾害，中俄双方开展了及时有效合作，为抗洪救灾、确保人民生命安全发挥了重要作用，中俄全面战略协作伙伴关系进一步深化。当前汛情仍在持续，防灾抗灾工作还要加强。中方愿同俄方继续保持密切沟通协调，进一步加强在汛情监测和预警信息交流、受灾人员救助等多方面合作。希望俄方继续利用上游水库削峰拦洪，中方也愿向俄救灾提供必要帮助，共同抗御洪涝灾害，维护黑龙江流域两国人民的安宁。

梅德韦杰夫说，俄中救灾防灾合作充分体现了两国全面战略协作伙伴关系的高水平。俄方愿与中方继续加强合作，共同做好抗洪救灾工作。

两国总理还就中俄关系特别是中俄总理第十八次定期会晤等共同关心的问题交换了意见。

8月22日

［纲　文］ **国务院办公厅印发《关于中央国家机关及有关单位对口支援赣南等原中央苏区实施方案的通知》。**

［目　文］ 《通知》主要内容包括：一、工作目标。到2020年，通过支援单位、江西省、相关设区市和受援地的共同努力，使受援地有效解决突出的民生问题和制约发展的薄弱环节。二、时间安排。对口支援工作期限初步确定为2013年至2020年，2020年以后根据实施情况另行研究。三、支援单位。发展改革委、中央组织部牵头，中央宣传部、中央统战部、教育部、科技部、工业和信息化部等52个支援单位。四、受援地。江西省赣州市所辖18个县（市、区），以及参照执行对口支援政策的吉安市吉州区、青原区、吉安县、吉水县、新干县、永丰县、泰和县、万安县和抚州市黎川县、南丰县、乐安县、宜黄县、广昌县等13个特殊困难县（区），共计31个县（市、区）。

8月22日

［纲　文］ **第八届中国青少年科技创新奖颁奖大会在北京举行。**

［目　文］ 在邓小平诞辰109周年之际，第八届中国青少年科技创新奖颁奖大会在人民大会堂隆重举行，国务院副总理刘延东出席，国家副主席李源潮出席并讲话。

中国青少年科技创新奖是2004年邓小平同志诞辰100周年之际，邓小平亲属根据他的遗愿，捐献出他生前全部稿费，委托共青团中央、全国青联、全国学联、全国少工委共同设立的。该奖项主要奖励在校大、中、小学生，用于青少年创新精神和创新能力的培养。至2013年，已有800人获得这项荣誉奖励。

李源潮在会上说，中国梦包含着国家与社会的科学梦。科学技术正在成为决定国家富强和人民幸福越来越重要的力量，科学发展、科技创新是中国现代化必须过的坎。要在全社会弘扬科学精神，激发青少年的科学热情，让科学梦成为实现中国梦的动力和支撑。

团中央书记处第一书记秦宜智主持会议，邓小平亲属代表出席。

8月22日

［纲　文］ **国务委员杨洁篪、外交部部长王毅在北京分别会见新西兰外交部部长麦卡利和苏丹外交部部长卡尔提。**

［目　文］ 杨洁篪在会见麦卡利时说，双方应从战略高度和长远角度出发，挖掘合作潜力，拓宽合作领域，推动中新关系取得更大发展。希望新方妥善处理输华乳制品等食品安全问题，切实保障中国消费者利益。麦卡利说，新方高度重视发展对华关系，将采取严格措施把好乳制品安全关，以实际行动让中国消费者放心。

杨洁篪在会见卡尔提时说，中国政府高度重视发展中苏关系，愿与苏方共同努力，推动中苏友好合作关系迈上新台阶。卡尔提表示，发展对华关系是苏外交优先方向，感谢中方给予苏的无私帮助，苏方愿与中方一道推动两国关系全面深入发展。

王毅在与麦卡利举行会谈时说，新西兰总理约翰·基本年 4 月成功访华，中新关系发展进入了一个新阶段。希望双方在相互尊重、互利共赢基础上，进一步加强各领域务实合作，妥善处理经贸合作中出现的问题，使中新全面合作关系成为不同社会制度国家相互尊重、不同历史文化国家相互学习、不同发展模式国家相互借鉴的典范。

王毅在与卡尔提举行会谈时表示，中苏传统友谊深厚，双边关系发展顺利，各领域合作富有成果。中国一直视苏丹为好朋友、好兄弟、好伙伴，愿与苏方共同努力，巩固政治互信，拓展经贸合作，推动中苏关系不断向前发展。

双方还就南北苏丹关系深入交换了意见，王毅就推动南北苏丹尽快通过谈判解决目前分歧做了工作。

8 月 22 日

［纲　文］　**山东省济南市中级人民法院一审公开开庭审理被告人薄熙来受贿、贪污、滥用职权一案。薄熙来出庭受审。**

［目　文］　公开开庭审理后，9 月 22 日，山东省济南市中级人民法院对薄熙来受贿、贪污、滥用职权案作出一审判决，认定薄熙来犯受贿罪，判处无期徒刑，剥夺政治权利终身，并处没收个人全部财产；犯贪污罪，判处有期徒刑 15 年，并处没收个人财产人民币 100 万元；犯滥用职权罪，判处有期徒刑 7 年；数罪并罚，决定执行无期徒刑，剥夺政治权利终身，并处没收个人全部财产。

10 月 25 日，山东省高级人民法院对薄熙来受贿、贪污、滥用职权案二审公开宣判，裁定驳回上诉，维持一审无期徒刑判决的原判。

8 月 22 日

［纲　文］　**《人民日报》发表题为《过一个风清气正的中秋节》的评论员文章。**

8 月 23 日

［纲　文］　**习近平任免驻外大使。**

［目　文］　国家主席习近平根据全国人民代表大会常务委员会的决定任免下列驻外大使：一、免去李保东的中华人民共和国常驻联合国代表、特命全权大使职务；任命刘结一为中华人民共和国常驻联合国代表、特命全权大使。二、免去陈育明的中华人民共和国驻澳大利亚联邦特命全权大使职务；任命马朝旭为中华人民共和国驻澳大利亚联邦特命全权大使。三、免去周力的中华人民共和国驻哈萨克斯坦共和国特命全权大使职务；任命乐玉成为中华人民共和国驻哈萨克斯坦共和国特命全权大使。四、免去管木的中华人民共和国驻泰王国特命全权大使职务；任命宁赋魁为中华人民共和国驻泰王国特命全权大使。

8 月 23 日

［纲　文］　**全国打击侵权假冒工作专题会议在北京召开。**

［目　文］　国务院副总理、全国打击侵犯知识产权和制售假冒伪劣商品工作领导小

组组长汪洋主持召开专题会议，研究部署全国打击侵权假冒工作。

汪洋指出，2013年以来，各地区、各部门对打击侵权假冒工作高度重视，措施有力，取得了一定成效。下一阶段，要继续严厉打击制售假冒伪劣食品、药品、农资、日化、儿童用品等违法犯罪行为，开展秋季种子市场专项检查和出口商品打假，整治中药材市场和“傍名牌”、侵犯驰名商标等侵权盗版行为，不断巩固和扩大打击侵权假冒成果。要大力推进侵权假冒案件行政处罚信息公开，震慑违法者，约束执法者，保护消费者。要加快推进市县政府机关软件正版化工作，落实保障经费，确保年底前全面完成软件正版化。国有企业软件正版化工作也要有计划、有步骤向前推进。

汪洋强调，要坚持整顿与规范并重、集中打击和制度建设结合，在总结实践经验的基础上，逐步完善相关体制机制和法律法规。

8月23日

［纲　文］　**中国首次发布“世界年度十大田野考古发现”，中国良渚古城、石峁遗址入选。**

［目　文］　由中国社会科学院和上海市人民政府联合主办的首届“世界考古·上海论坛”在上海举行，评选并发布“2011年至2012年世界年度十大重要田野考古发现”以及9项“世界重大考古研究成果”。这是中国首次评选发布此类考古成果。土耳其东南哥贝克力石阵、墨西哥特奥蒂瓦坎神庙建筑、埃及吉萨金字塔城等国际考古学界强烈关注的考古发现纷纷入围这份“世界十大考古发现”名单。而中国的两大考古发现——浙江的良渚古城遗址以及公元前两千年中国北方石城山西石峁遗址，也以较高票数入选。同时入选的还有：危地马拉塞哇遗址、印度南部库都马拉遗址、乌拉尔最古老的冶金祭祀场所、亚马逊河上游古代神庙、迈锡尼王国宫殿聚落。

8月23日

［纲　文］　**甘肃省发现马家窑文化窑坑遗存。**

［目　文］　甘肃省定西市马家窑文化研究院工作人员，在定西市安定区香泉镇云山村堡子坪一处窑坑遗迹发现窑壁及火道遗迹。该研究院在此地同时发现14处同类遗迹，这是首次发现马家窑文化（距今5300—4200年）如此集中的窑坑遗存。

8月23日

［纲　文］　**国务委员杨洁篪在北京会见美国联邦参议员麦凯恩、怀特豪斯一行。**

［目　文］　杨洁篪在会见时表示，自从习近平主席与奥巴马总统在安纳伯格庄园成功会晤以来，中美两国在许多领域的交往与合作取得积极进展，两国关系保持总体良好发展势头。中美关系的发展符合两国人民的根本利益，顺应世界人民的期盼。双方应继续共同努力落实两国元首的一系列重要共识，坚定不移地推进中美相互尊重、合作共赢的新型大国关系。杨洁篪重申了中国政府在钓鱼岛问题上的原则立场，强调中国对钓鱼岛及其附属岛屿拥有无可争辩的主权。美方应正确认识钓鱼岛问题的是非曲直，谨言慎行。

麦凯恩表示，中美关系是平等伙伴关系。我支持双方加强交流与合作，推进两国关系和在国际地区问题上的合作，这符合两国人民和世界人民的利益。麦凯恩表示，美国在钓鱼岛主权归属问题上不持立场。

8月23日

［纲　文］ **《人民日报》发表题为《中心工作与意识形态工作要两手抓——二论学习贯彻习近平总书记8·19重要讲话精神》的评论员文章。**

8月23日

［纲　文］ **《人民日报》发表题为《严惩网络大谣，净化网络环境》的评论员文章。**

8月23—24日

［纲　文］ **刘云山在贵州省调研。**

［目　文］ 中共中央政治局常委、中央书记处书记刘云山深入毕节、贵阳的农村、社区、企业和群众工作机构，看望慰问老党员和贫困户，走访基层干部群众，就开展教育实践活动和做好群众工作进行调研。

听取基层党员群众对教育实践活动的意见建议，是刘云山这次调研的重点。在黔西县乌骒坝村、贵阳市碧海社区服务中心，刘云山同党员群众面对面交流，了解生产生活情况，并分别召开座谈会听取意见。刘云山说，开展教育实践活动目的是践行党的群众路线，要顺应群众期盼搞活动，诚心诚意欢迎群众提意见、挑毛病，从群众呼声中找差距、找问题，以群众满意不满意作为基本标准。

在贵州力帆时骏振兴车辆集团、大方县羊场村、省群众工作中心，刘云山就民营企业党建工作、加大扶贫开发力度、创新服务群众工作，同干部群众进行探讨。刘云山强调，领导干部一定要牢记党的根本宗旨，真正弄清楚我们党为了谁、依靠谁，弄清楚我们的根在哪里、本在哪里，视百姓为父母、为亲人，始终与群众坐在一条板凳上。要扎实推进基层服务型党组织建设，增强服务意识，强化服务职责，提高服务能力，使基层党组织成为带领群众谋发展奔小康的主心骨。

中共中央政治局委员赵乐际一同调研。

8月23—24日

［纲　文］ **教育部直属高校工作咨询委员会第23次全体会议在北京召开。**

［目　文］ 会议的主题是“深化高等学校管理体制改革，建设中国特色现代大学制度”。中共中央政治局委员、国务院副总理刘延东出席会议并讲话。教育部党组全体成员出席会议，部长、党组书记袁贵仁出席会议并讲话，副部长、党组副书记杜玉波在会上作应询发言。

刘延东在讲话中提出，要以十八大精神为指导，加快建设中国特色现代大学制度，推进高等教育现代化，促进高校深化改革，提高质量，内涵发展，培养千百万合格建设者和优秀接班人，在建设中国特色社会主义伟大事业、实现“两个一百年”目标和中国梦的历史进程中贡献更大力量。刘延东指出，建设中国特色现代大学制度，要转变政府职能，处理好政府、学校、社会的关系；要强化政府统筹指导、宏观布局和质量监督功能，推动高校面向社会、依法自主办学、实行民主管理，发挥社会力量在高校公共治理、评估评价等方面的作用，为高校发展创造良好外部环境。刘延东强调，高校要完善内部治理结构，坚持和完善党委领导下的校长负责制，充分发挥学术组织作用，拓宽师生参与民主管理和监督的渠道，构建以大学章程为龙头的制度体系，深化人才培养、人事制度、科研及院系管理体制改革，增强高校健康发展的内生动力；高校领导班子要把握正确办学方向，掌握意识形态工作主导权，深入开展党的群众路线教育实践活动，潜心办学，开拓创新，勇于担当，不断提高治校办学水平，努力办好人民满意的高等教育。

围绕建设中国特色现代大学制度这一主题，与会代表分七个专题进行了深入讨论。完善治理结构、加强章程建设、扩大社会合作、推进专业评价，成为与会高校书记、校长极为关注的话题。

8月24日

［纲　文］ **第44届南丁格尔奖章颁奖大会在北京举行，习近平为6名中国获奖者颁奖。**

［目　文］ 中共中央总书记、国家主席、中央军委主席习近平出席大会，为6名中国获奖者颁发奖章。刘延东、杨洁篪、韩启德和黄孟复等出席颁奖大会。

本年共有16个国家的32名护理工作者获得本届南丁格尔奖章。我国获奖的6名护理工作者分别是：解放军第261医院精神病科总护士长蔡红霞，四川大学华西医院护理部原主任、华西医院管理研究所专家成翼娟，香港医院管理局原总护理行政经理、临时香港护理专科学院院长林崇绥，解放军第413医院麻醉科护士长王海文，北京地坛医院红丝带之家护士长王克荣，南昌大学第四附属医院医疗服务部主任邹德凤。

南丁格尔奖章是红十字国际委员会设立的护理界国际最高荣誉奖。我国自1983年首次参加第29届南丁格尔奖章评选以来，先后有68名优秀护理工作者获此殊荣。

8月24日

［纲　文］ **世界最大单机容量核发电机成功制造。**

［目　文］ 世界最大单机容量核能发电机——台山核电站1号1750兆瓦核能发电机发运出厂。这台核能发电机由中国东方电气集团东方电机有限公司完成制造，并从四川省德阳市发运。

8月24日

［纲　文］ **原第二机械工业部部长、教育部原部长、中共四川省委原书记（当时设有第一书记）、全国政协原常委刘西尧，在武汉因病逝世，享年97岁。**

8月24日

［纲　文］ **《人民日报》发表题为《“认真”才不走过场》的评论员文章。**

8月25日

［纲　文］ **总政治部印发《关于深入学习宣传贯彻强军目标的意见》。**

［目　文］《意见》要求各级坚决贯彻习近平主席和军委重要指示精神，进一步加大强军目标学习宣传贯彻力度，把实现强军目标贯穿到部队建设全过程和各领域。

《意见》强调，抓好强军目标贯彻落实是一篇大文章，需要结合部队实际做深做细。各级要在转化运用上下功夫，使强军目标更好地进入工作、进入实践，推动部队建设全面发展、全面进步。依据强军目标要求确立各部队各领域的发展目标，加强统筹谋划，细化目标任务，落到基层末端，逐级拿出贯彻落实的规划图展开图。按照强军目标要求理清推动部队建设的思路举措，着眼铸牢强军之魂、扭住强军之要、夯实强军之基，更加注重从思想上政治上组织上掌握部队，坚持党对军队绝对领导的根本原则和制度；牢固确立战斗力这个唯一的根本的标准，全部心思向打仗聚焦、各项工作向打仗用劲；大力弘扬我党我军光荣传统和优良作风，不折不扣落实依法治军、从严治军方针，进一步树立与强军目标相适应的良好作风。把实现强军目标转化为官兵奋发进取的实际行动，强化使命责任，提高能力素质，真正确立起强军兴军的工作导向、用人导向、激励导向、政策导向，引导官兵自觉把个人理想抱负融入强军实践。各级领导干部要坚持求实、务实、落实，在改进文风会风、改进调查研究、改进工作指导上拿出真招实策，以模范行动带出部队的虎虎生气、融融暖气、堂堂正气，形成同心实现强军梦的生动局面。

8月25日

［纲　文］ **新华社讯，《习仲勋传》下卷由中央文献出版社出版。**

［目　文］ 电讯说，《习仲勋传》下卷真实记录和反映了习仲勋同志为社会主义革命和建设事业，为改革开放和中国特色社会主义事业，呕心沥血、顽强奋斗的革命历程，以及建立的不可磨灭的历史功勋。

《习仲勋传》下卷是习仲勋系列丛书之一，这套丛书是1992年4月经中共中央办公厅批准立项，由中共陕西省委牵头，协同甘肃、宁夏、青海、新疆、广东等省（区）和中共中央统战部、中央档案局（馆）等部门共同承担的一项重要工作，包括《习仲勋文选》、《习仲勋革命生涯》和《习仲勋传》。其中，《习仲勋文选》于1995年12月出版，《习仲勋革命生涯》于2002年4月出版，《习仲勋传》上卷于2008年4月出版，反映的是习仲勋同志在新民主主义革命时期的革命经历和贡献。

8月25日

［纲　文］ **《人民日报》报道，中国工程教育规模世界第一，质量获国际认可。**

［目　文］ 报道说，在近日韩国首尔召开的国际工程联盟大会上，《华盛顿协议》全会一致通过接纳中国为该协议签约成员，中国成为该协议组织第21个成员。这在一定程度上表明中国工程教育规模取得高速发展，位居世界第一的同时，质量也得到了国际社会的认可。目前，中国开设工科专业的本科高校有1047所，占本科高校总数的91.5%；高等工程教育的本科在校生452.3万人，占高校本科在校生规模的32%。同时，为适应经济社会发展需要，中国对学科专业结构进行了优化调整，加大了软件、集成电路、水利、地质、核工业、信息安全等重点领域的人才培养力度。

《华盛顿协议》是世界上最具影响力的国际本科工程学位互认协议。该协议提出的工程专业教育标准和工程师职业能力标准，是国际工程界对工科毕业生和工程师职业能力公认的权威要求。

8月25日

［纲　文］　**青海省海南藏族自治州举行建州60周年庆祝大会。**

［目　文］　庆祝大会在共和县隆重举行，中央有关部委祝贺团及青海省党政军代表团参加庆祝活动。全国人大常委会、国务院发来贺电，对海南藏族自治州建州60周年表示祝贺。

全国人大常委会、国务院发来的贺电说：60年来，海南藏族自治州经济发展，民族团结，社会稳定，人民生活不断改善，各项事业全面推进，取得了重大成就。希望海南州人民紧密团结在以习近平同志为总书记的党中央周围，深入学习贯彻党的十八大精神，高举中国特色社会主义伟大旗帜，以邓小平理论、“三个代表”重要思想、科学发展观为指导，坚持各民族共同团结奋斗、共同繁荣发展，以自治州成立60周年为新的起点，深入贯彻落实党中央、国务院关于支持青海等省藏区经济社会发展的一系列政策措施，解放思想，改革开放，凝聚力量，攻坚克难，为全面建成小康社会、实现中华民族伟大复兴“中国梦”，作出新的更大贡献。

庆祝大会上，表演了大型文艺节目。会后，中央有关部委祝贺团和省党政军代表团慰问了驻军、武警部队、医院、学校、少数民族社区等，并与党外人士、基层“三老”、民族团结进步模范个人、宗教界代表进行了座谈。庆祝活动期间，海南州还举办了首届藏族服饰文化旅游节、藏族情歌大会等富有藏族文化特色的活动，以此来展现作为藏区的海南在藏文化传承和发展中取得的巨大成就。

8月25日

［纲　文］　**原中共中央顾问委员会委员、最高人民检察院原检察长刘复之在北京因病逝世，享年96岁。**

［目　文］　刘复之病重期间和逝世后，习近平、李克强、张德江、俞正声、刘云山、王岐山、张高丽、江泽民、胡锦涛等同志，前往医院看望或通过各种形式对刘复之逝世表示沉痛哀悼并向其亲属表示深切慰问。9月1日，刘复之遗体在北京八宝山革命公墓火化，习近平、李克强等党和国家有关领导到场送别。

8月25日

［纲　文］　**《人民日报》发表题为《凝聚在共同理想的旗帜下——三论学习贯彻习近平总书记8·19重要讲话精神》的评论员文章。**

8月25—29日

［纲　文］　**应国家主席习近平邀请，塞尔维亚总统托米斯拉夫·尼科利奇对中国进行国事访问。**

［目　文］　访问期间，国家主席习近平与尼科利奇举行会谈，两国元首就进一步加

强和深化中塞战略伙伴关系及共同关心的国际和地区问题深入交换意见，达成广泛共识。国务院总理李克强、全国人大常委会委员长张德江分别会见了尼科利奇。

习近平在会谈时表示，塞尔维亚是中国在中东欧第一个战略伙伴，也是中国在欧洲的好朋友、好伙伴，中方赞赏塞方尊重中国社会制度和发展道路、坚定奉行一个中国政策，中方尊重塞尔维亚主权和领土完整，理解塞方在科索沃问题上的合理关切，赞赏塞方为寻求该问题政治解决所作的努力。

两国元首就合作深入交换意见，决定深化中塞战略伙伴关系，推动两国关系取得新的快速发展。政治上，继续在涉及对方核心和重大利益问题上相互支持，加强两国政府、立法机构、政党、地方交流。经济上，扩大贸易和投资规模，加强基础设施建设、农业、能源、信息产业、汽车工业、科技等领域合作。文化上，积极推动互设文化中心。会谈后，两国元首共同签署《中塞关于深化战略伙伴关系的联合声明》，包括双方将加强两国高层交往、扩大经济合作、重视科技合作、加强人文交流等，并见证了两国政府经济技术合作协定等双边合作文件签字仪式。

李克强在会见时表示，中国—中东欧合作互补性强，前景广阔。中方支持有实力的中国企业赴中东欧投资兴业，欢迎更多中东欧优势产品进入中国市场。双方加强合作符合彼此共同意愿和发展需要，也有助于中欧关系更加全面、均衡发展。中国—中东欧合作完全可以成为中欧合作新的增长点。期待塞尔维亚为此发挥积极作用。

张德江在会见时说，中国全国人大愿进一步密切同塞尔维亚议会的友好往来，保持立法机关各层次的沟通，开展治国理政经验交流，加强立法领域合作，充分发挥中塞议员友好小组作用，为双方落实两国元首达成的重要共识，推动中塞友好合作提供法律保障。

8月25—31日

［纲　文］　**应国务院总理李克强邀请，新加坡总理李显龙对中国进行正式访问。**

［目　文］　访问期间，国家主席习近平在北京会见了李显龙。国务院总理李克强与李显龙举行会谈。

习近平在会见时积极评价中新两国合作取得的成果，强调中方重视发展中新友好合作关系。双方要同心协力，继往开来，增进政治互信，密切结合两国各自发展战略，深化经贸、金融、人文、社会管理等领域合作，推动两国关系在新的历史时期更加稳定健康地向前发展。

李显龙表示，新中拥有广泛共同利益，两国在许多领域开展了良好交流合作。新方坚定奉行对华友好政策，愿意进一步发挥新中双边合作联委会的作用，深挖潜力，重点扩大在财政金融、可持续发展、经济转型等领域合作。

李克强在会谈中指出，过去十年，中国与东盟坚持通过对话增进信任，通过建立自贸区拉动区域合作，双方的合作关系成为本地区发展和稳定的动力和支柱。中国与东盟保持友好合作关系将直接惠及20亿人民，也将有利于地区和世界的稳定与发展。中国新一届政府将发展同东盟的友好合作作为周边外交优先方向，愿进一步巩固和深化同东盟的战略伙伴关系，同时妥善处理与部分东盟国家之间的历史遗留问题，共同维护中国—东盟合作发展的大局。

李显龙表示，新方高度重视对华关系，愿与中方加强交流互鉴，完善合作机制，扩大合作领域，打造新中自贸区“升级版”。东盟与中国关系内容丰富，主流始终是友好合作。

8月26日

［纲　文］　**新华社讯，刘云山出席省区市党的群众路线教育实践活动工作座谈会。**

［目　文］　电讯说，中央党的群众路线教育实践活动领导小组近日先后在郑州、贵阳、北京分片召开省区市党的群众路线教育实践活动工作座谈会，对教育实践活动下一步工作提出要求。中共中央政治局常委、中央党的群众路线教育实践活动领导小组组长刘云山在会上强调，要深入贯彻落实习近平总书记重要指示精神，按照“照镜子、正衣冠、洗洗澡、治治病”的总要求，强化领导责任、细化工作措施、落实从严要求，以强烈担当精神和严肃工作态度，高标准高质量地推进教育实践活动。

座谈会上，与会同志总结交流了前一段工作情况，普遍反映教育实践活动有序展开，基本态势积极健康。随着活动进入查摆问题、开展批评这个环节，会更多触及一些深层次问题、实质性问题，尤其需要进一步拧紧“螺丝扣”、把好质量关，确保活动不虚、不空、不偏、不走过场。

刘云山在座谈会上指出，领导干部的言行是鲜明的导向，一把手的推动是有力的保障。党委主要负责人要把教育实践活动紧紧抓在手上，舍得花时间、投精力，亲自过问、亲力亲为，落实好“第一责任人”的责任。领导干部能不能、愿不愿、敢不敢把自己摆进去，体现着对教育实践活动的态度和改作风的决心。要带着问题把自己摆进去，打开大门听意见，认真查摆“四风”方面突出问题，从理想信念、宗旨意识、党性修养、政治纪律上剖析根源，真正实现思想觉悟的提升，找准整改提高的着力点。

中共中央政治局委员、中央党的群众路线教育实践活动领导小组副组长赵乐际，中央书记处书记、中央党的群众路线教育实践活动领导小组副组长赵洪祝出席会议。各省区市党委负责同志和部分中央督导组组长作了发言。

8月26日

［纲　文］　**新华社讯，解放军总政治部颁发《关于规范大型文艺演出、加强文艺队伍教育管理的规定》。**

［目　文］　电讯说，《规定》指出，军队文艺工作贯彻中央关于改进作风的决策指示，要努力走在前列，切实树立良好形象。要贯彻党管人才的原则，突出抓好文艺人才的教育、培养和管理，努力建设一支政治强、业务精、作风硬、纪律严、形象好的文艺队伍，争当发展先进军事文化、推动社会主义文化大发展大繁荣的排头兵。

《规定》对勤俭节约办晚会提出明确要求：严格控制文艺晚会的投入，不得过度包装，严格晚会经费预算和监督管理，压缩不必要的开支；部队野外驻训、演习和遂行多样化军事任务时，要组织开展灵活简便的演出服务，原则上不搞大型文艺晚会；对组织文艺演出活动耗资巨大、奢华浪费的，要严肃查处。

《规定》进一步严格军队文艺单位和个人参加地方公益性、营业性演出及其他活动的审批管理，严格控制文艺单位人员参加地方电视台选秀类节目，禁止参加有损军队和军人形象的演出活动，禁止参加私人举办的演出活动和在歌厅、酒吧等场所演出，禁止未经批准出国（境）演出，禁止签约加入地方文艺单位、文化公司和经纪公司，禁止开设公司和以营利为目的的工作室，不得进行夸大其词、自我炒作等虚假宣传，坚决杜绝临场罢演、漫天要价，敷衍演出、欺骗观众的现象。

《规定》对加强和规范为兵演出服务提出具体要求：总政治部歌舞团和各单位文工团每年为部队各类演出不少于100场，总政治部话剧团、歌剧团每年不少于60场，解放军军乐团在完成司礼任务的同时安排时间下部队演出。各文艺单位结合工作实际和专业特点，对所属人员每年为兵演出服务场次作出规定，实行量化管理，年底进行公示和讲评，未完成规定演出服务场次的不予立功受奖、晋职晋级。

8月26日

［纲 文］ **国家新闻出版广电总局印发《关于严厉禁止和坚决查处中小学教辅材料出版发行违法违规行为的通知》。**

［目 文］ 《通知》中说，近年来中小学教辅材料出版发行中出现了一些不规范甚至违法违规的行为，损害了人民群众的利益，引起了学生和家长的不满。按照深入开展党的群众路线教育实践活动、整治“四风”、着力解决群众反映突出问题的要求，各级新闻出版行政主管部门对中小学教辅材料出版发行中的不规范和违法违规行为要予以严厉禁止和坚决查处。一、严把中小学教辅材料出版印制关。对不具备中小学教辅材料出版资质的出版单位，不得安排中小学教辅材料选题，不得出版、再版、重印中小学教辅材料，不得通过报刊更名等方式变相出版中小学教辅材料。二、严禁违规发行中小学教辅材料。任何单位、部门和个人未经批准不得从事中小学教辅材料发行活动。三、严格中小学教辅材料价格管理。各省、自治区、直辖市评议公告的中小学教辅材料试行政府指导价。四、严查非法出版发行中小学教辅材料行为。任何单位和个人在中小学教辅材料编写、出版、印刷复制、发行等环节，不得以拿回扣、索要赞助等非法手段中饱私囊。各级新闻出版行政主管部门要切实履行监管职责。对监管失职的，要严肃追究责任。

8月26日

［纲 文］ **首届“东亚文化之都”评选活动终审工作会议在国家博物馆举行。**

［目 文］ 文化部部长蔡武、副部长丁伟、评审专家委员会全体委员，以及首届“东亚文化之都”十个入围城市苏州、杭州、黄山、泉州、青岛、济宁、武汉、桂林、西安、咸阳市代表团等共150余人出席会议。

此次评选活动是为落实2012年5月中旬中日韩三国领导人在“第5次中日韩领导人会议”上达成的重要共识，以及2012年5月“第4次中日韩文化部长会议”签署的《上海行动计划》而开展的一项文化活动。全国共有12个省（区、市）的19个城市申报参加首届“东亚文化之都”评选。为保证评审工作“公开、公平、公正”，文化部组织成立了由对外文化交流、公共文化建设和非物质文化遗产保护等领域的知名专家组成的评审专家委员会，在监督部门监督下独立开展评审工作。经过评审专家委员会认真评审，泉州市当选首届“东亚文化之都”。在9月下旬韩国举办的“第5次中日韩文化部长会议”上，三国文化部长为当选城市正式授牌。

8月26日

［纲　文］　**中国佛教协会在北京举行成立60周年纪念会。**

［目　文］　纪念会在人民大会堂举行。中共中央政治局常委、全国政协主席俞正声在会议之前会见中国佛教协会领导班子成员。中共中央政治局委员、国务院副总理刘延东出席纪念会并发表讲话。纪念会由嘉木样·洛桑久美·图丹却吉尼玛主持，中国佛教协会会长传印在纪念会上致辞。中国佛教协会第八届第二次理事会会议的代表500多人参加了纪念会。

俞正声在会见时指出，改革开放以来，随着国家的繁荣昌盛，佛教事业得到健康发展，中国佛教协会高举爱国爱教旗帜，协助中国共产党和政府贯彻宗教信仰自由政策，为经济发展与社会稳定作出了积极贡献。希望佛教界人士继续发扬优良传统，持守戒律，潜心修行，注重品德修养，团结和引领广大信教群众，服务社会、利益众生，为国家富强、人民幸福作出新的贡献。

刘延东在纪念会上指出，60年来，中国佛教协会团结带领全国佛教界，发扬爱国爱教、团结进步、服务社会的优良传统，坚定不移走与社会主义社会相适应的道路，庄严国土，弘法利生，维护民族团结，促进祖国统一，为建设小康社会和社会主义和谐社会以及世界和平作出了积极贡献。希望中国佛教协会要发挥好中国共产党和政府联系广大信教群众的桥梁、纽带作用，推动佛教事业健康发展，为国家和中华民族的繁荣发展多作贡献。

为纪念中国佛教协会成立60周年，中国佛教协会于8月26日至27日在河北香河天下第一城举行第八届理事会第二次会议暨祈祷国运昌隆、佛日增辉、世界和平法会。

8月26日

［纲　文］　**国家副主席李源潮在北京会见由党团主席卡拉南率领的欧洲议会保守与改革党团代表团。**

［目　文］　李源潮在会见时说，欧洲是世界的重要一极。一个繁荣的欧洲有利于世界，也有利于中国。2013年是中欧全面战略伙伴关系建立10周年，双方应扎实推进各领域合作。中国共产党愿与欧洲议会各主要党团加强交流，推动中欧关系在更高水平上取得更大发展。

卡拉南表示，保守与改革党团高度重视欧中关系，坚定支持欧中发展经济合作和自由贸易，愿增进对中国改革发展和历史文化的了解。

8月26日

［纲　文］　**国务院副总理汪洋在中南海分别会见巴西总统府民政办公室主任、联邦**

政府首席内阁成员赫夫曼和索马里副总理兼外交部部长福西娅。

［目　文］　汪洋在会见赫夫曼时表示，中国政府高度重视发展中巴全面战略伙伴关系，愿同巴方深化务实合作，切实加强在经贸、基础设施建设、能源等领域的合作，实现互利共赢，促进共同发展，并在国际和地区事务中加强团结协作。赫夫曼表示，巴方始终从战略高度重视两国关系发展，希望进一步挖掘潜力，推动两国全面战略伙伴关系取得更大发展。

汪洋在会见福西娅时说，中索传统友谊深厚。中方坚定支持索马里和平进程，愿同索方加强高层交往，恢复和拓展各领域务实合作，帮助索马里早日实现长治久安。福西娅说，索方视中方为可信赖的伙伴，愿与中方在能源、基础设施建设、农业、国家安全等领域开展合作。

8月26日

［纲　文］　**《人民日报》发表题为《狠刹境外招商奢华之风》的评论员文章。**

8月26日

［纲　文］　**《人民日报》发表题为《谨防大V变大谣》的评论员文章。**

8月26—30日

［纲　文］　**第十二届全国人大常委会第四次会议在北京举行。**

［目　文］　第十二届全国人大常委会第四次会议第一次全体会议26日下午在人民大会堂举行，全国人大常委会委员长张德江主持会议。常委会组成人员160人出席会议。会议听取了全国人大法律委员会副主任委员谢经荣作的关于《商标法》修正案草案审议结果的报告，全国人大法律委员会副主任委员苏泽林作的关于《消费者权益保护法》修正案草案修改情况的汇报，全国人大法律委员会副主任委员丛斌作的关于《资产评估法》草案修改情况的汇报，国务院关于提请审议《关于授权国务院在中国（上海）自由贸易试验区等国务院决定的试验区内暂时停止实施有关法律规定的决定（草案）》议案的说明，国务院关于提请审议批准《〈关于持久性有机污染物的斯德哥尔摩公约〉新增列九种持久性有机污染物修正案》和《〈关于持久性有机污染物的斯德哥尔摩公约〉新增列硫丹修正案》议案的说明，全国人大常委会执法检查组关于检查《中华人民共和国可再生能源法》实施情况的报告。

第二次全体会议于28日上午举行。王胜俊副委员长主持会议。常委会组成人员153人出席会议。会议听取了国务院关于2013年以来国民经济和社会发展计划执行情况的报告，国务院关于2013年以来预算执行情况的报告，国务院关于传染病防治工作和《传染病防治法》实施情况的报告。28日下午，全国人大常委会第四次会议并举行了分组会议，分组审议《资产评估法》草案，国务院关于传染病防治工作和《传染病防治法》实施情况报告。

第十二届全国人大常委会第四次会议于8月29日上午举行联组会议，就国务院关于传染病防治工作和《传染病防治法》实施情况的报告进行专题询问。全国人大常委会委员任茂东、何晔晖、赵白鸽、谢小军、丛斌、刘德培、姒健敏、朱静芝、冯长根、陈蔚文等分别就肺结核防控、农村改水、传染病跨境传播防控、新发传染病困难人群医疗救助、西部贫困地区传染病防控扶持政策、传染病防控知识宣传教育、传染病防控队伍建设、动物源性传染病防范、如何发挥中医药在防治传染病中的作用等问题发表意见、提出询问。受国务院委托，国家卫生计生委、发展改革委、教育部、民政部、财政部、人力资源和社会保障部、水利部、农业部、工商总局、质检总局、新闻出版广电总局、食品药品监管总局等有关部委负责人听取意见、回答询问。

第十二届全国人大常委会第十次委员长会议30日上午在人民大会堂举行。会议听取了全国人大法律委员会主任委员乔晓阳作的关于修改《商标法》的决定草案、关于授权国务院在中国（上海）自由贸易试验区暂时调整有关法律规定的行政审批的决定草案建议表决稿审议情况的汇报。会议听取了全国人大常委会副委员长兼秘书长王晨作的关于批准《〈关于持久性有机污染物的斯德哥尔摩公约〉新增列九种持久性有机污染物修正案》和《〈关于持久性有机污染物的斯德哥尔摩公约〉新增列硫丹修正案》的决定草案审议情况的汇报。委员长会议决定，将上述决定草案交付十二届全国人大常委会第四次会议闭幕会表决。

第十二届全国人大常委会第四次会议于30日上午在人民大会堂闭幕。张德江主持闭幕会，常委会组成人员159人出席会议。会议表决通过了全国人大常委会关于修改《中华人民共和国商标法》的决定。国家主席习近平签署第6号主席令，予以公布。会议表决通过了全国人大常委会关于授权国务院在中国（上海）自由贸易试验区暂时调整有关法律规定的行政审批的决定、关于批准《〈关于持久性有机污染物的斯德哥尔摩公约〉新增列九种持久性有机污染物修正案》和《〈关于持久性有机污染物的斯德哥尔摩公约〉新增列硫丹修正案》的决定。

会议还表决了任免案。

8月27日

［纲　文］　**习近平主持召开中共中央政治局会议。**

［目　文］　会议决定本年11月在北京召开中国共产党第十八届中央委员会第三次全体会议。会议主要议程是，中共中央政治局向中央委员会报告工作，研究全面深化改革重大问题。会议审议通过了《建立健全惩治和预防腐败体系2013—2017年工作规划》、《关于地方政府职能转变和机构改革的意见》，听取了中国（上海）自由贸易试验区筹备工作汇报。中共中央总书记习近平主持会议。

会议强调，必须坚定深化改革的信心、坚持深化改革的正确方向、凝聚深化改革的共识、注重深化改革的统筹谋划、协同推进各项改革；必须尊重人民首创精神，最大限度集中全党全社会智慧，把党内外一切可以团结的力量广泛团结起来，把国内外一切可以调动的积极因素充分调动起来，形成推进改革的强大合力；必须充分认识改革面临的矛盾和困难，增强与时俱进、攻坚克难的勇气，敢于啃硬骨头，敢于涉险滩，既勇于冲破思想观念的障碍，又勇于突破利益固化的藩篱；必须通过全面深化改革，推进实践基础上的理论创新、制度创新、科技创新、文化创新以及其他各方面创新，始终把改革创新精神贯彻到治国理政各个环节，把全社会的力量更好凝聚到实现党的十八大确定的奋斗目标和工作部署上来。

会议指出，全党要把思想和行动统一到中央对反腐败斗争的形势判断和要求部署上来，把坚决遏制腐败蔓延势头作为重要任务和工作目标，坚持“老虎”、“苍蝇”一起打，严肃查处党员干部违纪违法案件，充分发挥震慑力。要改革党的纪律检查体制，加强反腐败工作体制机制创新，完善纪委派驻机构统一管理，改进中央和省区市巡视制度。要在全面深化改革的进程中，健全和完善党内监督、民主监督、法律监督和舆论监督体系，强化对权力运行的制约和监督，形成不敢腐的惩戒机制、不能腐的防范机制、不易腐的保障机制。

会议指出，建立中国（上海）自由贸易试验区，是党中央从国内外发展大势出发，统筹国内国际两个大局，在新形势下推进改革开放的重大举措，对加快政府职能转变、积极探索管理模式创新、促进贸易和投资便利化，为全面深化改革和扩大开放探索新途径、积累新经验，具有重要意义。国务院要加强领导，上海市要精心组织实施，有关部门要大力支持，努力把试验区建设好、管理好，发挥示范带动、服务全国的积极作用。

8月27日

［纲　文］　**新华社讯，习近平分别签署命令和通令表彰奖励优秀士兵和集体。**

［目　文］　电讯说，中央军委主席习近平日前签署命令，给1个单位、2名个人授予荣誉称号：授予空降兵某连“模范空降兵连”荣誉称号，授予北京军区某坦克连军士长贾元友“铁甲精兵”荣誉称号，授予西藏军区总医院院长李素芝“雪域高原好军医”荣誉称号。签署通令，给2个单位、4名个人记功：给在单位建设取得突出成绩和完成任务中作出突出贡献的92730部队90分队记一等功，91550部队记二等功。给在本职岗位上做出突出成绩和完成任务中表现出色的91431部队永暑礁专业队海洋气象分队高级工程师李文波、海军辽宁舰机电长楼富强、北京军区某训练基地高级工程师张冀湘记一等功，南京军区南京总医院主任医师易学明记三等功。

8月27日

［纲　文］　**《人民日报》报道，中央纪委、中央组织部、中央党的群众路线教育实践活动领导小组印发《关于在党的群众路线教育实践活动中开好专题民主生活会的通知》。**

［目　文］　报道说，《通知》指出，要认真做好会前准备。精心组织学习，坚持把学习贯穿活动始终，组织领导班子成员进一步学习党章，学习《中共中央关于在全党深入开展党的群众路线教育实践活动的意见》和习近平总书记一系列重要讲话精神，自觉把思想和行动统一到中央部署要求上来。适当扩大征求意见范围，广泛听取党员、群众和基层对领导机关、领导班子和领导干部在作风方面存在的突出问题的反映。普遍开展谈心，党委（党组）主要负责人与班子每名成员之间、班子成员相互之间、班子成员与分管部门负责人之间都要开展谈心活动，沟通思想、交换意见，相互谅解、增进共识。认真撰写对照检查材料，领导班子的对照检查材料由主要负责人亲自主持起草，班子成员都要自己动手撰

写对照检查材料。

《通知》强调，要以整风精神开展批评和自我批评。专题民主生活会上，领导班子成员要认真进行对照检查。自我批评主要看，是否明确摆出“四风”问题，对群众意见和上级点明的问题是否逐一检查并作出实事求是的回应，是否从世界观、人生观、价值观深刻检查剖析问题根源，是否提出改进的具体措施。班子成员之间都要开展诚恳的相互批评。相互批评主要看，班子成员之间是否相互提出批评意见，批评是否触及被批评者的主要问题，是否达到帮助同志、增进团结、促进工作的目的。

《通知》明确，要扎实抓好整改落实。针对群众反映的问题和专题民主生活会上查摆出来的问题，无论是班子的还是个人的，都要制定整改任务书、时间表，实行一把手负责制，扎实整改落实，并在一定范围内进行公示。对群众反映强烈的突出问题，要集中治理。注重从体制机制上解决问题，完善党员领导干部直接联系群众和畅通群众诉求反映渠道等制度。

《通知》提出，要充分发挥党委（党组）书记的作用。党委（党组）书记要切实履行第一责任人的职责，组织开好专题民主生活会。要统筹谋划，主持研究制定专题民主生活会工作方案，督促班子成员认真撰写对照检查材料并逐一审阅。要带头开展谈心活动，带头开展自我批评，带头对班子成员提出批评意见。省部级单位党政主要负责同志的对照检查材料需经中央督导组审阅，并报中央教育实践活动领导小组。

《通知》要求，要切实加强督促指导。中央政治局常委同志将全程参加联系点省区党委领导班子专题民主生活会。上级党组织派出的督导组要全程参与下级领导班子的专题民主生活会，强化责任、靠前指导、从严要求，敢于“唱黑脸”、“当包公”。

8月27日

［**纲　文**］　**国家反恐工作领导小组在北京举行第一次全体会议。**

［**目　文**］　国务委员、公安部部长、国家反恐怖工作领导小组组长郭声琨出席会议并讲话。中央政法委秘书长、国务院副秘书长、国家反恐怖工作领导小组副组长汪永清主持会议。国家反恐怖工作领导小组成员单位成员、联络员，国家反恐怖工作领导小组工作联系单位联络员，公安部相关业务局负责人，国家反恐办负责人参加会议。

郭声琨在深刻分析当前我国反恐怖斗争形势后指出，加强反恐怖斗争，事关国家安全、公共安全和社会稳定，事关最广大人民的根本利益。各地区、各部门要深刻认识当前反恐怖斗争形势面临的严峻性和做好反恐怖工作的长期性、艰巨性，牢牢绷紧反恐怖斗争这根弦，切实增强忧患意识，着力强化底线思维，坚持立足当前、着眼长远，标本兼治、综合治理，下好先手棋、打好主动仗，扎扎实实地抓好当前反恐怖各项措施的落实，积极探索建立常态长效机制，不断巩固和深化反恐怖斗争取得的成果，为实现国家长治久安奠定坚实的基础。

国家反恐领导小组是国务院的议事协调机构。在反恐领导小组之前，是由2001年成立的国家反恐怖工作协调小组协调各个部门、地区的反恐行动。

8月27日

［纲　文］ **中国加入《多边税收征管互助公约》。**

［目　文］ 国家税务总局局长王军代表中国政府在法国巴黎签署《多边税收征管互助公约》，中国由此正式成为该公约第56个签约方。至此，二十国集团所有成员都加入了该公约。

《多边税收征管互助公约》又称为《多边税收行政互助公约》，是中国签署的第一份多边税收协议。这一协议在中国经济转型升级之际签署，标志着中国税收领域的改革开放进一步深化和扩大，具有重要积极意义。

8月27日

［纲　文］ **新华社讯，重庆三峡库区发现中国时代最早规模最大炼锌遗址。**

［目　文］ 电讯说，重庆三峡库区忠县洋渡镇明代炼锌遗址考古工作日前"收官"，这是我国目前已发现并进行考古发掘的时代最早、规模最大、保存最完好的古代炼锌遗址群，甚至早于《天工开物》中的有关记载。

8月27日

［纲　文］ **《人民日报》发表题为《坚持党性和人民性相统一——四论学习贯彻习近平总书记8·19重要讲话精神》的评论员文章。**

8月27日

［纲　文］ **《人民日报》发表题为《用法治思维和法治方式反腐败》的评论员文章。**

8月27日—9月1日

［纲　文］ **第七届中华图书特殊贡献奖颁奖仪式暨第二十届北京国际图书博览会在北京举行。**

［目　文］ 中华图书特殊贡献奖作为一项国家扶持和鼓励文化走出去的重要内容，是由原新闻出版总署于2005年特别设立的国家级奖项，旨在表彰在介绍、翻译和出版中国图书、促进中外文化交流等方面作出重大贡献的外国作家、翻译家和出版家。至2013年，该奖项共奖励了包括美国、法国和德国等19个国家在内的39名作家、翻译家和出版家。

本届中华图书特殊贡献奖共评选出6位获奖者，分别是埃及翻译家穆赫森·赛义德·法尔加尼、阿根廷作家马豪恩、印度尼西亚出版家杨兆骥、意大利翻译家兰乔第、瑞典翻译家陈安娜以及美国作家傅高义。

国务院副总理刘延东在人民大会堂代表中国政府向获得第七届中华图书特殊贡献奖的外国专家颁奖并表示祝贺。刘延东说，6位获奖专家长期从事中国优秀作品的翻译和出版工作，为推动中外文化交流发挥了重要的桥梁纽带作用。中国重视通过书籍加强与世界各国的文化和思想交流，增进与世界各国人民的相互理解和友谊。希望外国专家继续参与支持中外文化交流与传播事业，向世界介绍更多的优秀中国图书与中国文化。

9月1日，为期5天的第二十届北京国际图书博览会在中国国际展览中心闭幕。来自

76个国家和地区的2000多家中外出版单位，展览展示了20万种精品图书，举办了1000多场文化交流活动，参展、参观人数逾20万人次。经初步统计，本届图博会共达成中外版权贸易协议3667项，比去年增长11.2%。

8月28—31日

［纲　文］　**习近平在辽宁省考察。**

［目　文］　中共中央总书记、国家主席、中央军委主席习近平在辽宁省省长陈政高等陪同下，来到大连、沈阳等地，深入了解老工业基地调整改造和振兴发展情况。他强调，老工业基地很多企业浴火重生的实践说明，无论是区域、产业还是企业，要想创造优势、化危为机，必须敢打市场牌、敢打改革牌、敢打创新牌。要抓住新一轮世界科技革命带来的战略机遇，发挥企业主体作用，支持和引导创新要素向企业集聚，不断增强企业创新动力、创新活力、创新实力。

考察期间，习近平听取了辽宁省委和省政府的工作汇报，对辽宁近年来的工作给予充分肯定，希望辽宁广大干部群众勇于推进改革创新，全面改进作风，为加快全面振兴、建设富庶文明幸福新辽宁而努力奋斗。王沪宁、范长龙、栗战书和中央有关部门负责人分别陪同考察。

习近平在出席十二届全运会开幕式前夕，专门视察了沈阳战区部队。他强调，要坚持在部队建设中深入贯彻落实强军目标，大力推进强军目标学习教育，坚持理论联系实际，搞好转化运用，使之成为加强部队全面建设、深化部队改革创新、推进军事斗争准备的强劲动力。要始终扭住听党指挥这个强军之魂，以积极主动的工作占领部队思想阵地、文化阵地、舆论阵地，确保部队绝对忠诚、绝对纯洁、绝对可靠，任何时候任何情况下都坚决听从党中央、中央军委指挥。各级党委要发挥在实现强军目标中的核心领导作用，着力提高科学决策、民主决策、依法决策水平。要推动贯彻落实强军目标向基层拓展、向末端延伸，发挥广大官兵为实现强军目标而奋斗的积极性、主动性、创造性，切实打牢实现强军目标的坚实基础。习近平强调，当前，沈阳军区部队要在抗洪抢险斗争中发挥主力军和突击队作用，保护人民生命财产安全和经济建设成果。要精心做好第十二届全运会有关安保和支援任务，为实现“平安全运”积极贡献力量。

范长龙、王沪宁、栗战书等参加有关活动。

8月28日

［纲　文］　**李克强主持召开国务院常务会议。**

［目　文］　会议主要内容是：研究部署促进健康服务业发展，决定进一步扩大信贷资产证券化试点。

会议指出，健康服务业包括医疗护理、康复保健、健身养生等众多领域，是现代服务业的重要内容和薄弱环节。随着生活水平提高，广大群众对健康服务的需求持续增长。要认真履行政府职责，在切实保障人民群众基本医疗卫生服务需求的同时，加大改革力度，充分调动社会力量，加快发展内容丰富、层次多样的健康服务业，实现基本和非基本健康服务协调发展。

会议指出，促进健康服务业发展，重点在增加供给，核心要确保质量，关键靠改革创新。一要多措并举发展健康服务业。二要加快发展健康养老服务。三要丰富商业健康保险产品。四要培育相关支撑产业，加快医疗、药品、器械、中医药等重点产业发展。

会议确定，要在严格控制风险的基础上，循序渐进、稳步推进试点工作。一要在实行总量控制的前提下，扩大信贷资产证券化试点规模。二要在资产证券化的基础上，将有效信贷向经济发展的薄弱环节和重点领域倾斜，特别是用于“三农”、小微企业、棚户区改造、基础设施等建设。三要充分发挥金融监管协调机制作用，完善相关法律法规，统一产品标准和监管规则，加强证券化业务各环节的审慎监管，及时消除各类风险隐患。

8月28日

［纲　文］　**国务院三峡工程建设委员会在北京召开第十八次全体会议。**

［目　文］　中共中央政治局常委、国务院副总理、国务院三峡工程建设委员会主任张高丽主持会议。中共中央政治局委员、国务院副总理、国务院三峡工程建设委员会副主任汪洋出席会议。

张高丽说，三峡工程自1994年开工建设以来，目前已如期完成了初步设计建设任务，成功实现了175米试验性蓄水目标。三峡工程综合效益逐步显现，多次经受特大洪峰考验，确保了长江中下游的防洪安全；累计送出电量6000多亿千瓦时，惠及10个省（市），有效改善了中国能源结构；枢纽年货运量已达1亿吨，比蓄水前增长近5倍；搬迁安置移民129.6万人，库区经济和居民收入持续增长；加强地质灾害防治、注重保护环境生态；突破了一批装备制造和工程建设的核心技术，创新了工程建设的体制机制。三峡工程取得了举世瞩目的成就，留下了宝贵的精神财富和工程建设管理经验。

张高丽指出，当前三峡工作正处于承前启后的关键时期。有关部门和地方要进一步加强三峡工程运营等方面的综合管理，不断提高科学化管理水平，确保安全运行、有效运行、科学运行；进一步加强三峡水库消落区治理、水污染防治、生态环境保护等工作，推进生态文明建设。要坚持改善民生，加强库区移民群众的职业教育和技能培训，促进就业，推动库区经济社会发展和移民安稳致富。

汪洋充分肯定了三峡工程建设取得的成就。他指出，要研究完善三峡水库调度方案，更好地发挥三峡工程的综合效益；研究促进库区产业发展、城镇化推进和生态保护的战略，实现库区经济发展和生态环境保护“双赢”。

国务院三峡办负责人在会上汇报了三峡工程建设和后续工作开展等情况，国务院三峡工程建设委员会各成员单位负责人参加了会议。

8月28日

［纲　文］　**中央宣传文化单位负责人会议在北京召开。**

［目　文］　中共中央政治局委员、中宣部部长刘奇葆主持召开中央宣传文化单位负

责人会议，强调要把学习宣传贯彻习近平总书记在全国宣传思想工作会议上的重要讲话精神作为重大政治任务，深入学习领会、全面贯彻落实，切实把思想和行动统一到讲话精神上来，把智慧和力量凝聚到实现会议确定的各项任务上来，不断开创宣传思想文化工作新局面。

刘奇葆指出，习近平总书记的重要讲话，站在党和国家事业发展全局的战略高度，深刻阐述了事关宣传思想文化工作长远发展的一系列重大理论和现实问题，进一步明确了宣传思想文化工作的方向目标、重点任务和基本遵循，是做好新形势下宣传思想文化工作的纲领性文献。宣传思想文化战线要认真学习领会习近平总书记重要讲话精神，紧紧抓住巩固马克思主义在意识形态领域的指导地位、巩固全党全国人民团结奋斗的共同思想基础这个根本任务，抓住围绕中心、服务大局这个基本职责，抓住网上舆论工作这个重中之重，抓住增强文化软实力这个战略目标，抓住建强队伍这个关键，精心组织会议精神的宣传阐释，认真落实会议作出的各项重大部署，加强组织领导，积极创新改进，抓好督促检查，务求工作实效，推动宣传思想文化工作不断上台阶上水平。

8月28日

［纲　文］　**全国人民调解工作会议在北京召开。**

［目　文］　会议由最高人民法院、司法部联合召开。中共中央政治局委员、中央政法委书记孟建柱出席会议并讲话。

孟建柱强调，预防和化解矛盾纠纷是人民调解工作的主要任务，也是人民调解工作的价值所在。多年的实践证明，矛盾纠纷在第一时间发现、第一环节化解，效果最好。要坚持和发展以“发动和依靠群众、小事不出村、大事不出镇、矛盾不上交、社会治安好”为主要内容的“枫桥经验”，充分发挥人民调解组织遍布城乡、人民调解员扎根基层的优势，主动深入到矛盾问题多、工作难度大的地方开展排查，特别是对婚姻家庭、邻里关系、损害赔偿等常见性民间矛盾纠纷，要尽早发现苗头，及时就地调解，把矛盾纠纷消除在源头、化解在基层。要主动适应当前社会矛盾纠纷发展变化的新特点，积极拓展人民调解领域，有效解决交通事故、食品药品安全、物业管理、电子商务等领域发生的矛盾纠纷，努力做到“应调尽调”，回应新形势下人民群众对化解矛盾纠纷的新需求，夯实社会和谐稳定的根基。

会前，孟建柱等领导会见了出席全国人民调解工作会议的代表。

国务委员、中央政法委副书记、公安部部长郭声琨，最高人民法院院长周强，最高人民检察院检察长曹建明，中央政法委秘书长、国务院副秘书长汪永清，中央政法委副秘书长、中央综治办主任陈训秋出席会议。司法部部长主持会议。

8月28日

［纲　文］　**《人民日报》发表题为《弘扬主旋律，传播正能量——五论学习贯彻习近平总书记8·19重要讲话精神》的评论员文章。**

8月29日

［纲　文］　**李克强在北京主持召开国家科技教育领导小组第一次全体会议。**

［目　文］　教育部、科技部主要负责人分别在会上作了汇报，领导小组成员单位负责人围绕下一阶段教育、科技发展和改革进行了深入讨论。中共中央政治局常委、国务院总理、国家科技教育领导小组组长李克强对近年来教育、科技工作取得的显著成就给予充分肯定，强调要始终把教育和科技放在全局性、战略性的位置，予以高度重视。

李克强说，教育是民生改善的来源，传承文明的载体。要缩小中国发展中存在的城乡和区域这两个最大的差距，就要培养更多服务中西部和农村的人才。教育资源要向中西部和广大农村地区倾斜，提升中西部地区教育水平。要加强东中西部教育协作，尤其是国家重点高校，要强化服务国家战略的意识，鼓励优秀教师以多种方式到中西部服务。运用现代信息技术，让贫困地区的孩子共享优质教育资源。在教育公平上要多想办法、多做实事。东部地区要创新理念和模式，在提高教育质量上发挥示范引领作用。

李克强指出，发挥科技第一生产力作用，关键是促进科技和经济社会深度融合，并以创新和创业为导向。要增强科技创新实力，提升产业核心竞争力，就必须围绕大局，瞄准世界科技与产业革命的大趋势和我国经济社会发展需要，紧扣结构调整和转型升级的要求，通过创新体制机制，充分发挥企业的主体作用，使广大科研人员的创造活力、创新能力迸发出来，使创新成果转化为实实在在的经济社会效益，让科技造福人民。应用研究和基础研究都要沿着这个方向加大力度。

国务院副总理、国家科技教育领导小组副组长刘延东出席会议并讲话。

8月29日

［纲　文］　**国务院在北京召开第三次全国经济普查电视电话会议**。

［目　文］　会议主要内容是安排部署全国经济普查工作。中共中央政治局常委、国务院副总理、国务院第三次全国经济普查领导小组组长张高丽出席会议并讲话。他强调，第三次全国经济普查是在我国步入全面建成小康社会决定性阶段进行的一次重大国情国力调查，要提高认识、统筹安排、精心组织，坚持依法、科学、求是、创新普查，摸清底数、搞准情况，做到心中有数，为有效应对风险和挑战、推动经济持续健康发展提供基础信息依据。

张高丽指出，要充分认识经济普查工作的重要意义，定期开展经济普查，是我国的法定要求，是认识国情、摸清家底的重大举措，是提高决策和管理科学化水平的重要基础性工作。要确保经济普查数据真实、准确、可信。数据准确是统计工作的灵魂，数据质量是经济普查的生命线。这次普查最根本、最核心的要求，就是普查数据必须客观真实、全面准确、可靠可信，必须实打实、硬碰硬，决不能带水分，更不能弄虚作假。要切实加强对经济普查工作的组织领导。各地区、各部门、各级普查机构要按照“全国统一领导、部门分工协作、地方分级负责、各方共同参与”的原则，进一步提高思想认识，统筹安排工作，精心组织实施，切实把经济普查工作抓紧、抓实、抓好，抓出成效。要做好经济普查成果的分析应用。要以经济普查为契机推动统计工作改革发展。

会上，国家统计局负责人汇报了第三次全国经济普查准备和安排情况，中宣部、税务总局和山西、山东、四川省人民政府有关负责人作了发言。

出席主会场会议的还有党中央、国务院、全国人大、全国政协和军队有关部门负责人。各省、市、县（区）设立了分会场。

8月29日

［纲　文］　**中国—东盟特别外长会议在北京举行。**

［目　文］　会议主要议题是进一步深化中国—东盟战略伙伴关系。中国外交部部长王毅和泰国副总理兼外交部部长素拉蓬共同主持。

王毅表示，中国新一届政府高度重视东盟，将坚定不移地把东盟作为周边外交的优先方向，坚定不移地深化同东盟的战略伙伴关系。希望中国和东盟以建立战略伙伴关系10周年为契机，总结经验，规划未来，坚持睦邻友好，聚焦发展合作，共同开创中国—东盟关系更美好的明天。

东盟各国外交部部长表示，东盟各国的梦想与中国梦紧密相连，相辅相成。一个和平发展、睦邻友好的强大中国，是东盟国家之福，符合各方利益。

双方一致同意，协调配合，确保第16次中国—东盟领导人会议取得圆满成功。加强政府、民间各层次交流，夯实睦邻友好的民意和社会基础。打造中国—东盟自贸区“升级版”，共同推动区域全面经济伙伴关系（RCEP）谈判。推动互联互通，探讨建立亚洲互联互通投融资平台。用好中国—东盟海上合作基金，管控分歧，海陆并进，让海上合作成为双方合作的新亮点。开展安全防务交流与对话，加强在国际和地区事务中的协调配合。

双方宣布，落实《南海各方行为宣言》第六次高官会和第九次联合工作组会议于9月14—15日在中国苏州举行，会议将就全面有效落实《宣言》，加强海上务实合作进行讨论，并在落实《宣言》的框架下，就“南海行为准则”举行磋商。

当天，国务院总理李克强在北京集体会见了来华出席会议的东盟10国外交部部长和东盟秘书长黎良明。国务委员杨洁篪会见了东盟国家外交部部长和东盟秘书长。

8月29日

［纲　文］　**国务院副总理张高丽在北京会见巴基斯坦参联会主席哈立德·沙米姆·温一行。**

［目　文］　张高丽在会见时说，中巴保持和深化战略合作符合两国根本利益，是两国人民的共同愿望，也有利于地区和平与发展。近年来，两国在经贸、农业、科技、能源开发利用等各个领域的务实合作不断取得新的进展。两国政府提出的“中巴经济走廊远景规划”构想，为两国关系的长远发展注入了新的活力。希望双方抓紧有利契机，加强交流，不断推进有关工作，把两国高水平政治关系优势转化为更广泛、更深入、更务实的合作成果。

温说，巴基斯坦政府高度重视对华关系，将其视为巴外交政策的基石。在新的时期，巴方愿进一步加强巴中全面合作，深化并拓展巴中两军合作，为维护两国共同利益作出贡献。

8月29日

［纲　文］　**外交部部长王毅与联合国秘书长潘基文就叙利亚局势通电话。**

［目　文］　王毅在通话时强调，联合国调查小组正在叙利亚开展实地调查，中方坚定支持调查小组在没有外部压力和不受干扰的情况下开展独立、公正、客观、专业的调查。各方应为调查小组开展工作创造条件。在查明真相前，各方应避免预判结果，更不应强行推动安理会采取行动。

王毅指出，军事手段解决不了叙利亚问题，外部军事干预有悖于《联合国宪章》宗旨以及国际关系基本准则，只会造成更多平民伤亡，加剧中东局势动荡。政治解决仍是叙利亚问题的唯一现实出路。

当天，王毅还就叙利亚局势与德国外交部部长韦斯特韦勒、阿盟秘书长阿拉比通电话。

8月29日

［纲　文］　**《人民日报》发表题为《在创新中赢得主动权——六论学习贯彻习近平总书记8·19重要讲话精神》的评论员文章。**

8月29日

［纲　文］　**《人民日报》发表题为《加强党的制度建设的基础工程》的评论员文章。**

8月30日

［纲　文］　**习近平签署中华人民共和国主席令（第六号）。**

［目　文］　第六号主席令说，《全国人民代表大会常务委员会关于修改〈中华人民共和国商标法〉的决定》已由中华人民共和国第十二届全国人民代表大会常务委员会第四次会议于2013年8月30日通过，现予公布，自2014年5月1日起施行。

8月30日

［纲　文］　**李克强在中南海听取中科院、工程院城镇化研究报告并进行座谈。**

［目　文］　中国科学院、中国工程院组织上百位专家历时1年多就城镇化问题作了深入研究，形成了一批成果，希望和国务院领导进行交流。国务院总理李克强专门邀请两院院士及有关专家到中南海，听取城镇化研究报告并与他们进行座谈。

徐匡迪、陆大道院士分别介绍了工程院、中科院城镇化课题研究成果。10余位院士、专家结合各自研究领域，纷纷发表见解建议。

工程院课题组大样本抽样调查显示，现在"80后"和"90后"新生代农民工普遍不愿再回乡务农，他们迫切希望成为真正的城里人。城镇化已成为不可逆转的趋势。李克强说，从国际经验看，工业化和城镇化是现代化的必由之路。在我们这样一个13亿人口的大国实现现代化，人类历史上前所未有，城镇化会面临更多挑战，需要放在现代化的大格局中来把握。我们既要清醒认识这是一项长期的历史任务，不可能一蹴而就，又要以民之所望为施政所向，积极稳妥地加以推进。

座谈中，不少院士认为，近些年来我国城镇化取得了长足进步，积累了一些经验，但也确实存在质量不高、缺乏科学规划等问题。尤其是城镇化率虚高，1亿多农民工进城后享受不到同等公共服务，只能算是“半城镇化”。李克强表示，对于这些问题，要高度重视。推进新型城镇化，就是要以人为核心，以质量为关键，以改革为动力，使城镇真正成为人们的安居之处、乐业之地。这方面还有大量工作要做。

李克强最后说，城镇化是一个复杂的系统工程，必须广泛听取意见建议，科学论证，周密谋划，使实际工作趋利避害。当前，要选择棚户区改造等已经形成共识的重点领域，一步一步加以推进。他还请院士专家们就科学衡量城镇化水平、优化人口与经济空间布局、促进新型城镇化与农业现代化相辅相成、形成资源节约环境友好生产消费模式等重点难点问题做进一步研究，帮助政府科学决策。

国务院副总理张高丽等出席座谈会。

8月30日

［纲　文］　**中央和国家机关党的群众路线教育实践活动工作座谈会在北京召开。**

［目　文］　座谈会上，与会人员总结交流了中央和国家机关教育实践活动前一段工作，普遍表示推进教育实践活动，既要看到取得的进展成效、坚定信心，又要直面存在的问题、保持清醒，增强责任感紧迫感，在解决突出问题上取得成效，不辜负党中央的厚望，不辜负广大群众的期待。

中共中央政治局常委、中央党的群众路线教育实践活动领导小组组长刘云山出席并讲话。他指出，开展好教育实践活动，关键是坚持一把手作表率，推动领导干部树立问题意识，带着问题把自己摆进去。在中央和国家机关，“四风”问题不是有没有的问题，而是多和少、重和轻、深和浅的问题。各部门各单位领导干部都要带好头，深入具体地查摆问题。不能用笼统的抽象问题代替具体的实际问题，不能用工作差错问题代替“四风”方面突出问题，不能用本部门本单位机关干部职工反映的福利待遇问题代替基层干部群众反映强烈的不良作风问题。查摆问题还要敞开大门听意见，接受群众监督，问题找得准不准要向群众反馈，整改措施实不实要接受群众评判。

中共中央政治局委员、中央党的群众路线教育实践活动领导小组副组长赵乐际，中央书记处书记、中央党的群众路线教育实践活动领导小组副组长赵洪祝出席会议。部分中央和国家机关党组（党委）教育实践活动领导小组组长参加会议，10个部门负责人作了发言。

8月30日

［纲　文］　**国务院批复民政部同意建立全国社会救助部际联席会议制度。**

［目　文］　联席会议制度的主要职能是，在国务院领导下，研究拟订完善社会救助体系的重大制度、政策、体制和机制，向国务院提出建议；统筹做好最低生活保障与医疗、教育、住房等其他社会救助政策以及促进就业、扶贫开发政策的协调发展和有效衔接；研究解决救助申请家庭经济状况核对跨部门信息共享问题；督导推进全国社会救助体系建设；完成国务院交办的其他事项。

联席会议制度的工作规则是，联席会议原则上每年召开一次例会，由召集人或召集人委托的同志主持。根据国务院领导同志指示或工作需要，可以临时召集会议。在联席会议召开之前，召开联络员会议，研究讨论联席会议议题和需提交联席会议议定的事项。联席会议以会议纪要形式明确会议议定事项，经与会单位同意后印发有关方面并抄报国务院。重大问题需经联席会议讨论后，由联席会议牵头单位报国务院决定。

8 月 30 日

［纲　文］　**银监会印发《银行业消费者权益保护工作指引》。**

［目　文］　《指引》共 43 条，分总则、行为准则、制度保障、监督管理、附则 5 章，自 2013 年 8 月 30 日起施行。

《指引》针对侵害银行业消费者权益的行为提出了 8 项禁止性规定：不得在营销产品和服务过程中以任何方式隐瞒风险、夸大收益；不得在格式合同和协议文本中出现误导、欺诈等侵害银行业消费者合法权益的条款；不得主动提供与银行业消费者风险承受能力不相符合的产品和服务；不得在未经银行业消费者授权或同意的情况下向第三方提供个人金融信息；不得向银行业消费者误导销售金融产品；不得随意增加收费项目或提高收费标准；不得无故拒绝银行业消费者合理的服务需求；不得在服务中对残疾人等特殊银行业消费者有歧视性行为。

8 月 30 日

［纲　文］　**中国伊斯兰教协会在北京举行成立 60 周年纪念会。**

［目　文］　60 周年纪念会在人民大会堂举行。中共中央政治局常委、全国政协主席俞正声会见中国伊斯兰教协会领导班子成员。

俞正声对中国伊斯兰教协会成立 60 周年表示热烈祝贺，向各位代表和全国伊斯兰教界的朋友们表示亲切问候。他指出，改革开放以来，中国伊斯兰教协会始终高举爱国爱教旗帜，积极协助党和政府贯彻宗教信仰自由政策，为促进民族团结、维护社会稳定和国家统一作出了积极贡献。希望伊斯兰教界人士继续发扬我国伊斯兰教爱国爱教优良传统，精研教义、阐释经典、提高修养、率先垂范、服务大局，团结和引领各族穆斯林群众，积极投身经济社会建设事业，为国家富强、民族振兴、人民幸福作出新的贡献。

国务院副总理刘延东出席纪念会并讲话。她代表党中央、国务院向中国伊斯兰教协会表示热烈祝贺，向全国伊斯兰教界朋友致以亲切问候和良好祝愿。刘延东强调，党的十八大提出“两个一百年”的奋斗目标，实现中华民族伟大复兴中国梦，需要包括广大宗教界人士和信教群众在内的全体中华儿女共同奋斗。伊斯兰教界和各族穆斯林群众要紧密团结在党和政府周围，投身全面建成小康社会和中国梦伟大事业。

中国伊斯兰教协会会长希拉伦丁·陈广元大阿訇在纪念会上致辞。全国人大常委会副委员长艾力更·依明巴海，全国政协副主席、国家民委主任王正伟，全国政协副主席马飚，中国佛教协会、中国道教协会、中国天主教爱国会、中国天主教主教团、中国基督教三自爱国运动委员会、中国基督教协会的代表，以及有关方面的负责人出席了纪念会。

8月30日

［纲　文］　**世界第一高坝雅砻江锦屏一级水电站首批机组投产发电。**

［目　文］　西部大开发的标志性工程——雅砻江锦屏一级水电站首批两台60万千瓦的机组投产，标志着雅砻江流域梯级整体开发取得重大阶段性成果。雅砻江流域将建21个梯级水电站，预计2025年全部建成，总装机3000万千瓦，相当于1.5个三峡水电站。

锦屏一级水电站被国内外公认为当今世界“技术难度最大、施工环境最危险、施工布置最困难、建设管理难度最大”的在建电站。电站建设过程中，成功攻克了世界最高拱坝——305米的混凝土双曲拱坝、世界最大规模高边坡、最复杂地质条件等世界性技术难题，创造了“十项世界第一”、“十项中国第一”和“十项行业第一”，对引领世界水电科技进步具有里程碑意义。

8月30日

［纲　文］　**全国政协主席俞正声在北京会见日本前众议长横路孝弘率领的日本民主党政治家代表团。**

［目　文］　俞正声在会见时说，保持中日关系长期健康稳定发展，符合两国和两国人民根本利益。中方重视发展中日关系，愿在中日四个政治文件的原则基础上，继续保持两国政党、议会和民间交往，推进中日战略互惠关系。当前中日关系面临严重困难，希望日方正视历史和现实，以史为鉴，面向未来，坚持和平发展道路，以实际行动消除两国关系健康发展的障碍，推动中日关系早日回到正常发展轨道。

横路孝弘表示，当前日中关系形势严峻，令人忧虑。但两国人民普遍认为日中关系至关重要，这是日中关系改善和发展的基础。双方应按照两国四个政治文件的原则精神，尽快妥善解决有关争端和分歧。

8月30日

［纲　文］　**《人民日报》发表题为《客观认识当代中国与外部世界——七论学习贯彻习近平总书记8·19重要讲话精神》的评论员文章。**

8月31日

［纲　文］　**交通运输部发布《关于改进提升交通运输服务的若干指导意见》。**

［目　文］　《意见》主要内容有：一、总体要求。二、重点任务和工作抓手。三、保障措施。

《意见》提出用5年左右的时间，通过推进均等化、规范化、便捷化、安全化、信息化和公开化六个方面、28条为民服务措施的实施，使交通运输的服务范围进一步扩大，服务能力进一步增强，服务水平进一步提升，服务内容更加丰富，服务形式更加多样，服务流程更加规范，人民群众满意度和认可度进一步提高，更好地服务经济社会发展和人民群众安全便捷出行。

8 月 31 日

［纲　文］《人民日报》发表题为《共享全运，开创新风——热烈祝贺第十二届全国运动会开幕》的社论。

8 月 31 日—9 月 12 日

［纲　文］ 第十二届全国运动会在辽宁省沈阳市举行，习近平出席并宣布开幕。

［目　文］ 运动会开幕式 31 日在辽宁沈阳奥林匹克体育中心举行。中共中央总书记、国家主席、中央军委主席习近平出席开幕式并宣布运动会开幕。开幕式当天，习近平在沈阳会见了全国体育先进单位和先进个人代表并发表讲话。

全国群众体育先进表彰活动自 1993 年第七届全国运动会开始，每 4 年表彰一次，已连续在 5 届全运会期间进行表彰。第十二届全国运动会期间，共表彰 2009—2012 年度全国群众体育先进单位 2978 个、全国群众体育先进个人 2496 名、全国体育系统先进集体 70 个、全国体育系统先进工作者 45 人。

王沪宁、刘延东、范长龙、栗战书、王晨、国际奥委会副主席黄思绵和应邀观摩第十二届全运会的境外来宾也出席了开幕式。开幕式由第十二届全运会组委会执行主任、辽宁省省长陈政高主持。

全运会主赛区设在沈阳市，辽宁省其他 13 个地市均设有分赛区，共有 9000 多名运动员参加。本届比赛项目设 31 个大项、40 个分项、350 个小项。在本届全运会上，有 4 人 5 次创 5 项亚洲纪录，11 人 3 队 18 次创 14 项全国纪录，1 人 1 次创 1 项全国青年纪录。辽宁在 2009 年 01 月申办全运会成功，是继北京、上海、广东、江苏与山东后，第 6 个主办全运会的省市。

9 月 12 日，全运会在辽宁省浑南体育训练基地综合馆举行闭幕式。李克强宣布第十二届全国运动会闭幕。闭幕式由十二运会组委会副主任、辽宁省常务副省长周忠轩主持。刘延东、陈昌智、马培华等出席闭幕式。

根据组委会公布的奖牌统计，本届全运会山东省代表团以 65 枚金牌高居榜首。辽宁（56 金）、广东（50.5 金）、上海（45 金）、中国人民解放军（45 金）和江苏（45 金）名列综合成绩榜前列。在参赛的 38 个代表团中，有 33 个代表团获得了金牌，36 个代表团获得了奖牌，所有代表团都获得了前八名的成绩。十二运会组委会副主任、国家体育总局副局长冯建中宣读了获得中华人民共和国第十二届运动会体育道德风尚奖代表团名单，其中包括中国人民解放军、天津、河北、山西、内蒙古等 33 个代表团。

9 月

9月1日

［纲　文］　**国务院批复发展改革委同意建立经济体制改革工作部际联席会议制度。**

［目　文］　联席会议制度主要包括：一、联席会议的主要职责。在国务院领导下，协调解决经济体制改革进程中的重大问题；研究论证重大改革方案；组织重大改革事项联合调研；研究完善改革工作协调推进机制；协调重大改革事项的宣传和舆论引导；协调国家综合配套改革试点和各专项试点涉及的重要问题和重大政策；完成党中央、国务院交办的其他事项。二、联席会议的成员单位。联席会议由中央编办、发展改革委、教育部、科技部、工业和信息化部等35个单位组成。发展改革委为联席会议牵头单位。联席会议办公室设在发展改革委，承担联席会议日常工作。联席会议设联络员，由各成员单位有关司局负责同志担任。三、联席会议的工作规则。联席会议根据工作需要定期或不定期召开会议，由召集人或副召集人主持。成员单位根据工作需要可以提出召开会议的建议。研究具体工作事项时，可视情况召集部分成员单位会议，也可邀请其他部门参加会议。联席会议以会议纪要形式明确会议议定事项，经与会单位同意后印发有关方面。重大事项要及时向国务院报告。四、联席会议的工作要求。各成员单位要按照职责分工，主动研究经济体制改革中的重大问题，认真落实联席会议议定事项；要互通信息、相互配合、相互支持、形成合力，充分发挥联席会议的作用。联席会议办公室要及时向各成员单位通报有关情况。

9月1日

［纲　文］　**中共中央党校举行2013年秋季学期开学典礼。**

［目　文］　中共中央政治局常委、中央党校校长刘云山出席开学典礼，就深入学习贯彻习近平总书记在全国宣传思想工作会议上的重要讲话精神和在党的群众路线教育实践活动中开展好批评和自我批评发表讲话。赵乐际、赵洪祝出席开学典礼。中央有关部门负责人，中央党校负责人、在校全体学员、教职工等1600多人参加开学典礼。

刘云山说，习近平总书记的重要讲话对新形势下宣传思想工作地位作用、根本任务、重大方针、基本要求作了全面深刻的阐述，是指导新时期宣传思想工作的纲领性文献。各级党委要深入学习贯彻讲话精神，加强对宣传思想领域重大问题的分析研判和重大战略任务的统筹指导，切实负起政治责任和领导责任。宣传思想战线要坚持守土有责、守土负责、守土尽责，牢牢把握宣传思想工作的根本任务，牢牢把握正确的政治方向和正确导向，牢牢把握主导权和话语权，大力弘扬改革创新精神，努力开创宣传思想工作新局面。

9月1日

［纲　文］　**西部计划实施10周年座谈会在乌鲁木齐市召开。**

［目　文］　中共中央政治局委员、国家副主席李源潮，中共中央政治局委员、自治区党委书记张春贤出席会议并讲话。

李源潮指出，西部计划是党中央培养大学毕业生骨干的重要决策，各级党委和有关部门要深刻领会中央领导的重要指示精神，深入实施西部计划，引导有志青年到祖国最需要的地方实现青春梦想，努力成为可堪大用、能担重任的栋梁之材：一是要鼓励有志青年把祖国和人民的需要作为自己的人生追求；二是要引导有志青年到基层去创业创新创优；三是支持青年在西部扎根奉献，实现人生价值。

张春贤指出，希望来自全国的志愿者主动融入各族群众，真心热爱各族人民，在大美新疆放飞青春梦想。

西部计划由团中央、教育部等部门组织实施，10年来累计有16万名高校毕业生志愿到西部基层一线服务锻炼，有1.6万人服务期满留当地工作，目前在岗1.7万人。

座谈会由团中央书记处第一书记秦宜智主持。教育部、财政部、人社部以及新疆维吾尔自治区、新疆生产建设兵团负责人参加了会议。

9月1日

［纲　文］　**《人民日报》发表题为《构建全党动手的大宣传格局——八论学习贯彻习近平总书记8·19重要讲话精神》的评论员文章。**

9月2日

［纲　文］　**纪念韦国清同志诞辰100周年座谈会在北京召开。**

［目　文］　中共中央政治局常委、全国人大常委会委员长张德江出席座谈会，并在会前会见了韦国清亲属。中共中央政治局委员、中央军委副主席许其亮，全国政协副主席马飚出席座谈会。

韦国清同志是第十至十二届中央政治局委员，第四至七届全国人大常委会副委员长，第四、五届全国政协副主席。1955年被授予上将军衔。

中共中央政治局委员、全国人大常委会副委员长李建国在座谈会上讲话，全面回顾了韦国清同志生平业绩和历史贡献，强调要继承和发扬老一辈革命家的光荣传统，在对历史的深入思考中做好现实工作、更好走向未来，不断交出坚持和发展中国特色社会主义的合格答卷。

9月2日

［纲　文］　**王岐山在北京调研中央纪委监察部网站建设。**

［目　文］　中共中央政治局常委、中央纪委书记王岐山在中央纪委监察部网站工

作区观看了网页演示，听取了工作人员介绍，详细了解了网站建设和运营工作。他指出，建设中央纪委监察部网站，是新形势下加强党风廉政建设的重要举措。要牢固树立政治意识、大局意识，紧紧围绕中心工作，坚持正确导向，突出纪检监察工作特色，重点办好反对“四风”、惩治和预防腐败等栏目，为党风廉政建设和反腐败斗争提供舆论支持。

王岐山强调，党风廉政建设宣传是党的宣传工作的重要组成部分，要与时俱进，创新宣传理念和方式方法，形成高音、中音、低音的和声，增强针对性和实效性。办好网站贵在时效，做到及时更新。要避免空洞说教，坚持辩证宣传，善于讲故事，用事实说话，用数据说话，打动群众心灵，提高感染力和说服力。

中央纪委副书记赵洪祝一同调研。中央纪委监察部网站是在整合机关5个网站基础上创建的，2013年9月2日正式开通。

9月2日

［纲　文］　**刘延东考察北京市盲人学校。**

［目　文］　北京市盲人学校创建于1874年，主要为视障学生提供文化教育、技能培养和康复训练，涵盖从学前教育到中等职业教育等多个学段。新学期开学第一天，中共中央政治局委员、国务院副总理刘延东来到该校，看望师生员工，观摩课堂教学，调研特殊教育发展情况。

刘延东在考察时指出，要进一步加大支持力度，特教特办，努力完善特殊教育体系，健全保障机制，改善办学条件，不断满足残疾学生的学习需求。要深化课程教材改革，创新教育手段和方式，有针对性地进行缺陷补偿和潜能开发，提高残疾学生综合素质。要结合社会需求，加强面向残疾人的职业教育培训，帮助他们掌握一技之长，提高就业创业能力。要动员全社会力量关心特殊教育，支持和推动特殊教育事业加快发展。

刘延东强调，特殊教育教师常年坚守在特教岗位一线，播撒爱心，无私奉献，倾心育人，值得全社会学习和尊敬。要加大对优秀特教教师的宣传力度，强化培养培训，落实好工资待遇倾斜政策，鼓励和吸引更多优秀人才投身特殊教育事业。在与盲人学生互动交流时，刘延东勉励他们树立崇高理想，锤炼意志品质，积极面对人生，练就过硬本领，成为生活的强者，努力谱写精彩人生，在个人圆梦的过程中为实现中国梦作出积极贡献。

9月2日

［纲　文］　**中国成功发射遥感卫星十七号。**

［目　文］　3时16分，我国在酒泉卫星发射中心用长征四号丙运载火箭，成功将遥感卫星十七号发射升空，卫星顺利进入预定轨道。遥感卫星十七号主要用于科学试验、农作物估产及防灾减灾等领域。这是长征系列运载火箭的第180次发射。

9月2日

［纲　文］　**新华社讯，中央军委领导到军队第一批教育实践活动联系点调研。**

［目　文］　电讯说，经中共中央总书记、国家主席、中央军委主席习近平批准，按照中央军委开展党的群众路线教育实践活动部署安排，中共中央政治局委员、中央军委副主席范长龙，中共中央政治局委员、中央军委副主席许其亮，中央军委委员、国务委员兼国防部部长常万全，中央军委委员赵克石、张又侠、吴胜利、马晓天、魏凤和等近期分别前往教育实践活动联系点，调查研究、了解情况，同官兵广泛交谈、听取意见建议。军委领导还分别主持召开座谈会，听取联系点单位工作汇报，对进一步开展好教育实践活动提出要求。

军委领导在调研中指出，深入开展党的群众路线教育实践活动，是全党全军的重大政治任务。习主席对军队开展教育实践活动高度重视，作出“三个着眼”“三个见到成效”的重要指示，要求军队标准更高、走在前列。各级要紧紧围绕实现强军目标，从坚决听党指挥、模范执行号令，凝聚军心意志、聚焦能打胜仗，传承红色基因、永葆性质宗旨的高度，充分认识开展教育实践活动的重大意义，进一步增强政治自觉、思想自觉、行动自觉。

军委领导指出，当前军队教育实践活动进展顺利、势头良好，取得阶段性重要成果。各级要深入学习贯彻习主席和军委的决策指示，紧密结合实际和下一步活动特点，进一步调动领导干部和广大官兵两个积极性，打牢学习教育和查摆问题两个基础，抓好整改落实和建章立制两个关键，推动教育实践活动往深处走、往实里落。

9月2日

［纲　文］　**全国人大常委会委员长张德江在北京与各国议会联盟主席拉迪举行会谈。**

［目　文］　张德江在会谈时说，议联是中国全国人大参加的最为重要的多边议会组织。中国全国人大重视议联在国际事务中的重要作用，全力支持议联的工作。自1984年加入议联以来，中国全国人大组团出席了历届议联大会和三次世界议长大会，并成功承办了1996年议联第九十六届大会和2005年议会世贸大会香港会议。新一届中国全国人大愿意进一步加强与议联的关系，进行更加密切的合作，积极参加议联大会等各种活动，在议联事务中发挥积极作用，为促进世界和平发展、人类文明进步作出贡献。张德江并向客人简要介绍了中国全国人民代表大会制度和刚刚闭幕的十二届全国人大常委会第四次会议情况。

拉迪说，中国是个伟大的国家，为世界的发展作出了重要贡献。中国全国人大自加入各国议会联盟以来，有力地增强了议联的行动能力。我此访的目的之一就是为了进一步加强议联与中国全国人大的友好合作。相信在我们的共同努力下，议联将为促进各国议会间的对话与合作、维护世界的和平发展发挥更加积极的作用。

9月2日

［纲　文］　**《人民日报》发表题为《“照镜子”重在找到差距——如何落实十二字总要求之一》的评论员文章。**

9月2—5日

［纲　文］　**马凯在深圳市、杭州市、上海市调研。**

［目　文］　国务院副总理马凯来到深圳、杭州、上海三市，深入集成电路设计、制造、封装、关键装备材料和通信设备、网络服务、电子商务、工业控制等企业和科研单位进行调研，了解集成电路产业发展情况，听取意见和建议。

马凯强调，要坚持需求牵引、创新驱动、软硬结合、重点突破、开放发展，加强国家战略引领和政府引导，充分发挥市场配置资源的基础性作用，加快推进集成电路产业持续健康发展，为转变经济发展方式、保障国家安全、提升综合国力提供有力支撑；要明确发展战略，聚焦发展重点，着力发展芯片设计业，加速发展芯片制造业，努力突破关键装备和材料；要深入实施创新驱动发展战略，坚持有所为、有所不为，加强原始创新、集成创新和引进消化吸收再创新，建立以企业为主体、产学研相结合的技术创新体系，努力在一些关键领域实现跨越式超越；要坚持以安全保发展、在发展中求安全，按照技术先进、安全可靠、自主可控的要求，切实维护网络和信息安全；要强化人才支撑，加大人才培养投入，健全人才培养体系，完善高端人才引进政策，建立人才激励机制，努力造就一支高素质的领军人才和高端技术人才队伍；要加强组织领导和综合协调，认真落实好已有政策措施，进一步加大支持力度，多渠道筹集发展资金，鼓励企业兼并重组，积极推动市场应用，加强知识产权保护，为集成电路产业健康发展提供良好环境。

9月2—3日

［纲　文］　**北斗二号卫星工程总结大会在北京召开。**

［目　文］　中共中央政治局委员、中央军委副主席许其亮出席会议并讲话，他强调要坚决贯彻党中央、中央军委和习近平主席一系列重要决策指示，解放思想、实事求是，与时俱进、开拓创新，不断夺取卫星导航事业新胜利，推动我国航天装备创新发展，为实现强国强军伟大梦想作出新的更大贡献。会上对为北斗二号卫星工程建设作出突出贡献的60个集体和150名个人进行了表彰。

中央军委委员、总装备部部长张又侠，工业和信息化部副部长、国家航天局局长马兴瑞等参与工程建设相关的各国家部委、军队部门以及工程各大系统有关单位的领导和代表近300余人出席大会。

会议指出，发展独立自主的北斗卫星导航系统，是党中央、国务院、中央军委作出的重大战略决策。工程实施以来，参研参试人员集智集力突破核心技术，形成了自主创新、团结协作、攻坚克难、追求卓越的北斗精神，为我国卫星导航事业作出了巨大贡献。北斗二号卫星工程建设成功是我们坚持道路自信、制度自信、理论自信的重大成果，是推进自主创新、建设创新型国家的生动写照。

9月2—7日

［纲　文］　**第三届中国—亚欧博览会在新疆维吾尔自治区乌鲁木齐市举行。**

［目　文］　博览会以“开放互信、共谋发展”为主题，来自50个国家（地区）、7

个国际组织的外国政要、前政要及嘉宾与会。联合国开发计划署、联合国工业发展组织、上海合作组织等 67 个国际组织参会。除俄罗斯、哈萨克斯坦等传统经贸合作伙伴外，还有印度、奥地利、波兰、加拿大、立陶宛等 11 个新增国别参展，国际协办单位由第二届的 17 个增至 22 个。中国 21 个协办省市及甘肃、宁夏共计 23 个省市自治区参展。

中共中央政治局委员、国家副主席李源潮，中共中央政治局委员、新疆维吾尔自治区党委书记张春贤出席开幕式并讲话。李源潮指出，世界经济格局正在发生深刻变化，经济全球化、区域一体化潮流方兴未艾，亚欧国家应扩大开放合作、促进共同发展。吉尔吉斯斯坦总理萨特巴尔季耶夫、塔吉克斯坦第一副总理达夫拉托夫、蒙古国家大呼拉尔副主席贡其格道尔吉、联合国开发计划署署长克拉克、尼泊尔前议长内姆旺作演讲。全国人大常委会副委员长艾力更·依明巴海，全国政协副主席王正伟、王钦敏出席开幕式。

本届博览会共举办 11 个论坛和专题活动，分别是：上海合作组织工商企业家论坛、“开放兵团，共谋发展”主题活动、中外文化展示周活动、新闻部长论坛、科技合作论坛、中国—亚欧区域通信交流与合作论坛、金融发展与合作论坛、侨资企业西部行、上海合作组织粮食安全研讨会暨首届中国优质水果推介活动、中亚南亚商协会合作论坛、巴克图论坛。

9 月 7 日，为期 6 天的第三届中国—亚欧博览会落幕，共签订内联项目 905 个，签约总额达 7387.33 亿元，其中三分之二以上为区外投资。

9 月 3—13 日

［纲　文］　**国家主席习近平应邀访问土库曼斯坦、哈萨克斯坦、乌兹别克斯坦、吉尔吉斯斯坦，并出席二十国集团领导人第八次峰会、上海合作组织成员国元首理事会第十三次会议。**

［目　文］　国家主席习近平 3 日抵达阿什哈巴德，开始对土库曼斯坦进行国事访问。当天，习近平与土库曼斯坦总统别尔德穆哈梅多夫举行会谈。两国元首在会谈中高度评价中土关系发展，共同规划两国未来合作，决定建立中土战略伙伴关系。习近平就深化两国合作提出 6 条建议。会谈后，两国元首共同签署了《中土关于建立战略伙伴关系的联合宣言》，并见证了外交、经贸、能源、林业、教育、体育、地方合作等领域多项合作文件的签署。

习近平 4 日抵达俄罗斯圣彼得堡，出席二十国集团领导人第八次峰会。5 日，习近平出席会议并发表了题为《共同维护和发展开放型世界经济》的重要讲话，强调各国要放眼长远，要努力塑造各国发展创新、增长联动、利益融合的世界经济，坚定维护和发展开放型世界经济，建设更加紧密的经济伙伴关系，肩负起应有的责任。习近平强调，第一，反对贸易保护主义，维护和发展开放型世界经济。打开窗子，才能实现空气对流，新鲜空气才能进来。搞保护主义和滥用贸易救济措施，损人不利己。二十国集团要致力于营造自由开放的全球贸易环境，推动国际贸易自由化、便利化。要坚持通过对话和协商，妥善处理贸易摩擦。一些发达国家也要取消对高新技术产品出口的不合理限制。第二，加强多边贸易体系，推动多哈回合谈判。当前的多边贸易体制以世界贸易组织为核心，其生命力在于普惠性和非歧视性。参与区域自由贸易合作时，要坚持开放、包容、透明原则，使之既有利于参与方，又能体现对多边贸易体系和规则的支持，避免全球贸易治理体系碎片化。第三，完善全球价值链，建设全球一体化大市场。要正确认识各国在全球价值链中的分工、增值、获益情况，加强贸易政策协调，帮助发展中国家加强贸易能力建设，中方已经全面实现对同中国建交的最不发达国家95%税目的产品零关税待遇，并将在2015年将上述比例提高到97%。习近平强调，中国的贸易战略宗旨是互利共赢、多元平衡。我们将继续坚持稳定出口和扩大进口并重，强化贸易政策和产业政策协调，加快服务业开放步伐，推动对外贸易平衡发展，更好融入全球价值链。我们愿同二十国集团成员继续一道努力，加强国际自由贸易，坚定维护和发展开放型世界经济。

当天，峰会闭幕，发表了《二十国集团圣彼得堡峰会领导人宣言》和《二十国集团峰会五周年声明》。与会期间，习近平还会见了俄罗斯总统普京、巴西总统罗塞夫、阿根廷总统克里斯蒂娜、世界贸易组织总干事阿泽维多、美国总统奥巴马、德国总理默克尔等外国领导人及国际组织负责人，并出席了金砖国家领导人非正式会晤，同巴西总统罗塞夫、俄罗斯总统普京、印度总理辛格、南非总统祖马就金砖国家合作以及重大国际和地区问题交换意见、协调立场。

习近平6日抵达阿斯塔纳，开始对哈萨克斯坦进行国事访问，7日同哈萨克斯坦总统纳扎尔巴耶夫举行会谈。两国元首就深化中哈全面战略伙伴关系达成广泛重要共识。会谈后，两国元首共同签署了《中哈关于进一步深化全面战略伙伴关系的联合宣言》，见证了中哈经贸合作中长期发展规划等合作文件的签署。当天，习近平在哈萨克斯坦纳扎尔巴耶夫大学发表了题为《弘扬人民友谊，共创美好未来》的重要演讲，并出席了中哈企业家委员会成立大会。他在演讲中盛赞中哈传统友好，全面阐述中国对中亚国家睦邻友好合作政策，倡议用创新的合作模式，共同建设“丝绸之路经济带”，将其作为一项造福沿途各国人民的大事业。

习近平8日抵达塔什干，开始对乌兹别克斯坦进行国事访问，9日同乌兹别克斯坦总统卡里莫夫举行会谈。两国元首就中乌关系及共同关心的国际和地区问题坦诚深入交换意见，达成广泛共识，决定进一步发展和深化中乌战略伙伴关系。会谈后，两国元首共同签署了《中乌关于进一步发展和深化战略伙伴关系的联合宣言》和《中乌友好合作条约》，见证了经贸、能源、投融资、汉语教学等多项合作文件签署。

习近平10日抵达比什凯克，开始对吉尔吉斯斯坦进行国事访问并出席上海合作组织元首理事会第十三次会议。11日，习近平同吉尔吉斯斯坦总统阿坦巴耶夫举行会谈。双方就发展中吉关系、深化两国合作坦诚深入交换意见，达成重要共识。两国元首宣布将中吉关系提升为战略伙伴关系。会谈后，两国元首共同签署了《中吉关于建立战略伙伴关系的联合宣言》，并见证了经贸、能源、投融资、中医药等领域多项合作文件签署。习近平还会见了吉尔吉斯斯坦总理萨特巴尔季耶夫、蒙古国总统额勒贝格道尔吉、塔吉克斯坦总统拉赫蒙和伊朗总统鲁哈尼。

上海合作组织成员国元首理事会第十三次会议13日在吉尔吉斯斯坦首都比什凯克举行。中国国家主席习近平、哈萨克斯坦总统纳扎尔巴耶夫、吉尔吉斯斯坦总统阿坦巴耶夫、俄罗斯总统普京、塔吉克斯坦总统拉赫蒙、乌兹别克斯坦总统卡里莫夫出席会议。

习近平在小范围会谈发言，并在大范围会谈发表《弘扬“上海精神”，促进共同发展》的重要讲话，提出4点主张：第一，弘扬互信、互利、平等、协商、尊重多样文明、谋求共同发展的“上海精神”；第二，共同维护地区安全稳定；第三，着力发展务实合作；第四，加强人文交流和民间交往，为上海合作组织发展打牢民意基础和社会基础。会上，成员国元首签署了《上海合作组织成员国元首比什凯克宣言》。会议并发表了《上海合作组织成员国元首理事会会议新闻公报》。

9月3日

［纲　文］　**中共中央纪委和中央党的群众路线教育实践活动领导小组发出《关于落实中央八项规定精神坚决刹住中秋国庆期间公款送礼等不正之风的通知》。**

［目　文］　《通知》重申了以下纪律要求：一是节日期间，严禁用公款送月饼送节礼；严禁用公款大吃大喝或安排与公务无关的宴请；严禁用公款安排旅游、健身和高消费娱乐活动；严禁以各种名义突击花钱和滥发津贴、补贴、奖金、实物。二是各级领导机关、领导干部要把刹住节日期间公款送礼等不正之风作为党的群众路线教育实践活动正风肃纪的重要内容，对出现的问题敢抓敢管，及时提醒、坚决纠正。各级领导干部特别是一把手，要严于律己，从我做起，并加强对亲属和身边工作人员的教育和约束。三是各级纪检监察机关要充分发挥职能作用，强化监督检查，对顶风违纪的，发现一起，查处一起，严肃追究直接责任人和有关领导的责任，并对典型案例予以通报曝光，坚决刹住“两节”期间公款送礼等不正之风，切实巩固改进作风的成果。

9月3日

［纲　文］　**张德江在北京会见以黎栋国为团长的香港纪律部队交流团。**

［目　文］　全国人大常委会委员长张德江在会见香港特别行政区政府保安局局长黎栋国时说，香港回归祖国16年来，保持了繁荣稳定的局面，“一国两制”方针和基本法得到切实贯彻执行，取得举世公认的成功。在中央政府和祖国内地的大力支持下，特区政府依法施政，香港社会各界共同努力，取得的成绩来之不易。新一届政府在行政长官梁振英领导下，努力发展经济，改善民生，既着眼当前，又谋划长远，稳中求进、务实有为。中央政府对行政长官梁振英和特区政府管治团队的工作是满意的。

张德江指出，香港的地位取决于经济发展，保持经济繁荣是香港的第一要务。关于香港政制发展问题，中央的原则立场是一贯和明确的，就是必须坚持“一国两制”、“港人治港”、高度自治的方针，按照基本法和全国人大有关决定，积极、稳妥推进香港民主发展，最终达至普选目标。香港无论是发展经济、改善民生，还是进行政改、推进民主，都要讲法治，都需要有一个稳定和谐的社会环境，这是广大香港市民的根本利益所在。

张德江还向交流团介绍了国家政治体制和法治建设情况。

9月3日

［纲　文］　**张高丽在北京市调研**。

［目　文］　国务院副总理张高丽实地考察了北京石景山热电厂、西北热电中心建设项目和环境监测站，了解散煤、汽车、扬尘等污染治理情况，并主持召开座谈会，听取加强大气污染防治的意见和建议。

张高丽表示，北京作为首都，应在保持经济社会持续健康发展的同时，把生态环境建设摆上突出位置，率先在大气污染防治上取得新突破。要突出抓好压煤、控车、降尘三项重点工作。坚决治理冬季城乡炊事、取暖燃用高硫、高灰分劣质煤现象，通过置换使用优质煤炭和电力、天然气，降低二氧化硫排放；合理控制机动车保有总量，彻底淘汰黄标车，更新老旧车，增加新能源车，加强油品质量管理，探索新的交通管理方式，减少汽车氮氧化物排放；强化城市扬尘治理和监管执法，做到建筑工地有围挡，渣土运输车辆要密闭，道路扬尘有效管理，控制细颗粒物排放。

张高丽要求，北京市要加强组织领导，分解落实责任，严格问责考核，着力构建政府统领、企业施治、市场驱动、公众参与的大气污染防治新机制。周边地区也要联动推进、形成强大合力，把大气治理工作落在实处，见到实际效果，让人民群众满意。

张高丽强调，搞好大气污染防治，必须在保护中发展、在发展中保护，实现环境效益、经济效益和社会效益的多赢；必须认识到大气污染不是在短时间内就可以解决的，而是需要长期艰苦不懈地治理；必须坚持同呼吸、共奋斗的行为准则，动员全社会积极参与，自觉践行绿色、低碳、文明的生产方式和消费模式，共同为改善首都大气环境、建设美丽中国作出贡献。

北京市委书记郭金龙陪同调研。

9月3日

［纲　文］　**国务院副总理刘延东在北京会见俄罗斯新任驻华大使杰尼索夫**。

［目　文］　刘延东在会见时表示欢迎杰尼索夫来华履新，希望双方进一步落实两国元首3月莫斯科会晤时达成的各项人文合作共识，以年内举行的中俄总理第十八次定期会晤为契机，积极筹办好2014—2015年中俄青年友好交流年活动，推动双方在人文各领域的合作不断取得新进展，进一步巩固两国民众间的相互了解和传统友谊。

9月3日

［纲　文］　**外交部发言人就抗战胜利68周年发表谈话**。

［目　文］　外交部发言人说，今天是中国人民抗日战争胜利68周年纪念日，也是世界反法西斯战争胜利纪念日。抗日战争和反法西斯战争的胜利，是正义战胜邪恶、光明战胜黑暗、进步战胜反动的伟大胜利。前事不忘，后事之师。只有铭记那段惨痛历史，从中汲取深刻教训，才能防止历史悲剧重演。无数抗日先烈的宝贵生命和鲜血换来的“二

战”胜利成果不容挑战，基于对日本军国主义进行正义审判和彻底清算基础上确立的战后国际秩序必须维护。任何企图为日本侵略历史翻案的行径，都将遭到所有亚洲受害国人民和国际社会的坚决抵制和反对。我们敦促日方采取对历史和未来负责的态度，认真履行反省侵略历史的表态和承诺，以实际行动取信于亚洲近邻和国际社会。

9月3日

［纲　文］**《人民日报》发表题为《坚决遏制盲目“造城”之风》的评论员文章。**

9月3—6日

［纲　文］**第十届中国—东盟博览会和中国—东盟商务与投资峰会在广西壮族自治区南宁市举行。**

［目　文］开幕式由广西壮族自治区主席陈武主持。国务院总理李克强出席开幕式并发表主旨演讲。中国和东盟国家领导人、东盟秘书长、各国部长、地方行政长官、金融机构负责人、商协会会长，国际组织负责人，全球著名企业家，区域经济研究专家，以及各界人士代表共1100多人出席了开幕大会。

李克强说，中国与东盟携手走过了不平凡的历程，开创了合作的“黄金十年”。双方要继往开来，推动中国与东盟战略伙伴关系百尺竿头、更进一步，创造新的“钻石十年”。李克强并就进一步加强中国与东盟的合作提出五项倡议：一是打造中国—东盟自贸区升级版；二是加快推进公路、铁路、水运、航空、电信、能源等领域互联互通合作；三是加强金融合作；四是开展海上合作；五是增进人文交流。

缅甸总统吴登盛、柬埔寨首相洪森、老挝总理通辛、泰国总理英拉、越南总理阮晋勇、新加坡副总理张志贤、东盟秘书长黎良明出席开幕式并分别致辞。

东盟产业园区招商大会在博览会期间举办，来自东盟10国的19个产业园区，以及包括北斗卫星导航企业在内的中外企业参会，各方交流了园区投资项目和政策信息。会期举办了“10+6”企业家交流会、韩国—中国贸易洽谈会等一系列面向区域外的经贸交流活动。澳大利亚高级官员出席了“10+6”企业家交流会、博览会投资促进圆桌会等，筹划今后适时担任博览会特邀贵宾国事宜。

中国内地有37个省区市组团参会，众多省区市举办了面向东盟的一系列经贸交流活动。投资合作方面，签署了一批务实的合作项目。中国企业对东盟投资项目更多，双向投资领域更广，投资的重点也从传统制造业及矿产开采加工转移到绿色科技创业园、生物科技、现代农业、中医药基地建设、电子商务、养生旅游等新领域。

会前，李克强在南宁分别会见了出席第十届中国—东盟博览会的东盟国家领导人和出席中国—东盟互联互通交通部长特别会议的东盟国家交通部部长。

9月3—4日

［纲　文］**2013年经济全球化与工会国际论坛在北京举行。**

［目　文］中央政治局委员、中华全国总工会主席李建国出席开幕式并致辞。全国总工会副主席、书记处第一书记陈豪主持开幕式并作主旨发言。来自亚洲、非洲、拉美和

欧洲国家工会组织以及国际和区域工会组织、国际劳工组织等130余位代表参加了论坛。

两天里，与会代表围绕“共享机遇、共促发展”的主题进行了广泛深入的交流讨论，充分表达了各自主张，并达成了更加重视劳动对于经济社会均衡发展的决定性作用，充分保障和维护劳动者的合法权益，增强各国间的沟通、协商与合作，继续推动国际工运向公正合理、民主和谐方向发展等共识，携手推动国际工运向公正合理、民主和谐方向发展等共识，携手推动实现各国劳动者分享发展机遇和成果。

经济全球化与工会国际论坛2004年创立，本次是第9届，以“共享机遇、共促发展”为主题。论坛结束后，主办方并组织各国与会代表到山东省参观，实地了解中国企业的生产经营状况和中国企业工会工作情况。

9月4日

［纲　文］ **国务院副总理汪洋出席“2013俄罗斯中国电影节”开幕式。**

［目　文］ 受习近平主席委托，汪洋4日在圣彼得堡出席电影节开幕式并致辞。汪洋表示，中俄两国互办电影节活动对于加深两国人民互相了解、进一步发展中俄友谊将发挥重要作用。中俄都是电影大国，希望能在互相办好电影节的基础上加强合作，拍出更多更优秀的电影作品。开幕式前，汪洋会见了陈可辛、成龙等中国电影代表团成员。

电影节9月4日至13日在俄罗斯圣彼得堡和莫斯科两个城市举行，由教育部和俄罗斯联邦文化与国家新闻出版总署的合作，支持中国的出版、电影、广播和电视。电影节期间，在圣彼得堡和莫斯科同时展示不同流派的10部最新的中国电影，包括：1.《中国合伙人》。2.《1942》。3.《致我们终将逝去的青春》。4.《萧红》。5.《十二生肖》。6.《一代宗师》。7.《飞越老人院》。8.《索道医生》。9.《失恋33天》。10.《画皮2》。中国电影人代表团（其中包括知名导演和编剧——毛羽、苏小卫、杨洪涛；著名演员——陈可辛、黄晓明、邓超、佟大为、杜娟、成龙、章子怡）参加了电影节开幕仪式。

9月4日

［纲　文］ **《人民日报》发表题为《“正衣冠”难在立查立改——如何落实十二字总要求之二》的评论员文章。**

9月4—12日

［纲　文］ **中共中央政治局常委刘云山应邀访问白俄罗斯、乌克兰、斯里兰卡、柬埔寨欧亚四国。**

［目　文］ 刘云山在明斯克分别会见了白俄罗斯总统卢卡申科、国民会议共和国院主席鲁比诺夫、总统办公厅主任科比亚科夫。

刘云山在会见卢卡申科时说，此访旨在落实两国元首达成的重要共识，进一步深化中白友谊与合作。为此我提三点建议：一是密切高层往来，巩固政治互信；二是扎实推进两国务实合作，夯实两国关系的物质基础；三是积极推进人文领域合作，增进两国人民的相互了解与友谊。

刘云山在基辅分别会见了乌克兰总统亚努科维奇，政府总理、地区党主席阿扎罗夫。刘云山在会见亚努科维奇时说，中国党和政府高度重视中乌友好关系，始终把乌克兰作为真诚的朋友和伙伴。2011年两国元首共同签署中乌战略伙伴关系协议，推动双边关系进入全面发展的新阶段。两国政治互信不断加强，在国际事务中密切协调配合，经贸合作规模与质量同步提高，教育文化交流日益活跃，给两国人民带来实际利益。刘云山在会见阿扎罗夫时说，中方视乌克兰为中国在欧亚地区的重要合作伙伴，愿同乌方一道，着力推动中乌战略伙伴关系全面深入发展：一是继续巩固和提高两国政治互信水平，加强高层交往和对话；二是进一步拓展两国务实领域互利合作，积极推动经贸合作取得新的成效；三是大力支持开展形式多样的人文交流活动，继续深化教育领域的交流合作；四是切实加强科学技术方面的合作，把乌克兰的科技成果和中国的资金优势、市场优势更好结合起来。刘云山并与阿扎罗夫共同出席了中国中央电视台与乌克兰国家电视公司有关合作协议的签字仪式。

刘云山在科伦坡分别会见了斯里兰卡总统、自由党主席拉贾帕克萨和总理贾亚拉特纳。刘云山在会见拉贾帕克萨时说，中方愿与斯方共同落实好两国领导人达成的重要共识，继续保持高层交往，着力深化经贸合作，大力促进人文交流，不断加强多边领域协调，更好地为两国人民造福。

刘云山在金边分别会见了柬埔寨国王西哈莫尼，人民党副主席、首相洪森，国会主席、人民党名誉主席韩桑林，奉辛比克党主席阿龙拉斯美。刘云山在会见西哈莫尼时说，中柬建交55周年和“中柬友好年”之际，中方深切缅怀西哈努克太皇为中柬关系作出的卓越贡献，高度评价国王陛下秉承太皇遗志，坚持发展中柬友好。我们一如既往高度重视发展中柬关系，坚定支持柬从实际出发走自己的发展道路，希望柬保持稳定、团结和发展。

9月5—6日

［纲　文］　上合组织成员国第一次司法部长会议在北京举行，习近平致贺信。

［目　文］　会议主题是“加强司法部间合作，推进法治建设，保障和服务发展”。上海合作组织秘书长德米特里·费多罗维奇·梅津采夫出席会议并在开幕式上致辞。

在5日举行的开幕式上，中共中央政治局委员、中央政法委书记孟建柱首先宣读了习近平向会议发来的贺信。习近平在贺信中表示，上海合作组织成立以来，扩大了成员国政治、经济、安全、文化等领域务实合作，促进了地区和平与发展，得到国际社会广泛认同。上海合作组织成员国司法部长会议机制的建立和第一次会议的召开，是加强成员国司法部合作、推进司法行政领域交流合作的重要举措，相信会议将为推进上海合作组织成员国法治建设和交流合作作出积极贡献。

与会司法部部长回顾了成员国间在法律和司法领域合作的历史，围绕加强司法部间合作、推进法治建设、保障和服务发展的主题，在友好、务实和建设性的气氛中，就司法部长会议在实现上海合作组织目标和任务中的作用，以及在法律领域建立和深化合作等问题进行了交流。

与会成员国司法部部长达成6项共识：一、恪守《上海合作组织程序规则》，定期举办上合组织司法部长会议。二、进一步在本会议机制框架下加强成员国司法部间法律和司法领域的合作，举行圆桌会议、互访、开展培训以促进司法部门间经验交流并提高合作水平。三、在本会议框架下的合作将恪守《上海合作组织宪章》和《上海合作组织成员国各部门领导人会议条例》，遵循“互信、互利、平等、协商、尊重多样文明、谋求共同发展”的“上海精神”。四、加强成员国司法部领导人之间的高层往来，广泛开展成员国司法部间不同层面的交流，就共同关心的问题寻求或增进共识。五、根据国际条约和互惠原则，加强成员国司法部间的交流与合作，推进法治建设。推动成员国在司法协助、司法鉴定、执行司法判决和司法文书等领域进行合作，保护成员国公民、法人合法权益。六、讨论在将来签署成员国司法部之间的合作协定问题。

9月5日

［纲　文］ **国务院印发《关于取消76项评比达标表彰评估项目的决定》。**

［目　文］ 《决定》指出，经研究论证，国务院决定在前一阶段已经取消和下放两批共计13项评比达标表彰评估项目的基础上，再取消76项。取消的项目包括：国家卫生计生委主办的对免疫规划工作先进单位和个人进行表彰和奖励、人口计生综合改革示范市、全国人口和计划生育依法行政示范乡镇（街道）创建活动、流动人口卫生和计划生育基本公共服务均等化示范市、中国人口早期教育暨独生子女培养示范区共5个项目；国家中医药管理局主办的全国老中医药专家学术经验继承工作、全国优秀中医临床人才研修项目表彰活动，中医药科研实验室分级评估共2个项目；国家食品药品监督管理总局主办的国家药品安全示范县创建工作的评估验收、全国食品药品监管系统法制宣传教育（“六五”普法）评选表彰、全国食品药品监管好新闻评选、食品药品监管信息报送工作评比与表彰共4个项目，等等。

9月5日

［纲　文］ **国家卫生计生委、财政部印发《关于做好2013年新型农村合作医疗工作的通知》。**

［目　文］ 《通知》主要内容包括：一、进一步提高筹资水平，完善筹资政策。2013年起，各级财政对新农合的补助标准从每人每年240元提高到每人每年280元。其中，原有240元部分，中央财政继续按照原有补助标准给予补助；新增40元部分，中央财政对西部地区补助80%，对中部地区补助60%，对东部地区按一定比例补助。参合农民个人缴费水平原则上相应提高到每人每年70元，有困难的地区个人缴费部分可分两年到位。有条件的地方要积极探索建立与经济发展水平和农民收入状况相适应的筹资机制。二、提高保障水平，减轻群众经济负担。将政策范围内住院费用报销比例提高到75%左右，进一步提高统筹基金最高支付限额和门诊医药费用报销比例。要适当拉开不同级别医

疗机构间的门诊和住院报销比例，将门诊逐步引向乡村医疗机构，将住院主要引向县乡两级医疗机构，引导农民合理就医流向，推动实现“小病不出乡，大病不出县”。三、推进新农合重大疾病保障工作。2013年，要以省（区、市）为单位全面推开儿童白血病、先天性心脏病、终末期肾病、妇女乳腺癌等共20个病种的重大疾病保障试点工作。进一步推进各地通过谈判、团购的方式将原研药、专利药等特殊药品纳入报销范围，降低药品费用。四、加快推进商业保险机构参与新农合经办服务和大病保险工作。全面推开利用新农合基金购买城乡居民大病保险的试点，制定大病保险的基本政策要求，完善招标、协议、监管、保障、基金结余管理等方面的政策措施，确保大病保险试点工作顺利起步。五、进一步加强新农合基金监管，规范基金使用。会同相关部门加强对新农合基金使用和管理的监督检查，对挤占、挪用、骗取、套取新农合基金的行为，如“小病大治”、虚增医疗费、挂床等问题，要依据法律法规及时予以惩处。六、加强管理能力，提高经办服务水平。力争2013年底在部分省份开展参合农民跨省异地就医和报销的试点。同时，开展便民可行的诊疗付费举措，进一步提高农民满意度。

9月5日

［纲　文］　《人民日报》发表题为《“洗洗澡”贵在敢于批评——如何落实十二字总要求之三》的评论员文章。

9月6日

［纲　文］　李克强主持召开国务院常务会议。

［目　文］　会议专门听取了全国工商联对国务院关于鼓励和引导民间投资健康发展有关政策措施贯彻落实情况第三方调查评估的汇报。会议认为，2010年以来，鼓励和促进民间投资的政策措施及其实施细则陆续出台，取得了积极成效。但此次委托与民营企业联系紧密的全国工商联开展独立评估，评估结果反映出政策措施在许多方面落实还不到位，主要是：民营企业在市场准入方面仍遭遇不少体制性和政策性障碍；部分实施细则不具体、操作性不强或门槛设置过高，实践中很难落实；对政策落实缺乏考核监督，一些法规规章也没有及时作出调整等。这些都影响了鼓励和引导民间投资政策效应的有效发挥。

会议强调，必须继续解放思想，切实转变观念，全面落实好鼓励和引导民间投资的各项政策。一是各有关部门要结合评估反映出的问题，逐条研究、逐项分解，按照“定目标、定事项、定责任、定时间、定结果”的要求，限期拿出细化实化已出台实施细则的改进措施。需要配套政策的，要抓紧制定出台。二是认真落实新一届政府推出的深化行政审批制度改革的一系列措施，以更好服务企业需求为政府职能转变的重要目标，创新管理方式。三是尽快在金融、石油、电力、铁路、电信、资源开发、公用事业等领域向民间资本推出一批符合产业导向、有利于转型升级的项目，形成示范带动效应，并在推进结构改革中发展混合所有制经济。四是全面清理和修订有关民间投资的行政法规、部门规章及规范性文件，制定清晰透明、公平公正、操作性强的市场准入规则，多设“路标”、少设“路障”，为民间投资参与市场竞争“松绑开路”。五是各部门要强化对政策落实情况的督查考核，注重引入社会力量开展第三方评估，接受各方监督，不能“自拉自唱”。对工作不力的，要严肃问责。

9月6日

［纲　文］　**国务院印发《关于加快发展养老服务业的若干意见》。**

［目　文］　《意见》主要包括四个方面的内容：一、总体要求。二、主要任务。三、政策措施。四、组织领导。《意见》提出，到2020年，全面建成以居家为基础、社区为依托、机构为支撑，功能完善、规模适度、覆盖城乡的养老服务体系。

《意见》明确了今后一段时期发展养老服务业的主要任务。一是统筹规划发展城市养老服务设施。各地在制定城市总体规划、控制性详细规划时，必须按照人均用地不少于0.1平方米的标准，分区分级规划设置养老服务设施。二是大力发展居家养老服务网络。积极培育居家养老服务企业和机构，引入社会组织和家政、物业等企业，兴办或运营老年供餐、社区日间照料、老年活动中心等形式多样的养老服务项目。三是大力加强养老机构建设。支持社会力量举办养老机构。开展公办养老机构改制试点，支持民间资本通过委托管理等方式运营公有产权的养老服务设施。四是切实加强农村养老服务。各级政府用于养老服务的财政性资金重点向农村倾斜。支持乡镇五保供养机构改善设施条件并向社会开放。五是繁荣养老服务消费市场。积极开发老年产品用品，培育养老产业集群。六是积极推进医疗卫生与养老服务相结合。医疗机构要积极支持和发展养老服务。支持有条件的养老机构设置医疗机构。

《意见》针对当前养老服务业发展面临的“融资难”、“用地难”、“用人难”和“运营难”等突出问题，提出了一系列扶持政策：一是完善投融资政策。二是完善土地供应政策。三是完善税费优惠政策。四是完善补贴支持政策，建立健全经济困难的高龄、失能等老年人补贴制度。五是完善人才培养和就业政策。

9月6日

［纲　文］　**王岐山在天津市调研。**

［目　文］　中共中央政治局常委、中央纪委书记王岐山到天津市，就深入落实八项规定精神、纠正享乐主义和奢靡之风进行调研。王岐山深入社区考察党风民风建设工作，到南市食品街了解节礼销售情况，听取天津市落实中央八项规定精神工作汇报，与冯骥才等专家学者和基层干部代表就党风民风建设进行座谈。

王岐山在调研中强调，中秋是传统佳节，传承着民族优秀文化和情感。国庆节是举国欢庆的日子。近年来，不正之风浸染了节日文化，月饼、大闸蟹等节礼越送越奢华，与勤俭节约的传统美德渐行渐远。公款购买节礼侵蚀了党风和社会风气。对传统文化我们要取其精华、去其糟粕，扬清抑浊。享乐主义和奢靡之风就是糟粕。党员干部要带头弘扬中华民族优秀传统，全社会共同努力，做民风转变的参与者、实践者，过一个平安欢乐祥和、风清气正的中秋和国庆佳节。

王岐山指出，不良作风积习甚深，可谓冰冻三尺非一日之寒，改起来并不容易。纠正“四风”要从点滴做起，由浅入深、由易到难、循序渐进，一个阶段一个阶段地抓，坚持数年，必见成效。各级党委要切实担负起党风廉政建设主体责任，领导干部要带头弘扬党的优良传统和作风，自觉接受党内和人民群众、新闻媒体监督。纪检监察机关要严格执纪，坚决查处顶风违纪行为，予以通报、曝光，增强震慑力。

中共中央政治局委员、天津市委书记孙春兰陪同调研。

9月6日

［纲　文］ **深紫外固态激光源前沿装备在北京通过验收。**

［目　文］ 中国科学院科研人员经过10余年的努力，在国际上首先生长出大尺寸氟硼铍酸钾晶体，并发现该晶体是第一种可用直接倍频法产生深紫外波段激光的非线性光学晶体。在此基础上发明了棱镜耦合专利技术，率先发展出直接倍频产生深紫外激光的先进技术。目前，中科院在棱镜耦合器件上已获中、美、日专利，使我国成为世界上唯一能够研制实用化、精密化深紫外固态激光源的国家。

9月6日

［纲　文］ **国家副主席李源潮在北京会见吉利布兰率领的美国国会议员代表团。**

［目　文］ 李源潮在会见时说，中美构建新型大国关系需要双方的共同努力，两国应加强各层次沟通交流，增进相互理解和信任。希望美国国会在促进两国人民友好往来、维护中美关系大局中发挥建设性作用，巩固中美关系的民意基础和社会基础。

吉利布兰等表示，美中关系有广阔的前景和未来，愿积极促进两国人民的相互理解与友好合作。

9月6日

［纲　文］ **《人民日报》发表题为《“治治病”旨在对症下药——如何落实十二字总要求之四》的评论员文章。**

9月6—11日

［纲　文］ **第九届中国—东北亚博览会在长春市举行。**

［目　文］ 本届博览会由中国商务部、国家发改委、吉林省人民政府共同主持，以“推动战略合作，改善互联互通，加强全面交往，促进深度融合”为主题。博览会6日在吉林省长春市开幕，吸引100多个国家和地区的政要及10万余名客商参会。

中国—东北亚博览会前身系中国吉林·东北亚投资贸易博览会，经中国国务院批准，自本届起正式更名。这是世界上唯一由东北亚国家共同参与并面向全球开放的国际性综合展会，举办8年来，有来自世界各地的42万专业客商参加，为东北老工业基地累计吸引域外资金9000亿元人民币，目前已成为中国面向东北亚区域开放的战略平台。

全国政协副主席王家瑞出席了开幕式暨东北亚经贸合作高层论坛，并作主旨演讲。他向东北亚六国提出几点合作建议：一是不断增强政治互信，要继续保持政治对话和沟通，增进对六国合作前景与合作路径的共识；二是扩大贸易和投资合作；三是加强基础设施建设合作；四是深化可持续发展领域合作。

本届博览会共设置中国东北老工业基地振兴馆、香港和台湾地区商品馆、东北亚国家馆、投资合作馆、现代服务业和新兴产业馆及食品医药馆8个展馆共2600个国际标准展位，吸引了国内外966户企业参展。展会期间，共举办各类会议活动38项。在重点项目签约仪式上，长春市有韩国茵德克斯光电材料有限公司与吉林奥来德光电材料股份有限公司合作的“有机光电材料及中间体开发”等5个重点项目签约；吉林市有韩国绿地株式会社与吉林市冠通汽车零部件有限责任公司合作的“林荫路绿化树保护板”等5个重点项目签约；延边州有韩国高岭土RIS事业团与安图开发区合作的“伊利石综合利用”等5个重点项目签约。对外商品贸易成交额达84117.2万美元，比第八届增长10.3%。

会议期间，还举行了长春国际技术转移战略联盟成立大会。

9月7日

［纲　文］　**习近平签署命令，发布新修订的《中国人民解放军警备条令》。**

［目　文］　《条令》共10章87条，包括：一、总则。二、警备司令部职责和工作制度。三、警备工作人员和警备纠察分队。四、维护军容风纪。五、维护军车运行秩序和交通安全。六、维护军队形象和外出军人合法权益。七、执行临时警戒勤务。八、警备临时看管。九、奖励与处分。十、附则，自2013年10月1日起施行。

《条令》所称的警备工作，是指军队按照区域组织实施的对军人、军车在营区外活动进行的管理监督工作。主要任务是维护军容风纪，维护军车运行秩序和交通安全，按照规定职权查处假冒军人、假冒军车和假冒军队单位，维护军队形象和外出军人合法权益，执行临时警戒勤务。

修订后的《条令》主要在以下几个方面作了修改完善：一是规范了警备工作的职能定位。在警备工作任务中，增加了“按照规定职权查处假冒军人、假冒军车和假冒军队单位”的内容；并对一些影响警备工作职能准确定位的表述作了修改完善。二是完善了警备司令部的职责和工作制度。对警备司令部各项工作制度的内容、程序和要求进行了规范，修改完善了警备纠察分队担负任务的范围、专业训练的内容、派遣程序和相关要求。三是明确了警备检查纠察的组织实施。遵循归口管理的原则，规范了警备主管部门组织实施警备检查纠察的任务、程序和方法，重点对军容风纪检查纠察、军车路检的组织实施，以及违反军容风纪军人、违章违纪军车、军车交通事故纠纷的处理等作了明确。四是调整了警备工作任务。将警备司令部“临时性警备勤务”限定为3项“临时警戒勤务”：重大事故、事件现场的警戒，突发事件应急处置时的安全警戒，部队执行任务时的道路交通调整和行动路线警戒。五是设立了警备临时看管制度。删除了原条令中有关“收容”的有关表述，代之以警备临时看管制度，并对实施这项措施的权限、程序和有关要求进行了严格限定。此外，为增强《条令》的执行力，专门设立了“奖励与处分”一章；增加了加强警备工作信息化建设的条款。

9月7日

［纲 文］ **载人潜水器“蛟龙号”完成各航段下潜任务。**

［目 文］ “蛟龙号”在位于西北太平洋的中国大洋协会富钴结壳勘探合同区采薇海山区西侧，进行了试验性应用航次第三航段的第四次下潜，标志着三个航段的科学下潜任务全部完成。国家海洋局第二海洋研究所助理研究员唐立梅搭乘“蛟龙号”下潜，成为我国首位在大洋中下潜的女科学家。

9月8日

［纲 文］ **国务院办公厅批复发展改革委同意建立宁夏内陆开放型经济试验区建设部际联席会议制度。**

［目 文］ 为加强对宁夏内陆开放型经济试验区建设的指导、协调和服务，经国务院同意，建立宁夏内陆开放型经济试验区建设部际联席会议制度。一、主要职责。（一）在国务院领导下，统筹协调宁夏内陆开放型经济试验区建设工作，研究和协调规划实施过程中的重大政策和重大问题，特别是对外开放的重大政策；（二）协调解决在政策实施、体制机制创新等方面需要中央政府予以支持的事项；（三）加强有关地方和部门在宁夏内陆开放型经济试验区建设中的信息沟通和协作配合，对《宁夏内陆开放型经济试验区规划》实施工作进行指导、监督和评估，及时向国务院报告有关工作进展情况；（四）办理国务院交办的其他事项。二、成员单位。联席会议由外交部、发展改革委、教育部、科技部、工业和信息化部、国家民委等组成，发展改革委牵头负责，发展改革委主要负责人担任召集人，分管负责同志担任副召集人，其他成员单位有关负责人为联席会议成员。联席会议办公室设在发展改革委，负责联席会议的日常工作。三、工作规则。联席会议根据工作需要定期或不定期召开会议，由召集人或副召集人主持。联席会议以会议纪要形式明确会议议定事项，经与会单位同意后印发有关方面。重大事项要及时向国务院报告。四、工作要求。各成员单位要按照职责分工，积极研究解决宁夏内陆开放型经济试验区建设工作中遇到的困难和问题，认真落实联席会议议定的事项，相互支持配合，形成工作合力。联席会议办公室要及时向各成员单位通报工作进展情况。

9月8日

［纲 文］ **张高丽在北京出席省部级领导干部经济转型升级研讨班座谈会。**

［目 文］ 中共中央政治局常委、国务院副总理张高丽在座谈会上指出，推动经济转型升级，既要充分利用现有经济条件和基础、在继承中转型，又要积极顺应形势变化、在创新中升级；既要强化政府制定标准、支持创新、维护公平的职能，又要更好发挥市场机制在淘汰落后产能、推动兼并重组和技术改造等方面的作用；既要从整体上统一规划、搞好顶层设计，又要加强分类指导、突出区域特色和优势；既要抓好基础设施、先进装备等硬件建设，又要注重发挥政策环境、研发设计等软件的“助推器”作用；既要在转型升级中保护生态环境、提高综合承载力，又要通过改善生态环境促进转型升级、实现绿色发

展；既要保持合理的发展速度、为转型升级提供前提，又要抓机遇促转型、为持续健康发展打下坚实基础。

张高丽要求，要立足当前、着眼长远，理清思路、综合施策。必须紧紧抓住产业结构不合理、城乡发展不协调、区域发展不平衡这三大问题，加快完善化解产能过剩矛盾总体方案，统筹考虑、稳扎稳打、持续推进；坚持以人为本、顺势而为、科学布局，积极稳妥推进城镇化；统筹东中西、协调南北方，构建各具特色、协调联动的区域发展格局。必须认真落实节约资源和保护环境的基本国策，划定并牢牢守住生态红线，深入推进节能减排，逐步解决大气、水和土壤污染等突出的环境问题，倒逼经济转型升级。必须坚持把改革红利、开放活力、内需潜力、创新驱动叠加起来形成“集合动力”，继续取消和下放行政审批项目，坚决破除民间投资障碍；有效发挥对外开放在转型升级中的积极作用，更加重视以消费升级、优化投资结构带动产业升级；大力实施创新驱动发展战略，为经济转型升级提供有力支撑；进一步强化基础工作和分析研究解决问题的能力，不断提高科学化管理水平。

研讨班由中组部、国家发展改革委和国家行政学院联合举办，有关部门负责人和全体学员参加座谈。

9月8—12日

［纲　文］　**中国基督教第九次代表会议在北京举行。**

［目　文］　中国基督教协会会长高峰牧师主持会议。中央统战部副部长斯塔、国家宗教局副局长蒋坚永出席开幕式。来自全国30个省区市的315名代表参加会议。

中国基督教代表会议是中国基督教最高权力机构，每5年举行一次。此次会议的主要任务是：认真学习党的十八大精神，总结过去5年的工作，深入分析中国基督教当前面临的形势，提出今后的工作任务和目标，修改基督教全国两会章程，并选举产生新一届两会领导机构。

会议审议通过了中国基督教三自爱国运动委员会第八届、中国基督教协会第六届常委会工作报告，通过了新修订的《中国基督教三自爱国运动委员会章程》、《中国基督教协会章程》。傅先伟当选为中国基督教三自爱国运动委员会主席，高峰当选为中国基督教协会会长。

会议期间，全国政协主席俞正声在人民大会堂会见了出席中国基督教第九次代表会议的全体代表。

9月8—11日

［纲　文］　**第十七届中国国际投资贸易洽谈会在厦门市举行。**

［目　文］　洽谈会由中国商务部主办，联合国贸发会议、联合国工发组织、世界贸易组织、经济合作与发展组织、世界银行国际金融公司、世界投资促进机构协会联合主办。

洽谈会8日在厦门开幕。中央政治局委员、国务院副总理马凯出席洽谈会开馆式，并在“2013国际投资论坛”上发表演讲。泰国副总理吉迪拉、纳米比亚副总理马尔科·豪西库等嘉宾先后发表演讲。马凯在主旨演讲中就“全球价值链重塑与创新发展”的论坛主题提出四点建议：一是为全球价值链健康发展营造良好环境；二是提升发展中国家在全球价值链中的地位；三是加强全球价值链领域的国际合作；四是促进全球价值链在服务业领域的延伸。

本届洽谈会举办了2013国际投资论坛、“引进来”、“走出去”专题论坛等63场高水平论坛研讨会，共有来自40多个国家和地区的186位嘉宾上台发表了精彩演讲，听众达19230多人次。本届投洽会共签订各类投资项目1386个，总投资额4206亿元人民币，其中，利用外资1980亿元人民币，对外投资215亿元人民币，国内投资合作1533亿元人民币。

9月8—10日

［纲　文］　**第十四届金凤凰奖颁奖系列活动在青岛市举行。**

［目　文］　活动由中国电影表演艺术学会、中国电影艺术研究中心主办，城发投资集团有限公司协办。本届颁奖先后安排了主题为《电影表演的历史回顾与展望》学术座谈会、中国电影表演艺术学会第六届理事扩大会议等系列活动。

颁奖典礼由中央电视台主持人经纬、李蜜以及刘仪伟同台主持，揭晓了本届电影表演艺术学会奖—金凤凰奖的4个奖项，分别是学会终身成就奖、特别荣誉奖、学会奖、学会新人奖。著名电影表演艺术家王丹凤获终身成就奖，马精武、安琪、许还山等表演艺术家获特别荣誉奖，张嘉译、秦海璐、雷佳音等37名演员分获学会奖、新人奖等奖项。

在中国电影表演艺术学会第六届理事扩大会议上，著名电影表演艺术家葛优当选为新一届会长，著名电影表演艺术家于洋、唐国强当选为名誉会长。

9月9日

［纲　文］　**习近平在第29个教师节到来之际向中国广大教师致慰问信。**

［目　文］　中共中央总书记习近平在慰问信中表示，百年大计，教育为本。希望全国广大教师牢固树立中国特色社会主义理想信念，带头践行社会主义核心价值观，自觉增强立德树人、教书育人的荣誉感和责任感，学为人师，行为世范，做学生健康成长的指导者和引路人；牢固树立终身学习理念，加强学习，拓宽视野，更新知识，不断提高业务能力和教育教学质量，努力成为业务精湛、学生喜爱的高素质教师；牢固树立改革创新意识，踊跃投身教育创新实践，为发展具有中国特色、世界水平的现代教育作出贡献。

习近平表示，各级党委和政府要把加强教师队伍建设作为教育事业发展最重要的基础工作来抓，提升教师素质，改善教师待遇，关心教师健康，维护教师权益，充分信任、紧紧依靠广大教师，支持优秀人才长期从教、终身从教。全社会要大力弘扬尊师重教的良好风尚，使教师成为最受社会尊重的职业。

9月9日

［纲　文］　**李克强在大连市考察学校并与基层教师座谈。**

［目　文］　座谈中，国务院总理李克强请教师们就促进教育公平提建议、献良策，他把老师们反映的东西部教育差距，归纳为教育资源特别是师资力量、教学方法、学生求学愿望三个方面。他指出，教育是建设中国特色社会主义的有力支撑。教育公平是社会公平的重要基础，具有起点公平的意义。要缩小城乡和区域这两个最大的差距，就必须缩小教育差距、促进教育公平，这样才能使发展更均衡、社会更和谐。他特别强调，重视教育、关心教师是各级党委政府的神圣职责。教育资源要向中西部特别是农村、边远、贫困、民族地区倾斜，不仅要均衡发展九年义务教育，还要发展好职业教育和高等教育。最重要的教育资源不是楼房、不是课桌，而是教师。促进教育公平、提高教育质量，都需要更多优秀人才长期从教，特别是到农村、边远贫困地区从教，使他们成为孩子们知识的授予者、人生的引路者、文明的传承者、道德的示范者。他希望广大教师增强责任感，努力提高师德修养和教学水平，真正做到为人师表、授业解惑。

9月9日

［纲　文］　**李克强签署国务院令，发布《长江三峡水利枢纽安全保卫条例》。**

［目　文］　《条例》共7章41条，分为总则、陆域安全保卫、水域安全保卫、空域安全保卫、安全保卫职责、法律责任、附则，自2013年10月1日起施行。

《条例》规定，三峡枢纽安全保卫区的范围包括三峡枢纽及其周边特定区域，分为陆域、水域和空域安全保卫区。陆域安全保卫区、水域安全保卫区实行分区安全保卫制度，具体范围的划定和调整，由湖北省人民政府确定并公布。空域安全保卫区为陆域安全保卫区、水域安全保卫区上空的低空空域。

9月9日

［纲　文］　**刘延东在北京市与全国教书育人楷模座谈。**

［目　文］　国务院副总理刘延东指出，全国1463万名专任教师工作在53万所学校的教学和科研一线，教育影响着2.7亿名在校学生。长期以来，广大教师以立德树人为己任，辛勤耕耘、默默奉献，涌现一大批师德高尚、业务精湛、学生爱戴的优秀教师，为教育事业发展和现代化建设作出了重要贡献。

刘延东强调，教师是立教之本、兴教之源。要把教师队伍建设作为教育事业发展最重要的基础性工作抓实抓好，大力宣传优秀教师先进事迹，营造尊师重教的良好氛围。要强化师德师风建设，完善专业标准体系，加强教师培养培训，提高教师整体素质。要完善医疗、养老、住房等社会保障，依法维护教师特别是农村教师地位与合法权益，落实乡、村学校和教学点教师生活补助政策，为教师教书育人创造良好环境。

教师节前夕，刘延东还看望了北京大学化学教育家、2008年度国家最高科技奖获得者徐光宪教授和在京康复治疗的2012年度全国教书育人楷模张丽莉老师，并观看了“科学大师名校宣传工程”北京大学原创歌剧《为你而来——王选之歌》。

9月9日

［纲　文］　**第九届泛珠三角区域合作与发展论坛暨经贸洽谈会在贵阳市举行。**

［目　文］　本届大会以“合作发展，共创未来”为主题，由广东、广西、海南、云南、贵州、四川、湖南、江西、福建9个省区人民政府和香港、澳门特别行政区政府共同主办（简称9+2），每年举办一次，由“9+2”政府轮流承办。中共中央政治局委员、国务院副总理汪洋，中共中央政治局委员、广东省委书记胡春华，国家相关部委领导，以及泛珠“9+2”省区各方行政首长出席了开幕式。贵州省长陈敏尔主持了开幕式。

汪洋在开幕式上指出，当前国内外形势发生深刻变化，泛珠各方的共同利益在扩大，相互需要在增加，必须更加紧密地联合起来，深化交流与合作。要加快贸易投资自由化、便利化进程，打破地方保护和市场封锁，共同建设统一开放、公开透明、平等竞争的大市场。要坚持因地制宜、取长补短，引导区域内产业有序转移、合理布局，提升产业整体竞争力。要促进社会管理体制改革和机制创新，妥善解决人口跨省流动带来的教育、医疗和社会保障等方面的问题，加强环境污染防治、食品药品安全等领域的合作。

会上，泛珠各方对推进泛珠三角合作的有关重要事项进行了认真审议，肯定了过去一年推动泛珠合作取得的丰硕成果，并围绕区域战略合作、共同推进现代化综合交通网络建设、产业合作、教育合作和旅游合作等议题进行了研究讨论。会议确定了把加强跨省（区）基础设施建设合作、产业合作、区域合作重要载体建设、旅游合作、生态环保合作、社会事业合作，以及泛珠区域与台湾地区的交流合作等为下年度工作重点。

各方行政首长签署了《2013年泛珠三角区域合作行政首长联席会议纪要》和《贵州共识》，确定第十届泛珠大会由粤港澳三地联合承办。《贵州共识》为进一步深化泛珠三角区域合作提出了五项共识：一是坚持服务国家发展大局，谋划泛珠区域合作，共同打造东中西互联互动、优势互补、协调发展的示范区；二是坚持发挥比较优势，促进区域内重点地区加快发展；三是坚持务实方针，推进重点领域合作，主要包括基础设施、市场一体化、产业合作、公共服务、生态文明以及加强内地与港澳更紧密合作等方面；四是坚持开放原则，打造多层次合作格局，加强泛珠三角区域与国内其他区域的互动合作、积极开拓国际区域合作；五是坚持制度创新，推动完善合作机制。

9月9日

［纲　文］　**《人民日报》发表题为《时间服从于质量——开好民主生活会之一》的评论员文章。**

9月9—10日

［纲　文］　**汪洋在贵州省调研。**

［目　文］　国务院副总理汪洋来到贵州镇宁、关岭等县贫困乡村，了解群众生产生活困难、基础设施建设进展、扶贫项目实施效果，听取基层干部群众对扶贫工作的意见和建议。

汪洋在调研时强调，扶贫开发要紧紧抓住影响群众生产生活最突出的问题，增加投入，统筹力量，集中攻坚，加快水、路、电等基础设施建设，加强生态环境保护，努力改善贫困地区生产生活条件。充分挖掘贫困地区资源潜力，大力发展特色优势产业。扶贫项目的确立、扶贫资源的配置，要与产业发展统筹考虑。

汪洋指出，推进新时期的扶贫开发，必须解放思想，创新体制机制。要改革考核办法，把贫困地区干部的主要精力引导到扶贫开发上来。完善贫困识别机制，对贫困村、贫困户建档立卡，把扶贫开发各项措施落实到户到人。更多发挥市场机制的作用，促进各类扶贫资源和要素优化配置。营造良好的社会氛围，调动企业、个人以及社会各方面参与扶贫开发的积极性。

9月10日

［纲　文］　**国务院印发《大气污染防治行动计划》。**

［目　文］　《计划》设定了大气污染防治工作目标，即经过五年努力，使全国空气质量总体改善，重污染天气较大幅度减少；京津冀、长三角、珠三角等区域空气质量明显好转。力争再用五年或更长时间，逐步消除重污染天气，全国空气质量明显改善。具体指标是：到2017年，全国地级及以上城市可吸入颗粒物浓度比2012年下降10%以上，优良天数逐年提高；京津冀、长三角、珠三角等区域细颗粒物浓度分别下降25%、20%、15%左右，其中北京市细颗粒物年均浓度控制在60微克/立方米左右。

为实现目标，《计划》确定了10项具体措施：一是加大综合治理力度，减少多污染物排放。二是调整优化产业结构，推动经济转型升级。三是加快企业技术改造，提高科技创新能力。四是加快调整能源结构，增加清洁能源供应。五是严格投资项目节能环保准入，提高准入门槛，优化产业空间布局，严格限制在生态脆弱或环境敏感地区建设“两高”行业项目。六是发挥市场机制作用，完善环境经济政策。中央财政设立专项资金，实施以奖代补政策。调整完善价格、税收等方面的政策，鼓励民间和社会资本进入大气污染防治领域。七是健全法律法规体系，严格依法监督管理。八是建立区域协作机制，统筹区域环境治理。九是建立监测预警应急体系，制定完善并及时启动应急预案，妥善应对重污染天气。十是明确各方责任，动员全民参与，共同改善空气质量。

9月10日

［纲　文］　**环境保护部常务会议在北京召开。**

［目　文］　环境保护部部长周生贤主持会议，听取2013年上半年主要污染物总量减排进展情况的汇报，审议并原则通过部分建设项目环评审查意见。

会议听取了2013年上半年主要污染物总量减排进展情况的汇报。会议指出，下半年要着力做好以下工作：一要根据2013年上半年核查和日常督查情况，向各省政府发函指出存在的问题和改进工作的意见，督促整改。二要全力抓好《大气污染防治行动计划》落实工作。三要建立重点省份大气减排月调度制度，督促地方政府落实节能减排电力调度机制。四要抓紧开展排污许可管理立法研究，着力提高污染源监测、机动车污染监控、农业源减排管理等能力。

会议原则同意2013年上半年主要污染物总量减排核查结果及下一步工作措施，提请国务院批准后向社会公布；原则通过新建吉林白城民用机场项目等6个建设项目环评的审查意见；讨论了《清洁水行动计划》。

环境保护部副部长潘岳、周建等出席会议。机关有关司局主要负责人列席了会议。

9月10日

［纲　文］　**中共中央政治局常委、国务院副总理张高丽在北京会见越共中央政治局委员范光毅**。

［目　文］　张高丽在会见时说，面对世情、国情、党情的深刻变化，巩固和加强中越两党两国关系，符合两国和两国人民的根本利益。中国党和政府坚持从战略高度和长远角度看待和把握中越关系，愿同越南党和政府一道，增进政治互信，相互学习借鉴治国理政和党的建设经验，扩大互利合作，妥善处理分歧，推动中越全面战略合作伙伴关系长期健康稳定发展。

范光毅说，越中两党、两国有着长期的传统友谊，近年来，双方领导人交往频繁，推动双边合作不断扩大。越中两党在社会主义建设进程中相互学习借鉴，为两国关系发展起到重要推动作用。越方愿与中方共同努力，促进双方关系不断迈上新台阶。

全国政协副主席、中联部部长王家瑞参加会见。

9月10日

［纲　文］　**国务院副总理刘延东在北京会见美国非洲裔传统大学校长代表团一行**。

［目　文］　代表团一行是来中国加强人文交流的。刘延东在会见时对美国非洲裔传统大学一百多年来为美国少数族裔提供公平教育所做的努力表示赞赏。她说，人文交流是国与国关系重要基础，她希望包括美国非洲裔传统大学在内的美高校继续加强与中国教育界的交流与合作，为促进中美人文交流和构建中美新型大国关系发挥积极作用。

全国政协副主席董建华会见时在座。

9月10日

［纲　文］　**南京军区原司令员固辉在南京因病逝世，享年83岁**。

9月11日

［纲　文］　**国务院食品安全委员会在北京召开第一次全体会议**。

［目　文］　会议审议了《国务院食品安全委员会工作规则》，听取了食安委办公室及其成员单位的汇报。会议认为，本年以来我国食品安全形势总体稳定，人民群众饮食安全基本得到保障，食品安全管理体制改革积极稳妥推进。但是，食品安全问题时有发生，隐患风险依然存在，和人民群众希望还有较大差距，食品安全面临的形势仍十分严峻。

国务院副总理、国务院食品安全委员会主任张高丽主持召开会议并讲话。他指出，必须从全局和战略高度，深刻认识做好新形势下食品安全工作的极端重要性，明确责任，恪尽职守，切实把保障食品安全作为民生大事、发展工程和政治任务来抓，作为检验是否坚持党的群众路线的一条重要标准。必须重拳出击、综合治理，紧紧围绕与群众生活密切相关的重点品种、重点领域，加强食品安全执法监督，深入开展专项整治，严惩重处违法犯罪活动。要抓好源头治理，加强农业投入品管理和农业面源污染防治，坚决守住食品安全的第一道关口。要强化过程控制，建立覆盖生产加工到流通消费的全程监管制度，严把从“农田到餐桌”的每一道防线。要提升产业整体素质，完善扶优汰劣的产业政策，加快提高食品产业规模化、集约化、标准化水平，采取治本之策解决食品安全问题。

国务院副总理、国务院食品安全委员会副主任汪洋出席会议并讲话。他指出，要重视发挥好各级食安委和食安办的作用，着力提高监管能力，深入开展治理整顿，促进企业诚信自律，调动社会各方面力量，共同维护食品安全。

国务院食品安全委员会成员单位和有关部门负责人参加会议。

9月11日

［纲　文］　**中国核学会发布2011—2013年十大核科技进展**。

［目　文］　中国核学会2013年学术年会在黑龙江省哈尔滨市召开。本届学术年会首次发布了由中国核学会评选出的“中国十大核科技进展”，展示了我国从2011年6月30日至2013年6月30日在核科学领域取得的进展，有2项基础研究、3项科技工程进展、5项应用技术入选，涉及核物理、核电站研发、铀浓缩、核技术应用、铀矿地质和核医学等领域。

9月11日

［纲　文］　**国家副主席李源潮在北京会见由主席波德斯塔率领的美国进步中心代表团**。

［目　文］　李源潮在会见时说，中美元首确认，两国要坚定不移沿着构建新型大国关系这个大方向走下去。双方应坚持和而不同、求同存异，不冲突、不对抗，相互尊重、合作共赢。智库交往是两国人民相互理解的重要渠道，可就构建新型中美关系加强探讨交流，发挥积极作用。

波德斯塔表示，美国进步中心愿为美中构建新型大国关系积极建言献策，促进相互了解。

9月11日

［纲　文］　**《人民日报》发表题为《做实“谈心”这个环节——开好民主生活会之二》的评论员文章**。

9月11日

［纲　文］　**《人民日报》发表题为《让司法跟得上时代脚步》的评论员文章**。

9月11—13日

［纲　文］　**第七届夏季达沃斯论坛在大连举行，国务院总理李克强出席并致辞**。

［目　文］　本届论坛的主题是“创新：势在必行”。李克强出席第七届夏季达沃斯

论坛开幕式，并发表题为《以改革创新驱动中国经济长期持续健康发展》的致辞。世界经济论坛主席施瓦布、亚美尼亚总理萨尔基相、比利时首相迪吕波、保加利亚总理奥雷沙尔斯基、芬兰总理卡泰宁、马耳他总理穆斯卡特、俄罗斯副总理德沃尔科维奇、土耳其副总理巴巴詹以及来自世界90个国家和地区政界、工商界、学术界的代表2100多人出席会议。

李克强在开幕式致辞中指出，中国作为一个发展中大国，在国际事务中有自己的担当。中国愿意为世界经济强劲、可持续、平衡增长作出贡献。但中国承担的国际责任和义务只能与自身的发展水平相适应。各国还应进一步扩大相互开放，旗帜鲜明反对各种形式的保护主义。

为期3天的时间里，与会嘉宾从“释放创新的力量”、“转变行业生态系统”、“连接各国市场”、“增强社会体系的风险抵御力”4个层面展开互动式的集中讨论。本届论坛还组织了80场互动式闭门会议，为参会者提供跨行业多方观点。论坛13日在大连国际会议中心达沃斯厅闭幕。

世经论坛新领军者年会已连续在中国举办6届，是在亚洲举行的高端全球性经济会议，并被广泛称为“夏季达沃斯”。第一至第六届夏季达沃斯论坛分别于2007年至2012年在大连和天津轮流举办。

会议期间，李克强在大连分别会见了出席2013年夏季达沃斯年会的比利时首相迪吕波、芬兰总理卡泰宁、马耳他总理穆斯卡特和土耳其副总理巴巴詹，并于当晚在大连会见了英国前首相布朗。会前，李克强还在大连分别会见保加利亚总理奥雷沙尔斯基、亚美尼亚总理萨尔基相和俄罗斯副总理德沃尔科维奇，并同出席第七届夏季达沃斯论坛的中外企业家代表举行了对话交流。

9月12日

［纲　文］　**国家卫生计生委发布《关于加强食品安全标准工作的指导意见》。**

［目　文］　《意见》主要内容有：一、依法履行食品安全标准工作职责。二、加强食品安全地方标准工作。三、做好食品安全企业标准备案工作。四、开展食品安全标准研究和跟踪评价工作。五、做好食品安全标准宣传贯彻工作。六、加强食品安全标准审评委员会委员管理。七、加强食品安全标准工作能力建设。

《意见》强调，制定食品安全地方标准要充分考虑地方食品特色、传统以及饮食习惯等因素，要以食品安全风险监测及其评估结果为依据，参考和借鉴国内外相关标准规定，深入调查研究，广泛收集监测、检测等数据。要坚持公开透明原则，充分听取社会各方意见，确保标准科学合理、安全可靠。

9月12日

［纲　文］　**马凯在北京市调研。**

［目　文］　国务院副总理马凯来到百度公司、浪潮集团、大唐电信、中国电子、奇

虎公司、中芯国际等企业调研了解集成电路产业发展和网络信息安全情况。他指出，集成电路产业是培育发展战略性新兴产业、推动信息化和工业化深度融合的核心与基础，是转变经济发展方式、调整信息产业结构、扩大信息消费、维护国家安全的重要保障。加快发展集成电路产业是当前和今后时期一项重要而紧迫的任务。要紧紧抓住移动互联网、三网融合、物联网、云计算等加速发展、信息化工业化深度融合、信息消费飞速增长的历史机遇，积极应对国外集成电路产业加快发展、国际竞争日趋激烈的严峻挑战，开拓创新，攻坚克难，努力把我国集成电路产业提升到一个新水平。

马凯强调，加快集成电路产业发展，关键是推动自主创新，基础是加强资源整合，根本是强化人才支撑。要加强顶层设计和统筹安排，围绕国家战略和重点整机需求，结合国家重大科技专项和重大工程实施，加大创新投入，整合创新资源，完善创新体系，保护知识产权，努力突破原始创新，大力推进集成创新，加强消化吸收再创新，着力突破一些核心关键技术和重大产品。要优化产业资源配置，鼓励引导企业强强联合、兼并重组、境外并购和投资合作，积极推动产业链整合和产业协同，提高产业集中度，做优做强一批骨干企业。要建立健全集成电路人才培养体系，重点培养高层次、复合型集成电路人才；创新有利政策环境，大力引进国外优秀集成电路人才；制定奖励政策和分配激励机制，大力激发科技人才的创新创造才能。要加强法制建设，优化政策环境，强化产业支撑，加强技术保障，完善体制机制，切实增强网络信息安全支撑和保障能力。

9月12日

［纲　文］　**新华社讯，范长龙在海军部队调研。**

［目　文］　电讯说，中共中央政治局委员、中央军委副主席范长龙近日在海军部队调研时指出，按照党中央和中央军委的统一部署，全军第一批教育实践活动正在有序推进。要保持好的势头，持续不断地抓下去，坚决打好改作风这场持久战、攻坚战。要贯彻习近平主席关于领导干部要勇于向自身开刀、勇于自我清洗、勇于刮骨疗伤的指示要求，认真开好民主生活会，坚持把问题解决在会前，拿起批评与自我批评的武器，认真对照检查，能改的马上改，一时改不了的作出限期整改的承诺。要做好建章立制的工作，制定出台科学合理的制度规定，颁布了就要不折不扣地执行。要不断巩固扩大成果，党委常委说清楚了的事情、承诺解决的问题，要兑现到位、解决彻底，要把“说清楚”的办法延伸到机关层面和军级单位，延伸到老干部，延伸到第二批教育实践活动，确保取得实实在在的成效。

范长龙强调，要把党的群众路线教育实践活动取得的成果，贯穿体现到实现强军目标的各项工作中，聚焦到提高部队战斗力上。要按照真难严实要求加强部队训练，在近似实战的环境中锻炼摔打部队，突出信息系统训练和体系融合训练，不断提高基于信息系统的体系作战能力。要大力纠治训练中的形式主义，切实把训风、演风、考风搞端正。要着眼应对复杂困难局面，紧紧抓住突出问题和短板弱项，加速推进海上军事斗争各项准备，全面提高我军信息化条件下海上威慑和实战能力，确保一声令下召之即来、来之能战、战之必胜，有效维护国家主权、安全和发展利益。

9月12日

［纲　文］ **中国第一高温高湿隧道顺利贯通。**

［目　文］ 泛亚铁路东线蒙（自）河（口）铁路太阳寨隧道顺利贯通。该隧道内最高气温达43摄氏度，最高湿度达98%，是目前我国在建铁路第一高温高湿隧道。

9月12日

［纲　文］ **俞正声在北京会见林中森率领的台湾海基会董监事参访团一行。**

［目　文］ 全国政协主席俞正声在会见台湾海基会董事长林中森时强调，大陆方面坚持贯彻既定的方针政策，致力于巩固深化两岸关系和平发展。希望两岸双方坚持两岸关系和平发展的正确方向，继续保持有利于增进政治互信的积极势头，积极宣导“两岸一家人”的理念，不断丰富两岸关系和平发展的内涵。要切实落实两会第九次会谈达成的各项成果，早日完成ECFA各项后续协商，尽快启动商签两岸文化、教育等各领域交流合作协议，稳步推进两岸关系全面发展。

中共中央台湾工作办公室、国务院台湾事务办公室主任张志军，海峡两岸关系协会会长陈德铭等参加会见。

9月12日

［纲　文］ **李源潮在北京会见香港特区政府常任秘书长国家事务研习班学员。**

［目　文］ 研习班由香港特区政府公务员事务局局长邓国威率领。国家副主席李源潮在会见时说，香港回归16年来，“一国两制”方针得到了成功贯彻，中央政府坚定支持梁振英带领新一届特区政府依法施政，对香港发展前景充满信心。

李源潮指出，目前香港面临发展经济、改善民生、推进民主、促进和谐的紧迫任务。公务员队伍是贯彻落实“一国两制”、“港人治港”方针和实施基本法、维护香港长期繁荣稳定的重要力量，要认真学习领会“一国两制”方针科学内涵，维护基本法权威，坚定支持行政长官和主要官员施政。中央支持香港按照基本法和全国人大常委会有关决定推进政制改革，有关讨论应在法治轨道上理性进行。要认清国家和香港发展大势，推动两地合作，为香港创前途、为市民谋福祉。

9月12日

［纲　文］ **《人民日报》发表题为《简政放权迈出新步伐》的评论员文章。**

9月12日

［纲　文］ **《人民日报》发表题为《有规则，权利才有保障》的评论员文章。**

9月12—13日

［纲　文］ **2013年世界旅游城市北京香山旅游峰会举行。**

［目　文］ 本届会议以“旅游：城市可持续发展的新动力”为主题。国务院副总理汪洋在开幕式致辞中指出，中国将大力实施《国民旅游休闲纲要》，进一步落实带薪休假制度，丰富旅游产品供给；加快转变旅游业发展方式，推进旅游业产业集群化、业态多元

化、品牌国际化、服务信息化进程；以《旅游法》实施为契机，加强旅游服务质量和价格监管，规范旅游市场秩序；倡导健康文明的旅游方式，引导国内旅游者自觉遵守社会公共秩序和社会公德。

联合国秘书长潘基文通过国际环境与健康组织向峰会的召开发来贺信，第67届联大主席、国际健康与环境组织主席武克·耶雷米奇专程委派联合国和平大使，国际健康与环境组织副主席王林旭出席会议并宣读贺信。

会议审议通过了《世界旅游城市联合会章程》、《世界旅游城市联合会大会议事规则》、《会员招募细则》、联合会官方标识、会旗。与会代表共同签署了《北京宣言》，就世界旅游业在新的历史环境中的发展达成共识：共同关注世界旅游业发展，共同创新合作机制，丰富合作内容，提升合作水平，打造具有可持续发展能力的国际旅游组织，为促进人类文明的共有、共享、共创、共赢，推动世界和平发展贡献力量。

世界旅游城市联合会是北京倡导发起的、世界上首个以城市为主体的国际旅游组织，成立于2012年9月15日。2013北京香山旅游峰会是世界旅游城市联合会举办的第二届年会。107个会员单位中，有102个会员单位出席了本次会议。

9月13日

［纲　文］ **中央党的群众路线教育实践活动领导小组在北京召开部分中央督导组工作座谈会。**

［目　文］ 中共中央政治局常委、中央党的群众路线教育实践活动领导小组组长刘云山出席会议并讲话。中央党的群众路线教育实践活动领导小组副组长赵乐际主持会议。中央党的群众路线教育实践活动领导小组成员及办公室负责人，驻中央和国家机关、人民团体的中央督导组组长、副组长参加会议。

座谈会上，8位中央督导组组长介绍了前一段督导工作情况，分析了中央和国家机关教育实践活动和督导工作自身存在的问题，就进一步做好督导工作提出意见建议。

刘云山在会上指出，从严从实做好督导工作，是教育实践活动健康深入开展的重要保证。要加强对一把手的督导，督促一把手以普通党员身份把自己摆进去，带着问题把自己摆进去，以整风精神把自己摆进去，切实发挥示范带动作用，履行好第一责任人的责任。要有针对性地开展督导，充分了解被督导部门和单位的实际特别是群众反映强烈的“四风”问题，真正点中穴位、切中要害，充分发挥督导工作的效力。要坚持开门搞督导，多听普通干部群众的呼声，推动边查边改、立行立改，使督导工作更加切合实际。要坚持高标准、严要求，切实把好专题民主生活会质量关，督促各部门各单位在开展批评和自我批评上动真格、开新风。

9月13日

［纲　文］ **国务院批复河北省人民政府同意修订后的《石家庄市城市总体规划（2011—2020年）》。**

[目　文]　批复内容有：一是要求石家庄市按照合理布局、集约发展的原则，推进经济结构调整和发展方式转变。二是要求石家庄市重视城乡统筹发展。在《规划》确定的2657平方公里的城市规划区范围内，实行城乡统一规划管理；加强城中村和城乡接合部整治和改造，城镇基础设施、公共服务设施建设应统筹考虑为周边农村服务。三是合理控制城市规模。到2020年，中心城区城市人口控制在300万人以内，城市建设用地控制在287平方公里以内。四是完善城市基础设施体系。要加快公路、铁路和机场等交通基础设施建设，改善城市与周边地区交通运输条件。五是建设资源节约型和环境友好型城市。城市发展要走节约资源、保护环境的集约化道路，坚持经济建设、城乡建设与环境建设同步规划，切实做好节能减排工作。六是创造良好的人居环境。要坚持以人为本，创建宜居环境。统筹安排关系人民群众切身利益的教育、医疗、市政等公共服务设施的规划布局和建设。七是重视历史文化和风貌特色保护。要统筹协调发展与保护的关系，按照整体保护的原则，切实保护好城市传统风貌和格局。八是严格实施《规划》。城市建设要实现经济社会协调发展，物质文明、精神文明和生态文明共同进步。

《规划》明确提出"一河两岸三组团"的城市结构，由"单中心"向"多中心"转变，严格划定中心城区（老城区、东部产业区、正定县城、正定新区），以及藁城组团、鹿泉组团、栾城组团规划建设用地边界，在中心城区与周边的藁城、栾城、鹿泉组团之间，组团与组团之间建成生态协调区，从而有效缓解污染空气的集聚，减少雾霾天气的形成。逐步疏解老城区职能与人口，引导城市由人口集聚向功能提升转变。

根据《规划》，将严格控制老城区大规模拆迁改造。除危陋房外，老城区多层单元式住宅建筑一般不再纳入拆迁改造范围；一般老旧小区通过二次管网改造、建筑节能改造，配套环境、安全设施建设等，创建安全、舒适、宜居的社区环境；对于工业企业搬迁改造，原则上不再审批单纯的居住项目。同时，推动部分职能外迁。老城区内工业企业逐步向外围组团和五大产业基地搬迁，减少工业排放；中心区内的大型批发市场、货运中心、仓储式市场等低档低端设施逐步向城市外围疏解；新建大型商贸物流项目一般在三环周边或城市周边组团选址建设，减少老城区人流、车流。

9月13日

[纲　文]　**财政部等3部门联合印发《中央和国家机关会议费管理办法》。**

[目　文]　财政部、国家机关事务管理局、中共中央直属机关事务管理局联合印发的新《办法》分总则、会议分类和审批、会议费开支范围和标准和报销支付、会议费公示和年度报告制度、管理职责、监督检查和责任追究、附则7章31条，于2014年1月1日起施行。

《办法》重点从以下几方面进一步加强会议费管理：一是强化会议年度计划和审批管理制度，规定所有会议必须纳入单位的年度会议计划，进一步明确各类会议的报批程序和审批制度。二是严格会议费预算管理，将会议费纳入部门预算，单独列示，并要求会议费预算细化到具体会议项目，执行中不得突破。三是严格会议费报销和支付管理。报销时须附会议审批文件、会议通知及实际参会人员签到单、定点饭店提供的费用原始明细单据、电子结算凭证等，并规定会议费支付采用银行转账或公务卡方式结算，不得以现金方式支付。四是建立会议费公示制度和会议年度报告制度。各单位应当将非涉密会议的名称、主要内容、参会人数、经费开支等情况在单位内部公示，具备条件的应向社会公开。

《办法》对各类会议的会期和规模的作了具体规定：一是压缩会期，要求一类会议按照批准文件从严控制会期，各单位召开的二类会议原则上每年不超过1次，并将二类会议会期由原来的一般不超过3天压缩为不得超过2天。三类、四类会议的会期也不得超过2天。二是控制参会人员数量。规定二类、三类和四类会议参会人员总数不得超过300人、150人和50人。同时，将二类会议和三类会议工作人员比例分别从原来的20%和15%降低至15%和10%以内。三是改进会议形式。各单位应充分运用电视电话、网络视频等现代信息技术手段召开会议，降低会议成本，提高会议效率。四是限制会议地点。参会人员以在京单位为主的会议不得到京外召开；不得到党中央、国务院明令禁止的风景名胜区召开会议；不能够采用电视电话、网络视频召开的会议应当到定点饭店召开；参会人员在50人以内且无外地代表的会议，原则上在单位内部会议室召开，不安排住宿，并明确要求二、三、四类会议应当在四星级以下（含四星）定点饭店召开。

《办法》对会议活动作出相关禁止性规定，主要有：严禁各单位借会议名义组织会餐或安排宴请；严禁套取会议费设立“小金库”；严禁在会议费中列支公务接待费；会议用房不得安排高档套房；会议用餐应严格控制菜品种类、数量和份量，安排自助餐，严禁提供高档菜肴，不安排宴请，不上烟酒；会议会场一律不摆花草，不制作背景板；不得使用会议费购置电脑、复印机、打印机、传真机等固定资产以及开支与本次会议无关的其他费用；不得组织会议代表旅游及与会议无关的参观；严禁组织高消费娱乐、健身活动；严禁以任何名义发放纪念品，等等。

9月13日

［纲　文］　**世界首条±160千伏海底直流电缆落户汕头。**

［目　文］　世界首条±160千伏海底直流电缆在汕头南澳海域开始敷设，该海底电缆作为世界首个多端柔性直流输电系统项目的重要组成部分，起点位于汕头市澄海区莱芜终端场，终点位于汕头南澳岛长山尾终端场，线路全长约9.3公里。海底电缆敷设完成后，南澳岛风电侧的两个换流站将实现与大陆电网侧换流站的连接，也即意味着南澳岛与大陆两侧间的直流功率输送成为可能。

9月13日

［纲　文］　**国务院副总理刘延东在北京会见英国皇家学会会长保罗·纳斯爵士一行。**

［目　文］　刘延东在会见时对英国皇家学会多年来积极推动与包括中国科学院在内的中国科技界的交流与合作表示赞赏。她介绍了中英建立人文交流高层磋商机制的有关情况，希望英国皇家学会能继续加强与中国科技界的交流，拓展合作领域，成为中英人文交

流的参与者和推动者。

保罗·纳斯爵士此次来华与中国科学院签署了共促科技合作的联合声明。

9月13日

［纲　文］　**《人民日报》发表题为《给全国少儿一个承诺向天下父母有个交代》的评论员文章。**

9月13日

［纲　文］　**《人民日报》发表题为《用法治营造清朗的网络空间》的评论员文章。**

9月13—18日

［纲　文］　**2013中国·土耳其伊斯兰文化展演在宁夏回族自治区银川市举行。**

［目　文］　文化展演由中土两国政府宗教工作部门主办，中国伊斯兰教协会和宁夏回族自治区宗教事务局承办。活动旨在集中展示土耳其文化风采，让中国民众在品味文化盛宴的过程中，深化对土耳其文化的认知，增进两国人民间的友谊。

本次展演是2013年中国“土耳其文化年”的系列活动之一，也是“中阿博览会”系列活动之一。展演活动的主题为“传承历史、共创未来”，主要包括“中土伊斯兰文化展”、“中土书法艺术展演”、“《古兰经》诵读”和文艺演出等活动。在开幕式后举行的展演活动中，50多位土耳其艺术家在银川市中华回乡文化园给中国观众上演了具有浓郁宗教和民族特色的土耳其“赛玛舞”和“梅赫泰尔”军乐表演。此外，土耳其和中国书法家还一道进行了一场现场书法艺术表演。

展演前，国务院副总理刘延东在中南海会见了土耳其宗教部部长穆罕默德·居尔迈茨。

9月14日

［纲　文］　**国务院办公厅发布《关于支持岷县漳县地震灾后恢复重建政策措施的意见》。**

［目　文］　《意见》包含统筹安排灾后恢复重建资金、税收政策、行政事业性收费政策、金融政策、土地政策、就业援助和社会保险政策、产业政策、粮食政策、地质灾害防治和生态修复政策、其他政策，共提出10项政策措施。

《意见》指出，中央财政适当安排岷县漳县地震灾后恢复重建补助资金，包干给地方，由甘肃省统筹安排使用。对政府外债项目因灾造成的损失，给予债务减免，所需还款资金由中央财政承担。甘肃省要通过调整支出结构集中财力用于灾后恢复重建。同时，通过捐赠资金、银行贷款、居民和企业自筹资金等多渠道筹措安排灾后恢复重建资金。积极引导公益性社会团体将所接受捐赠资金用于灾后恢复重建。

《意见》要求，将甘肃省人民政府确定的因地震灾害出现的就业困难人员，按规定及时纳入就业援助的对象范围，优先保证受灾地区零就业家庭至少有一人就业。将本地就业困难人员正在参与的抗震救灾相关工作，按规定纳入现有和新开发的公益性岗位认定范围，时限为三个月。对从事公益性岗位工作的就业困难人员，按规定提供岗位补贴和社会保险补贴。对因地震灾害中断营业后重新开业的个体工商户，按规定给予小额担保贷款扶持。对受灾地区企业在重建中吸收就业困难人员的，按规定给予相应的社会保险补贴。对从事灵活就业的就业困难人员，按规定享受社会保险补贴。

9月14日

［纲　文］　**2013年全国科普日活动举行。**

［目　文］　本次活动的主题是“保护生态环境，建设美丽中国”，由中国科协、教育部和环保部联合举办。其中，北京主场活动在北京园博园启动。

中共中央政治局常委刘云山和刘延东、刘奇葆、李源潮、赵乐际、郭金龙、韩启德等参加了全国科普日北京主场活动。刘云山强调，保护生态环境功在当代、利在千秋，要加强生态文明宣传，加强科技知识普及，推动形成共同建设美丽中国的社会氛围。

北京主场活动是全国科普日万余项重点活动中的一项，也是全国科普活动的示范性活动，与全国各地开展科普日活动时间同步。活动将围绕水、大气、土壤、能源、生物多样性、生态修复等群众关注的突出环境问题开展。北京主场活动分为4大活动板块：一为美好环境共同保护板块，包括天蓝、地绿、水清等方面的活动内容；二为美丽家园一起建设板块，包括宜居、节约、和谐等方面的活动内容；三为美满生活携手创造板块，包括低碳、健康等方面的活动内容；四为美妙梦想合力放飞板块，包括行动、追梦等方面的活动内容。除了北京主场活动，全国各地还开展了科普日联合大行动，集中组织科技场馆、流动科技馆、科普大篷车等，深入农村、社区、学校等开展广覆盖、多形式的科普宣传活动。

9月14日

［纲　文］　**《人民日报》发表题为《用好批评这个武器——开好民主生活会之三》的评论员文章。**

9月14—16日

［纲　文］　**应国家主席习近平邀请，巴林国王哈马德对中国进行国事访问。**

［目　文］　访问期间，习近平同哈马德举行了双边会谈，两国元首就深化中巴关系及共同关心的国际、地区问题深入交换意见，达成重要共识。国务院总理李克强会见了哈马德一行。哈马德并赴宁夏出席了首届中国—阿拉伯国家博览会开幕式。

习近平在会谈中提出：第一，增进政治互信。双方要在涉及彼此核心利益问题上相互支持。第二，深化务实合作。双方可以结合各自发展战略，推进经贸、金融、通信、农牧渔业、新能源、基础设施建设等领域合作，中方愿为巴方培训更多专业人才。第三，扩大人文交流。中方将在巴林开设孔子学院，同巴方互办“文化周”，加强民间特别是青年交往。第四，密切多边合作。中方愿同巴方就重大全球性问题和地区热点问题保持沟通协调，共同维护地区和平稳定和发展中国家利益。

会谈后，两国元首共同出席了能源、税务、卫生、金融、教育、文化等合作文件签字仪式。两国发表了《中华人民共和国和巴林王国联合公报》。

李克强在人民大会堂会见了哈马德。双方一致认为，中巴在涉及对方重大利益问题上相互支持是两国真诚友谊的体现。巴方强调恪守一个中国政策，支持中国政府为实现国家统一所作努力。中方重申尊重巴林的独立、主权和领土完整，反对干涉其内政，支持巴林为维护国家稳定所作的努力，支持在中东建立无大规模杀伤性武器区；双方愿充分发挥两国政府职能部门及中巴经贸联委会等合作机制的宏观指导作用，进一步扩大两国在经贸、基础设施建设、金融等领域友好合作，将中巴经贸合作提高到新水平；双方表示将继续加强两国在文化、旅游、教育、卫生、新闻、体育等领域的交流合作，同时鼓励民间团体扩大友好交往，开展形式多样的人文交流，不断增进两国人民之间的了解和友谊；双方一致同意进一步密切在国际和地区事务中的合作，加强在联合国等多边场合的协调与配合，共同维护发展中国家权益；双方一致认为，中东海湾地区战略地位重要，维护该地区的和平与稳定符合地区国家和国际社会的共同利益。

9月15日

［纲　文］　**新华社讯,《深入学习习主席关于国防和军队建设重要指示读本》由解放军出版社出版。**

［目　文］　电讯说,《读本》即日起印发全军团级以上单位。该书由总政宣传部选编，汇集了在中央主要报刊刊发的重要言论文章，对党的十八大以来习近平主席关于国防和军队建设重要指示作了深入系统阐释解读。该书的出版有助于广大官兵全面准确地学习领会习主席关于国防和军队建设重要指示，特别是准确理解把握党在新形势下的强军目标的重大意义、基本内涵和实践要求，是学习党的军事指导理论创新成果的重要辅助读物。

9月15日

［纲　文］　**中共中央印发《2013—2017年全国干部教育培训规划》。**

［目　文］　《规划》主要内容有：一、指导思想和总体要求。二、重点培训内容。三、培训对象及措施。四、培训能力建设。五、组织领导。

《规划》提出，干部教育培训工作的目标任务：以加强中国特色社会主义理论体系学习为首要任务，全面推进理论武装、党性教育、能力培训和知识更新，使广大干部理想信念更加坚定、理论素养不断提高、党性修养切实增强、工作作风明显改进、德才素质和履职能力显著提升，使干部教育培训推动党和国家事业发展的作用更加明显。进一步推进干部教育培训改革创新，努力形成更加开放、更具活力、更有实效的中国特色干部教育培训体系，提高干部教育培训科学化水平。

《规划》提出，把改革创新贯穿于干部教育培训各环节各方面，实现数量与质量、规模与效益相统一。改进教学方式方法，加大案例教学比重，2015年前省级以上干部教育培训机构的案例课程占能力培训课程的比例不低于30%。加快网络培训平台建设，逐步实现全国干部在线学习平台的互联互通。充分发挥中国干部网络学院的作用，2017年前实现全国县处级及以上干部在线学习。2015年前建立全国统一的干部教育培训工作信息管理系统。

《规划》要求，严格学员管理，要求学员专心学习，杜绝相互吃请、公款宴请、搞“小圈子”等现象，对违反有关规定的行为严肃处理。

9月15日

［纲　文］　**外交部部长王毅在北京与法国外交部部长法比尤斯举行会谈。**

［目　文］　王毅在会谈中表示，中方欢迎俄美日前就叙利亚化学武器问题达成框架性协议。同时，我们也肯定叙利亚政府做出加入《禁止化学武器公约》的决定。中方希望包括销毁化武在内的叙利亚问题的解决应尽快纳入联合国框架内加以推进，安理会应为此发挥应有的重要作用。王毅强调，军事手段解决不了问题。政治解决是叙利亚问题唯一现实出路，应与销毁叙利亚化学武器进程并行推进。王毅呼吁叙利亚境内立即停火止暴，为启动销毁化武以及尽早召开第二次日内瓦国际会议创造必要条件。

法比尤斯表示，俄美框架协议是重要积极进展。希望有关各方抓住机遇，加快推动政治解决。联合国安理会应该发挥更大作用。法方愿同中方加强沟通协调。

双方还就中法关系深入交换了意见。

9月15—18日

［纲　文］　**应国家主席习近平邀请，约旦国王阿卜杜拉二世对中国进行国事访问。**

［目　文］　访问期间，习近平与阿卜杜拉二世举行了会谈，国务院总理李克强、全国政协主席俞正声分别会见了阿卜杜拉二世。两国元首就双边关系和共同关心的问题深入交换意见，达成广泛共识。

习近平在会谈时表示，双方要在涉及彼此核心利益问题上相互支持，就重大国际和地区问题保持沟通，深化政治互信；结合中方西部大开发战略和约方“向东看”战略，扩大双边经贸、投资合作规模，并提升中国同中东地区国家合作水平。双方要加强防务安全合作，共同打击国际恐怖主义；中国倡导尊重文明多样性，希望两国密切人文交流，促进不同宗教和文明包容互鉴。

阿卜杜拉二世表示，愿扩大两国经贸、电力、能源、电信和铁路基础设施、医疗卫生等领域合作，欢迎中国企业参与约方经济开发区等建设项目。

会谈后，两国元首共同出席双边合作文件签字仪式。

李克强在会见阿卜杜拉二世时指出，当前实现发展仍是各国面临的首要任务和重大课题。中国根据发展经济、改善民生的任务，正在加快结构调整，着眼转型升级，有条不紊推进各项改革举措，努力提高经济增长的质量和效益，以体制创新和科技进步为动力，促进经济长期持续健康发展。中国愿与世界各国分享发展机遇，共同营造和维护和平合作的发展环境。

俞正声在宁夏银川会见了出席中国—阿拉伯国家博览会的阿卜杜拉二世，表示中方高度重视发展中约关系，愿继续加强与约方各领域务实合作，造福两国和两国人民。

访问期间，阿卜杜拉二世还率代表团访问了中国社会科学院。

9月15—19日

［纲　文］　**2013中国—阿拉伯国家博览会在宁夏回族自治区银川市举行，中共中央总书记、国家主席习近平致信祝贺。**

［目　文］　本次博览会由商务部、中国贸促会和宁夏回族自治区人民政府共同主办。来自巴林、约旦、科威特、马来西亚、阿曼、阿联酋、瓦努阿图、泰国等67个国家和各省、自治区、直辖市以及香港地区的7300多名官员、代表和客商参加2013中国—阿拉伯国家博览会。

习近平在贺信中表示，本届中国—阿拉伯国家博览会以“传承友谊、深化合作、共同发展”为宗旨，以“中阿携手、面向全球”为主题，展望中国同阿拉伯国家及世界其他地区国家合作的美好蓝图，对推进双方全方位交流合作很有意义。

全国政协主席俞正声在开幕式上发表了题为《深化中阿合作，促进共同发展》的演讲。宁夏回族自治区党委书记李建华在开幕式上宣读了国家主席习近平的贺信，并致欢迎辞。瓦努阿图总理卡凯塞斯等在开幕式上致辞。约旦国王阿卜杜拉二世、巴林国王哈马德也出席了开幕式。

本届博览会共签约项目158个，签约金额2599.01亿元。实现了与国（境）外合作，尤其是与阿拉伯国家的合作取得新突破，签订国（境）外项目51个，签约金额980.99亿元，其中与阿拉伯国家合作项目31个，签约金额664.91亿元。博览会还发起成立了“中国—阿拉伯国家能源合作联盟”，签署了合作协议，成立了旨在解决中阿贸易争端的中国—阿拉伯国家贸易争端解决咨询委员会。

9月16日

［纲　文］　**国务院总理李克强在北京会见世界银行行长金墉。**

［目　文］　李克强在会见时积极评价世界银行对华合作。他说，当前促进全球经济稳固复苏的关键是解决好发展问题。中方乐见世行在帮助发展中国家、推动减贫等方面发挥更大作用，愿与世行深化合作，提高解决全球发展问题的能力，为世界经济注入持久动力。

金墉表示，世界银行钦佩中国政府致力于推进改革的决心，赞赏出台的改革举措，愿与中国开展更紧密的合作，为中国经济升级提供支持和帮助。

9月16日

［纲　文］　**刘延东在青海省调研。**

［目　文］　国务院副总理刘延东近日在青海乐都、海晏等地的早教点、农村学校，考察儿童早期发展项目和营养改善计划实施情况时指出，保障儿童健康成长是切断贫困代际传递的根本途径，也是政府提供基本公共服务的重要内容。要加强统筹协调，有效整合资源，采取针对性、操作性更强的政策措施，促进贫困地区儿童发展。要重点围绕健康和教育这两个儿童成长的关键领域，对贫困地区儿童实施必要的干预和保障，加强卫生保

健，改善营养状况，提升他们受教育水平，构建特殊困难儿童关爱体系，努力编就保障儿童健康成长的安全网。

刘延东考察了公立医院和基层医疗机构，强调要完善基本药物制度，巩固基层医疗机构运行新机制，重点抓好县级公立医院改革，加快医疗机构信息化建设，推动形成基层首诊、分级诊疗、双向转诊的服务模式，方便群众就近就医、减轻看病负担。要加强基层医疗卫生人才培养，稳定和优化乡村医生队伍，注重总结、传承和推广民族医药资源，不断提升基层医疗卫生服务能力。

刘延东还考察了部分科技型企业和文化单位，到寺院看望了宗教界人士。

9月16日

［纲　文］　**四川省阿坝藏族羌族自治州庆祝建州60周年。**

［目　文］　庆祝大会在州府马尔康举行，来自全州13个县的代表团齐聚马尔康共同庆祝。全国人大常委会、国务院发来贺电。贺电说，60年来，阿坝藏族羌族自治州经济发展、民族团结、社会稳定，人民生活不断改善，各项事业全面推进，取得了重大成就，希望阿坝藏族羌族自治州紧密团结在以习近平同志为总书记的党中央周围，深入贯彻学习贯彻党的十八大精神，高举中国特色社会主义伟大旗帜，以邓小平理论、“三个代表”重要思想、科学发展观为指导，坚持各民族共同团结奋斗、共同繁荣发展，以自治州成立60周年为新的起点，深入学习贯彻党中央、国务院关于支持四川等藏区经济社会发展的一系列政策措施，解放思想，改革开放，凝聚力量，攻坚克难，为全面建成小康社会，实现中华民族伟大复兴“中国梦”，作出新的更大贡献。

在庆祝大会上，州委副书记谷运龙宣读了《中共阿坝州委、阿坝州人民政府关于表彰全州民族团结进步模范集体和模范个人的决定》。庆祝大会议程结束后，各族群众举行了主题为《美丽阿坝》的大型文艺演出。

阿坝州位于四川省西北部，1952年全境获得解放，1953年建州。全州有人口89.88万，其中藏族占56.6%，羌族占18.5%。阿坝州是红军长征途中中央召开政治局会议最多的地区，全州13个县被四川省政府认定为革命老区县。

9月16日

［纲　文］　**世界海拔最高的民用机场——四川稻城亚丁机场通航。**

［目　文］　海拔高度为4411米的稻城亚丁机场正式投入使用，这标志着世界海拔最高的民用机场正式通航。该机场位于四川省甘孜藏族自治州南部稻城县境内。

9月16日

［纲　文］　**国务院副总理张高丽在北京会见新加坡荣誉国务资政吴作栋一行。**

［目　文］　张高丽在会见时表示，阁下是中国人民的老朋友，为促进中新关系发展作出了重要贡献。中新建交以来，两国关系保持良好发展势头，苏州工业园、天津生态城等项目成为双方互利合作的典范。不久前，习近平主席、李克强总理分别会见了来访的李显龙总理，两国领导人就新时期深化中新关系与合作达成重要共识。双方应共同努力，进

一步加强各领域交流与合作，推动两国关系稳定健康向前发展。

吴作栋表示，中国的发展进步符合新加坡和本地区的利益。新方愿继续拓展和深化同中方的务实合作，使两国关系不断迈上新台阶。

9月16日

［纲　文］　**国务院副总理汪洋在北京会见安哥拉外交部部长希科蒂。**

［目　文］　汪洋在会见时表示，本年中安喜迎建交30周年。中国政府高度重视中安关系，愿同安方增强政治互信，深化务实合作，加强在国际和地区事务中的协调配合，不断丰富两国战略伙伴关系的内涵，为两国人民创造更多福祉。

希科蒂表示，安中建交30年来，两国关系发展顺利，水平不断攀升。中国积极参与安哥拉战后重建进程，中国企业在多个领域为安的经济发展和民生改善作出了重要贡献。安方期待两国战略伙伴关系进一步发展。

9月16日

［纲　文］　**《人民日报》发表题为《笃学慎思，解决“浅”的问题——论民主生活会如何开出高质量》的评论员文章。**

9月16—18日

［纲　文］　**“砺剑—2013”全军信息化条件下战法创新集训观摩在北京举行。**

［目　文］　集训观摩旨在检验近年来全军实战化训练水平，探索进一步推进实战化训练的方法对策。中共中央政治局委员、中央军委副主席范长龙出席活动并讲话。范长龙指出，开展信息化条件下战法创新，是习近平主席批准的一项重要军事活动，对全军深化作战问题研究，提高军事训练实战化水平，增强军事斗争准备针对性，有很大的促进作用。各级要认真学习贯彻习主席关于加强战争指导和作战问题研究的一系列重要指示，把战法创新作为一项重要任务抓紧抓好，搞透现代战争制胜机理，探索信息化条件下仗怎么打、兵怎么练，创新战略指导和作战方法，牵引部队建设和军事斗争准备，努力提高能打仗、打胜仗的实际本领。

范长龙强调，现在战场环境条件以及战争制胜机理发生了深刻变化，必须研究创新与之相适应的管用战法。要适应信息化，突出信息主导，围绕夺取局部信息优势、发挥信息能力创新战法，同时注重保底手段的运用；要着眼体系化，把握平台作战体系支撑、战术行动战略保障特点，立足大体系支撑下的精兵行动，研究精确作战等战法；要紧贴使命任务，按照真、难、严、实要求训练摔打锻炼部队；要立足现有装备，发扬我军克敌制胜的优良传统，研究我军经典战例和外军有益方法，从间接经验中汲取战法精华。领导干部带头研究战法，各级机关当主力，并为部队搞训练研战法创造良好的环境条件。

9月16—25日

［纲　文］　**全国人大常委会委员长张德江应邀对乌干达、尼日利亚、斯洛伐克和俄罗斯进行正式友好访问。**

［目　文］　16—17日，张德江对乌干达进行正式友好访问，在恩德培会见了乌干达总

统穆塞韦尼，在坎帕拉会见总理姆巴巴齐，并与国民议会议长卡达加举行会谈。张德江在会见穆塞韦尼时说，习近平主席不久前与总统先生在南非金砖国家领导人会晤期间举行了富有成果的会见，我此访旨在全面落实两国领导人达成的重要共识，巩固中乌传统友谊，促进两国全方位合作，为双边关系发展注入新的动力。中方支持乌方积极探索适合本国国情的发展道路。张德江和卡达加并共同签署了关于建立中国全国人大和乌干达议会合作谅解备忘录。

17—19日，张德江对尼日利亚进行正式友好访问，在阿布贾会见了尼日利亚总统乔纳森，与参议长马克、众议长坦布瓦尔分别举行会谈，会见了人民民主党主席图库。张德江在会见乔纳森时说，希望双方进一步加强高层交往，深化政治互信；推动务实合作，实现优势互补和共同发展；扩大人文交流，夯实友好民意基础；加强在国际和地区事务中的合作，维护共同利益。访问期间，张德江参加了“走近中国文化”系列活动，考察了由中兴公司承建的尼日利亚国家公共安全网项目。

19—22日，张德江对斯洛伐克进行正式友好访问，在布拉迪斯拉发会见了斯洛伐克总统加什帕罗维奇，会晤了总理菲乔，与议长帕什卡举行会谈，会见了议会斯中友好小组成员。张德江在会见加什帕罗维奇时说，双方一致认为，中斯建交以来，双边关系稳步发展，务实合作成果丰硕，表示愿进一步加强政府、议会、政党交流，不断深化政治互信，推动务实合作，增进人民友谊，共同谱写中斯友好的新篇章。

22—25日，张德江对俄罗斯进行正式友好访问，在索契会见了俄罗斯总统普京，在莫斯科与马特维延科主席、纳雷什金主席分别举行会谈。张德江在会见普京时表示，中俄互为最主要、最重要的战略协作伙伴。习近平主席在担任国家主席后首访就来到俄罗斯，与总统先生共同确定了新时期中俄关系的发展方向和重点合作领域。不久前，两国元首在圣彼得堡再次会晤，就深化合作达成新的共识。我此访就是要从议会层面落实双方领导人的共识，推动中俄高水平的政治关系优势转化为更多合作成果。张德江还与马特维延科出席了中俄议会合作委员会第七次会议并致辞。

9月17日

［纲　文］　**中共中央在中南海召开党外人士座谈会，习近平主持并讲话。**

［目　文］　座谈会就中共中央关于全面深化改革若干重大问题的决定听取各民主党派中央、全国工商联领导人和无党派人士的意见和建议。中共中央总书记习近平主持座谈会并发表重要讲话。中共中央政治局常委俞正声、刘云山、张高丽出席座谈会。

习近平在座谈会上强调，改革开放是当代中国最鲜明的特色，也是我们党最鲜明的旗帜。面对人民群众新期待，我们必须坚定改革信心，以更大的政治勇气和智慧、更有力的措施和办法推进改革。全面深化改革，关键要有新的谋划、新的举措。要有强烈的问题意识，以重大问题为导向，抓住重大问题、关键问题进一步研究思考，找出答案，着力推动解决我国发展面临的一系列突出矛盾和问题。解放思想的过程就是统一思想的过程，解放思想的目的是为了更好统一思想。思想统一了，才能最大限度凝聚改革共识，形成改革合力。

习近平指出，新时期以来，各民主党派、工商联和无党派人士十分关注改革，积极投身改革，特别是始终把深化改革作为建言献策的重点内容，为推进改革开放作出了重要贡献。希望同志们继续发挥人才荟萃、智力密集的优势，紧紧围绕全面深化改革的重大问题，在深入开展调研的基础上，提出具有前瞻性、战略性、可操作性的意见和建议。

王沪宁、许其亮、汪洋、孟建柱、栗战书、周小川等，中共中央、国务院有关部门负责人出席座谈会。

9月17—19日

［纲　文］　**中国残联第六次全国代表大会在北京召开，习近平等党和国家领导人到会祝贺。**

［目　文］　大会17日上午在人民大会堂开幕。党和国家领导人习近平、李克强、俞正声、刘云山、王岐山等到会祝贺。张高丽代表党中央、国务院致祝词。中国残联主席张海迪主持开幕式。来自全国各地的600多名代表出席大会。

张高丽在题为《在实现中国梦的伟大实践中，创造残疾人更加幸福美好的新生活》的祝词中指出，必须认真贯彻落实党中央、国务院的一系列决策部署，必须坚持和完善中国特色残疾人工作机制，必须充分发挥广大残疾人的主体作用，必须广泛动员全社会力量积极参与，必须不断提高各级残联的服务能力和水平，在实现中国梦的伟大实践中，团结带领、支持帮助广大残疾人创造更加幸福美好的新生活，努力实现残疾人与全国人民同步小康，不断把中国特色残疾人事业推向前进。

中华全国总工会副主席、书记处第一书记陈豪代表各人民团体向大会致贺词。张海迪代表中国残联第五届主席团作了题为《自强不息、团结奋斗，为残疾人兄弟姐妹创造美好生活》的报告。部分在京中共中央政治局委员、书记处书记，全国人大、国务院、全国政协领导出席会议。中央和国家机关各部门、解放军四总部和武警部队、各人民团体、北京市的负责人及首都各界人士代表参加了开幕式。

此次大会的主要议程，一是审议中国残疾人联合会第五届主席团报告，二是审议通过《中国残疾人联合会章程（修正案）》，三是选举中国残疾人联合会第六届主席团。

大会19日闭幕。国务委员、国务院残疾人工作委员会主任王勇，中国残联名誉主席邓朴方出席会议并讲话。大会通过了关于中国残疾人联合会第五届主席团报告的决议，并选举产生了包括133名委员的新一届中国残联主席团。邓朴方任名誉主席，张海迪为主席团主席，鲁勇任执行理事会理事长。大会还通过了关于《中国残疾人联合会章程（修正案）》的决议。

9月17日

［纲　文］　**环境保护部、发展改革委等6部门联合印发《京津冀及周边地区落实大气污染防治行动计划实施细则》。**

［目　文］　《细则》分两部分：一、主要目标。经5年努力，京津冀及周边地区空

气质量明显好转，重污染天气较大幅度减少。力争再用5年或更长时间，逐步消除重污染天气，空气质量全面改善。具体指标是：到2017年，北京市、天津市、河北省细颗粒物（$PM_{2.5}$）浓度在2012年基础上下降25%左右，山西省、山东省下降20%，内蒙古自治区下降10%。其中，北京市细颗粒物年均浓度控制在60微克/立方米左右。二、重点任务。（一）实施综合治理，强化污染物协同减排。（二）统筹城市交通管理，防治机动车污染。（三）调整产业结构，优化区域经济布局。（四）控制煤炭消费总量，推动能源利用清洁化。（五）强化基础能力，健全监测预警和应急体系。（六）加强组织领导，强化监督考核。

9月17日

［纲　文］　**国务院教育督导委员会办公室印发《中小学校责任督学挂牌督导办法》。**

［目　文］　《办法》共12条，自2013年9月17日起施行。《办法》指出，挂牌督导是指县（市、区）人民政府教育督导部门为区域内每一所学校设置责任督学，对学校进行经常性督导。教育督导部门根据区域内中小学校布局和在校生规模等情况，按1人负责5所左右学校的标准配备责任督学。

《办法》规定，责任督学的基本职责，一是对学校依法依规办学进行监督。二是对学校管理和教育教学进行指导。三是受理、核实相关举报和投诉。四是发现问题并督促学校整改。五是向教育督导部门报告情况，并向政府有关部门提出意见。

《办法》指出，全国30多万所中小学到2013年底均将配置挂牌责任督学，对学校的招生、管理、课程设置、师德建设以及学生减负等问题进行经常性督导。

9月17日

［纲　文］　**中华全国青年联合会在北京召开十一届四次常委会议。**

［目　文］　团中央书记处第一书记秦宜智主持会议。中共中央政治局委员、副主席李源潮出席会议并讲话。会议深入贯彻落实党的十八大精神，认真学习贯彻习近平总书记等中央领导关于青年工作的一系列重要讲话精神，部署研究安排下一年度的青联工作。

李源潮在会上指出，社会进步离不开优秀青年的奋斗，引导鼓励优秀青年做社会进步的积极力量是青联的重要任务。中国的改革开放造就了新一代青年企业家、技术能手、致富带头人、科技专家、文化人才、海归人才等各方面优秀青年。与祖国共同命运是当代优秀青年成长的共同特征，当代优秀青年要团结、进步、跟党走，为富强作贡献。

会议选举团中央书记处常务书记贺军科为全国青联主席，团中央书记处书记罗梅、汪鸿雁、周长奎为全国青联副主席。贺军科作了工作报告。

9月17日

［纲　文］　**国家副主席李源潮在北京会见蒙古国国防部部长巴特额尔德尼。**

［目　文］　李源潮在会见时说，近年来，中蒙关系持续健康发展，两国相互支持、有效合作。中国愿与蒙古国一道，坚持相互尊重，增进战略互信；坚持互利共赢，加强务实合作，不断丰富两国战略伙伴关系内涵。

巴特额尔德尼表示，蒙古国珍视与中国的传统友好关系，期待加强各领域务实合作，推动两国两军关系深入发展。

9月17日

［纲　文］　**《人民日报》发表题为《全民共树新风气》的评论员文章。**

9月17日

［纲　文］　**《人民日报》发表题为《共圆中国梦，同写新篇章——热烈祝贺中国残疾人联合会第六次全国代表大会开幕》的社论。**

9月17—19日

［纲　文］　**第23届亚非保险再保险联合会大会在北京举行。**

［目　文］　联合大会由中再集团承办，主题是"新技术和产品创新，亚非保险和再保险发展机遇与挑战"。中国国务院副总理马凯出席大会并讲话。出席大会的还有来自全球61个国家和地区的保险再保险和保险经纪机构的600余位代表。

17日上午，大会在北京国家会议中心开幕。马凯代表中国政府对大会的召开表示祝贺。马凯强调，中国在未来一段时期将采取更有力的措施，推动保险业转型升级，更好地服务于经济社会发展。一是加快保险业创新发展，积极发展养老保险、农业保险、责任保险等社会急需的险种，研究发展巨灾保险。二是深化保险业体制改革，建立有管理的费率市场化模式，进一步拓宽保险资金运用渠道。三是扩大保险业对外开放，鼓励外资保险公司到中西部地区和农村拓展业务，支持有条件的保险公司开拓国际市场。四是提高保险业风险防范能力，坚决守住不发生系统性、区域性风险的底线。

大会为期3天，与会中外嘉宾围绕大会主题及"亚非保险业是否在改变社会需求方面做到了创新与快速反应"、"再保险人在保险人产品创新中的战略合作"、"适合公众的巨灾保障的创新需求"、"保险中的新技术"和"亚非保险业的合作与共赢"五个分主题，进行了深入研讨。

亚非保险再保险联合会成立于1964年，目前拥有57个国家和地区的226家保险公司成员、14家协会成员、24家经纪人成员和4家通讯成员。

9月18日

［纲　文］　**李克强主持召开国务院常务会议。**

［目　文］　会议认为，依法实施政府信息公开是人民政府密切联系人民群众、转变政风的内在要求，是建设现代政府、提高政府公信力和保障公众知情权、参与权、监督权的重要举措。上半年，国务院已对今年政府信息公开重点工作作出部署。要采取配套措施，加强相关制度和平台建设，使政府经济社会政策透明、权力运行透明，让群众看得到、听得懂、能监督，这也有利于稳定市场预期和改变一些地方、部门在信息公开上不主动、不及时，以及面对公众关切不回应、不发声的现象。

会议要求，一要完善政府部门新闻发言人制度，使之成为政务信息公开的重要制度安排。各地区各部门要采取多种形式，加强新闻发布。了解民情民意，对社会密切关注的宏观经济、民生等重要信息，增加发布频次。二要主动回应社会关切。重要政策、法规出台后，要通过多种方式做好科学解读，让公众更好地知晓、理解政府经济社会发展政策和改革举措。对重要舆情和社会热点问题，要积极回应、解疑释惑，并注意把人民群众的期盼融入政府决策和工作之中。三要强化责任，抓好落实。把政务信息公开作为依法行政的重要内容，加强督查问责，着力提高实效。发挥好各级政府网站及时、权威、全面、准确发布政务信息的平台作用。认真办好热线电话。努力增强提升政府公信力、社会凝聚力的“软实力”。

会议原则通过《城镇排水与污水处理条例（草案）》。

9月18日

［纲　文］　**国务院印发《关于中国（上海）自由贸易试验区总体方案的通知》。**

［目　文］　《通知》指出，国务院批准《中国（上海）自由贸易试验区总体方案》。建立中国（上海）自由贸易试验区，是党中央、国务院作出的重大决策。上海市人民政府要精心组织好《方案》的实施工作，对于《方案》实施中的重大问题，要及时向国务院请示报告。

《方案》主要内容有：一、总体要求。二、主要任务和措施。三、营造相应的监管和税收制度环境。四、扎实做好组织实施。《方案》指出，试验区的范围涵盖上海外高桥保税区、上海外高桥保税物流园区、洋山保税港区和上海浦东机场综合保税区等4个海关特殊监管区域，并根据先行先试推进情况以及产业发展和辐射带动需要，逐步拓展实施范围和试点政策范围，形成与上海国际经济、金融、贸易、航运中心建设的联动机制。

《方案》要求加快金融制度创新。在风险可控前提下，可在试验区内对人民币资本项目可兑换、金融市场利率市场化、人民币跨境使用等方面创造条件进行先行先试。在试验区内实现金融机构资产方价格实行市场化定价。探索面向国际的外汇管理改革试点，建立与自由贸易试验区相适应的外汇管理体制，全面实现贸易投资便利化。鼓励企业充分利用境内外两种资源、两个市场，实现跨境融资自由化。深化外债管理方式改革，促进跨境融资便利化。深化跨国公司总部外汇资金集中运营管理试点，促进跨国公司设立区域性或全球性资金管理中心。建立试验区金融改革创新与上海国际金融中心建设的联动机制。

中国（上海）自由贸易试验服务业扩大开放措施主要包括金融、航运、商贸、专业、文化、社会六个服务领域，允许符合条件的外资金融机构设立外资银行、符合条件的资本外资金融机构共同设立中外合资银行，允许试验区内符合条件的中资银行开办离岸业务，试点设立外资专业健康医疗保险机构，允许设立外商独资国际船舶管理企业等。

9月18日

［纲　文］　**全国政协第六次主席会议在北京召开。**

［目　文］　中共中央政治局常委、全国政协主席俞正声主持会议。会议审议通过了政协全国委员会主席会议工作规则（修订案）、关于十二届全国政协副主席联系专门委员会的意见、政协全国委员会双周协商座谈会工作办法（试行）、关于撤销王素毅政协第

十二届全国委员会委员资格的决定和其他有关人事事项（草案）。会议决定，将有关人事事项（草案）提交第三次常委会议审议，有关决定提交第三次常委会议追认。全国政协副主席兼秘书长张庆黎、全国政协副秘书长仝广成等分别就有关事项作了说明。

全国政协副主席杜青林、韩启德、万钢出席会议。

9 月 18 日

［纲　文］ **张高丽出席京津冀及周边地区大气污染防治工作会议。**

［目　文］ 北京市委书记郭金龙主持会议。中共中央政治局常委、国务院副总理张高丽出席会议并讲话，对北京、天津、河北、山西、内蒙古、山东 6 个省区市加快推进大气污染综合治理工作进行动员和部署。

张高丽强调，防治大气污染要抓住主要矛盾，盯住重点领域，集中力量突破。要突出重污染城市治理，加强对各类污染源的削减和管控；坚决完成阶段性压减煤炭任务；突出机动车污染减排；淘汰落后产能，压减过剩产能，加快清洁生产技术改造；突出冬季采暖期污染管控，抓好城乡炊事取暖劣质燃煤的替代。

张高丽要求，地方政府对当地空气环境质量负总责，国家每月将公布空气质量最差的 10 个城市和最好的 10 个城市名单。对省级政府目标任务完成情况进行考核。建立区域协作联动机制，开展区域联合巡查、交叉执法。要动员全民参与，加大环境信息公开和群众监督力度，为空气质量持续改善奠定坚实的社会基础。

环境保护部与 6 个省区市人民政府在会上签订了大气污染防治目标责任书。

9 月 18 日

［纲　文］ **俞正声在北京会见香港友好协进会访京团。**

［目　文］ 中共中央政治局常委、全国政协主席俞正声在会见时说，香港回归祖国 16 年来，在中央政府的大力支持下，社会各界齐心协力，不断战胜发展道路上的种种困难和挑战，取得了世人瞩目的成就，保持了香港社会繁荣稳定的良好发展局面。事实证明，"一国两制"、"港人治港"、高度自治方针是完全正确的，是香港保持长期繁荣稳定的制度保证。

俞正声表示，面对新形势、新任务，希望香港友好协进会继续发挥积极作用，广泛团结香港社会各界，全面贯彻落实"一国两制"方针和基本法，促进香港的和谐稳定；集中精力推动经济发展，着眼未来，加快爱国爱港年轻人才培养，为香港长期繁荣发展多作贡献。

全国政协副主席张庆黎、李海峰，中央政府驻港联络办主任张晓明等参加了会见。

9 月 18 日

［纲　文］ **外交部发言人提醒美方谨言慎行，美国务院表示对钓鱼岛主权归属"不持立场"。**

［目　文］ 有记者问，针对日本媒体有关美副国务卿伯恩斯近期会见日本公明党党首山口那津男时称"美国在日中钓鱼岛相关争端中支持日方"的报道，美国国务院发言人普萨基 17 日在例行记者会上回答中国记者提问时表示，美在钓鱼岛问题上的立场是一贯

的，没有发生改变，美在钓鱼岛最终主权归属问题上不持立场。她确信美方无论在私下还是公开场合，传达的都是这一立场。中方对此有何评论？

外交部发言人说，中方注意到美方表态。我想强调的是，钓鱼岛及其附属岛屿是中国固有领土，中方在钓鱼岛问题上的立场是明确和一贯的。希望美方严守在钓鱼岛主权问题上不选边站队承诺，谨言慎行，以实际行动维护地区和平稳定和中美关系大局。

9月18日

［纲　文］ **《人民日报》发表题为《以先锋模范为镜》的评论员文章。**

9月19日

［纲　文］ **国务院印发《关于严格控制新设行政许可的通知》。**

［目　文］ 《通知》主要内容有：一、严格行政许可设定标准。二、规范行政许可设定审查程序。三、加强对设定行政许可的监督。

《通知》强调，设定行政许可，对人民群众生产生活影响很大，必须从严控制。今后起草法律草案、行政法规草案一般不新设行政许可，确需新设的，必须严格遵守《行政许可法》的规定，严格设定标准。要严格控制新设有关企业投资、产品、生产经营活动和资质资格方面的行政许可。凡通过技术标准、管理规范等其他管理手段或措施能够解决的，不得设定行政许可；凡通过设定一个行政许可能够解决的，不得设定多个行政许可。

《通知》明确，要规范行政许可设定审查程序。对拟设定的行政许可，应当采取多种形式广泛征求和听取意见。向国务院报送法律草案、行政法规草案，应当附拟设定行政许可的论证材料及各方面的意见等。国务院法制办应对拟设定的行政许可加强合法性、必要性和合理性审查论证。对经研究论证认为不符合《行政许可法》或设定理由不充分的，不得设定行政许可。

《通知》提出，对已设定的行政许可，要加强跟踪评估和监督管理。国务院部门要制定和公布本部门负责实施的行政许可目录，并定期对实施情况进行评价，及时提出修改或废止建议；要建立制度、畅通渠道，听取公民、法人或其他组织对行政许可提出的意见和建议。国务院法制办要加强对国务院部门规章的备案审查，对违法设定行政许可、增设行政许可条件，或变相设定行政许可的，要严格处理、坚决纠正；对造成严重后果的，有关机关要依法严格追究责任。

9月19日

［纲　文］ **《光明日报》报道，中国科学家成功研发铀矿直接测铀系统。**

［目　文］ 报道说，由东华理工大学核应用技术研究所教授汤彬研究团队研发的我国第一台中子测井测铀系统，日前成功进行了测井试验。试验证明，该系统可直接测铀，且铀含量检测限已达万分之二。专家认为，该系统实现了我国直测铀技术方面的革命性突破。

9月19日

［纲　文］ **印度尼西亚总统苏西洛在雅加达会见中国国务委员杨洁篪。**

［目　文］　苏西洛在会见时表示，印尼同中国关系发展很好，两国应该继续加强全方位合作。印尼人民热烈欢迎习近平主席即将对印尼进行国事访问并出席在巴厘岛举行的亚太经合组织第二十一次领导人非正式会议。我期待着同习近平主席就双边关系及重大地区和国际问题深入交换意见，深化友谊，增进合作，不断推进两国战略伙伴关系。

杨洁篪表示，习近平主席即将应苏西洛总统邀请对印尼进行国事访问，这是两国关系中的大事，意义重大深远。相信通过双方共同努力，访问必将取得丰硕成果，有力推动两国关系向更深层次、更广领域、更高水平发展。中方积极支持印尼举办亚太经合组织领导人非正式会议，将同印尼方加强配合，使会议实现既定目标。

双方就叙利亚问题交换了意见，一致认为，应坚持推动政治解决叙利亚问题。

当天，杨洁篪和印尼政治、法律和安全事务统筹部部长苏扬托共同主持两国副总理级对话机制第四次会议。

9月19日

［纲　文］　**习近平主席特使王正伟应邀出席马里总统凯塔就职典礼。**

9月19日

［纲　文］　**《人民日报》发表题为《交心沟通，解决“怕”的问题——二论民主生活会如何开出高质量》的评论员文章。**

9月19—21日

［纲　文］　**外交部部长王毅应邀访问美国。**

［目　文］　访问期间，王毅在华盛顿与美国国务卿克里举行会谈，在五角大楼会见了美国国防部部长哈格尔。中美双方在以实际行动推进新型大国关系、在国际和地区事务中实现良性互动以及妥善处理敏感问题等方面交换了意见。

王毅在与克里举行会谈时指出，构建中美新型大国关系是双方着眼世情、国情和两国关系发展态势作出的战略选择，存在着巨大发展空间和潜力。重要的是，双方应尽快以实际行动和具体合作对此加以推进和落实。双方就保持中美高层交往、妥善处理敏感问题以及推进各领域互利合作交换了意见。双方还围绕叙利亚问题、朝鲜半岛核问题的最新形势交换了意见，就如何重启六方会谈进行了有益的探讨。

王毅在会见哈格尔时表示，两军关系是中美关系的重要组成部分，军事安全互信是中美战略互信的基础。双方应该以实际行动，落实两国元首共识，构建与中美新型大国关系相适应的新型军事关系。

访美期间，王毅还会见了美副总统拜登、总统国家安全事务助理赖斯、美前总统国家安全事务助理多尼伦和布热津斯基等。

9月20日

［纲　文］　**中国首架自主知识产权电动飞机发布。**

［目　文］　我国首架自主知识产权电动飞机——RX1E锐翔双座电动轻型飞机在第

二届沈阳法库国际飞行大会上举行了新品发布仪式。这款绿色环保、运行成本低的新能源飞机，未来应用前景广阔。它紧跟国际新能源飞机发展潮流，可发挥娱乐、教学、工农业生产、航拍等用途，尤其可以利用其振动小的特点，实施高精度航测的特殊功能。

9月20日

［纲　文］ **国际钢铁协会副主席张晓刚当选ISO主席。**

［目　文］ 在俄罗斯圣彼得堡举行的第36届国际标准化组织（ISO）大会上，当地时间9月20日下午，国家质检总局、国家标准委提名的中国标准化专家委员会委员、国际钢铁协会副主席张晓刚成功当选ISO主席，任期自2015年1月1日至2017年12月31日。这是自1947年ISO成立以来中国人首次担任这一国际组织的最高领导职务。

9月20日

［纲　文］ **《人民日报》发表题为《把脉聚焦，解决“泛”的问题——三论民主生活会如何开出高质量》的评论员文章。**

9月21日

［纲　文］ **中国成功研制世界首台拟态计算机。**

［目　文］ 中国科学家融合仿生学、认知科学和现代信息技术，提出拟态计算新理论，并成功研制出世界首台结构动态可变的拟态计算机。这项名为“新概念高效能计算机体系结构及系统研究开发”项目，在上海通过了国家863计划项目验收专家组的验收。测试表明，拟态计算机典型应用的能效，比一般计算机可提升十几倍到上百倍，高效能特点显著。

9月21—24日

［纲　文］ **应国家主席习近平邀请，委内瑞拉总统尼古拉斯·马杜罗·莫罗斯对中国进行国事访问。**

［目　文］ 访问期间，习近平与马杜罗举行了会谈。两国元首就加强中委共同发展的战略伙伴关系及有关国际和地区问题深入交换意见，达成广泛共识，并共同出席融资、文化、教育、培训、便利人员往来等领域合作文件签字仪式。国务院总理李克强、国务院副总理张高丽分别会见了马杜罗。

习近平在会谈中表示，委内瑞拉是拉美地区重要国家，中委双方要保持高层交往，密切政府、立法机构、政党交往，交流互鉴党的建设、经济发展等方面经验。双方要发挥两国政府高级混合委员会和融资合作机制作用，统筹推进能源、农业、基础设施建设、金融等领域务实合作，为相互投资创造良好条件。2014年是两国建交40周年，双方要举办一系列文化交流活动，加深相互了解和友好感情。两国要密切多边领域合作，共同推动建立中拉合作论坛，提升中拉合作整体水平。

李克强在会见马杜罗时说，中方赞赏总统先生领导委内瑞拉新一届政府，在发展经济、改善民生等方面取得良好开局，相信委内瑞拉政府和人民在建设国家的伟大事业中将不断取得新成就。中方愿与委方共同推动两国关系和各领域务实合作再上新台阶，切实造福两国人民。

张高丽和马杜罗共同出席了在北京举行的中国—委内瑞拉高级混合委员会第十二次会议。会上，两国有关单位签署了能源、农业等领域多项合作协议。中国和委内瑞拉有关部门和企业的负责人约300人参加会议。

访问期间，马杜罗并率代表团访问了中共中央党校，与党校代表进行座谈，就21世纪社会主义建设深入探讨并交换意见。

9月21—24日

［纲　文］ **全球最大规模消化病学术会议世界胃肠病大会55年来首次登陆中国。**

［目　文］ 被誉为“消化疾病领域奥林匹克”的世界胃肠大会（WCOG）21日在上海开幕。中国全国人大常委会副委员长、中华医学会会长陈竺出席当晚在上海举行的开幕式。

世界胃肠病大会是全球规模最大的消化疾病学术会议，由世界胃肠病学会（WGO）组织召开。1958年5月，第一届世界胃肠病大会在美国华盛顿召开，此后每4年召开一次，由各大洲轮流主办，此前在亚洲仅有日本和泰国各举办过1次。

本届大会以“患者为中心、整合医学”为主题，来自119个国家和地区的近万名代表将参加一系列研讨会与20多场论坛，内容涵盖消化系肿瘤的多学科诊治、消化内镜微创诊治、慢性肝病的内外科治疗等。开幕式当天，此次大会唯一的手术演示单位长海医院邀请中外代表参观了该院世界上最大的消化内镜诊疗中心，并现场向全球同步直播内镜下早癌切除、超声内镜诊疗、内镜下逆行胰胆管造影术等手术。世界胃肠病学会主席亨利·柯恩观看手术后表示，中国以超声内镜为依托的多样化内镜诊治技术已达国际领先水平。

22日，全世界消化内镜专科领域第一本消化内镜隧道技术的英文专著《消化内镜隧道技术治疗学》在大会上举行首发仪式。该书主编是中国人民解放军总医院消化科令狐恩强教授，被业内称之为中国原创、世界首创。

9月21—22日

［纲　文］ **2013年国际和平日纪念活动暨中国—南亚和平发展论坛在云南昆明举行。**

［目　文］ 论坛由中国人民争取和平与裁军协会、联合国驻华系统和云南省政府共同主办，来自南亚国家的政要、前政要、专家学者及联合国系统代表围绕“教育促和平，合作求共赢——地区人民的共同心愿”这一主题，进行了深入探讨，形成了广泛共识。

活动期间，中共中央政治局委员、国家副主席李源潮出席开幕式并发表主旨讲话。李源潮指出，中国把睦邻友好置于对外政策首要位置，愿同包括南亚国家在内的周边国家和平共处、合作发展，共筑地区持久和平。联合国秘书长潘基文发来祝贺视频，孟加拉国国民议会议长乔杜里、阿富汗人民院议长易卜拉希米等外宾致辞。

与会代表均表示，中国是维护地区和平发展的重要因素，南亚各国重视并将继续推动与中国友好关系和各领域务实合作，实现互利共赢，希望中国继续发挥建设性作用，维护地区和世界持久和平、稳定和繁荣。

会议期间，李源潮在昆明会见了孟加拉国国民议会议长乔杜里和阿富汗人民院议长易卜拉希米。

9月22日

［纲　文］　**国务院办公厅发布《关于批准新乡市城市总体规划的通知》。**

［目　文］　《通知》主要内容有：一、国务院原则同意修订后的《新乡市城市总体规划（2011—2020年）》。二、重视城乡统筹发展。在《规划》确定的850平方公里的城市规划区范围内，实行城乡统一规划管理。三、合理控制城市规模。到2020年，中心城区城市人口规模控制在155万人以内，城市建设用地规模控制在140平方公里以内。四、完善城市基础设施体系。要加快公路、铁路等交通基础设施建设，改善城市与周边地区交通运输条件。五、建设资源节约型和环境友好型城市。城市发展要走节约资源、保护环境的集约化道路，坚持经济建设、城乡建设与环境建设同步规划，切实做好节能减排工作。六、创造良好的人居环境。要坚持以人为本，创建宜居环境。七、重视历史文化和风貌特色保护。要统筹协调发展与保护的关系。八、严格实施《规划》。城乡规划行政主管部门要依法对城市规划区范围内（包括各类开发区）的一切建设用地与建设活动实行统一、严格的规划管理，市级城市规划管理权不得下放，不得在《规划》确定的建设用地范围以外作出规划许可，切实保障规划的实施。

9月22日

［纲　文］　**国务院办公厅发布《关于调整中国人民银行货币政策委员会组成人员的通知》。**

［目　文］　调整后的货币政策委员会组成人员名单包括：货币委员会主席为人民银行行长周小川，委员有：国务院副秘书长肖捷，发展改革委副主任朱之鑫，人民银行副行长胡晓炼，人民银行副行长、外汇局局长易纲，人民银行副行长潘功胜，统计局局长马建堂，银监会主席尚福林，证监会主席肖钢，清华大学经济管理学院院长、教授钱颖一，中国人民大学校长、教授陈雨露，北京大学国家发展研究院教授宋国青等。

9月22日

［纲　文］　**中国海外交流协会第五次会员大会在北京举行。**

［目　文］　来自五大洲80多个国家和地区的400余名侨界知名人士以及国内涉侨部门负责人作为应聘顾问、常务理事和理事出席大会。

全国政协副主席韩启德当选为中国海外交流协会第五届理事会会长，中国国务院侨务办公室主任裘援平当选为常务副会长。马儒沛、任启亮、何亚非、谭天星、王杰、江岩当选副会长，谭天星兼任秘书长。

大会审议通过了裘援平代表中国海外交流协会第四届理事会所作工作报告和新修改的《中国海外交流协会章程》，协商产生第五届理事会顾问52名、常务理事262名、理事

373 名，协商选举第五届理事会领导成员。

国务委员杨洁篪当天在人民大会堂会见了中国海外交流协会第五次会员大会全体代表并发表讲话。杨洁篪高度评价广大侨胞在中国革命、建设和改革开放各个历史时期所作的杰出贡献，肯定海外交流协会在以侨为桥、沟通中国与世界方面的重要而独特作用。他希望广大侨胞秉承团结、创新、和谐、发展理念，继续积极支持中国发展和统一大业，推动中外友好交流合作，凝心聚力，同圆共享中国梦。

中国海外交流协会成立于 1990 年 11 月，是由中国大陆各界代表人士、港澳台同胞及有关团体自愿结成的全国性、联合性、非盈利性社会组织，宗旨是广泛联系海外及港澳台侨界人士及团体，增进友好情谊，发展合作交流，受国务院侨务办公室的业务指导。

9 月 22—27 日

［纲　文］　**外交部部长王毅率团在纽约出席第 68 届联合国大会。**

［目　文］　第 68 届联合国大会一般性辩论于当地时间 24 日在纽约联合国总部开幕。本届联大一般性辩论的主题是“有效应对全球危机：为了国际和平、安全和发展加强多边主义和文明间对话”。王毅在开幕式上阐述了中国外交政策。他表示，中国将坚定不移地走和平发展道路，也主张世界各国共同走和平发展道路，以和平方式解决各种国际和地区争端。同时，中国在任何时候都将坚定捍卫国家的主权和领土完整，坚定维护中国的正当与合法权益。

24—25 日，王毅先后出席了联合国可持续发展高级别政治论坛对话会和联合国千年发展目标特别会议。在特别会议开幕式上，王毅发表了《和平、发展、合作的事业只能前进，不能倒退》的演讲。会后发表了《千年发展目标特别会议成果文件》。

王毅还在纽约会晤了联合国秘书长潘基文，双方就联合国千年发展目标和 2015 年后发展议程问题阐述中方主张，并就朝鲜半岛局势、阿富汗、气候变化等问题交换了看法，并先后会见了美国国务卿克里、俄罗斯外交部部长拉夫罗夫，以及津巴布韦总统穆加贝、巴基斯坦总理谢里夫、孟加拉国总理哈西娜、法国外交部部长法比尤斯、塞内加尔外交部部长恩迪亚耶、非盟委员会主席祖马、联合国—阿盟叙利亚危机联合特别代表卜拉希米。

9 月 23—25 日

［纲　文］　**习近平在河北省参加省委常委班子党的群众路线教育实践活动专题民主生活会并发表讲话。**

［目　文］　河北省是中共中央总书记习近平在教育实践活动中联系的省份。习近平在河北听取了中央督导组关于河北省委教育实践活动的情况汇报，详细询问专题民主生活会准备情况，希望省委书记、省长带头深刻查摆剖析，带头开展批评和自我批评。

23 日下午至 25 日上午，习近平用 4 个半天时间参加专题民主生活会。会上，河北省委常委班子对照形式主义、官僚主义、享乐主义和奢靡之风的种种表现，检查出 6 个方面的主要问题：一是政绩观存在偏差，追求短期效应，急功近利，影响经济社会持续健康发展；二是决策有时脱离实际，一些项目和部署缺乏严格论证，造成严重浪费的事也有发生；三是实干作风不够过硬，重点工作抓得不实不狠，特别是在解决群众意见大的问题上成效不显著；四是用人导向不够科学，没能很好激励干部干事创业；五是基层观念比较薄弱，深入基层解决困难不够；六是“两个务必”思想树得不牢，对享乐主义和奢靡之风整治不力。针对这些问题，常委班子深刻剖析了理想信念、群众观念、规矩意识、党性修养4个“淡薄了”的原因，制定了具体整改方案。

习近平指出，这次专题民主生活会只是一个好的开端。查摆问题的目的在于解决问题，把正确的认识落实到行动上。对会上查摆出的问题，要逐项研究，细化解决方案，深化专项治理，严格纪律约束。要防止一些同志产生对照检查就是“闯关”的思想，不能以为过了这一关就可以万事大吉了。教育实践活动越往后，越要坚持标准，决不能虎头蛇尾，决不能用自我感觉代替群众评价。一定要认清“四风”的严重性、危害性和顽固性、反复性，锲而不舍、驰而不息抓下去。对此，中央是下了决心的，希望大家也下定决心、毫不动摇。

习近平就对照检查出的突出问题提出了整改的明确要求，强调要坚定理想信念，切实解决好世界观、人生观、价值观这个“总开关”问题；要树立正确政绩观，切实抓好打基础利长远的工作；要发扬钉钉子的精神，切实把工作落到实处；要坚持正确用人导向，切实引导广大干部真抓实干。

王沪宁、赵乐际、栗战书和中央有关部门负责人陪同参加上述活动。

9月23日

［纲　文］　**新华社讯，习近平作出批示，向践行党的群众路线的好干部兰辉同志学习。**

［目　文］　电讯说，兰辉是四川省北川羌族自治县副县长。2013年5月23日，他在下乡检查工作途中不幸坠崖，因公殉职，年仅48岁。

中共中央总书记、国家主席、中央军委主席习近平在批示中指出，兰辉始终把党和人民的事业放在心中最高位置，是用生命践行党的群众路线的好干部，是新时期共产党人的楷模。广大党员干部要学习他信念坚定、对党忠诚的政治品质，心系群众、为民尽责的公仆情怀，忘我工作、务实进取的敬业精神，克己奉公、敢于担当的崇高品格，牢固树立宗旨意识，自觉做到为民务实清廉，更好发挥表率作用，不断做出经得起实践、人民、历史检验的实绩。

9月25日，兰辉先进事迹报告会在人民大会堂举行。报告会由中央党的群众路线教育实践活动领导小组、中组部、中宣部和四川省委联合举办。各主办单位负责人、中央和国家机关干部、首都各界代表700余人参加报告会。报告会前，中共中央政治局常委、中央党的群众路线教育实践活动领导小组组长刘云山看望了报告团成员，代表习近平总书记、代表党中央，向兰辉亲属表示慰问，并颁发中央组织部追授兰辉的“全国优秀共产党员”证书，对学习宣传兰辉先进事迹和崇高精神提出要求。

10月14日，人力资源社会保障部、国家公务员局又发出《关于开展向兰辉同志学习活动的通知》，决定在广大公务员特别是人社系统干部职工中广泛开展向兰辉学习的活动。各地各部门要把开展向兰辉学习活动作为当前的一项重要任务，紧密联系党的群众路线教育实践活动，通过专题学习会、组织生活会、座谈交流等方式，迅速在广大公务员队伍特别是人社系统中掀起学习兰辉的热潮。

9 月 23 日

［纲　文］　**国务院总理李克强同德国总理默克尔通电话，祝贺默克尔领导的联盟党在德联邦议会大选中获胜。**

9 月 23 日

［纲　文］　**中国成功发射第三颗“风云三号”气象卫星。**

［目　文］　11 时 7 分，中国在太原卫星发射中心用长征四号丙运载火箭，成功将第三颗“风云三号”气象卫星发射升空，卫星顺利进入预定轨道。这颗卫星将与目前在轨运行的两颗“风云三号”气象卫星组网运行，进一步提高我国气象观测能力和中期天气预报能力。这是长征系列运载火箭的第 181 次发射。

9 月 23 日

［纲　文］　**“蛟龙号”首个试验性应用航次圆满结束。**

［目　文］　搭载“蛟龙号”的母船“向阳红 09”安全返抵青岛，这标志着“蛟龙号”首个试验性应用航次圆满结束，实现了从海试走向科学应用的历史性跨越。

9 月 23 日

［纲　文］　**国务院副总理汪洋在中南海分别会见来访的澳大利亚和美国客人。**

［目　文］　汪洋在会见澳大利亚昆士兰州州长坎贝尔·纽曼一行时表示，当前中澳关系发展良好，经贸、文化、教育、科技等各领域合作进展顺利、成效显著。中澳经济有很强的互补性，双方应共同努力，加快推进自由贸易协定谈判进程。中方愿与昆士兰州加强在农业技术、旅游等领域的合作。纽曼表示，中国是昆士兰州最重要的投资与贸易伙伴，愿进一步深化双方经贸合作，为发展澳中关系发挥应有的作用。

此前，汪洋还会见了来华访问的美国经济趋势基金会会长、《第三次工业革命》作者里夫金及其夫人。

9 月 23 日

［纲　文］　**中央军委副主席许其亮在北京会见也门国防部部长穆罕默德一行。**

［目　文］　许其亮在会见时说，进一步加强中也军事合作，不仅有利于两国关系的发展，也有利于维护世界和地区的和平与稳定。希望与也方共同努力，将两军各领域合作不断提高到新水平。

穆罕默德说，也中双方在代表团互访、人员培训和其他军事领域保持良好合作，希望两军继续加强交流，扩大合作领域。

9 月 23 日

［纲　文］　**《人民日报》发表题为《坚持法治反腐，建设廉洁政治》的评论员文章。**

9 月 23—24 日

［纲　文］　**第四次全国对口援疆工作会议在北京召开。**

［目　文］　中央政治局常委、全国政协主席俞正声，中央政治局常委、国务院副总理张高丽出席会议并讲话。会议认真贯彻党的十八大、中央新疆工作座谈会和习近平总书记重要指示精神，分析新疆工作形势，研究部署就业、教育、人才等援疆重点工作，特别是要抓住打造丝绸之路经济带的历史机遇，深入推进新疆跨越式发展和长治久安。

俞正声要求，各地区各部门要高度重视援疆工作，确保援疆工作力度不减。要完善目标责任制，确保各项工作取得实效。要加强监督管理，确保把每一个援疆项目打造成精品工程、廉政工程。要做好援疆干部人才交接工作，选派优秀干部人才去援疆，安排好期满返回的援疆干部人才。要充分发挥新疆的主体作用，更好地服务援疆工作，推动新疆工作上新台阶。

张高丽指出，新疆具有明显的区位优势、资源优势、后发优势和政策优势，必须把新疆的发展放到全国的大局中统筹谋划，这既是新疆实现跨越式发展的内在需要，也是全国实现可持续发展的战略需要。各地区各部门要全面贯彻落实党的十八大精神和习近平总书记重要指示，进一步开创援疆工作新局面。

会上，新疆维吾尔自治区、新疆生产建设兵团、江苏省、广东省、人力资源社会保障部、教育部、中粮集团、浙江巨鹰集团代表作了发言。与会代表进行了分组讨论。

张春贤、杜青林、郭声琨、王正伟等出席会议。中央有关部门和单位、19 个援疆省市和新疆等有关方面负责人共 190 人出席会议。

9 月 23—27 日

［纲　文］　**第六十四届国际宇航大会在北京市举行。**

［目　文］　本届大会以“推动航天发展、造福人类社会”为主题，由国际宇航联合会、中国宇航学会、国际宇航科学院、国际空间法学会主办，来自美国、俄罗斯等 74 个国家和地区的航天界领军人、专家学者、企业家和青年学生约 3600 人参加。国家副主席李源潮、全国政协副主席韩启德出席开幕式。开幕式由第 64 届国际宇航大会中国组委会主席、中国航天科技集团公司董事长、中国宇航学会理事长许达哲主持。

李源潮说，中国愿同世界各国分享发展航天技术促进经济发展的经验，秉承合作开发、共享太空理念，加强航天国际交流与合作，和平利用太空，共谋人类福祉。

开幕式上，国际宇航联合会授予中国国家航天局局长马兴瑞“爱伦·艾米尔奖”，以表彰其在国际航天技术合作方面所作的杰出贡献；授予“旅行者”项目首席科学家爱德华·斯通“世界航天奖”，以表彰其对宇航技术发展作出的特殊贡献。

出席本次大会还包括世界第一位女航天员瓦莲金娜·捷列什科娃、中国首位登上太空的女宇航员刘洋、与阿姆斯特朗同组实现人类首次登月梦的美国宇航员巴茨·奥尔德林等知名现役、退役航天员，以及美国宇航局局长、俄罗斯联邦航天局局长、欧空局局长在内的全球航天精英。开幕式现场，中国宇航员聂海胜、张晓光和王亚平向与会代表致意。

会议期间举行了 170 多个技术分组会，涵盖空间科学与探测等领域，同期还召开了 7 场全体会议，包括航天局长全体会议、中国航天发展及展望、工业界专场、女性航天 50 年等。其中，“航天局长会议”最值得关注。来自美国、加拿大、俄罗斯等 10 多个航天局的局长，将通报并交流本国的航天科技发展情况。

国际宇航大会素有“宇航界的奥林匹克”之称，而这次会议也是中国自 1996 年成功举办第 47 届国际宇航大会及航天展览会后，再度主办的国际宇航界最高级别会议。

27 日晚，为期一周的国际宇航大会在北京落下帷幕。闭幕式上，大会会旗由本届盛会主办城市北京交接给下届主办城市加拿大的多伦多。

9 月 24 日

［纲　文］ **第九届全国优秀儿童文学奖颁奖典礼在中国国家大剧院举行**。

［目　文］ 颁奖典礼由中国作家协会主办。本次评奖共有 114 家出版社参与角逐，有效参评作品达到 460 部（篇），20 位儿童文学作家获得这一崇高文学荣誉。

其中，《鸟背上的故乡》（胡继风）、《丁丁当当·盲羊》（曹文轩）等 7 部（篇）小说获优秀小说奖；《我成了个隐身人》（任溶溶）、《月光下的蝈蝈》（安武林）获优秀诗歌奖；《汤汤缤纷成长童话集》（汤汤）、《住在房梁上的必必》（左昡）等 4 部（篇）童话获优秀童话奖；《小小孩的春天》（孙卫卫）、《虫虫》（韩开春）获优秀散文奖；《巨虫公园》（胡冬林）、《三体Ⅲ·死神永生》（刘慈欣）获优秀科幻文学奖；《穿着绿披风的吉莉》（张洁）、《小嘎豆有十万个鬼点子·好好吃饭》（单瑛琪）获优秀幼儿文学奖；《风居住的街道》（陈诗哥）获青年作者短片佳作奖。中国作协主席铁凝、中宣部副部长翟卫华出席颁奖典礼并为获奖作家颁奖。

9 月 24 日

［纲　文］ **中国拉日铁路雅鲁藏布江一号特大桥铺轨，首次实现铁路横跨雅鲁藏布江**。

［目　文］ 拉日铁路为国家 I 级铁路，全长 253 公里，列车运行时速将不低于 120 公里，预计 2014 年投入运营。

9 月 24 日

［纲　文］ **中央书记处书记刘云山在北京会见由主席卡马乔率领的墨西哥革命制度党代表团**。

［目　文］ 刘云山在会见时说，墨西哥是中国在拉美的好朋友好伙伴，2013 年两国元首成功互访，确立中墨全面战略伙伴关系，开启了中墨友好新阶段。中方愿与墨方一道，抓紧落实两国元首达成的重要共识，推动各领域务实合作取得新成果。中国共产党与墨西哥革命制度党面临着同样的发展任务，愿继续加强治党治国经验交流，相互学习借

鉴，通过深化党际关系促进国家关系发展，更好造福两国人民。

卡马乔说，在两国元首密切互访推动下，当前墨中关系处于历史最好时期，发展前景广阔。墨西哥革命制度党钦佩中国共产党的执政能力和成就，希望深化两党友好关系，加强治国理政经验交流，夯实墨中关系的政治基础，并助推各领域务实合作。

9月24日

［纲　文］ **中国和乌克兰政府间合作委员会第二次会议在北京市举行。**

［目　文］ 国务院副总理马凯与乌克兰第一副总理、中乌政府间合作委员会乌方主席阿尔布佐夫举行会见并共同主持会议。马凯在会见时说，中乌建交21年来，两国关系持续健康发展。2011年中乌建立战略伙伴关系，开启了双方合作新纪元。马凯表示，本次会议上，双方就深化经贸、农业、航天、科技、教育、文化、卫生等领域合作充分交换意见，达成许多新的共识。中方愿与乌方共同努力，发挥互补优势，挖掘合作潜力，推动双方合作取得更大进展。

阿尔布佐夫说，乌中关系近年来取得长足进展。在两国政府间合作委员会的指导下，双方在很多领域合作成果丰硕。乌克兰视中国为重要战略伙伴，愿进一步提升两国关系，充实合作内涵。

双方商定于2015年在乌克兰举行委员会第三次会议。会后，马凯和阿尔布佐夫签署了《中华人民共和国和乌克兰政府间合作委员会第二次会议纪要》。

25日，中共中央政治局常委、中央书记处书记刘云山在北京会见了阿尔布佐夫。

9月24日

［纲　文］ **国务院副总理刘延东在桂林会见俄副总理戈洛杰茨，并共同主持中俄人文合作委员会第14次会议。**

［目　文］ 刘延东说，习近平主席和普京总统今年以来两次成功会晤，推动中俄全面战略协作伙伴关系进入了新的发展阶段。这次会议的目的，就是为了进一步落实两国元首关于新的起点上发展两国关系所达成的共识，并为中俄总理第十八次定期会晤做好人文合作方面的准备。

刘延东说，人文交流是双边关系的前提和基础。双方将继续认真落实中俄人文合作行动计划，深化内涵，丰富形式，扎实推进教育、文化、卫生、体育、旅游、媒体、电影、档案、青年等各领域的交流合作；面向未来，重点办好2014—2015年中俄青年友好交流年；办好俄罗斯“中国旅游年”闭幕式，实施好10万人留学计划，启动中共六大纪念馆修建工作，不断深化电影产业合作等，全方位推进中俄人文合作并使之机制化、常态化，推进中俄友好代代相传。

戈洛杰茨表示，俄方愿与中方共同努力，积极筹办好俄中青年友好交流年，推动两国人文各领域合作向更深层次和更广领域发展，进一步巩固两国关系的社会基础。

9月24日

［纲　文］ **《人民日报》发表题为《推心置腹，解决“诚”的问题——四论民主生活**

会如何开出高质量》的评论员文章。

9月25日

［纲　文］　**国家主席习近平视频致辞庆祝联合国“教育第一”倡议1周年。**

［目　文］　习近平在致辞中首先代表中国政府和人民，对潘基文秘书长提出的“教育第一”的倡议表示坚定支持。他表示，百年大计，教育为本。教育是人类传承文明和知识、培养年轻一代、创造美好生活的根本途径。

习近平指出，中国将继续响应联合国的倡议。中国有2.6亿名在校学生和1500万名教师，发展教育任务繁重。中国将坚定实施科教兴国战略，始终把教育摆在优先发展的战略位置，不断扩大投入，努力发展全民教育、终身教育，建设学习型社会，努力让每个孩子享有受教育的机会，努力让13亿人民享有更好更公平的教育，获得发展自身、奉献社会、造福人民的能力。中国将加强同世界各国的教育交流，扩大教育对外开放，积极支持发展中国家教育事业发展，同各国人民一道努力，推动人类迈向更加美好的明天。

“教育第一”全球倡议行动由联合国秘书长潘基文发起，旨在调动国际社会对教育的广泛支持，落实千年发展目标和全民教育目标。联合国在全球范围内选择了10个教育发展取得突出成就的国家作为倡导国，中国是其中之一。

9月25日

［纲　文］　**国家主席习近平就巴基斯坦发生强震向巴总统马姆努恩·侯赛因致慰问电。**

［目　文］　习近平在慰问电中说，惊悉贵国俾路支省发生7.8级地震，造成重大人员伤亡和财产损失。对此，我同兄弟的巴基斯坦人民一样，深感痛心。我谨代表中国政府和人民，并以我个人的名义，对不幸遇难者表示沉痛哀悼，对遇难者家属和伤员表示诚挚慰问。

习近平说，我相信，在总统先生和巴基斯坦政府领导下，巴基斯坦人民一定能够团结一心、克服困难、战胜灾害、重建美好家园。中巴是亲密友好邻邦，中国人民始终同兄弟的巴基斯坦人民站在一起，风雨同行，同舟共济。中国政府和人民愿向巴方提供一切必需的帮助。

为表达中国政府和人民对巴基斯坦政府和人民的友好情谊，中国决定向巴政府提供150万美元现汇援助和价值3000万元人民币的人道主义物资援助，用于帮助巴政府救助遭受强烈地震影响的灾民。

中国驻巴使馆表示，巴方对中国政府及时援助深表感谢，表示中国是第一个向巴方提供救灾援助的国家，这充分体现了巴中两国兄弟般的情谊，有助于巴民众提振信心，早日重建家园。

9月25日

［纲　文］　**李克强主持召开国务院常务会议。**

［目　文］　会议修订了政府核准投资项目目录，决定再取消和下放一批行政审批事项，部署了进一步加大力度推进保障性安居工程建设。

会议指出，随着经济环境、科技进步和行业发展等情况的变化，2004年出台的政府核准的投资项目目录已不完全适应现实需要，必须抓紧修订，以进一步发挥市场机制作用，促进产业升级，减少政府对微观事务的介入，转变政府作风，提高管理效能，防止寻租和腐败，让社会投资活力有效迸发。一是缩小核准范围，对市场竞争充分、企业有自我调节和约束能力、可通过经济和法律手段有效调控、符合结构调整方向、有利于防止产生新的过剩产能的项目，由核准改为备案。二是将仍需由政府核准，但可通过规划、产业政策、技术标准等引导和调控的项目下放给地方，增强就近监管能力。三是对已下放核准权的项目，相应调整相关前置审批权限，以提高效率。四是明确职责分工，国务院投资主管部门核准跨地区、跨行业、跨领域和涉及综合平衡、重大布局的项目，行业管理部门核准需由中央层面管理的其他项目，做到权责一致。按上述原则，此次修订取消和下放了分布式燃气发电等一批核准项目，放宽了部分外商投资准入条件。

为深入推进政府职能转变，持续释放改革红利，会议决定再取消和下放75项行政审批事项。至此，新一届政府取消和下放的行政审批事项已达221项，激发市场和社会活力的成效正在显现。

会议听取了2013年保障性安居工程情况汇报。指出，必须进一步加大工作力度，创新体制机制，确保完成年初确定的包括棚户区改造在内的保障性安居工程建设目标，让广大翘首以盼的困难家庭早日搬进新居。这是各级政府的“硬任务”，是必须向人民兑现的“硬承诺”，也是促消费、调结构的有效举措。为此，一要适当增加中央补助资金，重点支持保障性安居工程特别是已建成保障房的配套设施建设。研究多渠道资金支持保障房建设。有保障房空置的地方，要采取措施努力予以消除。二要加快制定城镇住房保障条例，规范和促进保障性住房建设、管理和运营，稳定人民群众对“住有所居”的预期。三要加快推进公租房和廉租房并轨运行。各地要制定和完善公开透明的公租房配租政策，充分运用租金杠杆强化准入退出管理。根据困难家庭不同收入情况，实施差别化补贴。会议强调要切实落实责任。国务院将适时对保障性安居工程进行专项督查，促进工程建设顺利推进。

9月25日

［纲　文］　**中国成功发射“快舟一号”卫星。**

［目　文］　12时37分，我国在酒泉卫星发射中心用快舟小型运载火箭，成功将“快舟一号”卫星发射升空，卫星顺利进入预定轨道。“快舟一号”卫星主要用于各类灾害应急监测和抢险救灾信息支持，用户单位是科技部国家遥感中心。

9月25日

［纲　文］　**世界首个同塔双回路特高压交流输电工程“皖电东送”正式投运。**

［目　文］　“皖电东送”工程于2011年10月开工，2013年8月竣工，完全由中国

自主设计、制造和建设，代表了目前国际高压交流输电技术开发、装备制造和工程应用的最高水平。工程变电容量2100万千伏安，线路单向全长648.7公里，系统最高运行电压为1100千伏，全线采用同塔双回路架设。该工程是我国在国际高压输电领域取得的又一重大创新成果，它的成功建设和运行是世界电力发展史上的重要里程碑。

9月25日

［纲 文］ **《人民日报》发表题为《立言立行，解决“改”的问题——五论民主生活会如何开出高质量》的评论员文章。**

9月25—26日

［纲 文］ **第十二届世界华商大会在成都市举行，国家主席习近平致信祝贺。**

［目 文］ 本届大会由中国侨商投资企业协会主办，成都市人民政府承办，以“中国发展，华商机遇”为主题，共有来自105个国家和地区的3000多名海内外嘉宾参加。国家主席习近平向大会发来贺信。中共中央政治局常委、全国政协主席俞正声出席开幕式并发表主旨演讲。

开幕式由国务院侨办副主任任启亮主持。国务院侨务办公室主任裘援平宣读习近平贺信。全国政协副主席、全国工商联主席王钦敏，中国侨商投资企业协会会长谢国民，泰国中华总商会主席刘锦庭，四川省委书记王东明等出席开幕式。

习近平在贺信中表示，长期以来，广大华侨华人秉承中华民族优秀传统，艰苦创业，拼搏进取，积极融入住在国社会，同当地人民和睦相处，在事业上取得长足发展，为各国经济发展和社会进步作出了积极贡献。他希望广大华商把握机遇、发挥优势，积极关心和参与中国改革开放和现代化建设，在互惠合作中实现自身事业更大发展，为共圆中华民族伟大复兴的中国梦，推动中国人民同世界各国人民的交流合作，作出新的更大的贡献。

俞正声在第十二届世界华商大会开幕式上发表了题为《把握发展机遇共创美好明天》的演讲，对包括华商在内的广大华侨华人提出了四点希望：把握世界经济调整契机，进一步壮大华商经济；推动住在国经济社会发展，进一步融入当地社会；积极参与中国经济转型升级，进一步实现合作共赢；弘扬中华优秀文化，进一步树立民族良好形象。

世界华商大会自1991年创办以来，秉承“在商言商、弘扬中华民族文化”的宗旨，逐渐发展成为全球华人商界加强联系交流、促进经贸合作的重要平台。大会举办了15个分论坛，涉及中国经济、企业走出去与经贸合作、来华投资创业、华商经济等多项内容，并重点推介了近40个重大产业对接项目，为广大华商提供了务实合作的机会。

26日，大会举行闭幕式和会旗交接仪式。会议期间，来自世界各地的华商们与四川共签约合作项目241个，总投资额达1323亿元。

9月25—28日

［纲 文］ **应国家主席习近平邀请，阿富汗总统哈米德·卡尔扎伊对中国进行国事访问并出席2013欧亚经济论坛开幕式。**

［目 文］ 访问期间，国家主席习近平同卡尔扎伊举行了会谈，国务院总理李克

强、副总理汪洋分别会见了卡尔扎伊。两国领导人就双边关系和共同关心的国际和地区问题深入交换了意见，达成广泛共识。

双方认为，2006年6月19日签署的《中华人民共和国和阿富汗伊斯兰共和国睦邻友好合作条约》和2012年6月8日发表的《中华人民共和国和阿富汗伊斯兰共和国关于建立战略合作伙伴关系的联合宣言》对两国关系发展具有重要意义。在当前国际地区形势发生深刻复杂变化的背景下，中阿两国有必要从战略和长远角度出发，进一步深化两国战略合作伙伴关系。双方同意，2013年中国政府将向阿方提供2亿元人民币无偿援助，并签署《中华人民共和国政府与阿富汗伊斯兰共和国政府经济技术合作协定》和《中华人民共和国政府与阿富汗伊斯兰共和国政府引渡条约》。双方发表了《中阿关于深化战略合作伙伴关系的联合声明》。

习近平就发展中阿关系提出以下建议：一、保持高层交往及政府、立法机构、政党交流，就重大问题加强战略沟通，增进政治互信。二、加强经贸、承包工程、资源能源开发、基础设施建设等领域合作。中方支持有实力的中国公司赴阿富汗投资，将继续为阿富汗和平重建和经济社会发展提供力所能及的帮助。三、加强安全合作，共同打击“三股势力”、毒品走私、跨国犯罪。希望阿方采取有力措施，为双方合作创造安全环境。四、扩大人文交流，中方愿继续为阿方培训各类人才。五、加强在联合国等框架内沟通和协调，支持上海合作组织在阿富汗问题上发挥更大作用。

李克强在会见卡尔扎伊时说，中方坚定奉行对阿友好政策，愿同阿方深化两国战略合作伙伴关系，加强贸易投资合作，推进能源资源等大项目建设。中方鼓励有实力的中国企业赴阿投资兴业，希望阿方提供必要安全保障。中方也愿向阿提供力所能及的帮助，实现互利共赢，造福两国人民。

汪洋在陕西西安会见了出席2013欧亚经济论坛的卡尔扎伊。汪洋说，中方高度重视发展中阿关系，将继续支持阿富汗和平重建，推进对阿富汗援助项目，不断加强双方经贸合作，实现互利共赢，推动中阿战略合作伙伴关系向前发展。

9月26日

［纲　文］　**第四届“全国道德模范”评选表彰颁奖典礼在北京举行，习近平会见“道德模范”及“提名奖”获得者。**

［目　文］　此次评选表彰活动提名推荐候选人1.79万人，确定正式候选人319人。在规定投票期内，全国共有1.42亿人次参与投票。经过群众推荐、资格审核、媒体公示、投票评选、综合评定等程序，中央文明委决定，授予张丽莉等54名同志第四届“全国道德模范”称号，王凤进等265名同志“全国道德模范提名奖”。

中共中央总书记、国家主席习近平在北京会见第四届全国道德模范及提名奖获得者，并发表讲话。中共中央政治局常委、中央文明委主任刘云山参加会见并出席第四届全国道德模范座谈会。刘延东参加会见并在座谈会上宣读了表彰决定。刘奇葆、栗战书参加会见。习近平在讲话中指出，要按照党的十八大提出的培育和践行社会主义核心价值观的要求，高度重视和切实加强道德建设，推进社会公德、职业道德、家庭美德、个人品德教育，倡导爱国、敬业、诚信、友善等基本道德规范，培育知荣辱、讲正气、作奉献、促和谐的良好风尚。

首届“全国道德模范”、西藏军区副司令员兼西藏军区总医院院长李素芝，第四届“全国道德模范”、黑龙江省佳木斯市第十九中学语文教师张丽莉，中国铁建十八局集团隧道公司四川锦屏二级水电站项目经理孔凡成，新疆职业大学中国语言学院汉语翻译专业学生热汗古丽·依米尔分别发言。第四届“全国道德模范”及“提名奖”获得者，往届“全国道德模范”代表，中央宣传思想工作领导小组成员，中央文明委委员出席座谈会，各省（区、市）和新疆生产建设兵团党委宣传部部长、文明办主任等参加座谈会。

第四届“全国道德模范”评选表彰颁奖典礼——《圆中国梦，德耀中华》于26日晚举行。往届“道德模范”代表和新当选的第四届“全国道德模范”及“提名奖”获得者一同出席了这个两年一届的展示道德力量和风采的盛典。颁奖典礼分为“助人为乐”、“见义勇为”、“诚实守信”、“敬业奉献”、“孝老爱亲”5个篇章，每个章节表彰10名左右，通过播放短片、演奏音乐、吟诵经典、颁授奖章、致敬礼赞等形式来呈现，共表彰50名左右，其余正式候选人授予“全国道德模范提名奖”。

9月26日

［纲　文］　**习近平任免驻外大使**。

［目　文］　国家主席习近平根据全国人民代表大会常务委员会的决定任免驻外大使：一、免去曾钢的中华人民共和国驻墨西哥合众国特命全权大使职务；任命邱小琪为中华人民共和国驻墨西哥合众国特命全权大使。二、免去火正德的中华人民共和国驻突尼斯共和国特命全权大使职务；任命边燕花（女）为中华人民共和国驻突尼斯共和国特命全权大使。三、免去陈建福的中华人民共和国驻格鲁吉亚特命全权大使职务；任命岳斌为中华人民共和国驻格鲁吉亚特命全权大使。四、免去郭业洲的中华人民共和国驻保加利亚共和国特命全权大使职务；任命魏敬华为中华人民共和国驻保加利亚共和国特命全权大使。五、免去徐飞洪的中华人民共和国驻阿富汗伊斯兰共和国特命全权大使职务；任命邓锡军为中华人民共和国驻阿富汗伊斯兰共和国特命全权大使。

9月26日

［纲　文］　**国务院办公厅印发《关于政府向社会力量购买服务的指导意见》**。

［目　文］　《意见》主要内容有：一、充分认识政府向社会力量购买服务的重要性。二、正确把握政府向社会力量购买服务的总体方向。三、规范有序开展政府向社会力量购买服务工作。四、扎实推进政府向社会力量购买服务工作。

《意见》指出，新一届国务院对进一步转变政府职能、改善公共服务作出重大部署，明确要求在公共服务领域更多利用社会力量，加大政府购买服务力度。

《意见》明确，政府向社会力量购买服务的目标任务是：“十二五”时期，政府向社会力量购买服务工作在各地逐步推开，统一有效的购买服务平台和机制初步形成，相关制度法规建设取得明显进展。到2020年，在全国基本建立比较完善的政府向社会力量购买服务制度，形成与经济社会发展相适应、高效合理的公共服务资源配置体系和供给体系，公共服务水平和质量显著提高。

9月26日

［纲　文］　**国务院办公厅印发《国家卫星导航产业中长期发展规划》。**

［目　文］　《规划》主要内容包括：一、现状和形势。二、指导思想、基本原则和发展目标。三、重点发展方向和主要任务。四、重大工程。五、保障措施。

根据《规划》，到2020年，我国卫星导航产业创新发展格局基本形成，产业应用规模和国际化水平大幅提升，产业规模超过4000亿元，北斗卫星导航系统及其兼容产品在国民经济重要行业和关键领域得到广泛应用，在大众消费市场逐步推广普及，对国内卫星导航应用市场的贡献率达到60%，重要应用领域达到80%以上，在全球市场具有较强的国际竞争力。

《规划》从统筹协调、政府支持等6个方面提出了一系列保障措施，其中包括“加强标准建设”——要求有关方面加快建立并完善支撑卫星导航产业健康发展的标准体系，鼓励产学研用各方联合研制技术标准；推动卫星导航军民标准通用化和资源共享，促进卫星导航与物联网、移动通信等的融合发展；鼓励骨干企业和研发机构参与国际相关标准的制定，促进北斗与其他卫星导航系统的兼容发展；加大标准宣传力度，完善标准信息服务、认证、检测体系，做好标准实施的监督工作，推动合格评定与产品认证服务的发展及国际合作，促进北斗卫星导航系统全球化应用。

9月26日

［纲　文］　**国家统计局、科学技术部、财政部发布《2012年全国科技经费投入统计公报》。**

［目　文］　《公报》显示，2012年我国科技经费投入继续保持稳定增长，国家财政科技支出稳步增加，全国共投入研究与试验发展（R&D）经费10298.4亿元，首次突破一万亿元大关，投入强度（R&D经费投入与国内生产总值之比）再创历史新高。我国研究与试验发展经费投入总量目前位居世界第三，经费投入强度在新兴发展国家中居领先地位，与发达国家的差距正在逐步缩小，我国科技投入大国地位进一步巩固。

9月26日

［纲　文］　**哈尔滨开通中国首条寒地地铁，可在－38℃低温环境下持续运行。**

［目　文］　这条地铁名为哈尔滨地铁1号线，其一、二期工程西起哈尔滨南站，终点为哈尔滨东站，全长17.47公里，共设18座车站，全部为地下线。该工程利用建于上世纪70年代的长10.1公里的地下人防工程，于2008年9月29日破土动工。工程历时5年。哈尔滨地铁1号线采用“四动两拖”6辆编组，最高运行速度每小时80公里，客车定员载荷每列车1470人，试运营初期列车运送能力达到1.13万人/小时，车辆使用寿命

可达 30 年。

该列车突破了低温条件下车辆安全稳定运行的技术难关，具备超强的防雪、抗寒性能，可在 –38℃低温环境下持续运行。此外，哈尔滨地铁车还在采暖和空调上进行了特殊的设计，比如在座椅上有电热器等，能够确保列车冬季比较温暖。

9 月 26 日

［纲　文］　**向莆铁路开通运营，中国高速铁路突破一万公里。**

［目　文］　随着我国第一条连接海峡西岸和中部内陆腹地的快速铁路——向莆铁路正式开通运营，中国高速铁路运营里程突破一万公里，约占世界高铁运营里程的 45%，稳居世界高铁里程榜首。开通后，南昌与福州间的最快旅行时间将由原来的 11 小时压缩至 3 小时 12 分，南昌与厦门间的最快旅行时间将由原来的 17 小时压缩至 4 小时 23 分。向莆铁路自南昌西站引出，途经南昌、抚州、三明等地市通往福州，并在福州市永泰县分线通往莆田，运营时速 200 公里，两端分别与正在建设中的沪昆客运专线和既有的京九铁路、东南沿海铁路等路网干线相连接，对完善赣闽区域和全国路网功能具有重要意义。

截至 2012 年底，中国高速铁路总里程达 9356 公里，居世界第一位。本年以来，随着宁杭、杭甬、盘营以及向莆铁路相继开通，中国高铁总里程达到 10463 公里。

9 月 26 日

［纲　文］　**外交部部长王毅在联合国总部出席伊朗核问题六国外长会议。**

［目　文］　中国、美国、俄罗斯、英国、法国和德国六国外交部部长就伊朗核问题举行会议。这是多年来伊朗外交部部长首次与六国外交部部长就解决伊核问题面对面交换意见。

王毅在会上强调，各国应抓住当前出现的有利机遇，务实推进对话，争取早日就解决伊核问题达成一揽子协议，逐步予以实施，最终实现伊核问题和平全面持久解决。王毅表示，中方一贯采取客观、公正和负责任的立场，积极劝和促谈。中方将继续与各方加强沟通协调，为伊核问题的和平解决发挥建设性作用。

当天，王毅在纽约还会见了美国前总统比尔·克林顿、前国务卿希拉里·克林顿夫妇。

9 月 26 日

［纲　文］　**原中共中央顾问委员会委员、原国家科委副主任、中国社会科学院原副院长于光远在北京因病逝世，享年 96 岁。**

9 月 26—30 日

［纲　文］　**应中共中央总书记、国家主席习近平邀请，老挝人民革命党中央总书记、老挝人民民主共和国主席朱马里·赛雅颂对中国进行正式友好访问。**

［目　文］　访问期间，习近平在北京同朱马里举行会谈。国务院总理李克强、全国人民代表大会常务委员会委员长张德江分别会见朱马里。

双方相互通报了各自党和国家情况，就新形势下丰富和发展中老全面战略合作伙伴关系及共同关心的国际和地区问题深入交换意见，达成广泛共识。

双方一致认为，中老两国理想信念相通、社会制度相同、发展道路相近，是具有广泛共同利益的命运共同体。自2009年两国建立全面战略合作伙伴关系以来，双方政治互信不断加深，各领域互利合作成果丰硕，促进了各自国家社会主义和党的建设事业，为维护地区和平、促进共同发展作出新贡献。

双方一致认为，在世情、国情、党情深刻变化的新形势下，按照“长期稳定、睦邻友好、彼此信赖、全面合作”方针和“好邻居、好朋友、好同志、好伙伴”精神，丰富和发展高度互信、互助、互惠的中老全面战略合作伙伴关系具有重要意义，符合两党两国和两国人民的根本利益和共同愿望，有利于社会主义事业兴旺发达，有利于人类和平与发展的崇高事业。

双方签署了《落实中老全面战略合作伙伴关系行动计划》、《中老两国政府经济技术合作协定》及多项经济合作文件。

习近平在会谈时表示，双方要继续保持高层交往，就共同关心的重大问题加强战略沟通，坚定支持对方坚持和发展符合本国国情的社会主义，坚持共产党领导；深化两党交流合作，每年举办一次两党理论研讨会，对实践提出的新课题作出理论概括，提供科学指导；推进中老互联互通、能源资源等传统领域合作，拓展绿色农业、生态旅游等新兴领域合作，继续加强立法机构、政协、工青妇组织、地方交流和文化、教育、旅游、卫生、媒体等领域的交流合作，以及司法和防务安全合作；加强在国际和地区事务中的相互理解和相互支持，尤其是在涉及地区和平稳定的重大原则问题上的沟通协调和配合。

李克强在会见时说，当前中老两党两国关系不断加强，各领域交流与合作扎实推进。习近平总书记同你举行的会谈富有成果。中方愿与老方密切高层交往，推进贸易投资、基础设施等领域合作，扩大人文和地方交流，推动中老全面战略合作伙伴关系持续向前发展。

张德江在会见时说，愿双方从议会层面积极落实此次两党两国达成的重要共识，拓展交流内容，提升合作实效，促进中老全面战略合作伙伴关系向更宽领域、更深层次、更高水平发展。

9月26—28日

［**纲　文**］　**2013欧亚经济论坛在西安市举行。**

［**目　文**］　论坛由商务部、文化部、环保部、海关总署、中国国际贸易促进委员会、国家能源局及陕西省人民政府等18家单位主办，西安市人民政府承办，主题是“深化务实合作，促进共同繁荣”。来自75个国家和地区的2000多名政要、企业家和学者参会。

国务院副总理汪洋出席开幕式并发表主旨演讲。汪洋在演讲中对欧亚国家携手合作提出四点建议：一是牢牢把握政治互信这个基础，以战略和长远眼光看待彼此合作，把共同利益的蛋糕做大，不因一时一事影响合作大局。二是牢牢把握共同发展这个中心，交流和借鉴彼此的发展经验，探索符合自身国情的发展道路，让更多民众享有发展和合作的成果。三是牢牢把握扩大开放这一动力，共同抵制各种形式的保护主义，促进区域内生产要素和人员自由流动，推动基础设施互联互通。四是牢牢把握人文交流这条纽带，拓展教育领域的交流，挖掘旅游合作潜力，推动不同文明的对话，促进欧亚各国人民相互了解、加深友谊。全国政协副主席、欧亚经济论坛组委会名誉主任陈元，上海合作组织秘书长梅津采夫以及多名欧亚国家政要发表演讲。

本届论坛包括金融合作、能源开发、经济成长、文化遗产、教育人才、新兴科技、旅游发展及生态环保等八大平行分会；低碳地球峰会、可持续货币大会等五个配套会议和中意经贸文化论坛、欧亚大陆桥物流合作会议等六项专题活动，共计举办150多场次会议活动。

欧亚经济论坛是以上海合作组织国家为主体，面向广大欧亚地区的高层次、开放性国际会议。论坛发起于2005年，永久会址设在西安，每两年举办一次，本年是第五届。28日，为期3天的2015欧亚经济论坛圆满完成各项议程，在西安圆满闭幕。

会议期间，汪洋在西安分别会见了出席2013欧亚经济论坛的阿富汗总统卡尔扎伊、乌克兰第一副总理阿尔布佐夫等外国政要，并同上海合作组织秘书长梅津采夫就更好发挥欧亚经济论坛作用交换了意见。

9月27日

［纲　文］　**国家主席习近平应约同澳大利亚总理阿博特通电话，祝贺阿博特当选澳大利亚联邦总理。**

［目　文］　习近平在通话中祝贺阿博特当选澳大利亚联邦总理，对阿博特重视中澳关系表示赞赏。习近平强调，中澳同为亚太地区重要成员，中方愿同澳方一道，坚持从战略高度和长远角度出发，尊重彼此核心利益和重大关切，加强各领域合作，加强在重大国际和地区问题上的协调，共同维护好、发展好中澳战略伙伴关系。经贸合作是中澳战略伙伴关系的"推进器"，希望双方本着互利、务实、平衡的精神，尽快完成中澳自由贸易协定谈判。

阿博特表示，澳大利亚愿做中国的诚挚朋友和可靠伙伴。澳大利亚新一届政府将一如既往，继续推动澳中战略伙伴关系更稳定、更强劲有力向前发展。澳方希望同中方保持高层交往，深化友好合作。澳方欢迎中国投资，愿同中方早日达成互利互惠的双边自由贸易协定。澳方愿同中方加强沟通和协调，确保今年亚太经合组织领导人非正式会议取得成功，促进世界经济发展。

9月27日

［纲　文］　**杨洁篪在北京会见以谢伟铨为团长的香港专业及资深行政人员协会访问团。**

［目　文］　国务委员杨洁篪在会见以香港立法会议员谢伟铨为团长的访问团时表示，香港专业界人士是社会的一支中坚力量，为香港的经济社会发展和繁荣稳定作出了积

极贡献。希望香港广大专业界人士继续以理性、务实的态度，支持行政长官和特区政府依法施政，为香港的稳定、繁荣和发展发挥积极作用。同时，把握“十二五”期间内地服务业高速发展的机遇，充分发挥两地互补优势，进一步加强和深化与内地的专业交流合作，为香港和内地的共同发展作出更大的贡献。

9月27日

［纲 文］ **《人民日报》发表题为《把民主生活会开好开实》的评论员文章。**

9月27日

［纲 文］ **《人民日报》发表题为《为实现中国梦凝聚起强大精神力量》的评论员文章。**

9月28日

［纲 文］ **国务院印发《关于促进健康服务业发展的若干意见》。**

［目 文］ 《意见》主要内容有：一、总体要求。二、主要任务。三、政策措施。《意见》指出，到2020年，基本建立覆盖全生命周期、内涵丰富、结构合理的健康服务业体系，打造一批知名品牌和良性循环的健康服务产业集群，并形成一定的国际竞争力，基本满足广大人民群众的健康服务需求。健康服务业总规模达到8万亿元以上，成为推动经济社会持续发展的重要力量。

《意见》明确了今后一个时期发展健康服务业的主要任务：大力发展医疗服务，加快发展健康养老服务，鼓励商业保险公司提供多样化、多层次、规范化的产品和服务，力争使所有社区卫生服务机构、乡镇卫生院和70%的村卫生室具备中医药服务能力，支持自主知识产权药品、医疗器械和其他健康相关产品的研发、制造和应用，大力发展第三方检验检查、评价、研发等服务。

9月28日

［纲 文］ **全球单套装置规模最大煤制油项目在宁夏回族自治区开工。**

［目 文］ 全球单套装置规模最大的煤制油项目——神华宁煤400万吨/年煤炭间接液化示范项目，在宁夏宁东能源化工基地开工。项目总投资预计550亿元，计划2016年建成投产。

9月28日

［纲 文］ **世界上规模最大的U型输水渡槽南水北调中线湍河渡槽主体完工。**

［目 文］ 湍河渡槽位于河南省邓州市，是南水北调中线干线的控制性工程，其内径尺寸、单跨跨度、最大输水流量均属世界首位。

9月28日

［纲 文］ **《人民日报》发表题为《“空口袋”立不起来》的评论员文章。**

9月29日

［纲 文］ **汪洋在北京市考察。**

［目　文］　国务院副总理汪洋在北京通州国际种业科技园区考察了种业科技企业，并主持召开推进现代种业发展座谈会。他强调，要加快种业科技创新，优化科技资源配置，进一步完善种业科研成果评价方式，加快构建产学研结合、育繁推一体化的现代种业体系。要发挥体制优势，集中科研力量，整合各方面资源，突出重点，组织联合攻关，力争在关键农作物品种培育上取得突破性成果。要完善种业法律法规，坚决打击制售假冒伪劣种子的行为。全面加强种业知识产权保护，建立鼓励创新、保护创新的制度环境。

汪洋先后考察了北京市平谷区花卉蔬菜生产基地、蛋鸡养殖场、农业产业化龙头企业等。他强调，要以市场为导向，引导农民立足资源优势，大力发展特色农业、品牌农业、生态循环农业，提升农产品质量和食品安全水平。促进农业与二三产业融合发展，发展农产品精深加工业，开发农业多种功能，打造形式多样、特色鲜明的休闲农业和乡村旅游产品，提高农业综合效益。

汪洋强调，北京市要充分发挥科技资源丰富、创新能力强、市场容量大等优势，率先把高新技术、新兴业态、新商业模式等引入农业，加快构建“接二连三”的农业全产业链，提高农业现代化水平，为全国现代农业建设发挥示范引领作用。

9月29日

［纲　文］　**2013年度中国政府“友谊奖”颁奖大会在北京举行。**

［目　文］　颁奖典礼由国家外国专家局副局长刘延国主持。国务院副总理马凯向获奖外国专家颁奖并讲话。马凯表示，外国在华专家，是中国人民的亲密朋友，是中外交流的友好使者，是中国发展的重要力量。中国人民将永远牢记外国专家为中国发展进步所作的贡献。

国家外国专家局局长张建国宣读了授予50名外国专家中国政府“友谊奖”的决定。中国政府“友谊奖”是中国政府为表彰在中国现代化建设和改革开放事业中作出突出贡献的外国专家而设立的最高奖项。每年评选产生五十名获奖者，国庆逢五逢十则评选产生百名获奖者。本年度获得中国政府“友谊奖”的50位专家来自20个国家。自1991年以来，共有来自67个国家和地区的1299位外国专家获得中国政府“友谊奖”。

国务院总理李克强30日在人民大会堂会见了荣获2013年度中国政府“友谊奖”的外国专家以及他们的亲属。

9月29日

［纲　文］　**中央政法委员会第六次全体会议在北京召开。**

［目　文］　中共中央政治局委员、中央政法委书记孟建柱主持召开会议，研究政法队伍纪律作风建设、依法清理久押不决案件等工作。会议要求，各级政法部门要紧密结合党的群众路线教育实践活动，大力加强和改进政法队伍纪律作风建设，着力解决执法司法突出问题，切实保障群众合法权益，维护社会公平正义。

会议要求，要以整风精神，解决政法干警作风方面存在的突出问题。要结合政法工作特点，制定政法队伍纪律作风禁令，作为政法干警“高压线”，确保政法队伍始终作风过硬、纪律严明。要实化处罚措施，动真格、抓落实，确保有关规定发挥预防、震慑、惩戒作用。领导干部不仅要从自己做起，以身作则，而且要认真履行“一岗双责”，真正做到敢抓善管。

郭声琨、周强、曹建明等出席会议并发言。

9月29日

［纲　文］　**中新社报道，湖南隆回超级稻大面积亩产破988公斤，创世界纪录。**

［目　文］　报道说，经农业部测产验收，由“杂交水稻之父”袁隆平院士科研团队攻关的国家第四期超级稻百亩示范片“Y两优900”中稻平均亩产达988.1公斤，创世界纪录。此次验收的第四期超级稻苗头组合“Y两优900”示范基地，位于湖南省隆回县羊古坳乡牛形村，种植面积共57丘101.2亩。28日，由中科院院士、著名杂交水稻育种专家谢华安率领的农业部专家组对这块百亩攻关片进行了现场测产验收。

9月29日

［纲　文］　**李源潮在北京分别会见中国侨联港澳地区顾问委员代表团和香港高校校长国庆访京团。**

［目　文］　国家副主席李源潮在会见侨联港澳顾问委员时说，国运兴，侨运兴；祖国好，港澳好。希望大家做“一国两制”的拥护者和港澳繁荣稳定的维护者，积极支持和参与祖国现代化建设，弘扬爱国爱乡爱侨传统，为实现中华民族伟大复兴中国梦共同努力。

李源潮在会见香港高校校长时说，希望香港高校肩负起爱国爱港、教书育人责任，为香港和国家培养更多优秀人才；充分发挥高校智力优势，为香港发展建言献策；促进两地教育科技交流合作，为香港长期繁荣稳定和国家现代化建设作出积极贡献。

9月29日

［纲　文］　**《人民日报》发表题为《“三个尊重”倡导良好风尚》的评论员文章。**

9月29日

［纲　文］　**《人民日报》发表题为《加强和改进干部教育培训的行动纲领》的评论员文章。**

9月30日

［纲　文］　**习近平主持中共中央政治局第九次集体学习。**

［目　文］　中央政治局集体学习走出中南海，把“课堂”搬到了中关村，采取调研、讲解、讨论相结合的形式进行。中共中央总书记习近平在主持学习时强调，实施创新驱动发展战略决定着中华民族前途命运。全党全社会都要充分认识科技创新的巨大作用，敏锐把握世界科技创新发展趋势，紧紧抓住和用好新一轮科技革命和产业变革的机遇，把创新驱动发展作为面向未来的一项重大战略实施好。

习近平指出，实施创新驱动发展战略是一项系统工程，涉及方方面面的工作，需要做的事情很多。最为紧迫的是要进一步解放思想，加快科技体制改革步伐，破除一切束缚创新驱动发展的观念和体制机制障碍。习近平就此提出5个方面的任务：一是着力推动科技创新与经济社会发展紧密结合；二是着力增强自主创新能力；三是着力完善人才发展机制；四是着力营造良好政策环境；五是着力扩大科技开放合作。

中关村是我国第一个高技术园区，也是第一个国家自主创新示范区。经过20多年发展，这里聚集了近2万家高新技术企业，2012年实现总收入2.5万亿元，企业从业人员达到156万人。中关村国家自主创新示范区展示中心，是集中展示中关村自主创新成就的平台和窗口，也是北京市重要科普基地。

9月30日

［纲　文］　**国务院在人民大会堂举行国庆招待会，习近平等党和国家领导人出席。**

［目　文］　习近平、李克强、张德江、俞正声、刘云山、王岐山、张高丽等党和国家领导人与1100多位中外人士共庆共和国64年华诞。

李克强在会上发表讲话。他代表党中央、国务院，向全国各族人民致以节日祝贺；向港澳同胞、台湾同胞和海外侨胞致以亲切问候；向关心支持中国现代化建设事业的国际友人表示衷心感谢。李克强指出，我国正处于经济转型升级的关键期，还面临很多困难和挑战，实现现代化还有很长的路要走。人民的智慧、奉献和创造，是我们伟大祖国发展进步的根本力量。实现更加美好的生活，需要全国各族人民共同顽强奋斗。我们将敢于担当，攻坚克难，全面深化和加快改革，促进经济长期持续健康发展和社会不断进步。我们要继续加快转变经济发展方式，加大经济结构调整力度，努力打造中国经济升级版；坚持把就业作为民生之本，大力发展教育、医疗卫生、文化等各项社会事业，让发展成果更多更好惠及全体人民；建设廉洁政府、法治政府，让全体社会成员都能在公平的机会、公平的规则面前，通过自身努力获得应有的成功。

在京中共中央政治局委员、中央书记处书记、全国人大常委会副委员长、国务院副总理、国务委员、最高人民法院院长、最高人民检察院检察长、全国政协副主席和从领导职务上退下来的同志，以及中央军委委员、曾担任中央军委委员的同志出席了招待会。

中央和国家机关有关部门负责人，解放军和武警部队负责人，各民主党派、全国工商联负责人和无党派人士代表，各人民团体负责人，北京市负责人，在京的部分香港特区人士、澳门特区人士、台湾同胞和华人、华侨代表，在华访问的部分外宾、国际知名人士、著名友好人士，各国驻华使节、各国际组织驻华代表、部分外国专家和配偶也出席了招待会。

9月30日

［纲　文］　**广东台山籍5艘渔船在海南西沙珊瑚岛海域遇险，习近平对搜救工作作出重要指示。**

［目　文］　9月29日晚，受强台风“蝴蝶”影响，载有171名渔民的5艘广东台山渔船在西沙珊瑚岛海域遇险，船上共有171人，其中2艘渔船沉没，船上60人中13人获

救、47人失踪；1艘渔船失去联系，船上有28人；另2艘渔船已取得联系，船上83人暂无生命危险。遇险渔船位置距台风“蝴蝶”中心约30海里，事发时海域风力达14级。

得知消息后，中共中央总书记、国家主席、中央军委主席习近平连夜作出重要指示，要求广东、海南两省抓紧组织有关方面力量，全力搜救失踪人员和解救被困人员，尽最大努力减少人员伤亡，并做好遇难人员和失踪人员家属安抚工作，同时要求驻地部队和中央有关部门全力予以协助。

国务院总理李克强立即作出指示，要求有关地方和部门密切配合，全力搜救失踪人员、救助遇险船舶，同时要确保搜救人员安全；对台风“蝴蝶”可能带来的安全隐患要逐一排查，切实做好受威胁人员转移以及出海渔船回港避风等各项工作。

根据习近平指示和李克强要求，海南、广东和有关部门、军队等方面已迅速组织力量开展搜救解救工作，我国海上搜救、渔政、海警、海军等救援力量紧急赶往事发海域全力实施救援。截至10月8日，西沙海难仍有48人失踪。从9日开始，西沙遇险渔民搜救工作由大规模搜救行动转为常态化日常巡航搜救。

9月30日

［纲　文］　**国务院总理李克强在北京会见22国新任驻华使节。**

［目　文］　李克强代表中国政府和人民欢迎22国新任使节来华履新。李克强说，中国经济社会发展成就辉煌，为世界和平与发展事业作出积极贡献。中国将坚定不移走和平发展道路，在相互尊重、互利共赢的基础上深化同各国的友好合作，更好与各国分享发展机遇，共同营造和维护和平合作的发展环境。希望使节们为增进各国人民对华了解、促进双边合作与友谊发挥积极作用。中国政府将为使节们在华履职提供便利和支持。

使节们转达了各国领导人对中国国庆的祝贺，以及对中国人民和领导人的问候，表示各国都十分钦佩中国改革发展取得的辉煌成就，高度重视对华关系，他们将为促进各国同中国关系的发展作出不懈努力。

9月30日

［纲　文］　**中央党的群众路线教育实践活动领导小组第四次会议在北京召开。**

［目　文］　会议主要学习贯彻习近平总书记在指导河北省委常委班子专题民主生活会时的重要讲话精神，研究部署教育实践活动有关工作。

中共中央政治局常委、中央党的群众路线教育实践活动领导小组组长刘云山在讲话中指出，以习近平总书记重要讲话为指导开好专题民主生活会，重要的是坚持从严要求，真正把批评和自我批评开展起来。专题民主生活会要开门见山、直奔主题，突出问题导向、增强问题意识，紧紧围绕“四风”问题进行对照检查，摆得具体、查得深入。要弘扬整风精神，以对自己、对同志、对班子、对党高度负责的精神，严肃认真开展批评和自我批评，达到“团结—批评—团结”的目的。要联系成长经历、工作实际、经验教训，从理想信念、宗旨意识、党性修养、纪律观念上深入剖析根源，举一反三、由表及里，使灵魂受到触动、思想得到提高。

刘云山说，教育实践活动越是向前推进，越要坚持从严标准，坚持时间服从质量、进度服从效果，不能前紧后松、虎头蛇尾。要把专题民主生活会作为新的开端，着眼长远进行整改，紧紧围绕坚定理想信念、树立正确政绩观、推动工作落实、确立正确用人导向，着力解决思想问题和实际问题。要针对查摆出来的“四风”突出问题，进行专项整治，研究解决的具体措施，建章立制、标本兼治。要组织开展“回头看”，查漏补缺、加强薄弱环节，没达标准的要及时“补课”，切实做到思想上不放松、力度上不减弱，确保教育实践活动不空、不虚、不偏、不走过场。

中共中央政治局委员、中央党的群众路线教育实践活动领导小组副组长赵乐际，中央书记处书记、中央党的群众路线教育实践活动领导小组副组长赵洪祝，中央党的群众路线教育实践活动领导小组成员参加会议。

9月30日

［纲　文］　**财政部、海关总署、税务总局印发《关于支持芦山地震灾后恢复重建有关税收政策问题的通知》。**

［目　文］　《通知》就支持芦山地震灾后恢复重建有关税收政策问题进行了明确，具体政策包括减轻企业税收负担、减轻个人税收负担、鼓励社会各界支持抗震救灾和灾后恢复重建、促进就业等多项内容。

减轻企业和个人税收负担的税收政策包括：对受灾地区损失严重的企业，免征企业所得税；自2013年4月20日起，对受灾地区企业、单位或支援受灾地区重建的企业、单位，在3年内进口国内不能满足供应并直接用于灾后恢复重建的大宗物资、设备等，给予进口税收优惠；自2013年4月20日起，对受灾地区个人接受捐赠的款项、取得的各级人民政府发放的救灾款项，以及参与抗震救灾的一线人员，按照地方各级人民政府及其部门规定标准取得的与抗震救灾有关的补贴收入，免征个人所得税。

促进就业的税收政策包括：受灾地区的商贸企业、服务型企业、劳动就业服务企业中的加工型企业和街道社区具有加工性质的小型企业实体在新增加的就业岗位中，招用当地因地震灾害失去工作的人员，与其签订1年以上期限劳动合同并依法缴纳社会保险费的，经县级人力资源和社会保障部门认定，按实际招用人数和实际工作时间予以定额依次扣减增值税、营业税、城市维护建设税、教育费附加和企业所得税。定额标准为每人每年4000元，可上下浮动20%。受灾地区因地震灾害失去工作后从事个体经营的人员，以及因地震灾害损失严重的个体工商户，按每户每年8000元为限额依次扣减其当年实际应缴纳的增值税、营业税、城市维护建设税、教育费附加和个人所得税。

9月30日

［纲　文］　**财政部印发《农村综合改革示范试点考核评价试行办法》。**

［目　文］　《办法》共13条，自2013年10月30日起施行。根据《办法》，农村综合改革示范试点考核评价遵循定性考评与定量考评相结合，自我考评与抽查考评相结合，考核结果与激励机制相结合的原则。按照分级管理、分级负责的要求，各试点省份对省以

下试点开展情况进行考核评价。财政部对各试点省份试点工作开展情况进行考核评价，具体由国务院农村综合改革工作小组办公室组织实施。

《办法》指出，考核评价内容包括：（一）试点工作是否受到重视，工作机制是否健全，工作保障是否得力，宣传培训是否到位等；（二）试点方案实施情况；（三）资金预算安排和执行情况；（四）各项管理制度是否健全，包括资金管理办法、项目管理办法、档案管理制度、监督检查与绩效考评制度等；（五）试点工作成效，主要包括农民满意程度、试点经验可推广价值等；（六）试点工作中是否存在违规违纪等问题，包括是否加重农民负担、截留挪用资金，是否出现群众上访等。

9月30日

［纲　文］ **《人民日报》发表题为《“闯关”思想要不得》的评论员文章。**

10 月

10月1日

［纲　文］　**习近平等党和国家领导人向人民英雄纪念碑敬献花篮。**

［目　文］　在中华人民共和国成立64周年纪念日之际，党和国家领导人习近平、李克强、张德江、俞正声、刘云山、王岐山、张高丽等来到北京天安门广场，与首都各界代表一起，向人民英雄纪念碑敬献花篮，深切缅怀为民族独立、人民解放、国家富强、人民幸福英勇献身的革命先烈，表达全党全国各族人民继往开来、奋力推进中国特色社会主义伟大事业的坚定信念。

敬献花篮仪式由中共中央政治局委员、北京市委书记郭金龙主持。在京中共中央政治局委员、书记处书记，部分全国人大常委会、国务院、全国政协领导以及中央军委委员出席仪式。中央党政军群有关部门和北京市负责人，各民主党派中央、全国工商联负责人和无党派人士代表，也参加了敬献花篮仪式。

10月1日

［纲　文］　**国务院办公厅印发《关于进一步加强政府信息公开回应社会关切提升政府公信力的意见》。**

［目　文］　《意见》主要内容有：一、进一步加强平台建设。二、加强机制建设。三、完善保障措施。

《意见》具体提出10个方面的要求：（一）进一步加强新闻发言人制度建设，建立重要政府信息及热点问题定期有序发布机制，让政府信息发布成为制度性安排。（二）充分发挥政府网站在信息公开中的平台作用，加强政府信息上网发布工作。（三）着力建设基于新媒体的政务信息发布和与公众互动交流新渠道。（四）健全舆情收集和回应机制，回应公众关切要以事实说话，避免空洞说教。（五）完善主动发布机制，要围绕党和政府中心工作，针对公众关切，主动、及时、全面、准确地发布权威政府信息。（六）建立专家解读机制，可根据工作需要组建政策解读的专家队伍，提高政策解读的针对性、科学性、权威性和有效性。（七）建立沟通协调机制，加强与新闻宣传部门、互联网信息内容主管部门以及有关新闻媒体的沟通联系。（八）加强组织领导，把做好政府信息公开、提高信息发布实效摆上重要工作日程。（九）加强业务培训，建立培训工作常态化机制。（十）加强督查指导。国务院办公厅和国务院新闻办公室、国家互联网信息办公室要协同加强对政府新闻发言人制度、政府网站、政务微博微信等平台建设和管理工作的督查和指导。

10月1日

［纲　文］《人民日报》发表题为《为现代中国凝聚梦想力量——热烈庆祝中华人民共和国成立64周年》的社论。

10月2—8日

［纲　文］ 国家主席习近平应邀访问印度尼西亚、马来西亚并出席亚太经合组织第二十一次领导人非正式会议。

［目　文］ 国家主席习近平2日抵达雅加达，开始对印度尼西亚进行国事访问，同印度尼西亚总统苏西洛举行会谈。两国元首高度评价中印尼战略伙伴关系取得的积极进展，一致认为，两国关系呈现出全方位、多层次、高水平的良好发展势头，为两国人民带来了福祉。双方一致同意，将双边关系提升为全面战略伙伴关系。访问期间，习近平还在印度尼西亚国会发表题为《携手建设中国—东盟命运共同体》的重要演讲，并会见了印度尼西亚副总统布迪奥诺、人协主席西达尔托和国会议长马祖基。他在演讲中指出，中国致力于加强同东盟国家互联互通建设，倡议筹建亚洲基础设施投资银行，愿同东盟国家发展好海洋合作伙伴关系，共同建设21世纪"海上丝绸之路"。

习近平3日抵达吉隆坡，开始对马来西亚进行国事访问。4日，习近平会见马来西亚最高元首哈利姆，并同马来西亚总理纳吉布举行会谈，决定将两国关系提升为全面战略伙伴关系。会谈后，习近平和纳吉布共同见证了有关合作文件的签署。其中，《中华人民共和国政府与马来西亚政府经贸合作五年规划》（2013—2017年）明确了双边贸易发展路线图，确定了2017年达到1600亿美元的贸易新目标。

习近平4日在吉隆坡与纳吉布共同出席中马经济合作高峰论坛，就加强两国务实合作、中国经济发展发表重要讲话。习近平就加强两国合作提出以下建议：一是扩大双边贸易，力争2017年双边贸易额达到1600亿美元。二是促进相互投资，继续支持钦州和关丹产业园区建设，鼓励中国企业积极参与马来西亚六大发展走廊等项目。三是拓展金融合作，扩大双边本币互换规模，规避金融风险。四是深化农业渔业合作，继续加强在天然橡胶种植和加工、农业机械贸易、渔业捕捞、深水养殖等领域合作。五是携手推进区域合作，共同营造开放、包容、共赢的合作环境，促进共同发展。

习近平5日抵达印度尼西亚巴厘岛，出席亚太经合组织第二十一次领导人非正式会议。习近平在会上发表了题为《发挥亚太引领作用，维护和发展开放型世界经济》的重要讲话，并提出3点建议：第一，加强宏观经济政策协调，携手推动亚太共同发展。第二，客观判断形势，沉着应对挑战，全力维护亚太经济金融稳定。第三，着眼长远，推动各成员深化经济结构调整，为亚太持久发展注入更大动力。与会期间，习近平还出席了亚太经合组织工商领导人峰会闭幕式并发表《深化改革开放，共创美好亚太》的主旨演讲，出席领导人与工商咨询理事会代表对话会，会见一些成员国领导人。

10月2日

［纲　文］　**李克强签署国务院令，发布《城镇排水与污水处理条例》。**

［目　文］　《条例》共7章59条，自2014年1月1日起施行。主要内容有：一、总则。二、规划与建设。三、排水。四、污水处理。五、设施维护与保护。六、法律责任。七、附则。

《条例》规定县级以上人民政府应当将城镇排水与污水处理工作纳入国民经济和社会发展规划。要求新区建设应当实行雨水、污水分流，雨污合流地区应当结合城镇排水与污水处理规划要求，进行改造。新建、改建、扩建市政基础设施工程应当配套建设雨水收集利用设施。强调城镇排水与污水处理设施维护运营单位应当加强日常巡查、维修和养护，加强井盖、检查井等设施的维护与保护。城镇排水主管部门应当会同有关部门，按照国家有关规定划定城镇排水与污水处理设施保护范围，并向社会公布。《条例》要求严格城镇内涝防治责任，还明确监管职责、加强责任追究，对违法行为设定了严格的法律责任。

10月2日

［纲　文］　**国务院办公厅印发《关于进一步加强煤矿安全生产工作的意见》。**

［目　文］　《意见》提出7个方面的要求。一、加快落后小煤矿关闭退出。二、严格煤矿安全准入。三、深化煤矿瓦斯综合治理。四、全面普查煤矿隐蔽致灾因素。五、大力推进煤矿"四化"建设。六、强化煤矿矿长责任和劳动用工管理。七、提升煤矿安全监管和应急救援科学化水平。

《意见》明确，要加快落后小煤矿关闭退出。重点关闭9万吨/年及以下不具备安全生产条件的煤矿，加快关闭9万吨/年及以下煤与瓦斯突出等灾害严重的煤矿，坚决关闭发生较大及以上责任事故的9万吨/年及以下的煤矿。到2015年底全国关闭2000处以上小煤矿。

《意见》要求严格煤矿安全准入。一律停止核准新建生产能力低于30万吨/年的煤矿，一律停止核准新建生产能力低于90万吨/年的煤与瓦斯突出矿井。严格煤矿生产工艺和技术设备准入；严格煤矿企业和管理人员准入。

10月2日

［纲　文］　**《人民日报》发表题为《对照"公、私"这把尺子》的评论员文章。**

10月3日

［纲　文］　**中国低空连续波测风雷达样机研制成功，为世界首创。**

［目　文］　中国航天科工集团二院二十三所自主创新研制了我国首部低空连续波测风雷达，日前顺利完成测风对比试验并成功面世。据悉，连续波体制应用到测风风廓线雷达上，是世界首创。该雷达将效力于民航探测低空风切变等领域，为飞机起航和着陆安全提供更可靠的数据。

10月4日

［纲　文］　**新华社讯，中央党的群众路线教育实践活动领导小组印发《关于认真学习贯彻习近平总书记重要讲话精神切实开好专题民主生活会的通知》。**

［目　文］　电讯说，《通知》指出，习近平总书记在河北省委常委班子专题民主生活会上发表的重要讲话，既对河北省委常委班子专题民主生活会给予肯定，就对照检查出的突出问题提出整改的明确要求，又对第一批教育实践活动前段工作给予充分肯定，围绕提高领导班子发现和解决自身问题的能力提出4点要求，充分体现了党要管党、从严治党的根本要求，充分体现了锲而不舍抓作风、改作风的坚定决心，充分体现了运用批评和自我批评这个有力武器解决党内矛盾的科学方法，对于各地区各部门各单位党委（党组）开好专题民主生活会，切实提高党内生活质量具有重要指导作用。各级党组织和广大党员、干部要用讲话精神统一思想、武装头脑，扎扎实实搞好教育实践活动，下定决心、毫不动摇地解决"四风"问题。

《通知》强调，要坚持贯彻执行民主集中制，加强民主集中制教育培训，加强民主集中制贯彻执行情况的经常分析和考核评估，加大民主集中制执行力度，对贯彻执行不力、发生重大偏差和失误的班子和个人追究责任。要坚持用好批评和自我批评武器，有话放在桌面上讲，切忌从个人恩怨、得失、利害、亲疏出发看事待人。要坚持严格党内生活，对自身的党内生活现状作一次全面调查和评估，总结经验、梳理问题、制定对策，切实增强党内生活的政治性、原则性、战斗性。要坚持党性原则基础上的团结，大力提倡和弘扬掏心见胆、并肩奋斗的真团结，坚决反对和纠正表面一团和气、实际上相互较劲设防的假团结，积极营造心往一处想、劲往一处使的生动局面。

《通知》要求，用讲话精神指导开好专题民主生活会。要提高思想认识，打消"怕"的顾虑，杜绝"蒙混过关"心态，克服"闯关"思想，始终坚持从严标准，防止虎头蛇尾。要充分做好会前准备，全面梳理征求意见情况，过细审视查摆问题情况，回顾分析谈心交心情况，严格把关领导班子和领导干部对照检查材料。要把批评和自我批评真正开展起来，党委（党组）主要负责人带头亮丑揭短，直指问题要害，为班子其他成员做示范、立标杆。要抓紧整改查摆出来的问题，及时制定整改方案，开展"四风"突出问题专项整治，严格纪律约束，对顶风违纪者及时依法依纪从严惩处。要切实加强督促指导，各级党委（党组）要强化领导责任，细化工作措施；各级教育实践活动领导小组及其办公室要对认识上不去、工作有差距的单位，及时采取约谈一把手、适当范围通报等方式督促改进；中央督导组要从严督促、从实指导，确保召开高质量的专题民主生活会。要适时组织开展"回头看"工作，确保教育实践活动不虚、不空、不偏，不走过场。

10月6日

［纲　文］　**中央民族大学附属中学庆祝建校100周年，习近平给全校学生回信表示**

祝贺。

［目　文］　校庆前夕，该校来自全国24个省区市50个少数民族的1800名学生给习近平写信，汇报他们在首都北京学习和生活的情况。10月1日，中共中央总书记习近平在回信中表示，中央民族大学附属中学作为全国唯一一所面向各少数民族地区招生的民族中学，自建校以来，培养了大批少数民族优秀人才，他们在各条战线上为人民解放、国家发展、民族团结、人民幸福作出了重要贡献。希望学校继承光荣传统，传承各民族优秀文化，承担好立德树人、教书育人的神圣职责，着力培养造就中国特色社会主义事业合格建设者和接班人。希望同学们珍惜美好时光，砥砺品德，陶冶情操，刻苦学习，全面发展，掌握真才实学，努力成为建设伟大祖国、建设美丽家乡的有用之才、栋梁之材，为促进民族团结进步、实现共同繁荣发展作出应有贡献。

国务院总理李克强也批示指出，民大附中历经百年风雨，培育了一批又一批各族优秀青年。希望你们继续发扬爱国、团结、奉献的光荣传统，传承各民族优秀文化，立德树人，笃志好学，砥砺前行，造就更多维护民族团结、堪当现代化建设重任的栋梁之材。

校庆期间，学校举办了校史馆开馆、共美教育中学联盟成立大会、校友联谊等系列校庆活动。已故的党和国家优秀领导人、杰出的无产阶级革命家、卓越的民族工作领导人乌兰夫铜像在该校揭幕。

10月6日

［纲　文］　**国务院印发《关于化解产能严重过剩矛盾的指导意见》。**

［目　文］　《意见》主要内容有：一、充分认识化解产能严重过剩矛盾的重要性和紧迫性。二、总体要求、基本原则和主要目标。三、主要任务。四、分业施策。五、政策措施。六、实施保障。

《意见》提出，要通过5年努力，在化解钢铁、水泥、电解铝、平板玻璃、船舶等行业产能严重过剩矛盾工作上取得重要进展，使这些行业达到产能规模基本合理、发展质量明显改善、长效机制初步建立的目标。

《意见》根据行业特点，分别提出了钢铁、水泥、电解铝、平板玻璃、船舶等行业分业施策意见，并确定了当前化解产能严重过剩矛盾的8项主要任务：一是严禁建设新增产能项目，分类妥善处理在建违规项目。二是全面清理整顿已建成的违规产能，加强规范和准入管理。三是坚决淘汰落后产能，引导产能有序退出。四是推进企业兼并重组，优化产业空间布局。五是努力开拓国内有效需求，着力改善需求结构。六是巩固扩大国际市场，拓展对外投资合作。七是突破核心关键技术，加强企业管理创新，增强企业创新驱动发展动力。八是创新政府管理，营造公平环境，完善市场机制，建立长效机制。

10月6—15日

［纲　文］　**中国奥林匹克委员会在天津市举办第六届东亚运动会。**

［目　文］　国务院副总理刘延东出席开幕式并宣布运动会开幕。天津市委书记孙春兰出席开幕式。中国、朝鲜、中国香港、日本、韩国、中国澳门、蒙古国、中国台湾、关

岛（会友）9个国家和地区参加了本届运动会。

本届东亚运动会中国体育代表团由752人组成，其中运动员516人，将参加24个大项、247个小项的比赛。中国乒乓球名将郝帅和中国柔道裁判周学敏分别代表参赛全体运动员、裁判员在开幕式上宣誓。东亚运动会联合会主席、中国奥委会主席刘鹏，第六届东亚运动会组委会主席分别在开幕式上致开幕词和欢迎词。

本届东亚运动会竞赛规模大，是设项和参赛运动员数量最多的一届东亚运动会，各代表团运动健儿共打破30余次赛会纪录，共进行了758场比赛。中国代表团共获得134枚金牌、79枚银牌和51枚铜牌。

东亚运动会创办于1993年，中国上海、韩国釜山、日本大阪、中国澳门和中国香港先后举办了前五届。天津举办的第六届东亚运动会是最后一届（东亚运动会）。此后将改为东亚青年运动会，每四年举办一届，参赛运动员的年龄原则上在14至18岁之间，首届东亚青年运动会于2019年举行。

10月7日

［纲　文］　**外交部发言人就第五次美日澳三边战略对话部长级会议发表含涉东海、南海问题内容的联合声明，以及香港人质事件答记者问。**

［目　文］　有记者问，据报道，美日澳三国外交部部长日前在巴厘岛亚太经合组织部长级会议间隙举行了第五次美日澳三边战略对话部长级会议，并发表含涉东海、南海问题内容的联合声明。中方对此有何评论？

外交部发言人说，中方在有关问题上的原则立场是一贯的、明确的。我们敦促有关国家尊重事实，明辨是非，谨言慎行，停止任何不利于问题妥善处理、有损地区稳定的言行。

发言人表示，美、日、澳彼此是盟友关系，但这不应成为介入领土主权争议的借口，否则只会使问题更加复杂化，损害各方利益。

有记者问，在此次亚太经合组织（APEC）领导人非正式会议期间，香港特首梁振英在会见习近平主席时提出，请中央政府关心香港人质事件，习主席表示将与菲律宾政府跟进此事。请问中方将有何进一步举措？

发言人表示，中国政府在香港人质事件上的立场是一贯而明确的。中方敦促菲律宾政府高度重视受害者家属要求和关切，采取切实有效措施，尽早拿出妥善解决问题的办法。

发言人说，中方支持香港特区政府与菲律宾政府就此事保持密切沟通和协商。中方已通过外交渠道向菲方表达了上述立场。

10月8日

［纲　文］　**李克强主持召开国务院常务会议。**

［目　文］　会议指出，扶贫资金是贫困群众的“保命钱”和减贫脱贫的“助推剂”，

多年来对加快贫困地区发展、改善扶贫对象基本生产生活条件，发挥了积极作用。但近期审计发现，一些地方的扶贫等保民生资金存在虚报冒领、挤占挪用、滞留沉淀和监管弱化等问题，值得警醒。必须坚持改革创新，注重健全制度机制，筑牢扶贫资金管理使用的“高压线”，对贪污侵占挪用等违法违规行为严惩不贷，确保扶贫资金充分惠及扶贫对象，让减贫成为促进社会公正和文明进步的重要内容，切实发挥好扶贫等公共资金保民生、“兜底线”的重要作用。

会议决定，进一步加强扶贫资金管理。一是明确和强化各级政府职责，做到权责一致。严格落实扶贫开发规划责任、权力、资金、任务“四到省”制度，项目审批权限原则上下放到县，省市两级要将主要精力放在资金和项目监管上，县级要切实负起责任。对出现的问题要毫不手软、严格问责、严肃处理。二是增强扶贫资金使用的针对性。对扶贫对象建档立卡，与低保衔接。项目资金要到村到户，切实使扶贫资金直接用于扶贫对象。三是创新资金管理使用方式。在贫困地区特别是集中连片特殊困难地区，以扶贫攻坚规划和重大扶贫项目为平台，整合扶贫资金和各类相关涉农资金，集中解决突出贫困问题。积极探索政府购买社会服务、金融机构等参与扶贫开发的有效做法。

会议审议通过《畜禽规模养殖污染防治条例（草案）》。指出，随着我国畜禽养殖量不断扩大，养殖污染已成为农业农村环境污染的主要来源。运用法律手段，促进养殖污染防治，对推动畜牧业转型升级、有效预防禽流感等公共卫生事件发生、保障人民群众身体健康，具有重要意义。会议要求，要强化激励措施，鼓励规模化、标准化养殖，统筹养殖生产布局与农村环境保护，严格落实养殖者污染防治责任，扶持养殖废弃物综合利用和无害化处理，使畜禽养殖污染明显改善，保护生态环境，促进畜牧业持续健康发展。

10 月 8 日

［纲　文］　国务院、中央军委批转人力资源社会保障部、总参谋部、总政治部《军人随军家属就业安置办法》。

［目　文］　《办法》共 19 条，自 2013 年 10 月 8 日起施行。《办法》总结吸纳全国 60 余个不同类型大中城市的经验做法，明确地方各级人民政府做好随军家属就业安置工作的重要责任，并对随军家属范围界定、安置原则、军地职责、安置方式、组织领导和运行机制等进行了全面规范。《办法》从身份类型、就业需求及军人对部队所作贡献等实际情况出发，首次将随军家属区分为 5 种类型给予分类安置，力保随军家属充分就业。《办法》要求，军地各级要加强组织领导，积极支持和落实随军家属就业安置各项工作任务。各级人民政府及有关部门要积极鼓励和扶持随军家属自主择业、自主创业，对从事个体经营的随军家属，按照国家有关优惠政策给予支持。

10 月 8 日

［纲　文］　食品药品监管总局印发《关于进一步加强医疗器械不良事件监测体系建设的指导意见》。

［目　文］　《意见》分指导思想、总体目标、职责分工、工作重点、建设要求、实施

步骤（2013年—2015年）、保障措施7部分。《意见》提出，加强医疗器械不良事件监测体系建设的总体目标是：力争通过3年左右时间，建立健全各级医疗器械不良事件监测技术机构和监测网络，完善监测机制，落实监测责任，健全监测制度，规范监测工作，进一步扩大监测覆盖面，探索哨点监测模式、逐步建立监测哨点，使风险预警能力明显提升，形成比较完善的全国医疗器械不良事件监测体系。

10月8日

［纲　文］ **国务院副总理刘延东在中南海会见美国黑石集团主席苏世民。**

［目　文］ 刘延东在会见时听取了"清华大学苏世民学者项目"进展情况介绍，勉励项目办出特色和水平，办成具有示范和引领效应的品牌项目。刘延东向客人简要介绍了中美人文交流高层磋商机制的有关情况，希望苏世民本人和黑石集团继续关注和支持中美人文交流各领域的发展。

10月8—19日

［纲　文］ **全国少数民族参观团在北京市、宁夏回族自治区、内蒙古自治区三地参观考察。**

［目　文］ 全国少数民族参观团一行由2009年受到国务院表彰的民族团结进步模范个人和模范单位代表，以及近几年受到省部级表彰的模范个人中的基层干部群众组成，来自全国31个省区市、新疆生产建设兵团和解放军、武警部队，共102人，由国家民委副主任、党组副书记李昭率领。

8—11日，参观团在北京参观考察。期间，参观团受到了俞正声等党和国家领导人的亲切接见。俞正声在会见时说，组织少数民族参观团到祖国内地参观学习，让少数民族同胞亲身感受祖国日新月异的发展变化，对于增进民族团结、增强"四个认同"意识，坚定走中国特色社会主义道路的信念，具有重要意义。要把这个传统坚持下去，把它越做越好。

11日，参观团抵达宁夏回族自治区，开始为期3天的宁夏参观考察之旅。在宁夏期间，参观团考察了宁夏宁东能源化工基地、银川综保区，以及当地企业、生态移民安置点、回族文化等。

15—19日，参观团在内蒙古自治区参观考察。在鄂尔多斯市，参观团参观考察了上海庙经济开发区榆树井煤矿、昂素镇哈日根图嘎查少数民族移民新居、康巴什新区、成吉思汗陵景区和鄂尔多斯集团。在包头市，参观团参观考察了包头稀宝博为医疗系统有限公司、北方股份矿用卡车生产线、包钢集团薄板厂和无缝钢管厂、神华煤化工煤制烯烃项目、北方重工业集团四分厂、中国兵器内蒙古第一机械制造（集团）有限公司五分厂、包头市城市规划馆。在呼和浩特市，参观团参观考察了内蒙古伊利（实业）集团股份有限公司液态奶生产线、大召寺、内蒙古国际蒙医医院、内蒙古博物院。

10月19日，全国少数民族参观团完成了在北京、宁夏、内蒙古三地的参观考察任务，于当天下午在内蒙古自治区呼和浩特市举行总结会。国家民委副主任、全国少数民族参观团团长李昭出席会议并作总结讲话。总结会由参观团副团长、国家民委办公厅副主任黄耀萍主持。

10月9日

［纲 文］ **第一次全国改善农村人居环境工作会议在浙江省杭州市召开。**

［目 文］ 中共中央政治局委员、国务院副总理汪洋出席会议并讲话。中央农村工作领导小组副组长、办公室主任陈锡文主持会议。浙江省委副书记、省长李强作经验介绍。农业部部长韩长赋参加会议。

汪洋在会上指出，浙江省坚持不懈推动“千村示范万村整治”工程，不仅改善了农村环境面貌，而且带动了农村经济社会发展。浙江的经验和做法，值得学习和借鉴。各地要根据全面建成小康社会和社会主义新农村建设的总体要求，以保障农村居民住房安全、饮水安全、出行安全为基本目标，以垃圾、污水治理为重点，加快农村基础设施建设，推进新一轮农村环境连片整治，通过长期艰苦努力，全面改善农村生产生活条件。有条件的地方要努力推进美丽乡村建设。

汪洋强调，改善农村人居环境，要坚持因地制宜、分类指导，统一要求与尊重差异相结合；坚持规划先行、完善机制，集中整治与分步实施相结合；坚持突出重点、统筹协调，改善环境与促进发展相结合。在农村人居环境建设中，要保护利用好农村土地，严控大拆大建；保护好历史文化和自然景观，保持乡村特色；充分尊重农民意愿，不能增加农民负担。汪洋要求，各地要切实加强组织领导，科学规划，精心组织，坚持农民主体地位，加大政府扶持力度，健全资金投入机制，把农村人居环境建设逐步纳入公共财政覆盖范围。要拓宽社会参与途径，调动一切积极力量，努力形成支持农村人居环境建设的强大合力。

会议期间，与会代表实地考察了环溪村、荻浦村，深入了解桐庐县改善农村人居环境工作。

10月9日

［纲 文］ **全球首个石油沥青期货在上海正式上市交易。**

［目 文］ 沥青期货筹备近6年之久，是继燃料油期货后，在上期所挂牌上市的第二个石油类期货品种，也是全球第一个石油沥青期货合约。

10月9日

［纲 文］ **《光明日报》报道，中国生产的疫苗首次通过世界卫生组织预认证。**

［目 文］ 报道说，中国生物技术股份有限公司下属的成都生物制品研究所有限责任公司生产的乙型脑炎减毒活疫苗，日前通过了世界卫生组织（WHO）的疫苗预认证，成为我国通过WHO预认证的首个疫苗产品。这标志着我国疫苗产品的监管、研制和生产获得了国际的广泛认可，产品得以进入国际市场。

10月9日

［纲 文］ **《人民日报》发表题为《还是需要“钉钉子”精神》的评论员文章。**

10 月 9—15 日

［纲　文］　**国务院总理李克强应邀出席东亚领导人系列会议并访问文莱、泰国和越南。**

［目　文］　李克强在第十六次中国—东盟（10+1）领导人会议上指出，当前中国与东盟关系已进入成熟期，合作已进入快车道。中国和东盟要进一步深化两点政治共识，一是推进合作的根本在深化战略互信，拓展睦邻友好；二是深化合作的关键是聚焦经济发展，扩大互利共赢。双方应把握机遇，推动中国—东盟宽领域、深层次、高水平、全方位合作。会议发表了《纪念中国—东盟建立战略伙伴关系 10 周年联合声明》。

李克强在第十六次东盟与中日韩（10+3）领导人会议上就深化 10+3 合作提出四点建议：第一，坚定维护地区和平稳定，妥善应对和处理地区热点敏感问题，把握并运用好东亚发展的历史机遇，维护东亚的和平稳定。第二，加快推进东亚经济一体化，力争于 2015 年前结束“区域全面经济伙伴关系”（RCEP）谈判。第三，加强地区金融安全网建设，继续推进清迈倡议多边化（CMIM）合作，打造亚洲货币稳定体系、亚洲信用体系和亚洲投融资合作体系，促进地区金融稳定和经济发展。第四，深化粮食安全、社会人文等各领域合作。中方愿与各国共同推动东亚各类思想库建设，促进各国间相互理解和情感融合。

李克强在第八届东亚峰会上提出三点建议：第一，加强战略合作，共同应对挑战。第二，深化经济合作，促进地区融合。第三，增进安全互信，维护地区和平稳定。李克强阐述了中国在南海问题上的原则立场。他表示，南海的航行是自由的，南海的航行安全是有保障的。中国愿继续与地区各国维护好南海航行自由与安全。中国与东盟已达成共识，有关争议应由直接当事方通过协商和谈判解决。

在文莱访问期间，李克强分别同文莱苏丹哈桑纳尔、王室主要成员等会谈会见。会谈后，两国领导人共同出席了《中华人民共和国政府与文莱达鲁萨兰国政府关于海上合作的谅解备忘录》、《中国海油和文莱国油关于成立油田服务领域合资公司的协议》等双边合作文件的签字仪式。双方发表了《中华人民共和国和文莱达鲁萨兰国联合声明》。

李克强在泰国会见了诗琳通公主和枢密院主席炳·廷素拉暖，同英拉·西那瓦总理举行会谈，就双边关系以及共同关心的国际和地区问题交换意见，达成广泛共识。两国领导人共同见证了《中泰两国关于深化铁路合作的谅解备忘录》，以及经贸、投资、科技、海洋、能源等领域合作文件的签署。双方共同发表《中泰关系发展远景规划》。李克强并在泰国国会发表题为《让中泰友好之花结出新硕果》的演讲，出席了中国高铁展。

在越南访问期间，李克强同越南总理阮晋勇举行会谈，并分别会见了越共中央总书记阮富仲、越南国家主席张晋创、国会主席阮生雄等越南领导人，就发展中越关系与合作深入交换意见。双方签署了《关于互设贸易促进机构的协定》、《关于建设跨境经济合作区的备忘录》等一系列经济合作文件。

10 月 9—15 日

［纲　文］　**常万全在新疆维吾尔自治区调研。**

［目　文］　中央军委委员、国务委员兼国防部部长常万全强调，边防和国防动员工作是一项长期的战略任务，是军地各级的共同责任。要按照“能打仗、打胜仗”要求，进一步加强思想政治建设，深入开展“坚定信念、铸牢军魂”主题教育，确保一切行动坚决听从党中央、中央军委和习近平主席指挥；进一步强化战略思维，立足于应对最复杂最困难局面，加紧推进各项建设和准备，牢牢掌握主动权；进一步铸牢厚重边防地带，把边境地、州、市作为整体经营，把政治安边、富民兴边、军事强边、外交睦边、科技控边集于一体建设，形成真正的“铜墙铁壁”；进一步深化军民融合，借力对口援疆的契机，把边防和国防动员建设根植于经济社会发展，凝聚党政军警兵民各方力量，形成共管共建的整体合力，打好新形势下的人民战争；进一步打牢反蚕食、反分裂、反恐怖斗争的根基，坚强基层政权，紧紧依靠广大人民群众特别是少数民族群众，加强对全民特别是青少年的爱国主义教育、国防教育和边防教育，为新疆长治久安奠定坚实基础。

常万全指出，作风关乎成败。各级要以开展党的群众路线教育实践活动为契机，坚决纠治“四风”、改进作风，把作风建设的成效体现到边防和国防动员工作实效上。要坚持以国家利益和国防事业为重，牢固树立“一盘棋”思想，既分工负责又密切协作，既谋大事又抓细节，既讲传承又重创新，加大工作力度，解决突出问题，把各项工作抓紧抓实抓到位，大力提升边防和国防动员建设的质量效益。

兰州军区、新疆维吾尔自治区有关领导参加调研。

10月10日

［纲　文］　**《人民日报》报道，习近平就改善农村人居环境作出指示。**

［目　文］　报道说，2003年以来，浙江在全省农村开展了“千村示范万村整治”工程，取得明显成效。最近，中共中央总书记习近平对此作出重要指示，强调要认真总结浙江省开展“千村示范万村整治”工程的经验并加以推广。各地开展新农村建设，应坚持因地制宜、分类指导，规划先行、完善机制，突出重点、统筹协调，通过长期艰苦努力，全面改善农村生产生活条件。

根据习近平的指示精神，中央有关部门及时总结浙江经验，并组织召开现场会，国务院总理李克强对会议专门作出批示强调，改善农村人居环境承载了亿万农民的新期待。各地区、有关部门要从实际出发，统筹规划，因地制宜，量力而行，坚持农民主体地位，尊重农民意愿，突出农村特色，弘扬传统文化，有序推进农村人居环境综合整治，加快美丽乡村建设。

10月9日，国务院副总理汪洋在全国改善农村人居环境工作会议上就学习贯彻习近平重要指示精神作出部署。他强调，各地要高度重视农村人居环境建设，切实加强领导，科学规划，精心组织，加强农村基础设施建设和环境整治。

10月10日

［纲　文］　**监察部公布《监察机关特邀监察员工作办法》。**

［目　文］《办法》共19条，规定了监察机关特邀监察员的选聘范围、基本条件、职责、权利、义务、聘任程序和解聘情形等内容，自2013年11月1日起施行。

《办法》明确，特邀监察员应当充分发挥咨询、联系、宣传、监督等方面的作用，参与行政监察法律法规的研究制定工作；参加监察机关开展的执法监察、效能监察等工作；反映、转递人民群众对监察对象违反行政纪律行为的检举、控告；对监察机关及其工作人员履行职责情况进行监督，提出加强和改进监察工作的意见、建议。

10月10日

［纲　文］**俞正声会见出席中华海外联谊会四届一次理事大会全体理事。**

［目　文］中共中央政治局常委、全国政协主席俞正声在人民大会堂会见了出席中华海外联谊会四届一次理事大会的全体理事，并与新一届领导班子进行座谈。俞正声说，祖国统一、振兴中华，是全体中华儿女的共同心愿。中华海外联谊会成立16年来，认真贯彻落实中央一系列重大决策部署，积极适应时代发展和港澳台海外工作变化，在服务祖国建设、促进和平统一、加强海外联谊等方面作出了重要贡献，已经成为致力国家发展统一的重要力量，成为联系海内外中华儿女的重要桥梁，成为凝聚港澳台海外爱国人士的重要平台。

俞正声指出，全体海内外中华儿女身处不同国家和地区，具有不同背景和经历，但都是中华民族的一分子，都有民族复兴的共同理想。当前，13亿中国人民在以习近平同志为总书记的中共中央领导下，正围绕实现“两个一百年”的奋斗目标和中华民族伟大复兴的中国梦，满怀信心地推进中国特色社会主义事业。这是党和国家工作的大局，也是港澳台海外联谊事业的主题。

国务委员杨洁篪，全国政协副主席、民革中央常务副主席齐续春，以及有关方面负责人参加了会见。

中华海外联谊会四届一次理事大会10日在北京召开。大会选举产生22位副会长和92位常务理事，并决定设置经济、教科文卫体、青年3个专门委员会。中华海外联谊会四届理事会有理事780人。

10月10日

［纲　文］**国务院副总理刘延东在中南海会见美国莱斯大学校长李达伟一行。**

［目　文］刘延东在会见时对李达伟校长在促进中美高等教育合作和交流方面所做的努力表示赞赏，并介绍了中美人文交流高层磋商机制的新进展。她指出，人文交流在构建中美新型大国关系中发挥着重要作用，鼓励莱斯大学积极参与中美人文交流的各项活动，为促进两国人民的相互了解作贡献。

10月10日

［纲　文］**原中共中央顾问委员会委员，最高人民法院原院长郑天翔在北京因病逝世，享年99岁。**

［目　文］郑天翔同志病重期间和逝世后，习近平、李克强、张德江、俞正声、刘

云山、王岐山、张高丽、江泽民、胡锦涛等同志，前往医院看望或通过各种形式对郑天翔逝世表示沉痛哀悼并向其亲属表示深切慰问。

16 日上午，习近平、李克强、张德江、俞正声、刘云山、王岐山、张高丽、胡锦涛等，在哀乐声中缓步来到郑天翔的遗体前肃立默哀，向郑天翔的遗体三鞠躬，并与亲属一一握手，表示慰问。

党和国家有关领导同志，前往送别或以各种方式表示哀悼。中央和国家机关有关部门负责人，郑天翔生前友好和家乡代表也前往送别。

10 月 10—16 日

［纲　文］　**中央纪委等首次在北京举办省部级领导干部廉洁从政研修班。**

［目　文］　参加这次省部级领导干部廉洁从政研修班的 41 名省部级领导干部分别来自各省（区、市）政府、新疆生产建设兵团分管行政监察工作的副省长或其他副省级领导，与反腐倡廉建设相关的中央和国家机关部分部委分管负责人。

研修班为期 7 天，共组织了 9 次授课、2 次分组研讨交流、1 次座谈、1 次现场教学、1 次示范和警示教育。研修班共安排了 4 个学习模块：一是专题授课，由中央纪委、国家行政学院、北京大学等单位的领导、专家和学者授课；二是示范和警示教育，组织全体学员集体观看了示范教育片《一心为民的好书记郑培民》和警示教育片《失德之害——领导干部从政道德警示录》；三是现场教学，组织大家去北京市警示教育基地接受教育；四是分组研讨交流，大家结合课程内容，交流了认识体会。

中共中央政治局常委、中央纪委书记王岐山 16 日在座谈会上强调，党员领导干部要贯彻党的十八大精神，落实习近平总书记关于加强领导干部理想信念教育和党风廉政建设的重要指示精神，带头纠正“四风”，带头廉洁自律。王岐山指出，要把坚决惩治腐败、遏制蔓延势头作为工作目标。惩是为了治。要加强理想信念教育，使领导干部“不想腐”；强化制度建设和监督管理，使领导干部“不能腐”；坚持有腐必惩、有贪必肃，使领导干部“不敢腐”。查处党员领导干部违纪违法，对党组织的伤害远大于其个人付出的代价。深入推进反腐败斗争要抓早抓小，对存在的问题早发现、早处置，防止小错酿大祸。

10 月 11 日

［纲　文］　**国家主席习近平在人民大会堂接受 15 国新任驻华大使国书。**

［目　文］　15 国是：肯尼亚驻华大使金扬久伊、阿富汗驻华大使法拉希、冰岛驻华大使司迪方、牙买加驻华大使托马斯、马耳他驻华大使克俚福、格林纳达驻华大使胡德、德国驻华大使柯慕贤、乌克兰驻华大使焦明、爱尔兰驻华大使康宝乐、纳米比亚驻华大使阿贝德、埃及驻华大使阿米尔、土库曼斯坦驻华大使鲁斯捷莫娃、比利时驻华大使马怀宇、卢森堡驻华大使石泰嵋、芬兰驻华大使古泽森。

习近平欢迎外国使节们来华履新，愉快地忆及同有关国家友好交往，并请他们转达对各自国家领导人和人民的诚挚问候和良好祝愿。习近平表示，中国积极开展全方位外交，重视发展同有关国家友好合作关系。希望各位使节在中国工作顺利，广交朋友，多促合作，为中国同有关国家双边关系发展作出新贡献。

外国使节们转达了各自国家领导人对习近平的亲切问候和对中国人民的美好祝福，祝愿中国取得更大发展成就。使节们表示，当前，各国对华关系面临新的机遇。他们珍惜在华工作机会，将积极致力于增进同中国的友谊与合作。

10月11日

［纲　文］ **《光明日报》报道，中国工会会员总数达到2.8亿。**

［目　文］ 报道说，来自中华全国总工会的统计显示，截至2013年6月底，中国工会已拥有2.8亿会员，是世界上最大的工会组织。与5年前相比，平均每年净增会员1448.5万人。在2.8亿工会会员中，农民工会员有1.09亿人；全国基层工会组织总数为275.3万个，覆盖基层单位637.8万家，职工入会率达81.1%。

10月11日

［纲　文］ **北京首次将高职院校向异地考生开放。**

［目　文］ 北京市教委官方网站开通进城务工人员随迁子女在京参加高等职业学校招生考试网上申请系统。这是北京市出台《进城务工人员随迁子女接受义务教育后在京参加升学考试工作方案》后，首次将高职院校向异地考生开放。

《方案》规定，自2014年起，凡进城务工人员持有有效北京市居住证明，有合法稳定的住所，合法稳定职业已满六年，在京连续缴纳社会保险已满六年，其随迁子女具有本市学籍且已在京连续就读高中阶段教育三年学习年限的，可在北京参加高等职业学校的考试录取。

10月11日

［纲　文］ **《人民日报》发表题为《开启节庆文化新风尚》的评论员文章。**

10月11—26日

［纲　文］ **文化部在济南举行第十届中国艺术节，习近平致信祝贺。**

［目　文］ 艺术节由文化部、山东省人民政府共同主办，近2万名文艺工作者踊跃参与。中共中央政治局委员、国务院副总理、本届艺术节组委会主席刘延东在开幕式上宣读了中共中央总书记习近平的贺信，并宣布艺术节开幕。

习近平在贺信中表示，中国艺术节创办26年来，推出了一大批精品力作和优秀人才，成为展示中国道路、中国精神、中国力量的艺术盛会，为推动社会主义文化大发展大繁荣、满足人民日益增长的精神文化需求作出了贡献。希望第十届中国艺术节办成一届“艺术的盛会、人民的节日”。希望全国广大文艺工作者和艺术家运用丰富的艺术形式和手段，描绘艺术之花盛开的多彩画卷，讴歌人民意气风发的时代精神，书写文化强国建设的隽永篇章，继续为我国社会主义文艺事业繁荣发展而团结奋斗。

中国艺术节于1987年开办，是我国规格最高、规模最大的国家级艺术盛会。“十艺节”期间，各类演出近2000场次，展览活动约150个。参评参演的专业舞台艺术优秀剧目达133台，316个群众文化剧（节）目参加“群星奖”评奖演出，展出优秀美术作品647件。在133台专业舞台艺术剧目中，87台作品为“文华奖”参评剧目，8台境外经典剧（节）目参与演出，另有38台国内优秀剧（节）目进行展演和祝贺演出。

26日晚，第十届中国艺术节在青岛圆满落下帷幕，山东省、陕西省政府相关负责人进行了中国艺术节节旗交接仪式，宣布第十一届中国艺术节将在陕西省举办。

10月11—12日

［纲　文］　**中央社会治安综合治理委员会、浙江省委在浙江省杭州市召开纪念毛泽东同志批示“枫桥经验”50周年大会。**

［目　文］　中共中央政治局委员、中央政法委书记孟建柱在会上强调，要深入贯彻落实党的十八大和习近平总书记重要指示精神，从坚持和发展中国特色社会主义的战略高度，继承和发扬优良传统，以与时俱进的精神，研究新情况、把握新规律，创新群众工作方法，加大依法治理力度，完善工作制度机制，不断提升新形势下群众工作能力和水平，切实解决好涉及群众切身利益的突出问题，确保人民安居乐业、社会安定有序、国家长治久安。

中共中央书记处书记、国务委员兼国务院秘书长主持会议。全国人大常委会副委员长兼秘书长王晨，国务委员、中央政法委副书记、公安部部长郭声琨，最高人民法院院长周强，最高人民检察院检察长曹建明，中国法学会会长韩杼滨，中央政法委委员汪永清、耿惠昌等出席会议。

浙江省委书记、省人大常委会主任夏宝龙在会上绍了浙江省坚持和发展“枫桥经验”的有关情况，诸暨市枫桥镇、浙江省信访局、温州市维稳办和基层政法综治维稳单位代表介绍了经验，浙江省委副书记、省长李强出席会议。

枫桥经验源于20世纪60年代。诸暨市枫桥镇是其发源地。20世纪60年代初，浙江省诸暨市枫桥镇干部群众创造了“发动和依靠群众，坚持矛盾不上交，就地解决。实现捕人少，治安好”的“枫桥经验”，为此，1963年毛泽东同志就曾亲笔批示“要各地仿效，经过试点，推广去做”。“枫桥经验”由此成为全国政法战线一个脍炙人口的典型。之后，“枫桥经验”得到不断发展，形成了具有鲜明时代特色的“党政动手，依靠群众，预防纠纷，化解矛盾，维护稳定，促进发展”的枫桥新经验，成为新时期专门工作与群众路线相结合的典范。

10月11—13日

［纲　文］　**第十一届中国国际网络文化博览会在北京展览馆举办。**

［目　文］　展览会由文化部和北京市政府联合主办，中国文化传媒集团、中国动漫集团、中国国际贸易促进委员会北京分会和北京市文化局联合承办。以“文化力量·创意未来”为主题，以推动中国的网络文化产业大发展大繁荣为要务，吸引了来自海内外近200余家企业积极参与，接待参观观众近6万人次。展览会于11日下午在北京展览馆正式拉开帷幕，13日闭幕。

本届网博会上，集中展示了互动娱乐产品、数码及网络新技术产品、原创动漫主题产品及作品等。同时，作为网博会的一项重要组成部分，论坛、会议部分，着重推出两大会议：网络文化高峰论坛及国际移动游戏大会。会议内容依托党和政府对于网络文化产业发展的指示精神，围绕移动互联网网络文化的发展等议题展开了深入交流和探讨，加之以主题演讲、政企对话、圆桌讨论等多种的形式灵活运用，穿插其中，增强了会议的互动性。其中，网络文化高峰论坛，紧紧围绕当前网络文化产业的前沿话题和新政方针展开讨论，重点提出了将网络文化产业从人到企业、从企业到政府进行渗透；从分享到传播，从国内到海外进行立体式的输出等内容，获得了广大参会企业代表及政府部门领导的一致好评。

博览会组织评选的涉及网络游戏、移动互联网游戏、网络动漫、网络音乐等领域各项网络文化大奖也一一揭晓。其中，2013年度中国网络文化盛典中，共评选出14项类别奖项，盛大游戏、腾讯游戏、巨人网络、上海邮通、新浪网、完美世界、麒麟网等35家企业分别获得不同奖项。此外，在本届网博会首次特别增设的“宝鼎奖”网络文化优秀作品评选中，《新天龙八部》、《诛仙2》获最佳原创网络游戏奖，《魁拔2之大战元泱界》获优秀动画类作品奖，“网易云音乐”“爱音乐手机客户端”“咪咕音乐人平台”等分获网络音乐客户端奖和网络音乐平台奖。

10月12日

［纲　文］　**新华社讯，《习仲勋文集》、《习仲勋纪念文集》、《习仲勋画册》出版。**

［目　文］　电讯说，2013年10月15日，是杰出的无产阶级革命家习仲勋同志诞辰100周年纪念日。为纪念习仲勋同志，经中央批准，中央党史研究室编辑了《习仲勋文集》《习仲勋纪念文集》《习仲勋画册》。这三种图书近日已由中共党史出版社出版。

《习仲勋文集》收入了习仲勋同志自1940年至2002年的讲话、报告、文章、批示、电报、书信等文稿，共计210篇。其中133篇为首次公开发表。《习仲勋纪念文集》收入了与习仲勋同志一起战斗、工作过的战友、同事，身边工作人员以及亲属的回忆文章共98篇。《习仲勋画册》精选了习仲勋同志生前的数百幅珍贵照片，许多照片为首次公开展示。画册图文并茂，生动形象地再现了习仲勋同志89年伟大、光辉的一生。这三种图书的出版，对于深入学习缅怀习仲勋同志的光辉业绩、革命精神和崇高风范，深入研究习仲勋同志的生平和思想，在新形势下继承和发扬老一辈革命家的优良传统和作风，具有重要意义。

10月12日

［纲　文］　**刘延东在山东省调研。**

［目　文］　国务院副总理刘延东近日在山东调研时强调，要继往开来，改革创新，繁荣文化事业，振兴文化产业，推动文化大发展大繁荣，服务中国梦，让广大人民群众更好地享受文化改革发展的成果。

刘延东出席了第十届中国艺术节系列活动，对全国各地文化建设的丰硕成果和广大文艺工作者的重要贡献给予了充分肯定。她指出，中国艺术节是国内规格最高、规模最大的文化艺术盛会，举办26年来，推出了大批精品力作和优秀人才，已成为优秀文艺作品争奇斗艳的平台、文艺工作者展示才华的舞台、人民群众欢乐喜庆的节日，在繁荣社会主义文艺、丰富群众文化生活、振奋民族精神、促进改革开放和社会进步和谐等方面发挥着越来越重要的作用。

刘延东强调，要全面落实文化强国建设的部署要求，加快文化改革发展，繁荣文化事业和文化产业，不断提高文化软实力。要以社会主义核心价值观为引领，凝聚社会共识，充分发挥文化凝聚人心、弘扬主旋律、传播正能量的重要作用。要繁荣文化创作，不断产出更多具有中国精神、中国特色、中国风格、中国气派的传世佳作。要完善公共文化服务体系，大力实施惠民工程，切实保障人民群众基本文化权益，丰富精神文化生活。要推动文化产业与科技和旅游、体育等产业融合发展，增强文化产业核心竞争力，延伸产业链，增加相关产业文化含量，加快推进文化产业成为国民经济支柱产业。要深化文化体制改革，完善市场体系，进一步增强文化发展活力和整体实力。要加强队伍建设，造就大批德艺双馨的文化艺术人才，为文化发展繁荣提供人才支撑。要创新文化“走出去”模式，全方位、多层次、宽领域开展文化交流与合作，努力提升中华文化国际影响力。

刘延东还考察了公立医院、基层医疗机构和科技型企业，到寺院看望了宗教界人士。

10月12日

［纲　文］　**外交部发言人就欧洲议会发表涉台决议答记者问。**

［目　文］　有记者问：据报道，欧洲议会于10月9日通过欧盟与“台湾”经贸关系的决议，呼吁欧委会启动与“台湾”的投资保障及市场进入协议的谈判，以深化双方经贸关系。请问中方对此有何看法？

外交部发言人说，台湾问题属中国内部事务，中国政府坚决反对任何外部势力插手。我们对欧盟与台开展民间经贸往来不持异议，但反对双方发展官方关系。希望欧方从中欧关系大局出发，切实恪守一中原则，审慎处理有关涉台问题，不与台进行官方往来或商签任何具有官方性质的协议。希望欧洲议会多做有利于中欧关系健康发展的事。

10月12日

［纲　文］　**《人民日报》发表题为《把党的群众路线坚持好贯彻好》的评论员文章。**

10月12—15日

［纲　文］　**第八届世界数独锦标赛在北京市举行。**

［目　文］　锦标赛12日在昌平区开幕，共有来自35个国家和地区的164名数独高手比拼较量，这是智力谜题领域最高级别赛事首次在中国举行。

中国队是本届比赛最年轻的国家队之一。中国队的8名队员中有5位是中学生，他们是从全国数独锦标赛选拔进入国家队的。中国队曾在2012年数独世锦赛上获得团体第3名的历史最好成绩。

本届赛事是中国首次设计数独世锦赛赛题，题型多达60余种，有些题型为本届大赛独创，从未在历届数独世锦赛出现过。赛题总体难度系数达到甚至高于国际数独赛事标准。除了常规的标准数独、杀手数独、摩天楼数独等题型外，还有为大赛专门设计的拼图式数独赛题，并在团体赛中融入魔方的概念，考验团体配合及参赛队整体数独水平，并体现出鲜明的中国元素。

锦标赛15日晚间在北京落幕。经过两天紧张激烈的比赛，来自中国的金策获得个人冠军，亚军是日本选手森西亨泰，捷克选手雅库布获得第3名；金策还获得18岁以下年龄组冠军。中国、捷克和日本分获团体前3名。

10月13日

［纲　文］**《光明日报》报道，中国国内首台隧道预切槽设备在铁建重工集团湖南长沙制造总厂试制成功，标志着中国地下工程装备研制取得了重大突破。**

10月13日

［纲　文］**《人民日报》发表题为《推动老龄事业与经济社会协调发展》的评论员文章。**

10月13—19日

［纲　文］**国家卫生计生委、中医药管理局、总后勤部卫生部联合开展全国大型义诊活动周。**

［目　文］义诊活动周以“服务百姓健康行动”为主题，全国60万医务人员深入一线参与义诊服务。

此次活动周是卫生计生系统首次举行覆盖全国的大型义诊活动，时间集中，形式多样，指标明确，杜绝形式主义，确保义诊活动周接地气、见实效。活动周主要包括七个方面：一是开展公共场所义诊活动；二是城乡医院对口支援县级医院义诊工作；三是义诊活动进社区；四是义诊活动下乡镇；五是举办健康大讲堂；六是院内义诊活动；七是组织国家医疗队开展义诊。

中共中央政治局委员、国务院副总理刘延东赴北京银龄老年公寓义诊活动现场进行考察。她指出，义诊活动是优质医疗资源走进基层，更好服务群众的有益实践。要加强领导，总结经验，完善机制，将义诊活动作为医疗卫生服务群众健康的重要形式长期坚持下去。要进一步深化医药卫生体制改革，促进医疗卫生资源均衡发展，努力探索提高优质医疗资源可及性的有效途径，让更多的老百姓享受便捷、优质的医疗卫生服务。

10月14日

［纲　文］**教育部印发《关于进一步推进高校招生信息公开工作的通知》。**

［目　文］《通知》要求：一、扩大高校招生信息公开范围。各省级教育行政部门、招生考试机构和高等学校要按照《教育部关于深入实施高校招生阳光工程的意见》和《教育部关于高等学校招生工作实施阳光工程的通知》有关信息公开工作要求，进一步扩大信

息公开范围，规范公开程序和内容，提高信息公开时效，做到高校招生信息“十公开”。二、完善多级信息公开制度。建立和完善分级负责、规范有效的国家、地方、高校、中学等多级高校招生信息公开制度。高校招生信息公开工作要做到信息采集准确、公开程序规范、内容发布及时。三、切实落实高校招生信息公开责任。各省级高校招生委员会、各高校要高度重视，更加自觉地把认真落实好高校招生“十公开”要求作为当前高校招生工作的重要内容之一。各省级教育行政部门和有关中央部门（单位）教育司（局）要分别加强对本地有关教育行政部门、招生考试机构、中学及所属高校信息公开工作的考核、评议和责任追究。

10 月 14 日

［纲　文］　**中国伊斯兰教协会在北京举行古尔邦节招待会。**

［目　文］　中国伊斯兰教协会 14 日晚在新疆大厦举行招待会，庆祝伊斯兰教传统节日古尔邦节。国务院副总理刘延东，全国人大常委会副委员长艾力更·依明巴海，全国政协副主席、国家民委主任王正伟，全国政协副主席马飚等到会祝贺。

全国政协常委、中国伊斯兰教协会会长希拉伦丁·陈广元大阿訇在招待会上致辞。他在致辞中对中国伊协 2013 年的主要工作作了简要汇报，并代表中国伊斯兰教协会向与会来宾表示感谢，向全国和世界各国穆斯林兄弟姐妹致以节日的祝贺。他表示，在全国各族人民同心共筑中国梦、满怀信心奔小康的大好形势下，值此古尔邦节喜庆时刻，共同祝愿中国伊斯兰教事业在中国共产党领导下健康发展，共同祝愿伟大祖国繁荣昌盛，人民幸福安康，共同祝愿人类和睦，世界和平。

阿拉伯国家驻华使团团长、阿曼驻华大使阿卜杜拉·萨阿迪及 40 多位伊斯兰国家驻华使节，中央和北京市有关部门负责人，首都各界穆斯林代表共 280 余人出席了招待会。

10 月 14—16 日

［纲　文］　**第一届中国（绵阳）科技城国际科技博览会在四川省绵阳市举行。**

［目　文］　第一届科博会由科技部和四川省政府共同主办，以“创新驱动、高新技术、军民融合”为主题，共有来自 15 个国家和地区的 7480 位嘉宾参会，全国各地 31 万普通观众、4 万余专业观众到会参观。

本届科博会参展面积 3.5 万平方米，参展单位 579 家。中物院太赫兹高速通信系统、北斗系统、天宫一号体验舱、数字家庭体验馆、智能机器人、3D 打印技术等 1304 项参展项目亮相，件件都是我国科技创新的代表之作。第一届科博会先后举办了 4 个专场的科技成果和专利技术发布与交易会，发布科技成果和专利技术 525 项。在本届科博会上，对外开放合作及采购对接签约项目 146 个、金额 425.2 亿元，促成科技成果和专利技术交易 68 项、签约金额 61.3 亿元，人才交流合作达成意向性协议近 1000 个。

由科技部火炬中心组织承办的高新技术成果转化及产业化展区成为本届科博会的最大亮点，该展区由“高技术研发成果丰硕”、“成果转化机制完善”和“高新技术产业化成效显著”三大区域组成，以系列高技术研发成果和高新技术产业化成果为载体，重点展示高新技术成果转化领域取得的显著成就和成果转化工作对促进我国经济社会发展的重要作用。

10月14—17日

［纲　文］ **应全国人大常委会委员长张德江邀请，哈萨克斯坦议会下院议长尼格马图林对中国进行正式友好访问。**

［目　文］ 访问期间，国家主席习近平在人民大会堂会见了尼格马图林。全国人大常委会委员长张德江与尼格马图林举行会谈。

习近平在会见尼格马图林时指出，我在访哈期间提出建设“丝绸之路经济带”的倡议，得到哈方及有关各方的积极支持。丝绸之路是中、哈及沿线各国共同拥有的历史遗产，弥足珍贵。建设“丝绸之路经济带”符合中哈的根本利益。希望双方抓住历史机遇，全面加强两国之间政治沟通、道路联通、贸易联通、货币流通和民心相通这“五通”，发挥中哈合作对丝绸之路途经地区区域合作的示范和带头作用，带动更多国家积极参与“丝绸之路经济带”建设。

尼格马图林说，哈方愿与中方携手，不断深化双方政治、经济、人文等领域的友好关系。哈萨克斯坦议会愿为两国友好合作的顺利开展积极提供法律保障，为哈中关系的发展作出更大贡献。

张德江在与尼格马图林举行会谈时说，中国全国人大愿在已有良好基础上，进一步加强与哈萨克斯坦议会的关系，在支持和推动中哈各领域合作方面发挥更大作用。一是加强政治互信和战略协作，在涉及对方核心利益和重大关切问题上坚定相互支持，在国际和地区议会组织中密切合作，共同维护两国的主权、安全和发展利益。二是加强立法和治国理政经验交流，特别是经济领域和社会领域的立法交流，相互借鉴经验，更好服务于两国发展振兴事业。三是创造良好的法制环境，及时批准双边合作法律文件，督促制定和推动落实双边协议，促进务实合作。四是推动地方和民间友好往来，不断扩大两国友好的民意基础，为中哈全面战略伙伴关系持续健康发展作出应有的重要贡献。

会谈后，张德江和尼格马图林共同签署了《中国全国人大与哈萨克斯坦议会下院合作备忘录》。

10月15日

［纲　文］ **纪念习仲勋同志诞辰100周年座谈会在北京举行，习近平参加座谈会。**

［目　文］ 中共中央总书记、国家主席、中央军委主席习近平作为亲属参加座谈会。中共中央政治局常委、全国人大常委会委员长张德江出席座谈会。

习仲勋同志是中国共产党的优秀党员，伟大的共产主义战士，杰出的无产阶级革命家，中国共产党、中国人民解放军卓越的政治工作领导人，陕甘边革命根据地的主要创建者和领导者之一，曾担任国务院副总理，中共十一届中央委员会书记处书记，十二届中央政治局委员、书记处书记，第五、第七届全国人大常委会副委员长。

座谈会上，中共中央政治局委员、全国人大常委会副委员长李建国发表讲话，全面回顾了习仲勋的光辉革命生涯和不朽功勋，对学习、继承、弘扬习仲勋的高尚品格、革命精神、优良作风和崇高风范提出了要求。中央党史研究室主任欧阳淞、国务院副秘书长焦焕成、广东省省长朱小丹、全国人大常委会副秘书长王万宾等先后发言，缅怀习仲勋的奋斗历程和丰功伟绩，深切表达对习仲勋的敬仰之情。

李建国在讲话中指出，我们纪念习仲勋同志，就是要学习他始终不渝坚守共产主义理想信念，一生忠于党、忠于人民的高尚品格，增强中国特色社会主义道路自信、理论自信、制度自信，坚持党的基本理论、基本路线、基本纲领、基本经验、基本要求，坚定不移走中国特色社会主义道路；就是要学习他始终坚持解放思想、实事求是、与时俱进，一生为党和人民事业呕心沥血的革命精神，坚持党的思想路线，继续解放思想，不断开拓创新，以全面深化改革的新的实践，夺取中国特色社会主义新胜利；就是要学习他始终坚持马克思主义群众观点和党的群众路线，一生热爱人民、心系群众的优良作风，坚决反对形式主义、官僚主义、享乐主义和奢靡之风，真正做到一切为了群众、一切依靠群众，立党为公、执政为民，不断夯实党执政兴国的牢固根基；就是要学习他始终保持共产党人的政治本色，一生胸怀坦荡、光明磊落的崇高风范，克己奉公、勤政为民、廉洁自律，以优良作风凝聚起建设中国特色社会主义的强大力量。

座谈会由刘延东主持。刘奇葆、赵乐际、栗战书、杜青林、王晨、陈元出席座谈会。从党和国家领导职务上退下来的部分老同志、有关方面负责人和习仲勋亲属、生前友好等参加座谈会。

10月15日

［纲　文］　**中俄能源合作委员会第十次会议在北京市举行。**

［目　文］　中国国务院副总理、中俄能源合作委员会中方主席张高丽在人民大会堂与俄罗斯副总理、俄方主席德沃尔科维奇举行中俄能源合作委员会第十次会议，为即将举行的中俄总理第十八次定期会晤做准备。

张高丽说，能源合作是中俄全面战略协作伙伴关系的重要组成部分，是两国元首和总理高度关注和推动的领域之一，是中俄务实合作的重点方向。双方要发挥好中俄能源合作委员会的作用，积极落实两国元首达成的共识，巩固已取得的合作成果，推动正在商谈的合作项目，开拓新的合作领域。他表示，中俄能源合作是长期的、全面的、战略性的，双方在地缘、资源、市场、技术等方面互补性强，合作潜力巨大。中方愿全面扩大对俄能源合作。希望双方落实好俄方对华增供原油项目，扩大石油上游合作规模，把天津合资炼厂建成有高效益的下游合作示范项目。积极推进中俄东、西两线天然气领域的互利合作，继续在核能领域扩大开放合作。中方愿进一步扩大自俄罗斯进口煤炭、电力，积极拓展中俄可再生能源和节能等领域的合作。

德沃尔科维奇表示，俄方将扩大对华能源合作作为发展俄中全面战略协作伙伴关系和拓展双方务实合作的重点领域，愿与中方一道，按照两国元首达成的共识，充分发挥双方的优势，推动俄中能源各领域合作不断取得新成果。

会谈后，张高丽与德沃尔科维奇共同签署了《中俄能源合作委员会第十次会议纪要》。

10月15日

［纲　文］　**第五次中英经济财金对话在北京市举行。**

［目　文］　会议由国务院副总理马凯和英国财政大臣奥斯本共同主持。双方围绕“推进面向未来、互利共赢和增长导向的中英经济财金关系”主题，就宏观经济、贸易和投资、金融等议题进行了坦诚务实讨论，取得丰硕成果。

马凯表示，面对当前错综复杂的全球经济形势，中英两国应本着相互尊重、务实平衡的原则，打造经济合作新亮点，深化金融领域合作，加强重大国际经济金融事务的协调，共同促进经济持续健康发展。中方赞赏英方承诺为中国企业赴英投资基础设施提供工作签证申请和设备材料入关等便利以及相关税收优惠政策。双方应继续运用好中英经济财金对话这一平台，促进中英关系健康发展，造福两国人民。

奥斯本表示，英方赞赏中国新一届政府深化改革、扩大开放的坚定决心与切实举措，将与中方加强国际经济政策协调和在二十国集团（G20）等多边机制下的合作，与中方一道坚决反对各种形式的贸易保护主义。

此次对话中英双方共达成了59项互利共赢成果。双方将在民用核能、新一代信息技术、先进材料、光伏产业、高技术服务等领域开展合作。中方赞赏英方重申支持欧盟及早承认中国完全市场经济地位；推动和便利对华民用最终用户和民用最终用途高技术贸易；同意中资银行在英设立分行。英方期待中方举办随后举行的G20峰会。

会后，马凯与奥斯本出席了两国政府间《关于加强民用核能领域合作的谅解备忘录》签字仪式，并共同会见了记者。

10月15日

［纲　文］　**外交部发言人表示，制造“藏族孤儿”行为违背人伦道德。**

［目　文］　外交部发言人在例行记者会上答问时说，近期，瑞士《新苏黎世报》刊登题为《藏族“孤儿”并非孤儿》和《达赖喇嘛的道歉十分重要》两篇文章，以大量篇幅揭露达赖集团如何编造“孤儿”身份，强行安排藏人子女前往瑞士寄养的内幕。十四世达赖出于“藏独”的政治目的，制造“藏族孤儿”事件，导致几百个家庭骨肉分离的人间悲剧。达赖集团所为，严重践踏儿童权利，公然违背人伦道德，一切善良和爱好正义的人们都应该对这种卑劣行为予以强烈谴责。

10月15日

［纲　文］　**《人民日报》发表题为《经济增速诠释发展转型——论“中国信心”从何而来》的评论员文章。**

10月15—23日

［纲　文］　**应国家主席习近平邀请，澳大利亚总督昆廷·布赖斯对中国进行国事访问。**

［目　文］　国家主席习近平、国务院总理李克强、国务院副总理刘延东在北京人民大会堂分别会见了布赖斯。

习近平在会见时表示，中国和澳大利亚是好朋友、好伙伴。近年来，两国关系快速发展，建立了战略伙伴关系。面对当前深刻复杂变化的国际形势，中澳作为亚太地区重要国家，共同利益在增多，合作空间在扩大。双方应从战略高度和长远角度出发，本着相互信任、互利双赢的精神，共同开创中澳友好合作新局面。

习近平表示，下阶段，中澳应充分挖掘潜力，创造条件，为中澳关系注入新动力。一是互谅互让，展示灵活，推动双边自由贸易协定谈判早日取得突破；二是积极拓展能源资源、基础设施建设、金融服务、节能环保、清洁能源、生物医药等新兴领域合作，实现两国经贸合作多元发展；三是进一步密切教育、旅游、科技、青年等人文领域交流与合作，增进两国人民相互了解和友谊；四是进一步加强在联合国、二十国集团、亚太经合组织等多边机制内的协调与合作，为促进区域和世界发展繁荣作出贡献。

布赖斯表示，澳方钦佩中国的发展成就，高度重视对华关系，愿与中方发挥互补优势，扩大互利合作，尽快达成澳中自贸协定，加强与中国西部地区的合作，密切人文交流和在国际地区事务中的协调与配合，推动澳中关系进入更高、更强、更密切的发展阶段。

李克强在会见布赖斯时说，习近平主席同你举行了富有成果的会谈。本年4月，中澳建立战略伙伴关系和总理年度会晤机制，成为两国关系新的里程碑。希望双方尊重彼此核心利益和重大关切，加强在贸易投资、能源资源、教育人文等领域交流与合作，推动中澳关系在新的起点上取得更大发展。李克强表示，澳大利亚正在积极升级基础设施建设，已就建造澳第一条高铁进行可行性研究。中国高铁技术先进，安全可靠，具有成本优势。希望双方就此探讨开展合作。

刘延东在会见布赖斯时说，中方愿同澳方一道，加强人文交流在两国关系中的基础地位，将人文交流打造为政治互信、经贸合作之外的双边关系第三大支柱，推动中澳关系走得更稳、更深、更实。

访问期间，布赖斯出席了在四川成都举行的第十四届中国西部国际博览会。

10月16日

［纲　文］　**国家主席、中央军委主席习近平在北京会见缅甸国防军总司令敏昂莱。**

［目　文］　习近平在会见时表示，中缅山水相连，“胞波”情谊深厚，是好邻居、好朋友、好伙伴。当前，国际形势和国际格局深刻、复杂变化，不断巩固和深化中缅全面战略合作伙伴关系，符合两国人民根本利益，也有利于促进国际和地区和平与稳定。中方坚定奉行对缅友好政策，愿同缅方一道，把握两国关系发展大方向，加强战略沟通和顶层设计，落实好双方达成的共识，推进务实合作顺利进行，确保两国关系健康、稳定、持续发展。中方高度重视中缅边境的和平与安宁，支持缅甸民族和解进程，希望缅北地区早日实现和平稳定，愿继续为此发挥建设性作用。习近平积极评价中缅两军关系，希望双方加强

各领域交流合作，继续为两国关系发展作出贡献。

敏昂莱在会见时表示，缅中有着悠久的传统友谊，两国、两军关系始终发展良好。当前形势下，进一步发展两国全面战略合作伙伴关系意义重大。缅方感谢中方长期以来给予的宝贵支持，以及为维护缅北地区和平稳定发挥的积极作用，愿同中方深化合作，推动两国关系取得更多成果。缅甸军方愿为此作出不懈努力。

15日，中央军委副主席范长龙在钓鱼台国宾馆会见了敏昂莱一行。来访期间，敏昂莱及代表团还参观了成都、北京、海南等中国著名地点。

10月16日

［纲 文］ **财政部、发展改革委印发《关于公布取消314项行政事业性收费的通知》。**

［目 文］ 《通知》规定：一、自2013年11月1日起，取消314项各省（区、市）设立的行政事业性收费（取消的收费项目既有涉及企业的收费，也有涉及居民个人的收费。涉企业收费项目包括酒类批发许可证工本费、《印刷经营许可证》工本费、城市出租车客检费等；涉农项目收费包括农作物种子检验收费、农村土地承包经营权证工本费等；涉及居民个人的包括计划生育技术服务及手术收费、强制戒毒费、社会保障IC卡工本费等）。二、取消上述行政事业性收费后，有关部门和单位依法履行管理职能所需相关经费，由同级财政预算予以保障。三、有关执收部门和单位要按规定到原核发《收费许可证》的价格主管部门办理《收费许可证》注销手续，并到原核发财政票据的财政部门办理票据缴销手续。四、各地区和有关部门要严格执行本通知规定，对公布取消的行政事业性收费，不得以任何理由拖延或者拒绝执行，不得以其他名目或转为经营服务性收费方式变相继续收费。五、各省（区、市）财政、价格主管部门要对国家近年来已公布取消和免征行政事业性收费的落实情况开展一次专项检查，对相关文件已明确取消和免征的行政事业性收费项目，要逐项落实到位。

10月16日

［纲 文］ **中国首列跨省地铁正式通车。**

［目 文］ 中国首个城市轨道交通跨省项目上海市轨道交通11号线北段工程（花桥）正式通车。这意味着11号线将由上海安亭延伸至江苏昆山，跨省地铁梦想成真，长三角交通一体化正式启动。

上海轨道交通11号线是横贯上海的一条重要线路，也是运营里程最长的线路之一。北段工程将从上海境内自安亭站引出线路，沿曹安公路向西，至昆山花桥境内。延伸段全长约6公里，均为高架线，设兆丰路、光明路、花桥三个站点。

10月16日

［纲 文］ **贺一诚当选澳门新一届立法会主席。**

［目 文］ 澳门第五届立法会召开第一次全体会议，立法会33名议员全部出席。选举立法会主席。会议由最年长议员张立群主持。上届立法会副主席贺一诚以30票高票当选。

全体议员随即到澳门文化中心出席立法会主席宣誓就职仪式。仪式下午4时举行，全国政协副主席何厚铧、澳门特区行政长官崔世安、上届立法会主席刘焯华及特区政府主要官员、中央驻澳机构及解放军驻澳部队负责人参加仪式。奏国歌后，贺一诚在崔世安监誓下宣读了誓词。

仪式结束后，贺一诚主持立法会会议，选举林香生为立法会副主席，崔世昌、高开贤为立法会第一秘书和第二秘书。

澳门第五届立法会选举投票于9月15日举行。根据新修订的《澳门特别行政区立法会选举法》，第五届立法会由33名议员组成，其中直接选举议员14名，间接选举议员12名，委任议员7名。

10月16日

［纲　文］　**中国科学院原副院长、国家最高科学技术奖获得者、中国科学院院士叶笃正因病去世，享年98岁。**

10月16—19日

［纲　文］　**应外交部部长王毅邀请，东盟秘书长黎良明对中国进行正式访问。**

［目　文］　这是黎良明首次以东盟秘书长的身份对中国进行为期4天的正式访问，并首次访问了位于北京的中国—东盟中心。此次访问主要聚焦与中国共同筹建亚洲基础设施投资银行的事宜。访问期间，王毅在外交部同黎良明举行了会谈。国务委员杨洁篪在北京会见了黎良明。中国—东盟中心秘书长马明强会见了黎良明。

王毅在会谈中表示，东盟是中国周边外交的优先方向之一。前不久，习近平主席和李克强总理分别成功访问东盟国家，提出了深化双方合作的重大倡议，为中国—东盟关系未来发展指明了方向。下一步，双方应认真落实好领导人达成的共识，加强政治、经贸、互联互通、金融、安全、海上、人文等领域交流与合作。

黎良明表示，良好的东盟—中国关系为地区和平、稳定和繁荣作出了重要贡献。双方应以建立战略伙伴关系10周年为契机，深化相互信任和各领域务实合作，推动东盟—中国关系迈上新台阶。

杨洁篪17日会见了黎良明。双方均高度评价中国—东盟战略伙伴关系建立10年来取得的积极进展，表示愿抓住机遇，携手努力，共同推动中国—东盟关系不断向前发展，为地区的稳定与繁荣作出更大贡献。

马明强在会见黎良明时表示，2013年是中国—东盟建立战略伙伴关系10周年，中心将切实落实第16次中国—东盟领导人会议达成的重要共识，进一步深化中国与东盟在贸易、投资、文化、教育、旅游等领域交流合作，做双方睦邻互信的促进者、务实合作的推动者、友好情谊的传播者。

10月17日

［纲　文］　**国务院批复发展改革委原则同意《全国高标准农田建设总体规划》。**

［目　文］《批复》提出，通过实施《规划》，到2020年，建成旱涝保收的高标准农田8亿亩，亩均粮食综合生产能力提高100公斤以上，其中，“十二五”期间建成4亿亩；高标准农田集中连片，田块平整，配套水、电、路设施改善，耕地质量和地力等级提高，科技服务能力得到加强，生态修复能力得到提升。

《规划》围绕高标准农田建设的总体目标，主要提出了8个方面的建设内容：一是整治田块，提高农田平整度，促进田块集中，优化农田结构布局；二是改良土壤，提升土壤有机质含量，促进土壤养分平衡，改善耕作层土壤理化性状；三是建设灌排设施，改善农田灌排和集蓄水条件，提高水资源利用效率，增强旱涝保收能力；四是整修田间道路，提高田间交通配套水平，提高农业机械作业覆盖率；五是完善农田防护林网，提高农田水土保持能力和防灾减灾能力，改善农田生态条件；六是配套农田输配电设施，提高用电质量和安全水平，增强农业生产电力保障能力；七是加强农业科技服务，健全农田监测网络，提高农业科技服务能力；八是强化后续管护，明确管护责任、完善管护机制、健全管护措施、落实管护资金，确保工程长久发挥效益。

10月17日

［纲　文］**国家食品药品监管总局等3部门联合印发《关于进一步规范母乳代用品宣传和销售行为的通知》**。

［目　文］《通知》主要内容有：一、严格婴儿配方食品质量安全和标签监管。二、严禁医疗机构及其人员宣传和销售母乳代用品。三、规范母乳代用品广告宣传。四、加大违法违规行为的惩处力度。五、工作要求。

《通知》指出，监管部门要加大婴儿配方食品标签标识的日常检查力度，督促婴儿配方食品生产企业依法进行标识标注，督促婴儿配方食品经营单位落实进货查验和查验记录制度。婴儿配方食品标签标识上，应用醒目的文字标注说明母乳喂养优越性的宣传标语，不得印有婴儿图片，不得使用“人乳化”“母乳化”或类似名词。

《通知》指出，如有需要，医院应从零售渠道购买母乳代用品，并保留购物小票和发票。严禁医疗机构接受母乳代用品生产经营单位的馈赠和赞助，不得收取回扣、获取利益。严禁母乳代用品生产经营单位在医疗机构做各种形式的推销宣传。严禁医疗机构及其人员向孕妇及其家庭宣传、推销母乳代用品。

10月17日

［纲　文］**中央军委领导到联系点全程参加指导专题民主生活会**。

［目　文］按照党中央、中央军委开展党的群众路线教育实践活动部署安排，中共中央政治局委员、中央军委副主席范长龙，中共中央政治局委员、中央军委副主席许其亮，中央军委委员、国务委员兼国防部部长常万全，中央军委委员赵克石、张又侠、吴胜利、马晓天、魏凤和等，近期分别到各自的第一批教育实践活动联系点，全程参加指导联系点单位党委常委专题民主生活会，实地指导查摆“四风”问题，以整风精神开展批评和自我批评。

中共中央总书记、国家主席、中央军委主席习近平对开好大单位党委常委专题民主生活会高度重视，亲自审定方案，亲自领导推动，深入北京军区、沈阳军区和海军部队视察指导，作出一系列重要指示，强调要坚持问题导向，针对问题抓好整改，分系统分领域扎实推进专项整治，逐项拿出真招硬招，一个一个突破堡垒，最后取得全面胜利。习近平在河北省委常委专题民主生活会发表重要讲话后，军委专门召开常务会议，集中学习讨论习主席重要讲话精神，研究贯彻落实的具体措施。全军教育实践活动领导小组两次下发通知，对全军和武警部队学习贯彻提出明确要求。四总部和各大单位普遍召开常委会或党委会，原原本本组织学习，切实用以指导和推动教育实践活动。

军委领导分别参加指导11个大单位专题民主生活会，审阅大单位主要领导对照检查材料，与班子成员逐个谈心，检查督促解决问题，并对教育实践活动和党委自身建设提出要求。全军教育实践活动领导小组派出14个工作组全程跟踪督导解决问题。联系点大单位党委按照标准更高、走在前列的要求，把开好专题民主生活会作为确保教育实践活动取得实效的重要举措，精心策划、严密组织。通过集体座谈、个别访谈、问卷调查、开设网上信箱和兵情热线等方式开门纳谏，力求“各种声音都听到”。各大单位党委把“问题解决在会前”作为召开专题民主生活会的“资格证”，书记、副书记以身作则带头解决问题，班子成员积极跟进、认真整改。采取“说清楚”“交明白账”的办法，围绕住房、用车、家属子女从业和身边工作人员使用等9个方面情况，进行严格自查自纠，并向军委写出解决问题的专题报告。

会上，各联系点大单位党委常委大胆使用批评和自我批评的有力武器，进行积极健康的思想交锋。书记、副书记带头开展批评、敢喊“向我开炮”，抹开面子讲评班子成员，批评点到具体人具体事；班子成员自我批评不遮不掩，讲了一些平时不愿说的话和别人不知道的情况；相互批评出于公心、态度诚恳，既有红脸出汗的紧张严肃，又有加油鼓劲的宽松和谐，既诚恳帮助了同志，又维护了班子团结。在分析问题的基础上，各大单位党委结合查摆问题情况，研究提出整改措施和今后努力方向。

10月17日

［纲　文］　国务院扶贫办与联合国驻华系统在北京举行2013全球减贫与发展高层论坛。

［目　文］　论坛的主题是“城乡一体化与减贫”，由中国国务院扶贫办与联合国驻华系统共同主办。论坛吸引了来自中国、孟加拉、博茨瓦纳、哥伦比亚、印度、老挝、马来西亚、蒙古、菲律宾、坦桑尼亚等世界各国的300余位政府官员、国际机构官员、专家学者及社会团体参会。

联合国驻华协调员临时代办白桦在论坛开幕式上宣读了联合国秘书长潘基文为国际消除贫困日发表的致辞。潘基文在致辞中强调，在2013年纪念国际消除贫困日之际，国际社会正在追求两个目标：加大实现千年发展目标的行动力度，并且再制定一套目标，指导我们在2015年实现千年发展目标之后的行动。

国务院副总理汪洋、1999年诺贝尔经济学奖得主罗伯特·蒙代尔、国务院扶贫开发领导小组办公室主任范小建出席论坛并做了演讲。汪洋在讲话中指出，中国已经在减贫领域取得显著成就。但中国政府仍要继续努力，探索出一条新型、高效的城镇化道路。在战略部署上，政府应当注重推动城乡发展一体化，在继续巩固农业基础地位的同时推进城镇化发展。汪洋还呼吁加大所有地区的扶贫开发力度，特别要释放西部地区发展的活力。他肯定了当前城镇化中改善人民生活水平的坚定目标、对于创新型制度的大胆实践及以人为本的科学发展观。

全球减贫与发展高层论坛每年由中国政府和联合国驻华系统联合举办，是一个分享各国扶贫政策与经验、共同探讨未来政策导向的高级别平台。本届论坛适时地回应了中国迅速城镇化进程中遇到的一系列问题，并就如何调整与改善相关政策提出了有价值的建议。各国高级政府官员还在论坛中呼吁更多对于缩小社会经济差距、提高社会包容性的国际承诺。论坛还着重探讨了全面推进基础设施建设、促进医疗教育等公共服务均等化、积极应对人口老龄化趋势及妥善安置农民工等弱势群体、提升对贫困人口的社会包容性等议题。多维贫困、城市贫困等新型贫困问题在论坛中备受热议。论坛同时讨论了2015年后发展议程，就如何通过加强合作促进可持续发展提出宝贵建议。

10月17日

［纲　文］　**新华社讯，许其亮在驻西安、乌鲁木齐部队调研。**

［目　文］　电讯说，中共中央政治局委员、中央军委副主席许其亮近日就认真学习贯彻习近平重要指示特别是参加河北省委常委班子专题民主生活会时的重要讲话精神，在新的起点上立起更高标准，把党的群众路线教育实践活动推向深入进行调研。

参加新疆军区党委常委专题民主生活会，是许其亮此次调研的一项重要内容。许其亮指出，会议开出了整风味道，达到了预期目的，为军级单位民主生活会作了示范；要求大家大胆、经常用好批评和自我批评这一武器，切实起到提神醒脑、“排毒”“补钙”作用，把专题民主生活会成果转化到工作中。

许其亮强调，要强化“标准更高、走在前列”意识，坚决打好转作风正风气的攻坚战持久战。扭住坚定理想信念这个根本不放，在立身做人上保持政治本色。按照“照镜子、正衣冠、洗洗澡、治治病”总要求，紧盯问题整改，深化专项整治。坚持以上率下、层层示范，严肃纠治“四风”问题。加强制度机制建设，用“四个坚持”法宝加强党委班子建设。

许其亮强调，要围绕强军目标，把作风建设成效体现到推动部队建设、有效履行使命任务上。加强思想政治建设，使党指挥枪在部队深深扎根，一切行动听从党中央、中央军委和习主席指挥。适应形势任务需要和战争形态、作战样式演变，提高部队实战化水平。充分发挥我军宣传队、工作队、战斗队作用，为维护西部安全稳定发展作出新贡献。

10月17日

［纲　文］　**中国首个全球业务化海洋学预报系统在北京发布。**

［目　文］　该系统主要由海面风场预报系统、温盐流预报系统、海浪预报系统及两极海冰预报系统构成，预报区域有全球、印度洋、西北太平洋、渤黄东海、南海和两极地区。未来还将陆续推出其他区域和要素的预报，以完善目前的全球预报系统。此外，还将加大中国近海海洋学预报系统的研发和发布力度，实现中心数值预报能力建设新的跨越。

全球海洋预报可以广泛服务于大洋航线、大洋渔业、海洋工程、深远海资源开发、海上军事行动、海上搜救等领域，技术难度大，需要高性能计算等。

10月17日

［纲　文］　**国务院副总理张高丽在北京会见俄罗斯总统能源发展战略和生态安全委员会秘书长、俄罗斯石油公司总裁谢钦。**

［目　文］　张高丽在会见时说，能源合作是中俄全面战略协作伙伴关系的重要组成部分。近年来，在两国元首和总理的大力推动下，两国能源合作快速发展，形成了中俄全方位、多层次、高水平的能源战略新格局。我们此次会见，是在日前举行的中俄能源合作委员会第十次会议基础上，进一步为即将举行的中俄总理第十八次定期会晤作能源方面的准备。希望双方共同努力，按照两国元首达成的合作共识，充分发挥双方在地缘、资源、市场、技术等方面的互补优势，推动两国在石油、天然气、核能、煤炭、电力、新能源等各领域合作不断取得新进展，更好地促进两国经济持续健康发展。

谢钦表示，中国是俄罗斯可信赖的能源战略合作伙伴，俄方将坚定致力于扩大和深化对华全方位的能源合作。

10月17日

［纲　文］　**《人民日报》发表题为《提质增效筑牢发展基础——二论“中国信心”从何而来》的评论员文章。**

10月18—22日

［纲　文］　**中国工会第十六次全国代表大会在北京举行，习近平等党和国家领导人到会祝贺。**

［目　文］　大会主要总结过去五年的工会工作和十年的主要经验，明确今后五年的目标任务，选举产生新一届全国总工会领导机构。习近平、李克强、张德江、俞正声、王岐山、张高丽到会祝贺，刘云山代表党中央致祝词。来自全国各行各业的1900多名中国工会十六大代表和近百名特邀代表参加了会议。

开幕式上，刘云山代表党中央发表了《在为实现中国梦不懈奋斗中铸就工人阶级新辉煌》的祝词。他指出，实现党的十八大描绘的宏伟蓝图，实现中华民族伟大复兴的中国梦，必将造福工人阶级，也必须紧紧依靠工人阶级。我国工人阶级要深入贯彻党的十八大精神，深入贯彻习近平总书记一系列重要讲话精神，进一步增强责任感、使命感，大力弘扬主人翁精神，充分发挥主力军作用，为实现中国梦而不懈奋斗。要始终做坚持中国道路的柱石，做弘扬中国精神的楷模，做凝聚中国力量的中坚，用先进思想、模范行动影响和带动全社会，形成团结奋斗、共创未来的正能量。要始终做全面深化改革的推动者、参与者，积极投身改革，勇于探索、大胆实践，促进我国社会主义制度自我完善和发展，为推进中国特色社会主义伟大事业作出新的贡献。

共青团中央书记处第一书记秦宜智、解放军总政治部副主任吴昌德分别代表人民团体和解放军、武警部队向大会致贺词。李建国代表中华全国总工会第十五届执行委员会作了题为《高举旗帜，改革创新，团结动员亿万职工在实现中国梦历史进程中充分发挥主力军作用》的报告。

21日，国务院总理李克强应邀在中国工会第十六次全国代表大会上作经济形势报告。他指出，应对前进道路上存在的风险和挑战，需要包括广大职工在内的全体人民共同努力。发展经济的根本目的是造福人民。要切实维护劳动者合法权益，高度重视农民工问题，解决好关系群众切身利益的养老、医疗、低保、住房等基本保障问题，创造更多的就业创业机会，让广大劳动者共享改革发展成果。希望各级工会组织继续发挥党和政府密切联系职工群众的桥梁和纽带作用，团结广大职工投身现代化建设事业。

22日上午，中国工会第十六次全国代表大会闭幕。大会宣布了当选的中华全国总工会第十六届执行委员会主席、副主席、主席团委员、书记处书记名单和经费审查委员会主任、副主任、常委名单；表决通过了《关于中华全国总工会第十五届执行委员会报告的决议》（草案）、《关于〈中国工会章程（修正案）〉的决议》（草案）、《关于中华全国总工会第十五届执行委员会财务工作报告的决议》（草案）和《关于中华全国总工会第十五届经费审查委员会工作报告的决议》（草案）。

在此之前，9月22日，中华全国总工会第十五届执行委员会主席团第十六次全体会议在北京召开。会议审议并原则通过拟提交全总十五届八次执委会议审议的中国工会十六大报告（审议稿）、中国工会章程修正案（审议稿）、财务工作报告（审议稿）、经审工作报告（审议稿）；审议并原则通过关于提交审议中国工会十六大报告、中国工会章程修正案、财务工作报告、经审工作报告的各项决议（草案）。9月23日，中华全国总工会第十五届执行委员会第八次全体会议在北京召开。会议审议了中国工会十六大报告（审议稿）、中国工会章程修正案（审议稿）、财务工作报告（审议稿）、经审工作报告（审议稿）等，通过了相关决议。10月17日，中国工会第十六次全国代表大会在北京举行预备会议。会上通过了中国工会十六大议程（草案）；推选李建国等16人为中国工会十六大主席团常务主席；通过了中国工会十六大各次全体会议执行主席名单（草案）；通过了中国工会十六大副秘书长名单（草案）；通过了中国工会十六大代表资格审查报告（草案）；通过了中国工会十六大日程（草案）。

10月18日

［纲　文］　**李克强主持召开国务院常务会议。**

［目　文］　会议指出，面对本年错综复杂的国内外经济形势，党中央、国务院作出科学判断，我们按照稳中求进的工作总基调，统筹稳增长、调结构、促改革，保持定力、

稳定政策，稳中有为，创新调控方式，坚持不扩大赤字，不放松也不收紧银根，推出简政放权、贸易投资便利化、利率市场化、扩大营改增试点等多项改革，出台巩固农业基础、释放内需潜力、优化产业结构、化解过剩产能、减轻小微企业负担、促进民生改善等政策措施，明确经济增长合理区间的上下限，从而有效缓解经济下行压力，稳定社会预期，持续激发市场活力，不断积累积极因素。刚公布的统计数据表明，三季度我国经济稳中向好。农业丰收已基本定局，经济发展内生动力增强，结构调整和产业升级呈现积极变化，城镇就业继续增加，居民收入不断提高。

会议研究了促改革、调结构各项措施落实中存在的问题。指出，在经济下行压力较大时，要坚定信心；在经济稳中向好时，也要保持清醒头脑。要看到当前经济回升的基础尚不稳固，深层次矛盾依然突出，发展还面临不少风险和挑战，实现经济持续健康发展的任务仍很繁重。我们有条件、有能力实现全年经济社会发展预期目标，但还需要做出坚持不懈的努力。要以更大力度推进改革和结构调整，继续抓好已出台措施的落实，使改革红利不断释放，让政策效应持续发挥，真正做到既利当前更惠长远，夯实稳中向好基础，促进经济提质增效，增强发展内生动力和长远后劲。

会议要求，一要以政策兑现为目标，毫不松劲抓落实。各地区、各部门要针对政策措施落实中的薄弱环节，加快完善和细化配套措施，以务实高效的工作，让政策措施尽快“落地”，进一步稳定来之不易的积极向好的市场预期与社会信心；二要以转变政府职能为抓手，继续深化改革。加快实施政府职能转变，扭转政令不畅的“堰塞湖”现象，克服拖延应付和打折扣、搞变通的行为，研究推进改革的具体措施，让市场作用得到更好发挥，让政府管理更加到位，努力营造各类主体公平竞争的市场环境；三要以塑造竞争新优势为导向，推动产业转型升级。积极挖掘新的消费增长点，加快实施创新驱动战略，大力培育新兴产业，有效化解过剩产能；加大金融等支持小微企业和实体经济发展力度，谨防各类风险；保持进出口稳定增长，鼓励优势产业“走出去”，更好参与国际竞争；四要以保基本、兜底线、促公平、可持续为准则，做好民生保障和改善工作。继续鼓励就业创业，切实落实促进大学生和困难群体就业各项措施，完善配套细则。健全困难群体基本生活保障机制，妥善安排灾区群众生产生活。

10月18日

[纲　文]　国务院总理李克强就澳大利亚发生严重山林火灾向澳总理阿博特发慰问电。

[目　文]　李克强在慰问电中说，惊悉贵国发生严重山林火灾，人民生命和财产遭受巨大损失，我谨代表中国政府和人民，并以我个人名义，向澳大利亚政府和人民致以诚挚慰问。李克强表示，我相信，在总理先生和澳大利亚政府的领导下，贵国一定能够战胜困难，尽最大努力减少火灾造成的损失。中方愿根据澳方需要为救灾提供必要帮助。

澳洲第一大城市悉尼所在的新南威尔士州自17日起遭遇特大山林火灾，这也是澳近十年来发生的最大规模火灾。

10月18日

［纲　文］　**国家卫生计生委等5部门联合印发《全国乡村医生教育规划（2011—2020年）》**。

［目　文］　《规划》主要内容有：一、规划背景。二、指导思想、基本原则和目标。三、主要任务。四、保障措施。《规划》提出，总体目标是到2020年，各省（区、市）建立健全与全面建成小康社会目标要求相适应的乡村医生教育培训制度，建立一支以中职（中专）及以上学历、执业（助理）医师为主体、整体素质基本满足村级卫生服务需求的合格乡村医生队伍，推动农村基层卫生服务绩效得到相应改善。主要任务是：（一）加大乡村医生教育力度；（二）加强乡村医生培训网络和师资队伍建设；（三）促进乡村医生教育均衡发展；（四）积极开展乡村医生教育研究。

10月18日

［纲　文］　**新华社讯，范长龙在驻冀部队和院校调研**。

［目　文］　电讯说，中央军委副主席范长龙近日在驻冀部队和院校调研时强调，要认真学习贯彻习近平主席一系列重要指示，持续深入抓好党的群众路线教育实践活动，大力弘扬我党我军光荣传统和优良作风，全面加强部队建设，高标准做好各项工作，圆满完成年度任务，为实现党在新形势下的强军目标贡献力量。

范长龙指出，全军反“四风”、改作风取得重要阶段性成果，要认真学习贯彻习近平总书记在参加河北省委常委班子专题民主生活会时的讲话精神，乘势而上，持续用力，抓落实、防反弹，下定抓下去的决心，坚定能抓好的信心。要扭住理想信念这个根本，引导官兵坚信我们党能始终立于不败之地，中国特色社会主义一定能成功。要抓住官兵反映强烈的问题，认真抓好整改落实，打好持久战、攻坚战、反冲击战，积小胜为大胜。要把抓作风好的经验做法固化下来，科学定规矩，保证好落实、能落实。党委领导要切实负起责任，一级带一级，一级抓一级，为部队作表率。要适时组织第一批教育实践活动总结，查找分析问题，巩固扩大成果，并搞好第二批教育实践活动的筹划。

范长龙强调，要把改作风的成效体现到做好工作、完成任务中。要围绕强军目标加强思想政治建设，进一步凝聚广大官兵投身强军实践的意志和力量。要按照实战要求抓战备、搞训练，确保部队指挥顺畅、机动灵活、能攻善守、保障有力。打赢先打假，治训先治虚。要坚决纠治训练中的形式主义，端正训风、演风、考风。演习要多搞随机导调，多搞检讨式讲评。要加大从严治军力度，对部队严格教育、严格管理、严格要求，重视防范重大安全问题，保持部队安全稳定。要持之以恒、长期用力抓基层，面对面、心贴心、实打实地做好经常性思想工作。抓基层既要带士气，还要带风气，带出部队的虎虎生气、堂堂正气、融融暖气，保持团结友爱和谐纯洁的内部关系。要针对今年新兵的特点，搞好保障，科学施训，从严要求，使他们迈好军营第一步。

10月18日

［纲　文］　**全国人大常委会委员长张德江在北京与巴布亚新几内亚议长祖伦诺克举**

行会谈。

［目　文］　应张德江邀请，祖伦诺克于10月17日至23日率巴布亚新几内亚议会代表团访华。张德江在会谈中说，巴新是最早同中国建交的太平洋岛国之一，建交37年来，两国关系取得长足发展，各领域合作成果显著。中方视巴新为太平洋岛国地区的好朋友、好伙伴，愿同贵方一道，继续在政治上互尊互信，经济上互利合作，多边事务中彼此支持，推动两国关系不断向前发展，更好地造福两国人民。中方对巴新政府、议会长期以来坚持一个中国政策表示赞赏。

张德江说，巴新议会积极支持巴新政府发展对华关系，是发展两国关系的重要推动力量。巴新是中国在太平洋岛国地区重要的贸易伙伴，希望巴新议会继续为促进两国经贸合作创造良好的法制环境，推动两国务实合作顺利发展。

祖伦诺克说，中国是巴布亚新几内亚值得信赖的好朋友和重要的合作伙伴。巴布亚新几内亚将恪守一个中国原则。巴新方将加强法制建设，改善投资环境，吸引中方企业来巴新投资兴业，保护好在巴新的中方企业和人员的生命财产安全和合法利益，扩大各领域务实合作。他表示，巴新议会高度重视发展与中国全国人大的关系，期待进一步加强两国议会的交流与合作。

访问期间，广东省人大常委会主任黄龙云在广州会见了到访的祖伦诺克一行。

10月18日

［纲　文］　**中俄总理定期会晤委员会第十七次会议在西安举行。**

［目　文］　国务院副总理、中俄总理定期会晤委员会中方主席汪洋与俄罗斯副总理罗戈津共同主持会议。会议旨在为即将举行的中俄总理第十八次定期会晤做准备。

汪洋说，本年以来，习近平主席和普京总统五次见面，规划了中俄全面战略协作伙伴关系发展的蓝图。双方的主要任务，是全面落实两国领导人达成的共识，把中俄高水平的政治关系转化为丰硕的务实合作成果。

汪洋表示，中俄互为最大邻国，又是主要新兴市场国家，经济互补性强，进一步扩大和深化务实合作既有必要，也有可能。中方愿重点扩大中俄贸易规模，鼓励中方企业扩大对俄投资，扩大高科技、航天、核能等领域合作，积极推进联合研制远程宽体客机和重型直升机等大项目合作，加快建设跨境基础设施，开展农业合作，推动两国务实合作向更深层次和更高水平发展。

罗戈津说，中国是俄罗斯最重要的战略合作伙伴，俄方将扩大对华务实合作作为对外合作的优先方向，欢迎中方参与俄罗斯工业现代化改造和基础设施建设，积极扩大对俄投资，开展大项目合作，进一步巩固俄中全面战略协作伙伴关系的物质基础。

10月18日

［纲　文］　**中国外交部发言人就日本内阁参拜靖国神社提出严正交涉。**

［目　文］　外交部发言人在回答有关提问时表示，靖国神社是日本军国主义对外发动侵略战争的精神工具和象征，至今供奉着在“二战”中对中国等亚洲受害国人民犯下滔

天罪行的14名甲级战犯。靖国神社问题事关日本能否正确认识和深刻反省侵略和殖民统治历史，是否尊重中国等亚洲受害国人民的感情，是事关中日关系政治基础的重大原则问题。她表示，日本内阁成员公然参拜靖国神社，其实质是美化日本军国主义侵略历史，挑战“二战”结果和战后国际秩序，中方对此坚决反对。

10月18日

［纲　文］ **《人民日报》发表题为《崇尚劳动创造，成就光荣梦想——热烈祝贺中国工会第十六次全国代表大会开幕》的社论。**

10月18—24日

［纲　文］ **应国家主席习近平邀请，加拿大总督戴维·约翰斯顿对中国进行国事访问。**

［目　文］ 这也是中国新一届政府就职以来中加双方首次的高层访问。访问期间，国家主席习近平、国务院总理李克强在人民大会堂分别会见了约翰斯顿。

习近平在会见时表示，中国人民对加拿大人民怀有深厚的友好感情，白求恩大夫支持中国人民反对法西斯斗争的事迹在中国家喻户晓。近年来，中加关系保持良好发展势头，这符合两国和两国人民的根本利益，也有利于亚太乃至世界的和平、稳定与繁荣。中加有着广泛的共同利益和广阔的合作空间，中方愿与加方共同努力，推动两国战略伙伴关系迈上新台阶。

习近平表示，中国高度重视发展同加拿大的友好合作关系，愿同加方一道，以实际行动和具体成果为两国关系注入更多内涵和动力。一是密切高层交往，尊重彼此核心利益和重大关切，深化政治互信，推动中加关系取得新发展。二是充分发挥互补优势，挖掘潜力，扩大两国贸易投资合作，深化能源资源、交通通信、金融、环保等领域务实合作。希望加方尽早批准《中加投资保护协定》。三是扩大人文交流，加强旅游、文化、地方合作，密切人员往来，鼓励两国更多青年到彼此国家学习，增进两国人民之间的相互了解与友谊。四是加强国际事务合作，在联合国、亚太经合组织、二十国集团等多边机制中加强沟通和协调，共同为促进地区及世界的稳定和繁荣作出贡献。

约翰斯顿表示，加中友谊源远流长，人员往来日益密切，各领域合作不断深化。两国经济互补性强，合作潜力巨大。加方赞赏中方为维护世界和平、稳定发挥的积极作用，愿与中方本着互利共赢的原则，扩大贸易、投资、创新、能源、环保等领域合作，加方欢迎更多中国企业赴加投资，并为此提供便利；加强人文交流，为两国合作奠定坚实的社会基础；密切在国际与地区事务中的沟通协调，推动两国关系取得更大发展。

会见后，习近平与约翰斯顿共同见证了两国有关合作文件的签署。

李克强在会见时表示，中国政府愿继续本着相互尊重、平等相待的原则，同加方保持高层交往，深挖重点领域互利合作潜力，打造农业科技、清洁能源等合作新亮点，密切在国际地区事务中的沟通协调，促进地区乃至世界的和平与繁荣。欢迎更多加拿大企业来华投资兴业，希望加方加快批准《中加投资保护协定》进程，为两国企业相互投资营造良好环境，造福两国人民。

10 月 18 日—11 月 18 日

［纲　文］　**第十五届中国上海国际艺术节在上海举行。**

［目　文］　艺术节由文化部主办，上海市人民政府承办，历时一个月。上海市领导，文化部部长代表，外联局党委书记、副局长蒲通及中央有关部门、部分省区市领导等出席开幕式。

为本届艺术节揭幕的是国际著名的蒙特卡罗芭蕾舞团带来的当代版经典芭蕾舞剧《天鹅湖》。来自摩纳哥的蒙特卡罗芭蕾舞团是世界十大芭蕾舞团之一，其所创演的《罗密欧与朱丽叶》、《灰姑娘》、《男人眼里女人舞》、《睡美人》等舞剧曾亮相于第六届、第十一届、第十二届上海国际艺术节。此次献演的《天鹅湖》由现任舞团艺术总监让－克里斯托弗·马约与 1990 年法国龚古尔文学奖得主吉恩·罗奥德携手改编。

艺术节开幕当日还举办了主题为“包容、开放与创新——尊重文化多样性，促进文化间对话”的艺术节论坛。作为艺术节活动的重要组成部分，论坛分为主旨论坛和 5 场分论坛，主旨论坛旨在从宏观层面探讨文化多样性和多元文化对全球合作与交流的意义；分论坛则聚焦“公共文化”，重点关注城市文化建设中“市民文化”的建设与作用，具体探究文化多样性在节庆活动中的体现与贡献，从城市文化发展等各个角度探讨目前国内外文化事业和文化产业发展中的热点问题。

本届上海国际艺术节吸引了 42 个国家和地区参加、3000 余名中外艺术家献演。47 台精心挑选的境内外优秀剧目、10 项展博览活动，名家集聚、精品荟萃；再加上国际演出交易会，服务文化民生、优化文化惠民的近 3000 场群众文化活动，扶持青年艺术家、用青年人的创意来激活中华文化的深厚传统和传承的“青年艺术家创想周”活动，以及进一步拓展和延伸艺术节影响力的宁夏文化周、阿根廷文化周，无锡、常州分会场和第八届国际魔术节、第七届朱家角水乡音乐节等活动。

11 月 7 日，国务委员杨洁篪在北京会见了来华出席艺术节的阿根廷外交部部长齐默尔曼。

10 月 19 日

［纲　文］　**中央组织部印发《关于进一步规范党政领导干部在企业兼职（任职）问题的意见》。**

［目　文］　《意见》共 10 条，自 2013 年 10 月 19 日起施行。《意见》规定，现职和不担任现职但未办理退（离）休手续的党政领导干部不得在企业兼职（任职）。对辞去公职或者退（离）休的党政领导干部到企业兼职（任职）必须从严掌握、从严把关，确因工作需要到企业兼职（任职）的，应当按照干部管理权限严格审批。辞去公职或者退（离）休后三年内，不得到本人原任职务管辖的地区和业务范围内的企业兼职（任职），也不得从事与原任职务管辖业务相关的营利性活动。

《意见》明确，辞去公职或者退（离）休后三年内，拟到本人原任职务管辖的地区和业务范围外的企业兼职（任职）的，必须由本人事先向其原所在单位报告，由拟兼职（任职）企业出具兼职（任职）理由说明材料，所在单位按规定审核并按照干部管理权限征得相应的组织（人事）部门同意后，方可兼职（任职）。辞去公职或者退（离）休三年后到企业兼职（任职)的，应由本人向其原所在单位报告，由拟兼职（任职)企业出具兼职（任职）理由说明材料，所在单位按规定审批并按照干部管理权限向相应的组织（人事）部门备案。

《意见》提出，凡按规定经批准在企业兼职的党政领导干部，不得在企业领取薪酬、奖金、津贴等报酬，不得获取股权和其他额外利益；兼职不得超过1个；所兼任职务实行任期制的，任期届满拟连任必须重新审批或备案，连任不超过两届；兼职的任职年龄界限为70周岁。凡按规定经批准到企业任职的党政领导干部，应当及时将行政、工资等关系转入企业，不再保留公务员身份，不再保留党政机关的各种待遇。不得将行政、工资等关系转回党政机关办理退（离）休；在企业办理退（离）休手续后，也不得将行政、工资等关系转回党政机关。即党政领导干部不得“两头占”，不能既保留公务员身份及相关待遇，又在企业领取报酬。

10月19日

［纲　文］ **《人民日报》发表题为《以优秀文化艺术滋养大众心灵——写在第十五届上海国际艺术节开幕之际》的评论员文章。**

10月19—22日

［纲　文］ **应外交部部长王毅邀请，孟加拉国外交部部长迪普·穆妮对中国进行正式访问。**

［目　文］ 王毅在北京同穆妮举行会谈时表示，中孟是传统友好邻邦。中国新一届政府珍视中孟传统友谊，重视发展对孟关系，视孟为天然的合作伙伴，以及中国扩大向西开放的重要方向。中方愿同孟方保持高层互访，深化务实合作，加快推进中孟印缅经济走廊建设和大项目合作，增进人文交流，加强在国际地区问题上的协调配合，推进双方关系不断迈上新台阶。

穆妮表示，孟方高度重视对华关系，感谢中方长期以来对孟经济社会发展提供的援助，赞赏中方新一届政府为推进双方关系所做努力，欢迎并愿积极参与孟中印缅经济走廊建设。孟方愿与中方共同努力，全面深化和提升双边关系水平，共创孟中关系新辉煌。

国家副主席李源潮在会见穆妮时说，中孟是友好邻邦，两国经济互补性强。中国愿同孟加拉国加强高层往来，挖掘经贸合作潜力，加快推进互联互通建设，把中孟更加紧密的全面合作伙伴关系提升到新水平。

穆妮表示，孟中友谊经历了时间考验，希望加强两国人民的友谊与各领域合作。

10月20日

［纲　文］ **马克思主义理论研究和建设工程工作座谈会在北京召开。**

［目　文］　中共中央政治局常委、中央书记处书记刘云山出席会议并讲话。中共中央政治局委员、中央书记处书记、中宣部部长刘奇葆主持会议。中共中央政治局委员、国务院副总理刘延东出席会议。中央宣传思想工作领导小组成员、工程主管单位负责人、工程咨询委员和课题组首席专家、部分省市党委宣传部和教育部直属高校党委主要负责人、中央主要新闻单位负责人参加会议。8位同志围绕学习贯彻中央精神、深入实施工程在会上作了发言。

刘云山说，坚持和发展中国特色社会主义，是当今中国的时代主题，是党和国家全部工作的主线，深入实施马克思主义理论研究和建设工程必须紧紧围绕主题主线，深入研究阐释中国特色社会主义的历史渊源、科学内涵、精神实质和实践要求，进一步坚定人们的道路自信、理论自信、制度自信。要跟上党的十八大以来理论创新和实践创新步伐，切实加强对习近平总书记一系列重要讲话精神的研究，推动全党坚持用讲话精神统一思想、指导实践。要增强问题意识、突出问题导向，加强对经济、政治、文化、社会、生态文明建设和党的建设重大问题的研究，回答干部群众普遍关注的热点难点问题，做好深层次思想理论问题的引导。要坚持用中国的理论、中国的学术解读中国的奇迹，充分展示中国特色社会主义道路的独特创造、理论的独特贡献、制度的独特优势，谱写反映当代中国发展进步的哲学社会科学新篇章。

刘云山指出，深入实施马克思主义理论研究和建设工程，研究攻关是基础，转化运用是关键。要充分发挥工程成果在推进马克思主义中国化、时代化、大众化进程中的重要作用，更好地促进马克思主义与中国实际相结合，更好地反映时代精神、回答时代课题，更好地为人民大众所理解和掌握。要充分发挥工程成果在深化理论武装中的重要作用，推动党校、行政学院、干部学院、社会科学院、高校、理论学习中心组把马克思主义作为必修课，引导各级领导干部认真学习和掌握马克思主义基本理论，坚定理想信念，增强看家本领。要充分发挥工程成果在完善哲学社会科学学科体系和教材体系中的重要作用，继续抓好工程重点教材的编写和使用，让青年学生更好掌握党的理论创新成果。

10月20日

［**纲　文**］　**中缅天然气管道干线建成投产**。

［目　文］　来自缅甸孟加拉湾的天然气在广西贵港市点燃，这标志着中缅天然气管道干线全线建成投产。投产后，每年将有120亿立方米天然气造福缅甸和我国西南地区，从此结束我国云贵高原没有管道天然气的历史，使上亿民众受益，每年可替代煤炭3072万吨，减少二氧化碳等排放5283多万吨。工程建设带动沿线直接投资超过1000亿元。

中缅天然气管道干线全长2520公里，缅甸段793公里，国内段1727公里。此次投产的禄丰—贵港段为中缅天然气管道末段，全长1121公里，于10月13日开始投产。

中缅油气管道是我国西南方的能源进口战略通道，全长7676公里，原油管道和天然气管道均起于缅甸西海岸的皎漂市，从云南瑞丽58号界碑进入我国境内。中缅原油管道设计年输量2200万吨，天然气管道年输天然气120亿立方米。

10月20—22日

［纲　文］ **中国河北省与美国艾奥瓦州结好30周年纪念活动在美国举行，国家主席习近平致贺信。**

［目　文］ 习近平在贺信中对河北省和艾奥瓦州结好30年表示祝贺，向长期关心和支持中美地方交往和中美关系发展的两国各界人士表示衷心的感谢和良好祝愿。习近平表示，地方交流合作是促进中美关系发展的重要动力。中方愿同美方共同努力，深化两国业已建立的友好省州和友好城市关系，发挥省州长论坛、城市经济合作会议、市长峰会等机制的作用，使两国地方交流合作不断走深走实。

此次活动以“增进友谊、促进合作”为主题，旨在进一步增进两省州人民之间的了解和友谊，为促进两省州经济社会发展作出积极贡献。这是继本年4月份艾奥瓦州在河北省举办友好活动周后，两省州友好交往史上的又一个具有重要影响的大事。

美国当地时间10月22日下午，两省州在艾奥瓦州首府得梅因市举行友好省州战略合作研讨会暨签约仪式。河北省委书记与艾奥瓦州州长特里・布兰斯塔德分别代表双方签署战略合作协议。河北三河汇福粮油集团、河北华裕家禽育种有限公司、河北企美农业科技有限公司等20家企业、学校现场与美国签订大宗农产品采购及合作协议，美国海兰国际、哥伦比亚谷物公司、KTSI、Shac环保产品等公司与我方签订了20项投资合作协议，涉及投资、贸易、教育、旅游等领域，总投资额达15亿美元。双方少年儿童共同演唱了中美友好歌曲《情缘留住永恒的记忆》。全国友协与美方共同举办了有关活动。

活动期间，河北省有关方面还在商贸、农业、旅游、教育、友好市县等领域进行了专业交流，并举办了农业可持续发展论坛暨农业项目对口洽谈会、河北旅游推介周、“亲吻大地”白润璋美丽中国自然风光摄影展、“美丽河北”摄影展及教育、文化交流等系列活动，进一步深化了两省州之间的交流沟通和务实合作。

河北省与艾奥瓦州于1983年7月缔结友好关系。两省州政府和人民之间始终保持着密切往来，多领域交流合作日益深化，友好关系持续加强。艾奥瓦州也是河北省与外国建立的第一个友好省州。

10月20—21日

［纲　文］ **中华全国总工会第十六届执行委员会第一次全体会议在北京召开。**

［目　文］ 会议由中共中央政治局委员、工会十六大主席团常务主席李建国主持。在选举开始前，到会的274位新一届执委以举手表决的方式一致通过了十六届一次执委会选举办法（草案），通过了监票人、总监票人名单（草案）。

根据《中国工会章程》规定，中华全国总工会主席团由主席、副主席和主席团委员组成。中华全国总工会第十六届执行委员会全体委员对主席、副主席和主席团委员候选人建议名单进行了充分酝酿，以无记名投票方式选出中华全国总工会主席、副主席和主席团委员。李建国当选为中华全国总工会主席。陈豪、刘国中、张少琴、陈荣书、尔肯江・吐拉洪、李世明、邱小平、焦开河、范继英、崔郁、江广平、许振超、郭明义等同志当选为中华全国总工会副主席；丁小岗等同志当选为执委会主席团委员。

主席团成员产生后，接着举行的主席团第一次会议以举手表决的方式推选了书记处第一书记和书记处书记。推选陈豪为书记处第一书记，刘国中、陈荣书、王瑞生、李世明、焦开河、范继英、江广平、赵世洪、郭军为书记处书记。

10月20—23日

［纲　文］ **首届联合国教科文组织创意城市北京峰会举行。**

［目　文］ 峰会由联合国教科文组织、教育部、中国联合国教科文组织全国委员会、北京市人民政府共同主办。峰会以“魅力创意·美丽城市”为主题，由开幕式，首届国际学习型城市大会、创意·创新·发展论坛和创意城市网络市长圆桌会议、首届艺术与创意城市北京论坛三个主要会议，以及相关展览等三大板块内容组成，来自联合国教科文组织102个成员国500多名代表参加会议。本次峰会是教科文组织首次将三个重要会议在同一时间、同一国家、同一地点召开。

开幕式20日晚在首都博物馆举办。国务院副总理刘延东出席首届国际学习型城市大会开幕式并讲话。刘延东指出，本次大会以“全民终身学习：城市的包容、繁荣和可持续发展”为主题，对于推进公平正义、促进社会和谐、增进民众福祉、创造美好未来很有意义。中国政府高度重视全民学习、终身学习，把建设学习型城市作为实现中国梦的重要内容，注重与经济发展、社会进步特别是新型城镇化进程紧密结合，推动学习型组织竞相涌现，促进学历与非学历教育、职业与普通教育、职前职后教育衔接发展，打造社区教育、行业企业培训、在线学习、开放教育、远程教育等公共服务平台，使终身学习成为全民的一种精神状态和生活方式。联合国教科文组织总干事伊琳娜·博科娃出席大会开幕式并致辞。

创意·创新·发展论坛于21日下午至22日上午在首都博物馆举办，分为设计与城市、设计与创新、设计与新型城镇化三个分论坛。创意城市网络市长圆桌会议包括32个创意网络城市、候选城市市长及代表将进行交流，并共同签署会议成果文件《北京议程》。

首届国际学习型城市大会于21日至23日在北京国际饭店举办。大会的总体目标是创建一个全球性平台，动员城市在各领域有效使用资源，促进全民终身学习，推进平等和社会正义，维护社会和谐，增强凝聚力，创造可持续发展与繁荣的成果。相关国际组织、联合国教科文组织成员国、有关国家教育部门官员、世界主要城市市长以及专家等约500人（国外代表约300人）应邀与会。

大会期间还举办了相关展览。一是21日至27日在首都博物馆举办创意城市展览，主要展示创意城市网络成员城市的建设成果。在中国设计交易市场举办北京设计创意展，主要展示中国设计红星奖、北京礼物以及能代表北京水平的优秀设计企业与成果，市民可直接入场免费参观。二是19日正式开幕的大都美术馆的开馆展《国风——中国油画语言研究展》，由著名日本建筑师安藤忠雄设计，由资深艺术家靳尚谊先生担任馆长。此次展览的特点是以油画的语言风格演变为线索，从一个新的视角阐述中国油画百年演进、变迁的历程，强调油画本体语言研究的重要性，展出了国内百位有代表性油画家的近150件重要作品。

大会于23日闭幕，活动期间签署发布了《北京宣言》、《北京议程》、《北京共识》三大成果性文件，致力于推进全球城市间的资源共享、信息共享、市场共享，以促进各地区、城市间在教育、科技、文化方面的深入合作。

10月21日

［纲　文］　**欧美同学会成立100周年庆祝大会在北京举行，习近平出席并讲话。**

［目　文］　中共中央总书记、国家主席、中央军委主席习近平出席大会并发表重要讲话。中共中央政治局常委俞正声、刘云山到会祝贺。全国人大常委会副委员长、欧美同学会副会长陈竺主持庆祝大会。

习近平在讲话中高度评价我国留学人员的作用和贡献。他指出，百余年的留学史是"索我理想之中华"的奋斗史，一批又一批仁人志士出国留学、回国服务，大批归国人员投身中国共产党领导的伟大事业，在中国革命、建设、改革的历史画卷中写下了极为动人和精彩的篇章。实践证明，广大留学人员不愧为党和人民的宝贵财富，不愧为实现中华民族伟大复兴的有生力量。党、国家、人民为拥有并将更多拥有这样一大批人才而感到骄傲和自豪。

习近平强调，广大留学人员要继承和发扬留学报国的光荣传统，做爱国主义的坚守者和传播者，始终把国家富强、民族振兴、人民幸福作为努力志向，自觉使个人成功的果实结在爱国主义这棵常青树上。党和国家尊重广大留学人员的选择，回国工作，我们张开双臂热烈欢迎；留在海外，我们支持通过多种形式为国服务。大家都要牢记，无论身在何处，你们都是中华儿女的一分子，祖国和人民始终惦记着你们，祖国永远是你们温暖的精神家园。

习近平强调，面对新形势新任务，欧美同学会·中国留学人员联谊会要立足国内、开拓海外，成为党联系广大留学人员的桥梁纽带、党和政府做好留学人员工作的助手、广大留学人员之家，把广大留学人员紧密团结在党的周围。各级党委和政府要认真贯彻党和国家关于留学人员工作的方针政策，更大规模、更有成效地培养我国改革开放和社会主义现代化建设急需的各级各类人才，为留学人员回国工作、为国服务创造良好环境。

全国政协副主席、欧美同学会会长韩启德在会上讲话。共青团中央书记处第一书记秦宜智代表人民团体致贺词。"千人计划"专家联谊会会长、清华大学生命科学学院院长施一公代表留学人员发言。

部分在京中共中央政治局委员、全国政协领导等到会祝贺。有关方面负责人、各行业归国留学人员代表、海外特邀代表共约3000人参加大会。

10月21日

［纲　文］　**全国政协主席俞正声在北京会见纳米比亚全国委员会副主席玛格蕾特·**

门萨-威廉斯。

［目　文］　俞正声在会见时表示，中纳人民相互支持与合作，结下了深厚情谊。建交23年来，两国关系经受住各种考验，不断巩固和发展。中方愿与纳方共同努力，推动中纳关系不断迈上新台阶。全国政协和纳米比亚全国委员会保持友好往来，增进了两国人民之间的了解和友谊。希望双方进一步密切人员往来，加强在民主法制建设、经济社会发展问题上的经验交流，探讨开展多种形式的合作，为促进各自国家建设作出新贡献。

门萨表示，纳中合作潜力巨大，希望双方今后在农牧业、教育等方面有更多的合作。

10月21日

［纲　文］　**中国西北首个股权交易市场新疆股权交易中心开市**。

［目　文］　新疆股权交易中心是根据国务院38号文件精神，由新疆维吾尔自治区人民政府批准设立的全疆唯一的区域性股权交易市场，主要股东包括新疆金融投资有限公司、宏源证券、高新区投资发展集团、开发区建投公司以及克拉玛依金融发展公司等5家。目前，新疆股权交易中心首批挂牌企业总数达146家，托管企业204家，备案的各类会员中介机构24家，开户的合格投资人达90家。新疆首批挂牌企业总数超过广东、青海、福建、江苏、安徽等全国同类市场，位居全国区域性股权交易市场前列。

10月21日

［纲　文］　**中国科学家首获沃尔沃环境奖**。

［目　文］　沃尔沃环境奖基金会宣布，中国冰川学家和气候学家秦大河博士获得2013年度沃尔沃环境奖。秦大河因长期为联合国政府间气候变化专门委员会发布的气候变化评估报告作出了重要贡献而获此殊荣。今年是该奖首次颁发给中国科学家，是“中国科学事业大力发展的又一佐证”。

沃尔沃环境奖创立于1988年，授予在环境和可持续发展领域有卓越创新或科学贡献的个人。它是全球环境和可持续发展领域最具影响力的奖项，又被誉为可持续发展的“诺贝尔奖”。获奖者将得到150万瑞典克朗（约合20万美元）的奖金。本年的颁奖典礼于11月26日在斯德哥尔摩举行。

10月21日

［纲　文］　**《人民日报》发表题为《自我感觉不能代替群众评价——把教育实践活动引向纵深之一》的评论员文章**。

10月21—25日

［纲　文］　**十二届全国人大常委会第五次会议在北京举行**。

［目　文］　会议21日上午在北京人民大会堂开幕，25日上午闭幕，张德江委员长主持会议。

会议表决通过了全国人大常委会关于修改《中华人民共和国消费者权益保护法》的决定。国家主席习近平签署第七号主席令，予以公布；会议表决通过了全国人大内务司法委员会、财政经济委员会、外事委员会关于第十二届全国人民代表大会第一次会议主席团交付审议的代表提出的议案审议结果的报告；会议表决了通过了全国人大常委会代表资格审查委员会关于个别代表的代表资格的报告；会议经表决，任命郑淑娜为全国人大常委会法制工作委员会副主任；任命刘修文为全国人大常委会预算工作委员会副主任；任命李少平、贺荣为最高人民法院副院长。会议还表决了其他任免案。

全国人大常委会副委员长李建国、王胜俊、陈昌智等出席会议。最高人民法院院长周强，最高人民检察院检察长曹建明，全国人大各专门委员会成员，各省、自治区、直辖市人大常委会负责人，部分全国人大代表等列席会议。

闭幕当天，十二届全国人大常委会还举行第七讲专题讲座，题目是“现代信息科技的发展与产业变革”，由中国工程科技发展战略研究院常务副院长邬贺铨主讲。

10月21—22日

［纲　文］ **中非智库论坛第三届会议暨“中非智库10+10合作伙伴计划”启动仪式在北京举行。**

［目　文］ 会议由中非合作论坛中方后续行动委员会指导、由浙江师范大学主办、中国国际问题研究所等单位协办。国务委员杨洁篪出席并讲话，外交部副部长翟隽、中国社会科学院副院长李扬、非洲驻华使团长塔·阿马大使、国家开发银行副行长袁力以及中非智库学者代表等分别致辞。中非合作论坛中方后续行动委员会成员单位代表、非洲国家驻华使节、中非学者等200多人出席了会议。

杨洁篪在讲话中代表中国政府对中非智库论坛再次召开及“10+10计划”正式启动表示祝贺。他指出，中非智库论坛为中非智库学者间交流搭建了机制化平台。“10+10计划”的启动将进一步提升双方智库交流与合作水平。希望双方智库学者抓住中非关系快速发展的有利时机，增强使命意识，把握时代特性，加强对中非关系和涉非、涉华研究，为中非关系发展提供智力支撑，同时在国际上争取更多话语权，更好地服务双方关系发展需要。

本届论坛以“中非关系的提升与中非软实力建设”为主题，在两天的会议中，与会的中外学者分别就“中非关系的提升：动力、方向与举措”、“为了发展的软实力：中非自主价值观构建”、“中国的非洲研究与非洲的中国研究：合作与创新”等分议题展开了深入对话。中非智库代表表示，将利用好智库论坛及“10+10计划”等平台，进一步促进中非人文交流，深化中非友好合作。

中非智库论坛自2011年创立以来，以“民间为主、政府参与、坦诚对话、凝聚共识”为宗旨，先后在中国杭州和埃塞俄比亚首都亚的斯亚贝巴成功举办第一、第二届会议。

10月21—22日

［纲　文］ **国务院副总理张高丽应邀访问新加坡，并与新加坡副总理张志贤共同主持中新三个高层合作机制会议。**

［目　文］ 张高丽在会见陈庆炎、李显龙时说，中国和新加坡有着长期、特殊的友好合作关系。中国新一届中央领导集体一如既往高度重视发展中新关系，中方愿同新方精诚合作，认真落实两国领导人就发展新时期中新关系达成的重要共识，保持合作的全

面性，发挥重点项目的示范性，增强合作的前瞻性，推动中新关系在新的历史起点上取得更大发展。张高丽表示，中新两国经济都在经历转型升级，中国努力把调整结构、创新驱动与保护环境相结合。希望双方将中国统筹区域协调发展与新加坡参与中国地方发展相对接。欢迎新方积极参与中国西部大开发和振兴东北老工业基地进程。

22日，张高丽和张志贤共同主持中新双边合作联委会第十次会议、苏州工业园区联合协调理事会第十五次会议和天津生态城联合协调理事会第六次会议三个高级别双边合作机制会议。中新双方总结了各方面合作进展情况，就进一步深化经济转型、金融合作、人文交流、包容与可持续发展等领域合作进行深入讨论，达成了广泛共识。双方同意，以现代服务业和科技创新为引领，全面推动苏州工业园区转型升级，支持园区赴中国其他地方和东盟其他国家开展投资合作。会议通过了天津生态城未来五年发展愿景报告，提出要努力把生态城建设成资源节约型、环境友好型的绿色城镇，为中国推进新型城镇化和可持续发展提供能复制、可推广的经验。双方还就新加坡参与中国地方发展进行了讨论。

会后，张高丽和张志贤共同出席了两国有关成立服务贸易合作促进工作组、推动中新企业联合走出去、农产品质量和粮食安全合作等7个合作文件的签字仪式。

访新期间，张高丽还会见了新加坡荣誉国务资政吴作栋，并与新加坡副总理兼财政部部长尚达曼共同出席中新财金界人士午餐会。

10月22日

［纲　文］　**国务院总理李克强在北京会见联合国教科文组织总干事博科娃。**

［目　文］　李克强在会见博科娃时说，中国新一届政府高度重视教育科学文化事业发展。我们优先发展教育，实施《义务教育法》，努力让人民享有更公平、更好的教育机会，特别是要让适龄的孩子都有学上，而且一个都不能少。中国的科技进步和文化繁荣也促进了经济社会的发展。

李克强积极评价联合国教科文组织为推动世界范围内教育科学文化发展所作贡献，表示中方愿深化同教科文组织的合作，创新机制，拓展渠道，加大支持力度，促进国际教育科学文化事业进步，维护世界的和平发展繁荣。

博科娃表示，中国在促进教育公平、减贫、保护文化遗产、推进科技创新等方面成就显著。教科文组织愿推广同中国合作的成功模式，推动教科文领域的国际合作。

10月22日

［纲　文］　**全国政协在北京召开首次双周协商座谈会。**

［目　文］　会议主要议题是分析当前宏观经济形势，就如何统筹稳增长、调结构、促改革，保持经济发展良好势头议政建言。全国政协主席俞正声主持会议。

俞正声说，双周座谈会是人民政协的优良传统，要总结好、利用好其中的宝贵经验。在新形势下，为进一步发挥好人民政协作为协商民主重要渠道的作用，十二届全国政协在继承的基础上有所创新，建立双周协商座谈会制度，通过定期邀请各界别委员主要是民主党派成员、无党派人士座谈交流，听取意见和建议，使双周协商座谈会成为沟通思想、增进共识、协调关系、凝心聚力的协商平台。

座谈会上，厉以宁、李毅中、陈锡文等全国政协委员分别围绕加强和改善宏观调控、巩固农业基础地位、推进工业化城镇化、加快调整产业结构、深化经济体制改革等问题谈了各自的看法。在委员发言之前，国家统计局局长马建堂应邀介绍了本年前三季度我国国民经济运行情况。

全国政协副主席张庆黎、陈元、王钦敏等出席座谈会。双周协商座谈会最早可以溯源到第一届全国政协的双周座谈会。1950 年 4 月，各民主党派、无党派民主人士联合发起召开双周座谈会，至 1966 年 7 月共举行了 114 次。

10 月 22 日

［纲　文］ **国家发展改革委公布《教科书法定许可使用作品支付报酬办法》。**

［目　文］ 《办法》共 11 条，自 2013 年 12 月 1 日起施行。《办法》指出，在教科书中汇编已经发表的作品片断或者短小的文字作品、音乐作品或者单幅的美术作品、摄影作品，除作者事先声明不许使用的外，可以不经著作权人许可，但应当支付报酬，指明作者姓名、作品名称，并且不得侵犯著作权人依法享有的其他权利。

《办法》规定了教科书汇编者支付报酬的标准：（一）文字作品：每千字 300 元，不足千字的按千字计算；（二）音乐作品：每首 300 元；（三）美术作品、摄影作品：每幅 200 元，用于封面或者封底的，每幅 400 元；（四）在与音乐教科书配套的录音制品教科书中使用的已有录音制品：每首 50 元。

10 月 22 日

［纲　文］ **《人民日报》报道，中央财政下拨 2013 年种粮大户补贴试点资金 6 亿元。**

［目　文］ 报道说，为落实中央 1 号文件精神，促进粮食生产规模化和粮食生产方式转变，财政部近日从农资综合补贴中安排 6 亿元资金，下拨给黑龙江、辽宁、山东、安徽、江西 5 个粮食主产省，用于 5 省继续开展种粮大户补贴试点工作。自 2012 年起，种粮大户补贴试点工作在上述 5 省实施。补贴原则上通过项目支持的形式实施，主要采取“贴息”和“以奖代补”两种方式，帮助种粮大户改善生产条件，重点支持种粮大户的生产成本补偿、生产能力建设以及金融机构为种粮大户提供金融服务。

10 月 22 日

［纲　文］ **国家能源局印发中国首个《页岩气产业政策》。**

［目　文］ 《政策》共 36 条，分总则、产业监管、示范区建设、产业技术政策、市场与运输、节约利用与环境保护、支持政策、附则 8 章，自 2013 年 10 月 22 日起实施。

《政策》明确将页岩气开发纳入国家战略性新兴产业，国家将加大对页岩气勘探开发等的财政扶持力度，同时鼓励各种投资主体进入页岩气销售市场，对页岩气出厂价格实行市场定价；重申了《页岩气开发利用补贴政策》中的条款，表示国家将按页岩气开发利用量，对页岩气生产企业直接进行补贴；鼓励各种投资主体进入页岩气销售市场，以期逐步形成以页岩气开采企业、销售企业及城镇燃气经营企业等多种主体并存的市场格局；鼓励页岩气就近利用和接入管网，以促进页岩开发利用。

10 月 22 日

［纲　文］ **第八届中俄经济工商界高峰论坛在北京市举行。**

［目　文］ 峰会论坛由俄罗斯经济发展委员会和中国商务部主办。中国国务院副总理汪洋、俄罗斯联邦政府副总理罗戈津出席开幕式并发表演讲。两国经济工商界代表共500 百余人参加论坛，双方就中俄经济现代化、科技合作、农业合作、地方间的投资合作、基础设施合作等议题进行了交流与洽谈。

22 日下午，第八届中俄经济工商界高峰论坛拉开帷幕，汪洋在开幕式上发表了题为《共创中俄务实合作的新局面》的演讲。汪洋指出，2013 年是中俄关系继往开来的一年，也是成果丰硕的一年。在两国高水平政治关系的引领下，双边贸易稳步发展，投资合作成效明显，能源合作捷报频传，合作机制日益完善。实践证明，中俄两国既是风雨同舟、肝胆相照的好朋友，也是互利互惠、共同发展的好伙伴。双方务实合作越深入，两国全面战略协作伙伴关系的基础就越牢固。

汪洋对扩大中俄务实合作提出四点建议：一是优化贸易结构，扩大进出口商品种类，培育高新技术产品、农产品等新的贸易增长点，增强两国贸易长期增长的动力和抵御外部市场冲击的能力。二是促进相互投资，切实改善投资环境，创新投资合作方式，推动两国企业开展相互参股、并购、发行债券等多种形式的合作。三是深化科技合作，加强科技创新对话，落实好重型直升机、宽体客机、核能等战略性大项目，共同缔造大国科技合作的典范。四是拓展地方合作，推进跨境油气管道、跨界路桥、通信光缆、输电通道等基础设施建设，促进互联互通。

中俄经济工商界高峰论坛是两国目前层次最高、规模最大的经贸论坛活动，此前已经成功举办了七届。

10 月 22 日

［纲　文］ **《人民日报》发表题为《内生动力开拓发展空间——三论“中国信心”从何而来》的评论员文章。**

10 月 22—23 日

［纲　文］ **人口与发展南南合作部长级国际会议在北京市举行。**

［目　文］ 会议由国家卫生计生委、人口与发展南南合作伙伴组织共同举办，来自34 个国家的政府高级官员以及 10 多个国际组织和非政府组织的代表出席会议。

国家卫生计生委副主任马晓伟主持开幕式。会议旨在回顾总结过去 20 年在人口与发展南南合作方面取得的进展，探讨在国际人发大会及千年发展目标后时代，如何通过南南合作，推动发展中国家的人口与发展进程。

国家卫生计生委主任李斌在会议开幕式上致辞时强调，国际人发大会以来，人口领域的南南合作得到蓬勃发展。在国际人发大会期间成立的人口与发展南南合作伙伴组织，为促进人口领域的南南合作作出了杰出贡献。中国政府坚持从战略高度认识和把握人口问题，积极探索符合中国实际的人口发展道路，实行计划生育基本国策，统筹解决人口问题，促进人口长期均衡发展，取得了显著成绩。

会议期间，国务院副总理刘延东在中南海会见了参会代表。刘延东指出，加强人口与发展领域的南南合作，对全球化、城镇化背景下发展中国家人口与资源环境协调可持续发展、妇儿健康、消除贫困、家庭和谐、实现联合国千年发展目标和国际人发大会行动纲领具有重要意义。中国愿意一如既往地参与和推动人口领域南南合作，发挥应有作用。

10月22—26日

［纲　文］　**世界审计组织第二十一届大会在北京市举办。**

［目　文］　国务院总理李克强出席开幕式并致辞。联合国秘书长潘基文的特别代表、联合国副秘书长吴红波在开幕式上宣读了潘基文的贺词。来自世界各国的587名代表参加了大会。

李克强在开幕致辞中指出，审计与财政形影相随，在促进财政可持续，改善国家治理中发挥了重要的、不可替代的作用。中国的审计制度是国家监督体系的重要组成部分，国家审计机关依据宪法设立，依法独立履行职责，不受其他行政机关、社会团体与个人的干涉。李克强就审计提出3点主张：一是当好财政可持续的“卫士”；二是当好防治腐败的“哨兵”；三是当好国际合作的“使者”。李克强在会前并简短会见了世界审计组织主席特伦斯·农贝贝等主要来宾。

大会取得了五项主要成果：一是通过《北京宣言》。《北京宣言》明确提出，国家审计是国家治理的重要组成部分，促进国家良治是各国最高审计机关的重要任务和目标，世界审计组织应增强前瞻性和外向性，参与全球治理，努力成为全球典范机构。二是完成世界审计组织领导层重组。中国审计长接任世界审计组织理事会主席（任期为2013年至2016年），成为世界审计组织最高级别代表和主要发言人，选举产生了理事会第一、第二副主席以及各专门委员会主席，增设能力建设委员会和突发事宜监督委员会副主席职务，设立天然资源采掘行业审计工作组和采购合同审计特别工作组，并对一些工作组进行了撤并。三是就大会的两项主议题达成共识。本届大会围绕“国家审计与国家治理”与“最高审计机关在维护财政政策的长期可持续性领域的作用”这两项主议题形成了多项共识，成为最高审计机关未来工作的重要指导。四是颁布一批审计指南和审计准则，正式颁布了《最高审计机关国际准则》、《世界审计组织良治指南》等12项世界审计组织文件。五是启动世界审计组织预算管理等内部改革。通过了关于世界审计组织预算和管理的9项提议，要求对世界审计组织财务规则进行修订，鼓励成员提供更多的实物资助和自愿捐款，并确定在专门项目中使用外部资助不受资源按比例分配要求的限制。大会批准了未来3年的预算，通过了主要委员会的工作授权和战略规划，介绍了世界审计组织战略规划特别工作组、突发事宜监督委员会、世界审计组织—捐助机构合作机制未来的工作方向与实施路线，启动包括修订世界审计组织财务规则、制定世界审计组织新一期战略规划（2017—2022

年）、世界审计组织审计师认证、应对突发事宜机制等反映国际形势最新发展和未来需求的工作，进一步拓展世界审计组织与联合国等合作伙伴，以及世界银行等捐助机构的合作空间。

世界审计组织成立于 1953 年，由联合国及其专门机构的成员国的最高审计机关组成，目前有 192 个全权成员和 5 个协作成员，是成员数量仅次于联合国的第二大国际组织。世界审计组织大会是该组织的最高权力机构，每 3 年召开一次。2008 年 11 月，中国审计署经过竞选，获得第二十一届大会主办权。

10 月 22—23 日

［纲　文］　**应国务院总理李克强邀请，俄罗斯总理梅德韦杰夫对中国进行正式访问。**

［目　文］　访问期间，国家主席习近平在北京人民大会堂会见了梅德韦杰夫。国务院总理李克强与梅德韦杰夫举行了中俄总理第十八次定期会晤。全国人大常委会委员长张德江会见了梅德韦杰夫。

习近平在会见时指出，中俄总理定期会晤机制成立 17 年来，对两国务实合作发挥了很大的促进作用。双方要根据新形势下发展两国关系的需要，立足当前，着眼长远，通过这次会晤进一步落实好两国领导人达成的各项共识，全面扩大和深化能源合作，推动经贸合作多元化，加强高科技、制造业合作，重点实施好战略性合作大项目，提升两国务实合作质量和水平。进一步加强防灾救灾合作和人文交流，特别是扩大青年交往，夯实中俄友好的社会基础。

梅德韦杰夫表示，俄方愿与中方充分发挥俄中总理定期会晤机制作用，落实好两国领导人达成的共识，积极、务实地促进两国经贸、科技、能源、军技、农业、环保、人文等各领域交流与合作，加强在国际和地区事务中及多边机制框架下的战略沟通与协调，推动两国关系不断迈上新台阶。

22 日李克强与梅德韦杰夫共同主持中俄总理第十八次定期会晤。两国总理举行了务实深入的大、小范围会谈，听取了中俄人文合作委员会、中俄总理定期会晤委员会、中俄能源合作委员会三个合作机制的工作汇报，对今后一个阶段两国全面合作进行规划和指导。两国总理就全面深化各领域务实合作达成重要共识：第一，扩大经贸合作和相互开放，提升贸易质量。推动双方企业进一步加强投资合作，扩大使用本币，促进贸易投资便利化。第二，在航空、航天、核能、高科技和创新领域更多开展联合研发、联合研制和联合生产合作，共同提升两国科技实力和国际竞争力。加强农业以及高铁等基础设施领域合作。第三，巩固和发展中俄能源全面战略合作。推进实施增供原油、修建天然气管道、上游油气田开发、下游炼厂建设等一批大项目，推动取得更多成果。第四，密切人文交流，重点办好青年友好交流活动，加强教育、旅游、媒体、卫生、体育、地方等领域合作，增进相互了解与友谊。第五，在联合国、上海合作组织、金砖国家、二十国集团等多边框架下加强协调配合，维护世界和平稳定，推动建立公正合理的国际秩序。

会晤后，两国总理签署《中俄总理第十八次定期会晤联合公报》，并见证了20项双边合作文件的签署。

10月22—24日

［纲　文］　**应国务院总理李克强邀请，印度总理曼莫汉·辛格对中国进行正式访问。**

［目　文］　访问期间，国家主席习近平在北京钓鱼台国宾馆会见了辛格总理，国务院总理李克强与辛格总理举行会谈。全国人大常委会委员长张德江会见了辛格总理。双方就涉及双边关系及共同关心的国际地区问题交换了意见，达成了广泛共识。

习近平在会见辛格时表示，当前，中印关系保持全面快速发展势头，进入新的上升通道。中方始终视印度为战略合作伙伴，为印度取得的发展成就感到高兴，真心希望同印度一道，抓住机遇，排除干扰，携手合作，实现和平发展、合作发展和共同发展，推动中印战略合作伙伴关系迈上新台阶。习近平就发展中印关系提出四点建议：一要推动中印关系同国际大势相结合，增进战略互信。二要推动中印关系同各自发展需求相结合，深化务实合作。三要推动中印关系同两国复兴进程相结合，妥善管控分歧。四要将中印关系同振兴东方文明相结合，扩大交流对话。

辛格表示，进一步发展与中国的关系是印度外交的首要任务之一，印方愿与中方进一步加强战略沟通和人文交流，增进相互信任和相互理解，提高务实合作水平，加强防务合作，通过友好协商妥善处理分歧，密切在国际、地区事务中的协调、配合，共同应对挑战，推动两国关系迈上更高水平。

李克强在会谈时指出，中方愿同印方共同努力，以信心、恒心和决心推动中印关系取得更大发展：一是深化战略安全合作。保持高层定期互访与接触，牢牢把握两国关系大方向。深化战略沟通与协作，加强各领域、各层级对话磋商。二是挖掘经贸合作潜力。拓展各领域务实合作，推动贸易、投资并进，实现平衡发展，早日启动两国区域贸易安排谈判，加强产业园区建设和铁路等基础设施合作，促进中印两大市场对接，推进孟中印缅经济走廊建设。三是打造人文交流亮点。以2014年中印“友好交流年”为契机，弘扬传统友谊，扩大友好合作的社会基础，加强地方合作和媒体交流。四是妥善管控处理分歧。保持中印边界问题特别代表会晤势头，通过谈判协商寻求双方都能接受的解决方案，共同维护边境地区和平与安宁。五是加强多边领域合作。密切在二十国集团、金砖国家等机制中的协调配合，共同推动世界贸易组织多哈回合谈判，积极应对气候变化、反恐、粮食和能源安全等全球性问题，维护两国和发展中国家的共同利益。

会谈后，两国总理共同见证了双边交通、能源、防务、文化、教育、地方交往等9项合作文件的签署，并共同会见了两国企业家代表。

张德江在会见辛格时表示，中国全国人大和印度人民院保持着友好交流与合作，愿与印度人民院一道，发挥议会交往在促进中印战略合作伙伴关系中的积极作用，为推动两国务实合作、增进两国人民友谊作出应有的贡献。

10月22—26日

［纲　文］ **应国务院总理李克强邀请，蒙古国总理阿勒坦呼亚格对中国进行正式访问。**

［目　文］ 访问期间，国家主席习近平会见了阿勒坦呼亚格总理，国务院总理李克强与阿勒坦呼亚格举行了会谈。全国人大常委会委员长张德江会见了阿勒坦呼亚格。两国总理共同签署《中蒙战略伙伴关系中长期发展纲要》，并见证了双边经贸、航空、科技、金融、基础设施建设等多项合作文件的签署。

习近平在会见时就发展中蒙关系提出三点建议：一要加强高层往来和战略合作。双方就重大战略性问题多沟通，两国议会、政府、政党等各部门多交流、多合作。把《中蒙战略伙伴关系中长期发展纲要》落到实处，发出中蒙致力于加强全面合作的积极信号。二要提高务实合作水平。中国的市场、资金、人力、技术、通道对蒙古国都是开放的，双方要发挥互补优势，落实好矿产开发、基础设施建设、金融合作“三位一体，统筹推进”的总体合作思路，重点开展矿产资源大项目和互联互通合作，以点带面，推动中蒙经贸合作在规模和质量上有新的提升。三要扩大人文领域交流。共同办好2014年“中蒙友好交流年”，搞好文化周等系列交流活动。在教育、新闻、文化等领域寻找新的合作亮点，加强青年交流机制化建设，不断增进两国人民感情，为中蒙战略伙伴关系发展奠定坚实民意基础。

李克强在会谈时表示，中国政府高度重视发展同蒙古国的关系，愿与蒙方一道，顺应经济全球化趋势，推动两国战略伙伴关系向前发展。一是增进政治互信，开展战略合作。保持高层交往势头，开展多层次、宽领域、高水平的交流与合作。在涉及彼此核心利益和重大关切问题上继续相互坚定支持。二是大力开展互联互通等基础设施建设，就连通两国的铁路、公路、天然气输送、电力输送等进行统筹规划和建设。三是以大项目合作为龙头，带动经贸合作全面发展。中方支持蒙方建设工业园区和经济区，愿同蒙方探讨建立边境自贸区。四是加强金融合作，完善投资环境。积极研究扩大双边本币互换规模，开展两国企业本币贸易结算。为对方企业在各自国家投资创造良好条件。五是深化教育、文化、青年、地方等交流与合作。以2014年两国建交65周年为契机，办好“中蒙友好交流年”等活动，实现青年交流机制化，支持两国互设文化中心，夯实中蒙关系的民意基础，不断丰富两国战略伙伴关系的内涵。

张德江在会见时表示，中国全国人大愿同蒙古国家大呼拉尔共同努力，落实好两国议会间合作备忘录，继续开展各个层级的来往合作，加强立法领域经验交流，创造务实合作的良好法治环境，不断把两国议会关系提升至新水平。

10月23日

［纲　文］ **习近平在中南海同中华全国总工会新一届领导班子集体谈话。**

［目　文］ 中共中央政治局常委、中央书记处书记刘云山参加谈话。中共中央政治

局委员、中华全国总工会主席李建国主持集体谈话。中华全国总工会副主席、书记处第一书记陈豪代表中华全国总工会新一届领导班子汇报了中国工会十六大召开情况和未来5年工会工作的初步考虑。中华全国总工会第十六届领导班子成员分别作了发言。

中共中央总书记、国家主席、中央军委主席习近平在谈话中强调，工会工作做得好不好、有没有取得明显成效，关键看有没有坚持正确政治方向。坚持正确政治方向，就是要坚持中国共产党领导和社会主义制度。工会是做工人阶级工作的，而工人阶级是我们党最坚实最可靠的阶级基础。只有坚持党的领导，工会工作才能方向明确、不走偏路，才能做得有声有色、扎实有效。工会要永远保持自觉接受党的领导这一优良传统。要坚决贯彻落实党的大政方针和决策部署，自觉服从服务于党和国家工作大局，坚持中国特色社会主义工会发展道路，勇于实践、勇于创新，努力使这条道路越走越宽广。

习近平指出，实现中华民族伟大复兴的中国梦，根本上要靠包括工人阶级在内的全体人民的劳动、创造、奉献。要使中国梦真正同每个职工的个人理想和工作生活紧密结合起来，真正落实到实际行动之中。要把广大职工群众充分调动起来，满怀信心投身于为实现中国梦而奋斗的火热实践，形成万众一心、众志成城的磅礴力量。要在全社会大力弘扬我国工人阶级的优秀品质，大力宣传劳动模范和其他典型的先进事迹，加强对广大青少年的教育，让劳动最光荣、劳动最崇高、劳动最伟大、劳动最美丽的观念蔚然成风，让全体人民进一步焕发劳动热情、释放创造潜能，通过劳动创造更加美好的生活。

习近平强调，保障职工群众经济、政治、文化、社会权益是我国社会主义制度的根本要求，是党和国家的神圣职责，也是发挥广大职工群众积极性、主动性、创造性最重要最基础的工作。工会要赢得职工群众信赖和支持，必须做好维护职工群众切身利益工作，促进社会公平正义。工会维权要讲全面，也要讲重点，重点就是职工群众最关心最直接最现实的利益问题，就是职工群众面临的最困难最操心最忧虑的实际问题，在经济发展的基础上不断提高职工群众生活水平和质量，使他们不断享受到改革发展成果。

李源潮、栗战书等参加谈话。

10月23日

［纲　文］　**国家主席习近平在北京会见清华大学经管学院顾问委员会海外委员。**

［目　文］　清华大学经济管理学院顾问委员会主席、凯雷集团董事总经理大卫·鲁宾斯坦和华盛顿布鲁金斯研究院理事会主席约翰·桑顿代表委员们发言。他们感谢习近平主席的会见，介绍了委员会的工作情况，表示中国取得巨大发展成就，有力促进了世界经济增长。他们对中国未来发展充满信心，对进一步扩大在华业务充满期待，将继续为中国教育事业和经济发展做出积极努力。

习近平介绍了中国的经济发展和改革情况。习近平表示，2013年以来，中国经济稳中有进，经济增长及其他主要经济指标保持在预期目标之内，产业结构调整迈出新步伐，区域协调发展取得新进展，民生改善取得新成效。中国正在推进新型工业化、信息化、城镇化和农业现代化，将加快转变经济发展方式，增强经济发展的内生动力，实现经济持续健康发展。

习近平表示，大家都很关注中国改革进程，我们将在中国共产党十八届三中全会上研究全面深化改革问题并作出总体部署。我们必须处理好改革、发展、稳定三者之间的关系，以更大的政治勇气和智慧，进一步解放思想、解放和发展社会生产力、增强社会创新活力。

习近平表示，科教兴国已成为中国的基本国策。我们将秉持科技是第一生产力、人才是第一资源的理念，兼收并蓄，吸取国际先进经验，推进教育改革，提高教育质量，培养更多、更高素质的人才，同时为各类人才发挥作用、施展才华提供更加广阔的天地。

国务院副总理刘延东参加会见。

10月23日

［纲　文］　**新华社讯，中共中央发出关于印发《科学发展观学习纲要》的通知。**

［目　文］　电讯说，为深化党的十八大精神学习宣传贯彻，根据中央要求，中央宣传部组织编写了《科学发展观学习纲要》。中央认为，《纲要》比较全面、准确反映了科学发展观的基本内容，有助于更好把握科学发展观这一中国特色社会主义理论体系最新成果。中央同意将《纲要》印发全党，作为广大党员、干部、群众学习和掌握科学发展观的重要参考。

《通知》要求，各级党委在组织中国特色社会主义宣传教育过程中，把《纲要》的学习纳入学习计划。通过学习，深刻把握科学发展观同马克思列宁主义、毛泽东思想、邓小平理论、“三个代表”重要思想既一脉相承又与时俱进的内在关系，深刻领会科学发展观的重大意义、科学内涵、精神实质和实践要求，不断增强贯彻落实科学发展观的自觉性和坚定性；把思想和行动进一步统一到坚持中国特色社会主义道路、理论体系、制度上来，把智慧和力量进一步凝聚到实现党的十八大确定的各项任务上来，紧密团结在以习近平同志为总书记的党中央周围，解放思想，改革开放，凝聚力量，攻坚克难，为全面建成小康社会、实现中华民族伟大复兴的中国梦而奋斗。

《纲要》一书于23日由学习出版社、人民出版社联合出版，即日起在全国各地新华书店发行。《纲要》共7万多字，100条，分4个部分。第一部分，充分认识科学发展观的历史地位和指导意义；第二部分，全面把握科学发展观的科学内涵和精神实质；第三部分，坚定不移把科学发展观贯彻到我国现代化建设全过程、体现到党的建设各方面；第四部分，深入学习实践科学发展观，为全面建成小康社会、夺取中国特色社会主义新胜利而奋斗。

10月23日

［纲　文］　**中央巡视工作动员部署会在北京召开。**

［目　文］　中共中央政治局常委、中央纪委书记、中央巡视工作领导小组组长王岐山出席会议并讲话。他在会上强调，要贯彻落实党的十八大和习近平总书记关于加强巡视工作的重要指示精神，紧紧围绕党风廉政建设和反腐败工作，聚焦重点，严肃认真开展好今年第二轮巡视。要突出发现问题，强化震慑作用，不能让有问题的人心存侥幸，不能让

腐败分子有立足之地。

王岐山指出，中央政治局常委会高度重视巡视工作。党的十八大以来，巡视工作进行了与时俱进的探索，指导思想进一步明确、端正、完善。今年第一轮巡视发现了一批问题线索，对巡视成果善加运用，坚决查处腐败、纠正“四风”，得到了党中央的肯定和人民群众的拥护。实践证明，中央对巡视工作作出重大改进的决策是完全正确的。

王岐山强调，第二轮巡视要按照中央对巡视工作提出的新要求，围绕“四个着力”，坚持发现问题、形成震慑不动摇。要不断探索创新，强化对党组织领导班子及其成员特别是一把手的监督，运用机动灵活的巡视工作方法，提高对领导干部报告个人有关事项抽查的针对性，坚持到领导干部担任过一把手的地方“下沉一级”了解情况，使巡视工作不断深入，提高针对性和实效性。要运用好巡视成果，对巡视发现的问题分类处置，违纪违法问题线索要报告中央纪委，选人用人上存在的问题要移交中央组织部，巡视结果要向被巡视地区和单位的党组织反馈，加强督查督办。对领导班子和领导干部存在的问题要坚持抓早抓小，该诫勉谈话的要严肃认真谈话，对领导干部身上苗头性问题要敲敲警钟，确保巡视成果落到实处。

中共中央政治局委员、中央书记处书记、中央巡视工作领导小组副组长赵乐际，中共中央书记处书记、中央纪委副书记、中央巡视工作领导小组副组长赵洪祝出席会议。

中央巡视组本年第二轮巡视共分10个组，分别对山西、吉林、安徽、湖南、广东、云南、新华社、国土资源部、商务部、三峡集团开展巡视。

10月23日

［纲　文］　**公安部发布《关于看守所留所执行刑罚罪犯管理办法》。**

［目　文］　《办法》共88条，分总则、刑罚的执行、管理、教育改造、附则5章，自2013年11月23日起施行。《办法》指出，罪犯的人格不受侮辱，人身安全和合法财产不受侵犯，罪犯享有辩护、申诉、控告、检举以及其他未被依法剥夺或者限制的权利。看守所应当保障罪犯的合法权益，为罪犯行使权利提供必要的条件。

10月23日

［纲　文］　**中国西藏文化周在德国柏林开幕。**

［目　文］　中国西藏文化周由国务院新闻办公室、西藏自治区人民政府、中国驻德国大使馆联合主办。中共中央政治局常委、全国政协主席俞正声致信表示祝贺。

俞正声在贺信中说，中国和德国都是具有悠久历史和灿烂文化的国家。两国虽然相距遥远，但文化交流的历史源远流长。中华文化博大精深、多姿多彩，西藏文化是中华文化的重要组成部分，具有独特魅力。在德国举办以西藏为主题的文化周活动，旨在为德国人民了解中华文化的丰富和多元搭起一座桥梁、打开一扇窗口。

国务院新闻办公室主任蔡名照、西藏自治区人民政府主席洛桑江村、中国驻德国大使史明德、德国联邦议院德中议员小组主席约翰内斯·普弗卢格也发来贺信。国务院新闻办公室副主任崔玉英、西藏自治区政协副主席白玛朗杰、中国驻德国大使馆临时代办李晓驷以及德国加布里埃勒·明慈博士有限公司明慈女士在开幕式上致辞。

此次中国西藏文化周通过“雪域风采”图片唐卡展览、“魅力西藏”歌舞表演、“倾听西藏”藏学家活佛交流，以及西藏民俗文化演示和涉藏图书展览等形式，集中展现独树一帜、极具特色的高原文化，以及当代新西藏的发展进步。图片唐卡展览精选了300余幅摄影图片和50余幅精美唐卡，从不同角度展示了当今西藏经济社会发展状况以及西藏民间传统绘画艺术特色。当晚，300多名德国各界人士参观了图片唐卡展览、西藏民俗文化演示和涉藏图书展。

文化周期间，来自西藏自治区的藏学家活佛将就西藏的社会发展、民族文化、宗教信仰以及藏医药的传承与发展等与德国各方人士进行深入的交流探讨。

10月23日

［纲　文］ **《人民日报》发表题为《解决群众反映强烈的问题——把教育实践活动引向纵深之二》的评论员文章。**

10月23—24日

［纲　文］ **中国与中东欧青年政治家论坛在北京市举行。**

［目　文］ 论坛以“承载传统友谊 展望合作发展”为主题，由中联部主办，全国青联协办。来自中国和中东欧13个国家的近百位青年政治家和青年精英、专家学者、企业代表参加了论坛。

全国政协副主席，中联部部长王家瑞出席开幕式并致辞。王家瑞表示，青年代表中国与中东欧人民世代友好的未来。希望双方青年精英以更加进取、包容、开放、坦诚的心态，充分利用论坛这一平台，为开创中国与中东欧关系的新局面贡献思想与智慧。

在历时两天的论坛活动中，来自中国和中东欧13个国家的近百位青年政治家、专家学者、企业代表就推动中国与中东欧关系发展、青年政治家在国家发展中的历史使命与社会责任进行了探讨。与会代表认为，中国与中东欧深化合作面临新机遇，双方应共同努力推动双边关系取得新发展。青年担负着国家未来发展的重任，更应成为继承传统友谊，增进理解与互信，深化务实合作的新生力量。

17日，国务院总理李克强在北京会见了来华出席第十四届中国西部国际博览会的坦桑尼亚总理平达。会见后，两国总理共同出席双边外交、经贸、科技、旅游、农业等一系列合作文件的签字仪式。会议期间，国家副主席李源潮在北京集体会见出席中国与中东欧青年政治家论坛的外方代表。

10月23—27日

［纲　文］ **第十四届中国西部国际博览会在成都市举行。**

［目　文］ 博览会由国家发改委、商务部、工信部等十余家国家部委及西部12省（市、区）及新疆生产建设兵团共同主办，是加快实施西部大开发战略、开展国际经贸交流合作的重要平台。

21日，国家主席习近平在北京会见了来华出席第十四届中国西部国际博览会的马其顿总统伊万诺夫。博览会开幕式前，中共中央政治局委员、国务院副总理汪洋会见了出席博览会的澳大利亚总督布赖斯、加拿大总督约翰斯顿、马其顿总统伊万诺夫、蒙古总理阿勒坦呼亚格、坦桑尼亚总理平达以及白俄罗斯副总理托济克、法国参议院副议长拉法兰等外国政要和国际组织代表。

汪洋出席开幕式暨论坛，并发表题为《开放奋进的西部是投资兴业的乐土》的主旨演讲。汪洋指出，推进西部开发任重道远，解决中国的贫困问题和促进区域协调发展任重道远，中国优先推进西部大开发的决心不会动摇，推进西部大开发的政策不会改变，力度不会削弱。来自澳大利亚、加拿大、马其顿、蒙古国、坦桑尼亚、白俄罗斯、法国等多国的政要出席论坛，并分别发表主题演讲。

博览会为期5天，以"构建区域合作新格局、激发西部发展新活力"为主题，展览总面积18万平方米，设西部合作馆、国际合作、电子信息、高新技术、装备制造、农业产业6个专业展馆，吸引了来自72个国家和地区、中国境内28个省区市及新疆生产建设兵团的4000多家企业参展。

本届博览会共签约投资项目462个，金额约5631.8亿元，实现贸易成交额1078.3亿元。

10月24—25日

［纲　文］　**中共中央在北京召开周边外交工作座谈会，习近平出席并发表重要讲话。**

［目　文］　会议主要内容是：总结经验、研判形势、统一思想、开拓未来，确定今后5年至10年周边外交工作的战略目标、基本方针、总体布局，明确解决周边外交面临的重大问题的工作思路和实施方案。中共中央总书记、国家主席、中央军委主席习近平在会上发表重要讲话。中共中央政治局常委、国务院总理李克强主持会议。中共中央政治局常委张德江、俞正声、刘云山、王岐山、张高丽出席会议。

习近平在会上强调，无论从地理方位、自然环境还是相互关系看，周边对我国都具有极为重要的战略意义。思考周边问题、开展周边外交要有立体、多元、跨越时空的视角。审视我国的周边形势，周边环境发生了很大变化，我国同周边国家的关系发生了很大变化，我国同周边国家的经贸联系更加紧密、互动空前密切。这客观上要求我们的周边外交战略和工作必须与时俱进、更加主动。

习近平强调，我国周边外交的基本方针，就是坚持与邻为善、以邻为伴，坚持睦邻、安邻、富邻，突出体现亲、诚、惠、容的理念。发展同周边国家睦邻友好关系是我国周边外交的一贯方针。要坚持睦邻友好，守望相助；讲平等、重感情；常见面，多走动；多做得人心、暖人心的事，使周边国家对我们更友善、更亲近、更认同、更支持，增强亲和力、感召力、影响力。要诚心诚意对待周边国家，争取更多朋友和伙伴。要本着互惠互利的原则同周边国家开展合作，编织更加紧密的共同利益网络，把双方利益融合提升到更高水平，让周边国家得益于我国发展，使我国也从周边国家共同发展中获得裨益和助力。要倡导包容的思想，强调亚太之大容得下大家共同发展，以更加开放的胸襟和更加积极的态度促进地区合作。这些理念，首先我们自己要身体力行，使之成为地区国家遵循和秉持的共同理念和行为准则。

在京中共中央政治局委员、中央书记处书记、国务委员、中央外事工作领导小组成员出席会议。外交部部长王毅作总结发言。各省、自治区、直辖市和新疆生产建设兵团、中央党政军群有关部门、有关金融机构和国有重要骨干企业的负责人，驻有关国家使节、部分常驻国际和地区组织代表和外交部驻香港、澳门公署特派员、部分专门事务大使、特使和代表参加会议。

10 月 24 日

［纲　文］　**国务院在北京召开全国冬春农田水利基本建设电视电话会议。**

［目　文］　会议主要内容是：深入贯彻落实党的十八大精神和中央关于加快水利改革发展战略部署，总结交流各地农田水利基本建设的新经验，深入分析农田水利基本建设面临的新形势，动员部署今冬明春和今后一个时期农田水利基本建设工作。国务院副总理汪洋出席会议并讲话。国务院副秘书长主持会议。国务院有关部门和单位负责人出席会议。党中央、全国人大、全国政协有关部门和解放军总后勤部、武警部队负责人参加会议。

汪洋在会上充分肯定了去冬今春以来全国农田水利基本建设取得的显著成效，全面阐述了新形势下加强农田水利基本建设的重要性和紧迫性，重点明确了推进农田水利基本建设的总体要求，并对做好当前农业农村各项工作作了全面部署。当前我国农村经济社会结构发生深刻变化，农田水利建设面临组织难、投入难、管理难等问题。要从农村实际出发，创新组织发动机制、资金投入机制、项目管理机制和运行管护机制。要把农田水利作为农村基础设施建设的重点，增加财政投入，优化资源配置，提高资金使用效率。要完善财政奖补、贷款贴息等政策，调动基层和农民群众积极性，吸引社会各方面参与建设、维护和管理，切实提高农田水利建设水平。

汪洋强调，要认真落实粮食最低收购价、临时收储等政策，做好秋粮收购，扎实推进秋冬农业生产，加强动物疫病防控和森林草原防火，认真研究和解决农业农村改革发展中的新问题，促进农业稳定发展、农民持续增收，不断开创农业农村工作新局面。

10 月 24 日

［纲　文］　**食品药品监管总局公布《国家食品药品监督管理总局立法程序规定》。**

［目　文］　《规定》共 9 章 50 条，包括立项、起草、审查、审议与发布、备案与解释、评估清理与汇编、规范性文件的审查与清理等相关规定，自 2013 年 12 月 1 日起施行。

《规定》除进一步细化要求、完善制度、优化程序外，在以下几个方面进行了重点修改：一是将科学立法和民主立法写入立法原则，强调要遵循客观规律、坚持改革创新、提高行政效能、保障法制统一、维护公平正义；二是拓宽公众参与立法的渠道，保障公众的知情权和表达合理诉求的权利，公众可以通过信件、局互联网留言等多种途径向总局提出有关立法建议；三是探索建立立法重大决策风险评估和立法后评估制度，对立法草案涉及食品药品监管体制机制、管理措施有重大调整，或者对人民群众切身利益、食品药品产业发展可能产生重大影响的，起草部门应当进行风险评估；四是建立规章和规范性文件定期清理制度，发现有不符合经济社会发展要求，与上位法相抵触、不一致，或者相互之间不协调的，要及时修改或者废止，清理结果要向社会公布；五是强化法制司归口管理，充分发挥法制机构的组织、协调作用，确保立法工作规范化。

10月24—30日

［纲　文］　**国务院副总理马凯与欧方代表在布鲁塞尔共同主持第四次中欧经贸高层对话，并对比利时、冰岛和爱尔兰进行正式访问。**

［目　文］　马凯与欧盟委员会副主席雷恩、贸易委员德古赫特共同主持对话。双方承诺坚持市场开放，反对各种形式的保护主义，慎用贸易救济措施，优先通过对话磋商管控和解决好贸易摩擦。双方同意进一步加强海关、质检、知识产权、民航等领域合作，拓展城镇化、创新、节能环保等各领域合作。

马凯在布鲁塞尔分别会见了欧盟委员会主席巴罗佐和比利时首相迪吕波。在会见巴罗佐时，马凯说，双方应抓紧制定《中欧合作2020战略规划》，做好中欧投资协定谈判的准备工作，加强高技术合作。这不仅有利于双方，也有利于世界。在会见迪吕波时，马凯表示，中方希望进一步扩大双边贸易，促进双向投资，在新能源、环保、医药等领域开展互利共赢合作。中方重视同比方的人文交流，中国文化中心落户布鲁塞尔将有力推动东西方文明的交流互鉴。中方始终坚定支持欧洲一体化建设。

马凯在雷克雅未克会见了冰岛总统格里姆松并与总理京勒伊格松会谈。在会见格里姆松时，马凯说，中方愿同冰方不断拓展经贸、金融、地热、北极研究、环境、科技、社会发展等领域务实合作。在与京勒伊格松举行会谈时，马凯表示，当前两国全面合作面临重要发展机遇，应保持高层密切交往，增进政治互信，以签署自贸协定为契机提升合作水平，在续签的双边本币互换协议基础上加强财金领域合作。继续推动地热资源开发利用，认真落实中冰科技合作协议，扩大人文交流，继续加强在北极事务上的政策沟通与协调。

马凯在都柏林会见了爱尔兰总理肯尼。马凯表示，两国应不断增进政治互信，深化贸易投资往来及农业、文教、卫生、高科技等领域务实合作，加强在国际和地区问题上的沟通和协调。马凯还同爱尔兰副总理兼外交与贸易部部长吉尔摩举行会谈，双方重点就贸易、投资、农业、科教、旅游、金融和自贸区建设等问题深入交换了意见。

10月25日

［纲　文］　**习近平签署中华人民共和国主席令（第七号）。**

［目　文］　第七号主席令说，《全国人民代表大会常务委员会关于修改〈中华人民共和国消费者权益保护法〉的决定》已由中华人民共和国第十二届全国人民代表大会常务委

员会第五次会议于 2013 年 10 月 25 日通过，现予公布，自 2014 年 3 月 15 日起施行。

10 月 25 日

［纲　文］　**李克强主持召开国务院常务会议。**

［目　文］　会议指出，改革注册资本登记制度，放宽市场主体准入，创新政府监管方式，建立高效透明公正的现代公司登记制度，是新一届政府转变职能总体部署和改革方案中又一项重要举措，目的是为了进一步简政放权，构建公平竞争的市场环境，调动社会资本力量，促进小微企业特别是创新型企业成长，带动就业，推动新兴生产力发展。

会议强调，推行注册资本登记制度改革，就是要按照便捷高效、规范统一、宽进严管的原则，创新公司登记制度，降低准入门槛，强化市场主体责任，促进形成诚信、公平、有序的市场秩序。会议明确了改革的主要内容：一是放宽注册资本登记条件。除法律、法规另有规定外，取消有限责任公司最低注册资本 3 万元、一人有限责任公司最低注册资本 10 万元、股份有限公司最低注册资本 500 万元的限制；不再限制公司设立时股东（发起人）的首次出资比例和缴足出资的期限。公司实收资本不再作为工商登记事项。二是将企业年检制度改为年度报告制度，任何单位和个人均可查询，使企业相关信息透明化。建立公平规范的抽查制度，克服检查的随意性，提高政府管理的公平性和效能。三是按照方便注册和规范有序的原则，放宽市场主体住所（经营场所）登记条件，由地方政府具体规定。四是大力推进企业诚信制度建设。注重运用信息公示和共享等手段，将企业登记备案、年度报告、资质资格等通过市场主体信用信息系统予以公示。推行电子营业执照和全程电子化登记管理，与纸质营业执照具有同等法律效力。完善信用约束机制，将有违规行为的市场主体列入经营异常的“黑名录”，向社会公布，使其“一处违规、处处受限”，提高企业“失信成本”。五是推进注册资本由实缴登记制改为认缴登记制，降低开办公司成本。在抓紧完善相关法律法规的基础上，实行由公司股东（发起人）自主约定认缴出资额、出资方式、出资期限等，并对缴纳出资情况真实性、合法性负责的制度。

会议强调，改革注册资本登记制度涉及面广、政策性强，要抓紧依照法定程序推进相关法律法规的修订工作。各地区、各有关部门要密切配合，加快制定完善配套措施。各省级政府要按照统一标准和规范，抓紧建设本地区的市场主体信用信息公示系统。工商行政管理部门要优化流程、完善制度，确保改革前后管理工作平稳过渡。要强化企业自我管理、行业协会自律和社会组织监督的作用，提高市场监管水平，切实让这项改革举措“落地生根”，进一步释放改革红利，激发创业活力，催生发展新动力。

10 月 25 日

［纲　文］　**国务院总理李克强在北京会见东盟十国经贸部长访华团。**

［目　文］　李克强在会见时说，中国—东盟贸易、投资、人文合作潜力巨大。此次东盟各国经贸部部长来华开展贸易投资推介活动，有利于推进未来十年中国—东盟“2+7”合作框架的落实。中方支持东盟在东亚合作、区域一体化中发挥主导作用，愿与东盟各国增进战略互信，深化全方位合作，打造中国—东盟自贸区升级版，更好造福本地区人民。

泰国副总理兼商业部部长汶颂派讪表示，东盟—中国贸易投资不断深化，人员往来日益增多。东盟各国欢迎中方打造东盟—中国自贸区升级版等倡议，愿与中方加强互联互通基础设施合作，为东亚合作创造更加美好的未来。

10月25日

［纲　文］　**国务院办公厅印发《突发事件应急预案管理办法》。**

［目　文］　《办法》共9章34条，主要内容有：一、总则。二、分类和内容。三、预案编制。四、审批、备案和公布。五、应急演练。六、评估和修订。七、培训和宣传教育。八、组织保障。九、附则。该《办法》自2013年10月25日起施行。

《办法》明确，应急预案按照制定主体划分，分为政府及其部门应急预案、单位和基层组织应急预案两大类。其中，政府及其部门应急预案由各级人民政府及其部门制定，包括总体应急预案、专项应急预案、部门应急预案等。单位和基层组织应急预案由机关、企业、事业单位、社会团体和居委会、村委会等法人和基层组织制定，侧重明确应急响应责任人、风险隐患监测、信息报告、预警响应、应急处置、人员疏散撤离组织和路线、可调用或可请求援助的应急资源情况及如何实施等，体现自救互救、信息报告和先期处置特点。

10月25日

［纲　文］　**教育部发布《关于实施全国中小学教师信息技术应用能力提升工程的意见》。**

［目　文］　《意见》主要内容有：一、提升工程的总体目标和任务。二、建立教师信息技术应用能力标准体系。三、按照教师需求实施全员培训。四、推行符合信息技术特点的培训新模式。五、遴选一线教师满意的培训资源。六、开展教师信息技术应用能力测评。七、推动教师主动应用信息技术。八、加强组织保障确保提升工程取得实效。

《意见》提出，建立教师信息技术应用能力标准体系，完善顶层设计；整合相关项目和资源，采取符合信息技术特点的新模式，到2017年底完成全国1000多万中小学（含幼儿园）教师新一轮提升培训，提升教师信息技术应用能力、学科教学能力和专业自主发展能力；开展信息技术应用能力测评，以评促学，激发教师持续学习动力；建立教师主动应用机制，推动每个教师在课堂教学和日常工作中有效应用信息技术，促进信息技术与教育教学融合取得新突破。

《意见》要求，各地要将信息技术应用能力培训纳入教师和校长培训必修学时（学分），原则上每五年不少于50学时。试行教师培训学分管理，开展信息技术应用能力培训学分认定，推动学分应用，激发教师参训动力。教育部整合信息技术应用能力相关培训项目，发挥示范引领作用。推动"英特尔未来教育"、"微软携手助学"、"乐高技术教育创新人才培养计划"、"中国移动中小学教师信息技术能力培训"等项目与各地教师培训的融合，通过提供课程资源、培训骨干培训者和共建培训平台等方式，扩大优质资源辐射范围。

10月25日

［纲　文］　**汪洋在北京主持召开部分城市物流工作座谈会。**

［目　文］　国务院副总理汪洋在会上指出，物流业是支撑国民经济社会发展的基础性、战略性产业。近年来，我国物流业快速发展，有力地支撑了国民经济运行，极大地方便了群众生活。但总体看物流业发展相对滞后，物流费用高、效率低，城市“最后一公里”配送难、配送贵的问题突出。

汪洋强调，我国正处于全面建设小康社会的关键时期和转变发展方式的攻坚时期，为物流业发展提供了广阔空间，也提出了更高的要求。各地区、各部门要深刻认识物流业在促消费、调结构、扩就业、稳物价等方面的重要作用，从大处着眼、小处着手，抓住城市物流这一关键环节，加强部门协调，统筹政策资源，加大工作力度，为物流业发展营造良好环境。

汪洋要求重点抓好六方面工作：一是推进物流标准化建设，加快标准的推广和应用。二是建设物流诚信体系，严厉打击不正当竞争和违法经营行为。三是提高物流信息化水平，扶持建设一批物流信息平台，降低货车空驶率。四是落实鼓励物流业发展的政策，减轻企业负担。五是加快发展现代物流，实行生活必需品配送车辆优先通行政策。六是培育第三方物流企业，鼓励一体化运作和网络化经营。

北京、上海、广州、武汉、成都市政府负责人作了交流发言。

10月25日

［纲　文］　中国首个公益广告创作组织公益广告艺术委员会在北京成立。

［目　文］　委员会是由中国网络电视台发起的公益广告创作组织，旨在汇聚全国公益广告创作力量，创作和传播更多优秀的公益广告作品，并在其过程中提供理论支持和行业指导。

本年4月，在中宣部、中央文明办、中央外宣办、工业和信息化部、国家工商总局、国家新闻出版广电总局6部委联合指导下，中国网络电视台成立了全国网络公益广告制作中心，牵头策划、制作网络公益广告。在创作和传播公益广告的过程中，许多知名艺术家、非遗传承人、优秀民间艺人和广告业界专家加入了全国网络公益广告制作中心创作队伍，壮大了创作力量，形成了创作规模，公益广告艺术委员会应运而生。

在委员会成立仪式上，泥人张、杨柳青、剪纸等传统手艺传人以及农民画家等齐聚一堂，与文化界名人、广告界专家共话公益广告创作，并现场进行了传统艺术表演。国家非物质文化遗产保护工作专家委员会副主任委员周小璞现场解读公益广告的文化意义、公益广告与文化遗产保护的关系。名博沙龙主席一清、泥人张高级工艺美术师林钢与主持人欧阳夏丹、任鲁豫一起，再现了《我的梦中国梦》公益广告作品的创作过程。著名文艺大师丰子恺先生的外孙宋雪君先生、著名广告人莫康孙先生也来到发布会现场，共同探讨公益广告内涵的传统文化与情感底蕴。

10月25日

［纲　文］　《人民日报》发表题为《深化改革激扬发展活力——四论“中国信心”从何而来》的评论员文章。

10月26日

［纲　文］　**刘云山在北京主持召开中央党的群众路线教育实践活动领导小组第五次会议。**

［目　文］　中央党的群众路线教育实践活动领导小组组长刘云山在讲话中说，抓好整改落实、建章立制，必须把前两个环节的工作做扎实，向群众通报、让群众点评，组织开展回头看。一要看学习教育是否深入，党员干部在思想认识上有没有得到提高；二要看查摆问题是否到位，是不是聚焦了“四风”问题，领导干部有没有真正把自己摆进去、把要查的问题找出来；三要看自我剖析是否深刻，有没有触及思想、触动灵魂；四要看是否真正开展了批评和自我批评，有没有不讲原则、做“老好人”现象；五要看是否有实质性的整改举措，是否做到了边学边改、边查边改，贯彻八项规定精神有没有打折扣、搞变通。通过回头看，工作不足的要“补课”，力度不够的要“加把火”，走了过场的要坚决返工重来。

刘云山说，教育实践活动必须坚持学习教育与整改落实相结合，整改落实就是实践。问题查找出来了，承诺也已做过，广大群众在热切等待“下回分解”，看整改是不是落到了行动上。要进一步完善整改方案，细化整改要求，制定整改任务书、时间表，使整改措施具体化、可操作。整改落实既要全面有序推进，还要针对文山会海、检查评比过多过滥、超标配车、多占住房以及门难进、脸难看、事难办等群众反映强烈的问题开展专项整治。专项整治要做到“准”、“狠”、“韧”，不见成效决不收兵。要对准“四风”顽疾进行整治，哪个问题突出就着重抓哪个，一个问题一个问题解决，从具体事情抓起，抓一项成一项；要重拳出击进行整治，狠狠地抓，用改革精神，拿出硬的措施治歪风、树新风；要有一股韧劲进行整治，一天不放松地抓，持之以恒、久久为功。整治的目标和措施要向群众公布，整治的过程和效果要请群众参与、让群众评判，群众满意的才通过。

中央党的群众路线教育实践活动领导小组副组长赵乐际，中央书记处书记、中央党的群众路线教育实践活动领导小组副组长赵洪祝，中央党的群众路线教育实践活动领导小组成员参加会议。

10月26日

［纲　文］　**中国成功研发人感染H7N9禽流感病毒疫苗株。**

［目　文］　我国科学家在杭州宣布，成功研发出人感染H7N9禽流感病毒疫苗株。这一成果打破和改变了我国流感疫苗株需由国外提供的历史，表明我国已具备自主研发流感病毒疫苗株的技术和能力。

10月26—27日

［纲　文］　**第九届两岸经贸文化论坛在广西壮族自治区南宁市举行。**

［目　文］　本届论坛的主题是“扩大交流合作、共同振兴中华”，由中共中央台办海峡两岸关系研究中心、中国国民党国政研究基金会共同主办。全国政协主席俞正声、中

国国民党荣誉主席吴伯雄出席并讲话。国共两党及台湾亲民党、新党、无党团结联盟等党派和团体的代表人士，两岸有关部门和经济、科技、文化、教育界代表人士、专家学者共350多人出席。与会人士围绕推进两岸经济科技合作、加强两岸文化产业合作、深化两岸教育交流合作等三项议题进行了研讨。

俞正声在开幕式上发表题为《牢牢把握历史机遇全面深化交流合作》的演讲，就扩大和深化两岸交流合作提出四点意见：加强两岸科技交流合作，蓄积民族振兴的创新动能；深化两岸经济交流合作，夯实民族振兴的经济基础；促进两岸文化交流合作，凝聚民族振兴的精神力量；密切两岸教育交流合作，培育民族振兴的人才资源。在四点意见中，俞正声呼吁尽早签署两岸科技交流合作协议、加快两岸经济合作框架协议后续商谈进程、及早启动商签两岸文化领域交流合作协议、尽快商签教育交流合作协议。

开幕式由中共中央台办主任张志军和中国国民党副主席林丰正共同主持。林丰正宣读了中国国民党荣誉主席连战的贺词。连战表示，本届论坛的主题已经为两岸下阶段合作领域指出了方向。展望未来，我们要发挥中华民族智慧，发展更具建设性的两岸关系，互利融合，振兴中华，开创中华民族辉煌的新时代。

27日下午论坛闭幕。闭幕式由中国国民党副主席蒋孝严、中共中央台办主任张志军共同主持。本届论坛通过了19项共同建议，对未来两岸合作提出了前瞻性强、具体可行的推进思路，内容包括积极推进两岸经济合作框架协议后续协议商谈和落实，加速两岸服务贸易协议生效实施等。

“两岸经贸文化论坛”是依据2005年时任中共中央总书记胡锦涛与时任中国国民党主席连战达成的“两岸和平发展共同愿景”而设立的。根据这一倡议，2006年首届“两岸经贸论坛”在北京举行，同年第二届“两岸农业合作论坛”在海南博鳌举行。至第三届开始，论坛名称开始固定为“两岸经贸文化论坛”，每年召开一次。

10月27—28日

［纲　文］　**汪洋在福建省考察。**

［目　文］　国务院副总理汪洋在福建漳州、平潭考察两岸经济合作时强调，两岸经济互补性强，合作潜力巨大，要把大陆的市场优势、成本优势与台湾的技术研发优势结合起来，推动双方经济合作再上新台阶，更好地造福两岸同胞。

漳州对台农业合作走在大陆各省市前列，创办了第一批台湾农民创业园。27日下午，汪洋来到漳浦台湾农民创业园钜宝生物科技公司，详细了解育种、培植和市场销售情况。他强调，台湾农业生产有技术研发优势，大陆有市场优势和成本优势，我们欢迎台湾农业企业充分利用ECFA赋予的优惠政策来大陆投资兴业，实现共同发展。在东南花都花博园，汪洋考察了现代农业展示区。他要求有关方面加大科研攻关力度，突破种苗研发等核心技术，改变高端种苗主要依赖进口的现状，提升我国农业现代化水平。

28日，汪洋来到平潭，听取综合实验区规划建设情况汇报，并实地考察了宸鸿科技公司、海峡客运码头和对台小额贸易市场等。汪洋勉励大家，要进一步解放思想、真抓实干，继续抓好基础设施建设，深化两岸产业合作，积极先行先试，探索更加灵活便利高效的管理体制，推动两岸经济合作再上新台阶。

农业部副部长余欣荣、商务部副部长姜增伟等随同考察。福建省领导叶双瑜等陪同考察。

10月27—30日

［纲　文］　**应国家副主席李源潮邀请，南非副总统卡莱马·莫特兰蒂对中国进行正式访问。**

［目　文］　国家主席习近平在人民大会堂会见莫特兰蒂时表示，中国和南非建交以来，两国关系进入健康发展的快车道，各领域合作扎实、有序进行。我本年3月访问南非期间，与祖马总统共同规划了两国关系的发展方向和各领域合作，双方要共同努力，更好发挥中南国家双边委员会等机制作用，将有关举措落到实处，造福两国人民。习近平指出，中南作为重要的发展中国家和新兴市场国家，两国关系已经超越双边范畴，对中非关系和世界和平与发展都具有重要影响。希望双方密切合作，推动中非关系取得更大发展。

李源潮28日同莫特兰蒂共同主持中南国家双边委员会第五次全体会议。会议围绕深入推进两国务实合作进行讨论，达成广泛共识。李源潮说，建交15年来，中南关系实现跨越式发展，中国对南非的发展充满信心。希望充分发挥双边委员会机制作用，对两国关系进行长远和战略规划，推进经贸、科技、能源、农业、公共行政、人文等领域互利合作，加强重大国际和地区问题的沟通协调，推动中南全面战略伙伴关系迈上新台阶。

莫特兰蒂表示，南中关系发展势头强劲，南方将与中方共同努力，加强两国在各领域的友好互利合作。

全体会议前，双方分别举行了外交、经贸、科技、矿业、能源分委会会议。

当天下午，李源潮与莫特兰蒂共同出席关于中南旅游及公共行政领域合作等文件的签字仪式。

10月28—31日

［纲　文］　**中国妇女第十一次全国代表大会在北京召开，习近平等党和国家领导人到会祝贺。**

［目　文］　习近平、李克强、张德江、俞正声、刘云山、张高丽到会祝贺，王岐山代表党中央致祝词。来自全国各行各业的1400多名中国妇女十一大代表和100多名特邀代表参加会议。

全国人大常委会副委员长、大会主席团常务主席沈跃跃宣布大会开幕。王岐山代表党中央发表了《在中国特色社会主义伟大实践中撑起半边天》的祝词。他指出，实现党的十八大确定的奋斗目标，实现中华民族伟大复兴，需要全体中华儿女共同奋斗。广大妇女要认清使命和责任，以不让须眉的巾帼之志，在实现中国梦的征程上绽放夺目光彩。希望广大妇女坚定中国特色社会主义理想信念，热爱祖国，自强不息，争做自尊、自信、自立、自强的时代新女性；胸怀大志，增强本领，发挥优势，创新发展，不断创造新业绩；继承和弘扬中华民族传统美德，尊老爱幼、勤俭持家、科学教子，为促进家庭和美、社会和谐贡献力量。各级妇联组织要深入贯彻落实党的十八大和习近平总书记一系列重要讲话精神，引导广大妇女树立崇高理想，陶冶美好情操，有效服务妇女群众，切实维护妇女儿童权益，不断开创妇女工作新局面。希望香港特别行政区、澳门特别行政区和台湾地区女同胞、海外女侨胞，继续秉承爱国光荣传统，为祖国发展尽力，共享祖国尊严和荣耀。

中华全国总工会副主席、书记处第一书记陈豪代表人民团体向大会致贺词。大会主席团常务主席宋秀岩代表中华全国妇女联合会第十届执行委员会作了题为《高举旗帜凝心聚力，团结动员各族各界妇女为实现中国梦而奋斗》的报告。报告分五个部分：开拓奋进的五年；坚持走中国特色社会主义妇女发展道路；当代中国妇女的光荣使命；今后五年妇联工作的创新发展；提高妇联组织自身建设科学化水平。

31日上午中国妇女第十一届全国代表大会闭幕。会议宣布沈跃跃当选为中华全国妇女联合会第十一届主席，宋秀岩当选为书记处第一书记。宋秀岩、孟晓驷、热孜万·艾拜、靳诺、程红、谢茹、崔丽、赵东花、喻红秋、印红、范继英、崔郁、宋鱼水当选为中华全国妇女联合会第十一届副主席。孟晓驷、赵东花、喻红秋、崔郁、焦扬、邓丽、谭琳当选为书记处书记。会议通过《关于中华全国妇女联合会第十届执行委员会报告的决议》、《关于〈中华全国妇女联合会章程（修正案）〉的决议》。中共中央政治局委员、国务院副总理刘延东代表国务院和国务院妇女儿童工作委员会讲话，沈跃跃主持会议并致闭幕词。

10月28日

［纲　文］　**国务院总理李克强在北京会见德国巴符州德中友协主席多尔德等德国友人。**

［目　文］　23年前，李克强担任全国青联负责人时曾率代表团访问德国，当时从事德国青年工作的多尔德等人接待了李克强一行。2013年5月李克强访德时，多尔德等专程到柏林欢迎李克强访德。李克强在会见时欢迎德国友人来华，亲切询问他们的近况，赞赏他们60多次访华，始终如一致力于中德友好工作。李克强说，这20多年来，中德关系取得长足进展，各领域交流与合作给双方带来实实在在的好处。中德关系的发展离不开两国人民的支持，离不开两国民间友好力量的参与。希望大家继续推动中德民间外交，为两国人民增进了解与互信，扩大友谊与合作作出新的贡献。

多尔德表示，德中友协愿为扩大两国合作多做实事，此访期间将同中国对外友协签署长期协议，安排中国护士赴德开展职业培训并短期工作，以此为中国养老事业培养人才，提供支持。

10月28日

［纲　文］　**纪念杨勇同志诞辰100周年座谈会在北京举行。**

［目　文］　中共中央政治局常委、中央书记处书记刘云山出席，并在会前会见了杨

勇亲属。

杨勇同志1913年10月28日出生于湖南浏阳一个贫苦农民家庭，1930年参加红军并加入中国共产党，先后参加了土地革命、抗日战争、解放战争和抗美援朝战争，为民族独立和人民解放、国防和军队建设作出了卓越贡献。在平型关大捷中，杨勇是第686团副团长。在占领至高点老爷庙的战斗中，杨勇主动率战士发起冲击，战斗过程中负伤不下火线坚持指挥。在革命战争年代，杨勇作战勇敢、功勋卓著。在社会主义建设时期，杨勇勤奋工作、光明磊落。杨勇同志曾任中共中央书记处书记，中央军委副秘书长、常委，解放军副总参谋长，1955年被授予上将军衔。

中央军委副主席范长龙全面回顾了杨勇同志对党忠诚、身经百战、艰苦奋斗、无私奉献的一生。他指出，要紧紧围绕党在新形势下的强军目标，继承发扬我党我军的光荣传统和优良作风，开拓进取，扎实工作，为维护国家主权、安全和发展利益，实现中华民族伟大复兴的中国梦，作出应有的贡献。

中共中央政治局委员、中央组织部部长赵乐际出席座谈会。

10月28日

［纲　文］　**住房城乡建设部印发《关于加强住房保障廉政风险防控工作的指导意见》。**

［目　文］　《意见》主要内容有：一、总体要求和基本原则。二、排查廉政风险。三、健全防控制度。四、加强组织实施。

《意见》要求，全面排查廉政风险，完善防控制度措施，突出抓好重要岗位、重要事项等关键廉政风险点的防控工作，对玩忽职守、滥用职权、徇私舞弊、不当配置住房保障资源等违法违纪行为形成有效制约。《意见》要求，实施教育、制度、防控、监督相结合，更加注重预防，惩处住房保障领域违法违纪行为。同时注重从制度建设的源头上防范廉政风险，把廉政风险防控与住房保障制度建设相结合，规范业务管理程序，实行事前、事中、事后监控权力安全运行，用制度制约权力。此外，还要运用信息技术，建立住房保障管理信息系统，提升防控效能；切实履行住房保障主管部门防控职责，接受上级监管和职能监督、社会监督，健全考核问责机制。《意见》同时要求，各单位对照住房保障主管部门工作职责，梳理住房保障业务流程、权力运行程序，采取自查和互查方式，全面排查住房保障主管部门、内设机构、工作岗位的廉政风险点。根据住房保障廉政风险环节和廉政风险点，确定风险等级，明确风险岗位职责，建立健全廉政风险防控制度措施，并贯穿于住房保障业务全过程，有效制约权力运行，预防违法违纪行为发生。

10月28日

［纲　文］　**北京迅速处置一起吉普车冲撞天安门金水桥事件。**

［目　文］　10月28日12时05分许，一辆吉普车由北京市南池子南口闯入长安街便道，由东向西行驶撞向天安门金水桥护栏后起火，行驶过程中造成多名游客及执勤民警受伤。北京市立即启动应急预案，开展工作并组织施救。13时09分，现场交通恢复

正常。

事件发生后，中央领导同志和公安部、北京市委市政府领导先后赶到现场，要求全力以赴抢救伤者，迅速查明真相。

据初步统计，事件已造成 5 人死亡，38 人受伤，其中肇事车内 3 人死亡，另有 2 名游客死亡（1 名菲律宾籍女游客、1 名广东省男游客），38 名受伤人员中包括 3 名菲律宾籍游客（2 女 1 男）及 1 名日本籍男游客。受伤人员得到全力救治。

警方初步认定，“10 · 28”事件是一起经过严密策划，有组织、有预谋的暴力恐怖袭击案件。已初步查明案件涉案人员相关情况，5 名在逃涉案人员现已全部抓获。

10 月 28 日

［纲　文］ **《人民日报》发表题为《展巾帼之志，成梦想之美——热烈祝贺中国妇女第十一次全国代表大会开幕》的社论。**

10 月 29 日

［纲　文］ **中共中央政治局召开会议，习近平主持。**

［目　文］ 会议决定，中国共产党第十八届中央委员会第三次全体会议于 11 月 9 日至 12 日在北京召开。

中共中央政治局听取了《中共中央关于全面深化改革若干重大问题的决定》在党内外一定范围征求意见的情况报告，决定根据这次会议讨论的意见进行修改后将文件稿提请十八届三中全会审议。

会议认为，这次征求意见充分发扬党内民主，广泛听取各方面意见，各地区各部门各有关方面和党的十八大代表对文件稿提出许多很好的意见和建议，要逐条研究、认真吸收，集中全党和各方面智慧制定好文件，使之成为新形势下全面深化改革的纲领性文件。

会议指出，全面深化改革就是要完善和发展中国特色社会主义制度。必须更加注重改革的系统性、整体性、协同性，加快发展社会主义市场经济、民主政治、先进文化、和谐社会、生态文明，让一切劳动、知识、技术、管理、资本的活力竞相迸发，让一切创造社会财富的源泉充分涌流，让发展成果更多更公平惠及全体人民。

会议强调，全面深化改革必须加强和改善党的领导，充分发挥党总揽全局、协调各方的领导核心作用，提高党的领导水平和执政能力，确保改革取得成功。各级党委要切实履行对改革的领导责任，完善科学民主决策机制，不断提高领导班子和领导干部推动改革能力，充分发挥基层党组织的战斗堡垒作用，引导广大党员投身改革事业，为全面深化改革作出贡献。

会议指出，艰苦奋斗、勤俭节约是中华民族的传统美德，是我们党的优良作风。中央历来强调，各级党政机关要大兴艰苦奋斗之风，带头厉行勤俭节约、反对铺张浪费。近年来，一些党政机关讲排场、比阔气、大手大脚、奢侈浪费现象时有发生，广大干部群众对此反映强烈。制定《党政机关厉行节约反对浪费条例》，就是要以刚性的制度约束、严格的制度执行、强有力的监督检查、严厉的惩戒机制，切实遏制公务支出和公款消费中的各种违纪违规违法现象。

10月29日

［纲　文］　**中共中央政治局就加快推进住房保障体系和供应体系建设进行第十次集体学习。**

［目　文］　清华大学土木水利学院刘洪玉教授、住房和城乡建设部政策研究中心秦虹研究员就加快推进住房保障和供应体系建设问题进行讲解，并谈了他们的意见和建议。中共中央政治局各位同志认真听取了他们的讲解，并就有关问题进行了讨论。

中共中央总书记习近平在主持学习时发表了讲话。他指出，住房问题既是民生问题也是发展问题，关系千家万户切身利益，关系人民安居乐业，关系经济社会发展全局，关系社会和谐稳定。党和国家历来高度重视群众住房问题。经过长期努力，我国住房发展取得巨大成就。同时，我们也要看到，解决群众住房问题是一项长期任务，还存在着住房困难家庭的基本需求尚未根本解决、保障性住房总体不足、住房资源配置不合理不平衡等问题。人民群众对实现住有所居充满期待，我们必须下更大决心、花更大气力解决好住房发展中存在的各种问题。

习近平指出，加快推进住房保障和供应体系建设，要处理好政府提供公共服务和市场化的关系、住房发展的经济功能和社会功能的关系、需要和可能的关系、住房保障和防止福利陷阱的关系。只有坚持市场化改革方向，才能充分激发市场活力，满足多层次住房需求。同时，总有一部分群众由于劳动技能不适应、就业不充分、收入水平低等原因而面临住房困难，政府必须“补好位”，为困难群众提供基本住房保障。

习近平强调，从我国国情看，总的方向是构建以政府为主提供基本保障、以市场为主满足多层次需求的住房供应体系。要总结我国住房改革发展经验，借鉴其他国家解决住房问题的有益做法，深入研究住房建设的规律性问题，加强顶层设计，加快建立统一、规范、成熟、稳定的住房供应体系。要千方百计增加住房供应，同时要把调节人民群众住房需求放在重要位置，建立健全经济、适用、环保、节约资源、安全的住房标准体系，倡导符合国情的住房消费模式。

10月29日

［纲　文］　**新华社讯，中央军委印发《中央军委关于开展巡视工作的决定》、《中央军委巡视工作规定（试行）》。**

［目　文］　电讯说，《决定》对军队建立巡视制度、设置巡视机构、开展巡视工作作出总体部署；《规定（试行）》对开展巡视工作作出规范。这是深入贯彻落实党的十八大精神，着眼实现党在新形势下的强军目标，加强和改进军队党内监督，促进党委班子建设和部队建设的重大举措。

《决定》明确，为保证军队巡视工作有力有序有效开展，成立中央军委巡视工作领导小组，实施对巡视工作的领导；领导小组下设办公室，为其日常办事机构；成立中央军委巡视组，承担巡视任务。巡视工作要坚持围绕中心、服务大局，实事求是、客观公正，发扬民主、依靠群众的基本原则，重点对高层党委班子及其成员特别是主要领导贯彻执行党的路线方针政策和党中央、中央军委决议、决定、命令、指示，执行民主集中制，开展作风建设，选拔任用干部，廉政勤政等方面情况进行监督。《决定》明确，武警部队党委建立巡视制度、设置巡视机构，对所属部队党委班子及其成员进行巡视监督。

《规定（试行）》对军委巡视工作原则、机构设置、工作程序、人员管理、纪律责任等作了具体明确，是军队开展巡视工作的基础性法规。

中央军委副主席、军委巡视工作领导小组组长许其亮，近日主持召开军委巡视工作领导小组第一次会议，深入贯彻落实习主席和中央军委关于军队建立巡视制度、开展巡视工作的决策部署。会议审议通过了《中央军委巡视工作领导小组工作规则（试行）》《中央军委巡视组工作规则（试行）》等6个配套法规和《中央军委巡视工作规划（2013—2017年）》，就履行好领导小组职责、有效指导军队巡视工作进行了讨论研究。

10月29日

［纲　文］　**食品药品监管总局印发《关于加强互联网药品销售管理的通知》。**

［目　文］　《通知》主要内容有：一、加强药品交易网站资质的管理。二、加强药品交易网站销售含麻黄碱类复方制剂的管理。三、加强药品交易网站销售处方药的管理。四、加强网售药品配送环节的管理。五、加大对互联网非法售药的查处力度。

《通知》要求加强药品交易网站资质的管理。药品生产企业、药品经营企业在自设网站进行药品互联网交易，或第三方企业为药品生产企业、药品经营企业提供药品互联网交易服务，必须按照原国家食品药品监督管理局印发的《互联网药品交易服务审批暂行规定》，申请取得《互联网药品交易服务资格证书》后方可开展业务。网站不得擅自超范围提供药品交易服务。零售单体药店不得开展网上售药业务。

《通知》要求，药品零售企业销售含麻黄碱类复方制剂，必须按有关要求，查验和登记购买者合法有效的身份证件。鉴于目前互联网药品交易尚不能查验购买者身份证件，药品零售连锁企业一律不得在药品交易网站展示或向个人消费者销售含麻黄碱类复方制剂。

《通知》强调，药品零售连锁企业通过药品交易网站只能销售非处方药，一律不得在网站交易相关页面展示和销售处方药。药品零售连锁企业通过互联网销售药品时，应当使用本企业符合要求的药品配送系统自行配送。

10月29日

［纲　文］　**中国在太原成功发射遥感卫星十八号。**

［目　文］　我国在太原卫星发射中心用长征二号丙运载火箭，成功将遥感卫星十八号发射升空，卫星顺利进入预定轨道。遥感卫星十八号主要用于科学试验、国土资源普查、农作物估产及防灾减灾等领域。这是长征系列运载火箭的第183次发射。

10月29日

［纲　文］　**中国首个城市公共信息服务平台在北京发布。**

［目　文］　该平台由神州数码自主研发。作为中国智慧城市建设首个核心支撑系统，该平台立足我国城市发展现状，本着“以人为中心”的设计理念，以保障城市的健康可持续发展为目标，充分利用云计算、大数据等新一代信息技术进行融合创新，为市民、企业和城市管理者提供了通畅的双向、多向信息沟通机制和便捷的服务渠道。

10月29日

［纲　文］　**《人民日报》发表题为《在打破利益固化上做探索——把教育实践活动引向纵深之三》的评论员文章。**

10月29日

［纲　文］　**《人民日报》发表题为《集结起创新的千军万马》的评论员文章。**

10月29日—11月1日

［纲　文］　**应全国人大常委会委员长张德江邀请，伊朗伊斯兰议会议长阿里·拉里贾尼对中国进行正式友好访问。**

［目　文］　访问期间，国家主席习近平在人民大会堂会见伊朗伊斯兰议会议长拉里贾尼。全国人大常委会委员长张德江与伊朗伊斯兰议会议长拉里贾尼举行会谈。

习近平在会见时说，中方坚持从战略高度和长远角度看待中伊关系，愿同伊方继承和发扬中伊传统友谊，推动两国各领域友好合作关系健康稳定发展。习近平说，在伊方和有关各方共同努力下，伊朗核问题形势出现一些积极变化。中方对此表示欢迎，并将继续在六国机制内为推动和平解决伊朗核问题发挥建设性作用。

拉里贾尼说，伊朗政府实现了顺利换届，掀开了伊中关系的新篇章。伊方奉行向东看政策，高度重视发展对华关系，期待加强与中方在经贸、能源、投资等领域的交流与合作。拉里贾尼向习近平介绍了伊方对伊朗核问题及地区形势的看法。

张德江同拉里贾尼举行会谈时说，中国全国人大愿进一步加强同伊朗伊斯兰议会的交流与合作，扩大各专门委员会和友好小组间往来，相互学习立法、监督和治国理政方面的经验，为双方务实合作营造良好、有利、稳定的法制环境，进一步发挥立法机关在推动双边关系等方面的重要作用。张德江还向客人简要介绍了中国全国人民代表大会制度和刚刚结束的十二届全国人大常委会第五次会议的情况。

拉里贾尼说，我此访的目的就是为了促进伊中议会交往，推动双方在经贸、能源、文化等方面的交流与合作。伊朗伊斯兰议会愿和中国全国人大一道，为推动两国在更广泛领域的友好关系多做积极工作。

10月29—31日

［纲　文］　**中共中央政治局委员、中央军委副主席许其亮应邀对俄罗斯进行正式访问。**

［目　文］　访问期间，许其亮拜会了俄罗斯总统普京，与俄国防部部长绍伊古举行了会谈，参观了俄“礼炮”科研生产中心。双方就两国两军关系、地区安全形势及其他共同关心的问题充分交换看法，一致认为，在两国元首的推动下，当前中俄全面战略协作伙

伴关系进入新的发展阶段、达到前所未有的高水平，应共同努力，把两国高水平政治关系转化为两军务实合作成果，推动两军关系迈上新台阶。随同出访的有中央军委委员、总装备部部长张又侠，副总参谋长王冠中、总装备部科技委主任兼总装备部副部长李安东、海军副司令员刘毅、空军副司令员张洪贺等。

普京在莫斯科会见许其亮时说，2013年以来我与习近平主席多次会晤，建立起良好的工作关系和个人友谊，中俄政治互信水平达到新的历史高度。两军合作在两国全面战略协作伙伴关系中具有特殊的重要地位，是两国关系的重要内容和支撑。希望两国防务部门更好规划务实交流与合作，推动两军关系深入发展。

许其亮说，在习近平主席和总统阁下的亲自关心和直接推动下，中俄全面战略协作伙伴关系进入新的发展阶段，达到前所未有的高水平。中俄关系是在充分照顾对方核心利益和关切的基础上相互支持、密切合作的互利关系，给两国带来了实实在在的好处，得到两国人民的拥护，也为维护地区和世界和平作出了贡献。作为中俄全面战略协作伙伴关系重要内容的两军关系，近年来不断深化，各领域交流与合作成为两国关系高水平和特殊性的重要体现。中方愿与俄方一道，深化两军机制化交流，积极拓展务实合作，推动两军关系持续健康稳定发展。

许其亮在俄国防部与绍伊古举行会谈时说，中俄关系是世界上最重要的双边关系之一。在两国元首关心支持和双方共同努力下，中俄两军在高层互访、专业交流、人员培训、联合演习等各领域合作良好、成效显著。中方愿与俄方一道，认真落实两国元首共识，把两国高水平政治关系优势转化为防务领域务实合作成果，推动两军合作达到新的更高水平。

10月30日

［纲　文］　**李克强主持召开国务院常务会议。**

［目　文］　会议认为，建立健全社会救助制度，事关困难群众基本生活和衣食冷暖，是一项保民生、促公平的托底性、基础性制度安排。必须加大改革力度，完善相关体制机制，有针对性地破解难题，为社会救助工作提供强有力的制度保障。

会议决定，要以法治方式推进社会救助制度建设，立足国情、借鉴国际经验，抓紧把已有的成功做法上升为法规制度，坚持统筹城市和农村、兼顾当前和长远、政府救助与动员社会力量救助并举，突出重点、消除“盲点”，综合构建和完善包括最低生活保障、特困人员供养、受灾人员救助以及医疗、失业、义务教育、住房、临时救助等专项救助在内的社会救助体系基本框架，切实使困难群众“求助有门”、受助及时。

会议强调，社会救助重在扶危济困、救急救难，既要尽力而为，又要量力而行；既要防止“漏助、错助、骗助”行为和救助不力的“冷漠病”，又要杜绝盲目攀比和“养懒汉”现象，确保使宝贵的社会救助资源真正用于需要救助的困难群众。各级政府要依法履责，增强工作透明度，及时公开资金、物资使用管理情况，接受社会监督。建立资源共享的信息平台，加强核查监管和相互衔接，提高救助工作科学性。对不依法履行救助职责，以及骗取、挪用、侵占救助款物等违法违规行为，要严肃查处，决不姑息。会议要求，各部门要加强配合，协调推进社会救助制度加快完善，使社会救助工作更加及时、透明、公正、有效，让广大困难群众得到社会救助的温暖和关怀。

10月30日

［纲　文］　**党的群众路线教育实践活动工作座谈会在北京召开。**

［目　文］　在座谈会上，大家反映教育实践活动启动以来，各项工作扎实推进、逐步深入，特别是专题民主生活会开门见山、直奔主题，体现整风精神，拿起批评和自我批评武器，展现了党内生活的新气象，前一段教育实践活动取得的成果、积累的经验为做好下步工作奠定了好的基础。

中共中央政治局常委、中央党的群众路线教育实践活动领导小组组长刘云山出席座谈会并讲话。他指出，整改落实贵在实、难在实，要动真格、求实效，围绕落实中央八项规定精神，抓住作风方面的突出问题进行整改。要结合“回头看”，充实完善整改方案，提出明确的任务书、时间表。要着眼为民利民便民，坚决遏制衙门作风，切实解决群众反映强烈的“门难进、脸难看、事难办”问题；着眼激发基层创造活力，坚决遏制文山会海、检查评比泛滥现象，切实解决工作只图形式、不求实效问题；着眼干部清正、政府清廉、政治清明，坚决遏制公款送礼、公款吃喝、奢侈浪费之风，切实解决超标配备公车、多占办公室和住房、滥建楼堂馆所和违规使用“三公”经费等问题；着眼树立正确的政绩观、权力观，坚决遏制形象工程、政绩工程，坚决遏制侵害群众利益行为，切实解决滥用职权吃拿卡要、与民争利问题。要坚持以严的纪律狠刹歪风邪气，对那些违反中央八项规定精神的要及时依法依规查处，达到查处一起、震慑一片的效果。

赵乐际主持会议，赵洪祝出席会议。各省区市、新疆生产建设兵团及副省级城市，中央和国家机关、各人民团体，中管金融企业、中管企业、中管高校有关负责人，各中央督导组组长，中央党的群众路线教育实践活动领导小组成员参加会议。

10月30日

［纲　文］　**全国人大常委会立法工作会议在北京召开。**

［目　文］　会议的主要任务是：分析我国立法工作面临的新形势，研究进一步加强和改进立法工作，提高立法质量，部署落实十二届全国人大常委会立法规划。中共中央政治局常委、全国人大常委会委员长张德江出席会议并讲话。中共中央政治局委员、全国人大常委会副委员长李建国主持会议。

张德江在会上强调，要深入贯彻党的十八大精神和习近平总书记一系列重要讲话精神，分析我国立法工作面临的新形势，加强和改进立法工作，提高立法质量，落实立法规划，不断完善中国特色社会主义法律体系，为全面建成小康社会、坚持和发展中国特色社会主义、实现中华民族伟大复兴的中国梦提供更加有力的法制保障。

张德江强调，提高立法质量是加强和改进立法工作的重中之重，根本途径在于推进科学立法、民主立法。要坚持科学的立法体制，实行科学的立法工作机制，运用科学的立法方式，以科学严谨的态度做好立法工作，增强立法工作的协调性、及时性、系统性，增强法律的可执行性和可操作性。民主立法的核心在于立法要为了人民、依靠人民。要进一步健全民主开放包容的立法工作机制，拓展人民有序参与立法途径，充分发挥人大代表作用，完善法律起草、审议的协调协商机制，最大限度地凝聚共识、凝聚智慧。在加强和改进立法工作的同时，要坚持严格执法、公正司法，大力加强法制宣传教育，加强对法律法规实施情况的监督检查，切实保障宪法和法律的有效实施。

全国人大常委会副委员长兼秘书长王晨传达立法规划有关情况。全国人大常委会副委员长王胜俊、陈昌智等出席会议。全国人大环资委、国务院法制办、广东省人大常委会、全国人大常委会法工委负责人作了发言。中央和国家机关、人民团体、解放军和武警部队以及各省（区、市）人大常委会负责人等参加会议。

10月30日

［纲　文］　**全国非公有制经济人士理想信念报告会在北京召开。**

［目　文］　报告会以电视电话会议形式举行。中央政治局常委、全国政协主席俞正声出席并讲话。俞正声指出，非公有制经济人士理想信念教育实践活动是在习近平总书记等中央领导同志的关心支持下开展起来的。自5月上旬启动以来，各级统战部门和工商联组织以“民营企业家和中国梦”为主题，动员广大非公有制经济人士积极参与，通过一系列主题突出、贴近实际、特色鲜明的活动，进一步增强了非公有制经济人士对中国特色社会主义的信念、对党和政府的信任、对企业发展的信心。

俞正声指出，即将召开的党的十八届三中全会将对全面深化改革做出重大部署，非公有制经济正迎来新的发展机遇。要通过全面深化改革，坚决消除各种体制性机制性障碍，凡是市场能做的就交给市场，凡是政府该管的就交给政府，更好地发挥市场在资源配置中的基础性作用；要创造公平竞争的市场环境，确保企业权利公平、机会公平、规则公平；要健全相关法律法规，努力用法治思维、法律方式解决经济发展中的矛盾和问题。

报告会上，王玉锁、王均金、丁建忠、柳传志、南存辉、刘庆峰等6位企业家代表交流了参与教育实践活动的经验和体会。

全国政协副主席、全国工商联主席王钦敏，全国工商联名誉主席黄孟复出席会议。

10月30日

［纲　文］　**全国妇联第十一届执行委员会举行第一次全体会议。**

［目　文］　会议以无记名投票方式选出全国妇联第十一届主席、副主席和常务委员。沈跃跃当选全国妇联主席。宋秀岩、孟晓驷、热孜万·艾拜、靳诺、程红、谢茹、崔丽、赵东花、喻红秋、印红、范继英、崔郁、宋鱼水等同志当选全国妇联副主席。丁丽芬等同志当选全国妇联常务委员。

随后召开的全国妇联十一届一次常委会议推选宋秀岩为全国妇联书记处第一书记，孟晓驷、赵东花、喻红秋、崔郁、焦扬、邓丽、谭琳为全国妇联书记处书记。

10月30日

［纲　文］　**国家卫生计生委印发《国家卫生计生行政复议与行政应诉管理办法》。**

［目　文］　《办法》共5章33条，主要内容有：一、总则。二、行政复议。三、行政应诉。四、指导和监督。五、附则。该《办法》自2013年10月30日起施行。

《办法》指出，卫生计生行政复议案件数从2000年到2005年间的每年20件左右上升到2012年的82件，行政诉讼案件数从2000年到2005年六年间共2件上升到2012年的11件，主要涉及政府信息公开、行政不作为和行政许可等。

《办法》规定，可采取实地调查、听证等方式审理行政复议；要求增加行政复议的指导和监督职能，加强对省级卫生计生部门履行行政复议职责的监督，特别监督其行政复议不予受理行为。

10月30日

［纲　文］　**国家副主席李源潮在北京会见由主席斯沃博达率领的欧洲议会社会党党团代表团。**

［目　文］　李源潮在会见时说，中欧都处于各自发展的重要时期，合作的机遇和潜力很大。双方应增强政治互信，深化务实合作，反对贸易保护主义，实现互利共赢、共同发展。中国共产党愿与欧洲议会社会党党团深化友好交往，促进中欧相互了解与合作，推动中欧全面战略伙伴关系向前发展。

斯沃博达表示，欧洲关心中国的改革，欧中合作蕴含巨大的潜力，愿为促进双方理解与合作作出努力。

10月30日

［纲　文］　**中央军委副主席范长龙在北京会见马来西亚国防部部长希沙姆丁。**

［目　文］　范长龙在会见时说，中马关系已提升为全面战略伙伴关系，双方应继续密切沟通，在彼此核心利益问题上相互支持，照顾彼此重大关切，妥善处理敏感问题。中马两军应坚持互利共赢，不断增进战略互信，深化务实合作，为促进两国关系的全面发展、维护地区和平稳定共同努力。

希沙姆丁说，马中两国是友好邻邦，马武装部队愿与中国军队继续加强交往，密切合作，促进两国关系全面发展。

29日，国务委员兼国防部部长常万全在北京与希沙姆丁举行会谈。

10月30日—11月4日

［纲　文］　**常万全在内蒙古自治区调研。**

［目　文］　国务委员兼国防部部长常万全在内蒙古调研边防和国防动员工作。常万全从东部草原牧区到西部沙漠戈壁，深入边防连队、一线哨所、基层人武部，现地查看边防基础设施，看望执勤官兵和民兵，到国门口岸、企业车间，走进蒙古包，了解生产生活和工作情况。每到一地，常万全都与军地领导座谈交流，听取情况介绍和意见建议，共商强边固防大计。他充分肯定了内蒙古边防和国防动员工作取得的显著成绩，勉励大家忠实

履行戍边使命，立足岗位再立新功。

常万全指出，各级要自觉服从服务于党和国家工作大局，着眼形势任务的发展变化，充分调动各方面的积极性主动性创造性，把边防和国防动员建设抓紧抓实抓到位。

常万全强调，要按照能打仗、打胜仗的要求，坚持政治安边、富民兴边、军事强边、外交睦边、科技控边于一体，统筹考虑、协调推进各项工作；要树牢战斗力标准，强化针对性训练，不断增强防卫管控能力；要注重军民融合、平战结合，在重大项目建设中贯彻国防需求，在基础设施、民兵运用等方面搞好边防和国防动员两个领域的融合促进；要弘扬边关文化，加强以爱国主义为核心的国防教育、边防教育，巩固军政军民团结和民族团结，为打造国家安全的铜墙铁壁提供强大精神动力和根本保证。

10月30—31日

［纲 文］ **全国政协主席俞正声、全国人大常委会委员长张德江在北京分别会见印尼人民协商会议主席西达尔托。**

［目 文］ 俞正声在会见时说，中印尼关系正处于历史最好时期。本月初习近平主席对印尼成功进行国事访问，使双边关系进入快速健康发展的新阶段。中方愿同印尼方一道，全面落实好两国元首达成的重要共识，推动中印尼全面战略伙伴关系不断发展。全国政协同印尼人协的密切交往和良好合作为两国关系发展增添了活力。希望双方继续加强各层级交流互访，增进两国人民的了解和友谊，为实现共同繁荣、进步与发展作出更大贡献。

西达尔托表示，印尼高度评价中国在地区和国际事务中发挥的重要作用，希望同中方加强政治、经贸、人文、防务等领域合作，不断推动两国全面战略伙伴关系向前发展。

张德江在会见时说，印尼是与中国隔海相望的友好邻邦，近年来两国各领域交流与合作蓬勃发展。本月初，习近平主席成功访问印尼，与苏西洛总统共同决定，将两国关系推升至全面战略伙伴关系，为两国关系发展指明了方向。印尼是中国周边外交的优先方向，中国全国人大愿进一步加强与印尼人民协商会议的交流与合作，从议会层面推动落实两国领导人达成的重要合作共识，推动中国印尼关系健康发展。

西达尔托表示，两国全面战略伙伴关系正朝着紧密方向发展，希望进一步推动两国议会的交往，促进多领域务实合作。

10月30—31日

［纲 文］ **中国和乌兹别克斯坦政府间合作委员会第二次会议在塔什干举行。**

［目 文］ 中共中央政治局委员、中乌政府间合作委员会中方主席孟建柱与乌兹别克斯坦第一副总理阿齐莫夫共同主持召开会议。

会议研究了中乌之间现有合作项目实施情况，讨论了中乌投资、金融和科技合作、建立实业界直接联系、进行能源、安全、文化、科学和技术合作等问题。双方认为，要进一步共同努力，落实好两国领导人达成的各项共识，全面深化各领域务实合作。

会议结束时，双方签署了中乌政府间合作委员会第二次会议备忘录。目前中乌两国经济合作实行最惠国待遇。2012年双边贸易额达到34亿美元。2013年上半年为23亿美元，同比增长59%。目前在乌兹别克斯坦的中乌合资企业达455家，其中中国独资企业为70家。有71家中国公司在乌开设了代表处。

中乌政府间合作委员会成立于2011年。

孟建柱31日在塔什干会见了乌兹别克斯坦总统卡里莫夫，双方探讨了如何推动两国多领域务实合作深入发展，并就中亚地区形势和中乌安全合作等问题交换看法。

10月31日

［纲　文］　**习近平在中南海同全国妇联新一届领导班子集体谈话并发表重要讲话。**

［目　文］　中共中央政治局常委、中央书记处书记刘云山参加谈话。全国人大常委会副委员长、全国妇联主席沈跃跃介绍了全国妇联新一届领导班子成员。全国妇联副主席、书记处第一书记宋秀岩汇报了中国妇女十一大召开情况和未来5年妇联工作的考虑。全国妇联第十一届领导班子成员分别作了发言。

中共中央总书记、国家主席、中央军委主席习近平在听取她们的发言后强调，坚持党的领导，紧紧围绕党和国家工作大局谋划和开展工作，这是妇联组织发挥作用的根本遵循，是妇联工作不断前进的重要保障。妇联组织要把工作放到大局中去部署、去开展，把党的主张转化为广大妇女的自觉追求和实际行动。实现党的十八大提出的目标任务，实现中华民族伟大复兴，是党和国家工作大局，也是当代中国妇女运动的时代主题。要牢牢把握这一时代主题，把中国发展进步的历程同促进男女平等发展的历程更加紧密地融合在一起，使我国妇女事业发展具有更丰富的时代内涵，使我国亿万妇女肩负起更重要的责任担当。要坚定不移走中国特色社会主义妇女发展道路，这是实现妇女平等依法行使民主权利、平等参与经济社会发展、平等享有改革发展成果的正确道路。

集体谈话由李源潮主持。刘延东、刘奇葆、赵乐际、栗战书、杜青林、赵洪祝参加谈话。

10月31日

［纲　文］　**李克强主持召开经济形势座谈会。**

［目　文］　座谈会上，来自宏观经济、金融等不同领域的专家学者围绕国内外经济形势和明年走势谈了看法，来自造船、汽车、电子商务等行业的企业负责人就当前企业生产经营、行业发展及对下一步的预期发表了意见。大家认为，2013年以来在复杂严峻的国际国内环境下，中国经济能够实现稳中向好，实属不易。面对复杂形势，不搞短期刺激，统筹当前长远，创新宏观调控方式收到积极成效。

国务院总理李克强指出，当前临近年终岁末，是做好今年工作“收官”和为明年良好开局打基础的关键时刻。大家都提到，2014年形势依然错综复杂。在这种情况下，如何准确判断和把握走势，合理确定经济发展目标和政策取向，需要发扬民主，广泛听取意见，作出科学决策。要看到，目前我国经济已进入新的发展阶段，维持过去那样的高速增长已不现实，但发展是解决一切问题的基础。作为13亿人口的大国，没有一定的发展速度支撑，许多困难和问题尤其是保就业就难以解决。因此，我们要在必要和可能之间、在转型升级与保持合理增长速度之间，找到一个“黄金平衡点”，使增长保持在合理区间，保证较为充分的就业，同时要加快结构调整，着力提质增效，使中国经济行稳致远。

发言中，大家纷纷提到一些重大改革举措对经济发展的积极作用。李克强说，要实现稳增长、调结构、促转型，归根到底要靠全面深化改革。要靠改革促发展、靠改革调结构，使改革发展成果惠及全体人民。当前，改革还有很大空间，破解制约经济社会发展难题，特别是扩大消费、鼓励民间投资、保障基本民生等，都要靠改革来推动。不改革就没有出路。现在改革已进入深水区，要闯险滩，必然要触动利益，为了全体人民的根本利益和经济持续健康发展，我们必须义无反顾、奋力向前，敢于打破固有利益格局，坚定不移、循序渐进地推进各项改革。

李克强强调，做好经济工作，给社会、给企业、给投资者以长期稳定的预期，十分重要。希望专家学者和企业家在这方面发挥独特作用，用丰富的专业知识和对市场的切身感受，多为发展改革提供建议，多向社会作科学解读，以增进共识、凝聚力量，共同把改革和发展的事办好，让广大人民的日子过得更好。

国务院副总理张高丽、刘延东、汪洋、马凯，国务委员王勇等参加座谈会。

10月31日

［纲　文］　**中央党的群众路线教育实践活动领导小组印发《关于做好第一批教育实践活动整改落实、建章立制环节工作的通知》。**

［目　文］　《通知》主要内容有：一、及时组织“回头看”。要落实习近平总书记关于要对教育实践活动开展情况进行“回头看”的重要指示精神，在专题民主生活会召开后和第三环节开始前，及时组织“回头看”。一看学习教育是否扎实，二看查摆问题是否聚焦，三看自我剖析是否深刻，四看谈心交心是否充分，五看开展批评是否认真，六看边查边改是否见效。二、突出重点工作。要紧紧围绕为民务实清廉要求，对症下药，标本兼治，突出工作重点。三、明确方法措施。要用过硬的措施、管用的办法，扎实推进整改落实、建章立制工作，防止只说不做、蒙混过关，防止虎头蛇尾、煮夹生饭，确保不虚、不空、不偏、不走过场。四、加强组织领导。各地区各部门各单位党委（党组）要加强组织领导，落实整改工作责任制，拧紧“螺丝扣”，加大推动力，高标准、高质量地推进整改落实、建章立制环节工作。

10月31日

［纲　文］　**中共中央纪委印发《关于严禁公款购买印制寄送贺年卡等物品的通知》。**

［目　文］　《通知》指出，习近平总书记最近在指导河北省委常委班子专题民主生活会时强调，要认清“四风”的严重性、危害性和顽固性、反复性，锲而不舍、驰而不息抓下去。多年来，每逢元旦、春节，一些地方和单位用公款大量购买、印制、邮寄、赠送贺年卡、明信片、年历等物品，印制越来越奢华、浪费越来越严重。这既是形式主义的表

现，又助长了奢靡之风。党的群众路线教育实践活动开展以来，对纠正此风，从党内到社会均有反思、倡议和呼声。

《通知》要求，各级党政机关、国有企事业单位和金融机构，严禁用公款购买、印制、邮寄、赠送贺年卡、明信片、年历等物品。涉及外事、港澳台事务、侨务等工作需要不在此限，但也要提倡节俭。要严肃财经纪律，强化审计监督，相关费用不准转嫁摊派，一律不予公款报销；各级纪检监察机关要持之以恒强化监督检查，及时发现问题，坚决予以纠正。对顶风违纪的，发现一起、查处一起，严肃责任追究，通报曝光典型案例。以改进作风的实际成效，不断深化和巩固落实中央八项规定精神的成果。

10月31日

［纲　文］　**食品药品监管总局印发《疫苗临床试验质量管理指导原则（试行）》。**

［目　文］　《原则（试行）》共53条，分总则、职责要求、实施条件、试验方案、组织实施、伦理审查、试验用疫苗管理、生物样本管理、合同管理、数据管理和统计分析、质量管理、附则12章，自2013年10月31日起施行。

10月31日

［纲　文］　**新华社讯，《温家宝谈教育》由人民出版社、人民教育出版社出版发行。**

［目　文］　电讯说，该书收入了温家宝1995年9月至2013年3月间关于教育工作的讲话、演讲、通信、谈话和调研纪事等80多篇，收入照片、影印件50余幅，约50万字。有些文稿系首次公开发表。该书集中反映了温家宝对教育事业的高度重视和深入实践，体现了他对教育发展规律的认识和思考，记录了他为教育改革和发展所做的积极努力和探索。

10月31日

［纲　文］　**西藏墨脱公路正式通车。**

［目　文］　11时20分许，在海拔2100米左右的西藏墨脱县达木乡波弄贡村，西藏自治区主席洛桑江村宣布：墨脱公路正式通车。这标志着我国最后一个不通公路的县——墨脱告别“高原孤岛”，我国全面实现“县县通公路”的目标。墨脱公路全长117.3公里，总投资16亿元，起点为林芝地区波密县扎木镇318国道川藏公路与老扎墨公路的交会处，先后跨越波斗藏布江、金珠藏布江、西莫河等6条江河，以隧道穿越嘎隆拉雪山，经米日和马迪村到达墨脱县城莲花广场。

2009年4月，投资达9.5亿元的墨脱公路新改建工程全线开工。其间，建设者们不断破解雪崩、塌方、泥石流等施工技术难题，将墨脱公路向“高原孤岛”挺进。经过4年的艰苦奋战，墨脱公路已基本达到在无重大自然灾害发生的前提下，全年8至10个月通车的建设目标。在正常天气下，从波密至墨脱小车3至4个小时可以到达。

10月31日

［纲　文］　**日舰机闯入中方演习区干扰演习，国防部提出严正交涉。**

［目　文］　新闻发言人在国防部举行的例行记者会上说，10月23日，中方通过国际海事组织公布，中国海军定于10月24日至11月1日在位于西太平洋公海海域的有关

海区举行军事训练和实弹射击，提醒各国过往舰机注意避让。但是，日本海上自卫队 107 舰无视中方反复劝阻，于 10 月 25 日 10 时 41 分强行闯入中方演习区，并长时间滞留，直至 28 日 7 时 32 分才离开。同时，日侦察机多次进入中方演习区进行侦察。此外，在中方参演兵力正常航渡期间，日自卫队舰机还持续实施高强度的跟踪、侦察和监视。日本舰机的上述行为，不仅对我正常的演习活动造成干扰，而且危及我舰机航行安全，甚至可能引发误判、误伤等突发意外事件，这是一种危险性极高的挑衅行为。中国国防部已就此向日方提出严正交涉。

与此形成鲜明对比的是，当日方渔船在我演习区发出遇难信号时，从人道主义出发，中方对于日方提出的救援请求，提供了相关便利。但在这种情况下，日舰机依然闯入我演习区，这种所作所为，不仅严重违反国际惯例，而且有悖于国际关系道义准则。

中方严正要求日方认真反省，以实际行动纠正错误，停止一切干扰中方正常军事活动的行为，确保不再发生类似事件。否则，由此产生的一切后果，将由日方承担。中方保留采取进一步措施的权利。

10 月 31 日

[纲　文] **《人民日报》发表题为《善于“积小胜为大胜”——把教育实践活动引向纵深之四》的评论员文章。**

11　月

11月1日

［纲　文］　**国务院在北京召开全国地方政府职能转变和机构改革工作电视电话会议。**

［目　文］　会议主要任务是：进一步统一思想，深入动员，对地方政府职能转变和机构改革进行安排部署，把中央的决策落到实处。

国务院总理、中央编制委员会主任李克强出席并讲话。他强调，要“上下联动”，做好政府改革这篇大文章，要整体构思，统一考虑，进一步理顺好政府与市场，政府与社会，中央与地方的关系。地方政府职能转变要重点抓好“接、放、管”。接，就是把中央放给市场的权力接转放开，把中央下放给地方的职能接好管好；放，就是把本级该放的权力切实放下去、放到位；管，就是把地方该管的事情管起来、管到位。地方机构改革要着力搞好“控、调、改”。控，就是严控地方政府机构编制总量，确保财政供养人员只减不增。调，就是调整优化机构编制结构，重点强基层、强一线，转变“头大腿细”现象。改，就是通过深化改革，挖掘机构编制潜力，满足事业发展需要。中央各部门不得以任何形式干预地方政府机构设置和编制调整。

会议强调，加强领导，精心组织，坚决打好政府职能转变攻坚战。地方政府职能转变和机构改革关键在落实，要采取切实有效措施，将各项改革要求落到实处，同党的群众路线教育实践活动紧密结合起来，“一定不能拖欠工资”，用制度解决“拖欠”问题，使基层干部切身感受到实实在在的成效和变化。

中共中央政治局常委、中央编制委员会副主任刘云山主持会议，赵乐际、栗战书出席会议。中央编办和广东、上海、吉林三省市政府主要负责人在会上发言。

11月1日

［纲　文］　**国务院总理李克强在北京会见美国百人会访华团代表并座谈。**

［目　文］　百人会会长吴建民介绍了该会通过民意调查结果掌握两国民众相互认知情况，进而做美国国会、新闻媒体等方面工作，推动美教师、记者等访华，增进美政府和社会各界对华了解的做法。美国JM公司总裁王文祥、杨氏顾问公司总裁杨雪兰、亚洲公司治理协会主席杨曹文梅等分别就完善城市基础设施、如何看待中美在亚太共处、促进两国文化交流等议题谈了看法。李克强对他们提出的问题一一作出回应。

李克强在听取大家对中美关系、加强两国交流与合作的建议后说，你们所做工作许多都是打基础的工作。中美交往的基础在民意。要通过推动双方人员交流，让美国各界人士了解一个真实的中国。李克强指出，中国要实现现代化还有很长的路要走。中美关系是世界上最大的发展中国家同最大的发达国家之间的关系，稳健稳定发展对两国和世界都有利。中国13亿人实现现代化带来的市场空间不可估量。中美经济互补性很强，完全可以实现互利共赢。中美同为亚太国家，在本地区开展合作是自然的。亚太要实现真正发展，各国应当和睦相处，平等相待，共同努力维护地区的和平稳定繁荣。

国务委员杨洁篪参加会见。

11月1日

［纲　文］　**全国妇联十一届一次执委会议在北京举行。**

［目　文］　会议传达贯彻习近平总书记与全国妇联新一届领导班子集体谈话精神，对落实中国妇女十一大目标任务作部署。中共中央政治局委员李源潮、全国妇联主席沈跃跃出席会议并讲话。

李源潮说，要把思想和行动统一到习近平总书记重要讲话精神上来，团结带领广大妇女坚定不移走中国特色社会主义妇女发展道路，为实现十八大提出的“两个一百年”奋斗目标和中华民族伟大复兴的中国梦作贡献。要坚持党对中国妇女运动的领导，努力实现男女平等基本国策，全面发挥妇女在经济社会发展中的半边天作用。充分体现妇联组织服务妇女根本宗旨，到基层特别是最普通的工、农妇女群众中去。影响和带动整个社会，切实维护妇女儿童合法权益。积极发挥妇女在家庭建设中的特殊作用，宣传新时期贤妻良母、孝女善邻时代典型。以改革创新精神建设坚强阵地和温暖之家，使妇女真正把妇联组织当作可以信赖和依靠的娘家。

沈跃跃提出，要把学习贯彻习近平总书记重要讲话精神作为妇女工作的首要政治任务，认真落实中国妇女十一大部署的任务，切实加强新一届执委会建设，不断开创妇女工作新局面，不辜负党中央重托和亿万妇女期望。

全国妇联副主席、书记处第一书记宋秀岩主持会议。

11月1日

［纲　文］　**环境保护部印发《关于做好2013年冬季大气污染防治工作的通知》。**

［目　文］　《通知》主要内容有：一、充分认识做好冬季大气污染防治工作的重要性。二、扎实推进大气污染防治工作。三、建立健全监测预警体系。四、积极应对重污染天气。

《通知》要求，各地应着力抓好以下几项工作：一、严格控制燃煤污染。积极推进集中供热、“煤改气”、“煤改电”工程建设，加快淘汰燃煤小锅炉；在天然气气源供应不足的地方，要优化使用方向，优先保障民生用天然气。各级环保部门要配合有关部门加强煤炭质量检测，严控高硫份、高灰份煤炭生产和使用，超标煤炭一律封存并实施处罚。二、深化面源污染治理。要大幅减少冬季施工工地土方作业，各级环保部门要配合有关部门强化施工工地扬尘环境监管，对达不到绿色施工标准的一律停工整顿。渣土运输车辆应采取密闭措施，禁止道路遗撒和乱倾乱倒，对不符合环保要求的渣土运输车辆一律予以处罚。三、强化工业企业污染治理。以开展大气污染防治专项检查督查为契机，对火电、钢铁、水泥、石化、化工、有色金属冶炼等大气污染物排放企业进行全面排查。四、加强机动车污染监管。各级环保部门要密切配合公安部门开展机动车停放地检查和道路抽查，加大检查力度，禁止超标车辆上路行驶。加快高污染车辆淘汰进程，因地制宜地采取划定禁行区域、经济补偿等方式，逐步淘汰黄标车和老旧车辆。

《通知》要求，各级环保部门要进一步加强空气质量监测，构建城市站、背景站、区域站统一布局的环境空气质量监测网络。确保在2013年底前国家环保重点城市和环保模范城市全部建成$PM_{2.5}$监测点，尽快按照新标准要求开展监测并发布信息。鼓励有条件的地区提前启动空气质量新标准监测实施工作。各级环保部门要强化与气象部门的合作，加快推进重污染天气监测预警体系建设。2013年底前，初步建成京津冀区域以及北京市、天津市、河北省省级重污染天气监测预警系统。完善会商研判机制，做好重污染天气变化过程的趋势分析，通过广播、电视、网络和报纸等媒介及时发布空气质量监测预警信息，保障群众的环境知情权，为地方政府和有关部门采取应对措施提供决策参考。

11月1日

［纲　文］ **《人民日报》报道，中央财政下拨8亿元支持农业产业化建设**。

［目　文］ 报道说，中央财政近日下拨农业综合开发资金8.05亿元，大力支持以股份合作社、专业合作社、龙头企业等为主体的新型农业经营体系建设，促进高产、优质、高效、生态、安全、市场竞争力强的优势特色产业发展。下拨的8.05亿元资金中，龙头企业带动产业发展项目资金4.6亿元，"一县一特"产业发展项目资金3.45亿元。项目建设范围涉及北京、河北、内蒙古等28个省（自治区、直辖市），大连、宁波、青岛3个计划单列市。

11月1日

［纲　文］ **国务院副总理汪洋在北京会见美中贸委会董事会代表团**。

［目　文］ 汪洋在会见时表示，中国将继续坚定不移地推进改革开放，着力培育国际化、法治化的营商环境。中美经贸合作面临新的发展机遇，希望双方企业界加强交流合作，共同促进中美经贸关系迈上新台阶。

美中贸委会董事会主席柯爱伦表示，将继续致力于推动两国经贸合作健康发展。

11月1日

［纲　文］ **《人民日报》发表题为《要"以百姓之心为心"——把教育实践活动引向纵深之五》的评论员文章**。

11月1日

［纲　文］ **《人民日报》发表题为《捍卫新闻媒体的职业伦理》的评论员文章**。

11月1—3日

［纲　文］ **21世纪理事会北京会议在北京召开**。

［目　文］　会议由中国国家创新与发展战略研究会、中国人民外交学会同贝格鲁恩治理研究会联合主办，主题是“读懂中国”，旨在了解中国今后10年的走向，探讨中国发展道路和中国在全球治理中的作用。与会嘉宾包括墨西哥前总统塞迪略、智利前总统拉戈斯、英国前首相布朗、西班牙前首相冈萨雷斯、意大利前总理蒙蒂、澳大利亚前总理基廷、陆克文、巴基斯坦前总理阿齐兹、日本前众议院议长河野洋平、俄罗斯前副总理库德林、斯坦福大学教授福山、新加坡国立大学教授马凯硕、英国学者马丁·雅克、美国有线电视新闻网主持人扎卡利亚、谷歌董事长施密特、eBay 创始人奥米迪亚等 40 余位著名政治家、战略家、理论家和企业家。

国务院总理李克强出席会议开幕式并发表题为《变革世界中的中国》的演讲。李克强说，我赞赏“读懂中国”这个题目的选择，因为它表明大家关心中国，希望更好的读懂中国，这也反映了各位希望近距离的观察中国，立体的认识中国，特别是展望中国的未来。

会议期间，中国国务委员、中央外事工作领导小组办公室主任杨洁篪、中央财经领导小组办公室主任、国家发展和改革委员会副主任刘鹤、中国人民解放军副总参谋长王冠中、全国人大新闻发言人、外事委员会主任委员傅莹、国家创新与发展战略研究会会长郑必坚以及部分中央部委、地方省市主要领导亦就中国外交政策、中国经济决策过程、中国的和平发展战略与国防政策、中国如何向世界解释自己、21 世纪第二个 10 年的中国基本走向等问题发表演讲，纵论时政，引发中外与会嘉宾的热议。

21 世纪理事会是由法国前总统萨科奇、德国前总理施罗德和美国投资家贝格鲁恩等一批全球著名政治家、战略家和企业家于 2011 年发起的非政府论坛，每年定期聚会，就如何改善全球治理向各国政府建言献策。理事会以推动二十国集团在全球治理中发挥积极作用为当前主要使命，被誉为“影子 G20”。

会议期间，国家主席习近平在人民大会堂会见了 21 世纪理事会与会外方代表，阐述了中国的发展道路、改革开放、经济形势和对外政策。

11 月 1—4 日

［纲　文］　**张高丽在上海市、浙江省调研。**

［目　文］　调研期间，国务院副总理张高丽实地考察了阿里巴巴集团、聚光科技公司、上海浦东国际集装箱码头公司、畅联国际物流公司等企业，了解企业经营状况；深入到杭州市地铁 2 号线、钱江新城地下管网建设工地、瓜沥镇“城中村”改造现场、上海三林保障性住房大型居住区以及空气质量和土地管理监测中心，了解城市建设、住房保障和环境治理情况；前往中国（上海）自由贸易试验区考察建设进展情况；张高丽并在杭州主持召开部分民营企业座谈会，在上海主持召开上海、江苏、浙江、安徽、湖北五省市负责人参加的经济形势座谈会，听取和征求 2014 年经济工作的意见建议。

张高丽在调研时强调，东部地区是我国改革开放的前沿，要在全国经济转型升级中发挥带头示范作用，加快经济结构战略性调整，推动传统产业改造升级，有效化解产能过剩，大力培育特色优势产业，努力提高经济发展的质量和效益；要深入实施创新驱动战略，进一步强化企业在创新中的主体地位，大力支持科技型企业和优秀人才创新创造创业；要着力加强生态环境建设，以治理群众反映突出的环境污染问题为切入点，努力实现经济发展与环境保护的良性互动；要扎实做好各项民生改善工作，解决好群众关心的就业、住房、社保、医疗、教育等方面的实际困难；要抓住新一轮改革开放的战略机遇，发挥好中国（上海）自由贸易试验区等先行先试政策效应，进一步提升外向型经济的发展水平。

张高丽指出，民营经济作为我国国民经济的重要组成部分，是拉动经济增长、推动转型升级、促进市场化改革、吸纳城乡居民就业的重要力量，各地方、各部门一定要贯彻落实好中央出台的促进民营经济发展的一系列政策措施，加快转变政府职能，进一步为民营企业松绑放权，创造公开、公平、公正的市场环境，在更高层次上推动民营经济持续健康发展。

中共中央政治局委员、上海市委书记韩正陪同在上海调研。

11月2日

［纲　文］　**中央党校举行2013年秋季学期第一批进修班毕业典礼。**

［目　文］　中共中央政治局常委、中央党校校长刘云山出席毕业典礼，并为学员颁发毕业证书。

中央党校本期毕业学员共273人。学员们反映，通过刻苦学习马克思主义基本理论特别是习近平总书记一系列重要讲话精神，提高了思想理论水平；通过认真学习刘云山校长开学典礼重要讲话，深化了对意识形态建设重要性的认识，增强了做好宣传思想工作的责任感，提高了弘扬批评和自我批评优良传统的自觉性；通过潜心听课读书、开展课题研究，开阔了视野，提高了分析问题和解决问题的能力；通过边在党校学习边参加党的群众路线教育实践活动，自觉转作风、正学风、改文风，增强了党性修养。

中央党校常务副校长何毅亭在毕业典礼上讲话，希望学员们深入学习领会习近平总书记一系列重要讲话精神，打好履职尽责的思想政治基础；认真学习贯彻党的十八届三中全会精神，坚定不移地推进改革开放和科学发展；坚持带头改进作风，善始善终搞好群众路线教育实践活动。

赵乐际、赵洪祝出席毕业典礼。中央有关部门负责人、中央党校负责人出席毕业典礼。

11月2日

［纲　文］　**《人民日报》发表题为《从具体事情改起》的评论员文章。**

11月3—5日

［纲　文］　**习近平在湖南省考察。**

［目　文］　调研期间，中共中央总书记、国家主席、中央军委主席习近平在湖南省

委书记徐守盛和省长杜家毫陪同下，来到湘西、长沙等地，深入农村、企业、高校，考察经济社会发展情况，推动少数民族和民族地区加快发展。

习近平在调研中指出，全面建成小康社会，难点在农村，特别是贫困地区，湘西是国家扶贫开发重点区域，党委和政府要更加重视这项工作，发挥自身优势，制定好目标，通过优化生产力布局、统筹城乡发展、加强对口帮扶等措施加快发展。扶贫开发要同做好农业农村农民工作结合起来，同发展基本公共服务结合起来，同保护生态环境结合起来，向增强农业综合生产能力和整体素质要效益。

习近平强调，我们这么大个国家、这么多人口，仍然要牢牢坚持以经济建设为中心。同时，要全面认识持续健康发展和生产总值增长的关系，防止把发展简单化为增加生产总值，一味以生产总值排名比高低、论英雄。转方式、调结构是我们发展历程必须迈过的坎，要转要调就要把速度控制在合理范围内，否则资源、资金、市场等各种关系都绷得很紧，就转不过来、调不过来。各级都要追求实实在在、没有水分的生产总值，追求有效益、有质量、可持续的经济发展。

习近平指出，深入改进作风，是做好各项工作的重要保障。党的群众路线教育实践活动越往后，越要坚持标准、从严要求。如果整改措施没有落实到末梢神经，群众也不会认为活动取得了实效。抓整改，要接地气、下功夫，既针对自身存在的突出问题、又针对广大群众的实际需求，既在营造大气候上兴实招、更在改变小环境上动真格，确保整改成效让群众看得见、感受得到、大多数满意。

习近平指出，抓制度，要把握共性要求，研究个性特点，注重体现作风建设要求，体现机关管理和干部管理规律，体现广大群众意愿，确保形成的制度行得通、指导力强、能长期管用。要加强对党员、干部特别是领导干部的教育，让大家都明白哪些事能做、哪些事不能做，哪些事该这样做、哪些事该那样做，自觉按原则、按规矩办事。教育实践活动自始至终要把中央要求全面准确理解好执行好，确保改进作风不走样、能持续、可延伸。

王沪宁、栗战书和中央有关部门负责人陪同考察。

11月4日

［纲　文］《人民日报》报道，中央党的群众路线教育实践活动领导小组印发《关于开展“四风”突出问题专项整治和加强制度建设的通知》。

［目　文］　报道说，中央党的群众路线教育实践活动领导小组印发《通知》强调，各地区各部门各单位要认真贯彻执行《党政机关厉行节约反对浪费条例》，把专项整治作为教育实践活动整改落实的重中之重，把制度建设作为解决问题的治本之策，以严肃的态度、严格的标准、严明的纪律狠抓落实，务求取得实效。

《通知》指出，要针对群众反映突出的“四风”问题，全面开展专项整治行动。整治文山会海、检查评比泛滥，从严控制会议数量、会期和参加人员规模，从严控制各类文件简报和内部刊物，从严清理和规范评比达标表彰活动。整治“门难进、脸难看、事难办”，坚决纠正推诿扯皮、“吃拿卡要”、作风粗暴等行为，坚决查处搞暗箱操作、权力寻租等行为，切实整治“庸懒散”。整治公款送礼、公款吃喝、奢侈浪费，严禁在公务活动中赠送或接受礼品、礼金和各种有价证券、支付凭证，严禁用公款大吃大喝或安排与公务无关的宴请，坚决制止豪华铺张办晚会现象，坚决纠正境外招商入住豪华酒店等问题。整治超标配备公车、多占办公用房、滥建楼堂馆所，坚决查处超编超标配车、公车私用、滥用军车警车牌照等行为，全面清理党政机关和领导干部超面积占有、使用办公用房以及多处占用办公用房等问题，严肃查处领导干部违规多占住房，严禁党政机关违反规定建楼堂馆所、搞豪华装修。整治“三公”经费开支过大，严禁超预算或无预算安排支出，严格公务接待标准，从严控制公务用车经费开支，严格控制因公临时出国（境）团组数量和规模，不得安排考察性出访。整治“形象工程”和“政绩工程”，坚决叫停违背科学发展、盲目铺摊子上项目的行为，坚决查处制造假情况、假数字、假典型、虚报工作业绩的问题，坚决纠正唯国内生产总值用干部问题。整治侵害群众利益行为，坚决纠正征地拆迁，涉农利益、涉法涉诉、安全生产、食品药品安全、环境保护、发展教育事业、医疗卫生的方面损害群众利益行为。

《通知》强调，要围绕解决“四风”方面突出问题，把握制度建设工作重点。认真梳理已有制度，做好废、改、立工作。建立健全相关制度，反对形式主义方面，建立健全科学民主决策机制与工作落实机制，健全干部选拔任用和考核评价体系，完善规范各类会议、文件、简报、评比表彰和达标活动、调查研究等方面的制度规定；反对官僚主义方面，建立健全领导机关、领导干部以及执法监管部门和窗口单位、服务行业履职尽责的相关制度规定，完善党员干部直接联系群众制度和畅通群众诉求反映渠道制度；反对享乐主义方面，建立健全党政机关领导干部工作生活待遇的制度规定，完善公务接待制度和因公出国（境）管理制度，制定国有金融企业、国有企业负责人职务消费管理制度；反对奢靡之风方面，建立健全党政机关厉行节约反对浪费的制度规定，完善楼堂馆所建设的管理制度、“三公”经费预算管理和公开制度，建立健全节庆、论坛、展会、体育运动会和招商引资活动等方面管理规定。加大制度执行力度，加强制度公开和宣传，加大监督检查力度，进一步畅通监督渠道，把贯彻党的群众路线制度执行情况纳入领导班子和领导干部年度考核和党风廉政建设责任制考核的重要内容，作为领导干部选拔任用、奖励惩处的重要依据，严查违规行为。

《通知》要求，各地区各部门各单位要下大力气打好专项整治攻坚战，制定具体整治计划，明确整治责任、进度时限和标准要求。要重拳出击，针对作风方面的顽症痼疾，集中力量啃硬骨头，一项一项整治、一个一个突破。各级领导干部特别是一把手要以身作则带头整治，行业系统主管部门要率先整治，各级纪检监察机关和审计等部门要充分发挥职能作用，对顶风违纪的坚决查处、及时通报。要统筹推进制度建设，用系统的思维、改革的办法加强制度建设，按照中央的统一要求，紧密结合各自实际，出台有针对性的制度措施。要强化督促落实，各级督导组要加强督促指导，有针对性地提出要求；各级教育实践活动领导小组及其办公室要加强指导、严格把关；要充分发挥舆论宣传和监督的作用，引导推动“四风”问题专项整治和制度建设工作扎实开展。

11月4日

［纲　文］　**教育部、人力资源社会保障部联合印发《关于深入推进专业学位研究生培养模式改革的意见》。**

［目　文］　《意见》主要内容有；一、明确改革目标。二、改革招生制度。三、完善培养方案。四、改进课程教学。五、加强实践基地建设。六、强化学位论文应用导向。七、推进与职业资格衔接。八、充分调动研究生积极性主动性。九、加强教师队伍建设。十、完善质量保障体系。十一、鼓励开展联合培养。十二、支持开展改革试点。

《意见》要求明确改革目标，以职业需求为导向，以实践能力培养为重点，以产学结合为途径，建立与经济社会发展相适应、具有中国特色的专业学位研究生培养模式。《意见》指出，坚持招生制度改革为人才培养服务的方向。积极推进专业学位与学术学位硕士研究生分类考试、分类招生。建立符合专业学位研究生教育特点的选拔标准，完善专业学位研究生招生办法，重点考查考生综合素质、运用基础理论和专业知识分析解决实际问题的能力以及职业发展潜力。拓宽和规范在职人员攻读硕士专业学位的渠道。《意见》中说，鼓励培养单位加大校企合作力度，按照“优势互补、资源共享、互利共赢、协同创新”的原则，选择具备一定条件的行（企）业开展联合招生和联合培养，构建人才培养、科学研究、社会服务等多元一体的合作培养模式，提高专业学位研究生培养质量。《意见》提出，支持省级学位与研究生教育管理部门和培养单位结合行（企）业和区域人才需求，开展培养模式改革试点，树立专业学位特色品牌。案例教学、实践基地建设等改革试点成效将作为培养单位申请新增专业学位授权点及专业学位授权点定期评估的重要内容。

11月4日

［纲　文］　**国务委员杨洁篪在中南海会见英国苏格兰地方政府首席部长亚历克斯·萨蒙德一行。**

［目　文］　萨蒙德一行是应全国友协邀请访华的，主要目的是推动苏格兰与中国的经贸合作。萨蒙德此次访华行程为期5天，先后访问了北京和香港，会见了国务委员杨洁篪。

杨洁篪在会见时介绍了当前中英关系，表示中方重视与苏格兰发展友好关系，赞赏苏格兰地方政府一贯重视对华合作。双方就加强中国地方省市与苏格兰经济、文化、民间交往与合作进行了友好交谈。

在萨蒙德访华期间，苏格兰一大学孔子学院的3名中国教师遭到英国拒签。针对这一行为，萨蒙德说，这是一起无法弥补的非常事件，是对中国人的极大冒犯。这种错误的决定应尽快予以纠正，其重要性不言而喻。要想与中国保持成功的经济关系，就必须有成功的文化关系作为支撑。破坏其一，必伤其二。这既是中国的观点，也是苏格兰政府的观点。

11月4日

［纲　文］**《人民日报》发表题为《不要再为GDP排位纠结了——一论转型发展再出发》的评论员文章。**

11月4—5日

［纲　文］**2013两岸企业家紫金山峰会在南京市举行。**

［目　文］会议由两岸企业家峰会主办。全国政协主席俞正声出席开幕式并致辞。中共中央台办、国务院台办主任张志军，海协会会长陈德铭，江苏省省长李学勇等出席。来自海峡两岸的600多位知名企业家、工商团体负责人、财经学者，围绕“两岸产业合作新局：挑战与对策”主题和“两岸经济转型与产业合作”等7个专题进行了深入讨论。

俞正声在会上表示，海峡两岸分别成立两岸企业家峰会，汇聚两岸企业家的力量，共同致力促进经济合作的扩大深化，顺应了两岸经济共同发展的需要，有利于增进两岸同胞福祉，有利于夯实两岸关系和平发展的经济基础，有利于壮大中华民族经济的整体实力。他指出，两岸经济合作尤其是产业合作要促进两岸企业更广泛参与，通过项目牵引带动，扩大产业合作的受益面，促进两岸经济共同发展；要促进两岸产业提升核心竞争力，传统产业合作要围绕产业链、价值链升级开展合作，战略性新兴产业合作要牢牢把握产业发展的方向，在发展中寻求合作，在合作中促进发展；要促进两岸产业合作强化内生动力，立足大陆市场，不断拓展产业发展新空间，积极寻求新的分工合作方式，促进人才、资金、技术自由流动；要促进两岸产业合作的制度化建设，促进落实两岸各项协议，推动有关商谈进程，为企业家整合、运用两岸资源创造更好条件。两岸企业家峰会大陆方面理事长曾培炎，两岸企业家峰会台湾方面理事长萧万长分别作了讲话。

会议联合发布了《两岸企业家峰会2013紫金山会议共同倡议》，提出了8项倡议：加强经济形势研判，开展宏观政策对话；密切沟通决策部门，及时反映业界呼声；整合双方优势资源，共创双赢发展局面；扩大产业合作领域，提升产业合作水平；强化企业主体地位，增强两岸业者责任；推进双向投资项目，落实峰会各项成果；推动两岸峰会交流，完善峰会制度建设；打造两岸共同市场，促进两岸共同繁荣。双方理事长决定下届峰会于2014年下半年在台北召开。

开幕式前，俞正声会见了萧万长等台湾参会主要代表。

11月4—6日

［纲　文］**李克强在黑龙江省考察。**

［目　文］2013年夏，黑龙江部分地区遭受严重洪涝灾害，近9万户群众的房屋损毁或倒塌。临近隆冬，受灾群众能不能安全温暖过冬，国务院总理李克强十分牵挂。他来到受灾最严重的同江市八岔赫哲族村，查看村民房屋状况和越冬准备情况。他对群众说，你们这里洪灾发生后，党中央国务院高度重视，习近平总书记等中央领导同志作出批示，省委、省政府带领大家奋力抢险救灾，做了大量艰苦细致的工作，取得了抗洪救灾的胜利，没有因灾死亡一个人。他特别叮嘱当地干部，这里冬天冰天雪地，最低温度达零下

40摄氏度，要把排查工作做细做深做到位，看群众房屋安不安全，保暖程度够不够，绝不能让一个群众受冻，使大家住得保暖、住得保险。

农村改革是我国当前改革的重要组成部分，黑龙江松嫩平原和三江平原是国务院本年批准的国家首个现代农业综合配套改革试验区。考察中，李克强详细了解改革进展包括整合涉农资金使用、健全重点水利工程规划实施机制等情况，与干部群众探讨破解制约现代农业发展的体制机制障碍和深层次矛盾。他说，农村改革又到了新的阶段，推进农业现代化还得靠改革。要着力创新农业生产经营体制，在坚持家庭承包责任制的基础上，在保护农民合法权益、尊重农民意愿的前提下，积极探索股份合作等多种方式的适度规模经营。以此为龙头，配套推进土地管理制度改革，并带动金融和保险更好地支持服务农业。

李克强来到前哨农场现代农机发展中心，这里为上千户农民提供大型农机服务。李克强说，发展现代农业，推进适度规模经营，现代大型农机才有用武之地。他鼓励身边的干部群众说，改革要尊重基层首创精神，你们最了解脚下的黑土地，我们支持大家因地制宜、积极探索，趟出适合你们的发展现代农业的路子，促进多打粮多增收。

黑龙江是我国重要的商品粮基地，李克强来到以股份制方式建设和经营的抚远浓桥粮库，考察秋粮收储工作。李克强要求，要切实做好秋粮收购工作。并强调，现代农业要由现代农产品物流网络作支撑。要创新机制，探索中央、地方和社会多方参与的收储、流通模式，以更好地调控市场、稳定价格，保障粮食安全，满足人民群众多样化需求。

11月4—8日

［纲　文］　**第一期省部级干部学习贯彻习近平总书记系列讲话精神研讨班在中央党校开班。**

［目　文］　为深入学习贯彻习近平总书记系列重要讲话精神，经中央批准，对县处级以上领导干部进行集中轮训。从2013年11月到2014年上半年，中组部和中央党校举办7期省部级干部研讨班。第一期研讨班4日至8日在中央党校开班。中共中央政治局常委、中央党校校长刘云山出席开班式并讲话。中共中央政治局委员、中宣部部长刘奇葆，中共中央政治局委员、中央组织部部长赵乐际，国务委员、中央外办主任杨洁篪分别为研讨班作报告。

刘云山在开班式上说，习近平总书记系列重要讲话内容十分丰富，要在全面把握基础上加深对基本内涵的理解。要深入领会关于坚持和发展中国特色社会主义的论述，坚定道路自信、理论自信、制度自信；领会关于实现中华民族伟大复兴的中国梦的论述，为国家富强、民族振兴、人民幸福不懈奋斗；领会关于全面深化改革开放的论述，激发全社会的发展动力和创造活力；领会关于推动科学发展的论述，促进经济社会持续健康发展；领会关于社会主义民主政治和依法治国的论述，坚持中国特色社会主义政治发展道路；领会关于宣传思想工作的论述，掌握意识形态工作的领导权管理权话语权；领会关于国际关系和我国外交战略的论述，坚持开放、合作、共赢的发展；领会关于党的建设的论述，提高从严管党治党的水平。同时还要认真领会关于加强国防和军队建设，贯彻“一国两制”、推进祖国统一大业等方面的重要论述。

赵乐际在报告中强调，学习贯彻习近平总书记系列重要讲话精神，重在掌握贯穿其中的立场观点方法，贵在把自己摆进去、与职能职责和正在做的事情相结合，切实把思想和行动统一到讲话精神上来，更好地武装头脑、指导实践、推进工作。

334名省部级干部通过5天的学习研讨一致认为，这期研讨班对深入学习贯彻习近平总书记系列重要讲话精神特别是搞好各级领导干部的学习培训，起到了示范作用、导向作用和指导作用。学员们表示，研讨会结束后，将更好地用习近平总书记系列重要讲话精神武装头脑、指导实践、推动工作。

11月4—8日

［纲　文］　国务院副总理汪洋出席中国—葡语国家经贸合作论坛第四届部长级会议、中国—巴西高层协调与合作委员会第三次会议和第二届中国—太平洋岛国经济发展合作论坛。

［目　文］　5日，汪洋在澳门出席中国—葡语国家经贸合作论坛第四届部长级会议开幕式，并发表题为《共创中国与葡语国家多赢合作的美好明天》的演讲。汪洋在会上宣布之后三年中国政府支持葡语国家发展的八项新举措。一是向论坛亚非国家提供18亿元人民币优惠贷款，重点用于支持基础设施和生产型项目建设。二是与葡语国家分享建设经济特区和开发区的成功经验，在有意愿的国家建设境外经贸合作区。三是为论坛每个亚非国家援建一个教育培训设施，援助一个太阳能照明应用项目和一批广播、电视、新闻设备。四是帮助论坛亚非国家培训2000名各类人才。五是向论坛葡语国家提供1800个政府奖学金名额。六是向论坛亚非国家派遣210人次的医务人员。七是在澳门设立中国与葡语国家双语人才、企业合作与交流互动信息共享平台。八是在教育培训、农业、环保、新能源等领域，积极开展面向论坛亚非国家的三方合作。在澳门期间，汪洋还会见了澳门特别行政区行政长官崔世安和全国政协副主席何厚铧，并出席了澳门大学新校区启动仪式。

6日，汪洋在广州与巴西副总统特梅尔共同主持了中国—巴西高层协调与合作委员会第三次会议。双方高度评价两国各领域务实合作成果，就进一步深化中巴全面战略伙伴关系，推动双方在政治、经贸、金融、科技、教育、文化等领域合作坦诚、深入交换意见，达成广泛共识。会后，中巴双方签署了《中国—巴西高层协调与合作委员会第三次会议纪要》以及航天、农业、质检等领域合作文件。

8日，汪洋在广州出席第二届中国—太平洋岛国经济发展合作论坛暨2013中国国际绿色创新技术产品展，并发表题为《让“中—太”友好合作之舟破浪前行》的主旨演讲。汪洋宣布了中方进一步支持太平洋岛国经济社会发展的一系列措施，包括支持岛国重大项目建设，向建交的岛国提供共计10亿美元优惠性质的贷款，设立10亿美元专项贷款，用于岛国基础设施建设等。

汪洋在广州并分别会见了出席第二届中国—太平洋岛国经济发展合作论坛的密克罗尼西亚联邦总统莫里、萨摩亚总理图伊拉埃帕、巴布亚新几内亚总理奥尼尔、瓦努阿图总理卡凯塞斯、库克群岛总理普纳、汤加首相图伊瓦卡诺、纽埃总理塔拉吉、斐济农渔林业部部长赛努伊拉图以及太平洋岛国论坛秘书长斯莱德等外国政要。汪洋还与岛国领导人共同出席了双边经济技术合作协定的签署仪式。

11月5日

［纲　文］　**习近平视察国防科学技术大学。**

［目　文］　国防科大的前身是新中国第一所高等军事工程学院“哈军工”，建校60年来，为我国培养高级军事技术人才、发展先进武器装备发挥了开创性作用。中共中央总书记、国家主席、中央军委主席习近平对国防科大建设一直十分关注。

考察中，习近平检阅了干部和学员方队，接见了学校师以上领导干部和正高职专业技术干部，参观了学校科研成果展示，听取了国防科大工作汇报。

习近平指出，要牢牢扭住培养高素质新型军事人才这个中心任务，深入研究现代军事教育特点和规律，坚持走以提高质量为核心的内涵式发展道路，努力培养造就能够担当强军重任的优秀军事人才。要坚持面向战场、面向部队，围绕实战搞教学、着眼打赢育人才，使培养的学员符合部队建设和未来战争的需要。要更新教育理念，创新培养模式，全面提高师资队伍整体素质，走出一条有利于高端军事人才成长的新路子。

习近平强调，要牢牢扭住国防科技自主创新这个战略基点，大力推进科技进步和创新，努力在前瞻性、战略性领域占有一席之地。要继续抓好基础研究这项打基础、利长远的工作，为国防科技和武器装备持续发展增强后劲。要紧贴实战、服务部队，使科技创新同部队建设发展接好轨、对好焦。要加强自主创新团队建设，搞好科研力量和资源整合，形成推进科技创新整体合力。

范长龙、许其亮、王沪宁、栗战书等参加有关活动。

11月5日

［纲　文］　**中共中央发布《中央党内法规制定工作五年规划纲要（2013—2017年）》。**

［目　文］　《纲要》对此后5年中央党内法规制定工作进行统筹安排，提出了指导思想、工作目标、基本要求、主要任务和落实要求，确定了一批党内法规重点制定项目。

《纲要》提出，在对现有党内法规进行全面清理的基础上，抓紧制定和修订一批重要党内法规，力争经过5年努力，基本形成涵盖党的建设和党的工作主要领域、适应管党治党需要的党内法规制度体系框架，实现基础主干党内法规更加健全，实践亟需的党内法规及时出台，配套党内法规更加完备，各项党内法规之间协调统一，党内生活更加规范化、程序化，党内民主制度体系更加完善，权力运行受到更加有效制约和监督，党执政的制度基础更加巩固，为到建党100周年时全面建成内容科学、程序严密、配套完备、运行有效的党内法规制度体系打下坚实基础。

《纲要》强调，做好党内法规制定工作，要坚持围绕中心、服务大局，认真贯彻党的基本理论、基本路线、基本纲领、基本经验、基本要求，自觉服务于中国特色社会主义事业总体布局，服务于党的建设新的伟大工程；坚持宪法为上、党章为本，保证党内法规体现宪法和法律的精神和要求，并按照党章确定的基本原则、要求和任务，推进党内法规制定工作；坚持整体推进、突出重点，着眼于构建系统完备的党内法规制度体系，立体式、全方位推进党内法规制定工作，并按照急用先立原则，抓住核心、关键、亟需制定的党内法规项目，集中力量推进；坚持发扬民主、科学制定，确保党内法规适应党的建设和党的工作需要，体现广大党员干部意愿；坚持改革创新、与时俱进，注重把实践中的成功经验和规律性认识上升为党内法规，并及时修改同实践要求不相适应的党内法规；坚持严谨规范、有效管用，按照于法周延、于事简便的原则，提高党内法规制定水平，使规定更具有针对性、指导性和可操作性。

《纲要》提出，要完善党的领导和党的工作方面的党内法规，进一步改进党的领导方式和执政方式；完善党的思想建设方面的党内法规，为做好理论创新和理论武装工作提供制度保障；完善党的组织建设方面的党内法规，着力提高组织工作制度化水平；完善党的作风建设方面的党内法规，为推动作风转变提供强大动力；完善反腐倡廉建设方面的党内法规，切实把权力关进制度的笼子里；完善民主集中制建设方面的党内法规，加快构建党内民主制度体系。

11月5日

［纲　文］　**李克强在黑龙江省主持召开部分省区座谈会。**

［目　文］　会上，黑龙江省委书记王宪魁、省长陆昊和辽宁省省长陈政高、吉林省省长巴音朝鲁、河南省省长谢伏瞻等分别谈了本地经济社会发展情况、下一步打算并提出建议。

中共中央政治局常委、国务院总理李克强说，本年以来，在世界经济复苏艰难的情况下，我国经济运行稳中向好。从宏观上看，主要是采取了既稳当前更惠长远的措施。简政放权、放管结合，可以有效调动民间投资力量和企业活力。创新宏观调控方式，顶住压力，稳定政策，明确经济运行合理区间，可以有效引导市场预期。立足当前着眼长远，采取推进基础设施投融资体制改革、加快棚户区改造、发展服务业等一举多得的政策措施，可以有效扩大需求、促进结构优化。稳定物价水平，积极扩大就业，完善社会保障制度，可以不断改善民生。目前这些措施已取得初步成效，但要完成全年主要任务和实现明年良好开局，使这些措施见到更好成效，仍需上下同心努力。

李克强指出，解决中国一切问题的基础是发展，发展是第一要务，但必须是科学发展，是注重质量效益、促进扩大就业、不断改善民生的发展，是可以持续的发展。要继续把经济运行保持在合理区间，转变经济发展方式，着力调整经济结构。我国这样一个大的经济体，经济增长一旦出现大的波动，不仅发展难以持续，而且再想回到合理区间，还要付出大的代价。因此，必须坚持发展和民生优先，既要努力稳增长、防风险，又要突出调结构、转方式，把经济稳中向好的态势巩固好发展好。

李克强强调，要以改革稳增长、促发展，以改革调结构、促升级，在扩大开放中扩大内需。要继续推进政府职能转变，上下联动，把简政放权的措施落到实处，为市场主体提供更好服务，使经济更加充满活力。以改革创新推进新型工业化、信息化、城镇化和农业现代化协调发展，促进产业优化升级，推进投融资体制和金融领域改革，促进薄弱基础设施建设，加快发展服务业，调整优化城乡、区域结构，提高开放型经济水平，培育新的竞争优势和增长点。要着力解决民生领域突出问题，特别是要健全基本民生保障安全网，避免制度碎片化，完善养老保险、基本医疗、社会救助等制度，构建相互衔接、运行有效、保障特困群众的兜底制度，防止冲击社会心理底线的事件频繁发生，使改革发展成果惠及全体人民。

11月5日

［纲　文］　**列支敦士登王室珍藏展在中国国家博物馆开展，国家主席习近平致贺信。**

［目　文］　列支敦士登王室收藏是世界上最重要的私人艺术收藏之一，其收藏的艺术品创作时间从文艺复兴时期延续至比德迈耶尔时期，横跨5个世纪。本次在中国国家博物馆举办的展览共展出100件展品，主要为列支敦士登王室收藏的佛兰德斯画派珍品，展览时间持续到2014年2月15日。

习近平在贺电中表示，世界是丰富多彩的，文明是多元多样的，只有交流互鉴，人类文明才能充满生机。中国坚持以平等对话精神同各国开展各领域交流对话，推动建设持久和平、共同繁荣的和谐世界。2010年，列支敦士登首次到欧洲以外地区参加世博会，将自己在上海世博会的国家馆主题命名为“尊重与对话”，同各国观众分享自己与自然和谐发展的体会。现在，中列两国人民拥有越来越多的渠道去领略对方的文化历史、风土人情。

列支敦士登国家元首亚当二世公爵为展览题词表示，列支敦士登和中国有着60多年的外交关系，两国人民友谊深厚，对画展在中国展出表示高兴。列支敦士登摄政王储阿洛伊斯、外交部部长奥蕾利亚·弗里克和王室其他成员出席展览开幕式。

国务院副总理刘延东在北京会见阿洛伊斯。

11月5日

［纲　文］　**纪念蒋南翔同志诞辰100周年座谈会在清华大学举行。**

［目　文］　蒋南翔同志是忠诚的共产主义战士、无产阶级革命家、马克思主义教育家、我国青年运动的杰出领导者，曾任清华大学校长和党委书记、天津市委书记、教育部部长、中央党校第一副校长，是第十一、十二届中央委员和中顾委委员。

中共中央政治局委员、国务院副总理刘延东出席座谈会并讲话。刘延东指出，蒋南翔同志是新中国成立以来政治家办教育的典范，他致力于党领导的青年运动，投身高等教育办学实践，探索建立中国特色社会主义教育制度，推动教育、科技等战线拨乱反正、改革发展，推进党校教育正规化建设，为中国革命、建设、改革事业奋斗了一生，为开拓中国特色社会主义教育发展道路作出了卓越贡献。

刘延东强调，纪念蒋南翔同志，就是要学习他理想信念坚定、忠诚党的教育事业的崇高品质，学习他坚持正确办学方向、为人民、为社会主义事业服务的根本立场，学习他以人才培养为根本、引导学生德智体美全面发展的育人理念，学习他遵循教育规律、创造性开展工作的科学精神，学习他践行群众路线、团结凝聚各方面力量办学的优良作风，深入贯彻科教兴国和人才强国战略，进一步推动教育改革发展，培养亿万德智体美全面发展的社会主义事业的建设者和接班人，为实现中华民族伟大复兴的中国梦作出更大贡献。

中央国家机关有关部门和北京市负责人、清华大学等高校师生代表以及蒋南翔亲友等约150人出席座谈会。

11月5日

［纲　文］　**国家质检总局发布《关于废止涉及食品安全监管职能相关文件的公告》。**

［目　文］　按照食品安全职能划转工作要求，为保障质检部门行政执法工作合法有序进行，质检总局对涉及食品安全监管职能的相关文件进行清理。经研究，决定废止34件文件（参见《国家质检总局决定废止涉及食品安全监管职能的相关文件目录》），自2013年11月5日起生效。

11月5日

［纲　文］　**中国代表首次当选联合国教科文组织大会主席。**

［目　文］　联合国教科文组织第37届大会在其巴黎总部举行，195个会员国的4位国家元首、200多位部长、3000多位代表与会。中国教育部副部长、中国联合国教科文组织全国委员会主任、联合国教科文组织执委郝平作为大会唯一候选人正式当选为大会主席，任期两年。这是中国代表首次当选大会主席，是该组织的广大会员国对中国在国际事务中积极发挥负责任大国作用，为维护世界和平、促进共同发展承担应尽责任的充分肯定。

11月5日

［纲　文］　**《人民日报》发表题为《不要再为产能过剩添火加柴——二论转型发展再出发》的评论员文章。**

11月5—7日

［纲　文］　**全军党的建设工作会议在北京召开，习近平接见会议代表。**

［目　文］　会议主要任务是：深入学习贯彻党的十八大精神和习近平主席一系列重要指示，分析军级以上党委机关开展党的群众路线教育实践活动情况，研究大力加强各级党组织能力建设、先进性和纯洁性建设的措施办法。

中共中央总书记、国家主席、中央军委主席习近平在接见会议代表时强调，当前，我们正在进行具有许多新的历史特点的伟大斗争，这对全面推进党的建设新的伟大工程提出了更高要求，必须把军队党的建设摆在更加突出的位置，始终坚持党对军队的绝对领导，始终坚持以能打仗、打胜仗为根本着眼点，始终坚持党要管党、从严治党方针，始终坚持以改革创新精神加强军队党的建设，不断提高军队党的建设科学化水平，为实现党在新形势下的强军目标提供坚强思想和组织保证。

中共中央政治局委员、中央军委副主席范长龙、许其亮出席全军党的建设工作会议并讲话。四总部领导，全军各大单位军政主官和政治部主任，军委办公厅领导，四总部有关二级部和各大单位政治部有关部门领导出席会议。

11月5—7日

［纲　文］　**第二次中老两党理论研讨会在北京市举行。**

［目　文］　研讨会由中国共产党和老挝人民革命党共同举办，5日上午在北京开幕。中共中央政治局委员、中央书记处书记、中宣部部长刘奇葆和老挝人革党中央政治局委员、中央书记处书记、中央纪委书记本通出席开幕式并分别作主旨报告。

刘奇葆在讲话中表示，希望双方用好理论研讨会这一平台，加强交流合作，不断把两党两国关系提高到新水平。本通表示愿进一步加强双方党风廉政建设经验交流，推动两党自身建设和老中全面战略合作伙伴关系深入发展。

本次研讨会以“新形势下加强党风廉政建设的经验”为主题。中宣部副部长王晓晖和老挝人革党中联部副部长通沙万分别致开幕词。

研讨会6日在北京闭幕。全国政协副主席、中联部部长王家瑞出席闭幕式。闭幕式上，中联部副部长艾平和老挝国家社会科学委员会常务副主席、国家社会科学院院长通沙立分别致闭幕词。在为期两天的研讨中，中老双方代表围绕新形势下加强党风廉政建设这一主题，踊跃发言，积极互动，展示了中老两党对共同面临的理论和现实课题的最新研究成果，交流了各自推进反腐倡廉工作的最新做法和经验。双方一致认为，建设廉洁政治是两党始终坚持的鲜明政治立场，必须努力铲除滋生腐败的温床，筑牢拒腐防变思想道德防线，共同争取社会主义建设新胜利。双方表示，愿继续充分利用两党理论研讨会重要平台，加强交流，互学互鉴。

会议期间，中共中央政治局常委、中央纪委书记王岐山在北京会见了本通。

11月6日

［纲　文］　**第五届全国服务农民、服务基层文化建设先进集体表彰会在北京举行。**

［目　文］　全国服务农民、服务基层文化建设先进集体由中宣部、文化部、国家新闻出版广电总局联合举办评选，旨在表彰基层文化馆（站）、基层文艺院团、基层文化市场管理、农村电影放映、广播电视“村村通”、农家书屋等方面做出杰出成绩的先进集体。

中共中央政治局委员、中宣部部长刘奇葆出席表彰会并讲话。他强调，要认真学习宣传贯彻党的十八大和习近平总书记系列重要讲话精神，牢固树立以人民为中心的工作导向，坚持文化为民、文化惠民，坚持面向基层、服务群众，不断提高公共文化服务能力，更好满足人民群众精神文化需求。刘奇葆指出，广大基层文化工作者要牢牢把握“为了谁、依靠谁、我是谁”这个根本问题，坚持重心向下，沉下去、扎下来，满腔热情地服务农民、服务基层，在群众中创作，在群众中提高，在群众中赢得市场、赢得口碑。要优先安排与群众切身利益相关的文化项目，加大对基层文化产品和服务的供给，把群众“要文化”和我们“送文化”匹配起来，推动公共文化服务标准化、均等化。要创作贴近群众需求的优秀作品，开展群众喜闻乐见的文化活动，多一点家常味，多一点泥土气，多一点小而活，做到符合基层实际、更受群众欢迎。

会上，241个基层文化服务先进集体受到表彰。

11月6日

［纲　文］ **国家食药监总局发布《国家食品药品监督管理总局行政复议办法》。**

［目　文］ 《办法》共22条，分总则、申请和受理、审理、决定、附则5章，自2014年1月1日起施行。

《办法》规定，处理行政复议案件，应当遵循合法、公正、公开、及时、便民的原则，坚持有错必纠，保障法律、法规的正确实施；行政复议审理过程中，被申请人不得自行向申请人或其他组织或个人收集证据；被申请人对其作出的具体行政行为承担举证责任，负责证明作出具体行政行为的事实根据和法律依据；受理行政复议申请不得向当事人收取任何费用，所需经费由国家食品药品监督管理总局专项列支。

11月6日

［纲　文］ **《人民日报》发表题为《不要再让蓝天成为奢望——三论转型发展再出发》的评论员文章。**

11月7日

［纲　文］ **国家主席习近平在北京分别会见巴西副总统特梅尔和古巴外交部部长罗德里格斯。**

［目　文］ 习近平在会见特梅尔时表示，2013年以来，我同罗塞夫总统两次会晤，就两国关系发展作出了规划，达成很多重要共识。2014年是两国建交40周年。中方愿同巴方一道，保持领导人之间密切交往，扩大和提升务实合作，在国际事务中加强沟通协调，为推动中拉关系、促进新兴市场国家团结协作、维护发展中国家共同利益作出更大贡献。中方支持巴西明年举办金砖国家领导人会晤。预祝明年巴西世界杯足球赛圆满成功。

特梅尔表示，巴方愿同中方加强高层往来，发挥巴中高委会机制作用，推进各领域合作。巴方愿同中方在金砖国家框架内加强沟通与合作，推动全球治理，携手促进拉中关系发展。

习近平在会见古巴外交部部长罗德里格斯时表示，中古是好朋友、好同志、好兄弟。当前，国际形势深刻复杂变化。中古两国都处于发展的关键时期，应该携手共进，共谋发展。中方一如既往高度重视中古关系。双方要密切高层往来，分享治国理政经验，加快推进重点领域合作，密切在国际事务中的合作，共同促进中国同拉美和加勒比国家关系发展。中方祝愿古巴党和人民在社会主义建设事业中取得新的更大成就。

罗德里格斯表示，古巴人民决心继承和发展两国友好关系，希望同中方加强交往，扩大经贸、投资等领域合作。古方祝愿即将召开的中共十八届三中全会取得成功，愿借鉴中国改革开放的成功经验。古巴坚定支持中国维护国家主权和领土完整的努力。

当天，国家副主席李源潮同巴西副总统特梅尔举行了会谈。

11月7日

［纲　文］　**国务院总理李克强在北京会见美国前财政部部长保尔森**。

［目　文］　李克强在会见时说，中美关系的发展是一个“知行合一”的过程，重在推进各领域实实在在的合作。希望双方把两国之间的互补优势转化为合作的动力，同时妥善管控分歧，共同维护中美关系发展大局。

李克强指出，中国发展的步伐将随着改革开放的深化持续向前。中美双方要进一步挖掘潜力，扎实推进中美双边投资协定（BIT）谈判，为两国经贸与投资合作提供制度性保障。希望美方为中国企业赴美投资创造公平竞争环境，减少对华高技术产品出口限制。双方还应加强宏观经济政策协调，采取负责任的国内经济政策，本着开放、透明、包容的精神参与区域经济一体化进程。

保尔森表示，中国新一届政府积极推进改革开放，在转变政府职能、科技创新、节能环保等领域取得显著成效。美方愿与中方加强合作，促进两国关系全面发展。

11月7日

［纲　文］　**国务院办公厅转发教育部等部门《关于建立中小学校舍安全保障长效机制的意见》**。

［目　文］　《意见》主要内容有：一、充分认识建立长效机制的重要意义。二、覆盖范围和总体要求。三、长效机制的主要内容。四、工作要求和保障措施。

根据《意见》，我国将建立覆盖全国城镇和农村、公立和民办、教育系统和非教育系统的所有中小学（含幼儿园）的校舍安全保障长效机制。此举旨在进一步提高全国中小学校舍防震减灾能力，实现城乡中小学校舍安全达标。中小学校舍安全保障长效机制主要包括建立校舍安全年检制度、完善校舍安全预警机制、建立校舍安全信息通报公告制度、完善校舍安全隐患排除机制、严格校舍安全项目管理制度、健全校舍安全责任追究制度等内容。

11月7日

［纲　文］　**全国政协在北京召开第二次双周协商座谈会**。

［目　文］　座谈会围绕“建筑产业化”进行协商座谈。全国政协主席俞正声主持会议。俞正声说，建筑业是国民经济的重要物质生产部门，与整个国家经济的发展，人民生活的改善有着密切的关系。通过协商座谈会，大家对推进建筑产业化在节能节水、降低污染、提高效率等方面的重要性达成了共识。要按照转变经济增长方式、调整优化产业结构的要求，制订和完善推进建筑产业化的相关政策法规，积极抓好落实。

座谈会上，赖明、仇保兴、陈昌生、黄艳、田在玮、茅永红、王美华、孙太利、秦升益、缪昌文、毛大庆等全国政协委员和专家学者结合自己熟悉的领域，围绕我国建筑产业化发展，建筑产业化在政策法规、标准和技术体系、财税及有关配套政策方面存在的一些问题坦率地发表意见、提出建议。

委员们在发言中认为，建筑产业化是指利用标准化设计、工业化生产、装配式施工等手段来建造建筑，利用信息化等方式来管理建筑的一种建筑工业化发展趋势。在发达国家，建筑产业化的比例已经达到60%以上，而我国才刚刚起步，产业化率很低。主要原因是缺少相关政策法规的支撑，不能适应当前住宅产业化发展的要求；现行的工程建设管理模式，也不能适应产业化工作的需要。委员们建议，要加大政策扶持力度，完善标准体系，营造良好的市场环境，创新组织管理模式，真正推动建筑产业化。

全国政协副主席杜青林、罗富和、张庆黎、马飚、马培华出席座谈会。

11月7日

［纲　文］　**第23届中国新闻奖颁奖报告会在北京举行**。

［目　文］　本届中国新闻奖评选由中华全国新闻工作者协会主办。10月25日，新闻奖评选揭晓，来自全国报社、通讯社、电台、电视台和新闻网站的299件作品获奖，其中特别奖3件、一等奖46件（含8个新闻名专栏）、二等奖91件、三等奖159件。

获特别奖的人民日报评论《转变，中国道路的历史性跨越——从十六大到十八大（上）》以全球和历史视野概括十六大以来十年间，中国共产党在转变中不断丰富、拓展中国道路，所取得的举世瞩目的优异成绩，极大激发中国人民的道路自信、理论自信和制度自信。文章语言凝练生动，集说理与抒情于一体，是迎接十八大主题宣传的扛鼎之作。新华社通讯《“三西”扶贫记》文字大气厚重，以史诗般的语言生动鲜活地报道了以“三西”人民为代表的中国民众为实现中国梦而努力奋斗的艰苦历程，新闻性强，艺术性强，是一部践行“走转改”要求的精品。中央电视台消息《习近平在参观〈复兴之路〉展览时强调承前启后继往开来继续朝着中华民族伟大复兴目标奋勇前进》报道了新一届中央领导集体执政理念和发展思路，以电视语言展现了中央领导同志以民族和国家复兴为己任，自信、坚定与担当的风采。

获一等奖的有中央人民广播电台直播的《神舟九号航天员成功访问天宫一号》、解放军报评论《休想攫取我国半寸领土》，江苏广播电视总台的《选择》。获网络专题一等奖的有齐鲁网专题《齐鲁正能量之爱心帮农季》和获新闻名专栏的每日新报《新帮办》、信息日报《跑腿新闻》栏目等。

中国记协主席田聪明在会上致辞。人民日报范正伟、新华社李柯勇、黑龙江人民广播电台温宝明、上海广播电视台朱晓茜等4位获奖代表先后发言。中央有关部门、中央主要新闻单位负责人和中央新闻单位及其他在京新闻单位代表共约350人参加会议。

中共中央政治局常委、中央书记处书记刘云山在会前会见了获奖代表。国务院副总理刘延东参加会见。中宣部部长刘奇葆参加会见，出席报告会并讲话。

11月7日

［纲　文］　**《人民日报》发表题为《不要再“一任市长一张蓝图”——四论转型发展**

再出发》的报评论员文章。

11月7—8日

［纲　文］ **“2013年当代世界多边对话会”在北京市举行。**

［目　文］ 对话会由当代世界研究中心与中国和平发展基金会共同主办、中华能源基金委员会协办。主题聚焦于“未来十年全球发展趋势与中国”，包括以下四个分议题：“全球经济：如何实现共赢发展”；“全球政治：完善国内和国际治理”；“全球安全：应对不确定性和冲突”；“新全球环境与中国的对外战略”。来自30多个国家和地区的政要、专家、学者以及一些国家驻华使节、国际组织驻华代表共120余人与会。

全国政协副主席、中共中央对外联络部部长王家瑞出席开幕式并发表讲话。克罗地亚前总统斯捷潘·梅西奇，匈牙利国会副主席乌伊海伊·伊什特万，全国政协教科文卫体委员会副主任委员蔡冠深出席会议并致辞。中共中央对外联络部副部长兼当代世界研究中心主任于洪君主持开幕式。

王家瑞在题为《把握全球趋势、促进共赢发展》的主旨讲话中指出，未来10年，是全球经济、政治、安全格局调整与变革的关键时期，也是中国和平发展的重要时期。如何实现更好发展并完善全球治理，成为各国和国际社会面临的共同任务。以合作求和平、以合作促发展、以合作谋安全已成为国际关系发展的主流。他期望与会的外国朋友把一个真实的中国、发展的中国、开放的中国介绍给世界，同时也把世界更多地介绍给中国，让世界更好地读懂中国，让中国更好地读懂世界。

会议期间，国家副主席李源潮在北京会见了梅西奇。

11月8—15日

［纲　文］ **2013年全球创业周中国站在上海举行，中共中央总书记习近平发信祝贺。**

［目　文］ 创业周以“有梦想、有机会、有奋斗”为年度主题，由中国民主促进会、科技部、教育部、共青团中央、上海市政府作为指导单位，上海市大学生科技创业基金会主办。

习近平在贺信中指出，这次活动以“创业梦、中国梦”为主题，传播创业文化，分享创业经验，弘扬创业精神，有利于激励更多青年特别是青年学生开启创业理想、开展创业活动，为实现中华民族伟大复兴的中国梦贡献力量。全社会都要重视和支持青年创新创业，提供更有利的条件，搭建更广阔的舞台，让广大青年在创新创业中焕发出更加夺目的青春光彩。

全国人大常委会副委员长严隽琪出席8日上午的开幕式。开幕式由多项议程组成，包括“雏鹰奖”颁奖，“伯乐计划”的首次启动，以及创业服务新业态论坛等。此外，创业周期间还推出了2013天使及早期投资峰会、第二届社会创业和社会投资高峰论坛、创业服务生态圈建设论坛、GWC（长城会）G-Startup Shanghai、创业课堂全国校园巡讲、

2013年全球清洁技术创业大赛、2013（第七届）创业周暨全球创业周中国站闭幕式等其他一系列活动。

在闭幕式上，创业周中国站协办方——上海创业接力科技金融集团与上海研发公共服务平台、中华英才网签约。根据协议，研发服务平台将向创业接力集团捐赠价值100万元的科技文献服务大礼包。

全球创业周旨在世界范围传播创业精神，已有138个国家参与其中。2007年上海市大学生科技创业基金会与全球创业周组委会签署协议，开始举办全球创业周中国站活动，迄今已举行六届。

11月8日

［纲　文］　**李克强在北京向新聘国务院参事、中央文史研究馆馆员颁发聘书并与大家座谈。**

［目　文］　国务院总理李克强向新聘任的国务院参事林毅夫、杜鹰、谢伯阳、李玉光、张玉平、蔺永钧和中央文史研究馆馆员李前宽、张大宁、仲呈祥、安家瑶、田青、陈晓光一一颁发聘书，并向大家表示祝贺。

颁发聘书后，李克强与大家进行了座谈。他说，党中央、国务院高度重视参事室和文史馆工作，这是党的统一战线理论运用于国家政权建设的一个创举。多年来，参事和馆员们坚持调查研究，提出具有真知灼见的对策建议，做了大量卓有成效的工作，体现出对国家强烈的责任感。希望大家深入思考，广泛调研，把真实的情况反映上来，使政府决策更加体现国情民意，符合国家现实和长远发展需要，顺应历史的要求。

李克强指出，在我们这样一个发展中大国，要建设中国特色社会主义，必须把十几亿人的力量和智慧凝聚起来，也需要学习借鉴国外先进经验。参事室、文史馆要发挥高端人才荟萃的特点，围绕国家改革发展中的重大问题，开展专题调研和深度研究，特别是要深入地方和基层，及时发现和总结来自一线具有生命力的新鲜经验，尊重群众首创精神，从人民群众中汲取营养，使提出的对策建议立得住、能见效。

李克强希望参事和馆员们以各种形式向国务院提出建议，大家齐心协力，把国家的事情办得更好。

11月8日

［纲　文］　**国务院印发《关于取消和下放一批行政审批项目的决定》。**

［目　文］　《决定》取消和下放了68项行政审批项目（其中有2项属于保密项目，按规定另行通知），并公布了82项取消和下放管理层级的行政审批项目目录，包括此前《国务院关于取消和下放一批行政审批项目等事项的决定》中提出的涉及法律的16项行政审批项目。

国务院另建议取消和下放7项依据有关法律设立的行政审批项目，将依照法定程序提请全国人民代表大会常务委员会修订相关法律规定。被取消的行政审批项目包括煤炭生产许可证核发、设立煤炭经营企业审批、民办学校聘任校长核准等。

11月8日

［纲　文］《人民日报》发表题为《不要再干越位错位缺位的事——五论转型发展再出发》的评论员文章。

11月9—12日

［纲　文］　中共十八届三中全会在北京举行。

［目　文］　会议主要议程是：中共中央政治局向中央委员会报告工作，研究全面深化改革重大问题。会议共有中央委员204人、候补中央委员169人、中央纪律检查委员会常务委员会委员、有关方面负责人、党的十八大代表中部分基层同志、专家学者出席。全会由中央政治局主持。中央委员会总书记习近平作了重要讲话。

全会听取和讨论了习近平受中央政治局委托作的工作报告。深化改革成为中心议题。习近平就《决定（讨论稿）》向全会作了说明。

全会指出，全面深化改革的总目标是完善和发展中国特色社会主义制度，推进国家治理体系和治理能力现代化。必须更加注重改革的系统性、整体性、协同性，加快发展社会主义市场经济、民主政治、先进文化、和谐社会、生态文明，让一切劳动、知识、技术、管理、资本的活力竞相迸发，让一切创造社会财富的源泉充分涌流，让发展成果更多更公平惠及全体人民。

全会指出，经济体制改革是全面深化改革的重点，核心问题是处理好政府和市场的关系，使市场在资源配置中起决定性作用和更好发挥政府作用。

全会要求，到2020年，在重要领域和关键环节改革上取得决定性成果，形成系统完备、科学规范、运行有效的制度体系，使各方面制度更加成熟更加定型。

全会对全面深化改革作出系统部署，强调坚持和完善基本经济制度，加快完善现代市场体系，加快转变政府职能，深化财税体制改革，健全城乡发展一体化体制机制，构建开放型经济新体制，加强社会主义民主政治制度建设，推进法治中国建设，强化权力运行制约和监督体系，推进文化体制机制创新，推进社会事业改革创新，创新社会治理体制，加快生态文明制度建设，深化国防和军队改革，加强和改善党对全面深化改革的领导。

全会提出，城乡二元结构是制约城乡发展一体化的主要障碍。必须健全体制机制，形成以工促农、以城带乡、工农互惠、城乡一体的新型工农城乡关系，让广大农民平等参与现代化进程、共同分享现代化成果。要加快构建新型农业经营体系，赋予农民更多财产权利，推进城乡要素平等交换和公共资源均衡配置，完善城镇化健康发展体制机制。

全会提出，建设法治中国，必须深化司法体制改革，加快建设公正高效权威的社会主义司法制度，维护人民权益。要维护宪法法律权威，深化行政执法体制改革，确保依法独立公正行使审判权检察权，健全司法权力运行机制，完善人权司法保障制度。

全会决定，要改进社会治理方式，激发社会组织活力，创新有效预防和化解社会矛盾体制，健全公共安全体系。设立国家安全委员会，完善国家安全体制和国家安全战略，确保国家安全。

全会强调，全面深化改革必须加强和改善党的领导，充分发挥党总揽全局、协调各方的领导核心作用，提高党的领导水平和执政能力，确保改革取得成功。中央成立全面深化改革领导小组，负责改革总体设计、统筹协调、整体推进、督促落实。

全会于11月12日闭幕，审议通过了《中共中央关于全面深化改革若干重大问题的决定》。《决定》是对中国下一步全面深化改革的纲领性文件，从全局勾勒了未来中国改革的总路线图。

11月9日

［纲　文］　**国务院发布《国务院关于修改〈国际收支统计申报办法〉的决定》。**

［目　文］　国际收支统计数据是一国对外经济状况的综合反映，是进行宏观经济决策的重要依据。1995年，经国务院批准，中国人民银行发布了《国际收支统计申报办法》。

修改后的《办法》规定，国际收支统计申报范围为中国居民与非中国居民之间发生的一切经济交易以及中国居民对外金融资产、负债状况。而根据原《办法》，国际收支统计申报范围为中国居民与非中国居民之间发生的一切经济交易（即流量），没有包括中国居民的对外金融资产和负债状况（即存量）。

此外，考虑到将非居民作为国际收支统计申报主体已是各国较为普遍的做法，修改后的《办法》将申报主体由中国居民扩大到在中国境内发生经济交易的非中国居民：中国居民和在中国境内发生经济交易的非中国居民应当按照规定及时、准确、完整地申报国际收支信息。与此同时，根据电子银行、国际银行卡以及证券市场的管理和发展情况，增加对提供登记结算、托管等服务的机构的申报要求；增加对拥有对外金融资产、负债的中国居民个人的申报义务。

修改后的《办法》自2014年1月1日起施行。《国际收支统计申报办法》根据本决定作相应修改，重新公布。

11月10日

［纲　文］　**中共中央电贺中国国民党第十九次代表大会召开。**

［目　文］　中国共产党中央委员会致电中国国民党中央委员会，祝贺中国国民党第十九次代表大会召开。贺电表示：值此贵党召开第十九次代表大会之际，谨致祝贺。近年来，贵我两党共同努力，持续推动两岸关系和平发展，切盼贵我两党继往开来，巩固既有共同政治基础，增进维护一个中国框架的共同认知，深化互信，相向而行，为巩固深化两岸关系和平发展、增进两岸同胞福祉、实现中华民族伟大复兴作出新的贡献。

中国国民党中央委员会复电中国共产党中央委员会表示感谢。复电表示：十一月十日贺电敬悉，谨致谢忱。近五年多来，两岸关系在贵我两党坚持“九二共识”的基础上，恢复并推动各个领域的交流与合作，使得双方交流互动的广度与深度，不仅已达空前水准，更创造了历史性的贡献。期盼贵我两党能持续扩大并深化两岸的交流合作，发扬中华文化，复兴中华民族，增进两岸人民福祉，共同为两岸和平的永续发展而努力。

同日，中共中央总书记习近平分别致电连战、吴伯雄，对他们续任中国国民党荣誉主席表示祝贺。连战、吴伯雄分别复电表示感谢。

11月10日

［纲　文］　**国家主席习近平在北京会见联合国工业发展组织总干事李勇。**

［目　文］　习近平在会见时积极评价联合国工发组织帮助发展中国家实现工业发展。习近平指出，中国同联合国工发组织的合作关系和中国改革开放进程同步。30多年来，双方开展了卓有成效的合作，为中国改革开放特别是工业进步作出积极贡献。当前，中国正在推进新型工业化，愿学习借鉴国际工业发展先进理念，同联合国工发组织加强合作。近日，中国政府同联合国工发组织在华联合举办的绿色工业大会取得成功。希望双方合作取得更多成果。

习近平强调，中国一贯支持国际发展事业，愿在南南合作框架内同联合国工发组织一道，本着互利共赢的原则，帮助其他发展中国家发展，继续为实现联合国千年发展目标作出贡献，共同促进世界发展繁荣。中方将一如既往支持联合国工发组织及总干事的工作。

李勇感谢中国对联合国工发组织的支持，表示联合国工发组织积极致力于全球工业包容、可持续发展。中国发展的成功经验值得国际社会借鉴。联合国工发组织高度重视同中国的合作，将同中方共同推动全球发展事业。

11月10日

［纲　文］　**《人民日报》发表题为《难走的路是上坡路——凝聚全面深化改革的力量之一》的评论员文章。**

11月10—11日

［纲　文］　**外交部部长王毅应邀出席在印度举行的中俄印外长第十二次会晤及第十一届亚欧外长会议。**

［目　文］　王毅在第十二次会晤上表示，中俄印三国既是世界大国，也是新兴市场国家。三国开展务实合作，将为全球经济增长注入强劲动力。三国加强战略协调，将使亚欧大陆和平稳定多一份重要保障。三国发出一致声音，将为人类历史进程增添巨大的正能量。三国外交部部长就共同关心的国际和地区问题深入交换意见，达成广泛共识。会后发表了《中俄印三国外长第十二次会晤联合公报》。

王毅在出席第十一届亚欧外长会议时指出，亚欧共同发展有利于世界多极化进程，有利于全球力量对比更趋平衡，有利于世界经济实现更为强劲和可持续增长。站在新的历史起点上，亚欧双方应促进贸易和投资便利化，推动亚欧经济一体化；在互联互通、清洁能源、生态保护、信息技术、城镇化等新领域开展更多务实合作；中国愿将丝绸之路经济带构想与亚欧合作更有机地结合起来，以造福亚欧各国人民。

11月11日

［纲　文］　**国务院发布《畜禽规模养殖污染防治条例》。**

［目　文］《条例》共44条，分总则、预防、综合利用与治理、激励措施、法律责任、附则6章，自2014年1月1日起施行。

《条例》明确，禁止在饮用水水源保护区、风景名胜区、自然保护区的核心区和缓冲区、城镇居民区、文化教育科学研究区等人口集中区域内建设畜禽养殖场、养殖小区。

《条例》要求，县级以上人民政府有关主管部门编制畜牧业发展规划和畜禽养殖污染防治规划，规定畜牧业发展规划应当统筹考虑环境承载能力以及畜禽养殖污染防治要求，合理布局，科学确定畜禽养殖的品种、规模、总量；畜禽养殖污染防治规划应当统筹考虑生产布局，明确污染防治目标、任务、重点区域、设施建设及防治措施。

11月11日

［纲　文］　**住房城乡建设部印发《关于公布第一批建设美丽宜居小镇、美丽宜居村庄示范名单的通知》。**

［目　文］　根据《通知》，云南腾冲和顺镇、浙江奉化溪口镇等8个镇被确定为全国美丽宜居小镇示范；江苏南京石塘村、河南信阳郝堂村等12个村确定为美丽宜居村庄示范。这是我国首次评选美丽宜居村镇。首批20个美丽村镇是从我国约2万建制镇、60多万行政村中脱颖而出。

《通知》指出，住房城乡建设部将编制美丽宜居小镇、美丽宜居村庄示范案例集，并通过网络等形式予以宣传。各地要总结示范经验，做好宣传推广，积极探索符合当地实际的理念和方法，推进美丽宜居小镇、美丽宜居村庄建设。

11月11日

［纲　文］　**中国互联网首个院士工作站落户百度。**

［目　文］　院士专家工作站是中国科协组织参与企业技术创新，推进产学研合作的重要工作形式。百度院士专家工作站是我国互联网行业第一家，将围绕大数据、云计算、多媒体等移动互联网时代重点领域展开研究，同时基于百度的技术积累和院士的科研成果，以产学研联合的方式共同推动行业的技术进步，创造良好的经济和社会效益。

11月11日

［纲　文］　**《人民日报》发表题为《那么一股子劲不能松——凝聚全面深化改革的力量之二》的评论员文章。**

11月12日

［纲　文］　**国务院印发《全国资源型城市可持续发展规划（2013—2020年）》。**

［目　文］《规划》主要内容有：一、规划背景。二、总体要求。三、分类引导各类城市科学发展。四、有序开发综合利用资源。五、构建多元化产业体系。六、切实保障和

改善民生。七、加强环境治理和生态保护。八、加强支撑保障能力建设。九、支持政策和保障措施。

《规划》是我国首次在资源型城市可持续发展领域发布的国家级专项规划。《规划》首次确定了资源型城市在全国的分布，主要包括矿业城市和森工城市两类。全国筛选出 262 个城市认定为资源型城市，其中地级行政区 126 个、县级市 62 个、县 58 个、市辖区 16 个。《规划》还根据资源保障能力和可持续发展能力两个指标，把 262 个城市区分为成长型、成熟型、衰退型和再生型四种类型，进行分类指导。

《规划》提出，到 2020 年，资源枯竭城市历史遗留问题基本解决，可持续发展能力显著增强，转型任务基本完成。资源富集地区资源开发与经济社会发展、生态环境保护相协调的格局基本形成。转变经济发展方式取得实质性进展，建立健全促进资源型城市可持续发展的长效机制。

11 月 12 日

［纲　文］　**全国政协在北京中山公园举行仪式纪念孙中山诞辰 147 周年。**

［目　文］　在中山公园中山堂内，全国政协副主席陈元代表全国政协，民革中央主席万鄂湘代表民革中央，中共中央统战部副部长陈喜庆代表中共中央统战部，北京市副市长戴均良代表北京市政府，分别向孙中山先生塑像敬献了花篮。参加纪念仪式的各界人士在孙中山先生塑像前肃立并三鞠躬。

陈昌智、严隽琪、齐续春、陈晓光和何鲁丽、周铁农出席纪念仪式。

11 月 12 日

［纲　文］　**财政部、国家税务总局联合印发《关于经营高校学生公寓和食堂有关税收政策的通知》。**

［目　文］　《通知》指出，经国务院批准，自 2013 年 1 月 1 日至 2015 年 12 月 31 日，经营高校学生公寓和食堂可享如下税收优惠政策：一、对高校学生公寓免征房产税；二、对与高校学生签订的高校学生公寓租赁合同，免征印花税；三、对按照国家规定的收费标准向学生收取的高校学生公寓住宿费收入，免征营业税；四、对高校学生食堂为高校师生提供餐饮服务取得的收入，免征营业税。

《通知》中所指的“高校学生公寓”是指为高校学生提供住宿服务，按照国家规定的收费标准收取住宿费的学生公寓。“高校学生食堂”是指依照《学校食堂与学生集体用餐卫生管理规定》管理的高校学生食堂。

11 月 12 日

［纲　文］　**崔世安发表施政报告。**

［目　文］　澳门特别行政区行政长官崔世安在立法会发表题为《增强综合实力，促进持续发展》的 2014 年财政年度施政报告，具体施政措施包括：加快建设长效机制，大力推进民生工程；努力实现社会发展蓝图，持续推动经济适度多元；提高公共行政绩效，优化公共服务质量等内容。备受外界关注的澳门居民现金分享计划，在 2012 年 8000 元

（澳门元，以下同）的基础上，再增千元。

崔世安在总结澳门经济发展成果时说，2010 至 2012 年，澳门本地经济年平均增长 19.5%，2013 年上半年经济实质增长 10.5%，预计全年经济温和增长的态势仍可保持。居民就业情况理想，2013 年第三季失业率为 1.9%。截至本年 9 月，特区财政储备中的基本储备为 1119.21 亿元（澳门元，以下同），外汇储备总值为 1300.81 亿元。

崔世安建议 2014 年向每个符合资格居民的个人公积金账户额外注入预算盈余特别分配 7000 元，并建议 2014 年继续实施现金分享计划，向永久性居民每人发放 9000 元，非永久居民发放 5400 元，分别较 2013 财年增加 1000 元及 600 元。

崔世安在介绍 2014 年施政重点时指出，特区政府要在人才培养长效机制和教育、社会保障、医疗卫生及住房保障四大民生长效机制的建设方面，加大资源投入，强化制度建设；要扶持产业成长、发展多元经济，加强区域合作、优势互补共赢，建设宜居城市、优化生活空间。

11 月 12 日

［纲　文］ **中国高票当选联合国人权理事会成员。**

［目　文］ 第六十八届联合国大会改选联合国人权理事会成员，中国以 176 票高票当选，任期自 2014 年至 2016 年。中国常驻联合国副代表王民在纽约联合国总部参加了联合国人权理事会选举。他在选举结束后表示，中国政府高度重视促进和保护人权并取得了显著成绩，同时积极开展人权领域国际合作。中国当选联合国人权理事会成员名副其实。

本次改选中，与中国同时当选的还有俄罗斯、英国、法国、古巴、南非、沙特阿拉伯等 13 个国家。

人权理事会于 2006 年 3 月建立，其前身是联合国人权委员会。人权理事会是联合国主要人权机构，总部设在日内瓦。理事会共设 47 个席位，其中亚洲和非洲各占 13 席，拉美及加勒比地区占 8 席，东欧占 6 席，西欧和其他地区占 7 席。

联大每年改选三分之一左右的人权理事会成员。理事会成员每届任期三年，最多可连任一次。连续两任后须间隔一年方可寻求新任期。中国曾在 2006 年至 2012 年担任人权理事会成员。

11 月 12 日

［纲　文］ **《人民日报》发表题为《下好改革一盘棋——三论凝聚全面深化改革的力量》的评论员文章。**

11 月 12—15 日

［纲　文］ **应国家主席习近平邀请，也门总统哈迪对中国进行国事访问。**

［目　文］ 习近平在人民大会堂同哈迪举行会谈时表示，中方高度重视发展中也友好合作关系，尊重也门主权和独立，尊重也门人民自主选择国家发展道路，支持也门政治过渡进程和经济重建。中方愿同也方加强政府、立法机构、政党友好交往，交流治国理政经验，重点开展电力、能源、通讯、交通、基础设施建设等领域合作，在卫生、教育、文

化、体育等领域向也门提供帮助。中方鼓励更多有实力的中国企业赴也门投资，希望也方为中国企业和人员提供安全、良好经营环境。中方支持也方打击恐怖主义、维护国家安全，愿加强双方反恐及打击海盗合作。中方将继续推动国际社会向也门提供支持和帮助。

哈迪表示，坚定支持中方维护国家主权、安全和领土完整，坚定支持中国和平统一大业。也方希望同中国发展战略合作关系，加强政治、经贸、人文等领域交往与合作，欢迎中国企业对也门电力、油气、基础设施建设进行投资。

会谈后，两国元首共同见证了两国政府经济技术合作协定等合作文件的签署。

国务院总理李克强、全国政协主席俞正声分别会见了也门总统哈迪。李克强在会见时表示，中方愿不断深化和拓展两国各领域务实合作，利用中也经贸联委会平台更好统筹规划两国经贸合作，继续帮助也门培养各类人才，鼓励更多有实力、有信誉的中国企业赴也门开展基础设施建设、能源、交通、通讯等领域合作，拓宽融资渠道，实现互利共赢。希望也方切实保障中方在也人员安全。俞正声表示，中方愿同也方一道，把两国元首达成的各项共识落到实处。无论是在也门政治过渡的进程中，还是在也门发展建设的道路上，中方都将一如既往地提供坚定支持和力所能及的帮助。

11月13日

［纲　文］　国家主席习近平就菲律宾遭受超强台风袭击向菲律宾人民表示慰问。

［目　文］　习近平致电菲律宾总统阿基诺三世，就菲律宾遭受超强台风袭击、造成大量人员伤亡和重大财产损失，代表中国人民向菲律宾人民表示诚挚的慰问，向遇难者表示深切的哀悼，祝愿菲律宾人民早日战胜灾害、重建家园。

本月8日至9日，台风“海燕”由东到西横扫菲律宾中部，造成重大人员伤亡和财产损失。菲国家减灾委的灾情通报显示，截至当地时间20日上午6时，“海燕”已造成全国至少4011人死亡，18557人受伤，此外还有1602人失踪。

11月13日

［纲　文］　中共中央发布《关于全面深化改革若干重大问题的决定》。

［目　文］　《决定》主要内容有：一、全面深化改革的重大意义和指导思想。二、坚持和完善基本经济制度。三、加快完善现代市场体系。四、加快转变政府职能。五、深化财税体制改革。六、健全城乡发展一体化体制机制。七、构建开放型经济新体制。八、加强社会主义民主政治制度建设。九、推进法治中国建设。十、强化权力运行制约和监督体系。十一、推进文化体制机制创新。十二、推进社会事业改革创新。十三、创新社会治理体制。十四、加快生态文明制度建设。十五、深化国防和军队改革。十六、加强和改善党对全面深化改革的领导。

《决定》指出，全面深化改革的总目标是完善和发展中国特色社会主义制度，推进国家治理体系和治理能力现代化。到2020年，在重要领域和关键环节改革上取得决定性成果，完成本决定提出的改革任务，形成系统完备、科学规范、运行有效的制度体系，使各方面制度更加成熟更加定型。

11月13日

［纲　文］　**李克强主持召开国务院常务会议。**

［目　文］　会议指出，改革是决定当代中国命运的关键抉择。党的十八届三中全会对今后一个时期全面深化改革作出了总体部署。各级政府要把思想和行动统一到全会精神和中央决策部署上来，进一步解放思想，以更大的勇气、智慧和魄力，推动改革不断取得新突破，促进经济持续健康发展，让改革和发展成果更多更公平惠及全体人民。

会议强调，完成好本年的各项改革任务，对落实十八届三中全会的部署、加快推进重点领域和关键环节改革，具有重要意义。本年的改革成效也是对能否贯彻好三中全会精神的检验。新一届政府成立后部署了7个方面22项重点改革任务。经过各方面努力，深化政府机构改革、减少审批事项、创新政府公共服务提供方式、扩大营改增试点范围、推进利率市场化改革、天然气价格改革、城乡居民大病保险全覆盖、困难群体社会救助等重点改革已出台相关实施方案。其他涉及社会组织管理制度改革、进一步完善行政审批制度、鼓励民间资本发起设立民营银行等重点改革也在积极推进。总的看，今年的改革进展是顺利的，对推动经济稳中向好发挥了重要作用。但一些方面的改革措施尚未落实，要高度重视，抓紧推进。

会议认为，贯彻十八届三中全会精神、全面深化改革，必须兑现已部署的各项改革承诺，增强人民对改革的信心，奠定改革迈出新步伐的基础。当前要一手抓已确定各项改革任务的落实，一手抓今后尤其是2014年重点改革任务的谋划。要认真检查本年改革措施的落实情况，努力使各项改革逐一落地、逐见成效。特别是对简政放权、转变政府职能的改革，推进营改增、减免小微企业税费、盘活财政和货币资金存量、金融支持实体经济，完善资源性产品价格形成机制，农业和农村领域的改革，扩大开放、推进自贸区建设的改革，健全大气污染治理和食品安全监管机制等民生方面的改革，都要以坚定的决心和韧劲，毫不放松、一抓到底。同时，要按照十八届三中全会精神，结合2014年工作，认真研究、筹划下一步各项改革任务。对已明确方向的改革任务和已确定的改革项目，要提出具体实施方案。国务院各部门不但要围绕改革“出题目”，更要为推进改革“做答案”，通过抓好本年各项改革，为2014年改革迈出新步伐、开创新局面奠定良好基础。

11月13日

［纲　文］　**中宣部在北京召开全国宣传部长会议。**

［目　文］　中共中央政治局委员、中宣部部长刘奇葆出席会议并讲话，强调宣传思想文化战线要把学习宣传贯彻党的十八届三中全会精神作为重大政治任务，准确全面严谨地宣传全会精神，迅速兴起学习宣传贯彻全会精神的热潮。

刘奇葆指出，党的十八届三中全会是在全面建成小康社会和全面深化改革开放的重要阶段，召开的一次十分重要的会议。全会科学回答了全面深化改革的一系列重大理论和实践问题，明确了改革的方向，开启了新的改革窗口，对于实现“两个一百年”奋斗目标、实现中华民族伟大复兴的中国梦具有里程碑意义。

刘奇葆强调，要深入宣传全面深化改革的重大意义，宣传全面深化改革的指导思想、总体目标、基本原则和重大部署，宣传全面深化改革必须加强和改善党的领导，宣传十八大以来党和国家事业的新进展新成就，深入开展中国特色社会主义道路和改革开放理论宣传，为全面深化改革营造良好的社会环境，提供坚强有力的思想舆论支持。要紧紧围绕建设社会主义核心价值体系、社会主义文化强国深化文化体制改革，推动文化大发展大繁荣。要在做好全会精神宣传的同时，深入宣传阐释习近平总书记系列讲话精神，更好推动讲话精神深入人心、凝聚人心。

11月13日

［纲　文］　**中央纪委常委会在北京召开会议，研究加强反腐败体制机制创新和制度保障。**

［目　文］　会议传达学习党的十八届三中全会和习近平总书记重要讲话精神，结合纪检工作实际，就落实《中共中央关于全面深化改革若干重大问题的决定》作出部署。中共中央政治局常委、中央纪委书记王岐山主持会议。

会议强调，党中央高度重视加强反腐败体制机制创新和制度保障。要深刻认识全面深化改革与推进党风廉政建设和反腐败斗争的关系，发挥纪检监察机关在推进国家治理体系和治理能力现代化进程中的作用。要立足当前、着眼长远，研究制定纪律检查工作双重领导体制具体化、程序化、制度化的意见，注重制度设计的细节。加大党风廉政建设责任制的责任追究。制定全面落实中央纪委向中央一级党和国家机关派驻纪检机构的指导意见。与时俱进地修订《中国共产党巡视工作条例（试行）》，改进中央和省区市巡视制度，做到对地方、部门、企事业单位全覆盖。

会议指出，三中全会对反腐败体制机制创新提出新要求，进一步明确了纪检监察机关职责定位。要聚焦党风廉政建设和反腐败斗争，转职能、转方式、转作风。强化对党风政风的执纪监督，加大对党员领导干部违反党纪政纪、涉嫌违法行为审查和处置力度，坚决惩治腐败。要督促各级党委和纪委抓早抓小，发现领导干部苗头性问题及时了解核实、诫勉谈话，扯扯袖子，甚至大喝一声。要克服组织涣散、纪律松弛问题，严明政治纪律、组织纪律、财经纪律、工作纪律和生活纪律，强化党员干部组织意识和纪律观念。

11月13日

［纲　文］　**全国打击侵犯知识产权和制售假冒伪劣商品工作领导小组第三次全体会议在北京召开。**

［目　文］　国务院副总理汪洋主持会议。他在会上强调，党的十八届三中全会对全面深化改革作出了重大部署，为打击侵权假冒工作指明了方向，也提出了新的更高要求。各地区、各部门要深入贯彻落实全会精神，坚持打建结合、标本兼治，不断将打击侵权假冒工作引向深入，维护好广大企业和人民群众的切身利益。

汪洋指出，本年以来，打击侵权假冒工作取得重要进展。全国共查办侵权假冒违法犯罪案件 23 万多件，抓捕犯罪嫌疑人 3.5 万人，审查起诉 1.3 万人；93% 的市级政府和 80% 的县级政府已完成软件正版化。但部分地区和领域制假售假行为依然突出，打击侵权假冒工作决不能放松。

汪洋强调，现在到年底只有一个多月时间，打击侵权假冒工作要切实抓紧抓好，确保如期完成全年各项任务。要重点做好五项工作：一是开展打击侵权假冒年度绩效考核，调动各方面的积极性，推动形成社会共治格局。二是继续推进软件正版化，市、县级政府年底前要全面完成整改任务。三是加强执法与司法衔接，严厉打击涉嫌犯罪的侵权假冒行为，严禁以罚代刑。四是推进行政处罚案件信息公开，让各种侵权假冒行为无处藏身。五是加强打击侵权假冒工作宣传，增强全社会知识产权意识，展现中国政府保护知识产权的决心、努力和成效。

11 月 13 日

［纲　文］　**《人民日报》发表题为《让改革旗帜在中国道路上飘扬》的社论。**

11 月 13—15 日

［纲　文］　**中国环境与发展国际合作委员会 2013 年年会在北京市举行。**

［目　文］　本届年会以“面向绿色发展的环境与社会”为主题。会议就环境保护与社会发展、可持续消费与绿色发展、促进中国绿色发展的媒体和公众参与政策、绿色发展中的企业社会责任、促进城市绿色出行政策等系列报告和政策建议进行了讨论。中外委员、特邀嘉宾、中外专家和中外观察员以及其他中外来宾近 400 人参加了会议。

年会在完成各项议题后于 15 日闭幕。环境保护部部长、国合会中方执行副主席周生贤出席闭幕式并作总结讲话。加拿大国会议员、环境部前部长、国合会外方执行副主席肯特作了发言。环境保护部副部长、国合会秘书长李干杰出席闭幕式并介绍了国合会 2014 年工作安排。

年会主要达成了四个方面的广泛共识：一是坚持全面深化改革；二是加快建设美丽中国；三是优先解决损害群众健康的突出环境问题；四是倡导履行环境社会责任。

中国环境与发展国际合作委员会于 1992 年由中国政府批准成立，是一个由中外环发领域高层人士与专家组成的、非营利的国际性高级咨询机构，主要任务是交流、传播国际环发领域内的成功经验，对中国环发领域内的重大问题进行研究，向中国政府领导层与各级决策者提供前瞻性、战略性、预警性的政策建议，支持促进中国实施可持续发展战略，建设资源节约型、环境友好型社会。

会议期间，国务院总理李克强在北京人民大会堂会见了出席年会的外方代表并发表讲话。李克强强调，中国政府高度重视协调好、平衡好发展与环境的关系，在促进经济不断发展中更好地保护环境。国务院副总理、中国环境与发展国际合作委员会主席张高丽会见了主要外宾并出席开幕式。

11 月 14 日

［纲　文］　**中央党校秋季学期第二批进修班举行开学典礼。**

［目　文］　中央政治局常委、中央党校校长刘云山出席开学典礼并讲话。他强调，党的十八届三中全会把握时代、实践和人民的新要求，对在新的历史起点上全面深化改革作出战略部署，在理论上有一系列重大创新，在政策上有一系列重大突破，充分体现了以习近平同志为总书记的党中央高举改革开放旗帜的高度自觉。这种自觉来自对35年改革开放成功经验的深刻总结，来自对我国基本国情和形势变化的清醒认识，来自对中国特色社会主义的坚定自信。全会通过的《决定》描绘了全面深化改革的新蓝图，是具有划时代意义的纲领性文件。习近平总书记在全会上发表的重要讲话，以一系列新的思想观点升华了我们党对全面深化改革的认识，为贯彻全会精神、全面深化改革提供了有力思想武器。《决定》和讲话相互贯通、相辅相成，是学习贯彻全会精神的基本遵循，要原原本本地学习，对照起来学、统一起来学。通过深入学习，进一步提高对全面深化改革重大意义的认识，坚定改革信心、凝聚改革力量，切实增强全面深化改革的自觉性坚定性。

刘云山说，全会精神内涵十分丰富，要全面准确把握基本精神，深刻理解全面深化改革的指导思想、重要方针、目标任务、政策举措，领会精神实质、掌握核心要义。学习贯彻全会精神是当前和今后一个时期全党全国的重要政治任务。

赵乐际、赵洪祝出席开学典礼。中央有关部门负责人、中央党校负责人，中央党校新入学学员、在校全体学员、分校学员代表和教职工参加开学典礼。

11月14日

［纲　文］　**2013“亚洲文化合作论坛”在香港举办。**

［目　文］　论坛由香港特区政府民政事务局发起组织，来自马来西亚、新加坡、菲律宾等11个亚洲国家的政府文化部门负责人与会，中国文化部部长蔡武赴香港出席此次论坛，并在文化部长座谈会上围绕“文学与文化生命力”这一主题发表演讲。

论坛期间，蔡武还与香港特区政府民政事务局局长曾德成举行会谈，就加强内地与香港文化合作与交流交换意见；同时还与香港文化界知名人士座谈，介绍内地文化发展情况，倾听香港文化界关注与诉求并交换两地文化合作的意见与建议，促进内地与港澳地区实现优势互补、合作共赢。

香港“亚洲文化合作论坛”创办于2003年，由香港特区政府民政事务局主办，旨在加强亚洲各国及地区政府间的联系，促进区域间文化交流与合作。

11月14日

［纲　文］　**外交部发言人评价中国留日学生见义勇为救日本落水儿童的事迹体现传统美德。**

［目　文］　9月16日，受台风影响，日本大阪淀川水位上涨，一名9岁男孩不慎落水。严俊见状跳入河中营救，因河水湍急一度失败。但他没有放弃，追踪落水儿童至百米之外，系上绳索再次跳入河中，终于成功救起落水儿童。

外交部发言人在例行记者会上说，中国留日学生严俊同学勇救日本落水儿童的事迹体现了中华民族见义勇为的传统美德，中国驻日本使馆前不久也为严俊同学举行了表彰仪式，中国驻日本大使程永华向他颁发了表彰状。希望这名被救儿童健康成长，长大后为中日友好作出贡献。

日本首相安倍晋三13日向严俊颁发感谢状。日本内阁官房长官菅义伟在记者会上说，日中两国有责任为维护世界和平与稳定作贡献，日本国民都知道日中友好关系的重要性。

11月14日

［纲　文］**《人民日报》发表题为《以“三种意识”推进全面深化改革——一论认真贯彻落实十八届三中全会精神》评论员文章。**

11月15日

［纲　文］**全国人大常委会党组在北京召开会议，专题学习贯彻十八届三中全会精神。**

［目　文］中共中央政治局常委、全国人大常委会委员长张德江主持会议并讲话。会议强调，学习好、贯彻好、落实好党的十八届三中全会精神，是全国人大常委会党组、全国人大常委会重要政治任务。要学习贯彻全会精神和习近平总书记重要讲话精神，充分认识全会的重大意义，切实把思想和行动统一到全会精神上来，坚持党的领导、人民当家作主、依法治国有机统一，完善和发展中国特色社会主义制度，充分发挥最高国家权力机关在全面深化改革中的重要作用，齐心协力贯彻落实好全会作出的决策部署，为全面建成小康社会、实现中华民族伟大复兴的中国梦提供有力的法律制度保障。

会议指出，党的十八届三中全会具有重大的现实意义和深远的历史意义。全会通过的决定是指导新形势下全面深化改革的一个纲领性文件，是全面深化改革的总部署、总动员。全国人大及其常委会作为最高国家权力机关，担负着重要的政治责任，要深入系统学习领会全会精神，准确把握全会精神实质，统一思想认识，以全会精神武装头脑、提高素质、指导实践、推动工作，坚定不移把改革开放事业推向前进。要切实增强责任感、使命感，坚持正确政治方向，树立进取意识、机遇意识、责任意识，敢于负责、敢于担当，广泛凝聚各方共识，形成推动改革开放的强大正能量，努力完成全面深化改革的各项任务。

会议强调，全国人大及其常委会要紧紧围绕全面深化改革的总目标，结合人大实际，贯彻落实好全会的部署和要求。要坚持和完善人民代表大会制度，推进人民代表大会制度理论和实践创新，健全人大监督制度和讨论、决定重大事项制度，密切联系代表、建立健全代表联络机构，推动人民代表大会制度与时俱进。要全面推进依法治国，坚持法律面前人人平等，维护宪法法律权威，进一步健全宪法实施监督机制和程序，建立健全全社会忠于、遵守、维护、运用宪法法律的制度，推进法治中国建设。要完善中国特色社会主义法律体系，加强立法工作，坚持科学立法、民主立法，提高立法质量，依据改革举措，结合立法规划和立法工作计划，需要修改的法律按照程序及时修改，使重大改革于法有据、有序进行，需要得到法律授权的重要改革举措，要按法律程序进行。

11月15日

［纲　文］　国家质检总局发布《有机产品认证管理办法》。

［目　文］　《办法》共63条，分总则、认证实施、有机产品进口、认证证书和认证标志、监督管理、罚则、附则7章，自2014年4月1日起施行。

《办法》规定，有机配料含量（指重量或者液体体积，不包括水和盐）等于或者高于95%的加工产品，应当在获得有机产品认证后，方可在产品或者产品包装及标签上标注“有机”字样，加施有机产品认证标志。获证产品标签、说明书及广告宣传等材料上可以印制中国有机产品认证标志，并可以按照比例放大或者缩小，但不得变形、变色。

11月15日

［纲　文］　《人民日报》发表题为《把握全面深化改革总目标——二论认真贯彻落实十八届三中全会精神》的评论员文章。

11月15—16日

［纲　文］　应国务院总理李克强邀请，荷兰首相吕特对中国进行正式访问。

［目　文］　国家主席习近平在钓鱼台国宾馆会见荷兰首相吕特。习近平在会见时说，中国共产党十八届三中全会对全面深化改革作出总体部署。中国正在推进新型工业化、信息化、城镇化、农业现代化，这为中荷合作提供了更多机遇。双方既要继续推进港口、石化等传统领域合作，也要不断开拓新领域，推动务实合作更上一层楼。双方要密切人文交流，扩大人员交往，增进民间友好。双方要共同推动中欧关系发展。习近平表示，中方支持荷方2014年主办第三届核安全峰会，愿同荷方共同推动峰会取得成功。

吕特表示，荷中关系发展很快、很好。我祝贺中共十八届三中全会成功召开，赞赏中国政府和领导人坚持改革开放的决心和勇气，相信中国的发展对荷兰是重要机遇。荷方高度重视对华关系，愿同中方密切高层交往，扩大互利合作，加强人文交流。荷方将继续积极致力于推动欧中关系发展。

国务院总理李克强同吕特举行会谈。李克强在会谈时表示，中荷合作近年一直走在中国同欧盟国家合作的前列。双方要保持好这一势头，深挖市场、技术、人才、资金等方面的互补潜力，培育合作新支柱，打造合作新亮点。一是发挥“亚欧大陆桥”互联互通优势，扩大合作辐射面，推动贸易投资并举，拓展亚欧两大市场。二是提高油气资源开发、农业、水利等传统领域合作的科技含量，加强食品安全领域交流合作。希望荷方扩大对华高新技术出口，为中国企业和人员往来提供更多便利。三是全面加强节能环保、新材料、新能源等领域合作。四是提升金融合作水平，扩大小企业金融和绿色信贷等合作。

吕特表示，中国改革开放将为荷中和欧中合作带来新机遇。荷方愿进一步扩大对华投资，加强两国经贸、农业、节能环保、金融、高科技等合作，继续致力于反对贸易保护主义。荷方认为加快推进欧中投资协定谈判和建立欧中自贸区对双方经济发展都有利，期待第十六次欧中领导人会晤取得积极成果。双方还就共同关心的国际和地区问题深入交换了意见。

全国人大常委会委员长张德江在人民大会堂会见了吕特。

11月15—17日

［纲　文］　**刘云山在山东省调研。**

［目　文］　中共中央政治局常委刘云山先后到烟台、威海、济南等地，深入企业、社区、农村和文化单位，就学习贯彻十八届三中全会精神，调研了解基层情况，面对面听取干部群众意见。

刘云山对山东改革开放和党的建设的成绩给予肯定，希望山东抓好全会精神的学习贯彻，在全面深化改革上不断取得新进展。他说，改革增动力、添活力，十八届三中全会的召开对企业来说是重要机遇，必将为企业营造更有利的体制环境，打开更广阔的发展空间。

调研期间，刘云山分别召开基层干部座谈会和山东、江苏、安徽、河南四省党委有关负责人座谈会，就推进群众路线教育实践活动听取意见。他说，扎实开展教育实践活动、加强作风建设，是十八届三中全会精神的重要内容，也是落实全会部署的重要保证。第一批教育实践活动正在进行整改落实、建章立制，这是最终检验活动成效的环节，是攻坚克难的阶段。一些地方和单位在整改中存在“松”的情绪、“软”的现象、“拖”的问题，需要引起高度重视。要认真贯彻习近平总书记指示精神，坚持标准、从严要求，以钉钉子精神抓好整改落实，决不能虎头蛇尾、失信于民。整改就要真正改，整改方案就是军令状、责任书，领导干部要带头改，以过硬的措施来改，以有力的约束和监督来改，坚持准、狠、韧，不能只说不练、虚晃一枪，防止整改承诺成为空头支票。要接地气、顺民心，从群众最关心的问题、最不满意的地方抓起，让群众受益、群众满意。对整改不力、解决问题效果不好的及时约谈，问题严重而没有行动的要进行问责。要立好规矩、建好章法，形成科学、务实、管用的制度机制，既治“流行病”又治“地方病”，既能“堵风”又能“防风”，实现作风建设常态化长效化。

11月15—17日

［纲　文］　**赵乐际在福建省调研。**

［目　文］　中共中央政治局委员、中央书记处书记、中央组织部部长赵乐际在福建福州、龙岩、厦门就学习贯彻党的十八届三中全会精神和党的群众路线教育实践活动进行调研，召开福建、江西、湖北、湖南四省教育实践活动领导小组负责人座谈会。

赵乐际先后瞻仰了古田会议会址，参观了古田会议纪念馆，看望慰问了军烈属、老党员；走进福州军门社区、厦门金尚社区，与社区工作者、基层党员群众亲切交谈；并来到美亚柏科信息科技有限公司、厦门钨业股份有限公司，了解企业经营发展和党建工作情况。

赵乐际在四省座谈会上指出，当前教育实践活动正处在抓整改、见实效的关键环节，要结合学习贯彻党的十八届三中全会精神，持续拧紧螺丝，坚持严的标准、严的措施、严的纪律，一项一项整治、一个一个攻坚。既要“回头看”找差距，又要明确今后怎么办，整改哪些问题、采取哪些措施、建立哪些制度，都要具体实在。既要重班子整改，又要重个人整改，班子的整改任务，一把手负总责，班子成员都有责任；每位领导干部都要把自己摆进去，主动认领班子查找的问题、自觉整改自身存在的问题。既要在工作上整改，又要在思想上整改，把解决“四风”问题与增强党性修养结合起来，把提高密切联系群众的觉悟与提高群众工作能力结合起来。既要普遍整改，又要专项整治，抓住群众反映最强烈的问题集中解决，强力推进、取得突破。既要立行立改，又要建章立制，在严格的党内生活锻炼中，解决好世界观、人生观、价值观这个“总开关”问题；在坚持贯彻民主集中制、用好批评和自我批评有力武器中，提高发现和解决自身问题的能力；在以改革精神推动体制机制创新、健全和严格落实制度中，推进整治“四风”常态化长效化。督导组要保持工作力度，严格督导把关。

11月16日

［纲　文］　**国家主席习近平会见美国总统特别代表、财政部部长雅各布·卢。**

［目　文］　习近平在会见时表示，当前，中美关系保持积极稳定发展势头。双方要继续落实我同奥巴马总统安纳伯格庄园会晤达成的重要共识，牢牢把握构建中美新型大国关系的大方向，保持高层交往，利用好中美战略与经济对话、中美人文交流高层磋商、中美商贸联委会等机制，加强合作，推动中美关系取得更大进展。

雅各布·卢向习近平转达奥巴马总统的问候，祝贺中共十八届三中全会成功召开。他表示，美方认为，这次会议标志着中国改革又向前迈出重要一步。奥巴马总统派我专程来华，目的是深入了解中国雄心勃勃的改革方略。我将把中国改革的思路和举措向奥巴马总统汇报。美方支持中国继续推进市场经济改革，这对美国、对世界都很重要。美国也正在推进国内改革，希望通过美中战略与经济对话等机制，同中方加强沟通协调，扩大经贸、能源、气候变化、食品安全等领域合作。

国务院副总理汪洋在北京与雅各布·卢举行会谈时，简要介绍了刚刚闭幕的中国共产党十八届三中全会提出的全面深化改革举措。汪洋表示，着眼于实现中华民族伟大复兴的中国梦，十八届三中全会对经济、政治、文化、社会、生态等方面的改革作出了一系列重大部署，在理论上有重大创新，在改革举措上有重大突破，一定会释放出巨大的改革红利，推动中国经济社会发展再上一个新台阶，这不仅将惠及中国人民，也将为建设中美新型大国关系提供源源不断的动力和活力。中方希望美方妥善处理好政府预算和债务上限问题，妥善处理美联储量化宽松货币政策退出的外溢性影响，维护国际金融市场稳定。

11月16日

［纲　文］　**汪洋在深圳市考察城市物流工作。**

［目　文］　国务院副总理汪洋在深圳考察时强调，要加快物流标准化建设，提高物流信息化水平，减少流通环节，提高流通效率，降低物流成本，为经济社会发展提供有力支撑。

深圳是全国物流产业发展的领先城市，物流业增加值超过1000亿元。汪洋先后考察了深圳市海吉星国际农产品物流园和朗华供应链服务公司。他说，标准化是现代物流业发展的重要基础，是提高流通效率的重要手段。比如，现在全国物流企业有8亿多个托盘，绝大部分是非标准化的，多数没有实现循环共用，既浪费资源、增加成本，也影响效率。推进物流标准化建设时不我待。对企业实施新标准增加的成本，要研究支持政策。

汪洋强调，骨干批发市场特别是农产品批发市场不能过度商业化，在规划、建设、运营、监管等方面政府要给予支持。对供应链服务企业经营中遇到的通关、退税、结汇等问题，有关部门要研究采取有效措施予以解决。

考察前，汪洋出席了第十五届中国国际高新技术成果交易会，并会见了出席交易会的外国政要和友人。

11月16日

［纲　文］　**新疆首条高铁铺轨完工。**

［目　文］　16日上午，在位于新疆鄯善县以东80公里处，随着最后一组500米长钢轨铺设完成，兰新铁路第二双线新疆段正线710公里铺轨完工。全长1776公里的兰新铁路第二双线是目前世界上一次性建设里程最长的高速铁路，线路东起兰州，途经西宁，西至乌鲁木齐，横跨新疆、甘肃、青海三省区，其中新疆段正线全长710公里，这也是新疆首条高速客运铁路。旅客列车速度设计目标值超过200公里/小时。

11月18日

［纲　文］　**国家主席习近平在北京会见美国前总统克林顿。**

［目　文］　习近平在会见时赞赏克林顿担任美国总统期间为推动中美关系发展作出了积极努力以及卸任后同中方在扶贫、慈善、卫生防疫特别是艾滋病防治等领域开展了有效合作。习近平指出，中美关系虽历经风雨，但总体上朝着正确方向发展，取得了丰硕成果。在两国历届领导人共同努力下，中美关系已经建设成为一座摩天大厦。我们双方要继续努力，为中美关系添砖加瓦。我同奥巴马总统就共同建设中美新型大国关系达成重要共识。这是双方着眼两国和两国人民根本利益作出的战略决策。双方正在加强政治、经贸、生态、人文等领域合作，还要共同应对气候变化、能源安全等挑战。只要双方牢牢把握新型大国关系的大势和原则，相互尊重，合作共赢，中美关系发展前景就会更加广阔。中美关系发展需要两国各界人士积极支持和参与。希望克林顿先生和克林顿基金会继续作出贡献，带动更多人投身中美友好合作事业。

克林顿表示，我珍惜同中方建立起来的真诚、互信和建设性合作关系。我祝贺中共十八届三中全会成功召开，支持中国全面深化改革。美中两国应该加强合作，共同应对各种全球性挑战，为两国人民创造美好未来。我本人及克林顿基金会愿继续推动美中卫生、新能源、生态环境、气候变化等领域合作，并同中方在非洲等地区开展合作，共同促进人类福祉和世界可持续发展。

11月18日

［纲　文］　**习近平接见全军军事斗争后勤准备工作会议代表。**

［目　文］　下午3时整，中共中央总书记、国家主席、中央军委主席习近平等领导来到京西宾馆会见大厅，与代表们亲切握手、致以诚挚问候，并同大家合影留念。

中共中央政治局委员、中央军委副主席范长龙，中共中央政治局委员、中央军委副主席许其亮，中央军委委员常万全、赵克石、张又侠等参加接见。

经中央军委批准，全军军事斗争后勤准备工作会议18日在北京召开。会议的主要任务是：深入学习贯彻党的十八大和十八届三中全会精神，学习贯彻习主席关于国防和军队建设重要论述，围绕实现全面建设现代后勤总体目标和建设保障打赢现代化战争的后勤、服务部队现代化建设的后勤、向信息化转型的后勤，开展重大理论与现实问题研究。按照“能打仗、打胜仗”的要求，研究部署拓展深化军事斗争后勤准备工作任务。

11月18日

［纲　文］　**俄罗斯客机失事造成众多人员遇难，国家主席习近平向普京致慰问电。**

［目　文］　11月17日，俄罗斯鞑靼斯坦航空公司一架波音737-500客机在俄中西部城市喀山坠毁，机上44名乘客和6名机组人员全部遇难，死者中无中国公民。

习近平在通电中代表中国政府和中国人民，向在喀山机场飞机坠毁事故中的遇难者表示深切的哀悼，向遇难者亲属表示诚挚的慰问。

当天，国务院总理李克强致电俄罗斯联邦政府总理梅德韦杰夫，向喀山市客机坠毁事件中不幸遇难者表示深切哀悼，向遇难者亲属表示同情和慰问。

11月18日

［纲　文］　**国务院南水北调工程建设委员会第七次全体会议在北京召开。**

［目　文］　国务院副总理、国务院南水北调工程建设委员会主任张高丽主持会议并讲话。国务院副总理、国务院南水北调工程建设委员会副主任汪洋出席会议。

张高丽在会上指出，南水北调工程是优化我国水资源配置、促进经济社会可持续发展的重大战略性基础工程，关系国计民生和中华民族长远发展。工程自2002年开工以来，经过各方面的共同努力，建设进展顺利，质量总体良好，治污工程和水源保护有序推进，移民搬迁安置任务全面完成，应急供水、防洪抗旱、生态保护等综合效益初步显现，工程取得重要阶段性成果。

张高丽要求，当前南水北调东、中线一期工程已进入收尾阶段，要着力提高工程建设管理水平，加快中线主体工程和配套工程建设，建立科学合理的管理体制机制，确保工程运行平稳顺畅。统筹做好蓄水、调水准备工作。加强人员培训，抓好工程维修养护、水量配售和地下水压采。以特色产业发展和就业服务为重点，切实安排好移民群众的生产、生活和长远生计。牢固树立过紧日子的思想，严格资金管理，真正把钱用在刀刃上。

汪洋充分肯定了南水北调工程建设取得的显著成绩。他指出，要科学安排好收尾阶段各项工作，坚持节水与调水并举，统筹解决好生活、生产和生态用水，扎实开展对口协作，促进移民群众生产生活良性发展。

国务院南水北调办和有关部门负责人在会上汇报了南水北调工程建设和运行管理工作有关情况。国务院南水北调工程建设委员会各成员单位负责人参加了会议。

11月18日

［纲　文］　**中共中央、国务院印发《党政机关厉行节约反对浪费条例》。**

［目　文］　《条例》共分12章65条，对党政机关经费管理、国内差旅、因公临时出国（境）、公务接待、公务用车、会议活动、办公用房、资源节约作出全面规范，自2013年11月18日起施行。

《条例》强调，党政机关要坚持从严从简，降低公务活动成本；坚持依法依规，严格按程序办事；坚持总量控制，严格控制经费支出总额；坚持实事求是，从实际出发安排公务活动；坚持公开透明，除涉及国家秘密事项外，公务活动中的资金、资产、资源使用等情况应予公开并接受监督；坚持深化改革，通过改革创新破解体制机制障碍，建立健全厉行节约反对浪费工作长效机制。

11月18日

［纲　文］　**国务院办公厅印发《关于促进煤炭行业平稳运行的意见》。**

［目　文］　《意见》提出了5个方面的要求：一、坚决遏制煤炭产量无序增长。二、切实减轻煤炭企业税费负担。三、加强煤炭进出口环节管理。四、提高煤炭企业生产经营水平。五、营造煤炭企业良好发展环境。

11月18日

［纲　文］　**国务院批复山东省人民政府同意将青州市列为国家历史文化名城。**

［目　文］　《批复》称青州市历史悠久，遗存丰富，文化底蕴深厚，名胜古迹众多，街区特色鲜明，城区传统格局和风貌保存完好，具有重要的历史文化价值。

《批复》要求山东省及青州市人民政府根据本批复精神，按照《历史文化名城名镇名村保护条例》的规定，正确处理城市建设与保护历史文化遗产的关系，深入研究发掘历史文化遗产的内涵与价值，明确保护的原则和重点。编制好历史文化名城保护规划，并将其纳入城市总体规划，划定历史文化街区、文物保护单位、历史建筑的保护范围及建设控制地带，制定严格的保护措施。在历史文化名城保护规划的指导下，编制好重要保护地段的详细规划。在规划和建设中，要重视保护城市格局，注重城区环境整治和历史建筑修缮，不得进行任何与名城环境和风貌不相协调的建设活动。

《批复》同时要求山东省和住房城乡建设部、国家文物局要加强对青州市国家历史文化名城规划、保护工作的指导、监督和检查。

11月18日

［纲　文］　**全国人大常委会委员长张德江在北京与科特迪瓦国民议会议长索罗举行会谈。**

［目　文］　张德江在会见时说，本年是中国和科特迪瓦建交30周年。30年来，两

国关系发展顺利，经贸合作稳步增长，文化、地方等领域交流十分活跃。中国高度重视发展中科关系，是科特迪瓦的可靠朋友和真诚伙伴。当前，两国正致力于实现各自国家的宏伟蓝图，中方愿与科方携手努力，本着互利共赢的原则，深化经贸合作，积极参与科特迪瓦的经济建设，促进共同发展。

张德江说，中国与非洲是休戚与共的“命运共同体”。加强同非洲国家的团结合作，是中国对外政策的重要基石，也是中方长期、坚定的战略选择。中国共产党十八届三中全会作出了全面深化改革的战略部署，这必将为中非关系带来新的发展机遇、提供新的合作前景。中方坚持真、实、亲、诚四字方针，将与包括科特迪瓦在内非洲国家一道，全面落实好习近平主席访问非洲达成的重要共识，推动中非新型战略伙伴关系深入发展，造福中非人民。

索罗说，科方视中方为好兄弟、好朋友，继续坚持一个中国的立场，愿进一步加强两国立法机关的友好交往，学习中方在发展经济、改善民生等方面的成功经验，让科中友谊结出更加丰硕的成果。

次日，国家副主席李源潮在北京人民大会堂会见了索罗。

11月18日

［纲　文］　**《人民日报》发表题为《坚持做好“三个进一步解放”——三论认真贯彻落实十八届三中全会精神》。**

11月18—20日

［纲　文］　**政协十二届全国委员会常务委员会第三次会议在北京举行全体会议。**

［目　文］　会议18日上午在北京开幕，主要议题是：学习贯彻中共十八届三中全会精神，围绕全面深化改革进行讨论。中共中央政治局常委、全国政协主席俞正声出席并讲话。中共中央政治局常委、中央书记处书记刘云山应邀到会作了关于中共十八届三中全会会议情况和精神的报告。

俞正声在讲话中指出，要深入学习领会中共十八届三中全会精神，进一步把思想和行动统一到全会精神上来。全会对发展统一战线事业和人民政协事业作出重大部署，对社会主义协商民主进行了科学定位，对协商民主广泛多层制度化发展作了深刻表述，对发挥统一战线在协商民主中的重要作用提出明确要求，对充分发挥人民政协作为协商民主重要渠道作用作出具体部署。要通过制定并组织实施全国政协年度协商工作计划、增加协商密度、在政协健全委员联络机构和完善委员联络制度等，努力为政协委员提供更多发表意见、协商议政的机会，推动各项改革举措更好地贯彻落实。

刘云山在报告中指出，学习领会全会精神，既要全面把握，又要突出重点，着力领会精神实质、掌握核心要义。要牢牢把握全面深化改革的总目标，完善和发展中国特色社会主义制度，推进国家治理体系和治理能力现代化；牢牢把握社会主义市场经济改革方向，使市场在资源配置中起决定性作用和更好发挥政府作用；牢牢把握全面深化改革的出发点和落脚点，着力推进公平正义、增进人民福祉，让发展成果更多更公平惠及全体人民；牢牢把握全面深化改革的总开关和目的，进一步解放思想、解放和发展社会生产力、解放和增强社会活力；牢牢把握全面深化改革的主要任务，以经济体制改革为重点，牵引和带动其他各领域的改革；牢牢把握全面深化改革的根本保证，加强和改善党对全面深化改革的领导，充分发挥党总揽全局、协调各方的领导核心作用。

常委会组成人员围绕学习贯彻中共十八届三中全会精神踊跃发言，为全面深化改革提出了建设性的意见和建议。

会议追认政协第十二届全国委员会第六次主席会议作出的关于撤销王素毅政协第十二届全国委员会委员资格的决定。会议通过表决，增补王新宪为政协第十二届全国委员会委员，担任社会和法制委员会副主任；通过李勇请辞政协第十二届全国委员会委员的决定。

闭幕式上，俞正声还就深入学习贯彻中共十八届三中全会精神，切实抓好下一阶段重点工作做出具体部署。

常委会议闭幕后，政协十二届常委会举办了第二次学习讲座。

11月18—20日

［纲　文］　**中国军队巡视机构成立暨巡视干部培训会议在北京召开。**

［目　文］　为保证军队巡视工作有力有序有效开展，成立中央军委巡视工作领导小组，实施对巡视工作的领导；领导小组下设办公室，为其日常办事机构；成立中央军委巡视组，承担巡视任务。

军队巡视工作的职能任务主要有五个方面：一是贯彻执行党的路线方针政策和军委决策指示情况，着力发现是否存在违反政治纪律的问题；二是贯彻执行民主集中制情况，着力发现是否存在违背党的组织原则和党内政治生活准则、滥用权力问题；三是开展作风建设情况，着力发现是否存在形式主义、官僚主义、享乐主义和奢靡之风等违反中央八项规定、军委十项规定精神的问题；四是选拔任用干部情况，着力发现是否存在买官卖官、拉票贿选、突击提拔干部等不正之风和腐败行为；五是廉政勤政情况，着力发现是否存在权钱交易、以权谋私、贪污贿赂、腐化堕落等违法违纪问题，以及精神状态不好、履职不认真等问题。

此次会议对年底前巡视工作进行动员部署，并对巡视干部进行业务培训。中共中央政治局委员、中央军委副主席、军委巡视工作领导小组组长许其亮18日出席会议并讲话。许其亮强调，要把高层党委班子及其成员特别是主要领导干部作为巡视监督的重点，把严格依纪依法作为开展巡视工作铁的纪律，把探索与纪委工作的衔接配合作为开展巡视工作的实践课题。要科学严密组织开展巡视，加强对巡视工作的支持配合，不断提高巡视干部的思想政治素质和业务能力。

会议宣读了中央军委《关于军队和武警部队巡视工作机构编制问题》的通知，宣布了中央军委巡视组巡视专员的任职命令。

11月19日

［纲　文］　**学习贯彻三中全会精神中央宣讲团动员会在北京召开，习近平作出重要**

批示。

［目　文］　中共中央总书记习近平在批示中指出，组织中央宣讲团，是学习宣传贯彻党的十八届三中全会精神的重要举措。宣讲的关键是要联系实际、研机析理、解疑释惑，努力讲全、讲透、讲实，帮助广大党员、干部、群众全面准确领会全会精神，全面准确领会全会提出的新思想、新论断、新举措。各地要组织形式多样的宣讲活动，各级领导干部要带头深入基层宣讲。要增强宣讲的针对性和实效性，因人施教，因材施教，因事施教，做到多层次、广覆盖，推动全党全社会把思想和行动统一到全会精神和中央要求上来，坚定信心，凝聚共识，形成合力，汇聚起推进改革的强大正能量。

中共中央政治局常委、中央书记处书记刘云山出席会议并讲话。他指出，要紧紧围绕全会《决定》和习近平总书记重要讲话，全面准确、科学严谨地宣讲全会精神，着力把全面深化改革的指导思想、总体目标和方针原则讲清楚讲透彻，把全面深化改革的重大部署、创新举措和根本保证讲清楚讲透彻。通过深入宣讲，引导广大干部群众充分认识党的十八届三中全会的重大意义，增强进取意识、机遇意识、责任意识，增强全面深化改革的自觉性、坚定性；通过深入宣讲，引导广大干部群众深刻认识和认真落实全会重大部署，按照全会提出的路线图、时间表，扎实推进各领域的体制改革，确保实现全会提出的全面深化改革目标任务。

中央书记处书记、中宣部部长刘奇葆主持会议。中央宣传思想工作领导小组成员、中央宣讲团成员、中央宣传文化单位主要负责人参加会议。中宣部举办的省区市党委宣传部、讲师团学习贯彻党的十八届三中全会精神研讨班成员列席会议。

11月19日

［纲　文］　国家主席习近平在北京会见国际奥委会主席巴赫并接受奥林匹克金质勋章。

［目　文］　习近平在会见巴赫时赞赏国际奥委会为发展体育运动、促进世界和平与发展事业发挥的积极作用。习近平强调，中国政府从全面建成小康社会、实现中华民族伟大复兴的战略高度重视发展体育事业，重视奥林匹克运动在社会发展中的重要作用。近年来，我们成功举办了北京奥运会、残奥会、广州亚运会等国际综合性运动会和国际奥委会世界群众体育大会等大型国际体育活动。我们将按照中国共产党十八届三中全会的精神，努力提高人民健康水平，同步发展群众体育和竞技体育，由体育大国向体育强国迈进。

习近平表示，第二届青年奥运会将于2014年8月在中国南京举行。目前，各项筹备工作正在有序进行。我们将认真履行承诺，在国际奥委会指导下，办好这届盛会。中国北京市和张家口市已提出申办2022年第二十四届冬季奥运会。中方希望以此为契机，推动奥林匹克运动和冬季项目发展。

巴赫感谢中国政府对国际奥林匹克运动的支持。他表示，中国对世界体育运动发展作出了重大贡献。北京奥运会获得巨大成功，为世界留下一笔宝贵财产。我就任后第一次出访就选择中国，就是要表明国际奥委会希望加强同中国的合作。国际奥委会感谢中国南京举办青奥会，对筹备工作感到满意，相信南京青奥会一定会取得成功。

随后，巴赫代表国际奥委会向习近平授予奥林匹克金质勋章，表彰习近平对促进世界体育事业和奥林匹克精神所作的杰出贡献。

11月19日

［纲　文］ **国家主席习近平同伊朗总统鲁哈尼通电话**。

［目　文］ 双方就中伊关系和伊朗核问题交换意见。习近平在通话中表示，中方高度重视同伊朗的关系，坚持从长远角度看待和发展中伊关系。我们愿同伊方保持沟通和交往，增进互信，扎实开展务实合作。

关于伊朗核问题，习近平强调，中方主张各方本着相互尊重、分步对等原则，通过对话谈判和平解决。中方赞赏伊朗政府采取的积极举措，支持伊朗改善同国际社会关系的努力。前不久举行的六国与伊朗日内瓦对话会缓和了关系，维持住了和谈势头，符合政治解决伊朗核问题的大方向。中方希望伊方把握机遇，保持对话势头，同各方寻求最大公约数，争取最好结果。中方将继续在六国机制内施加积极影响，为全面、长期、妥善解决伊朗核问题创造条件。

鲁哈尼表示，对华关系是伊朗外交优先方向。伊方希望同中方加强合作，推动两国关系不断向前发展。伊方主张依据国际法和国际关系准则解决伊朗核问题，感谢中方所持公正立场及劝和促谈努力。新一轮对话会即将在日内瓦举行。希望中方继续发挥建设性作用，推动各方通过对话早日达成一个互利共赢的协议。

习近平还就当天伊朗驻黎巴嫩大使馆遭到恐怖袭击向鲁哈尼表示慰问，表示中方坚决反对一切形式的恐怖主义。

11月19日

［纲　文］ **国家主席习近平向第三届阿拉伯—非洲峰会致贺词**。

［目　文］ 第三届阿拉伯—非洲峰会19日在科威特首都科威特城召开。习近平主席特使、民政部部长出席峰会并宣读了习主席贺词。

习近平在贺词中积极评价阿拉伯国家和非洲国家各领域合作取得的成就，表示相信阿拉伯国家和非洲国家将抓住新的历史机遇，推动阿非合作不断取得新进展。习近平强调，中国始终把发展中阿关系、中非关系作为对外政策的重要方向，愿同阿拉伯国家和非洲国家共同努力，推动中阿战略合作关系和中非新型战略伙伴关系取得更大发展。

11月19日

［纲　文］ **中国首个零售企业研发中心进驻硅谷**。

［目　文］ 在以科技创新著称的硅谷，中国最大的零售企业苏宁云商集团股份有限公司举行了“苏宁美国研发中心暨硅谷研究院成立揭幕仪式”，宣布其全球首家海外研究院正式运行。这是中国零售企业首次在海外设立研发中心，标志着以苏宁为代表的我国零售行业正式步入转型升级阶段。

11月19日

［纲　文］　**国家副主席李源潮在北京分别会见美国两党代表团和科特迪瓦客人。**

［目　文］　李源潮分别会见了以众议院外交事务委员会前主席伯曼、共和党全国委员会司库帕克为团长的美国民主、共和两党代表团和科特迪瓦国民议会议长索罗。

李源潮在会见美国两党代表团时说，中美政党高层对话为增进中美相互了解与信任发挥了重要作用，希望双方加强对话、扩大交流，求同存异、增进互信，共同推动构建中美新型大国关系。美方表示，对中国改革和现代化增进了了解，对美中关系未来增强了信心。

李源潮在会见索罗时说，中科建交30年来，相互尊重、相互帮助。希望双方巩固政治互信，拓展互利合作，扩大民间往来，将两国关系提升到新水平。索罗说，科特迪瓦与中国有相似的历史遭遇，在独立发展进程中愿与中国继续发展相互尊重、互利共赢的伙伴关系。

11月19日

［纲　文］　**国务院副总理汪洋在北京分别会见来访的美国和日本客人。**

［目　文］　汪洋在中南海紫光阁分别会见了美国联合包裹公司董事长兼首席执行官斯科特·戴维斯和以张富士夫为团长、米仓弘昌为顾问的日中经济协会代表团。

在会见戴维斯一行时，汪洋表示，中国将加快完善现代市场体系，构建开放型经济新体制，不断改善营商环境，积极推动中美经贸合作迈上新台阶。

在会见张富士夫一行时，汪洋指出，中日互为重要近邻，推动中日关系健康稳定发展，符合两国人民的根本利益。日方应正视和妥善处理有关突出问题，为改善发展。

11月19日

［纲　文］　**外交部发言人就中国向菲律宾灾区派遣医疗队和医院船答记者问。**

［目　文］　外交部发言人在回答记者提问时表示，中方一直高度关注菲律宾台风灾情，愿本着救死扶伤的精神，派救援人员赴菲灾区开展人道主义医疗救助。经与菲方协调和确认，中国政府派遣的应急医疗队和中国红十字会国际救援队将于近日赴菲，红会下属第一批救援人员将于20日启程。中方还将派遣海军“和平方舟”号医院船赴菲灾区参与救援。该船具备较好灾区医疗救援能力和机动性，将尽快起航。

11月19日

［纲　文］　**《人民日报》发表刘云山题为《加强和改善党对全面深化改革的领导》的文章。**

11月19日

［纲　文］　**《人民日报》发表题为《发挥经济体制改革牵引作用——四论认真贯彻落实十八届三中全会精神》的评论员文章。**

11月20日

［纲　文］　**李克强主持召开国务院常务会议。**

［目　文］　会议指出，公平竞争是发展市场经济的基本要求。当前我国正处于改革发展和经济转型升级的关键时期，提高产品质量、实施创新驱动，至关重要。依法对假冒、侵权行政处罚案件实行信息公开，接受人民群众监督，是促进质量提升和产业升级、增强消费者信心、保护知识产权、鼓励创新创业的一剂“良方”，有利于维护公平竞争的市场秩序、保护消费者权益、提高执法公信力。罚劣是为了奖优，要让恶意造假制劣特别是损害人民群众生命健康的违法者付出高昂代价，让守法经营者路路畅通、受到褒奖，让广大科技人员大胆创新、放心创业。

会议要求，要把假冒侵权行政处罚案件信息公开作为政府信息公开的重要内容。除涉及商业秘密和个人隐私外，适用一般程序查办的假冒侵权行政处罚案件信息应当主动公开。行政执法机关要在作出处罚决定或处罚决定变更之日起的规定时间内，依法公开案件信息，包括违法违规的主要事实、处罚种类、依据和结果等，做到公开透明，并及时回应社会关切。将行政处罚案件信息纳入社会征信体系，使假冒侵权者因信用不良“处处受限”。行政执法机关要严格依法裁量、履行职责。各级政府要加快建立健全管理、考核等制度，加强监督检查。对不履行信息公开义务、不及时公开或更新信息内容、违规收取费用等行为，要坚决纠正并严肃问责，让执法行为受到社会监督。

会议指出，整合不动产登记职责、建立不动产统一登记制度，是国务院机构改革和职能转变方案的重要内容，也是完善社会主义市场经济体制、建设现代市场体系的必然要求，对于保护不动产权利人合法财产权，提高政府治理效率和水平，尤其是方便企业、方便群众，具有重要意义。

会议决定，将分散在多个部门的不动产登记职责整合由一个部门承担，理顺部门职责关系，减少办证环节，减轻群众负担。一是由国土资源部负责指导监督全国土地、房屋、草原、林地、海域等不动产统一登记职责，基本做到登记机构、登记簿册、登记依据和信息平台“四统一”。行业管理和不动产交易监管等职责继续由相关部门承担。各地在中央统一监督指导下，结合本地实际，将不动产登记职责统一到一个部门。二是建立不动产登记信息管理基础平台，实现不动产审批、交易和登记信息在有关部门间依法依规互通共享，消除“信息孤岛”。创造条件，逐步建立健全社会征信体系，促进不动产登记信息更加完备、准确、可靠。三是推动建立不动产登记信息依法公开查询系统，保证不动产交易安全，保护群众合法权益。会议要求，各有关部门要加强对各地职责整合工作的指导，加快清理相关规章制度，做好有关事项的整理交接，确保不动产登记职责整合工作有序、平稳推进。

11月20日

［纲　文］　**中央政法委员会第七次全体会议在北京召开。**

［目　文］　中共中央政治局委员、中央政法委书记孟建柱主持召开会议，深入学习十八届三中全会精神，研究贯彻落实意见。他强调，要以对党和人民高度负责的态度，把《中共中央关于全面深化改革若干重大问题的决定》确定的改革任务落到实处。

孟建柱指出，学习好、贯彻好三中全会精神，把政法干警的思想统一到全会精神上来，是当前政法机关的重要政治任务。要以高度的政治责任感、求真务实的作风，全面正确深入学习贯彻落实全会精神，真正把全会精神转化为推进改革的强大动力。要抓好深化司法体制改革任务的落实，抓好推进法治中国建设、创新社会治理体制等政法机关承担重要职责的改革任务的落实。各中央政法机关一把手要亲自抓改革，敢于啃硬骨头、敢于碰难题，善于发现问题、分析问题、解决问题。

孟建柱强调，要牢牢把握改革方向，坚持中国特色社会主义方向，推动中国特色社会主义司法制度自我完善和发展。既要有解放思想、攻坚克难的勇气，又要有统筹兼顾的智慧。要积极稳妥，把整体推进和重点突破结合起来，从容易形成共识的事情做起，提高操作能力和执行力。要善于运用法治思维法治方式深化改革，确保改革依法有序进行。

会上，中央政法各单位主要负责人介绍了学习贯彻三中全会精神的情况和打算，研究讨论了《关于深化司法体制改革的意见》及分工方案。国务委员、中央政法委副书记郭声琨，最高人民法院院长周强、最高人民检察院检察长曹建明出席会议并讲话，中央政法委委员汪永清、耿惠昌等出席会议。

11 月 20 日

［纲　文］　**卫生计生委、中医药局印发《医疗机构病历管理规定（2013 年版）》。**

［目　文］　《规定》共 32 条，分总则、病历的建立、病历的保管、病历的借阅与复制、病历的封存与启封、病历的保存、附则 7 章，自 2014 年 1 月 1 日起施行。

《规定》指出，医疗机构应当建立健全病历管理制度，设置病案管理部门或者配备专（兼）职人员，负责病历和病案管理工作；医疗机构应当建立病历质量定期检查、评估与反馈制度。医疗机构医务部门负责病历的质量管理；医疗机构及其医务人员应当严格保护患者隐私，禁止以非医疗、教学、研究目的泄露患者的病历资料。

《规定》要求，医疗机构应当建立门（急）诊病历和住院病历编号制度，为同一患者建立唯一的标识号码。已建立电子病历的医疗机构，应当将病历标识号码与患者身份证明编号相关联，使用标识号码和身份证明编号均能对病历进行检索。

11 月 20 日

［纲　文］　**中国成功发射遥感卫星十九号。**

［目　文］　11 时 31 分，我国在太原卫星发射中心用长征四号丙运载火箭，成功将遥感卫星十九号发射升空，卫星顺利进入预定轨道。遥感卫星十九号主要用于科学试验、国土资源普查、农作物估产及防灾减灾等领域。这是长征系列运载火箭的第 184 次发射。图为载有遥感卫星十九号的长征四号丙运载火箭点火发射。

11 月 20 日

［纲　文］　**《人民日报》发表张高丽题为《以经济体制改革为重点全面深化改革》的文章。**

11月20日

［纲 文］ **《人民日报》发表题为《坚持社会主义市场经济改革方向——五论认真贯彻落实十八届三中全会精神》的评论员文章。**

11月20—21日

［纲 文］ **应国务院总理李克强邀请，欧洲理事会主席范龙佩和欧盟委员会主席巴罗佐来华出席第十六次中国—欧盟领导人会晤。**

［目 文］ 在华期间，国家主席习近平在钓鱼台国宾馆会见了范龙佩主席和巴罗佐主席。国务院总理李克强与范龙佩主席和巴罗佐主席举行了会晤，双方就战略伙伴关系、各自国内发展和经济形势、贸易和投资关系、双边合作、各自关心的国际和全球性问题坦诚深入交换了意见。

习近平在会见时指出，作为最大的发展中国家和最大的发达国家联合体，中欧是维护世界和平的"两大力量"；作为世界上两个重要经济体，中欧是促进共同发展的"两大市场"；作为东西方文化的重要发祥地，中欧是推动人类进步的"两大文明"。中国共产党十八届三中全会就全面深化改革进行了总体部署。我们正朝着实现中华民族伟大复兴的目标向前迈进。欧洲一体化也是几个世纪以来欧洲人民追求持久和平繁荣的梦想。中欧都在走前人没有走过的路，做前人没有做过的事。双方要坚持相互尊重、平等相待、相互支持、相互包容。中国将继续坚定支持欧洲一体化建设。中欧要着眼历史变革趋势，抓住发展机遇，在世界多极化和经济全球化进程中准确定位中欧全面战略伙伴关系，在全球产业发展变化中实现中欧合作创新发展，造福双方人民，为世界和平与发展作出更大贡献。

李克强在会晤时表示，当前中国和欧洲都处在各自发展的关键阶段，深化中欧关系的必要性和紧迫性更加突出。中方坚定支持欧洲一体化，愿意看到一个强大、繁荣、团结的欧盟。我们愿与欧方一道，把握好中欧关系大方向，坚持相互信任与合作共赢，妥善处理合作中遇到的问题和分歧，推动中欧全面战略伙伴关系不断取得新发展。

双方领导人就加强中欧全方位合作达成重要共识：一是以投资协定谈判带动中欧经贸合作迈上新台阶。启动并推进谈判进程，力争到2020年双边贸易额达到1万亿美元。坚持市场开放，加强金融合作，通过平等对话和友好协商妥善处理分歧。采取有效措施扩大双边高技术贸易。二是打造中欧合作新亮点。开展科技创新合作，促进双方新能源、新材料、新一代信息技术、生物、航空航天等新兴产业发展。推进以人为核心的新型城镇化合作。三是推动交通和基础设施合作朝着更加联通、兼容、智能、高端方向发展，促进亚欧大陆"大联通"，打造中欧物流网络的贯通线。四是发挥好中欧高级别人文交流对话机制作用，扩大教育、文化、青年、公共政策等领域交流，加紧商谈便利人员往来协议，为双方企业和人员往来创造更好条件。五是加强在国际和地区事务中的合作。就气候变化、网络安全、军控和防扩散等重大全球性问题加强交流，在联合国、二十国集团、亚欧会议等多边框架内加强协调，推动国际政治、经济秩序向着更加公正、合理、有效的方向发展，维护世界和平与稳定。

会晤期间，双方签署了《中欧知识产权合作行政协议》、《中欧能源安全联合声明》和《中国农科院与欧委会关于粮食、农业和生物技术研究与创新合作意向书》。双方共同发表了《中欧合作 2020 战略规划》。

11 月 20—23 日

［纲　文］　**首届中欧城市博览会在北京市举行。**

［目　文］　博览会主题是“交流借鉴、互利合作、面向未来、创新发展”，由国家发展和改革委员会、欧盟委员会能源总司共同举办。

国务院副总理张高丽 20 日在北京展览馆出席中欧城市博览会开幕式，宣布开幕并参观展览。张高丽指出，这次中欧城市博览会，是配合在北京举行第十六次中欧领导人会晤而举办的一次重要活动，是落实 2012 年 5 月中欧双方签署的《中欧城镇化伙伴关系共同宣言》的实际行动，也是中欧在城镇化领域最大规模的展会。这次博览会展示双方在政府城市管理、智慧城市建设、历史文化继承和生态环境保护等方面的理念和实践，探讨交流了城市建设经营的做法和经验，必将积极推动中欧城镇化伙伴关系向前发展。开幕式前，张高丽会见了来华出席博览会的欧盟委员会副主席卡拉斯一行并进行了友好交谈。

本届博览会共有 158 家中欧城市和企业参展，展出面积 2 万平方米，近 900 个国际标准展位，集中展示了中国城镇化发展主要成就、欧盟城镇化发展历程与经验、中欧城镇化交流合作的历史与未来。据统计，展会期间共有 7 万余人前来观展。

23 日，历时 4 天的博览会在北京落下帷幕。中国沈阳市与法国勒阿佛尔市签署了下一届“中国欧洲”投资贸易战略合作协议，中国襄阳市与法国勒兰西市签订了建立城镇化合作伙伴城市协议。上海市宝山区、广东佛山中德工业园与欧盟有关城市、科研院所就合作建设新型城镇化示范区进行了讨论，达成了意向。

11 月 21 日

［纲　文］　**中央纪委印发《关于严禁元旦春节期间公款购买赠送烟花爆竹等年货节礼的通知》。**

［目　文］　《通知》指出，元旦、春节将至，遵照中央指示，要继续落实好八项规定精神、坚决反对“四风”。节日期间，公款赠送节礼现象普遍，不正之风易发多发，广大群众反映强烈。

《通知》要求，各级党政机关、人民团体、国有企事业单位和金融机构，严禁用公款购买赠送烟花爆竹、烟酒、花卉、食品等年货节礼（慰问困难群众职工不在此限）。要严肃财经纪律，强化审计监督，相关费用不准转嫁摊派，一律不予公款报销。

《通知》强调，各级纪检监察机关要强化执纪监督，对违纪行为快查快办，严格责任追究，及时通报曝光。深入落实八项规定精神，必须在坚持中深化，在深化中坚持，不断巩固纠正“四风”成果。广大党员干部要带头勤俭节约、移风易俗，以优良党风政风带动民风社风，过一个平安欢乐祥和的佳节。

11月21日

［纲　文］　**新华社讯，《胡锦涛国防和军队建设思想学习纲要》出版印发全军。**

［目　文］　电讯说，中央军委发出《关于印发〈胡锦涛国防和军队建设思想学习纲要〉的通知》，对全军组织学习提出要求。《通知》指出，为深入学习贯彻党的十八大精神和习近平主席系列讲话精神，推动全军学习和掌握胡锦涛国防和军队建设思想，经中央军委批准，总政治部组织编写了《胡锦涛国防和军队建设思想学习纲要》。《纲要》比较全面准确阐述了胡锦涛国防和军队建设思想的重大意义、科学内涵、精神实质和基本要求，是全军学习胡锦涛国防和军队建设思想的重要辅导材料。各级要把《纲要》纳入党委中心组学习、干部理论轮训、部队思想政治教育和院校政治理论课教学，组织官兵认真学习。要把学习胡锦涛国防和军队建设思想，同学习毛泽东军事思想、邓小平新时期军队建设思想、江泽民国防和军队建设思想结合起来，同学习习主席系列讲话精神特别是关于国防和军队建设重要论述结合起来，切实掌握推进国防和军队建设的强大思想武器。要紧密结合正在做的工作进行学习，切实使学习党的军事指导理论的过程，成为以科学理论为指导，研究新情况、解决新问题、推动新实践的过程。

11月21日

［纲　文］　**第四轮中美人文交流高层磋商在华盛顿举行，国家主席习近平致贺信。**

［目　文］　为继续做好中美双边合作，并落实两国领导人本年6月安纳伯格庄园会晤的重要共识，中美两国政府在华盛顿举行了第四轮中美人文交流高层磋商。本年磋商的主题是“青年与创新”。国家主席习近平和美国总统奥巴马分别发来贺信。

习近平在贺信中表示，值此第四轮中美人文交流高层磋商之际，我谨表示热烈的祝贺。中美关系是当今世界最重要的双边关系之一，构建不冲突不对抗、相互尊重、合作共赢的中美新型大国关系，必须依赖两国民众和各界积极支持和广泛参与。多年来，中美人文交流为促进中美关系发展发挥了积极作用，成为推动中美关系发展的一个重要支柱。希望中美人文交流高层磋商机制承前启后、继往开来，拓宽交流领域，深化合作内涵，不断为中美两国人民搭建沟通的桥梁，为推进中美新型大国关系建设作出新的贡献。

美国总统奥巴马也对人文交流高层磋商致信祝贺。他在贺信中表示，美国欢迎中国持续和平崛起。中国的成功符合美国利益，一个和平、繁荣和稳定的中国不仅有利于中国，也有利于世界。人文交流磋商机制加强和扩大两国人民之间的联系，为两国开展新型合作解决重要问题提供了关键路径。

国务院副总理刘延东与美国国务卿约翰·克里共同主持高层磋商全体会议，并代表两国政府续签了《关于中美人文交流高层磋商机制的谅解备忘录》。刘延东与克里在全体会议上分别致辞，回顾了中美人文交流高层磋商机制成立3年来的重要影响和积极成果，共同倡议中美各界积极参与人文交流，为中美构建新型大国关系作出贡献。

双方在教育、科技、文化、体育、妇女和青年等领域举行了工作磋商，回顾了过去一年的工作进展，并就未来的合作达成了75项共识。双方同意围绕“青年与创新”主题于

2014年继续合作开展活动。

刘延东在华盛顿期间还会见了美国副总统拜登。双方讨论了拜登即将对中国的访问，并就包括中国改革议程在内的广泛双边、地区及全球问题深入交换了意见。

11月21日

［纲　文］　**全国政协在北京召开双周协商座谈会。**

［目　文］　会议的议题是“发挥人民政协的界别优势，为维护职工群众切身利益、促进社会公平正义建言献策”。中共中央政治局常委、全国政协主席俞正声主持会议。

俞正声说，工会界是人民政协的一个重要界别，是人民政协联系工人阶级的重要渠道。工人阶级是改革和建设的主力军，是我们必须积极依靠的基本力量。在全面深化改革的过程中，要充分考虑到职工群众的实际情况，考虑到职工群众的承受能力，最终使全体职工群众受益。近些年，工会工作、社会保障工作有了相当大的前进，但维护职工权益仍面临一些问题，随着形势的发展还会出现新的情况。要认真贯彻中共十八届三中全会精神，高度重视劳动关系问题，依法维护职工权益，妥善处理各方关系。要按照改革为了人民、依靠人民的原则，处理好企业与职工的关系，市场与政府的关系，发展与社会和谐的关系。工会界委员要发挥自身优势，在自己工作的领域成为依法维护职工权益、促进各方关系和谐的模范。

座谈会上，全国政协委员张世平、陈进行、盛明富、邹先荣、倪健民、李海滨、易军等围绕改革中职工权益维护的问题谈了自己的看法。委员们在发言中提出，要尊重劳动尊重劳动者，提高职工技术素质，促进就业公平，建立工资正常增长机制，进一步完善社会保险制度，国有企业要带头履行社会责任，发展和谐劳动关系，以法治思维和法治方式推进深化改革，切实保障职工群众的民主参与权利，充分发挥职工群众的主力军作用，确保各项民生政策惠及职工群众，实现广大职工共建共享改革发展成果。中华全国总工会党组书记、副主席、书记处第一书记陈豪作了《在全面深化改革中充分发挥工人阶级主力军作用》的发言。国家发展和改革委员会、人力资源和社会保障部、国务院国有资产监督管理委员会、国家新闻出版广电总局等国务院相关部委的负责人作了互动发言。

全国政协副主席杜青林、张庆黎、卢展工出席座谈会。

11月21日

［纲　文］　**民盟第十一届二中全会在北京召开。**

［目　文］　会议主要议程是：学习中共十八届三中全会精神，听取并审议第十一届中央常务委员会工作报告。全国人大常委会副委员长、民盟中央主席张宝文出席会议并作工作报告，全国政协副主席、民盟中央常务副主席陈晓光主持开幕会。

张宝文在回顾和总结2013年工作时指出，2013年是全面贯彻落实中共十八大精神的第一年，也是民盟第十一届中央委员会的开局之年。新一届中央常务委员会按照民盟十一大的部署，研究制定了《民盟中央五年工作规划（2013—2017）》，明确了今后五年发展的新思路、新目标、新任务。一年来，全盟坚持中国特色社会主义政治发展道路，继承发扬民盟的优良传统，较好地履行了参政党职能。

全会号召，全盟要高举中国特色社会主义伟大旗帜，进一步增强责任感和使命感，全面加强自身建设，不断提高参政能力和水平，努力履行好参政党职能，为全面建成小康社会、不断夺取中国特色社会主义新胜利、实现中华民族伟大复兴的中国梦作出更大贡献。

11月21日

［纲　文］　**中国首个深海工作站完成"试水"。**

［目　文］　由中国船舶重工集团承担研制的我国首个实验型深海移动工作站日前完成总装，在江苏无锡进行了下水试验。这是继"蛟龙"号成功研制后，我国深海装备研发的又一项前沿成果。该工作站是在科技部、工信部的大力支持和推动下研制的，是我国未来深海"空间站"的雏形。工作站为35吨级，在海底工作的时间为12至18个小时，可以载6个人。本次水池试验分陆上吊放训练、船坞试验、水池试验和训练试验四个阶段实施，共开展18项试验项目。

11月21日

［纲　文］　**《人民日报》发表题为《牢记改革发展的出发点落脚点——六论认真贯彻落实十八届三中全会精神》的评论员文章。**

11月22日

［纲　文］　**中共中央在中南海召开党外人士座谈会，习近平主持会议并发表重要讲话。**

［目　文］　座谈会就今年经济形势和明年经济工作听取各民主党派中央、全国工商联负责人和无党派人士代表的意见和建议。中共中央政治局常委李克强、俞正声、刘云山、张高丽出席座谈会。李克强通报了今年经济工作有关情况，介绍了中共中央关于做好明年经济工作的考虑。

座谈会上，民革中央主席万鄂湘、民盟中央主席张宝文、民建中央主席陈昌智、民进中央主席严隽琪、农工党中央主席陈竺、致公党中央主席万钢、九三学社中央主席韩启德、台盟中央主席林文漪、全国工商联主席王钦敏、无党派人士代表郝如玉先后发言。他们赞同中共中央对当前我国经济形势的分析和明年经济工作的考虑，并就提高经济发展质量、深化行政审批制度改革、优化土地资源利用、完善收入分配制度、促进健康服务业发展、建立生态保护新机制、完善灾害应急制度、促进经济开放合作能力、推动两岸人文交流合作等提出意见和建议。

在认真听取大家发言后，中共中央总书记习近平作了重要讲话。他指出，2013年以来，我们贯彻落实党的十八大精神和中央经济工作会议精神，坚持稳中求进的工作总基调，深化改革开放，推动经济发展方式转变，加强和改善宏观调控，提高经济发展质量和效益，推动经济社会发展取得了良好开局。尤其可喜的是，稳中有进的"进"进一步发展，经济发展方式转变步伐加快、亮点增多。我们强调要以提高质量和效益为中心，强调通过改革开放促进经济发展方式转变和经济结构调整，这些思想被越来越多地区和企业接受，用市场机制倒逼经济结构调整紧迫感明显增强。

习近平强调，在肯定成绩的同时，我们要保持清醒头脑，深刻认识和高度重视经济运行中的突出矛盾和问题，深刻认识和全面把握国际经济形势，坚持底线思维，切实做好工作。我国发展仍处于可以大有作为的重要战略机遇期，具备经济持续健康发展的基础条件。做好下半年经济工作，要坚持统筹稳增长、调结构、促改革，处理好具有全局性影响的问题，促进经济持续健康发展。要大力推进产业结构调整，坚持把化解产能过剩作为产业结构调整的重点；积极稳妥推进城镇化，合理调节各类城市人口规模，提高中小城市对人口的吸引能力，始终节约用地，保护生态环境；加强金融监管和防范化解风险，促进金融更好为实体经济服务。要积极保障和改善民生，保障基本公共服务，鼓励每个人努力工作、勤劳致富。

马凯、王沪宁、栗战书，中共中央、国务院有关部门负责人出席座谈会。

11月22日

［纲　文］　**中石化黄潍输油管线发生爆燃事故，习近平作出重要指示。**

［目　文］　22日凌晨2时许，青岛经济技术开发区中石化黄潍输油管线一输油管道发生原油泄漏。10时30分左右，在准备抢修过程中发生爆炸，爆炸波及到青岛市丽东化工厂部分设施。截至17时40分，事故已造成35人死亡，166人受伤。

事故发生后，党中央、国务院高度重视。中共中央总书记习近平立即作出重要指示，要求山东省和有关方面组织力量，及时排除险情，千方百计搜救失踪、受伤人员，并查明事故原因，总结事故教训，落实安全生产责任，强化安全生产措施，坚决杜绝此类事故。国务院总理李克强作出批示，要求全力搜救失踪受伤人员，深入排查控制危险源，妥善做好各项善后工作，加强检查督查，严格落实安全生产责任。

受习近平、李克强委托，国务委员王勇率有关部门负责人紧急赶赴事故现场指导救援工作，看望慰问伤员。山东省委、省政府主要负责人，国务院有关部门、中石化公司负责人也已紧急赶赴事故现场指导抢险救援工作。目前，输油管道已关闭，起火点已全部扑灭，各项善后工作正在进行。有关地方和部门正按照中央领导重要指示精神，进一步采取措施，全力组织抢险救援工作。

11月22日

［纲　文］　**教育部、农业部、国家林业局联合印发《关于推进高等农林教育综合改革的若干意见》。**

［目　文］　《意见》主要内容有：一、高度重视高等农林教育发展。二、着力办好一批涉农专业。三、加强创新创业能力培养。四、提升教师队伍整体水平。五、大力推进协同创新。六、深入推进农林院校科技创新。七、探索建立服务“三农”新模式。八、强化涉农专业招生和就业政策支持。九、加大高等农林教育投入。十、统筹高等农林教育发展。

11月22日

［纲　文］　**新华社讯，中央拨160亿元扶持学前教育。**

［目　文］　电讯说，为积极支持发展学前教育，中央财政日前下达2013年学前教育发展专项资金160.3亿元，用于支持中西部地区和东部困难省份扩大学前教育资源，支持普惠性民办幼儿园发展，帮助农民工随迁子女、家庭经济困难及孤残幼儿接受学前教育，着力解决“入园难”问题。

从2011年开始，中央财政通过支持“校舍改建、综合奖补、幼师培训、幼儿资助”等4大类7个重点项目，加快发展学前教育。财政部数据显示，中央财政已累计安排学前教育发展专项资金422.4亿元，支持利用闲置校舍改建幼儿园和增设附属园6.5万所，补助各类幼儿园13.9万所次，普惠性民办幼儿园快速发展，直接惠及幼儿1700万人次，鼓励地方解决了731.9万人次农民工随迁子女入园问题。2012年底，适龄儿童学前三年毛入园率达到64.5%，提前三年实现教育发展规划纲要提出的2015年学前教育普及目标，公益普惠的学前教育公共服务体系逐渐形成。

11月22日

［纲　文］　**《光明日报》报道，中国首家大数据工程实验室开建。**

［目　文］　报道说，拥有中国首台千万亿次超级计算机“天河一号”的国家超级计算天津中心，近日获批建设“面向新兴产业的大数据处理技术研发与应用”国家地方联合工程实验室。这也是中国目前在大数据领域批准的第一家工程实验室。

11月22日

［纲　文］　**中国科学家在国际上首次“看到”氢键。**

［目　文］　中科院国家纳米科学中心宣布，该中心科研人员在国际上首次“拍”到氢键的“照片”，实现了氢键的实空间成像，为“氢键的本质”这一化学界争论了80多年的问题提供了直观证据。这不仅将人类对微观世界的认识向前推进了一大步，也为在分子、原子尺度上的研究提供了更精确的方法。

氢键是一种弱的静电相互作用，对物质的性质有至关重要的影响。此前，对氢键特性的研究主要借助于X射线衍射、拉曼光谱、中子衍射等技术进行间接分析，但是从来没有真正地看到过氢键。

这项研究由国家纳米科学中心研究员裘晓辉和副研究员程志海领导的实验团队，以及中国人民大学物理系副教授季威领导的理论计算小组合作完成。

11月22日

［纲　文］　**中国首部金融地方法规出台。**

［目　文］　浙江省十二届人大常委会第六次会议表决通过了《温州市民间融资管理条例》，并将于2014年3月1日起施行。这是我国首部金融地方性法规和首部专门规范民间金融的法规，为民间融资管理提供了法制保障。

11月22日

［纲　文］　**《人民日报》发表题为《紧紧依靠人民推动改革——七论认真贯彻落实十八届三中全会精神》。**

11月22—25日

［纲　文］　**张德江在云南省调研。**

［目　文］　中共中央政治局常委张德江就县级人大工作进行调研，并主持召开部分省、自治区、直辖市县级人大工作座谈会。

在蒙自市新安所镇人大代表述职评议现场，张德江旁听代表向选民的述职。在弥勒市西三镇人大代表活动室，他详细询问闭会期间代表活动情况。在武定县狮山镇人大机关，他仔细听取了代表履职情况。张德江指出，尊重代表的主体地位，提高代表素质，发挥代表作用，是做好人大工作的基础。要建立人大常委会组成人员与代表联系制度，建立密切代表同人民群众的联系制度，使工作规范化、制度化。要积极支持、切实保障代表依法执行代表职务，完善扩大代表参加活动等工作机制，拓宽知情知政渠道。要做好代表培训工作，切实提高履职能力和水平。

在蒙自市、弥勒市、石林县、武定县人大机关，他来到代表联络室、信访室和工作委员会，详细了解代表联络、办理来信来访等工作的开展情况，还多次与负责人座谈交流，并主持召开了红河州县级人大常委会主任座谈会。张德江指出，加强县级人大常委会的自身建设，对做好县级人大及其常委会的工作至关重要。县级人大常委会要坚持正确的政治方向，维护宪法法律权威，建立健全工作制度和工作机制，加强队伍建设，把人民满意当作第一标准，切实改进工作作风，努力建设成为有效担负起各项法定职责的工作机关。

张德江主持召开了部分省、自治区、直辖市县级人大工作座谈会。他指出，要贯彻落实党的十八届三中全会精神，推动人民代表大会制度与时俱进，推进人民代表大会制度理论和实践创新，发挥人民代表大会制度的根本政治制度作用。要扎实做好县级人大代表直接选举工作，依法召开县级人民代表大会会议，提高会议质量。要严格执行宪法法律的规定，加强组织领导，充分发扬民主，切实保证县级人大代表和常委会组成人员的各项权利，依法作出各项决议、决定。要依法加强和改进县级人大监督工作，健全讨论、决定重大事项制度，依法做好人事任免工作。

调研期间，张德江还到弥勒市可邑彝族村寨了解情况并看望农户，考察了蒙自市石榴园、石林县台湾农民创业园。

11月22—23日

［纲　文］　**王岐山在湖北省调研。**

［目　文］　中共中央政治局常委王岐山到湖北省调研，并主持召开部分省市纪委书记座谈会，贯彻落实党的十八届三中全会精神，为筹备中央纪委三次全会开展调查研究、听取意见建议。

王岐山强调，纪检监察工作是国家治理体系的重要组成部分，要改革反腐败体制机制，逐步实现治理能力现代化。党要管党、从严治党，第一位的责任是要把党建设好。纪检监察机关要根据党的十八大对形势的判断和提出的任务，忠实履行党章赋予的职责，转职能、转方式、转作风，聚焦党风廉政建设和反腐败斗争这个中心任务。强化各级党委的主体责任和纪委的监督责任，严格责任追究。推动党的纪律检查工作双重领导体制具体化、程序化、制度化。探索向中央一级党和国家机关全面派驻纪检机构，创新巡视方式方法，实现巡视全覆盖。要强化党员的组织意识和纪律观念，坚决克服组织涣散、纪律松弛问题，提高党组织的凝聚力和战斗力。

王岐山专程来到1927年诞生的中央监察委员会旧址，向第一届中央监察委员会10名成员的雕像敬献花篮。他还深入百步亭社区，与群众亲切交谈，嘱咐党员干部牢记党的宗旨，以优良的党风政风带动民风社风，扬真抑假、扬善抑恶、扬美抑丑。

11月22—23日

［纲　文］　**赵乐际在内蒙古自治区调研。**

［目　文］　中共中央政治局委员赵乐际到内蒙古，深入企业、社区、市民服务中心考察基层党建工作情况，召开内蒙古、山西、陕西、宁夏四省区教育实践活动领导小组负责人座谈会。强调要深入学习贯彻党的十八届三中全会和习近平总书记重要讲话精神，围绕为民务实清廉主题，按照“照镜子、正衣冠、洗洗澡、治治病”总要求，聚焦“四风”问题，贯彻整风精神，下大功夫抓好整改落实，巩固发展活动战果，搞好法纪制度衔接，推进改进作风常态化长效化，以作风建设的新成效把改革发展各项任务落到实处。

赵乐际指出，深入开展群众路线教育实践活动，加强作风建设，是十八届三中全会精神的重要内容，也是落实全会精神的重要保证。要从全面深化改革、完成十八大提出的各项目标任务的战略高度，深刻认识整治“四风”的重要性紧迫性，以知促行、以行促知、知行合一，在深入学习中不断增强思想和行动自觉。要强化问题意识、问题导向，对照中央八项规定精神，对照三中全会《决定》关于作风建设的新要求，在“回头看”中找准薄弱环节，明确方向、拿出实招。要上上下下都负责、方方面面齐努力，领导干部既要主动认领班子的问题，又要自觉整改自身的问题，以钉钉子精神抓好整改落实，在真抓实改中取信于民。要列出专项整治的任务，逐一分析、逐一拿出具体措施，动真碰硬、形成声势，在解决突出问题中实现整体推进。要健全改进作风常态化制度，强化制度执行的保障机制，在健全和严格落实制度中常抓不懈、久久为功。领导干部要坚持把自己摆进去，严格要求、树立标杆、以上率下，用做出样子代替喊破嗓子，在带头整改中推动活动不断深入。督导组要切实负起责任，保持工作力度，严格督导把关。要坚持活动和工作两不误、两促进，把全面深化改革的任务一项一项落到实处，促进经济社会持续健康发展。

11月23日

［纲　文］　**中国宣布划设东海防空识别区，发布《航空器识别规则》公告。**

［目　文］　东海防空识别区具体范围为以下六点连线与我国领海线之间空域范围：北纬33度11分、东经121度47分，北纬33度11分、东经125度00分，北纬31度00分、东经128度20分，北纬25度38分、东经125度00分，北纬24度45分、东经123度00分，北纬26度44分、东经120度58分。

中国东海防空识别区公布划设后，中国空军进行了首次空中巡逻。中国空军出动两架大型侦察机执行空中巡逻任务。同时，出动了预警机和多型战斗机，实施支援掩护和指挥保障。中国空军在东海防空识别区内进行空中巡逻，符合国际通行做法。自美国1950年首次划设防空识别区以来，截至目前，世界上已有20多个国家和地区划设了防空识别区。

《规则》明确，位于东海防空识别区飞行的航空器，必须提供以下识别方式：（一）飞行计划识别。位于东海防空识别区飞行的航空器，应当向中华人民共和国外交部或民用航空局通报飞行计划。（二）无线电识别。位于东海防空识别区飞行的航空器，必须开启并保持双向无线电通信联系，及时准确回答东海防空识别区管理机构或其授权单位的识别询问。（三）应答机识别。位于东海防空识别区飞行的航空器，配有二次雷达应答机的应当全程开启。（四）标志识别。位于东海防空识别区飞行的航空器，必须按照有关国际公约规定，明晰标示国籍和登记识别标志。《规则》指出，位于东海防空识别区飞行的航空器，应当服从东海防空识别区管理机构或其授权单位的指令。对不配合识别或者拒不服从指令的航空器，中国武装力量将采取防御性紧急处置措施。东海防空识别区管理机构是中华人民共和国国防部。本《规则》自2013年11月23日10时起施行。

11月23日

［纲　文］ **全国政协主席俞正声在北京会见纳米比亚前总统努乔马。**

［目　文］ 俞正声在会见时说，中纳建交23年来，两国关系经受住国际形势和各自国内情况变化的考验，不断巩固和发展。中方愿同纳方一道，继承和发扬两国共同奋斗的友好传统，积极扩大各领域合作，更好地造福两国人民。俞正声表示，发展同非洲国家的友好合作始终是中国对外政策的重要基础，也是中方长期的、坚定的战略选择。中方愿同各方加强沟通交流，不断推动和加强中非传统交流合作，共同促进非洲和平与发展。

努乔马感谢中方对非洲发展所作的突出贡献，表示纳中传统友谊深厚，纳方重视发展对华关系，愿进一步加强两国政治、经贸、人文等领域友好合作，学习中方在发展经济、改善民生等方面的成功经验，让纳中友谊结出更加丰硕的成果。

努乔马此次是应中国人民外交学会邀请来华访问的。

11月24日

［纲　文］ **习近平在青岛黄岛经济开发区考察输油管线泄漏引发爆燃事故抢险工作。**

［目　文］ 11月22日上午，山东青岛黄岛经济开发区中石化黄潍输油管线泄漏引发重大爆燃事故，造成人民群众生命财产重大损失。中共中央总书记、国家主席、中央军委主席习近平得知消息后，立即作出批示，要求山东省和有关部门、企业组织力量排除险情，千方百计搜救失踪、受伤人员，并查明事故原因，总结事故教训，落实安全生产责任，强化安全生产措施，坚决杜绝此类事故，并要求国务院立即派出领导前往指导抢险搜救工作。

24日下午，习近平在山东省委书记姜异康、省长郭树清陪同下来到青岛大学附属医院黄岛分院，看望慰问伤员、医护人员和遇难者家属。随后，习近平主持召开会议，听取了事故现场总指挥部总指挥、山东省省长郭树清，中石化董事长傅成玉等的汇报。

听取汇报后，习近平发表重要讲话。他表示，这次事故给人民群众生命财产造成严重损失，令人痛心。目前，经过国务院有关部门、山东省委和省政府、青岛市委和市政府以及有关方面共同努力，事故处理工作取得初步成效。下一步，要尽全力救治受伤人员，妥善安排遇难者后事，安慰好家属，安置好群众生活。对这次事故要抓紧调查处理，依法追究相关人员责任。

习近平指出，各级党委和政府、各级领导干部要牢固树立安全发展理念，始终把人民群众生命安全放在第一位。各地区各部门、各类企业都要坚持安全生产高标准、严要求，招商引资、上项目要严把安全生产关，加大安全生产指标考核权重，实行安全生产和重大安全生产事故风险“一票否决”。责任重于泰山。要抓紧建立健全安全生产责任体系，党政一把手必须亲力亲为、亲自动手抓。要把安全责任落实到岗位、落实到人头，坚持管行业必须管安全、管业务必须管安全，加强督促检查、严格考核奖惩，全面推进安全生产工作。

王沪宁、栗战书、王勇等参加上述活动。

11月24—28日

［**纲　文**］　**习近平在山东省考察。**

［**目　文**］　中共中央总书记、国家主席、中央军委主席习近平在山东省委书记姜异康和省长郭树清陪同下，来到青岛、临沂、济宁、菏泽、济南等地，深入革命老区、企业、科研院所、文化机构等，考察经济社会发展情况，推动党的十八届三中全会精神学习贯彻。

习近平在调研时强调，学习贯彻党的十八届三中全会精神，必须凝聚共识，使全党全社会都理解改革、支持改革、参与改革。宣讲全会精神，要联系实际、研机析理、解疑释惑，引导干部群众全面准确地把握各项改革举措，不要盲人摸象、以偏概全，不要不明就里、大而化之。

习近平强调，行动最有说服力。学习贯彻党的十八届三中全会精神，重在结合实际，抓好中央重大改革措施的细化和落实。要正确推进改革，坚持改革是社会主义制度自我完善和发展。要准确推进改革，认真执行中央要求，不要事情还没弄明白就盲目推进。要有序推进改革，该中央统一部署的不要抢跑，该尽早推进的不要拖宕，该试点的不要仓促推开，该深入研究后再推进的不要急于求成，该得到法律授权的不要超前推进。要协调推进改革，注重改革的关联性和耦合性，把握全局，力争最大综合效益。要善于把自觉维护中央大政方针的统一性严肃性和因地制宜、充分发挥主观能动性结合起来。任务一经确定，就要一步一个脚印、稳扎稳打向前走，积小胜为大胜，积跬步致千里。

习近平指出，全面深化改革任务艰巨、矛盾繁多，对党的执政能力和领导水平是一个新的考验。党的建设各项工作，都要紧紧围绕全面深化改革来定任务、添措施、建机制，都要用保证和促进全面深化改革的实际成效来检验。各级领导干部要着眼于领导好全面深化改革这场攻坚战，加强学习和实践，努力提高思想政治能力、动员组织能力、驾驭复杂矛盾能力，做到信心坚定、行动坚决，科学推进、勇于担当。要时时处处为群众作示范、当表率，让群众跟着来、一起干，不断增强人民群众投身改革的积极性和主动性。

王沪宁、栗战书和中央有关部门负责人陪同考察。

11月24日

［纲　文］　**中央和国家机关教育实践活动中央督导组组长座谈会在北京召开。**

［目　文］　中共中央政治局常委、中央党的群众路线教育实践活动领导小组组长刘云山主持召开座谈会。座谈会上，16位中央督导组组长作了发言。大家认为，前一阶段，中央和国家机关教育实践活动扎实推进，取得了重要阶段性成果。同时，各部门各单位整改落实工作进展不平衡，有的差距还不小，松、软、拖的问题在一些部门和单位不同程度存在，需要高度重视、认真加以解决。

刘云山在讲话中指出，中央和国家机关地位重要、影响特殊，在教育实践活动中起着风向标作用，应当在整改落实上走在前列、发挥示范作用。派驻中央和国家机关的督导组也应当敢于负责、勇于担当，把督导工作做得更加扎实有力。要在已有工作基础上加加油、添把火、上上发条，督促各部门各单位不等不拖不靠，主动整改、从严整改，把整改工作抓紧抓实，防止虎头蛇尾、功亏一篑。

刘云山说，整改关键是真改，督导务必要从严。要围绕兑现整改承诺加强督导，督促领导干部带头改，以过硬的措施进行整改，一件一件地改，改一件成一件，言而有信、说到做到。要围绕解决突出问题加强督导，督促各部门各单位狠刹高高在上、脱离群众的衙门作风，狠刹权钱交易、不给钱不办事、没有关系办不成事的机关歪风，狠刹公款送礼、公款吃喝、奢侈浪费之风，切实解决吃拿卡要、与民争利、侵害群众利益问题，切实整治特权病、冷漠病、懒散病，让群众感受到机关风气的明显变化，感受到这种变化带来的便利和实惠。要着眼建章立制加强督导，督促各部门各单位以改革精神推进体制机制创新，努力实现作风建设常态化。

刘云山强调，第一批教育实践活动已进入整改落实的关键环节，能不能一如既往做好督导工作，考验着督导组同志的耐心和责任心。要以强烈的担当精神开展督导工作，对那些整改方案不完善、整改措施不落实、问题较多而整改成效不明显的部门和单位，不能降格以求、放行过关。要坚持开门督导，多方面听取群众意见，提高督导工作实效。

赵乐际、赵洪祝出席座谈会。中央党的群众路线教育实践活动领导小组及办公室、中央和国家机关督导组有关负责人参加会议。

11月24日

［纲　文］　**外交部发言人驳斥美日对中国划设东海防空识别区有关表态。**

［目　文］　外交部发言人表示，中国政府划设东海防空识别区符合《联合国宪章》

等国际法和国际惯例，目的是捍卫中国的国家主权和领土领空安全，不针对任何特定国家和目标，不影响有关空域的飞越自由。钓鱼岛及其附属岛屿是中国固有领土。中方坚定捍卫钓鱼岛的领土主权。目前钓鱼岛局势完全是日方错误行径造成的。美方应在钓鱼岛主权问题上切实做到不选边站队，不再发表不当言论。外交部部长助理郑泽光24日就此向美驻华大使骆家辉提出严正交涉，要求美方立即纠正错误，停止对中方说三道四。中国外交部和驻日本使馆已据理驳回日方的无礼交涉，要求日方纠正错误。

11月24—26日

［纲　文］　**国务院总理刘延东应邀对埃塞俄比亚进行正式访问。**

［目　文］　访问期间，埃塞俄比亚总统穆拉图、总理海尔马里亚姆在亚的斯亚贝巴分别会见了刘延东。

刘延东在会见穆拉图和海尔马里亚姆时说，中埃全面合作伙伴关系建立十年来，两国关系取得积极成果。我亲身感受到，中埃人民友谊深厚，双边务实合作愿望强烈。进一步巩固和发展中埃传统友谊，深化互利合作，符合两国人民根本利益。中方愿与埃方进一步保持高层交往势头，继续支持中国企业和金融机构积极参与埃基础设施建设和能源资源开发，不断拓展和深化在文化、教育、科技、医疗、卫生、青年等各领域合作，大力推进人文交流与合作，将中埃关系提高至新水平。

穆拉图和海尔马里亚姆表示，埃中合作取得丰硕成果，促进了埃自身经济社会发展。埃方感谢中方的真诚帮助和支持，期待学习借鉴中方成功经验。埃方视中国为重要合作伙伴，希望进一步加强两国在基础设施、科技、教育、文化、农业等领域的合作。

25日，刘延东与埃塞副总理德梅克举行会谈，并共同见证两国有关教育、文化、科技等领域合作文件的签署。当天，刘延东还会见了非盟委员会主席祖马。

刘延东还考察了亚的斯亚贝巴大学，与曾在中国留学的埃塞俄比亚学生代表举行会谈，勉励他们为推进中埃友谊作出更大贡献。

11月24—27日

［纲　文］　**文化部部长蔡武率中国政府文化代表团对印度尼西亚进行正式访问，并出席首届世界文化论坛。**

［目　文］　访问期间，蔡武会见了印尼人民福利统筹部部长阿贡、教育与文化部部长努赫、旅游与创意经济部部长冯慧兰、东盟秘书处副秘书长艾丽西亚，签署了《中华人民共和国文化部和印度尼西亚共和国教育与文化部就互设文化中心开展合作的联合公报》，并与长期支持推动文化交流的印尼文化界、工商界友好人士进行了广泛接触。

蔡武在会见阿贡部长时表示，习近平主席10月访问印尼期间，与印尼领导共同宣布将两国关系提升为全面战略伙伴关系，为两国关系未来发展指明了方向，开启了两国关系继往开来、全面深入发展的新阶段。他表示，中国文化部愿同印尼人民福利统筹部共同努力，为全面落实两国元首达成的重要共识，充实中印尼全面战略伙伴关系内涵，推动两国关系实现更大发展作出应有贡献。

中国驻印尼大使刘建超、驻东盟大使杨秀萍、文化部对外文化联络局局长张爱平陪同出席了主要活动。

首届世界文化论坛25至27日在印尼巴厘岛举办，论坛主题是“可持续发展中的文化力量”，来自欧洲、美洲、亚洲、非洲的30多个国家的高级别官员率团参会，蔡武率团出席本次论坛并做主旨发言。蔡武在讲话中阐述了中国对于文化在可持续性发展中的地位和作用的理解，并介绍了中国文化的发展理念及成就。论坛期间，蔡武参加了文化部长圆桌会议，与来自南非、波兰、印尼、马来西亚等国的14名文化部部长及其他国家政府文化高官共同讨论，就世界文化发展、各国文化政策以及文化与发展的关系等重大议题交换了意见和看法。

11月25日

［纲　文］　**习近平任免驻外大使。**

［目　文］　国家主席习近平根据全国人民代表大会常务委员会的决定任免驻外大使：一、免去郑清典的中华人民共和国驻牙买加特命全权大使职务；任命董晓军为中华人民共和国驻牙买加特命全权大使。二、免去兰立俊的中华人民共和国驻瑞典王国特命全权大使职务；任命陈育明为中华人民共和国驻瑞典王国特命全权大使。三、免去徐建国的中华人民共和国驻新西兰特命全权大使兼驻库克群岛特命全权大使、驻纽埃特命全权大使职务；任命王鲁彤为中华人民共和国驻新西兰特命全权大使兼驻库克群岛特命全权大使、驻纽埃特命全权大使。四、免去赵立兴的中华人民共和国驻几内亚共和国特命全权大使职务；任命卞建强为中华人民共和国驻几内亚共和国特命全权大使。五、免去李瑞宇的中华人民共和国驻丹麦王国特命全权大使职务；任命刘碧伟为中华人民共和国驻丹麦王国特命全权大使。六、免去丁伟的中华人民共和国驻意大利共和国特命全权大使兼驻圣马力诺共和国特命全权大使职务；任命李瑞宇为中华人民共和国驻意大利共和国特命全权大使兼驻圣马力诺共和国特命全权大使。七、免去易小准的中华人民共和国常驻世界贸易组织代表、特命全权大使，常驻联合国日内瓦办事处和瑞士其他国际组织副代表职务；任命俞建华为中华人民共和国常驻世界贸易组织代表、特命全权大使，兼常驻联合国日内瓦办事处和瑞士其他国际组织副代表。

11月25日

［纲　文］　**国家主席习近平向在联合国举行的“声援巴勒斯坦人民国际日”纪念大会致贺电。**

［目　文］　习近平在贺电中表示，巴勒斯坦问题攸关巴勒斯坦等中东各国长治久安和繁荣发展，解决巴勒斯坦问题应该坚定不移走和平谈判道路。中方欢迎巴勒斯坦和以色列重启和谈并保持对话势头，希望和谈早日取得实质性进展。

习近平强调，中国对巴勒斯坦人民正义事业的支持是真诚无私的。作为联合国安理会常任理事国和负责任的大国，中方愿同国际社会一道，为早日实现中东持久和平作出不懈努力。

11月25日

［纲 文］ **国务院办公厅发布《关于对贯彻落实“约法三章”进一步加强督促检查的意见》。**

［目 文］ 《意见》提出：一、建立行政首长负责制。各地区、各部门主要负责人是贯彻落实“约法三章”的第一责任人，对本地区、本部门贯彻落实“约法三章”负总责。二、严格审批和监管。要按照“谁审批，谁负责”的原则，建立健全审批责任追究制，及时发现并纠正违规审批行为。有关部门要严格履行职责，切实加强审核把关。三、强化监察和审计。各级监察、审计机关要将“约法三章”的贯彻落实情况列为重要工作内容，加强行政监察和审计监督。对有令不行、有禁不止的，要依照有关规定严肃追究直接责任人和有关领导人员的责任。四、建立报告制度。地方各级人民政府要定期向上一级政府报告“约法三章”的贯彻落实情况。要将“约法三章”贯彻落实情况作为政务公开的重要内容，及时向社会公布。五、自觉接受人大监督。地方各级人民政府向本级人民代表大会报告政府工作时，要实事求是、客观真实地报告“约法三章”的贯彻落实情况，自觉接受人大代表的监督，及时回应人大代表提出的意见和建议。六、鼓励社会监督。要注重发挥社会监督作用，建立健全社会监督机制。七、做好重点督查。对发现的问题，要限期整改，并严肃追究有关人员的责任。国务院办公厅每年一季度组织有关部门对各地区、各部门“约法三章”贯彻落实情况开展重点督查。

11月25日

［纲 文］ **全军学习贯彻三中全会精神宣讲团报告会在北京举行。**

［目 文］ 全军学习贯彻党的十八届三中全会精神宣讲团在八一大楼为军委、四总部机关举行首场报告会。中央军委副主席范长龙、许其亮听取了报告。中央军委委员常万全等参加报告会。

报告会上，宣讲团成员、国防大学副校长毕京京着重从充分认识在新的历史起点上全面深化改革的重大意义、准确把握全面深化改革的指导思想、总目标和基本原则、全面落实中央确定的改革任务和重大举措、坚定不移推进国防和军队改革、切实加强和改善党对全面深化改革的领导等5个方面，宣讲了党的十八届三中全会精神，对全会提出的新思想新论断新举措作了深入解读。

全军学习贯彻党的十八届三中全会精神宣讲团，是经习近平主席和中央军委批准，总政治部从全军抽调知名专家组成的。10名宣讲团成员来自国防大学、国防科学技术大学等单位，他们普遍理论功底深厚、熟悉了解部队、宣讲经验丰富，多数同志是全国全军优秀教师，有的多次参加中央和军队组织的重大宣讲活动。首场报告会后，宣讲团将分5个组赴全军各大单位巡回宣讲。各大单位分别组织的宣讲活动也将陆续展开。

此前，许其亮看望了全军学习贯彻十八届三中全会精神宣讲团成员。他强调，宣讲团要深入学习领会、坚决贯彻落实党中央、习主席的指示要求，以高度的政治自觉和饱满的政治热情，高质量高水平地做好军队宣讲工作。

11月25日

［纲　文］　**中国成功发射试验五号卫星。**

［目　文］　10时12分，我国在酒泉卫星发射中心用长征二号丁运载火箭，成功将试验五号卫星发射升空，卫星顺利进入预定轨道。试验五号卫星主要用于开展空间技术试验和环境探测。这是长征系列运载火箭的第185次发射。

11月25日

［纲　文］　**中国科学家李象益首获联合国教科文组织科普奖。**

［目　文］　联合国教科文组织宣布，中国科学家李象益获得了2013年联合国教科文组织的“卡林加奖”，以表彰他在科普领域的成就。这是该奖设立以来，首次有中国人获奖。

教科文组织在声明中称赞李象益是一位学术和科普专家。他是中国科技馆的创办人之一，并曾领导科技馆工作。他还曾任中国科学技术协会科普部门的负责人，在农村、工厂和矿山开展科普工作。他发起了中国第一次全国科学知识普及调查，并因一直从事科普和科学教育工作而享誉全国。

“卡林加奖”设立于1951年，每两年颁发一次。获奖者必须在其职业生涯中，致力于向大众介绍科学、研究和技术，同时致力于在国际上宣传科学技术的重要性。

12月20日，中共中央政治局委员李源潮在北京会见了卡林加科普奖获得者李象益。

11月25日

［纲　文］　**国家副主席李源潮在南宁会见来华出席第二届中越青年大联欢的越共中央政治局委员、越南祖国阵线中央委员会主席阮善仁。**

［目　文］　李源潮在会见时说，中越两国政治制度相同、理想目标相通、发展道路相近，希望双方认真落实两党两国领导人重要共识，全面推进各领域互利合作，巩固发展中越全面战略合作伙伴关系，共同推动社会主义事业发展。

阮善仁说，越方愿继续深化包括青年交往在内各领域的合作交流，推动越中关系不断向前发展。

11月25日

［纲　文］　**《人民日报》发表题为《加强对全面深化改革的组织领导——八论认真贯彻落实十八届三中全会精神》的评论员文章。**

11月25—29日

［纲　文］　**国务院总理李克强应邀出席中国—中东欧国家领导人会晤和上海合作组织成员国总理第十二次会议，并正式访问罗马尼亚。**

［目　文］　26日，李克强在布加勒斯特出席中国—中东欧国家领导人会晤。会晤由李克强和罗马尼亚总理蓬塔共同主持。中国与中东欧16国领导人就深化中国—中东欧关系进行深入讨论，规划未来合作蓝图。

李克强在讲话中表示，中国和中东欧国家传统友谊深厚，没有利害冲突，扩大合作的基础坚实牢固。中国与中东欧国家合作透明、开放、包容，既符合双方利益，也将为深化中欧全面战略伙伴关系发挥积极建设性作用。

李克强提出今后一个时期深化中国—中东欧国家合作的六点建议：一、做大做实经贸合作，努力实现5年内贸易额再翻一番；二、加快推进互联互通；三、大力加强绿色合作；四、积极拓展融资渠道；五、深挖地方合作潜力；六、丰富人文交流活动。

会晤后，中国与中东欧16国共同发表《中国—中东欧国家合作布加勒斯特纲要》。

在对罗马尼亚进行正式访问期间，李克强会见了罗马尼亚总统伯塞斯库。李克强转达了习近平主席对伯塞斯库总统的诚挚问候。他说，中罗传统友谊深厚，在涉及彼此核心利益和重大关切问题上始终相互支持，这为中罗关系发展提供了坚实基础。我此次访罗的目的就是为了巩固传统友谊，推动务实合作，使中罗全面友好合作伙伴关系发展得更好。

伯塞斯库请李克强转达他对习近平主席的亲切问候。他说，李克强总理对罗马尼亚的访问和此次中东欧国家—中国领导人会晤圆满成功，取得丰富成果，必将推动两国关系和中东欧国家—中国合作进入新的发展阶段。

访问期间，李克强与罗马尼亚总理蓬塔举行了会谈。

两国总理决定成立双方工作组，就两国进一步开展高铁、能源等重大项目合作抓紧商谈。会谈后，两国总理共同见证了双边经贸、投资、文化、检疫、能源等领域合作文件的签署，双方发表联合声明。

李克强在罗马尼亚议会还分别会见了罗参议长安东内斯库和众议长兹戈内亚，并在罗马尼亚议会发表题为《让中罗友好合作继续扬帆远航》的演讲。

29日，李克强在塔什干出席上海合作组织成员国总理第十二次会议，同与会各国领导人就促进上合组织框架内多领域合作，加强上合组织建设等深入交换意见，达成广泛共识。

李克强提出深化上合组织务实合作六点倡议：一、深化安全合作；二、加快道路互联互通；成员国都在“丝绸之路经济带”上，希望各方尽快签署《上海合作组织成员国政府间国际道路运输便利化协定》，积极参与新亚欧大陆桥和“渝新欧”国际铁路联运通道建设，进一步畅通从东到西的大通道，中方愿为此提供技术、装备、融资等支持；三、促进贸易和投资便利化；四、加强金融合作；五、推进生态和能源合作；六、扩大人文交流。

与会上合组织成员国总理和观察员国、对话伙伴国代表在发言中赞同李克强提出的“六点倡议”，积极评价中国为推动上合组织成员国合作和本组织建设等发挥的重要作用。

11月25—26日

［纲　文］　**全军保密工作会议在北京召开。**

［目　文］　中共中央政治局委员、中央军委副主席范长龙出席会议并讲话。会议对10年来军队保密工作所取得的重要成就进行梳理总结，对着力提高信息化条件下的保密能力作出明确部署和要求，并对48个全军保密工作先进单位、93名全军保密工作先进个人进行了隆重表彰。解放军四总部和军委办公厅领导、全军各大单位和武警部队保密委员

会负责人、保密部门负责人共120余人参加会议。

范长龙在讲话中强调，要认真贯彻落实习近平主席关于保密工作的一系列重要指示，积极适应形势任务需要和信息网络时代要求，一刻不松、一处不漏、一丝不苟抓好保密工作，为能打仗、打胜仗提供有力保证。

范长龙指出，要认清保密工作面临的严峻形势，研究解决保密工作中存在的问题薄弱环节。要创造性地开展保密工作，打好新形势下保密工作主动仗。要着力抓好理想信念教育，加强理论武装，搞好经常性思想教育，筑牢思想防线。要严密防范重大失泄密问题，在加强整体防范的同时，突出重点、确保重点，结合实际制定刚性措施，确保万无一失。要加大保密综合防护力度，要重视“人防”，也要重视“技防”，更要重视“制度防”，综合施策、整体推进。要与时俱进研究新情况，创新保密工作制度机制。各级党委和领导机关要加强对保密工作的领导，军委、总部机关要带头，严格责任制，以好的作风抓落实。

11月25—27日

［纲　文］　**中国美术家协会第八次全国代表大会在北京召开。**

［目　文］　开幕式由大会主席团成员、中央美术学院院长潘公凯主持。中国文联副主席、中国美协主席刘大为代表大会主席团和全体代表致开幕词，中国文联党组书记、副主席赵实代表中国文联致辞，文化部副部长董伟代表文化部致辞。中共中央政治局委员、书记处书记、中宣部部长刘奇葆出席大会并作了重要讲话。来自全国各地的440余名代表参加了大会。

刘奇葆指出，广大美术工作者要把中华民族伟大复兴的中国梦作为美术创作的重要主题，用优美的作品把人们寻梦的理想、追梦的奋斗展现出来，用艺术的正能量见证国家富强、民族振兴、人民幸福。要积极弘扬社会主流价值，把社会主义核心价值观融入美术创作之中，坚持高水准的艺术追求，积极反映国家发展、社会进步、人民创造，深情掬取自然之美、生活之美、人文之美，不断提升作品的品位和境界。要坚守中华文化立场，赋予美术创作鲜明的民族特色和深刻的文化内涵，让中华文化基因生生不息、薪火相传。开幕式后，七届中国美协驻会副主席、分党组书记吴长江向大会作了题为《塑造人民形象，描绘美丽中国，为建设社会主义文化强国而努力奋斗》的工作报告。

中国美术家协会第八次全国代表大会27日在北京会议中心胜利闭幕。会议宣布了新当选的中国美术家协会第八届主席、副主席名单，决定任命徐里为中国美术家协会第八届秘书长，杜军、陶勤为副秘书长，推举靳尚谊为中国美协第八届名誉主席，聘请王琦、王明旨、尼玛泽仁、刘文西、刘勃舒、李焕民、杨力舟、肖峰、林墉、罗中立、哈孜·艾买提、秦征、黄永玉、常沙娜、詹建俊、潘公凯为中国美术家协会第八届顾问。闭幕式由中国美协驻会副主席吴长江主持。

11月26日

［纲　文］　**第二届中越青年联欢大会在广西壮族自治区南宁市举行，国家主席习近**

平发贺信。

［目　文］　联欢大会由广西壮族自治区主席陈武主持。整场文艺演出以“青春·友谊·梦想”为主题，分为“青春飞扬”、“友谊长存”、“美丽梦想”三个篇章，表达了中越人民期盼世代友好的美好心愿。

中国共青团中央书记处第一书记秦宜智在会上宣读了习近平的贺信。习近平在贺信中指出，中越两国山水相连，两国人民感情深厚。毛泽东主席和胡志明主席等老一辈领导人亲自缔造和精心培育的“同志加兄弟”的中越传统友谊已经深深扎根于两国人民心中。按照“长期稳定、面向未来、睦邻友好、全面合作”的十六字方针和“好邻居、好朋友、好同志、好伙伴”的“四好精神”发展两国关系，实现中越世代友好，符合两国和两国人民根本利益，也是两国人民共同愿望。习近平强调，青年是国家的未来、民族的希望。中越两国人民长期友好的未来和希望寄托在两国青年身上。把中越友好的接力棒接过来、传下去，是中越两国青年义不容辞的使命和责任。希望两国青年争当中越传统友谊的传承者、友好合作的生力军，携手并肩，共同努力，推动中越友谊之树不断开花结果，为促进世界和平与发展作出积极贡献。

越南国家主席张晋创也向大会发来贺信。越南胡志明共青团中央书记处第一书记阮得荣在会上宣读了张晋创的贺信。张晋创在贺信中表示，巩固和培育越中友好关系，符合两个民族的共同利益，关系到我们两国青年的美好未来，有利于地区乃至世界的和平、稳定和繁荣。当代青年要为两国友好继续添砖加瓦，使之开花结果，芬芳百世。

中共中央政治局委员、中国国家副主席李源潮，越共中央政治局委员、越南祖国阵线中央委员会主席阮善仁出席联欢大会并分别致辞。中联部、外交部、共青团中央、广西壮族自治区有关负责人参加了上述活动。

11月26日

［纲　文］　**中国首辆月球车命名为“玉兔号”。**

［目　文］　探月工程副总指挥李本正在国家国防科技工业局召开的新闻发布会上宣布，我国首辆月球车全球征名活动结束，月球车被正式命名为“玉兔号”。嫦娥三号巡视器正式获得了自己的名字。

在此次征名活动中，月球车获得了53091个名字，最终“玉兔号”脱颖而出。将首辆月球车命名为“玉兔号”，是以玉兔善良、纯洁、敏捷的形象喻示月球车的构造和使命，同时也传达了我国和平利用太空的宗旨。

11月26日

［纲　文］　**首次中法高级别经济财金对话在北京市举行。**

［目　文］　国务院副总理马凯与法国经济和财政部部长莫斯科维奇共同主持对话。双方经济财金领域高级别官员出席。双方围绕宏观经济形势与政策及全球治理、财政与金融合作、双边贸易与投资等议题进行讨论。

中法高级别经济财金对话机制的建立始于2013年4月法国总统奥朗德访华时。两国元首同意加强中法在经济和财金问题上的合作，决定建立高级别经济财金对话机制。马凯在讲话中表示，中法建交近 50 年来，两国关系不断向前发展，经贸联系紧密。建立中法高级别经济财金对话机制是习近平主席与奥朗德总统共同做出的决定，为深化中法经济财金合作搭建了一个新的平台，也是提升中法新型全面战略伙伴关系的又一项重要举措。双方应就国际经济形势及各自政策措施密切交流，加强在 G20 等多边框架下的合作，共同促进两国和世界经济健康发展。继续深化核能、航空航天等传统领域合作，打造现代农业、城镇化、新能源、数字化、海洋等新的合作亮点。加强财金领域合作，共同推动各方尽快落实国际货币基金组织份额和治理改革方案。法方应为中国金融机构在法设立机构、开展业务和中国企业赴法投资提供便利。

莫斯科维奇表示，新的对话机制体现了两国领导人重视和发展双边关系的共同意愿，丰富了双边对话渠道。中国是法国最重要的合作伙伴之一，双方应加强在双边和多边层面的合作。当前两国合作氛围良好，法方欢迎中国企业赴法投资，不能用保护主义措施应对贸易不平衡。法方期待中方举办随后的 G20 峰会。

对话达成一系列重要共识和积极成果，并发表了《首次中法高级别经济财金对话联合声明》。对话结束后，马凯和莫斯科维奇共同见证中法《对所得避免双重征税和防止偷漏税的协定》及议定书和双方税务部门《双边合作备忘录》签字仪式。

11 月 26 日

［纲　文］ **《人民日报》发表题为《厉行节约反对浪费的制度保证》的社论。**

11 月 26 日

［纲　文］ **《人民日报》发表题为《“回头看”才能更好“向前走”——一论整改落实如何推进》的评论员文章。**

11 月 26—29 日

［纲　文］ **第十二届全国政协第一期新任委员学习研讨班在北京举办。**

［目　文］ 本期学习研讨班为期 3 天，近 300 位新任委员参加学习。委员们围绕深入学习贯彻中共十八届三中全会精神、推进社会主义协商民主制度建设、如何做好调查研究、人民政协的经常性工作、政协委员的权利和义务等内容进行集中学习和专题研讨。全国政协主席俞正声出席开班式并讲话。全国政协副主席杜青林主持开班式。全国政协文史和学习委员会主任王太华主持结业式。

俞正声在开班式上说，加强学习是人民政协巩固共同思想政治基础的重要途径。新任政协委员要适应新岗位、新情况、新任务，提高履职能力，就要通过学习解决好政协是什么、做什么、怎么做的问题。政协不是权力机构，是协商交流的重要平台。在坚持中国特色社会主义道路、理论体系、制度的共同思想政治基础上，要平等议事，求同存异，通过不同意见的沟通、彼此的尊重促进团结，总的目标是增进共识、凝聚人心、形成合力，使政协这一爱国统一战线的组织始终充满生机和活力。

俞正声强调，要将深入学习贯彻中共十八届三中全会精神体现到委员履行职责的各项工作之中，围绕全面深化改革的重大问题切实加强调研，要在提出问题的深度、切中要害的程度、提案和发言的质量上下功夫，为党和政府科学民主决策提供有益参考。

学习研讨班期间，十一届全国政协副主席、中国人民政协理论研究会会长郑万通，中共中央政策研究室副主任潘盛洲，全国政协机关党组副书记、副秘书长仝广成，全国政协副秘书长、机关党委书记张秋俭分别作专题报告。

11月27日

［纲　文］　**新华社讯，习近平签发施行新修订的《中国人民解放军装备管理条例》。**

［目　文］　电讯说，发布施行新的《条例》，是中央军委着眼实现党在新形势下的强军目标，贯彻“能打仗、打胜仗”目标要求，进一步加大依法管装、从严治装力度，提高装备成建制成系统形成作战能力和保障能力建设水平的重要举措。新的《条例》围绕打赢信息化条件下局部战争，针对装备管理的新形势、新情况、新特点，进一步明确了装备管理内涵，充实了装备管理职责和工作制度，完善了装备战备、训练和信息管理要求，是全军官兵必须遵守的基本法规。

中央军委要求，全军和武警部队要认真学习、严格执行《条例》，不断提高装备科学化制度化经常化管理水平，保障部队完成作战、训练、执勤和其他各项任务。

新修订的《条例》自2013年12月1日起施行。

11月27日

［纲　文］　**部分中央和国家机关纪检组组长座谈会在北京召开。**

［目　文］　中共中央政治局常委、中央纪委书记王岐山主持召开座谈会，就贯彻党的十八届三中全会精神，开好中央纪委三次全会听取意见建议。中共中央书记处书记、中央纪委副书记赵洪祝出席座谈会。

王岐山指出，三中全会《决定》要求全面落实中央纪委向中央一级党和国家机关派驻纪检机构，实行统一名称、统一管理。派驻机构对派出机关负责，履行监督职责。这是中央对派驻机构做出的重大改革。党风廉政建设和反腐败工作不能有真空地带。中央和国家机关部门地位重要、权力集中，更需要强化全面监督。派驻工作只能加强，不能削弱。要牢固树立进取意识、机遇意识、责任意识，以改革精神抓好《决定》的贯彻落实。要加强统筹协调，规范机构设置，强化对驻在部门领导班子的监督。中央一级党和国家机关领域广、部门多，要坚持一切从实际出发，求真务实、循序渐进，条件成熟一个派驻一个，逐步落实。

王岐山强调，要加强组织制度创新，改革体制机制，科学布局、整合力量、统筹安排。针对不同部门的规模、性质、特点，分门别类，探索派驻的有效途径和方式方法。根据党章和行政监察法的适用范围，分别派驻纪检组或纪检监察组。派驻机构各项工作保障由驻在部门负责，工作经费在驻在单位预算中单列。监督执纪是派驻机构的首要职责，要突出抓好党风廉政建设和反腐败工作这个主业，落实派驻机构管理各项规定，建立健全约谈制度，定期向中央纪委报告工作。制度建设需要大量实践探索，先从具体实践做起，不断深化，再形成制度。

王岐山要求，派驻机构要加快转职能、转方式、转作风，聚焦中心任务，加强党的作风建设、组织纪律建设，加大对驻在部门党员领导干部违反党纪政纪、涉嫌违法行为的审查和处置力度，坚决遏制腐败蔓延势头。要全面落实党风廉政建设责任制，驻在部门党组织承担主体责任。党要管党、从严治党要求所有党员领导干部都要牢记自己的党内职务所肩负的职责。派驻机构要眼睛亮一点、耳朵长一点、鼻子灵一点，善于监督、敢于执纪，严格责任追究，切实承担起监督责任。派驻机构是中央纪委的重要组成部分，要加强干部队伍建设，统一整合调配力量，坚守责任担当，忠实履行职责。

11月27日

［纲　文］　**全国人大常委会委员长张德江在北京会见尼日利亚人民民主党主席图库尔。**

［目　文］　张德江在会见时说，本年9月，我访问贵国时与主席先生进行了友好会见。时隔两月，在北京再次见到主席先生，这充分说明中尼两国具有深厚的兄弟情谊。前不久，中国共产党召开了十八届三中全会，对全面深化改革作出了战略部署。中尼两党都是执政党，肩负着各自国家发展的重任，相互学习借鉴治国理政经验十分重要，有助于提升执政能力，有利于完成各自使命。双方应进一步加强友好往来，增进政治互信，提升合作水平，推动中尼战略伙伴关系不断向前发展。

图库尔说，此访加深了尼中两党的了解与合作，分享了中国共产党的智慧，丰富了尼人民民主党的执政理念。

11月27日

［纲　文］　**中国赴菲医疗队已救治逾千名病人。**

［目　文］　外交部发言人在例行记者会上说，中方赴菲律宾的医疗救援力量在抵达“海燕”台风重灾区后，立即建立医疗营地和野战医院，投入紧张的人道主义医疗救助工作。中国医疗救援力量已陆续接诊内科、外科、骨科、儿科、妇科等伤患者，开展B超、血常规、心电图等辅助检查，实施多例外科手术，现累计救治逾千名伤员。中国红十字会国际救援队还搜寻到22名遇难者遗体。中国医疗救援力量救死扶伤义举得到了菲律宾政府和当地人民的高度赞赏和衷心感谢。

11月28日

［纲　文］　**习近平视察济南军区。**

［目　文］　中共中央总书记、国家主席、中央军委主席习近平来到济南军区兵种训练基地实地察看军区直属队新兵团训练情况。习近平指出，希望大家在部队大熔炉大学校里刻苦训练、磨砺成才、茁壮成长，尽快成长为合格军人，实现人生理想，谱写青春篇章。他要求各级指挥员和基层带兵人真诚关心爱护新战士，严格训练、严格要求、严格管理，使新战士早日在报效祖国的使命任务中建功立业。

在济南军区机关，习近平接见了驻济南部队师以上领导干部，听取了济南军区工作汇报。他强调，要深入抓好强军目标学习贯彻，引导广大官兵坚定强军信念，献身强军实践。要结合部队建设和军事斗争准备实际，结合官兵思想和工作实际，在加深学习理解上求深入，在更新思想观念上求深入，在推动实践转化上求深入，确保取得扎实成效。要始终坚持党对军队的绝对领导，注重在青年官兵中培育当代革命军人核心价值观，保持官兵政治坚定和思想道德纯洁。要注意掌握官兵思想动态，面对面、心贴心、实打实做好经常性思想工作和管理教育工作。各级党组织要管党员、管干部、管思想，基层带兵干部要知兵、爱兵、育兵。要充分发挥优秀传统文化教化人、培育人的作用，塑造中国心、民族魂，助推中国梦、强军梦的实现。

习近平强调，当前，军队党的群众路线教育实践活动取得明显成效。要乘势而上、乘胜追击，善始善终、善作善成，努力实现作风根本好转。要组织好回头看，做到已经纠治的防反弹，承诺解决的要兑现，深层次矛盾敢触及，新出现的问题不放过。要注重从制度机制上解决问题："要着力纠治发生在士兵身边的不正之风，切实把基层风气搞端正，推动基层建设全面进步、全面过硬。要发挥军队优势，深入做好扶贫帮困、助学兴教、医疗扶持、支持新农村建设等工作，书写军民鱼水情的时代新篇章。"

范长龙、王沪宁、栗战书等参加有关活动。

11月28日

［纲　文］　**中直工委在北京召开中直机关深入学习贯彻习近平总书记系列重要讲话精神交流会。**

［目　文］　会议要求，中直机关各级党组织要采取有力措施，进一步把学习贯彻习近平总书记系列重要讲话工作引向深入，努力在深入学习贯彻总书记系列重要讲话精神上作表率，在同以习近平同志为总书记的党中央保持高度一致上作表率，在贯彻落实党中央各项决策部署上作表率。

会议强调，中直机关各级党组织和党员干部要充分认识深入学习贯彻习近平总书记系列重要讲话精神的极端重要性，精心组织，狠抓落实，不断深化学习贯彻工作。要在思想认识上进一步深化，着力增强学习贯彻的自觉性和坚定性，学以提高认识，学以凝聚共识，学以推进工作。要在标准要求上进一步深化，以更加坚决的态度、更加自觉的行动、更加有力的举措、更加完善的制度、更加科学的方法，推动学习贯彻工作不断向深度和广度发展，始终在思想上政治上行动上同以习近平同志为总书记的党中央保持高度一致。要在学习理解上进一步深化，坚持原原本本学，深入系统学，突出重点学，精研细读深钻，把握精髓要义，进一步提高学习的针对性和实效性，推动学习贯彻讲话工作由领导机关向基层组织延伸，由领导干部向党员群众延伸，实现学习的全面覆盖、全员参与。要在贯彻落实上进一步深化，在学以致用、学用结合、学用相长上狠下功夫，真正用讲话精神统一思想、统一意志、统一行动，切实把党员干部的思想和行动统一到总书记系列重要讲话精神上来，把智慧和力量凝聚到实现党中央确定的各项目标任务上来，努力在新的历史起点上扎实推进中直机关党的建设和各项事业科学发展。

会议还就中直机关学习贯彻党的十八届三中全会精神有关工作进行了部署。中直工委常务副书记张建平出席会议并讲话。中央纪委、中央办公厅、全国政协机关、中央组织部、中央宣传部、中央党校、人民日报社、中央文献研究室、《求是》杂志社、共青团中央、新闻出版广电总局、新华社12个单位和特邀的河北、陕西、青海3个省有关负责人作了交流发言。

11月28日

［纲　文］　**中国科学家首次成功测量到X射线极亮天体黑洞质量。**

［目　文］　中科院国家天文台研究员刘继峰领导的国际团队在世界上首次成功测量到X射线极亮天体的黑洞质量，在该领域获得重大突破。该研究成果28日发表在国际权威杂志《自然》上。

11月28日

［纲　文］　**国防部举行例行记者会，回应中国划设东海防空识别区——防空识别区并非“禁飞区”。**

［目　文］　国防部新闻发言人回应说，中国划设东海防空识别区是完全正当、合法的。日方一贯指责别人、抹黑别的国家，却从来没有检讨自己的所作所为。日本早在1969年就设立并公布实施了防空识别区，根本无权对中国设立东海防空识别区说三道四。如果要撤回，那么就请日方先撤回自己的防空识别区，中方可以在44年以后再作考虑。

11月28日

［纲　文］　**《人民日报》发表题为《加强党的制度建设的战略工程》的评论员文章。**

11月29—30日

［纲　文］　**中国法学会第七次全国会员代表大会在北京举行，习近平等党和国家领导人出席。**

［目　文］　大会29日上午在人民大会堂开幕。习近平、张德江、刘云山等党和国家领导人出席会议并向大会表示祝贺。这次会议的主要任务是：深入贯彻落实党的十八大和十八届三中全会精神，认真总结法学会过去五年的工作，明确今后五年的主要任务，选举产生中国法学会新一届理事会和领导机构。开幕式由第六届中国法学会会长韩杼滨主持。中央政法委委员、中央和国家机关有关部门负责人以及来自全国各地法学界、法律界的代表参加了开幕会。中共中央政治局委员、中央政法委书记孟建柱受习近平总书记委托代表党中央发表了题为《积极投身法治中国建设的伟大实践》的祝词。

孟建柱在会上强调，党的十八大和十八届三中全会对全面推进依法治国作出了重大部署，习近平总书记明确提出建设法治中国，为加快建设社会主义法治国家进一步指明了方向。这对法学会工作提出了新的要求。希望广大法学法律工作者坚持正确方向，坚定不移走中国特色社会主义道路；希望广大法学法律工作者紧紧围绕大局，为党和国家各项事业发展提供法学理论支撑；希望广大法学法律工作者勇于开拓创新，大力推进法学研究繁荣发展；希望广大法学法律工作者心中始终装着人民，更好服务群众、服务社会、服务基层。

大会通过了中国法学会第六届理事会工作报告的决议。决议认为，过去五年中国法学会和各地方法学会、各研究会在党的领导下，全面履行职责，坚持奋发有为，推动各项工作取得了新的进展，发挥了积极作用，开创了崭新局面。

大会通过了关于《中国法学会章程（修改）》的决议。原中共中央政治局委员、中央政法委副书记王乐泉当选中国法学会会长。陈冀平再次被推举为中国法学会常务副会长。选举产生了中国法学会副会长、秘书长、常务理事、理事。会议还聘请了新一届中国法学会学术委员会主任、副主任、委员。

中国法学会的前身是新法学研究会、新政治学研究会和中国政治法律学会。1949年6月，新法学研究会由董必武、林伯渠等90余人发起成立，1982年7月，恢复并更名为中国法学会。

11月29日

［纲　文］　**国务院防治艾滋病委员会全体会议在北京召开。**

［目　文］　国务院副总理、国务院防治艾滋病工作委员会主任刘延东在主持委员会全体会议时强调，要坚持预防为主、防治结合、依法防治、科学防治，加大投入，完善体制机制，提高防治水平，确保“十二五”防治艾滋病目标如期实现。

刘延东指出，在党中央、国务院高度重视和各方努力下，我国初步形成医疗救治、综合干预、关怀救助的艾滋病防治体系，患者的救治和生活保障水平不断提高，关心支持艾滋病防治的社会环境不断改善，但艾滋病流行形势依然严峻。

刘延东强调，艾滋病防治是重大民生和社会问题，关系人民生命安全，关系全面建成小康社会和健康中国目标的实现。各地区各部门要全面落实《艾滋病防治条例》，以预防为主，深入开展宣传教育，动员全社会参与。要科学攻关，提升救治能力，确保艾滋病患者得到有效救治。要结合深化医改，创新方式方法，充分调动防治机构的主动性和创造性，加强国际合作和自主研发，鼓励社会组织依法参与，发挥作用。要综合治理，严厉打击卖淫嫖娼、贩毒吸毒等违法犯罪行为。加大关爱帮扶力度，努力消除社会歧视，保障艾滋病患者平等享有就医、上学、就业等权益。要完善防治艾滋病协调机制，落实地方政府对防治工作负总责的要求，严格领导管理责任制和责任追究制。国务院防治艾滋病工作委员会是根据2004年2月10日中华人民共和国国务院办公厅发出的《关于成立国务院防治艾滋病工作委员会的通知》设立的，旨在加强对艾滋病防治工作的领导。委员会主任均由国务院主管副总理兼任。委员会的职责是，研究制定艾滋病防治工作的重大方针、政策和规划；协调解决全国艾滋病防治工作中的重大问题；组织有关部门和单位并动员社会各方面力量积极参与艾滋病防治工作。

11月29日

［纲　文］　**财政部印发《中央国有资本经营预算重点产业转型升级与发展资金管理**

办法》。

［目　文］《办法》共7章34条，自2013年11月29日起施行。《办法》主要内容有：一、总则。二、支持内容及方式。三、项目申报、审核及立项。四、资金拨付及使用。五、项目跟踪管理。六、监督检查。七、附则。

《办法》指出，产业升级资金主要用于支持装备制造、生物医药、现代种业、钢铁、石化、有色金属等关系国家战略的重点产业转型升级与发展。《办法》规定，产业升级资金采取资本投入方式，资本投入额度原则上不超过项目总投资额的30%。产业升级资金对单个项目的支持额度一般不超过3亿元，对总投资额较大的重点项目，支持额度可适当放宽，最多不超过5亿元。产业升级资金支持的项目执行期限一般不超过3年，最长不超过5年。财政部可通过政府购买服务方式，委托资产评估等中介机构对重点项目进行绩效评价。评价结果均为优秀和良好的中央企业，以后年度同等条件下优先支持申报项目。评价结果不合格的中央企业应当进行整改。

11月29日

［纲　文］**中宣部、国家新闻出版广电总局联合印发《关于严格规范党报党刊发行工作，严禁报刊违规发行的通知》。**

［目　文］《通知》强调，严禁以党报党刊名义搭车发行或利用行政权力摊派发行其他报刊。由各级党组织负责征订的重点党报党刊是指人民日报、《求是》杂志、中央办公厅《通知》中明确规定参照执行的报纸、地方党委机关报刊。其他各类报刊包括党报党刊所属子报子刊均不得列入党报党刊征订范围。各地区各部门不得以党报党刊名义搭车发行或利用行政权力摊派发行其他报刊；不得扩大发行范围，超越公费订阅范围和限额；不得采取电话通知、下发报刊订阅“建议表”、扣发工资等手段强制摊派、变相摊派；不得利用登记、年检、办证、办照、缴费、评比等职权强行要求服务和管理对象订阅；不得将乡镇、村级组织等基层单位订阅报刊情况与工作考核、评优达标挂钩，坚决制止层层加码、突破征订范围和公费限额，增加基层和群众负担。

《通知》强调，任何报刊不得采取提成回扣、赠钱赠物、出国考察、公费旅游等办法进行推销；不得搞有偿新闻或所谓“形象版”扩大发行；不得以舆论监督相要挟征订；不得打着领导机关、领导干部旗号摊派发行；限定发行范围的报刊不得超范围发行。各地区各部门编发的各种内部资料性出版物严格限定在本单位、本系统、本行业内部交流，不得收取任何费用，不得从事经营性活动，不得公开或变相搞征订发行，凡有违规收费、登载广告、公开发行等行为的，一律取缔准印证。

《通知》强调，各报刊出版单位要完善报刊发行规章制度，形成规范有序的报刊发行工作机制。要严格实行编辑业务与经营活动相分离，采编人员和发行人员两分开，严禁给采编人员下达报刊发行任务，严禁报刊记者站从事报刊发行活动。

11月29日

［纲　文］**教育部印发《关于深化高等学校科技评价改革的意见》。**

［目　文］《意见》主要内容有：一、明确改革导向。二、实行分类评价。三、坚持开放评价。四、切实组织落实。

根据《意见》，科技评价将不再搞“一刀切”。科技指标评价高校，将正确处理数量、质量和投入产出比的关系，强化对特色、质量和社会贡献的考察。避免对不同类型高校采取同一标准、依据少数定量科技指标进行简单排名与短期评价。

《意见》指出，要加强以科研诚信与学风、创新质量、服务贡献和科教结合为重点的分类评价，更加强调科研成果转化应用、技术转移推广、科学普及等科技产出在评价中的作用。要改变考核评价中将科技项目与经费数量过分指标化、目标化的做法。要改变在教师评聘、收入分配中过分依赖和不合理使用论文、专利、项目和经费数量等科技指标的做法，减少科技评价结果与利益分配过度关联。

11月29日

［纲　文］**中国第二长隧——兰渝铁路西秦岭隧道左线贯通。**

［目　文］兰渝铁路西秦岭隧道左线由中国中铁隧道集团承建，是目前我国国内第二长隧道，也是采用TBM（硬岩掘进机）法和钻爆法相结合施工里程最长的隧道。自2008年10月16日开工建设以来，中铁隧道集团多次刷新国内外掘进纪录，创造了刀盘直径10米以上TBM周掘进239米、月掘进842.5米两项世界纪录；并成功申报国家发明专利2项。

作为兰渝铁路建设中的最关键环节，西秦岭隧道左线的胜利贯通，为兰渝铁路早日建成通车奠定了坚实基础。兰渝铁路全线建成通车后，兰州至成都、重庆的铁路运输距离将由现在的1172公里和1466公里，分别缩短至836公里和820公里，客车运行时间由现在的17.5小时和22小时分别缩短为7.5小时和6.5小时。

11月29日

［纲　文］**国家统计局发布关于2013年粮食产量的公告。**

［目　文］公告指出：根据国家统计局对全国31个省（区、市）农业生产经营户的抽样调查和农业生产经营单位的全面统计，2013年全国粮食播种面积、单位面积产量、总产量如下：

一、全国粮食播种面积111951.4千公顷（167927.1万亩），比2012年增加746.8千公顷（1120.2万亩），增长0.7%。

二、全国粮食单位面积产量5376.8公斤/公顷（358.5公斤/亩），比2012年增加75公斤/公顷（5公斤/亩），提高1.4%。

三、全国粮食总产量60193.5万吨（12038.7亿斤），比2012年增加1235.6万吨（247.1亿斤），增长2.1%。

11月29日

［纲　文］**《人民日报》发表题为《以行动转作风是硬道理——二论整改落实如何推进》的评论员文章。**

11 月 29—30 日

［纲　文］　**汪洋在湖北省调研。**

［目　文］　国务院副总理汪洋在湖北调研时强调，要把学习贯彻党的十八届三中全会精神作为当前农业农村工作的头等大事，处理好顶层设计与摸着石头过河的关系，有力有序推进农村改革，加快推动农业现代化。

汪洋考察了武汉农村综合产权交易所、中国种子集团生命科学技术中心，听取了基层干部群众和科技人员对深化农村改革的意见，并主持召开部分省（区、市）分管负责同志参加的农业农村工作座谈会。他指出，当前农业农村发展面临着诸多突出矛盾和深层次制约因素，已到了不改革就难以实现可持续发展的阶段。深化农村改革，我们不仅要有信心、决心和勇气，敢蹚“深水区”，敢啃“硬骨头”，也要有智慧、更理性，加强顶层设计和总体规划，把握改革的节奏，因地制宜、分类指导、试点先行、循序渐进，不搞“一刀切”、不追求一步到位。对实践有基础、认识统一、已经看准了的改革，要加大力度全面推进；对那些认识还不太统一、时机还不很成熟的改革，要通过试点的办法，鼓励和支持具备条件的地方特别是农村改革试验区先行先试，以逐步完善并积累经验、凝聚共识、适时推广。

汪洋强调，当前要认真抓好冬季农业生产各项工作，组织好蔬菜等鲜活农产品生产和运销，努力保障供给，促进市场稳定。

30 日上午，汪洋并出席了第十一届中国国际农产品交易会开幕式。

11 月 29 日—12 月 1 日

［纲　文］　**中国电影家协会第九次全国代表大会在北京召开。**

［目　文］　来自全国各省、自治区、直辖市和新疆生产建设兵团、解放军、中央国家机关以及港澳地区的 300 余名电影工作者代表参加会议。中共中央政治局委员、中宣部部长刘奇葆出席开幕式并讲话。来自全国各省、自治区、直辖市和新疆生产建设兵团、解放军、中央国家机关以及港澳地区的 300 余名电影工作者代表参加会议。

刘奇葆在讲话中强调，要认真学习贯彻党的十八大和十八届三中全会精神，学习贯彻习近平总书记系列讲话精神，坚持以人民为中心的创作导向，把中国梦作为电影创作的重要主题，努力推出一批有影响的优秀作品，激励人们积极投身实现民族复兴的伟大事业。

中国电影家协会第八届主席李前宽致开幕词。中国影协分党组书记、第八届驻会副主席康健民作题为《牢记使命抓住机遇为实现中国梦谱写中国电影的精彩华章》的工作报告。中国电影家协会分党组副书记许柏林作了《关于修改〈中国电影家协会章程〉的说明》。中国电影家协会第八届副主席奚美娟宣读贺信、贺词。开幕式由中国电影家协会第八届副主席张会军主持。

大会审议通过《中国影协第九次全国代表大会工作报告》，修改了《中国电影家协会章程》，选举产生了由 167 人组成的中国影协新一届理事会。会议期间举行的中国影协第九届理事会第一次会议选举产生了由 13 人组成的新一届主席团。李雪健当选为中国影协第九届主席，王兴东、尹力、冯小刚、成龙等当选为中国影协第九届副主席。饶曙光被任命为中国影协第九届秘书长。

12月1日，中国影协第九次全国代表大会完成各项议程，在北京闭幕。中国影协分党组书记、第九届驻会副主席康健民主持闭幕式。

11月30日

［纲　文］　**新华社讯，习近平就做好艾滋病防治工作作出指示。**

［目　文］　电讯说，12月1日是世界艾滋病日。中共中央总书记、国家主席、中央军委主席习近平近日就《中共北京市委关于艾滋病防治工作情况的报告》作出重要指示。他强调，做好艾滋病防治工作，关系人民生命健康、关系社会和谐稳定，是党和政府义不容辞的责任。各级党委和政府要坚持以人为本、以民为本，以对人民高度负责的精神，切实把艾滋病防治工作抓紧抓好。

习近平强调，要坚持预防为主、防治结合、依法防治、科学防治，落实“四免一关怀”政策，加强人文关怀，动员社会力量积极参与，消除社会歧视，为感染者和病人提供及时有效的治疗和帮助，让他们感受到社会主义大家庭的温暖。

党中央历来高度重视艾滋病防治工作。2012年11月30日上午，习近平来到北京市社区药物维持治疗第七门诊部看望艾滋病患者，参加艾滋病防治志愿者培训交流活动，对艾滋病防治工作作出了重要指示，强调指出，艾滋病感染者和病人都是我们的兄弟姐妹，全社会都要用爱心照亮他们的生活。此后，习近平一直高度关注艾滋病防治工作。第26个世界艾滋病日即将到来之际，北京市专门给习近平写报告，汇报一年来艾滋病防治工作进展情况。习近平肯定北京市所做工作，指出北京市艾滋病防治工作取得了新的成效，要认真总结经验，不断巩固和扩大成果。

过去一年来，在党中央坚强领导下，各地区各部门全面落实各项措施，加大保障力度，艾滋病防治工作取得新进展。中央财政加大了对艾滋病防治工作经费支持，2013年投入经费比2012年增长10.5%。监测检测、综合干预、抗病毒治疗、预防母婴传播覆盖面进一步扩大。全国大部分地区已将艾滋病机会性感染纳入新农合大病保障范围，25个省份出台了城乡居民大病保险试点实施方案，艾滋病患者的医疗费用负担进一步减轻。

11月30日

［纲　文］　**国务院印发《关于开展优先股试点的指导意见》。**

［目　文］　《意见》主要内容有：一、优先股股东的权利与义务。二、优先股发行与交易。三、组织管理和配套政策。

《意见》指出，优先股是指依照《公司法》，在一般规定的普通种类股份之外，另行规定的其他种类股份，其股份持有人优先于普通股股东分配公司利润和剩余资产，但参与公司决策管理等权利受到限制。优先股股东按照约定的票面股息率，优先于普通股股东分配公司利润。公司应当以现金的形式向优先股股东支付股息，在完全支付约定的股息之前，不得向普通股股东分配利润。公司因解散、破产等原因进行清算时，公司财产在按照公司法和破产法有关规定进行清偿后的剩余财产，应当优先向优先股股东支付未派发的股息和公司章程约定的清算金额，不足以支付的按照优先股股东持股比例分配。

《意见》指出，公开发行优先股的发行人限于证监会规定的上市公司，非公开发行优先股的发行人限于上市公司（含注册地在境内的境外上市公司）和非上市公众公司。公司已发行的优先股不得超过公司普通股股份总数的百分之五十，且筹资金额不得超过发行前净资产的百分之五十，已回购、转换的优先股不纳入计算。

11月30日

［纲　文］　**外交部发言人就印度总统访问所谓“阿鲁纳恰尔邦”答记者问**。

［目　文］　外交部发言人表示，希望印方不要采取使问题复杂化的举动，为边界谈判创造有利条件。外交部发言人说，中方对中印边界东段争议区的立场是一贯和明确的。当前，中印关系保持了良好的发展势头，双方正在通过特代会晤以友好协商的方式探讨解决两国边界问题。希望印方与中方相向而行，维护双边关系大局，不要采取使问题复杂化的举动，共同努力维护边境地区的和平与安宁，为边界谈判创造有利条件。

12 月

12月1日

［纲　文］　**新华社讯，《习近平关于实现中华民族伟大复兴的中国梦论述摘编》在全国发行。**

［目　文］　电讯说，党的十八大以来，中共中央总书记、国家主席、中央军委主席习近平提出并深刻阐述了实现中华民族伟大复兴的中国梦。强调中国梦的基本内涵是国家富强、民族振兴、人民幸福；中国梦归根到底是人民的梦，人民对美好生活的向往就是我们的奋斗目标；实现中国梦，必须坚持中国道路、弘扬中国精神、凝聚中国力量；全体中华儿女要同心共圆中华民族伟大复兴的中国梦；中国梦是和平、发展、合作、共赢的梦，不仅造福中国人民，而且造福世界人民；实现中国梦需要我们每一个人付出辛勤劳动和艰苦努力，实干才能梦想成真。认真学习贯彻这些重要论述，对于我们深刻理解和全面把握中国梦的内涵和实质，坚定信心沿着中国特色社会主义道路实现中华民族伟大复兴，具有十分重要的意义。

《摘编》共分8个专题，收入146段论述，摘自习近平2012年11月15日至2013年11月2日期间的讲话、演讲、谈话、书信、批示等50多篇重要文献。其中部分论述是第一次公开发表。

12月1日

［纲　文］　**中共中央办公厅、国务院办公厅印发《党政机关国内公务接待管理规定》。**

［目　文］　《规定》共26条，自发布之日起施行。《规定》强调国内公务接待应当坚持有利公务、务实节俭、严格标准、简化礼仪、高效透明、尊重少数民族风俗习惯的原则。各级党政机关公务接待管理部门应当结合当地实际，完善国内公务接待管理制度，制定国内公务接待标准。

《规定》对接待活动食、宿、行、迎送及警卫、预算和报销等关键环节提出了明确要求，包括严控接待范围、简化接待礼仪、限制接待住宿房型、从严控制接待用餐的次数和陪餐人数、规范警卫安排等。

《规定》指出，县级以上党政机关公务接待管理部门应当会同财政部门按年度组织公开本级国内公务接待制度规定、标准、经费支出、接待场所、接待项目等有关情况，接受社会监督。各级党政机关应当将国内公务接待工作纳入问责范围。纪检监察机关应当加强对国内公务接待违规违纪行为的查处，严肃追究接待单位相关负责人、直接责任人的党纪责任、行政责任并进行通报，涉嫌犯罪的移送司法机关依法追究刑事责任。

12月1日

［纲　文］　**李克强致信北京佑安医院艾滋病防治工作者和患者**。

［目　文］　在第26个世界艾滋病日来临之际，国务院总理李克强致信北京佑安医院，向在防艾一线的广大医务人员、基层工作者、社会组织和志愿者慰问致谢，为正与病魔做斗争的艾滋病患者加油鼓劲。佑安医院是我国最早收治艾滋病感染者的医疗单位之一，在新药研发、临床医护培训等方面贡献突出。受李克强委托，国务院副总理刘延东到佑安医院转达了李克强的信，并考察艾滋病防治工作、慰问患者。

李克强在信中说，经过多年不懈努力，我国艾滋病疫情快速上升势头得到遏制，整体上控制在低流行水平，这对一个发展中的人口大国来讲，很不容易。这些成绩凝聚着党和政府的努力以及社会各界防艾人士的智慧与辛勤付出。同时，我国艾滋病防治形势依然复杂严峻，必须继续毫不松懈、扎实做好相关工作，为更多感染者和病人带去希望。

刘延东在与医学专家、基层防治人员、志愿者、有关社会组织代表座谈时强调，防治艾滋病是医疗战线的一项重大任务，也是重大经济和民生问题。各级医疗机构要担负起救死扶伤的神圣使命，不能以任何理由推诿或拒绝为艾滋病患者诊治。有关部门要根据治疗工作的需要，适时调整扩大药物种类，组织实施好国家新药科技重大专项，制造一批治疗效果好、生产成本低的药品。要通过重大公共卫生项目、基本医保、医疗救助、大病保险等途径，为艾滋病患者提供一个稳定、可预期的社会保障机制。要在登记、政策引导、资金支持等方面给予更多的鼓励和支持，充分发挥社会组织参与艾滋病防治的潜能。

12月1日

［纲　文］　**新华社讯，许其亮在沈阳战区部队调研**。

［目　文］　电讯说，中共中央政治局委员、中央军委副主席许其亮近日围绕学习贯彻党的十八届三中全会精神到沈阳战区部队宣讲调研，先后到沈阳军区和沈阳军区空军部队、机关，宣讲三中全会精神，听取部队工作汇报和意见建议，就学习贯彻提出要求，还到边防哨所、基层连队看望慰问边防官兵和退伍老兵。

许其亮指出，学习贯彻全会精神是当前和今后一个时期的重要政治任务，也是用党的创新理论武装官兵，在新起点上开创国防和军队现代化建设新局面的必然要求。各级要深刻领会党中央、习近平主席深化改革的坚定决心和战略意图，坚决落实军队各项改革任务，为实现强军目标提供强大动力。要以习主席重要讲话和《决定》为基本遵循，全面准确领会全会精神。要区分层次，有针对性加强教育引导。要采取喜闻乐见的方式方法，运用生动鲜活、官兵听得懂的语言，析事明理、解疑释惑，教育官兵、感染官兵，使全会精神进入官兵思想，把拥护支持改革落实到行动上。

许其亮强调，全会《决定》把深化国防和军队改革作为单独部分进行部署，体现了党中央、习主席对国防和军队建设的高度重视，体现了国防和军队建设在民族复兴中的地位作用。各级党委领导要适应战争形态和作战样式演变，适应军队使命任务拓展，从机械化战争思维定势中走出来，以改革创新精神主动研究思考问题，积极为深化国防和军队改革建言献策。

许其亮强调，要把学习全会精神与学习习主席一系列重要讲话精神特别是关于国防和军队建设重要论述结合起来，融会贯通，用以武装头脑、指导实践、推动工作。要引导官兵强化创新意识，立足本职岗位勤奋学习，刻苦练兵，精武强能。领导干部要下气力破解部队建设和军事斗争准备重难点问题，创新工作方式、管理模式，推动战斗力不断迈上新台阶。要发挥政治工作生命线作用，加强正面宣传，针对意识形态斗争复杂形势和官兵现实思想搞好舆论引导，以强有力的思想政治工作为深化改革提供坚强保证。

12月1日

［纲　文］　**津秦高铁正式通车。**

［目　文］　津秦高速铁路开通运营后，旅客乘高铁从天津到秦皇岛的最快旅行时间，将由2小时24分钟压缩至1小时11分钟，缩短一半。至此，我国运营高铁已达34条，累计长度占全国铁路运营里程的1/10。

津秦高铁起点为天津西站，终点为秦皇岛站，运营里程287公里，设计时速350公里，初期运营时速300公里。全线设天津西、天津、军粮城北、滨海、滨海北、唐山、滦河、北戴河和秦皇岛9个车站。

12月2—5日

［纲　文］　**第九次全国归侨侨眷代表大会在北京开幕。**

［目　文］　党和国家领导人习近平、李克强、张德江、俞正声、刘云山、王岐山、张高丽到会祝贺。大会的主要任务是：回顾总结第八次侨代会以来的侨联工作，研究部署未来五年的工作任务，修改中国侨联章程，选举产生中国侨联新的领导集体。来自全国各地的1100多名归侨侨眷代表和来自世界各地的近400名海外侨胞参加会议。中共中央政治局委员、国家副主席李源潮，全国人大常委会副委员长张宝文，全国政协副主席马培华出席大会，并在会前分别会见出席大会的海外嘉宾、港澳委员和中国侨联新老班子成员。

李源潮受党中央委托，在开幕式上发表了题为《团结动员广大归侨侨眷和海外侨胞为实现中华民族伟大复兴的中国梦作出独特贡献》的祝词。李源潮在祝词中说，广大归侨侨眷和海外侨胞是建设中国特色社会主义的宝贵资源，是实现中华民族伟大复兴的重要力量。希望广大归侨侨眷和海外侨胞发扬热爱中华、振兴中华的爱国爱乡传统，抓住祖国全面深化改革开放的新机遇，为促进祖国现代化建设，为维护民族团结、推进祖国统一，为传播中华文化、增进中国人民同世界各国人民友谊作出独特贡献。各级侨联组织要深入贯彻党的十八大、十八届三中全会精神和习近平总书记一系列重要讲话精神，以改革创新精神推进侨联工作，开拓侨联工作新领域，积极拓展海外工作和新侨工作，更好团结服务广大归侨侨眷和海外侨胞。

中华全国总工会副主席、书记处第一书记陈豪代表各人民团体向大会致贺词。会上宣读了《中华全国归国华侨联合会、国务院侨务办公室关于表彰中国侨界杰出人物和全国归侨侨眷先进个人的决定》、《人力资源和社会保障部、中华全国归国华侨联合会关于表彰全国侨联系统先进集体和先进工作者的决定》。大会主席团常务主席林军代表中国侨联第八届委员会向大会作了题为《建好侨胞之家，凝聚侨界力量，为实现伟大的中国梦而努力奋斗》的工作报告。

大会宣布了当选的中国侨联第九届委员会主席、副主席、秘书长、常务委员名单，通过了关于《中国侨联第八届委员会工作报告》的决议，关于《中华全国归国华侨联合会章程（修正案）》的决议，关于聘请第九届中国侨联顾问、海外委员、名誉委员的决议。

12 月 2 日

［纲　文］　**国务院印发《政府核准的投资项目目录（2013 年本）》**

［目　文］　根据《目录》，此次修订取消和下放力度较大，共取消、下放和转移 49 项核准权限，其中，取消核准改为备案 19 项、下放地方政府核准 20 项、转由国务院行业管理部门核准 10 项。目录修订后，需报中央管理层面核准的项目数量将减少约 60%。本《目录》自 2013 年 12 月 2 日起执行，《政府核准的投资项目目录（2004 年本）》即行废止。

12 月 2 日

［纲　文］　**国务院办公厅发布《关于加强农产品质量安全监管工作的通知》**。

［目　文］　《通知》主要内容有：一、强化属地管理责任。二、落实监管任务。三、推进农业标准化生产。四、加强畜禽屠宰环节监管。五、深入开展专项治理。六、提高监管能力。

《通知》从进一步完善农产品质量安全监管制度机制出发，按照农产品生产经营链条，从产地环境管理、农业投入品监管、生产过程管控、包装标识、准入准出等方面作出明确规定。《通知》着重强调了做好畜禽屠宰环节质量安全监管工作的重要性，要求涉及的职能等要及时划转到位，确保各项工作有序衔接。同时，为做好新增职能和旧有工作的统筹协调，要求有关部门统一部署，切实履行好生猪定点屠宰的行业管理、屠宰检疫、品质检验监管、卫生检验监管以及打击私屠滥宰、“瘦肉精”、注水或注入其他物质等职责，强化巡查和抽检，抓紧研究建立病死畜禽无害化处理机制。督促屠宰企业履行主体责任，严格执行进厂（场）登记、肉品检验、“瘦肉精”自检等制度。这些具体要求为畜禽屠宰环节质量安全监管工作确定了重点，为职能的顺利调整和相关工作的顺利开展奠定了基础。

12 月 2 日

［纲　文］　**国务院印发《国家级自然保护区调整管理规定》**。

［目　文］　《规定》共 16 条，指出国家级自然保护区是指在国内外有典型意义、在科学上有重大国际影响或者有特殊科学研究价值，并经国务院批准建立的自然保护区。国务院环境保护行政主管部门负责国家级自然保护区调整监督管理工作。国务院有关行政主管部门在各自的职责范围内负责对国家级自然保护区调整管理工作。

《规定》要求，对国家级自然保护区不得随意调整。调整国家级自然保护区原则上不得缩小核心区、缓冲区面积，应确保主要保护对象得到有效保护，不破坏生态系统和生态过程的完整性，不损害生物多样性，不得改变自然保护区性质。对面积偏小，不能满足保护需要的国家级自然保护区，应鼓励扩大保护范围。自批准建立或调整国家级自然保护区之日起，原则上五年内不得进行调整。调整国家级自然保护区应当避免与国家级风景名胜区在范围上产生新的重叠。

12月2日

［纲　文］ **国务院办公厅批复发展改革委同意建立浙江舟山群岛新区建设部省际联席会议制度**。

［目　文］ 联席会议的主要职责是：一、在国务院领导下，研究拟订促进浙江舟山群岛新区建设发展的重大政策措施，向国务院提出建议。二、协调解决浙江舟山群岛新区建设发展在政策实施、项目安排、体制机制创新等方面存在的困难和问题。三、加强部门之间、部省之间在浙江舟山群岛新区建设中的信息沟通和协调，对《浙江舟山群岛新区发展规划》实施工作进行指导、监督和评估，督促检查建设发展各项工作，及时向国务院报告有关工作进展情况。四、办理国务院交办的其他事项。

12月2日

［纲　文］ **住房城乡建设部、财政部、发展改革委联合印发《关于公共租赁住房和廉租住房并轨运行的通知》**。

［目　文］《通知》指出，从2014年起各地廉租房建设计划调整并入公租房年度建设计划。2014年以前年度已列入廉租房年度建设计划的在建项目可继续建设，建成后统一纳入公租房管理。两房并轨后，主要建设小户型住房，严禁面积超标。廉租住房并入公共租赁住房后，地方政府原用于廉租住房建设的资金来源渠道，调整用于公共租赁住房建设。原用于租赁补贴的资金，继续用于补贴在市场租赁住房的低收入住房保障对象。

12月2日

［纲　文］ **发展改革委、财政部等6部门联合印发《国家生态文明先行示范区建设方案（试行）》**。

［目　文］《方案》主要内容有：一、充分认识开展国家生态文明先行示范区建设的重要意义。二、总体要求和主要目标。三、主要任务。四、组织实施。

《方案》提出，通过5年左右的努力，先行示范地区基本形成符合主体功能定位的开发格局，资源循环利用体系初步建立，节能减排和碳强度指标下降幅度超过上级政府下达的约束性指标，资源产出率、单位建设用地生产总值、万元工业增加值用水量、农业灌溉水有效利用系数、城镇（乡）生活污水处理率、生活垃圾无害化处理率等处于全国或本省（市）前列，城镇供水水源地全面达标，森林、草原、湖泊、湿地等面积逐步增加、质量逐步提高，水土流失和沙化、荒漠化、石漠化土地面积明显减少，耕地质量稳步提高，物种得到有效保护，覆盖全社会的生态文化体系基本建立，绿色生活方式普遍推行，最严格的耕地保护制度、水资源管理制度、环境保护制度得到有效落实，生态文明制度建设取得重大突破，形成可复制、可推广的生态文明建设典型模式。

12月2日

［纲　文］　**嫦娥三号探测器在西昌卫星发射中心成功发射。**

［目　文］　1时30分，我国在西昌卫星发射中心用“长征三号乙”运载火箭，成功将嫦娥三号探测器发射升空。

范长龙、许其亮等分别在西昌卫星发射中心、北京航天飞行控制中心观看了探测器发射活动。

12月2日

［纲　文］　**联合国工业发展组织第十五届大会在秘鲁开幕，国务院总理李克强应邀向大会发表视频贺词。**

［目　文］　李克强在致辞中表示，本届大会“包容与可持续的工业发展”主题正是各国面临的重大紧迫课题。中国将继续坚持发展和民生优先，进一步坚定不移深化改革、扩大开放，实施创新驱动，优化产业结构，立足国情走新型工业化道路。中国政府将大力支持工发组织的工作，共同探索走新型工业化发展之路，推动包容与可持续的工业发展。

联合国秘书长潘基文在致辞时说，工业发展应重视可持续性消费和生产及环境保护，从而为社会发展提供强大动力。工业应在世界发展进程中承担更大责任，以实现更低环境污染、更大经济效益和更少资源消耗的生产模式。他呼吁与会代表携手共进为实现上述三大目标而共同努力。

此次大会是中国政府推荐的候选人李勇2013年6月当选并就任联合国工业发展组织总干事后，该组织举行的首届大会。李勇在会上表示，工发组织将向成员国提供三方面的服务，其中包括通过实施项目向成员国提供技术合作，为成员国起草工业发展战略提供咨询服务以及举办交流研讨会，在成员国之间搭建一个交流工业发展经验的平台。

12月2日

［纲　文］　**国务院副总理刘延东在北京会见中英高级别人文交流机制英方主席、英国卫生大臣杰米里·亨特一行。**

［目　文］　刘延东在会见时积极评价中英高级别人文交流机制所开展的各项合作。她指出，机制启动一年多来，双方在教育、科技、文化、体育、青年等多个领域开展了一系列活动，取得了丰硕成果。希望今后双方继续加强人文交流机制的工作，扩大交流规模、丰富交流内容，为促进中英关系发展作出新的贡献。

12月2日

［纲　文］　**外交部发言人就《开罗宣言》发表70周年答记者问。**

［目　文］　外交部发言人在答记者问时说，《开罗宣言》是举世公认的重要国际法律文件，是世界反法西斯战争的重大成果，为国际社会确立战后国际秩序奠定了重要基础，具有深远历史意义和重要现实意义。我们纪念《开罗宣言》发表70周年，就是要通过重

温历史，维护正义，审视当前，展望未来，更好地维护亚太地区和世界来之不易的和平稳定发展局面。

外交部发言人表示，《开罗宣言》为“二战”后中国收复被日本军国主义掠夺和窃取的领土提供了重要的国际法依据。近来日本国内在历史问题上接连出现消极动向，一些人公开质疑《开罗宣言》和《波茨坦公告》的法律效力。其实质是企图为侵略历史翻案，否定世界反法西斯战争的胜利成果，挑战战后国际秩序，这不能不引起亚洲受害国和国际社会对日本发展走向的严重担忧和警惕。

12月2日

［纲　文］ **《人民日报》发表题为《聚四海侨心，筑复兴之梦》的社论。**

12月2日

［纲　文］ **《人民日报》发表题为《坚定信心，凝聚共识，奋力前行——一论贯彻落实十八届三中全会精神》的评论员文章。**

12月2—4日

［纲　文］ **应国务院总理李克强邀请，英国首相卡梅伦对中国进行正式访问，并在北京出席第四届中英工商峰会。**

［目　文］ 访问期间，国家主席习近平在钓鱼台国宾馆会见了卡梅伦。国务院总理李克强与卡梅伦举行中国新一届政府成立后的首次中英总理年度会晤。全国人大常委会委员长张德江会见卡梅伦。双方就中英关系和共同关心的国际、地区问题深入交换意见，达成重要共识。国务院副总理汪洋与卡梅伦在北京共同出席了中英工商峰会开幕式。

习近平在会见时强调，中英都是世界主要经济体，也都是联合国安理会常任理事国。两国关系不仅关系到各自发展，也具有重要全球影响。双方应该登高望远，超越国情、制度和价值观差异，加深相互了解，相互尊重，平等相待，照顾对方重大关切和核心利益，增进互信，规划好中英关系未来，推动两国合作长期健康发展。

卡梅伦表示，英方高度重视中国的成功及英中合作，愿同中方保持高层交往，在相互尊重基础上加强对话，加深了解。中国扩大内需，对英国是巨大商机。英方欢迎中国投资英国基础设施建设、核电等领域。英方愿同中方加强在重大国际和地区问题上的沟通和协调，共同维护世界和平与安全，促进全球经济稳定复苏和可持续发展。

李克强在会晤时指出，中英完全可以实现优势互补，开启两国共同增长和繁荣进步的新进程。一是促进贸易与投资合作。中国在核电、高铁领域拥有安全的技术和较高的性价比，两国加强合作前景广阔，并可共同开发第三方市场。二是加强财政金融合作。中方将继续按照市场驱动原则支持伦敦离岸人民币市场发展。三是深化高科技合作。推动科学与创新领域合作，扩大高科技贸易，加强航天、海上风电与新能源研发合作。四是密切人文交流。发挥好两国人员往来对双边关系的“助推器”作用。五是密切在国际和地区事务中的沟通与合作。会谈后，李克强与卡梅伦共同见证了中英投资、科技、金融、司法、文化、卫生等领域10个合作文件的签署。两国总理还共同会见了记者，并会见了随同卡梅伦首相访华的英国企业家代表。

张德江会见卡梅伦时说，希望双方共同努力，在交往广度、交流深度上多下功夫，加强两国立法和治国理政等方面的交流借鉴，加深相互了解，尊重彼此关切，增进政治互信，促进务实合作，为中英关系平稳发展培育良好的民意基础、提供公正的法制环境。

12月2日，第四届中英工商峰会在北京召开，卡梅伦率上百名英国商界代表参与峰会开幕式。汪洋在出席中英工商峰会开幕式时指出，英国是最早实现工业化的发达国家，中国是最大的发展中国家，双方经济互补性强，完全可以成为优势互补、合作共赢的长期伙伴。要充分发挥各自的比较优势，扩大经贸合作规模，拓展合作领域，提升合作层次，努力实现2015年双边贸易额达1000亿美元的目标。卡梅伦在会上指出，中英经济充满了互补性，应该成为增长伙伴。他说，两国处于不同的发展阶段，正是因此合作机会巨大。中英两国不仅应当对彼此更加开放，还应当作为增长伙伴让欧盟、让全世界更加开放，促进全球贸易便利化。

12月3日

［纲　文］　**习近平主持召开中共中央政治局会议。**

［目　文］　会议主要内容是：分析研究2014年经济工作，听取第二次全国土地调查情况汇报。

会议认为，本年以来，国内外形势错综复杂，我国经济发展面临近年来少有的复杂严峻局面。党中央、国务院带领全国各族人民深入贯彻落实党的十八大精神，坚持稳中求进工作总基调，坚持统筹稳增长、调结构、促改革，坚持宏观政策要稳、微观政策要活、社会政策要托底有机统一，保持政策定力，创新调控思路和方式，深处着力、精准发力，推出一系列创新性政策措施，经济社会发展稳中有进、稳中向好，全年主要预期目标能够较好完成，实现了良好开局。

会议强调，我国发展面临的国际环境和国内条件都在发生深刻而复杂的变化，挑战和机遇并存。经济发展长期向好的基本面没有变，具有不少新的有利支撑和难得机遇。特别是党的十八届三中全会对全面深化改革作出总体部署，将进一步激发发展的内生动力和活力。同时，要清醒认识面临的风险和挑战，增强忧患意识，坚持底线思维，抓住发展机遇，搞好统筹兼顾，牢牢把握经济工作主动权。

会议指出，做好2014年经济工作意义重大。要全面贯彻落实党的十八大和十八届二中、三中全会精神，继续坚持稳中求进工作总基调，把改革贯穿于经济社会发展各个领域各个环节，以改革促创新发展，完善调控方式手段，强化经济发展方式转变的内生动力，加快经济结构调整优化，加强基本公共服务体系建设，使广大人民群众共享改革发展成果，促进经济持续健康发展、社会和谐稳定。

会议提出，要用改革的精神、思路、办法改善宏观调控，科学把握宏观调控政策框架，保持政策连续性和稳定性。要抓好对中央改革总体部署的落实，积极推进重点领域改革，着力增强发展内生动力。要坚持扩大内需战略，加快培育消费新增长点，着力优化消费环境，促进投资合理增长和结构优化，改善投资管理和服务。要实施互利共赢开放战略，积极拓展出口市场，强化多边双边及区域经济合作，推动对外开放向纵深拓展。要加快发展现代农业，保持主要农产品生产稳定发展，支持发展生态友好型农业，加快构建新型农业经营体系，加强综合生产能力建设。要加快实施创新驱动战略，推动战略性新兴产业发展取得新进展，促进传统产业改造升级，促进服务业与制造业融合发展，下大气力推动产业转型升级。要坚持绿色低碳清洁发展，加强生态文明制度建设，狠抓环境治理和生态保护，毫不放松抓好节能减排，积极应对气候变化。要走新型城镇化道路，出台实施国家新型城镇化规划，落实和完善区域发展规划和政策，增强欠发达地区发展能力，扎实推进海洋强国建设。要切实保障和改善民生，实施更加积极的就业政策，健全社会保障体系，促进社会事业改革发展，做好住房保障和房地产市场调控工作，创新社会治理和公共服务，维护社会稳定。

12月3日

［纲　文］　**中共中央政治局就历史唯物主义基本原理和方法论进行第十一次集体学习。**

［目　文］　中共中央总书记习近平在主持学习时强调，推动全党学习历史唯物主义基本原理和方法论，更好认识国情，更好认识党和国家事业发展大势，更好认识历史发展规律，更加能动地推进各项工作。

中国人民大学郭湛教授、中央党校韩庆祥教授就这个问题进行讲解，并谈了他们的意见和建议。中共中央政治局各位同志认真听取了他们的讲解，并就有关问题进行了讨论。

习近平在主持学习时发表了讲话。他指出，马克思主义哲学深刻揭示了客观世界特别是人类社会发展一般规律，在当今时代依然有着强大生命力，依然是指导我们共产党人前进的强大思想武器。我们党自成立起就高度重视在思想上建党，其中十分重要的一条就是坚持用马克思主义哲学教育和武装全党。学哲学、用哲学，是我们党的一个好传统。

习近平强调，在革命、建设、改革各个历史时期，我们党运用历史唯物主义，系统、具体、历史地分析中国社会运动及其发展规律，在认识世界和改造世界过程中不断把握规律、积极运用规律，推动党和人民事业取得了一个又一个胜利。历史和现实都表明，只有坚持历史唯物主义，我们才能不断把对中国特色社会主义规律的认识提高到新的水平，不断开辟当代中国马克思主义发展新境界。

习近平指出，党的各级领导干部特别是高级干部，要原原本本学习和研读经典著作，努力把马克思主义哲学作为自己的看家本领，坚定理想信念，坚持正确政治方向，提高战略思维能力、综合决策能力、驾驭全局能力，团结带领人民不断书写改革开放历史新篇章。

12月3日

［纲　文］　**财政部、国家税务总局联合印发《关于对部分营业税纳税人免征文化事**

业建设费的通知》。

［目 文］ 《通知》中说，为减轻小微企业等纳税人负担，对从事娱乐业的营业税纳税人中，月营业额不超过2万元的单位和个人，免征文化事业建设费。该政策自2013年8月1日起施行，此前已作处理的不再调整；未作处理的按本规定执行。

12月3日

［纲 文］ **台湾民主自治同盟在北京召开第九届中央委员会第二次全体会议。**

［目 文］ 会议审议了台盟第九届中央常务委员会工作报告、台盟中央会议制度，动员部署了全盟开展坚持和发展中国特色社会主义学习实践活动。台盟中央主席林文漪代表第九届中央常务委员会作工作报告，台盟中央副主席黄志贤作开展坚持和发展中国特色社会主义学习实践活动动员讲话。

会议指出，一年来，台盟紧紧围绕中共十八大确定的“两个一百年”和“五位一体”任务目标谋篇布局，实现了参政议政工作数量与质量新的双丰收；着力坚持和完善“专、精、深、久”的工作思路，注重巩固与创新相结合，推动对台联络工作实现新突破；按照“突出实效、尽力而为”的工作方针，搭建新的工作平台，拓展了社会服务工作新领域；坚持以深化政治交接、巩固多党合作共同思想政治基础为主题，全面加强自身建设，取得了新成效。

会议强调，新的一年，台盟要全面开展坚持和发展中国特色社会主义学习实践活动，加强全盟思想政治建设，以与时俱进的精神状态，不断提高自身素质。要着力加强参政议政能力建设，进一步提高履职水平；要全面贯彻两岸关系和平发展重要思想，增进两岸同胞休戚与共的民族认同；要充分发挥自身特色优势，深入扎实做好社会服务工作。

12月3日

［纲 文］ **《人民日报》发表题为《解决突出问题要“准、狠、韧”——三论整改落实如何推进》的评论员文章。**

12月3—6日

［纲 文］ **应国家主席习近平邀请，乌克兰总统维克多·亚努科维奇对中国进行国事访问，并出席第二届中国—乌克兰经贸合作论坛。**

［目 文］ 访问期间，国家主席习近平同亚努科维奇举行会谈。国务院总理李克强在人民大会堂会见了亚努科维奇。全国人大常委会委员长张德江会见了亚努科维奇。双方就进一步深化中乌战略伙伴关系和共同关心的问题深入交换意见，达成广泛共识。国务院副总理马凯与亚努科维奇共同出席中乌经贸合作论坛开幕式。

习近平在会谈时就进一步深化中乌关系提出四点建议：第一，加强高层交往，增进战略互信。密切两国政府、立法机构、政党交往，拓展政策沟通渠道，就双边关系中的重大问题及时交换看法，凝聚共识。在涉及国家主权、独立和领土完整等重大问题上彼此坚定支持，支持对方自主选择的发展道路，支持对方为实现发展振兴所作努力。第二，扎实推进务实合作。充分发挥中乌政府间合作委员会作用，加强农业、能源资源、基础设施建设、金融、高技术等领域合作，稳步推进大项目合作。第三，不断扩大人文交流。加强科技、教育、文化、卫生、体育、旅游等领域交流合作，扩大人员往来，组织好两国儿童交流活动，增进相互了解。第四，密切在国际和地区事务中的协作。促进建立公正合理的国际政治新秩序，共同应对全球性挑战，维护共同利益。

双方批准《中乌战略伙伴关系发展规划（2014—2018年）》。两国元首共同签署了《中华人民共和国和乌克兰友好合作条约》、《中华人民共和国和乌克兰关于进一步深化战略伙伴关系的联合声明》，并共同见证了两国政府经济技术合作协定等多项合作文件的签署。

李克强在会见时表示，中乌经贸合作互补性强，双方要更好发挥两国政府间合作委员会机制作用，加强产业对接，优化贸易结构，使贸易投资合作提质增量。推进农业、基础设施建设、能源等大项目合作，扩大金融信贷、科技、航空、航天等合作，密切地方和人文交流，使合作成果更多更好惠及两国人民。

张德江在会见时表示，中国全国人大愿加强与乌克兰最高苏维埃的友好关系，发挥议会交往在国家关系中的独特作用，推动落实两国元首此次会晤达成的重要共识，为中乌关系实现新的更大发展创造良好的法制环境，作出积极贡献。

中乌经贸合作论坛5日在北京举行，由中国国际贸易促进委员会主办。马凯与亚努科维奇共同出席论坛开幕式。双方就推动大项目实施、加强地方合作、开拓经贸合作领域和支持中小企业开展合作等议程进行了探讨。

12月4—5日

［纲　文］　**应国家主席习近平邀请，美国副总统拜登对中国进行正式访问。**

［目　文］　访问期间，国家主席习近平在人民大会堂同拜登举行了会谈。国务院总理李克强在中南海紫光阁会见拜登。国家副主席李源潮在北京会见拜登。双方就中美关系及共同关心的国际和地区问题深入交换意见，一致认为，中美双方要加强对话、交流、合作，努力推进中美新型大国关系建设。

习近平在会谈时表示，本年我同奥巴马总统两次会晤，一致同意努力构建不冲突不对抗、相互尊重、合作共赢的中美新型大国关系，明确了两国关系未来发展方向。近来，双方在双边、地区、全球各层面积极拓展协调与合作，推动两国关系取得了重要进展。习近平指出，当今世界并不安宁。中美在维护世界和平稳定、促进人类发展进步方面肩负共同责任，加强对话与合作是两国唯一正确选择。双方要牢牢把握两国关系正确方向不动摇，尊重彼此核心利益和重大关切，积极拓展务实合作，妥善处理敏感问题和分歧，确保中美关系持续健康稳定向前发展。

拜登表示，美方愿同中方完善各种机制，保持经常性对话和交往，加强务实合作，加强两军交流与合作，以建设性方式管控分歧，排除各种干扰，不使它们影响两国整体关系。美方希望同中方加强在重大国际和地区问题上的沟通与合作，共同应对各种挑战。

习近平重申了中方在台湾问题、涉藏问题及划设东海防空识别区等问题上的原则立场。

双方还就朝鲜半岛局势、伊朗核、叙利亚等问题交换了意见，同意加强沟通与协调。

李克强在会见拜登时说，中美构建新型大国关系的本质是要处理好世界上最大发展中国家同最大发达国家之间的关系。中美经济将长期保持很强的互补性，合作远大于竞争。双方要坚持相互尊重，平等相待，拓展共同利益，妥善处理分歧，推动中美关系不断取得新进展。

李源潮在会见时说，中方愿与美方加强高层战略沟通，尊重彼此核心利益和重大关切，深化各领域务实合作，加强在双边、地区和全球层面的沟通与协调，把不冲突不对抗、相互尊重、合作共赢的精神落实到两国关系方方面面。

12月4日

［纲　文］　**李克强主持召开国务院常务会议。**

［**目　文**］　会议内容是：部署全面改善贫困地区义务教育薄弱学校基本办学条件，决定将铁路运输和邮政服务业纳入营业税改征增值税试点，围绕落实审批制度改革通过修改一批法律的议案，决定修改部分行政法规。

会议指出，贫困地区学校是我国教育事业发展的“短板”。治贫先重教，发展教育是减贫脱贫的根本之举。改善贫困地区义务教育薄弱学校基本办学条件，不让贫困家庭的孩子输在成长“起点”，既是守住“保基本”民生底线、推进教育公平和社会公正的有力措施，也是增强贫困地区发展后劲、缩小城乡和区域差距的有效途径，关乎国家长远发展。会议确定，以中西部农村贫困地区尤其是集中连片特困地区为主，兼顾其他国家扶贫开发重点地区、民族地区、边境地区和东部部分困难地区，按照勤俭办学的原则，把满足基本需要放在首位，调整中央和省级财政教育支出结构，最大限度向贫困地区义务教育薄弱环节倾斜，由省级政府统筹使用资金，因地制宜、分步逐校实施。力争经过3—5年，使学校教室坚固适用，符合抗震、消防等安全要求，桌椅、图书、实验仪器、运动场地等满足基本教学需要，学校宿舍、厕所、食堂、饮水、洗浴等设施满足基本生活需求，教师队伍素质、结构等基本满足义务教育要求，办好必要的教学点，解决县镇学校大班额问题，提升农村教育信息化水平。会议强调，改善贫困地区义务教育薄弱学校基本办学条件，要坚持“阳光操作”、精打细算，并与村镇调整、新型城镇化相结合，严防资金浪费或被套取、挪用、截留，切实把宝贵资金用在“刀刃”上，真正造福贫困地区4000多万孩子，托起他们创造未来美好人生的希望。

会议指出，营改增是深化财税体制改革的“重头戏”，是落实十八届三中全会有关税制改革要求的重要内容。近两年的营改增试点和今年扩围已取得明显成效，有力推动了服务业发展，促进了结构调整，增加了社会就业。会议决定，继续有序扩大试点范围，从2014年1月1日起，将铁路运输和邮政服务业纳入营改增试点，至此交通运输业已全部纳入营改增范围，政策进一步完善。

会议认为，改革和发展都要更多依靠法治推动，法治也要根据改革发展的要求不断完善。新一届政府取消和下放了一大批行政审批等事项，要按照及时跟进、审慎稳妥的原则，加快推进相关现行法律法规的修订。为此，会议讨论通过了《公司法》、《海关法》、《药品管理法》等7部法律的修正案草案，决定经进一步修改后，提请全国人大常委会审议。会议还审议通过了对《进出口关税条例》、《城镇土地使用税暂行条例》、《著作权集体管理条例》等16部行政法规作出修改的决定草案。

12月4日

［纲　文］　**财政部印发《关于做好政府购买服务工作有关问题的通知》。**

［目　文］《通知》主要内容有：一、充分认识推进政府购买服务工作的重要性和紧迫性。二、积极有序推进政府购买服务工作。三、切实加强对政府购买服务工作的组织实施。

《通知》要求，对于政府新增的或临时性、阶段性的公共服务事项，凡适合社会力量承担的，原则上都按照政府购买服务的方式进行。看得准、拿得稳的先推下去，一时看不准、有疑问的要深入研究，条件成熟了再推进。要通过购买服务，推动政府简政放权，防止“大包大揽”。要确保政府全面正确履行职能，防止将应当由政府直接提供、不适合社会力量承担的公共服务事项推向市场。购买服务的范围、内容和目录应倾听群众呼声，反映群众意愿，根据经济社会和政府职能的发展变化，及时进行动态调整。

《通知》指出，要做好政府购买服务与事业单位分类改革、行业协会商会脱钩等相关改革的衔接，按照国务院关于“财政供养人员只减不增”的要求，在有效增加公共服务供给的同时，积极研究探索通过政府购买服务方式支持改革的政策措施，实现“费随事转”。要通过政府购买服务，推动公办事业单位与主管部门理顺关系和去行政化，推进有条件的事业单位转为企业或社会组织，坚决防止一边购买服务，一边又养人办事、“两头占”的现象发生。

12月4日

［纲　文］　**商务部等7部门联合印发《关于开展电视购物专项整治工作的通知》。**

［目　文］《通知》主要内容有：一、工作原则及目标。二、整治内容。三、工作要求。

《通知》指出，严厉打击电视购物领域的违法犯罪行为。加大对药品、保健食品、医疗器械等关系人民群众身体健康和生命安全商品的监管力度。严厉打击非药品冒充药品宣传疗效销售假冒伪劣产品的违法行为。依法查处一批群众反映强烈的制播虚假电视购物短片广告、制售假冒伪劣商品、商业欺诈等违法犯罪案件，及时曝光典型案件；严格监管电视购物经营行为。严格做好电视购物广告发布企业的资质审查和备案工作。电视媒体在发布电视购物广告前，应当依法查验有关证明文件，核实广告内容。不得发布未提供产品质量检验合格证明产品的电视购物广告。强化网络环节监管，加强对互联网经营资格、信息服务内容的审查和网络电视购物广告监测监管，禁止虚假违法的购物广告利用互联网发布；加强电视购物频道诚信服务建设。强化购物频道的节目制播环节管理，电视台要严格掌控频道所有权和节目编排、审查、播出权，进一步规范电视购物频道的节目和播出形态；督促购物频道完善服务流程，着力改善物流配送、售后服务等消费者投诉集中环节存在的不足；推动电视购物频道建立和完善行业协作和行业自律机制，维护消费者权益；加大宣传教育和社会监督力度。充分宣传电视购物相关法律法规和政策措施，曝光虚假电视购物广告和涉案企业，提高公众参与度和消费者识假辨假能力；建立健全促进行业规范发展的长效机制。加快研究制订相关管理办法、经营规范和行业标准，督促电视购物企业完善“冷静期”退货、保证金、第三方支付等机制。支持消费者协会畅通消费维权渠道，妥善处理消费者投诉。

12月4日

［纲　文］ **中国珠算被正式列入联合国教科文组织非遗名录。**

［目　文］ 联合国教科文组织保护非物质文化遗产政府间委员会第八次会议在阿塞拜疆巴库通过决议，正式将中国珠算项目列入教科文组织人类非物质文化遗产名录。

珠算是以算盘为工具进行数字计算的一种方法，被誉为中国的第五大发明，此前已被列入中国国家级非物质文化遗产名录。

12月4日

［纲　文］ **中国国内最大水光互补光伏电站并网。**

［目　文］ 国内目前最大规模的水光互补光伏电站——青海龙羊峡水光互补光伏电站启动并网，进入试运行阶段。该电站一期工程装机容量320兆瓦，通过水力、光伏两种方式协调发电，解决了光伏电站储能难、电网吸纳难等问题。

12月4日

［纲　文］ **工业和信息化部向中国移动、中国电信和中国联通三家运营商颁发“LTE/第四代数字蜂窝移动通信业务（TD-LTE）”经营许可，标志着中国通信行业迈进4G时代。**

12月4日

［纲　文］ **《人民日报》发表题为《行动最有说服力——二论贯彻落实十八届三中全会精神》的评论员文章。**

12月4—7日

［纲　文］ **应全国人大常委会委员长张德江邀请，韩国国会议长姜昌熙率韩国国会代表团访华。**

［目　文］ 访问期间，国家主席习近平在人民大会堂会见姜昌熙。全国人大常委会委员长张德江在人民大会堂与姜昌熙举行会谈。姜昌熙并在广州分别会见广东省委书记胡春华和广东省人民代表大会常务委员会主任。

习近平在会见时说，2013年以来，我和朴瑾惠总统多次会晤，双方共同确定了新形势下两国关系发展的总体方向，中韩战略合作伙伴关系不断得到充实和发展，中方对此感到满意。不久前召开的中共十八届三中全会对中国全面深化改革作出了总体部署。中国进一步改革开放将为中韩合作提供更加广阔的前景。希望双方继续保持高层交往，加强战略沟通和互信，将双边关系同各自的发展战略结合起来，不断创造更多利益契合点和合作增长点，更好地造福两国和两国人民。

姜昌熙表示，韩中关系正处于历史上最好的时期，韩国国会愿为促进两国各领域友好交流和务实合作进一步作出贡献。

张德江在会谈时表示，中国全国人大与韩国国会要适应新形势、推动新发展，不断开拓思路，丰富合作方式，充实合作内涵，把议会合作做得更丰满更扎实。中国全国人大重视发展与韩国国会的关系，愿积极开展各层次友好往来，充分发挥议会定期交流机制作用，着力加强在民主法制建设、促进可持续发展、保障和改善民生等方面的经验交流，相互学习借鉴，为双方经贸合作、人文交流提供良好的法制环境，为推动中韩关系持续健康发展作出更大贡献。

姜昌熙说，韩国国会愿与中国全国人大进一步深化友好关系，加强在国际和地区议会组织中的配合，为促进两国各领域务实合作、增进民众间的友好感情发挥更大的作用。

12月5日

［纲　文］　**习近平给华中农业大学“本禹志愿服务队”回信。**

［目　文］　在中国青年志愿者行动实施20周年暨第28个国际志愿者日之际，中共中央总书记、国家主席、中央军委主席习近平给华中农业大学“本禹志愿服务队”回信，肯定他们在服务他人、奉献社会中取得的成绩和进步，勉励他们弘扬志愿精神，为实现中华民族伟大复兴的中国梦作出新的更大贡献，并向这支志愿服务队和全国广大青年志愿者致以诚挚问候和崇高敬意。

习近平在回信中说，历史和现实都告诉我们，青年一代有理想、有担当，国家就有前途，民族就有希望，实现中华民族伟大复兴就有源源不断的强大力量。希望你们弘扬奉献、友爱、互助、进步的志愿精神，坚持与祖国同行、为人民奉献，以青春梦想、用实际行动为实现中国梦作出新的更大贡献。

华中农业大学“本禹志愿服务队”是以曾经就读于这所大学的中国十大杰出青年、中国十大杰出志愿者徐本禹名字命名的一支志愿服务团队。他们以持续扎实的行动服务基层群众，取得显著成效，涌现出一大批优秀志愿者，并获得中国青年志愿者优秀集体等称号。近日，志愿服务队的同学们给总书记写信，汇报了1200多名队员深入贫困山区支教、关爱留守儿童、关爱进城农民工子女、关爱老人和残疾人等志愿服务活动成果及他们的认识体会。

12月5日

［纲　文］　**全国政协在北京召开双周协商座谈会。**

［目　文］　座谈会主要围绕“深化科技体制改革、着力提升原始创新能力”建言。

全国政协主席俞正声主持会议并讲话。

座谈会充分肯定了我国这些年来科技创新的成就和科研人员的重大贡献。全国政协委员程津培、马大龙、王光谦、齐让、朴英、寿子琪、田中群、王晶、张德兴、黄强、李朋德、辛颖梅、王梅祥、万建民和刘若鹏等专家，围绕深化科技体制改革、着力提升原始创新能力，就科技投入管理、科技资源配置、创新环境建设、科技成果转化、创新需求与科研活动、科研人才培养等方面存在的一些问题坦率地发表意见，提出建议。委员和专家建议，发挥市场对科技资源配置的决定性作用，优化财政科技投入结构和科技资源配置，加大基础研究投入比例，摈弃不利于原始创新的限制，为原始创新提供政策保障。推进国家实验室建设，着力改善科研环境，提高科技创新效率，建立更适应个体创新特点的人才制度和管理机制，提高企业、产业技术联盟进行原始创新的参与度，大力支持成果转化创业投资。建议实施“西部人才计划”，缩小东西部地区的人才和智力差距，推动区域创新发展，创新农业科技体制机制。

全国政协副主席韩启德、万钢也作了发言。科学技术部党组书记、副部长王志刚介绍了我国科技改革和创新的有关情况。科技部、中国科学院、国家自然科学基金委员会等有关方面负责人与委员协商交流，发表意见。教育部、财政部、中国工程院有关负责人出席会议。

12月5日

［纲　文］　**南京军区国防动员委员会在上海召开第十六次会议。**

［目　文］　会议的主要任务是：深入学习贯彻党的十八届三中全会精神和习近平主席关于国防动员建设重要思想，对今后一个时期战区国防动员建设作出全面部署。中共中央政治局委员韩正、中央军委委员常万全出席会议并讲话。

会议指出，要坚持用习近平主席关于国防动员的重要思想统领建设，战区军地各级领导要带着感情、带着忧患、带着责任，在国防动员领域作出更多更显著的成绩。要聚焦能打胜仗，把后备力量搞精，把支前保障搞实，把指挥体系搞强，把重难点问题搞透。要以大国防教育为基础，以规划落地为抓手，以运用经济发展新成果为增长点，以发挥综合效应为推动，深化军民融合，提升国防动员建设质量。要开拓进取，强化改革意识，推动国防动员创新发展，适应战场和市场新要求，推进战区国防动员体系和国防动员能力现代化。

会议强调，要以党的十八届三中全会精神为指导，进一步强化抓好国防动员建设的使命责任，加紧提升国防动员能力，积极推进经济建设和国防建设协调发展，用坚强领导保证国防动员各项工作有效落实。

会上，军区和六省（市）政府主要领导会签了国防动员的有关法规文件，表彰了首届国防先锋，与会代表观看了上海市和江苏、浙江、安徽、福建省国防动员建设特色工作录像，视频观摩了上海市、江西省上饶市动员演练。

12月5日

［纲　文］　**中美发布《关于加强中美经济关系的联合情况说明》。**

［目　文］《说明》中说，按照习近平主席和奥巴马总统达成的建设中美新型大国关系的共识，为推进中美经济关系的发展，中美双方通过中美战略与经济对话框架下经济对话，就加强在能源和气候变化、创新和食品药品安全方面的合作进行了磋商。按商定发布《说明》。

《说明》主要内容有：一、加强能源和气候变化领域合作。中美双方强调，在应对气候变化、减少本地大气污染、转向低碳节能经济、提高能源市场抗风险能力等领域加强合作非常重要。二、保护创新和促进安全的食品、药品贸易。中美双方强调深化合作以解决一系列共同关心的食品和药品问题的重要性。

12月5日

［纲　文］**《中国非物质文化遗产保护发展报告（2013）》在北京正式发布。**

［目　文］《报告（2013）》由中山大学中国非物质文化遗产研究中心主持编写，社会科学文献出版社出版。《报告（2013）》对我国2012年非物质文化遗产保护工作进行了总结，重点对《非物质文化遗产法》实施的情况给予了关注：一方面，文化部及时完善了文化事业的“十二五”规划，对非物质文化遗产保护工作进行了适当调整，使其更加符合法律的要求，制定了《境外组织和个人在中华人民共和国境内开展非物质文化遗产调查管理的暂行办法》等配套性法规，将调查制度、代表性项目名录制度、传承与传播制度等进行细化，转化为各项长效工作机制，并与财政部共同制定了《国家非物质文化遗产保护专项资金管理办法》，为规范和加强国家非物质文化遗产保护专项资金的管理、提高资金使用效率提供了法律依据。另一方面，云南、贵州、广西等地先后出台了地方性法规，河北、山西、内蒙古、湖北等地的非物质文化遗产保护条例也已列入省（区）人大、法制办的立法计划。该《报告（2013）》是中山大学中国非物质文化遗产研究中心主持编写的第三本。

12月5日

［纲　文］**原石油工业部部长、党组书记唐克在北京因病逝世，享年96岁。**

12月5日

［纲　文］**《人民日报》发表题为《越往后越要防“偷工减料”——四论整改落实如何推进》的评论员文章。**

12月5日

［纲　文］**《人民日报》发表题为《反对弄虚作假，依法搞好普查》的评论员文章。**

12月5—9日

［纲　文］**应国务院总理李克强邀请，法国总理让－马克·艾罗对中国进行正式友好访问。**

［目　文］艾罗此次访华之行有四大主题：中法建交50周年、双边贸易互换、中法民用核领域合作30年以及可持续城市合作。访问期间，国家主席习近平在北京人民大会堂会见了艾罗。国务院总理李克强与艾罗举行会谈。全国人大常委会委员长张德江会见艾罗。国务院副总理马凯与艾罗共同出席中法核能合作30周年高峰论坛。

习近平在会见时表示，中法要继续发挥务实合作的独特优势，加强核能、航空、航天等领域战略性合作，推进可持续发展、农产品加工、食品安全、医药、电信、汽车、金融服务等领域合作，促进两国经济增长和扩大就业。双方要共同庆祝好明年中法建交50周年，彰显两国建交的历史和时代意义，以此为契机提升文化、旅游、留学生交流合作水平，增进两国人民友谊。双方要加强全球性问题及国际和地区重大热点问题上的沟通和协调，相互支持，推动世界多极化和国际关系民主化，促进世界经济实现强劲、可持续、平衡增长。中方重视法国在欧盟内的重要影响，希望法方为推动中欧关系发展发挥建设性作用。

李克强在会谈中表示，当前中法都面临发展经济、改善民生的任务，两国应将各自优势和需要紧密结合，不断丰富中法全面战略伙伴关系的内涵，更好造福两国人民。一是扩大贸易投资。拓展贸易规模，提升合作水平。二是加强核能合作。在核能领域发展更加平等伙伴关系的同时，以共同开发第三方核电市场为新方向，合作研发新堆型，加强经验分享。三是深化航空航天领域战略合作。积极推进天津空客飞机总装厂二期项目谈判，加强商务大飞机和民用直升机联合研发和生产，继续推进卫星合作项目。四是密切人文交流。共同办好中法建交50周年庆祝活动，加强文化、旅游等领域交流与合作，增进两国人民友谊。会谈后，李克强和艾罗共同为中法建交50周年徽标揭幕。

张德江在会见时指出，中法即将迎来建交50周年，双方要以此为契机，增进相互了解和信任，提升务实合作水平，共同推动中法新型全面战略伙伴关系取得更大发展。双方应进一步密切友好往来，发展完善现有交流机制，继续开展定期交流，加强民主法制、治国理政等经验交流，为两国务实合作创造良好的法制环境。

中法核能合作30周年高峰论坛在北京人民大会堂举行，马凯与艾罗共同出席论坛并致辞。马凯在会上强调，中法双方在核燃料循环前端、核反应堆、核燃料循环后端及核安全4个支柱领域具有广泛的合作前景，尤其是在国际核电市场开放方面拥有广阔的合作空间。双方应继续秉承合作共赢的理念，进一步提高核能合作水平，共同推进世界和平利用核能事业发展。高峰论坛前，马凯同艾罗举行了简短会见，并共同参观了中法核能合作30周年成就展。

这是艾罗去年5月出任法国总理后首次访问中国，也是继本年4月法国总统奥朗德后法国政府领导人再次访华。除北京外，艾罗还前往武汉、广州等地进行访问。

12月6日

［纲　文］　**南非前总统曼德拉逝世，国家主席习近平向南非总统祖马致唁电。**

［目　文］　习近平在唁电中表示，曼德拉先生是享誉世界的政治家，在漫长的岁月里，领导南非人民经过艰苦卓绝的努力，取得反种族隔离斗争的胜利，为新南非的诞生和发展作出了历史性贡献。习近平指出，曼德拉先生是中南关系奠基人之一，生前两次访华，积极推动中南各领域友好合作。中国人民将永远铭记他为中南关系和人类进步事业作出的卓越贡献。

国务院总理李克强代表中国政府和人民并以个人名义向祖马总统致唁电，对曼德拉逝世表示深切的哀悼，向曼德拉的亲属表示诚挚的慰问。

6日，国家副主席李源潮赴南非驻华使馆吊唁曼德拉逝世。10日，李源潮在南非约翰内斯堡出席了南非政府为前总统曼德拉举行的大型官方追悼活动并致辞。11日，南非总统祖马在比勒陀利亚会见李源潮。李源潮向祖马转交习近平主席的亲署函。习主席在函中表示，曼德拉先生是中国人民的老朋友，我谨代表中国政府和人民对他的逝世表示深切哀悼。相信南非人民一定会继承曼德拉先生遗志，在国家发展征程上不断取得新成就。我们愿同南方一道，推动中南全面战略伙伴关系向前发展。祖马说，感谢习近平主席、中国政府和人民的诚挚慰问，南非将继承和发展曼德拉开创的南中友好事业。

12月6日

［纲　文］　**国务院安全生产委员会在北京召开全体会议，李克强对安全生产工作作出批示。**

［目　文］　国务院总理李克强在批示中指出，要求进一步加强和改进安全生产工作。他指出，安全生产是人命关天的大事，是不能踩的“红线”。要认真总结前一阶段全国安全生产大检查工作，汲取生命和鲜血换来的教训，筑牢科学管理的安全防线。安全生产既是攻坚战也是持久战，要树立以人为本、安全发展理念，创新安全管理模式，落实企业主体责任，提升监管执法和应急处置能力。他强调，要坚持预防为主、标本兼治，经常性开展安全检查，搞好预案演练，建立健全长效机制。各有关方面要把今冬明春安全生产工作提上重要日程，迅即开展行动，着力查错补漏纠弊，特别是在重点领域和行业要确保不留死角盲区，千方百计遏制重特大事故发生。

会议学习传达了习近平总书记在听取山东青岛“11·22”中石化输油管线泄漏爆炸事故情况汇报时的重要讲话和李克强总理关于安全生产的重要批示精神，认真总结全国安全生产大检查工作，部署开展大检查“回头看”和油气输送管线等安全专项排查整治，并对今冬明春安全生产工作作出安排。

会议听取了前一阶段全国安全生产大检查工作情况汇报。会议指出，虽然大检查取得了一定成效，但安全生产形势仍然严峻，一些行业领域事故多发频发，暴露出一些地方和企业大检查不够彻底、应急处置预案落实不到位、安全生产工作开展不平衡。会议强调，要进一步强化安全生产“红线”意识，深入开展安全生产大检查“回头看”，重点看是否存在检查盲区和死角，看查处的隐患问题是否整改到位，看应急预案是否完善落实，看安全生产长效机制是否建立健全，实行谁检查、谁签字、谁负责，坚决做到不打折扣、不走过场。

会议决定，立即在全国范围内集中开展石油天然气（包含煤气）、危险化学品等各种易燃易爆品输送管线安全专项排查整治，全面摸清安全隐患和薄弱环节，落实整改责任和措施，彻底排除各类安全隐患，对存在管线老化、交叉点无保护等严重隐患的，要立即进行整改，对不认真组织开展排查整治和因整改不到位导致发生事故的，要依法依规严肃查处追责。

会议对做好今冬明春安全生产工作进行了部署，要求结合岁末年初经济活动和气候特点，进一步强化煤矿和交通运输领域安全生产工作，高度重视人员密集场所安全，继续开展金属非金属矿山、危险化学品、民用爆炸物品、烟花爆竹等专项整治和打非治违，有效防范和坚决遏制重特大事故发生。

国务院副总理、国务院安委会主任马凯出席会议并讲话。国务委员、国务院安委会副主任王勇主持会议。

12月6日

［纲　文］　**中央组织部印发《关于改进地方党政领导班子和领导干部政绩考核工作的通知》。**

［目　文］　《通知》主要内容有：一、政绩考核要突出科学发展导向。二、完善政绩考核评价指标。三、对限制开发区域不再考核地区生产总值。四、加强对政府债务状况的考核。五、加强对政绩的综合分析。六、选人用人不能简单以地区生产总值及增长率论英雄。七、实行责任追究。八、规范和简化各类工作考核。

《通知》规定，今后对地方党政领导班子和领导干部的各类考核考察，不能仅仅把地区生产总值及增长率作为政绩评价的主要指标，不能搞地区生产总值及增长率排名，中央有关部门不能单纯依此衡量各省（自治区、直辖市）的发展成效，地方各级党委政府不能简单地依此评定下一级领导班子和领导干部的政绩和考核等次，对限制开发区域和生态脆弱的国家扶贫开发工作重点县取消地区生产总值考核。

《通知》要求完善干部政绩考核评价指标，根据不同地区、不同层级领导班子和领导干部的职责要求，设置各有侧重、各有特色的考核指标，把有质量、有效益、可持续的经济发展和民生改善、社会和谐进步、生态文明建设、党的建设等作为考核评价的重要内容，加大资源消耗、环境保护、消化产能过剩、安全生产等指标的权重，更加重视科技创新、教育文化、劳动就业、居民收入、社会保障、人民健康状况的考核。

《通知》要求加强对政府债务状况的考核，把政府负债作为政绩考核的重要指标，强化任期内举债情况的考核、审计和责任追究，防止急于求成，以盲目举债搞“政绩工程”；注重考核发展思路、发展规划的连续性，把积极化解历史遗留问题，是否存在“新官不理旧账”“吃子孙饭”等问题，作为考核评价领导班子和领导干部履职尽责的重要内容。

12月6日

［纲　文］　**环境保护部印发《关于做好空气重污染监测预警信息发布和报送工作的通知》。**

［目　文］　《通知》主要内容有：一、强化监测预警信息发布。按照“让人民群众看得到，看得懂，看得明白”的要求，各省（区、市）环保部门要建立依托当地主流新闻发布平台和新媒体发布空气重污染预警信息的制度，进一步增强环保部门网站的吸引力、亲和力。并指导辖区内地级及以上城市环保部门加强预警信息发布工作，进一步增强信息发

布的权威性、时效性。二、建立空气重污染监测预警信息报送制度。空气重污染监测预警主体是地级及以上城市人民政府，各级环境保护部门要密切关注空气质量变化，一旦出现空气重污染状况，要及时向地方政府报送信息，为地方政府是否启动应急预案提供决策参考。预案启动后，地级及以上城市环保部门每天要将应急预案启动时间、主要污染物变化范围、污染等级、相关原因分析、污染趋势和采取的主要措施等情况报省级环境保护部门，并抄报我部监测司，直至应急结束。三、统一舆论宣传口径和发布渠道。各级环保部门要通过广播、电视、网络和报纸等媒介，以及政务微博、微信等新媒体，必要时召开新闻发布会及时发布空气重污染预报预警信息，提出针对不同人群的健康保护和出行建议。根据工作需要，组织专家做好空气污染成因、趋势变化和防护措施等方面解释工作，让群众听得懂、信得过，充分利用新媒体的互动功能，共同营造良好的舆论环境。

12月6日

［纲　文］　**外交部部长王毅与澳大利亚外交部部长毕晓普在北京共同主持首轮中澳外交与战略对话**。

［目　文］　王毅在对话中指出，中澳关系几十年来积累的最重要经验是尊重彼此核心利益，照顾各自重大关切，培育相互信任，这是双方战略伙伴关系的基础，也是发展各领域合作的必要前提。澳方在中国设立东海防空识别区问题上的言行，损害了双方互信，影响了两国关系的健康发展，中国社会各界和中国人民对此深为不满，相信这是中澳双方都不愿看到的。

王毅表示，当前中澳关系正处在关键时期，中方希望澳方从战略和长远角度出发，与中方相向而行，妥善处理敏感问题，积极增进战略互信，不断拓展务实合作，确保中澳战略伙伴关系保持正确发展方向。

双方还就共同关心的朝鲜半岛、叙利亚、伊朗等国际和地区热点问题以及亚太经合组织、二十国集团等交换了意见。

访问期间，国家副主席李源潮在北京会见了毕晓普。毕晓普7日结束为期两天的访华行程。在离京前的中外媒体见面会上，毕晓普肯定此次中国之行。她表示，通过对话，双方达成进一步发展中澳战略伙伴关系的共识，会谈富有成果。

12月6日

［纲　文］　**中国成功推动联合国设立“世界城市日”**。

［目　文］　第六十八届联合国大会第二委员会通过有关人类住区问题的决议，决定自2014年起将每年的10月31日设为“世界城市日”。这是中国首次在联合国推动设立的国际日，获得了联合国全体会员国的支持。

12月6日

［纲　文］　**《人民日报》发表题为《一分部署，九分落实——三论贯彻落实十八届三中全会精神》的评论员文章**。

12月6—9日

［纲　文］　**常万全在广西壮族自治区调研。**

［目　文］　中央军委委员、国务委员兼国防部部长常万全在广西调研时强调，要认真贯彻党的十八届三中全会精神，坚决贯彻落实党中央、国务院、中央军委和习近平主席的决策指示，锐意进取，扎实工作，努力提高边防和国防动员工作水平，为国家安全和发展提供有力支撑。

常万全指出，要进一步强化忧患意识，充分认清我国安全问题的综合性复杂性多变性，充分认清边海防和国防动员工作面临的新情况新挑战，始终以强烈的使命感紧迫感抓工作搞建设。要进一步强化大局意识，深刻领悟党中央、习主席的战略意图，准确把握边海防和国防动员工作在国家战略全局中的地位作用，自觉做到胸怀全局、服务大局。要进一步强化打赢意识，按照能打仗、打胜仗要求，努力构筑厚重的边防地带；注重科学统筹，搞好边海防和国防动员工作的相互融合、相互促进；注重体系建设，真正把战斗力标准贯彻落实到各领域、各环节、各要素建设之中，不断提升应急应战能力。

常万全强调，广西地处祖国南疆，区位特殊，边情复杂，管边控海任务十分繁重。要充分发挥党政军警民"五位一体"的独特优势，切实形成整体合力。要持续抓好以爱国主义为核心的国防教育，铸牢稳边固防的魂魄和基石。要进一步改进工作作风，积极研究解决各种现实矛盾和问题，推动边防和国防动员建设迈上新台阶。

12月6—8日

［纲　文］　**国务委员杨洁篪应邀出席金砖国家安全事务高级代表第四次会议并访问伊朗。**

［目　文］　金砖国家安全事务高级代表第四次会议6日在南非开普敦举行。国务委员杨洁篪和南非、巴西、俄罗斯、印度有关高级官员出席。各方就当前国际和地区安全形势、反恐、网络信息安全、交通运输安全以及叙利亚、阿富汗、伊朗核、非洲等共同关心的地区问题深入交换意见，达成广泛共识。

杨洁篪指出，金砖国家是新兴市场国家的领军者、和平与发展的重要促进者、合作与共赢的积极倡导者。五国要落实好本年3月金砖国家领导人德班会晤达成的共识，加强团结与合作，发出金砖声音、贡献金砖智慧、提出金砖方案，共同倡导"互信、互利、平等、协作"的新安全观，共同参与国际规则制定，共同维护国际和地区和平与稳定，在事关发展安全的重大问题上加强协调与配合，推动在战略安全领域的合作走实、走深。

杨洁篪7日到访伊朗首都德黑兰，8日，伊朗总统鲁哈尼会见了杨洁篪，双方就中伊双边关系，以及共同关心的国际和地区问题交换了意见。鲁哈尼在会见杨洁篪时表示，中国是伟大的国家。伊方愿同中方加强双边各领域交往与合作，加强在重大地区问题上的沟通与合作。鲁哈尼并介绍了伊方在伊朗核问题上的立场，重申伊朗核计划出于和平目的。杨洁篪说，中方从长远角度重视发展对伊关系，愿同伊方一道，按照两国元首达成的重要共识，加强交往，增进合作，推动中伊关系继续向前发展。各方应该本着相互尊重、分步对等原则，通过对话和谈判和平解决伊核问题。双方还就阿富汗、叙利亚等问题交换了意见。

当天，杨洁篪分别会见了伊朗议长拉里贾尼和外交部部长扎里夫，并同伊朗最高国家安全委员会秘书沙姆哈尼举行会谈，同他们就双边合作、伊核问题及共同关心的地区问题交换了意见。双方同意加强沟通和协调，共同致力于实现有关国家和地区和平与稳定。

12月7日

［纲　文］　**国务院公布《关于修改部分行政法规的决定》。**

［目　文］　《决定》中说，国务院对取消和下放的125项行政审批项目涉及的行政法规进行了清理，决定对16部行政法规的部分条款予以修改：将《中华人民共和国城镇土地使用税暂行条例》第七条“由省、自治区、直辖市税务机关审核后，报国家税务局批准”修改为“由县以上地方税务机关批准”。将《外国商会管理暂行规定》中第七条“成立外国商会，应当通过中国国际商会提出书面申请，由其报送中华人民共和国对外经济贸易部审查”删除，第九条改为第七条，修改为“成立外国商会，应当向中华人民共和国民政部（以下称登记管理机关）提出书面申请，依法办理登记”；将《中华人民共和国水生野生动物保护实施条例》第十六条修改为“外国人在中国境内进行有关水生野生动物科学考察、标本采集、拍摄电影、录像等活动的，必须经国家重点保护的水生野生动物所在地的省、自治区、直辖市人民政府渔业行政主管部门批准”；将《食盐专营办法》第五条第二款修改为“食盐定点生产企业由省、自治区、直辖市人民政府盐业主管机构审批”；第六条中的“国务院盐业主管机构”修改为“省、自治区、直辖市人民政府盐业主管机构”，删去第十八条第一款中的“国务院盐业主管机构或者其授权的”；此外，还有《广播电视管理条例》、《音像制品管理条例》、《中华人民共和国文物保护法实施条例》、《著作权集体管理条例》、《危险化学品安全管理条例》等行政法规，国务院对其中涉及到的取消和下放的行政审批项目进行了相应修改，并对相关条文顺序作了调整。本《决定》自2013年12月7日起施行。

12月7日

［纲　文］　**人民银行印发《同业存单管理暂行办法》。**

［目　文］　《办法》共21条，自2013年12月9日起施行。《办法》规定，同业存单是指由银行业存款类金融机构法人在全国银行间市场上发行的记账式定期存款凭证，是一种货币市场工具。同业存单的投资和交易主体为全国银行间同业拆借市场成员、基金管理公司及基金类产品。同业存单发行采取电子化的方式，在全国银行间市场上公开发行或定向发行。

根据《办法》，存款类金融机构可以在当年发行备案额度内，自行确定每期同业存单的发行金额、期限，但单期发行金额不得低于5000万元人民币。发行备案额度实行余额管理，发行人年度内任何时点的同业存单余额均不得超过当年备案额度。在定价方面，《办法》规定，同业存单的发行利率、发行价格等以市场化方式确定。其中，固定利率存单期限原则上不超过1年，为1个月、3个月、6个月、9个月和1年，参考同期限上海银行间同业拆借利率定价。浮动利率存单以上海银行间同业拆借利率为浮动利率基准计息，期限原则上在1年以上，包括1年、2年和3年。

12月7日

［纲　文］ **新疆首条沙漠高速公路——国道216线五彩湾至大黄山高速公路全线通车。**

12月7日

［纲　文］ **《人民日报》发表题为《党的执政能力和领导水平的新考验——四论贯彻落实十八届三中全会精神》的评论员文章。**

12月7—8日

［纲　文］ **第八届全球孔子学院大会在北京市举行。**

［目　文］ 大会主题为“回顾过去，展望未来”，共有来自全球120个国家的400多所孔子学院的中外合作方高校校长、孔子学院中外方院长、各省（直辖市、自治区）教育厅（教委）负责人共2000余人出席了大会。

中共中央政治局委员、国务院副总理、孔子学院总部理事会主席刘延东出席开幕式，并在大会上作题为《携手促进孔子学院事业发展 共同谱写中外人文交流的新篇章》的主旨演讲。刘延东指出，2013年在中外双方共同努力下，孔子学院事业蓬勃发展，为满足各国民众学习汉语需求、增进中外人民了解和友谊作出了积极贡献。刘延东强调，促进中外人文交流是中国新一轮全面深化改革的重要内容，这为扩大中外相交相知、合作共赢创造了广阔空间，也为孔子学院发展注入了新的动力和活力。刘延东指出，孔子学院是人文交流的有效载体和增进中外人民友谊的重要平台，希望孔子学院继续扩大汉语教学规模，加强教师、教材和教学法建设，为各国民众提供高质量的汉语教学服务；发挥综合文化交流平台的优势，努力深化合作内涵，在展示真实中国、推动多元文明包容互鉴方面发挥积极作用；精心开展品牌文化活动，不断增强孔子学院的吸引力和影响力；建设一支优秀的院长队伍和管理团队，为孔子学院事业蓬勃发展提供保障。会前，刘延东还主持召开了孔子学院总部理事会议。

在为期两天的会议中，针对汉语教学、特色文化品牌活动、孔子学院与“慕课”（MOOC）、筹备“孔子学院日”、实施“孔子新汉学计划”、翻译出版中外文化读物成果等专题，举办了优秀办学案例论坛和校长论坛。会议共评选出先进中方合作院校10所，先进孔子学院28所，先进孔子课堂5个，先进个人30名。

截至2013年，中国已在120个国家建立了440所孔子学院和646个孔子课堂。2013年，各国孔子学院和课堂注册学员达85万人，举办各类文化活动2万多场。

12月7—9日

［纲　文］ **“两岸情·心连心”——中华两岸书画艺术交流展暨研讨会在北京举行。**

［目　文］　活动是在海协会与海基会指导下，由中华文化联谊会、中华文化发展促进会等机构主办，中华画院、中华将军书画院等机构承办。第十届全国人大常委会副委员长许嘉璐，中国国民党副主席蒋孝严，海协会前会长陈云林，文化部副部长、中华文化联谊会顾问董伟，全国台联会长汪毅夫，中国美协主席、中国文联副主席刘大为，台湾“中华画院”院长李奇茂，中华两岸文化艺术基金会会长庄汉生等两岸各界人士、艺术家代表和众多媒体近600人出席了开幕式。

许嘉璐在开幕式上表示，书画间的交流互动对于改善和促进两岸关系有不可言喻的伟大力量，在用笔墨直抒胸臆方面，两岸人民是相通的、相同的。中华书画艺术是属于两岸，属于所有炎黄子孙的。蒋孝严在致辞中说，两岸间文化艺术方面的交流是完全相同的，这方面的交流互动能更大地增加彼此的信任和情感。

开幕式结束后，在北京友谊宾馆贵宾楼多功能厅举办了“两岸情·心连心”——中华两岸书画艺术交流展研讨会。研讨会由中国国家画院副院长张晓凌主持。

8日上午在北京友谊宾馆举行了本届书画交流展笔会，中国美术家协会主席刘大为和中华画院院长李奇茂共同开笔，两岸众多艺术家也挥毫泼墨。

本次书画交流展共展出海峡两岸140多位书画名家的150余幅作品，展出作品因应不同的环境与时代气息，有着不同的艺术创作风貌及各式各样的绘画形式风格。

12月8日

［纲　文］　**习近平就南水北调东线一期工程正式通水作出重要指示。**

［目　文］　经多年建设，南水北调东线一期主体工程已完工，近日正式通水。中共中央总书记、国家主席、中央军委主席习近平对此作出重要指示，强调南水北调东线一期工程如期实现既定通水目标，取得重大进展，向为工程作出贡献的全体同志表示慰问和祝贺。南水北调工程是事关国计民生的战略性基础设施，希望大家总结经验，加强管理，再接再厉，确保工程运行平稳、水质稳定达标，优质高效完成后续工程任务，促进科学发展，造福人民群众。

国务院总理李克强作出批示，指出南水北调是优化我国水资源配置，促进经济社会可持续发展的重大战略性基础工程。东线一期实现正式通水，凝聚了参与工程建设运营的全体干部职工和技术人员的不懈努力和辛勤汗水，谨向你们表示慰问和感谢。要再接再厉，着力做好通水后的质量、环保、安全以及各项保障工作，扎实推进后续工程建设，确保清水北送，造福沿线群众，让千家万户受益。

国务院副总理、国务院南水北调工程建设委员会主任张高丽就贯彻落实习近平重要指示和李克强批示作出部署，要求切实做好工程维护、水质安全、水量配售和沿线环境生态保护等工作，充分发挥经济社会效益。

南水北调东线一期工程自长江下游江苏境内江都泵站引水，通过13级泵站提水北送，经山东东平湖后分别输水至德州和胶东半岛。工程干线全长1467公里，设计年抽江水量

87.7 亿立方米，供水范围涉及江苏、安徽、山东 3 省的 71 个县（市、区），直接受益人口约 1 亿人，总投资 500 多亿元。

12 月 8 日

［纲　文］　**财政部印发《农业保险大灾风险准备金管理办法》。**

［目　文］　《办法》共 27 条，分总则、大灾准备金的计提、大灾准备金的使用、大灾准备金的管理、附则 5 章，自 2014 年 1 月 1 日起施行。

《办法》规定，保险机构应当根据本办法规定，分别按照农业保险保费收入和超额承保利润的一定比例，计提大灾准备金，逐年滚存；保险机构应当按照相关规定，公平、合理拟订农业保险条款与费率，结合风险损失、经营状况等建立健全费率调整机制；保险机构农业保险实现承保盈利，且承保利润率连续 3 年高于财产险行业承保利润率，原则上应当适当降低农业保险盈利险种的保险费率，省级财政部门应当依法予以监督；大灾准备金的使用额度，以农业保险大类险种实际赔付率超过大灾赔付率部分对应的再保后已发生赔款为限；保险机构计提大灾准备金，按税收法律及其有关规定享受税前扣除政策。

12 月 8 日

［纲　文］　**新华社讯，许其亮在广州战区部队调研。**

［目　文］　电讯说，中共中央政治局委员、中央军委副主席许其亮近日在广州战区调研时强调，各级要以高度的政治自觉，深入学习贯彻习近平主席系列讲话精神特别是关于国防和军队建设重要论述，深入抓好党的十八届三中全会精神学习宣传贯彻，汇聚实现强军目标的强大动力，坚定不移推进国防和军队改革，不断拓展深化军事斗争准备，有效履行肩负的使命任务。

许其亮指出，各级要把学习贯彻习主席系列讲话精神特别是关于国防和军队建设重要论述作为重大政治任务，与学习贯彻三中全会精神紧密结合起来，采取党委中心组学习、理论轮训、宣讲辅导等多种方式，原原本本研读，领会精髓要义，掌握立场观点方法。要把强军目标学习教育长期抓下去，在加深学习理解、更新思想观念、推动实践转化上求深入见实效。要联系实际、学以致用，把习主席系列讲话精神作为指导新形势下部队建设的科学指南牢固确立起来，切实转化为听党指挥的坚定信念和行动自觉，转化为推动建设发展的科学思路和有力举措，转化为履行使命任务的更高标准和素质能力。

许其亮强调，必须充分认清我国安全面临的威胁挑战，聚焦能打胜仗抓准备搞建设。要深入研究现代战争机理，做明天战场的“明白人”。各级指挥员要学习新知识、掌握新装备，从装备和技术切入，研究创新训法战法，提高谋略指挥水平。

12 月 9 日

［纲　文］　**习近平在中南海听取河北省委党的群众路线教育实践活动总体情况汇报。**

［目　文］　河北省是中共中央总书记、国家主席、中央军委主席习近平联系的第一

批开展教育实践活动的地方。此前，他分别于7月中旬、9月下旬两次到河北就教育实践活动实地调研指导，并全程参加了省委常委班子专题民主生活会，指导教育实践活动深入开展。进入整改落实、建章立制环节后，习近平多次了解河北教育实践活动进展情况，要求狠抓落实、加强督导，确保善始善终，善作善成，务求实效。

河北省委领导向习近平汇报了河北第一批教育实践活动总体情况，特别是集中整改落实、建章立制的情况，以及第二批教育实践活动调研准备情况。

听取汇报后，习近平发表重要讲话。他强调，你们提了8个方面、38条整改举措，关键是要抓好落实。这些年，河北积累的发展矛盾比较多，整改触及的利益很直接，仅调减钢铁、燃煤、水泥、玻璃产能和治理大气污染就需要下极大功夫。抓整改要动真碰硬、攻坚克难，上下协力、加强联动，持续用劲、步步为营，不达目的不罢休。无论班子整改还是个人整改，都要严明责任，加强监督，确保兑现承诺，立了军令状就要看结果。凡是有问题不整改、大问题小整改、边整改边再犯的，都要严肃批评教育，必要时采取组织措施和纪律措施。要以适当形式继续发挥广大党员、干部建言献策和支持监督的作用，使活动自始至终做到全员全程参与。

习近平指出，全国第一批教育实践活动的实践说明，群众路线是党的生命线，教育和实践必须一以贯之、紧密结合。教育和实践是贯彻群众路线的两手，要两手抓、两手都要硬，使党的群众路线在全体党员、干部中深深扎根，使践行党的根本宗旨成为党员、干部的普遍自觉，使各项事业推进有更加深厚的群众基础。

习近平对做好第二批教育实践活动准备工作提出了明确要求。他指出，第二批教育实践活动范围片大面广，涉及的矛盾和问题具体尖锐，务必对确保活动健康发展进行系统设计。要更加注重发挥群众积极性，坚持开门搞活动，确保全过程都发动群众参与、置于群众监督之下。要更加强化问题导向，注重解决实际问题，特别是对需要侧重解决的问题进行调查梳理，提前做到心中有数，从解决具体问题抓起改起。要更加注重严格要求，坚持标准，确保质量，防止降格以求。要更加注重衔接带动，推动第一批活动制定的整改措施和制度规定传导落实到“末梢神经”。要更加注重分类指导，针对不同层级、不同领域、不同对象提出不同目标要求，注重发挥行业系统指导作用，对可能发生的种种复杂情况进行分析预判，并制定出预防和解决对策。

王沪宁、赵乐际、栗战书和中央督导组、河北省委有关负责人参加上述活动。

12月9日

［纲　文］　**教育部在北京召开马克思主义理论研究和建设工程重点教材编写工作座谈会。**

［目　文］　座谈会主要传达学习习近平总书记关于加强和改进高校思想政治理论课的重要批示精神、中央关于深入实施马克思主义理论研究和建设工程的新决策新要求，研究部署下一阶段教育部负责的工程重点教材编写和审议工作。教育部党组书记、部长袁贵仁主持会议并讲话。

袁贵仁强调，要以更加强烈的责任感、使命感和紧迫感，加大工作力度，加快工作速度，把好编写、审议的政治关和学术关，力争用两年时间，到2015年底基本完成教育部负责的96种工程重点教材编写出版工作。

会议宣布成立教育部马克思主义理论研究和建设工程重点教材审议委员会，聘请28位专家对经学科专家审议通过的工程重点教材提纲和书稿进行审定。

按照中央批准的高校哲学社会科学重点编写教材总体规划，教育部负责组织编写马克思主义理论研究和建设工程150种左右重点教材中的96种。2009年底以来，教育部分三批成立了所有教材编写课题组，遴选229位首席专家、745位主要成员直接参与，集中全国力量开展编写工作，取得了重要阶段性成果。目前，96种教材编写提纲均已撰写完成，其中12个课题组完成书稿撰写任务。

12月9日

［纲　文］　**住房城乡建设部印发《关于开展城市步行和自行车交通系统示范项目工作的通知》。**

［目　文］　《通知》主要内容有：一、总体要求和工作目标。二、示范项目建设原则和主要内容。三、申报和实施。四、有关要求。《通知》提出，到2015年，建成100个左右城市（区）步行和自行车交通系统示范项目，步行和自行车出行分担率逐步提高，力争在现有基础上提高5%—10%，发挥引领带动作用，城市的步行和自行车出行环境明显改善。

12月9日

［纲　文］　**南水北调中线河北段工程全线贯通，率先通水的京石段已向京供水16亿立方米。**

［目　文］　随着南水北调石家庄至邯郸段工程主体完工，南水北调中线干线河北段主体工程全线贯通，为2014年南水北调中线汛后通水奠定了基础。南水北调中线干线河北段工程全长596公里，总投资419亿元，包括北京至石家庄段河北段工程、石家庄至邯郸段工程、天津干线河北段工程。北京至石家庄段应急供水河北段工程于2008年5月建成。自2008年9月起，先后四次向北京应急供水累计16亿立方米，对保证首都供水安全起到了重要作用。

12月9日

［纲　文］　**2012年中国居民专利申请量跃居世界第一。**

［目　文］　世界知识产权组织发布报告显示，2012年，中国居民专利申请量为56.1万件，首次占据榜首位置。中国国家知识产权局以65.3万件专利申请数连续第二年位居受理量最多的主管局，比上一年增长24%，增速居全球首位。

12月9日

［纲　文］　**俞正声会见第四届ECFA海峡两岸暨香港民间经贸合作论坛代表。**

［目　文］　全国政协主席俞正声在会见时充分肯定论坛为促进两岸经贸合作，增进

两岸同胞福祉，增强中华民族经济整体实力发挥的重要平台作用。他说，中共十八届三中全会作出了全面深化改革的战略部署，必将进一步解放和发展生产力，开辟中华民族经济新的光明前景，也必将为两岸经济合作提供更多的商机、更强劲的动力和更广阔的空间。

俞正声希望论坛发挥好桥梁作用，推动两岸暨香港企业更广泛参与两岸经济合作，探讨创新合作模式，提升合作质量，实现合作共赢；希望企业家们本着“两岸一家亲”的理念，抓住祖国大陆深化改革的契机，把握两岸关系和平发展的大势，为推动两岸暨香港经济共同发展繁荣，为中华民族伟大复兴作出新贡献。

第四届ECFA海峡两岸暨香港民间经贸合作论坛当日在北京举行。论坛的主题是“整合资源、深化合作、联合竞争、共同发展”。全国政协副主席李海峰，海协会顾问陈云林，台湾“三三企业交流会”会长、前海基会董事长江丙坤，世界华商联合促进会会长许荣茂等出席论坛。来自海峡两岸暨香港政商界精英和经贸团体500余位代表在论坛上共商经贸合作发展新空间。论坛由世界华商联合促进会、台湾工商协进会和浙江省民营企业发展联合会主办。下一届论坛将移师台湾举办。

12月9日

［纲　文］　**全国军用标准化工作会议在北京召开。**

［目　文］　中共中央政治局委员、中央军委副主席许其亮在出席会议时强调，要深入学习贯彻党的十八届三中全会精神，紧紧围绕强军目标，着眼一体化建设和信息化转型，全面深化军用标准化建设，逐步建立横向到边、纵向到底的标准体系，推进军队管理创新。

许其亮指出，军用标准化是国防和军队现代化重要标志。经过30多年不懈努力，我们形成了一定规模和水平的军用标准体系，各级不断强化标准化意识，有效贯彻各类标准，有力促进了军队建设发展。特别是近年来，标准化作为科学管理的重要方法，作为精细化管理的核心要义，正逐步成为我军信息化建设顶层设计核心内容和战略性基础支撑。

许其亮强调，要建立强有力的组织机制，以改革创新为动力，努力开创标准化建设新局面。要大力加强标准化建设的组织领导，坚持领导引领、骨干带动、群众参与相结合，搞好标准化建设顶层设计，廓清标准化体系内涵，理清发展目标和思路。要逐步确立标准化建设的长效机制，认真研究落实标准、实施标准的有效措施，尽快建立完善竞争、评价、监督、激励机制，为各项改革的稳步推进提供支撑，确保标准在各领域立起来、推下去。要深入推进标准化建设的军民融合，架设“军转民”的桥梁，打通“民参军”的路径，形成融合式发展机制，进一步提升标准化对经济建设和国防建设的整体支撑能力。

中央军委委员、总装备部部长张又侠出席会议并讲话。军队相关单位、国防科工局、国家标准委相关人员出席会议。

12月9日

［纲　文］　**《人民日报》发表题为《实现伟大奋斗目标的基本遵循——一论深入学习**

贯彻习近平总书记系列讲话精神》的评论员文章。

12月9—11日

［纲 文］ **中国民主促进会在北京召开第十三届中央委员会第二次全体会议。**

［目 文］ 会议的主要内容是：学习贯彻中共十八届三中全会精神，听取并审议民进第十三届中央常务委员会工作报告，审议通过民进第十三届中央委员会第二次全体会议决议等。民进中央主席严隽琪出席会议并作工作报告，民进中央常务副主席罗富和主持开幕式。

严隽琪在总结2013年民进工作时指出，民进中央深入学习贯彻中共十八大和十八届三中全会精神，认真落实民进十一大提出的各项工作任务，不断深化对中国特色社会主义参政党的自我认识，在全会开展坚持和发展中国特色社会主义学习实践活动，坚持“有思有行、集智聚力、顺势而为、开拓创新”的工作方针，实现了民进自身建设和履行职能的良好开局。

严隽琪在报告中对2014年工作提出要求。他表示，民进全会要将坚持和发展中国特色社会主义学习实践活动作为主线贯穿于各项工作之中，把思想和行动统一到中共十八届三中全会的重大部署上来，围绕中国特色社会主义参政党建设，围绕全面深化改革、和谐社会建设，积极履行参政党职能，为全面建成小康社会作出新贡献。

会议审议通过了《中国民主促进会第十三届中央委员会第二次全体会议决议》。《决议》指出，在新的一年里，面对复杂多变的国内外环境，我会要准确把握形势，积极适应时代要求，以中国特色社会主义理论体系为指导，以开展坚持和发展中国特色社会主义学习实践活动为主线，以组织建设为年度工作主题，全面加强自身建设；围绕全面深化改革，积极履行参政党职能，切实承担起中国特色社会主义参政党的政治责任。

会议增补民进中央秘书长高友东为民进第十三届中央常务委员会委员。

12月10—13日

［纲 文］ **中央经济工作会议在北京举行。**

［目 文］ 中共中央总书记、国家主席、中央军委主席习近平，中共中央政治局常委、国务院总理李克强，中共中央政治局常委、全国人大常委会委员长张德江，中共中央政治局常委、全国政协主席俞正声，中共中央政治局常委刘云山，中共中央政治局常委、中央纪委书记王岐山，中共中央政治局常委、国务院副总理张高丽出席会议。

习近平在会上发表重要讲话，分析当前国内外经济形势，总结2013年经济工作，提出2014年经济工作的总体要求和主要任务。李克强在讲话中阐述了2014年宏观经济政策取向，对2014年经济工作作出具体部署，并作了总结讲话。

会议指出，2013年以来，在极为错综复杂的形势下，我们贯彻落实党的十八大精神，坚持以邓小平理论、“三个代表”重要思想、科学发展观为指导，加强党对经济工作的领导，围绕全面建成小康社会和实现中华民族伟大复兴的中国梦凝聚人心，围绕科学发展这个主题和加快转变经济发展方式这条主线，围绕提高经济发展质量和效益这个中心，统筹国内国际两个大局，坚持稳中求进工作总基调，把握经济大势，保持调控定力，坚持底线思维，按照宏观政策要稳、微观政策要活、社会政策要托底的思路，扎实做好各方面工作，经济社会发展稳中有进、稳中向好，实现了良好开局。经济运行总体平稳，农业生产再获丰收，结构调整取得新进展，改革开放力度加大，人民生活继续改善，社会大局和谐稳定。特别重要的是，党的十八届三中全会为加快转变经济发展方式、培育经济发展新动力、实现经济持续健康发展确定了行动纲领。

会议强调，在肯定形势稳中有进、稳中向好的同时，我们也要清醒认识到，经济运行存在下行压力，部分行业产能过剩问题严重，保障粮食安全难度加大，宏观债务水平持续上升，结构性就业矛盾突出，生态环境恶化、食品药品质量堪忧、社会治安状况不佳等突出问题仍没有缓解。

会议强调，2014年是全面贯彻落实党的十八届三中全会精神、全面深化改革的第一年，改革任务重大而艰巨。2014年进入到“十二五”规划第四年，对全面完成“十二五”规划至关重要。做好明年经济工作的总体要求是，全面贯彻落实党的十八大和十八届二中、三中全会精神，坚持稳中求进工作总基调，把改革创新贯穿于经济社会发展各个领域各个环节，保持宏观经济政策连续性和稳定性，着力激发市场活力，加快转方式调结构，加强基本公共服务体系建设，着力改善民生，切实提高经济发展质量和效益，促进经济持续健康发展、社会和谐稳定。

会议提出了2014年经济工作的主要任务。一、切实保障国家粮食安全。二、大力调整产业结构。三、着力防控债务风险。四、积极促进区域协调发展。五、着力做好保障和改善民生工作。六、不断提高对外开放水平。

会议强调，做好2014年经济工作，要全面认识持续健康发展和生产总值增长的关系，抓住机遇保持国内生产总值合理增长、推进经济结构调整，努力实现经济发展质量和效益得到提高又不会带来后遗症的速度；必须继续实施积极的财政政策和稳健的货币政策。进一步完善调整财政支出结构，厉行节约，提高资金使用效率，完善结构性减税政策，扩大营改增试点行业。

中共中央政治局委员、中央书记处书记、国务委员、最高人民法院院长、最高人民检察院检察长等出席会议。各省、自治区、直辖市和计划单列市、新疆生产建设兵团的党政主要负责人，党中央有关部门、国务院有关部委和有关单位的主要负责人，中央管理的部分企业和金融机构负责人，军队及武警部队有关负责人参加会议。

12月10日

［纲　文］　中共中央办公厅、国务院办公厅印发《关于党员干部带头推动殡葬改革的意见》。

［目　文］　《意见》主要内容有：一、深刻认识推动殡葬改革的重要性和紧迫性。二、充分发挥党员、干部带头作用，积极推动殡葬改革。（一）带头文明节俭办丧事，树

立时代风尚。（二）带头火葬和生态安葬，保护生态环境。（三）带头文明低碳祭扫，传承先进文化。（四）带头宣传倡导殡葬改革，弘扬新风正气。三、大力营造有利于殡葬改革的良好环境。（一）加强组织领导，健全工作机制。（二）注重统筹规划，提高保障水平。（三）完善法规制度，强化监督管理。（四）加大宣传力度，做好舆论引导。

12月10日

［纲　文］　**民政部、财政部部署全国冬春救助，安排中央救灾资金73亿元。**

［目　文］　民政部、财政部联合召开2013—2014年度全国冬春救助工作视频会议，财政部、民政部商定安排2013—2014年度中央冬春救灾资金73亿元，已下拨第一笔资金58.4亿元，用于帮助各地灾区统筹解决今冬明春期间受灾群众口粮、衣被取暖等困难，妥善安排好受灾群众过冬生活。

民政部副部长姜力要求，各地民政部门要按照分类救助、重点救助原则，加大对重灾地区、革命老区、民族地区、边疆地区和贫困地区的资金支持力度。要加快中央救灾资金及本地救灾资金的下拨进度，第一笔中央冬春救灾资金下达后1个月内务必下拨到县级。要加大对县级民政部门的工作指导，督促县级在接到上级拨款后15日内将救助款物及时、足额拨付到户、发放到人。

12月10日

［纲　文］　**世界最大直径双层隧道成功穿越瘦西湖。**

［目　文］　扬州瘦西湖隧道由中国铁建十四局集团承建，下穿素有“园林之盛，甲于天下”美誉瘦西湖风景区核心区段，全长3.6公里，设计为单管双层双向四车道。隧道主体盾构段采用14.93米的世界超大直径泥水平衡盾构机施工，要穿越长达1200多米的全断面硬塑粘土地层。这一隧道攻克了全断面硬塑粘土地层等世界性盾构施工难题，多项技术达到国际领先水平，并获得“全国建筑业绿色示范工程”荣誉称号。

12月10日

［纲　文］　**中国最长单洞双线铁路隧道胜利贯通。**

［目　文］　经中铁一局五公司建设者3年艰苦奋战，全长18208米的云桂铁路石林隧道胜利贯通，这也是我国最长单洞双线铁路隧道。

12月10日

［纲　文］　**《人民日报》发表题为《以担当精神解决“松、软、拖”——五论整改落实如何推进》的评论员文章。**

12月10—11日

［纲　文］　**国务院副总理刘延东应邀出席在缅甸举行的第27届东南亚运动会开幕式。**

［目　文］　东南亚运动会11日晚在缅甸开幕，22日晚闭幕，历时12天赛程。应缅甸政府的要求，中国向东南亚运动会提供了开、闭幕式组织，运动员培训，竞赛管理系统和体育器材支援4方面的合作。本届运动会吸引了东南亚11个国家的6000名运动员和官

员参加，泰国、缅甸和越南代表队分获奖牌总数前3名。

应缅甸联邦共和国副总统年吞邀请，10日至11日，刘延东出席东南亚运动会开幕式。缅甸总统吴登盛、副总统赛茂康、副总统年吞分别会见刘延东副总理。

刘延东说，此次应邀出席东南亚运动会开幕式，既是同缅方共襄盛典，也是为落实两国领导人重要共识、推动中缅友好合作而来。中方珍视中缅“胞波”情谊，视缅为利益与共、安危相系的利益共同体和命运共同体。双方要从战略和长远角度，牢牢把握两国关系的正确方向，确保中缅关系持续稳定发展。

刘延东表示，此次运动会是两国文化和体育合作的典范。双方可以此为契机，进一步推进多种形式的人文交流，不断丰富中缅全面战略合作伙伴关系的内涵。

吴登盛表示，感谢中国为缅举办本届运动会提供帮助，中国领导人出席开幕式体现了中方对缅中关系的重视和对缅的一贯支持。无论缅内外形势如何变化，缅都将坚持对华友好，深化两国全方位合作。

刘延东和年吞副总统还共同见证了两国签署经济技术合作协定、关于物资项目和技术合作项目等立项换文。

12月11日

［纲　文］　**中共中央办公厅印发《关于培育和践行社会主义核心价值观的意见》。**

［目　文］　《意见》分为培育和践行社会主义核心价值观的重要意义和指导思想、把培育和践行社会主义核心价值观融入国民教育全过程、把培育和践行社会主义核心价值观落实到经济发展实践和社会治理中、加强社会主义核心价值观宣传教育、开展涵养社会主义核心价值观的实践活动、加强对培育和践行社会主义核心价值观的组织领导，计6部分23条。

《意见》指出，把培育和践行社会主义核心价值观融入国民教育全过程，并明确要求，培育和践行社会主义核心价值观要从小抓起、从学校抓起；拓展青少年培育和践行社会主义核心价值观的有效途径；建设师德高尚、业务精湛的高素质教师队伍等。

《意见》还指出，把培育和践行社会主义核心价值观落实到经济发展实践和社会治理中。确立经济发展目标和发展规划，出台经济社会政策和重大改革措施，开展各项生产经营活动，要遵循社会主义核心价值观要求；用法律的权威来增强人们培育和践行社会主义核心价值观的自觉性；把践行社会主义核心价值观作为社会治理的重要内容，融入制度建设和治理工作中。

12月11日

［纲　文］　**国务院公布《关于修改〈全国年节及纪念日放假办法〉的决定》。**

［目　文］　国务院决定对《全国年节及纪念日放假办法》作如下修改：将第二条第二项修改为：“（二）春节，放假3天（农历正月初一、初二、初三）”。《全国年节及纪念日放假办法》根据本决定作相应修改，重新公布。《决定》自2014年1月1日起施行。

12月11日

[纲　文] **《人民日报》报道，2013年中央财政累计下拨补助资金207亿元支持农村义务教育薄弱学校。**

[目　文] 报道说，补助资金207亿元用于支持农村义务教育薄弱学校改善基本办学条件，促进义务教育均衡发展。从2010年起到2013年，中央财政4年已累计安排薄弱学校改造计划补助资金656.8亿元。

2010年，国家启动实施了农村义务教育薄弱学校改造计划，按照“科学规划、明确目标、地方为主、中央奖补”的原则，集中力量解决农村义务教育发展过程中的薄弱环节和突出问题，推进义务教育均衡发展。该计划重点支持两类项目：一类是教学装备类项目，具体包括为农村薄弱学校配置图书、教学实验仪器设备、音体美器材、多媒体远程教学设备等，以提高教育信息化水平和农村义务教育质量；另一类是校舍改造类项目，具体包括支持农村薄弱学校加强食堂等必要的生活设施建设、支持县镇学校扩容改造，以满足农村留守儿童住宿需求，解决县镇“大班额”等突出问题。

12月11日

[纲　文] **《光明日报》报道，中国自主研发的全球首台云计算机问世。**

[目　文] 报道说，紫光股份有限公司日前在北京推出了拥有自主知识产权的第一代云计算机——“紫云1000”。这是全球首台“云计算机”，单台“紫云1000”CPU处理器数量可扩充至65535个，存储空间可扩充至85PB，吞吐量可达1.2GB/秒，标志着中国云计算核心产业达到国际先进水平。

12月11日

[纲　文] **《人民日报》发表题为《始终不渝坚持和发展中国特色社会主义——二论深入学习贯彻习近平总书记系列讲话精神》的评论员文章。**

12月12—13日

[纲　文] **中央城镇化工作会议在北京举行，习近平出席并发表重要讲话。**

[目　文] 中共中央总书记、国家主席、中央军委主席习近平在会上发表重要讲话，分析城镇化发展形势，明确推进城镇化的指导思想、主要目标、基本原则、重点任务。中共中央政治局常委、国务院总理李克强在讲话中论述了当前城镇化工作的着力点，提出了推进城镇化的具体部署，并作了总结讲话。

会议指出，城镇化是现代化的必由之路。推进城镇化是解决农业、农村、农民问题的重要途径，是推动区域协调发展的有力支撑，是扩大内需和促进产业升级的重要抓手，对全面建成小康社会、加快推进社会主义现代化具有重大现实意义和深远历史意义。改革开放以来，我国城镇化进程明显加快，取得显著进展。2012年，城镇人口达到7.1亿，城镇化率基本达到世界平均水平。

会议要求，要紧紧围绕提高城镇化发展质量，稳步提高户籍人口城镇化水平；大力提高城镇土地利用效率、城镇建成区人口密度；切实提高能源利用效率，降低能源消耗和二氧化碳排放强度；高度重视生态安全，扩大森林、湖泊、湿地等绿色生态空间比重，增强水源涵养能力和环境容量；不断改善环境质量，减少主要污染物排放总量，控制开发强度，增强抵御和减缓自然灾害能力，提高历史文物保护水平。

会议提出了推进城镇化的主要任务。第一，推进农业转移人口市民化。第二，提高城镇建设用地利用效率。要按照严守底线、调整结构、深化改革的思路，严控增量，盘活存量，优化结构，提升效率，切实提高城镇建设用地集约化程度。耕地红线一定要守住，红线包括数量，也包括质量。城镇建设用地特别是优化开发的三大城市群地区，要以盘活存量为主，不能再无节制扩大建设用地，不是每个城镇都要长成巨人。按照促进生产空间集约高效、生活空间宜居适度、生态空间山清水秀的总体要求，形成生产、生活、生态空间的合理结构。减少工业用地，适当增加生活用地特别是居住用地，切实保护耕地、园地、菜地等农业空间，划定生态红线。按照守住底线、试点先行的原则稳步推进土地制度改革。第三，建立多元可持续的资金保障机制。第四，优化城镇化布局和形态。第五，提高城镇建设水平。第六，加强对城镇化的管理。

会议还讨论了《国家新型城镇化规划》，有关部门将根据会议讨论情况作出修改。

中共中央政治局常委、全国人大常委会委员长张德江，中共中央政治局常委、全国政协主席俞正声，中共中央政治局常委刘云山，中央纪委书记王岐山，国务院副总理张高丽出席会议。中共中央政治局委员、中央书记处书记、国务委员、最高人民法院院长、最高人民检察院检察长等出席会议。各省、自治区、直辖市和计划单列市、新疆生产建设兵团的党政主要负责人和城镇化工作的负责人，党中央有关部门、国务院有关部委和有关单位的主要负责人，中央管理的部分企业和金融机构负责人，军队及武警部队有关负责人参加会议。

12月12日

［纲　文］　**财政部、国家税务总局联合印发《关于铁路运输和邮政业纳入营业税改征增值税试点的通知》。**

［目　文］　《通知》提出，从2014年1月1日起，在全国范围内开展铁路运输和邮政业营改增试点。《通知》在现行试点政策的基础上，明确了具体的税目范围、出口政策适用、原营业税优惠政策延续等内容。同时，根据前期试点运行情况，对相关税收政策进行了调整和完善。在上述修订的基础上，重新发布了营改增试点实施办法、试点有关事项规定、试点过渡政策规定，以及应税服务增值税零税率和免税政策规定。

12月12日

［纲　文］　**新华网消息，中国科学家获国际冰川学会“终身荣誉会员”称号。**

［目　文］　国际冰川学会日前授予旅居新西兰的中国科学院寒区与旱区研究所（原冰川冻土研究所）前研究员杨针娘“终身荣誉会员”称号，她是获此殊荣的唯一中国人。

该称号是国际冰川学会的最高荣誉称号，被授予对社会有杰出贡献的科学家。自

1936年成立至2013年，全世界获此殊荣的科学家不超过12人。杨针娘也成为目前在世的获此殊荣的第7位科学家。

12月12日

［纲　文］ **《人民日报》发表题为《确保整改成效让群众满意——一鼓作气抓好第一批活动收尾工作之一》的评论员文章。**

12月12—17日

［纲　文］ **应全国人大常委会委员长张德江邀请，保加利亚议会议长米哈伊尔·米科夫率保加利亚议会代表团访华。**

［目　文］ 米科夫率领52人规模的代表团于12日抵达中国，首站访问了重庆，参加了“2013重庆—保加利亚投资贸易推介及企业对接会”。外经贸集团、中冶赛迪、粮食集团等重庆知名企业与来自保加利亚的20多家企业进行了对接洽谈。

全国人大常委会委员长张德江在人民大会堂与米科夫举行会谈。张德江说，中国—中东欧国家合作是一项新兴事业，需要我们一道探索合作方式，充实合作内涵。中方愿与保方密切配合，共同促进合作，尽快落实此次会晤达成的成果，更好地造福中国和中东欧各国人民。中国全国人大重视发展与保加利亚议会的关系，希望双方以立法、治国理政等经验交流为重点，加强相互学习借鉴；以推动务实合作为核心，努力为两国扩大贸易、投资、科技和旅游等互利合作创造良好的法制环境；以议员友好小组为平台，促进两国地方和民间友好往来，巩固中保友好的社会基础，从议会层面推动中保关系不断向前发展。

米科夫说，保加利亚是世界上第二个承认并与新中国建交的国家，两国传统友好，政治上始终相互支持。保加利亚议会高度重视发展对华关系，愿与中国全国人大加强治国理政经验交流，共同推动两国投资、经贸、科学、文化等各领域务实合作取得更大发展。

全国政协主席俞正声在北京全国政协礼堂会见了米科夫。俞正声说，中方愿同保方共同把握这一良机，打造惠及两国人民的合作项目，为中保关系增添新活力，推动中保关系及两国务实合作迈上新台阶。

访问期间，米科夫参加了保加利亚艺术家安格尔·格谢夫画展——“交融与交汇：古代文字之谜”的开幕式。米科夫还访问了北京外国语大学，并发表题为《开放的世界，融通的桥梁》的演讲。

12月13日

［纲　文］ **国务院印发《关于全国中小企业股份转让系统有关问题的决定》。**

［目　文］ 《决定》为挂牌公司健康发展创造良好环境，对全国股份转让系统的定位、市场体系建设、行政许可制度改革、投资者管理、投资者权益保护及监管协作等进行了原则性规定。《决定》主要内容有：一、充分发挥全国股份转让系统服务中小微企业发展的功能。二、建立不同层次市场间的有机联系。三、简化行政许可程序。四、建立和完善投资者适当性管理制度。五、加强事中、事后监管，保障投资者合法权益。六、加强协

调配合，为挂牌公司健康发展创造良好环境。

12月13日

［纲　文］ **农业部、发展改革委、财政部等9部门联合印发《国家农民专业合作社示范社评定及监测暂行办法》。**

［目　文］《办法》分总则、申报、评定、监测、附则，共5章21条，自发布之日起施行。根据《办法》，申报国家示范社的农民专业合作社原则上应是省级示范社，并符合以下标准：（一）依法登记设立。（二）实行民主管理。（三）财务管理规范。（四）经济实力较强。（五）服务成效明显。（六）产品（服务）质量安全。（七）社会声誉良好。

12月13日

［纲　文］ **民政部印发《关于开展公办养老机构改革试点工作的通知》。**

［目　文］《通知》提倡大中城市市级民政部门举办的公办养老机构优先开展改革试点，并要求公办养老机构明确职能定位，优先保障孤老优抚对象，经济困难的孤寡、失能、高龄等老年人的服务需求，充分发挥托底作用。

《通知》要求，试点工作要以老年人经济状况和身体状况评估为重点，建立健全养老服务评估制度，以增加入住养老机构的公开透明性为重点，建立健全社会评议和公示制度，确保公办养老机构职能落实到位。

针对增强公办养老机构服务功能，《通知》指出，公办养老机构应当加大基础设施改造，拓展服务功能，拓宽服务范围，提高护理性床位的数量和比重。发挥面向社会示范培训、调控养老服务市场、化解民办养老机构因暂停或终止服务导致的老年人安置风险等作用。公办养老机构特别是新建机构应当逐步通过公建民营等方式，鼓励社会力量运营。通过运营补贴、购买服务等方式，支持公建民营机构发展。

12月13日

［纲　文］ **国家卫生计生委等9部门联合印发《纠正医药购销和医疗服务中不正之风专项治理工作实施意见》。**

［目　文］《意见》主要内容有：一、严格规范医药购销行为，切实降低部分药械虚高价格。（一）改进完善药品和高值医用耗材集中采购工作。（二）继续推进医药卫生行业发票使用情况专项整治工作。（三）持续加大药品生产、流通领域监管力度。二、加强医疗机构和医务人员监管，规范诊疗服务行为。（一）强化对医疗机构诊疗和收费行为的监管。（二）大力加强医德医风建设。（三）严格规范开方用药行为。三、深化体制机制改革，加大源头治理力度。（一）加强政府卫生投入资金监管。（二）加强药品和医疗器械质量监管。（三）加强医药价格管理。（四）深化医疗保险制度改革。四、严肃查处不正之风案件，严明行业纪律。（一）保持查办案件的高压态势。（二）深入治理医药购销领域商业贿赂。

12月13日

［纲　文］ **中国农工民主党第十五届二中全会在福州召开。**

［目　文］ 会议的主要任务是：学习贯彻中共十八届三中全会精神，认真总结2013

年工作，研究部署2014年工作等。全国人大常委会副委员长、农工党中央主席陈竺代表常务委员会作工作报告，全国政协副主席、农工党中央常务副主席刘晓峰主持开幕式。

陈竺在会上指出，要深入学习贯彻中共十八大、十八届三中全会和农工党十五大精神，把开展坚持和发展中国特色社会主义学习实践活动贯穿于参政议政、社会服务和自身建设的全过程，以全面深化改革的精神，认真履行参政党职能，积极推动改革路径科学化、改革攻关集成化和改革成果制度化，为全面深化改革献计出力。

会议期间，大家认真学习了中共十八届三中全会精神，审议通过了《中国农工民主党中央关于认真学习贯彻中共十八届三中全会精神的决议》，听取并审议通过了陈竺主席代表第十五届中央常务委员会所作的工作报告，审议通过了《中国农工民主党中央关于在全党开展坚持和发展中国特色社会主义学习实践活动的决定》，审议通过了《中国农工民主党第十五届中央监督委员会2013年工作报告》，审议通过了《中国农工民主党第十五届中央监督委员会副主任名单》，审议通过了关于党内纪律处分的决定。

全国人大常委会副委员长、农工党中央主席陈竺，全国政协副主席、农工党中央常务副主席刘晓峰出席闭幕会，农工党中央副主席兼秘书长何维主持闭幕会，副主席陈述涛、杨震、朱静芝、蔡威、龚建明以及中央委员200余人出席了会议。

12月13日

［纲　文］　**《人民日报》报道，第一批冬春生活救助资金58.4亿元下拨。**

［目　文］　报道说，为切实保障受灾困难群众冬春期间基本生活，中央财政共安排2013—2014年冬春生活救助资金73亿元，第一批资金58.4亿元已于近日下拨，剩余资金将于2014年初下拨。上述资金主要用于冬春期间受灾群众口粮、衣被取暖等支出。

12月13日

［纲　文］　**外交部部长王毅同俄罗斯外交部部长拉夫罗夫通电话。**

［目　文］　双方就进一步发展中俄关系和2014年两国高层交往交换了意见。双方还讨论了当前叙利亚问题以及朝鲜半岛核问题面临的形势。

王毅在通话中表示，中俄迄今就叙利亚问题保持密切沟通，坚持客观公正立场，推动政治解决进程。第二次叙利亚问题日内瓦会议已确定2014年1月下旬召开。中方愿同俄方加强协调，推动会议谈起来、谈下去。中方愿继续积极参与叙利亚化学武器销毁工作，愿同包括俄方在内的有关各方共同努力，使销毁工作安全、顺利进行。拉夫罗夫介绍了俄方对形势的看法和下一步工作考虑，强调俄方愿同中方加强沟通与配合。

双方一致同意，继续致力于重启朝核问题六方会谈。

12月13日

［纲　文］　**习近平主席特使、全国人大常委会副委员长万鄂湘应邀出席肯尼亚独立50周年庆典。**

［目　文］　肯尼亚总统肯雅塔在内罗毕会见了万鄂湘。万鄂湘在会见时向肯雅塔转达了习近平主席对肯尼亚独立50周年的热烈祝贺。万鄂湘说，独立50年来，肯尼亚人

民坚定捍卫国家主权完整和民族尊严，在经济社会发展领域取得了重要成就。中方衷心祝愿肯尼亚在发展振兴的道路上迈出更大步伐。2013年适逢中肯建交50周年。中方珍视中肯传统友谊，愿同肯方加强各领域交流与合作，推动中肯全面合作伙伴关系不断取得新进展。

当天，万鄂湘还同肯尼亚副总统鲁托共同出席了中国驻肯尼亚使馆举办的庆祝中肯建交50周年招待会。

12月13日

［纲　文］ **《人民日报》发表题为《用奋斗同心共筑中国梦——三论深入学习贯彻习近平总书记系列讲话精神》的评论员文章。**

12月14—15日

［纲　文］ **嫦娥三号成功落月，习近平在北京航天飞行控制中心观看嫦娥三号着陆器巡视器互拍成像。**

［目　文］ 嫦娥三号探测器于12月2日从西昌卫星发射中心升空，准确入轨。14日21时11分，嫦娥三号探测器在月球表面预选着陆区域成功着陆，我国探测器首次登上地外天体。中国成为继苏联、美国后世界上第三个有能力独立自主实施月球软着陆的国家。

嫦娥三号任务15日深夜传来捷报。嫦娥三号着陆器、巡视器顺利完成互拍成像，标志我国探月工程二期取得圆满成功。中共中央总书记、国家主席、中央军委主席习近平专程前往北京航天飞行控制中心观看实况，代表党中央、国务院、中央军委，代表全国各族人民，向全体参研参试人员表示热烈祝贺和诚挚慰问。中共中央政治局常委、国务院总理李克强一同观看。

习近平在北京航天飞行控制中心首先听取了探月工程二期任务实施进展情况汇报，对任务已经取得的各项成果表示肯定。习近平等来到飞控大厅，通过巨型电子显示屏观看两器拍摄成像情况。23时45分，经过地面数据接收和处理，飞控大厅大屏幕上显示出“玉兔”号月球车的清晰图像，一面五星红旗鲜艳夺目。习近平等同指挥大厅内的测控人员一起鼓掌。探月工程总指挥马兴瑞宣布，嫦娥三号任务取得圆满成功。

国务院副总理马凯宣读了中共中央、国务院、中央军委的贺电。贺电说，探索浩瀚宇宙、和平利用太空，是中华民族的千年梦想和不渝追求。以嫦娥三号任务圆满成功为标志，我国探月工程将全面转入无人自动采样返回的新阶段，任务更加艰巨，挑战前所未有。希望工程全体同志紧密团结在以习近平同志为总书记的党中央周围，深入贯彻落实党的十八大和十八届二中、三中全会精神，大力弘扬“两弹一星”精神和载人航天精神，再接再厉，团结拼搏，改革创新，锐意进取，不断谱写中国航天事业发展新篇章，为全面建成小康社会、不断夺取中国特色社会主义新胜利、实现中华民族伟大复兴的中国梦作出新的更大贡献。

许其亮、范长龙、栗战书，中央军委委员张又侠等参加上述活动。

12月14日

［纲　文］　**第6届“中泰一家亲”音乐歌舞晚会在清华大学举行。**

［目　文］　晚会由中国文化部和泰王国驻华大使馆主办。朱拉蓬公主亲自登台演奏了《满月》、《春江花月夜》等古筝曲目。国务院副总理刘延东会见了泰国朱拉蓬公主并出席音乐歌舞晚会。刘延东对朱拉蓬公主及各位艺术家精湛表演表示祝贺。

朱拉蓬公主热爱中国文化，自2001年起学习中国古筝，并提议创办“中泰一家亲”音乐歌舞晚会，该晚会已成为中泰两国政府确定的中泰文化交流重要品牌项目，并先后于2001年、2002年、2005年、2009年和2012年在曼谷和北京轮流举办了五届。

此前，全国人大常委会委员长张德江在人民大会堂会见了朱拉蓬公主一行。

12月14日

［纲　文］　**外交部部长王毅同联合国秘书长潘基文通电话。**

［目　文］　双方就叙利亚问题交换了意见。王毅在通话中表示，第二次叙利亚问题日内瓦会议预定2014年1月下旬召开。这为打破叙利亚问题僵局提供了“机会之窗”。中方希望有关各方抓住并利用好这个契机，确保会议如期举行并取得积极成果，早日实质性启动政治解决进程，还叙利亚和地区国家人民一个和平安宁的家园。中方赞赏联合国发挥的重要作用，将继续支持秘书长和联合国—阿盟叙利亚危机联合特别代表卜拉希米的斡旋工作。中方愿继续为叙利亚化学武器销毁工作提供支持和帮助。

潘基文赞赏中方在解决叙利亚问题上发挥的积极作用，希望中方继续支持联合国有关工作。

12月14日

［纲　文］　**《人民日报》发表题为《稳中求进，改革创新》的社论。**

12月15日

［纲　文］　**中央党的群众路线教育实践活动领导小组第六次会议在北京召开。**

［目　文］　中共中央政治局常委、中央党的群众路线教育实践活动领导小组组长刘云山主持会议。会议的主要内容是：传达学习习近平总书记在听取河北省委党的群众路线教育实践活动总体情况汇报时的重要讲话精神，研究部署第一批活动收尾工作和第二批活动准备工作。

刘云山说，习近平总书记重要讲话为深入开展教育实践活动提供了重要遵循，为全党以优良作风贯彻党的十八届三中全会精神、落实全面深化改革任务提供了有力指导。学习贯彻讲话精神关键要抓住两点：一是以认真的态度一鼓作气抓好教育实践活动，第一批教育实践活动进入收尾阶段，气可鼓而不可泄，越是到收尾阶段，越要保持力度，敬终如始、一抓到底，做到思想不能疲、劲头不能松、措施不能软，防止虎头蛇尾、功亏一篑。二是一以贯之地坚持教育与实践的统一，群众路线最终是实践问题，一切贵在行动，教育和实践是贯彻群众路线的两手，要坚持两手抓、两手都要硬，把教育和实践有机结合起来，做到寓教育于实践之中，又通过实践来不断深化教育。

刘云山说，要加大整改落实力度，对查摆出来的“四风”突出问题要一项一项整改，见行动、见成果，不达要求决不放行。要把领导干部住房、办公用房、公务用车的清理纳入教育实践活动专项整治，凡是违规多占超配的要一律清退、限期清理。元旦春节期间，要坚决贯彻中央八项规定精神，严格禁止公款送礼、公款吃喝，狠刹奢侈浪费之风，过一个风清气正的元旦春节，巩固和发展教育实践活动的成果。

中共中央政治局委员、中央党的群众路线教育实践活动领导小组副组长赵乐际，中央书记处书记、中央党的群众路线教育实践活动领导小组副组长赵洪祝，中央党的群众路线教育实践活动领导小组成员参加会议。

12月15日

［纲　文］ **《人民日报》发表题为《积极稳妥引导城镇化健康发展》的社论。**

12月16日

［纲　文］ **中央财政3年累计安排50亿元改善连片特困地区高中办学条件。**

［目　文］ 2013年中央财政安排下拨20亿元，支持改善连片特困地区普通高中办学条件，提升其办学水平。自2011年财政部和教育部启动实施“普通高中改造计划”以来，中央财政已累计安排50亿元，重点支持连片特困地区普通高中校舍改扩建、配置图书和教学仪器设备以及体育运动场等附属设施建设，提高连片特困地区普通高中普及率。

在中央财政带动下，地方各级财政也加大了对连片特困地区普通高中的投入。通过中央和地方财政共同努力，目前已支持连片特困地区796所普通高中改善办学条件，新建、改扩建校舍面积222.7万平方米、新增体育场面积201.5万平方米、新增图书价值6962万元、新增仪器设备价值5.53亿元，惠及256万名普通高中学生。

12月16日

［纲　文］ **中国民主建国会在北京召开第十届中央委员会第二次全体会议。**

［目　文］ 会议的主要内容是：学习中共十八届三中全会精神和中央经济工作会议精神，听取并审议民建第十届中央常务委员会工作报告。民建中央主席陈昌智代表民建第十届中央常务委员会作了工作报告，民建中央常务副主席马培华主持开幕式。

陈昌智在回顾总结2013年工作时指出，一年来，全会认真学习贯彻中共十八大精神，积极落实民建十大提出的各项任务，深化思想宣传教育，以加强基层组织建设为重点，改进工作作风，转变工作方式，认真履行参政党职能，各项工作取得新成效，为促进深化改革开放、经济健康发展、社会和谐稳定作出了积极贡献。陈昌智提出，2014年民建全会要认真学习贯彻中共十八大、十八届三中全会精神，广泛深入开展坚持和发展中国特色社会主义学习实践活动，紧密围绕全面深化改革的目标、任务和重点，动员全会积极投入全面深化改革的实践，积极履行参政党职能，扎实开展好各项工作，以优异的工作业绩迎接中华人民共和国成立 65 周年。

会议审议了民建中央监督委员会工作报告，并作了关于《大力发展环保产业，促进生态文明建设》《大力推动我国清洁能源发展，促进新型城镇化过程中的环境保护》《积极稳妥推进新型城镇化，实现城镇化健康发展》《坚持“市场主导、政府引导”的城镇化模式，要充分激发民间资本的投资活力》《关于规范和促进我国影子银行发展的政策建议》等专题调研报告的说明。

12 月 16 日

［纲 文］ **教育部印发《关于加强高校辅导员基层实践锻炼的通知》。**

［目 文］ 《通知》主要内容有：一、充分认识加强辅导员基层实践锻炼的重要性。二、注重在具有基层工作经验的青年人才中选拔配备辅导员。三、注重在基层实践锻炼中加强辅导员培养。四、建立健全辅导员基层实践锻炼的长效机制。

《通知》提出，教育部计划五年内选派 500 名高校辅导员参加志愿服务西部计划等国家基层服务项目，选拔高校骨干辅导员或一线学生工作干部参加援藏援疆援青干部人才计划和定点联系滇西边境山区干部挂职选派计划。每年选拔 500 名优秀辅导员骨干参加在井冈山、延安、百色等革命老区举办的辅导员服务实践能力培训班。

12 月 16 日

［纲 文］ **《人民日报》发表题为《确保形成的制度长期管用——一鼓作气抓好第一批活动收尾工作之二》的评论员文章。**

12 月 16—17 日

［纲 文］ **全国人大常委会委员长张德江、全国政协主席俞正声在北京分别会见波兰参议长博鲁塞维奇。**

［目 文］ 博鲁塞维奇是应全国政协主席俞正声邀请访华的。张德江在会见时说，双方应秉持相互尊重、平等相待原则，增进政治互信，深化互利合作，抓住中国—中东欧国家战略合作机遇，推进中波合作新发展。中国全国人大愿在现有良好的合作基础上，加强与波兰参、众两院的交流与合作，开展多层次多渠道友好往来，相互学习借鉴，就经济发展、民主法制建设等共同关心的问题交换意见，促进双方在经贸、地方、人文等领域的互利合作，推动中波战略伙伴关系不断向前发展。

博鲁塞维奇祝贺中国嫦娥三号探测器在月面成功着陆，希望两国议会继续加强交流，为波中关系发展注入新的活力。

俞正声在会见时说，中国和波兰建交 64 年来，无论国际形势如何变幻，两国关系始终向前发展。2011 年两国建立战略伙伴关系，双边关系迈入新的发展阶段。中方珍视两国传统友谊，重视对波关系，愿在相互尊重、平等互利基础上，与波方一道进一步发展、充实中波战略伙伴关系。俞正声介绍了中国经济社会改革的目标和任务，表示中国全国政协愿同波兰参议院继续加强各层级交流互访，为增进两国友好、促进务实合作发挥更大作用。

博鲁塞维奇表示，波议会重视对华关系，波方愿加强与中方各领域的务实合作，推动波中友好关系全面发展。

12月17日

［纲　文］　**新华社讯，中央党的群众路线教育实践活动领导小组印发《关于认真学习贯彻习近平总书记在听取河北省委党的群众路线教育实践活动总体情况汇报时讲话的通知》。**

［目　文］　电讯说，《通知》强调各级党委（党组）要认真学习贯彻习近平总书记重要讲话精神，紧密结合贯彻落实党的十八届三中全会精神，结合学习贯彻习近平总书记系列重要讲话精神，进一步抓紧抓好教育实践活动，确保教育实践活动善始善终、善作善成。

《通知》指出，发扬"认真"精神，一鼓作气抓好第一批教育实践活动收尾工作。各级党委（党组）要把"认真"作为一条重要原则，继续发挥领导机关和领导干部表率作用，克服"闯关"思想和松懈情绪，思想不能疲、劲头不能松、措施不能软，继续坚持严的标准、严的措施、严的纪律，以钉钉子精神抓整改，确保整改成效让群众看得见、感受得到、大多数人满意，决不能前热后冷、虎头蛇尾，决不能自毁形象、失信于民。

《通知》强调，动真碰硬，持续用劲抓好整改落实。要牢固树立关键是抓好落实的思想，把整改真正落实到行动上，特别要在专项整治上下猛药、出重拳，无论班子整改还是个人整改都要严明责任，加强监督，确保兑现承诺，立了军令状就要看结果。要加强督促检查，改什么、怎么改要紧盯不放，对达不到整改要求的，决不能放行。要进一步强化正风肃纪，对有问题不整改、大问题小整改、边整改边再犯的，要严肃批评教育，必要时采取组织措施和纪律措施。要开门搞整改，敞开大门解决问题，继续发挥广大党员、干部建言献策和支持监督的作用，决不能以自我感觉代替群众评价。中央有关部门既要抓好机关的整改落实，又要重视和加强对系统、行业整改落实工作的指导。

《通知》指出，立足当前着眼长远，标本兼治解决"四风"问题。要针对查摆出来的突出问题，积极回应群众关切，明确具体的整改目标、时限和责任。对提出的目标，要分清轻重缓急，从实际出发进行细化和量化，按计划、有步骤、分阶段加以实施，使措施和目标配套，把目标要求落到实处。要建立健全反对"四风"、改进作风的长效机制，通过深化体制机制改革，扎紧制度的笼子，堵塞滋生不正之风的漏洞，确保形成的制度行得通、指导力强、能长期管用。要加大制度执行力度，深入贯彻落实中央八项规定和《党政机关厉行节约反对浪费条例》，对违反制度踩"红线"、闯"雷区"的，发现一起、查处一起，坚决防止"破窗效应"，以严格有效的制度根治作风之弊、行为之垢。

12月17日

［纲　文］　**财政部印发《关于公布取消和下放行政审批项目的通知》。**

［目　文］　《通知》指出，即日起取消下放财政部4项行政审批项目。其中，"中央

国有资本经营预算节能减排资金审批”1项取消。下放管理层级3项，包括“会计师事务所设立审批”“中介机构从事会计代理记账业务审批”和“境外会计师事务所来内地临时办理审计业务审批”。财政部称，下一步将加快配套改革和相关制度建设，确保后续监管措施及时落实到位。

12月17日

［纲　文］　**国资委印发《关于加强中央企业品牌建设的指导意见》。**

［目　文］　《意见》主要内容有：一、充分认识加强中央企业品牌建设的重要意义。二、中央企业加强品牌建设的指导思想、基本原则和主要目标。三、中央企业加强品牌建设的主要内容。四、中央企业加强品牌建设的主要措施。

《意见》要求中央企业提高品牌建设水平，并提出了具体目标：到2020年末，涌现一批品牌战略明晰、品牌管理体系健全、品牌建设成果显著的企业，形成一批产品优质、服务上乘、具有广泛影响力的知名品牌，培育一批拥有自主知识产权和国际竞争力的自主品牌。

《意见》明确了中央企业品牌建设的主要内容，即大力实施品牌战略、准确把握品牌定位、加强自主创新、努力追求高品质、提高精致管理水平、拓展品牌营销传播渠道、严格开展品牌保护、坚持诚信合规经营。中央企业要将品牌制度和流程渗透到企业生产经营的各个环节，形成协同效应；有条件的企业可以积极探索将品牌建设工作纳入业绩考核体系。要把“做企业就是做品牌，一流企业要有一流品牌”、“品牌也是生产力，自主品牌是企业的核心竞争力”和“品牌是企业的无形资产，是实现保值增值的重要途径”三大理念作为企业文化建设的重要内容，不断增强全员品牌意识。

12月17日

［纲　文］　**中国致公党在北京召开第十四届中央委员会第二次全体会议。**

［目　文］　会议学习了中共十八届三中全会精神，听取并审议了十四届中央常务委员会工作报告，动员部署了全党开展坚持和发展中国特色社会主义学习实践活动。致公党中央主席万钢出席会议并作工作报告。

万钢指出，2013年是致公党十四届中央委员会的开局之年，全党坚持致力为公、侨海报国，立足自身特点和优势，切实履行参政党职能，扎实推进高素质参政党建设。一年来，全党认真学习贯彻中共十八大精神，坚持把加强思想建设摆在各项工作的首位，紧扣科学发展观主题和加快转变经济发展方式主线咨政建言，积极服务国家总体外交战略，提升社会服务水平，推动地方和基层组织建设，努力推进“学习型、服务型、创新型”机关建设。

万钢提出，2014年是我国推进全面建成小康社会的重要一年。全党要紧紧围绕全面深化改革，充分发挥本党的智力优势和特色，努力就国家经济社会发展中的重大问题建言献策，要以“侨”为桥，以“海”为脉，有计划、有重点、多层次、多领域地开展联谊活动，服务公共外交。要紧紧围绕改善民生民计，整合力量，突出重点，形成社会服务新格局，不断创新体制机制，着力推进宣传工作、组织建设和机关建设，扎实开展参政党理论研究。

会议还审议通过了十四届中央常务委员会工作报告决议、《致公党中央关于开展坚持和发展中国特色社会主义学习实践活动的方案》和《中国致公党党内监督条例》。

会议学习了中共十八届三中全会精神，听取并审议十四届中央常务委员会工作报告，动员部署了全党开展坚持和发展中国特色社会主义学习实践活动。致公党中央主席万钢出席会议并作工作报告。

12月17日

［纲　文］　**住房城乡建设部印发《村庄整治规划编制办法》。**

［目　文］　《办法》共23条，分总则、编制要求、编制内容、编制成果、附则5章，自2013年12月7日起施行。

《办法》指出，编制村庄整治规划要尊重现有格局，保持乡村特色，保护和传承传统文化，方便村民生产，慎砍树、不填塘、少拆房，避免大拆大建和贪大求洋；要注重深入调查，准确了解村庄实际情况和村民需求；要坚持问题导向，找准村民改善生活条件的迫切需求和村庄建设管理中的突出问题开展规划编制，提出有针对性的整治措施；要保障村民参与，尊重村民意愿，发挥村民主体作用，在规划调研、编制等各个环节充分征询村民意见，通过简明易懂的方式公示规划成果，引导村民积极参与规划编制全过程，避免大包大揽。

12月17日

［纲　文］　**第八届全国“人民满意的公务员”和“人民满意的公务员集体”表彰大会在北京举行。**

［目　文］　此次评选表彰活动由中组部、中宣部、人力资源社会保障部和国家公务员局组织，共授予99名公务员“人民满意的公务员”，授予80个集体“人民满意的公务员集体”荣誉称号。中共中央政治局常委、国务院总理李克强接见了受表彰人员和与会代表。中共中央政治局常委、中央书记处书记刘云山参加接见。

李克强代表党中央、国务院向受表彰的个人和集体表示祝贺。他指出，我国改革和发展已进入关键时期，机遇和挑战并存。能够亲身参与国家现代化建设的伟大进程，既是难得的人生际遇，也是我们共同肩负的重大责任和使命。李克强并对广大公务员提出四点希望：一要促进改革创新。二要始终勤政为民。三要践行法治原则。四要严守清正廉洁。

表彰大会上，河北省蠡县检察院、安徽省灵璧县检察院、最高人民检察院渎职侵权检察厅侦查处等3个集体荣获“人民满意的公务员集体”称号。北京市昌平区检察院公诉二处处长兼未成年人案件检察处处长彭燕、辽宁省庄河市检察院反贪局侦查一科主任科员郭有利、黑龙江省同江市检察院预防科科长李明、上海市杨浦区检察院控告申诉科科长葛海英、江苏省南京市检察院职务犯罪预防局局长林志梅、福建省检察院反贪局检察员李彬、云南省昆明市西山区检察院副检察长杨竹芳、青海省西宁市检察院公诉处副处长沙沨等8

名个人荣膺“人民满意的公务员”称号。

12月17日

［纲　文］　**中国珠江口海域钻获高纯度“可燃冰”。**

［目　文］　国土资源部宣布，我国海洋地质科技人员在广东沿海珠江口盆地东部海域首次钻获高纯度天然气水合物（俗称“可燃冰”）。此次发现的最大特点是同一矿区多种类型、多层位富集，且矿层厚度大、埋藏浅、含矿率高、甲烷纯度高，在国际上实属罕见。

12月17日

［纲　文］　**原国家劳动总局局长、党组书记康永和在北京因病逝世，享年98岁。**

12月17日

［纲　文］　**《人民日报》发表题为《在深化改革中激发前进力量——四论深入学习贯彻习近平总书记系列讲话精神》的评论员文章。**

12月17—26日

［纲　文］　**外交部部长王毅应邀访问巴勒斯坦、以色列、阿尔及利亚、摩洛哥、沙特五国。**

［目　文］　巴勒斯坦总统阿巴斯18日在拉姆安拉会见王毅。王毅表示，中方坚定不移支持巴独立建国的不懈努力。当前，巴以和谈进入关键阶段，希望巴方高举和谈旗帜，坚持和谈进程，宣介合理主张，争取国际社会更广泛理解和支持。会见前，王毅向巴勒斯坦前领导人阿拉法特墓敬献了花圈。

以色列总理内塔尼亚胡19日在耶路撒冷会见王毅。王毅表示，中方愿推动落实两国领导人在内塔尼亚胡总理5月访华时达成的重要共识，同以方进一步开展高层交往，充分发挥中以政府间合作机制的引领和协调功能，寻求两国资源优势互补，打造中以新时期互利合作新亮点。

阿尔及利亚总理塞拉勒22日在阿尔及尔会见中国外交部部长王毅。王毅表示，中阿应以建交55周年为契机，以两国元首确定建立中阿全面战略伙伴关系为动力，在长期积累的政治互信、传统友谊基础上，尽快将合作潜力变为现实，把友好愿望转化成实际行动，推进全方位务实合作，共同开辟双边关系更加美好未来。

23日，王毅与摩洛哥外交部部长梅祖阿尔举行会谈。双方一致同意，中摩应加强政府部门、立法机构、政党、地方等各层次交往，密切外交部门政治、领事磋商机制，深化相互信任。加强贸易、投资、基础设施建设、渔业、磷酸盐等领域合作，共同开展面向非洲和欧洲的产业合作，推动务实合作取得新突破。促进文化、旅游、青年交流，为人员往来提供更多便利，扩大两国友好的民意和社会基础。中方将鼓励更多中国游客赴摩旅游，扩大在摩汉语教学。继续就联合国安理会改革、反恐等重大国际问题加强沟通协调，共同维护广大发展中国家的合法权益。

会谈后，王毅和梅祖阿尔共同签署了两国政府经济技术合作协定和互免持公务、外交护照人员签证协定。

沙特阿拉伯王储萨勒曼25日在利雅得会见了王毅。王毅表示，中方视沙特为中东地区的重要战略伙伴，高度重视与沙特的全方位合作。愿在加快向西开放的进程中，与沙方发掘互补优势，实现互利共赢。

12月18日

［纲　文］　**习近平在中南海分别会见来北京述职的梁振英和崔世安。**

［目　文］　国家主席习近平在会见香港特别行政区行政长官梁振英时，听取了他对香港当前形势和特区政府一年来工作情况的汇报。习近平说，你和特区政府认真贯彻稳中求变、民生为先的施政方针，着力解决经济社会发展中存在的突出问题，取得了初步成效。中央政府对你和特区政府的工作是充分肯定的。

习近平指出，中央政府在2017年香港特别行政区行政长官普选问题上的立场是一贯的、明确的。希望香港社会各界人士按照基本法规定和全国人大常委会决定务实讨论，凝聚共识，为顺利实现行政长官普选打下基础。

习近平在会见澳门特别行政区行政长官崔世安时，听取了他对澳门当前形势和特区政府一年来工作情况的汇报。习近平说，澳门保持良好发展态势，经济平稳增长，社会和谐稳定，市民安居乐业。中央政府对你和特区政府的工作是充分肯定的。当前，澳门要居安思危、谋划长远。如何在这些年快速发展的基础上求实创新，解决好发展过程中日益显现的矛盾和问题，探索澳门经济适度多元发展的路子，实现澳门持续发展，需要特区政府和澳门社会各界继续努力。

习近平表示，中共十八届三中全会对全面深化改革作出了总体部署，这是事关国家发展的重大战略部署。全国上下正在汇聚起全面深化改革的强大正能量，全国各族人民正在为实现“两个一百年”奋斗目标和中华民族伟大复兴的中国梦而团结奋斗。澳门的命运始终与祖国内地紧密相连。在祖国内地发展进程中，澳门将继续与祖国内地同进步、共发展。

12月17日，国务院总理李克强在中南海紫光阁也分别会见了梁振英和崔世安，听取了他们对香港、澳门当前形势和特区政府一年来工作情况的汇报。

12月18日

［纲　文］　**李克强主持召开国务院常务会议。**

［目　文］　会议主要内容是：部署推进青海三江源生态保护、建设甘肃省国家生态安全屏障综合试验区、京津风沙源治理、全国五大湖区湖泊水环境治理等一批重大生态工程。

会议指出，必须贯彻落实党的十八大和十八届三中全会精神，始终把建设生态文明、保护生态环境放在突出位置，强化科学治理，推广适用技术，实行最严格的源头保护制度，严守生态保护红线，以重点区域和关键领域为抓手，实施重大战略性生态工程，充分发挥市场作用，调动各类社会主体投身生态保护和建设的积极性，坚持在发展中保护、在保护中发展，让当代人受益，为中华民族永续发展奠定坚实基础。

会议通过《青海三江源生态保护和建设二期工程规划》，要求在总结经验的基础上，将治理范围从15.2万平方公里扩大至39.5万平方公里，以保护和恢复植被为核心，将自然修复与工程建设相结合，加强草原、森林、荒漠、湿地与河湖生态系统保护和建设，完善生态监测预警预报体系，夯实生态保护和建设的基础，从根本上遏制生态整体退化趋势，使支撑民族长远发展的“中华水塔”坚固又丰沛。

会议通过《甘肃省加快转型发展建设国家生态安全屏障综合试验区总体方案》。指出，甘肃地处青藏高原、黄土高原、内蒙古高原交会处，在国家生态建设中具有重要战略地位。要突出水资源节约集约和合理利用，促进产业结构优化、人口有序转移，加强生态保护建设与环境综合治理，在主体功能区规划实施、集中连片特困地区区域发展与扶贫攻坚等方面不断取得突破，构筑西北乃至全国的生态安全屏障。

会议听取了京津风沙源治理工程汇报。强调，实施京津风沙源治理工程，对于巩固我国北方防沙带，遏制沙尘危害，至关重要。要进一步推进二期工程实施，继续提高中央造林补助标准。鼓励各类社会主体投资治沙造林，凡达到技术标准的，均可享受相关补助。统筹推进防护林更新改造，在河北张家口坝上地区开展试点。强化后期管护责任，确保建成一片、管护一片，严厉打击和查处乱砍、乱垦、乱牧、乱挖及乱用水资源等违法行为。支持地方大力发展沙产业和林下经济。努力实现生态改善、农民增收。

会议通过《水质较好湖泊生态环境保护总体规划》，要求在开展重点流域水污染防治、集中治理水质较差湖泊的同时，对东北、蒙新、青藏、云贵和东部五大湖区水质较好湖泊进行分区保护，做好相关规划衔接，调整流域产业结构和布局，加强入湖河流污染防治，建设和修复流域生态，有序推进湖泊休养生息，以清洁湖泊滋养祖国大地。

12月18日

［纲　文］　中共中央办公厅、国务院办公厅印发《关于创新机制扎实推进农村扶贫开发工作的意见》。

［目　文］　《意见》分“深化改革，创新扶贫开发工作机制”、“注重实效，扎实解决突出问题”、“加强领导，确保各项措施落到实处”3部分，明确了当前和今后一个时期扶贫开发的6个工作机制和10项重点工作。

《意见》提出，当前和今后一个时期，扶贫开发工作要使市场在资源配置中起决定性作用和更好发挥政府作用，更加广泛、更为有效地动员社会力量，构建政府、市场、社会协同推进的大扶贫开发格局，在全国范围内整合配置扶贫开发资源，形成扶贫开发合力。要改进贫困县考核机制，建立精准扶贫工作机制，健全干部驻村帮扶机制，改革财政专项扶贫资金管理机制，完善金融服务机制，创新社会参与机制。

《意见》强调，针对制约贫困地区发展的瓶颈，以集中连片特殊困难地区为主战场，继续做好整村推进、易地扶贫搬迁、以工代赈、就业促进、生态建设等工作，进一步整合力量、明确责任、明确目标，组织实施扶贫开发10项重点工作，分别是：村级道路畅通、饮水安全、农村电力保障、危房改造、特色产业增收、乡村旅游扶贫、教育扶贫、卫生和计划生育、文化建设和贫困村信息化。

12月18日

［纲　文］　**环境保护部、国家发展改革委、人民银行、银监会联合印发《企业环境信用评价办法（试行）》。**

［目　文］　《办法》分总则、评价指标和等级、评价信息来源、评价程序、评价结果公开与共享、守信激励和失信惩戒、附则，共计7章37条，自2014年3月1日起实施。

根据《办法》，省级环保部门负责组织国家重点监控企业的环境信用评价，其他参评企业的环境信用评价的管理职责，由省级环保部门规定。环保部门也可以委托有能力的社会机构，开展企业环境信用评价工作。应当纳入环境信用评价的企业范围，包括环境保护部公布的国家重点监控企业，地方环保部门公布的重点监控企业，重污染行业内企业，产能严重过剩行业内企业，可能对生态环境造成重大影响的企业，污染物排放超标、超总量企业，使用有毒、有害原料或者排放有毒、有害物质的企业，上一年度发生较大以上突发环境事件的企业，上一年度被处以5万元以上罚款、暂扣或者吊销许可证、责令停产整顿、挂牌督办的企业。

《办法》规定了企业环境信用评价的等级、方法、指标和程序。企业环境信用等级分为环保诚信企业、环保良好企业、环保警示企业、环保不良企业4个等级，依次以“绿牌”、“蓝牌”、“黄牌”、“红牌”标示。评价指标主要包括污染防治、生态保护、环境监理、社会监督4方面21项。《办法》还规定了实行“一票否决”的14种情形，即在上一年度，企业有未批先建、恶意偷排、构成环境犯罪等情形之一的，实行一票否决，直接评为环保不良企业（红牌）。针对不同环境信用等级的四类企业，《办法》规定了相应的激励性与约束性措施。

12月18日

［纲　文］　**工商总局、农业部发布《关于进一步做好农民专业合作社登记与相关管理工作的意见》。**

［目　文］　《意见》主要内容有：一、进一步规范农民专业合作社管理工作。二、建立农民专业合作社年报制度。三、积极探索开展农民专业合作社联合社登记管理工作。

《意见》规定，已迁入城镇居住但仍保留土地承包经营权的居民申请设立农民专业合作社可以按照农民身份对待；国有农（牧、渔、林）场等企业、事业单位中实行承包经营、从事农产品生产经营或农业生产经营服务的职工可以参照相关法律法规设立农民专业合作社；村民委员会不能成为农民专业合作社的单位成员；遵循民管、民享、民受益和农民自愿的原则推进农民专业合作社发展；扎实推进农民专业合作社示范社建设。

此外，《意见》对农民专业合作社联合社组建、管理、设立、变更、注销及备案登记等作出了说明。

12月18日

［纲　文］ **中央书记处书记刘云山在北京会见由索安副首相率领的柬埔寨人民党代表团。**

［目　文］ 刘云山在会见时欢迎人民党在柬大选后派出首个高级代表团访华。他说，2013年是中柬建交55周年和中柬友好年，中方愿秉承“亲、诚、惠、容”周边外交理念，同柬方进一步加强基础设施、农业、旅游业和人文等领域的合作，推动中柬全面战略合作伙伴关系深入发展。刘云山说，中共十八届三中全会部署了全面深化改革任务，这对党的执政能力提出了新要求。中国共产党愿与柬埔寨人民党密切各级别的交往，深化治党治国经验交流，共同致力于以党的建设促进国内各项事业发展，更好造福两国人民。

索安表示，愿进一步推进柬人民党同中国共产党关系的深入发展，促进柬中两国各领域、各层面的交流合作。

12月18日

［纲　文］ **《人民日报》发表题为《确保教育实践活动善始善终——一鼓作气抓好第一批活动收尾工作之三》的评论员文章。**

12月18日

［纲　文］ **《人民日报》发表题为《为人民创造更加美好的生活》的评论员文章。**

12月19—21日

［纲　文］ **应国家主席习近平邀请，玻利维亚总统莫拉莱斯对中国进行国事访问。**

［目　文］ 国家主席习近平在人民大会堂同玻利维亚总统莫拉莱斯举行会谈。国务院总理李克强、全国人大常委会委员长张德江在人民大会堂分别会见莫拉莱斯。两国元首共叙传统友谊，共话务实合作，一致同意，共同努力，推动中玻友好互利关系不断向前发展。

习近平在会谈时指出，近年来，中玻关系取得长足发展，各层级交往密切，务实合作富有成效，传统友谊日益加深。中方高度重视中玻关系，愿以莫拉莱斯总统此次访华为重要契机，加强互利合作。我们将继续支持玻利维亚经济社会发展。

莫拉莱斯表示，发展对华友好互利关系是玻利维亚外交的优先方向。玻方祝贺中国共产党十八届三中全会成功召开，相信中国全面深化改革将为两国合作带来更大机遇。

两国元首就双方合作达成共识。第一，保持高层往来，加强政府、立法机构、政党之间交往，交流治国理政经验，继续在涉及彼此核心利益的重大问题上相互支持。第二，促进双边贸易均衡增长，统筹推进能源、矿产、农业、基础设施建设、高技术、金融、航天等领域合作，搞好重点项目。玻方欢迎中国企业投资，愿为此创造良好环境。第三，加强文化、教育、旅游等领域交流，增进相互了解和友谊，便利双方人员往来。第四，密切在联合国、“七十七国集团＋中国”等多边机制中的合作，就可持续发展、气候变化、粮食安全等问题加强配合，更好维护发展中国家利益。共同推动早日建立中拉合作论坛，推进中拉整体合作。

会谈后，两国元首共同见证了两国政府经济技术合作协定等多项合作文件的签署。

李克强在会见时表示，中国愿与玻利维亚保持高层交往，推动贸易平衡和快速发展，提升在能源、农业、基础设施、高科技等领域的合作，在平等互利基础上实现优势互补。

张德江在会见时表示，中国全国人大愿与玻利维亚多民族立法大会加强多方面经验交流，促进两国友好合作，不断夯实两国关系的民意基础和社会基础。

12 月 19 日

［纲　文］　**环境保护部在北京召开常务会议。**

［目　文］　环境保护部部长周生贤主持召开会议，听取关于 2014 年部门预算有关情况，以及 2014 年会议及重大活动计划和机关各部门向地方环保部门部署工作发文指标情况的汇报，审议并原则通过《关于进一步加强环境监管的意见（代拟稿）》。

会议认为，2014 年部门预算编制工作贯彻了党的群众路线教育实践活动精神，体现了中央对环保工作的高度重视和有关部门对环保工作的支持。在预算安排上，一些重点项目经费基本得到了落实。会议指出，不断加强预算管理，强化监管，提高资金使用效益，对于保障环保重点工作和中心任务顺利完成具有重要作用。各部门要进一步提高对预算工作重要性的认识，调整优化预算结构，抓紧编制项目实施方案，细化工作任务，明确时间节点，推动项目尽快实施。要建立健全内部控制和监督检查机制，严格遵守国家财经纪律，完善经费支出管理流程，加强资金使用全过程监管，确保预算资金安全、高效。

会议听取了 2014 年会议及重大活动计划和机关各部门向地方环保部门部署工作发文指标情况的汇报。会议指出，按照中央关于加强作风建设的“八项规定”、《党政机关厉行节约反对浪费条例》和财政部等部门的有关规定，本着从严管理、勤俭节约的原则，环境保护部对 2014 年会议及重大活动和发文指标进行了严格压减。经过压缩、精简后，2014 年三类会议、四类会议、重大活动及发文指标计划比 2013 年分别减少 30%、27%、35%、26%，见到了明显成效。会议要求，各单位要把精简会议、文件作为党的群众路线教育实践活动整改落实和加强作风建设的一项重要工作来抓，对可开可不开的会坚决不开，可发可不发的文坚决不发，并积极运用现代传媒手段和方法，提高会议和文件的质量与效率，切实克服以会议落实会议，以会议落实文件的现象，腾出更多时间深入实际、深入基层，调查研究，促进各项工作的落实。

环境保护部副部长吴晓青、李干杰等有关人员出席了会议。环境保护部机关各部门、资源环保审计局主要负责人列席了会议。

12 月 19 日

［纲　文］　**张德江在《中国人大》杂志社调研。**

［目　文］　在《中国人大》杂志创刊 20 周年前夕，中共中央政治局常委、全国人大常委会委员长张德江来到杂志社调研，看望干部职工，并召开人大新闻宣传工作座谈会。中共中央政治局委员、全国人大常委会副委员长李建国一同调研。

张德江指出，党的十八大，十八届二中、三中全会和习近平总书记系列重要讲话，对发展社会主义民主政治、坚持和完善人民代表大会制度作出了新的重大部署，为改进和加强人大新闻宣传工作指明了新的方向。人民群众参与民主政治的新期待、思想舆论环境的新变化、人大工作的新进展，也对改进和加强人大新闻宣传工作提出了新要求。

张德江说，必须紧紧围绕全国人大及其常委会的中心工作开展宣传报道，全面展现人大制度和人大工作的新气象新局面，着力推动人民代表大会制度深入人心。要充分发挥新闻报道在推进法制宣传教育中的重要渠道作用，形成宪法至上、守法光荣的良好舆论氛围。要加大对立法、监督、代表工作等的报道，全面、充分、深入地宣传各级人大依法履职情况。

《中国人大》是全国人大常委会机关刊物，1994年1月起公开发行。

12月19日

［纲　文］　**第二届中华艺文奖颁奖典礼在北京举行。**

［目　文］　中华艺文奖由中国艺术研究院主办，中国泛海控股集团有限公司出资设立，旨在表彰具有高尚精神、卓越才华和杰出成就的中华文化艺术英才，以推动中华文化艺术的繁荣与发展，体现当代中华优秀文化艺术的审美取向与价值取向。

颁奖典礼前，中共中央政治局委员、国务院副总理刘延东在人民大会堂亲切接见获得第二届中华艺文奖的艺术家，并与他们座谈，听取他们对我国艺术创作与文化发展的意见和建议。第二届中华艺文奖“终身成就奖”获奖者代表才旦卓玛和“艺文奖”获奖者代表莫言先后发言。全国人大常委会副委员长艾力更·依明巴海，全国政协副主席罗富和，文化部部长蔡武、副部长董伟，中国艺术研究院院长王文章，中国泛海控股集团有限公司董事长卢志强参加了接见和座谈。

2011年，中华艺文奖成功进行了首届评选，受到文化艺术界和社会的广泛认可。2013年，中华艺文奖进行第二届评选，包括“终身成就奖”和“艺文奖”两大奖项，奖励对象是在中国（包括港、澳、台地区）戏曲、话剧、曲艺、舞蹈、音乐、绘画、书法、篆刻、工艺美术、艺术设计、雕塑、建筑、摄影、电影、电视和文学等文学艺术领域从事创作和研究的杰出艺术家、理论家，以及其他成就卓著的文化艺术工作者。本届评选最终投票产生了中华艺文奖各个奖项共19名获奖者。以姓氏笔画为序，中华艺文奖“终身成就奖”10名，分别为才旦卓玛、朱琳、吴良镛、沈鹏、周小燕、尚长荣、欧阳中石、侯一民、贺敬之、秦怡，他们都是艺道精湛、学养深厚的老一辈艺术家，对我国文化艺术事业作出了卓越的历史性贡献；中华艺文奖“艺文奖”9名，分别为叶小钢、田黎明、朱乐耕、余隆、李雪健、罗中立、赵汝蘅、莫言、裴艳玲，他们均为我国文化艺术领域出类拔萃、成果卓著的领军人物，是我国文化艺术界的中坚力量。

12月19日

［纲　文］　**首届中国—中东欧国家高级别智库研讨会在北京市举行。**

［目　文］　研讨会由中国—中东欧国家合作秘书处与中国国际问题研究基金会联合

主办，来自中国和中东欧16个国家的专家学者就中国与中东欧国家关系的新机遇展开了深入研讨。国务委员杨洁篪出席研讨会开幕式并致辞。

此次研讨会是落实中国—中东欧国家领导人布加勒斯特会晤的重要行动，也是中国与中东欧国家之间迄今为止最大规模的高级别学术交流活动。研讨会主题是“中国同中东欧国家关系的新机遇”，并设“中国—中东欧国家关系再认识——深入探讨双方合作面临的机遇和挑战”、“面向未来的中国—中东欧国家合作——务实合作的新平台”、“人文交流在合作中的作用及智库机构如何参与”三个分论坛。与会人员围绕上述议题进行热烈讨论，分享观点，为促进中国—中东欧国家合作献计献策。

杨洁篪代表中国政府祝贺中国—中东欧国家高级别智库研讨会召开。他指出，此次研讨会是落实中国—中东欧国家领导人布加勒斯特会晤成果的重要行动。中国—中东欧国家合作互补性强，前景广阔。下阶段要抓紧落实布加勒斯特会晤成果，将中国—中东欧国家合作打造成中欧合作的增长点。希望中国和中东欧国家智库积极献计献策。开幕式前，杨洁篪会见了梅西奇等多位参会的中东欧国家前政要。

克罗地亚前总统梅西奇表示，中国—中东欧国家合作符合各方利益，希望各方加强学术交流，为合作提供更多智力支持。中国与中东欧国家合作空间巨大，中东欧国家视中国为潜在的合作伙伴，双方可开展不同层次的合作。克罗地亚欢迎更多的中国企业前往投资兴业。

与会专家一致认为，中国同中东欧国家关系面临新的机遇，双方在经贸、投资、能源、基建、农业、旅游等领域的合作前景广阔，智库机构可以在中国与中东欧国家的人文交流合作中发挥积极作用，为双方合作出谋划策，凝聚正能量，传递民间好声音。

12月19日

［纲　文］ **《人民日报》发表题为《以科学发展赢得更好未来——五论深入学习贯彻习近平总书记系列讲话精神》的评论员文章。**

12月19—20日

［纲　文］ **第24届中美商贸联委会在北京市举行。**

［目　文］ 这是中美两国新一届政府组成后举行的首次会议，也是2013年度中美政府间最后一场高层经贸对话活动，双方广泛深入讨论了贸易、投资等领域40多个议题，达成多项共识。国务院副总理汪洋与美国商务部部长普利兹克、贸易代表弗罗曼共同主持会议。

汪洋在开幕式上说，2013年恰逢联委会成立30周年。30年来中美贸易额从40亿美元到今年有望突破5000亿美元，双向投资从1亿美元增至1000亿美元。中美经贸合作有今天的成就与联委会密不可分。两国经贸合作任何一个突破性发展，任何一个重大分歧化解都离不开联委会的贡献。

本次联委会上，双方广泛深入讨论了贸易、投资等领域40多个议题，取得了丰硕的成果。双方同意共同推动中国自产熟制禽肉对美出口和美国牛肉对华出口，在商业秘密保护、软件正版化、扩大服务业和一般制造业开放、开放电子商务业务、加入政府采购协定、公平对待中国企业赴美投资、促进高新技术产品对华民用出口等议题上达成共识。

汪洋还与普里茨克、弗罗曼共同出席了两国政府间合作文件签约仪式。

此前，国务院总理李克强在中南海会见了普里茨克、弗罗曼和美国农业部部长维尔萨克。

12月20日

［纲　文］　**中共中央印发《建立健全惩治和预防腐败体系2013—2017年工作规划》。**

［目　文］　《规划》主要内容有：一、总体要求。二、坚持不懈抓好党的作风建设。三、坚决有力惩治腐败。四、科学有效预防腐败。五、加强党对党风廉政建设和反腐败工作的统一领导。

《规划》在加大查办违纪违法案件力度、强化权力运行制约和监督、加强反腐倡廉法律法规制度建设、加强反腐败体制机制创新等方面提出一系列新提法、新举措、新部署，目标是经过今后5年不懈努力，坚决遏制腐败蔓延势头，取得人民群众比较满意的进展和成效。

《规划》指出，要严肃查办五类腐败案件——严肃查办领导干部贪污贿赂、权钱交易、腐化堕落、失职渎职的案件；严肃查办执法、司法人员徇私舞弊、枉法裁判、以案谋私的案件；严肃查办严重违反政治纪律的案件；严肃查办群体性事件、重大责任事故背后的腐败案件；严肃查办商业贿赂案件，加大对行贿行为的惩处力度。

《规划》从三个方面提出加强反腐倡廉法制建设：一是健全改进作风常态化制度；二是完善反腐倡廉党内法规，修订《中国共产党党内监督条例（试行）》；三是健全和完善惩治和预防腐败方面的立法，研究完善惩治贪污贿赂和渎职侵权犯罪、规范国家工作人员从政行为方面的法律规定。

12月20日

［纲　文］　**国务院办公厅发布《关于深化种业体制改革提高创新能力的意见》。**

［目　文］　《意见》主要内容有：一、指导思想。二、强化企业技术创新主体地位。三、调动科研人员积极性。四、加强国家良种重大科研攻关。五、提高基础性公益性服务能力。六、加快种子生产基地建设。七、加强种子市场监管。

《意见》提出，着眼加快提升企业创新能力，培育有竞争力的种子企业：一是鼓励企业加强研发投入，自主建立研发机构，有实力的种子企业并购转制为企业的科研机构，切实增强企业的科技创新能力。二是要求确定为公益性的科研院所和高等院校，在2015年底前与其所办的种子企业实现“事企脱钩”，目的是促进这些企业完善法人治理结构，打造成产权明晰、股权多元、责权明确、管理科学的科技型企业，激发发展活力。三是强化政策支持。新布局的国家和省部级工程技术研究中心、企业技术中心、重点实验室等种业产业化技术创新平台，要优先向符合条件的育繁推一体化种子企业倾斜；按规定开展种业领域相关研发活动后补助，调动企业技术创新的积极性；发挥现代种业发展基金的引导作用，广泛吸引社会、金融资本投入，鼓励企业“走出去”开展国际合作。

12月20日

［纲　文］　**国务院办公厅印发《关于创新群众工作方法解决信访突出问题的意见》。**

［目　文］　《意见》分着力从源头上预防和减少信访问题发生、进一步畅通和规范群众诉求表达渠道、健全解决信访突出问题工作机制、全面夯实基层基础、切实加强组织领导，5部分20条。

《意见》强调，健全公开透明的诉求表达和办理方式。完善民生热线、视频接访、绿色邮政、信访代理等做法，更加重视群众来信尤其是初次来信办理，引导群众更多以书信、电话、传真、视频、电子邮件等形式表达诉求，树立通过上述形式也能有效解决问题的导向。实行网上受理信访制度，大力推行阳光信访，全面推进信访信息化建设，建立网下办理、网上流转的群众信访事项办理程序，实现办理过程和结果可查询、可跟踪、可督办、可评价，增强透明度和公正性；逐步推行信访事项办理群众满意度评价，把办理工作置于群众监督之下，提高信访公信力。

《意见》指出，积极引导群众以理性合法方式逐级表达诉求，不支持、不受理越级上访，并明确了中央信访工作机构不受理来访的三种情形，即：中央和国家机关来访接待部门对应到而未到省级职能部门反映诉求的，或者省级职能部门正在处理且未超出法定处理期限的，或者信访事项已经依法终结的，不予受理。

《意见》强调，按照涉法涉诉信访工作机制改革的总体要求，严格实行诉讼与信访分离，把涉法涉诉信访纳入法治轨道解决。各级政府信访部门对涉法涉诉事项不予受理，引导信访人依照规定程序向有关政法机关提出，或及时转同级政法机关依法办理。各级党委和政府要支持政法机关依法处理涉法涉诉信访问题，尊重政法机关依法作出的法律结论。完善诉讼、仲裁、行政复议等法定诉求表达方式，使合理合法诉求通过法律程序得到解决。

《意见》从多个方面对有效化解信访积案和疑难复杂信访问题进行了明确。主要有：健全解决特殊疑难信访问题的机制，强调要综合运用法律、政策、经济、行政等手段和教育、协商、调解、疏导等办法，认真解决特殊疑难信访问题，做到诉求合理的解决问题到位，诉求无理的思想教育到位，生活困难的帮扶救助到位，行为违法的依法处理。建立信访听证制度，对疑难复杂信访问题进行公开听证，促进息诉息访；规范信访事项复查复核工作，对已审核认定办结的信访事项不再受理；健全信访事项协商会办等制度，明确相关责任，加大化解“三跨三分离”信访事项力度；建立解决特殊疑难信访问题专项资金长效机制，充分发挥其在解决特殊疑难信访问题中的推动作用。同时，强调领导干部要把接访包案的重点和精力放在解决重大疑难复杂问题上；对一些久拖不决的信访突出问题，提请党委和政府督查机构督查督办；健全经常性教育疏导机制，对问题解决到位仍坚持上访的人员，重点做好思想疏导工作。

12月20日

［纲　文］　**国家卫生计生委等11个部门联合印发《关于维护医疗秩序打击涉医违法犯罪专项行动方案》**。

［目　文］　《方案》主要内容有：一、指导思想。二、主要措施。三、实施步骤。四、工作要求。

《方案》提出，自2013年12月起，开展为期1年的专项行动。公安机关要对实施伤害医务人员和患者人身安全的违法犯罪分子采取一切有效措施果断制服，依法严惩。对拉横幅、摆花圈、设灵堂、违规停尸等扰乱医疗秩序等行为，要依据《治安管理处罚法》有关规定进行查处；构成犯罪的，要依法追究刑事责任。要严厉打击职业“医闹”、“医托”及“号贩子”。对专门捏造、寻找、介入他人医患矛盾，故意扩大事态，寻衅滋事，向医务人员、医疗机构敲诈勒索的“医闹”分子，要严厉打击，坚决依法查处，构成犯罪的要依法追究其刑事责任。

《方案》明确，强化医疗机构安全防范系统建设，确保重点区域、重点部门视频监控覆盖率达到100%。具备条件的二级以上医院安全监控中心应当建设应急报警装置并与当地公安机关联网。各级卫生计生行政部门要会同公安机关督促医疗机构加强内部巡查守护。可根据实际需要在二级以上医院设立警务室。要健全警医联动、联防联控机制，提高应急突发事件的现场处置能力。

12月20日

［纲　文］　**深圳历史上第一块原农村集体用地成功入市**。

［目　文］　下午3点，深圳首宗“农地”成功上市，这是继1987年深圳首创国有土地拍卖后的又一次历史性改革。

12月20日

［纲　文］　**国务院副总理刘延东在北京会见美国芝加哥大学校长罗伯特·齐默一行**。

［目　文］　刘延东在会见时对芝加哥大学与中国高校长期深入的合作表示赞赏，指出人文交流在构建中美新型大国关系中发挥着重要作用，希望芝加哥大学积极参与中美人文交流，为增进两国人民的友谊与合作作贡献。

12月20日

［纲　文］　**《人民日报》发表题为《党员干部要带头推动殡葬改革》的评论员文章**。

12月21日

［纲　文］　**中国在西昌卫星发射中心成功发射玻利维亚通信卫星，国家主席习近平与玻利维亚总统莫拉莱斯相互致贺**。

［目　文］　21日0时42分，中国用长征三号乙运载火箭，成功将玻利维亚通信卫星“图帕克·卡塔里”星发射升空，卫星顺利进入预定轨道。玻利维亚通信卫星是该国拥

有的第一颗卫星。

玻利维亚总统莫拉莱斯专程来到中国西昌卫星发射中心，现场观看了卫星发射。这是外国国家元首首次来到中国航天发射场观看卫星发射。当日，习近平与莫拉莱斯就玻星成功发射相互致贺。

习近平在贺电中说，中玻建交28年来，两国关系发展顺利，各领域务实合作稳步推进。玻利维亚通信卫星的成功研制和发射展示了两国科技合作的最新成果和水平，将为提高玻利维亚广播通信、远程教育和远程医疗等服务水平发挥重要作用，并将为推动中国和拉美国家间的合作作出重要贡献。中方愿同玻方共同努力，不断加强航天领域合作，推动中玻互利友好合作关系取得更大发展，造福两国和两国人民。

玻利维亚通信卫星采用东方红四号卫星平台研制，设计寿命15年。卫星将定点于西经87.2度赤道上空，覆盖玻利维亚全国及南美地区。卫星主要用于玻利维亚及周边地区的广播通信及远程教育、远程医疗等民生工程，对于玻利维亚改善国家基础设施，建设与国际衔接的信息高速公路，提升灾害应急通信能力，提高人民生活水平，促进经济繁荣和社会进步具有积极意义。

这次发射任务是根据中国航天科技集团公司所属中国长城工业集团有限公司与玻利维亚航天局于2010年12月13日签署的《玻利维亚通信卫星系统项目合同》实施的。

玻利维亚通信卫星和用于此次发射的长征三号乙运载火箭由中国航天科技集团公司负责研制。这是长征系列运载火箭的第188次飞行。

12月21日

［纲　文］　**新华社讯，中共中央、国务院印发《关于调整完善生育政策的意见》。**

［目　文］　电讯说，《意见》指出，为贯彻落实党的十八届三中全会关于坚持计划生育的基本国策，启动实施一方是独生子女的夫妇可生育两个孩子的政策，逐步调整完善生育政策，促进人口长期均衡发展的决策部署，稳妥扎实有序推进调整完善生育政策，提出如下意见：一、充分认识调整完善生育政策的重要意义。二、正确把握调整完善生育政策的总体思路。三、坚持计划生育基本国策，稳妥扎实有序推进各项工作。

《意见》提出，根据人口形势发展变化，调整完善生育政策，有利于经济持续健康发展，有利于家庭幸福与社会和谐，有利于促进人口长期均衡发展。

《意见》明确，调整完善生育政策的基本原则一是总体稳定，确保政策实施过程风险可控，确保生育水平不出现大的波动；二是城乡统筹，在城乡同步调整完善生育政策，促进城乡一体化和区域协调发展；三是分类指导，在国家统一指导下，各地从实际出发作出安排；四是协调发展，统筹人口数量、素质、结构、分布的均衡发展，统筹人口与经济、社会、资源、环境的协调与可持续发展。

生育政策调整的方法步骤为，根据人口与计划生育法的规定，各省（自治区、直辖市）人民政府在全面评估当地人口形势、计划生育工作基础及政策实施风险的情况下，制定单独两孩政策实施方案，报国务院主管部门备案，由省级人民代表大会或其常委会修订地方性法规或作出规定，依法组织实施。

《意见》要求，健全工作机制，完善配套政策，做好宣传引导，加强组织领导。要综合治理出生人口性别比偏高问题，严格控制政策外生育特别是多孩生育，严肃查处违法生育行为。建立重大经济社会政策人口影响评估机制，做好相关经济社会政策与计划生育政策的有效衔接。进一步完善农村计划生育家庭奖励扶助、西部地区"少生快富"、计划生育家庭特别扶助等利益导向政策，实行奖励扶助标准动态调整机制。建立和完善计划生育家庭老年人扶助制度。妥善解决计划生育特殊困难家庭（指独生子女发生伤残或死亡、未再生育或收养子女的家庭）的生活照料、养老保障、大病治疗、精神慰藉等问题。

12月22日

［纲　文］　**中央纪委、中央教育实践活动领导小组印发《关于在党的群众路线教育实践活动中严肃整治"会所中的歪风"的通知》。**

［目　文］　《通知》指出，近年来，一些地方将历史建筑、公园等公共资源变为私人会所的现象屡见不鲜，其中存在违法设立经营、侵占群众利益、助长奢靡之风、滋生腐败行为等问题，群众反映强烈。特别是一些党员领导干部出入私人会所，吃喝玩乐，甚至搞权钱交易、权色交易等，严重影响党风政风，带坏了社会风气。为深入贯彻落实中央八项规定精神，坚决反对"四风"，遵照中央指示，就严肃整治"会所中的歪风"提出明确要求。

《通知》指出，各地区各部门各单位党委（党组）要组织力量深入调研，依法加强监管，结合反"四风"活动采取有针对性的措施加以解决。要把整治"会所中的歪风"作为教育实践活动反"四风"的内容，严肃整治；在整改落实和建章立制中，提出明确要求，加强对党员干部的教育和管理，发现问题及时提醒、坚决纠正。各级纪检监察机关要加强监督执纪，盯住党员领导干部，严肃查处出入私人会所吃喝玩乐等违规违纪行为，严格责任追究，及时通报曝光，形成威慑。

《通知》要求，党员领导干部在教育实践活动整改落实、建章立制中要作出承诺：不出入私人会所、不接受和持有私人会所会员卡，自觉接受党组织和人民群众的监督。

12月22日

［纲　文］　**《毛泽东年谱（1949—1976）》在全国发行。**

［目　文］　为纪念毛泽东同志诞辰120周年，中共中央文献研究室编撰的《毛泽东年谱（1949—1976）》由中央文献出版社出版，22日起在全国发行。全书共6卷，近300万字。

《毛泽东年谱（1949—1976）》是一部记述毛泽东同志从中华人民共和国成立到他逝世27年间的生平、业绩的编年体著作，比较全面地反映了他的思想、理论、决策、工作方法和各种活动，反映了他领导建立和建设新中国的历程。从这部年谱的记述中，还可以了解毛泽东同志在27年间是怎样工作和生活的。这部年谱以中央档案馆保存的档案资料为主要依据，发表了大量未编入毛泽东著作集中的讲话和谈话，同时又使用了其他文献资料和访问材料，内容非常丰富。

1993年12月出版的《毛泽东年谱（1893—1949）》（共3卷），经过修订后再次出版，同时在全国发行。

12月22日

［纲　文］　**2013海峡两岸媒体前瞻论坛在北京举行。**

［目　文］　论坛由中央电视台主办，以“两岸关系和平发展：媒体的责任”为主题。来自海峡两岸的主要媒体负责人、新闻院校学者及两岸关系研究专家约100人出席论坛。

中共中央台办、国务院台办主任张志军，国家新闻出版广电总局党组副书记、副局长聂辰席，中央电视台台长胡占凡出席论坛开幕式并致辞。

开幕式之后，两岸八家媒体代表分别作了主题发言。在当天下午的两个分论坛上，与会代表围绕“深化了解与增进认同”、“媒体传播与形象塑造”两个子议题分组展开讨论。

22日论坛在北京闭幕，并发布共同倡议：一、两岸媒体应在两岸间广泛传播和平发展、合作共赢、尊重包容的理念，以利于增进两岸民众相互了解、理解和感情融洽，推动两岸关系和平发展。二、两岸媒体应秉持真实、准确、全面、客观的新闻传播原则传递两岸信息，反映主流民意，提升媒体公信力，营造两岸关系和平发展舆论氛围。三、两岸媒体应加强交流合作、互补互利，务实推进新闻业务、节目制作、媒体经营等领域的交流与合作。创新传播手段，积极拓展新媒体业务，加强新媒体技术领域的合作，全方位满足两岸民众的信息需求与文化需求。四、两岸媒体应继续推动两岸新闻交流正常化，呼吁有关方面积极创造条件，尽快实现两岸新闻媒体开放常驻机构，推动两岸早日商签文化合作协议。五、两岸媒体应充分发挥各自优势，强化资源互补，提升两岸媒体竞争力，推动华文媒体产业发展，扩大华文媒体在世界范围内的影响力和话语权，积极弘扬中华文化。六、以“海峡两岸媒体前瞻论坛”为依托，推动成立“两岸媒体联谊会”，打造两岸媒体交流的高端平台，促进两岸媒体交流常态化、机制化。

中共中央政治局常委、全国政协主席俞正声当天在北京会见了出席论坛的代表。他希望两岸媒体进一步加强交流合作，善尽社会责任。以和平发展为主题，多报道两岸交流合作的客观情况；以民族感情为基础，多营造“两岸一家亲”的理念；以鼓舞人心为使命，多聚积两岸同胞携手团结、致力民族复兴的正能量。

12月23—24日

［纲　文］　**中央农村工作会议在北京举行。**

［目　文］　会议深入贯彻党的十八大和十八届三中全会精神，全面分析“三农”工作面临的形势和任务，研究全面深化农村改革、加快农业现代化步伐的重要政策，部署2014年和今后一个时期的农业农村工作。

中共中央总书记、国家主席、中央军委主席习近平，中共中央政治局常委、国务院总理李克强，中共中央政治局常委、全国人大常委会委员长张德江，中共中央政治局常委、全国政协主席俞正声，中共中央政治局常委刘云山，中共中央政治局常委、中央纪委书记王岐山，中共中央政治局常委、国务院副总理张高丽出席会议。

习近平在会上发表重要讲话，从我国经济社会长远发展大局出发，高屋建瓴、深刻精辟阐述了推进农村改革发展若干具有方向性和战略性的重大问题，同时提出明确要求。李克强在讲话中深入分析了农业和农村工作形势，并就依靠改革创新推进农业现代化、更好履行政府“三农”工作职责等重点任务作出具体部署。

会议指出，这次中央农村工作会议，是党的十八届三中全会之后，中央召开的又一次重要会议。进入新世纪以来，中央出台的“三农”政策行之有效、深得民心，有效调动了农民积极性，有力推动了农业农村发展。我国改革是从农村起步的，农村改革发展的伟大实践，为实现人民生活从温饱不足到总体小康的历史性跨越、推进社会主义现代化作出了重大贡献，为战胜各种困难和风险、保持社会大局稳定奠定了坚实基础。

会议指出，要加快推进农业现代化，以保障国家粮食安全和促进农民增收为核心，立足我国基本国情农情，遵循现代化规律，依靠科技支撑和创新驱动，提高土地产出率、资源利用率、劳动生产率，努力走出一条生产技术先进、经营规模适度、市场竞争力强、生态环境可持续的中国特色新型农业现代化道路。加快转变政府职能，积极推进涉农行政管理方式创新。处理好政府和市场的关系，继续破除一切束缚农民手脚的不合理限制和歧视，增强农业农村发展的内生动力；处理好政府和农民的关系，切实维护农民权益，坚持因地制宜、试点先行，尊重农民和基层首创精神；处理好中央和地方的关系，中央把方向、管大局、抓重点，地方按照中央“三农”决策部署解决好农业农村发展的实际问题。要积极稳妥扎实推进城镇化，到2020年，要解决约1亿进城常住的农业转移人口落户城镇、约1亿人口的城镇棚户区和城中村改造、约1亿人口在中西部地区的城镇化，推动新型城镇化要与农业现代化相辅相成，突出特色推进新农村建设，努力让广大农民群众过上更好的日子。

会议讨论了《中共中央、国务院关于全面深化农村改革加快推进农业现代化的若干意见（讨论稿）》。

中共中央政治局委员、国务院副总理汪洋在24日下午的全体会议上作了总结讲话。部分中共中央政治局委员、中央书记处书记、国务委员等出席会议。

12月23日

[纲　文]　《光明日报》报道，《2012年全国教育经费执行情况统计公告》发布，教育经费支出占比4.28%。

[**目　文**]　报道说，教育部、国家统计局、财政部近日发布《2012年全国教育经费执行情况统计公告》。《公告》显示，2012年国家财政性教育经费为22236.23亿元，占GDP比例为4.28%。历史性实现4%的目标。

12月23日

［纲　文］　**财政部、民政部印发《城乡医疗救助基金管理办法》。**

［目　文］　《办法》分总则、基金筹集、基金使用、基金支出、基金管理、附则6章22条，自2013年12月23日起执行。《办法》明确，城乡医疗救助基金，是指通过公共财政预算、彩票公益金和社会各界捐助等渠道筹集，按规定用于城乡贫困家庭医疗救助的专项基金。城乡医疗救助基金的救助对象是城乡低保对象、农村五保供养对象，以及其他符合医疗救助条件的经济困难群众。救助方式以住院救助为主，同时兼顾门诊救助。

12月23日

［纲　文］　**《人民日报》发表题为《牢牢抓住中心工作这个牛鼻子——“我们为什么赢得良好开局”之一》的评论员文章。**

12月23—28日

［纲　文］　**十二届全国人大常委会第六次会议在北京举行。**

［目　文］　23日下午，会议在北京人民大会堂举行第一次全体会议。全国人大常委会委员长张德江主持会议。

会议听取了全国人大常委会法工委副主任信春鹰受委员长会议委托作的关于《行政诉讼法修正案草案》的说明。《行政诉讼法》1990年实施以来在解决行政争议、推进依法行政等方面发挥了重要作用。同时，行政诉讼制度与经济社会发展不协调、不适应的问题也日渐突出，为解决人民群众反映强烈的“立案难、审理难、执行难”等问题，修正案草案从保障当事人的诉讼权利、完善管辖制度、完善诉讼参加人制度、完善证据制度、进一步明确行政机关不执行法院判决的责任等方面作了修改。

会议听取了解放军副总参谋长戚建国受国务院、中央军委委托，就《军事设施保护法修正案草案》所作的说明。内容包括修改的总体思路，完善统筹兼顾机制和措施，明确军事设施保护区域的划定标准，完善军事设施保护措施等。

为依法推进行政审批制度改革和政府职能转变，国务院对需要依照法定程序提请全国人大常委会修订相关法律的问题进行了研究，起草了《海洋环境保护法》等7部法律的修正案草案。受国务院委托，国务院法制办主任宋大涵就修正草案作了说明。

受国务院委托，公安部副部长作了关于提请废止《国务院关于劳动教养问题的决定》和《国务院关于劳动教养的补充规定》的议案的说明，卫生计生委主任李斌作了关于调整完善生育政策的决议草案的说明，司法部部长作了关于提请审议批准《中华人民共和国和吉尔吉斯共和国关于移管被判刑人的条约》的议案的说明。

会议审议了全国人大常委会委员长会议关于提请审议全国人大常委会关于召开十二届全国人大二次会议的决定草案的议案。

全国人大常委会副委员长王胜俊、副委员长兼秘书长王晨分别代表常委会执法检查组作了《关于检查行政复议法实施情况》的报告、《关于检查义务教育法实施情况》的报告。

28日上午，会议在北京人民大会堂闭幕。张德江主持会议。

会议表决通过了全国人大常委会《关于修改海洋环境保护法》等七部法律的决定。国家主席习近平签署第八号主席令，予以公布；会议表决通过了全国人大常委会《关于废止有关劳动教养法律规定》的决定；会议表决通过了全国人大常委会《关于调整完善生育政策》的决议；会议表决通过了全国人大常委会关于召开第十二届全国人民代表大会第二次会议的决定。根据决定，十二届全国人大二次会议于2014年3月5日在北京召开；会议表决通过了全国人大常委会关于批准《中华人民共和国和吉尔吉斯共和国关于移管被判刑人的条约》的决定；会议表决通过了全国人大民族委员会、法律委员会、教育科学文化卫生委员会、华侨委员会、环境与资源保护委员会、农业与农村委员会关于第十二届全国人民代表大会第一次会议主席团交付审议的代表提出的议案审议结果的报告；会议表决通过了全国人大常委会代表资格审查委员会关于个别代表的代表资格的报告；会议经表决，免去张晓明的第三任全国人大常委会澳门特别行政区基本法委员会委员职务，任命陈斯喜为第三任全国人大常委会澳门特别行政区基本法委员会委员。会议经表决，任命陶凯元为最高人民法院副院长。会议还表决了其他任免案。

全国人大常委会副委员长李建国、陈昌智、沈跃跃、吉炳轩、张平、向巴平措、艾力更·依明巴海、万鄂湘、张宝文、陈竺出席会议。国务委员郭声琨，最高人民法院院长周强，最高人民检察院检察长曹建明，全国人大各专门委员会成员，各省、自治区、直辖市人大常委会负责人，部分全国人大代表等列席会议。

会议期间，张德江主持召开了十二届全国人大常委会第十五次委员长会议，十二届全国人大常委会第十六次委员长会议，十二届全国人大常委会第八讲专题讲座。

12月24日

［纲　文］　**中共中央组织部、中共中央宣传部、中共教育部党组在北京召开第二十二次全国高校党的建设工作会议。**

［目　文］　会议强调，要以推进党的思想理论进教材进课堂进头脑为主线，坚持立德树人，坚定理想信念，巩固马克思主义在高校意识形态领域的指导地位，激励高校师生为实现中华民族伟大复兴的中国梦学习奋斗。

中央政治局委员、国务院副总理刘延东主持会议。中共中央政治局委员、中宣部部长刘奇葆讲话。中共中央政治局委员、中组部部长赵乐际出席会议。

刘奇葆强调，要抓好大学生理想信念教育这个核心任务，把学习习近平总书记系列讲话精神作为重点内容，增强大学生走中国道路、建设中国特色社会主义的信心信念，焕发投身改革开放的巨大热情，在实现中国梦的奋斗中追逐青春梦想。要加强大学生社会主义核心价值观教育，在结合融入上下功夫，弘扬中华优秀传统文化，加强和改进高校思想政治工作，办好思想政治理论课，发挥校园文化熏陶作用，提高大学生思想道德素质。要强化和落实领导责任，加强教师队伍建设，牢牢掌握高校意识形态工作的领导权管理权话语权。

刘延东在主持会议时强调，各地各高校要以高度的责任感和紧迫感，切实加强高校思想理论建设，筑牢高校党建工作的坚实基础。

12月24日

［纲　文］　**全国政协在北京召开双周协商座谈会。**

［目　文］　会议围绕“加强汽车尾气治理、减少城市大气污染”建言。全国政协主席俞正声主持会议。

座谈会上，全国政协委员秦大河、欧阳明高、周吉平、温香彩、李灿、陈放、傅成玉、柳崇禧，郝吉明、柴发合等专家学者和北京市副市长张工，围绕法律法规、科技创新、发展城市轨道和公共交通、推广新能源和洁净能源汽车、加强环境监测、汽车设计制造升级、油品质量标准提高等方面存在的一些问题坦率地发表意见，提出建设性意见。

委员们认为，减少大气污染是系统工程，需综合治理，努力为人民群众创造良好生产生活环境。建议实施更严格的机动车排放和油品质量标准，优化城市规划和交通出行结构，利用经济手段进行机动车排放调控，加强各类移动污染源的防治；要加强城市交通管理，优先发展城市公共交通系统，优化城市路网布局，加快发展更为节能、环保的物流系统；要整顿规范机动车排放控制，依法治理，严格监管，加快淘汰黄标车和老旧车辆，加强机动车环境监管，大力推广新能源汽车，促进污染减排；要强化雾霾天气监测预警预报，加强科普宣传，保障科学应对措施的有效推进；要完善法律法规标准，理顺管理体制机制，协调推进“车、油、路”同步发展，有效防治机动车尾气排放对空气质量的影响；要积极开展多种形式的宣传教育，普及机动车污染防治相关知识，倡导“清洁汽车，绿色出行”的消费方式和出行习惯，引导公众从自身做起、从点滴做起、从身边小事做起。座谈会上，大家畅所欲言，各抒己见。

全国政协副主席万钢也作了发言。工业和信息化部部长苗圩、国家质量监督检验检疫总局副局长吴清海与委员协商交流，发表意见。环境保护部副部长吴晓青介绍了汽车尾气治理与减少城市大气污染的有关情况。

全国政协副主席杜青林、罗富和、张庆黎、马培华出席座谈会。

12月24日

［纲　文］　**中央政法委员会第八次全体会议在北京召开。**

［目　文］　中共中央政治局委员、中央政法委书记孟建柱主持会议。他强调，要深入学习贯彻党的十八届三中全会、中央经济工作会议和习近平总书记系列重要讲话精神，认真总结一年来政法工作取得的成绩和创造的经验，紧紧依靠人民推动司法改革，精心研究谋划2014年和今后一个时期的政法工作。

孟建柱指出，党的十八大以来，中央政法各单位和全国政法机关认真学习贯彻党的十八大和习近平总书记系列重要讲话精神，坚持一手抓当前、一手抓长远，全力推进平安中国、法治中国、政法队伍建设，深入推进司法改革，各项工作取得新成效。中央政法各单位要对一年来政法工作进行认真梳理总结，为做好明年工作打下良好基础。要科学分析形势，统筹安排深化司法体制改革各项任务，精心谋划2014年和今后一个时期政法工作。要善于运用底线思维，增强政法工作前瞻性、主动性；善于运用换位思维，从群众立场、社会视角分析解决问题；善于运用创新思维，以改革的精神攻坚克难；善于运用法治思维，提高政法工作法治化水平。

会议还研究了严格规范减刑、假释、暂予监外执行，切实防止司法腐败的意见，要求严格规范减刑、假释、暂予监外执行的实体条件和程序规定，着力从制度、机制上堵塞漏洞，切实防范司法腐败行为。

国务委员、中央政法委副书记郭声琨，中央政法委委员周强、曹建明等出席会议并发言。

12月24日

［纲　文］　**汪洋主持召开扶贫开发和现代种业工作座谈会。**

［目　文］　会议主要内容是：贯彻落实十八届三中全会和中央农村工作会议精神，研究部署创新扶贫开发机制、提高扶贫工作成效和深化种业体制改革、加快推进现代种业发展工作。

中央政治局委员、国务院副总理汪洋在会上强调，要深入学习领会中央关于新时期扶贫开发的战略思想，进一步深化改革、创新机制，构建政府、市场、社会协同推进的大扶贫开发格局，加快贫困群众脱贫致富、贫困地区全面建设小康社会步伐。改革贫困县考核机制，把提高贫困人口生活水平和减少贫困人口数量作为主要考核指标。建立精准扶贫工作机制，摸清贫困底数，逐户建档立卡，有针对性地进行扶持。健全干部驻村帮扶机制，实现长期化、制度化。改革资金管理机制，管好用好财政扶贫资金。完善金融扶贫机制，拓宽融资渠道。要集中力量解决突出问题，改善群众基本生产生活条件，促进贫困地区经济社会加快发展。

汪洋指出，种业是现代农业发展的“生命线”，是保障国家粮食安全的基石。要深化种业科研体制改革，着力培育壮大“育繁推一体化”种子企业，调动科研人员积极性，组织好良种重大科研攻关，加强种质资源保护和繁育基地建设，营造良好市场环境，建设种业强国。

12月24日

［纲　文］　**教育部印发《关于进一步加强高校自主选拔录取改革试点管理工作的通知》。**

［目　文］　《通知》就进一步加强自主选拔录取改革试点管理工作提出如下要求：一、加强组织领导和队伍建设。二、进一步明晰试点工作定位。三、加强笔试和面试考务管理。四、加强录取过程管理。五、强化信息公开和监督检查。

《通知》指出，要强化保密制度，笔试、面试等命题和评卷评分工作要按照保密规定及有关人员管理要求执行。要加强考核过程监督，面试过程须全程录像，笔试尽量安排在国家教育考试标准化考点。要参照高考有关规定，妥善保管考生报名申请和笔试答卷材料，并在考核结束后交本校纪检监察部门备案。

《通知》强调，要严格按照招生简章中确定的报名条件对申请考生进行审核，合理确定参加考核的考生人数，严禁偏离试点定位进行恶性生源竞争，以“签订预录取协议”、“入校后重新选择专业”等各种方式吸引生源或向考生违规承诺录取；严禁通过自主选拔录取变相招收艺术体育类专业或艺术特长生、高水平运动员等类型考生。

《通知》还指出，将对试点高校严格执行动态管理和准入退出机制，凡是政策执行不严格、管理不规范、问题突出的，一律停止试点资格，并追究学校及有关人员责任。

12月24日

［纲　文］　**山西发现中国现存最大北朝墓葬狩猎图。**

［目　文］　经过4个多月的紧张发掘，考古人员在山西省忻州市九原岗墓群的一座北朝晚期墓葬的墓道中，发现200余平方米墓葬壁画。24日，12名专家学者现场考察后，对壁画墓的学术价值给予高度评价。据专家介绍，该墓葬甬道两侧壁画中有约70平方米狩猎图，是中国目前发现的最大的北朝时期墓葬狩猎图。

12月24日

［纲　文］　**全国政协主席俞正声在北京会见日本前首相鸠山由纪夫。**

［目　文］　鸠山由纪夫此次是应中国人民对外友好协会邀请来访的。俞正声在会见时说，中日是一衣带水的近邻，发展长期健康稳定的中日关系符合两国和两国人民的根本利益，也有利于亚洲和世界的和平、稳定与发展。中方主张在中日四个政治文件基础上，本着“以史为鉴、面向未来”的精神，继续推进中日战略互惠关系。希望日方正确认识和看待中国发展，奉行积极友善的对华政策，妥善处理两国间有关问题，以实际行动为改善两国关系作出努力。

鸠山说，日中关系目前面临邦交正常化以来最严峻的局面，双方应让两国民众了解历史事实，努力通过对话妥善处理有关问题。两国应立足地区合作大局，继续推进经贸、金融、环保等领域合作，谋求互利共赢，共同推动构建东亚共同体。

12月24日

［纲　文］　**国家副主席李源潮在北京会见法属波利尼西亚自治政府主席加斯东·弗罗斯。**

［目　文］　在中法建交50周年来临之际，应中国人民对外友好协会邀请，弗罗斯率团访华。李源潮在会见弗罗斯时说，中国与法属波利尼西亚虽相距遥远，但友谊源远流长，近10年合作良好。帕皮提港是中国科考船停靠、补给最多的港口之一。希望双方继续保持密切交往，促进经贸、旅游、投资、农业等领域合作，共同谱写友好合作新篇章。弗罗斯表示，希望双方合作不断加强，结出更多丰硕果实。

27—29日，弗罗斯一行访问海南省，旨在与三亚市政府探讨两地在农业、林业、经贸、文化和旅游等领域的合作。弗罗斯一行在海口、澄迈、三亚等地相继考察了南国食品厂、TCK海南前邦绿色建筑集成有限公司、海南诺尼实业有限公司等企业，并与海航集团就开通南美经停法波航线一事进行了座谈。

12月24日

［纲　文］ **《人民日报》发表题为《凝聚实现中国梦的强大正能量》的社论。**

12月24—25日

［纲　文］ **中华全国总工会第十六届执行委员会第二次全体会议在北京召开。**

［目　文］ 中央政治局委员、中华全国总工会主席李建国主持会议并讲话。李建国强调，做好2014年工会工作，最重要的是，继续深入学习党的十八届三中全会精神，继续深入学习习近平总书记系列讲话特别是关于工会工作的两次重要讲话精神，把用中央精神统一思想放在首位，牢牢把握稳中求进工作总基调，牢牢把握我国工人运动时代主题，以改革创新精神全面推进工会各项工作。

会上，全总副主席、书记处第一书记陈豪代表全总十六届执委会主席团作工作报告。全总副主席、书记处书记刘国中作《中华全国总工会关于认真学习贯彻党的十八届三中全会精神团结动员广大职工为全面深化改革作贡献的决议（审议稿）》的说明（书面）。

12月25日

［纲　文］ **李克强主持召开国务院常务会议。**

［目　文］ 会议内容是：听取最低生活保障政策落实督查情况汇报，部署进一步加强和改进低保工作，决定将《社会救助暂行办法（草案）》向社会公开征求意见。

在全国范围内对低保政策落实情况进行督查，是国务院确定的本年重点工作。会议指出，让低保等政策“落地”见效，保障困难群众尤其是特困群体基本生活，完善能托底的社会保障制度，不仅有利于社会公平，而且能鼓励更多人敢闯敢试敢创业。近年来，国家不断完善城乡低保制度，发挥“雪中送炭”、扶危济困的重要作用，使7400多万困难群众基本生活得到有效保障，基本实现应保尽保。但督查中也发现，一些地方存在资金不到位、管理不规范、配套政策不完善等问题，影响了低保政策效应的充分发挥。

会议要求，要以改革创新精神，有针对性地健全体制机制，加强和改进低保工作，努力使困难群众生存有尊严、生计有保障、生活有盼头。一要强化政策落实。结合年终岁末慰问困难群众，重点督促落实低保政策。各级政府预算要优先安排低保资金，保证及时到位。加强审计监督，堵住分配、拨付等环节漏洞，确保资金足额、有效用于低保家庭。二要强化信息公开。健全低保申请家庭经济状况核对机制，建设跨地区、跨部门核对平台，在农村、社区实行“阳光”公示，把信息披露制度建设向前明显推进一步。对低保对象实施动态管理。坚决纠正“关系保”、“人情保”及错保、漏保，严惩骗保。三要强化制度建设。通过建立临时救助机制，切实解决遭遇临时性、突发性困难家庭基本生活需要。减少“碎片化”、一次性补助。完善保障标准与物价上涨等挂钩联动机制，使低保家庭基本生活保障更好落实、水平逐步提高。同时，要加强基层服务能力建设，引导社会力量积极参与扶贫帮困，强化低保政策落实情况监督检查和考核问责，严肃查处渎职失职等行为，切实做到低保工作事有人管、责有人负。

会议审议了《社会救助暂行办法（草案）》，决定向社会公开征求意见。

会议听取了关于2013年度国家科学技术奖评审情况的汇报，批准了奖励人选、奖励种类及等级。

12月25日

［纲　文］ **中共中央办公厅、国务院办公厅印发《关于务实节俭做好元旦春节期间有关工作的通知》。**

［目　文］ 《通知》主要内容有：一、深入基层做好关心群众工作。二、保障节日市场供应充足价格稳定。三、扎实做好春运工作。四、广泛开展送文化下基层活动。五、切实抓好安全生产工作。六、全力维护社会和谐稳定。七、树立节俭文明过节新风。八、严格执行廉洁自律规定。九、认真做好节日期间值班工作。

《通知》要求，各级领导干部要结合开展党的群众路线教育实践活动，进一步改进作风，自觉深入到基层一线特别是困难地区、困难家庭、困难群众中去，开展走访慰问、专项救助、送温暖等活动，关心群众疾苦，帮助解决实际问题。认真检查各项社会保障、社会救助措施落实情况，重点安排好优抚对象、灾区群众、低保户、五保户、零就业家庭、残疾人家庭等困难群众生活。深入开展农民工工资支付情况专项检查，保证农民工及时足额拿到应得报酬。各地区各有关部门保障节日市场供应充足价格稳定，做好粮油、肉蛋、蔬菜等农副产品保供稳价工作，组织好生活必需品的生产供应，搞好煤电油气运的产运需衔接，加强市场价格监测和管理，加大产品质量和食品药品安全监管力度，严厉打击各种违法生产经营行为。

12月25日

［纲　文］ **中共中央办公厅、国务院办公厅印发《关于领导干部带头在公共场所禁烟有关事项的通知》。**

［目　文］ 《通知》主要内容有：一、各级领导干部要充分认识带头在公共场所禁烟的重要意义，模范遵守公共场所禁烟规定，以实际行动作出表率，自觉维护法规制度权威，自觉维护党政机关和领导干部形象。二、各级领导干部不得在学校、医院、体育场馆、公共文化场馆、公共交通工具等禁止吸烟的公共场所吸烟，在其他有禁止吸烟标识的公共场所要带头不吸烟。同时，要积极做好禁烟控烟宣传教育和引导工作，督促公共场所经营者设置醒目的禁止吸烟警语和标志，及时劝阻和制止他人违规在公共场所吸烟。三、各级党政机关公务活动中严禁吸烟。公务活动承办单位不得提供烟草制品，公务活动参加人员不得吸烟、敬烟、劝烟。要严格监督管理，严禁使用或变相使用公款支付烟草消费开支。四、要把各级党政机关建成无烟机关。机关内部禁止销售或提供烟草制品，禁止烟草广告，公共办公场所禁止吸烟，传达室、会议室、楼道、食堂、洗手间等场所要张贴醒目的禁烟标识。各级党政机关要动员本单位职工控烟，鼓励吸烟职工戒烟。卫生、宣传等有关部门和单位要广泛动员各方力量，深入开展形式多样的禁烟控烟宣传教育活动，在全社会形成禁烟控烟的良好氛围。五、各级领导干部要主动接受群众监督和舆论监督。各级党

政机关要加强监督检查，对违反规定在公共场所吸烟的领导干部，要给予批评教育，造成恶劣影响的，要依纪依法严肃处理。

12月25日

［纲　文］　**国务院办公厅印发《关于进一步加强资本市场中小投资者合法权益保护工作的意见》。**

［目　文］《意见》从保护中小投资者角度出发，提出了九个方面亟待重视和解决的问题：一、健全投资者适当性制度。二、优化投资回报机制。三、保障中小投资者知情权。四、健全中小投资者投票机制。五、建立多元化纠纷解决机制。六、健全中小投资者赔偿机制。七、加大监管和打击力度。八、强化中小投资者教育。九、完善投资者保护组织体系。

12月25日

［纲　文］　**教育部印发《关于民族中小学汉语课程标准（义务教育）的通知》。**

［目　文］《标准》明确指出，本课程标准适用于母语为非汉语、汉语作为第二语言的少数民族学生，适用于以民族语言文字授课为主、单课加授汉语（含采用其他双语教学模式）的义务教育阶段学校的汉语教学。课程目标为九年一贯设计，课程标准在总体目标之下，从语言知识、语言技能、文化意识、学习策略和情感态度五个方面，按一至二年级、三至四年级、五至六年级、七至九年级四个学段，分别提出“学段标准”，体现汉语课程的整体性、阶段性和连贯性。同时，这一标准为学生制定了包括认知策略、调控策略、交际策略和资源策略等一系列专业技能在内的学习策略，学生可在学习中根据不同情况，学会应用各种学习策略，找到适合自己的有效的学习方法，促进学业的发展，还针对民族地区的特色情况给出教学、评价以及课程资源开发等方面的建议。

12月25日

［纲　文］　**新华社讯，中宣部、中组部发出《通知》，要求认真组织学习《马克思主义哲学十讲（党员干部读本）》。**

［目　文］　电讯说，《通知》指出为深入贯彻落实习近平总书记关于认真学习马克思主义哲学的重要讲话精神，推动全党学习马克思主义哲学，更好掌握马克思主义立场观点方法，认识国情，认识党和国家事业发展大势，中央宣传部理论局组织马克思主义理论研究和建设工程专家编写了《十讲》。本书坚持以中国特色社会主义理论体系为指导，结合改革开放和社会主义现代化建设的实际，分十个专题简明扼要地论述马克思主义哲学的基本原理，帮助党员干部更好地学习掌握马克思主义的世界观和方法论。全书注重理论性和可读性相统一，力求用简洁的话语讲清深刻的道理，帮助党员干部更好地把握认识和解决实际问题的立场观点方法。

《通知》要求，各级党组织要把组织《十讲》的学习作为推进学习型马克思主义执政党建设、学习型党组织创建的基本内容。各级党委（党组）中心组要认真组织好《十讲》

学习，结合实际组织研读经典著作，不断提高战略思维能力、综合决策能力、驾驭全局能力。各级各类党校、行政学院和干部学院要把《十讲》纳入培训教学内容，各高校要把《十讲》作为师生理论学习教材。各级党委讲师团要围绕《十讲》的内容，组织好对党员干部和基层群众的宣讲活动。

《十讲》近日已由学习出版社和党建读物出版社出版，在全国新华书店发行。

12 月 25 日

［纲　文］ **南水北调中线主体工程完工。**

［目　文］ 9 点 35 分，南水北调河南南阳段宁西铁路暗涵工程完成混凝土浇筑，标志着南水北调中线干线主体工程胜利完工。到 2014 年汛后工程正式通水，京津冀豫沿线群众将共饮长江水，4 省市的水资源短缺状况可有效缓解。

12 月 25 日

［纲　文］ **世界首个多端柔性直流输电工程南方电网南澳 ±160 千伏多端柔性直流输电示范工程正式投运。**

［目　文］ 该工程是我国在国际直流输电领域取得的又一重大创新成果，为远距离大容量输电、大规模间歇性清洁电源接入、多直流馈入、海上或偏远地区孤岛系统供电、构建直流输电网络等提供了安全高效的解决方案。该工程解决了风电接入中的难题，至少能提高风电利用率 5%—10%。

12 月 25 日

［纲　文］ **《光明日报》报道，中国 2012 年科普经费投入突破 100 亿元。**

［目　文］ 报道说，根据科技部发布的 2012 年度全国科普统计数据，2012 年我国科普经费投入取得较快增长，已突破百亿元，总数为 122.88 亿元，比 2011 年增长 16.70%。同时，2012 年参观科普展览、参与科普讲座、科技竞赛、各种实用技术培训和全国科技周的公众数量超过 7 亿人次。

此外，2012 年我国科普人员从业数量也保持稳定增长，全国共有科普人员 195.78 万人，比 2011 年增加 0.77%，每万人口拥有科普人员 14.46 人。同时，全国的科普场馆数量也有所增加，建筑面积在 500 平方米以上的科普场馆达 1735 个。全国出版的科普书籍、发放科普读物和资料数量也较 2011 年分别有 15.36% 和 34.64% 的增长。

12 月 25 日

［纲　文］ **中国驻老挝琅勃拉邦总领馆正式开馆，这是中国在老挝开设的第一个总领馆。**

12 月 25 日

［纲　文］ **《人民日报》发表题为《稳定政策，深化改革，推进农业现代化》的社论。**

12 月 26 日

［纲　文］ **中共中央在人民大会堂举行纪念毛泽东同志诞辰 120 周年座谈会，习近**

平发表重要讲话。

［**日　文**］　中共中央总书记、国家主席、中央军委主席习近平发表重要讲话。中共中央政治局常委李克强、张德江、俞正声、刘云山、王岐山、张高丽出席座谈会，座谈会由刘云山主持。

习近平在讲话中回顾了毛泽东同志一生的丰功伟绩，总结了以毛泽东同志为主要代表的中国共产党人对中国革命和建设作出的卓越贡献。习近平指出，毛泽东同志等老一辈革命家，都是从近代以来中国历史发展的时势中产生的伟大人物，都是从近代以来中国人民抵御外敌入侵、反抗民族压迫和阶级压迫的艰苦卓绝斗争中产生的伟大人物，都是走在中华民族和世界进步潮流前列的伟大人物。

习近平指出，实现中华民族伟大复兴，关键在党。全党要牢记毛泽东同志提出的“我们决不当李自成”的深刻警示，牢记“两个务必”，牢记“生于忧患，死于安乐”的古训，解决好“其兴也勃焉，其亡也忽焉”的历史性课题，增强党要管党、从严治党的自觉。我们要继续深入开展党的群众路线教育实践活动，凡是影响党的创造力、凝聚力、战斗力的问题都要及时解决，凡是损害党的先进性和纯洁性的病症都要认真医治，凡是滋生在党的健康肌体上的毒瘤都要坚决祛除，通过持之以恒的努力，使党始终成为中国特色社会主义事业的坚强领导核心。

刘云山在主持会议时说，习近平总书记重要讲话全面科学地评价了毛泽东同志和毛泽东思想的历史功绩和历史地位，系统论述了毛泽东思想活的灵魂的基本内涵和时代要求，强调必须始终坚持马克思主义的立场观点方法，坚持全面正确的历史观，坚持实事求是、群众路线、独立自主，毫不动摇走党和人民在长期实践探索中开辟出来的正确道路，把中国特色社会主义伟大事业继续推向前进。讲话内涵丰富、思想深刻，具有很强的理论性、战略性、指导性，各地区各部门要紧密结合全面深化改革和推进现代化建设的实际，认真学习领会，很好贯彻落实，为全面建成小康社会、夺取中国特色社会主义新胜利、实现中华民族伟大复兴的中国梦而努力奋斗。

座谈会上，中央文献研究室主任冷溶、中央党史研究室主任欧阳淞、湖南省委书记徐守盛等先后发言。在京中共中央政治局委员、书记处书记，部分全国人大常委会、国务院、全国政协领导，中央党政军群有关部门、北京市、湖南省委负责人，各民主党派中央、全国工商联负责人和无党派人士代表，毛泽东原身边工作人员、亲属子女及家乡代表，以及出席“全国纪念毛泽东同志诞辰120周年学术研讨会”的代表等出席了会议。

“纪念毛泽东同志诞辰120周年大型书画展”15日在北京国家会议中心举行。展览展出作品达500余幅，包括国内众多著名书画艺术家作品及毛泽东诗词、革命题材的名家书画等。“巨人毛泽东——毛泽东书法与当代名家雕塑绘画展”23日在国家博物馆开幕，展品包括由中央档案馆提供的毛泽东书法作品120件，现当代名家创作的毛泽东雕塑作品13件和相关油画、国画等绘画作品58件，其中大部分作品为国家博物馆藏品。

全国纪念毛泽东同志诞辰120周年学术研讨会27日也在北京召开。研讨会由中央宣传部、中央党校、中央文献研究室、中央党史研究室、教育部、中国社会科学院、解放军总政治部举办，会议入选论文100余篇，集中反映了近年来毛泽东生平和毛泽东思想研究成果，来自全国各地150多位专家学者在会上进行学术交流。刘云山出席会议并讲话。刘奇葆主持会议。

12月26日

［纲　文］　**卫生计生委、民政部、财政部、人力资源社会保障部、住房城乡建设部联合发布《关于进一步做好计划生育特殊困难家庭扶助工作的通知》。**

［目　文］　《通知》明确要求加大对计划生育特殊困难家庭的帮扶力度，将"失独"家庭特别扶助金从每人每月不低于110元（伤残）、135元（死亡）提高到城镇每人每月270元、340元，农村每人每月150元、170元，并建立动态增长机制。中央财政按照不同比例对东、中、西部地区予以补助。《通知》还在养老、医疗保障、社会关怀等方面作出了全面规定。在养老保障工作上，要求各地对符合条件的计生困难家庭成员参加新型农村社会养老保险、城镇居民社会养老保险的，按照规定给予参保缴费补贴，对60周岁及以上者优先安排入住政府投资兴办的养老机构；有条件的可对生活长期不能自理、经济困难的老年人发放护理补贴等。

计划生育特殊困难家庭，是指独生子女发生伤残或死亡后，未再生育或收养子女的家庭（即"失独"家庭）。为解决这类家庭的特殊困难，2008年国家全面实施计划生育家庭特别扶助制度，独生子女伤残或死亡后未再生育或合法收养子女的夫妻，自女方年满49周岁后，夫妻双方分别领取每人每月不低于80元（伤残）或100元（死亡）的特别扶助金。2012年，特别扶助金标准分别提高到每人每月不低于110元（伤残）、135元（死亡）。

12月26日

［纲　文］　**"华表奖"与"飞天奖"揭晓。**

［目　文］　由国家新闻出版广电总局主办的第十五届中国电影"华表奖"、第二十九届中国电视剧"飞天奖"颁奖典礼在北京举行。《一九四二》、《周恩来的四个昼夜》、《中国合伙人》等10部影片获得"华表奖"优秀故事影片奖，导演冯小刚、陈力获得"华表奖"优秀导演奖。赵宝刚、张绍林获得"飞天奖"优秀导演奖。

12月26日

［纲　文］　**许其亮在北京会见军队新当选两院院士。**

［目　文］　中央军委副主席许其亮会见了尹浩等9位军队新当选的中国科学院院士和中国工程院院士，代表习近平主席和军委其他领导，向他们表示热烈祝贺。他强调，要认真学习贯彻习主席系列讲话精神，切实把人才队伍建设作为根本性战略性工程来抓，努力培养造就能够担当强军重任的高素质人才方阵，为实现中国梦、强军梦提供人才和技术支撑。

许其亮指出，军队院士承担着特殊重要的使命。军队院士要姓军务军，深入研究战争形态变化，紧贴未来作战需求，选准科研主攻方向，为军队现代化建设服务。

许其亮强调，培养人才是院士应尽之责。要甘当人梯，提携后学，既要当好千里马，更要当好伯乐，特别要下功夫带好创新团队，不断拓展学科领域，催生更多优秀人才。要倍加珍惜院士称号，保持院士的风骨、军人的本色，以军人的价值追求、良好形象，为部队带来新风尚，为社会释放正能量。各级党委机关要进一步加强对人才队伍建设的组织领导，强化服务意识，积极为院士和各类人才成就事业“端盘子”“搭梯子”，为科技创新提供良好保障。

12月26日

［纲　文］　**中国政府就日本首相安倍参拜靖国神社提出严正交涉和强烈抗议。**

［目　文］　26日上午，日本首相安倍晋三参拜供奉着14名“二战”甲级战犯牌位的靖国神社，再次在历史问题上挑衅亚洲邻国。中国政府就此向日方提出严正交涉和强烈抗议。安倍此举也受到韩国等亚洲国家的强烈谴责，遭到国际社会的强烈质疑。

中国外交部部长王毅召见日本驻华大使木寺昌人，代表中国政府就安倍参拜靖国神社提出严正交涉和强烈抗议。王毅指出，安倍一意孤行，执意参拜，严重违背中日4个政治文件的原则和精神，违背了日本历届政府和领导人在历史问题上作出的表态和承诺，给本已陷入严峻局面的中日关系制造了新的重大政治障碍。中方对此绝不能容忍。日方必须对安倍此举造成的严重政治后果承担全部责任。

中国驻日本大使程永华紧急约见日本外务省事务次官斋木昭隆，提出严正交涉和强烈抗议。程永华表示，安倍不顾中国等亚洲邻国的强烈反对，悍然参拜靖国神社，不能不引起亚洲近邻和国际社会对日本未来走向的高度警惕和强烈担忧。

外交部发言人发表谈话指出，中国政府对日本领导人粗暴践踏中国和其他亚洲战争受害国人民感情、公然挑战历史正义和人类良知的行径表示强烈愤慨，向日方提出强烈抗议和严厉谴责。秦刚说，日本领导人参拜靖国神社的实质是，美化日本军国主义对外侵略和殖民统治历史，企图颠覆国际社会对日本军国主义的正义审判，挑战“二战”结果和战后国际秩序。

12月26日

［纲　文］　**《人民日报》发表题为《小康不小康，关键看老乡——一论始终把“三农”工作牢牢抓住紧紧抓好》的评论员文章。**

12月26日

［纲　文］　**《人民日报》发表题为《建设廉洁政治的重大部署》的评论员文章。**

12月27日

［纲　文］　**李克强在天津市调研考察。**

［目　文］　元旦前夕，国务院总理李克强在中共中央政治局委员、天津市委书记孙春兰等陪同下，来到天津考察调研民生改善与改革发展情况，看望慰问群众。

李克强专程来到津京互联创业中心看望青年创业者，了解产品研发应用情况，多次询问他们对创业环境的感受。李克强说，青年是创新创业的“生力军”，“双创”的人越多，社会就越有活力，也能带动更多就业。你们既为生活而工作，也为工作而生活，在创新创业中享受快乐、追逐梦想，虽然现在只有一张办公桌，但小企业可以有大未来。创新创业既要有激情，也要靠改革来支撑，要着力破除不合理的体制机制障碍，使“双创”的“土壤”更有营养、空间越来越广。

李克强来到天津西于庄棚户区察看居住情况。李克强说，棚户区是全国大中城市普遍存在的问题，棚改是改善民生的“托底”工程，群众对此翘首以盼。多年来，天津棚改工作取得了很大成绩，下一步还要继续努力。改善民生就是要特别注意做好棚改等保基本、兜底线、雪中送炭的事，政府要有硬措施。不仅要增加各级财政投入，还要创新方式，加大金融支持力度，鼓励民间资本参与，持续打好一场场“攻坚战”，保证质量、分配、管理等环节都靠得住，使更多困难群众早日圆上安居梦。

李克强来到大营门工商所，同办事群众交流。李克强说，现在群众多元化的需求很大，我们深化行政体制改革、简政放权，把该由市场决定的权力放给市场，可以大大激发市场主体增加供给的活力。同时，政府有效实施监管，也有利于创造公平竞争的市场秩序。

万钢、周小川等陪同考察。

12月27日

［纲　文］　**汪洋在北京京东世纪贸易有限公司调研。**

［目　文］　调研期间，国务院副总理汪洋主持召开电子商务工作座谈会。他强调，电子商务是综合性、战略性、基础性产业，对扩消费、稳增长、调结构、促转型、增就业、惠民生具有重要作用，是经济社会发展的重要“引擎”。要认真贯彻落实十八届三中全会和中央经济工作会议精神，把发展电子商务作为一件大事来抓，抢占未来竞争的战略制高点。

汪洋指出，我国电子商务快速发展，但也存在增长方式粗放、质量效益不高、行业秩序不规范等问题。各地方、各有关部门要加强顶层设计，夯实基础工作，为我国电子商务持续健康发展营造良好的法治环境、政策环境和市场环境。

汪洋要求重点抓好六项工作。一是创新适应电子商务快速发展的管理体制，充分发挥企业主体作用，明确政府管什么、谁来管、怎么管等问题。二是建立健全电子商务法律法规，建设法治化的营商环境。三是强化政策支持，鼓励有条件的电子商务企业探索智能物流、药品流通、农产品流通、跨境电子商务、互联网金融等新型业务。四是完善信息网络、物流配送、电子支付等基础设施。五是加快信用体系建设，严厉打击侵权假冒、虚假宣传等不法行为。六是推动电子商务统计科学化、制度化、规范化。

12月27日

［纲　文］　**交通运输部在北京召开2014年全国交通运输工作会议。**

［目　文］　交通运输部党组书记、部长杨传堂作工作报告。他指出，2013 年我国综合交通体系不断完善，全年新建高速公路 8260 公里；新改建农村公路 21 万公里；新开国际航线 92 条，支线航线 252 条；新增及改善高等级航道 289 公里。

会议就 2014 年公路、水路方面的重点工作作出部署。2014 年将重点加快综合交通、智慧交通、绿色交通、平安交通“四个交通”发展。要通过综合交通战略规划、政策法规、标准规范促进各种运输方式深度融合；要以重大科技突破牵引交通运输转型升级，围绕支撑重大工程建设抓好重大科技研发；要在规划、建设、运营、养护等各个环节集约节约利用资源、保护生态环境，建设绿色交通系统；要坚持“底线思维”和“红线思维”，把保障人民群众出行安全放在首位。

12 月 27 日

［纲　文］　**全国审计工作会议在北京召开。**

［目　文］　会议明确提出了当前和今后一个时期审计工作的总体思路、目标和要求，研究部署了下一阶段具体审计任务。审计长刘家义作了大会讲话，副审计长董大胜传达了国务院领导在近日听取审计工作汇报后所作的指示，总审计师孙宝厚宣读了审计署关于表彰 2013 年优秀审计项目的决定。余效明、石爱中、陈蔷、李勇库、陈尘肇等其他各位署领导出席了会议。

刘家义指出，2013 年 1 至 11 月，全国共审计 11 万个单位，促进增收节支和挽回损失 2600 多亿元，移送违法违纪案件线索 1400 多件，提交报告和信息 8.5 万多篇，发布审计结果公告 5700 多篇，推动建立健全制度 2600 多项，审计工作取得了新进展。一是紧紧围绕党和国家工作中心，加大审计监督力度；二是探索新形势下的审计方式方法，努力提升审计监督效能；加强各项基础建设，为审计工作提供保障。

刘家义表示，当前和今后一个时期，审计机关将努力实现审计监督全覆盖，不断增强审计的威慑力和实效性，依法使所有公共资金、国有资产、国有资源都在审计监督之下，不留盲区和死角。将突出抓好六个方面工作：一是进一步加大对宏观调控政策措施落实情况的跟踪审计力度，促进政令畅通。二是进一步加大绩效审计力度，促进提质增效和厉行节约。三是进一步加大经济责任审计力度，促进强化对权力运行的监督和制约。四是进一步加大对经济运行中风险隐患的揭示力度，维护国家经济安全。五是进一步加大对民生资金和生态环保项目的审计力度，维护人民群众利益。六是进一步加大对违法违纪问题的揭示力度，促进党风廉政建设和反腐败斗争。

来自地方审计厅（局），审计署机关各单位、驻地方特派办、派出审计局的会议代表，以及审计署特约审计员、特邀单位代表等共 200 多人参加了此次会议。

12 月 27 日

［纲　文］　**民政部在北京召开 2014 年全国民政工作会议。**

［目　文］　会议指出，截至 2013 年 11 月底，全国养老床位达到 500.17 万张，各类养老机构近 4.5 万家，每千名老年人拥有养老床位达到 25 张，日间照料服务已覆盖近

50%的城市社区和20%以上的农村社区。此外，16个省份建立了困难残疾人生活补贴制度，5个省份建立了重度残疾人护理补贴制度。2014年，将加快建立社会养老服务体系、完善儿童福利制度、拓展残疾人社会福利列为首项任务。民政部明年将着力提高城乡社区老年人日间照料服务覆盖率，使各类养老床位达到570万张、每千名老人拥有养老床位数达到27张。

12月27日

［纲 文］ **2013年全国文物局长会议在北京召开。**

［目 文］ 文化部部长蔡武出席会议并讲话，文化部副部长、国家文物局局长励小捷就2014年文物工作作出部署。

蔡武从七个方面概括和肯定了2013年文物工作取得的成绩。一是积极推进文物保护项目审批机制改革。二是研究制定2020年文物事业发展目标体系。三是开展《文物保护法》修订前期研究工作。四是全面展开第一次全国可移动文物普查。五是开展古村落综合保护利用试点。六是落实国务院关于做好旅游等开发建设活动中文物保护的有关部署。七是切实改进工作作风，狠抓年度重点工作落实。他指出，当前文物事业进入一个新的发展时期，机遇和挑战并存、希望和困难交织，要对面临的形势保持清醒的认识，在改革创新中破解难题，在科学发展中提升水平，切实肩负起历史赋予的使命。

励小捷提出了2014年文物工作的基本思路，即全面贯彻落实党的十八大和十八届三中全会精神，坚持稳中求进、改革创新的工作总基调，着力推进以项目审批制度综合改革为突破口的各项改革，着力增强以实施分类管理、精准管理为抓手的宏观管理能力，着力完善以《文物保护法》修订为核心的法规标准体系，着力提升以强化博物馆教育功能为重点的文博行业服务社会的水平，立足大局，因势而谋，应势而动，顺势而为，以奋发有为的精神状态全面推进各项工作。

与会代表结合学习贯彻党的十八届三中全会精神进行了分组讨论，对如何全面深化文物系统改革、落实2014年各项工作任务提出了意见建议。会议还为获得国家科技进步二等奖的代表颁奖，为国文信文物保护有限公司成立揭牌，为第二批国家考古遗址公园授牌。

国家文物局副局长董保华、童明康、顾玉才、宋新潮出席会议。中央国家机关有关部门，国家文物局机关及各直属单位，各省区市和计划单列市、新疆生产建设兵团文物行政部门，在京主要中央文博单位有关负责人以及长期从事文物工作的老领导、老专家等参加了会议。

12月27日

［纲 文］ **民政部、发展改革委联合印发《关于开展养老服务业综合改革试点工作的通知》。**

［目 文］ 《通知》指出，要通过开展养老服务业综合改革试点，促进试点地区率先建成功能完善、规模适度、覆盖城乡的养老服务体系，创造一批各具特色的典型经验和先

进做法，出台一批可持续、可复制的政策措施和体制机制创新成果，形成一批竞争力强、经济社会效益显著的服务机构和产业集群，为全国养老服务业发展提供示范经验。

《通知》明确，试点地区应是地市级或县级行政区域，以地市级（含副省级城市）为主，各地申报的试点地区不超过 2 个。试点地区根据地方实际，按照深化体制改革、坚持保障基本、注重统筹发展和完善市场机制的思路，重点围绕健全养老服务体系、引导社会力量参与养老服务、完善养老服务发展政策、强化城市养老服务设施布局、创新养老服务供给方式、培育养老服务产业集群、加强养老服务队伍建设、强化养老服务市场监管 8 个方面开展试点。

12 月 27 日

［纲　文］　**2013 年中国考古 6 大新发现揭晓。**

［目　文］　中国社会科学院考古学论坛正式揭晓了“2013 年中国考古 6 大新发现”，它们分别是甘肃张掖西城驿遗址、湖北随州文峰塔东周曾国墓地、陕西西安秦始皇帝陵园、四川成都天回镇老官山汉墓、陕西西安渭桥遗址、江苏扬州隋炀帝墓。论坛上，参与发掘的考古人员介绍了各考古发现的基本情况，刘庆柱、王巍、卜宪群、李伯谦、齐东方、水涛等考古学和史学专家肯定了各考古发现的学术价值。

12 月 27 日

［纲　文］　**全国政协主席俞正声在北京会见柬埔寨参议院第二副主席狄诺。**

［目　文］　俞正声在会见时说，中柬是好邻居、好兄弟、好伙伴，是休戚相关的命运共同体。今年适逢中柬建交 55 周年和中柬友好年，双方积极落实两国领导人达成的重要共识，多领域合作成果丰硕。俞正声表示，中方高度重视发展对柬关系，将坚定不移深化中柬全面战略合作，坚定不移支持柬埔寨保持稳定、加快发展。他强调，中国将坚持与邻为善、以邻为伴，坚持睦邻、安邻、富邻，全面深化同周边国家的务实合作。中国全国政协愿加强同柬埔寨参议院的密切交流与合作，相互学习借鉴，为推进各自国家建设、深化中柬全面战略合作伙伴关系发挥积极作用。

狄诺表示，中国始终是柬最可信赖的伙伴。柬参议院与中国全国政协一直保持密切交往，愿继续加强务实合作，推动两国关系进一步发展。

全国政协副主席马飚 26 日在北京会见了狄诺一行。双方就保持中国全国政协与柬埔寨参议院密切交往交换了意见。

12 月 27 日

［纲　文］　**《人民日报》发表题为《充分发挥我国政治制度的优越性——六论深入学习贯彻习近平总书记系列讲话精神》的评论员文章。**

12 月 28 日

［纲　文］　**习近平元旦前夕在北京市看望一线职工和老年群众。**

［目　文］　中共中央总书记、国家主席、中央军委主席习近平在北京市委书记郭金

龙、市长王安顺陪同下，深入北京市供热企业和敬老院，考察民生工作，看望一线职工，慰问老年群众，向全国一线职工表示慰问，向全国老年群众致以祝福。

习近平首先来到北京能源投资集团有限公司所属京桥热电有限公司，考察冬季供热情况。京桥热电是北京的西南热电中心，承担着首都冬季供热任务。习近平一来到这里，就详细听取了政府有关部门和企业负责人关于北京市供暖规划布局、设备改造、热网和气源保障等情况介绍。他说，冬季供暖是重要的民生实事，供热企业职工工作在第一线，大家辛苦了。元旦春节将至，大家要一丝不苟做好工作，让家家户户过一个温暖的冬季、过一个欢乐祥和的节日。

习近平来到北京市海淀区四季青敬老院。他强调，我国老年人口增加很快，老年服务产业发展还比较滞后。要完善制度、改进工作，推动养老事业多元化、多样化发展，让所有老年人都能老有所养、老有所依、老有所乐、老有所安。习近平要求养老服务机构加强管理，增强安全意识，提高服务质量，让每一位老人都能生活得安心、静心、舒心，都能健康长寿、安享幸福晚年。总书记的关怀，使在场的每个人深受感动，大家热烈鼓掌，表达对总书记关心老人的感激之情。离别时，老人们纷纷向总书记挥手告别，幸福写在每个人脸上。

王沪宁、栗战书和中央有关部门负责人陪同考察慰问。

12月28日

［纲　文］　**习近平签署中华人民共和国主席令（第八号）。**

［目　文］　第八号主席令说，《全国人民代表大会常务委员会关于修改〈中华人民共和国海洋环境保护法〉等七部法律的决定》已由中华人民共和国第十二届全国人民代表大会常务委员会第六次会议于2013年12月28日通过，现予公布。

《全国人民代表大会常务委员会关于修改〈中华人民共和国海洋环境保护法〉等七部法律的决定》对《中华人民共和国海洋环境保护法》《中华人民共和国药品管理法》《中华人民共和国计量法》《中华人民共和国渔业法》《中华人民共和国海关法》《中华人民共和国烟草专卖法》所作的修改，自公布之日起施行；对《中华人民共和国公司法》所作的修改，自2014年3月1日起施行。

12月28日

［纲　文］　**司法部清理有关劳教工作部颁规章、规范性文件。**

［目　文］　根据《全国人民代表大会常务委员会关于废止有关劳动教养法律规定的决定》，司法部对有关劳动教养工作的部颁规章、规范性文件进行了清理。发布《司法部关于废止有关劳动教养工作部颁规章的决定》，对专门规范劳动教养工作的《劳动教养人员生活卫生管理办法》等7件部颁规章和其他部颁规章中有关劳动教养工作的规定予以废止；印发《司法部关于废止有关劳动教养工作规范性文件的通知》，对专门规范劳动教养工作的《司法部关于做好被决定劳动教养的卖淫、嫖娼人员收容工作的通知》等33件规范性文件和其他规范性文件中有关劳动教养工作的规定予以废止。同时，司法部对各地有关劳动教养工作制度规定的清理工作进行了部署。

12月28日

［纲　文］ **中国铁路总里程突破10万公里。**

［目　文］ 从东到西、从南到北，厦深铁路、西宝高铁、柳南客专、衡柳铁路、渝利铁路、广西沿海铁路等多条铁路线同时开通运营。中国铁路营运里程突破10万公里。

10万公里铁路中，高速铁路已破1万公里，西部铁路比重上升。时速120公里及以上线路超过4万公里，其中时速160公里线路超过2万公里；高速铁路突破1万公里，在建规模1.2万公里，使我国成为世界上高速铁路运营里程最长的国家。10万公里铁路中，复线和电气化里程分别达到4.6万公里和5.4万公里；西部铁路由昔日的不足千公里跃进到3.8万公里，在整个路网中的比重上升到36.9%。

12月28日

［纲　文］ **广西壮族自治区首趟进京高铁开行。**

［目　文］ 12时15分，G530次动车从桂林始发，开往北京西站，两地车程将从此前的26小时压缩至10小时36分。广西壮族自治区由此结束了没有高铁的历史，成为全国首个开通高铁、开行动车的少数民族自治区。

12月28日

［纲　文］ **《人民日报》发表题为《作风改到深处是坚持》的评论员文章。**

12月29日

［纲　文］ **刘延东参观中国现代科学家主题展。**

［目　文］ 中共中央政治局委员、国务院副总理刘延东参观了在国家博物馆举办的“科技梦·中国梦——中国现代科学家主题展”。

刘延东指出，中国梦连着科技梦，科技梦助推中国梦。百年来特别是新中国成立六十多年来，一代又一代科学家作为新中国科技发展的奠基者和功臣，他们的巨大贡献和科学精神，是新起点上我国科技创新和现代化建设的宝贵财富。刘延东希望广大科技工作者积极学习传承老一辈科学家爱国奉献、开拓奋进的理想信念，勇于创新、不懈探索的科学精神，严谨求实、淡泊名利的高尚品德，甘为人梯、提携后学的大家风范，为加快建设创新型国家、全面建成小康社会、实现中华民族伟大复兴中国梦贡献智慧和力量。

刘延东强调，各地各有关部门要认真做好科学家学术成长资料收集、开发和利用工作，通过多种方式，大力宣传科学家的先进事迹和崇高精神，进一步营造尊重科学、崇尚科学的浓厚氛围，激发全社会的创新热情和创造活力。

这次展览由中国科协会同教育部、财政部、文化部、国资委、解放军总政治部、中科院、工程院、自然科学基金会等单位联合主办，集中展示了近700位中国现当代科学家的学术生涯和精神世界。

12月29日

［纲　文］ **财政部、中组部、公务员局印发《中央和国家机关培训费管理办法》。**

［目　文］《办法》分总则、计划和备案管理、开支范围和标准、培训组织、报销结算、监督检查、附则7章27条，自2014年1月1日起施行。

《办法》提出，培训费实行综合定额标准控制。每人每天综合定额标准为450元。《办法》还对不同培训天数的综合定额标准控制和讲课费税后标准进行了明确。

《办法》强调，严禁借培训名义安排公款旅游；严禁借培训名义组织会餐或安排宴请；严禁组织高消费娱乐、健身活动；严禁在培训费中列支公务接待费、会议费；严禁套取培训费设立"小金库"；培训住宿不得安排高档套房，不得额外配发洗漱用品等。

12月29日

［纲　文］**《人民日报》发表题为《牢牢把握意识形态工作主动权——七论深入学习贯彻习近平总书记系列讲话精神》的评论员文章。**

12月29日

［纲　文］**《人民日报》发表题为《严肃党纪国法，坚决铲除腐败》的评论员文章。**

12月30日

［纲　文］**中共中央政治局召开会议。**

［目　文］中共中央总书记习近平主持会议。会议决定成立中央全面深化改革领导小组；听取中央纪律检查委员会2013年工作汇报，研究部署2014年党风廉政建设和反腐败工作；审议通过《党政领导干部选拔任用工作条例（修订稿）》。

会议决定成立中央全面深化改革领导小组，由习近平任组长。中央全面深化改革领导小组负责改革的总体设计、统筹协调、整体推进、督促落实，主要职责是研究确定经济体制、政治体制、文化体制、社会体制、生态文明体制和党的建设制度等方面改革的重大原则、方针政策、总体方案；统一部署全国性重大改革；统筹协调处理全局性、长远性、跨地区跨部门的重大改革问题；指导、推动、督促中央有关重大改革政策措施的组织落实。

会议指出，2013年，党中央坚持党要管党、从严治党，对党风廉政建设和反腐败工作整体设计、系统规划、跟进监督，中央政治局以身作则，党风廉政建设取得了一定成效。中央纪委和各级纪检监察机关坚决贯彻中央决策部署，全面履行党章赋予的职责，聚焦党风廉政建设和反腐败斗争，严明党的纪律特别是政治纪律，坚决维护党的集中统一；扭住落实中央八项规定精神、纠正"四风"不放，一个节点一个节点抓，让人民群众看到了变化和希望；坚持"老虎"、"苍蝇"一起打，毫不手软惩治腐败，形成震慑；狠抓纪检监察队伍自身建设，转职能、转方式、转作风，很好完成了中央交给的各项任务。

会议指出，党风廉政建设必须全党动手，全面落实各级党组织的主体责任。党的组织、宣传、政法等部门，人大、政府、政协、法院、检察院党组要齐抓共管，形成合力。要实行严格的责任追究，对落实党风廉政建设责任制不力的，抓出典型严肃处理，以警示党员干部；持之以恒落实中央八项规定精神、坚决纠正"四风"，一年接着一年干，坚定信心，一抓到底，防止反弹。要巩固第一批群众路线教育实践活动成果，善始善终抓好第二批教育实践活动。要狠抓纪律建设，严肃政治纪律，坚决维护中央权威，保证中央政令畅通；严格执行组织纪律、财经纪律、工作纪律、生活纪律，敢于板起脸来开展批评，确保纪律刚性约束，坚决克服组织涣散、纪律松弛问题。要坚决遏制腐败蔓延势头，保持高压态势、形成震慑。要坚持抓早抓小，对领导干部身上暴露出的问题早发现、早提醒，加强警示教育。要加强理想信念教育，增强宗旨意识，使领导干部不想腐；加强体制机制创新和制度建设，强化监督管理，严肃纪律，使领导干部不能腐；坚持有腐必惩、有贪必肃，使领导干部不敢腐。

会议同意2014年1月召开第十八届中央纪律检查委员会第三次全体会议。

12月30日

［纲　文］　中共中央政治局就提高国家文化软实力研究进行第十二次集体学习。

［目　文］　中共中央总书记习近平主持学习。武汉大学沈壮海教授、全国宣传干部学院黄志坚教授就提高国家文化软实力研究问题进行讲解，并谈了他们的意见和建议。中共中央政治局各位同志认真听取了他们的讲解，并就有关问题进行了讨论。

习近平在主持学习时发表了讲话。他指出，提高国家文化软实力，要努力夯实国家文化软实力的根基。要坚持走中国特色社会主义文化发展道路，深化文化体制改革，深入开展社会主义核心价值体系学习教育，广泛开展理想信念教育，大力弘扬民族精神和时代精神，推动文化事业全面繁荣、文化产业快速发展。夯实国内文化建设根基，一个很重要的工作就是从思想道德抓起，从社会风气抓起，从每一个人抓起。要继承和弘扬我国人民在长期实践中培育和形成的传统美德，坚持马克思主义道德观、坚持社会主义道德观，在去粗取精、去伪存真的基础上，坚持古为今用、推陈出新，努力实现中华传统美德的创造性转化、创新性发展，引导人们向往和追求讲道德、尊道德、守道德的生活，让13亿人的每一分子都成为传播中华美德、中华文化的主体。

习近平强调，提高国家文化软实力，要努力传播当代中国价值观念。当代中国价值观念，就是中国特色社会主义价值观念，代表了中国先进文化的前进方向。我国成功走出了一条中国特色社会主义道路，实践证明我们的道路、理论体系、制度是成功的。要加强提炼和阐释，拓展对外传播平台和载体，把当代中国价值观念贯穿于国际交流和传播方方面面。

习近平强调，要注重塑造我国的国家形象，重点展示中国历史底蕴深厚、各民族多元一体、文化多样和谐的文明大国形象，政治清明、经济发展、文化繁荣、社会稳定、人民团结、山河秀美的东方大国形象，坚持和平发展、促进共同发展、维护国际公平正义、为人类作出贡献的负责任大国形象，对外更加开放、更加具有亲和力、充满希望、充满活力的社会主义大国形象。

习近平指出，提高国家文化软实力，要努力提高国际话语权。要加强国际传播能力建设，精心构建对外话语体系，发挥好新兴媒体作用，增强对外话语的创造力、感召力、公信力，讲好中国故事，传播好中国声音，阐释好中国特色。对中国人民和中华民族的优秀文化和光荣历史，要加大正面宣传力度，通过学校教育、理论研究、历史研究、影视作品、文学作品等多种方式，加强爱国主义、集体主义、社会主义教育，引导我国人民树立和坚持正确的历史观、民族观、国家观、文化观，增强做中国人的骨气和底气。

12月30日

［纲　文］ **2014年新年戏曲晚会在国家大剧院举行，习近平等党和国家领导人出席观看。**

［目　文］ 习近平、李克强、张德江、俞正声、刘云山、王岐山、张高丽等，与首都近千名群众一起观看演出，喜迎新年的到来。

2014年的新年戏曲晚会，不同剧种、不同流派同台竞献、相映生辉，展现出中华戏曲艺术的源远流长和博大精深。一曲《百花迎春梨园情》拉开了晚会序幕。黄梅戏《天仙配》、评剧《谢瑶环》、京剧《四郎探母》等经典选段，韵味十足。吕剧《百姓书记》、豫剧《村官李天成》等反映现实生活和时代精神的现代戏，展示了戏曲艺术推陈出新、百花齐放的喜人景象。晋剧《打金枝》、越剧《梁山伯与祝英台》等家喻户晓的唱段，以艺术的方式表现了脍炙人口的民间故事。

表现戏曲艺术精湛技艺和高超水平的打棍出箱、踩跷凳子功、双鞭、武松大闹狮子楼等绝技表演，引领新风尚、传递正能量的京歌《同圆中国梦》，获得国家舞台艺术精品和“文华大奖”优秀剧目的川剧《金子》、秦腔《西京故事》，将演出一次次推向高潮。晚会在新编京剧《天下归心》演绎的孝道亲情的故事中落下帷幕。艺术家和演员的精湛表演赢得全场阵阵喝彩和掌声。

中共中央政治局委员、中央书记处书记、全国人大常委会部分领导、国务委员、全国政协部分领导和有关部门负责人等观看了演出。

12月30日

［纲　文］ **国家主席习近平就俄罗斯伏尔加格勒遭受连环恐怖袭击造成重大人员伤亡向俄罗斯总统普京致慰问电。**

［目　文］ 俄罗斯南部城市伏尔加格勒一辆无轨电车30日发生爆炸，造成至少14人丧生。这是这座交通枢纽城市两天内第二起恐怖袭击。伏尔加格勒火车站29日中午遭遇自杀式爆炸袭击，两起袭击已致至少32人死亡，70多人受伤。

当天，国务院总理李克强就此事向俄罗斯联邦政府总理梅德韦杰夫致电慰问。

12月30日

［纲　文］ **国务院办公厅转发财政部《关于调整和完善县级基本财力保障机制意见》。**

［目　文］《意见》主要内容有：一、总体要求。二、主要原则。三、基本思路。四、保障范围和标准。五、省级政府加大财力调节力度。六、县级政府全面落实保障责任。七、中央财政健全激励约束机制。

《意见》明确，通过加大奖补资金支持力度、完善省以下财政体制、健全激励约束机制等方式，为县级财政提供更好的保障。在资金保障上，中央财政要逐步加大奖补资金支持力度，健全激励约束机制，引导和督促地方政府切实加强县级基本财力保障工作。省级政府完善省以下财政体制，加大财力调节力度，推进省直管县财政改革，建立长效保障机制，强化县级财政预算监督和支出绩效评价，确保县级基本财力保障资金稳定增长。县级政府要加强县域经济发展，提高自我保障能力，强化预算管理，按照中央财政和省级政府规定范围和标准落实保障责任，切实履行基层政府职能。

12月30日

［纲　文］　**国家卫生计生委、国家中医药管理局联合印发《关于加快发展社会办医的若干意见》**。

［目　文］　《意见》主要内容有：一、总体要求。二、加强规划引导。三、加大发展社会办医的支持力度。四、支持非公立医疗机构提升服务能力。五、加强对非公立医疗机构监管。

《意见》指出，将社会办医纳入区域卫生规划统筹考虑。优先支持社会资本举办非营利性医疗机构，加快形成以非营利性医疗机构为主体、营利性医疗机构为补充的社会办医体系。

12月30日

［纲　文］　**中国商飞ARJ21首批交付飞机下线**。

［目　文］　ARJ21-700新支线飞机首批交付的两架飞机在中国商飞上海飞机制造有限公司总装车间下线，ARJ21-700新支线飞机预投产工作迈出重要一步。该飞机是我国第一款完全按照国际标准研制的涡扇喷气支线客机，填补了国内民机研制和适航审定领域的诸多空白。

12月30日

［纲　文］　**外交部部长王毅同俄罗斯外交部部长拉夫罗夫通电话**。

［目　文］　两国外交部部长在通话中互致新年问候和祝福，一致表示，在新的一年里，双方要加强沟通、交往与合作，共同推动中俄全面战略协作伙伴关系更上一层楼。

王毅对俄罗斯伏尔加格勒遭受连环恐怖袭击表示慰问，并强烈谴责这一恐怖行径，表示中方支持俄方为维护国家安全稳定采取的措施。拉夫罗夫对此表示感谢，强调俄方愿同中方加强反恐合作。

双方还就日本首相安倍参拜供奉有“二战”甲级战犯的靖国神社交换意见。王毅指出，安倍此举必须引起世界上一切爱好和平的国家和人民的高度警惕。中俄作为世界反法西斯战争的胜利国和联合国安理会常任理事国，理应共同维护国际正义和战后国际秩序。这是中俄两国共同承担的国际责任和义务。

拉夫罗夫强调，在靖国神社问题上，俄方立场同中方完全一致。俄方反对安倍参拜靖国神社，认为安倍此举是对亚洲邻国的挑衅，表明日本不愿客观对待过去，企图漂白军国主义对外侵略和殖民统治历史。俄方对日方对待“二战”结果的态度表示不满，敦促日方纠正错误的历史观，不要再采取伤害受害国人民感情、加剧地区局势紧张的行动。俄方愿同中方一道，共同维护地区安全与稳定。

12月30日

［纲　文］ **外交部发言人表示，确保叙利亚化武销毁符合各方利益。**

［目　文］ 外交部发言人在例行记者会上表示，在叙利亚化武问题上，中方始终秉持客观、公正立场。确保叙利亚化武顺利、安全运至境外销毁，有利于增进地区安全，符合各方利益。

外交部发言人说，12月27日，应俄罗斯邀请，中国、美国、叙利亚、丹麦、挪威及禁化武组织—联合国叙利亚特派团代表在莫斯科召开多边协调会，讨论并达成了叙利亚化武海运护航方案。各方将就达成护航方案一事，尽快通报联合国和禁化武组织。下一步，中国、俄罗斯、丹麦、挪威的军舰将密切配合，共同保障叙利亚化武海上运输安全、顺利。

外交部发言人表示，中方派军舰参与护航，是落实安理会第2118号决议和禁化武组织关于销毁叙利亚化武各项决定，以实际行动积极响应联合国和禁化武组织号召，为国际和地区和平作出应有贡献。

12月30日

［纲　文］ **《人民日报》发表题为《平民情怀最动人》的评论员文章。**

12月30日

［纲　文］ **《人民日报》发表题为《为我国发展争取良好外部环境——八论深入学习贯彻习近平总书记系列讲话精神》的评论员文章。**

12月30日

［纲　文］ **《人民日报》发表题为《坚决维护人民代表大会制度的权威和尊严》的评论员文章。**

12月31日

［纲　文］ **习近平发表2014年新年贺词。**

［目　文］ 新年前夕，国家主席习近平通过中国国际广播电台、中央人民广播电台、中央电视台，发表了2014年新年贺词。习近平在新年贺词中说，在这辞旧迎新之际，无数工人、农民、知识分子、干部仍然坚守在工作岗位，不少同胞依然奔波在世界各地为祖国辛勤工作，许多人民解放军和武警官兵、公安干警正在履行光荣使命。他们有的远离祖国、远离亲人，有的不能同家人团聚。我代表祖国和人民，向他们致以诚挚的问候，祝他们平安顺利。

习近平说，2013年，对我们国家和人民来说是很不平凡的一年。我们共同战胜了各种困难和挑战，取得了新的显著成就。成绩来之不易，凝聚了大家的心血和汗水。我向大家表示衷心的感谢。2013年，我们对全面深化改革作出总体部署，共同描绘了未来发展的宏伟蓝图。2014年，我们将在改革的道路上迈出新的步伐。

习近平说，70多亿人共同生活在我们这个星球上，应该守望相助、同舟共济、共同发展。中国人民追寻实现中华民族伟大复兴的中国梦，也祝愿各国人民能够实现自己的梦想。

12月31日

［纲　文］　**全国政协举行新年茶话会，习近平发表重要讲话。**

［目　文］　党和国家领导人习近平、李克强、张德江、俞正声、刘云山、王岐山、张高丽等同各民主党派中央、全国工商联负责人和无党派人士代表、中央和国家机关有关方面负责人以及首都各族各界代表欢聚在全国政协礼堂，共迎2014年元旦。

中共中央总书记、国家主席、中央军委主席习近平在茶话会上发表重要讲话，强调要大力弘扬与时俱进、锐意进取、勤于探索、勇于实践的改革创新精神，争当改革的坚定拥护者和积极实践者，用自己勤劳的双手在改革实践中创造更加幸福的生活。

习近平指出，2013年是全面贯彻落实中共十八大精神的开局之年。中共中央团结带领全国各族人民，坚持稳中求进工作总基调，沉着应对各种风险和挑战，全面推进社会主义经济建设、政治建设、文化建设、社会建设、生态文明建设，对全面深化改革作出总体部署，推动国防和军队建设迈出新步伐，推动全方位外交打开新局面，群众路线教育实践活动取得重要阶段性成果，实现良好开局。

习近平强调，2014年将是我国发展进程中十分重要的一年。新的一年，应该有新的奋斗、新的收获。我们要全面贯彻落实中共十八大和十八届二中、三中全会精神，以邓小平理论、“三个代表”重要思想、科学发展观为指导，坚持改革创新，坚持稳中求进，全面做好各项工作。要保持香港、澳门长期繁荣稳定；坚持“和平统一、一国两制”方针，为两岸同胞谋福祉。要同各国人民一道为人类和平与发展的崇高事业而不懈努力。

茶话会由中共中央政治局常委、全国政协主席俞正声主持。民革中央主席万鄂湘代表各民主党派中央、全国工商联和无党派人士讲话。

在京中共中央政治局委员、中央书记处书记，部分在京全国人大、国务院领导，全国政协领导和曾任全国政协副主席的在京老同志出席茶话会。

12月31日

［纲　文］　**国家主席习近平和俄罗斯总统普京互致新年贺电。**

［目　文］　习近平在贺电中说，值此2014年新年来临之际，我谨代表中国政府和人民，并以我个人的名义，向你并通过你向友好的俄罗斯人民，致以诚挚的祝贺。回首2013年，我们从推动国际形势健康稳定发展和中俄两国发展振兴大局出发，以战略思维和全球视角审视和发展中俄全面战略协作伙伴关系，促进双方各领域合作取得重要进展，我对此表示满意。我始终认为，高水平、强有力的中俄关系是我们两国人民的福音，也是世界人民的福音。在新的一年，我愿继续同你保持密切沟通和接触，携手努力，推动中俄各领域合作百尺竿头、更进一步，不断开拓两国关系发展新局面。我相信，明后年将举办的中俄青年友好交流年活动必将增进两国青年相互了解和友谊，使中俄世代友好、共同振

兴的理念更加深入人心，为中俄全面战略协作伙伴关系持续深入发展作出新贡献。

普京在贺电中说，值此 2014 年新年和春节来临之际，谨致以衷心的祝贺。在即将过去的一年，俄中关系喜事频传。您 3 月对俄罗斯的访问具有特别重要的意义，为俄中全面战略协作伙伴关系发展，为促进两国在国际事务中的协调配合注入了强劲动力。俄中互办旅游年活动取得了圆满成功。现在，我们共同启动一个新的项目——俄中青年友好交流年。我相信，举办这一大型活动将进一步增进俄中两国人民之间的相互理解和信任。

当日，国务院总理李克强同俄罗斯总理梅德韦杰夫也互致新年贺电。

12 月 31 日

［纲　文］　**财政部印发《中央和国家机关差旅费管理办法》。**

［目　文］　《办法》分总则、城市间交通费、住宿费、伙食补助费、市内交通费、报销管理、监督问责、附则 8 章 33 条，自 2014 年 1 月 1 日起施行。

《办法》要求，中央单位应当建立健全公务出差审批制度。出差必须按规定报经单位有关领导批准，从严控制出差人数和天数；严格差旅费预算管理，控制差旅费支出规模；严禁无实质内容、无明确公务目的的差旅活动，严禁以任何名义和方式变相旅游，严禁异地部门间无实质内容的学习交流和考察调研。

12 月 31 日

［纲　文］　**教育部等 3 部门印发《关于全面改善贫困地区义务教育薄弱学校基本办学条件的意见》。**

［目　文］　《意见》主要内容有：一、充分认识改善贫困地区义务教育薄弱学校基本办学条件的重要意义。二、改善贫困地区义务教育薄弱学校基本办学条件的总体要求。三、改善贫困地区义务教育薄弱学校基本办学条件的重点任务。四、有关工作要求。

《意见》提出，改善贫困地区义务教育办学条件，将以中西部农村贫困地区为主，兼顾东部部分困难地区；以集中连片特困地区为主，兼顾其他国家扶贫开发工作重点地区、民族地区、边境地区等贫困地区。经过 3—5 年的努力，使贫困地区农村义务教育学校教室、桌椅、图书、实验仪器、运动场等教学设施满足基本教学需要；学校宿舍、床位、厕所、食堂（伙房）、饮水等生活设施满足基本生活需要；留守儿童学习和寄宿需要得到基本满足，村小学和教学点能够正常运转；县镇超大班额现象基本消除，逐步做到小学班额不超过 45 人、初中班额不超过 50 人；教师配置趋于合理，数量、素质和结构基本适应教育教学需要；小学辍学率努力控制在 0.6% 以下，初中辍学率努力控制在 1.8% 以下。

根据《意见》，改善贫困地区义务教育薄弱学校基本办学条件的重点任务是改善学校生活设施以及办好必要的教学点。有条件的地方逐步达到小学生均图书不低于 15 册，初中生均图书不低于 25 册。保障寄宿学生每人 1 个床位，消除大通铺现象。根据实际需要配备必要的洗浴设施和条件。对学生规模不足 100 人的村小学和教学点按 100 人的标准单独核定公用经费，由县级财政和教育部门按时足额拨付，不得截留挪用。

12月31日

［纲　文］　**中国建成首个100G主干网**。

［目　文］　中国教育和科研计算机网（CERNET）主干网和重点学科信息服务体系升级扩容工程在清华大学通过验收，标志着我国第一个100G主干网诞生，也使CERNET成为世界上规模最大的100G学术网络。

12月31日

［纲　文］　**许其亮在北京会见2013年度践行当代革命军人核心价值观新闻人物获奖代表**。

［目　文］　经军委、总政领导批准，由总政宣传部主办、解放军电视宣传中心承办、全军政工网和中国军网协办的“2013年度践行当代革命军人核心价值观新闻人物”和“特别奖”评选日前揭晓，11位个人当选“新闻人物”，3个先进群体荣获“特别奖”。

此次评选活动于本年9月全面启动，采取大单位推荐、部队官兵网上投票和专家评委评选相结合的形式进行。全军政工网和中国军网分别开设专栏，刊登候选人名单和简要事迹，开展网上投票评选，广大官兵踊跃参与，投票人数近百万。经过网上投票和专家评选，付立志、乐焰辉、刘铁桥、朱德荣、降巴克珠、拉巴次仁、高家蓉、钱有武、黄鹤云、楚科纬、黎介寿当选“2013年度践行当代革命军人核心价值观新闻人物”，空军试飞员群体、海军某潜艇基地官兵群体、国防科技大学北斗卫星导航青年创新团队荣获“2013年度践行当代革命军人核心价值观新闻人物特别奖”。

中央军委副主席许其亮在会见获奖代表时强调，习近平主席对持续培育当代革命军人核心价值观高度重视，作出一系列重要指示。我们要坚决贯彻落实，坚持用核心价值观凝魂聚气、强基固本，锻造一代代“忠诚于党、热爱人民、报效国家、献身使命、崇尚荣誉”的革命军人，始终做到听党指挥、能打胜仗、作风优良。

许其亮强调，全军官兵要向获奖人物学习。希望获奖同志珍惜荣誉，再接再厉。要始终听党指挥、践行宗旨，坚持用党的创新理论武装头脑，以高度政治自觉学习习主席系列讲话精神，坚定理想信念，提升精神境界，传承红色基因，把对党和人民的大忠大爱固化成强军的实际行动和能力。要始终练好打赢本领、争创一流，在强军的实践中做“领跑者”。要始终修养身心、树好形象，为强军实践注入强大精神力量。

12月31日

［纲　文］　**外交部部长王毅分别同美国国务卿克里、韩国外交部部长尹炳世通电话**。

［目　文］　王毅在同克里通话时表示，明天是2014年元旦，也是中美建交35周年纪念日。35年来，中美关系取得历史性发展，给两国和两国人民带来巨大福祉，也为促进地区乃至世界的和平、稳定与繁荣发挥了重要作用。2014年中美之间将有一系列重要议程。中方愿同美方一道，落实习近平主席同奥巴马总统达成的重要共识，努力推进中美新型大国关系建设，深化务实合作，妥善管控分歧，继续推动中美关系取得新的更大

发展。

双方还就当前日本问题和朝鲜半岛局势、巴以和谈等交换了意见。

在同尹炳世通话时，两国外交部部长充分肯定了2013年中韩关系取得的良好发展，王毅表示，在新的一年里，双方要落实好两国领导人达成的重要共识，密切高层交往，深化战略互信，加强友好合作，推动中韩关系迈上新台阶。

双方还就日本首相安倍晋三参拜靖国神社问题交换了意见。王毅指出，中韩分别对安倍此举予以了严厉谴责。我们的反应是正义的，也是正当的，是在捍卫人类良知，捍卫国际公理，捍卫被侵略国家人民的尊严。尹炳世也表明了韩国政府反对安倍参拜靖国神社的严正立场。

12月31日

［纲　文］**《人民日报》发表题为《为现代中国锻造坚强领导核心——九论深入学习贯彻习近平总书记系列讲话精神》的评论员文章。**

12月31日

［纲　文］**《人民日报》发表题为《让“阳光”照向政府性债务》的评论员文章。**

12月31日

［纲　文］**《人民日报》发表题为《让“三下乡”常下常新》的评论员文章。**

附 录

[附录一]

2013年中国行政区划变动一览表

批准日期	批准机构	省、市、自治区	变动内容
1月18日	国务院批复	四川	设立巴中市恩阳区。将巴中市巴州区的恩阳、玉山、茶坝、观音井、花丛、柳林、下八庙、渔溪、青木、三河场、三汇、上八庙12个镇，石城、兴隆场、关公、三星、舞凤、双胜、群乐、万安、尹家、九镇、玉井、义兴12个乡划归恩阳区管辖。以恩阳、玉山、茶坝、观音井、花丛、柳林、下八庙、渔溪、青木、三河场、三汇、上八庙12个镇，石城、兴隆场、关公、三星、舞凤、双胜、群乐、万安、尹家、九镇、玉井、义兴12个乡的行政区域为恩阳区的行政区域。恩阳区人民政府驻恩阳镇恩阳大道88号。
		广西壮族自治区	一、撤销临桂县，设立桂林市临桂区，以原临桂县的行政区域为临桂区的行政区域。临桂区人民政府驻临桂镇兴临路1号。 二、桂林市人民政府驻地由象山区五美路16号迁至临桂区西城中路69号。
1月24日	民政部批复	吉林	撤销扶余县，设立扶余市（县级），以原扶余县的行政区域为扶余市的行政区域。扶余市人民政府驻三岔河镇。
		云南	撤销弥勒县，设立弥勒市（县级），以原弥勒县的行政区域为弥勒市的行政区域。弥勒市人民政府驻弥阳镇。
2月8日	国务院批复	四川	设立广安市前锋区。前锋区人民政府驻前锋镇广前大道42号。
		青海	一、撤销海东地区和乐都县，设立地级海东市。海东市人民政府驻新设立的乐都区海东大道10号。 二、海东市设立乐都区，以乐都县的行政区域为乐都区的行政区域。乐都区人民政府驻碾伯镇古城大街50号。 三、海东市辖平安县、民和回族土族自治县、互助土族自治县、化隆回族自治县、循化撒拉族自治县和新设立的乐都区。
		江苏	一、撤销南京市秦淮区、白下区，设立新的南京市秦淮区，以原秦淮区、白下区的行政区域为新的秦淮区的行政区域。秦淮区人民政府驻五老村街道太平南路69号。 二、撤销南京市鼓楼区、下关区，设立新的南京市鼓楼区，以原鼓楼区、下关区的行政区域为新的鼓楼区的行政区域。鼓楼区人民政府驻宁海路街道山西路124号。 三、撤销溧水县，设立南京市溧水区，以原溧水县的行政区域为溧水区的行政区域。溧水区人民政府驻永阳镇大东门街68号。 四、撤销高淳县，设立南京市高淳区，以原高淳县的行政区域为高淳区的行政区域。高淳区人民政府驻淳溪镇镇兴路228号。

续表

批准日期	批准机构	省、市、自治区	变动内容
2月8日	国务院批复	广西壮族自治区	一、撤销梧州市蝶山区、万秀区，设立新的梧州市万秀区。以原蝶山区、万秀区（不含旺甫镇）的行政区域为新的万秀区的行政区域。万秀区人民政府驻城南街道阜民路18号。 二、设立梧州市龙圩区，以苍梧县的龙圩镇、新地镇、广平镇、大坡镇的行政区域为龙圩区的行政区域。龙圩区人民政府驻龙圩镇政贤路18号。 三、将原万秀区的旺甫镇划归苍梧县管辖。苍梧县辖石桥镇、岭脚镇、京南镇、狮寨镇、六堡镇、木双镇、梨埠镇、沙头镇、旺甫镇。苍梧县人民政府驻地由龙圩镇政贤路18号迁至石桥镇东安街1号。
3月6日	民政部批复	重庆市	重庆市南岸区人民政府驻地由南坪街道南城大道199号迁至长生桥镇广福大道1号。
		内蒙古自治区	扎赉诺尔矿区以呼伦贝尔市扎赉诺尔区备案，为县级行政区划建制，以扎赉诺尔矿区的管辖区域为扎赉诺尔区的行政区域。区人民政府驻第三街道新政街1号。
3月12日	民政部批复	四川	广元市元坝区更名为昭化区。
6月28日	国务院批复	四川	一、撤销达县，设立达州市达川区。以原达县（不含碑庙镇、江陵镇、北山乡、安云乡、梓桐乡、金石乡、青宁乡、龙滩乡、檬双乡）的行政区域为达川区的行政区域。达川区人民政府驻南外镇通达东路288号。 二、将原达县的碑庙镇、江陵镇、北山乡、安云乡、梓桐乡、金石乡、青宁乡、龙滩乡、檬双乡划归达州市通川区管辖。
		广东	一、撤销潮安县，设立潮州市潮安区。以原潮安县（不含磷溪镇、官塘镇、铁铺镇）的行政区域为潮安区的行政区域。潮安区人民政府驻庵埠镇潮安大道68号。 二、将原潮安县的磷溪镇、官塘镇、铁铺镇划归潮州市湘桥区管辖。
		广西壮族自治区	设立玉林市福绵区，将玉林市玉州区的福绵镇、成均镇、樟木镇、新桥镇、沙田镇、石和镇划归福绵区管辖，以福绵镇、成均镇、樟木镇、新桥镇、沙田镇、石和镇的行政区域为福绵区行政区域。福绵区人民政府驻福绵镇天河路1号。
7月3日	民政部批复	青海	撤销玉树县，设立县级玉树市，以原玉树县的行政区域为玉树市的行政区域。玉树市人民政府驻结古镇结古大道199号。玉树市由玉树藏族自治州管辖。

续表

批准日期	批准机构	省、市、自治区	变动内容
10月18日	国务院批复	浙江	一、撤销绍兴县，设立绍兴市柯桥区，以原绍兴县（不含孙端镇、陶堰镇、富盛镇）的行政区域为柯桥区的行政区域，柯桥区人民政府驻柯桥街道群贤路1661号。 二、撤销县级上虞市，设立绍兴市上虞区，以原上虞市的行政区域为上虞区的行政区域，上虞区人民政府驻百官街道市民大道987号。 三、将原绍兴县的孙端镇、陶堰镇、富盛镇划归绍兴市越城区管辖。
		广东	撤销梅县，设立梅州市梅县区，以原梅县的行政区域为梅县区的行政区域，梅县区人民政府驻程江镇宪梓南路13号。
		江西	一、撤销县级南康市，设立赣州市南康区，以原南康市（不含潭东镇、潭口镇）的行政区域为南康区的行政区域。南康区人民政府驻蓉江街道金赣大道1号。 二、将原县级南康市的潭东镇、潭口镇划归赣州市章贡区管辖。
		山东	一、同意撤销济宁市市中区、任城区，设立新的济宁市任城区，以原市中区、任城区的行政区域为新设任城区的行政区域。任城区人民政府驻阜桥街道太白中路4号。 二、撤销兖州市，设立济宁市兖州区，以原兖州市的行政区域为兖州区的行政区域。兖州区人民政府驻龙桥街道九州中路99号。

资料来源于民政部网站。

［附录二］

2013年国民经济和社会统计资料

项目	单位	2013年	2013年与2012年比较
一、全国行政区划			
省级区划数	个	34	0.00%
地级区划数	个	333	0.00%
地级市	个	286	0.35%
县级区划数	个	2853	0.04%
市辖区	个	872	1.40%
县级市	个	368	0.00%

续表

项目	单位	2013年	2013年与2012年比较
县	个	1442	–0.76%
自治县	个	117	0.00%
二、全国人口及就业状况			
年底总人口	万人	136072	0.49%
男	万人	69728	0.48%
女	万人	66344	0.51%
城镇	万人	73111	2.71%
乡村	万人	62961	–1.96%
人口出生率	‰	12.08	–0.17%
人口死亡率	‰	7.16	0.14%
人口自然增长率	‰	4.92	–0.61%
就业人员总数	万人	76977	0.36%
城镇	万人	38240	3.07%
乡村	万人	38737	–2.18%
第一产业	万人	24171	–6.22%
第二产业	万人	23170	–0.31%
第三产业	万人	29636	7.03%
三、国内生产总值及构成（按当年价格计算）			
国内生产总值			
国民总收入	亿元	590422.4	9.52%
国内生产总值	亿元	595244.4	10.16%
第一产业增加值	亿元	55329.1	8.70%
第二产业增加值	亿元	261956.1	7.08%
第三产业增加值	亿元	277959.3	13.54%
农林牧渔业增加值	亿元	56973.6	8.79%
工业增加值	亿元	222337.6	6.43%
建筑业增加值	亿元	40896.8	10.84%
批发和零售业增加值	亿元	56284.1	12.95%
交通运输、仓储和邮政业增加值	亿元	26042.7	9.59%
住宿和餐饮业增加值	亿元	10228.3	7.25%
金融业增加值	亿元	41191	17.06%
房地产业增加值	亿元	35987.6	15.17%
其他增加值	亿元	105302.8	13.68%
人均国内生产总值	元/人	43852	9.61%

续表

项目	单位	2013 年	2013 年与 2012 年比较
国内生产总值构成			
国内生产总值	%	100	0.00%
第一产业增加值	%	9.3	–1.06%
第二产业增加值	%	44	–2.87%
第三产业增加值	%	46.7	3.09%
农林牧渔业增加值	%	9.6	–1.03%
工业增加值	%	37.4	–3.36%
建筑业增加值	%	6.9	1.47%
批发和零售业增加值	%	9.5	3.26%
交通运输、仓储和邮政业增加值	%	4.4	0.00%
住宿和餐饮业增加值	%	1.7	–5.56%
金融业增加值	%	6.9	6.15%
房地产业增加值	%	6	3.45%
其他增加值	%	17.7	3.51%
支出法国内生产总值			
支出法国内生产总值	亿元	596962.9	10.35%
最终消费支出	亿元	300337.8	10.78%
居民消费支出	亿元	219762.5	10.69%
政府消费支出	亿元	80575.3	11.02%
资本形成总额	亿元	282072.9	10.51%
固定资本形成总额	亿元	270924.1	10.76%
存货变动	亿元	11148.8	4.79%
四、全社会固定资产投资			
新建	亿元	302909.06	20.66%
扩建	亿元	54023.96	12.59%
改建和技术改造	亿元	62332.75	18.92%
五、农林牧渔业生产状况			
总产值(绝对数按当年价格计算)	亿元	96995.27	8.43%
全国耕地及播种面积			
耕地面积	千公顷	135158.5	0.00%
农作物播种面积	千公顷	164626.93	0.74%
粮食播种面积	千公顷	111955.56	0.68%
全国主要农业产品产量			
粮食	万吨	60193.84	2.10%

续表

项目	单位	2013年	2013年与2012年比较
棉花	万吨	629.8989	–7.86%
油料	万吨	3516.99	2.33%
麻类	万吨	22.94	–12.17%
甘蔗	万吨	12820.15	4.13%
甜菜	万吨	925.98	–21.13%
烟叶	万吨	337.37	–0.96%
茶叶	万吨	192.45	7.53%
水果	万吨	25093.04	4.31%
六、工业生产状况			
总产值（按当年价格计算）	亿元	—	—
工业增加值	亿元	222337.6	6.43%
全社会建筑业增加值	亿元	40896.8	10.84%
全国主要工业产品产量			
纱	万吨	3200	7.24%
布	亿米	897.59	5.73%
化学纤维	万吨	4160.28	8.41%
成品糖	万吨	1592.76	13.00%
彩色电视机	万台	12745.21	–0.61%
家用电冰箱	万台	9255.74	9.83%
房间空气调节器	万台	13069.3	5.41%
原煤	亿吨	39.74	0.74%
原油	万吨	20991.85	1.18%
天然气	亿立方米	1208.58	9.27%
发电量	亿千瓦小时	54316.35	8.90%
粗钢	万吨	81313.89	12.33%
钢材	万吨	108200.54	13.21%
十种有色金属	万吨	4412.13	19.34%
水泥	万吨	241923.89	9.48%
硫酸（折100%）	万吨	8154.49	3.53%
烧碱（折100%）	万吨	2927.44	8.55%
乙烯	万吨	1599.31	7.57%
化肥（折100%）	万吨	7026.18	2.84%
汽车	万辆	2212.09	14.76%
大中型拖拉机	万台	66.56	26.23%
集成电路	万块	9034600	15.89%

续表

项目	单位	2013 年	2013 年与 2012 年比较
程控交换机	万线	2698.53	-4.61%
移动通信手持机	万台	152343.9	28.94%
微型计算机设备	万台	35348.41	11.14%
七、全国能源生产和消费状况			
全国能源生产情况			
能源生产总量	万吨标准煤	358783.76	2.21%
原煤占能源生产总量的比重	%	75.40	-1.05%
原油占能源生产总量的比重	%	8.40	-1.18%
天然气占能源生产总量的比重	%	4.40	7.32%
一次电力及其他能源占能源生产总量的比重	%	11.8	5.36%
全国能源消费情况			
能源消费总量	万吨标准煤	416913	3.67%
煤炭占能源消费总量的比重	%	67.40	-1.61%
石油占能源消费总量的比重	%	17.10	0.59%
天然气占能源消费总量的比重	%	5.30	10.42%
一次电力及其他能源占能源消费总量的比重	%	10.2	5.15%
八、交通运输及邮电状况			
运输线路长度			
铁路营业里程	万公里	10.31	5.64%
公路里程	万公里	435.62	2.80%
高速公路	万公里	10.44	8.52%
内河航道里程	万公里	12.59	0.72%
定期航班航线里程	公里	4106000	25.18%
管道输油（气）里程	万公里	9.85	7.53%
全国客运情况			
客运总量	万人	2122991.55	-44.19%
铁路客运量	万人	210596.92	11.23%
公路客运量	万人	1853463	-47.89%
水运客运量	万人	23535	-8.61%
民航客运量	万人	35396.63	10.84%
全国旅客周转总量	亿人公里	27571.65	-17.41%
铁路旅客周转量	亿人公里	10595.62	7.98%
公路旅客周转量	亿人公里	11250.94	-39.08%
水运旅客周转量	亿人公里	68.33	-11.81%

续表

项目	单位	2013年	2013年与2012年比较
民航旅客周转量	亿人公里	5656.76	12.56%
全国货运量			
货运总量	万吨	4098900	–0.04%
铁路货运量	万吨	396697	1.60%
公路货运量	万吨	3076648	–3.51%
水运货运量	万吨	559785	22.04%
民航货运量	万吨	561	2.94%
管道货运量	万吨	65209	4.71%
全国货物周转总量	亿吨公里	168013.8	–3.33%
铁路货物周转量	亿吨公里	29173.89	–0.05%
公路货物周转量	亿吨公里	55738.08	–6.38%
水运货物周转量	亿吨公里	79435.65	–2.78%
民航货物周转量	亿吨公里	170.29	3.91%
管道货物周转量	亿吨公里	3495.89	8.87%
全国民用汽车拥有量			
民用汽车合计	万辆	12670.14	15.89%
私人汽车	万辆	10501.68	18.82%
民用运输船舶合计	艘	155340	–1.88%
沿海规模以上港口货物吞吐量	万吨	728098	9.45%
全国邮电业务情况			
邮电业务总量	亿元	18432.24	22.73%
邮政业务总量	亿元	2725.08	33.79%
电信业务总量	亿元	15707.15	20.99%
函件数	亿件	63.41	–10.36%
包裹数	万件	6924.9	0.72%
报刊期发数	万份	15140.9	–1.69%
九、商业、物价及外贸状况			
全国社会消费品零售情况			
社会消费品零售总额	亿元	242842.8	13.25%
批发和零售业商品销售额	亿元	496603.8	20.97%
住宿和餐饮业营业额	亿元	8061.32	1.35%
全国各种价格指数（以上年为100）			
居民消费价格指数		102.6	0.00%
商品零售价格指数		101.4	–0.59%
工业生产者出厂价格指数		98.1	0.20%

续表

项目	单位	2013 年	2013 年与 2012 年比较
工业生产者购进价格指数		98	0.20%
固定资产投资价格指数		100.3	-0.79%
全国进出口贸易情况			
进出口总额（人民币）	亿元	258168.89	5.74%
出口总额（人民币）	亿元	137131.43	6.01%
进口总额（人民币）	亿元	121037.46	5.43%
差额（人民币）	亿元	16093.98	10.55%
进出口总额（美元）	百万美元	4158993.47	7.55%
出口总额（美元）	百万美元	2209004	7.82%
进口总额（美元）	百万美元	1949989.47	7.24%
差额（美元）	百万美元	259014.53	12.46%
十、财政状况			
财政收入	亿元	129209.64	10.20%
财政支出	亿元	140212.1	11.32%
收支差额	亿元	-11002.46	26.47%
中央财政收入	亿元	60198.48	7.16%
地方财政收入	亿元	69011.16	12.99%
中央财政支出	亿元	20471.76	9.10%
地方财政支出	亿元	119740.34	11.71%
国家财政主要收入项目			
国家税收收入	亿元	110530.7	9.86%
国家非税收入	亿元	18678.94	12.26%
国家专项收入	亿元	3528.61	9.16%
国家行政事业性收费	亿元	4775.83	4.29%
国家罚没收入	亿元	1658.77	6.34%
国家其他收入	亿元	8715.73	19.93%
国家财政主要支出项目			
国家财政一般公共服务支出	亿元	13755.13	8.30%
国家财政国防支出	亿元	7410.62	10.74%
国家财政公共安全支出	亿元	7786.78	9.49%
国家财政教育支出	亿元	22001.76	3.58%
国家财政科学技术支出	亿元	5084.3	14.19%
国家财政文化体育与传媒支出	亿元	2544.39	12.17%
国家财政社会保障和就业支出	亿元	14490.54	15.14%
国家财政医疗卫生支出	亿元	8279.9	14.28%

续表

项目	单位	2013年	2013年与2012年比较
国家财政环境保护支出	亿元	3435.15	15.92%
国家财政城乡社区事务支出	亿元	11165.57	22.98%
国家财政农林水事务支出	亿元	13349.55	11.49%
国家财政交通运输支出	亿元	9348.82	14.06%
国家财政其他支出	亿元	3271.79	31.80%
中央财政债务余额	亿元	86746.91	11.84%
国内债务	亿元	85836.05	11.84%
国外债务	亿元	910.86	11.38%
十一、金融状况			
货币和准货币（M2）供应量	亿元	1106524.98	13.59%
货币（M1）供应量	亿元	337291.05	9.27%
流通中现金（M0）供应量	亿元	58574.44	7.16%
货币供应量中活期存款供应量	亿元	278716.61	9.73%
黄金储备	万盎司	3389	0.00%
外汇储备	亿美元	38213.15	15.39%
十二、居民收入、消费及储蓄状况			
居民人均可支配收入	元	18311	—
城镇居民人均可支配收入	元	26467	—
农村居民人均可支配收入	元	9430	—
居民人均消费支出	元	13220	—
城镇居民人均消费支出	元	18488	—
农村居民人均消费支出	元	7485	—
城乡居民人民币储蓄存款年底余额	亿元	447601.57	12.03%
十三、教育状况			
普通高等学校			
普通高等学校数量	所	2491	2.01%
本科院校学校数量	所	1170	2.18%
专科院校学校数量	所	1321	1.85%
普通中学			
中等教育学校数量	所	80797	–1.06%
高中阶段教育学校数量	所	26225	–2.39%
高中学校数量	所	13963	–1.70%
普通高中学校数量	所	13352	–1.16%
初中阶段教育学校数量	所	54572	–0.41%

续表

项目	单位	2013 年	2013 年与 2012 年比较
初等教育学校数量	所	235369	–7.84%
高中在校学生数	万人	2435.8817	–1.27%
高中招生数	万人	822.6961	–2.59%
普通中学毕业生数	万人	638.721	2.24%
高中毕业生数	万人	798.9789	0.94%
普通小学			
普通小学数量	所	213529	–6.59%
普通小学教职工数	万人	549	0.90%
普通小学专任教师数	万人	558.4644	–0.02%
普通小学在校学生数	万人	9360.5487	–3.46%
普通小学招生数	万人	1695.3556	–1.13%
普通小学毕业生数	万人	1581.0583	–3.69%
特殊教育学校			
特殊教育学校数量	所	1933	4.32%
特殊教育学校教职工数	万人	6	20.00%
特殊教育学校专任教师数	万人	5	25.00%
特殊教育学校在校学生数	万人	36.8103	–2.82%
特殊教育学校毕业生数	万人	5.0739	3.55%
幼儿园			
幼儿园数量	所	198553	9.55%
幼儿园教职工数	万人	283	13.65%
幼儿园专任教师数	万人	166	12.16%
幼儿园在校学生数	万人	3894.6903	5.67%
研究生			
研究生培养机构学校数量	所	830	2.34%
普通高校研究生培养机构学校数量	所	548	2.62%
科研机构研究生培养机构学校数量	所	282	1.81%
研究生在学人数	万人	179.3953	4.31%
研究生招生数	万人	61.1381	3.68%
研究生毕业生数	万人	51.3626	5.59%
出国留学人数	万人	41.39	3.58%
学成回国留学人数	万人	35.35	29.53%
十四、文化事业状况			
文化文物机构数	个	292884	–4.26%

续表

项目	单位	2013年	2013年与2012年比较
公共图书馆业机构数	个	3112	1.17%
群众文化服务业机构数	个	44260	0.88%
艺术教育业机构数	个	139	−1.42%
文化市场经营机构数	个	220665	−6.00%
图书、期刊和报纸出版情况			
图书出版种数	种	444427	7.35%
图书新出版种数	种	255981	5.78%
图书总印数	亿册	83.1	4.86%
期刊出版种数	种	9877	0.10%
期刊出版总印数	亿册	32.72	−2.33%
报纸出版种数	种	1915	−0.16%
报纸出版总印数	亿份	482.41	0.03%
十五、卫生事业状况			
医疗卫生机构总数	个	974398	2.54%
医院数量	个	24709	6.64%
综合医院数量	个	15887	5.77%
中医医院数量	个	3015	4.36%
专科医院数量	个	5127	9.90%
基层医疗卫生机构数量	个	915368	0.30%
社区卫生服务中心数量	站/个	33965	1.20%
卫生人员总数	万人	979.05	7.40%
卫生技术人员数量	万人	721.06	8.02%
执业（助理）医师数量	万人	279.48	6.83%
执业医师数量	万人	228.58	6.87%
注册护士数量	万人	278.31	11.48%
药师数量	万人	39.56	4.82%
乡村医生和卫生员数量	万人	108.11	−1.22%
卫生机构床位总数	万张	618.19	7.98%
医院床位数量	万张	457.86	10.02%
专业公共卫生机构床位数量	万张	21.49	8.43%
妇幼保健院（所、站）床位数量	万张	17.55	8.60%
专科疾病防治院（所、站）床位数量	万张	3.85	7.84%

资料来源于2018年3月2日国家统计局国家年度数据表。

[附录三] 2013年中国与外国签订的双边条约一览表

序号	条约名称	签署日期	签署地点
1	中华人民共和国政府和佛得角共和国政府文化合作协定2013—2016年执行计划	2013年6月19日	北京
2	中华人民共和国政府和塞舌尔政府关于在上海设立总领事馆的换文	2013年4月22日 2013年5月6日	—
3	中华人民共和国政府和新西兰政府关于简化签证手续的安排	2013年4月10日	北京
4	中华人民共和国政府和赞比亚共和国政府文化合作协定2013—2016年执行计划	2013年4月6日	三亚
5	中华人民共和国政府和乍得共和国政府文化协定	2013年2月15日	恩贾梅纳
6	中华人民共和国和俄罗斯联邦关于合作共赢、深化全面战略协作伙伴关系的联合声明	2013年3月22日	莫斯科
7	中华人民共和国和塔吉克斯坦共和国关于建立战略伙伴关系的联合宣言	2013年5月20日	北京
8	中华人民共和国政府和澳大利亚政府关于签证互惠的换文	2013年5月24日	北京
9	中华人民共和国外交部与蒙古国对外关系与贸易部2013—2014年度合作计划	2012年8月21日	乌兰巴托
10	中华人民共和国和墨西哥合众国联合声明	2013年6月4日	墨西哥城
11	中华人民共和国政府和哥伦比亚政府关于在广州设立总领事馆的换文	2013年6月13日 2013年7月15日	北京
12	中华人民共和国和白俄罗斯共和国关于建立全面战略伙伴关系的联合声明	2013年7月16日	北京
13	中华人民共和国外交部和亚美尼亚共和国外交部磋商议定书	2013年7月25日	北京
14	中华人民共和国政府和荷兰王国政府对所得避免双重征税和防止偷漏税的协定及议定书	2013年5月31日	北京
15	中华人民共和国政府和厄瓜多尔共和国政府对所得避免双重征税和防止偷漏税的协定	2013年1月21日	基多
16	关于修订《中华人民共和国政府和大不列颠及北爱尔兰联合王国政府对所得和财产收益避免双重征税和防止偷漏税的协定》的议定书	2013年2月27日	北京
17	中华人民共和国和乌兹别克斯坦共和国关于进一步发展和深化战略伙伴关系的联合宣言	2013年9月9日	塔什干
18	中华人民共和国和哈萨克斯坦共和国关于进一步深化全面战略伙伴关系的联合宣言	2013年9月7日	阿斯塔纳

续表

序号	条约名称	签署日期	签署地点
19	中华人民共和国政府与阿根廷共和国政府关于成立两国政府间常设委员会的谅解备忘录	2013年9月5日	圣彼得堡
20	中华人民共和国政府和伊朗伊斯兰共和国政府关于打击跨国犯罪的合作协议	2013年7月4日	北京
21	中华人民共和国政府和毛里求斯共和国政府关于互免签证的协定	2013年8月29日	路易港
22	中华人民共和国政府和塞舌尔共和国政府关于互免签证的协定	2013年5月6日	维多利亚
23	中华人民共和国政府与委内瑞拉玻利瓦尔共和国政府合作协定	2013年5月13日	加拉加斯
24	中华人民共和国政府和匈牙利政府关于互设文化中心的协定	2013年6月27日	布达佩斯
25	中华人民共和国政府和阿塞拜疆共和国政府关于阿塞拜疆共和国驻华大使馆使用土地的协议	2013年3月1日	北京
26	中华人民共和国外交部和塞舌尔共和国外交部关于建立政治磋商机制的协议	2013年7月22日	北京
27	中华人民共和国和吉尔吉斯共和国关于建立战略伙伴关系的联合宣言	2013年9月11日	比什凯克
28	中华人民共和国和土库曼斯坦关于建立战略伙伴关系的联合宣言	2013年9月3日	阿什巴德
29	中华人民共和国政府和智利共和国政府关于成立两国政府间常设委员会的谅解备忘录	2013年10月6日	巴厘
30	中华人民共和国政府和巴基斯坦伊斯兰共和国政府关于边境口岸及其管理制度的协定	2013年5月22日	伊斯兰堡
31	中华人民共和国政府和坦桑尼亚联合共和国政府关于促进和相互保护投资协定	2013年3月24日	达累斯萨拉姆
32	中华人民共和国政府与瑞士联邦委员会关于非法进出境文化财产及其返还的协定	2013年8月16日	北京
33	中华人民共和国政府和哈萨克斯坦共和国政府关于中华人民共和国公民在哈萨克斯坦共和国和哈萨克斯坦共和国公民在中华人民共和国的短期劳务协定	2013年9月7日	阿斯塔纳
34	中华人民共和国政府和越南社会主义共和国政府关于共同建设水口—驮隆中越界河公路二桥的协定及关于简化共同建设水口—驮隆中越界河公路二桥的人员、交通工具、施工设备和建筑材料经水口—驮隆口岸出入境手续的议定书	2013年10月14日	河内

续表

序号	条约名称	签署日期	签署地点
35	中华人民共和国政府和印度尼西亚共和国政府关于我在登巴萨设立总领馆达成协议的换文	2013年9月27日	雅加达
36	中华人民共和国政府和哈萨克斯坦共和国政府关于和平研究与利用外层空间的合作协定	2013年9月7日	阿斯塔纳
37	中华人民共和国政府和印度尼西亚共和国政府关于探索与和平利用外层空间的合作协定	2013年10月2日	雅加达
38	中华人民共和国政府和印度共和国政府边防合作协议	2013年10月23日	北京
39	中华人民共和国政府和瑞士联邦委员会对所得和财产避免双重征税的协定及议定书	2013年9月25日	北京
40	中华人民共和国政府和巴林王国政府关于对所得避免双重征税和防止偷漏税的协定议定书	2013年9月16日	北京
41	中华人民共和国政府和大不列颠及北爱尔兰联合王国政府关于加强民用核能领域合作的谅解备忘录	2013年10月15日	北京
42	中华人民共和国和乌克兰关于进一步深化战略伙伴关系的联合声明	2013年12月5日	北京
43	中华人民共和国政府与南非共和国政府旅游合作协议	2013年10月28日	北京
44	中华人民共和国政府和俄罗斯联邦政府关于便利公民往来的协议	2013年3月22日	莫斯科
45	中华人民共和国政府和俄罗斯联邦政府关于合作打击非法移民活动的协议	2013年3月22日	莫斯科
46	中华人民共和国政府和俄罗斯联邦政府关于保护候鸟及其栖息环境的协定	2013年3月22日	莫斯科
47	中华人民共和国政府和科特迪瓦政府关于科特迪瓦驻香港名誉领事区扩大至澳门的换文	2013年5月22日 2013年6月8日	北京
48	中华人民共和国政府与缅甸联邦共和国政府关于落实中缅全面战略合作伙伴关系行动计划	2013年6月23日	内比都
49	中华人民共和国政府和坦桑尼亚联合共和国政府关于在坦桑尼亚设立中国文化中心的谅解备忘录	2013年3月24日	达累斯萨拉姆
50	中华人民共和国政府和越南社会主义共和国政府关于互设文化中心的谅解备忘录	2013年6月19日	北京
51	中华人民共和国政府和塞尔维亚共和国政府关于深化战略伙伴关系的联合声明	2013年8月26日	北京

续表

序号	条约名称	签署日期	签署地点
52	中华人民共和国政府和美利坚合众国政府关于机组人员和海员签证互惠的安排	2013年7月11日 2013年7月19日	—
53	中华人民共和国和乌兹别克斯坦共和国友好合作条约	2013年9月9日	塔什干
54	中华人民共和国和蒙古国关于建立战略伙伴关系的联合声明	2011年6月16日	北京
55	中华人民共和国政府和俄罗斯联邦政府关于设立文化中心的协定补充议定书	2013年3月22日	莫斯科
56	中华人民共和国政府和文莱鲁萨兰国政府关于海上合作的谅解备忘录	2013年10月11日	斯里巴加湾
57	中华人民共和国政府与智利共和国政府关于建立经济合作与协调战略对话机制的谅解备忘录	2013年10月6日	巴厘
58	中华人民共和国政府与阿根廷共和国政府关于建立经济合作与协议战略对话机制的谅解备忘录	2013年9月5日	圣彼得堡
59	中华人民共和国政府和比利时王国联邦政府关于在比利时设立中国文化中心的谅解备忘录	2013年10月10日	布鲁塞尔
60	中华人民共和国政府和乌兹别克斯坦共和国政府旅游合作协定	2013年11月29日	塔什干
61	中华人民共和国政府和罗马尼亚政府关于互设文化中心的协定	2013年11月25日	布加勒斯特
62	中华人民共和国政府和罗马尼亚政府2013—2016年文化合作计划	2013年11月25日	布加勒斯特
63	中华人民共和国政府和美利坚合众国政府关于中美人文交流高层磋商机制的谅解备忘录	2013年11月21日	华盛顿
64	中华人民共和国和乌克兰友好合作条约	2013年12月5日	北京
65	中华人民共和国政府和伊朗伊斯兰共和国政府关于互设文化中心的谅解备忘录	2013年11月2日	德黑兰
66	中华人民共和国政府和泰国政府关于我在普吉设立驻宋卡总领事馆领事办公室的换文	2013年11月18日	—
67	中华人民共和国政府和塞浦路斯共和国政府关于防止盗窃、盗掘和非法进出境文化财产的协定	2013年10月29日	尼科西亚
68	中华人民共和国政府与沙特阿拉伯王国政府体育合作协议	2012年1月6日	北京
69	中欧能源安全联合声明	2013年11月21日	北京

续表

序号	条约名称	签署日期	签署地点
70	中华人民共和国政府和尼日利亚联邦共和国政府关于互免外交、公务（官员）护照人员签证的协定	2013年7月10日	北京
71	中华人民共和国政府和大韩民国政府关于互免持外交护照人员签证的协定	2013年6月27日	北京
72	中华人民共和国政府和巴西政府关于我在累西腓设立总领事馆的换文	2013年11月21日 2013年11月27日	巴西利亚
73	中华人民共和国政府和丹麦王国政府关于互设文化中心的协定	2013年12月5日	哥本哈根

资料来源于外交部网站。

[附录四] 2013年中国参加的多边公约一览表

总序号	公约中英文名称	签订日期/地点/保存机关	生效日期	中国参加及声明情况	适港澳
1	《上海合作组织成员国组织和举行联合反恐演习的程序协定》 Agreement on the Procedure for Organizing and Conducting Joint Anti-Terrorist Exercise by the Member States of the Shanghai Cooperation Organization	2008年8月28日 杜尚别	2013年11月29日	2008年6月28日签署。2013年6月29日核准。2013年11月29日对我生效。	适用澳门特区暂不适用香港特区
2	《南太平洋公海渔业资源养护和管理公约》 Convention on the Conservation and Management of High Seas Fishery Resources in the South Pacific Ocean	2009年11月14日 奥克兰 新西兰政府	2012年8月24日	2010年8月19日签署。2013年1月19日批准。	适用澳门特区暂不适用于香港特区
3	《关于持久性有机污染物的斯德哥尔摩公约》新增列九种持久性有机污染物修正案 Amendment of Addition of the Nine New P0Psto (the Stockholm Convention on Persistant Organic Pollutants)	2011年4月29日通过 日内瓦	—	2013年8月30日批准。	适用香港及澳门特区

续表

总序号	公约中英文名称	签订日期/地点/保存机关	生效日期	中国参加及声明情况	适港澳
4	《关于持久性有机污染物的斯德哥尔摩公约》新增列硫丹修正案 Amendment of Addition of the New Endosulfan P0Psto (the Stockholm Convention on Persistant Organic Pollutants)	2011年4月29日通过 日内瓦	—	2013年8月30日批准。	适用香港及澳门特区
5	修正《国际海道测量组织公约》议定书 Protocol of Amendment to the Convention on the International Hydrographic Organization	2005年4月14日 摩纳哥	—	国务院2013年12月5日接受。 声明：不受议定书第16条约束，保留也适用香港及澳门。	适用香港及澳门特区

资料来源于外交部网站。

[附录五] **2013年国家科学技术奖励情况**

序号	编号	项目名称	主要完成人	推荐单位
2013年度国家最高科学技术奖获奖人				
张存浩院士、程开甲院士				
2013年度国家自然科学奖获奖项目目录				
一等奖				
序号	编号	项目名称	主要完成人	推荐单位
1	Z-102-1-01	40K以上铁基高温超导体的发现及若干基本物理性质研究	赵忠贤（中国科学院物理研究所）、陈仙辉（中国科学技术大学）、王楠林（中国科学院物理研究所）、闻海虎（中国科学院物理研究所）、方忠（中国科学院物理研究所）	中国科学院

续表

2013 年度国家技术发明奖获奖项目目录（通用项目）				
一等奖				
序号	编号	项目名称	主要完成人	推荐单位
1	F-310-1-01	大型结构与土体接触面力学试验系统研制及应用	张建民（清华大学）、张嘎（清华大学）、胡黎明（清华大学）、侯文峻（清华大学）、冯大阔（清华大学）、张雷（清华大学）	中国土木工程学会

2013 年度国家科学技术进步奖获奖项目目录（通用项目）					
特等奖					
序号	编号	项目名称	主要完成人	主要完成单位	推荐单位
1	J-201-0-01	两系法杂交水稻技术研究与应用	袁隆平、石明松、邓华凤、卢兴桂、邹江石、罗孝和、王守海、杨振玉、牟同敏、王丰、陈良碧、贺浩华、覃惜阴、刘爱民、尹建华、万邦惠、李成荃、孙宗修、彭惠普、程式华、潘熙淦、杨聚宝、游艾青、曾汉来、吕川根、武小金、邓国富、周广洽、黄宗洪、刘宜柏、冯云庆、姚克敏、汪扩军、王德正、朱英国、廖亦龙、梁满中、陈大洲、粟学俊、肖层林、尹华奇、廖伏明、袁潜华、李新奇、童哲、周承恕、郭名奇、阳庆华、徐小红、朱仁山	湖南杂交水稻研究中心、湖北省农业科学院粮食作物研究所、江苏省农业科学院、安徽省农业科学院水稻研究所、华中农业大学、武汉大学、广东省农业科学院水稻研究所、湖南师范大学、江西农业大学、广西壮族自治区农业科学院水稻研究所、中国水稻研究所、袁隆平农业高科技股份有限公司、江西省农业科学院水稻研究所、华南农业大学、福建省农业科学院水稻研究所、贵州省水稻研究所、北京金色农华种业科技有限公司、湖南省气象科学研究所	湖南省

续表

一等奖					
序号	编号	项目名称	主要完成人	主要完成单位	推荐单位
1	J-217-1-01	上海光源国家重大科学工程	—	中国科学院上海应用物理研究所、中国科学院高能物理研究所、中国科学技术大学、中国科学院长春光学精密机械与物理研究所、中国科学院沈阳科学仪器股份有限公司、中国科学院理化技术研究所、中国科学院近代物理研究所、中国科学院西安光学精密机械研究所、中国科学院合肥物质科学研究院、上海现代建筑设计（集团）有限公司	上海市、中国科学院
2	J-201-1-01	矮秆高产多抗广适小麦新品种矮抗58选育及应用	茹振钢、赵虹、李友勇、胡铁柱、邱军、牛立元、欧行奇、许学宏、刘明久、李淦、姚小凤、李笑慧、常萍、冯素伟、陈刚立	河南科技学院、河南省农业科学院小麦研究所、河南金蕾种苗有限公司、江苏省农产品质量检验测试中心、安徽省农作物新品种引育中心	河南省
3	J-21501-1-01	低温高磁感取向硅钢制造技术的开发与产业化	徐乐江、李国保、张丕军、储双杰、刘献东、杨勇杰、卢锡江、曹伟、孙业中、张毅、朱进兴、张荣康、顾华中、朱简如、黑红旭	宝钢集团有限公司、宝山钢铁股份有限公司	上海市、中国钢铁工业协会

续表

序号	编号	项目名称	主要完成人	主要完成单位	推荐单位
4	J-223-1-01	离岸深水港建设关键技术与工程应用	谢世楞、孙子宇、赵冲久、张志明、李一勇、吴澎、陆采荣、左其华、尹海卿、田俊峰、李元音、梅国兴、刘德进、李树奇、董志良	中国交通建设股份有限公司、中交水运规划设计院有限公司、中交第一航务工程勘察设计院有限公司、水利部交通运输部国家能源局南京水利科学研究院、中交第一航务工程局有限公司、中交第三航务工程局有限公司、交通运输部天津水运工程科学研究所、中交天津港湾工程研究院有限公司、中交四航工程研究院有限公司、中交上海航道局有限公司	交通运输部
5	J-213-1-01	罗布泊盐湖120万吨/年硫酸钾成套技术开发	李浩、唐中凡、尹新斌、雷光元、刘小力、汤建良、李守江、黎礼、李红星、谭昌晶、郭兴寿、颜辉、湛留意、刘成林、侯悦民	国投新疆罗布泊钾盐有限责任公司、化工部长沙设计研究院、中蓝连海设计研究院、中国地质科学院矿产资源研究所、清华大学	中国石油和化学工业联合会
6	J-22102-1-01	三索面三主桁公铁两用斜拉桥建造技术	高宗余、潘东发、秦顺全、黄卫、胡汉舟、张敏、刘辉、彭光辉、徐伟、刘晓光、李军堂、刘汉顺、姚发海、石建华、宋伟俊	中铁大桥局集团有限公司、中铁大桥勘测设计院集团有限公司、中国中铁股份有限公司、沪汉蓉铁路湖北有限责任公司、中国铁道科学研究院、东南大学、中铁大桥局股份有限公司	原铁道部

续表

序号	编号	项目名称	主要完成人	主要完成单位	推荐单位
7	J-23301-1-01	重症肝病诊治的理论创新与技术突破	李兰娟、郑树森、陈智、李君、王英杰、徐凯进、徐骁、陈瑜、刁宏燕、杜维波、王伟林、姚航平、吴健、曹红翠、潘小平	浙江大学	浙江省
8	J-220-1-01	高端控制装备及系统的设计开发平台研究与应用	孙优贤、王文海、杨春节、刘兴高、黄建民、卢建刚、贾廷纲、沈新荣、徐正国、吴平、嵇月强、张益南、闫正兵、周伟、吴铁军	浙江大学、上海电气集团股份有限公司、杭州优稳自动化系统有限公司、杭州哲达科技股份有限公司	浙江省
9	J-217-1-02	电网大范围冰冻灾害预防与治理关键技术及成套装备	陆佳政、蒋兴良、鲁先龙、吴维宁、方针、李海翔、胡建林、黎祖贤、荆平、李波、曾祥君、罗兴赤、王浩、张红先、蒋正龙	湖南省电力公司、中国电力科学研究院、重庆大学、国网电力科学研究院、湖南省气象台、浙江省电力公司、长沙理工大学、特变电工衡阳变压器有限公司、北京中星微电子有限公司、湖南省汇粹电力科技有限公司	湖南省
10	J-25301-1-01	食管癌规范化治疗关键技术的研究及应用推广	赫捷、王贵齐、乔友林、王明荣、刘芝华、林东昕、吕宁、王绿化、肖泽芬、徐宁志、王国清、汪楣、魏文强、黄国俊、黄镜	中国医学科学院肿瘤医院	北京市，中华医学会
11	J-206-1-01	以创建国际一流船舶集团为目标的军民融合科技创新工程	—	中国船舶重工集团公司	国有资产监督管理委员会
12	J-25201-1-01	国产民用高分辨率立体测图卫星测绘和应用关键技术	唐新明、孙承志、龚健雅、张过、李朋德、邱振戈、谢俊峰、范大昭、王华斌、祝小勇、周晓青、高小明、赵春梅、赵齐乐、周平	国家测绘地理信息局卫星测绘应用中心、武汉大学、中国测绘科学研究院、中国人民解放军信息工程大学	国家测绘地理信息局

续表

序号	编号	项目名称	主要完成人	主要完成单位	推荐单位
13	J-234-1-01	中药安全性关键技术研究与应用	高月、杨明会、范骁辉、王宇光、程翼宇、高秀梅、梁爱华、宁志强、王书芳、苗明三、马增春、张晗、肖成荣、陆倍倍、谭洪玲	中国人民解放军军事医学科学院放射与辐射医学研究所、浙江大学、中国人民解放军总医院、天津中医药大学、中国中医科学院中药研究所、深圳微芯生物科技有限责任公司、河南中医学院	中华中医药学会
创新团队					
序号	编号	团队名称	主要成员	主要支持单位	推荐单位
1	J-207-1-01	中国科学院合肥物质科学研究院超导托卡马克创新团队	李建刚、万宝年、万元熙、傅鹏、张晓东、宋云涛、肖炳甲、武玉、赵燕平、高翔、胡立群、龚先祖、刘甫坤、姚达毛、胡建生	中国科学院合肥物质科学研究院	中国科学院
2	J-207-1-02	清华大学辐射成像创新团队	康克军、陈志强、唐传祥、程建平、陈怀璧、李元景、刘以农、李荐民、李君利、黄文会、张丽、李玉兰、王学武、赵自然、肖永顺	清华大学	北京市
3	J-207-1-03	军事医学科学院蛋白质组学创新团队	贺福初、杨晓明、张学敏、钱小红、杨晓、周钢桥、张令强、张成岗、姜颖、朱云平、陈惠鹏、李爱玲、应万涛、王建、李栋	军事医学科学院	总后勤部
中华人民共和国国际科学技术合作奖					
法比奥·洛卡（意大利）、许忠允（美国）、杨·哈弗（德国）、赫伯特·雅克勒（德国）、日列布佐夫（俄罗斯）、王中林（美国）、艾伦·车俊达（加拿大）、倪军（美国）					

资料来源于科技部网站。

[附录六] 2013年我国运动员创世界纪录和获世界冠军情况

2013年我国运动员获世界冠军情况								
大项	分项	小项	运动员	性别	赛事	产生日期	举办地	成绩
游泳	游泳	男子1500米自由泳	孙杨	男	2013年游泳世界锦标赛	2013年8月4日	西班牙巴塞罗那	14:41.15
		男子400米自由泳	孙杨	男	2013年游泳世界锦标赛	2013年7月28日	西班牙巴塞罗那	03:41.59
		男子800米自由泳	孙杨	男	2013年游泳世界锦标赛	2013年7月31日	西班牙巴塞罗那	07:41.36
		女子200米蝶泳	刘子歌	女	2013年游泳世界锦标赛	2013年8月1日	西班牙巴塞罗那	02:04.29
		女子50米仰泳	赵菁	女	2013年游泳世界锦标赛	2013年8月1日	西班牙巴塞罗那	00:27.29
	跳水	男子1米板	李世鑫	男	2013年游泳世界锦标赛	2013年7月22日	西班牙巴塞罗那	460.95
		男子3米跳板	何冲	男	2013年游泳世界锦标赛	2013年7月26日	西班牙巴塞罗那	544.95
		男子10米跳台	邱波	男	2013年游泳世界锦标赛	2013年7月27日	西班牙巴塞罗那	581
		女子1米板	何姿	女	2013年游泳世界锦标赛	2013年7月23日	西班牙巴塞罗那	307.1
		女子3米跳板	何姿	女	2013年游泳世界锦标赛	2013年7月27日	西班牙巴塞罗那	383.4
		女子10米跳台	司雅杰	女	2013年游泳世界锦标赛	2013年7月25日	西班牙巴塞罗那	392.15

续表

大项	分项	小项	运动员	性别	赛事	产生日期	举办地	成绩
游泳	跳水	男子双人3米跳板	秦凯	男	2013年游泳世界锦标赛	2013年7月23日	西班牙巴塞罗那	448.86
			何冲	男	2013年游泳世界锦标赛	2013年7月23日	西班牙巴塞罗那	448.86
		女子双人3米跳板	吴敏霞	女	2013年游泳世界锦标赛	2013年7月20日	西班牙巴塞罗那	338.4
			施廷懋	女	2013年游泳世界锦标赛	2013年7月20日	西班牙巴塞罗那	338.4
		女子双人10米跳台	刘蕙瑕	女	2013年游泳世界锦标赛	2013年7月22日	西班牙巴塞罗那	356.28
			陈若琳	女	2013年游泳世界锦标赛	2013年7月22日	西班牙巴塞罗那	356.28
羽毛球	羽毛球	男子单打	林丹	男	2013年羽毛球世界锦标赛	2013年8月11日	中国广州	—
		女子双打	王晓理	女	2013年羽毛球世界锦标赛	2013年8月11日	中国广州	—
			于洋	女	2013年羽毛球世界锦标赛	2013年8月11日	中国广州	—
		混合团体	张楠	男	2013年羽毛球苏迪曼杯	2013年5月26日	马来西亚吉隆坡	—
			刘小龙	男	2013年羽毛球苏迪曼杯	2013年5月26日	马来西亚吉隆坡	—
			谌龙	男	2013年羽毛球苏迪曼杯	2013年5月26日	马来西亚吉隆坡	—
			傅海峰	男	2013年羽毛球苏迪曼杯	2013年5月26日	马来西亚吉隆坡	—
			马晋	女	2013年羽毛球苏迪曼杯	2013年5月26日	马来西亚吉隆坡	—

续表

大项	分项	小项	运动员	性别	赛事	产生日期	举办地	成绩
羽毛球	羽毛球	混合团体	于洋	女	2013年羽毛球苏迪曼杯	2013年5月26日	马来西亚吉隆坡	—
			邱子瀚	男	2013年羽毛球苏迪曼杯	2013年5月26日	马来西亚吉隆坡	—
			李雪芮	女	2013年羽毛球苏迪曼杯	2013年5月26日	马来西亚吉隆坡	—
			王仪涵	女	2013年羽毛球苏迪曼杯	2013年5月26日	马来西亚吉隆坡	—
			蔡赟	男	2013年羽毛球苏迪曼杯	2013年5月26日	马来西亚吉隆坡	—
			徐晨	男	2013年羽毛球苏迪曼杯	2013年5月26日	马来西亚吉隆坡	—
			王晓理	女	2013年羽毛球苏迪曼杯	2013年5月26日	马来西亚吉隆坡	—
			赵芸蕾	女	2013年羽毛球苏迪曼杯	2013年5月26日	马来西亚吉隆坡	—
体操	体操	男子双杠	林超攀	男	2013年体操世界锦标赛	2013年10月6日	比利时安特卫普	15.666
		女子高低杠	黄慧丹	女	2013年体操世界锦标赛	2013年10月5日	比利时安特卫普	15.4
	蹦床	男子网上个人	董栋	男	2013年蹦床世界锦标赛	2013年11月10日	保加利亚索菲亚	60.795
		女子单跳个人	贾芳芳	女	2013年蹦床世界锦标赛	2013年11月19日	保加利亚索菲亚	70.7

续表

大项	分项	小项	运动员	性别	赛事	产生日期	举办地	成绩
体操	蹦床	男子网上团体	何宇翔	男	2013 年蹦床世界锦标赛	2013 年 11 月 10 日	保加利亚索菲亚	177.555
			高磊	男	2013 年蹦床世界锦标赛	2013 年 11 月 10 日	保加利亚索菲亚	177.555
			董栋	男	2013 年蹦床世界锦标赛	2013 年 11 月 10 日	保加利亚索菲亚	177.555
			涂潇	男	2013 年蹦床世界锦标赛	2013 年 11 月 10 日	保加利亚索菲亚	177.555
		女子单跳团体	蔡琪子	女	2013 年蹦床世界锦标赛	2013 年 11 月 10 日	保加利亚索菲亚	104.4
			张媛媛	女	2013 年蹦床世界锦标赛	2013 年 11 月 10 日	保加利亚索菲亚	104.4
			陈凌茜	女	2013 年蹦床世界锦标赛	2013 年 11 月 10 日	保加利亚索菲亚	104.4
			贾芳芳	女	2013 年蹦床世界锦标赛	2013 年 11 月 10 日	保加利亚索菲亚	104.4
射击		女子运动手枪（25 米）	张靖婧	女	2013 年射击步手枪世界杯总决赛	2013 年 11 月 6 日	德国慕尼黑	587+16
		女子气步枪（10 米）	易思玲	女	2013 年射击步手枪世界杯总决赛	2013 年 11 月 6 日	德国慕尼黑	422.5+210.3
		男子气步枪（10 米）	杨浩然	男	2013 年射击步手枪世界杯总决赛	2013 年 11 月 6 日	德国慕尼黑	629.2+205.9
		男子手枪慢射（50 米）	王智伟	男	2013 年射击步手枪世界杯总决赛	2013 年 11 月 6 日	德国慕尼黑	561+194.3

续表

大项	分项	小项	运动员	性别	赛事	产生日期	举办地	成绩
排球	沙滩排球	女子沙滩排球	薛晨	女	2013年沙滩排球世界锦标赛	2013年7月6日	波兰旧亚布翁基	—
			张希	女	2013年沙滩排球世界锦标赛	2013年7月6日	波兰旧亚布翁基	—
乒乓球		乒乓球男子单打	许昕	男	2013年乒乓球男子世界杯	2013年10月27日	比利时	1
		乒乓球男子单打	张继科	男	2013年乒乓球世界锦标赛	2013年5月20日	法国巴黎	1
		乒乓球女子单打	李晓霞	女	2013年乒乓球世界锦标赛	2013年5月19日	法国巴黎	1
		乒乓球女子单打	刘诗雯	女	2013年乒乓球女子世界杯	2013年9月22日	日本神户	1
		乒乓球女子双打	郭跃	女	2013年乒乓球世界锦标赛	2013年5月18日	法国巴黎	1
			李晓霞	女	2013年乒乓球世界锦标赛	2013年5月18日	法国巴黎	1
		乒乓球男子团体	王励勤	男	2013年乒乓球世界杯团体赛	2013年3月31日	中国广州	1
			马龙	男	2013年乒乓球世界杯团体赛	2013年3月31日	中国广州	1
			王皓	男	2013年乒乓球世界杯团体赛	2013年3月31日	中国广州	1
			张继科	男	2013年乒乓球世界杯团体赛	2013年3月31日	中国广州	1
			许昕	男	2013年乒乓球世界杯团体赛	2013年3月31日	中国广州	1

续表

大项	分项	小项	运动员	性别	赛事	产生日期	举办地	成绩
乒乓球		乒乓球女子团体	刘诗雯	女	2013年乒乓球世界杯团体赛	2013年3月31日	中国广州	1
			常晨晨	女	2013年乒乓球世界杯团体赛	2013年3月31日	中国广州	1
			武杨	女	2013年乒乓球世界杯团体赛	2013年3月31日	中国广州	1
			李晓霞	女	2013年乒乓球世界杯团体赛	2013年3月31日	中国广州	1
			丁宁	女	2013年乒乓球世界杯团体赛	2013年3月31日	中国广州	1
网球		女子双打	彭帅	女	2013年温布尔登网球公开赛	2013年7月7日	英国伦敦	1
举重	举重	女子48公斤级挺举	谭亚运	女	2013年举重世界锦标赛	2013年10月17日	波兰弗罗茨瓦夫	115
		女子48公斤级抓举	谭亚运	女	2013年举重世界锦标赛	2013年10月17日	波兰弗罗茨瓦夫	84
		女子48公斤级总成绩	谭亚运	女	2013年举重世界锦标赛	2013年10月17日	波兰弗罗茨瓦夫	199
举重	举重	女子53公斤级挺举	黎雅君	女	2013年举重世界锦标赛	2013年10月18日	波兰弗罗茨瓦夫	121
		女子53公斤级抓举	黎雅君	女	2013年举重世界锦标赛	2013年10月18日	波兰弗罗茨瓦夫	100
		女子53公斤级总成绩	黎雅君	女	2013年举重世界锦标赛	2013年10月18日	波兰弗罗茨瓦夫	221
		女子58公斤级抓举	邓薇	女	2013年举重世界锦标赛	2013年10月19日	波兰弗罗茨瓦夫	108

续表

大项	分项	小项	运动员	性别	赛事	产生日期	举办地	成绩
举重	举重	女子69公斤级挺举	向艳梅	女	2013年举重世界锦标赛	2013年10月20日	波兰弗罗茨瓦夫	148
		女子69公斤级抓举	向艳梅	女	2013年举重世界锦标赛	2013年10月20日	波兰弗罗茨瓦夫	123
		女子69公斤级总成绩	向艳梅	女	2013年举重世界锦标赛	2013年10月20日	波兰弗罗茨瓦夫	271
		女子75公斤级抓举	康月	女	2013年举重世界锦标赛	2013年10月21日	波兰弗罗茨瓦夫	126
		女子+75公斤级抓举	周璐璐	女	2013年举重世界锦标赛	2013年10月23日	波兰弗罗茨瓦夫	146
		男子56公斤级抓举	龙清泉	男	2013年举重世界锦标赛	2013年10月17日	波兰弗罗茨瓦夫	130
		男子62公斤级总成绩	谌利军	男	2013年举重世界锦标赛	2013年10月18日	波兰弗罗茨瓦夫	321
		男子69公斤级挺举	廖辉	男	2013年举重世界锦标赛	2013年10月20日	波兰弗罗茨瓦夫	198
		男子69公斤级抓举	廖辉	男	2013年举重世界锦标赛	2013年10月20日	波兰弗罗茨瓦夫	160
		男子69公斤级总成绩	廖辉	男	2013年举重世界锦标赛	2013年10月20日	波兰弗罗茨瓦夫	358
		男子77公斤级挺举	吕小军	男	2013年举重世界锦标赛	2013年10月21日	波兰弗罗茨瓦夫	204
		男子77公斤级抓举	吕小军	男	2013年举重世界锦标赛	2013年10月21日	波兰弗罗茨瓦夫	176
		男子77公斤级总成绩	吕小军	男	2013年举重世界锦标赛	2013年10月21日	波兰弗罗茨瓦夫	380

续表

大项	分项	小项	运动员	性别	赛事	产生日期	举办地	成绩
摔跤		女子摔跤自由式51公斤级	孙亚楠	女	2013年摔跤世界锦标赛	2013年9月20日	匈牙利布达佩斯	—
		女子摔跤自由式72公斤级	张凤柳	女	2013年摔跤世界锦标赛	2013年9月20日	匈牙利布达佩斯	—
		女子摔跤团体	许海燕	女	2013年女子摔跤世界杯	2013年3月3日	蒙古乌兰巴托	1
			李会	女	2013年女子摔跤世界杯	2013年3月3日	蒙古乌兰巴托	1
			丛文平	女	2013年女子摔跤世界杯	2013年3月3日	蒙古乌兰巴托	1
			李爽	女	2013年女子摔跤世界杯	2013年3月3日	蒙古乌兰巴托	1
			孙亚楠	女	2013年女子摔跤世界杯	2013年3月3日	蒙古乌兰巴托	1
			周张婷	女	2013年女子摔跤世界杯	2013年3月3日	蒙古乌兰巴托	1
			张凤柳	女	2013年女子摔跤世界杯	2013年3月3日	蒙古乌兰巴托	1
滑冰	短道速滑	男子500米	梁文豪	男	2013年短道速滑世界锦标赛	2013年3月9日	匈牙利德布勒森	41.09
		女子1000米	王濛	女	2013年短道速滑世界锦标赛	2013年3月10日	匈牙利德布勒森	1:31.460
		女子500米	王濛	女	2013年短道速滑世界锦标赛	2013年3月9日	匈牙利德布勒森	43.177
		女子全能	王濛	女	2013年短道速滑世界锦标赛	2013年3月10日	匈牙利德布勒森	68
		女子3000米接力	范可新	女	2013年短道速滑世界锦标赛	2013年3月10日	匈牙利德布勒森	4:14.104
			周洋	女	2013年短道速滑世界锦标赛	2013年3月10日	匈牙利德布勒森	4:14.104
			王濛	女	2013年短道速滑世界锦标赛	2013年3月10日	匈牙利德布勒森	4:14.104

续表

大项	分项	小项	运动员	性别	赛事	产生日期	举办地	成绩
滑雪	自由式滑雪	男子空中技巧	齐广璞	男	2013年自由式滑雪世界锦标赛	2013年3月7日	挪威沃斯	1000
		女子空中技巧	徐梦桃	女	2013年自由式滑雪世界锦标赛	2013年3月7日	挪威沃斯	1000
2013年我国运动员创世界纪录情况								
大项	分项	小项	运动员	性别	赛事	产生日期	举办地	成绩
射击		女子气步枪(10米)	易思玲	女	2013年射击步手枪世界杯总决赛	2013年11月9日	德国慕尼黑	422.5+210.3
		男子步枪3×40团体	康宏伟	男	2013年射击气枪亚洲锦标赛	2013年10月25日	伊朗德黑兰	3529
			曹逸飞	男	2013年射击气枪亚洲锦标赛	2013年10月25日	伊朗德黑兰	3529
			杨浩然	男	2013年射击气枪亚洲锦标赛	2013年10月25日	伊朗德黑兰	3529
		男子10米气步枪团体	王涛	男	2013年射击气枪亚洲锦标赛	2013年10月25日	伊朗德黑兰	1882.8
			曹逸飞	男	2013年射击气枪亚洲锦标赛	2013年10月25日	伊朗德黑兰	1882.8
			杨浩然	男	2013年射击气枪亚洲锦标赛	2013年10月25日	伊朗德黑兰	1882.8
		女子10米气步枪团体	武柳希	女	2013年射击气枪亚洲锦标赛	2013年10月24日	伊朗德黑兰	12537
			常静	女	2013年射击气枪亚洲锦标赛	2013年10月25日	伊朗德黑兰	12537
			易思玲	女	2013年射击气枪亚洲锦标赛	2013年10月24日	伊朗德黑兰	12537

续表

大项	分项	小项	运动员	性别	赛事	产生日期	举办地	成绩
自行车	场地	女子争先赛 200 米	钟天使	女	2012 年—2013 年场地自行车世界杯分站赛	2013 年 1 月 18 日	墨西哥站阿瓜斯卡连斯特	10 秒 573
举重		男子 69 公斤级挺举	廖辉	男	2013 年举重世界锦标赛	2013 年 10 月 20 日	波兰弗罗茨瓦夫	198
		男子 69 公斤级总成绩	廖辉	男	2013 年举重世界锦标赛	2013 年 10 月 20 日	波兰弗罗茨瓦夫	358
		男子 77 公斤级抓举	吕小军	男	2013 年举重世界锦标赛	2013 年 10 月 21 日	波兰弗罗茨瓦夫	176
		男子 77 公斤级总成绩	吕小军	男	2013 年举重世界锦标赛	2013 年 10 月 21 日	波兰弗罗茨瓦夫	380
滑冰	短道速滑	女子 500 米	王濛	女	2012 年—2013 年短道速滑世界杯分站赛	2013 年 2 月 10 日	德国	42.597

资料来源于国家体育总局网站。

［附录七］

2013 年全国道德模范名单

第四届全国道德模范名单	
全国助人为乐模范（10 名）	
李成环（女）	生前系甘肃省兰州市二十四中学生活指导老师
黄久生	中建七局一公司项目部经理、河南省潢川县双柳树镇驻郑州农民工党支部书记
何玥（女，壮族）	生前系广西壮族自治区桂林市阳朔县金宝乡中心小学六年级学生
罗玮（女）	四川永隆实业有限公司职工
龚全珍（女）	江西省莲花县甘家小学原校长
王结（回族）	宁夏回族自治区残联盲协主席，爱德残疾人职业技能培训学校校长

续表

解黎明（女）	国家电网山西临汾供电公司离休干部
孙茂芳	北京军区总医院原副政委
高淑珍（女）	河北省唐山市滦南县司各庄镇洼里村村民
热汗古丽·依米尔（女，维吾尔族）	新疆职业大学中国语言学院汉语翻译专业学生
全国见义勇为模范（10名）	
沈星	生前系第二炮兵工程大学士官职业技术教育学院参谋
张涵、张辉、刘元飞	福建省莆田市秀屿区埭头镇汀岐村村民
刁娜（女）	山东省烟台市南山国际旅行社龙口分社业务部副经理
张丽莉（女）	黑龙江省佳木斯市第十九中学语文教师
高铁成	北京卫戍区66284团88分队班长
皮祖强	生前系江西省南昌嘉德食品有限公司业务员
周传金	银大（天津）贵金属经营有限公司员工，原籍安徽省肥西县小庙镇北分路村
苏日娜（女，蒙古族）	内蒙古自治区兴安盟科右前旗乌兰毛都苏木萨仁台嘎查牧民
霜福伟（傈僳族）	云南省文山学院2012级体育教育本科2班学生
郑益龙	生前系广东省武警总队广州市支队四大队副政治教导员
全国诚实守信模范（10名）	
范海涛	河南省辉县市孟庄镇南李庄村党支部书记、河南孟电集团总经理
马虎	安徽省阜阳市嘉安建筑劳务有限公司经理
刘洪安	河北省保定市“油条哥”餐饮管理有限公司经理
吴恒忠	重庆市潼南县花岩镇龙怀村村民
钱月宝（女）	江苏梦兰集团董事长、总裁，常熟市虞山镇梦兰村党委书记
陈俊贵	新疆维吾尔自治区尼勒克县乔尔玛筑路解放军指战员烈士陵园管理员
杨兆顺	上海市普陀区桃浦镇紫藤苑小区党总支书记
宁凤莲	吉林省白山方大集团党委书记、董事长
李辉忠	天津市桂发祥麻花饮食集团有限公司党委书记、董事长
李国武	湖南省临湘市十三村食品有限公司经理
全国敬业奉献模范（12名）	
罗阳	生前系中航工业沈阳飞机工业集团有限公司董事长、总经理
孔凡成	中国铁建十八局集团隧道公司四川锦屏二级水电站项目经理
吴斌	生前系浙江省杭州长运运输集团公司驾驶员
孙奇（女）	生前系呼和浩特铁路局呼和浩特站售票员
孟祥民	生前系山东省淄博市环保局淄川分局监察大队监察一科科长

续表

菊美多吉（藏族）	生前系四川省甘孜州道孚县瓦日乡党委副书记、乡长
杨小玲（女）	湖北省武汉市第一聋校舞蹈教师
吴栋材	江苏省苏州张家港市永联村党委书记、江苏永钢集团有限公司董事长
林俊德	生前系中国人民解放军63650部队研究员
詹红荔（女）	福建省南平市延平区法院少年审判庭庭长
钟晶（女，布依族）	贵州省黔西南州贞丰县龙场镇龙河村卫生室乡村医生
贾立群	北京儿童医院超声科主任
全国孝老爱亲模范（12名）	
刘培、刘洋兄弟	湖北省武汉市黄陂区李家集街郑林湾村刘家槽湾村民
罗长姐(女，土家族)	湖北省宜昌市五峰土家族自治县湾潭镇九门村村民
许张氏（女）	安徽省亳州市谯城区西关社区居民
皇甫辉勇	中国人民解放军73056部队51分队班长
丁水彬（女）	陕西省西安市雁塔区红专南路社区居家养老服务站员工
吴林香（女）	重庆市忠县马灌镇初级中学学生
苏金兰（女，黎族）	海南省琼中黎族苗族自治县黎母山镇腰子居委会居民
廖月娥（女）	湖南省长沙市岳麓区坪塘街道新合村桐冲组村民
尼玛潘多(女，藏族)	西藏自治区拉萨市城关区环卫工人
陈斌强	浙江省磐安县实验初中教师
张桂兰（女）	青海省门源县西滩乡宝积湾村村民
张耀华	新疆生产建设兵团第三师五〇团退休职工

资料来源于中国文明网。

［附录八］

2013年全国自然灾害情况

农作物受灾面积（千公顷）	31349.8
农作物绝收面积（千公顷）	3844.4
旱灾受灾面积（千公顷）	14100.4
旱灾绝收面积（千公顷）	1416.1
洪涝、山体滑坡、泥石流和台风受灾面积（千公顷）	11426.9
洪涝、山体滑坡、泥石流和台风绝收面积（千公顷）	1828.9
风雹灾害受灾面积（千公顷）	3387.3

续表

风雹灾害绝收面积（千公顷）	412.4
低温冷冻和雪灾受灾面积（千公顷）	2320.1
低温冷冻和雪灾绝收面积（千公顷）	180.7
自然灾害受灾人口（万人次）	38818.7
自然灾害受灾死亡人口（人）	2284
自然灾害直接经济损失（亿元）	5808.4

资料来源于2018年3月2日国家统计局国家年度数据表。

［附录九］

2013年国务院机构简称

中华人民共和国国务院办公厅	
全称	简称
中华人民共和国国务院办公厅	国务院办公厅
国务院组成部门	
中华人民共和国外交部	外交部
中华人民共和国国防部	国防部
中华人民共和国国家发展和改革委员会	发展改革委
中华人民共和国教育部	教育部
中华人民共和国科学技术部	科技部
中华人民共和国工业和信息化部	工业和信息化部
中华人民共和国国家民族事务委员会	国家民委
中华人民共和国公安部	公安部
中华人民共和国国家安全部	安全部
中华人民共和国监察部	监察部
中华人民共和国民政部	民政部
中华人民共和国司法部	司法部
中华人民共和国财政部	财政部
中华人民共和国人力资源和社会保障部	人力资源社会保障部
中华人民共和国国土资源部	国土资源部
中华人民共和国环境保护部	环境保护部
中华人民共和国住房和城乡建设部	住房城乡建设部
中华人民共和国交通运输部	交通运输部

续表

中华人民共和国水利部	水利部
中华人民共和国农业部	农业部
中华人民共和国商务部	商务部
中华人民共和国文化部	文化部
中华人民共和国国家卫生和计划生育委员会	卫生计生委
中国人民银行	人民银行
中华人民共和国审计署	审计署
监察部与中共中央纪律检查委员会机关合署办公，机构列入国务院序列，编制列入中共中央直属机构。教育部对外保留国家语言文字工作委员会牌子。工业和信息化部对外保留国家航天局、国家原子能机构牌子。环境保护部对外保留国家核安全局牌子。	
国家语言文字工作委员会	国家语委
国家航天局	航天局
国家原子能机构	原子能机构
国家核安全局	核安全局
国务院直属特设机构	
国务院国有资产监督管理委员会	国资委
国务院直属机构	
中华人民共和国海关总署	海关总署
国家税务总局	税务总局
国家工商行政管理总局	工商总局
国家质量监督检验检疫总局	质检总局
国家新闻出版广电总局	新闻出版广电总局
国家体育总局	体育总局
国家安全生产监督管理总局	安全监管总局
国家食品药品监督管理总局	食品药品监管总局
国家统计局	统计局
国家林业局	林业局
国家知识产权局	知识产权局
国家旅游局	旅游局
国家宗教事务局	宗教局
国务院参事室	参事室
国家机关事务管理局	国管局
国家预防腐败局列入国务院直属机构序列，在监察部加挂牌。国家新闻出版广电总局加挂国家版权局牌子。	
国家预防腐败局	预防腐败局
国家版权局	版权局
国务院办事机构	

续表

国务院侨务办公室	侨办
国务院港澳事务办公室	港澳办
国务院法制办公室	法制办
国务院研究室	国研室
国务院台湾事务办公室与中共中央台湾工作办公室、国务院新闻办公室与中共中央对外宣传办公室、国务院防范和处理邪教问题办公室与中央防范和处理邪教问题领导小组办公室，一个机构两块牌子，列入中共中央直属机构序列。	
国务院台湾事务办公室	台办
国务院新闻办公室	新闻办
国务院防范和处理邪教问题办公室	防范办
国务院直属事业单位	
新华通讯社	新华社
中国科学院	中科院
中国社会科学院	社科院
中国工程院	工程院
国务院发展研究中心	发展研究中心
国家行政学院	行政学院
中国地震局	地震局
中国气象局	气象局
中国银行业监督管理委员会	银监会
中国证券监督管理委员会	证监会
中国保险监督管理委员会	保监会
全国社会保障基金理事会	社保基金会
国家自然科学基金委员会	自然科学基金会
国务院部委管理的国家局	
国家信访局	信访局
国家粮食局	粮食局
国家能源局	能源局
国家国防科技工业局	国防科工局
国家烟草专卖局	烟草局
国家外国专家局	外专局
国家公务员局	公务员局
国家海洋局	海洋局
国家测绘地理信息局	测绘地信局
国家铁路局	铁路局
中国民用航空局	民航局

续表

国家邮政局	邮政局
国家文物局	文物局
国家中医药管理局	中医药局
国家外汇管理局	外汇局
国家煤矿安全监察局	煤矿安监局
国家档案局与中央档案馆、国家保密局与中央保密委员会办公室、国家密码管理局与中央密码工作领导小组办公室，一个机构两块牌子，列入中共中央直属机关的下属机构序列。	
国家档案局	档案局
国家保密局	保密局
国家密码管理局	密码局

资料来源于国办秘函〔2013〕12号文件。

图书在版编目（CIP）数据

中华人民共和国史编年．2013年卷 / 当代中国研究所，中央档案馆编．-- 北京：当代中国出版社，2019.9
ISBN 978-7-5154-0953-5

Ⅰ．①中…　Ⅱ．①当…　②中…　Ⅲ．①中国历史—现代史—编年体—2013　Ⅳ．①K270.43

中国版本图书馆CIP数据核字（2019）第151334号

出 版 人　曹宏举
责任编辑　隋　丹
责任校对　康　莹
装帧设计　海　洋
出版发行　当代中国出版社
地　　址　北京市地安门西大街旌勇里8号
网　　址　http://www.ddzg.net　邮箱：ddzgcbs@sina.com
邮政编码　100009
编 辑 部　（010）66572264　66572154　66572132　66572180
市 场 部　（010）66572281　66572161　66572157　83221785
印　　刷　北京润田金辉印刷有限公司
开　　本　787毫米×1092毫米　1/16
印　　张　58.75印张　2插页　1277千字
版　　次　2019年9月第1版
印　　次　2019年9月第1次印刷
定　　价　350.00元

ISBN 978-7-5154-0953-5
9 787515 409535 >